Beck's Historische Bibliothek

BHB

GORDON A. CRAIG

Geschichte Europas 1815–1980

Vom Wiener Kongreß bis zur Gegenwart

VERLAG C.H. BECK MÜNCHEN

Die ‹Geschichte Europas 1815–1980›
erschien in 1. Auflage in 2 Bänden: 1978 (Bd. I.), 1979 (Bd. II)
1983 erschien die einbändige Gesamtausgabe in 1. Auflage,
ergänzt durch ein Schlußkapitel, das eigens für sie geschrieben wurde

Der Übersetzung liegt folgende Ausgabe zugrunde:
Gordon A[lexander] Craig, Europe since 1815.
Alternate Edition. New York 1974

Lizenzausgabe mit freundlicher Genehmigung des Verlages
Holt, Rinehart and Winston, Inc., New York
Aus dem Englischen übersetzt von Marianne Hopmann

Mit 101 Abbildungen im Text

Die Deutsche Bibliothek – CIP-Einheitsaufnahme

Craig, Gordon A.:
Geschichte Europas 1815–1980 : vom Wiener Kongress bis zur
Gegenwart / Gordon A. Craig. [Aus dem Engl. übers. von
Marianne Hopmann]. – 36.–41. Tsd. – München : Beck, 1995
(Beck's Historische Bibliothek)
Einheitssacht.: Europe since 1815 ⟨dt.⟩
ISBN 3-406-39447-7

ISBN 3 406 39447 7

36.–41. Tausend 1995

Satz: Fotosatz Otto Gutfreund, Darmstadt
Druck und Bindung: Ebner Ulm
Printed in Germany

Inhalt

Erster Teil: 1815–1850

Zweiter Teil: 1850–1871

Dritter Teil: 1871–1914

Vierter Teil: 1914–1945

Fünfter Teil: Nach 1945

Anhang

Erster Teil

1815–1850

Allgemeine Bemerkungen

Kennzeichen unserer Zeit sind eine erbitterte Rivalität der Staaten und die ständige Beunruhigung durch Krieg. Dies macht vielleicht verständlich, daß wir, rufen wir uns die allgemeinen charakteristischen Merkmale einer früheren Epoche in Erinnerung, unser Augenmerk zunächst einmal auf die internationale Lage richten. Von diesem Standpunkt aus gesehen, erwecken die Jahre 1815 bis 1848 im Vergleich mit unserer Zeit beinahe den Anschein eines goldenen Zeitalters der Harmonie. Es gab keinen größeren Konflikt zwischen den Großmächten Europas – in der Tat keinen Krieg, in dem sich Großmächte als Feinde gegenüberstanden –, und es starben innerhalb dieser dreieinhalb Jahrzehnte weniger Europäer infolge eines zwischenstaatlichen Krieges als in jedem vergleichbaren Zeitraum nach 1848.

Warum gelang es den europäischen Staaten in den Jahren nach dem Wiener Kongreß, über ihre Interessenkonflikte und ideologischen Differenzen hinauszuwachsen und ihre Streitigkeiten ohne kriegerische Mittel beizulegen? Zum Teil lag es daran, daß sie sich in ihrem langen Kampf gegen Napoleon physisch und psychisch verausgabt hatten und bereitwillig übereinkamen, daß der Krieg eine unerfreuliche und unnütze, wenn irgend möglich zu vermeidende Angelegenheit sei. Aber dies ist kaum eine erschöpfende Erklärung; denn Kriege sind ebensooft die Folge von Fehlern wie von absichtsvollen Planungen. Zutreffender ist, daß der Friede zwischen den Großmächten das Resultat einer glücklichen Kombination von Entschlossenheit den Krieg zu vermeiden, Zurückhaltung, wenn die Gelegenheit zu einseitigen Gebietserweiterungen sich bot, und geschickter Diplomatie war. Was den letzten Punkt betrifft, so zeugten die Jahre von 1815 bis 1848 vielleicht zum letzten Mal in der neueren Zeit von der Überlegenheit der Feder gegenüber dem Schwert. Die Staatsmänner des 20. Jahrhunderts täten gut daran, die Methoden der Diplomaten dieses Zeitabschnitts sorgfältig zu studieren.

Freilich, auch wenn Europa von Kriegen unbehelligt blieb, so heißt das nicht, daß diese Jahre völlig friedlich verliefen. Die politische und territoriale Regelung des Wiener Kongresses von 1814–1815 fand letzten Endes keine allgemeine Bewunderung. Ihre hartnäckigsten Gegner behaupteten, sie verletzte das, was wir heute als Prinzip der nationalen Selbstbestimmung bezeichnen würden. Überzeugt davon, daß Menschen mit einer gemeinsamen Geschichte, Sprache und Kultur die Errichtung einer selbständigen politischen Einheit (oder Nation) unter einem Herrscher ihrer Wahl zugestanden werden müsse, führten diese Kritiker an, daß die Wiener Regelung Völkern wie den

Belgiern, Deutschen, Italienern, Polen und Griechen dieses Recht verweigere. Waren sie zufällig selbst Belgier, Deutsche, Italiener, Polen oder Griechen, so versuchten sie häufig, die Zustände, die sie als Mängel der Verträge betrachteten, mittels Propaganda, Agitation oder auch Gewalt zu beheben.

Der Nationalismus, aus dem diese Bestrebungen erwuchsen, hatte wenig gemeinsam mit der engstirnigen Arroganz oder dem Hurrapatriotismus der nationalistischen Bewegungen in der zweiten Hälfte des Jahrhunderts. Der Nationalismus des frühen 19. Jahrhunderts war beseelt von einer inbrünstigen, wenn auch idealistischen Überzeugung, daß ein nach wirklich nationalen Gesichtspunkten geordnetes Europa ein gesünderes und friedlicheres Europa sein würde als eines, in dem unterworfene Nationalitäten weiterhin unter fremder Herrschaft lebten. So aufgeklärt diese Sicht auch gewesen sein mag – die von so ungleichen Persönlichkeiten wie Mazzini und Napoleon III. verkündet wurde –, Versuche, sie in die Tat umzusetzen, hatten normalerweise gewaltsamen Charakter und traurige Folgen.

Eine weitere, eng verwandte Ursache für die Turbulenz dieses Zeitabschnitts war der fortwährende Kampf zwischen dem Konservativismus der herrschenden Schichten in den verschiedenen europäischen Staaten und dem Liberalismus der gebildeten Schicht von Akademikern und Kaufleuten. Der Liberalismus war, wie das Wort bereits andeutet, eine Philosophie der Freiheit, und seine Anhänger – ob in Spanien oder England, in Österreich oder Frankreich – wollten den einzelnen der absoluten Kontrolle durch seine Regierung entziehen, Grundrechte (wie die Rede- und Versammlungsfreiheit) für alle Bürger sichern und eine größere Anzahl von Bürgern an der politischen Macht beteiligen, als es unter den alten Regimen der Fall war. Den herrschenden Schichten im Europa der Restaurationsepoche waren diese liberalen Ziele zu widerwärtig, um einen Kompromiß zuzulassen. Ihr Konservativismus war zum größten Teil vollständig negativ, geprägt von einer panischen Angst vor Revolutionen und einer Abneigung gegen jedwede Veränderung. Dieser unerbittliche Widerstand – selbst gegen gemäßigte Reformvorschläge und die häufig damit einhergehenden Versuche, die Reformwilligen gerichtlich zu belangen –, zwangen die Liberalen (wie sie schließlich genannt wurden) in die Untergrundtätigkeit, zur Konspiration und letztlich in die Revolution. In der Tat fand über diesen gesamten Zeitabschnitt hinweg alle zwei bis drei Jahre irgendwo in Europa irgendein «coup de main» oder Aufruhr statt, während es in den Jahren 1820, 1830 und 1840 zu großen Explosionen kam, von denen die Hauptstädte mehrerer Länder betroffen waren. Diese Aufstände brachten die Sache der Freiheit nicht immer vorwärts und gefährdeten, da sich ihre Rückwirkungen nicht immer auf die Ursprungsländer eingrenzen ließen, häufig den Frieden, den zu erhalten die Diplomatie so fest entschlossen war.

Eine andere, zur Agitation dieser Zeit beitragende Entwicklung stellte die stetige Expansion der Maschinenindustrie dar. Das Tempo, mit dem die Maschine Europa eroberte, darf freilich nicht überschätzt werden. Den gesamten hier beschriebenen Zeitraum hindurch blieb die Wirtschaft – auch in

England – in erster Linie agrarisch ausgerichtet. Das zeigt sich daran, daß Wirtschaftskrisen vor 1850 in der einen oder anderen Weise agrarisch verursacht waren. In den zwei Jahrzehnten nach 1815 befand sich das einzige größere Industriegebiet außerhalb Englands in Belgien, dessen Textilindustrie englische Methoden und Techniken einführte und dessen rohstofferzeugende und metallverarbeitende Industrie sich auch durch diese Neuerungen allmählich wandelte. In Frankreich setzte die eigentliche industrielle Entwicklung erst nach 1830 ein und in den östlicheren Ländern noch später.

Dennoch wurde die industrielle Expansion im Laufe dieses Zeitabschnitts durch mehrere Faktoren vorangetrieben. Aus Gründen, die dem Historiker noch unbekannt sind, fand zwischen 1750 und 1850 eine regelrechte Bevölkerungsexplosion statt. (W. L. Langer hat dies darauf zurückgeführt, daß die Heiratshäufigkeit nach der Lockerung der Kontrollen im Rahmen der Grundherrschaft und des Zunftwesens stieg und das Nahrungsmittelangebot hauptsächlich durch den Kartoffelanbau vergrößert wurde. Weitere Faktoren siehe Kap. 4, S. 80.) In der ersten Hälfte des 19. Jahrhunderts wuchs die Bevölkerung um vierzig Prozent, von 188 Millionen im Jahr 1800 auf 266 Millionen im Jahre 1850. Dies schuf eine Unmenge an Problemen, brachte aber auch der Industrie die nötigen Arbeitskräfte und eine große Anzahl an Käufern. Gleichzeitig sorgten Währungsreformen, zur Überwachung des Papiergeldumlaufs gegründete Zentralbanken und neue investitionsfördernde Aktien- und Versicherungsgesetze dafür, daß das für das Wirtschaftswachstum erforderliche Kapital zur Verfügung stand. Die Revolution im Transportwesen durch die Verbesserung und den Ausbau von Straßen und Wasserwegen, der in den 40er Jahren in ganz Europa in großem Maßstab einsetzende Eisenbahnbau unter staatlicher Förderung und die zunehmende Nutzung der Dampfschiffahrt auf den Flüssen, in Küstengewässern und auf hoher See erleichterten den Zugang zu Rohstoffen und Absatzmärkten.

Schließlich kam die Beseitigung der künstlich geschaffenen Handelsschranken, z. B. durch die Gründung des Deutschen Zollvereins und die Aufhebung der Getreideschutzzollgesetze durch die britische Regierung im Jahr 1846, dem Wirtschaftswachstum zugute. Dank dieser Entwicklungen waren die Bedingungen für die industrielle Expansion in allen europäischen Ländern – selbst in Rußland, das vom technischen Fortschritt des Westens praktisch noch unberührt war – am Ende dieses Zeitabschnitts unendlich viel günstiger als im Jahre 1815.

Überdies war die Industrialisierung – wenn auch, gemessen an Maßstäben des 20. Jahrhunderts, noch begrenzt – bereits weit genug fortgeschritten, um zur Unruhe dieses Zeitalters beizutragen. Der Mensch wurde bereits, wie der größte Historiker der Romantik, Jules Michelet, voraussagte, «zum demütigen Diener dieser Stahlriesen». Dieser Wandel trat selbst in der Außenpolitik zutage, in der die industrielle Entwicklung manches bestehende Problem in der Diplomatie komplizierte oder neue erzeugte. Es besteht kaum ein Zweifel darüber, daß sowohl der Widerstand der Belgier gegen die Herrschaft der

Holländer in den Jahren vor 1830 als auch der Widerstand der Lombarden gegen die Herrschaft der Österreicher über den gesamten Zeitabschnitt hinweg maßgeblich unter dem Einfluß von Interessenkonflikten zwischen den Industriellen des unterworfenen und denen des regierenden Staates standen.

Ebenso bedeutsam war der Wandel in der Gesellschaftsstruktur, den die Expansion der industriellen Wirtschaft unweigerlich nach sich zog. Der Landbesitz, die frühere Grundlage der Gesellschaftsordnung in allen europäischen Staaten, verlor mit der fortschreitenden Industrialisierung an Bedeutung, und das Kapital rückte allmählich an seine Stelle. Gleichzeitig damit brach die alte Einteilung der Gesellschaft zusammen. Eine aufstrebende, selbstbewußte Bourgeoisie, die sich durch Geldakkumulation und -manipulation behauptete und der Überzeugung war, daß ihre wirtschaftliche Macht durch die politische und gesellschaftliche ergänzt werden müsse, machte dem Adel und dem mit ihm im Bunde stehenden Klerus die Stellung streitig. Der Unterschied zwischen Groß- und Kleinbürgertum oder der Mittelklasse, dem später in diesem Jahrhundert eine entscheidende Bedeutung zukommen sollte, trat noch nicht in Erscheinung, und bis in die 40er Jahre hinein war das auffallendste Merkmal der Bourgeoisie die Einigkeit in Ansichten und Zielen. In politischer Hinsicht war sie vorwiegend militant liberal. In gesellschaftlicher Hinsicht vertrat sie einmütig die Ansicht, daß die Oberschicht gestürzt, die Bastionen der etablierten Klassen geschliffen werden müßten. Und dies war der Grund, warum die Bauern, Handwerker und Industriearbeiter sie unterstützten. Wirtschaftlich anfällig und ohne Zielrichtung, akzeptierten diese Gruppen die Führung des Mittelstands und beteiligten sich an allen politischen Auseinandersetzungen dieses Zeitabschnitts. Es ist zweifelhaft, ob die Julirevolution in Frankreich oder der Kampf um die große «Reform Bill» in England ohne ihre Unterstützung hätte erfolgreich sein können.

Diese Kräftekombination sollte nicht von Dauer sein. Die Arbeiterschaft stellte fest, daß ihre Siege dem Mittelstand größere materielle Vorteile gebracht hatten als ihr selbst, und diese Entdeckung führte zu Enttäuschung und Verbitterung. Die Bourgeoisie hingegen, der das Bündnis mit den Unterschichten immer schon unangenehm gewesen war, schreckte mehr und mehr vor dem zunehmend radikalen Charakter ihrer Reformwünsche zurück. Wie die Revolutionen von 1848 zeigen sollten, bestand keine echte Interessengemeinschaft zwischen der Mittel- und Unterschicht. Die Unterschicht glaubte instinktiv an eine Art von Demokratie, die jedermann das Wahlrecht zugestehen würde, sowie an einen rudimentären Sozialismus, der es als die Pflicht des Staates ansah, das Los der Unterschicht durch wirtschaftliche und soziale Reformen zu erleichtern. Diese Ideen waren für die Liberalen des Mittelstands ein rotes Tuch. Sie waren der Überzeugung, daß sich die politische Macht auf die besitzenden und gebildeten Schichten beschränken müsse und daß die Gesellschaft die gesündeste sei, in der die Regierung möglichst wenig in Wirtschaft und Gesellschaft eingreife. Kein Wunder, daß Gesellschaftsschichten, die derartig gegensätzliche Überzeugungen vertraten, ihr Bündnis lösten.

Mit diesem Bruch zwischen Mittel- und Unterschicht schwand auch die Homogenität der Mittelklasse, und ihre wohlhabendsten Mitglieder begannen – aus Furcht vor der Arbeiterschicht, aber auch infolge der gesellschaftlichen Chancen, die ihnen ihr Reichtum bot –, ihre ehemals feindliche Haltung gegenüber der alten Aristokratie zu ändern. Um 1848 zeichnete sich bereits eine künftige Allianz ab, wenn nicht gar eine Verschmelzung der alten herrschenden Schicht mit der gehobenen Bourgeoisie, welche der weniger wohlhabenden Bourgeoisie einen Platz als mittlere Gruppe zwischen der Arbeiterschaft und einer neuen Aristo-Plutokratie zuwies. In jedem Fall war die Schichtung der Gesellschaft in allen Ländern komplizierter geworden und weniger klar gegliedert als im Jahre 1815, während der Klassenkampf – den Karl Marx in seinem «Kommunistischen Manifest» im Jahre 1848 so sehr hervorhob – sich verschärft hatte.

Dennoch erschöpften sich die Energien der Völker Europas in den nationalistischen Erhebungen und liberalen Agitationen und den aus der Industrialisierung erwachsenden wirtschaftlichen und gesellschaftlichen Erschütterungen nicht vollständig. Diese Jahre boten eine reichhaltige und aufregende Literatur und Kunst, denn in diesem Zeitabschnitt erreichte die als Romantik bekannte Bewegung ihren Höhepunkt. Es wäre schwierig, eine allgemein zufriedenstellende Erklärung dieses Begriffes zu finden, der zur Charakterisierung der Werke derartig verschiedener Menschen wie Chateaubriand, Coleridge, Mendelssohn, Puschkin, Manzoni und Delacroix verwendet wird. Vielleicht ist es besser, einfach der Erklärung Irving Babbitts zu folgen, der einmal sagte, in der Literatur und der Kunst sei die Romantik eine Rebellion gegen den Klassizismus, der (zumindest aus der Sicht der Romantik) jeden Ausdruck künstlerischer Kreativität und Spontaneität zu unterdrücken schien, und im weiter gefaßten Sinne sei sie eine intellektuelle Reaktion auf den Rationalismus und die manchmal sterile Logik des 18. Jahrhunderts. Die Romantik zeichnete sich durch einen hohen Grad von Emotionalität aus; und in Anbetracht der großen Anzahl von Romantikern, die Visionen hatten oder einem religiösen Wahn verfielen, Erscheinungen hatten, von einem Doppelgänger verfolgt wurden oder sich zum Satanismus bekannten, ist es gut verständlich, daß konservative Kritiker die Romantik für eine Krankheit hielten, ähnlich wie Schlafwandeln oder Epilepsie. Weitere Merkmale waren der übertriebene Naturkult und eine exzessive Verehrung für die ferne Vergangenheit sowie eine Unmenge verschwommenen Geredes über die Lösung des Rätsels des Universums und die Überbrückung der Kluft zwischen Realität und Ideal.

Bei all diesen Phänomenen war die Romantik eine lebhafte und fruchtbare Bewegung, die eine Vielfalt guter Werke in der Malerei, in der Musik und in der Dichtung hervorbrachte und auch auf Gebiete außerhalb von Kunst und Literatur einen positiven Einfluß ausübte. Es kann z. B. kaum ein Zweifel darüber bestehen, daß das durch die Romantik geweckte Interesse an der Vergangenheit eine Neubelebung der historischen Forschung zur Folge hatte. Die neue Wertschätzung der organischen Entwicklung der Gesellschaft erregte die Wißbegierde der Menschen über die Ursprünge ihrer Institutionen und Sitten; und dies trieb die Erforschung der Vergangenheit voran und regte gleichzeitig die Archäologie, die Philologie, die Rechtswissenschaften und die Philosophie an. Es ist sicherlich bezeichnend, daß der einflußreichste Philosoph dieses Zeitabschnitts, Georg Wilhelm Friedrich Hegel und sein berühmtester Schüler, Karl Marx, der historischen Evolution und deren Gesetzen in ihren philosophischen Systemen eine so große Bedeutung beimaßen.

Die Reichhaltigkeit und Vielfältigkeit der romantischen Bewegung zeigt sich auch in den politischen Ansichten ihrer Vertreter. Diese Bewegung gab einen der wichtigsten Impulse für die Entwicklung des Nationalismus dieses Zeitalters: aus dem neu erwachten Interesse an der Vergangenheit erwuchsen Nationalstolz und Nationalbewußtsein. Dennoch war die Romantik auch eine europäische Bewegung, die, sich über alle Nationalitäten hinwegsetzend, eine enge Verbundenheit zwischen ihren Anhängern bewirkte und somit ebensoviel zur Verbreitung des Internationalismus beitrug wie zu dessen Gegenteil. Und obwohl viele der bekanntesten Repräsentanten dieser Bewegung in den ersten Jahren nach dem Wiener Kongreß konservativ, ja sogar reaktionär in ihren Ansichten waren, bemerkte Stendhal im Jahre 1827 in seinem Tagebuch, daß die Romantik sich zum Kult der liberalen und demokratischen Jugend zu entwickeln beginne.

Die heftige Reaktion auf den Rationalismus des 18. Jahrhunderts, die wir in der romantischen Bewegung ausgedrückt finden, wird auch deutlich in dem ausgesprochenen Wiederaufleben der Religion unter den Intellektuellen und den gehobenen Schichten dieses Zeitalters. Romantiker, die sich für gotische Kathedralen begeisterten, entdeckten ihre Begeisterung für den Glauben, zu dessen Feier sie errichtet worden waren. Gleichzeitig war eine Aristokratie, deren Stellung durch die Französische Revolution nahezu tödlichen Erschütterungen ausgesetzt worden war, gegenüber dem Freidenkertum nicht mehr so tolerant wie im vorhergegangenen Jahrhundert, sondern neigte eher dazu, in der religiösen Orthodoxie eine wertvolle – in der Tat, eine notwendige – Untermauerung der bestehenden Institutionen zu sehen.

Es ist fraglich, ob die Rückkehr dieser beiden Gruppen zum Glauben den Kirchen auf die Dauer nützlich war. Die ihren neuen Glauben lautstark verkündenden intellektuellen Romantiker legten mehr Wert auf das Beiwerk als auf das Wesentliche der Religion, und ihr Enthusiasmus war so übersteigert, daß ihr Glaube der Lächerlichkeit preisgegeben wurde. Weitaus gravierender jedoch war die Tatsache, daß die Religiosität bei Hofe und in aristokratischen Kreisen den Kirchen einen konservativen, wenn nicht reaktionären Stempel aufdrückte, den sie später, als sie sich gegen Angriffe zur Wehr setzen mußten, nur schwer wieder loswerden konnten. Dies war bedauerlich, da die Kirchen in Wirklichkeit, wie die heftigen Kontroversen zwischen liberalen und konservativen Gruppen sowohl in der römisch-katholischen als auch in der protestantischen Kirche bewiesen, in dem Zeitabschnitt vor 1848 nicht einseitig konservativ waren.

Im allgemeinen strahlten die großen Religionen Stärke und Lebenskraft aus, und die Mehrheit der Bevölkerung bestand aus praktizierenden Gläubigen. Industrialisierung und Verstädterung waren noch nicht so weit fortgeschritten, daß sie die Bindung der Massen an ihren traditionellen Glauben geschwächt hätten. Was die Bourgeoisie anbetrifft, so bestand sie zum größten Teil noch aus Kirchgängern; und selbst die doktrinärsten Liberalen darunter, die sich im Trommelfeuer der Kritik gegen religiösen Obskurantismus und den Einfluß der Kirche auf die Erziehung ergingen, sprachen den Kirchen nicht ihre legitime und wichtige Rolle in der Gesellschaft ab.

Im Erziehungswesen zeichnete sich dieser Zeitabschnitt nicht durch bemerkenswerte Fortschritte aus. Von einigen Ausnahmen abgesehen, insbesondere in den deutschen Staaten, machten die europäischen Regierungen weder eine Grundschulerziehung zur Pflicht, noch ermöglichten sie den Kindern der Armen den Besuch der bestehenden Schulen. Noch im Jahre 1835 konnten drei von zehn Engländern weder lesen noch schreiben. In Frankreich befanden sich im Jahre 1830 153635 von 294975 zum Militärdienst antretenden Rekruten in der gleichen mißlichen Lage. Noch schlimmer war die Situation in Süd- und Osteuropa. Im Laufe der Jahre machte die sich ausdehnende Industrialisierung eine breitere Volkserziehung notwendig (da die Bedienung von Maschinen Lesekenntnisse erforderte) und möglich (durch die Herstellung billiger Bücher und die Konzentration der Massen in den Städten). Noch war es aber nicht so weit. Angesichts der erschreckenden Unwissenheit der Massen in diesen Jahren wird verständlicher, daß sowohl die Aristokratie als auch der Mittelstand die Demokratie fürchteten und sich ihr widersetzten.

Dieses düstere Bild wird lediglich durch den blühenden Zustand der höheren Bildungseinrichtungen in diesem Zeitabschnitt ein wenig erhellt. Einige der älteren Universitäten – z. B. Oxford und Cambridge und die Provinzuniversitäten Frankreichs – schienen sich zwar auf ihren Lorbeeren auszuruhen, die schottischen Universitäten aber, die neugegründeten Universitäten in Berlin und München, das Collège de France in Paris und viele andere nennenswerte Universitäten bildeten Zentren der intellektuellen Vitalität, der leidenschaftlichen Lehre und der begeisterten Forschung. Insbesondere in den Naturwissenschaften wurden von Universitätsgelehrten in diesen Jahren revolutionäre Leistungen erbracht: in der Mathematik und der Astronomie, wo die Arbeiten von Wissenschaftlern wie K. F. Gauß (Göttingen) und Urbain Leverrier (Paris) das menschliche Wissen über die Natur und die Dimensionen des Universums erweiterten (Leverriers Positionsbestimmung des neuentdeckten Planeten Neptun war eine der großen wissenschaftlichen Glanzleistungen der Jahrhundertmitte); in der Physik, wo die Deutschen Julius Mayer und Hermann Helmholtz das Prinzip der Energieerhaltung erkannten und die Grundlagen für die Thermodynamik schufen und wo die ersten grundlegenden Arbeiten für die praktische Anwendung von Elektrizität von Hans Christian Oersted (Kopenhagen), André Marie Ampère (Paris) und insbesondere dem Engländer Michael Faraday durchgeführt wurden, dessen Theorie über die elektromagnetische Induktion einen weiteren höchst entscheidenden Durchbruch des Jahrhunderts bedeutete; in der Chemie, wo Jöns Jakob Berzelius (Stockholm) die erste einigermaßen genaue Tabelle der Atomgewichte aufstellte und Justus Liebigs Forschungen in der Pflanzenphysiologie und der Bodenanalyse die Bedeutung von Chemikalien zur Steigerung der Nahrungsmittelproduktion deutlich machten. In der Geologie und der Biologie und ihren verwandten Wissenschaften gab es weniger grundlegende Entdeckungen, aber auch hier wurde eine systematische und energische Forschung betrieben.

Einer besonderen Erwähnung bedarf die Medizin; denn dieser Zeitabschnitt wird als derjenige bezeichnet, in dem die moderne Medizin aufkam. Diese Auffassung mag übertrieben erscheinen angesichts der verheerenden Auswirkungen von Krankheiten wie Pocken, Tuberkulose und insbesondere Cholera, die im Jahre 1831 in ganz Europa wütete und der Tausende zum Opfer fielen, darunter so bekannte Männer wie der Philosoph Hegel, der ehemalige preußische Stabschef und große Gegner Napoleons Gneisenau, der Kriegsphilosoph Clausewitz und Großherzog Konstantin von Rußland. Der fortwährend erfolglosen Suche nach den Ursachen dieser Krankheiten und einer wirksamen Behandlung stehen derartig solide Errungenschaften gegenüber wie der Fortschritt auf dem Gebiet der lokalisierenden Pathologie, die Verbesserung der Diagnosemethoden z. B. durch die Erfindung des Stethoskops, Pierre Louis' überzeugender Beweis für den Wert medizinischer Statistiken, die Entdeckung der Anwendungsmöglichkeiten von Morphium und die Isolierung von Strychnin und Chinin, der Anfang ernsthafter wissenschaftlicher Experimente in der klinischen Thermometrie und der Anästhesie und die intensive Untersuchung des Zellaufbaus, die durch die Einführung des achromatischen Mikroskops in den 30er Jahren ermöglicht worden war.

Diese Erkenntnis der europäischen Wissenschaft und ihre praktische Anwendung wurden, ebenso wie andere europäische Ideen und Institutionen, der Außenwelt vermittelt und regten die Entwicklungen an, die den Globus im Laufe des Jahrhunderts europäisieren sollten. Die europäischen Ideen wurden nicht nur durch Kaufleute und Missionare verbreitet, sondern auch durch koloniale Tätigkeit. Gewiß war die Ausdehnung der europäischen Besitzungen in Übersee in diesem Zeitabschnitt nicht im entferntesten mit derjenigen vergleichbar, die im letzten Viertel des Jahrhunderts stattfinden sollte. Die Begeisterung für koloniale Erwerbungen war nicht groß. Spanien und Portugal verloren sogar in diesen Jahren ihre Kolonialreiche in Amerika. Die Briten und Russen hingegen drangen im Mittleren und Fernen Osten weiter vor, und die Franzosen errichteten ein Kolonialreich in Nordafrika.

Der alte, enttäuschte Chateaubriand schrieb in seinen Memoiren über sein Zeitalter: «Nach Napoleon nichts!» Dennoch bot diese Epoche eine Fülle von Entwicklungen, die ebenso erwähnenswert sind wie die Siege Napoleons. Glücklicherweise frei von Verwüstungen durch einen großen Krieg, stand sie im Zeichen der politischen und intellektuellen Gärung, des wirtschaftlichen

Wachstums, des wissenschaftlichen Fortschritts und der literarischen und künstlerischen Vitalität. Treffender dürfte die Beschreibung Victor Hugos sein: «eine großartige Epoche ... das Mannesalter der Menschheit».

1. Die Großmächte und die Politik des Gleichgewichts

1815–1848

Der Wiederaufbau Europas 1814–1815

Die Großmächte und die Nachkriegsentscheidungen. Im März 1814 trabte die österreichische Kavallerie über das Kopfsteinpflaster von Paris, und preußische Grenadiere biwakierten auf den Höhen von Montmartre. Eine ungewohnte Ruhe senkte sich über Frankreich. Nach einem feurigen, aber kurzen Kampf am Clichytor war der organisierte Widerstand französischer Armeen zusammengebrochen. Napoleon sollte noch zu einem letzten verzweifelten Schlag ausholen, aber im Grunde genommen war seine Zeit vorbei. Nach einem Vierteljahrhundert fast ununterbrochenen Krieges war das revolutionäre und imperialistische Frankreich, das unter Führung Napoleons den Kontinent beherrscht hatte, von Europa besiegt worden.

Aber was – oder vielmehr, wer – war Europa? Praktisch gesehen bedeutete Europa die vier Staaten, die wie Frankreich – aufgrund ihrer militärischen, wirtschaftlichen und anderen Ressourcen – als Großmächte angesehen wurden und die am meisten zur Niederlage Napoleons beigetragen hatten: Österreich, Preußen, Rußland und Großbritannien. Sie und die Große Allianz, die zu gründen ihnen schließlich im Frühjahr 1813 gelungen war, hatten im wesentlichen den Sieg errungen. Und jetzt, bei der Entscheidung über die heiklen Fragen, die der Prozeß zur Wiederherstellung des Friedens auf dem kriegszerrissenen Kontinent mit sich brachte, ergriffen eben diese Großmächte die Initiative und übten einen beherrschenden Einfluß aus.

Der Erste Pariser Friede. Von Anfang an erkannten die Mächte, daß zwei verschiedene Aufgaben zu erledigen waren, bevor Europa wieder zu einem sicheren Frieden gelangen konnte. Sie mußten durch ein Übereinkommen mit Frankreich den Feindseligkeiten ein unwiderrufliches Ende setzen. Außerdem mußten sie die Verwirrung und Unordnung vermindern und die dynastischen und territorialen Probleme lösen, die durch den Zusammenbruch des Napoleonischen Reiches in ganz Europa geschaffen worden waren.

Die erste dieser Aufgaben war die leichtere und wurde schnell erledigt. Die Alliierten Mächte waren nicht länger bereit, Napoleon auf dem Thron Frankreichs zu dulden. Sie mußten einen Nachfolger für ihn finden, und entschieden – nachdem sie die Erwägung solcher Kandidaten wie seines Sohnes und des schwedischen Prinzen Bernadotte, der die Gunst des Zaren von Rußland erlangt hatte, fallengelassen hatten –, es sei das Einfachste und Logischste, die alte Dynastie, das Haus Bourbon, in der Person von Ludwig XVIII. zu restaurieren.

Die Bedingungen des im Mai 1814 mit Ludwig XVIII. abgeschlossenen Vertrages – des sogenannten Ersten Pariser Friedens – waren milde. Frankreich verlor seine neuen Erwerbungen in Italien, Deutschland und den Niederlanden sowie koloniale Besitzungen wie Tobago, Santa Lucia und Ile de France, die an Großbritannien abgetreten wurden, und einen Teil von San Domingo, der Spanien übergeben wurde. Die Verluste waren jedoch nicht größer als erwartet. Andererseits ließ man Frankreich nicht nur seine Grenzen vom Januar 1792, sondern es durfte außerdem bestimmte Enklaven übernehmen, die ihm vorher nicht gehört hatten. Überdies machte der neue französische König deutlich, daß er sich jeglichen finanziellen Forderungen widersetzen und eher einer Haft beugen würde, als zu zahlen, obwohl die Briten ihr Interesse an einer Entschädigung für die Kriegskosten zum Ausdruck brachten und die Preußen energisch forderten, Frankreich müsse gezwungen werden, gewisse Gelder, die Napoleon aus den deutschen Staaten herausgepreßt hatte, zurückzuzahlen. Diese Entschlossenheit beeindruckte die Alliierten so sehr, daß sie den Gedanken an finanzielle Reparationen fallen ließen. Sie bestanden nicht einmal auf einer Rückgabe der Kunstschätze, die die Beauftragten Napoleons in den Museen und Palästen Europas systematisch geplündert hatten.

Die Unterzeichnung des Vertrages bedeutete den erfolgreichen Abschluß der ersten Phase des Wiederaufbaus von Europa. Die zweite Phase begann, als sich die Vertreter der verschiedenen Mächte zu Verhandlungen über die allgemeine Regelung in Wien versammelten.

Der Wiener Kongreß: Organisation. Zunächst muß in Erinnerung gebracht werden, daß der Wiener Kongreß sich nie als beratendes Gremium versammelt hat. Die Bezeichnung Wiener Kongreß sagt nur insofern etwas aus, als sie sich auf die Gesamtheit der Verhandlungen bezieht, die nach dem 1. Oktober 1814 acht Monate lang in der österreichischen Hauptstadt stattfanden.

Diese Verhandlungen wurden von den Großmächten geführt, während sich die kleineren Staaten mit der Arbeit in Ausschüssen über besondere Probleme zu begnügen hatten. Die großen Fragen waren ihren größeren Brüdern vorbehalten, deren starken Delegationen einige der fähigsten Unterhändler des 19. Jahrhunderts angehörten. Die Hauptrolle spielte Clemens Fürst Metternich, der österreichische Außenminister, dessen sorgfältig gewählter Zeitpunkt für den Frontwechsel vom Bündnis mit Napoleon zur Vereinigung mit seinen Feinden den Erfolg der Großen Allianz gesichert und gleichzeitig sein Land zu deren Anführer gemacht hatte. Metternich war ein außerordentlich eitler Mann, für den es unvorstellbar war, daß er Fehler machen könne. Indessen war er 1809 im Alter von 36 Jahren Außenminister geworden und

1. Der Wiener Kongreß 1814/1815

bekleidete das Amt bis 1848, eine beispiellose Amtsdauer eines europäischen Diplomaten in der neueren Zeit und Beweis dafür, daß er ein ungewöhnliches politisches Talent besaß.

Metternichs Interesse an einer europäischen Ordnung und einem Ausgleich der Interessen der Mächte teilte der britische Hauptdelegierte, Außenminister Viscount Castlereagh. Seinen unermüdlichen Bemühungen war es zum großen Teil zu verdanken, daß die Große Allianz nicht an der Mißgunst und dem gegenseitigen Mißtrauen zerbrochen war, die sie noch vor Napoleons endgültiger Niederlage zu zerstören gedroht hatte. Nun wollte er ein Gleichgewicht der Mächte herstellen, das ihren Mitgliedern Sicherheit und Frieden geben würde.

Sowohl Metternich als auch Castlereagh hatten mehr Entscheidungsfreiheit als ihre russischen und preußischen Kollegen; denn jene Diplomaten mußten den Wünschen und Voreingenommenheiten ihrer in Wien anwesenden und aktiven Landesherren Rechnung tragen. So mußte der russische Außenminister, Graf Nesselrode, dessen Ansichten gleichermaßen «europäisch« waren wie die Castlereaghs und Metternichs, sich fortwährend den Launen seines Monarchen, Zar Alexanders I., beugen, eines neurotischen und möglicherweise schizophrenen Herrschers.

Den Vorsitz der preußischen Delegation hatte Fürst Hardenberg, dem wegen seines fortgeschrittenen Alters und seiner zunehmenden Taubheit

Wilhelm von Humboldt, der frühere Kultusminister, zur Seite stand. Ihre Bemühungen, preußische Interessen zu fördern, indem sie während des Kongresses eine unabhängige Rolle spielten, wurden durch die Anwesenheit ihres Landesherrn, Friedrich Wilhelms III., ernsthaft behindert, der aus Dankbarkeit für Zar Alexanders Beistand bei der Befreiung Preußens im Jahre 1813 stärker Partei für die Russen ergriff, als politisch klug war.

Der Leiter der französischen Delegation schließlich, mit seinem schlecht gepuderten Haar und seinem Klumpfuß, seinen hängenden Lippen und glanzlosen aber spöttischen Augen, war Charles Maurice de Talleyrand-Périgord, Fürst von Benevent, der in Wien bei allen Empfängen und Bällen im Hintergrund blieb, jedoch niemals fehlte, wenn große Dinge zu entscheiden waren. Dies war der Mann, der alle gefährlichen Stürme der Revolution dadurch überstanden hatte, daß er genau wußte, wann es nötig war, die Seiten zu wechseln, der Napoleon gedient und ihn verraten hatte, der die Alliierten entscheidend beeinflußt hatte, Ludwig XVIII. die Thronfolge zu übertragen, und der seine phantastisch abwechslungsreiche Karriere schließlich 1830 als Botschafter von Louis Philippe in London beenden sollte.

Die Wiener Regelung: Grundlegende Prinzipien. Es heißt, daß die in Wien erzielte territoriale Regelung auf drei Prinzipien beruhte: Entschädigung für die Sieger, Legitimität und Gleichgewicht der Mächte. Vorausgesetzt, daß nicht zuviel in diese Etiketten hineingelegt wird, sind sie nützlich zur Veranschaulichung der charakteristischen Züge der Verträge.

Trotz ihrer Bereitschaft, auf finanzielle Reparationen von seiten Frankreichs zu verzichten, erwarteten die Großmächte irgendeine Art von Entschädigung für ihre kostspieligen Anstrengungen gegen Napoleon, und sie dachten hauptsächlich an territoriale Expansion. Großbritannien bildete dabei keine Ausnahme. Wenn seine Repräsentanten in Wien weniger eigennützig schienen als andere Delegierte, so lag das nur daran, daß sie wußten, ihrem Land waren die meisten Wünsche schon erfüllt worden, bevor die Verhandlungen überhaupt begonnen hatten. Im Laufe der Kriege hatten die Briten sich strategische Vorposten angeeignet wie Helgoland in der Nordsee, Malta und die Ionischen Inseln im Mittelmeer, die Kapkolonie in Südafrika sowie Ceylon, Ile de France, Demerara, Santa Lucia, Tobago und Trinidad. Diese gaben sie denn auch nicht mehr heraus.

Die britischen Zugewinne wurden durch die Österreichs bei weitem übertroffen. Metternich nutzte die allgemeine territoriale Neuordnung zur Aufgabe bestimmter früherer Besitzungen seines Landes in Belgien und Süddeutschland, die für eine funktionstüchtige Verwaltung oder militärische Verteidigung zu weit entfernt waren, erhielt aber statt dessen die beiden reichen und günstig gelegenen Provinzen Lombardei und Venetien in Norditalien. Außerdem gewann Österreich seine polnischen Besitzungen zurück und bekam Gebiete in Tirol und Illyrien an der Ostküste des Adriatischen Meeres.

Am Ende der Wiener Verhandlungen war Österreichs Bevölkerung um 4 oder 5 Millionen größer als 1792.

Rußland waren Finnland, das es von Schweden erobert hatte, Bessarabien und andere den Türken abgenommene Territorien, bereits sicher; aber Alexander wollte noch mehr. Er brannte darauf, in Europa als Restaurator des alten Königreiches Polen dazustehen und damit neuen Ruhm zu erlangen. Die Preußen waren bereit, ihr polnisches Territorium aufzugeben, wenn sie anderswo entschädigt würden. Als geeignete Entschädigung schlugen sie das Königreich Sachsen vor, ein bevölkerungsreiches und wohlhabendes Land, das in günstiger Nähe lag.

Weder Österreich noch Großbritannien waren darüber sehr glücklich. Alexanders polnisches Projekt, das die russische Macht in Mitteleuropa erheblich verstärken würde, beunruhigte beide Mächte. Überdies fürchtete Metternich die Kritik seiner Feinde in Wien, die ihm – wenn er Preußen die Annexion Sachsens gestattete – vorwerfen würden, er habe den preußischen Einfluß auf die Angelegenheiten Deutschlands auf Kosten seines eigenen Landes vergrößert. Castlereagh hatte keine eigentlichen Einwände gegen Zugewinne Preußens, wollte sie aber lieber am Rhein sehen, wo preußische Streitkräfte notfalls eingesetzt werden konnten, um neuen Abenteuern von seiten Frankreichs vorzubeugen.

Diese Situation gab Talleyrand die Gelegenheit zu einem Überraschungscoup. Angesichts des Zusammenschlusses der anderen Mächte lag ihm daran, Frankreichs Isolierung zu beenden, und er machte sich jetzt deren Differenzen zunutze, um ein Geheimbündnis zwischen England, Österreich und Frankreich vorzuschlagen, in dem die drei Mächte übereinkamen, notfalls mit Waffengewalt preußisch-russischen Ansprüchen Widerstand zu leisten. Zunächst zauderte Castlereagh, aber als die Preußen unnachgiebig auf Sachsen beharrten, besann er sich anders und entwarf den Dreimächtevertrag, der am 3. Januar 1815 abgeschlossen wurde.

Von seiten Metternichs war der Vertrag wahrscheinlich ein Täuschungsmanöver; aber, wenn dem so war, hatte es Erfolg. Alexander war nicht in der Lage, Krieg zu führen, da seine Truppen zerrüttet und unzufrieden waren und viele seiner Offiziere seinen europäischen Plänen keine Sympathien mehr entgegenbrachten. So wurde die Krise zwischen den Mächten überwunden und ein komplizierter Ausgleich zusammengeflickt. Dem Zaren wurde erlaubt, den größeren Teil des Großherzogtums Warschau einzunehmen, Preußen und Österreich behielten jedoch einige ihrer polnischen Gebiete, und Krakau wurde eine Freie Stadt. Preußen bekam nur die Hälfte von Sachsen (der Rest blieb unabhängiges Königreich), erhielt aber den schwedischen Teil Pommerns und ausgedehnte Gebietsteile im Rheinland.

Nachdem die polnisch-sächsische Krise nun überwunden war und die Mächte ihre eigenen Ambitionen befriedigt hatten, richteten sie ihre Aufmerksamkeit auf die in den anderen befreiten Gebieten erforderlichen Regelungen. Hier beachteten sie das Prinzip der Legitimität, wenn es ihnen zweckdienlich erschien. Der Begriff Legitimität war von Talleyrand erfunden worden und besagte im weitesten Sinne, daß die Rechte der vornapoleonischen Herrscher europäischer Staaten respektiert und ihr Thron restauriert werden sollte, wenn sie ihn im Lauf der Kriege verloren hatten. Dieses Prinzip wurde jedoch nicht automatisch oder konsequent angewandt. Die Mächte erkannten, daß es wenig Sinn hatte, die deutschen Staaten wiederherzustellen, die schon seit 1803 nicht mehr existierten, und sie ignorierten die Legitimität bei italienischen Staaten, die vor 1798 verschwunden waren. Auch ließen sie sich durch dieses Prinzip nicht beunruhigen, wenn es um ihre eigenen Erwerbungen ging.

Konsequenter waren sie bei der Anwendung des Prinzips des Gleichgewichts der Macht, dessen eifrige und eloquente Verfechter Metternich, Castlereagh und Talleyrand waren. Darunter verstand jeder von ihnen das, was «balance of power» im allgemeinen im 18. Jahrhundert bedeutet hatte: ein Kräftegleichgewicht zwischen den Großmächten, das vor jeglichem einseitigen Angriff abschreckte. Die Möglichkeit, daß jemals mehr erreicht werden könne als ein unsicheres Gleichgewicht, beurteilte Talleyrand skeptischer als seine beiden Partner; er glaubte, daß nur ein Geist der Mäßigung und Gerechtigkeit auf seiten der Mächte Aggressionen verhindern könne. Metternich und Castlereagh hingegen neigten zu einem fast mathematischen Denken und suchten nach einem Ausgleich von Territorium, Bevölkerung und Ressourcen, der die Kriegsgefahr auf ein Minimum reduzieren würde.

Gegen ihren Willen wurden die Belgier in den Niederlanden mit ihren nördlichen Nachbarn vereinigt und unter die Herrschaft der Oranier gebracht, in erster Linie in der Hoffnung, dadurch eine zusätzliche Barriere gegen ein möglicherweise sich wieder erhebendes Frankreich zu schaffen. Deutschland blieb in 38 Einzelstaaten aufgeteilt, da jede andere Lösung die Beziehungen der Mächte untereinander kompliziert hätte. Man war der Meinung, daß ein territorial zersplitterter Raum in Mitteleuropa als eine Art Puffer dienen könne. Während schließlich in Italien der König von Piemont und der Papst ihre Gebiete wiedererlangten und erweiterten und prinzipiell entschieden wurde, daß das Königreich beider Sizilien den Bourbonen wieder zugesprochen werden sollte, erhielt Österreich nicht nur die Lombardei und Venetien, sondern konnte seinen Einfluß auch auf die nördlichen Herzogtümer Parma, Modena, Lucca und Toscana ausdehnen. Hierbei war wiederum Sinn der Sache, einerseits das Gleichgewicht zwischen Österreich und den anderen Mächten beizubehalten und andererseits es in die Lage zu versetzen, einen erneuten Übergriff Frankreichs auf Italien unmöglich zu machen.

Früher war es üblich, die Diplomaten des Wiener Kongresses als Reaktionäre zu betrachten, die die Uhr zurückdrehen wollten und die Prinzipien des Nationalismus verhöhnten. Es wäre logischer, sie als Männer zu beurteilen, die eine überaus schwierige Aufgabe zu bewältigen hatten und sie zur Zufriedenheit der großen Mehrheit der politisch bewußten Menschen lösten, die von ihren Entscheidungen betroffen waren. Bei der Bewältigung dieser

Aufgabe zeigten sie sich oft erstaunlich aufgekärt (z. B. bei der Vertragsklausel, daß alle Mitglieder des Deutschen Bundes landständische Verfassungen einführen sollten, bei der Garantie der Neutralität und Unabhängigkeit der Schweiz und bei der Verurteilung des Sklavenhandels). Wenn sie das Nationalitätenprinzip nicht anerkannten, so deswegen, weil sie fürchteten, daß auf jeden Versuch, die Italiener zu befreien oder die Deutschen im Jahre 1815 zu vereinigen, ein Chaos folgen würde; und damit hatten sie wahrscheinlich recht. Schließlich gelang es ihnen auch, ein vernünftiges Gleichgewicht zwischen den Großmächten herzustellen, so daß keine der Mächte ernsthaft benachteiligt wurde. Damit dienten sie der Sache des Friedens.

Die Hundert Tage und der Zweite Pariser Friede. Während die letzten Details der Regelung ausgearbeitet wurden, wurde die Welt aufgerüttelt durch die Neuigkeit, daß Napoleon seinem Exil auf Elba entkommen, in Frankreich gelandet war und den Thron bestiegen hatte, nachdem Ludwig XVIII. bei der ersten Nachricht von Napoleons Ankunft geflohen war. Napoleon hoffte zweifellos, die Alliierten zu spalten und sie einzeln zu besiegen; in diesem Falle jedoch wurde er enttäuscht. Die schlimmsten Differenzen unter den Allierten waren überstanden, bevor sein Abenteuer begann, und seine Rückkehr erneuerte die Waffenbruderschaft, durch die er 1813 bei Leipzig besiegt worden war. Der Korse vermochte sich nur hundert Tage seiner wiedererlangten Macht zu freuen, und dann folgten die vernichtende Niederlage bei Waterloo am 18. Juni 1815 und ein neues, endgültiges Exil auf Sankt Helena. Für Frankreich waren die Folgen sehr viel ernster. Napoleons letzter Feldzug machte fast alles, was Talleyrand in Wien erreicht hatte, zunichte.

Auf seiten der Alliierten war nun keine Bereitschaft mehr vorhanden, Frankreich die Strafen zu ersparen, die besiegten Mächten gewöhnlich auferlegt wurden; sie fragten auch nicht weiter nach den Empfindungen Ludwigs XVIII. Der Monarch wurde wieder auf den Thron erhoben, regierte jedoch dieses Mal über ein kleineres Reich. Der Zweite Pariser Vertrag (20. November 1815) beraubte Frankreich vieler strategischer Posten im Norden und Osten und verkleinerte sein Gebiet so sehr, daß es etwa eine halbe Million Untertanen verlor. Außerdem mußte es nun eine Kriegsentschädigung von 700 Millionen Franken zahlen – nach zeitgenössischen Maßstäben eine schwere Last – und eine Besatzungsarmee mindestens drei Jahre lang unterhalten. Trotz aller Bemühungen Talleyrands in Wien war sein Land nun wiederum isoliert und wurde mit Mißtrauen und Furcht betrachtet.

Die Heilige Allianz und das Europäische Konzert. Ende 1815 unterzeichneten die Mächte zwei weitere Bündnisse, die für die Zukunft von Bedeutung waren: Die Heilige Allianz und die Quadrupelallianz.

Die Heilige Allianz wurde von Alexander I. ins Leben gerufen, und in ihrer ursprünglichen Form scheint sie ein Versuch gewesen zu sein, eine neue internationale Ordnung zu errichten, die sich nicht auf die traditionelle

Diplomatie gründete, sondern auf die Grundsätze des Christentums. Bei ihrer Gründung verkündete die Heilige Allianz, daß die «erhabenen Wahrheiten, durch die ewige Religion von Gott unserem Erlöser gelehrt» nicht nur die Beziehungen der Völker untereinander leiten sollten, sondern ebenso deren innere Angelegenheiten. Nunmehr, so lautete der Vertrag, würden die Unterzeichner sich als Vertreter von Gottes Gnaden betrachten, «die sich in ihrem Verhältnis zu ihren Untertanen und Armeen als Familienväter sehen, und diese in dem Geiste, der sie beseelt, lenken, zum Schutze von Religion, Frieden und Gerechtigkeit».

Das zweite Bündnis, der Vertrag der Quadrupelallianz, wurde am 20. November 1815 unterzeichnet. Mit diesem Dokument verpflichteten sich die vier Großmächte, alle ihre Kräfte aufzubieten, um eine neuerliche Störung des allgemeinen Friedens durch Frankreich zu verhindern, Napoleon und seine Familie vom französischen Thron fernzuhalten und Frankreich vor neuen revolutionären Erschütterungen zu bewahren. Außerdem kamen sie überein, regelmäßige Versammlungen abzuhalten, «zum Zwecke der Beratung ihrer Interessen oder zur Abwägung von Maßnahmen, die in dem jeweiligen Zeitraum für die segensreichsten zur Förderung der Ruhe und des Wohlstands der Völker und zur Aufrechterhaltung des Friedens in Europa angesehen werden».

Das einzige Problem lag darin, daß zwischen ihnen kein Einvernehmen darüber erzielt worden war, worin die Gefährdung ihres Abkommens bestand, und inwieweit sie verpflichtet waren, gemeinsame Maßnahmen zu ergreifen, wenn revolutionäre Situationen auftraten.

Vom Wiener Kongreß bis zu den Revolutionen von 1830

Das Konferenzsystem. Die Zusammenarbeit der Mächte nach dem Krieg funktionierte ausgezeichnet, solange sie das revolutionäre Frankreich zum Gegenstand hatte. Schwerwiegende Unstimmigkeiten traten erst nach 1818 auf, als die Besatzung Frankreichs aufgehoben wurde und andere, gefährlichere Dinge in den Vordergrund rückten.

Anzeichen hierfür gab es auf der ersten großen Nachkriegskonferenz im Herbst des Jahres 1818 in Aachen. Dieser Kongreß war angeblich einberufen worden, um das Abkommen mit Frankreich durch eine endgültige Festsetzung der Reparationen und die Genehmigung zum Abzug der Besatzungstruppen zum Abschluß zu bringen. Aber nun, da Frankreich offenbar keine Bedrohung für den Frieden mehr darstellte, nahmen die Russen diese Gelegenheit wahr, um die Frage nach der Zukunft der Allianz aufzuwerfen. Zar Alexander unterbreitete der Konferenz ein Memorandum, das die Aufforderung an alle Teilnehmer enthielt, klarzustellen, daß sie «rechtlich und praktisch gebunden» seien an eine allgemeine Vereinigung, deren Ziel erstens die Aufrechterhaltung der in Wien beschlossenen territorialen Regelung und zweitens die Garantie aller bestehenden legitimen Regime sei.

Der Antrag verärgerte und beunruhigte die Briten. Alexander schien die bestehende politische Lage durch das Gelöbnis der Mitglieder, alle etablierten Regierungen zu stützen, einfrieren zu wollen. Ein solches Versprechen konnte eine britische Regierung nur in Einzelfällen geben – und dann auch nur nach Überprüfung des betreffenden Regimes.

Alexander nahm Militärrebellionen und Volkserhebungen in Spanien zu Beginn des Jahres 1820 zum Anlaß, das Thema wieder aufzugreifen. Während dieser durch die Mißwirtschaft König Ferdinands VII. herbeigeführten Krise erzwang das spanische Volk eine Verfassung. Der Zar bestand sofort auf einer Intervention der Quadrupelallianz in Spanien, um die Revolutionswelle einzudämmen, bevor sie Europa überrollen würde. Castlereagh lehnte wiederum ab. In einem heute berühmten Memorandum vom 5. Mai 1820 ermahnte er seine Verbündeten, daß der ursprüngliche Zweck ihrer Allianz die Aufrechterhaltung des Friedens in Europa und des Gleichgewichts der Mächte gewesen sei. Wenn es hierum gehe, sei Großbritannien immer zur Kooperation bereit, werde aber weder in die inneren Angelegenheiten anderer europäischer Staaten eingreifen noch die Intervention anderer Mächte gleichgültig mitansehen.

Doch Alexander konnte von seinem Vorhaben nicht abgebracht werden; denn alles, was 1820 um ihn herum vorging, bestärkte ihn in seiner Überzeugung. Die Unruhen in Spanien hielten an, und im Juli fand eine Militärerhebung in Neapel statt, die den König zwang, eine Verfassung zu gewähren, und der revolutionären Agitation auf der gesamten italienischen Halbinsel einen enormen Auftrieb gab. Im August brach dann noch ein Aufstand in Portugal aus. Nun war auch Metternich alarmiert. Hatte er bisher eine Parteinahme für Alexander oder Castlereagh zu meiden gesucht, so drängte er nun auf gemeinsame Maßnahmen der Mächte zur Bekämpfung des europäischen Notstands. Auf einer Konferenz in Troppau im Oktober legte er ein von den Russen und Preußen bereits gebilligtes Memorandum vor, welches das Prinzip der Nichtanerkennung revolutionsbedingter Veränderungen und das Interventionsrecht der Mächte zur Unterdrückung derartiger Veränderungen festlegte.

Castlereagh verweigerte seine Zustimmung zu diesem Troppauer Protokoll. Das hinderte die drei östlichen Mächte nicht daran, die Konferenz nach Laibach zu vertagen. Dort bevollmächtigten sie die österreichische Armee zur Intervention in Neapel, um den einfältigen und hinterhältigen Ferdinand I. wieder auf den Thron zu heben und die ihm aufgezwungene Verfassung zu widerrufen. Diese Aufgabe und einige Monate später die Niederwerfung der Revolution in Piemont vom März 1821 bereitete den Österreichern keinerlei Schwierigkeiten.

Nach dem Erfolg in Italien waren die östlichen Mächte zum Handeln in Spanien entschlossen, und hier erhielten sie die Unterstützung der französischen Regierung. Nach dem Mord an dem Neffen des Königs, dem Herzog von Berry, im Februar 1820 (s. S. 66) war diese nahezu fanatisch konservativ geworden und hielt es sowohl für angemessen als auch für vorteilhaft, bei der Unterdrückung von Unruhen so nahe an ihrer Grenze mit der Heiligen Allianz zu kooperieren. Der Fall Spanien wurde im Oktober 1822 auf der Konferenz von Verona geregelt. Trotz britischer Proteste wurde die französische Regierung bevollmächtigt, die Ordnung in Spanien wiederherzustellen. Im April 1823 erlebte Europa wieder französische Truppen im Aufmarsch. Sie stießen auf keinen ernsthaften Widerstand. Innerhalb von sechs Monaten saß Ferdinand VII. wieder auf dem Thron, und Spanien wurde von einer Welle brutaler Reaktion erfaßt.

Weitere der im Vertrag der Quadrupelallianz vorgesehenen periodischen Konferenzen fanden nicht statt; denn die in Verona unterlegenen Briten beschlossen, an künftigen Versammlungen dieser Art nicht teilzunehmen. Das bedeutete nicht, daß Britannien sich vom Europäischen Konzert losgesagt hätte. Die britischen Regierungen waren im Falle einer echten Bedrohung des europäischen Friedens zu ad hoc-Treffen mit den anderen Mädchen bereit. Doch sie wollten nicht länger einer Organisation angehören, die jetzt zu einer Institution der Hexenjagd entartet zu sein schien.

Überdies demonstrierten sie bald, daß die Heilige Allianz, nachdem sie die englischen Wünsche in Verona übergangen hatte, nicht damit rechnen durfte, sich immer durchsetzen zu können. Es kann kein Zweifel darüber bestehen, daß Alexander und Metternich gern die Rückgabe der Neuen Welt an Spanien veranlaßt hätten. Doch den Briten lag nichts an einer Wiederherstellung der spanischen Herrschaft. Sie verfügten über bedeutende Handelsverbindungen zu den ehemaligen spanisch-amerikanischen Kolonien und hatten zwischen 1821 und 1825 22 Millionen Pfund an privaten Investitionen dorthin fließen lassen. Der Nachfolger Castlereaghs, George Canning, machte daher allen beteiligten Parteien klar, daß Spanien zwar zweifellos das Recht habe, seine Herrschaft wieder geltend zu machen, daß Großbritannien aber Interventionsversuchen der anderen Mächte entgegentreten würde. Cannings Standpunkt erhielt enorme Unterstützung durch die Monroe-Doktrin (Dezember 1823), in der die Regierung der Vereinigten Staaten erklärte, daß jeder Versuch von seiten der Heiligen Allianz, ihr System auf irgendeinen Teil der westlichen Hemisphäre auszudehnen, als «unseren Frieden und unsere Sicherheit gefährdend» und als «Manifestation einer unfreundlichen Haltung gegenüber den Vereinigten Staaten» aufgefaßt werde. Die Entschlossenheit der beiden Mächte setzte der Krise ein Ende und sicherte die Unabhängigkeit Lateinamerikas.

Dieser Zwischenfall zeigte, daß die Macht der Heiligen Allianz nicht über Europa hinausging. Überdies waren ihr trotz ihrer Siege in Spanien und Italien noch andere Grenzen gesetzt, die im Laufe der griechischen Revolution sichtbar wurden.

Der Aufstand in Griechenland. Die blutigen Ereignisse in Griechenland während der 1820er Jahre kennzeichneten den Beginn einer langen Kette von

Unruhen auf dem Balkan und im Nahen Osten. Sie ergaben sich zwangsläufig aus dem inneren Zerfall des Osmanischen Reiches. Zu Beginn des 19. Jahrhunderts erstreckte sich dieses Reich noch von Kleinasien über Ägypten, an der Südküste des Mittelmeers entlang, bis nach Tunis und Algerien und im Nordwesten über die Dardanellen bis zu den südlichen Grenzen des Österreichischen und des Russischen Reiches. In Europa allein beanspruchten die Türken die Macht noch über ein Gebiet von ca. 238000 Quadratmeilen mit etwa acht Millionen, zumeist christlichen Einwohnern. Doch in vielen Teilen dieses großen Reiches besaß der Sultan keine wirkliche Autorität mehr, sondern nur noch eine nominelle.

Dies war einer der wesentlichen Gründe für die nun in den europäischen Provinzen des Sultans einsetzenden Schwierigkeiten. Bei einer funktionstüchtigeren türkischen Verwaltung hätten die christlichen Untertanen jener Provinzen wenig Grund zur Klage gehabt. Rechtlich stand ihnen die freie Religionsausübung und die Kindererziehung ohne staatliche Einmischung zu. Sie übten ein beträchtliches Maß an Selbstverwaltung aus und waren vom Militärdienst befreit. Aber mit dem Verfall des Reichssystems schwand selbst der Anschein einer Verbesserung der wirtschaftlichen Situation; und das machte die unterworfenen Völker widerspenstig und bestärkte sie in ihrer Auflehnung gegen die zahlreichen diskriminierenden Steuern. Noch schlimmer waren die Belästigungen durch die Provinzgouverneure oder Garnisonstruppen – die gefürchteten, aber immer disziplinloseren Janitscharen –, seitdem die Regierung in Konstantinopel diese nicht mehr recht unter Kontrolle halten konnte. Sie erpreßten Sonderabgaben oder ließen sich zu sinnlosen Brutalitätsausbrüchen gegenüber Christen und Juden hinreißen.

Der Anlaß für den ersten Aufstand der Christen auf dem Balkan im Jahre 1804 war der Unmut über das Verhalten der Janitscharengarnison in Belgrad. Die serbischen Bauern erhoben sich unter Karadjordje, dem «schwarzen Georg», und vertrieben ihre Unterdrücker. Die Türken schlugen zurück, und im Jahre 1813 gelang es ihnen, Karadjordje zu verbannen und die Ordnung wiederherzustellen. Doch zwei Jahre später wurde der Kampf unter Führung von Milos Obrenowitsch wieder aufgenommen, und die Serben erlangten innerhalb von zwei Jahren ihre Freiheit.

Der griechische Aufstand erwuchs zum Teil wie der der Serben aus der Erbitterung über die Mißwirtschaft türkischer Beamter, doch kam hier noch ein zusätzlicher Faktor ins Spiel. Die führenden Köpfe der revolutionären Bewegung waren Kaufleute von den Ägäischen Inseln und die sogenannten «capitani» – Schiffskommandeure oder Anführer von Räuberbanden aus den Bergen des Peleponnes. Während der Französischen Revolution waren sie aufgrund ihrer Tätigkeit im Transportwesen mit französischen Ideen in Berührung gekommen und durch sie tiefgreifend beeinflußt worden.

Für die Großmächte war der Aufstand nicht nur wegen der Bedrohung des allgemeinen Friedens von Interesse, sondern auch deswegen, weil alle mit Ausnahme Preußens wirtschaftliche und politische Interessen im Nahen

Osten verfolgten. Für die meisten von ihnen war die Lage in Griechenland jedoch so kompliziert, daß sie zögerten, einen festen Standpunkt einzunehmen, und schließlich ergriffen die Briten die Initiative. George Canning verkündete im März 1823 die britische Anerkennung des Kriegszustands in Griechenland. Canning befürchtete, daß die Russen den Griechen früher oder später zur Hilfe kommen müßten und daß ein Alleingang Rußlands Griechenland zu einem russischen Satellitenstaat machen würde und die Auflösung des Türkischen Reiches zur Folge haben könnte. Er wollte beiden Möglichkeiten vorbeugen.

Metternich wollte ein russisches Eingreifen in Griechenland vermeiden, da dadurch Rußlands Einfluß auf dem Balkan vergrößert und damit das Gleichgewicht der Mächte verändert würde. Überdies, so erklärte er dem Zaren, würde Rußlands Hilfe an Griechenland einen Verrat an der Heiligen Allianz bedeuten und die Sicherheit aller Monarchien gefährden, denn – was immer man vom Sultan halte – er sei ein legitimer Herrscher, während die Griechen unbestreitbar Rebellen seien. Dieses Argument hielt Alexander zurück, hatte aber nur geringe Wirkung auf Nikolaus, der den Thron im Dezember 1825 bestieg. Zu diesem Zeitpunkt war zu erwarten, daß die starke ägyptisch-türkische Armee unter Ibrahim Pascha, die im Februar 1825 auf dem Peleponnes gelandet war, den Aufstand niederwerfen würde; und dies erregte die öffentliche Meinung in Rußland, die aus religiösen und anderen Gründen progriechisch war. Trotz der Einwände Metternichs gab Nikolaus allmählich der Volksstimmung nach, löste sich vorübergehend von der Heiligen Allianz und schloß sich der britischen Aufforderung an den Sultan an, den Griechen die Autonomie zu gewähren. Als dieser ablehnte, ging Nikolaus mit Britannien und Frankreich eine Allianz ein (6. Juli 1827), deren erklärtes Ziel die Sicherstellung der griechischen Unabhängigkeit war. Der darauf folgende Krieg zog sich über zwei Jahre hin. Französische Truppen befreiten den Peleponnes von Ibrahims Streitkräften, während eine russische Armee in Kleinasien einfiel und eine zweite die Gebirge des Balkan überquerte, um sich den Weg nach Adrianopel zu bahnen. Daraufhin ersuchte die türkische Regierung um Frieden.

Die russisch-türkischen Beziehungen wurden durch den Vertrag von Adrianopel vom 14. September 1829 geregelt. Er zwang die Türken zur Aufgabe der Donaumündung, der Abtretung eines Teils der Schwarzmeerküste an Rußland und zur Zahlung einer hohen Entschädigungssumme innerhalb von zehn Jahren. Bis zur vollständigen Zahlung sollten die Donaufürstentümer (das Gebiet des heutigen Rumänien) durch russische Truppen besetzt werden. Rumänien wurde praktisch russisches Protektorat.

Was Griechenland betraf, so verpflichtete der Vertrag die türkische Regierung zur Anerkennung der Entscheidungen einer Gesandtenkonferenz in London, auf der man bereits übereingekommen war, Griechenland versuchsweise die Autonomie zu gewähren. Im Laufe des Jahres 1830 wurde diese in völlige Selbständigkeit umgewandelt; doch dem Versuch der Konferenz, die Grenzen des neuen Staates festzulegen, stellten sich die Griechen entgegen.

Der Streit zwischen den Beteiligten zog sich hin, bis die Mächte im März 1832 die Landesgrenzen weiter faßten und Prinz Otto von Bayern zum ersten König von Griechenland auswählten. Die Befreiung Griechenlands bedeutete die erste wesentliche Veränderung auf der Landkarte Europas seit dem Wiener Kongreß.

Was die Beziehungen der Großmächte untereinander anbelangte, so hatte der lange Streit in Griechenland die Heilige Allianz einer erheblichen Belastung ausgesetzt. Die Stärkung der russischen Macht in Osteuropa infolge des Vertrags von Adrianopel erregte nun Befürchtungen in Wien wie in London und gab Anlaß zu besorgten Spekulationen über ihre Auswirkungen auf das Gleichgewicht der Mächte.

Die Jahre von 1830 bis 1848

Die Revolution in Frankreich und ihre Folgen. In der letzten Juliwoche des Jahres 1830 brach in Paris ein Bürgerkrieg aus; nach dreitägigen Kämpfen wurde der Bourbonenkönig Karl X. entmachtet, und der Herzog von Orléans bestieg den Thron unter dem Titel Louis Philippe, roi des Français. (Ein ausführlicher Bericht über die Hintergründe und den Verlauf der Revolution in Frankreich findet sich in Kap. 3.)

Die Julirevolution zerstörte das absolutistische System, um dessen Konsolidierung Karl X. sich bemüht hatte, und Frankreich wurde zu einem Staat, in dem die wohlhabendere Bourgeoisie die politische Macht ausübte. Zwei Jahre nach den Ereignissen in Paris fand eine ähnliche Entwickung in England statt, wo der gehobene Mittelstand durch die Verabschiedung der großen «Reform Bill» das Wahlrecht erhielt. (Einzelheiten und Analyse s. Kap. 4.)

Britannien und Frankreich kamen einander nun ideologisch näher, während sich der Unterschied zwischen ihnen und den Mitgliedern der Heiligen Allianz deutlicher ausprägte. In diesen Jahren schienen sich die Großmächte also in zwei festgefügte, gegeneinander gerichtete diplomatische Lager zu teilen.

Diese beiden Lager dürfen jedoch nicht als in sich zusammenhaltende Bündnisse angesehen werden, die sich gegenseitig ausschlossen. Von der Julirevolution bis 1848 blieben ideologische Differenzen ebensohäufig unbeachtet, wie ihnen Beachtung geschenkt wurde. Dies kann durch eine kurze Betrachtung der belgischen Revolution veranschaulicht werden.

Die belgische Revolution. Im Jahre 1815 hatte man das belgische Volk aus internationaler Zweckmäßigkeit unter die holländische Herrschaft gebracht. Die Wünsche der Belgier waren ebensowenig berücksichtigt worden wie die Tatsache, daß es wenig gemeinsame Interessen zwischen ihnen und den Holländern gab. Die beiden Länder hatten verschiedene geschichtliche Entwicklungen durchgemacht. Sie unterschieden sich in Sprache und Religion – die Belgier waren vorwiegend römisch-katholisch, die Holländer militant calvinistisch. Ihre wirtschaftlichen Interessen waren gegenläufig; die Holländer schworen als Agrar- und Handelsvolk auf den Freihandel, während die meisten führenden Unternehmer in Belgien, der Heimat blühender, aber noch junger Industrien, überzeugte Schutzzollanhänger waren. Mit der Unterwerfung der Belgier unter die Herrschaft des Königs der Niederlande bewirkten die Mächte die Entfremdung der liberalen Intellektuellen, die stolz waren auf die Vergangenheit ihres Landes, des katholischen Klerus und der Unternehmer sowie anderer Gruppen, einschließlich derer, die gern in den Staatsdienst eingetreten wären, aber all die besten Positionen durch holländische Beamte besetzt vorfanden.

Mit der Zeit wuchs ihr Unmut. Zur Explosion fehlte nur noch das auslösende Moment; und das bot der Aufstand in Paris. Am 25. August 1830 begann in Brüssel der Aufruhr. Truppen kamen in die Stadt, konnten aber die Ordnung nicht wiederherstellen und wurden im September zurückgeschlagen. Zu der Zeit hatte die revolutionäre Agitation schon auf andere Städte übergegriffen. Der König, Wilhelm I., der zunächst eine völlig unnachgiebige Haltung eingenommen hatte, versuchte nun, Konzessionen zu machen. Es war zu spät. Eine provisorische Regierung hatte sich bereits konstituiert und erklärte Belgien am 4. Oktober für unabhängig.

Am 1. Oktober hatte der Zar von Rußland seinen Verbündeten seine Bereitschaft zur Entsendung einer 60000 Mann starken Armee mitgeteilt, um den revolutionären Virus auszumerzen und Belgien wieder unter die holländische Herrschaft zu bringen. Es war bekannt, daß der König von Preußen seine Armee in Kriegsbereitschaft versetzt hatte, vermutlich zu demselben Zweck. Dies beschwor die Gefahr eines Krieges zwischen den Großmächten herauf, und die britische Regierung war so sehr alarmiert, daß sie die östlichen Mächte dringend aufforderte, von jeglicher Aktion Abstand zu nehmen, bis die Vertreter aller Großmächte in London zur Erörterung der belgischen Situation zusammentreffen konnten. Die östlichen Mächte nahmen die Einladung an, vielleicht in der Hoffnung, die Briten für ihren Standpunkt gewinnen zu können. Aber nun war Henry Temple, Viscount Palmerston (1784–1865), für die britische Politik verantwortlich; er bedauerte zwar die Auflösung der Union der Niederlande, die er als «vorteilhaft für die allgemeinen Interessen Europas» ansah, war aber der Ansicht, daß es für eine Wiederherstellung zu spät sei. Als Sprecher für den Frieden und das Gleichgewicht der Mächte betonte Palmerston, daß ein Versuch, Belgien wieder unter die holländische Herrschaft zu bringen, unrealistisch und, vom Standpunkt der Harmonie der Großmächte her gesehen, gefährlich wäre. Eine bessere Lösung sei die Anerkennung der belgischen Unabhängigkeit unter Bedingungen, die soweit wie möglich den Bruch im System von 1815 wieder in Ordnung bringen würden. Seine Argumente erhielten eine unerwartete Unterstützung durch den plötzlichen Aufstand der Polen im November 1830 und Unruhen in Deutschland und Italien am Ende des Jahres; sie schränkten die Interventionsmöglichkeiten aller östlichen Mächte im Westen ein. Jedenfalls hatten bis Ende Dezember 1830 alle Mächte der belgischen Unabhängigkeit zugestimmt.

Schließlich wurde Belgien durch den Vertrag vom 15. November 1831 (der im Mai 1832 ratifiziert, aber vom holländischen König erst im April 1839 anerkannt wurde) als selbständiger Staat unter einem Herrscher seiner Wahl, Leopold von Sachsen-Coburg, in die Familie der Nationen aufgenommen. In Übereinstimmung mit dem Wunsch Palmerstons, den der Wiener Regelung zugefügten Schaden wiedergutzumachen, wurde die neue Nation als neutraler Staat errichtet, und alle Großmächte verpflichteten sich, gegen jede Integritätsverletzung Belgiens einzuschreiten.

Die Aufstände in Italien, Deutschland und Polen. Die Bereitschaft der östlichen Mächte, der belgischen Unabhängigkeit zuzustimmen, war zweifellos dadurch gefördert worden, daß die britische und die französische Regierung Zurückhaltung gegenüber den Unruhen in Süd- und Mitteleuropa geübt hatten.

In Italien hatte die Unterdrückung der Aufstände von 1820–1821 der revolutionären Agitation kein Ende gesetzt. Die Zahl der Geheimbünde war gestiegen, und die Koordination untereinander war besser geworden. Ende des Jahres 1830 brachen Unruhen in Mittelitalien aus. In einer Art Kettenreaktion griff die Revolution von Modena auf Parma und den Kirchenstaat über und hatte provisorische Regierungen und neue Verfassungen zur Folge. Aber die revolutionäre Bewegung war noch nicht stark genug, um die österreichische Macht ohne Hilfe von außen zu zerschlagen. Die westlichen Mächte kamen zu dem Schluß, daß dem Frieden und dem Gleichgewicht der Mächte am besten gedient sei, indem Metternich freie Hand gelassen würde, die Regelungen von 1814 in Italien durchzusetzen; und Metternich setzte sie durch.

Die radikale Bewegung in Deutschland wurde gleichfalls ohne Einmischung und selbst ohne große Interessenbekundung des Westens unterdrückt (s. S. 63). Was Polen betrifft, so gewann es im Jahre 1831, ebenso wie zu verschiedenen späteren Anlässen, die Sympathien des Westens, aber keine greifbare Hilfe.

Zar Alexander I. hatte den russischen Teil Polens in ein Land mit unbestreitbar liberalen Institutionen verwandelt. In Personalunion mit Rußland verbunden (der Zar war König von Polen), besaß es eine Verfassung, die ein Zweikammer-Parlament, religiöse Toleranz und bürgerliche Freiheiten vorsah. Die Amtssprache war Polnisch, und alle staatlichen Stellen mußten durch Polen besetzt werden. In der Tat hatten die Polen alles, was sie vernünftigerweise erwarten konnten, bis auf die Unabhängigkeit; das höchste Ziel der politisch bewußten Schicht aber war die Unabhängigkeit, und ohne sie fand sie auch in allen anderen Privilegien keine Befriedigung.

Der polnische Aufstand von 1830–1831 war ein Aufstand der Aristokraten und Intellektuellen. Sie schenkten den Bedürfnissen der polnischen Massen wenig Beachtung; daher standen diese dem revolutionären Anliegen teilnahmslos gegenüber. Das Resultat war die Aufhebung der seit 1815 bestehenden Autonomie Polens und die Unterwerfung des Landes unter eine Militärherrschaft.

Zwei Krisen in Ägypten. Abschließend kann etwas Licht in das Wirken der Großmachtpolitik gebracht werden durch die kurze Betrachtung zweier Krisen im Nahen Osten. Beide Krisen hatte der Pascha von Ägypten, Mehmed 'Ali, sicherlich einer der fähigsten Herrscher dieses Zeitabschnitts, heraufbeschworen. Ursprünglich ein albanischer Händler, war er zur Zeit der Expedition Napoleons nach Ägypten in den türkischen Militärdienst eingetreten und sehr schnell aufgestiegen; im Jahre 1805 ernannten ihn die Scheichs von Kairo zum Pascha. In dieser Eigenschaft hatte er Alexandria wieder errichtet und den Kanal zwischen der Stadt und dem Nil gebaut. Er hatte eine Reihe von Reformen auf dem Agrarsektor und im Gesundheitswesen durchgeführt und schließlich mit französischer Hilfe die ägyptische Armee modernisiert. Es ist verständlich, daß ein Mann, der so hoch emporgestiegen war, es noch weiter bringen wollte, und daß jemand, der soviel Sorgfalt auf den Aufbau des Militärs verwendet hatte, dessen Leistungsfähigkeit erproben wollte. Es gelüstete Mehmed 'Ali schon lange nach der Macht über Palästina, Syrien und Arabien. In der letzten Hälfte des Jahres 1831 schickte er sich an, sie zu erobern. Da sich der türkische Widerstand als völlig unwirksam erwies, drohten seine Truppen bald ganz Kleinasien zu überrollen und auch Konstantinopel einzunehmen.

Metternich erkannte die Gefahr in dieser Situation und versuchte, die Großmächte dahinzubringen, den legitimen Herrscher der Türkei gegen seinen rebellischen Vasallen zu schützen. Aber die britische Regierung war sich seltsamerweise über ihre Interessen in diesem Gebiet im unklaren, und die Franzosen sympathisierten mit Mehmed 'Ali. Metternichs Bemühungen blieben ohne Erfolg. Der Sultan rief Britannien vergeblich um Hilfe und wandte sich dann verzweifelt an die Russen. Nikolaus reagierte sofort und entsandte eine Armee und eine Flotte zur Pforte. Dank dieser Intervention war im Mai 1833 der Friede wiederhergestellt. Mehmed 'Ali durfte Syrien behalten, und – was unendlich viel wichtiger war – die Türken und die Russen hatten den Vertrag von Hünkâr Iskelesi (8. Juli 1833) unterzeichnet, mit dem sie sich für den Fall eines Angriffs durch andere Staaten gegenseitige Hilfe versprachen, aber (in einem Geheimartikel) übereinkamen, daß die Türkei in Kriegszeiten keine militärische Hilfe nach Rußland zu entsenden brauche, vorausgesetzt, daß sie die Dardanellen für alle ausländischen Flotteneinheiten schließen würde.

Eine zweite Krise setzte im Jahre 1839 in Ägypten ein, als Sultan Mahmud II. aus Furcht vor einem neuen Angriff Mehmed 'Alis einen Präventivkrieg gegen Ägypten startete und zu Lande und zu Wasser vernichtend geschlagen wurde. Wiederum standen die Ägypter vor den Toren Konstantinopels. Es sah aus, als würde sich die Situation von 1833 wiederholen. Dies sollte jedoch nicht geschehen. Die britische Regierung stand nicht mehr so abseits wie im Jahre 1833. Seither hatten erfolgreiche Experimente mit der Dampfschiffahrt im Roten Meer und im Euphrat die Bedeutung der Überlandwege nach Indien in britischen Augen erhöht, und aus diesem Grunde war Palmerston entschlossen, weder Rußland noch Mehmed 'Ali, den er als französische Marionette betrachtete, die Beherrschung dieses Gebietes zu überlassen. Der britische Außenminister wollte Mehmed 'Ali durch eine Aktion des Europäischen Konzerts in seine Schranken verweisen und das Abkommen von Hünkâr Iskelesi durch eine allgemeine Garantie der türkischen Unabhängigkeit ersetzen.

Metternich war selbstredend mit dieser Idee einverstanden. Überraschender ist vielleicht, daß auch der Zar seine Zustimmung gab. Aber Nikolaus scheint zu dem Schluß gekommen zu sein, daß Hünkâr Iskelesi ein lästiges Abkommen sei, das im Anwendungsfalle nur den Zusammenschluß der anderen Mächte gegen ihn bewirken würde. Im September schloß er ein Abkommen mit den Briten, um Mehmed 'Ali zur Aufgabe des größten Teils seiner errungenen Gebiete zu veranlassen und nach Beendigung der Feindseligkeiten die Schließung des Bosporus und der Dardanellen für die Kriegsschiffe aller Mächte zu bewirken. Die Österreicher und Preußen schlossen sich an, ebenso Frankreich, wenn auch zögernd und nur auf Druck der anderen Mächte hin. Die Krise endete im Juli 1841 mit der Unterzeichnung des berühmten Dardanellen-Vertrages, der das anglo-russische Übereinkommen formalisierte.

Der Konsens der Großmächte. Die letzten Jahre vor der Explosion von 1848 waren relativ frei von internationalen Komplikationen. Die faszinierendste Entwicklung vom Standpunkt der Diplomatiegeschichte her gesehen war die merkwürdige Tendenz zu einem Wechsel der Bündnispartner. Auf der einen Seite kühlte die Freundschaft zwischen Britannien und Frankreich infolge politischer Differenzen über Spanien und wirtschaftlicher Reibungen in allen Teilen der Welt ab, und Louis Philippe schloß sich näher an Österreich an. Auf der anderen Seite suchte die konservativste der Großmächte die Freundschaft Britanniens. Nachdem Zar Nikolaus im Jahre 1840 versucht hatte, Britannien zum Eintritt in die Heilige Allianz zu bewegen, stattete er England im Jahre 1844 einen Besuch ab und drängte auf eine gemeinsame künftige Politik beider Länder im Osten.

Diese Entwicklung dürfte hinreichend verdeutlichen, daß es eine irrige Vorstellung ist zu meinen, die Mächte seien in ein liberales und ein konservatives Lager geteilt gewesen. Die ideologischen Differenzen hatten nicht die Bedeutung, die man ihnen beimessen möchte. Die diplomatischen Konstellationen waren fließend. Die einzelnen Mächte änderten ihre Standpunkte und ihren Einfluß in kritischen Augenblicken, wenn ihre Interessen bedroht waren oder Krieg möglich schien. Und sie konnten so verfahren, weil trotz aller Differenzen ein bemerkenswerter Konsensus unter ihnen bestand.

Alle Mächte, vielleicht mit Ausnahme Frankreichs, das seine Sonderrolle aber nicht zuzugeben wagte, akzeptierten das Gleichgewicht der Mächte – d. h. die Wiener territoriale Regelung und das umfassendere Prinzip, daß kein Staat ohne Zustimmung der anderen seine Besitzungen ausdehnen durfte. Und die Anerkennung dieses Prinzips schloß bestimmte andere Dinge mit ein: ein hohes Maß an Selbstbeherrschung auf seiten der einzelnen Mächte, eine Bereitschaft zur Einhaltung bestehender Verträge und zu gemeinsamen Aktionen zur Verhinderung einseitiger Gebietserweiterungen.

Schließlich bestand auf seiten der Mächte eine allgemeine Bereitschaft, an der Erhaltung des Friedens und des Gleichgewichts mitzuwirken. Dies traf selbst auf Großbritannien zu, dessen geographische Lage und weltweite Interessen die Bindungen an Europa weniger eng machten als die anderer Mächte. Im Jahre 1852 konnte Lord John Russell die treffende Feststellung machen: «Wir sind und waren seit mehr als einem Jahrhundert mit dem allgemeinen System Europas verbunden, und kein territorialer Zuwachs einer Macht, keine Ausdehnung, die das allgemeine Gleichgewicht der Mächte in Europa stört, ... könnte diesem Land gleichgültig sein ...» Das Europäische Konzert war in diesem Zeitabschnitt eine Realität, und der allgemeine Friede wurde gewahrt, weil auch anderen Mächten Veränderungen im europäischen System, wie es in Wien im Jahre 1815 festgelegt worden war, nicht gleichgültig sein konnten.

2. Die östlichen Mächte: Der Absolutismus und seine Grenzen

Der Absolutismus und seine Apologeten

Wenn die Außenpolitik es verlangte, konnten die Mitglieder der Heiligen Allianz mit dem Liberalismus und der Revolution Kompromisse bis hin zur Zusammenarbeit mit den liberalen Mächten Britannien und Frankreich eingehen, ja sogar bis zur Anerkennung von revolutionären «faits accomplis», wie im Falle der belgischen Unabhängigkeit. Innerhalb ihres Territoriums aber duldeten sie keinerlei Kompromiß. Die Innenpolitik des Russischen und Österreichischen Kaiserreiches und des Königreiches Preußen war geprägt von dem unerbittlichen und aktiven Widerstand gegen die Revolution. Zum Beispiel gelangte die Geheimpolizei auf der Jagd nach tatsächlichen Revolutionären oder Verdächtigen in diesen östlichen Reichen zu ihrer vollsten Entfaltung und zu größtem Einfluß.

Doch die Furcht vor der Revolution ging über die Verfolgung von Rebellen und Verschwörern noch hinaus. Sie bedeutete auch Ehrfurcht vor bestehenden Institutionen und Widerstand gegen Veränderungen, da Veränderungen die bestehende Ordnung untergruben, gegen das Denken, da dieses zu Veränderungen führte, und gegen Bildung, da diese zum Denken anregte. «Zuviel

Bildung verdirbt den Charakter», schrieb der reaktionäre preußische Junker Marwitz. Die Tage, da Monarchen die Schirmherrschaft über Gelehrte ausübten und ein preußischer König stolz war auf die Freundschaft Voltaires, waren vorbei.

Der moderne Leser wird bei den Autoren dieser Zeit wenig Anregung finden. Eine Ausnahme bildet vielleicht Joseph de Maistre (1753–1821), der 14 Jahre lang als sardinischer Gesandter am Hofe von St. Petersburg diente. Seine Essays tragen in ihrer Ablehnung der Vernunft, ihrem Respekt vor der Tradition und ihrer Ehrfurcht vor der anerkannten Religion den Stempel der romantischen Schule. Ihr faszinierendstes Merkmal aber ist die Leidenschaft, die aus ihnen spricht; de Maistre ergeht sich in Schimpftiraden über die Anmaßung der Menschen, die sündhaft Hand an eine staatliche Ordnung legen wollen, die er für gottgewollt hält. Der Widerstand gegen die verfassungsmäßige Obrigkeit war nicht nur ein politisches Vergehen; er war ein Akt der Blasphemie.

Zu seiner Zeit fand de Maistre wahrscheinlich weniger Bewunderung als der schweizerische Theoretiker Karl Ludwig von Haller (1768–1854), der den politischen Ideen der Höfe des Ostens vollendeten Ausdruck verlieh; er pries den Staat als ideal, der sich auf romantischen Feudalismus und christliche Frömmigkeit gründete und einen absoluten König als Stellvertreter Gottes an der Spitze hatte. Kurz, Hallers vollkommene Gesellschaft war autoritär und völlig erstarrt. Auf die Dauer aber ist «quieta non movere» kein sehr praktisches Prinzip der Politik. Durch Zensur, Gesinnungskontrolle und polizeiliche Verfolgung lassen sich nicht alle neuen Ideen ausmerzen.

Das Russische Reich bis 1848

Das Land und die Bevölkerung. Dank einer beharrlichen Politik der territorialen Expansion reichte das Russische Reich im Jahre 1815 vom Baltikum bis zum Pazifik, vom Nördlichen Eismeer bis zum Schwarzen Meer, dem Kaspischen Meer und dem Aralsee. Es war ein riesiges Reich mit allen Möglichkeiten zur Machtentfaltung.

Am Vorabend der Revolutionen von 1848 grenzte die Bevölkerungszahl des Russischen Reiches an 70 Millionen, von denen nur 3,5 Millionen Städter waren. Die russische Wirtschaft war also in erster Linie agrarisch ausgerichtet. Über die baltischen Häfen wickelte sich ein blühender Exporthandel ab; die Ausfuhren bestanden im wesentlichen aus Getreide, Fetten, Flachs, Hanf und Fellen. Ebenso wie im Importhandel wurden die Waren nahezu ausschließlich auf ausländischen Schiffen transportiert. Überdies war der Handel durch hohe Schutzzölle behindert. Was die Industrie betrifft, so waren im Jahre 1825 210600 Arbeiter in 5261 Produktionsunternehmen beschäftigt, aber selbst in der bedeutenden Textilindustrie waren Maschinen praktisch unbekannt. Und ein Großteil der industriellen Produktion wurde von Arbeitern, die auch in der Landwirtschaft tätig waren, in Heimarbeit erstellt.

Die auf dem Land lebende Mehrheit der Bevölkerung war in zwei Klassen geteilt, den landbesitzenden Adel und die Masse der Leibeigenen, die dessen Ländereien bewirtschafteten. Die Institution der Leibeigenschaft stammt aus der Mitte des 16. Jahrhunderts. Vor dieser Zeit waren die Bauern frei gewesen. Etwa im 17. Jahrhundert gerieten sie in ein festes Abhängigkeitsverhältnis zum Gutsherrn, dessen Land sie bewirtschafteten, und es dauerte nicht lange, bis die Leibeigenschaft kaum noch von der Sklaverei zu unterscheiden war.

2. Ein Leibeigener beim Kotau vor einem Dworjanin (1789)

In der ersten Hälfte des 19. Jahrhunderts bedeutete die Leibeigenschaft für die russische Gesellschaft eine drückende Last. Diese Institution bildete zwar die Hauptstütze der russischen Landwirtschaft, hielt sie aber auch in einem chronischen Zustand der Leistungsunfähigkeit, denn ein reichliches Angebot an Handarbeitern hemmte die Entwicklung moderner Anbaumethoden. Gleichzeitig führten die erbarmungswürdigen Lebensbedingungen vieler Leibeigener und ihre tyrannische Behandlung zu sporadischen, blutigen Erhebungen. Zwischen 1825 und 1854 gab es Hunderte von gewalttätigen Aufständen auf dem Land, darunter derartig starke, daß zu ihrer Niederschlagung ein erheblicher Kräfteaufwand erforderlich war. Die herrschende Schicht Rußlands war nie völlig frei von der Furcht vor Massenaufständen, doch nur die Aufgeklärtesten glaubten, daß die Befreiung der Leibeigenen diese Gefahr bannen würde. Der Adel fühlte genau, daß sein Lebensunterhalt von der Leibeigenschaft abhing. Die Regierung war dazu übergegangen, sich dieser Institution zu bedienen, um genügend Rekruten für die Armee und Arbeitskräfte für militärisch wichtige Industriezweige wie die Metallverarbeitung und die Bekleidungsindustrie zu haben. Die Unterdrückung schien die einzige Sicherheit vor Aufständen zu bieten.

Die politische und die soziale Pyramide waren in Rußland identisch. An der Spitze standen der Zar, seine Minister und sein Militärstab und direkt darunter der landbesitzende Adel und diejenigen, die für ihren Militär- oder Staatsdienst in den Adelsstand erhoben worden waren. Diese herrschende Schicht war oft in sich gespalten, denn in einem Land, dessen Geschichte von häufigen Palastrevolutionen gekennzeichnet war, herrschten unweigerlich Spannungen zwischen dem Zaren und dem hohen Adel. Gegen die unteren Klassen und gegen andersdenkende Aristokraten und Intellektuelle, die die bestehende Ordnung verändern wollten, bildeten Zar und Adel jedoch im allgemeinen eine geschlossene Front.

An der Basis der Pyramide befand sich die große Masse der Bauern. Zwischen ihnen und der herrschenden Schicht stand die noch kleine Gruppe der Bourgeoisie.

Die letzten Jahre Alexanders I. Bei seiner Thronbesteigung im Jahre 1801 enttäuschte Alexander jene, die gehofft hatten, er würde liberale politische und soziale Veränderungen durchführen. Alexander sprach von Reform, umgab sich mit aufgeklärten Ratgebern, und in seinen ersten Regierungsjahren erließ er tatsächlich Gesetze, die den Anbruch eines neuen Zeitalters anzukündigen schienen. Aber in den meisten Fällen blieb es bei diesen Gesten.

Die Kriege gegen Frankreich machten es Alexander freilich schwer, sich auf die Innenpolitik zu konzentrieren, aber das erklärt nur einen Teil. Entscheidender war sein sprunghafter Charakter, der ihn dazu verleitete, neuen Schwärmereien nachzujagen, bevor seine alten konkrete Formen annahmen. Im Jahre 1815 war er durch seine internationalen und seine Polenpläne (s. S. 29) abgelenkt. In den folgenden Jahren veranlaßte ihn die Sorge über die in Westeuropa anrollende Revolutionswelle zur Abkehr vom verworrenen Liberalismus seiner Jugend. Seine engsten Ratgeber waren Reaktionäre, und vor seinem Tode im Dezember 1825 fiel er schnell wieder in den Absolutismus seiner Vorgänger zurück. Dieser Trend sollte sich unter dem neuen Zaren fortsetzen.

Der Dekabristenaufstand. Alexanders mutmaßlicher Nachfolger war sein Bruder, Großherzog Konstantin; mit dessen Genehmigung war aber beschlossen worden, daß die Krone dem jüngeren Bruder Nikolaus zufallen sollte. Alexanders plötzlicher Tod ließ die Thronfolge ungeklärt, denn beide Brüder erklärten feierlich, daß der andere Zar werden sollte. Noch bevor Nikolaus zur Amtsübernahme bewogen werden konnte, hatte der traurige Dekabristenaufstand stattgefunden.

Die Anführer dieses unglücklichen Aufstands waren Offiziere adliger Abstammung, manche darunter Verwandte der mächtigsten Familien in Rußland. Viele von ihnen hatten nach Waterloo der Besatzungsarmee in Frankreich angehört und etwas aufgeklärtere politische und soziale Ideen aufgegriffen, als sie in ihrem eigenen Land vorfanden. Sie waren jung, romantisch und idealistisch und haßten das Regime, das sie bei ihrer Heimkehr vorfanden: den Stillstand und die Korruption im Verwaltungssystem, die Meinungszenzur, die strenge Überwachung der Universität, die Mißbräuche der Leibeigenschaft und, am allerschlimmsten, die nach 1815 eingeführten «Militärkolonien», in denen die Soldaten und ihre Familien Soldatentum mit landwirtschaftlicher Arbeit verbinden mußten.

Schon 1816 bildeten sich Verschwörergruppen unter den Offizieren. Nach 1820 gab es drei große Vereinigungen, die sich der Veränderung der bestehenden Bedingungen verschrieben hatten: den Nordbund, angeführt von Fürst Trubezkoj und dem Dichter Konratij Rylejew, den Südbund, angeführt von Sergej Murawjew-Apostol, Alexej Bestuschew-Rjumin und Oberst Paul Pestel, und eine kleinere Gruppe unter dem Namen «Vereinigte Sklaven». Diese Gruppen waren untereinander kaum koordiniert, und Übereinstimmung innerhalb jeder einzelnen bestand nur in der Vorstellung, daß Veränderungen herbeigeführt werden müßten. Lediglich Pestel hatte sich die Mühe gemacht, ein detailliertes Programm aufzustellen. Er war radikaler Republikaner und wußte, was er wollte. Die meisten anderen hatten keine klare Vorstellung von ihren augenblicklichen oder zukünftigen Zielen. Als die Thronfolgekrise einsetzte, begannen sie dennoch, fieberhaft einen Aufstand zu planen.

Am 14. Dezember 1825 meuterten 3000 Soldaten, darunter ein Teil des Moskauer Regiments, der Leibgarde und der Marine, und marschierten zum Senatsplatz. An diesem Punkt machte sich der Mangel an Planung bemerkbar. Vier Stunden lang standen die Truppen zitternd auf dem Platz, während die Anführer vor ihnen und voreinander leidenschaftliche Reden hielten – und nichts unternahmen. Bei Einbruch der Dunkelheit griff Regierungskavallerie die Reihen der Rebellen an und wurde zurückgeschlagen. Daraufhin fuhr sie vier Feldgeschütze auf und eröffnete das Feuer direkt auf die Meuterer. Diese flohen nach der dritten Salve, und der Aufstand in der Hauptstadt war zu Ende.

Der Südbund hatte sich am 14. nicht gerührt, vielleicht aufgrund der Verhaftung Pestels und anderer am Tage vorher. Aber am 30. Dezember stifteten Murawjew-Apostol und Bestuschew Truppen des Tschernigow-Regiments zur Meuterei an und marschierten – nach einer Zeremonie, in der sie feierlich Jesus Christus als König des Universums proklamiert hatten – auf Kiew. Diese «christliche Armee» wurde jedoch bei ihrem ersten Zusammenstoß mit Regierungstruppen besiegt, und ihre Offiziere wurden gefangengenommen.

Nach diesem Fehlschlag ergaben sich die meisten Anführer des Dekabristenaufstands; und in der darauf folgenden Untersuchung sagten viele mit solchem Enthusiasmus aus, daß man an russische Gerichtsverfahren jüngeren

Datums erinnert wird. Die Geständnisse wurden nicht mit Milde belohnt. Obgleich die Todesstrafe Mitte des 18. Jahrhunderts durch Zarin Elisabeth abgeschafft worden war, verhängte Nikolaus über fünf der Rädelsführer die Todesstrafe durch Erhängen und verurteilte mehr als hundert andere zu Zuchthausstrafen und Verbannung nach Sibirien.

Der Dekabristenaufstand schuf eine Legende, die künftige Revolutionäre inspirierte. Im Augenblick jedoch förderte sie eine Verschärfung der Repressionen von seiten der Regierung.

Die Unterdrückung unter Nikolaus I. Bis zu seiner Thronbesteigung hatte Nikolaus I. eine Wachbrigade befehligt, die ihn nach Aussage eines Kritikers wegen «seiner kalten Strenge, seiner kleinlichen Pedanterie und seines nachtragenden Charakters» (Alexander Herzen) haßte. Als Kaiser demonstrierte er bald, daß sein Ideal ein disziplinierter Staat war, in dem alle Untertanen den Gehorsam gegenüber der Autorität als ihre erste Pflicht erkannten. Ebenso wie Metternich glaubte Nikolaus, daß Veränderungen an sich verwerflich seien. Er lehnte selbst Reformen von Institutionen ab, die er persönlich für schlecht hielt, wie zum Beispiel die Leibeigenschaft. Er fürchtete die Massen; er fürchtete den russischen Adel (in der Tat so sehr, daß er sich lieber auf deutsche Verwalter verließ); er fürchtete die Intellektuellen. Seine Ängste

3. Nikolaus I. bei einem Neujahrsempfang 1848 im Zarenpalast in Petersburg

wuchsen ständig – durch den Dekabristenaufstand, durch die Revolutionen in Westeuropa und durch die Erhebung in Polen im Jahre 1831 (s. S. 37).

Das Symbol der Regierung Nikolaus' war die Geheimpolizei, jene berüchtigte Dritte Abteilung der höchsteigenen Kanzlei Seiner Majestät, die angeblich «außerhalb des Gesetzes und über dem Gesetze stand, die das Recht hatte, sich überall einzumischen» (Herzen). Die Dritte Abteilung operierte mittels einer uniformierten Gendarmerie und eines ungeheuren Netzes von Geheimagenten. Die Überwachungsmaßnahmen und die Regierungsverordungen, kraft derer Auslandsreisen genehmigungspflichtig waren, die Einfuhr subversiver Literatur verboten war oder gefährlichen Radikalen die Einreise verwehrt werden konnte und Zeitungen, Zeitschriften und Universitätsvorlesungen einer Zensur unterstanden, zielten in erster Linie auf die Intelligenzija von Schriftstellern, Journalisten und Lehrern.

Eine bittere Schilderung der Auswirkungen all dieser Maßnahmen gab Alexander Herzen, ein Intellektueller, der selbst aufgrund seiner politischen Ansichten in Perm eine Haftstrafe von fünf Jahren verbüßte und schließlich im Jahre 1848 nach London entkommen konnte. Herzen beschuldigte Nikolaus der moralischen Vernichtung einer Generation. Er habe die russische Jugend «geistig verderbt», ihre besten Regungen abgetötet und sie krank gemacht, «physisch deformiert, ... ihr eine Art von Mutlosigkeit, ein Bewußtsein der Ohnmacht, eine Müdigkeit gegenüber allem Hand anlegen eingeimpft».

Innenpolitik und territoriales Wachstum. Bei Nikolaus' Mißtrauen gegenüber Ideen und den Menschen, die sie hatten, ist es verständlich, daß seine Regierung kaum innere Reformen hervorbrachte. In der Tat waren die einzigen bemerkenswerten Neuerungen vor 1848 die erfolgreiche Kodifizierung der russischen Gesetze im Jahre 1833 und die Stabilisierung der Währung. Beide Reformen waren lange überfällig, aber leider war letztere nicht von Dauer.

Auf anderen Gebieten gab es keinerlei Anzeichen für Reformen oder Verbesserungen. Die einzige Veränderung in der Regierungsstruktur war eine stetige Erweiterung der Exekutivabteilung (Die höchsteigene Kanzlei Seiner Majestät), die mit der Weiterentwicklung der autokratischen Tendenzen Nikolaus' kontinuierlich neue Funktionen übernahm und damit die gesamte Regierung gefährlich kopflastig machte. Im Hinblick auf die Leibeigenschaft gab der Zar den Wünschen der Großgrundbesitzer nach und vermied geflissentlich alles, was einer Reform ähnlich war. Im Bildungswesen verschlechterten sich die Bedingungen. Graf S. S. Uwarow, Erziehungsminister von 1833 bis 1849, war der Überzeugung, das russische Erziehungssystem müsse auf «Orthodoxie, Autokratie und Nationalität» basieren – mit anderen Worten, auf Frömmigkeit, Achtung vor dem Zaren, und Patriotismus –, und es müsse dem bestehenden sozialen System zu Diensten sein, indem es die unteren Schichten davon abhalte, höhere Bildung anzustreben.

Waren Nikolaus' innenpolitische Leistungen nicht beeindruckend, so erzielte er doch in der Außenpolitik Erfolge. Rußlands internationales Ansehen wuchs aufgrund des Beistands, den es den Griechen leistete, obgleich diese Tat ein wenig getrübt wurde durch Nikolaus' Rolle bei den beiden ägyptischen Krisen der 30er Jahre. Rußlands territoriale Gewinne unter Nikolaus ließen erkennen, daß das Reich noch keine saturierte Macht war. Ein kurzsichtiger Angriff persischer Truppen auf Rußland im Jahre 1826 führte zu einem kurzen Feldzug, der Rußland die Provinzen Nachitschewan und Eriwan in Nordpersien und Seerechte im Kaspischen Meer einbrachte; und der Krieg gegen die Türkei im Jahre 1827 vergrößerte die russischen Besitzungen im Kaukasus und an der Schwarzmeerküste, während es seine Position in Rumänien festigte.

4. Nikolaus I., russischer Zar (1796–1855)

Preußen bis 1848

Das Land und die Bevölkerung. Die Wiener Regelung hatte bedeutsame Veränderungen im preußischen Staat herbeigeführt. Mit der Abtretung des größten Teils seiner polnischen Besitzungen an Rußland und seiner Entschädigung in Sachsen und Rheinland-Westfalen verlagerte sich der Mittelpunkt des preußischen Interesses von Ost- auf Mitteleuropa, und seine vorwiegend deutsche Bevölkerung wurde ausgesprochen mitteleuropäisch.

Noch vor Ende des Jahrhunderts sollte Preußen Deutschland unter seiner Herrschaft vereinigen, doch im Jahre 1815 hätte das kaum jemand vermutet.

Von den östlichen Mächten war Preußen bei weitem die schwächste, selbst im Hinblick auf die Bevölkerungszahl, die 1815 elf Millionen betrug und 1848 über sechzehn Millionen nicht hinausging. Überdies bildeten die neuen Territorien Preußens keinen zusammenhängenden Block, denn die rheinischen Provinzen waren von den älteren Gebieten und der Hauptstadt der Nation, Berlin, getrennt. Auch die vielen neu hinzugekommenen Untertanen stellten ein Element der Schwäche dar. Zu den verbliebenen, von jeher widerspenstigen polnischen Untertanen traten nun die vielen mit Ressentiments belasteten Sachsen und Tausende von Rheinländern, die sich in Religion, geschichtlicher Entwicklung und Temperament von ihren neuen Herrschern unterschieden.

Der Erwerb des Rheinlands ermöglichte Preußen den Aufstieg zur stärksten Industriemacht Deutschlands; denn die reichhaltigen Erzvorkommen dieses Gebietes kamen zu denen von Oberschlesien hinzu. Im Jahre 1815 gab es erst sehr wenige Industrieunternehmen, doch wurden in den folgenden dreißig Jahren bemerkenswerte Fortschritte gemacht. Die ersten entscheidenden Schritte zum Aufbau der deutschen Industrie unternahm der westfälische Unternehmer Friedrich Harkort mit seinen Bemühungen um die Einführung englischer Methoden in der Textil- und Eisenproduktion, die Mechanisierung dieser Industriezweige und die Vereinheitlichung der Verfahren zur Verarbeitung von Rohmaterialien zu Fertigwaren. Unter dem Einfluß Harkorts nahmen kleine alte Familienbetriebe revolutionierende Veränderungen in ihren Methoden vor und traten in den Exporthandel ein. In denselben Jahren setzte die Mechanisierung der Textilindustrie ein. Man darf diese Entwicklungen natürlich nicht überschätzen. Im Vergleich mit den westlichen Nachbarstaaten war die Entwicklung der Industrie Preußens noch weit im Rückstand und die Wirtschaft noch im wesentlichen agrarisch.

Nachteilig für den preußischen Handel wirkte sich die Tatsache aus, daß das Land keinen direkten Zugang zur Nordsee hatte und die Mündungen von Elbe, Weser und Rhein nicht beherrschte. Überdies gab es bis 1818 schätzungsweise 67 verschiedene Zollgebiete innerhalb der Grenzen Preußens. Um die Zölle im ganzen Königreich zu vereinheitlichen, den Warenschmuggel zu unterbinden und um annehmbare Staatseinkünfte zu erzielen, führte die Regierung im Jahre 1818 ein neues Zollgesetz ein, das alle Binnenzölle abschaffte und einen mäßigen Zoll für die von außen hereinkommenden Waren erhob. Die Auswirkungen dieses Gesetzes waren so vorteilhaft, daß die anderen deutschen Staaten dem Beispiel folgten. Um hohe Zölle für den Warentransport durch preußisches Gebiet zu vermeiden, begannen sie außerdem, mit der preußischen Regierung Wirtschaftsabkommen auszuhandeln. Dies führte 1834 zur Gründung des Deutschen Zollvereins unter Führung Preußens, der alle deutschen Staaten außer Hannover, den Hansestädten, Mecklenburg, Oldenburg, Holstein und Österreich umfaßte. Die politische Bedeutung dieses Vereins ist offenkundig. Er brachte die Mitgliedstaaten in zunehmende Abhängigkeit von Preußen, untergrub allmählich den österreichischen Einfluß in Deutschland und ebnete so den Weg für die im Jahre 1866 durch Waffengewalt erlangte Hegemonie Preußens (s. Kap. 9). Das Zollgesetz von 1818 und die zwischen diesem Datum und 1834 getroffenen Handelsabkommen regten den preußischen Handel enorm an. Dieser wurde auch gefördert durch den Bau neuer Straßen, den beginnenden Bau des Eisenbahnnetzes und im Jahre 1831 durch einen Vertrag mit Holland, der den Niederrhein für preußische Waren öffnete.

Die politische und soziale Hierarchie war in Preußen ähnlich wie in Rußland, nur die Bindung zwischen Krone und Adel war vielleicht enger. Seit dem 17. Jahrhundert hatten die preußischen Könige die wirtschaftlichen Privilegien ihres Landadels geschützt, während die Adligen ihrer Pflicht nachgekommen waren, ihre Söhne in den Staatsdienst zu schicken. Der Krieg gegen Napoleon hatte die Übernahme von Angehörigen des Mittelstands in den Offiziersdienst notwendig gemacht, nach 1815 wurde ihre Beförderung jedoch nicht mehr forciert, und man isolierte sie zum größten Teil in den technischen Branchen des Militärs. Der Adel behielt sein faktisches Monopol im Offizierskorps und übte in den höchsten Staatsgremien einen beherrschenden Einfluß aus.

Das System der sozialen Schichtung in Preußen unterschied sich aufgrund der weiter fortgeschrittenen wirtschaftlichen Entwicklung von dem in Rußland in zweifacher Hinsicht: erstens war die Schicht der Industriearbeiter größer und wuchs schneller als die entsprechende Schicht in Rußland und brachte am Ende dieses Zeitabschnitts bereits ein Element der Gewalt in das preußische Gesellschaftssystem; zweitens war die Bourgeoisie zahlenmäßig größer, wohlhabender und selbstbewußter als die Schicht der Kaufleute in Rußland.

Die Rückkehr zur Reaktion. In den düsteren Jahren nach dem Sieg Napoleons über Preußen bei Jena im Jahre 1806 rückte in der preußischen Politik eine bemerkenswerte Führungsgruppe nach vorn. Diese Männer, unter denen Stein, Scharnhorst, Gneisenau und Humboldt die hervorragendsten waren, wollten den patriotischen Geist der Nation wecken und die französische Herrschaft abschütteln. Das beste Mittel, dieses Ziel zu erreichen, sahen sie – mit Gneisenaus Worten – darin, jeden preußischen Untertan «frei und edel und selbständig [zu machen]... als den der sich fühlt auch ein Theil des Ganzen zu seyn und für sich selbst eine Würde zu haben».

Zwischen 1807 und 1813 veranlaßten sie den König zur Billigung einer Reihe von Erlassen zur Befreiung der gutsuntertänigen Bauern, Erweiterung der kommunalen Selbstverwaltung und der Bildungsmöglichkeiten, Öffnung des Offizierskorps für Bürgerliche, Einführung eines auf Leistung beruhenden Beförderungssystems und anderer grundlegender Veränderungen in der Struktur von Staat und Gesellschaft. Um 1815 schien Preußen auf dem Weg zu einem Staat mit liberalen repräsentativen Institutionen zu sein, denn am 22. Mai versprach Friedrich Wilhelm III., seine Untertanen für ihre erfolgreichen Bemühungen um die Vertreibung der Franzosen mit einer schriftlich niedergelegten Verfassung zu belohnen.

All dies war irreführend. Friedrich Wilhelm war ein ehrenwerter, aber kein resoluter Mensch, und er mißtraute Neuerungen. Er hatte sich auf den Weg der Reformen drängen lassen, aber er hatte die Methode oder die Männer, die ihn gedrängt hatten, nicht gemocht. Mit Stein, den er einmal «einen widerspenstigen, trotzigen, hartnäckigen und ungehorsamen Staatsdiener» genannt hatte, war er nie ausgekommen, und um 1815 grollte er, Gneisenau, der begabteste Militärstratege Preußens und leidenschaftliche Verfechter einer Verfassung, sei klüger, als für ihn gut sei.

Der König war in seiner Haltung durch die Meinung der Monarchen in Osteuropa und die Kritik seiner eigenen Adligen beeinflußt. Unter diesem zweifachen Druck wandte er sich gegen seine Minister und ihre Ideen, entließ einige von ihnen und schaltete den Einfluß der Reformergruppe praktisch aus.

In den folgenden Jahren war die Regierung ziemlich effektiv. 1817 hatte Friedrich Wilhelm einen Staatsrat gegründet, der sich aus Prinzen des Königshauses, Führern des Landadels und hohen Beamten zusammensetzte; dieses Organ verbesserte die Regierung der verstreuten Provinzen und entwickelte allmählich eine zentrale Verwaltung. Aber die Hoffnungen der Reformära waren nun zerschlagen. Als die Bürger des Rheinlandes dem König im Jahre 1818 eine Petition zur Erinnerung an sein Verfassungsversprechen schickten, wurde ihnen schroff mitgeteilt, daß sie sich durch mutwilliges Anzweifeln der Unverbrüchlichkeit des königlichen Wortes des Vergehens der Majestätsbeleidigung schuldig machten.

In diesen Jahren der Reaktion wurden die Reformen ernstlich verwässert. Jeder zur Ergänzung der Bauernbefreiung von 1807 bestimmte Erlaß schien zugunsten der Landbesitzer und zum Schaden der ehemaligen gutsuntertänigen Bauern auszufallen. Die Städteordnung wurde in konservativer Richtung revidiert und das Leistungsprinzip bei der Beförderung in der Armee stillschweigend fallengelassen. Der liberale Geist der Bildungsreformen Humboldts fehlte im Amt Altensteins, des Erziehungsministers von 1817 bis 1838, und Universitäten und Schulen gerieten unter strenge bürokratische Aufsicht.

Der Einfluß Hegels (1770–1831) erreichte nun seinen Höhepunkt. Altenstein war glühender Hegelianer, und es war kein Zufall, daß nun viele Hegelschüler an Gymnasien und Universitäten lehrten. Sie unternahmen alle Anstrengungen, den Studenten die extremeren Hegelschen Lehren einzudrillen – die Personifizierung des Staates, den Standpunkt, daß das Leben des einzelnen nur dann Bedeutung erlange, wenn er im Staat aufgehe, die Überzeugung, daß die Macht Wesen und Rechtfertigung des Staates sei und die These: «Was vernünftig ist, das ist wirklich, und was wirklich ist, das ist vernünftig» – in der Hoffnung, sie von den Werten des bestehenden Regimes zu überzeugen. Diese Bemühungen blieben nicht ohne Erfolg. Hegels Philosophie formte das politische Denken in Preußen auf lange Zeit; denn sie – wie Hajo Holborn schrieb – «entsprach der Situation von Menschen, die fest an die

Macht der Vernunft über die Wirklichkeit glaubten, sich aber gern überzeugen ließen (nachdem die Hoffnungen der Reformperiode einmal enttäuscht worden waren), daß der Fortschritt zur Freiheit innerhalb einer autoritären politischen Ordnung möglich sei».

Die Reaktion unter Friedrich Wilhelm III. hatte ihre lächerlichen Seiten. In der Hoffnung, Verschwörungen gegen die Regierung aufzudecken, wurde eine unglaubliche Mühe auf die Überwachung von Mitgliedern der Reformpartei verwendet. Zeitungen wurden unterdrückt aus Gründen, die weder logisch noch übereinstimmend waren; Journalisten konnten unter geringstem Vorwand vor Gericht geschleppt und wegen mangelnden Respekts vor der Person des Königs angeklagt werden, wie der unglückselige Verleger, der eine Heringsreklame zu nahe neben den Hofnachrichten abgedruckt hatte. Preußen, das in den Jahren von 1807 bis 1813 als Vorhut des deutschen Liberalismus aufgetreten war, war nun offenkundig das, was es in der Vergangenheit immer gewesen war – ein autokratischer, militaristischer Staat, dessen leistungsfähige Verwaltung keinen Ausgleich bot für die fehlende Freiheit innerhalb seiner Grenzen.

Auch mit dem Tod des Königs im Jahre 1840 erhellte sich das Bild nicht. Sein Sohn Friedrich Wilhelm IV. war ein Mann von großem persönlichen Charme und Intellekt. Diesen Eigenschaften standen eine Tendenz zu abstrusen Ideen, abwegigen Methoden und eine Unentschlossenheit in Krisensituationen entgegen. Seine entscheidenste Schwäche war das unglückliche Talent, bei anderen falsche Vorstellungen über seine Absichten zu erwecken. Der neue König erließ eine Reihe von Dekreten zur Freilassung politischer Häftlinge, Mäßigung der Pressezensur und Wiedereinsetzung Liberaler ins Amt. Es verwundert nicht, daß viele daran die Erwartung knüpften, Preußen werde nun, unter einem liberalen Monarchen, repräsentative Institutionen und eine schriftlich niedergelegte Verfassung erhalten.

Aber Friedrich Wilhelm war kein Liberaler, sondern ein Romantiker. Wahrscheinlich war er der letzte Souverän, der wirklich an das Gottesgnadentum glaubte und den Untertanengehorsam als Selbstverständlichkeit voraussetzte. Er hatte keinerlei Absicht, die Hoffnungen seines Volkes zu erfüllen. Nach starkem Zögern berief er im Jahre 1847 einen Vereinigten Landtag ein, warnte ihn aber: «Keiner Macht der Erde [soll es] je gelingen, Mich zu bewegen, das natürliche ... Verhältnis zwischen Fürst und Volk in ein konventionelles, konstitutionelles zu verwandeln; Ich [werde es] nun und nimmer zugeben, daß sich zwischen unsern Herrn Gott im Himmel und dieses Land ein beschriebenes Blatt gleichsam als zweite Vorsehung eindränge, um Uns mit seinen Paragraphen zu regieren und durch sie die alte heilige Treue zu ersetzen.»

Angesichts dieser kompromißlosen Verteidigung des autoritären Prinzips gab es keine Hoffnung auf verfassungsmäßigen Fortschritt oder eine Gesellschaftsreform. Preußen blieb ein Zentrum der Reaktion, bis der Sturm von 1848 über das Land fegte.

Das Österreichische Kaiserreich bis 1848

Das Land und die Bevölkerung. Nach 1815 umfaßte das Österreichische Kaiserreich das eigentliche Österreich, Böhmen, Galizien, das Königreich Ungarn, Illyrien an der Küste Dalmatiens und die norditalienischen Provinzen Lombardei und Venetien. Die Wiener Regelung hatte das Reich gegenüber der vornapoleonischen Zeit enger zusammengerückt, aber dieser territoriale Zusammenhang führte nicht zur inneren Einheit. Die 30 Millionen umfassende Bevölkerung der Habsburger Länder unterschied sich in ihrem rassischen Ursprung, ihrer historischen Entwicklung, ihrer Sprache und ihrer Sitten. Die österreichischen Herzogtümer waren zum größten Teil von Deutschen bevölkert, doch Böhmen war bewohnt von Tschechen und Slowaken, Galizien von Polen und Ruthenen, Ungarn von Madjaren, aber ebenso von Kroaten, Ruthenen, Rumänen und Slowaken, Illyrien von Kroaten, Serben und Slowenen, und die Lombardei und Venetien von Italienern. Diese Völker hatten außer der Bindung an das Kaiserhaus und die katholische Kirche wenig gemeinsam.

Innerhalb des Reiches dominierte die deutsche Bevölkerung. Das Herrscherhaus war deutsch, die Amtssprache, die Handelssprache und die Sprache der Städte (nicht nur von Wien, sondern auch von Budapest und Prag) waren deutsch und die meisten Posten der Reichsbürokratie von Deutschen besetzt. Österreichs größtes Problem, das zu einer Frage über Leben und Tod wurde, war die Anpassung und der Ausgleich der Wünsche seiner verschiedenen Völker, so daß die Bindung an das Reich aufrechterhalten blieb.

Das Rückgrat der österreichischen Wirtschaft bildete die Landwirtschaft. Es gab einige, jedoch noch sehr geringfügige Anzeichen für eine industrielle Entwicklung in den westlichen Städten und der Lombardei. Die Regierung versuchte durch den Ausbau des Hafens von Triest als Öffnung zum Mittelmeer den Exporthandel zu steigern und machte Ansätze zu einer Förderung des Eisenbahnbaues. Die Handelspolitik war weniger einfallsreich als die Politik, die zur Gründung des Deutschen Zollvereins führte, wie das Fortbestehen einer Zollschranke zwischen Österreich und Ungarn zeigte. Und das Handelsvolumen wuchs nicht merklich.

Ebenso wie in Rußland befanden sich der größte Teil des Grund und Bodens, die örtliche Rechtsprechung und die Gemeindeverwaltung in den Händen des Adels, aus dem auch die Offiziere der Reichsarmee, die Diplomaten und die Minister hervorgingen. Unter der Bedingung, daß seine wirtschaftlichen Vorrechte durch die Krone geschützt wurden, unterstützte er diese, wachte allerdings eifersüchtig über die Wahrung seiner ererbten Feudalrechte. Die Bauern lebten unter ähnlichen Bedingungen wie die Leibeigenen in Rußland. Sie unterstanden der Rechtsprechung des Gutsbesitzers und wurden zu erdrückenden Abgaben und Arbeitsleistungen gezwungen. Die große Masse der Bevölkerung war unterdrückt und verelendet und durch ihre Lebensbedingungen vom politischen Leben ausgeschlossen.

Besondere Erwähnung verdient vielleicht die Reichsbürokratie, die zwar keine Schicht im wirtschaftlichen Sinne, aber doch einen bedeutenden Faktor im politischen und gesellschaftlichen Leben darstellte. Obgleich dieser Dienst ungarische und tschechische Aristokraten, ja Männer aller Nationalitäten umfaßte, waren die meisten Beamten Deutsche, und zwar im allgemeinen aus dem niederen Adel. Sie fühlten sich berufen zum Kampf gegen die Dezentralisation, den Lokalpatriotismus und aristokratische Privilegien. Die Anstrengungen, die die Bürokratie unternahm, hielten das Reich funktionstüchtig, beschworen aber gleichzeitig Konflikte mit den örtlichen Magnaten und nationalen Gruppen herauf.

5. Franz II. (I.), Kaiser von Österreich (1768–1835)

6. Klemens Lothar Wenzel Fürst von Metternich (1773–1859)

Der innenpolitische Kurs. Bis 1835 wurde Österreich von Kaiser Franz I. regiert, einem Monarchen, der manchmal als kindisch oder oberflächlich abgetan wird. In der Reichspolitik jedoch erwies er sich keineswegs als so unbedeutend. Wie Metternich im Jahre 1820 schrieb, wußte der Kaiser genau, was er wollte, und war Autokrat genug, es auch durchzusetzen. Seine wirkliche Schwäche war seine Engstirnigkeit. In einem Reich, das durch Bürokraten zusammengehalten wurde, war er der Bürokrat par excellence – angetan von Protokoll und Papierkrieg, mißtrauisch gegenüber neuen Ideen und Methoden sowie gegenüber auffallend intelligenten Menschen und ein Erzfeind von Reformen.

Gegen Vernunft und Urteilsvermögen war Franz immun. Zweifelsohne wäre die Reichsverwaltung sehr viel leistungsfähiger gewesen, wenn der Wust an überflüssigen Kanzleien, Gerichtshöfen, Direktorien und Räten hätte entweder völlig abgeschafft oder zumindest durch eine Art Reichsrat koordiniert werden können. Metternich, der genügend Einsicht besaß, um zu erkennen, daß selbst Autokratien eine leistungsfähige Verwaltung brauchten, schlug wiederholte Male eine Reorganisation vor. Seine Vorschläge wurden nie ausgeführt und nach 1826 nicht einmal mehr ernsthaft in Erwägung gezogen. In diesem Jahr wurde Graf Kolowrat Staatsminister. Dieser tschechische Aristokrat haßte Metternich und unterminierte seine Position, so daß dieser sich auf die Außenpolitik beschränken mußte. Auch Kolowrat erkannte die Notwendigkeit von Reformen, war aber nicht stark genug, um gegen die Trägheit des Kaisers anzukommen.

Folglich gab es auf keinem Gebiet irgendwelche wesentlichen Veränderungen, und in einigen Fällen, besonders in der Armee, wurden Modernisierungsprogramme, die vor 1815 eingesetzt hatten, drastisch gekürzt. Anstatt eine dringend notwendige Finanzreform durchzuführen, ließ man die Reichsschulden noch ansteigen. «Regiere und verändere nichts», sagte Franz im Jahre 1831.

In der Innenpolitik waren sowohl Metternich als auch Kolowrat weniger einflußreich als der nach 1817 zum Polizeiminister ernannte Graf Sedlnitzky. Seine Agenten öffneten sogar Metternichs Briefe und zeigten kaum Respekt vor weniger bedeutenden Personen. Spionage, Denunziation, Geheimprozesse und willkürliche Strafen gehörten in Österreich ebenso zum täglichen Leben wie in Rußland unter Nikolaus I. Die österreichische Presse wurde noch strenger zensiert als die preußische. Professoren und Lehrer standen unter ständiger Überwachung, ihre Lektüre und die ihrer Studenten mußte von der Regierung genehmigt werden, und die Schulbehörden waren strikt angewiesen, jede subversive Äußerung zu melden.

1835 trat Ferdinand, der älteste Sohn Franz' I., die Nachfolge an. Er besaß eine so schwache Intelligenz, daß ihm nachgesagt wurde, seine einzige vernünftige Bemerkung nach seiner Thronbesteigung sei gewesen: «Ich bin der Kaiser, und ich will Knödel!» Die folgenden dreizehn Jahre hindurch wurde die Regierung durch einen aus drei Männern bestehenden «Staatsrat» ausgeübt: Erzherzog Ludwig, einem Bruder Franz' I., Metternich und Kolowrat. Ludwig wollte ebenso wie sein verstorbener Bruder keine Veränderung. Metternich und Kolowrat waren mit derartig verwickelten Intrigen gegeneinander beschäftigt, daß sie keine Zeit fanden, an Reformen zu denken.

Entwicklungen in Ungarn vor 1848. Indessen gab es in Ungarn Anzeichen von Leben. Trotz der Germanisierungs- und Zentralisierungsbestrebungen hatten die Madjaren ihre mittelalterlichen Ortsversammlungen beibehalten, die einen Resonanzboden für die Beschwerden des Adels bildeten. Der starke Widerstand dieser Organe gegen Reichssteuer- und Rekrutierungserlasse veranlaßte die Wiener Regierung im Jahre 1825, einen zentralen ungarischen Landtag einzuberufen. Diese Versammlung verlief so stürmisch und regimekritisch, daß der Kaiser zu dem Zugeständnis gezwungen war, in Zukunft ohne Billigung dieses Organs keine Steuern zu erheben.

Auf der Landtagsversammlung von 1825 trat ein bemerkenswerter Vorsitzender hervor – István Széchenyi, ehemaliger Offzier und einer der reichsten Männer Ungarns. Széchenyi träumte von einem Ungarn, in dem der Adel bestimmte Vorrechte aufgeben und bei den Bemühungen, das Los der Bauern zu erleichtern, mitwirken würde. Durch die Modernisierung der Landwirtschaft, die Bildung von Kapitalfonds zur Stimulierung der Industrie, die Verbesserung von Verkehrswegen, die Aufhebung der Zollschranke zwischen Ungarn und Österreich und den Anschluß Ungarns an das österreichische Eisenbahnnetz sollte ein wirtschaftlicher Wandel herbeigeführt werden. Zwischen 1825 und 1832 konnte Széchenyi die anderen Magnaten zu einigen wirtschaftlichen Verbesserungen veranlassen, nicht aber die Unterstützung des niederen Adels erlangen, der sich gerade an die Privilegien klammerte, die Széchenyi abschaffen wollte. Im Jahre 1832 fand diese Gruppe einen begabten und eloquenten Sprecher in dem Journalisten Ludwig Kossuth. Kossuths immer radikaler werdende Ansichten und seine heftige Sprache spalteten den ungarischen Adel bald in zwei Lager und entfachten einen Aufruhr, der auch die bäuerlichen Massen ergriff. In den späten 40er Jahren befand sich Ungarn in einem gefährlichen Zustand der Unruhe.

Die österreichische Mission. Einer von Metternichs ausländischen Kollegen bemerkte einmal, Österreich sei das Oberhaus Europas, und meinte damit, daß es dessen Aufgabe sei, die Leidenschaften zu zügeln und die Fehler der kleineren europäischen Staaten zu korrigieren. Seine Lage machte Österreich logischerweise zu der Macht, die die Ordnung in Mitteleuropa aufrechterhalten mußte; es besteht kein Zweifel, daß Metternich dies nach 1815 als Mission seines Landes betrachtete.

Deutschland bis 1848

Die deutschen Staaten und der Bund. Einer der größten Dienste, die Napoleon Bonaparte dem Gebiet, das wir als Deutschland betrachten, erwies, war die Vereinfachung seiner politischen Struktur. In der vornapoleonischen Zeit umfaßte Deutschland über 300 verschiedene politische Einheiten. Der französische Kaiser reduzierte diese Zahl auf weniger als 50. Der Wiener Kongreß setzte Napoleons Werk fort. Als es vollendet war, setzte sich Deutschland aus 38 Staaten zusammen, die in ihrer Größenordnung und Bedeutung sehr unterschiedlich waren, wie z. B. die fünf Königreiche Preußen, Hannover, Bayern, Württemberg und Sachsen und die kleinen Staaten wie Lippe und die freien Städte des Nordens.

All diese Staaten und der deutsche Teil des Österreichischen Kaiserreiches waren Mitglieder des in Wien gegründeten Deutschen Bundes. Das zentrale Organ dieser Vereinigung bildete der regelmäßig in Frankfurt am Main zusammentretende Bundestag. Er setzte sich zusammen aus Vertretern, die von den Herrschern der verschiedenen Mitgliedstaaten ausgewählt wurden. Der Bundestag war kein Parlament, sondern eine in verschiedener Hinsicht den Vereinten Nationen ähnliche diplomatische Organisation. Sein kompliziertes Abstimmungssystem erschwerte jegliches Handeln. Abgesehen davon hatte der Wiener Kongreß die Kompetenzen und die Zuständigkeit des Bundestags nicht festgelegt; und der deutschen partikularistischen Tradition getreu, waren die Mitgliedstaaten nicht geneigt, ihm eine wesentliche Autorität zuzubilligen.

Artikel XIII der in der Schlußakte des Wiener Kongresses enthaltenen Bundesverfassung bestimmte, daß alle Mitgliedstaaten landständische Verfassungen einführen sollten. Eine derartige Verfassung war vom Großherzog von Sachsen-Weimar bewilligt worden, und ihm folgten die Herrscher Bayerns, Württembergs, Badens und Hessen-Darmstadts. Aber, wie wir oben bereits gesehen haben, folgte Preußen, trotz des feierlichen Versprechens seines Königs, diesem Beispiel nicht; und andere Herrscher machten sich nicht einmal die Mühe, leere Versprechungen zu machen. Sie mißachteten die Bestimmung des Artikel XIII ganz offenkundig, doch der Bundestag erwies sich als machtlos, dagegen einzuschreiten. Ebensowenig war er in der Lage, andere ihm übertragene Aufgaben zu erfüllen, wie die Errichtung einer zuständigen Bundesarmee oder eines zentralen Gerichtshofes zur Beilegung von Streitigkeiten zwischen Mitgliedstaaten.

Freilich konnte der Bund Deutschland nicht vereinigen, wenn er sich schon in kleinen Dingen gegenüber den Mitgliedstaaten nicht durchzusetzen vermochte. Wahrscheinlicher war, was der preußische General Karl von Clausewitz mit den Worten ausdrückte: «Deutschland kann nur auf einem Weg zur politischen Einheit gelangen; dieser ist das Schwert, wenn einer seiner Staaten alle anderen unterjocht.» Österreich und Preußen waren die einzigen Staaten, die zu einer solchen Eroberungstat imstande waren.

Liberalismus und Nationalismus in Deutschland. Der Historiker Sybel schrieb über den Bund, er sei von der deutschen Nation als Ganzer, teils mit kalter Gleichgültigkeit, teils mit patriotischer Empörung aufgenommen worden. Es ist immer ein Irrtum, davon auszugehen, daß die Mehrheit eines Volkes an der Politik interessiert sei; und dies waren in Deutschland die Jahre des Biedermeier, eine Zeit der relativen Stabilität und des relativen Friedens, in der die normale Bevölkerung über die Angelegenheiten ihrer Gemeinde nicht weit hinausblickte und sowohl die politischen als auch die sozialen Gegebenheiten des Lebens akzeptierte. In den Handels- und Industriestädten und an den Universitäten der deutschen Staaten jedoch gab es Kräfte der Bewegung. Die Studenten, die in den Befreiungskriegen gekämpft hatten, kehrten zurück an die Universitäten, um Organisationen zu gründen, die sich der moralischen und politischen Regeneration Deutschlands und der deutschen Einheit verschrieben. Um 1816 vereinigten sich diese Burschenschaften zu einem nationalen Bund.

Die Burschenschaft der Universität Jena berief 1817 eine nationale Versammlung ein und hielt auf der Wartburg eine dramatische Konferenz ab. Hier wurden Reden gehalten über Einheit und Freiheit und die Enttäuschung der großen Hoffnungen aus der Zeit der Befreiungskriege. Die Fürsten, die ihrem Volk keine Verfassung gewährt hatten, wurden verdammt. Zur zunehmenden Verärgerung der Behörden und Fürst Metternichs setzten sich sporadische Agitationen dieser Art in den beiden folgenden Jahren fort. Im Jahre 1819 schließlich wurde ein Bühnenautor, der für einen zaristischen Spion gehalten wurde, von einem geistesgestörten, verworrene Ziele verfolgenden Studenten erstochen. Metternich berief unverzüglich eine Konferenz der größten Staaten ein, und im August 1819 arbeitete diese in Karlsbad eine Reihe von – später durch den Bundestag gebilligten – Beschlüssen aus, die die Auflösung der Burschenschaften sowie eine strenge Zensur von Presse und Universitäten vorschrieben. Eine Kommission wurde mit der Untersuchung der Unzufriedenheit in Deutschland und der Anstrengung von Verfahren gegen subversive Personen und Organisationen beauftragt.

Nun hatte Metternich die Mittel zu einer ähnlichen Überwachung in Deutschland, wie seine Geheimpolizei sie in Österreich ausübte. Neue Vorkommnisse und Agitationen konnten sie dennoch nicht verhindern. Der Ausbruch der Revolution in Frankreich im Jahre 1830 z. B. erweckte auch in Deutschland Begeisterung. Den liberalen Bewegungen in Braunschweig, Hannover, Sachsen und Hessen-Kassel gelang es, ihren Herrschern das Zugeständnis einer Verfassung abzuringen. Zwei Jahre später fanden in Hambach, im rheinischen Bayern noch radikalere Redner als auf dem Wartburgfest mindestens 30000 begeisterte Zuhörer. Und im Jahre 1837 versetzte ein ungewöhnliches Schauspiel ganz Deutschland in Erregung. Sieben berühmte Professoren in Göttingen trotzten auf Kosten ihrer Position ihrem Souverän, um ihre Loyalität gegenüber der Verfassung zu demonstrieren, die dieser widerrufen wollte.

Aber die Begeisterung über diese Ereignisse wurde übertroffen durch die plötzliche Kriegspsychose im Jahre 1840, als es eine Zeitlang schien, als könnten die Franzosen durch einen Angriff über den Rhein hinweg für ihre Isolierung in der Nahostpolitik Rache üben. Die drohenden Töne aus Paris bewirkten ein derartig heftiges patriotisches Echo, daß der Historiker Treitschke später schrieb, hier seien die Deutschen der politischen Zersplitterung zum Trotz zum ersten Mal eins gewesen.

Kurz danach schrieb Hoffmann von Fallersleben «Deutschland, Deutschland über alles», worin «Einigkeit und Recht und Freiheit» gefordert wurde. Ohne Zweifel gehörten die ersehnten Ziele zu der Zeit, als diese Worte geschrieben wurden, zusammen. Dennoch wuchs bereits, selbst unter denen, die aufrichtig von einer verfassungsmäßigen Freiheit überzeugt waren, die Ungeduld über die Verzögerung der deutschen Einheit und ließ sie mit dem Gedanken spielen, ob nicht vorübergehend der Einheit der Vorrang gegenüber den liberalen Zielen und den materiellen Erwägungen der Vorrang gegenüber hohen Idealen eingeräumt werden müsse. Die Hegelianer hatten gute Arbeit geleistet.

Einer der interessantesten süddeutschen Politiker, Paul Pfizer, war der Überzeugung, daß Preußen vorangehen müsse, wenn Deutschland je vereinigt werden sollte, und auch die Erkenntnis der preußischen Illiberalität brachte ihn von dieser Vorstellung nicht ab: «Mit den bloßen Grundsätzen bürgerlicher Freiheit, so verdienstlich und nothwendig ihre Verbreitung auch seyn mag, ist Deutschland noch lange nicht geholfen. Mit allem Freiheitsdrang der Einzelnen werden die Deutschen ewig eine armselige Rolle spielen ..., solange sie nicht als *Nation* die Freiheit wollen ... Es ist freilich eine Thorheit zu verlangen, daß die Deutschen die innere Freiheit ganz vergessen sollen, bis sie die äußere Unabhängigkeit gesichert haben; es ist aber ebenso verkehrt oder noch verkehrter, die letztere der erstern aufopfern zu wollen.»

Pfizer war nicht ganz repräsentativ für seine Zeit. Nur wenige deutsche Intellektuelle waren vor 1848 zu dieser Art von Realismus gelangt. Für die meisten von ihnen gingen Nationalismus und Liberalismus Hand in Hand, und da sie Metternich beidem entgegenwirken sahen, richteten sich ihre Bemühungen auf die Untergrabung des Systems, das er aufrechtzuerhalten suchte. Das Beispiel der Göttinger Sieben ermutigte sie ebenso wie der patriotische Enthusiasmus von 1840, und als das Jahr 1848 herannahte, waren sie voller Zuversicht, daß die Zeit für sie arbeitete.

Religion und Kunst unter dem Absolutismus

Thron und Altar. Welche Unstimmigkeiten auch immer zwischen den anerkannten Kirchen und den Regierungen der östlichen Mächte auftraten, sie erwuchsen nicht aus politischen Differenzen. Die Kirchen, die während der Aufklärung und der Französischen Revolution stark gelitten hatten, stellten sich den liberalen Bewegungen noch unerbittlicher entgegen als die politischen Gewalten: dies schuf eine Basis für die Zusammenarbeit zwischen Thron und Altar.

Man darf jedoch nicht davon ausgehen, daß zwischen diesen beiden Institutionen eine vollkommene Harmonie herrschte, vielleicht mit Ausnahme Rußlands, wo die orthodoxe Kirche völlig der Kontrolle der Regierung unterstand. In Preußen war die Situation komplexer. Die protestantische Mehrheit dieses Landes war durch die hinzugekommenen vorwiegend katholischen Rheinprovinzen stark geschwächt worden; dadurch wurde Friedrich Wilhelm III. zu einer Politik getrieben, die seine letzten Regierungsjahre mit Kontroversen zwischen Staat und Kirche erfüllte. Um die zahlenmäßige Stärke der Katholiken auszugleichen und vielleicht auch um den protestantischen Glauben zu einem stärkeren Bollwerk gegen den Liberalismus zu machen, ordnete der König im Jahre 1817 die Vereinigung der lutherischen und der reformierten Kirche an, und er erreichte, was er wollte. Danach wurde er in einen langen Streit mit der katholischen Kirche verwickelt, in dem er 1837 so weit ging, die Erzbischöfe von Köln und Posen zu inhaftieren, um sie zur Befolgung der Regierungserlasse zur staatlichen Erziehung und zur Mischehe zu zwingen. Dieser Streit mußte durch seinen Nachfolger beigelegt werden.

Die Haltung Friedrich Wilhelms III. gegenüber dem Katholizismus war zweifellos beeinflußt durch die Verbreitung des Ultramontanismus nach 1815. Diese Bewegung – religiöses Äquivalent zum weltlichen Absolutismus – hatte die Stärkung der Autorität des Papsttums zum Ziel. Symbol hierfür war auch die Rückkehr der Jesuiten, jener couragierten Verfechter päpstlicher Autorität, nach Rom im Jahre 1814 und im folgenden Jahrzehnt in die anderen Länder. Die Vehemenz der Ultramontanen versetzte die meisten weltlichen Regierungen in Alarmbereitschaft, und die Preußen standen nicht allein in ihrem Kampf gegen diese Bewegung. Die österreichische Regierung z. B. lehnte ein Konkordat mit dem Vatikan ab und verweigerte die Erlaubnis zur Rückkehr der Gesellschaft Jesu. Metternich erhob hingegen keine Einwände gegen die zunehmende Verbreitung des Ultramontanismus in Süddeutschland, wo er ihm als nützliches Gegengewicht zum Liberalismus erschien. Sowohl in der katholischen als auch in der protestantischen Kirche gab es einige progressive Tendenzen, doch deren Vertreter hatten weniger Einfluß als jene, die die reaktionären Ansichten der Regierungen teilten.

Literatur und Kunst. Aus dem, was bisher in diesem Buch über den allgemeinen Charakter des absolutistischen Regierungssystems gesagt wurde, geht bereits hervor, daß kreative Künstler, die versuchten, etwas über die Gesellschaft auszusagen, in der sie lebten, auf Schwierigkeiten stießen. Die Tatsache, daß dieser Zeitabschnitt bemerkenswert produktiv war, wirft die Frage auf, was die Literaten bei einer vollständigen Freiheit hätten hervorbringen können. In Rußland z. B. entstand in diesen Jahren mit den Fabeln von Krylow, der Verskomödie «Verstand schafft Leiden» (1823) von Gribojedow, den lyrischen Werken und Dramen des größten russischen Dichters Alexander Puschkin (1799–1837), den Gedichten und Romanen von Michail Lermontow (1814–1841) und den Erzählungen und Dramen von Nikolaj Gogol (1809–1852) zum ersten Mal eine echte nationale Literatur. Indessen erlebte Gribojedow nicht mehr die ungekürzte Aufführung seiner Satire über die Moskauer Gesellschaft, denn Teile daraus erregten das Mißfallen des Zensors. Puschkin, der des Kontakts mit den Dekabristen verdächtigt wurde, mußte sich schützen, indem er eine Position bei Hofe annahm und sich der Schirmherrschaft Nikolaus' unterstellte, eine Situation, die er als unerträglich empfand. Und Gogol unterlag trotz seiner konservativen politischen Ansichten einer scharfen Kritik wegen seiner Satire über verarmte Gutsbesitzer in «Tote Seelen» (1842).

Ähnliche Beispiele gibt es für die deutschen Staaten. In Österreich mußten sogar die Werke des verstorbenen Schiller gekürzt werden, bevor sie in den Wiener Theatern aufgeführt wurden.

In Deutschland erreichte die romantische Bewegung in diesem Zeitabschnitt ihren Höhepunkt und begann abzuklingen. In den Werken der romantischen Schriftsteller gab es wenig, was den Zensor beunruhigte, da ihre Themen im allgemeinen der fernen Vergangenheit, der Natur oder der Welt der Phantasie entsprangen. Auch das Werk des größten deutschen Schriftstellers dieses und des vorhergehenden Zeitalters, Johann Wolfgang von Goethe (1749–1832), blieb unbehelligt, denn Goethes politischer Instinkt war niemals sehr stark entwickelt, und er bewahrte sich eine olympische Distanz zu den Ereignissen seiner Zeit.

Diese Haltung machte Goethe zur Zielscheibe der Kritik und gar der Verachtung für eine Gruppe junger Schriftsteller, die in den ersten Jahren nach 1830 die Junges Deutschland genannte Bewegung bildeten. Ihre hervorragendsten Vertreter waren Heinrich Heine (1797–1856), der für die lyrische Seite seiner Dichtung ebenso bekannt ist wie für seine meisterhafte Satire, und Ludwig Börne, dessen «Briefe aus Paris» (1830–1834) den Beginn eines kritischen Journalismus in Deutschland mit anregten. Die Anhänger dieser Bewegung waren der Überzeugung, daß Schriftsteller eine Verantwortung gegenüber der Gesellschaft tragen und eine politische Rolle spielen müssen; doch die meisten von ihnen hatten keine klare Vorstellung darüber, wie diese Überzeugung in die Tat umzusetzen sei, und verloren sich in einem Wust von Zielen, die von der Befreiung Polens bis zur Emanzipation der Frau reichten. Es zeugt von einem grundlegenden Mangel an Perspektive im Absolutismus, daß die Werke des Jungen Deutschland so ernst genommen wurden, daß man sie durch formellen Beschluß des Deutschen Bundes im Jahre 1835 verbot. Die Verfolgung von Heine und Börne, die sich zu dieser Zeit von der Bewegung gelöst hatten, ist verständlicher. Sie waren gefährliche Gegner; und es überrascht nicht, daß sie im Exil in Paris starben. Verbannung war auch das Schicksal Georg Büchners, des Autors zweier Dramen, die erst im 20. Jahrhundert Anerkennung fanden, «Dantons Tod» und «Woyzeck». Wegen revolutionärer Aktivitäten unter der hessischen Bauernschaft wurde Büchner polizeilich gesucht, mußte nach Straßburg und später nach Zürich fliehen, wo er im Februar 1837 im Alter von 24 Jahren an einem Fieber starb.

Die Malerei, Bildhauerei und Musik konnten sich freier entfalten, da ihre Themen weniger offenkundig politisch und ihre Botschaft schwieriger zu vermitteln waren. Für die Musik war diese Zeit besonders fruchtbar. In Rußland komponierte Michail Glinka (1804–1867) seine beiden Opern «Ein Leben für den Zaren» (1836) und «Ruslan und Ludmilla» (1842) und die Orchesterwerke, die einen nachhaltigen Einfluß auf Tschaikowskij und Rimskij-Korsakow ausüben sollten. In Deutschland zeigten das letzte Werk Beethovens ebenso wie die Lieder von Schubert und das Werk Webers den Übergang von der Klassik zur Romantik. Und auch die ersten Opern des jungen Richard Wagner, «Rienzi» und «Der fliegende Holländer» (1841), handelten nach dem

Vorbild der Romantik von Leidenschaft und Tugend, von den wunderbaren und den dämonischen Kräften der Natur, von der Verantwortlichkeit und der Bestechlichkeit der Macht, von Knechtschaft und Freiheit und waren getragen von einer Musik, die abwechselnd mystisch, sinnlich oder melancholisch und immer dramatisch war. Die absolutistischen Regime, die so vieles, was in ihrem Machtbereich lag, entstellten und zerstörten, ließen diese Ausdrucksformen kreativen Geistes zum größten Teil unangetastet. Einer der Minister des sächsischen Königs grollte jedoch, als er erfuhr, daß Weber die Musik für verschiedene Lieder des verstorbenen Soldatendichters Theodor Körner komponiert hatte: Man habe nicht gewußt, daß Weber einen solchen demagogischen Unsinn komponiert habe, sonst hätte man ihn nicht nach Dresden geholt.

3. Frankreich: Die Restauration und die Julimonarchie

Die wirtschaftliche und gesellschaftliche Ordnung des Landes

Die Auswirkungen der Revolution. Der 1814 beginnende Zeitabschnitt der französischen Geschichte wird gewöhnlich als Restauration bezeichnet, doch außer der Bourbonendynastie wurde sehr wenig restauriert. Frankreich hatte seit 1789 25 Jahre der revolutionären Veränderung hinter sich, und es lag auf der Hand, daß die Institutionen und Gesetze des Ancien régime nicht wieder eingeführt werden konnten. Die Gebräuche des Feudalismus und die Vorrechte des Adels waren hinweggefegt worden, das alte Verwaltungssystem mit seiner Überfülle an Provinzialbehörden und Bezirksgrenzen war durch ein funktionsfähiges, zentralisiertes logisches System ersetzt worden; und das alte Rechtsprechungssystem mit seinen vielen kollidierenden Instanzen und Gesetzessammlungen war einer einheitlichen, für alle Landesteile geltenden Gerichtsbarkeit und Rechtsordnung gewichen.

Nur wenige Franzosen wollten die Wiedereinsetzung der überholten Institutionen nur um der Tradition willen. Der Wiederherstellung des kirchlichen Einflusses auf die Erziehung stand man eher wohlwollend gegenüber; doch die Vorteile der napoleonischen Zentralisierung des gesamten Erziehungssystems unter der Université de France waren augenfällig. Die meisten gaben sich mit dem Argument zufrieden, daß weder Staat noch Kirche ein Erziehungsmonopol haben dürfe. Die tiefgreifendsten Veränderungen, nämlich die der wirtschaftlichen und gesellschaftlichen Ordnung, waren zu vielen Menschen direkt zugute gekommen, als daß Wiedereinführungsversuche des alten Systems möglich gewesen wären. Die Veränderungen waren also dauerhaft, und insbesondere auf wirtschaftlichem und gesellschaftlichem Gebiet bewirkten sie einen tiefgreifenden Unterschied zwischen Frankreich und den oben erörterten Ländern.

Die wirtschaftliche Ordnung. 1815 lebte die große Mehrheit der Franzosen noch von der Landarbeit. Noch 1850 gab es in Frankreich erst fünf Großstädte mit 100000 oder mehr Einwohnern. Die größten waren Paris mit 1420000 und Marseille mit 195000 Einwohnern. Die Landwirtschaft befand sich in einem gesunden Zustand. Dank der Abschaffung des Feudalsystems war Frankreich jetzt eine Nation freier Bauern, und die Teilung und der Verkauf der Kirchen- und einiger der großen Adelsgüter hatten die intensive Bodenbebauung stark begünstigt. Der Anbau aller Feldfrüchte wurde in diesem Zeitabschnitt kontinuierlich gesteigert; die Weintraubenerträge hatten sich bis 1835 gegenüber dem Jahre 1815 verdoppelt, und im allgemeinen waren Getreideüberschüsse für den Export vorhanden.

Die Regierung und auch private landwirtschaftliche Vereinigungen bemühten sich ernsthaft um wissenschaftliche Anbaumethoden; doch der Erfolg war gering aufgrund des Analphabetentums und des extremen Konservativismus der französischen Bauern, die selbst so nützliche Neuerungen wie die Zuchtwahl und künstliche Düngung ablehnten. Auch die Abschaffung des Erstgeburtsrechts während der Revolution ist in diesem Zusammenhang entscheidend; denn die Aufteilung des Grund und Bodens auf alle Familienmitglieder bedeutete im allgemeinen kleine Ackerflächen, so daß wissenschaftliche Methoden eine geringere Wirkung erzielten, als sie eventuell auf größeren Bauernhöfen hätten haben können. Die Folge war, daß die französische Landwirtschaft gegenüber Naturkatastrophen überaus anfällig blieb.

Die industrielle Entwicklung war in Frankreich weiter vorangeschritten als in den östlichen Nachbarstaaten. Während des Krieges war sie mittels staatlicher Hilfe und aufgrund der Notwendigkeit, Waren, die normalerweise eingeführt wurden, selbst herzustellen, angekurbelt worden. Zur Zeit des Friedensschlusses besaß Frankreich daher eine blühende Baumwollindustrie. Ebenso wie die Leinenindustrie wurde sie durch Zölle geschützt und produzierte für den Binnenmarkt. Insbesondere in der Seidenindustrie, mit dem Zentrum Lyon, begann man die Fertigung in Fabriken zu konzentrieren. In diesem Industriezweig war auch die Mechanisierung sehr ausgeprägt; zu dieser Zeit fanden sowohl Jacquard- als auch mechanische Webstühle weitverbreitete Anwendung.

Die bedeutendsten Industriezweige neben der Textilindustrie waren die Metall- und Maschinenindustrie. Energie wurde noch durch Wasserkraft gewonnen, aber um 1846 besaß Frankreich insgesamt 5000 Dampfmaschinen.

Der Binnenhandel wurde durch die Verbesserung der Straßen und Wasserwege und die Gründung eines eigenen Ministeriums für Öffentliche Arbeiten im Jahre 1831 gefördert, das mit dem Straßen- und Kanalbau und deren Instandhaltung betraut war. Der französische Fortschritt kann an der Tatsache gemessen werden, daß man im Jahre 1848 innerhalb von 36 Stunden über eine Landstraße von Paris nach Bordeaux fahren konnte, während man für dieselbe Reise im Jahre 1814 noch 68 Stunden gebraucht hatte. In demselben Zeitraum wurde das Kanalnetz um das Dreifache erweitert, und alle größeren Flüsse

Frankreichs wurden in dieses Netz einbezogen. Die Entwicklung der Eisenbahn verlief relativ langsam, aber um 1848 stand ein Eisenbahnnetz von ca. 1000 Meilen zur Verfügung, und weitere 1500 Meilen waren im Bau.

Die Kriege hatten den Außenhandel zum Erliegen gebracht, und zu Beginn dieses Zeitabschnitts waren die älteren Häfen dem Verfall preisgegeben. Das größte Hindernis für die Wiederbelebung des Außenhandels bildete wahrscheinlich der generell protektionistische Charakter der europäischen Zollpolitik.

Die gesellschaftliche Ordnung. Die Gesellschaftsordnung des «Ancien régime» war durch die Revolution völlig zerschlagen worden. König und Hof hatten im neuen Frankreich erheblich an Bedeutung verloren und waren im allgemeinen unbeliebt. Der Adel sah sich außerstande, sein früheres Machtmonopol in Politik und Gesellschaft wiederzuerlangen. Diese Stellung wurde ihm von der wohlhabenden Bourgeoisie streitig gemacht, und nach 1830 hatten die Großbankiers, Kaufleute, Spekulanten und Industriellen, die diese Schicht bildeten, sie erobert. Mit der Zeit entwickelte sich ein Trend zur Zusammenarbeit zwischen Adel und gehobener Bourgeoisie, wenn nicht zur Verschmelzung dieser beiden Schichten; zugleich tendierten die Söhne der Bourgeoisie zur Abkehr vom Geschäftsleben und wählten eher akademische Berufe, den Staatsdienst oder die Armee.

Unter dem Adel und der gehobenen Bourgeoisie stand die untere Bourgeoisie, jene solide, ehrbare, Abenteuern abgeneigte Schicht städtischer Geschäftsleute, wohlhabender Bauern, «Rentiers» und Pensionäre, die in den Werken Balzacs und Flauberts so gut beschrieben sind. Ihr Horizont beschränkte sich meistens auf die Ereignisse ihrer eigenen kleinen Welt; sie waren nicht sehr belesen und politisch nur insoweit interessiert, als ihr finanzielles Wohlergehen betroffen war. Aber sie bildeten die Schicht, die jede Regierung einkalkulieren mußte, denn um an der Macht zu bleiben, brauchte sie ihre Unterstützung.

Am unteren Ende der Skala rangierten der ärmere Bauernstand und die Arbeiterschicht. Die Mehrheit der französischen Bauern besaß nun etwas eigenes Land, aber ein Großteil dessen war mit Hypotheken belastet, und die Spekulanten, die ihnen das Land verkauft hatten, verlangten ruinöse Zinssätze. Das Los der französischen Bauern war weitaus besser als das der österreichischen, preußischen und russischen, aber ihr Lebensstandard lag oft nicht wesentlich über dem Existenzminimum. Die meisten waren Analphabeten und in ihrer Haltung konservativ, neigten aber in Zeiten wirtschaftlicher Not zur Gewalt.

Die Arbeiterschicht in den städtischen Zentren umfaßte Handwerker in kleinen Werkstätten, Fabrikarbeiter, Bauarbeiter, Tagelöhner und Bettler. Selbst die, die eine feste Arbeit hatten, waren wirtschaftlich anfälliger als unter dem alten Zunftsystem. Aufgrund des Organisationsverbots stand ihnen kein Mittel zur Verfügung, um sich gegen Lohnminderung und schlechte Arbeitsbedingungen zur Wehr zu setzen. Es steht fest, daß sich ihre Lebensbedingungen zwischen 1815 und 1848 kontinuierlich verschlechterten, als die Zahl der Arbeiter aufgrund der Abwanderung vom Lande stark anschwoll. Sie wurden immer rebellischer. Trotz Verbots gab es in diesen Jahren zahlreiche gewaltsame Streiks.

Dank der Revolution und des industriellen Fortschritts war also die alte, relativ statische Gesellschaftsordnung durch eine viel kompliziertere ersetzt worden. Sie war zum Teil auch deshalb durchlässiger geworden, weil die Franzosen die Gleichheitsdoktrin der Revolution ernstnahmen und daher weniger bereit waren, das Schicksal, in das sie hineingeboren waren, zu akzeptieren, ja zur Gewaltanwendung neigten, wenn andere Methoden zur Verbesserung ihrer Lage scheiterten.

Die Letzten der Bourbonen 1814–1830

Der König und die «Charte constitutionnelle». Die französischen Historiker haben Ludwig XVIII. im allgemeinen mit Hochachtung behandelt, und zwar wahrscheinlich aufgrund des nüchternen Wirklichkeitssinnes, den er in seinen ersten Regierungsjahren bewies. Eine seiner ersten Amtshandlungen war, daß er seinen Untertanen die «Charte constitutionnelle» gewährte, die bis 1848 in Kraft blieb.

Diese Urkunde wurde von einer Präambel eingeleitet, die das Königtum von Gottes Gnaden zu rechtfertigen suchte und die Wahrung der königlichen Prärogative als notwendig betonte. Dann beanspruchte sie für den König das Recht zu Vertragsabschlüssen, Kriegserklärungen und Friedensschlüssen, Befehligung der Streitkräfte und Ernennung der Minister; und sie fuhr fort mit der Erklärung, daß die Legislative zwischen dem König und den beiden Parlamentskammern aufgeteilt werde, der König das alleinige Recht auf Einbringung und Änderung von Gesetzen und das Parlament das Recht zur Annahme oder Ablehnung habe. Das Parlament sollte aus einer Pairskammer bestehen, die sich aus Erbadligen und vom König auf Lebenszeit ernannten Mitgliedern zusammensetzte, und einer Deputiertenkammer, gebildet aus Abgeordneten, die für einen Zeitraum von fünf Jahren gewählt wurden, falls der König die Kammer nicht auflöste und Neuwahlen anordnete. Ein Parlamentskandidat mußte mindestens vierzig Jahre alt sein und soviel Eigentum besitzen, daß er 1000 Franken jährlich an direkten Steuern zahlte. Die Wähler mußten mindestens dreißig Jahre alt sein und eine Jahressteuer von 300 Franken entrichten. Das bedeutete, daß aus einer Bevölkerung von 28 Millionen nur ca. 100000 Männer wählen durften und nur 12000 als Wahlkandidaten zur Verfügung standen.

Die «Charte constitutionnelle» sah zwar keine demokratieähnliche Regierungsbeteiligung vor, gewährte aber gegenüber den Systemen der östlicheren Länder einem größeren Teil der Bevölkerung eine gewisse Teilnahme an der Politik. Auch in anderer Hinsicht war sie verhältnismäßig aufgeklärt; sie verkündete die Gleichheit aller Franzosen vor dem Gesetz und die Berechtigung zu allen zivilen und militärischen Positionen, den Schutz vor willkürlicher Verhaftung und Gefängnisstrafe ohne gerichtliches Verfahren, die Glaubensfreiheit und die Pressefreiheit. Insgesamt war dies eine Verfassung, die Freiheiten gewährte, die in Osteuropa unbekannt waren. In der Tat stellte sie eine Anerkennung der durch die Revolution herbeigeführten grundlegenden Veränderungen dar.

Einigen Franzosen widerstrebte die «Charte constitutionelle». Im großen und ganzen kann man in Frankreich vier politische Hauptgruppierungen unterscheiden: die Ultraroyalisten, die Doktrinären, die Liberalen und die Radikalen. Die erste und die letzte dieser Gruppen lehnten die Verfassung und alles, wofür sie einstand, ab. Die Ultraroyalisten waren so ausschließlich reaktionär, daß Ludwig XVIII. einmal grollte: «Wenn diese Herren ihren Willen bekämen, würden sie mich schließlich absetzen.» Die Radikalen bildeten eine verworrene Gruppe mit unterschiedlichen Ansichten, einig nur in ihrem Wunsch, das bestehende Regime umzustürzen, so daß entweder das Kaiserreich wiederhergestellt oder eine Republik errichtet werden könne. Die beiden mittleren Gruppen akzeptierten die «Charte constitutionelle», vertraten aber verschiedene Standpunkte ihr gegenüber. Die Doktrinären meinten, sie schaffe das größtmögliche Gleichgewicht zwischen Regierungsmacht und individueller Freiheit. Die Liberalen hingegen hielten sie für unzureichend und wollten sie dahingehend ändern, daß die bürgerlichen Freiheiten erweitert würden und die Macht der Deputiertenkammer durch Verantwortlichkeit der Minister des Königs ihr gegenüber vergrößert würde. In anderen Dingen bestand zwischen diesen beiden Gruppen allgemeine Übereinstimmung. Keine der beiden wollte eine wirkliche Erweiterung des Wahlrechts; beide lehnten die Demokratie ebenso beharrlich ab wie den Absolutismus; beide waren der Überzeugung, daß Frankreich vom wohlhabenden, gebildeten Mittelstand geführt werden müsse.

Die Innenpolitik unter Ludwig XVIII. Die politische Geschichte dieses Zeitabschnitts begann insbesondere in den südlichen Departements mit Aufruhr, Raubzügen und politischen Morden, die von Royalisten angezettelt waren. Während der ersten Abgeordnetenwahl im Jahre 1815 schüchterte dieser Weiße Terror liberal denkende Wähler ein, und die aus dieser Wahl hervorgehende Kammer war so reaktionär, daß der König sie als «chambre introuvable» – eine Kammer ohnegleichen – bezeichnete. Dieses Organ bestärkte die rechtsextremen Ausschreitungen noch, indem es die Hinrichtung von Soldaten forderte, die sich während der Hundert Tage für die Sache Napoleons eingesetzt hatten. Die repressiven Maßnahmen der Kammer waren so offenkundig von Rachsucht bestimmt, daß es die anderen Großmächte beunruhigte. Der Herzog von Wellington schrieb an Ludwig XVIII., dieser ungehobelte Provinzroyalismus könne ihn sehr wohl seine Krone kosten. Der König war für eine solche Ermutigung nicht unempfänglich. Im September 1816 löste er die Kammer auf und erzwang Neuwahlen.

Diese Maßnahme leitete den konstruktivsten Abschnitt der Regierungszeit Ludwigs XVIII. ein. In den vier darauffolgenden Jahren verabschiedeten die Minister Decazes und Richelieu, unterstützt von der Kammermehrheit der Doktrinären und Liberalen, die Gesetze, die zur Vervollkommnung der Wahlrechts- und Pressebestimmungen der «Charte constitutionelle» notwendig waren. Auch die Finanzhoheit Frankreichs stellten sie wieder her, indem sie die Kriegsentschädigung aufbrachten und dadurch Frankreich nicht nur von ausländischen Truppen befreiten, sondern es außerdem in die Familie der Nationen zurückführten. Im Jahre 1818 wurde das berühmte, von Gouvion Saint-Cyr entworfene Gesetz zur Reorganisation der Armee verabschiedet.

Diese und andere konstruktive Maßnahmen versetzten die Ultras in Empörung; ihre Kritik hätte eventuell keine Wirkung gezeigt, wenn nicht ein unerwartetes Unglück eingetreten wäre. Am 13. Februar 1820 wurde der Herzog von Berry durch einen Fanatiker namens Louvel erstochen, als er seiner Frau vor der Oper in eine Equipage half. Der Herzog war der jüngste Sohn des Grafen von Artois und wurde als der einzige Bourbone angesehen, der einen Sohn zeugen und damit die Thronfolge sichern konnte. Der Mörder gestand, daß er aus dem Motiv gehandelt habe, diese Möglichkeit auszuschalten; doch sein Versuch kam zu spät, die Herzogin war bereits schwanger.

Die Bedeutung des Mordes an Berry lag darin, daß er eine neue Periode der Reaktion einleitete. Das nachfolgende Kabinett war ultraroyalistisch und peitschte mit Hilfe vieler durch den Mord schockierter Doktrinäre Gesetze durch, welche die Freiheit des Staatsbürgers aufhoben, eine rigorose Pressezensur wiedereinführten und das Wahlverfahren dahingehend änderten, daß die Kammerwahlen praktisch von den Großgrundbesitzern und dem alten Adel bestimmt wurden. Dieses neue Gesetz war so wirksam, daß die Liberalen bei den Wahlen von 1820 in einer Kammer von 450 Abgeordneten zu einer Gruppe von achtzig zuammenschrumpften und den Ultras und ihren doktrinären Verbündeten die Macht in der Kammer vollständig überlassen mußten.

Ludwig XVIII. machte jetzt nur noch wenige Anstrengungen, sich ihren Forderungen zu widersetzen. Die Ermordung Berrys und die kompromißlos ultraroyalistische Haltung seiner neuen Mätresse hatten ihn den Ultras nähergebracht. Überdies hatte seine Neigung zur Trägheit mit den Jahren zugenommen, und er war nun in den meisten Dingen bereit, die Initiative seinem Erben, dem Grafen von Artois, zu überlassen. Die letzten Jahre Ludwigs XVIII. waren gekennzeichnet von etlichen Versuchen seitens frustrierter Liberaler und Radikaler, mittels Geheimverschwörungen und Handstreichen ihrer Ohnmacht zu entfliehen. Das Scheitern dieser Anschläge brachte die Linke noch stärker in Mißkredit, und im Jahre 1823 waren nur noch fünfzehn Liberale in der Kammer. Als Ludwig XVIII. im September 1824 starb und der Graf von Artois die Thronfolge antrat, meinten die Ultras, daß die Erfüllung ihrer kühnsten Träume nahe bevorstand.

Die Regierung Karls X. Der neue König war ein freundlicher, charmanter Mann mit begrenztem Verständnis für Politik. Ihm voraus ging der Ruf von Feigheit und einer zu Schau gestellten Frömmigkeit, die seine Untertanen aufbrachte und bald das Gerücht aufkommen ließ, er sei Jesuit. Zu einer Zeit, da gewisse Sakrilegien mit der Todesstrafe geahndet wurden, die Kirche eine Kampagne gegen die Zivilehe führte und die Universität von Paris dem Erzbischof von Paris unterstand, erschien diese Behauptung plausibel.

Die Begünstigung der Kirche war jedoch im Volk nicht so unbeliebt wie die beharrlichen Versuche, die Macht des Adels wiederherzustellen. Eine der ersten Amtshandlungen Karls X. war ein ausgeklügelter Finanztrick mit den Staatsschulden, der dem Staat eine Milliarde Franken ersparte, welche die Regierung den «émigrés» als Entschädigung für ihre Verluste während der Revolution übertrug. Dies bedeutete nicht nur für die großen Banken – die Inhaber der Staatsanleihen, deren Zinssatz zur Herbeiführung dieser Ersparnis gesenkt worden war – einen ernstlichen Nachteil, sondern es versetzte auch das Volk in Empörung, das die Angelegenheit voll durchschaute, nämlich als eine Sondergesetzgebung zugunsten einer Schicht, deren Angehörige Frankreich verlassen und gegen ihr Land gekämpft hatten.

Die Geschichte bietet zweifellos eine Fülle von Beispielen politischer Dummheit, aber es gibt sicherlich wenige, die so schlecht zu rechtfertigen sind wie die, die sich der letzte Herrscher der Bourbonen in Frankreich erlaubte. Seine markanteste Eigenschaft war die Halsstarrigkeit, und diese kostete ihn die Krone; denn sie hinderte ihn daran, aus seinen Niederlagen zu lernen. Seine Verbissenheit bei der Verfolgung von Zielen, in denen nur der Adel und der konservative Klerus Vorteile finden konnte, führte bald alle anderen politisch einflußreichen Gruppen zur Zusammenarbeit gegen das Regime. Die Erfolge des Königs auf dem Gebiet der Außenpolitik – als bemerkenswertester darunter die Vorbereitung und der geglückte Start der Expedition von 1829–1830, die zur Eroberung Algeriens führen und den Beginn des neuen französischen Kolonialreiches kennzeichnen sollte – blieben in Frankreich praktisch unbeachtet; denn hier konzentrierte sich die gesamte Aufmerksamkeit auf die reaktionären Maßnahmen der Minister des Königs.

Eine Krise war unvermeidlich, und den Boden dafür bereitete Karl Ende des Jahres 1829 durch die Umbildung seines Kabinetts, das er nahezu ausschließlich mit extremen Royalisten besetzte. An ihrer Spitze stand Graf Polignac, ehemaliger «émigré», erbitterter Gegner der «Charte constitutionelle» und fanatischer Anhänger der Kirche. Polignac war politisch so unfähig, daß er es nicht einmal verstand, seine wahren Absichten zu verbergen. Sein Ziel, so gab er offen zu, war, «die Gesellschaft neu zu ordnen, das frühere Übergewicht des Klerus im Staat wiederherzustellen und eine mächtige Aristokratie zu schaffen und mit Privilegien auszustatten».

Aus den Wahlen von 1827 waren die Liberalen in der Abgeordnetenkammer deutlich gestärkt hervorgegangen, und im März 1830 waren sie stark genug, um eine Adresse an den Thron durchzubringen mit der Forderung nach

Auflösung des Kabinetts. Der König reagierte mit der Auflösung der Kammer und Ausrufung von Neuwahlen, zweifellos in der Erwartung, daß die Wähler ihn unterstützen würden. Darin wurde er enttäuscht; die Wähler stimmten für eine Kammer, deren überwältigende Mehrheit sich gegen die Regierung stellte.

An diesem Punkt rieten anscheinend jene geschickteren Reaktionäre, Nikolaus I. und Metternich, Karl zum Einlenken. Statt dessen versuchte dieser am 26. Juli 1830. den Widerstand durch vier Verordnungen zu brechen: die Pressefreiheit wurde aufgehoben, die Kammer wiederum aufgelöst, das Wahlrecht dahingehend geändert, daß die Wählerschaft um ca. drei Viertel reduziert und die gesamte Bourgeoisie ausgeschlossen wurde, und ein Datum für Neuwahlen wurde festgesetzt.

Nach Unterzeichnung dieser Verordnungen fuhr Karl nach Rambouillet zur

7. «La Liberté» (Die Freiheit führt das Volk)

Jagd. Als er zurückkam, war er nicht mehr König. Die liberalen Zeitungsverleger von Paris hatten unter Führung von Adolphe Thiers (1797–1877) von der Zeitung «Le National» eine Protestkampagne gegen die Erlasse gestartet. Diese wurde von den durch das neue Pressegesetz arbeitslos gewordenen Druckern, anderen Arbeitern, Studenten, Intellektuellen und ähnlich Gesinnten aufgegriffen. Am 28. Juli wurde mit dem Bau der großen Barrikaden begonnen, für die Paris berühmt war; es waren fünfzig bis achtzig Fuß hohe Barrieren aus Pflastersteinen, Kisten, Möbeln, Bäumen, Wagen und allem, was greifbar war. Am selben Tag brachte General Marmont Truppen in die Stadt, die die Barrikaden stürmen sollten, aber nur leidlichen Erfolg hatten. Die Soldaten waren für Straßenkämpfe weder ausgebildet noch sachgerecht ausgerüstet. Sie kannten die engen, gewundenen Straßen nicht, in denen sie kämpften, und waren nur mit halbem Herzen bei dem Kampf, während die Aufrührer jede Abkürzung und jede kleine Gasse kannten.

Nach drei Tagen harter Kämpfe war selbst dem König klar, daß er den Aufstand nicht niedergeschlagen konnte. Er entschloß sich, die Verordnungen zurückzuziehen; doch es war zu spät. Es ging jetzt nur noch um die Frage, was an die Stelle von Karls diskreditiertem und geschlagenem Regierungssystem treten und wer, wenn überhaupt jemand, seinen Thron einnehmen sollte. Die müden Kämpfer auf den Barrikaden hätten wahrscheinlich für eine Republik gestimmt; nun aber ergriffen die liberalen Zeitungsverleger, Geschäftsleute und Abgeordneten die Initiative, wieder unter Führung Thiers'. Nach komplizierten Manövern brachten sie ein Rumpfparlament dazu, Louis Philippe, den Herzog von Orléans, aufzufordern, als Generalstatthalter des Königreichs nach Paris zu kommen. Schließlich bot die vollbesetzte Deputiertenkammer Louis Philippe am 3. August 1830 den Thron an, und er folgte der Aufforderung.

Eine Woche später stach Karl X. in See zu seinem Exil in Schottland. Er kehrte nicht zurück, und aus seiner Linie bestieg keiner jemals wieder den französischen Thron.

Die Julimonarchie

Die Regierung des Mittelstands. In den postum veröffentlichten Memoiren von Alexis de Tocqueville (1805–1859) findet sich die schärfste Anklage gegen das Regierungssystem nach der Julirevolution. Tocqueville schrieb, diese Revolution kennzeichne die endgültige Eroberung der Macht durch den Mittelstand, der nun, in Ausübung dieser Macht, darangehe, die anderen Schichten von jeder Teilnahme auszuschließen.

«Der besondere Geist des Mittelstands wurde zum allgemeinen Geist der Regierung; er beherrschte die Außen- sowie die Innenpolitik der letzteren: ein aktiver, emsiger Geist, oft niederträchtig, im allgemeinen ordentlich, gelegentlich aus Eitelkeit oder Egoismus leichtfertig, aber von Natur aus zaghaft, in allen Dingen gemäßigt, nur nicht in seiner Liebe zur Ruhe und Bequemlichkeit, und mittelmäßig... Der Mittelstand, an die Regierung gekommen, nahm das Gebaren eines Privatunternehmens an.»

Es war nicht allein aristokratischer Hochmut, der diese Empfindungen wachrief. Tocqueville sah deutlich, was viele Franzosen nach 1830 empfanden: die Kleinlichkeit ihrer neuen Herrscher, die Engstirnigkeit und etwas, was man als Mangel an politischem Stil bezeichnen könnte. Sein Vorwurf, die Bourgeoisie habe versucht, die Macht zu monopolisieren und zu ihrem eigenem Vorteil zu nutzen, ist berechtigt. Bevor die siegreichen Liberalen Louis Philippe die Krone anboten, hatten sie die Verfassung dahingehend geändert, daß die Position der anderen Schichten oder Institutionen geschwächt wurde. Sie strichen die Präambel und verwarfen damit die gesamte Konzeption des Königtums von Gottes Gnaden. Sie schafften den Paragraphen ab, der die römisch-katholische Kirche zur offiziellen Religion Frankreichs erklärte, und untergruben so die Position des Klerus. Hingegen erweiterten sie durch das Gesetz von 1831 das Wahlrecht geringfügig, indem sie die Eigentumsbestimmung von 300 auf 200 Franken Jahressteuer senkten und außerdem Akademikern wie Rechtsanwälten, Ärzten und Professoren, die eine Mindeststeuer von 100 Franken zahlten, das Stimmrecht erteilten. Durch diese Änderung und die Senkung des Wahlalters auf 25 Jahre verdoppelte sich die Wählerschaft, war aber immer noch auf etwa 200000 Menschen aus einer Bevölkerung von nahezu 32 Millionen begrenzt. Der überwiegende Teil der Bourgeoisie war nun wahlberechtigt, doch die gesamte Arbeiterschicht blieb von der Macht ausgeschlossen. Schließlich wurde die Nationalgarde – die Organisation zum Schutz der «Charte constitutionelle» und zur Aufrechterhaltung von Recht und Ordnung – durch ein Gesetz, das durchaus bezeichnend ist für den Klassencharakter des neuen Regimes, auf eine Weise reorganisiert, daß eine Dienstpflicht nur für Bürger bestand, die direkte Steuern zahlten und selbst für Uniform und Ausrüstung aufkommen konnten.

Im allgemeinen nahm die neue herrschende Schicht gegenüber der Regierung eine für den Mittelstand typische Haltung ein; sie betrachtete sie als notwendiges Übel, deren Funktionen auf das bloße Minimum beschränkt bleiben müßten. Abgesehen von dem Schutz des Eigentums sollte die Regierung nichts unternehmen. Vor allem durfte sie sich nicht auf auswärtige Abenteuer einlassen, denn nichts war schädlicher für das Geschäftsleben als das. François Guizot (1787–1874), der eloquenteste Sprecher der Bourgeoisie, sagte einmal: «Laßt uns nicht davon reden, daß unser Land Territorium erobern, große Kriege führen oder kühne Racheakte unternehmen muß. Wenn es Frankreich wirtschaftlich wohlergeht, wenn es frei bleibt, reich, friedlich und vernünftig, so brauchen wir uns nicht zu beklagen, daß wir in der übrigen Welt nur geringen Einfluß ausüben.»

Diesen Standpunkt der Bourgeoisie teilte der neue König. Louis Philippe war der Sohn jenes Herzogs von Orléans, der Philippe Egalité genannt wurde, der die Revolution unterstützt hatte und dann durch sie hingerichtet worden war. Louis Philippe hatte bei Valmy und Jemappes für sein Land gekämpft, war dann ins Exil gegangen, sehr viel gereist und hatte sogar die Vereinigten Staaten besucht. Dieser romantische Hintergrund änderte nichts an der Tatsache, daß er weder weitgespannte Interessen hatte noch ein Temperament, das sein Volk hätte begeistern können. Bei seiner Thronbesteigung war er 57 Jahre alt und gab sich informiert, redselig, aber vorsichtig, mißtrauisch gegenüber Begabungen, solange sie sich nicht im Geschäftsleben bewährt hatten. Er hatte solche Ehrfurcht vor der Industrie- und Finanzwelt, daß es ans Lächerliche grenzte.

Die politischen Prinzipien Louis Philippes und der Bourgoisie entfremdeten wichtige Gruppen der Bevölkerung. Die Anhänger der Bourbonen lehnten Louis Philippe aus naheliegenden Gründen ab, aber auch der Hang zur Republik wurde in diesem Zeitraum deutlich stärker, und der demokratische Geist von 1793 lebte wieder auf. Die Arbeiterschicht empfand das bestehende System als erdrückend. Die Patrioten stimmten mit General Lamarques bitterer Beschreibung der Julimonarchie als ein «Feststecken im Morast» überein, und die Intellektuellen und die romantisch gesinnte Jugend des Landes waren mit Stendhal der Überzeugung, daß dies ein Regime der «Scharlatanerie ohne Talent» sei.

Verschiedene Unruhen. Dieser Widerstand nahm gewalttätige Formen an, und in den ersten Regierungsjahren Louis Philippes gab es zahlreiche Verschwörungen, Aufstände und Mordanschläge. Beispielsweise unternahm die Herzogin von Berry im Jahre 1832 den Versuch einer legitimistischen Bauernrevolte. Schon vorher hatte es in Paris Unruhen gegeben, und im Juni 1832 fand in der Hauptstadt ein blutiger Aufstand der Republikaner statt. Anlaß hierfür war die Beerdigung des populären und erklärtermaßen republikanischen Kommandeurs General Lamarque. Als der Leichenzug die Place de la Bastille erreichte, schloß sich ihm eine Gruppe von Männern an, die rief: «Es lebe die Republik!» Die Wut der Menge wurde durch republikanische Reden geschürt. Es wurden Versuche unternommen, den Beerdigungszug mitsamt dem Leichenwagen zu einem Sturm auf das Rathaus umzufunktionieren, und die Menge wurde von Dragonern angegriffen. Die Unruhen breiteten sich aus, es wurden Barrikaden errichtet, und zwei Tage lang wurde in den Straßen von Paris offen Krieg geführt, bevor die Ordnung wiederhergestellt wurde.

Die Regierung schlug zurück, indem sie eine Reihe von Maßnahmen beschloß, die alle politischen Vereinigungen unter Regierungskontrolle stellten und die Restriktionen für die republikanische Presse verschärften. Durch diese Maßnahmen und die Verfolgung der Anführer des Aufstands wurde die republikanische Bewegung eine Zeitlang entmutigt, aber dennoch hatte der französische Republikanismus in dem Aufstand von Juni 1832 – der so ergreifend vergegenwärtigt wurde in Hugos «Les Misérables» – ein neues Symbol zur Ermutigung seiner Anhänger gefunden.

Neben diesen Massenbewegungen gab es verschiedene Einzelaktionen gegen die verfassungsmäßigen Staatsorgane, darunter eine Reihe von Mordanschlägen auf den König. Alles in allem wurden über achtzig Attentate auf Louis Philippe verübt, ein schlagender Beweis sowohl für seine Unverwüstlichkeit als auch für die in seiner Regierungszeit vorherrschende Gewalt.

Arbeiteraufstände und die Anfänge des Sozialismus. Noch ernster und historisch bedeutender als diese Vorfälle waren die Vorkommnisse, die deutlich eine zunehmend aufrührerische Stimmung in der Arbeiterschicht zum Ausdruck brachten. Im November 1831 erhoben sich die verzweifelten Seidenweber von Lyon, die für einen Hungerlohn achtzehn Stunden täglich arbeiten mußten, und besetzten die Stadt einige Tage lang, bis ihr Aufstand durch Militäreinsatz niedergeschlagen wurde. Drei Jahre später erhoben sich die Weber wiederum und lösten damit aufrührerische Sympathiekundgebungen unter der Arbeiterschaft von Paris und anderen Großstädten aus. In dieser Zeit der rapiden industriellen Expansion und der Erschütterung der alten wirtschaftlichen Ordnung zwang der Widerstand der Bourgeoisie gegen eine soziale Gesetzgebung die Arbeiter, blind loszuschlagen in der Hoffnung, ihr Los irgendwie zu erleichtern.

Das waren die Umstände, unter denen der Sozialismus in Frankreich sich zu entfalten begann. Die progressivere Bourgeoisie und die Intellektuellen im allgemeinen schenkten nun Werken von Theoretikern wie Henri de Saint-Simon (1760–1825) ihre Aufmerksamkeit. Saint-Simon und seine Anhänger zeigten auf, daß das Industriezeitalter nur verstanden werden könne, wenn man seine wirtschaftlichen Grundlagen untersuche, und daß der künftige soziale Friede von dem erfolgreichen Ausgleich der Beziehungen zwischen den verschiedenen Schichten abhänge.

Die Saint-Simonianer hofften, daß eine moralische Erneuerung und Volkserziehung auf die Dauer ein gegenseitiges Verständnis der Schichten fördern und allmählich die wirtschaftlichen Bedingungen der Arbeiterschicht verbessern würden. Sie waren Gesellschaftsingenieure, die an eine nach Fähigkeiten und Aufgaben geordnete Gesellschaft glaubten. Das gleiche traf zu für Charles Fourier (1772–1837), der die Dezentralisation durch Förderung kleiner landwirtschaftlicher Produktionsgenossenschaften oder Phalansterien für den geeigneten Weg zur Regeneration der modernen Gesellschaft hielt.

Es gab zu dieser Zeit auch revolutionäre Sozialisten in Frankreich. Philippe Buonarroti (1767–1837) predigte die Notwendigkeit einer politischen Revolution als Mittel, um zu einer Gesellschaftsreform zu gelangen. Extremer in seinen Ansichten war Auguste Blanqui (1805–1881), der von «dem tödlichen Duell zwischen Dividenden und Löhnen» sprach und den neuen Arbeiter, «den mechanisierten Menschen», aufforderte, unablässig Krieg gegen die Bourgeoisie zu führen, da es keine Interessengemeinschaft zwischen den Schichten geben könne. Indem er das Schwergewicht auf Untergrundtätigkeit und revolutionäre Strategie legte, wurde Blanqui zum Vorläufer jener professionellen Revolutionäre, die Lenin als unentbehrlich für das Gelingen eines Umsturzes der bürgerlichen Gesellschaft betrachten sollte. Doch der Enthusiasmus, mit dem er selbst die hoffnungslosesten Verschwörungen und «émeutes» unterstützte, läßt den Verdacht aufkommen, daß er an Gewalt um der Gewalt willen glaubte und daß seine Einordnung in die Gruppe der früheren Anarchisten nicht unlogisch wäre. Dem Wesen nach anarchistisch war auch das Werk Pierre Joseph Proudhons (1809–1865), dessen berühmtes Buch «Was ist Eigentum?» im Jahre 1840 erschien mit der kühnen Behauptung, Eigentum sei Diebstahl, und seinen Ausführungen über die Theorie, der Wertmaßstab sei die in das gemessene Produkt eingehende Arbeit.

Der einflußreichste aller französischen Sozialisten dieser Zeit aber war Louis Blanc (1813–1882). Sein Buch «L'Organisation du Travail» erschien im Jahre 1840 und wurde rasch eines der meistdiskutierten Bücher des gesamten Zeitabschnitts. Das Werk stellt einen Frontalangriff gegen das Wettbewerbssystem dar, das die Kapitalisten des frühen 19. Jahrhunderts so hoch in Ehren hielten. Blanc wollte den Beweis antreten, daß der Wettbewerb nicht nur das gemeine Volk, sondern auch die Bourgeoisie zum Ruin führe, da er ständige Verschwendung bedeute und Dauerkrisen hervorbringe. Daher hätten alle Schichten ein Interesse an seiner Abschaffung.

Blanc wollte das Wettbewerbssystem des freien Unternehmertums durch eine staatliche Wirtschaft ersetzen. Er träumte von einer demokratischen Republik, in der die Regierung in den wichtigsten Industriezweigen Nationalwerkstätten oder Arbeiterproduktionsgenossenschaften einrichten würde. In diesen Organisationen wären Produktionsregelung und Aufgabenverteilung so beschaffen, daß sie das Elend der Arbeiterschicht lindern würden.

Sowohl die Notlage der Arbeiter als auch die durch sie angetretenen sozialistischen Theorien sollten im Jahre 1848 Folgen nach sich ziehen.

Der Nationalismus und das Wiederaufleben des Bonapartismus. Zu diesen Regimegegnern müssen jene hinzugezählt werden, die der Überzeugung waren, die Niederlage von 1815 müsse gerächt werden und Frankreich müsse Europa demonstrieren, daß es noch ebenso stark sei, wie es unter Napoleon gewesen war. Sie fanden wenig Bewunderungswürdiges an der vorsichtigen Außenpolitik der ersten Regierungsdekade Louis Philippes. Zwar kämpften französische Truppen in Algerien, wo sie versuchten, die von Karl X. begonnene Kampagne zu Ende zu führen. Doch der Kampf in Afrika gab wenig Anlaß zu nationalem Stolz; denn er wurde gegen eine einheimische Bevölkerung geführt, der die Franzosen immer mehr Sympathien entgegenbrachten.

In jedem Fall aber wurde er aufgewogen durch die diplomatische Niederlage während der Krise in Ägypten von 1840 (s. S. 38–39), die deutlich zu machen schien, daß die anderen Mächte glaubten, Frankreich verdiene nicht mehr Beachtung als unmittelbar nach Waterloo.

Es überrascht vielleicht nicht, daß unter diesen Umständen bei vielen Menschen die Erinnerung an Napoleon wach wurde und daß man seine ruhmreiche Regierung mit der Eintönigkeit des Regimes Louis Philippes verglich.

Der wachsende Napoleonkult während der Julimonarchie wurde durch die Werke von Männern wie Victor Hugo und Adolphe Thiers gefördert. Mit seiner hervorragenden «Ode à la Colonne» von 1831 und seinem nach dem Tod von Napoleons Sohn verfaßten Buch «Napoleon II», weckte Hugo (1802–1885) die Erinnerung an den Kaiser. Thiers (1797–1877) schrieb eine zwanzig Bände umfassende Geschichte des Konsulats und des Kaiserreiches, die in jeder Zeile Bewunderung für Napoleons politisches und militärisches Genie ausstrahlte. Und es war Thiers, der als Minister Louis Philippes den Arc de Triomphe, den Napoleon unvollendet hinterlassen hatte, fertigstellte, Straßen und Brücken nach den Siegen Napoleons benannte und im Jahre 1840 schließlich in einer würdigen Zeremonie die Gebeine des Kaisers von St. Helena zurückholte.

Inzwischen gab es in Frankreich zahlreiche junge Männer, die sich wie Julien Sorel in Stendhals Werk «Rot und Schwarz» gelangweilt fühlten durch «die Art von Eloquenz, die die Aktionsschnelligkeit des Kaiserreiches ersetzt hatte». Sie trieben mit dem Korsen einen Personenkult, der sich selbst unter dem gemeinen Volk ausbreitete. Es heißt, jeder volkstümliche Almanach zwischen 1840 und 1848 habe zu der Apotheose Napoleons beigetragen. Man kann hinzufügen, daß die enorme Anzahl von Pfeifen, Taschentüchern, Marmeladengläsern und Bierkrügen mit seinem Porträt, die in den Dorfläden verkauft oder durch umherziehende Höker feilgeboten wurden, das gleiche bewirkten.

Nutznießer dessen war Charles Louis Napoleon Bonaparte, der Sohn des Bruders Napoleons, Louis, und nach dem Tod des Kaisersohnes Thronanwärter der Bonapartes. Charles Louis Napoleon war ein energischer, ehrgeiziger Mann mit einem starken Willen; er war entschlossen, den Thron seines Onkels zu erobern, und im Jahre 1836 versuchte er es. Er erschien mit einigen Gefährten in der Straßburger Festung und rief die Garnison auf, ihm bei dem Versuch, die Macht an sich zu reißen, zu folgen. Ein wachsamer Kommandeur verhaftete ihn und brachte ihn nach Paris, wo der König über ihn entscheiden sollte. Louis Philippe hielt es schließlich für klug, den Prinzen freizulassen, und ließ ihn nach New York abreisen, zweifellos in der Hoffnung, dort würde er bleiben. Doch nach einem kurzen Besuch der Vereinigten Staaten kehrte Napoleon nach Europa zurück. Er landete im August 1840 mit sechzig Gefährten in Boulogne, erklärte das Haus Orléans für abgesetzt, rief noch einmal zu seiner Unterstützung auf – und wurde wiederum verhaftet.

Dieses Mal war die Regierung nicht so nachsichtig. Der Prinz wurde vor die Pairskammer geführt und zu lebenslänglicher Haft in der Hamer Festung verurteilt. Das Verfahren aber gab ihm Gelegenheit zu einer tönenden Rede, in der er ausrief: «Ich vertrete vor Ihnen ein Prinzip, eine gerechte Sache, eine Niederlage. Das Prinzip ist die Souveränität des Volkes; die gerechte Sache ist die des Kaiserreiches; die Niederlage ist Waterloo.» Die Gefangenschaft, in der er politische Flugschriften verfaßte, konnte seine Sehnsucht nach der Macht nicht zum Erlöschen bringen. Eines Morgens im Frühjahr 1846 floh er, und einen Tag später landete er sicher in England. Dort blieb er zwei Jahre lang, zufrieden in dem Bewußtsein, daß sein Name jetzt unlösbar mit der napoleonischen Legende verbunden war, und in der Zuversicht, daß jedes Scheitern der Regierung Louis Philippes den Tag näher brachte, an dem er in der Lage sein würde, in Frankreich das Kaisertum wiederherzustellen.

Das System Guizot. Auf dem Höhepunkt der Krise in Ägypten war die französische Regierung von Adolphe Thiers geführt worden; doch seine offenkundige Bereitschaft, das Risiko eines Krieges einzugehen, und seine Tendenz, dem Pariser Pöbel entgegenzukommen, führte den König dazu, ihn zum Rücktritt zu zwingen. An seine Stelle trat François Guizot, der von 1840 bis 1848 im Amt bleiben sollte.

Die Außenpolitik der Regierungszeit Guizots war durch eine stärkere persönliche Intervention des Königs gekennzeichnet. Es war weitgehend seinem Einfluß zuzuschreiben, daß sich die Beziehungen zu England abkühlten und Kontakte mit Wien aufgenommen wurden in der Hoffnung auf eine österreichisch-französische Allianz. An der innenpolitischen Front schlug Guizot einen kompromißlos negativen Kurs ein. Er hatte wenig Verständnis für soziale Fragen und fürchtete über die Maßen, Gruppen, die er für bedeutend hielt, zu verägern. Daher wurde eine vorteilhafte Umstellung der Zinssätze für Staatsanleihen vermieden, um die Inhaber der Anleihen nicht vor den Kopf zu stoßen, eine dringend notwendige Zollsenkung nicht vorgenommen, weil die Großindustriellen sie abgelehnt hätten, die Sklaverei in den Kolonien nicht abgeschafft aus Furcht, den Plantagenbesitzern zu nahe zu treten.

Guizots größter Fehler aber war seine Selbstgerechtigkeit; er war so überzeugt von der Großartigkeit seiner Politik, daß er selbst vor Niederträchtigkeiten nicht zurückschreckte, nur um sicherzustellen, daß sie auch unterstützt würde. So ging er in zunehmendem Maße zu Bestechung und Korruption im großen Stil über. Da er sich nur um eine sehr begrenzte Wählerschaft zu bemühen brauchte und ein stark zentralisiertes Verwaltungssystem zur Verfügung hatte, konnte er sich in den Wahlmännerausschüssen der Gemeinden mit Zuckerbrot und Peitsche die Wahl von loyalen Abgeordneten sichern; und die geschickte Günstlingswirtschaft innerhalb der Kammer sorgte für die bequemen Mehrheiten, die er sich wünschte.

Der große Erfolg, den er mit diesen Methoden erzielte, erwies sich als Bumerang, denn er brachte das gesamte Regime in Mißkredit. Wenn die Deputiertenkammer nur das ausführte, was Guizot befahl, so folgerten viele, dann mußte mit der Kammer etwas nicht in Ordnung sein. Immer mehr setzte sich die Überzeugung durch, daß eine radikale Änderung des Wahlsystems notwendig sei, und gegen Ende der 40er Jahre war eine Kampagne mit diesem Ziel im Gange.

Inzwischen wuchsen die wirtschaftlichen Schwierigkeiten Frankreichs. Die Ernte des Jahres 1846 war schlecht, und es herrschte eine große landwirtschaftliche Not. Im selben Jahr zwang eine internationale Finanzkrise die Unternehmer zu Produktionsdrosselungen um etwa ein Drittel und verursachte damit einen starken Anstieg der Arbeitslosenzahlen, die bereits hoch waren. Infolgedessen hungerte im Jahre 1847 etwa ein Drittel der arbeitenden Bevölkerung von Paris oder wurde durch wohltätige Einrichtungen unterhalten. Die Regierung verfügte über keinerlei Mechanismus zur Bewältigung dieser Krise und lehnte es auch ab, einen solchen zu entwickeln, es überrascht daher nicht, daß der Ruf Louis Blancs nach einer demokratischen und sozialen Republik von einer wachsenden Anzahl der Stadtbewohner aufgegriffen wurde. In einer Rede in der Deputiertenkammer im Januar 1848 warnte Tocqueville seine Kollegen vor der zunehmenden Unzufriedenheit der Arbeiterschicht und hob hervor, daß ihre «Leidenschaften, anstatt politisch zu sein, sozial geworden» und immer mehr auf die Zerstörung des gesamten bestehenden Systems ausgerichtet seien. «Ich glaube», sagte er schicksalschwer, «in diesem Augenblick schlafen wir auf einem Vulkan... Ändert in Gottes Namen den Geist der Regierung; denn... dieser Geist führt euch in den Abgrund.»

Religion und Kunst 1815–1848

Kirche, Bourgeoisie und Arbeiterschaft. Die beiden bemerkenswerten Entwicklungen dieses Zeitabschnitts in der Religion waren die Versöhnung zwischen der Bourgeoisie und der römisch-katholischen Kirche und – parallel dazu – die Verringerung des kirchlichen Einflusses auf die Massen.

Während der ersten Nachkriegsjahre war der Antiklerikalismus innerhalb des Mittelstands noch sehr stark ausgeprägt. Die Aktivitäten der Jesuiten, die nach der Restauration der Monarchie nach Frankreich zurückgekehrt waren, der Ultramontanismus (s. S. 59), der wachsende politische Einfluß der mächtigen katholischen Laienorganisation, der «Congrégation», das erfolgreiche Eindringen der Kirche in die Gremien der Université de France und die darauf folgende Zensur der Universitätslehre brachten die Kirche in Verruf.

Das Zusammenwirken all dieser Dinge erregte die Feindschaft der gebildeten Gesellschaftschichten. Es entstand ein plötzlicher Boom an Büchern von antireligiösen Schriftstellern, und zwischen 1814 und 1824 wurden 1,5 Millionen Exemplare verschiedener Werke von Voltaire verkauft. Gleichzeitig zirkulierten antiklerikale Witze und Lieder. Nach der Thronbesteigung Karls X. wuchs die Feindschaft so stark, daß die Revolution von 1830 nicht nur als Angriff auf die Monarchie, sondern beinahe ebensosehr als Angriff auf die Kirche gewertet werden kann.

Im darauffolgenden Zeitabschnitt vollzog sich jedoch ein Wandel. Die neuen Herrscher Frankreichs, die Bourgeoisie, betrachteten die Religion schließlich als nützlichen Schutz gegen die sozialen Theorien des Republikanismus und die radikaleren Philosophien, die ihre Stellung bedrohten. Es kam aus der Mode, unreligiös zu sein, und die ehemals antiklerikale Bourgeoisie strömte nun in Scharen in die Kathedrale Notre Dame, wo sie Prediger hören konnte wie Lacordaire und Montalembert, die feierlich erklärten, das Eigentum sei «eines der Fundamente der Gesellschaft... Hüter der Freiheit und der Menschenwürde», und Armut sei die Folge der Sorglosigkeit der Massen.

Doch als Ersatz für den Antiklerikalismus alten Typs des Mittelstands zog sich die Kirche die Feindschaft anderer Gruppen zu. Da sie dem Elend der Massen zu wenig Aufmerksamkeit schenkte, herrschte in Teilen der Arbeiterschicht und selbst unter den Bauern, wie Lacordaire bemerkte, «ein nahezu totaler Unglaube... und eine immense Geringschätzung des Priesters».

Andere Kirchen. Zu Anfang der Restauration hatten sich einige der fanatischeren Kirchenanhänger einen neuen Kreuzzug gegen die Häresie erhofft – d. h. gegen den Protestantismus. Doch die Regierung wirkte dem entgegen und schützte die Rechte der nichtkatholischen Gläubigen. Im ersten Teil dieses Zeitabschnitts war die reformierte Kirche durch innere Desorganisation und Uneinigkeit in der Lehre geschwächt; doch als nach 1830 die Erweckungsbewegung des «Réveil» von Genf aus nach Frankreich übergriff, vollzog sich eine starke Entwicklung zur Einheit und Konsolidierung und eine Rückkehr zu den grundlegenden Reformationslehren. Unter dieser Entwicklung wuchs die Mitgliederzahl stark an. Auch innerhalb des Judentums herrschten einige Differenzen im Hinblick auf die Lehre, weil Modernisten die Riten ändern wollten; sie hatten aber keinen Einfluß auf die Orthodoxie der Mehrheit. Abgesehen davon verschwanden in diesem Zeitabschnitt viele der Beschränkungen, unter denen die 60000 Juden in Frankreich früher gelitten hatten.

An dieser Stelle sollten vielleicht die Versuche zur Gründung neuer Religionen als Ersatz für die anerkannten Kirchen Erwähnung finden. Die Anhänger Saint-Simons gründeten beispielsweise eine «Kirche» mit Dogmen, Riten und Priestern, die der Vergöttlichung von Wissenschaft und Humanität dienen sollte. Einen systematischen Versuch in dieser Richtung unternahm Auguste Comte (1798–1857), der Vater der modernen Soziologie, der der Überzeugung war, Wissenschaftler und Industrielle müßten sowohl die Herrscher als auch die Priester der modernen Gesellschaft sein. Hier genügt es zu sagen, daß diese Experimente nur wenige Anhänger fanden.

Literatur und Kunst. Für Literatur und Kunst war dies ein Zeitabschnitt, in dem die Romantik zu ihrer vollsten Entfaltung gelangte und abzuklingen begann. Gerade weil diese Bewegung mit den alten Normen brach, wurde sie von einem Schwung und einer Begeisterung getragen, die ihresgleichen seither kaum wiedergefunden haben. Ihre Vertreter setzten einen kriegerischen Stolz in ihren Ikonoklasmus. Ein Schauspiel im romantischen Stil war nicht einfach ein Schauspiel, sondern eine Art militärischer Angriff auf die gefestigten Positionen des Klassizismus, und seine Aufführung bot meistens das Bild heftiger Wortwechsel und erregter Kundgebungen.

Die getreuesten Vertreter der Romantik waren vielleicht François-René de

Chateaubriand (1768–1848), dessen populäre «Naturepen», «Atala» und «René», bereits geschrieben worden waren, bevor unser Zeitabschnitt beginnt; Alphonse de Lamartine (1790–1869), dessen «Méditations» (1820) mit ihren im Gedächtnis haftenden Melodien, ihrer extremen Einfachheit und ihrer starken Gefühlsbetontheit Frankreich im Sturm eroberten; der junge Hugo, dessen Vorwort zu seinem Schauspiel «Cromwell» (1827) das romantische Manifest in der dramatischen Dichtkunst war; Alfred de Vigny (1797–1863), dessen schwermütige Dichtung eine der größten Leistungen dieser Epoche bleibt; Alfred de Musset (1810–1857), dessen Schauspiele mit ihrer wundervollen Mischung von Phantasie und Realität die erfolgreichsten Werke des romantischen Dramas darstellen, und schließlich George Sand (1804–1876), die den Roman nicht nur zur Vermittlung von seelischen Empfindungen, sondern auch von sozialistischen und humanitären Idealen einsetzte.

Nach 1830 verlor die Romantik an Vitalität und etwa ab 1840 verlangte die Öffentlichkeit von ihren Schriftstellern weniger Gefühl und mehr Realismus. Im Werk Stendhals (Henri Beyle, 1785–1842) und Honoré de Balzacs (1799–1850) fand sie den Realismus aufs eindrucksvollste verkörpert; doch diese Autoren wurden noch nicht weithin verstanden oder geschätzt. Vielleicht repräsentiert der Mann, über den Louise Varèse äußerte, er sei der «geistige Bruder der politischen und finanziellen Raffer, jener alte Scharlatan, Alexandre Dumas, mit seiner Fabrik von Ghostwritern, seinem schamlosen Plagiat und seiner völlig unromantischen Liebe zum Geld – das Ein-Mann-Hollywood seiner Zeit», den Geist der letzten Jahre der Julimonarchie am ehesten.

So wie die Romantik in der Literatur die einschränkenden Formen der Vergangenheit durchbrochen und ihr neues Leben eingehaucht hatte, so gelang ihr das auch in der Malerei und der Musik. Die Anerkennung für den Beginn des Aufstands gegen die Tyrannei der David-Schule in der Malerei gebührt wahrscheinlich Theodore Géricault, dessen realistisches Gemälde «Das Floß der Medusa» die Klassizisten im Jahre 1819 schockierte; zum Durchbruch aber verhalf der Romantik der sicherlich größte Maler dieses Zeitabschnitts, Eugène Delacroix. In der Bildhauerei war die Revolution weniger stark und der Bruch mit dem Klassizismus weniger ausgeprägt, wie aus den Werken solcher Künstler wie David d'Angers und François Rude ersichtlich ist, dem Bildhauer, der das herrliche Steinrelief «Départ des Volontaires de 1792» (allgemein genannt «Marseillaise») hervorbrachte, das sich auf der einen Seite des Arc de Triomphe befindet.

Die französische Musik fand in Hector Berlioz (1803–1869) einen überaus virtuosen Komponisten, der zu Recht der Begründer der Romantik in der Musik genannt wird, sowohl aufgrund der Wahl seiner Themen – wie in der «Sinfonie phantastique» (1830) mit ihrem Hexensabbat und den Hinrichtungszenen – als auch wegen seiner überschwenglichen Ablehnung der klassizistischen Ideale von Ordnung und Disziplin. Berlioz war ein Bindeglied zwischen Beethoven, den er dem französischen Publikum verständlich zu machen suchte, und Wagner, dessen Oper «Tristan und Isolde» (1859), wie dieser selbst erklärte, stark beeinflußt war durch die neue Klangfarbe, die sich ihm zwanzig Jahre zuvor durch Berlioz' dramatische Sinfonie «Romeo et Juliette» eröffnet hatte. Auf die Oper seiner unmittelbaren Gegenwart übte Berlioz nur geringen Einfluß aus.

Der große polnische Pianist und Komponist Frédéric Chopin (1810–1849) hatte seit 1831 in der französischen Hauptstadt gelebt und die liebreizenden Nokturnen und Etüden komponiert, die der geglückteste Audruck seines Genies waren, während George Sand über ihn und seine schwache Gesundheit wachte. In diesen Jahren war Paris auch die Heimat von Franz Liszt (1811–1886), der Klavierunterricht erteilte, Versammlungen der Saint-Simonianer besuchte und das Publikum durch seine Virtuosität auf der Klaviatur blendete. Schließlich wurde Paris während der Julimonarchie zum Zentrum des europäischen Balletts.

Die Künstler dieser Epoche blieben nicht unberührt von den politischen und sozialen Fragen der Zeit, und eines der auffallendsten Merkmale der letzten Jahre der Julimonarchie war, daß selbst die berühmtesten Künstler im öffentlichen Leben der Nation eine aktive Rolle übernahmen. Victor Hugo widmete nach 1841 zehn Jahre lang praktisch seine ungeteilte Aufmerksamkeit der Politik, und Lamartine wurde nach seinem Eintritt in die Deputiertenkammer im Jahre 1834 als Politiker so bekannt, daß er die Dichtkunst nahezu völlig aufgab. Was George Sand betrifft, so verwandte sie um die 40er Jahre den größten Teil ihrer überquellenden Energie auf die Linderung des Elends der Arbeiterschicht; und sie war es, die Alexis de Tocqueville im Januar 1848 die Informationen über die Gesinnung der Arbeiter vermittelte, mit denen dieser vergeblich versuchte, die Kammer zu beeindrucken.

4. Großbritannien: Soziale Unruhen und gesellschaftlicher Kompromiß 1815–1848

Die wirtschaftlichen und gesellschaftlichen Bedingungen nach 1815

Die Welle der Veränderungen. Im Vergleich zu allen bisher erörterten Ländern besaß Großbritannien in der ersten Hälfte des 19. Jahrhunderts unbestreitbare materielle Vorteile. Die industrielle und kommerzielle Überlegenheit Englands war für jeden offenkundig. Aber gerade die Umstände, die zu seinem Wirtschaftswachstum und seiner Überlegenheit in Handel und Industrie führten, verursachten schwer zu lösende gesellschaftliche und politische Probleme und stellten eine äußerst ernste Bedrohung der bestehenden Ordnung dar.

Alle gesellschaftlichen Veränderungen in Großbritannien beruhten auf dem außerordentlichen demographischen Wachstum in diesem Zeitabschnitt. Zwischen 1700 und 1801 hatte sich die Bevölkerung verdoppelt; 1801 betrug sie 10,5 Millionen, und im Laufe der folgenden hundert Jahre sollte sich diese Zahl verdreifachen. Dieser gewaltige Bevölkerungsanstieg wurde ermöglicht durch eine bessere medizinische Versorgung, erste Ansätze zu einem Verständnis für die Erfordernisse der Hygiene und unter anderem durch gesundheitsfördernde wirtschaftliche Entwicklungen (z. B. der Herstellung billiger waschbarer Kleidung). Wie auch in anderen Ländern mit jäh ansteigender Bevölkerung hatte dieses Wachstum tiefgreifende und dauerhafte Rückwirkungen.

Vor allem verurteilte es das alte landwirtschaftliche System Englands zum Untergang. Als der Lebensmittelbedarf die Preise in die Höhe trieb, begannen die Landbesitzer kleine, einzeln bewirtschaftete Parzellen zu großen, den Bedürfnissen des erweiterten Marktes angepaßten Gütern zu konsolidieren; früheres Gemeindeland wurde eingehegt und für den Anbau nutzbar gemacht – insbesondere während des Krieges gegen Napoleon, als eine Vergrößerung des einheimischen Lebensmittelangebots dringend notwendig wurde.

Mit diesen Veränderungen überwand man weitgehend die dem alten System eigene Ineffizienz. Sie ermöglichten die vollständige Nutzung neuer Ackerbaumethoden, Bodenverbesserungen und Produktionssteigerungen. Doch diese Fortschritte brachten erhebliche gesellschaftliche Erschütterungen und menschliches Leid mit sich. Im allgemeinen beherrschten nun die Großgrundbesitzer und wohlhabenden Hofpächter (die langfristige Pachtverträge für 100 bis 500 Morgen große Bauernhöfe hatten) die landwirtschaftliche Szene Englands. Die ärmsten Pächter und Freisassen konnten durch Exmittierung oder durch Konkurrenz aus ihrem Besitz verdrängt werden. Für viele bedeuteten die ungleichmäßigen Ernten und die starken Preisschwankungen während der Kriegsjahre den Ruin und den Abstieg zum Stand des Landarbeiters oder zwangen zur Abwanderung vom Lande.

Während des Krieges mit Frankreich konnten diese Entwicklungen aufgefangen werden. Hielt der Bedarf an Landarbeitern auch nicht Schritt mit dem Wachstum der Landbevölkerung, so nahm er in den Jahren 1793 bis 1815 doch stetig zu. Überdies fanden die Abwanderer aus den ländlichen Gebieten andere Beschäftigungen. Die Kriegsjahre bedeuteten für die schnell expandierende Industrie Englands Jahre der wirtschaftlichen Hochkonjunktur. Neue städtische Zentren wuchsen fieberhaft; und da englische Firmen die Armeen Englands, Rußlands, Preußens und Schwedens mit Waffen, Mänteln und Decken belieferten, standen in den Gießereien und Fabriken zahlreiche Arbeitsplätze zur Verfügung. Das expandierende Wirtschaftssystem konnte sogar Scharen irischer Einwanderer aufnehmen.

Die Depression der Nachkriegsjahre. Nach Kriegsende aber wandelte sich die Situation; denn der Friede brachte eine allgemeine wirtschaftliche Flaute mit sich, und im folgenden Jahrzehnt – die Exporte nach Europa und Amerika fielen um ein Drittel – litten Landwirtschaft, Schwer- und Textilindustrie gleichermaßen unter einer schweren Depression. Diese bedeutete in den ländlichen Gebieten Härten für alle Schichten und für Hofpächter und Freisassen, die ihre Betriebe übermäßig erweitert hatten, den Ruin. Der Landarbeiter fand sich vor die Wahl gestellt zwischen dem Elend auf dem Land und der Landflucht.

Der zweite Weg bot nicht etwa bessere Aussichten. Die Bergwerke und Fabriken hatten nach 1815 Tausende von Arbeitern entlassen, und diejenigen, die bleiben konnten, mußten bei langen Arbeitszeiten gegen einen erbärmlichen Lohn unter erschreckenden Bedingungen arbeiten. Zwei weitere Faktoren trugen zu der vorherrschenden Misere bei. Den ersten bildete die Auflösung der Bürgerwehr und die Verringerung der regulären Streitkräfte, was eine zusätzliche Belastung des bereits übersättigten Arbeitsmarktes um Hunderttausende von Männern bedeutete. Der zweite Faktor war der Kampf der alten Heimindustrien um die Aufrechterhaltung ihres Systems gegenüber dem vordringenden Fabriksystem – ein Kampf, der zum Scheitern verurteilt war und bereits viele arbeitslos machte. Während die Bevölkerungskurve noch anstieg und sich noch kein Rückgang der irischen Immigration abzeichnete, wurden die Industriestädte Englands in den ersten Friedensjahren zu Zentren des Schmutzes und der Armut.

Alle, die von diesen Bedingungen direkt oder indirekt betroffen waren, blickten erwartungsvoll auf die Regierung, daß sie Abhilfe schaffe. Aus mehreren Gründen war die Regierung auf derartige Maßnahmen schlecht vorbereitet.

Jahre der Gewalt 1815–1819. Die Monarchie war an einem Tiefpunkt angelangt. Der König, George III., war hoffnungslos dem Wahnsinn verfallen. Sein Sohn, der Prinzregent, war völlig unbedeutend; sein Interesse galt lediglich der Malerei und Architektur, der Mode und den Frauen. Die eigentliche Macht lag im Parlament und wurde vom Kabinett ausgeübt. Premierminister war Lord Liverpool, ein geduldiger, phlegmatischer Mann, der seit 1793 Ministerposten bekleidet hatte. Seine wichtigsten Mitarbeiter waren Staatskanzler Eldon, Außenminister Castlereagh, Innenminister Sidmouth und der Tory-Führer im Oberhaus, der Herzog von Wellington, alles Männer mit konservativen Ansichten. Dennoch waren sie nicht die herzlosen Tyrannen, als die sie manchmal geschildert worden sind. Sie waren dem Parlament gegenüber verantwortlich, das die wohlhabendsten Gesellschaftsschichten repräsentierte und zur Panik neigte, sobald gesellschaftliche Mißstände zu Unruhen führten. Schon vor 1789 hatte die Gewalt der Massen die reichen Schichten in England das Fürchten gelehrt – was in einem Land ohne reguläre Polizei durchaus verständlich ist –, und ihre Ängste waren durch die Ereignisse in Frankreich während der Schreckensherrschaft verstärkt worden. Nach 1815 stellten sie bei den geringsten Anzeichen von Volksaufruhr die Gefahr übertrieben dar und forderten extreme Gegenmaßnahmen. Leider kam die Regierung ihren Wünschen normalerweise nach und begegnete Forderungen nach Abhilfe allzuoft mit Repression anstatt mit Reform.

Man darf jedoch nicht davon ausgehen, daß die Bedrohung der bestehenden Ordnung nur in ihrer Vorstellung existierte. Mit der fortschreitenden Depression setzten in den östlichen Grafschaften sporadische Erhebungen ein, und in Nottinghamshire zerstörten aufrührerische Arbeiter zahlreiche Maschinen. Weit und breit brachen Streiks aus. Noch furchterregender für die reichen Oberschichten war das Auftreten einer Anzahl von Volkstribunen und Agitatoren. Darunter waren einige verantwortungsvolle Männer mit gemäßigten Ansichten, deren Mitgefühl durch das Schicksal der Armen erregt wurde. Sie glaubten an eine Verbesserung durch legale Mittel, im allgemeinen durch eine Reform, die das Parlament zu einer repräsentativeren Volksvertretung machen würde. Unter ihnen befanden sich der unermüdliche, eloquente William Cobbett, vielleicht der einflußreichste Pamphletist seiner Zeit, und der «Vater der Reform», der 75jährige Major John Cartwright. Einige waren bombastische Wichtigtuer, andere harmlose Fanatiker. Doch es gab auch gefährlichere Agitatoren wie den ewigen Verschwörer Arthur Thistlewood, der vom gewaltsamen Umsturz der Monarchie sprach.

Die Extremisten erlangten unglücklicherweise eine Bedeutung, die in keinem Verhältnis zu ihrer Anzahl stand. Im Dezember 1816 drangen Thistlewood und seine Mitstreiter zum Beispiel in eine Reformversammlung in den Londoner Spa Fields ein, führten einen Teil der Menge mit sich fort, brachen in eine Waffenhandlung ein und verübten einen Anschlag auf die Stadt London. Diese törichte Geschichte, die ihre Anstifter ins Gefängnis brachte und ein vermeintlicher Mordanschlag auf den Regenten einige Tage später, lösten in Regierungskreisen eine derartige Nervosität aus, daß das Kabinett nach Anhörung der Zeugenaussagen von bezahlten Informanten, die behaupteten, Beweise für eine umfassende Verschwörung gegen die Regierung zu haben, die Zustimmung des Parlaments zur Aufhebung der Habeas-Corpus-Akte und zum Verbot aufrührerischer Versammlungen erlangte. Diese Maßnahmen waren in der Bevölkerung nicht populär und haben möglicherweise neue Zwischenfälle begünstigt, die das Unbehagen der besitzenden Schichten verstärkten.

Ihren Höhepunkt erlangte die unglückliche Lage der Dinge im August 1819. Etwa 50000 Menschen versammelten sich in St. Peter's Fields in Manchester, um Reden über die Notwendigkeit einer Reform der Regierung anzuhören. Einige der zur Schau gestellten Fahnen waren zwar mit revolutionären Parolen beschriftet, die Menge aber, bestehend aus ehrbaren Handwerkern und Arbeitern und ihren Familien, verhielt sich ordentlich. Die durch den Umfang und die bemerkenswerte (zweifellos bedrohlich erscheinende) Disziplin der Versammlung alarmierten örtlichen Behörden aber befahlen der berittenen Bürgerwehr von Manchester und Salford, in die Menge einzudringen und die Redner zu verhaften. Dabei handelte es sich um eine schlecht ausgebildete

Truppe, die sich aus städtischen Notabeln zusammensetzte. Bei dem Versuch, ihre Befehle auszuführen, blieb sie inmitten der nun aufgebrachten Menge stecken. Die Friedensrichter verloren daraufhin vollends den Kopf und befahlen sechs anwesenden Trupps des Fünfzehnten Husarenregiments, die Bürgerwehr zu befreien; und diese Berufstruppen gingen mit gezogenen Säbeln vor und räumten den Platz – dabei töteten sie elf und verletzten Hunderte von Menschen. Samuel Bamford, der diese Schreckensszene miterlebte, berichtete in seinen «Passages in the Life of a Radical»:

«Innerhalb von zehn Minuten war der Platz eine leere, nahezu verlassene Fläche... Die Rednertribünen und ein paar zerbrochene und abgeschlagene Fahnenstangen blieben stehen, die eine oder andere zerrissene und zerfetzte Fahne hing herunter, während über den ganzen Platz Kappen, Mützen, Hüte, Tücher, Schuhe und andere Teile von Männer- und Frauenkleidung zertrampelt, zerrissen und blutig umherlagen. Die berittene Miliz war abgesessen – einige lockerten die Gurte ihrer Pferde, andere ordneten ihre Uniform, und einige wischten ihre Säbel ab.»

Die Husaren hatten zuletzt bei Waterloo gekämpft. Ihr Einsatz gegen die eigenen Landsleute schockierte die Menschen aller Schichten und führte zu der bitteren Bezeichnung dieses Zwischenfalls als «Massaker von Peterloo». Die Regierung blieb ungerührt. Prinzregent und Innenminister gaben ihrer Zufriedenheit über das Verhalten der Behörden in Manchester Ausdruck, und im Herbst 1819 verabschiedete das Parlament die «Six Acts», die unter anderem Versammlungen zum Zwecke der Erstellung und Unterzeichnung von Petitionen einschränkten, den Friedensrichtern das Recht zur Beschlagnahmung von Schriften, die sie für blasphemisch oder aufwieglerisch hielten, einräumten und die Verbreitung von Zeitungen und Flugschriften durch eine Erhöhung der Stempelsteuer behinderten.

Diese Art von Maßnahmen drohte politisch Andersdenkende in den Untergrund und zu geheimen verschwörerischen Mitteln zu treiben, wie auf dem Kontinent. In der Tat verbrachte Arthur Thistlewood, wieder auf freiem Fuß, die letzten Monate des Jahres 1819 mit der Planung eines Komplotts zur Ermordung des gesamten Kabinetts und zur Errichtung einer Britannischen Republik. Die Verschwörer wurden durch einen Spion verraten und verhaftet, als sie sich gerade bewaffneten, doch die Angelegenheit erschien unheilschwanger.

Diese Konspiration fand glücklicherweise keine Nachahmung, und die Zeit der Gewalt und der Gegengewalt nahm ein Ende. Durch eine Verbesserung der wirtschaftlichen Bedingungen wurde das Elend, das Hauptmotiv für die Unruhen, gemildert. Diese waren jedoch nicht ohne Wirkung geblieben. Die Tatsache, daß Gewaltanwendung nicht zur Erlangung positiver Ziele führte, brachte eine Vielzahl von Menschen zu der Überzeugung, daß der beste Weg zu einer Verbesserung der sozialen Bedingungen eine Parlamentsreform sei. Und selbst die Tory-Partei schien gewillt, eine fortschrittliche Gesetzgebung in Erwägung zu ziehen, um Abhilfe zu schaffen.

Die Reformbewegung 1820–1832

Tory-Reformen. Die Tories, die sich der Loyalität der meisten großgrundbesitzenden Familien sowie des Landadels, der Universitäten und des Militärs sicher waren, hatten seit 1793 ununterbrochen die Macht in Händen gehabt, weitgehend aufgrund der fortwährenden Uneinigkeit ihrer Gegner, der Whigs. Ihre trübe Bilanz in den ersten Friedensjahren schien den Beginn jener fatalen Trägheit aufzuzeigen, die die politischen Organe nach einer langen Amtszeit häufig befällt. Nach 1820 bewies die Partei jedoch ihre natürliche Vitalität, indem sie plötzlich eine Gruppe junger, energischer Führer hervorbrachte. Liverpool blieb Premierminister, aber seine wichtigsten Amtskollegen waren jetzt George Canning (1770–1827) im Außenministerium, F. J. Robinson (1782–1859) im Schatzamt, William Huskisson (1770–1830) im Handelsministerium und Robert Peel (1788–1850) im Innenministerium. Während Canning (s. S. 32, 34) die Außenpolitik mit neuem Leben erfüllte, wandten sich seine Kollegen den Problemen an der innenpolitischen Front mit Elan und Entschlossenheit zu; und zumindest ein paar Jahre lang war die Politik der Tories so progressiv, daß sie selbst die Zustimmung der Anhänger von Jeremy Bentham (1748–1832) gewann.

Bentham, der exzentrische und leidenschaftliche Analytiker des politischen Systems in England, hatte schon lange gepredigt, die politischen und gesellschaftlichen Institutionen müßten fortwährend am Maßstab der Nützlichkeit gemessen werden. Sie dürften nur fortbestehen, wenn sie effizient arbeiteten, und alle antiquierten Institutionen und Anomalien der Feudalzeit müßten rücksichtslos ausgemerzt werden. Weitgehend in Übereinstimmung mit dieser Philosophie machte sich die Tory-Gruppe nun an die Arbeit.

Die Bemühungen Robinsons und Huskissons z. B. waren beseelt von dem Wunsch, das Land von den Einschränkungen durch ein überaltertes Handels- und Fiskalsystem zu befreien. Während Robinson das Steuersystem überholte und die Staatsverschuldung neu regelte, legte Huskisson Hand an die vielen den englischen Handel behindernden Abgaben und Ermäßigungen und schloß auf Gegenseitigkeit beruhende Handelsabkommen, die innerhalb von zehn Jahren eine Steigerung des britischen Schiffsverkehrs um fünfzig Prozent bewirkten.

Peel befaßte sich mit den vielen antiquierten Verfahren und unmenschlichen Strafen im englischen Strafrecht. Seine bekannteste Reform dürfte wohl die Aufstellung einer ausgebildeten Polizei in der Hauptstadt gewesen sein. Diese «peelers» oder «bobbies» traten bald auch in anderen Großstädten auf und verringerten bei Unruhen die Abhängigkeit der lokalen Behörden von der Bürgerwehr oder den regulären Streitkräften. Ihre Wirksamkeit zeigte sich auch in dem nahezu schlagartigen Rückgang der Kriminalität.

Aber noch vor Vollendung dieser letzten Reform schwand der Einfluß der Reformer im Kabinett. Das Ausscheiden Liverpools aus dem öffentlichen Leben und der frühzeitige Tod Cannings im August 1827 brachten den Herzog von Wellington an die Spitze der Regierung, und das Kabinett war ab sofort nicht mehr geneigt, Veränderungen irgendwelcher Art durchzuführen.

Dennoch war die Regierung gezwungen, weitere Reformen zu dulden. Gemäß den «Test and Corporation Acts» blieben englischen Staatsbürgern öffentliche Ämter verschlossen, sofern sie nicht bereit waren, die Kommunion nach dem Ritus der Kirche von England zu empfangen. In bezug auf die protestantischen «dissenters» waren diese Gesetze seit Jahren umgangen worden, doch ihr Fortbestehen bedeutete einen Affront gegen Nichtanglikaner, und im Jahre 1828 hob die Regierung sie unter dem Druck der Opposition auf.

Dies warf unweigerlich die viel schwierigere Frage nach der Gleichberechtigung der Katholiken auf. Die Aufhebung der «Test and Corporation Acts» machte römisch-katholischen Bewerbern die meisten öffentlichen Ämter zugänglich, doch vom Parlament blieben sie aufgrund eines Gesetzes von 1679 weiterhin ausgeschlossen; demzufolge waren alle Parlamentsabgeordneten verpflichtet zu erklären, daß sie die Transsubstantiationslehre und die Verehrung der Jungfrau Maria ablehnten. Aufgrund dessen war die katholische Mehrheit Irlands gezwungen, Protestanten zu wählen, um im Parlament vertreten zu sein.

Die Iren waren nicht bereit, das länger zu dulden. Im Jahre 1823 hatte Daniel O'Connell (1775–1847), ein Rechtsanwalt aus Dublin, eine unter dem Namen «Catholic Association» bekannte Vereinigung gegründet, um für die Abschaffung der politischen Benachteiligungen der Katholiken zu kämpfen. Ihre Versammlungen versetzten ganz Irland in Erregung und beunruhigten die Regierung in hohem Maße. Diese versuchte vergeblich, die Vereinigung zu behindern und gar aufzulösen. Ihre Sorge wuchs im Jahre 1828, als O'Connell sich entschloß, für eine parlamentarische Nachwahl in der Grafschaft Clare zu kandidieren und einen triumphalen Wahlsieg errang. Es war unverkennbar, daß – wenn nichts unternommen würde – bei der nächsten allgemeinen Wahl in allen Wahlkreisen Irlands Katholiken gewählt würden und daß der Versuch, ihnen das Recht auf einen Parlamentssitz streitig zu machen, zu bürgerkriegsähnlichen Auseinandersetzungen führen könnte. Wellington und Peel lehnten die Gleichberechtigung der Katholiken ab, aber sie waren realistisch genug einzusehen, daß sie der Herausforderung O'Connells nicht entgegentreten konnten. Daher brachten sie ein Gesetz zur Abschaffung der letzten Einschränkungen bezüglich der politischen Betätigung von Katholiken ein. Im März 1829 wurde es vom Parlament verabschiedet.

Der junge John Stuart Mill begrüßte dieses Votum als «eines jener großen, periodisch auftretenden Ereignisse, durch die die Institutionen eines Landes mit dem geistig überlegenen Teil der Bevölkerung in Einklang gebracht werden – durch die das, was vorher nur in den Köpfen des intelligenteren Teils der Gemeinschaft existierte, Landesgesetz wird und folglich die gesamte Gemeinschaft auf dessen Niveau emporhebt». Dennoch hinterließ die Verabschiedung dieses Gesetzes die Tories in einem stark gespaltenen Zustand und schlecht vorbereitet für die heikle Frage der Parlamentsreform, die nun brisant wurde.

Die große «Reform Bill». Das Problem lag darin, daß das parlamentarische System Englands nicht Schritt gehalten hatte mit den neuen gesellschaftlichen und wirtschaftlichen Gegebenheiten des Lebens; und dies wurde schmerzlich bewußt, wenn man sah, wie die Abgeordneten für das 655 Mitglieder umfassende Unterhaus gewählt wurden. Die Vertreter der Grafschaftswahlkreise (190 aus der Gesamtzahl) wurden durch die Vierzig-Schilling-Freisassen gewählt – d. h. durch Männer, die soviel Land besaßen, daß sie daraus ein Einkommen von mindestens vierzig Schilling pro Jahr erzielten. Doch aufgrund der Konzentration des Landbesitzes und der sinkenden Anzahl unabhängiger Eigentümer bestimmten die wenigen Wohlhabenden über die Parlamentssitze der Grafschaften.

Zumindest war das Wahlrecht in den Grafschaften einheitlich. In den städtischen Wahlbezirken (boroughs), die 465 Abgeordnete ins Unterhaus entsandten, war dies keineswegs der Fall. In dem einen «borough» konnten alle Steuerzahler wählen, im anderen nur die Bewohner bestimmter Häuser, im dritten nur der Bürgermeister und sein Gemeinderat. In den meisten Fällen war die Anzahl der Wähler so gering, daß die Regierung oder häufiger die örtlichen Magnaten sie leicht beeinflussen konnten; und es gab Fälle, in denen die Wahl eine rechtliche Fiktion war und die Mitglieder einfach durch die Peers, unter deren Kontrolle sich das «borough» befand, ernannt wurden.

Als ebenso verwerflich wie den aristokratischen Charakter des Systems empfanden die Kritiker die offensichtliche Ungleichheit in der Repräsentation. Schottland hatte bei einer achtmal so großen Bevölkerung weniger Vertreter im Parlament als Cornwall. Die zehn Grafschaften Südenglands hatten nahezu ebenso viele Vertreter wie die dreißig übrigen, obwohl ihre Bevölkerung nur ein Drittel der anderen ausmachte. Die Benachteiligung der Industriestädte war noch auffälliger. Birmingham, Bradford, Halifax, Leeds, Manchester und Sheffield waren im Parlament überhaupt nicht vertreten.

Die Verteidiger des Status quo reagierten immer wieder mit einer Vielzahl von Argumenten auf die Kritik: das bestehende System ermögliche es, begabte Männer, die nicht ins Parlament gewählt werden könnten, zu Abgeordneten zu ernennen, jedes Parlamentsmitglied vertrete alle Teile des Landes, und jede Änderung störe das Gleichgewicht der Verfassung, schmälere den Einfluß der Krone und beschwöre eine Unmenge von nicht spezifizierten Gefahren herauf. Ab 1830 büßten diese letzten Argumente jedoch bei den gebildeten Schichten an Wirkung ein; sie erkannten, daß keine Regierungsreform durchgeführt würde, solange die Zusammensetzung des Parlaments unverändert bliebe. Und sie machten überhaupt keinen Eindruck auf das Volk, das nach Taten schrie.

Hatte die Verabschiedung des Gesetzes über die Gleichberechtigung der Katholiken zu dieser Agitation beigetragen, so gaben zwei andere Ereignisse einen zusätzlichen Anstoß: der Sturz der Bourbonenmonarchie in Frankreich und das Zusammentreffen einer plötzlichen Rezession im Handel mit einer Mißernte im Jahre 1830. Kurz, alle Ereignisse verschworen sich zugunsten einer Reform; und als die Tory-Regierung die Augen davor verschloß, wurde sie abgesetzt. Im Herbst 1830 lobte Wellington in Fehleinschätzung der Dinge die englische Regierung als den Gipfel der Vollkommenheit und erklärte, daß er «nicht nur nicht bereit sei, irgendeine Maßnahme zur [Parlamentsreform] durchzuführen», sondern daß er, «solange er irgendeinen Rang in der Regierung des Landes innehabe, es immer für seine Pflicht halten werde, sich derartigen Maßnahmen zu widersetzen, wenn sie von anderen vorgeschlagen würden». Es folgten prompt Attacken auf die Regierung aus allen Lagern, und der Herzog wurde zum Rücktritt gezwungen.

Die neue Regierung unter Führung von Lord Grey setzte sich vorwiegend aus Whigs zusammen. Sie hatte sich der Reform verpflichtet und nahm sie unverzüglich in Angriff. Im März 1831 brachte Lord John Russell im Unterhaus eine Reformvorlage ein. Als sie aufgrund eines technischen Details scheiterte, trug Grey den Streit an die Öffentlichkeit und gewann durch Neuwahlen eine Mehrheit von 100 Sitzen. Daraufhin brachte er die Vorlage erneut ein, und nach monatelangen Debatten, in denen die Opposition alle Möglichkeiten der Verzögerungstaktik ausschöpfte, wurde sie mit einer Mehrheit von 106 Stimmen verabschiedet. Das Oberhaus, zu der Zeit wie später Zentrum eines engstirnigen Konservativismus, brachte das Gesetz prompt zu Fall.

Dies löste weit und breit Empörung aus, die sich in Volkserhebungen und Demonstrationen in ganz Großbritannien niederschlug. Als es praktisch sicher war, daß die Lords wiederum den Volkswunsch nach einer Reform mißachten würden, nachdem die Vorlage das dritte Mal eingebracht und im März 1832 vom Unterhaus verabschiedet worden war, trat Grey zurück.

Der tote Punkt in der Verfassungsfrage war jedoch überwunden. Wellington, den der König zur Amtsübernahme bewegen konnte, war nicht in der Lage, ein Kabinett zu bilden. Sein Scheitern war vermutlich zum Teil auf einen Run auf die Banken und einen von Mittelstandsagitatoren, insbesondere dem Bentham-Anhänger Francis Place, organisierten Steuerstreik zurückzuführen. Als Preis für seine Rückkehr ins Amt forderte Grey, was ihm vorher verweigert worden war, nämlich das Versprechen des Königs, genügend neue Peers zu ernennen, um die Verabschiedung der Reformvorlage im Oberhaus sicherzustellen. Es bedurfte keiner Ernennungen, die Drohung reichte aus. Am 4. Juni 1832 wurde die große «Reform Bill» verabschiedet.

Das Gesetz beseitigte nicht alle Mißstände, die zu seiner Einbringung geführt hatten. Nach 1832 gab es ebenso «rotten boroughs» («verfaulte» städtische Wahlbezirke, in denen die Abgeordneten durch die Grundbesitzer ernannt, anstatt durch die Einwohner gewählt wurden) wie vorher; es gab «boroughs», in denen fünfzig Stimmen über die Wahl eines Abgeordneten entscheiden konnten; und es gab immer noch erschreckende Ungleichheiten in der parlamentarischen Vertretung. Doch die Mißstände waren weniger geworden. 143 Sitze wurden umverteilt mit dem Ziel, bevölkerungsarmen Zentren parlamentarische Vertreter zu entziehen, die Vertretung der größeren Grafschaften Schottlands und Irlands zu verstärken und den Industriestädten überhaupt die Möglichkeit zu geben, Vertreter ins Unterhaus zu schicken.

Gleichzeitig wurde das Wahlrecht erweitert. In den Grafschaften war das Wahlrecht nicht mehr auf diejenigen beschränkt, denen Land gehörte. In den «boroughs» wurden alle Sonderwahlrechte abgeschafft, und jeder Eigentümer oder Mieter eines Hauses, dessen Jahresmietwert zehn Pfund betrug, erhielt das Stimmrecht. In ganz England und Wales besaß jetzt jeder fünfte Mann das Stimmrecht, in Schottland jeder achte, in Irland jeder zwanzigste. Das war keine Demokratie – eine Tatsache, die verständlicher wird, wenn man bedenkt, daß die Parlamentsabgeordneten noch keinerlei Bezahlung erhielten, und daß eine Eigentumsqualifikation für die Wahlkandidaten bestand –, aber es war der erste hoffnungsvolle Schritt in diese Richtung.

In der Geschichte der politischen Organisation Englands kommt der Reformkampagne eine große Bedeutung zu. In ihr lassen sich die ersten Anfänge der in unserem Zeitalter alltäglich gewordenen Propagandataktik und der Interessenvertretung erkennen. Und die Verabschiedung der «Reform Act» kennzeichnet den eigentlichen Beginn der modernen Parteiorganisation in England. Politische Clubs setzten den Mechanismus der Parteien in Gang, einen Mechanismus, der als Folge der Bestimmungen der «Reform Act» weiter entwickelt wurde. Die gesetzliche Bestimmung, daß die Wahlberechtigten ins Wählerverzeichnis aufgenommen werden mußten, regte die Gründung örtlicher Parteiverbände zur Förderung von Eintragungen an, die Errichtung zentraler Eintragungskomitees, ein Anwachsen der Zahl von Wahlorganisatoren und Parteigeschäftsführern und andere für die moderne politische Partei charakteristische Dinge. In diesem Sinne stammt das gegenwärtige politische System Englands aus dem Jahre 1832.

Die Volksbewegung

Die Unzufriedenheit des Volkes über die «Reform Act». Die «Reform Act» gewährte dem Mittelstand das Wahlrecht. Der Arbeiterschicht, die zur Verabschiedung des Gesetzes beigetragen, das Wahlrecht aber nicht erhalten hatte, brachte es weniger greifbare Vorteile. Und die vernehmbare Reaktion der Arbeiter war Enttäuschung und Unmut.

Im neuen Unterhaus herrschten die Whigs und ihre Benthamschen Bundesgenossen, die Radikal-Liberalen. Indem sie von ihrer Macht nur begrenzten Gebrauch machten, zeigten sie bald, daß sie keine echten Freunde ihrer ehemaligen Helfer aus der Arbeiterschicht waren. Die Stabilität der Gesellschaft erforderte ihrer Ansicht nach die Einschränkung des Wahlrechts auf diejenigen, die ein wirtschaftliches Interesse an der Gesellschaft nahmen und genügend Bildung besaßen, um das Stimmrecht vernünftig auszuüben.

Die Whigs und Radikal-Liberalen ruhten sich nach 1832 nicht nur auf ihren Lorbeeren aus; doch bei aller Bereitschaft, greifbare Mißstände zu beseitigen und Maßnahmen zur Leistungssteigerung und Wirtschaftlichkeit in der Regierung gemäß ihren Benthamschen Vorschriften durchzuführen, war ihre Haltung gegenüber den gesellschaftlichen Bedürfnissen der Arbeiterschicht nahezu gänzlich negativ. Die «Factory Act» von 1833, mit der die Kinderarbeit und die Beschäftigung von Jugendlichen in den Textilfabriken reduziert und geregelt wurde, verdankt ihre Verabschiedung weniger ihnen als den energischen Bemühungen von Tory-Reformern wie Lord Ashley. Viele Whigs und Radikal-Liberale lehnten sie ab, weil sie ihnen als ungerechtfertigter Eingriff in die Gewerbefreiheit erschien.

Die Vertreter der industriellen Interessen waren in der Tat nur allzu bereit, die Bevölkerungsstudien von Thomas Malthus (1766–1834) und die wirtschaftlichen Analysen David Ricardos (1772–1823) zur Untermauerung des Standpunktes heranzuziehen, daß die Masse der Bevölkerung immer auf dem bloßen Existenzminimum leben werde und daß ihr Schicksal nicht durch Regierungsmaßnahmen, sondern nur durch Selbsthilfe, Enthaltsamkeit und Selbstdisziplin verbessert werden könne. Wenn sie Gesetze auf sozialem Gebiet unterstützten, so nahmen diese daher im allgemeinen strenge Formen wie das neue «Poor Law» von 1834 an. Mit diesem Gesetz, das auf Bentham beruhte, versuchte man, die den Steuerzahlern der Gemeinden aufgebürdete Last der Armenunterstützung zu mildern, indem alle Unterstützungsempfänger gezwungen wurden, in Arbeitshäusern zu leben, in denen ihnen das Recht, mit ihren Familien zusammenzuleben, versagt war (damit sie sich nicht fortpflanzten). Man braucht nur die Beschreibung der Verhältnisse in den Arbeitshäusern von Charles Dickens in dem 1837 veröffentlichten Buch «Oliver Twist» zu lesen, um das menschliche Leid zu verstehen, das dieses System erzeugte.

Der Geist und die politischen Maßnahmen der Regierung nach 1832 entfremdete die Arbeiterschicht und zwang sie gleichzeitig zu der Erkenntnis, daß ihr Schicksal nur durch ihre eigenen Anstrengungen verbessert werden konnte. Diese Erkenntnis rief zwei Bewegungen ins Leben: das Gewerkschaftswesen und den Chartismus.

Die Gewerkschaftsbewegung. In den ersten Jahren nach dem Krieg war die Entwicklung einer starken Gewerkschaftsbewegung aufgrund der «Combination Acts» von 1799 und 1800 und anderer Gesetze, die Vereinigungen innerhalb der Arbeiterschicht als gewerbebehindernde, kriminelle Verschwörungen verboten, mit Ausnahme reiner Wohltätigkeitsvereine, unmöglich gewesen. Im Jahre 1824, während der Canningschen Reformperiode, hatte das Parlament die «Combination Acts» jedoch aufgehoben und den Zusammenschluß von Arbeitern zur friedlichen Verhandlung über Löhne und Arbeitszeiten unter der Voraussetzung gestattet, daß derartige Zusammenschlüsse nicht zu Vertragsbrüchen ermutigen oder zu «Belästigung» oder «Behinderung» von Arbeitgebern führen würden. Die Bestimmungen des neuen Gesetzes – obgleich im Jahre 1825 geändert – erschwerten den Arbeitern den Streik weiterhin, und die Gerichte waren sehr beflissen, den Beweis für Obstruktionismus zu liefern. Immerhin konnten die Gewerkschaften ihre Tätigkeit nun offen ausüben, ohne sich als Unterstützungsvereine zu tarnen. In den Jahren von 1825 bis 1832 wuchs die Mitgliederzahl der Gewerkschaften stetig, und es begannen systematische Versuche, die örtlichen Gewerkschaften auf nationaler Ebene zu vereinigen.

Die Ernüchterung der Arbeiter nach der Verabschiedung der «Reform Act» bewirkte nicht nur ein Anwachsen der Gewerkschaftsbewegung, sondern erhöhte auch ihre Kampfbereitschaft. In der zweiten Hälfte des Jahres 1832 setzte ein allgemeiner Anstieg der Mitgliederzahlen ein, die Streikaktivität nahm zu, und die vorher gescheiterten Bemühungen um eine Vereinigung aller Gewerbezweige lebten wieder auf. Ein Beispiel dafür stellte die «Grand National Consolidated Trades Union» dar, die schon bald nach ihrer Gründung im Jahre 1833 die Mitgliedschaft von einer halben Million Fach- und Hilfsarbeitern verzeichnete.

Der führende Kopf dieser Bewegung war Robert Owen (1771–1858). Als «self-made man», der im Alter von zwanzig Jahren eine der größten Baumwollfabriken in Lancashire leitete, war er ein geborener Sozialreformer. Er hatte seine Fabrik in New Lanark zu einem Modellbetrieb gemacht, in dem gute Löhne gezahlt wurden, es regelmäßig Arbeit gab, den Arbeitern hygienische Wohnungen und Erholungsstätten zur Verfügung standen und für eine ganztägige Schulerziehung ihrer Kinder gesorgt war. Seine in den Vereinigten Staaten gegründete Modellgemeinde «New Harmony» war zwar kein Erfolg, aber sie regte das dauerhafteste seiner Experimente an: die Errichtung selbstverwalteter, nicht an Profit orientierter Produktionsgenossenschaften und Genossenschaftsläden zur Versorgung der Arbeiter. Schon im Jahre 1830 gab es über 300 solcher Genossenschaften.

Owens Denken hatte sich von einfacher Philanthropie zu einem ziemlich unsystematischen Sozialismus entwickelt, und war schließlich dahin gekommen, das Profitsystem abzulehnen und alles zu unterstützen, was eine geringere Ausbeutung der Arbeiter versprach. Der überwältigende Enthusiasmus, mit dem er seine Bemühungen anging, ließ die Gewerkschaftsbewegung viel stärker erscheinen, als sie war. In der Realität brachen die Gewerkschaften außerordentlich schnell auseinander, sobald sie ihre Stärke unter Beweis stellen mußten.

Finanzielle Mißwirtschaft, eine unkluge Streikpolitik, der gemeinsame Widerstand der Unternehmer, die Verfolgung seitens der Regierung und schließlich persönliche Differenzen zwischen Owen und seinen wichtigsten Mitarbeitern machten die militante Gewerkschaftsbewegung der 30er Jahre des 19. Jahrhunderts zunichte. Um 1835 war die «Grand National» auseinandergebrochen, und ihre Mitgliedsgewerkschaften befanden sich auf dem Rückzug. Im folgenden Zeitabschnitt überlebten vorwiegend die Gewerkschaften in den Fachberufen, die alle ehrgeizigen Organisationspläne ablehnten und sich auf ihre eigenen Probleme und auf Unterstützungstätigkeit konzentrierten. Die gewerkschaftliche Organisation in den Berufen, die keine besondere Ausbildung erforderten, kam zum Stillstand, und in der folgenden Jahrhunderthälfte wurden nur geringfügige Fortschritte gemacht. Das Scheitern der Owenschen Gewerkschaftsbewegung hatte jedoch auch ein positiveres Ergebnis. Die Arbeiterführer gelangten zu der Erkenntnis, daß keine gesellschaftliche Reformmaßnahme erzielt werden konnte, solange die Arbeiter kein Stimmrecht hatten. Sie ließen von wirtschaftlichen Kampfformen ab und gingen nun zu politischen Druckmitteln über in der Hoffnung, die neue herrschende Schicht zwingen zu können, ihre Macht mit den Arbeitern zu teilen. Einen Versuch in dieser Richtung stellte die Agitation für die «People's Charter» dar.

Der Chartismus. Im Jahre 1836 gründete eine Gruppe von Arbeiterführern unter der Leitung William Lovetts, eines ehemaligen Ladenbesitzers in der ersten Owenschen Genossenschaft in London, die «London Working Men's Association», «um den intelligenten und einflußreichen Teil der Arbeiterschicht in Stadt und Land in einem einheitlichen Bund zusammenzufassen und mit allen legalen Mitteln zu versuchen, alle Gesellschaftsschichten in den Besitz gleicher politischer und gesellschaftlicher Rechte zu bringen.» Zur Erlangung dieses glücklichen Zustands waren sechs Dinge notwendig, und diese wurden in der im Mai 1838 veröffentlichten «People's Charter» (Charta des Volkes) dargelegt. Die Forderungen lauteten: jährliche Parlamente, allgemeines Wahlrecht für Männer, gleichgroße Wahlbezirke, Abschaffung der Eigentumsbestimmung für Abgeordnete im Unterhaus, geheime Wahl und Bezahlung der Parlamentsmitglieder. Unter dem Einfluß der «Political Union» von Birmingham, die während der Reformkampagne von 1831–1832 eine bedeutende Rolle gespielt hatte und nun wieder auflebte, wurde diese Charta in eine nationale Petition eingearbeitet.

Die Londoner und Birminghamer Führer wollten diese neue Kampagne zweifellos systematisch, rechtschaffen und friedlich fortsetzen. Doch Lovett und seinen Mitarbeitern wurde die Führung bald durch gewalttätigere Geister streitig gemacht. Unter ihnen befanden sich James Bronterre O'Brien, ein beharrlicher Prediger des Klassenhasses, und Feargus O'Connor, ein gewalttätiger gewissenloser Maulheld und Herausgeber einer radikalen Zeitung in Leeds namens «Northern Star».

Auf einem «Allgemeinen Konvent der gewerbefleißigen Klassen» in London im Februar 1839 überwanden O'Connor und O'Brien den Einfluß der Gemäßigten und veranlaßten die Anwesenden nicht nur, die Charta zu akzeptieren, sondern auch das Recht des Volkes auf Bewaffnung anzuerkennen und einem Generalstreik zuzustimmen für den Fall, daß das Parlament ihre Forderungen ablehnte. Dies löste ein gefährliches Maß an Erregung aus. Als die von 1,2 Millionen Bürgern unterzeichnete Petition und Charta im Juli vom

Unterhaus abgelehnt wurde, brach in Newport in Monmouthshire ein bewaffneter Aufstand aus, bei dem vierzehn Männer geötet wurden und zehn Menschen später ihren Verletzungen erlagen.

Dieser tragische Vorfall und die Verhaftung einer Reihe von Chartistenführern setzten der ersten Phase dieser Bewegung ein Ende, doch der Chartismus bestand noch zehn Jahre lang fort und wurde in Zeiten wirtschaftlicher Not aktiv. Im Winter 1841–1842 lebte er wieder auf, als infolge einer schlechten Ernte und einer Flaute im Binnen- und Außenhandel fast ein Zehntel der Bevölkerung arbeitslos war. Unter Führung O'Connors wurde erneut eine nationale Petition in Umlauf gebracht und dem Unterhaus im Mai 1842 mit 3317752 Unterschriften vorgelegt.

Bei dieser Gelegenheit fand tatsächlich eine Debatte über die Charta statt, doch beide Parteien widersetzten sich der Schlüsselforderung, dem allgemeinen Wahlrecht, das jener Wortführer des Mittelstandsliberalismus, Thomas Babington Macaulay (1800–1859), als «fatal für jede Regierungsausübung und gänzlich unvereinbar mit dem Bestehen einer Zivilisation überhaupt» bezeichnete. Das Haus lehnte die Petiton mit 287 zu 49 Stimmen ab. Dies hatte die gleiche Wirkung wie die vorherige Ablehnung: es löste Unruhen in ganz Großbritannien aus.

Unter der Führung O'Connors war der Chartismus zu einer antiindustriellen Bewegung geworden. O'Connor haßte Fabriken und Städte und träumte insgeheim davon, England den kleineren Landbesitzern zurückzugeben. Diese Vorstellung fand bei Tausenden Anklang, die noch von der Rückkehr in die Vergangenheit träumten; doch sie stand im Widerspruch zu den Realitäten des Zeitalters. Sie bewirkte ein allmähliches Abbröckeln der ursprünglich starken Anhängerschaft des Chartismus in den Gewerkschaften und machte gleichzeitig jede Zusammenarbeit mit jener Mittelstandsbewegung unmöglich, die vielleicht einen wirksamen Bündnispartner abgegeben hätte, nämlich der «Anti-Corn Law League». Aus diesem Grunde ging der Chartismus nach 1842 stetig zurück.

Der Weg zum Kompromiß

Königin Victoria. Während der turbulenten Jahre gewerkschaftlicher und chartistischer Agitation hatte ein neuer Souverän den Thron bestiegen. William IV., der zur Zeit der ersten Kabinettsbildung Lord Greys König geworden war, starb im Jahre 1837, und seine Nichte Victoria trat die Thronfolge an. Zur Zeit ihrer Thronbesteigung achtzehn Jahre alt, wenig vertraut mit dem höfischen Leben, besaß die neue Monarchin Energie und Entschlossenheit sowie die Einsicht, daß die Politik eine Kunst ist, die ebenso erlernt werden muß wie alles andere. Ihre Regierungszeit (1837–1901) war die längste in der englischen Geschichte und, vom Standpunkt des materiellen Wohlstands, der politischen Macht, des wissenschaftlichen Fortschritts und der kulturellen Leistungen her gesehen, auch die prosperierendste.

8. Königin Victoria von England (1819–1901) inmitten ihrer zahlreichen und weitverzweigten Familie gegen Ende ihrer Regierungszeit

Die ersten Regierungsjahre Victorias waren gekennzeichnet durch wirtschaftliche Not und soziale Unruhen, doch vollzog sich in dieser Zeit auch ein politischer Wandel von grundlegender Bedeutung: die Übertragung der politischen Führung des Landes von der Aristokratie auf den Mittelstand. Diese begann, wie wir gesehen haben, mit der Verabschiedung der «Reform Act» fünf Jahre vor Victorias Thronbesteigung; konsolidiert aber hat sich die Vorherrschaft des Mittelstands durch die Aufhebung der «Corn Laws» im Jahre 1846.

Die Aufhebung der «Corn Laws». Die Agitation für die Aufhebung der «Corn Laws» begann in den Jahren der landwirtschaftlichen und wirtschaftlichen Depression, in denen der Chartismus aufkam. Mit der Gründung der «Anti-Corn Law League» im Jahre 1839 nahm sie organisierte Formen an. Diese stellte den wirksamsten Propagandaapparat auf, den England jemals erlebt hatte, mit Ortsverbänden in ganz England und einer aus Spenden der kapitalistischen Schicht bestehenden Kampfkasse, die die Veröffentlichung und den

Umlauf von Zeitungen und Flugschriften, unzählige Versammlungen und verschiedene Arten der Druckausübung auf das Parlament ermöglichte. Die Anführer der Liga waren die beiden Fabrikanten und Anhänger des Freihandels Richard Cobden (1804–1865) und John Bright (1811–1889). Beide waren der aufrichtigen Überzeugung, daß das bestehende Schutzzollsystem die Entwicklung der englischen Produktion gefährde. Der Schlüssel zu diesem Schutzzollsystem waren die «Corn Laws», und die Anhänger des Freihandels glaubten, deren Abschaffung bringe das gesamte System zu Fall.

9. Industrialisierung im 19. Jahrhundert. Kinder als Arbeitskräfte in einem englischen Kohlenbergwerk

Die Argumente der Freihandelsanhänger bildeten eine eigenartige Mischung. Viele Fabrikanten unterstützten die Liga, weil sie glaubten, die Aufhebung der «Corn Laws» würde Lohnsenkungen ermöglichen, doch ebenso viele waren wahrscheinlich überzeugt, daß die Aufhebung dieses Gesetzes der Arbeiterklasse durch die Senkung der Brotpreise direkte Vorteile verschaffen und die Härten der Industrialisierung etwas mildern würde. Aus manchen Reden für die Aufhebung des Gesetzes sprach evangelistischer Eifer und die Überzeugung, daß der Freihandel eine Interdependenz der Nationen und den internationalen Frieden mit sich bringen würde. In anderen entdeckt man den Wunsch nach Zerschlagung der politischen Macht der Aristokratie durch die Beseitigung ihrer wirtschaftlichen Privilegien. Im Jahre 1845 sagte Cobden: «Je eher die Macht in diesem Lande von der landbesitzenden Oligarchie, die sie so sehr mißbraucht hat, übergeben und absolut – wohlgemerkt, ich sage, absolut – in die Hände der intelligenten Mittelschicht und der gewerbefleißigen Klassen gelegt wird, desto besser für die Beschaffenheit und das Schicksal dieses Landes.»

Die Regierung konnte die Argumente der Liga nicht auf die leichte Schulter nehmen. Im Jahre 1841 wurden die Whigs durch ein Tory-Kabinett unter Sir Robert Peel ersetzt, der von Anfang an erkannte, daß das Wirtschaftsgefüge des Landes reformbedürftig war. «Wir müssen dieses Land», so schrieb er an seinen Freund, «zu einem Land machen, in dem man billig leben kann.» Dies versuchte er durch eine Senkung der Einfuhrzölle in der Hoffnung, damit den Handel anzuregen, und zum Ausgleich für den Einkommensverlust des Staates erhob er eine Einkommensteuer; weiterhin festigte er das Währungssystem, stärkte die Krediteinrichtungen des Landes (durch die «Bank Charter Act» von 1844) und führte andere Finanzmaßnahmen durch.

Peel war Vorsitzender einer Partei, die landwirtschaftliche Interessen vertrat, und zu normalen Zeiten hätte ihn diese Position davon abgehalten, die «Corn Laws» anzutasten. Doch im August 1845 setzte in Irland die Kartoffelfäule ein, und diese übervölkerte Insel war mit einer Hungersnot konfrontiert. Auch die englische Ernte war schlecht. Die «Anti-Corn Law League» nahm diese Gelegenheit eiligst wahr, um erneut einen Angriff auf das Schutzzollsystem zu starten; und Peel besaß genügend Mut, den Realitäten ins Auge zu sehen und sich zur Abschaffung der «Corn Laws» zu entschließen. Im Mai 1846 wurde das Gesetz durch das Parlament aufgehoben. Dies erzeugte Unversöhnlichkeit und Verstimmung unter den Tories, und die Mehrheit der Partei schloß daraufhin, angeführt von Lord George Bentinck und einem jungen, ehrgeizigen Politiker namens Benjamin Disraeli, ihren größten Staatsmann aus, indem sie ihn des Verrats beschuldigte.

Die direkten wirtschaftlichen Folgen der Aufhebung der «Corn Laws» waren nicht so eklatant wie erwartet. Der nominelle Preis für Getreide war nicht merklich gefallen und blieb über die nächsten zwei Jahrzehnte stabil. Da in diesen Jahren die Preise auf dem Weltmarkt anzogen, kann man behaupten, daß Getreide und Brot in England eine wesentliche Preissenkung erfuhren. Soweit dies zutraf, trug die Aufhebung des Gesetzes zur Verbesserung des Schicksals der Armen und zur Stärkung des sozialen Friedens bei.

Indem die Aufhebung der «Corn Laws» die wirtschaftliche Vorrangstellung der landbesitzenden Aristokratie zunichte machte, demonstrierte sie die politische Vorherrschaft jener Schicht, die im Jahre 1832 das Wahlrecht erhalten hatte. Die Aristokratie behielt weiterhin große gesellschaftliche Macht und das Monopol im Oberhaus, und sie beherrschte nach wie vor die Streitkräfte, den diplomatischen Dienst und die Staatskirche. Im Zentrum der Macht aber, dem Unterhaus, hatte der Mittelstand die Führung übernommen.

Dem sozialen Frieden entgegen. Die Philosophie des «Laisser-faire», die den Anstoß zur Aufhebung der «Corn Laws» gegeben hatte, begünstigte keineswegs eine positive Gesellschaftsreform. Maßnahmen zur Verbesserung der Lebensbedingungen der Armen erschienen als ungerechtfertigter Eingriff in die Gesetze der Wirtschaft. Und doch konnten diejenigen, die die Parolen des Manchester-Liberalismus mit der größten Inbrunst immer wieder vortrugen, ihr Gewissen nicht völlig zum Schweigen bringen. In den 40er Jahren deckten eine Reihe von Berichten verschiedener königlicher Kommissionen einige Folgen der ungeregelten industriellen Expansion auf: die beklagenswerten Verhältnisse in den Industriestädten, von denen viele kein Abwassersystem, keine ausreichende Wasserversorgung und keine Wohnungen für die Arbeiterschicht besaßen, sondern nur sehr leicht gebaute, unhygienische Elendsquartiere; die beschämende Situation in den Bergwerken, in denen Frauen und Kinder wie die Tiere arbeiteten; den erbärmlichen Zustand vieler Fabriken, wo «Laisser-faire» oft Verantwortungs- und Gefühllosigkeit auf seiten der Unternehmer bedeutete.

Diese bewunderungswürdigen Berichte stimulierten in allen Parteien die Forderung nach einer grundlegenden Reform und bewirkten die Beseitigung der gröbsten Mißstände. Selbst eingefleischte Manchesterianer konnten die Verabschiedung einer Reihe von Gesetzen zur Verbesserung der Arbeitsbedingungen der Armen nicht verhindern. Diese Gesetze waren insofern von Bedeutung, als sie die Anerkennung der Verantwortung einer Regierung für das Wohlergehen ihrer Bürger darstellten, und sie trugen erheblich zur Milderung der gesellschaftlichen Verbitterung bei, der den ersten Teil dieses Zeitabschnitts gekennzeichnet hatte.

Auch die allgemeine Verbesserung der wirtschaftlichen Bedingungen in den späten 40er Jahren leistete hier ihren Beitrag. Die Zahl der Beschäftigten stieg stetig an, und der Exporthandel hatte sich seit 1832 verdoppelt. Unter anderem ging in diesen Jahren die Entwicklung des Eisenbahnnetzes stark voran. Zwischen 1843 und 1849 verlegten 200000 Arbeiter ein Schienennetz von 5000 Meilen, und weitere 7000 Meilen wurden in Angriff genommen.

Die Wirtschaft war nun so gekräftigt und ausgeglichen, daß sie auf Getreidemißernten und plötzliche Marktschwankungen weniger empfindlich reagierte. Dies ist möglicherweise ein Grund dafür, daß in England trotz wirtschaftlicher Unbeständigkeit und erheblicher Arbeitslosigkeit in den Jahren 1847 und 1848 kein ernstlicher Versuch unternommen wurde, dem Beispiel der Volkserhebungen auf dem Kontinent zu folgen. Thomas Babington Macaulay konnte am Schluß des zweiten Bandes seiner «History of England» inmitten beunruhigender Revolutionsnachrichten vom Kontinent mit Befriedigung schreiben:

«Überall um uns herum erlebt die Welt die Todeskämpfe großer Nationen. Regierungen, die vor kurzem noch den Anschein erweckten, daß sie Generationen überdauern würden, sind plötzlich Erschütterungen und dem Umsturz ausgesetzt ... Währenddessen war der gleichmäßige Regierungsablauf auf unserer Insel nicht einen Tag lang unterbrochen ... Inmitten der Anarchie herrscht bei uns Ordnung.»

Religion, Erziehung und Kunst

Die Kirchen. England war noch ein Land von Kirchgängern, und die Kirchen waren mächtige Institutionen mit hohen Mitgliederzahlen. Die anglikanische Kirche fand die Unterstützung der Mehrheit der gehobenen Schichten und der Masse der ländlichen Bevölkerung. Eine große Minderheit von protestantischen «dissenters» oder Nonkonformisten gab es insbesondere in Wales und in Schottland, das mehr Presbyterianer als Mitglieder der Staatskirche verzeichnete. In Irland waren natürlich die Katholiken in der Überzahl, und dank der Immigration wuchs ihre Anzahl in Städten wie Glasgow und Liverpool.

Trotz der zahlenmäßigen Stärke wurden die Religionsgemeinschaften schwächer. Die Gründe dafür lagen in den Trends der Zeit und der Haltung der Kirchen gegenüber sozialen Problemen. Wie wir schon im Falle Frankreichs gesehen haben, zerstörte das Vordringen der Industrie die religiösen Bindungen der Landarbeiter dadurch oft dauerhaft, daß sie diese in die Industriestädte zog. Das Fabrikleben war der religiösen Reflexion oder der Wahrnehmung religiöser Pflichten wenig förderlich.

Abgesehen davon nahmen die Kirchen einen nahezu völlig negativen Standpunkt gegenüber den politischen und sozialen Problemen der Massen ein. Der ziemlich geschlossene Widerstand der Bischöfe der anglikanischen Kirche vor 1832 gegen eine Parlamentsreform war kaum dazu geeignet, dem Volk Achtung vor der Kirche einzuflößen, und ihre unverhüllte Gleichgültigkeit gegenüber den Mißständen in den Fabriken führte zu einer Entfremdung der Massen. Insbesondere nach 1832 bildete die anglikanische Kirche ein Zentrum lebhafter intellektueller Aktivität, die aber keinerlei Bezug auf die Probleme der Zeit zu haben schien. In den 40er Jahren geriet die Oxforder Bewegung – die vielleicht am ehesten dadurch bekannt ist, daß sie John Henry Newman (1801–1890) und seine Anhänger zum Eintritt in die römisch-katholische Kirche veranlaßte – mit der anglikanischen Kirche in eine Kontroverse über Ritus und Dogma, zu einer Zeit, da sie gut beraten gewesen wäre, der gewerkschaftlichen und chartistischen Bewegung etwas Aufmerksamkeit zu schenken.

Die stärkste Dissidentensekte in England war der von Wesley begründete Methodismus, der im Jahre 1840 eine halbe Million Mitglieder zählte. Diese Sekte war von der Wirklichkeit des zeitgenössischen Lebens nicht ganz so weit entfernt. Normalerweise stand sie auf seiten der Autorität, doch der Einfluß des Radikal-Liberalismus und des Chartismus ging an ihren Mitgliedern nicht spurlos vorüber. Viele verantwortliche Gewerkschafts- und andere Arbeiterführer erhielten in dieser Zeit und später in diesem Jahrhundert in den methodistischen Kapellen und den Kirchen anderer Dissidentensekten ihre erste Unterweisung in Verwaltung, Staatsführung und öffentlicher Rede.

Die Schulen. Sowohl die Staatskirche als auch die Nonkonformisten hatten Interesse an der Erziehung, und die für die Massen bestehenden Grundschulen wurden von kirchlichen Vereinen unterhalten. Gegen sehr geringe Gebühren wurden Schülern Bibel- und Katechismuskenntnisse und eine Grundausbildung im Lesen, Schreiben und Rechnen vermittelt.

Man hätte denken können, daß eine industrielle Gesellschaft mit einem Bedarf an ausgebildeten Mechanikern, Büroangestellten, Führungskräften und Kaufleuten ernsthafte Anstrengungen in Richtung auf eine Grundschulpflicht bei unentgeltlichem Schulbesuch unternehmen würde. Mit der Zeit geschah das natürlich, doch im hier beschriebenen Zeitraum verband sich der für den Manchester-Liberalismus charakteristische Argwohn gegenüber staatlichen Eingriffen in neue Bereiche mit der Animosität der Konfessionen und blockierte alle Bemühungen um eine umfassende Reform des Erziehungswesens, so daß bis 1870 keine konstruktiven Versuche unternommen wurden. Die Folge war, daß England in den heftigen Wirtschaftswettbewerb der Periode nach 1870 mit einer schlechter ausgebildeten Handwerkerschicht und mit weniger gebildeten Geschäftsleuten als viele seiner Konkurrenten eintrat.

Höhere Schulbildung beschränkte sich aus ersichtlichen Gründen auf die mittleren und gehobenen Schichten, die ihre Söhne auf die verschiedenen Privatschulen und anschließend zu den Universitäten schickten. Die höhere Schulbildung wurde zwar generell durch die Gründung neuer Universitäten und technischer Fachschulen erweitert, doch die Qualität der älteren Zentren ließ viel zu wünschen übrig. Oxford und Cambridge hatten noch klerikalen Charakter und wurden nach veralteten Statuten geführt («dissenters» wurden zum Examen nicht zugelassen), und es bedurfte dringend einer Studienreform. Dennoch blockierten die Opposition des Klerus und die konservativen Leitungsgremien der angeschlossenen Colleges alle neuen Ideen. Freilich ist es möglich, daß diese Verschlossenheit gegenüber Veränderungen nicht insgesamt schlecht war. Zumindest gelang es den älteren Universitäten aufgrund ihres Widerstands gegen den Trend, alles Lernen «nützlich» zu gestalten, als Zentren einer allgemeinbildenden Erziehung in einer zunehmend materialistischen Gesellschaft zu überleben.

Erwähnenswert sind auch jene ernsthaften Versuche, der Arbeiterschicht Bildung zu vermitteln, die von Organisationen wie der «Society for the Diffusion of Useful Knowledge» (1827) (Gesellschaft zur Verbreitung nützlichen Wissens) sowie von den technischen Instituten mit der Veröffentlichung billiger technischer Hand- und Lehrbücher über zahlreiche Themen unternommen wurden.

Die Kunst. Diese Jahre der wirtschaftlichen Expansion und sozialer Unruhen waren auch Jahre von bemerkenswerter literarischer Aktivität und Leistung. 1815 befanden sich die Romantiker noch auf der Höhe ihres Einflusses, und die Größen der Literatur waren Wordsworth, Coleridge, Keats, Byron, Shelley, Southey, Lamb, Austen, Hazlitt, Landor, Blake und Scott. Um 1832 waren sie entweder verstorben oder hatten ihre besten Werke bereits geschrieben, und es setzte eine Epoche ein, in der die Akzente sich von der Dichtung auf die

Prosaliteratur verschoben. Tennyson und Browning begannen in den 30er Jahren zu schreiben, fanden aber erst später größeren Anklang. Die angesehensten Schriftsteller in der Zeit nach der «Reform Act» waren Prosaschriftsteller, und zwar keineswegs nur Autoren einer fiktiven Literatur: Dickens, dessen «Sketches by Boz» 1834–1835 erschienen und der seinen ersten großen Erfolg in den Jahren 1836–1837 mit «The Posthumous Papers of the Pickwick Club» verbuchte; J. H. Newman und Thomas Carlyle; Macaulay mit dem herausragenden Bestseller «History of England», dessen erste beiden Bände im Jahre 1848 erschienen; John Stuart Mill, dessen «System of Logic» (1843) ungeheuren Anklang fand, und ganz am Ende dieser Periode Thackeray und die Brontës, obgleich die meisten ihrer Werke erst später entstanden.

Es war ein Zeichen für die Vitalität der englischen Literatur, daß die meisten dieser literarischen Größen sich mit den Problemen ihrer Zeit befaßten. Der Liberalismus Byrons und Shelleys brachte vielleicht nicht deren beste Dichtung hervor, und die politischen Schriften Coleridges sind oft zu germanisch, um verständlich zu sein, aber es ist kaum zu leugnen, daß Blake zu Beginn und Dickens gegen Ende dieses Zeitabschnitts eloquente und überzeugende Gesellschaftskritiker waren. Belebt wurde dieser Zeitabschnitt auch durch die Entwicklung einer aktiven Presse und einer Reihe ausgezeichneter kritischer Zeitschriften wie den «Edinburgh Review» der Whigs, den «Quarterly Review» der Tories und den radikal-liberalen «Westminster Review», den John Stuart Mill herausgab.

Obwohl sich Theater und Konzerthallen einer starken Beliebtheit erfreuten, brachte England in diesen Jahren keine großen Dramatiker oder Komponisten hervor. In der Malerei entstanden im ersten Teil dieses Zeitabschnitts die letzten Werke von Lawrence, Raeburn, Constable und Turner. Nach ihrem Ableben konnten nur konventionelle Maler wie Landseer und Maclise ihren Platz einnehmen.

Das Empire

Emigration und koloniale Expansion. Bevölkerungswachstum und wirtschaftliche Misere führten während des Zeitabschnitts vor 1848 zu einem Ansteigen der Emigration, vorwiegend in die Vereinigten Staaten und die kanadischen Provinzen, aber auch in andere Gebiete. Zu Beginn dieses Zeitabschnitts verließen England jährlich nur etwa 30000 Männer und Frauen; um 1832 betrug diese Zahl mehr als 100000, und aufgrund der Schwierigkeiten der 40er Jahre verdoppelte sie sich noch. Die Nutzung Australiens als Abschiebeplatz für Häftlinge fand im Jahre 1840 ein Ende, und die weiße Bevölkerung wuchs sehr schnell: Sie stieg von 130000 in diesem Jahr auf weit über eine Million in den nächsten zwanzig Jahren. 1837 gingen die ersten englischen Siedler nach Neuseeland, und am südafrikanischen Kap befanden sich schon im Jahre 1820 5000 Siedler.

Unter denen, die im Mutterland blieben, bestand erstaunlich wenig Interesse an den Kolonien. Zu dieser Zeit waren die Engländer keineswegs stolz auf ihr Empire, und diejenigen, die den Kolonien Aufmerksamkeit schenkten, betrachteten sie wahrscheinlich als nutzlose Belastung. Sie waren nicht bereit, sich mit den Problemen der Kolonialpolitik ernsthaft zu befassen. Sowohl in Südafrika als auch in Indien wurden Vorstöße unternommen und Verpflichtungen eingegangen, ohne daß die Regierung voll in Kenntnis gesetzt wurde oder ihre Zustimmung gegeben hatte. In Südafrika trug der unablässige Druck der englischen Siedler auf die bereits angesiedelten holländischen Bauern und auf die Eingeborenenstämme den Keim künftiger Probleme schon in sich. In Indien, wo eine stetige britische Expansion betrieben wurde, führte die Inkonsequenz der Zielsetzungen zu verschiedenen Rückschlägen.

Die Abschaffung der Sklaverei und der Durham Report. Trotz der vorherrschenden negativen Haltung der Engländer gegenüber kolonialen Angelegenheiten unternahm die britische Regierung in diesem Zeitabschnitt zwei positive, einfallsreiche Schritte. Im Jahre 1833 wurde die Sklaverei in den Kolonien abgeschafft. Wenig später fand man in Kanada eine Lösung für die Schwierigkeiten, die aus den Beziehungen zwischen der dortigen Regierung und der Krone entstanden waren, und schuf damit einen Präzedenzfall.

Im Jahre 1838 gingen Lord Durham (1792–1840) und der berühmte Kritiker der britischen Kolonialpolitik, Gibbon Wakefield (1796–1862), nach Kanada, um das Problem zu untersuchen; und im darauffolgenden Jahr erstellten sie den «Durham Report», der darauf drängte, daß die kanadische Exekutive sich nicht der Krone, sondern dem dortigen Parlament gegenüber verantworten sollte. Dieses Prinzip der Regierungsverantwortlichkeit bewährte sich und fand in Neuseeland (1854), Australien (1856) und der Kapkolonie (1872) Nachahmung. Der Weg zur Errichtung des «British Commonwealth of Nations» im Jahre 1931 war eingeschlagen (vgl. Kap. 26).

5. Die Revolutionen von 1848

Die Revolutionswelle

Zu Beginn des Jahres 1848 hatten große Teile der Bevölkerung in den Ländern zwischen dem Ärmelkanal und den Grenzen Rußlands Grund zur Unzufriedenheit über ihre Regierungen. Der Mittelstand sehnte entweder die Erlangung oder die Erweiterung der bürgerlichen und politischen Rechte herbei, und in Deutschland und Italien war dieser Wunsch mit einer wachsenden Sehnsucht nach nationaler Einheit und Unabhängigkeit verbunden. Die Avantgarde der Mittelstandsreformbewegung waren Kaufleute und Industrielle, Professoren und Journalisten, Juristen, Intellektuelle und Studenten.

Gleichzeitig litt das Gros der Durchschnittsbevölkerung in allen Ländern unter wirtschaftlicher Not. Der Zeitabschnitt nach 1815 war geprägt von einer gewaltigen industriellen Expansion, aber ebenso von den Mißgeschicken, die die Verdrängung des alten handwerklichen Systems durch neue Produktionsmethoden mit sich brachte, und von periodischen Erschütterungen aufgrund von Überexpansion und unbesonnener Spekulation. Die Kartoffelmißernte von 1845 und die Kartoffel- und Getreidemißernte von 1846 machten sich von Irland bis Polen bemerkbar und schlugen sich in einer starken Erhöhung der Lebensmittelpreise nieder. Im letztgenannten Jahr befand sich die belgische Leinenindustrie in einem bedauernswerten Zustand, die schlesischen Weber waren dem Hungertode nahe, jede dritte Familie im rheinischen Solingen litt Not, und überall nahmen Kriminalität, Prostitution und Gesetzlosigkeit zu. Diese Lage der Dinge sollte sich Mitte des Jahres 1848 zum Besseren wenden, als sich wieder eine Hochkonjunktur in der Industrie anbahnte; doch zu Beginn des Jahres war eine solche Entwicklung nicht vorauszusehen.

Überdies waren die Bedingungen in den verschiedenen Ländern einander so ähnlich, daß eine revolutionäre Explosion in einem Zentrum Explosionen an anderen Stellen auslösen mußte. Genau das geschah im März.

Die Revolution in Frankreich. Der Ausgangspunkt für die Unruhen von 1848 war Paris; doch der Erfolg der dortigen Revolution war weniger der Stärke der revolutionären Kräfte als vielmehr der Schwäche und dem Hinauszögern der Julimonarchie zuzuschreiben.

In den späten 40er Jahren wuchs in Frankreich die Opposition gegen die Maßnahmen der Regierung Guizot (s. S. 75–76), und im Jahre 1847 versuchten die Reformgruppen des Mittelstands diese Tatsache aufzubauschen und durch eine Reihe von «Reformbanketten» zu verstärken, bei denen eine regierungsfeindliche Rhetorik als Hauptgericht auf der Speisekarte stand. Durch rechtzeitige Reformen hätte die Regierung diese Bewegung vielleicht unschädlich machen können. Statt dessen unternahm sie nichts, bis diese wortreichen Festmahle breite Aufmerksamkeit erlangt hatten. Dann schließlich griff sie ein, um weitere Bankette zu verhindern, und betrieb damit Werbung für die Bewegung, die sie zerschlagen wollte. Als die Erregung sich ihrem Gipfel näherte, planten die Reformer ein Riesenbankett für den 22. Februar 1848 in Paris. Zunächst verweigerte die Regierung die Genehmigung, dann versuchte sie, die Veranstaltung durch Festlegung von Bedingungen, unter denen sie stattfinden dürfe, zu entschärfen. In den Straßen versammelten sich Studenten- und Arbeitergruppen, es kam zu Zusammenstößen mit der Polizei und eine feindselige Stimmung verbreitete sich in der Stadt. Plötzlich aufgeschreckt, wandte sich Louis Philippe gegen Guizot, der schon seit langem die Zielscheibe des Volkshasses gewesen war, und entließ ihn.

Sechs Monate früher hätte diese Maßnahme eventuell weitere Schwierigkeiten verhindert. Jetzt spornte sie an. Am Abend des 23. Februar brach eine lärmende, aber friedlich gesinnte Menge zum Amtssitz Guizots auf, zweifellos in der Absicht, dort eine Demonstration abzuhalten. Auf dem Wege dorthin rannte sie in der Rue des Capucines in ein Soldatenspalier, das ihr den Weg versperrte. Die Menge war empört, es herrschte ein Drängen und Zerren, jemand ergriff eine Fackel und stieß sie in das Gesicht eines Offiziers. Ein Schuß fiel, gefolgt von einer Feuersalve der Truppen, die etwa vierzig Personen tötete.

Die Nachricht vom «Massaker» in der Rue des Capucines verbreitete sich wie ein Lauffeuer durch die Stadt. Noch vor Morgengrauen waren in den Hauptdurchgangsstraßen und in engen Gassen 1500 Barrikaden errichtet, und aufgeregte Studentengruppen drangen in Polizeiämter ein, um in den Besitz von Waffen zu gelangen. Gegen Morgen war überall der Ruf zu hören: «Es lebe die Republik!» Wenn Louis Philippe seinen Thron retten wollte, so mußte er nun mit Entschlossenheit handeln. Dazu schien er nicht mehr in der Lage. Vor dem Gedanken, zur Wiederherstellung der Ordnung uneingeschränkt Gewalt anzuwenden, schreckte er zurück und erteilte vielmehr seinen regulären Streitkräften den Befehl, die Stadt zu räumen. Er verließ sich auf die Nationalgarde, lange nachdem deutlich geworden war, daß sich die Bürgerwehr mit den Rebellen verbrüderte. Den ganzen Vor- und Nachmittag des 24. Februar hindurch hielt der König endlose Konferenzen mit Politikern, Militärs und Mitgliedern seiner Familie ab, während die Situation mehr und mehr außer Kontrolle geriet. Schließlich unterzeichnete er gegen den ausdrücklichen Willen seiner Gattin und seiner Schwiegertochter eine Abdankungsurkunde und floh nach England.

Die Macht in Frankreich wurde von einer provisorischen Regierung übernommen, deren Mitglieder in den Büros zweier radikaler Zeitungen («Le National» und «La Réforme») ausgewählt wurden. Diese Gruppen machte sich eiligst an die Arbeit. Ihre erste Amtshandlung war die Ausrufung der Republik. Danach kündigte sie Parlamentswahlen für April an und begab sich an die Wiederherstellung der Ordnung und die Konsolidierung der Regierungsautorität. Zur Abwehr einer eventuellen Intervention des Auslands wurden die Streitkräfte verstärkt und afrikanische Truppen nach Frankreich zurückbeordert. Innerhalb der Armee und der Marine wurden seit langem notwendige Verbesserungen der Lebensmittelrationen und des Solds und Militärrechtsreformen durchgeführt. Um erneuten Gewaltaktionen des Pöbels vorzubeugen, führte man für alle männlichen Erwachsenen die Dienstpflicht in der Nationalgarde ein – vorher Bürgerwehr des Mittelstands – und stellte in Paris eine 15000 Mann starke Reitergarde auf.

Das ärgste Hindernis für den sozialen Frieden bildete die fortdauernde wirtschaftliche Not. In den ersten Monaten des Jahres 1848 stieg die Arbeitslosigkeit in Paris stetig an, und die Forderungen nach staatlichen Unterstützungsmaßnahmen mehrten sich.

Am 25. Februar hatte das neue Kabinett seine Überzeugung von dem Recht aller Bürger auf Arbeit proklamiert. Es stellte sich das Problem, wie man entsprechend handeln konnte. Ein Kabinettsmitglied, Louis Blanc, hatte schon lange vorher einen sozialistischen Entwurf für den nationalen Wohlstand verfaßt; doch die Mehrheit der Minister, mit dem Dichter Alphonse Lamartine an der Spitze, waren standhafte Verfechter des Eigentums und lehnten Blancs Programm zur Nationalisierung und Dezentralisierung der Industrie durchweg ab. Sie versuchten der Arbeitslosigkeit mit einem Mittel zu begegnen, das nur als Karikatur der ursprünglichen Vorstellung Blancs von Nationalwerkstätten bezeichnet werden kann (s. S. 73).

Die Nationalwerkstätten von 1848 waren lediglich halbmilitärische Organisationen, die versuchten, ihren Mitgliedern Arbeit zu beschaffen, und ihnen bei Beschäftigung zwei Franken, bei Nichtbeschäftigung einen Franken täglich zahlten. Diese Zahlungsgewähr genügte, um sie populär zu machen, und Tausende von Arbeitslosen strömten nach Paris, um ihnen beizutreten. Das Ergebnis war, daß die Mehrheit der Mitglieder entlohnt wurde fürs Nichtstun.

Der Zorn darüber innerhalb der konservativen und sparsamen Bauernschaft auf dem Lande spiegelte sich in den Wahlergebnissen vom April wider. Die durch allgemeines Stimmrecht der Männer gewählte, am 4. Mai in Paris zusammentretende Verfassunggebende Nationalversammlung war in ihrer politischen Haltung republikanisch, in ihren gesellschaftlichen Anschauungen aber vorwiegend konservativ. Die Arbeiterschicht von Paris nahm die Wahlergebnisse mit Argwohn auf, die radikalen Clubs der Stadt mit Empörung. Es drohten neue Unruhen.

Die Revolution im Österreichischen Kaiserreich. Die Nachricht von der Abdankung Louis Philippes erreichte Wien am 29. Februar und löste starke Erregung aus, die sich durch die Meldung von Demonstrationen in Stuttgart, Mannheim und anderen deutschen Städten noch steigerte. In den Cafés der österreichischen Hauptstadt versammelten sich Menschenmengen, um die neuesten Nachrichten aus dem Ausland in Erfahrung zu bringen. Die Nervosität führte zu einem Ansturm auf die Banken, die Lebensmittelpreise schnellten in die Höhe, und gleichzeitig wurde Kritik an der Regierung laut. Am 3. März schließlich prangerte Kossuth in einer Rede in Budapest die Mißstände des absolutistischen Systems an und forderte eine konstitutionelle Regierung für Ungarn. Dies sei unmöglich, räumte Kossuth ein, solange «ein verderblicher Windstoß, der unsere Sinne betäubt und den Schwung unseres Geistes lähmt, vom Leichenhaus des Wiener Kabinetts zu uns herüber weht.» Diese Rede wurde sofort ins Deutsche übersetzt und in der westlichen Reichshälfte weit verbreitet. Ihre Heftigkeit fand Anklang bei den Kaufleuten des Mittelstands, die sich durch die Rückständigkeit der Regierung in wirtschaftlicher Hinsicht eingeengt fühlten, den Handwerkern, die trotz mangelnder Beschäftigung für die Bedürfnisse des täglichen Lebens noch Umsatzsteuer zahlen mußten, den Bauern, die noch an feudale Einschränkungen gebunden waren, und den Intellektuellen, die der polizeilichen Überwachung schon lange überdrüssig waren. Es wurden Petitionen mit der Forderung nach Änderungen in der Verwaltung, Erweiterung der Ständeordnung und sofortiger Einberufung eines Parlaments, Abschaffung der Zensur und wirtschaftlicher Reform in Umlauf gebracht.

Die Regierung in Wien wies alle Petitionen zurück und verweigerte jegliches Zugeständnis. Am 13. März setzten Demonstrationen innerhalb der Studentenschaft ein. Eine Menschenmenge marschierte auf das Landhaus, in dem die niederösterreichischen Stände eine Versammlung abhielten, und stürmte nach einigen einleitenden Reden das Gebäude. Am Nachmittag waren in der Innenstadt Kämpfe zwischen Kommandotrupps der Wiener Garnison und den Studenten, denen sich Arbeiter angeschlossen hatten, ausgebrochen.

Die erste Reaktion bei Hofe war Verblüffung. Von Kaiser Ferdinand wird berichtet, er habe bei der Nachricht über die Zusammenstöße ausgerufen: «Ja, derfn s' denn das?» Als die Situation sich verschlimmerte, sagte er sich abrupt von Metternich los, indem er um 21 Uhr verkündete, der Mann, der 39 Jahre lang im Amt gewesen war, sei zurückgetreten.

Der Sturz des Kanzlers gab den revolutionären Strömungen in Ungarn erneuten Auftrieb. Am 15. März verlieh der ungarische Landtag den seit einer Generation genährten Ambitionen der madjarischen Patrioten deutlich und lebhaft Ausdruck. Er verkündete eine neue ungarische Verfassung, die ein von allen Ungarn, die Eigentum im Werte von 150 Dollar besaßen, gewähltes Nationalparlament, bürgerliche und religiöse Freiheit für alle Untertanen, die Pressefreiheit und die Abschaffung der traditionellen Vorrechte des Feudaladels vorsah. Ungarn sollte weiterhin dem Reich angehören, aber über ein eigenes Kriegs-, Finanz- und Außenministerium verfügen. Im wesentlichen wollten die Ungarn die vollständige Autonomie. Am 31. März stimmte die entmutigte Regierung in Wien diesen umwälzenden Reformen, die ohne Blutvergießen, ja ohne jede physische Gewaltanwendung erlangt worden waren, zu.

Wo die Ungarn vorangingen, da folgten die Tschechen. Im März sandten sie Abordnungen nach Wien mit der Forderung nach einem auf demokratischem Wahlrecht basierenden böhmischen Parlament, bürgerlichen und religiösen Grundfreiheiten und insbesondere der Gleichberechtigung der tschechischen und der deutschen Sprache in den Schulen und Behörden. Am 8. April mußte der Kaiser auch die meisten dieser Forderungen erfüllen.

Selbst im eigentlichen Österreich war die Regierung gegenüber Forderungen machtlos. Alle verfügbaren Truppen waren nach Italien geschickt worden, wo heftige Aufstände die österreichischen Streitkräfte aus den reichen Provinzen Lombardei und Venetien vertrieben hatten. Unter diesen Umständen war der Kaiser zu Maßnahmen gezwungen, die ihm ein Greuel waren – wie die Einberufung einer verfassunggebenden Versammlung –, und dem Zugeständnis einer Reihe innenpolitischer Reformen. Die bemerkenswerteste darunter war das Kaiserliche Manifest vom 11. April, das die Befreiung der Bauern von allen Dienst- und Abgabeverpflichtungen versprach. Diese neue Freiheit sollte am 1. Januar 1849 nach der Ausarbeitung eines entsprechenden Gesetzes durch das Parlament eingeführt werden, konnte aber durch private Übereinkunft unter der Voraussetzung, daß die Eigentümer eine angemessene Entschädigung erhielten, schon vorher gewährt werden.

Der Erlaß vom April war wahrscheinlich die bedeutendste positive Maßnahme der gesamten österreichischen Revolution. Noch vor der Bestätigung durch das österreichische Parlament im September übte er einen mäßigenden Einfluß aus. Von den Bauern enthusiastisch begrüßt, verwandelte er diese nahezu schlagartig in eine konservative Kraft, die stärkeres Interesse an Recht und Ordnung hatte als an revolutionärer Agitation. Ebenso wie in Frankreich wuchs jetzt die Skepsis der Bauernschaft gegenüber den fortgesetzten Unruhen in der Hauptstadt. Eine solche Haltung nahm auch der wohlhabendere Mittelstand in Wien ein, der durch die bereits erreichten Ziele zufriedengestellt war und die Ausschreitungen der Studenten und Arbeiter und einiger Intellektueller mehr und mehr fürchtete. Der bedeutendste österreichische Dichter dieses Zeitabschnitts, Adalbert Stifter, schrieb 1848 düster: «Gebe Gott, daß man anfange einzusehen, daß nur Rath und Mäßigung zum Baue führen kann; denn bauen, nicht stets einreißen, thut noth... Ich bin ein Mann des Maßes und der Freiheit – beides ist jetzt gefährdet...»

So setzte schon im April eine Spaltung der revolutionären Bewegungen ein – nicht nur aufgrund wirtschaftlicher und sozialer Unterschiede. Auch die Nationalität spielte eine Rolle, da die Deutschösterreicher auf die von Tschechen und Ungarn erlangten Zugeständnisse empfindlich reagierten und die Madjaren die wachsenden Ambitionen ihrer slawischen Nachbarn fürchteten. Das Kaiserhaus, im April und Mai noch ohnmächtig, sollte letztlich den Sieg über die Revolution davontragen, indem es sich diese Spaltung zunutze machte.

Die Revolution in Preußen und den deutschen Staaten. Der bekannte, in die Vereinigten Staaten ausgewanderte Carl Schurz beschrieb in seinen Memoiren die Revolutionsstimmung in den anderen deutschen Staaten und die Wirkung der Nachricht vom Sturz Louis Philippes auf ihn und andere Studenten in Bonn. «Das Wort Demokratie», schreibt er, «war bald vielen Zungen geläufig, und ebenso hielten viele es für selbstverständlich, daß, wenn die Fürsten versuchen sollten, dem Volke die geforderten Rechte und Freiheiten vorzuenthalten, Gewalt an die Stelle der Petition treten müßte.» Die Fürsten machten keinerlei Anstalten dazu. Im allgemeinen beeilten sie sich, ihren Untertanen Zugeständnisse zu machen.

In Preußen kamen die Konzessionen jedoch zu spät. Die Haltung Friedrich Wilhelms IV. gegenüber einer konstitutionellen Reform hatte sich seit 1847 nicht geändert, und auch angesichts der im Lande um sich greifenden wirtschaftlichen Depression, der Handwerkeraufstände in Provinzstädten wie Köln und Breslau und agitatorischer Reden vor aufgebrachten Menschenmengen im Berliner Tiergarten, weigerte er sich immer noch beharrlich, Konzessionen in Erwägung zu ziehen, und verließ sich darauf, daß seine Truppen Demonstrationen sprengten. Erst als er die erschütternde Nachricht vom Sturz Metter-

10. Die Aufbahrung der Märzgefallenen in Berlin 1848

nichs erhielt, versprach er, den preußischen Landtag einzuberufen, eine Verfassung zu gewähren, ein innenpolitisches Reformprogramm voranzutreiben und den preußischen Einfluß zugunsten einer konstitutionellen Reorganisation des Deutschen Bundes geltend zu machen.

Da schließlich ereignete sich einer jener unglücklichen Zwischenfälle, die sich in revolutionären Situationen immer abzuspielen scheinen. Am Mittag des 18. März drängte eine große Menschenmenge auf den Schloßplatz, vermutlich in der Absicht, dem König für seine Zugeständnisse Beifall zu spenden. Aus Angst um die Sicherheit des Königs entsandte der Kommandeur der königlichen Reitergarde Truppen, die den Platz räumen sollten. Zunächst war die Menge hartnäckig, dann geriet sie in Wut. In dem sich ergebenden Handgemenge gab jemand – ähnlich wie in Paris – zwei Schüsse ab, und die Truppen reagierten mit einer auf die Menge gerichteten Feuersalve. Die Demonstranten flohen mit dem Ruf «Verrat»; innerhalb von einer Stunde waren alle Straßen, die zum Schloß führten, verbarrikadiert, und der Kampf wurde aufgenommen.

Die preußische Armee war seit Waterloo nicht mehr im Einsatz gewesen und hatte noch nie auf Kopfsteinpflaster, in Straßen gegen Feinde gekämpft, die von den Dächern schossen und Schornsteinaufsätze hinunterwarfen oder kochendes Wasser aus Dachfenstern gossen. Bei Anbruch der Nacht waren die Truppen verausgabt. Gegen Morgen waren sie demoralisiert, und der Kommandeur drängte den König zur Rückzugserlaubnis aus der Stadt, um sie zu umzingeln und von außen zu bombardieren. Der König war entsetzt über die Vorstellung, daß seine Stadt durch die Artillerie dem Erdboden gleichgemacht werden könnte. Er befahl den Truppen die Räumung Berlins und weigerte sich mitzugehen. Langfristig gesehen, war diese Maßnahme wahrscheinlich klug, in der augenblicklichen Situation aber machte sie Friedrich Wilhelm zum Gefangenen der Revolution. Ebenso wie die Souveräne in Wien und in den kleineren deutschen Hauptstädten, mußte er liberale Kaufleute und Akademiker ins Kabinett aufnehmen und die baldige Einberufung einer preußischen Nationalversammlung versprechen.

Die Frankfurter Nationalversammlung. Seit den ersten Märztagen hatten sich die Anführer der Verfassungsbewegung in Süddeutschland untereinander beraten, wie eine Umformung des gebrechlichen alten Deutschen Bundes in eine wirksame Organisation der nationalen Einheit zu bewerkstelligen sei. Am Ende des Monats schlossen sie sich mit liberalen Anführern anderer Staaten zusammen, um ein vorläufiges Aktionsprogramm aufzustellen. Sie veranlaßten den Bundestag, die Regierungen aller deutschen Staaten einschließlich Preußens und Österreichs aufzufordern, Delegierte für eine verfassunggebende Versammlung zu wählen. Dieses Organ, die erste Nationalversammlung Deutschlands, trat am 8. Mai in Frankfurt am Main zusammen.

Das Frankfurter Parlament ist oft als eine Versammlung praxisferner Intellektueller bezeichnet worden, die über theoretische Fragen debattierten und damit die Probleme, die unmittelbare Aufmerksamkeit erforderten, vernachlässigten. Die 586 Mitglieder, von denen viele hochgebildete Männer waren, verwandten in der Tat von Mai bis Dezember viel Zeit auf die Erörterung abstrakter Fragen; denn in dieser Zeit entwarfen sie die Grundrechte des deutschen Volkes. Doch nach einer Vergangenheit mit ununterbrochenem Absolutismus mußten derartige Dinge sicherlich klar definiert werden. Die Deklaration war der eloquente Ausdruck der Auffassung des Mittelstands. Sie legte die Rede- und Religionsfreiheit und die Gleichheit vor dem Gesetz als Grundrechte aller Deutschen fest, sicherte die Unverletzbarkeit des Privateigentums zu und stellte Regeln auf für eine repräsentative Regierung und Ministerverantwortlichkeit in den einzelnen Staaten.

Man hoffte, diese Verfassung würde in einem föderativen Deutschland in Kraft treten mit einem Erbkaiser an der Spitze, aber mit einem starken, die gebildeten und besitzenden Schichten vertretenden Parlament und einem ihm

11. Sitzungssaal der Deutschen Nationalversammlung in der Paulskirche (1848)

gegenüber verantwortlichen Kabinett. Die genaue Zusammensetzung und Österreichs Stellung innerhalb des Kaiserreiches bildeten das Thema langer Debatten; schließlich stimmte die Mehrheit für einen Ausschluß ganz Österreichs, trat aber zugleich für eine enge künftige Verbindung zwischen dem neuen Deutschland und dem Habsburger Reich ein.

Noch bevor diese Fragen geregelt waren, hatten die Ereignisse eine Wendung genommen, die die Annahme dieser Beschlüsse durch die deutschen Staaten unwahrscheinlich machte. Dies lag nicht, wie manchmal argumentiert wird, an der Langatmigkeit der Frankfurter Parlamentarier. In Anbetracht der Vielfältigkeit der zu bewältigenden Probleme erledigten sie ihre Aufgabe schnell. Doch schon während der Beratungen schwand die Übereinstimmung in den Zielen, die der Märzrevolution zum Erfolg verholfen hatte, und Argwohn und Mißstimmung zwischen den Schichten und Nationalitäten verbreiteten sich. Die reaktionären Kräfte machten sich diese Spaltung nun zunutze, um das in Frankfurt geschaffene Werk und die Errungenschaften der Revolution im allgemeinen zunichte zu machen.

Diese Reaktion trat nicht nur in Deutschland auf. Ebenso wie die Revolution war sie von europäischer Tragweite und verbuchte ihren ersten entscheidenden Erfolg in Frankreich.

Das Scheitern der Revolution

Der Juni-Aufstand in Frankreich. Die Mehrheit der neugewählten Mitglieder der französischen Nationalversammlung kamen Anfang Mai 1848 mit dem starken Wunsch nach Paris, neue revolutionäre Experimente oder Unruhen zu verhüten. Ihre Gesinnung offenbarten sie, als sie das Kabinett Lamartine zwangen, Louis Blanc zu entlassen, dem aufgrund seiner sozialistischen Ansichten in den Provinzen Mißtrauen entgegengebracht wurde. Danach richteten sich ihre Aufmerksamkeit auf die Nationalwerkstätten, in denen sie die Ursache aller Pariser Unruhen erblickten.

Am 24. Mai betraute ein Exekutivausschuß der Nationalversammlung Émile Thomas mit der Auflösung der Werkstätten. Die jüngeren Mitglieder sollten für die Armee rekrutiert, den Mitgliedern vom Lande sollte die Rückkehr in ihre Heimat bezahlt werden – und die übrigen sollten entweder gezwungen werden, eine Beschäftigung in der Privatindustrie anzunehmen oder öffentliche Arbeiten außerhalb von Paris auszuführen. Thomas versuchte, den Auftrag hinauszuzögern; doch Mitte Juni wurde deutlich, daß die Versammlung bald Maßnahmen zur vollständigen Auflösung der Werkstätten ergreifen würde. Dieses Vorhaben trieb die Anführer der Nationalwerkstätten und anderer Arbeitergruppen zur Gegenaktion. Am 18. Juni erging ihr Aufruf zur Gründung einer demokratischen, sozialen Republik, und am 23. Juni, dem Stichtag für die Aushebung der Rekruten in den Werkstätten, versammelten sich Arbeiterscharen auf der Place de la Bastille, verschworen sich dem Kampf um ihre Rechte und begannen, Barrikaden zu errichten.

Angesichts des nunmehr heraufbeschworenen Konflikts griff die Regierung erbarmungslos durch. Die Nationalgarde wurde unverzüglich mobilisiert, und die Mehrheit ihrer Kräfte trat für das Anliegen der Versammlung ein. Andere Städte reagierten prompt auf Rufe nach Verstärkung. Das provinzielle Frankreich schien nur allzu bereit, Ordnung in das radikale Paris zu bringen.

Noch bevor der 23. Juni vorbei war, verfügte die Versammlung über genügend Truppen, um gegen die Barrikaden einzuschreiten, und in General Cavaignac, dem neuen Kriegsminister, hatte sie einen skrupellosen, unerbittlichen Kommandeur. Es dauerte vier Tage, bis Cavaignacs Streitkräfte die Erhebung niedergeschlagen hatten. Bereits vor Ende der Kämpfe hatte es 1460 Tote ergeben, und nachher wurden über 3000 Rebellen verfolgt und getötet und 12000 Personen festgenommen. Der Sieg der Regierung war endgültig und hinterließ eine Arbeiterschaft, deren Wille zu weiterem Widerstand gebrochen war; doch der Preis für diese blutige Wiederherstellung der Ordnung war ein Vermächtnis von Klassenhaß, der sich zu einem dauerhaften

Wesenszug des französischen Lebens in der zweiten Jahrhunderthälfte ausprägen sollte.

Nach dem Juni-Aufstand spornte der Wunsch nach Ordnung und Stabilität die Versammlung zur schnellen Verwirklichung ihrer Pläne für eine neue Verfassung an. Diese wurde im Oktober fertiggestellt und angenommen und sah vor, daß die Republik einen Präsidenten haben sollte, der für vier Jahre durch allgemeines Stimmrecht der Männer gewählt wurde. Die Präsidentschaftwahl von Dezember offenbarte den wahren Nutznießer des Juni-Aufstands. Es war der nach der Märzrevolution nach Frankreich zurückgekehrte und im Juni in die Versammlung gewählte Prinz Louis Napoleon, der jetzt bei Menschen aller Schichten und Meinungen Anklang fand. Napoleons Wahl mit 5434266 Stimmen gegenüber 1448107 für Cavaignac und nur 17910 für Lamartine bedeutete das Ende der französischen Revolution von 1848 und den Auftakt zur Errichtung eines neuen autoritären Regimes.

Die Wiederherstellung der königlichen Macht in Preußen. Das Scheitern der preußischen Revolution kann ebenso wie das Scheitern der Revolution in Frankreich auf zunehmende Uneinigkeit und wachsenden Argwohn der verschiedenen Schichten untereinander zurückgeführt werden, doch spielten hier noch zwei weitere Faktoren eine Rolle. Der erste war die Unnachgiebigkeit Friedrich Wilhelms IV. gegenüber einer grundlegenden Reform des preußischen Staates und der zweite das Unvermögen der preußischen Versammlung, seine Absichten zu ergründen und sich ihm gegenüber durchzusetzen.

Im Mai 1848 war durch allgemeines Stimmrecht der Männer eine Nationalversammlung gewählt worden – die erste in der preußischen Geschichte. Sie widmete sich der Aufgabe, eine neue Verfassung für das preußische Königreich auszuarbeiten, zeigte dabei aber keine Eile. Es gelang ihr nicht, sich die Kontrolle über die eigentlichen Hebel der preußischen Macht – Armee und Polizei – zu sichern, und sie verschwendete Zeit und Energie in endlosen Debatten zwischen liberalen Reformern und Radikalen, von denen letztere auf die Errichtung einer Republik hofften. Der fortwährende Disput verhinderte jeglichen direkten Angriff auf die königliche Prärogative, verärgerte die, die gemäßigter Meinung waren, und erweckte Sympathien für den Souverän. Die Unfähigkeit der neuen Regierung, Unruhen in Berlin zu verhüten, wo ein plötzlicher Gewaltausbruch der Massen am 14. Juni ehrbaren Bürgern Furcht einflößte, verstärkte diese Tendenz.

All das spielte dem König die Trümpfe in die Hände, und noch vor Jahresende setzte er darauf, daß er einen Coup gegen die Versammlung starten könne, nachdem diese so stark in Mißkredit geraten war. Im November verkündete er, daß die Sitzungen bis zur Verlegung an einen anderen Versammlungsort außerhalb Berlins suspendiert würden. Gleichzeitig befahl er die Rückkehr der Armee in die Kasernen der Hauptstadt, die sie im März hatte räumen müssen. Der Wiedereinzug der Armee in Berlin bedeutete das Ende der Revolution in Preußen.

Zum Entsetzen seiner höchst konservativen Berater beschloß der König nun von sich aus – unberechenbar wie immer –, seinem Volk eine Verfassung zu gewähren. Die durch königlichen Erlaß Ende des Jahres 1848 bekanntgemachte, 1850 revidierte Urkunde garantierte den preußischen Untertanen Freiheiten und sicherte dem Land eine Zweikammer-Legislative zu, die einmal im Jahr zusammentreten sollte. Selbstverständlich war die Wahrscheinlichkeit gering, daß das neue Parlament jemals ein radikales Organ werden würde. Die erste Kammer sollte sich aus erblichen Mitgliedern (Prinzen des Königshauses und Oberhäuptern bestimmter Adelsfamilien) und einer kleineren Anzahl vom König auf Lebenszeit ernannter Persönlichkeiten zusammensetzen. Die zweite Kammer wurde durch allgemeines Stimmrecht der Männer gewählt, allerdings in einem komplizierten Verfahren, das zwei Drittel der Sitze für die wohlhabendensten fünfzehn Prozent der Bevölkerung sicherstellte. Dieses System, das bis 1918 bestehenblieb, sollte als Barriere gegen demokratische Reformen und eine soziale Gesetzgebung zugunsten der Massen dienen. Dennoch war es besser als das vorherige. Preußen konnte jetzt zumindest als konstitutioneller parlamentarischer Staat bezeichnet werden.

Die Wiederherstellung der königlichen Macht in Preußen hatte in ganz Deutschland spürbare Auswirkungen, insbesondere aber in Frankfurt. Dort hatte das Nationalparlament nun den Entwurf der Grundrechte fertiggestellt (der übrigens weiterreichende Grundfreiheiten gewährleistete als die Verfassung Friedrich Wilhelms) und die geographischen Grenzen des vereinigten Deutschen Kaiserreiches definiert. Nun fehlte noch die Wahl eines erblichen Herrschers zu seiner Gründung. Im März 1849 entsandte die Nationalversammlung eine Delegation nach Berlin, um Friedrich Wilhelm IV. die Krone anzubieten.

Wieder sicher auf seinem Thron, wies der König dieses Angebot voll Verachtung zurück mit dem Argument, ein preußischer König könne die Krone nicht aus den Händen von Intellektuellen und Kaufleuten entgegennehmen, die den Anspruch erhöben, das Volk zu vertreten. Diese enttäuschende Nachricht bewirkte eine hoffnungslose Spaltung des Frankfurter Parlaments. Während die Mehrheit zauderte, befürwortete eine Gruppe von Extremisten den bewaffneten Aufstand als das wirksamste Mittel zur Erlangung der parlamentarischen Ziele. Diese Hitzköpfe wurden bestärkt durch die Auswirkungen der Ablehnung des Königs in ganz Deutschland, insbesondere in Sachsen, Rheinland-Pfalz und Baden, wo Gewaltausbrüche der Massen die Regierung lähmten und eine neue Welle der revolutionären Aktivität anzukündigen schienen.

Doch nach Wiederherstellung der Ordnung im eigenen Reich war Friedrich Wilhelm nicht geneigt, Agitationen auf benachbartem Territorium zu dulden. Im Mai 1849 wurden preußische Truppen zur Unterdrückung des Aufstands und zur Wiedereinsetzung des Königs von Sachsen nach Dresden entsandt. In Baden und der Pfalz waren die Schwierigkeiten ernster. Dort war der Einsatz von zwei preußischen Armeekorps notwendig, die unter dem Kommando des

Bruders Friedrich Wilhelms, des späteren Königs und Kaisers Wilhelm I., kämpften, und die Rastatter Festung mußte durch Bombardierung erobert werden. Spätere Generationen erinnerten sich voll Stolz dieses Kampfes und behaupteten, daß er von einem, besonders in Süddeutschland starken, aufrichtig demokratischen Geist im Jahre 1849 zeuge. Zu ihrer Zeit hatte die Volkserhebung in Baden eher die Wirkung, daß der Mittelstand sich noch stärker beunruhigte und nicht nur den preußischen Sieg willkommen hieß, sondern auch die durch diesen Sieg unausweichlich gewordene Auflösung des Frankfurter Parlaments einige Monate später.

Auch nach der Niederlage in Frankfurt war der Wunsch nach der Vereinigung Deutschlands noch immer so stark, daß der König von Preußen sich veranlaßt sah, auf dieses Ziel hinzuarbeiten. Sein Plan forderte die deutschen Fürsten auf, ihre Länder unter Führung Preußens und Ausschluß Österreichs zu einer Union zusammenzuschließen, die allerdings in der Außen- und Wirtschaftspolitik ein Dauerbündnis mit dem Habsburger Staate eingehen sollte. Doch bevor die Idee einer preußischen Union verwirklicht werden konnte, hatten sich die Österreicher von der Revolution erholt und intervenierten.

Die Wiederbelebung Österreichs. Aufgrund der revolutionären Bewegung in Böhmen, Ungarn und Italien brauchte die österreichische Krone länger als die Franzosen und die Preußen, um in ihrem Reich wieder Ordnung zu schaffen. Dank der entzweienden sozialen und nationalen Vorurteile, der starken österreichischen Armee und ihrer Oberbefehlshaber Radetzky, Windischgrätz und Jellačič meisterte sie die Situation dennoch rechtzeitig.

Die Wende setzte im Juni 1848 in Böhmen ein, wo sich die deutsche und die tschechische Revolutionsbewegung nach ihrem gemeinsamen Sieg im März hoffnungslos entzweit hatten. Unter der Führung von Männern wie František Palacký (1798–1876), dem Autor der großartigen «Geschichte von Böhmen» (1836–1848), hegten die Tschechen den Traum von einer eigenen Nation. Sie lehnten die Entsendung einer Delegation in das Frankfurter Parlament ab und übernahmen eine führende Rolle bei der Einberufung eines panslawistischen Kongresses, der Anfang Juni in Prag abgehalten wurde und wo der Ruf nach einer Umwandlung des Habsburger Reiches in «einen Bund von gleichberechtigten Völkern» laut wurde. Daran erhitzten sich die Gemüter der deutschen Bevölkerung. Zänkereien zwischen Tschechen und Deutschen führten zu ernsteren Unruhen. Mitte Juni wurden Barrikaden errichtet, und tschechische Studentenscharen marschierten durch die Straßen und schlugen auf der Suche nach Waffen Schaufenster ein. Diese Gewalt, erzeugt durch nationalistische Leidenschaften, hatte ein blutiges Nachspiel; denn nach einigen Tagen der Verhandlung über die Wiederherstellung der Ordnung zog der kaiserliche Militärkommandant von Prag, General Windischgrätz, seine Truppen ab und bombardierte die Stadt. Gegenüber dieser Form von Gewalt hilflos, kapitulierten die tschechischen Studenten am 17. Juni. Die im März erlangten Freiheiten wurden aufgehoben, und die Befürworter von königlicher Autorität über das gesamte Reich hatten Grund zur Zuversicht, daß die Situation nicht so hoffnungslos sei, wie es vorher den Anschein gehabt hatte.

Diese Zuversicht wurde durch die Ereignisse in Italien bestärkt. Ihre ersten Siege über die Österreicher hatten die Rebellen der Lombardei mit Hilfe der Armee von Piemont und Abordnungen aus Rom, der Toskana und Neapel erkämpft. Gegen Mitte des Jahres aber wurden diese letzten Einheiten zur Bewältigung der Schwierigkeiten in ihren eigenen Staaten abberufen, und der Enthusiasmus der Piemontesen und Lombarden schwand allmählich. Unter diesen Umständen konnte Radetzky die Lombardei nach Überwältigung der Piemontesen bei Custoza im Juli innerhalb von zwei Wochen wiedereinnehmen. In den folgenden Monaten eroberte er systematisch die Toskana und auch Venetien zurück. Diese Siege erzeugten ein Ausmaß an Begeisterung für Armee und Kaiser, das für die Sache der Revolution Unheil bedeutete.

In Ungarn wurde der von den Madjaren im März für die Autonomie erstrittene Sieg nun von Nichtmadjaren angefochten – insbesondere von den Kroaten, Serben und Rumänen, die das Recht beanspruchten, ihre Amtsgeschäfte in ihrer Sprache und unter Führern ihrer Wahl auszuüben. Die auf eine Politik der Zentralisation und der kulturellen Einheit bedachten Madjaren lehnten diese Forderungen ab. Ihr unnachgiebige Haltung führte zu einem Sturm der Empörung auf seiten der anderen Volksgruppen. Die Wiener Regierung verstärkte diese Leidenschaften durch die Ernennung eines eingefleischten Anti-Madjaren, Oberst Jellačič, zum Gouverneur von Kroatien. Seine auf Provokation der madjarischen Autorität angelegte Politik gipfelte schließlich in einer offenen Revolution gegen die ungarische Regierung, die wiederum die radikale antislawische und antiösterreichische Partei Kossuths in Budapest an die Macht brachte und jeden politischen Kompromiß unmöglich werden ließ. Daß die österreichische Krone diese Situation begrüßte, zeigte sich in der Bereitwilligkeit, mit der der Kaiser nun die ungarische Versammlung auflöste und Jellačič das Kommando über alle kaiserlichen Streitkräfte in Ungarn übertrug.

Diese provokativen Maßnahmen waren ziemlich verheerend; denn sie erregten eine Welle des Mitgefühls für die Madjaren, die eine neue, blutige Volkserhebung in Wien auslöste und den Hof und die Regierung am 7. Oktober zur Flucht aus der Stadt zwang. Die Erhebung war jedoch zum Scheitern verurteilt. Ihre Anführer besaßen kein politisches Talent, und ihre Gewalttätigkeit befremdete nicht nur den größten Teil des Mittelstands, sondern auch die Bauern. Inzwischen bewies die Regierung, daß sie ihre Lektion von Prag gelernt hatte. Am 15. Oktober erteilte der Kaiser Windischgrätz in Olmütz alle Vollmachten zur Beendigung der «Schreckensherrschaft» in Wien, und nach einem Sperrfeuer der Artillerie leiteten seine Truppen am 28. Oktober den Angriff ein. Am folgenden Tag überwand Windischgrätz den Widerstand der letzten Extremisten und verhängte das Kriegsrecht über die Stadt.

Die Einnahme der Hauptstadt brachte einschneidende Veränderungen in der

Regierung mit sich. Der Schwager Windischgrätz', Felix Fürst zu Schwarzenberg (1800–1852), bildete eine Regierung und besetzte sie mit Männern, die wie er selbst, Reformen ablehnten, es sei denn, sie würden von oben erlassen und hätten in erster Linie die Wiederherstellung der kaiserlichen Macht zum Ziel. Anfang Dezember veranlaßten sie den törichten, untauglichen Ferdinand zur Abdankung zugunsten seines Neffen Franz Joseph. Dieser Achtzehnjährige, der sein Amt mit den wehmütigen Worten «Nun adieu, meine Jugend!» antrat, besaß ein starkes Verantwortungsgefühl und den Willen zu harter Arbeit. Die Umstände seiner Thronbesteigung und die Vormundschaft Schwarzenbergs machten ihn jedoch voreingenommen gegen liberale Reformen und gegen die Wünsche der ihm untertanen Nationalitäten, veranlaßten ihn zur übertriebenen Wahrung seiner Prärogative und führten zu einer allzu starken Abhängigkeit von Militärs und Bürokraten. Dies war kaum die beste Vorbereitung für eine Regierung, die bis 1916 währen sollte.

Das Augenmerk des neuen Kaisers und seiner Minister richtete sich natürlich in den ersten Monaten ihrer Macht auf die Situation in Ungarn. Nicht einen Augenblick lang zogen sie einen Kompromiß mit den Madjaren in Erwägung. Sie hoben Ferdinands Zugeständnisse auf und erklärten den Krieg. Es war kein glorreicher Krieg für die Österreicher. Unter Arthur Görgey, einem ziemlich unbekannten Offizier, der sich im Kampf gegen Jellačićs Kroaten derartig ausgezeichnet hatte, daß Kossuth ihn zum General ernannt hatte, waren die ungarischen Streitkräfte zu einer begeisterten und leistungsfähigen Armee herangebildet worden. In den ersten Monaten des Jahres 1849 drängte Görgey die österreichischen Streitkräfte Windischgrätz' bis an die Grenzen ihres Landes zurück. Der ungarische Reichstag erklärte offiziell ihre Unabhängigkeit von Österreich, und Kossuth wurde Reichsverweser des neuen Staates.

Doch Franz Joseph und Schwarzenberg waren bereit, alles zu tun, um die Rebellen zu unterwerfen. Sie riefen nun den Zaren von Rußland zu Hilfe, und Nikolaus entsandte Truppen von 140000 Mann Stärke gegen die Ungarn. Am 13. August ergaben sich Görgeys Truppen den Russen bei Világos. Kossuth und sein Kabinett flohen mit mehreren Tausenden von Soldaten in die Türkei und entgingen so dem Schicksal vieler ihrer Mitstreiter, die in einer Welle von Erhängungen, Erschießungen und öffentlich vollzogenen Prügelstrafen starben, mit denen die Österreicher unter heftigen Protesten der erschütterten britischen und amerikanischen Regierungen und selbst der russischen Feldkommandeure ihren Sieg feierten. Schwarzenberg, der die österreichische Politik in diesen Jahren in Wirklichkeit lenkte, war ungerührt über diese Proteste. Österreich hatte sich von der Revolution vollständig erholt. Ungarn und Norditalien waren bezwungen. Die einzige verbleibende Gefahr für die Position Österreichs lag in den deutschen Staaten, die Friedrich Wilhelm IV. in einer Union unter preußischer Führung hatte zusammenschließen wollen. Und Schwarzenberg war nun bereit, sich damit zu befassen.

Seit der Mitte des Jahres 1849 hatte er alle diplomatischen Möglichkeiten ausgeschöpft, um die preußischen Bemühungen zu sabotieren. Nun schritt er zu Drohungen, und im Laufe des Jahres 1850 stellte er die Preußen eindeutig vor die Wahl, ihr Projekt fallenzulassen oder einen Krieg zu führen. Im November 1850 unterzeichneten preußische Minister in Olmütz einen Vertrag, mit dem sie den Plan des Königs zur Reorganisation Deutschlands aufgaben und der Wiederherstellung des alten Deutschen Bundes zustimmten.

Schwarzenberg beseitigte kurzerhand noch ein weiteres Ärgernis, den österreichischen Reichstag, der nach der Wiener Volkserhebung im Oktober ins böhmische Kremsier gegangen war, wo ihre Mitglieder geduldig an einer Verfassung für das gesamte Kaiserreich gearbeitet hatten. Die Verfassung von Kremsier sollte das Nationalitätenproblem lösen, indem sie eine weitgehende Autonomie der Provinzen vorsah und gleichzeitig den Städten und Dörfern die Selbstverwaltung gewährte, so daß z. B. einem deutschen Dorf in Böhmen Minderheitsrechte zugestanden wurden. Diese Regelung war sicherlich vernünftiger als alle, die im folgenden Zeitabschnitt ausprobiert wurden; doch Schwarzenberg, der jegliche Dezentralisierung ablehnte, wollte nichts dergleichen. Im März 1849 konfiszierte er alle Abschriften des Verfassungsentwurfs und löste die Versammlung auf.

Schlußbemerkung

Um 1850 waren alle Revolutionsfeuer niedergebrannt, und die Siege vom März 1848 erschienen als ferne, unwirkliche Erinnerung. Der Versuch, das Habsburger Reich zu liberalisieren und zu föderalisieren, war ebenso kläglich gescheitert wie die Schritte zur Einigung Deutschlands. Die Regierung des Habsburger Staates war noch ebenso autokratisch wie die Rußlands, und nahezu das gleiche ließ sich von Preußen sagen; denn trotz ihrer neuen Verfassung kehrten die Preußen zu ihrem alten Bündnis mit den östlichen Mächten zurück und äfften deren Methoden nach. Die einzige Nation, deren Regierungsstruktur einen deutlichen Wandel zeigte, war Frankreich.

Die psychologischen Auswirkungen der gescheiterten Revolution waren tiefgreifend. Am auffälligsten wurde dies auf dem Gebiet der Außenpolitik, wo die Prinzipien und Taktiken der Großmächte von der Erinnerung der Regierenden an die Revolutionen bestimmt wurden. Die Ziele dieser Männer zerstörten bald das europäische System, das im Jahre 1850 noch intakt schien.

Zweiter Teil

1850–1871

Allgemeine Bemerkungen

Die allgemeine Stimmung nach 1850 war beherrscht von einer nüchternen Beurteilung der Werte und Methoden der Vergangenheit, einer Abneigung gegen Ideale und abstrakte Begriffe und einer übertriebenen Hochschätzung des Gegenständlichen und Sachlichen. Ermutigt und bestärkt durch den Gegensatz zwischen dem im Jahre 1848 gescheiterten politischen Idealismus und den Triumphen von Wissenschaft und Industrie in den darauffolgenden Jahren, rühmte sich die neue Generation ihres Realismus. Der wissenschaftliche Fortschritt konnte die europäische Öffentlichkeit kaum unbeeindruckt lassen; denn seine Nützlichkeit wurde ihr täglich vor Augen geführt, z. B. auf dem Gebiet der Metallurgie, wo Chemiker die Methoden zur Abspaltung von Phosphor und Eisenerzen entdecken, und der Medizin, wo die Keimtheorie Listers die Todesgefahr bei Blutvergiftung senkte; auch in so praktischen Nebenprodukten der wissenschaftlichen Forschung wie Linoleum (1860), Zelluloid (1863), Zement (1850) und vulkanisiertem Gummi (1869) zeigte sich der Nutzen des wissenschaftlichen Fortschritts.

Die Achtung vor diesen Leistungen machte die Öffentlichkeit empfänglich für die Verallgemeinerungen, die die Wissenschaftler nun über das menschliche Leben und das Universum vorbrachten. Die Auffassung von der Unvernichtbarkeit der Materie fand bei einer desillusionierten, in konkreten Dingen Trost suchenden Generation sofort Anklang. Sie war so beeindruckend, daß sie als elementare Wirklichkeit angesehen wurde, von der aus alle Dinge zu erklären waren. Ähnlich verlockend war Charles Darwins (1809–1882) Theorie vom Ursprung der Arten, die das Überleben der Arten durch natürliche Auslese aufgrund ihrer Fähigkeit, sich den Lebensbedingungen anzupassen, betonte, so daß diejenigen, die sie akzeptierten, geneigt waren, sie nicht nur auf die Biologie, sondern auch auf die Soziologie, die Politik, das Wirtschaftsleben und die internationale Diplomatie anzuwenden. Eines der hervorstechendsten Merkmale dieses und des darauffolgenden Zeitabschnitts war daher ein sich vertiefender Materialismus, der teilweise gefährliche Formen annahm.

Dieser Materialismus wurde durch die nahezu ununterbrochene wirtschaftliche Expansion in diesem Zeitabschnitt gefördert; Produktions-, Handels- und Finanzindex zeigten eine stetige Akzeleration auf. In der Landwirtschaft war der Ertragszuwachs großenteils auf die Verwendung von Kunstdünger zurückzuführen, die durch die chemischen Forschungen von Liebig, Chevreul und Dumas, durch die in den 50er Jahren rasch ansteigenden Einfuhren von chilenischen Nitraten und Guano und durch die Entdeckung europäischer Phosphatvorräte ermöglicht wurde. All dies förderte einen intensiven Ackerbau, der die Getreideproduktion in Großbritannien innerhalb von zehn Jahren um zwanzig Prozent und in Frankreich in demselben Zeitraum um zehn Prozent erhöhte und in Europa, zusammen mit der einsetzenden Getreideeinfuhr aus Amerika und Australien, von der ständigen Bedrohung durch Hungersnöte befreite. Gleichermaßen beeindruckend waren die Mechanisierung des Ackerbaus und die zunehmende Viehzucht, während Louis Pasteurs (1822–1895) Forschungsarbeiten über die Gärung gegen Ende der 50er Jahre die Weiterentwicklung und gewinnbringende Ausdehnung der Milchwirtschaft, des Weinanbaus und der Bierbrauerei begünstigten.

Noch spektakulärer war der Fortschritt der industriellen Produktion, der selbst bei einem kurzen Blick auf den Fortschritt in der Textilindustrie und den Zweigen der Schwerindustrie deutlich wird. Die Textilindustrie zeichnete sich in diesen Jahren durch zunehmende Mechanisierung aus, und die Einführung von Geräten wie der Nähmaschine (in den 40er Jahren zunächst mit Erfolg in den Vereinigten Staaten angewandt, im darauffolgenden Jahrzehnt aber in Europa weitverbreitet) führte zwischen 1850 und 1860 bei Baumwollerzeugnissen zu einer Produktionssteigerung von 25 Prozent. Gleichzeitig verdoppelte sich die französische und verdreifachte sich die deutsche Kohlenförderung, und ähnliche Zugewinne verzeichneten die anderen Industrieländer aufgrund des Einsatzes von Maschinen im Kohlenbergbau in Form von verbesserten Bohrern, Wasser- und Ventilationspumpen und hydraulischen Extraktionsgeräten in den zehn Jahren nach der Revolution. Diese Expansion wirkte sich wiederum direkt auf die Metallverarbeitung aus, die gegen Ende dieses Zeitabschnitts nicht mehr vom Holz abhängig war, sondern nahezu ausschließlich Kohle und Koks verwendete. Die Überlegenheit des neuen Hochofens und die allgemeine Einführung des Bessemer-Verfahrens (1856), das Kohlenstoff und andere Unreinheiten mittels Luftstrom durch das geschmolzene Eisen entfernte, und das Siemens-Martin-Verfahren des offenen Hochofens (1865), das diese Trennung effektiver durchführte und die Verwendung von Alteisen und minderwertigen Erzen möglich machte, schlugen sich in einer Verdoppelung der europäischen Eisen- und Stahlproduktion innerhalb der zwanzig Jahre nach 1860 nieder.

Diese Fortschritte wurden durch Veränderungen im Transportwesen begünstigt. Die verstärkte Nutzung von Stahl und Dampf, die Einführung der Schiffsschraube in den 50er Jahren und der Verbundmaschine in den 60er Jahren und so bemerkenswerte Errungenschaften wie die Eröffnung des Suezkanals im Jahre 1869 revolutionierten die Ozeanschiffahrt. Die neuen, in den 40er und 50er Jahren gegründeten britischen, französischen, deutschen und amerikanischen Schiffahrtsgesellschaften beförderten ein zunehmendes Handelsvolumen. Die gesamte internationale Fracht betrug im Jahre 1840 etwa zehn Millionen Tonnen; im Jahre 1870 betrug sie 25 Millionen Tonnen. Nicht weniger beachtlich waren die Fortschritte im Eisenbahntransport. Das europäische Schienennetz wuchs von etwa 14000 Meilen im Jahre 1850 auf etwa 32000 Meilen im Jahre 1860 und 78000 Meilen im Jahre 1870. Infolge der Weiterentwicklungen im Waggonbestand, der Normung der Spurweite in allen europäischen Ländern mit Ausnahme Rußlands und Spaniens, der zunehmenden Verwendung von Stahlschienen und der Einführung neuer Signal- und Bremsvorrichtungen wurde die Eisenbahn über den gesamten Zeitabschnitt hinweg sicherer, schneller und stärker genutzt. Die Bedeutung dessen für die Anregung der industriellen und landwirtschaftlichen Produktion ist offenkundig.

Zwei weitere Faktoren förderten die starke Ausweitung von Produktion und Warenaustausch: die Expansion der Geldwirtschaft aufgrund der Entdeckung von Goldvorkommen in Kalifornien und Australien, die die monetären Goldbestände in diesem Zeitraum von zwanzig Jahren verdoppelten, und die Einführung von Kreditmöglichkeiten und neuen Gesetzen, die dem Finanzsystem eine größere Flexibilität verliehen. In letzter Hinsicht war keine Neuerung oder Reform von größerer Bedeutung als die allgemeine Anerkennung des Prinzips der beschränkten Haftung. Zunächst in den Statuten der Eisenbahngesellschaften angewandt, sicherte dieses Prinzip private Investitionen ab, so daß die Investoren nicht Gefahr liefen, im Falle des Bankrotts der Gesellschaft ihr gesamtes Vermögen zu verlieren; und seine Ausdehnung auf andere Formen rechtlich erlaubter Spekulation bewirkte eine enorme Expansion der Investitionstätigkeit von Unternehmen. Dies wiederum förderte die Errichtung von Emissionsbanken, wie des Crédit Mobilier (1852) und der Berliner Handelsgesellschaft (1856), die Aktien an private Investoren verkauften und ihre Einnahmen durch Gewährung langfristiger Darlehen zur Gründung neuer Gesellschaften einsetzten. Das kurzfristige Kreditwesen expandierte gleichzeitig durch die Gründung neuer Depositen- und Diskontbanken, die die Ausbeutung von Rohmaterialquellen, Fabrikerweiterungen und das Wachstum an Produktionsvielfalt und -volumen förderten.

Angesichts all dieser Aktivitäten und der unbestreitbaren Errungenschaften des technischen und wirtschaftlichen Fortschritts ist es nicht verwunderlich, daß die neue Generation beeindruckt war und ihre Ziele und Werte sich änderten. Werner Sombart schrieb einmal, die jungen Deutschen hätten sich nach der Enttäuschung von 1848 in ihrer Berufswahl bereitwilliger dem Geschäftsleben zugewandt als der Politik, da das Abenteuer ebenso aufregend zu werden versprach und der Gewinn sicherer. Und damit stand die deutsche Jugend nicht allein. Die jungen Männer aller Länder lasen den internationalen Bestseller «Self Help» (1859) und wurden durch Dutzende von Beispielen, die Samuel Smiles ihnen darin vor Augen führte, aufgewühlt: von Männern, die es von Lumpen zu Reichtümern gebracht hatten, indem sie in der aufregenden Welt voller Möglichkeiten für geschäftlichen Unternehmungsgeist das beste aus ihren Talenten gemacht hatten. (Auch ihre Söhne scheinen ihn gelesen zu haben. Der Protagonist in George Orwells «Coming Up for Air» (1939) sagte: «Vater hatte in seinem Leben nie ein Buch gelesen, bis auf die Bibel und

Smiles' ‹Self Help›».) In einem früheren Zeitabschnitt hätten sie vielleicht, wie Stendhals Helden, davon geträumt, Napoleon nachzueifern. Jetzt war es wahrscheinlicher, daß sie, wie der Protagonist in Gustav Freytags Roman «Soll und Haben» (1855), an kommerzielle Erfolge dachten.

Das Buch Freytags veranschaulicht mit seinen ausführlichen Beschreibungen kommerzieller Aktivitäten den deutlichen Wandel dieser Jahre in Literatur und Kunst. War die Romantik auch nicht tot, so war sie doch nicht mehr in Mode. Die Betonung lag nun auf jener Art von Realismus, die das Leben nicht darstellte, wie es sein könnte oder sollte, sondern wie es war. In den Romanen Gustave Flauberts ist die Treue zur Detailschilderung und -charakterisierung beeindruckend, und die Charaktere, die die Gegebenheiten des Lebens nicht anerkennen oder gegen sie rebellieren, machen entweder einen schmerzlichen Wandlungsprozeß zur Realität durch, wie Frédéric Moreau in «L'Education sentimentale» (1870), oder zerbrechen daran, wie Emma in «Madame Bovary» (1856). Der neue Realismus kennzeichnete die Werke von Turgenjew, George Eliot und Emile Zola, dessen erste Meisterwerke «Thérèse Raquin» und «La Fortune des Rougon» in den letzten Jahren dieses Zeitabschnitts erschienen. In den letzten Romanen von George Sand überschattete dieser Realismus den tragenden Idealismus ihrer früheren Werke und verband sich mit Sozialkritik und Reformeifer. Dies traf auch auf die letzten großen Romane von Charles Dickens zu: «Bleak House», «Hard Times», «Little Dorrit», «Great Expectations» und «Our Mutual Friend», die alle zwischen 1852 und 1865 entstanden. In den Werken der russischen Schriftsteller Dostojewskij und Tolstoj lebten einige ältere Themen der Romantik weiter fort – z. B. das Problem der Isolation des einzelnen in der Gesellschaft und die Tendenz zur Idealisierung des Rebellen –, und in den späteren Werken beider Autoren verstärkte sich die Betonung des Irrationalen. Doch kaum jemand würde die in «Krieg und Frieden» (1869) gezeigte meisterhafte Beherrschung des realistischen Details in Frage stellen oder bestreiten, daß Dostojewskij insbesondere in «Schuld und Sühne» (1866) eine ebensolche Fähigkeit zur wahrhaft naturalistischen Darstellung der modernen Metropole zum Ausdruck bringt wie Dickens und Balzac.

Im Schauspiel, in der Dichtung und der Musik war der Übergang von der Romantik zum Realismus weniger stark ausgeprägt, obgleich angemerkt werden muß, daß die Schauspiele der ungeheuer populären französischen Dramatiker Dumas und Augier den Optimismus und den Materialismus des Mittelstands verkündeten, der in die Aufführungen strömte, und die Werte und Institutionen hervorhoben, die jene Art von gesellschaftlicher Stabilität abstützten, die die Bourgeoisie für wünschenswert hielt. Unter den Dichtern konnten Tennyson und Heine dem vorherrschenden Materialismus gelegentlich Seitenhiebe versetzen, doch im allgemeinen kultivierten sie – und Dichter wie Swinburne, Baudelaire, Verlaine, Mallarmé, Mörike und Conrad Ferdinand Meyer – die Losgelöstheit von den Problemen der Zeit und blieben einer älteren lyrischen Tradition treu. Ähnlich war es in der Musik: die hervorragende Harmonie von Berlioz und die vehementen Crescendos von Rossini erklangen die gesamten 60er Jahre hindurch; sowohl Gounod («Faust», 1859, «Romeo et Juliette», 1867) als auch Verdi («Aida», 1869) fanden im wesentlichen Gefallen an romantischen Themen; und Wagners Musikdramen («Tristan und Isolde», 1859, «Die Meistersinger von Nürnberg», 1868, «Das Rheingold», 1869, «Die Walküre», 1870) schockierten und überwältigten das Publikum. In der Malerei jedoch wurde der Wandel durch die nahezu brutale Direktheit Gustave Courbets deutlich (nach dessen «Begräbnis in Ornans», 1850, zum ersten Mal das Wort Realismus zur Beschreibung einer Stilrichtung in der Malerei auftauchte). Deren Verfeinerung stellen die leuchtkräftigen Werke der impressionistischen Schule dar, die in den 60er Jahren mit Gemälden wie Manets «Frühstück im Freien» (1863) und «Olympia» (1865) hervortrat, Gemälden, die in der Öffentlichkeit ihrer Zeit Anstoß erregten, heute aber zu den besten Leistungen der modernen Kunst zählen.

In drei Lebensbereichen der Menschen – der Religion, den gesellschaftlichen Beziehungen und der internationalen Politik – hatten der sich vertiefende Materialismus und die zunehmende Betonung des Realismus ausgeprägte und im allgemeinen negative Auswirkungen. Die anerkannten Kirchen verloren in diesen Jahren an Stärke und Ansehen. Diese Einbußen waren teilweise auf die Abwanderung der arbeitenden Bevölkerung in die Städte zurückzuführen, wo die Lebens- und Arbeitsbedingungen sich kaum förderlich auf die Bewahrung oder Ausübung des Glaubens auswirkten; sie waren aber auch dem Einfluß der vom Realismus bestimmten Werke zeitgenössischer Philosophen, Historiker und Populärwissenschaftler auf die gebildeten Gesellschaftsschichten zuzuschreiben. Besonders die naturwissenschaftlichen Autoren gingen voll Begeisterung zum Frontalangriff auf religiöse Dogmen über und behaupteten, die Entdeckungen der Astronomie, Geologie, Physik und Biologie entkräfteten die theologischen Erklärungen der menschlichen Existenz. Ohne die entsprechend leidenschaftliche Reaktion führender Kirchenvertreter hätten sich diese Angriffe möglicherweise allein aufgrund ihrer Maßlosigkeit totgelaufen. Allzuoft stürzten sich prominente Theologen in Kontroversen, für die sie unzulänglich vorbereitet waren, und leisteten in aller Öffentlichkeit einen als Starrsinn erscheinenden Widerstand nicht nur gegen Veränderungen, sondern auch gegen den gesunden Menschenverstand. Es gab keinen Grund, warum die von den wissenschaftlichen Bibelkritikern der 60er Jahre empfohlenen Textverbesserungen und Neuinterpretationen nicht hätten in demselben Geiste akzeptiert werden können, wie es seither geschieht. Statt dessen kämpften protestantische Kirchenführer oft erbittert gegen jede nicht ganz wörtliche Interpretation der Heiligen Schrift; und diese Haltung erklärt ihre erstaunlich heftige Ablehnung der Evolutionstheorie Darwins, wodurch ihr Anliegen mehr Schaden nahm als vorangetrieben wurde.

Gleichzeitig war der Einfluß der römisch-katholischen Kirche auf die intelligenten Gruppen der Gesellschaft gefährdet durch den systematischen Angriff Papst Pius' IX. auf die geistigen Hauptströmungen des Zeitalters in der

Enzyklika «Quanta cura» vom September 1864 und dem sie begleitenden «Syllabus», in dem Dinge wie Rationalismus, religiöse Indifferenz, die Vorstellung, das Heil könne außerhalb des römisch-katholischen Glaubens erlangt werden, das Prinzip nichtkirchlicher Erziehung, die Trennung von Staat und Kirche, politischer Liberalismus und die Idee des Fortschritts als Irrtümer angeprangert wurden, die die Gläubigen zu meiden hätten. Liberale katholische Theologen wie die Bischöfe Döllinger und Ketteler in Deutschland waren durch diese radikale, alles umfassende Verurteilung beunruhigt. Sie waren es auch sechs Jahre später, als das Dogma über die Unfehlbarkeit des Papstes verkündet wurde, das den Anspruch erhob, das Wort des Papstes sei in Fragen des Glaubens und der Lehre unwiderruflich. Der Widerstand dieser Kritiker blieb im großen und ganzen ohne Wirkung, doch sie waren von einem gesunden Instinkt geleitet; denn die Politik des Papstes erschien vielen als vergeblicher Versuch, sich dem Vormarsch des Intellekts zu widersetzen, und hatte daher die Abkehr der Intelligenzschicht Europas von der Kirche zur Folge.

Diese Kontroversen und inneren Unruhen verbrauchten den größten Teil der Energien der etablierten Kirchen und nahmen ihnen die Möglichkeit, im gesellschaftlichen Leben der Zeit eine reformierende oder vermittelnde Rolle zu spielen. Das war bedauerlich, da die Beziehungen der Schichten mehr und mehr unter den Einfluß der Materialismus- und Evolutionstheorien gerieten, die den gesellschaftlichen Frieden zu untergraben drohten. Klassische Ökonomen wie John Stuart Mill (1806–1873), Verehrer der Wissenschaft wie Herbert Spencer (1820–1903) und Anhänger von Karl Marx waren allesamt im Grunde ihres Herzens Materialisten und glaubten, das Phänomen, das sie erforschten, unterliege natürlichen Gesetzen (Angebot und Nachfrage, Existenzkampf, der zwangsläufige Übergang vom Kapitalismus zur proletarischen Gesellschaft), die der menschlichen Kontrolle nicht zugänglich seien. Die Argumente, die diese Anführer lieferten, machten es dem Mittelstand, der die westliche Gesellschaft beherrschte, leicht, sich der gesellschaftlichen Verantwortung zu entziehen, machte es dem Fabrikbesitzer leicht, seine Arbeiter mit der Hartherzigkeit des Mr. Bounderby in Dickens' «Hard Times» zu behandeln, und machte es auch den Organisatoren der Arbeiterbewegungen leicht, in den Kategorien eines unvermeidlichen Klassenkampfes zu denken. Sowohl die kapitalistischen als auch die sozialistischen Theorien dieses Zeitabschnitts gingen davon aus, daß der Mensch in erster Linie vom Erwerbsinstinkt geleitet sei, eine Vorstellung, die zu anderen Zeiten als niedrig und als Verleugnung der Geschichte abgelehnt worden wäre; und diese Art des Denkens führte dazu, daß Gewalt als legitimes Mittel zur Bewältigung gesellschaftlicher und wirtschaftlicher Probleme anerkannt wurde, was in den letzten Jahren des Jahrhunderts erschreckend deutlich werden sollte.

Die Gesellschaftsschichtung der meisten europäischen Länder unterschied sich in diesem Zeitabschnitt in mancher Hinsicht deutlich von der des vorherigen. Der Adel behauptete noch die gesellschaftlichen Positionen, die das größte Ansehen besaßen, einige seiner Vorrechte aber waren durch die Revolutionen von 1848 hinweggefegt worden. Östlich der Elbe, in Ungarn und Rußland verband er immer noch den Besitz großer Landgüter mit der Rechtsprechung und anderen Rechten gegenüber seinen Landarbeitern (obwohl die Abschaffung der Leibeigenschaft in Rußland im Jahre 1861 die Privilegien des Adels merklich verringert hatte), und auch in anderen Ländern hatten die Aristokraten ein faktisches Stellenmonopol in bestimmten Zweigen der Armee. Im allgemeinen geriet die Politik jedoch zunehmend unter die Kontrolle derjenigen, die das wirtschaftliche Leben Europas beherrschten – des wohlhabenderen Mittelstands –, und die politische Philosophie und die Staatspolitik spiegelte immer mehr deren Ansichten wider.

Charakteristisch für diesen Zeitabschnitt waren der zunehmende Unterschied zwischen dem oberen und dem unteren Mittelstand, der beim Zusammenbruch der Revolutionen von 1848 zum ersten Mal eklatant wurde, sowie die Ausdehnung des unteren Mittelstands. Das Kleinbürgertum, gebildet aus unteren Beamten, kleinen Geschäftsleuten und denen, die wir heute als «white-collar workers» bezeichnen, profitierte in Großbritannien von den demokratischen Reformen der 60er Jahre; in anderen Ländern aber entwikkelte es sich zu einer unbeständigen, desorganisierten Schicht mit einem starken Verlangen nach Sicherheit und Führung, einer bedeutenden politischen Kraft, die gefährlich werden konnte. An der Basis der Gesellschaftspyramide befanden sich die Land- und Industriearbeiter. Die Anzahl der Landarbeiter nahm während des ganzen Zeitabschnitts ab (1860 waren es sechzig Prozent der Bevölkerung Europas, zwanzig Jahre später weniger als die Hälfte). Der anschwellenden Zahl von Industriearbeitern versprachen Gewerkschaftsbewegungen und Sozialismus Schutz vor sozialer Ungerechtigkeit, die als Folge des Kapitalismus empfunden wurde, und die Arbeiterbewegung machte in diesem Zeitabschnitt ihre ersten bedeutenden Fortschritte.

Der Zeitabschnitt, eingeleitet von der Hoffnung auf internationale Solidarität und Harmonie sowie den Predigten von Aposteln des Freihandels wie Richard Cobden, demzufolge die Ausdehnung des «Laisser-faire»-Prinzips in der internationalen Wirtschaft nur den allgemeinen Frieden vorantreiben könne, endete dennoch mit einer Reihe heftiger Konflikte. Diese wurden von Staatsmännern vorbereitet, die dieselben Werte in die internationale Politik einbrachten, die so viele andere Bereiche der europäischen Gesellschaft dieser Zeit durchdrangen: den Realismus, die Bereitschaft, Moral als unwichtig anzusehen, die Weigerung, andere Kriterien außer dem der Zweckmäßigkeit als Handlungsgrundlage heranzuziehen, und das Insistieren, daß die Politik ein unablässiger Kampf sei, in dem nur Machtfaktoren zählten. In diesen Jahren verlor auch der Nationalismus den Idealismus der unschuldigen Vormärz-Tage und entartete häufig zu einem Chauvinismus, während sich das Verhältnis zwischen nationalem Streben und liberalem Ehrgeiz verschob. Die mazzinischen Nationalisten hatten für die Einheit und Größe ihres Landes gekämpft, damit es die Vorhut für konstitutionellen Fortschritt, Menschenrechte und die allgemeine Freiheit bilden könne. Der Liberale der 60er Jahre war, insbesondere in Italien und Deutschland, nicht abgeneigt, seine konstitutionellen und humanitären Bestrebungen über Bord zu werfen, damit sein Land anderen seine Größe demonstrieren könne.

Zurückschauend auf den Zeitabschnitt von 1850–1871 fällt es uns nicht schwer, Tendenzen innerhalb des Systems zu erkennen, die später Unglück und Leid verursachen sollten. Die Gabe der Voraussicht war damaligen Zeitgenossen nicht gegeben, und sie glaubten nicht, daß der Realismus, auf den sie so stolz waren, und der materielle Fortschritt, der so offenkundig war, etwas anderes hervorbringen könne als Gutes. Man kann ihnen kaum zum Vorwurf machen, daß sie sich von den gewaltigen Triumphen ihrer Zeit beeindrucken ließen: von technischen Meisterleistungen wie dem Suezkanal, dem Alpentunnel und dem Transatlantikkabel, von dem Vordringen des europäischen Handels in jeden Hafen der bekannten Welt und der Errichtung europäischer Handelsstützpunkte im Fernen Osten sowie von der Verbreitung europäischer Ideen und Institutionen in den Vereinigten Staaten, Kanada, Australien, Neuseeland und Lateinamerika durch die 200 000 bis 300 000 Emigranten, die Europa in diesem Zeitabschnitt jährlich verließen. Die europäische Kultur schien ihre höchste Blüte zu erreichen, und es schien aller Grund zu der Annahme zu bestehen, daß sich diese Kultur durch Handel und Emigration zum Segen aller verbreiten würde.

6. Der Zusammenbruch des Konzerts und der Krimkrieg

Die Schwächung des Europäischen Konzerts

Die Zeit der Revolutionen. Einer der bemerkenswertesten Aspekte der Revolutionen von 1848 war der, daß sie keinen Krieg zwischen den Großmächten herbeiführten. Dies war ein Erfolg der seit 1815 entwickelten Gepflogenheiten der Zusammenarbeit und Zurückhaltung der Mächte. Doch die Aufrechterhaltung des internationalen Friedens in dieser schwierigen Zeit war auch der vorsichtigen Diplomatie der beiden Mächte zu verdanken, die selbst nicht durch Revolutionen belastet waren, Großbritannien und Rußland.

Gleich zu Anfang der Unruhen in Wien und Berlin hatte Zar Nikolaus der britischen Königin in einem Schreiben ein enges Bündnis zwischen ihren beiden Ländern nahegelegt, um eine allgemeine Katastrophe abzuwenden. Obgleich Lord Palmerston nicht bereit war, eine offizielle Verbindung zwischen den beiden Ländern als unabdingbar anzuerkennen, schrieb er: «Unsere Haltung und unsere Empfindungen gegenüber Rußland sind genau die gleichen wie jene [die Rußland ausdrückt] gegenüber England. Wir sind gegenwärtig die beiden einzigen Mächte in Europa..., die unangefochten bleiben, und wir sollten vertrauensvoll aufeinander blicken.»

Den Briten bereiteten zu Beginn der revolutionären Unruhen in erster Linie zwei Möglichkeiten Sorgen: nämlich, daß die Tradition von 1792 die französischen Republikaner zu dem Versuch anregen könnte, das Revolutionsanliegen der Italiener zu unterstützen, und daß die preußischen Liberalen, berauscht von ihrem ersten Sieg in Berlin, eventuell bestrebt sein könnten, Polen zu befreien in der Absicht, einen Krieg mit Rußland heraufzubeschwören, um Nationalgefühle zu wecken und die Einigung Deutschlands voranzutreiben. Letzterer Plan lag im März 1848 durchaus im Bereich der praktischen Politik; preußische Gesandte ersuchten tatsächlich um französische Unterstützung für einen Coup zugunsten der Polen. Daraus wurde nichts, wahrscheinlich aufgrund einer strengen Depesche Lord Palmerstons an die preußische Regierung, die Friedrich Wilhelm IV. in seinem Widerstand gegen die Pläne seiner Minister bestärkte und zweifellos auch in Paris Zurückhaltung bewirkte.

Auch die Gefahr einer umfassenden französischen Intervention in Italien, sowohl im Jahre 1848 als auch 1849, wurde großenteils durch Palmerstons Diplomatie abgewendet. In der Anfangsphase der italienischen Unruhen, in der Österreich Venetien und die Lombardei verlor, bemühte sich der britische Außenminister, die Österreicher zu überreden, den Verlust jener Provinzen zu akzeptieren, um einer französischen Intervention den Anreiz zu nehmen. Als die Österreicher sich weigerten und sich das Blatt zu ihren Gunsten wendete, zügelte Palmerston die Franzosen durch die bloße Aufforderung, gemeinsam mit ihm auf die Österreicher einzuwirken, gegenüber ihren rebellischen Untertanen die gebührende Nachsicht zu üben.

Palmerston ging es in seiner Politik ausschließlich um die Belange des Gleichgewichts der Mächte, den Bestrebungen italienischer Nationalisten schenkte er kaum Beachtung. Das galt auch für seine Haltung gegenüber der ungarischen Krise. Er lehnte alle Bitten der Anhänger Kossuths um Hilfe ab, und als die Russen zur Niederschlagung der ungarischen Revolution intervenierten, teilte er dem russischen Botschafter mit, er stimme diesem Schritt zu, hoffe aber, daß sie diese Aktion «so schnell wie möglich beenden» würden. Mit dieser Ermutigung übernahm der Zar die Rolle des Hüters des Gleichgewichts der Mächte in Ost- und Mitteleuropa, eine Rolle, die er auch im Jahre 1850 spielte, als sich der preußisch-österreichische Konflikt zuspitzte. Eine der wesentlichsten Ursachen für Friedrich Wilhelms Kapitulation vor Olmütz und die Bereitschaft, seinen geliebten Plan einer deutschen Union unter preußischer Führung fallenzulassen, war die unverblümte Warnung des Zaren, daß er die Veränderung europäischer Verträge ohne Zustimmung der Mitunterzeichner als aggressive Handlung betrachten würde.

Daß die Revolutionen von 1848 nicht zu einem internationalen Krieg führten, war weitgehend den Bemühungen Britanniens und Rußlands um die Wahrung der diplomatischen Prinzipien des vorhergehenden Zeitabschnitts und der stillschweigenden Zustimmung der anderen Mächte zu verdanken.

Die Zeit nach der Revolution. Jene Prinzipien aber sollten nicht mehr lange unangefochten bleiben und ebensowenig die durch sie geschützte territoriale Regelung. Die Revolutionen hatten eine Erschütterung aller bisher geltenden Werte bewirkt, und dies bestätigte sich auf dem Gebiet der Diplomatie ebenso wie in allen anderen Bereichen.

Zum einen brachten die Revolutionen eine neue Generation von europäischen Staatsmännern an die Macht, die für Zurückhaltung und Kompromiß viel weniger empfänglich und in ihren Methoden rücksichtsloser waren als ihre Vorgänger. War Schwarzenberg mit seiner Vorliebe für Gewaltlösungen der Begründer des neuen diplomatischen Stils, so fand er viele Anhänger. Die begabtesten darunter waren Camillo Graf von Cavour in Piemont (1810–1861) und Otto von Bismarck in Preußen (1815–1898), der während der Revolutionsjahre in die Politik eintrat und im folgenden Jahrzehnt zur führenden Persönlichkeit aufstieg. Ihr zielstrebiger Einsatz für die Interessen ihrer Länder und ihre Bereitschaft, jedes Mittel, einschließlich der gewaltsamen und zynischen Verletzung des öffentlichen Rechts zu nutzen, um die Interessen zu fördern, wurden bekannt als «Realpolitik». Der Aufstieg dieser Männer bildete eindeutig eine Gefahr für die vorhandene Vertragsstruktur, aus dem einfachen Grunde, weil die bestehenden Verträge der Erfüllung ihrer Wünsche im Wege standen. Dasselbe galt für den Mann, der sich im Jahre 1852 zum Kaiser der Franzosen machte, Louis Napoleon.

Darüber hinaus hatten die Revolutionen ein Erbe des Mißtrauens zwischen den Mächten hinterlassen, das ihnen ein gemeinsames Handeln viel schwerer machen sollte als in der Vergangenheit. Rußland und Großbritannien beunruhigte der Übergang Frankreichs von der Republik zum Kaiserreich. Den Österreichern bereitete die Tatsache Verdruß, daß sie zur Lösung ihrer Probleme in Ungarn von russischer Hilfe abhängig gewesen waren. Die meisten preußischen Konservativen akzeptierten den Rückschlag von Olmütz und förderten die Zusammenarbeit mit Österreich (s. S. 166), obgleich sie ihnen durch die anmaßende Art, mit der die Österreicher ihnen nun im Deutschen Bundestag begegneten, erschwert wurde. Die Haltung der Österreicher setzte die preußisch-österreichischen Beziehungen einer fortwährenden Belastung aus und brachte den preußischen Abgeordneten im Bundestag, Otto von Bismarck, zu der Überzeugung, daß ein Krieg mit Österreich früher oder später unumgänglich sei.

Die neue internationale Atmosphäre beeinträchtigte selbst die beiden Mächte, die es fertiggebracht hatten, der Revolution von 1848 zu entrinnen. Die Verschlechterung der Beziehungen zwischen Großbritannien und Rußland führte zum Krimkrieg, dem ersten Konflikt zwischen Großmächten seit 1815. Der Krieg wiederum verstärkte die Spannungen zwischen den Mächten weiterhin und eröffnete den Realpolitikern neue Möglichkeiten.

Der Krimkrieg

Die Kriegsursachen. Seinen direkten Ursprung nahm der Krimkrieg in einem dem heutigen Leser belanglos erscheinenden Streit zwischen Christen verschiedener Konfessionen über ihre Rechte im Heiligen Land. Seine eigentlichen Ursachen lagen jedoch in dem taktischen Vorgehen Rußlands in diesem Streit und dem Unvermögen der britischen Regierung, während der kritischen Phase der Auseinandersetzung eine konsequente Linie zu verfolgen oder dem Druck der erregten öffentlichen Meinung standzuhalten.

Unter dem Druck Frankreichs gestand die türkische Regierung den römisch-katholischen Orden im Jahre 1852 Vorrechte bezüglich bestimmter Heiligtümer im Heiligen Land zu. Dieses Zugeständnis schien Rechte zu verletzen, die vorher den griechisch-orthodoxen Orden zuerkannt worden waren, und die russische Regierung intervenierte zu ihren Gunsten. Dabei verlangte sie von der türkischen Regierung jedoch nicht nur die Revision ihrer vorausgegangenen Entscheidung bezüglich der Heiligtümer, sondern die offizielle Anerkennung des russischen Rechts, griechisch-orthodoxe Gläubige in allen türkischen Herrschaftsbereichen zu schützen. In ihrer vagen Formulierung erschien diese Forderung als eine potentielle Bedrohung, und die türkische Regierung weigerte sich, darauf einzugehen. Aus dem Empfinden heraus, sein persönliches Ansehen stehe auf dem Spiel, entsandte der Zar im Juni 1853 russische Truppen in die Donaufürstentümer in der Absicht, dieses türkische Territorium als Pfand einzubehalten, bis die Türken nachgäben.

Zar Nikolaus scheint diesen unklugen Schritt in der Überzeugung unternommen zu haben, daß er nichts anderes tue, als die ihm seit dem 18. Jahrhundert zustehenden Rechte zu schützen. Es war ihm nicht klar, daß seine anmaßende Intervention in den Streit um das Heilige Land im Westen als erster Schritt zu einem Versuch, das Türkische Reich zu zerstören und die Herrschaft an sich zu reißen, interpretiert würde. Er war der irrigen Meinung, die Männer, die er während seiner Englandreise im Jahre 1844 aufgesucht hatte, wüßten, daß er – so sehr ihm an der Auflösung des Türkischen Reiches gelegen sein mochte – niemals danach trachten würde, diese einseitig herbeizuführen, sondern nur in Zusammenarbeit mit den anderen Mächten. Er glaubte törichterweise, sein Freund, Lord Aberdeen, jetzt Premierminister von England, würde seine Haltung richtig einschätzen und könne die anderen Regierungsmitglieder von seiner Aufrichtigkeit überzeugen.

Aberdeen war dazu nicht imstande. Der Streit über die «Corn Laws» im Jahre 1846 hatte zu einer Spaltung der Tory-Partei geführt und damit in der britischen Politik eine Verwirrung gestiftet, die zur Folge hatte, daß das britische Kabinett im Jahre 1853 eine Koalitionsregierung ohne einheitliche Führung darstellte. Für die Außenpolitik bedeutete das, daß zwei verschiedene Richtungen vertreten waren. Die eine, angeführt von Aberdeen und seinem Außenminister Lord Clarendon, vertraute auf die Geheimdiplomatie, die Zusammenarbeit mit anderen Mächten und die möglichst schnelle und ruhige

Beilegung von Streitigkeiten. Die andere stand unter Führung des ehemaligen Außen- und damaligen Innenministers, Lord Palmerston, der immer schon impulsiv gewesen war und nun mehr und mehr zu Verantwortungslosigkeit neigte, eine energische Außenpolitik verfocht und grundsätzlich stärker zur Einschüchterung tendierte als zur Verhandlung. Aberdeen wollte eine Regelung der östlichen Streitigkeiten durch das Europäische Konzert der Mächte erreichen und diese den Türken auferlegen. Palmerston unterstellte den Russen offenbar bestimmte Absichten und glaubte, der Zar würde die Integrität des Türkischen Reiches nur respektieren, wenn er durch eine energische Machtdemonstration zu der Überzeugung gebracht werde, daß ihm keine andere Wahl bleibe. Er wollte den Streit daher durch eine offene Unterstützung Konstantinopels beilegen.

Bei konsequenter Verfolgung einer der beiden Kurse hätte ein Krieg vielleicht verhindert werden können. In der gegebenen Situation aber schwankte das stark gespaltene Kabinett zwischen den beiden Möglichkeiten. Außerdem standen Aberdeen und Clarendon mit ihrem Botschafter in Konstantinopel, Stratford Canning (Lord Stratford de Redcliffe), nicht im besten Einvernehmen. Stratford war insgesamt 25 Jahre lang als Diplomat in der Türkei gewesen. Die Türken bewunderten ihn, und er wiederum mochte sie. Hingegen hegte er eine persönliche Abneigung gegen Nikolaus I., der ihn im Jahre 1831 als Botschafter in St. Petersburg abgelehnt hatte. Clarendon und der Premierminister argwöhnten, daß er nicht im Sinne der ihm erteilten Instruktionen handele; Clarendon machte aber nicht den Versuch, Stratford abzuberufen, vielleicht aus der Befürchtung heraus, daß der Botschafter ein Bündnis mit Palmerston eingehen und das Land in einen Krieg stürzen könne.

Das Resultat dieser Hinhaltetaktik war, daß die britischen Absichten nicht erkennbar wurden. Der Zar wurde durch das diplomatische Verhalten Aberdeens und Clarendons zu der Annahme ermutigt, sie sympathisierten mit ihm, während die Türken durch Stratfords Haltung und britische Flottenbewegungen in der Nähe der Dardanellen zu der Überzeugung geführt wurden, die Briten (und die Franzosen, die, noch bevor die Russen den Pruth überquerten, eine Flotte nach Salamis entsandt hatten) stünden auf ihrer Seite.

In Wien versuchten Vertreter der Großmächte, eine Formel zu finden, die die Interessen des Zaren im Türkischen Reich und das Recht, seine Glaubensgenossen zu schützen und gleichzeitig die gegenwärtige und künftige Integrität des Türkischen Reiches gewährleistete. Die von den Diplomaten vorgeschlagenen Lösungen scheiterten jedesmal an der entschiedenen Ablehnung der Türken oder an Erklärungen aus St. Petersburg, die Zweifel an dem guten Willen der Russen aufkommen ließen. Somit ließ man die Dinge treiben, bis die Türken im Oktober 1853 den sofortigen Rückzug der russischen Truppen aus den Donaufürstentümern verlangten und, als sie keine Antwort erhielten, dem Zaren den Krieg erklärten. Einen Monat später eröffneten sie die Kriegshandlungen, indem sie zur Bombardierung der russischen Küste eine Flotte ins Schwarze Meer schickten. Hinter Sinop wurden diese Streitkräfte durch ein gleich starkes Geschwader der Russen unter Admiral Nakhimow abgefangen. Innerhalb eines vierstündigen Kampfes versenkten die Russen alle türkischen Flotteneinheiten bis auf eine, wodurch die Türken einen Verlust von 4000 Mann erlitten.

Dieser Sieg über die Türken schien den Zaren eher zu ernüchtern als zu begeistern; denn nun schickte er sich an, Bedingungen zur Beilegung des russisch-türkischen Konflikts aufzustellen, die die anderen Mächte dann ergänzen sollten. Nachdem diese die türkische Regierung zur Zustimmung veranlaßt hätten, würde er seine Armee aus den Fürstentümern abziehen, und die Briten und Franzosen ihrerseits sollten ihre Flotten aus den Dardanellen abziehen. Rückblickend scheint dies kein unvernünftiger Vorschlag gewesen zu sein. Doch im Februar 1854, als der Zar den Vertretern der Mächte seinen Entwurf zur Beilegung des Konflikts unterbreitete, wurde dieser ohne sorgfältige Prüfung abgewiesen, und Großbritannien und Frankreich erklärten Rußland unverzüglich den Krieg.

Die Franzosen, die seit der ersten Phase der langen Auseinandersetzungen wenig Initiative entwickelt hatten, unternahmen diesen Schritt offenbar, weil die Briten zum Handeln entschlossen waren und sie sich nicht ins Abseits drängen lassen wollten. Ein Bündnis mit England war immer Louis Napoleons sehnlichster Wunsch. Einen Grund für die britische Kriegserklärung zu finden, ist schon schwieriger. Es gab weder überzeugende strategische noch plausible wirtschaftliche Gründe dafür, und man neigt zu dem Schluß, daß sich die Regierung durch den Druck der öffentlichen Meinung in den Krieg hat treiben lassen.

Bis russische Truppen in die Donaufürstentümer einmarschierten, hatte das Gerangel im Heiligen Land dem englischen Volk wenig bedeutet. Danach stellte sich die große Mehrheit auf die Seite der Türken, gegen die Russen. Die spontane Sympathie für die Türkei war bemerkenswert. Richard Cobden, einer der wenigen Männer des öffentlichen Lebens, die einige Kenntnis über den Nahen Osten besaßen, versuchte, dem Publikum einige der weniger angenehmen Wahrheiten über das Türkische Reich nahezubringen – seine Ineffizienz, die Korruption seiner Regierung und seine Unzugänglichkeit für Reformen. Er wurde niedergeschrien von denjenigen, die die Türkei lieber als eine schwache, liberale Nation sehen wollten, die durch eine starke, autokratische angegriffen wurde.

Diese Stimmung wurde durch die vorwiegend antirussische, alle Bemühungen um Mäßigung und eine vernünftige Diplomatie verleumdende Presse angeheizt. Die Sensationsblätter schilderten Palmerston als einsamen Kämpfer gegen Kollegen, die Konstantinopel dem Zaren überlassen wollten, und selbst im allgemeinen seriöse Zeitschriften schrieben vom «senilen Zögern» Aberdeens und Clarendons. Nachdem die Türken Rußland den Krieg erklärt hatten, verwandelte sich die protürkische Haltung in Kriegsstimmung, und als die Russen bei Sinop siegten, wurde die öffentliche Meinung so fanatisch, daß die Regierung ihr nicht entgegenzutreten wagte.

Die Kriegführung. Die beiden Dinge, an die man sich in Verbindung mit dem Krimkrieg am häufigsten erinnert, sind erstens, daß eine heroische britische Krankenschwester namens Florence Nightingale Feldlazarette für cholerakranke britische Soldaten errichtete, und zweitens (und dies aufgrund des Gedichts von Lord Tennyson), daß eine Brigade der britischen Leichten Kavallerie gegen starke, undurchdringliche Stellungen der Russen ins Feuer geschickt und nahezu vollständig vernichtet wurde. Es ist verständlich, daß die allgemeine Erinnerung darüber nicht hinausgeht. Krankheit schlug in diesem Krieg stärker zu Buche als die kriegerische Handlung, die im großen und ganzen wenig ruhmreich war. Aus diesem Konflikt ging kein Krieger mit Lorbeeren hervor, und der militärische Ruf der Russen und Briten verringerte sich beträchtlich.

Die Tatsache, daß ihre Truppen bis Ende September nicht mit dem Feind in Berührung gekommen waren, obgleich Britannien und Frankreich Rußland den Krieg im März 1854 erklärt hatten, beweist, daß die westlichen Verbündeten versäumt hatten, sorgfältige Pläne zu machen, bevor sie den Krieg heraufbeschworen. Die sechs dazwischenliegenden Monate waren ausgefüllt mit Verhandlungen zu dem Zweck, die Österreicher zu überreden, sich ihrem Bündnis anzuschließen. Die Anwesenheit russischer Truppen in den Fürstentümern, wo sie die wirtschaftlichen Interessen Österreichs an der Donau bedrohten, stellte nach Ansicht einiger ziviler Wiener Staatsmänner einen plausiblen Vorwand für eine österreichische Intervention dar; die Militärs aber lehnten diese Vorstellung entschieden ab aus der Befürchtung heraus, daß sich dann das gesamte Kriegsgeschehen auf die Grenzen Österreichs konzentrieren würde. Die Russen entzogen ihnen den Vorwand jedenfalls im August durch Räumung der Fürstentümer, und die Österreicher entschieden sich vorläufig für die Neutralität.

Die Preußen wahrten aus ähnlichen Gründen die Neutralität, und die schwedische Regierung ließ sich auch durch das Versprechen, Finnland zu erhalten, nicht zum Kriegseintritt verleiten. Den Verbündeten fiel es schwer, ihren Gegner zu fassen, und sie befanden sich in der peinlichen Situation, die Öffentlichkeit um die versprochenen Siege zu bringen. Daher beschlossen sie, den wichtigsten Flottenstützpunkt Rußlands im Schwarzen Meer, den Hafen Sewastopol, anzugreifen, und landeten Mitte September Truppen von 50 000 Mann auf der Halbinsel Krim. Mit Ausnahme einiger chaotischer wirkungsloser Seemanöver hoch im Norden auf den Åland-Inseln beschränkten sich die militärischen Handlungen auf die Krim.

Ein direkter, entschlossener Angriff gleich nach der Landung hätte die Verbündeten wahrscheinlich in die Lage versetzt, Sewastopol sofort zu erobern; denn den ersten Widerstand der Russen brachen sie in der Schlacht an der Alma, und aus ihrem Erfolg hätten sie schließen müssen, daß sie einer Armee gegenüberstanden, die sich seit der Regierung Nikolaus' ständig verschlechtert hatte. Sie aber bevorzugten ausgiebige Manöver und ließen dadurch dem Gegner Zeit, seine Verteidigungsstellungen auszubauen. Eine

12. Belagerung der Festung Fort Alexander bei Sewastopol

von den Russen begonnene Gegenoffensive zur Befreiung der Halbinsel scheiterte aber im Oktober 1854 bei Balaklawa (wo der mißglückte Angriff der Leichten Brigade stattfand) und erneut im November bei Inkerman. Danach artete der Konflikt in einen ermüdenden Zermürbungskrieg aus, unterbrochen von sporadischen kleineren Angriffen, während die Truppen unter Kälte, Ruhr und Cholera litten.

Wie auch in späteren Kriegen schienen die Russen ein unerschöpfliches Reservoir an Soldaten zu haben, und den überdrüssig gewordenen Verbündeten wurde allmählich bewußt, daß auch die Einnahme Sewastopols sie nicht zur Kapitulation zwingen würde. Diese Überlegung und die in ihren eigenen Ländern zunehmende Kritik an der Art ihrer Kriegführung brachten die westlichen Regierungen zu der Überzeugung, daß sie etwas unternehmen müßten, was den Zar beeindrucken und ihn zum Nachgeben veranlassen würde. Eine Möglichkeit hierzu war die Erweiterung ihrer Koalition. Im Januar 1855 hatten sie einen Vorstoß in dieser Richtung gemacht, indem sie Piemont zum Bündnispartner gewannen, dessen Ministerpräsident Cavour hoffte, durch eine Intervention könne er die Sympathie Britanniens und Frankreichs für die Interessen seines Landes in Italien gewinnen. Dies bedeutete aber nur eine Verstärkung von 17000 Mann für die Streitkräfte der Verbündeten und ermöglichte nicht den Aufbau einer neuen Front gegen Rußland. Es war eindeutig, daß nur eine Intervention Österreichs die westlichen Streitkräfte entscheidend verstärken könnte.

Im Dezember 1854 unterzeichnete die österreichische Regierung unter starkem westlichen Druck ein Abkommen, das eine solche Intervention zu gewährleisten schien. Die Grundlage dieser Übereinkunft bildete eine Erklärung von Kriegszielen, die «Vier Punkte von Wien» genannt, die «im Interesse des Gleichgewichts der Mächte in Europa» von Rußland den Verzicht auf seinen beherrschenden Einfluß in den Fürstentümern Moldau und Wallachei, einen ähnlichen Verzicht auf den Anspruch der Schutzherrschaft über die türkischen Untertanen griechisch-orthodoxen Glaubens, eine internationale Garantie der freien Schiffahrt in der Donaumündung und eine Revision des Dardanellenvertrags von 1841 verlangten. Österreich erklärte sich bereit, in den Krieg einzutreten, falls Rußland diesen Punkten nicht innerhalb von zwei Monaten zustimmte, und die westlichen Mächte garantierten Österreich für die Dauer des Kampfes Schutz gegen alle revolutionären Störungen in Italien.

Das Abkommen von Dezember 1854, das im Westen vorzeitiges Frohlocken auslöste, trat nicht in Kraft. Während der Verhandlungen waren Britannien und Frankreich auf das österreichische Argument eingegangen, das Habsburger Reich könne die notwendigen Truppen nur mit Unterstützung des Deutschen Bundes aufbringen, und dies war zu einer Bedingung des Bündnisses gemacht worden. Die kleineren deutschen Staaten aber konnten gefährliche Abenteuer nicht verkraften, und Bismarck, der preußische Gesandte beim Deutschen Bund, war nicht geneigt, um den Österreichern behilflich zu sein, ganz Deutschland in einen Krieg hineinzuziehen, dessen Vorteile im Falle eines Sieges ausschließlich den Habsburgern zugute kommen würden. Bismarcks Argumente und ihre eigenen Befürchtungen bewogen die Mitglieder des Bundestages, den Österreichern die Bitte um Unterstützung abzuschlagen.

Die westlichen Regierungen waren erbost über diese Niederlage, die eine weitere Verlängerung der beklagenswerten Kampagne auf der Krim bedeutete. Sie versuchten weiterhin, Österreichs Hilfe zu gewinnen; aber erst als Sewastopol im September 1855 gefallen war, gelang es ihnen, Österreich unter dem Druck unverhüllter Erpressung zur Aufgabe seiner Neutralität zu bewegen. Erklärungen an Cavour, daß sie nun bereit seien, ihm in italienischen Angelegenheiten ihre «guten Dienste» zu erweisen, und Drohungen an Wien, daß die Fortsetzung der Neutralitätspolitik sie dazu führen könne, einen neuen Vorstoß Piemonts zu unterstützen, veranlaßten das Wiener Kabinett im Dezember 1855, ein Ultimatum nach St. Petersburg zu schicken. Dies hätte Zar Nikolaus I., der einen bitteren Groll gegen Franz Joseph hegte, weil dieser versäumt hatte, den ihm im Jahre 1849 erwiesenen Dienst wiedergutzumachen, wahrscheinlich in seinem Widerstand nur bestärkt. Nikolaus aber war im März gestorben, und sein Nachfolger, Zar Alexander II., war gewillt, Frieden zu schließen. Als er das österreichische Ultimatum erhielt, erklärte er sich bereit, die «Vier Punkte» zu akzeptieren, und beendete damit den Krieg, der eine halbe Million Menschenleben gekostet hatte (eine größere Anzahl als irgendein europäischer Krieg zwischen 1815 und 1914); zwei Drittel davon waren nicht Verwundungen erlegen, sondern an Krankheiten gestorben.

Die Nachwirkungen

Der Pariser Friede. Die Regelung der Streitigkeiten, die den Krieg ausgelöst hatten, war bereits in den «Vier Punkten» vorgegeben und wurde jetzt in den Pariser Friedensverhandlungen zwischen Februar und April 1856 genauer festgelegt. Der Zar wurde nun offiziell der Rechte beraubt, um die sein Vorgänger so hartnäckig gekämpft hatte. Der Vertrag entzog die Donaufürstentümer Moldau und Wallachei dem russischen Einfluß und verwehrte Rußland auch den Anspruch einer Schutzherrschaft über die griechisch-orthodoxen Untertanen des Sultans, indem er die vollständige Unabhängigkeit des Osmanischen Reiches erklärte. Außerdem wurde der Zar gezwungen, sich zu verpflichten, keine Befestigungen auf den Åland-Inseln anzulegen, die Festung Kars zurückzugeben, die seine Truppen in den letzten Kriegsmonaten der Türkei abgenommen hatten, die Kontrolle über die Donaumündung aufzugeben durch Abtretung des bessarabischen Gebietes zu beiden Seiten des Flusses an die Türkei und zwei mit der Regelung der Navigationsrechte auf diesem wichtigen Wasserweg betraute Kommissionen anzuerkennen.

Gleichzeitig wurde der Dardanellenvertrag von 1841 revidiert. Der türkische Sultan verpflichtete sich zur Schließung der Dardanellen und des Bosporus für Kriegsschiffe, und die Mächte erklärten sich bereit, diese Regelung zu beachten. Das Schwarze Meer wurde neutralisiert, alle Waffendepots und Befestigungen an seiner Küste untersagt und die Handelsfreiheit in seinen Gewässern begründet. Diese Bestimmungen berührten die Türken ebenso wie die Russen, waren aber eindeutig dazu bestimmt, die russische Expansion nach Süden und Westen zu verhindern.

Die wahrscheinlich bedeutendste Maßnahme der Delegierten auf der Pariser Konferenz betraf die Donaufürstentümer. Sie blieben unter türkischer Souveränität, wurden aber in Wirklichkeit der Aufsicht der Mächte unterstellt, die ihnen eine «unabhängige und nationale Regierung» versprachen. Noch vor Ende des Jahrzehnts waren die Fürstentümer unter einem Herrscher ihrer Wahl vereinigt, und dieser neue rumänische Staat hatte damit eine Laufbahn der politischen Unabhängigkeit eingeschlagen, die bis 1941 andauern sollte.

Schließlich machte die Konferenz die Türkei zum Mitglied des Europäischen Konzerts, die Signatarmächte garantierten die Unabhängigkeit und territoriale Integrität des Osmanischen Reiches und versprachen, Streitigkeiten mit der türkischen Regierung durch gegenseitige Konsultation zu regeln.

Die Zukunft des Konzerts. Die Pariser Konferenz schien eine beeindruckende Neubestätigung des Prinzips der kollektiven Verantwortung und gemeinsamen Handelns durch die Großmächte zu sein, und die Delegierten handelten, als ob sie voll und ganz der Überzeugung seien, daß das Europäische Konzert in den folgenden Jahren wirksam fungieren würde. Diese vermeintlichen Anzeichen für eine hoffnungsvolle Zukunft des Prinzips gemeinsamen Handelns im Interesse des Friedens waren irreführend. Die italienische Frage sollte nicht durch gemeinsame Bemühungen auf seiten der Großmächte gelöst werden, und das Konzert sollte sich in den nächsten zwanzig Jahren im allgemeinen als unwirksam erweisen.

Diese Entwicklung war wohl nicht zu vermeiden, denn der Krieg hatte das durch die Revolutionen von 1848 gesäte Mißtrauen und die Ressentiments zwischen den Mächten verstärkt. Gleichzeitig schwächte er ihre Bindung an die bestehende territoriale und rechtliche Ordnung Europas. Napoleon III. hatte schon vor seinem Eintritt in den Krimkrieg eine durchgreifende Revision der Wiener Regelung befürwortet, und seine militärischen Erfolge hatten seinen Wunsch, dieses Ziel voranzutreiben und Ruhm und vielleicht Territorium für sein Land zu gewinnen, verstärkt. Auch war er nicht der einzige, der der Unantastbarkeit der Gesetze Veränderungen vorzog. Es gab Anzeichen dafür, daß die Preußen unzufrieden waren. Die preußische Regierung war verärgert und erschrocken über den offensichtlichen Versuch der Österreicher, ihr Land in den Krieg hineinzuziehen, und das Zögern der anderen Mächte, sie zur Teilnahme an der Friedenskonferenz einzuladen, ließ preußische Staatsmänner befürchten, der Status ihres Landes als Großmacht sei gefährdet. Diese Befürchtung führte bald zur Reorganisation und Verstärkung der preußischen Armee und zur Einleitung einer aggressiven, expansionistischen Außenpolitik.

Rußland war durch den Krieg vom stärksten Befürworter der Vertragsstruktur in eine erbitterte revisionistische Macht verwandelt worden. Im Falle einer Gefährdung des europäischen Gleichgewichts konnte mit russischer Hilfe zu dessen Verteidigung nicht mehr gerechnet werden. Dies lag teilweise daran, daß der Rußland durch den Krieg zugefügte Schaden seinen zeitweiligen Rückzug aus der außenpolitischen Sphäre notwendig machte, zum größeren Teil aber war es auf den Groll über die in Paris erlittenen Gebietsverluste und die neue Eindämmungspolitik der anderen Mächte zurückzuführen. Die Russen waren entschlossen, jener Eindämmung zu trotzen, und der erste Schritt in dieser Richtung würde die Wiedererlangung ihrer militärischen Rechte auf dem Schwarzen Meer sein.

Österreich und Großbritannien konnten zwar noch als Förderer des bestehenden Gleichgewichts bezeichnet werden; war es aber wahrscheinlich, daß sie sich Abenteuern ehrgeiziger Mächte widersetzen konnten oder wollten? Obgleich Österreich kein aktiver Kriegspartner geworden war, litt es unter den hohen Ausgaben für Waffen, die nicht gebraucht worden waren, und stärker noch unter dem Verlust seines Rufes. Was Großbritannien anbetrifft, so wurde seine Fähigkeit, sich Angriffen auf das Völkerrecht zu widersetzen, aufgrund der enttäuschenden Darbietung seiner Streitkräfte auf der Krim angezweifelt. Seine Armee war ohne Intendantur, ohne wirksame Nachschuborganisation, Versorgungstruppen, Sanitätskorps oder medizinische Versorgung in den Krieg gezogen, ohne Erfahrung im kombinierten Einsatz von Kavallerie, Infanterie und Artillerie und ohne Generäle, die ihre Truppen wirklich zu führen verstanden. Die Wirkung auf den militärischen Ruf Großbritanniens war erschütternd. Nach Kriegsende schrieb Alexis de Tocqueville einem englischen Freund:

«Der heroische Mut Eurer Soldaten wurde überall ohne Vorbehalt gelobt, aber ich stieß auch auf die allgemeine Überzeugung, daß die Bedeutung Englands als Militärmacht weit übertrieben worden sei.»

Abgesehen davon wurde in den Jahren nach 1856 zunehmend deutlich, daß das britische Volk nicht noch einmal in europäische Auseinandersetzungen hineingezogen werden wollte. Der Krieg hatte in England Ernüchterung bewirkt und Sehnsucht nach Frieden und Zurückhaltung gegenüber Verpflichtungen verbreitet, die ihn gefährden konnten. Dies war auf dem Kontinent bekannt, und wenn immer britische Staatsmänner und Diplomaten von der Möglichkeit einer aktiven Intervention in europäische Streitigkeiten sprachen, so beeindruckte dies die anderen Mächte weniger, als es bei der Stimmung der Bevölkerung (und dem militärischen Ruf) Englands vor den Krimkämpfen der Fall gewesen wäre.

Die Zukunft Europas sollte nicht durch das Europäische Konzert bestimmt werden, sondern durch die Taten einzelner Abenteurer. Unter diesen schien im Jahre 1856 Louis Napoleon, Kaiser der Franzosen, der beeindruckendste und gefürchtetste zu sein.

7. Frankreich: Das Zweite Kaiserreich

Von der Republik zum Kaiserreich

In seiner Schilderung des Staatsstreichs, mit dem Louis Napoleon den Sieg über die Republik davongetragen hatte, nannte Victor Hugo den Prinz-Präsidenten einen «wilden Banditen», der Frankreich um seine Zukunft gebracht habe. Diese Bezeichnung erscheint ebensowenig treffend wie spätere Beschreibungen Louis Napoleons als Prototyp des modernen totalitären Herrschers. In Wirklichkeit war er weder ein Freund von Gewalt, noch glaubte er an die Gewalt um der Gewalt willen. Auf der Höhe seiner Macht bewies er die Fähigkeit, im Interesse einer liberalen politischen Reform auf seine persönlichen Vorrechte zu verzichten, und sowohl in der Innen- als auch in der Außenpolitik wurde sein Egoismus durch aufrichtige humanitäre Bestrebungen ausgeglichen. Die Tragik seiner Karriere liegt darin, daß seine abwegigen

Methoden häufig selbst seine aufgeklärtesten Ideen in Mißkredit brachten, während sein Wunsch, die öffentliche Meinung günstig zu stimmen, ihn in der Außenpolitik in fatale Widersprüche verwickelte. Über dem Debakel, das seiner Regierung ein Ende bereitete, sollte man aber nicht vergessen, daß er Frankreich gut regiert hat und es wirtschaftlich stärker hinterließ, als er es übernommen hatte.

13. Napoleon III., Kaiser der Franzosen (1808–1873)

Der Prinz-Präsident und die Nationalversammlung. Der Mann, den die in den 40er Jahren wiederauflebende Legende um Napoleon (s. S. 74–75) in die politische Führungsspitze gebracht hatte und der im Dezember 1848 zum Präsidenten der Französischen Republik gewählt worden war (s. S. 110), machte auf den ersten Blick keinen respekteinflößenden Eindruck. Er war klein an Gestalt, neigte bereits zur Korpulenz, hatte eine fahle Hautfarbe, und in seinen Gesichtszügen lag ein Anflug von Melancholie. Als der preußische Soldat Helmuth von Moltke ihm zum ersten Mal begegnete, beeindruckten ihn seine unbeweglichen Gesichtszüge und der nahezu erloschene Blick seiner Augen sowie sein freundliches und gutmütiges Lächeln, das nichts Napoleonisches an sich gehabt habe.

Die äußere Erscheinung trog. Hinter der freundlichen, wenn auch rätselhaften Maske versteckte sich ein politisch wacher Geist, der das politische Kräfteverhältnis in Frankreich genau abschätzte. Louis Napoleon leistete zwar bei seiner Amtsübernahme den Eid, «der demokratischen Republik die Treue zu halten», fühlte sich daran aber nicht gebunden. In der Tat scheint er die gewaltige Stimmenmehrheit, mit der er zum Präsidenten gewählt worden war, als Zeichen einer allgemeinen Unzufriedenheit mit dem bestehenden System gewertet zu haben.

Die Wahlen für die Gesetzgebende Versammlung im Mai 1849 bewiesen, daß das Vertrauen der Bevölkerung in die Republik zum großen Teil geschwunden war. Von 750 Abgeordneten konnten nur ein Drittel als Republikaner bezeichnet werden. Überdies schien auch dieser kleine Rest noch zur Selbstvernichtung entschlossen und wäre ihr auch durch eine unüberlegte Geste dem Prinz-Präsidenten gegenüber beinahe zum Opfer gefallen.

Den Anlaß dafür boten die Ereignisse in Rom. Während der revolutionären Unruhen von 1848 hatte man den Papst zur Flucht aus der Stadt gezwungen, und eine Römische Republik war unter Giuseppe Mazzini errichtet worden. Als Louis Napoleon im April 1849 eine französische Militärabordnung nach Italien entsandte mit dem Auftrag, Mazzinis Truppen anzugreifen, erhoben republikanische Führer in der Versammlung unverzüglich Anklage gegen den Präsidenten wegen Überschreitung seiner Befugnisse und Verletzung der Verfassung von 1848, die festlegte, daß Frankreich niemals seine Waffen gegen die Freiheit irgendeiner Nation einsetzen dürfe. Ihre Erklärung, daß sie die Verfassung «mittels Waffengewalt» verteidigen wollten, löste am 13. Juni in Paris und an den folgenden Tagen in Toulouse, Perpignan, Straßburg und Lyon Demonstrationen und Aufstände aus. Mit Ausnahme Lyons, wo Artillerie eingesetzt werden mußte, um Barrikaden zu durchbrechen, wurden diese «émeutes» bestenfalls halbherzig durchgeführt. Ihre eigentliche Bedeutung lag darin, daß sie es der Rechten in Frankreich leicht machten, entschlossen gegen den Republikanismus vorzugehen.

So ordnete die Versammlung, die sich überwiegend aus überzeugten Monarchisten zusammensetzte, die Verhaftung von 33 republikanischen Abgeordneten an, verabschiedete ein Gesetz zur Schließung politischer Clubs – die Zentren ihrer Agitation und Propaganda – und erließ ein neues Pressegesetz gegen «den Geist der Rebellion und Unruhe». In den folgenden Monaten revidierte sie das Wahlrecht durch Einführung einer Eigentums- und Residenzpflicht und schloß drei Millionen Arbeiter vom Wahlrecht aus. Schließlich verabschiedete sie die «Loi Falloux», die sich gegen den republikanischen Einfluß in den Schulen richtete, und übertrug der Kirche das Erziehungswesen, während dem Staat Aufsichtsrechte vorbehalten blieben.

Während die Monarchisten in der Versammlung die republikanische Bewegung zerschlugen und dabei den Haß der Arbeiterschicht und der Intellektuellen auf sich zogen, hielt sich Louis Napoleon zurück. Er wußte, daß früher oder später ein Konflikt zwischen der Versammlung und ihm aufkommen würde und konzentrierte sich in Vorbereitung dessen auf die Stärkung seiner Position. Zunächst sicherte er sich eine unangefochtene Kontrolle über die Exekutive. Die Minister seines ersten Kabinetts waren erfahrene Staatsmänner, die ihre erste Pflicht darin zu sehen schienen, seine Unabhängigkeit in Grenzen zu halten und Unbesonnenheiten seinerseits zu verhindern. Im Oktober 1849 entließ er sie abrupt und teilte der Versammlung seinen Beschluß mit, daß die Minister von ihm ausgewählt würden und im allgemeinen seine Ansichten teilen müßten.

Die Versammlung reagierte auf diese Geste der Unabhängigkeit mit einigen nichtssagenden Vergeltungsschlägen, die den Präsidenten nicht beunruhigten. Er hatte nun eine Kampagne begonnen, mit der er das französische Volk direkt ansprechen wollte. Wo immer Brücken oder Eisenbahnlinien dem Verkehr übergeben oder Erntedankfeste gefeiert wurden, konnte mit Louis Napoleons Erscheinen gerechnet werden. Er machte sich Millionen Franzosen bekannt und entwickelte eine Fertigkeit, genau das zu sagen, was sie hören wollten: Geschäftsleuten gegenüber sprach er von der Notwendigkeit des innenpolitischen Friedens und des kommerziellen Wohlstands, mit Bauern diskutierte er über landwirtschaftliche Probleme, zeigte sich an Gemeindeangelegenheiten interessiert und appellierte an den Lokalpatriotismus. Es dauerte nicht lange, bis das Volk auf seinen Versammlungen rief: «Vive Napoléon!» und «Vive l'Empereur!»

Unterdessen bemühte er sich auch um die Gunst der Armee. Sein Name erweckte das Vertrauen der einfachen Soldaten; sein Amt gab ihm das Recht zur Stellenbesetzung und ermöglichte es ihm, seine Anhänger in die höheren Ränge zu bringen; und er hatte schon lange Wert darauf gelegt, jüngere Offiziere kennenzulernen, insbesondere solche, die Truppen in Algerien befehligt hatten.

Einige dienstältere Offiziere mißbilligten die sich nun häufenden militärischen Demonstrationen, sobald Louis Napoleon bei Paraden auftauchte, und versuchten, sie zu verhindern. Zu ihnen gehörte Changarnier, der Generalgouverneur von Paris, den die Mitglieder der Versammlung als ihren Beschützer gegen die Ambitionen des Präsidenten betrachteten. Doch im Januar 1851 zwang Louis Napoleon seine Minister, der Entlassung des Generals beizustimmen – ein Streich, der der Versammlung die Hoffnung auf Unterstützung durch die Pariser Garnison im Falle einer ernstlichen Auseinandersetzung mit dem Prinz-Präsidenten nahm.

Von einem solchen Konflikt war man nun nicht mehr weit entfernt. Er bahnte sich an durch einen Streit über Artikel 45 der Verfassung, der die Wiederwahl des Präsidenten nach Ablauf einer vierjährigen Amtszeit untersagte. Louis Napoleon verspürte im Jahre 1852 nicht den Wunsch zurückzutreten, und er konnte geltend machen, daß dies auch nicht der Wunsch des Volkes sei, denn 79 von 86 Departements hatten eine Eingabe für eine Revision gemacht. Als die Versammlung sich weigerte, eine Verfassungsänderung zu beraten, beschloß der Präsident, ihre Macht mit Gewalt zu zerschlagen, und um die Grundlage dafür zu schaffen, startete er einen systematischen Angriff auf das Wahlgesetz, indem er darauf bestand, daß Frankreich zum allgemeinen Wahlrecht zurückkehren müsse. In der Zwischenzeit stellte er gemeinsam mit seinem Halbbruder, dem Herzog von Morny, und mit Männern wie Persigny, dem Gefährten seiner Unternehmungen von Straßburg und Boulogne, Maupas, dem Polizeichef, und Saint-Arnaud, dem stürmischsten «der Afrikaner», der im August 1851 Kriegsminister geworden war, einen genauen Aktionsplan auf.

Der Staatsstreich und die Zeit danach. In der Nacht vom 1. auf den 2. Dezember 1851 wurde Paris in aller Stille von Truppen besetzt, und Polizeiagenten verhafteten unauffällig und reibungslos 78 Personen, darunter die meisten Fraktionsführer der Versammlung und oppositionell gesinnte Notabeln wie Cavaignac und Thiers. Im Morgengrauen wurden Plakate an Wände und Kioske geklebt, die im Namen des Präsidenten bekanntmachten, daß die Versammlung aufgelöst, das Wahlrecht aufgehoben und das allgemeine Wahlrecht wieder eingeführt sei. Das Volk Frankreichs, so wurde erklärt, werde aufgefordert, über eine neue Verfassung abzustimmen, die für das Land eine Zweikammer-Legislative, einen Staatsrat zur Ausarbeitung der notwendigen Gesetze und ein Staatsoberhaupt für eine Amtsdauer von zehn Jahren vorsehe. Dies bedeutete die Rückkehr zum Konsulatsmodell seines Onkels; dennoch behauptete Louis Napoleon, der Retter der Republik zu sein, und rief die Armee auf, «das oberste Gesetz des Landes – die Souveränität des Volkes» zu respektieren. Inzwischen setzte der Präsident Morny, Saint-Arnaud, Persigny und andere, offensichtlich im Vertrauen darauf, daß es keinen weiteren Widerstand geben werde, als Minister ein.

Morny hatte gesagt, «kluge Verhaftungen können einen Bürgerkrieg verhindern»; doch er irrte sich. Am 3. Dezember gelang es Abgeordneten der geschrumpften republikanischen Fraktion, im Arbeiterviertel Faubourg Saint-Antoine Unruhen zu organisieren, und da lokale Truppenabordnungen diese nicht unterdrücken konnten, breitete sich der Aufruhr aus. Mit eisiger Selbstbeherrschung proklamierte Morny den Besatzungszustand, ordnete aber an, keine Maßnahmen zu ergreifen, bis die Rebellion sich zugespitzt hätte. Als die Rebellen ihre Barrikaden errichteten, wurde nicht eingegriffen. Erst am nächsten Nachmittag griffen die Truppen das Zentrum dieser Aktivitäten an.

Bei diesem Einsatz wurde einer Militärkolonne durch eine kleine Barrikade auf dem Boulevard de Montmartre in der Nähe des Saint-Denis-Tores der Weg versperrt, und sie schoß unter Beschimpfungen des Pöbels mit leichten Waffen und Pistolen wahllos auf die flüchtenden Bürger und die umliegenden Läden und Cafés. Etwa 200 Menschen wurden in diesem sinnlosen Tumult getötet. Louis Napoleon, der ohne Blutvergießen die Macht hatte ergreifen wollen, wurde das Massaker vom 4. Dezember nie ganz verziehen. Jahre später sagte seine Frau Eugénie zu einem Freund: «Ein Staatsstreich ist wie die Kugel und die Kette eines Sträflings. Man schleppt sie hinter sich her, und schließlich lähmen sie einem das Bein.»

Dennoch sicherte dieser Waffeneinsatz den Erfolg des Staatsstreichs und trug zur Unterstützung Louis Napoleons außerhalb der Hauptstadt bei; denn in den Provinzen betrachtete man die Aufständischen als Feinde von Ordnung und Eigentum. Am 21. Dezember 1851 wurde das Land zur Volksabstimmung über den Antrag aufgerufen: «Das Volk wünscht die Fortsetzung der Regierung Louis Napoleon Bonapartes und überträgt ihm die notwendigen Vollmachten, um eine Verfassung auf der Grundlage der Proklamation (vom 2. Dezember) zu erstellen.» In Paris stimmten nur 133 000 von 300 000 registrierten Wählern für den Antrag, aber im ganzen Land war die Stimmenmehrheit für den Präsidenten überwältigend – 7,5 Millionen gegen 640 000.

In den folgenden Monaten wurde die neue Verfassung proklamiert und im einzelnen ausgearbeitet. Die Amtsdauer des Präsidenten wurde auf zehn Jahre verlängert, und er erhielt weitgehende Vollmachten: das Recht zur Kriegserklärung und den Oberbefehl über die französischen Truppen, das Recht zu Vertragsabschlüssen, zur Ernennung der Minister und Botschafter und zur Einbringung aller Gesetzesentwürfe. Obgleich Frankreich eine Zweikammer-Legislative erhalten sollte, gebildet aus einem Senat von Mitgliedern, die der Präsident auf Lebenszeit ernannte, und einem Gesetzgebenden Organ oder «Corps Législatif» mit 250 durch allgemeines Stimmrecht der Männer auf sechs Jahre gewählten Mitgliedern, brachte der Präsident die Gesetze ein. Sie wurden durch einen von ihm ernannten Staatsrat entworfen und an einen Ausschuß des «Corps Législatif» weitergereicht. Alle Änderungen mußten vom Staatsrat gebilligt werden, bevor das Gesetz dem gesamten «Corps Législatif» vorgelegt wurde. Dieses Organ besaß faktisch kein Debattierrecht, und es wurde erwartet, daß es die Gesetze so verabschiedete, wie sie ihm vorgelegt wurden. Was den Senat betraf, so überprüfte er lediglich, was das Gesetzgebende Organ gebilligt hatte, um festzustellen, ob es mit der Verfassung, der Religion und der Moral vereinbar war.

Charakteristisch für das neue System war das Plebiszit, das zur Unterstützung der Autorität des Präsidenten eingesetzt wurde. Der Präsident behielt sich das Recht vor, sich über die Köpfe der Volksvertreter hinweg direkt an das Volk zu wenden. Er beabsichtigte, von diesem Mittel nur sparsam Gebrauch zu machen. Bei einer Gelegenheit sagte er: «Es stört mich nicht, mit dem Wasser des allgemeinen Wahlrechts getauft zu werden, aber ich weigere mich, ständig mit den Füßen darin zu stehen.»

Seine Macht wurde auch durch das dem Land aufgezwungene Verwaltungssystem untermauert. Die Regierung dehnte ihr Recht zur Amtsernennung auf die kleinsten Kommunen der Nation aus, indem sie die Bürgermeister zu ernannten Staatsdienern machte. Gleichzeitig wurden Maßnahmen zur Amtsenthebung andersdenkender Beamter in den Departements getroffen, und es wurde Sorge getragen, daß die Präfekten die politischen Maßnahmen der Regierung strikt befolgten.

Mittels dieses Systems wurde Frankreich bis 1860 regiert. Die einzige wesentliche Änderung darin war schon vorherbestimmt durch das Ergebnis der Abstimmung von Dezember 1851. Im November 1852 wurden die Franzosen befragt, ob sie «die Wiederherstellung der kaiserlichen Würde» wünschten, und sie bejahten dies mit 7,8 Millionen Stimmen gegenüber 250 000. Am 2. Dezember 1852 wurde Louis Napoleon zum Kaiser proklamiert.

Die Innenpolitik des Zweiten Kaiserreiches

In einer berühmten Rede in Bordeaux am 2. September 1852 hatte Louis Napoleon gesagt:

«Wir müssen gewaltige Gebiete kultivieren, Straßen anlegen, Engpässe ausbauen, Flüsse schiffbar machen, Kanäle fertigstellen... Das würde ich unter dem Kaiserreich verstehen, wenn das Kaiserreich wiederhergestellt werden soll. Das sind die Eroberungen, die ich in Erwägung ziehe; und Sie alle, die mich umgeben, die, wie ich, das Beste für unser Land wollen, Sie sind meine Soldaten.»

Dies war keine bloße Podiumsrhetorik. Seit seiner Haft in der Hamer Festung, wo er Flugschriften verfaßt hatte über Themen wie die Beseitigung der Armut, den Anbau der Zuckerrübe und die Vorteile eines Kanals durch die Meerenge von Panama, war Napoleon immer voller Pläne für die materielle Besserstellung seines Landes gewesen. Nachdem er seine Macht konsolidiert hatte, wollte er sie in die Tat umsetzen, und die französische Wirtschaft zeigte bald nützliche Auswirkungen seines Enthusiasmus.

Wirtschaftliche Maßnahmen. Napoleon wollte Frankreich zu einem blühenden Land machen durch Förderung der Industrie, Ausbau des Eisenbahnnetzes, Ausweitung des Handels, Unterstützung der Landwirtschaft und Einleitung eines expansiven Programms für öffentliche Arbeiten. Der Schlüssel zu diesem umfassenden Programm lag in der Ausweitung des Kreditwesens.

Bis zu dieser Zeit hatten wenige große Banken die Kontrolle über die Kreditmittel des Landes ausgeübt und von ihrem Monopol profitiert. Einer der wesentlichsten Beiträge des Kaisers zu der Hochkonjunktur, die während seiner Regierungszeit einsetzte, war die Ausgabe von Staatsanleihen, um Gelder für Unternehmenserweiterungen aufzubringen. Durch ständige Überzeichnung ermöglichten diese Anleihen dem Staat, in jeden Wirtschaftssektor ankurbelnd einzugreifen und damit private Investitionen anzuregen. Die Kombination von öffentlicher Förderung und privaten Investitionen unter staatlicher Bürgschaft bewirkte insbesondere auf dem Eisenbahnsektor beeindruckende Ergebnisse.

Weiterhin förderte die Regierung die wirtschaftliche Expansion, indem sie die Genehmigung zur Gründung einer Reihe halbstaatlicher Banken erteilte, von denen die beiden im Jahre 1852 gegründeten Firmen Crédit Mobilier und Crédit Foncier die bedeutendsten waren. Erstere war zur Förderung von Aktiengesellschaften in der Industrie und zur Erschließung neuer Tätigkeitsbereiche bestimmt. Sie finanzierte insbesondere den Eisenbahn- und Hafenbau, öffentliche Versorgungsbetriebe und Schiffahrtsgesellschaften. Obgleich sie im Jahre 1867 bankrott ging, demonstrierte sie die Vorteile einer engen Verbindung zwischen Industrie und Banken. Der Crédit Foncier war eine nationale Hypothekenbank, die gegen dingliche Sicherheit private Darlehen gewährte. Sie hat bis in die heutige Zeit überlebt.

Der Kaiser war ein begeisterter Verfechter des Freihandels und versäumte keine Gelegenheit, gegen die aus der Julimonarchie übriggebliebenen Schutzzölle anzugehen. Zum Teil ließ er sich dabei zweifellos von politischen Überlegungen leiten, nämlich von der Hoffnung, das Wohlwollen der größten Freihandelsnation dieser Zeit, Großbritanniens, für sein Regime zu erlangen; aber der Freihandel entsprach auch seiner Vision von einem Europa freier, gegenseitig abhängiger Nationen. Abgesehen davon erhoffte er sich durch ihn konkrete Vorteile für das französische Volk: billigere Lebensmittel für die Armen, billigeres Garn für die Textilfirmen, billigere Schienen für die Eisenbahn und größere Absatzmärkte für französische Produkte. Zwischen 1853 und 1855 senkte Napoleon daher die Zölle für Eisen, Stahl, Kohle und bestimmte andere Rohmaterialien und Nahrungsmittel. Nach langen Geheimverhandlungen billigte er im Jahre 1860 den Cobden-Chevalier-Vertrag, der die Zölle für nach Frankreich importierte englische Waren merklich senkte und den englischen Markt für französische Fertigwaren, Wein und Spirituosen öffnete. Dieser Vertrag diente als Vorbild für französische Abkommen mit dem Zollverein und mit anderen Ländern.

Der Kaiser brachte der Industrie von jeher stärkeres Interesse entgegen als der Landwirtschaft, er ließ aber die Lebensweise, die immer noch die Arbeitskraft der meisten Franzosen beanspruchte, nicht außer acht. Er förderte wissenschaftliche Anbaumethoden und die Zuchtwahl; er organisierte landwirtschaftliche Verbände, Messen und Musterhöfe; er genehmigte Projekte zur Kultivierung unfruchtbaren Landes, zur Entwässerung von Sumpfgebieten, zur Erhaltung der Wälder und ließ ländlichen Gebieten anderweitige Hilfe zukommen. Öffentliche Arbeiten dieser Art dienten dem doppelten Zweck der Verbesserung des Bodens und der Versorgung der Arbeitslosen.

Die eindrucksvollsten öffentlichen Arbeiten Napoleons waren die, die er in den Städten ausführen ließ. Der Ideenreichtum und Wagemut Napoleons und seines Präfekten an der Seine, Baron Haußmanns, verwandelten Paris völlig, indem sie viele der engen gewundenen Straßen der mittelalterlichen Innenstadt beseitigten und breite Boulevards und große Plätze mit strahlenförmig ausgehenden Straßen anlegten, den Zentralmarkt umbauten, ein neues Opernhaus errichteten, eine moderne Wasserversorgung, ein neues Abwassersystem und verschiedene neue Parks anlegten.

Frankreich erlebte zwar während des Zweiten Kaiserreiches Zeiten wirtschaftlicher Not, insbesondere in den 50er Jahren, als das Land von Getreidemißernten, einer Choleraepidemie, Überschwemmungen und der Seidenraupen- und Weinstockseuche heimgesucht wurde, wie auch zur Zeit des amerikanischen Bürgerkrieges, als die Rohbaumwollieferungen aussetzten und der Textilindustrie dadurch Schaden erwuchs. Als Napoleon gestürzt wurde, war Frankreich jedoch im Grunde ein wirtschaftlich blühendes und gesundes Land.

Der Weg zum politischen Liberalismus. Die Verfassung von 1852 nahm dem französischen Volk effektiv jene Möglichkeiten zur politischen Diskussion und Kontroverse, die in seiner Vergangenheit eine so große Rolle gespielt hatten. Die Zeitungen unterlagen einer ständigen Überwachung, und auf politische Kritik wurde mit vorübergehender Schließung oder Konzessionsverlust reagiert – eine Situation, die die politische Provinzialpresse nahezu völlig zum Erliegen brachte und nur den robustesten Pariser Journalen eine Überlebenschance ließ; die meisten von ihnen hielten es für zweckmäßig, sich neutral zu verhalten, wenn sie das Regime nicht unterstützten. Selbst an den Universitäten war es ruhig, vielleicht aufgrund der strengen staatlichen Überwachung ihrer Leitungsgremien. Während der 50er Jahre traten nur wenige Anzeichen von Unzufriedenheit mit diesem Regime zutage. Ein Stimmungswandel setzte erst im Jahre 1860 ein, und gleichzeitig damit schien der Kaiser zu Veränderungen bereit.

Durch Erlaß vom 24. November 1860 gestand Napoleon sowohl dem «Corps Législatif» als auch dem Senat das Recht zur Erwiderung auf die Thronrede zu. Dies bedeutete in der Realität das Recht auf eine jährliche Debatte über die Lage der Nation. Es wird oft behauptet, dieser Schritt Napoleons sei von dem Wunsch bestimmt gewesen, sein Regime beim Mittelstand beliebter zu machen, zu einer Zeit, als die Industriellen den Cobden-Chevalier-Vertrag kritisierten und der Klerus der Italienpolitik Frankreichs feindlich gegenüberstand (s. S. 160–165), und das mag auch stimmen. Es gibt Anzeichen dafür, daß er in jedem Falle eine Lockerung der Autorität erprobt hätte.

Wie sich herausstellte, war der Erlaß von November 1860 der erste Schritt zu einer progressiven Liberalisierung des Regimes. Im Jahre 1860 wurde die Veröffentlichung von Parlamentsdebatten gestattet, und in den folgenden Jahren erfuhren die Beschränkungen der Presse und der öffentlichen Diskussion eine Milderung. Die für die Wahlen der ersten Jahre charakteristische Überwachung und Einschüchterung wurden gemäßigt, und die letzten Wahlen des Kaiserreiches galten im allgemeinen als freie Wahlen. Im November 1861 erhielt der «Corps Législatif» größere Rechte über das Reichsbudget. Im Januar 1862 erfolgte die Ankündigung, daß von nun an drei Minister ohne Geschäftsbereich die Regierungsmaßnahmen vor den beiden gesetzgebenden Organen rechtfertigen sollten. Diesem ersten Schritt in Richtung einer Ministerverantwortlichkeit folgte im Jahre 1863 der Beschluß über die regelmäßige Anwesenheit des Staatsratspräsidenten im «Corps Législatif» und im Senat.

Napoleons Lockerung der Kontrollen beschränkte sich nicht allein auf die politische Sphäre. In den Jahren 1865–1866 leitete er eine umfassende Erziehungsreform ein, die auf Empfehlungen seines Erziehungsministers Victor Duruy (1811–1849), Historiker, Liberaler, Antiklerikaler und einer der weitblickendsten Erziehungsreformer des 19. Jahrhunderts, beruhte. Duruys Vorstellungen von einem Erziehungssystem – das allgemeine schulgeldfreie Grundschulpflicht und einen Lehrplan für weiterführende Schulen unter Anerkennung der Bedürfnisse der industriellen Gesellschaft vorsah – wurden nicht ganz verwirklicht. Immerhin wurden die ersten Schritte auf diese Ziele hin und zur Erweiterung der Erziehungseinrichtungen für Mädchen unternommen, gleichzeitig wurde die Kontrolle der Kirche über die weiterführenden Schulen verringert. Auch an einer anderen Front demonstrierte Napoleon seine Liberalität. Im Mai 1864 legalisierte er Gewerkschaften und Streiks.

Dieser Kurs der kaiserlichen Politik gipfelte in den Jahren 1867–1869 in Maßnahmen, die die Aufmerksamkeit des Volkes von den Rückschlägen im Ausland ablenken sollten. Sie umfaßten die gesetzliche Bestätigung der Presse- und Versammlungsfreiheit, die Erweiterung der Parlamentsvollmachten und die Entlassung unpopulärer Minister als Zugeständnis an die nun umfangreiche Opposition im «Corps Législatif». Mit der Aufforderung an Emile Ollivier, einen der republikanischen Oppositionsführer seit 1857, im Januar 1870 ein (mit Ausnahme der Heeres- und Marinemitglieder) vom Kaiser unabhängiges Kabinett zu bilden, schien die Liberalisierung des Kaiserreiches vollkommen, und eine neue Epoche der echten parlamentarischen Regierung schien anzubrechen.

Die zunehmende Kritik an seinen Maßnahmen, die sich in Wahlergebnissen widerspiegelte, hatte den liberalen Kurs des Kaisers verstärkt. Während bei den Parlamentswahlen von 1852 nur 600 000 und im Jahre 1857 nur 665 000 Oppositionsstimmen abgegeben wurden, verzeichnete man bei den Parlamentswahlen von 1863 einen Anstieg der negativen Stimmen auf zwei Millionen. In den Wahlen von 1869 siegte die Regierung nur mit einer Stimmenanzahl von 4 438 000 gegen 3 355 000. Es muß jedoch daran erinnert werden, daß es sich um Parlamentswahlen handelte, in denen selbstverständlich nicht über den Kaiser abgestimmt wurde.

Es besteht aller Grund zu der Annahme, daß Napoleon bis zu seiner Niederlage auf dem Schlachtfeld immer populärer war als seine Kandidaten. In dem großen Plebiszit von Mai 1870 wurde das französische Volk befragt, ob es mit den seit 1860 eingeführten liberalen Reformen einverstanden sei. Das Volk wußte, daß es in Wirklichkeit befragt wurde, ob es wolle, daß Napoleon III. weiterhin auf dem Thron bleibe, und stimmte entsprechend. Der Kaiser wurde durch 7 336 000 Bürger bei 1 572 000 Gegenstimmen bestätigt. Nach 21 Jahren der Macht war dies ein beeindruckendes Vertrauensvotum.

Die Kunst im Kaiserreich. Selbst in der autoritärsten Zeit des Kaiserreiches scheinen Kunst und Literatur nicht ernstlich unter der Regierungspolitik gelitten zu haben. Frankreichs hervorragendste literarische Größe, Victor Hugo, befand sich zwar im Exil auf der Insel Jersey, von der aus er erbitterte Angriffe in Versform gegen den Mann richtete, den er «Napoléon le petit» nannte. Flaubert wurde im Jahre 1857 wegen der Veröffentlichung von «Madame Bovary» angeklagt, und es gab Fälle von Ungerechtigkeiten gegenüber Wissenschaftlern und anderen Personen. Aber es gab keine systematischen Repressionsmaßnahmen und nichts, was entfernt einer Verfolgung der Literatur gleichkäme (das Gericht zensierte Flaubert, stellte aber die hervorragende literarische Qualität seines Werkes fest und sprach ihn und seinen Verleger frei; und die damit verbundene Publizität erhöhte seinen Umsatz).

Die künstlerischen Leistungen dieses Zeitabschnitts waren beeindruckend, obgleich dies in keiner Weise einer kaiserlichen Schirmherrschaft zugutegehalten werden kann. Der literarische Glanz dieses Zeitabschnitts beruht weitgehend darauf, daß in dieser Epoche die größten Werke Flauberts und Baudelaires und die Anfangswerke Zolas und Verlaines entstanden. Der musikalische Stil des Kaiserreiches war der Offenbachs. Seine Operetten «Orpheus in der Unterwelt» (1858), «Die schöne Helena» (1865) und «Die Großherzogin von Gerolstein» sowie die Schauspiele von Augier und Dumas über moralische Konflikte und Familienprobleme stellten die größten Werke des französischen Theaters dar. Das französische Ballett, das seit den 40er Jahren an Berühmtheit verloren hatte, lebte mit dem Debut der bezaubernden Emma Livry im Jahre 1858 auf brillante Weise neu auf und klang mit der Aufführung von Delibes «Coppélia» im Jahre 1870 wieder ab. Die Malerei erlebte sowohl den Realismus von Courbet und Daumier, als auch die Anfänge des Impressionismus; Manet, Renoir, Degas und Cézanne begannen ihre Karriere unter Napoleon; und der große Bildhauer Carpeaux bewies sein Talent mit den Büsten bedeutender Persönlichkeiten des kaiserlichen Hofes. Was die Architektur betrifft, so war sie fast eine offizielle Kunst; sie stand unter der Schirmherrschaft des Kaisers und Baron Haußmanns, und ihre Werke können noch immer von jedem Besucher in Paris beurteilt werden.

Außen- und Kolonialpolitik

Die überseeischen Aktivitäten Frankreichs. In den Jahren des Kaiserreiches war Frankreich in vielen Gebieten außerhalb des Kontinents bemerkenswert aktiv. An diesen Aktivitäten, wie an so vielen anderen während seiner Regierungszeit, hatte der Kaiser führenden Anteil.

Beispielsweise galt sein persönliches Interesse der Politik in Algerien, einer französischen Kolonie seit den 40er Jahren des 19. Jahrhunderts, und es war weitgehend seiner Anregung zu verdanken, daß in dieser Kolonie ein bemerkenswertes Programm an öffentlichen Arbeiten durchgeführt und Häfen, ein Eisenbahnnetz und sanitäre Einrichtungen angelegt wurden. Weniger Erfolg hatte er mit seinen Plänen, eine für Eingeborene und französische Siedler («colons») gleichermaßen gerechte Landaufteilung durchzuführen, alle Stämme in dasselbe Rechtssystem einzugliedern und ihnen die französischen Staatsbürgerrechte zuzuerkennen.

Am anderen Ende des Mittelmeers intervenierte Napoleon, wie wir gesehen haben, um die Rechte der römisch-katholischen Christen im Heiligen Land zu schützen – eine Auseinandersetzung, die zum Entstehen des Krimkrieges

14. Bau des Suez-Kanals

beitrug. Im Jahre 1860 setzte er sich für die Maroniten ein, eine christliche Sekte in Syrien. Ein weitaus bedeutenderes Beispiel französischer Initiative jedoch findet sich in diesem Jahrzehnt in Ägypten.

Seit den 30er Jahren hatten sich französische Ingenieure und Geschäftsleute für die Möglichkeit interessiert, einen Kanal durch die Meerenge von Suez zwischen dem Mittelmeer und dem Roten Meer zu bauen. Im Jahre 1854 erlangte Ferdinand de Lesseps, ehemaliger Vizekonsul Frankreichs in Alexandria, vom Khedive von Ägypten die Lizenz für den Bau des Kanals. Genau genommen war die Konstruktion des Kanals, der im Jahre 1869 fertiggestellt wurde, ein privates Unternehmen; ohne den Druck der französischen Regierung auf Konstantinopel aber hätte der Sultan wahrscheinlich die Zustimmung zur Konzession des Khedives verweigert, und ohne die französischen Investoren, die den größten Teil des erforderlichen Kapitals bereitstellten, hätte der Kanal nicht gebaut werden können.

Auch in anderen Teilen der Welt machte sich der französische Einfluß bemerkbar. An der Westküste Afrikas, im Senegal und in Somaliland, wurden Siedlungen errichtet, und im Jahre 1862 handelte Frankreich einen Freundschaft- und Handelsvertrag mit dem König von Madagaskar aus. Im Fernen Osten kooperierten die französische und die britische Regierung in den Jahren 1858–1860, um der chinesischen Regierung Konzessionen für europäische Kaufleute abzubringen (s. S. 180), und im Jahre 1864 halfen französische Truppen China bei der Niederwerfung des Taiping-Aufstands.

In China blieb der französische Einfluß hinter dem britischen zurück, in Südostasien aber nahm er sehr schnell zu. Im Jahre 1859 genehmigte Napoleon eine Flottendemonstration in Saigon. Im folgenden Jahr entsandte er Truppen nach Cochinchina. Gegen Ende des Jahrzehnts stand Indochina unter französischer Herrschaft, der Kaiser war Protektor von Kambodscha, und französische Kaufleute bahnten sich Wege bis nach Südchina hinein.

Diese Erfolge wurden durch eine erhebliche Niederlage beeinträchtigt. Im Jahre 1861 entschloß sich Napoleon, den amerikanischen Bürgerkrieg zu nutzen, um eine Militärabordnung mit dem Auftrag nach Mexiko zu entsenden, die revolutionäre Regierung Benito Juarez (1806–1872) zu stürzen und eine Monarchie unter Erzherzog Maximilian von Österreich zu errichten. Es bleibt unklar, was den Kaiser bewog, die anfänglich gemeinsame anglo-französisch-spanische diplomatische Kampagne, deren Ziel es war, die Anerkennung ausländischer Eigentumsrechte durch die Mexikaner zu erzwingen, in ein einseitiges imperialistisches Abenteuer zu verwandeln. Wahrscheinlich wollte er durch den Angriff auf die notorisch antiklerikale Regierung in Mexiko fanatische Katholiken dazu bewegen, ihm seine Italienpolitik zu

15. Die erste Durchfahrt der Fürstenschiffe durch den Suez-Kanal am 17. 11. 1869

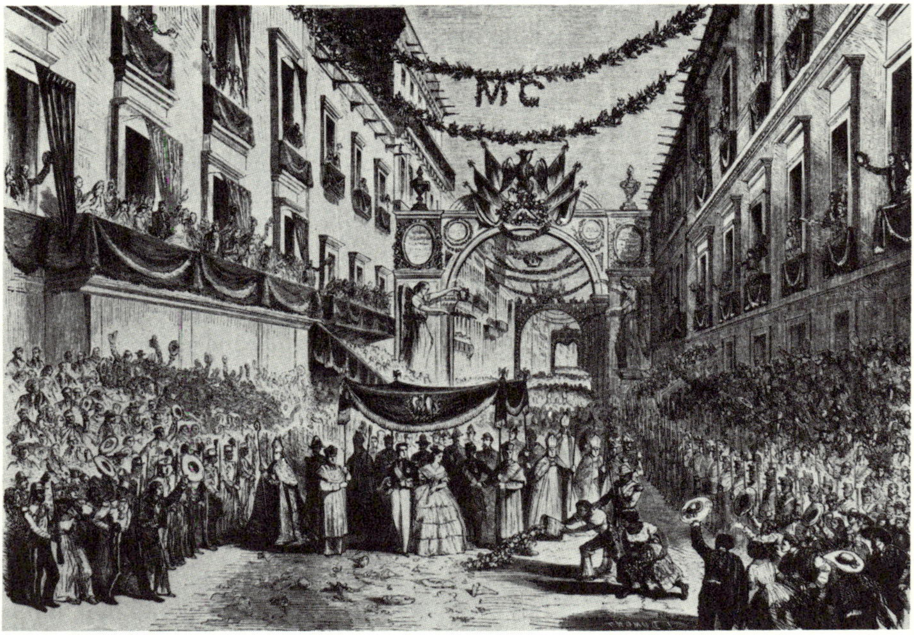

16. Einzug des Kaiserpaares Maximilian und Charlotte in Mexiko (Erzherzog Maximilian von Österreich 1832–1867), Kaiser von Mexiko (1864–1867)

verzeihen, und durch die Übergabe des Thrones an Maximilian mochte er die Gunst Wiens zu erringen suchen. Sicherlich spielten wirtschaftliche Überlegungen bei diesem Abenteuer eine große Rolle, denn Napoleon war seit den 40er Jahren an dem wirtschaftlichen Potential Mittelamerikas interessiert. Was auch immer seine Gründe waren, Napoleon plante Mexiko zu erobern und erlitt eine spektakuläre Niederlage.

Mitte des Jahres 1863 nahmen französische Truppen Puebla und die Stadt Mexiko ein, und eine Versammlung von Notabeln bot Maximilian die Krone an, der sie in der aufrichtigen Überzeugung, daß dies seine Pflicht sei, annahm und hoffte, er könne dem mexikanischen Volk eine gute Regierung geben und Wohlstand herbeiführen. Zwei Jahre lang versuchte Maximilian das Land zu regieren, fand aber keinen Rückhalt im Volk. Die Gebiete im Norden und Süden des Landes blieben in den Händen der «Juaristas». Lediglich die französische Garnison hinderte sie daran, den neuen Herrscher zu stürzen.

Am Ende des amerikanischen Bürgerkrieges berief sich die Regierung der Vereinigten Staaten auf die Monroe-Doktrin und verlangte den Rückzug der französischen Truppen. Da Napoleon keinen Krieg mit den Vereinigten Staaten wollte, kam er der Forderung nach. Der Räumung im Jahre 1867 folgte sehr bald die Exekution Maximilians. Napoleons gewagtestes Abenteuer in Übersee war ein Fiasko gewesen.

Die Zwangslagen der französischen Politik in Kontinentaleuropa. Napoleon III. war überzeugt, daß der Hauptgrund für das Scheitern der Julimonarchie ihre erfolglose Außenpolitik gewesen sei. Louis Philippe hatte nichts zur Wiedererlangung der rechtmäßigen Position Frankreichs als führende Macht auf dem Kontinent beigetragen. Napoleon unternahm daher wohlüberlegte Schritte, um der Stimme Frankreichs unter den europäischen Mächten Gehör zu verschaffen. Dabei war er sich der Gefahr einer diplomatischen Isolation bewußt. In seinen ersten Regierungsjahren suchte er die Freundschaft Großbritanniens, und sein Wunsch nach einer Allianz mit Britannien war wahrscheinlich der eigentliche Grund dafür, daß er Frankreich in den Krimkrieg führte.

Durch den Krieg erreichte Napoleon seine ursprünglichen außenpolitischen Ziele. Der Krieg zeigte, daß Frankreich eine beachtliche Militärmacht war; er löschte die Erinnerung an den Rückschlag von 1840–1841 in Ägypten aus; und aus den Wirren des Krieges ging Frankreich offenkundig als überlegene Macht hervor. Paris galt sicherlich als diplomatische Hauptstadt Europas. Sowohl die Russen als auch die Briten empfanden die Freundschaft Frankreichs als wertvoll, und die kleineren Mächte suchten den Rat des Kaisers.

Nun konnte er sein Augenmerk auf die Verwirklichung höherer Ziele richten. Er war schon lange der Überzeugung gewesen, daß eine gründliche Revision der Wiener Regelung von 1815 das Wiederaufleben Frankreichs aufs eindrucksvollste demonstrieren und Frankreich die größte Achtung einbringen würde. Dabei schien er nicht an wesentliche Gebietserwerbungen für Frankreich zu denken. Den Franzosen würde das Bewußtsein genügen, daß die neue Ordnung unter Frankreichs Ägide zustande gekommen war; denn die Festlegung neuer Grenzen in Übereinstimmung mit dem Prinzip der nationalen Selbstbestimmung würde solche Harmonie und solchen Wohlstand auf dem Kontinent herbeiführen, daß das Land, das diese Neuordnung angeregt hatte, allgemein geschätzt würde. Diesen edlen Traum von internationaler Freundschaft hatte Napoleon seit seiner Jugend gehegt, und er glaubte immer noch daran und meinte, er ließe sich verwirklichen. Tatsächlich schien die Vereinigung der Fürstentümer Moldau und Wallachei unter einem Herrscher im Jahre 1858 – mit Napoleons Unterstützung – und damit die Begründung des heutigen Rumänien ein Anfang der Neuordnung zu sein.

Doch es mußten Schwierigkeiten bewältigt werden. War es vernünftig davon auszugehen, daß die neue, im Jahre 1856 geschlossene Freundschaft zwischen Rußland und Frankreich der Belastung eines Versuchs, das Prinzip der nationalen Selbstbestimmung auf Polen anzuwenden, standhalten würde, oder daß Preußen und Österreich, die auch polnische Provinzen besaßen, ein solches Vorhaben dulden würden? Oder war es vernünftig davon auszugehen, daß das französisch Volk eine Neuordnung guthieße, die ein vereinigtes Italien und ein vereinigtes Deutschland an Frankreichs Flanken schaffen würde? Selbst wenn das französische Volk zuließe, daß der Papst infolge der Einigung Italiens seiner weltlichen Macht beraubt würde, bestünde die Frage, ob es die Verschiebung des Gleichgewichts der Mächte durch zwei neuentstandene mächtige Rivalen akzeptieren würde, ohne territoriale Entschädigung für Frankreich zu verlangen. Und würde Napoleon, falls er derartigen Forderungen nachgäbe, nicht den Argwohn der Briten, den er mit der Annahme des Kaisertitels heraufbeschworen hatte, bestätigen und das Band zwischen Paris und London zerreißen?

Fragen wie diese hätten vielleicht jemand anderen zum Zögern veranlaßt. Napoleon aber war in der Außenpolitik grundsätzlich weniger empfänglich für Zweifel als für Appelle, die ihn in seinem Glauben an seinen großen Plan bestärkten. Im Jahre 1858 reagierte er auf einen solchen Appell. Am Abend des 14. Januar, als die kaiserliche Equipage vor dem alten Opernhaus vorfuhr, gab es drei geräuschvolle Explosionen. Die Fenster und Gaslaternen im Eingang zersprangen, und 150 Menschen wurden durch umherfliegende Glasscherben verletzt und acht getötet. Die kaiserliche Equipage war praktisch zertrümmert, doch Napoleon und seine Gattin entgingen ernsten Verletzungen. Vier italienische Patrioten hatten den Mordanschlag im Londoner Exil geplant, um auf die Notlage ihres Landes aufmerksam zu machen. Ihr Anführer, Felice Orsini, wurde nach einem dramatischen Prozeß, in dessen Verlauf sein Rechtsanwalt einen von ihm an den Kaiser gerichteten Brief verlas, zum Tode verurteilt. Orsini schrieb:

«An Ihrem Willen hängt das Schicksal meines Landes zum Guten oder Schlechten. Ich beschwöre Eure Majestät, Italien die Unabhängigkeit wiederzugeben, die seine Landeskinder im Jahre 1849 durch die Schuld Frankreichs verloren haben ... Versagen Eure Majestät einem Patrioten auf den Stufen des Schafotts nicht die letzte Bitte, sondern befreien Sie mein Land, und die Segenswünsche von 25 Millionen Bürgern werden Sie auf immer begleiten.»

Dieser Aufruf mußte einen Mann, der in Italien gegen Österreich konspiriert hatte und dessen Traum ein Europa freier Nationen war, berühren. Noch vor Jahresende hatten Napoleons Italienpläne feste Formen angenommen, und mit ihrer Ausführung im Jahre 1859 wurde der Kaiser in Komplikationen im Ausland verwickelt, die seinen Sturz herbeiführten.

8. Die Einigung Italiens

Als Orsini und seine Komplizen im Jahre 1858 ihre selbstgebastelten Bomben auf Napoleons Equipage warfen, war ihr Land, wie Metternich es einst bezeichnet hatte, «ein geographischer Begriff». Politisch gesehen gab es kein Italien. Die Halbinsel war in eine Anzahl von Einzelstaaten zersplittert: das Bourbonenkönigreich Neapel und Sizilien im Süden; der sich über den

Gebirgszug der Apenninen erstreckende Kirchenstaat, der von der Campagna di Roma über Umbrien und die Romagna nach Norden bis zur Adriatischen Küste reichte; das Großherzogtum Toskana mit seiner Hauptstadt Florenz und seinen beiden kleinen Nachbarstaaten im Norden, den Herzogtümern Modena und Parma, alle drei unter Habsburger Herrschern; die österreichischen Provinzen Lombardei und Venetien und im Nordwesten, an Frankreich angrenzend, der Staat Piemont unter der Herrschaft des Hauses Savoyen, das auch einen Rechtsanspruch auf die Insel Sardinien besaß. Zwischen diesen einzelnen Staaten gab es nur sehr dürftige Verbindungen. Das Transportsystem war so primitiv, daß eigentlich keine wirtschaftliche Verbindung zwischen dem Norden und dem Süden bestand. Und in einem Land, in dem ein Einheimischer der Romagna weder die Sprache eines sizilianischen Bauern noch die eines Stadtbewohners von Mailand oder Turin verstand, konnte man unmöglich von einer kulturellen Einheit sprechen.

Die wirtschaftliche und kulturelle Spaltung Italiens ist heute noch nicht vollständig überwunden. Für die politische Zersplitterung gilt dies nicht; sie wurde in den drei Jahren nach Orsinis Attentat zum größten Teil beseitigt.

Die nationale Bewegung bis 1859

Das wachsende Nationalgefühl. Unter den Gebildeten und dem fortschrittlich gesinnten Mittelstand konnte man nach 1815 ein wachsendes Interesse für die Pläne einer nationalen Einigung feststellen. Das Verlangen nach Einheit wurde durch eine Reihe von Dingen angeregt und verstärkt. Die Erinnerung an die effiziente französische Verwaltung und die liberale französische Gesetzgebung erzeugte Unzufriedenheit unter den Menschen über die im Jahre 1815 in den meisten italienischen Staaten wiedereingeführten reaktionären Praktiken. Sie führte im Volk zu der Überzeugung, daß die Einigung diese Praktiken hinwegfegen und ein aufgeklärtes, leistungsfähiges Regierungssystem mit sich bringen würde. Gleichzeitig wuchs das Interesse der handeltreibenden Schichten an der Einigung, weil sie konkrete wirtschaftliche Vorteile versprach: die Aufhebung der Zollschranken zwischen den Staaten, die Erweiterung des Absatzmarktes, der Bau eines Eisenbahnnetzes und die Verbesserung von Hafenanlagen, so daß Italien bei der durch die aufkommenden Dampfschiffe zu erwartenden Expansion des Mittelmeerhandels eine bedeutende Rolle übernehmen könnte. Es gab Phantasten, die Italien als den künftigen Hauptverkehrsweg zwischen England und Indien sahen, wenn erst einmal bei Suez ein Kanal gebaut sei und eine Eisenbahn von Turin oder Mailand bis zum Absatz des italienischen Stiefels führe.

Das Interesse an der Einheit und das Verlangen danach wurde auch durch einen stärker werdenden Haß auf Österreich genährt, denn dessen Truppen schützten nicht nur seine Besitztümer Lombardei und Venetien, sondern beherrschten die gesamte Halbinsel und unterstützten die reaktionären Regierungssysteme in allen Staaten. Da die Österreicher überdies jede liberale

Bewegung rücksichtslos unterdrückten und jeden, der einer subversiven Tätigkeit verdächtigt wurde, erbarmungslos verfolgten, wurde die Bezeichnung «tedeschi» in ganz Italien zu einem groben Schimpfwort, und Tausende von Italienern faßten die Vertreibung der Österreicher als eine Mission auf, die den vollen Einsatz all ihrer Fähigkeiten verlangte. Diese Überzeugung wurde bestärkt durch Bücher wie «Meine Gefängnisse» («Le Mie Prigioni», 1832) von Silvio Pellico, eine minuziöse Schilderung der zehn Jahre, die der Autor in einem mährischen Gefängnis verbracht hatte, wo politische Häftlinge, wenn sie nicht arbeiteten, in Ketten gelegt wurden und häufig an Erschöpfung, Mißhandlung, Skorbut oder Hunger starben.

Mazzini und das «Junge Italien». Nach der Bestätigung der österreichischen Vorherrschaft in Italien durch den Wiener Kongreß war die «Carboneria» oder Vereinigung der Holzkohlebrenner zwanzig Jahre lang die bedeutendste Widerstandsbewegung. Als geheime revolutionäre Vereinigung, die sich der

17. Giuseppe Mazzini, italienischer Staatsmann (1806–1872)

Vertreibung der Österreicher aus Italien verpflichtet hatte, war sie bei den Revolutionen in Neapel und Piemont in den Jahren 1820 und 1821 und in Modena und dem Kirchenstaat im Jahre 1831 aktiv gewesen. Das Scheitern jener Erhebungen machte die Schwächen der «Carboneria» deutlich: ihre lockere regionale Organisation drohte in Krisenzeiten zu zerfallen, während das Fehlen einer klaren Definition ihrer Ziele die Heterogenität ihrer Mitglieder und ihre Unfähigkeit, sich auf bestimmte Taktiken zu einigen, erkennen ließen.

Im Jahre 1831 gründete ein junger Genuese, Giuseppe Mazzini (1805–1872), eine neue Vereinigung, die die Fehler der Holzkohlebrenner vermeiden wollte. «Junges Italien» genannt, stellte sie eher eine nationale als eine regionale Bewegung dar, und während ihre Pläne und Taktiken notwendigerweise geheimgehalten wurden, waren ihre Ziele allgemein bekannt. Die «Carbonari» hatten gelegentlich versucht, die Sympathien und die Unterstützung der örtlichen Machthaber zu gewinnen, das «Junge Italien» hingegen lehnte die Zusammenarbeit mit ihnen ab. Es sollte eine Volksbewegung sein mit einem nationalen Vorstand unter Führung Mazzinis, die sich der Gründung einer freien, unabhängigen republikanischen Nation Italien verpflichtet fühlte.

Ein englischer Zeitgenosse schilderte Mazzini einst als einen Mann, von dem größere Faszination ausgehe als von irgend jemand anderem, dem er jemals begegnet sei, und das gleiche empfand die große Mehrheit der Italiener, die ihn kennenlernten. Seine Popularität verdankte er seiner beeindruckenden äußeren Erscheinung, seinem Mut, seinem Enthusiasmus, seinem Optimismus und seinem Idealismus im Hinblick auf die Zukunft Italiens. Mazzini setzte sich nicht aus Gründen einer möglichen materiellen oder militärischen Stärke für die nationale Einheit ein oder aus dem Wunsch heraus, seinem Land bei anderen Großmächten Prestige zu verschaffen. Seine Philosophie war aufrichtig kosmopolitisch. In seinem Aufsatz «The Duties of Man» schrieb er:

«Indem wir uns aufrichtigen Prinzipien getreu für unser Land einsetzen, setzen wir uns für die Menschheit ein; unser Land ist der Drehpunkt des Hebels, den wir zum allgemeinen Wohl ansetzen müssen... [Es ist] das Zeichen der Mission, die Gott [uns] zur Erfüllung in der Menschheit aufgetragen hat... [Unser ist] eine Kameradschaft von freien und gleichen Menschen, die in brüderlicher Eintracht verbunden sind, um auf ein einziges Ziel hinzuarbeiten.»

Er war der Überzeugung, Italien müsse vereinigt werden, damit es entscheidend dazu beitragen könne, die Welt in eine bessere Zukunft zu führen, eine Zukunft gegenseitiger Abhängigkeit der Nationen, universalen Friedens und republikanischer Freiheit. Dieser edle Traum, von dem Mazzini glaubte, er könne durch eine demokratische Revolution gegen alle bestehenden Autoritäten verwirklicht werden, konnte nur begrenzten Anklang finden. Den größten Einfluß hatte die Philosophie des «Jungen Italien» auf die radikale Schicht der Gebildeten und die unerfahrene Jugend, und im Laufe der Jahre büßte die Bewegung selbst bei diesen Gruppen an Unterstützung ein.

Dennoch war Mazzini zweifellos der sprachgewaltigste und erfolgreichste Verkünder des «Risorgimento». Die Generation, der die Einigung Italiens gelang, wurde in ihrer Jugend durch seine Artikel, Manifeste und Flugschriften angeregt. Selbst als sein Einfluß zu schwinden begonnen hatte, war er noch stark genug, um Cavour anzuspornen. Ohne die Befürchtung, die Initiative an den Führer des «Jungen Italien» zu verlieren, hätte sich Cavours Politik in den 50er Jahren vielleicht langsamer entwickelt. Die Einigung

Italiens muß daher zum großen Teil Mazzini zugute gehalten werden, obgleich er im Jahre 1872 enttäuscht starb und die neue italienische Nation als Verrat an seinen Prinzipien von Republikanismus und humanitärem Nationalismus betrachtete.

Die Neoguelfische Bewegung. Eine zweite Schule, die den Gedanken der Einigung verfolgte, war die neoguelfische Bewegung, die den Namen der mittelalterlichen Papst-Partei wieder aufleben ließ. Die Vorstellung, daß das Papsttum das beste Instrument zur Einigung der italienischen Staaten und zur Modernisierung der politischen Institutionen sei, hatte in Italien schon immer Anhänger gefunden. Im Jahre 1843 erhielt sie durch die Veröffentlichung eines 700 Seiten umfassenden Buches von V. Gioberti (1801–1852) «Über den moralischen und kulturellen Vorrang der Italiener», in dem der Autor zu einer Föderation aller italienischen Staaten unter dem Papsttum aufrief, neue Nahrung.

Dieses Werk wurde viel gelesen und lautstark gelobt, obgleich es Kritiker gab, die darauf hinwiesen, daß die Abhandlung Giobertis für zwei Probleme keine Lösung enthielt. Es bot weder ein Programm zur Befreiung Italiens von den Österreichern an, noch erklärte es, wie ein unter dem Papsttum vereinigtes Italien der Korruption und den reaktionären Methoden entgehen könne, die für die Verwaltung des Kirchenstaates charakteristisch waren. Diese peinlichen Fragen bremsten den Schwung der Neoguelfen-Bewegung vorerst nicht; denn im Jahre 1846 wurde ein neuer Papst gewählt, der für die Aufgabe der nationalen Führung hervorragend geeignet schien.

Giovanni Mastai Ferretti (1792–1878) wurde im Jahre 1846 als Papst Pius IX. eingesetzt, und in seinen beiden ersten Amtsjahren erließ er politische Amnestien, erlaubte Verbannten die Rückkehr nach Rom, gewährte eine beschränkte Rede- und Pressefreiheit und bewilligte die Gründung eines gewählten Abgeordnetenrates, der an der Regierung Roms beteiligt werden sollte. Keine dieser Maßnahmen war sehr radikal, doch sie verärgerten die Österreicher, die im August 1847 als Protest Truppen zur Besetzung der Stadt Ferrara entsandten. Diese Maßnahme bewirkte, daß viele Menschen, die sich der Sache der Einheit verschrieben hatten, aber zu gemäßigt waren, um Mazzini Gefolgschaft zu leisten, ihre Hoffnungen auf Pius IX. setzten.

Die Römische Republik und Garibaldi. Die neoguelfische Bewegung sollte jedoch diese starke Ausgangsposition nicht beibehalten; denn im Jahre 1848 wurde Italien von der Revolutionswelle erfaßt. Noch bevor sie sich gelegt hatte, war die Hoffnung der Einheitsbewegung auf Führung durch den Papst noch stärker gesunken als das Vertrauen in die Wirksamkeit der Methoden Mazzinis.

Zu Beginn des Krieges in der Lombardei wurden tatsächlich päpstliche Truppen nach Norden entsandt, vermutlich um mit den sardinischen Truppen zu kooperieren. Aber die durch diese Maßnahme erzeugte Begeisterung erlosch völlig, als der Papst am 29. April 1848 verkündete, daß er einen Angriffskrieg gegen Österreich ablehne und seinen Truppen nicht erlauben werde, gegen Mitkatholiken zu kämpfen. Mit dieser Erklärung verlor Pius IX. die Unterstützung aller Liberalen.

Er verlor auch die Kontrolle über seine Hauptstadt, denn seine Handlungsweise brachte ihn bei den Gemäßigten in Rom in Mißkredit und regte eine radikalrepublikanische Bewegung an, die während der Sommermonate rasch anwuchs. Im Herbst stand die päpstliche Bürokratie den Unruhen hilflos gegenüber. Der österreichische Sieg in der Lombardei im August verschlimmerte die Schwierigkeiten des Papstes noch, denn viele Soldaten der besiegten Truppen strömten nach Rom, um dort den Kampf aufzunehmen. Nach einem

18. Giuseppe Garibaldi, italienischer Freiheitsheld (1807–1886)

vergeblichen Versuch, den Sturm unbeschadet zu überstehen, floh Pius IX. am 24. November aus der Stadt. Bis zur Wahl einer konstituierenden Versammlung herrschte eine provisorische Regierung über die Stadt, und im Februar 1849 proklamierte die Versammlung Rom als Republik und rief Mazzini in die Hauptstadt, damit er an die Spitze der Regierung trete.

Die Vertreibung des Papstes versetzte die katholische Welt in Erregung, und die Regierungen Spaniens, Neapels und Österreichs ließen die Absicht durchblicken, ihm zur Hilfe zu kommen. Frankreich kam ihnen zuvor. In Paris bewilligte die Nationalversammlung im März 1849 Mittel für eine Militärexpedition, die mit der Mission betraut werden sollte, eine Versöhnung zwischen dem Papst und seinen rebellischen Untertanen herbeizuführen. Im April landete eine französische Armee von 8000 bis 10 000 Mann unter dem Kommando von General Oudinot in Civitavеccia. Als ihre ersten Angebote jedoch von den Rebellen ausgeschlagen wurden, ging Oudinot – auf Befehl Louis Napoleons – von seinem Vermittlungsauftrag ab und eröffnete die Offensive, um die republikanische Regierung zur Kapitulation zu zwingen.

Die Verteidigung Roms leitete Giuseppe Garibaldi (1807–1882), dessen Leben sich unlösbar mit der Geschichte der Einigung Italiens verband. Garibaldi, Bürger von Nizza, verlebte seine Jugendjahre als Seemann. Im Jahre 1833 begegnete er Mazzini und wurde Mitglied des «Jungen Italien», indem er einen feierlichen Eid ablegte, gegen Ungerechtigkeit, Unterdrückung und Tyrannei zu kämpfen und Italien zu einer geeinten Nation zu machen. 1834 wurde er aufgrund revolutionärer Tätigkeiten von Sardinien verbannt und verbrachte die folgenden dreizehn Jahre als Glücksritter in Lateinamerika. Dank dieser Lehrzeit wurde er ein tüchtiger, besonders in der Führung irregulärer Streitkräfte und Guerilleros geschulter Kommandeur. Seine politische Begabung war weniger bemerkenswert; denn im Wesen war er ein einfacher Mann, der in Klischees dachte. Es war kein Spott, wenn Tennyson schrieb, Garibaldi besitze «die gottgegebene Dummheit eines Helden». Seine heroischen Fähigkeiten entfaltete er im Jahre 1848, als er bei der ersten Nachricht von der Revolution nach Italien zurückeilte und in der Lombardei eine Legion von Freiwilligen in den Kampf gegen österreichische Truppen führte. Als sich das Kriegsglück gegen Piemont wandte, rekrutierte er neue Streitkräfte in der Hoffnung, sich den Weg nach Venedig bahnen zu können, um für die im März errichtete Republik zu kämpfen; die Nachricht aus Rom veranlaßte ihn jedoch, statt dessen dorthin zu gehen und für Mazzinis Republik zu kämpfen.

Es bestand kaum Aussicht, daß diese von Mazzini zusammengestellte, buntgemischte Schar von Abenteurern und Freiwilligen dem Angriff eines französischen Berufsheeres standhalten könnte. Garibaldi wäre lieber in den Bergen geblieben, um Guerillaoperationen durchzuführen und die Revolution am Leben zu erhalten. Mazzini war jedoch, obwohl er einen Fehlschlag für wahrscheinlich hielt, zur Verteidigung der Hauptstadt entschlossen, um «[Rom] wieder an die Spitze zu stellen, so daß die Italiener es wieder ... als Tempel ihres gemeinsamen Landes betrachten könnten.» Seine Entscheidung brachte die europäischen Mächte wahrscheinlich zu der Erkenntnis, daß Rom letztlich einem geeinten Italien angehören müsse, doch in der augenblicklichen Situation verurteilte diese Entscheidung die Stadt zu einer langen Belagerung.

Von Ende April bis Ende Juni verteidigte Garibaldi Rom gegen die heftigen Angriffe der Armee Oudinots. Als weiterer Widerstand aussichtslos war, erhielt er die Erlaubnis, die Stadt zu verlassen und nach Norden zu gehen. Seine Frau, die sein treuer Waffenkamerad gewesen war, starb an Erschöpfung. Gebrochen durch dieses letzte Unglück, ging Garibaldi wiederum ins Exil.

Piemont und die Politik Cavours. Mit der endgültigen Liquidation der Revolution in Italien erlosch die neoguelfische Bewegung, und das Vertrauen in die Taktik Mazzinis schwand, da eine neue, echte Volksbewegung für die Einheit fehlte. Unter diesen Umständen setzten diejenigen, die weiterhin für die Einheit Italiens kämpften, ihre Hoffnungen auf die Führung des Königreiches Piemont-Sardinien.

Dies war verständlich. Unter den bestehenden Regierungen in Italien war die des Hauses Savoyen die einzige gewesen, die mit ganzem Herzen für die Befreiung von Österreich gekämpft hatte. Im März 1848 war König Karl Albert mit seiner Armee in den lombardischen Krieg gezogen, und obgleich seine wirkungslose Kampagne zu seiner vernichtenden Niederlage bei Custozza führte, hatte er im Frühjahr 1849 die Feindseligkeiten wieder eröffnet. Dieses Mal erlitt er eine noch verheerendere Niederlage (Novara, 23. März 1849). Der glücklose König dankte zugunsten seines Sohnes ab und ging ins Exil. Bald darauf starb er und galt für viele als Märtyrer für die Einheit Italiens.

Der neue Herrscher, Viktor Emanuel II., sollte der erste König des vereinigten Italien werden, jedoch nicht aufgrund einer auffallenden politischen Begabung. Viktor Emanuels größter Beitrag für die Sache der Einheit Italiens war die Popularität, die er durch seine rauhbeinige Art und seine außerordentliche Virilität für sich und die Dynastie gewann. Doch besaß er eine natürliche Klugheit, die dem Wohle Italiens diente; denn sie führte ihn dazu, auf den Rat eines Ministers zu hören, den er haßte, Camillo Graf von Cavour (1810–1861).

Cavour wurde im Jahre 1850, nach langjährigen Erfahrungen als Soldat, Bauer, Industrieller und Bankier, Mitglied des piemontesischen Kabinetts. Zur Zeit des Krimkrieges war er im Ministerrat führend. Die Grundlage seines politischen Genies war ein ausgeprägter Sinn für das Praktische – die Fähigkeit, die Voraussetzungen für den politischen Erfolg zu erkennen, und der Wille, diese zu schaffen, bevor er sich auf einen gefährlichen Kurs einließ.

Dieses pragmatische Vorgehen in der Politik erklärt Cavours Standpunkt in der nationalen Frage. Er war ein piemontesischer Patriot, dessen größter Ehrgeiz die Stärkung der materiellen und politischen Position seines Landes war. Er war bereit, die Einigung als eine Möglichkeit in Betracht zu ziehen, nicht aber, sie als ein Ziel anzusehen, dem alles andere geopfert werden müsse. Nach 1848 machte sich Cavour keine Illusionen über eine spontane Massenbewegung jener Art, wie Mazzini und seine Anhänger sie sich vorstellten, und er war überzeugt, daß weitere Versuche, das Volk in Aufruhr zu versetzen, die Einheit Italiens nur verzögern würden. Diese könne erst erreicht werden, nachdem Piemont die Österreicher aus Norditalien vertrieben und die Lombardei und Venetien eingegliedert hätte; Custoza und Novara hatten gezeigt, daß die Hilfe einer fremden Macht für das Gelingen dieses ersten Schrittes entscheidend sein würde.

Wie konnte man solche Hilfe erlangen? Sicherlich mußte der erste Schritt in der Beseitigung der Vorstellung bestehen, die Italiener seien ein verantwortungsloses, zu sporadischer Begeisterung neigendes, aber zu überlegter Handlung unfähiges Volk. Italien brauchte eine Zeitspanne des innenpolitischen Friedens und Fortschritts, die ihm zu politischer Glaubwürdigkeit im Ausland verhelfen könnte; und Piemont mußte als Beispiel vorangehen.

Gedanken wie diese bestimmten Cavours Innenpolitik in den 50er Jahren. Als überzeugter Anhänger des Prinzips des englischen Liberalismus versuchte er, Piemont nach englischem Muster zu verändern. Durch geschickte Zusammenführung von Gruppen der politischen Mitte (die sog. «connubio» oder «Ehe») schmiedete er ein festes liberal-konservatives Bündnis, das die parlamentarische Situation beherrschte und die Extremisten auf der Linken und auf der Rechten von der Macht fernhalten konnte. Dieser Block führte innenpolitische Reformen durch, die Piemont zum fortschrittlichsten Staat Südeuropas machten – sie umfaßten die Stabilisierung der Währung, die Reform der Steuer- und Abgabenstruktur, die Fundierung der Staatsschulden, die Verbesserung des Eisenbahnnetzes, die Gründung eines transatlantischen Dampfschiffahrtsystems und die Förderung neuer Privatunternehmen.

Erlangte Piemont durch das innenpolitische Programm die Anerkennung der Mächte, insbesondere Großbritanniens und Frankreichs, so gewann es durch die Intervention im Krimkrieg deren Freundschaft. Cavour hatte diesen Schritt zu einem Zeitpunkt geplant, als es sicher schien, daß Österreich sich als aktiver Bündnispartner des Westens gegen Rußland einschalten würde; Österreichs Nichteintritt in den Krieg aber erhöhte die Bedeutung des piemontesischen Kriegsbeitrags. Die britische und die französische Regierung zeigten sich erkenntlich, indem sie Cavour während der Friedensverhandlungen in Paris erlaubten, eine vernichtende Anklage gegen die österreichische Italienpolitik vorzubringen.

Cavour wertete diese Geste als Zeichen dafür, daß Britannien und Frankreich sein Land unterstützen würden, wenn es einen Krieg gegen Österreich begänne. Dies entsprach nicht ganz der Wirklichkeit, und nach der Friedenskonferenz legte man ihm in Gesprächen in London und Paris nahe, das Tempo in Italien nicht zu forcieren, und warnte ihn, daß er die Folgen für jede unverantwortliche Handlung zu tragen habe. Unter anderen Umständen hätte Cavour diesen Rat eventuell befolgt; jetzt konnte er es nicht. Cavour schrieb später:

«Hätten wir die Fahne eingezogen, die wir in Paris gehißt haben, so wäre der Mazzinismus wieder aufgelebt, und der moralische Einfluß der revolutionären Partei hätte den vollständigen Sieg errungen.»

Er erkannte, daß er sein antiösterreichisches Programm vorantreiben und sich gleichzeitig um ausländische Unterstützung für den unvermeidlichen Konflikt bemühen mußte.

Um den beherrschenden Einfluß Piemonts in der nationalen Bewegung aufrechtzuerhalten, verfolgte Cavour in der Kammer ein bewußt provokatives Programm antiösterreichischer Reden, inszenierte diplomatische Zwischenfälle und subversive Aktionen. Gleichzeitig unterstützte er insgeheim die «Società nazionale», eine im Jahre 1856 gegründete Organisation, die Monarchisten, Föderalisten und sogar Republikaner in einer Bewegung miteinander verband, um Viktor Emanuel zum König von Italien zu machen. Cavour hielt die Ziele dieser Vereinigung für ziemlich utopisch, aber zur Verbreitung von antiösterreichischer Propaganda und Mißstimmung in der Lombardei und Venetien empfand er sie als nützlich.

Um außenpolitische Unterstützung wandte er sich wiederum an Paris und fand schließlich bei Napoleon III. ein geneigtes Ohr.

Die ersten Schritte zur Einheit

Das Abkommen von Plombières. Am 20. Juli 1858 trafen sich Cavour und Napoleon in Plombières les Bains und führten ein fünfstündiges Gespräch. Dem Treffen war eine ausgiebige Korrespondenz vorausgegangen, und nun wurden die Einzelheiten eines Abkommens ohne große Schwierigkeiten ausgearbeitet. Der Kaiser sicherte Piemont im Kriegsfalle mit Österreich den Beistand der französischen Armee zu. Im Falle des Sieges dürfte Piemont die Lombardei, Venetien, Parma, Modena und einen Teil des Kirchenstaates annektieren. Italien sollte eine Föderation unter Führung des Papstes bilden und würde dieses neue Königreich Piemont umfassen sowie einen um das päpstliche Umbrien und die Marken vergrößerten Staat Toskana, einen weitgehend verkleinerten Staat Rom und ein unverändertes Neapel. Frankreich sollte Nizza und Savoyen erhalten, und besiegelt würde dieser Handel durch die Heirat der fünfzehnjährigen Tochter Viktor Emanuels, Clotilde, mit dem Vetter Napoleons, Jérôme, einem alten Mann mit schlechten Gewohnheiten.

In der Geschichte der internationalen Politik des 19. Jahrhunderts stellte Plombières einen Neubeginn dar. Es war ein bewußter Versuch, einen Krieg herbeizuführen. In einem Brief an Viktor Emanuel äußerte Cavour, Napoleon und er hätten am Schluß ihrer Unterredung über einer Landkarte gegrübelt, um eine Stelle ausfindig zu machen, wo ein Zwischenfall hervorgerufen werden könne, um die Österreicher zum Handeln zu provozieren.

Doch selbst wenn Plombières ein klassisches Beispiel für die neue Realpolitik bildet, so verliefen die weiteren Ereignisse doch ganz anders, als Cavour es sich vorgestellt hatte. Ohne das ungeschickte Verhalten der Österreicher hätte er den Krieg, den er wollte, möglicherweise überhaupt nicht bekommen. Ende des Jahres 1858 boten sie ihm durch Verhängung der Wehrpflicht in der Lombardei und Venetien eine Gelegenheit, antiösterreichische Stimmung zu verbreiten. Hunderte von Wehrdienstverweigerern flüchteten nach Piemont; Auslieferungsgesuche der Österreicher und die Weigerung der Piemontesen, ihnen nachzukommen, führten insbesondere in den Grenzgebieten zu wachsenden Spannungen. Diese lieferten Cavour einen Vorwand, Kriegsvorbereitungen zu treffen.

Hätten die Österreicher nicht eine zweite Dummheit begangen, so hätten die Großmächte Cavours Weg in den Krieg eventuell noch versperren können. Im März und April 1859 schien der internationale Druck Napoleon III. zu zwingen, das Übereinkommen von Plombières rückgängig zu machen. Und wirklich bat der französische Kaiser Cavour am 18. April, die Demobilisierung einzuleiten, um den Weg für eine internationale Konferenz über die Probleme Italiens und damit verbundene Fragen freizumachen. Aber gerade in dem Augenblick, als Cavour bereit war nachzugeben, entsandte der Außenminister des österreichischen Kaisers, Buol-Schauenstein, ein Ultimatum an die Regierung Piemonts, in dem er sie vor die Wahl zwischen sofortiger Abrüstung und Krieg stellte.

Der Krieg von 1859 und der Waffenstillstand von Villafranca. Der Krieg zwischen der Habsburger Monarchie und den Partnern von Plombières begann Ende April und wurde auf beiden Seiten mit mangelnder Entschlossenheit geführt. Die österreichische Armee marschierte ohne ausreichendes Versorgungssystem und genaue Informationen über Stärke und Kampffähigkeit des Feindes und selbst ohne zuverlässige Landkarten in Italien ein. Sie verfügte zwar über tüchtige Befehlshaber und sachkundige Strategen, setzte sie aber nicht sinnvoll ein. Kaiser Franz Joseph verließ sich auf seinen Generaladjutanten Graf Grünne, einen Höfling ohne Kampferfahrung. Für das Oberkommando in Italien wählte Graf Grünne einen General namens Gyulai, dessen zögernde Durchführung von Operationen es den französischen Truppen ermöglichte, die Front mit ihren Verbündeten zu schließen. Dies führte zu schweren Niederlagen der Österreicher bei Magenta (4. Juni) und Solferino (24. Juni), zur Eroberung der Lombardei durch die Verbündeten und zur Besetzung Mailands.

Entschlossenes Handeln Napoleons III. zu diesem Zeitpunkt hätte auch zur Befreiung Venetiens führen können. Aber der französische Kaiser, der sich mit seinen Truppen ins Feld begeben hatte, war erschüttert über die schweren Verluste bei Solferino. Er erkannte außerdem, daß der Krieg in seinem Land, insbesondere unter den loyalen Katholiken, nicht populär war, und er befürchtete jederzeit den Kriegseintritt der preußischen Armee. Folglich leitete Napoleon ohne Rücksprache mit seinem Verbündeten geheime Verhandlungen mit dem Kaiser von Österreich ein und schloß am 11. Juli in Villafranca einen Waffenstillstand mit ihm. Man einigte sich zwar auf die Übergabe der Lombardei an Piemont, sah aber die Wiedereinsetzung des Großherzogs von Toskana und des Herzogs von Modena und die Errichtung eines italienischen Bundes unter Führung des Papstes vor, dem Österreich aufgrund seiner Beibehaltung Venetiens angehören sollte. Diese letzten Bestimmungen schienen den Zweck des Krieges aufzuheben und die österreichische Vorherrschaft in Italien zu bestätigen.

Als Cavour durch seinen König von Villafranca erfuhr, reagierte er so heftig, daß Viktor Emanuel das Zimmer verließ. Statt dieser Beendigung des von ihm geplanten Krieges zuzustimmen, trat der piemontesische Staatsmann von seinem Amt zurück. Die Mühe hätte er sich sparen können.

In der Realität konnte Villafranca nicht durchgesetzt werden. In Toskana und in Modena, in Parma und der Emilia-Romagna, deren Regierungen während der Kämpfe vertrieben worden waren, erwies es sich als unmöglich, die Uhr zurückzudrehen. Im August 1859 wurden in diesen Staaten revolutionäre Versammlungen abgehalten, die für eine Union mit Piemont stimmten. In den folgenden Monaten wurde deutlich, daß nur ein Militäreinsatz sie zur Änderung ihrer Entscheidung veranlassen könnte. Es war höchst unwahrscheinlich, daß Napoleon einen solchen verzeihen würde, und wenn, so würde er den Widerstand Großbritanniens heraufbeschwören, wo eine starke liberale Regierung an die Macht gekommen war, die den Bestrebungen der Bevölkerung Mittelitaliens offen ihre Sympathie bekundete.

Cavours Rückkehr an die Macht im Januar 1860 erleichterte eine Lösung dieses Problems; denn er fragte Napoleon nun frei heraus nach seinem Preis für die Zustimmung zur Union. Der Kaiser ließ ihm die Wahl. Er würde in die Annexion Parmas und Modenas einwilligen, wenn Toskana und der Emilia-Romagna eine eigene Verwaltung zugestanden würde und der Papst die nominelle Autorität in der Emilia-Romagna behielt; in diesem Falle verlangte er keine Entschädigung. Falls Piemont jedoch ebenfalls auf der Annexion von Toskana und der Emilia-Romagna bestehe und damit einen mächtigen Staat an Frankreichs Flanke errichte, müsse er durch Nizza und Savoyen entschädigt werden. Cavour und sein König wählten die zweite Alternative; und als Cavour später vor dem piemontesischen Parlament die Abtretung Nizzas und Savoyens an Frankreich rechtfertigte, verschwieg er, daß sie nicht unbedingt notwendig gewesen wäre.

Im März 1860 bestätigten Plebiszite in den vier Gebieten Mittelitaliens den Volkswunsch nach Anschluß an Piemont; im April gelangten sie unter die Herrschaft Viktor Emanuels. Cavour hatte eigentlich mehr erreicht, als er in Plombières ausgehandelt hatte. Sein Partner Napoleon III. war nicht so glücklich davongekommen. Er hatte Italien unbestreitbare Dienste erwiesen, aber durch Villafranca war die Dankbarkeit, die er als Gegenleistung hätte erwarten können, verringert worden. Die Verluste des Papstes hatten bei den französischen Katholiken Unwillen erregt und die Aneignung Nizzas und Savoyens Napoleons gute Beziehungen zur britischen Regierung beeinträchtigt.

Die Eroberung Neapels durch Garibaldi. Die Stoßkraft der Revolution war noch nicht erlahmt. Der Erfolg der nationalen Bewegung in Mittelitalien ermutigte ihre Anhänger im Süden, und im Frühjahr 1860 brachten sizilianische Unruhen Garibaldi wieder ins Zentrum des Geschehens.

Der Ausbruch des Krieges im Jahre 1859 hatte ihn zur Rückkehr aus seiner einsamen Heimat auf der Insel Caprera veranlaßt, und er hatte eine Einheit irregulärer Streitkräfte in den Bergen der Lombardei befehligt. Als sich die revolutionären Regierungen Mittelitaliens später zu einem militärischen Bund zusammenschlossen, befehligte er einen Teil ihrer Streitkräfte. Diplomatische Verhandlungen betrachtete er mit Ungeduld und wollte unverzüglich in die anderen Provinzen des Papstes einfallen. Im Frühjahr 1860 begann er, seine eigene Privatarmee aufzubauen, und in Piemont bestanden Befürchtungen, daß er diese zum Angriff auf Venetien oder Rom einsetzen könne. Statt dessen zogen ihn die sizilianischen Unruhen in den Süden. Im Mai schlüpfte er mit einer winzigen Streitmacht von 1000 freiwilligen Rothemden an Bord von zwei undichten Dampfern durch eine Sperre von neapolitanischen Kriegsschiffen hindurch, landete in Marsala und erklärte sich zum Diktator von Sizilien.

Der König von Neapel hatte 20 000 Truppen auf der Insel stationiert, die Garibaldis Schar von Dichtern, Studenten und Glücksrittern leicht hätten besiegen können. Aber die Neapolitaner waren in Küstengarnisonen aufgeteilt und ließen sich nach und nach ausmanövrieren und besiegen. Nach einem anfänglichen Sieg über 3000 neapolitanische Soldaten bei Calatafimi gewann Garibaldi Tausende einheimischer Rekruten für seine Armee. Ein Aufstand in Palermo machte ihm den Weg in die Stadt frei, und innerhalb von sechs Wochen hielt Garibaldi im dortigen Königspalast Einzug. Mitte Juli befand

19. Das 13. neapolitanische Jägerbataillon im Straßenkampf zu Palermo

sich der restliche Teil der Insel unter seiner Kontrolle, und seine Armee – jetzt 10 000 Mann stark – war zum Sprung auf das Festland bereit.

Cavour hatte Garibaldis Aktionen mit Argwohn und schlimmen Befürchtungen verfolgt. Er betrachtete den gesamten «Zug der Tausend» als ein mazzinisches Unternehmen und glaubte nicht an Garibaldis ehrliche Absicht, Italien unter Viktor Emanuel vereinigen zu wollen. Als Politiker der kleinen Schritte und Verfechter der Diplomatie brachte Cavour dem überstürzten Vorgehen Garibaldis keinerlei Sympathie entgegen, und auch als Sizilien gefallen war, lehnte er einen Vorstoß Garibaldis gegen Neapel selbst ab. Er stand nämlich – zweifellos in der Vorahnung, daß die Umstände ein Abkommen zwischen Piemont und Neapel erforderlich machen könnten – in diplomatischer Verbindung mit der Bourbonenregierung von Neapel.

Garibaldi schlug jetzt jedoch eine derartige Welle der Begeisterung entgegen, daß weder Warnungen noch diplomatische Erwägungen ihn beeinflussen konnten. In der Nacht vom 18. August überquerte er mit einer kleinen Vorhut von 3500 Mann die Straße von Messina und zwang die neapolitanische Garnison innerhalb von zwei Tagen bei Reggio zur Kapitulation. Nun gerieten die Bourbonentruppen in Panik, und ihr Widerstand war so schwach, daß Garibaldi seiner Armee vorauseilte nach Neapel, das er am 7. September betrat.

Die Eroberung eines Landes von elf Millionen Einwohnern in weniger als fünf Monaten war eine bemerkenswerte Leistung, aber Garibaldi ruhte sich auf seinen Lorbeeren nicht aus. Er gedachte seines mazzinischen Eides, sein Leben der Befreiung ganz Italiens zu widmen, und begann, eine Invasion der päpstlichen Marken zu planen. Insgeheim scheint er von Viktor Emanuel ermutigt worden zu sein, der wohl glaubte, Garibaldi könne ihn aus seiner Abhängigkeit von Cavour befreien.

Cavour mag von diesem unverantwortlichen Verhalten nichts gewußt haben, aber er war sich völlig im klaren über die Vorbereitungen Garibaldis und erkannte, daß ein Angriff auf die Marken mit großer Sicherheit zu Auseinandersetzungen in Rom führen würde, wo sich noch eine französische Garnison zum Schutz des Papstes befand. Er beschloß, dieser Gefahr durch eigenes Handeln zuvorzukommen. Nachdem er Napoleon III. überzeugt hatte, daß Garibaldis Abenteurern Einhalt geboten werden müsse, brachte er den überwiegenden Teil der piemontesischen Armee in den Kirchenstaat. Am 18. September überwältigte sie die Streitkräfte des Papstes bei Castelfidardo. Dann zog sie hinüber in den Staat Neapel, besiegte die Neapolitaner bei Capua und schloß die Bourbonenstreitkräfte in der Festung von Gaeta ein.

Um Garibaldi Einhalt zu gebieten, war diese entschlossene Militäraktion nicht nötig; denn dieser war auf seinem Marsch nach Norden am Volturno in eine Reihe zäher Verteidigungskämpfe verwickelt worden. Durch die Invasion der Piemontesen lag jedoch die Initiative wieder auf Cavours Seite. Noch bevor die Entscheidung in dieser militärischen Auseinandersetzung gefallen war, hatte er die Zustimmung des Parlaments zur Annexion Süditaliens eingeholt, unter der Voraussetzung, daß diese durch Volksentscheid in den betroffenen Gebieten gebilligt würde; und im Oktober ergaben Abstimmungen in Neapel, Sizilien, den Marken und Umbrien eine überwältigende Mehrheit für die Union mit Piemont. Angesichts dieser Tatsache gab Garibaldi seine Eroberungen zurück. Nachdem die Neapolitaner ihren Widerstand bei Gaeta aufgegeben hatten, erlebte die Stadt Turin im Februar die Versammlung eines neuen italienischen Parlaments, das die gesamte Halbinsel mit Ausnahme Roms und Venetiens repräsentierte, und Viktor Emanuel II. wurde zum König von Italien erklärt. Kurz darauf bezog die Nationalregierung ihr Hauptquartier in Florenz, der Hauptstadt Italiens bis 1870.

Die Vollendung der Einheit Italiens 1860–1871

Cavours Werk im Rückblick. Bis zur Eingliederung Venetiens und Roms in das geeinte Reich sollte noch ein weiteres Jahrzehnt verstreichen, und Cavour erlebte es nicht mehr; im Frühjahr 1861 erkrankte er schwer und starb im Juni im Alter von 51 Jahren. In seiner relativ kurzen Laufbahn im öffentlichen Leben hatte er außerordentliche politische Fähigkeiten unter Beweis gestellt. Vom heutigen Standpunkt aus gesehen, ist allerdings die Mitwirkung Cavours an der territorialen und administrativen Einigung Italiens weitaus weniger beeindruckend, und seine diplomatischen Methoden erscheinen uns erheblich fragwürdiger als seinen Zeitgenossen.

Cavours Diplomatie gründete sich auf berechnende Doppelzüngigkeit und flagrante Mißachtung der überkommenen Werte und Bestimmungen des Völkerrechts. Und im Hinblick auf seinen administrativen Beitrag muß festgestellt werden, daß die piemontesische Regierung, nachdem die Volksentscheide einmal abgehalten worden waren, die Wünsche oder die traditionellen Gebräuche ihrer südlichen Provinzen kaum beachtete, sondern es vorzog, dem ganzen Land ein strikt zentralisiertes Verwaltungssystem aufzuzwingen. Die Piemontesen behandelten das Königreich Neapel beinahe, als wäre es eine afrikanische Kolonie; einheimische Sitten und Gesetze wurden rücksichtslos ausgemerzt, und es gab zahlreiche krasse Fälle von wirtschaftlicher Ausplünderung und Ausbeutung durch die nördlichen Verwalter. Infolgedessen hatte Viktor Emanuel die Popularität, die er bei seinem Einzug in Neapel im November genoß, bis Januar nahezu völlig eingebüßt. Der Süden begann sein neues Leben im geeinten Italien mit einem Gefühl der Abneigung gegen die Fremden aus dem Norden, einem Gefühl, das heute noch nicht vollständig überwunden ist.

Venetien und Rom. Das politische Hauptziel des neuen Italien in den 60er Jahren war der Erwerb Venetiens. Cavours Nachfolger trachteten danach, dieses Ziel ganz und gar im Sinne ihres großen Vorbildes zu erreichen: sie verließen sich ausschließlich auf die Mittel der Diplomatie. Da selbst die geschickteste Diplomatie der Welt die Österreicher nicht dazu bewegen konnte, ihre letzte italienische Besitzung freiwillig aufzugeben, mußte sich die italienische Regierung die wachsenden Spannungen zwischen Preußen und Österreich zunutze machen und Preußen ihre Dienste anbieten, bevor sie sich Venetien aneignen konnte. Die Beteiligung Italiens am Deutschen Krieg von 1866 war unrühmlich. Seine Truppen wurden von den Österreichern vernichtend geschlagen und seine Flotte zerstört. Dennoch erhielt Italien Venetien, als die Österreicher ihrem deutschen Rivalen gegenüber kapitulierten.

Rom stellte ein schwierigeres Problem dar. Da Mazzini sich im Jahre 1848 für den Kampf um die Stadt entschieden hatte und Cavour in seinem letzten politischen Akt die Erklärung des Parlaments durchgesetzt hatte, Rom müsse die Hauptstadt Italiens werden, betrachteten die meisten Italiener die Einigung als unvollständig, solange die Stadt selbständig blieb. Doch Papst Pius IX. weigerte sich standhaft, mit dem neuen Italien einen Kompromiß zu schließen, und protestierte offiziell gegen Viktor Emanuels Annahme der italienischen Krone. Der Papst wurde immer noch von einer französischen Garnison geschützt, die Napoleon zögernd, mit Rücksicht auf die Gefühle der französischen Katholiken, in Rom beließ. In den Jahren 1862 und 1867 versuchte Garibaldi mit zusammengewürfelten, schlecht ausgerüsteten Truppen in die Stadt zu gelangen und scheiterte bei beiden Gelegenheiten jämmerlich.

Schließlich wurde Rom durch königliche Truppen besetzt, als niemand dort war, um sie daran zu hindern – während des französisch-preußischen Krieges, als die französischen Truppen an anderer Stelle im Einsatz waren. Die königliche Regierung verlegte unverzüglich ihren Sitz nach Rom. Der Papst zog sich hinter die Mauern des Vatikans zurück und setzte seinen Widerstand gegenüber dem Regime, das nun die gesamte Halbinsel beherrschte, hartnäkkig fort.

9. Die deutsche Frage 1850–1866

Die Ereignisse der Jahre 1859 und 1860 in Italien wiederholten sich im darauffolgenden Jahrzehnt in Deutschland. Auch dort übernahmen die stärksten und wirtschaftlich fortgeschrittensten Staaten die Führung in der Bewegung zur nationalen Einigung. Auch dort vollzog sich der Prozeß durch Krieg und Herrschaft des Siegers; und das Opfer hieß auch dort Österreich.

Die Entwicklung der preußischen Politik

Preußen nach 1850. Für den normalen Beobachter der deutschen Politik wäre es im Jahre 1850 kaum denkbar gewesen, daß Preußen in absehbarer Zukunft die Hegemonie in Deutschland erlangen würde. Zwar hatte die preußische Regierung in der Wirtschaftspolitik mehr Erfindungsgeist bewiesen als andere Regierungen, und sie hatte ihre Vorrangstellung, die sie in früheren Jahren durch Gründung des Zollvereins im Handelswesen erreicht hatte, behauptet. Abgesehen vom wirtschaftlichen Fortschritt jedoch waren im Preußen der 50er Jahre nur wenige Anzeichen des Fortschritts erkennbar, und nichts ließ auf die politische Aufklärung schließen, die vermutlich notwendig gewesen wäre, damit Preußen der anerkannte Führer der nationalen Einigungsbewegung werden konnte.

Ein Jahrzehnt lang nach den Revolutionen von 1848 war sowohl die Innen- als auch die Außenpolitik Preußens insgesamt negativ. Obgleich Preußen in einen konstitutionellen Staat umgewandelt worden war und sein Mittelstand sich zu einer beträchtlichen Größe entwickelt hatte, lag die politische Macht immer noch in den Händen der Aristokratie und der Großgrundbesitzer. Diese herrschende Kaste konzentrierte all ihre Energien darauf, erneute revolutionäre Agitationen zu verhüten, indem sie demokratischer oder sozialistischer Ideen verdächtigte Personen verfolgte und Zeitungen, Bücher und Schauspiele, die fortschrittliche Meinungen äußerten, unterdrückte. An auswärtigen Angelegenheiten zeigte sie sich überhaupt nicht interessiert und unternahm keinen Versuch, eine unabhängige Politik zu betreiben, sondern zog es vor, den Empfehlungen Österreichs und, wenn immer möglich, Rußlands zu folgen. In der Realität bedeutete dies eine stillschweigende Anerkennung der in Olmütz erlangten Vorherrschaft Österreichs über die deutsche Politik.

Die Möglichkeit, daß Preußen in der deutschen Politik eine eigenständige Rolle spielen und irgendeinen bedeutsamen Beitrag zur nationalen Einigung leisten würde, erschien noch geringer, nachdem Friedrich Wilhelm IV. seinem Bruder Wilhelm den Thron überlassen hatte und dieser im Jahre 1858 Regent und im Januar 1861 König wurde. Wilhelm war bereits 61 Jahre alt, als er Regent wurde, und er war womöglich noch konservativer als sein Bruder. Jedenfalls drohte nach seiner Machtübernahme ein innenpolitischer Konflikt Preußen in der Außen- und Deutschlandpolitik zur völligen Bedeutungslosigkeit zu verurteilen.

Der Verfassungskonflikt. Die Wurzeln dieses Konflikts lagen im Charakter Wilhelms I. begründet. Von Beruf Soldat, hatte er schon lange bestimmte Aspekte der preußischen Militärorganisation, und zwar insbesondere zwei Dinge bemängelt: die Beschränkung der Wehrdienstzeit auf zwei Jahre und die starke Abhängigkeit von einer selbständigen Landwehr, die ihre Offiziere selbst wählte. Im Februar 1860 brachte Wilhelm eine Gesetzesvorlage zur Heeresreform im preußischen Parlament ein. Sie sah eine Verdopplung der regulären Streitkräfte, die Verlängerung der Wehrdienstzeit auf drei Jahre sowie die drastische Verringerung der Bedeutung und Selbständigkeit der Landwehr vor und verlangte eine starke Anhebung des Militärbudgets.

Diese Vorlage beschwor die sofortige Opposition des preußischen Mittelstands herauf, der im allgemeinen liberale Ansichten vertrat und aus wirtschaftlichen und politischen Gründen das Militär mit Argwohn betrachtete. Seine Vertreter – die nun in der preußischen Abgeordnetenkammer die

Mehrheit der Sitze innehatten – übten heftige Kritik an der vorgeschlagenen Reform. Die einen brachten Einwände gegen die Kosten der Reorganisation vor. Andere protestierten eingedenk der Rolle der Landwehr im Kampf gegen Napoleon dagegen, daß durch die Reform mit der Bürger-Soldaten-Tradition der zivilen Verteidigung gebrochen werde. Schließlich führten viele an, daß Preußen, da es keine Außenpolitik betreibe, keine stärkeren Streitkräfte benötige, und gingen so weit zu behaupten, die neuen Einheiten sollten lediglich als Polizeikräfte zur Untergrabung der bürgerlichen Freiheiten eingesetzt werden. Als der Gesetzesentwurf an den Ausschuß weitergeleitet wurde, enthielt er so viele Änderungsanträge, daß die Regierung ihn zurückzog.

Dafür verlangte sie die außerordentliche Summe von neun Millionen Talern zur Verstärkung der bestehenden Heereseinheiten, und diese bewilligte die Abgeordnetenkammer unter der selbstverständlichen Voraussetzung, daß diese Summe nicht für Veränderungen verwendet würde, die vom bestehenden Gesetz abwichen. Jedoch, einmal im Besitz des Geldes, ging Wilhelm daran, es zur Durchführung der Reformen einzusetzen. Die liberale Mehrheit protestierte und verlangte das ganze Jahr 1861 hindurch eine umfassende Gesetzesvorlage zur Heeresreform von ihrem Herrscher. Als der König Anfang 1862 dieser Forderung nachkam und praktisch den gleichen Entwurf wie 1860 vorlegte, stimmten die Liberalen sofort dagegen und weigerten sich, der Regierung irgendwelche weiteren Mittel zu bewilligen, sofern die neu eingeführten militärischen Veränderungen nicht rückgängig gemacht würden. Der König reagierte mit der Auflösung der Kammer. Die Neuwahlen im Mai verstärkten die liberale Mehrheit jedoch, anstatt, wie er gehofft hatte, sie zu schwächen.

Die Folge war eine gefährliche, vollständig verfahrene Situation. Ermutigt durch ihren Wahlerfolg, wurde die liberale Opposition unerbittlicher und ehrgeiziger; sie erblickte in der Krise eine Gelegenheit, alle Bereiche der staatlichen Verwaltung unter ihre Kontrolle zu bringen. Demgegenüber nahmen die konservativen Kräfte eine ebenso unnachgiebige Haltung ein und neigten mehr und mehr dazu, den Reaktionären Gehör zu schenken. Die direkte Umgebung des Königs drängte darauf, die Krise auszunutzen, um einen Aufstand der Liberalen heraufzubeschwören, der dann mit dem Widerruf der Verfassung geahndet werden könne.

Der König widersetzte sich diesem Rat, denn er hatte geschworen, die Verfassung zu respektieren, und nahm seinen Eid ernst. Aber er verübelte den Parlamentariern ihre Anmaßung und weigerte sich, ihren Wünschen nachzugeben oder die Militärreformen rückgängig zu machen. Die preußische Regierung war von einer vollständigen Lähmung bedroht, und der König erwog aus Verzweiflung ernstlich einen Thronverzicht. In dieser Situation drängte ihn sein Kriegsminister jedoch, abzuwarten, ob nicht ein neuer Regierungschef einen Weg aus der Sackgasse finden könne, und bewegte ihn im September 1862 dazu, Otto von Bismarck (1815–1898) zu seinem Ministerpräsidenten zu ernennen.

Die politischen Ideen Bismarcks. Da seine ausgesprochene Gegnerschaft zur Revolution vom März 1848 und seine heftige Ablehnung aller bisherigen Konzessionen des Königs bekannt waren, galt Bismarck generell als reaktionär. In Wirklichkeit teilte der neue Ministerpräsident trotz seines Landbesitzes östlich der Elbe keineswegs den Provinzialismus der Junker. Seit 1850 hatte er seinem Land als Diplomat gedient, zunächst im Deutschen Bundestag in Frankfurt, später in St. Petersburg und Paris; diese Erfahrungen hatten sein Blickfeld erweitert und seine Ambitionen im Hinblick auf Preußen vergrößert. Weit entfernt von der gefühlsmäßigen Bindung der preußischen Konservativen an Österreich, war er der Überzeugung, daß es Preußens Bestimmung sei, seine Macht in Deutschland auszudehnen, und daß dies nur auf Kosten Österreichs verwirklicht werden könne.

20. Otto von Bismarck (1815–1898) als preußischer Ministerpräsident

Bismarcks Haltung in bezug auf den Konflikt mit dem Parlament war notwendigerweise durch seinen Standpunkt zur deutschen Frage beeinflußt. In dem Wunsch nach einer Heeresreform stimmte er mit dem König völlig überein, und als Anhänger des monarchischen Prinzips lehnte er jede Erweiterung der parlamentarischen Vollmachten ab. Andererseits wußte er, daß Preußen letztlich im Kampf gegen Österreich die Intelligenz und Industrie des Mittelstands ebenso sehr brauchen würde wie die Tapferkeit der Armee und daß die liberale Opposition aus wirtschaftlichen und sonstigen Gründen seinen deutschen Plänen günstiger gesinnt sein würde als die Konservativen.

Nach gescheiterten Versuchen, die parlamentarische Opposition zu einem Kompromiß zu bewegen, entschloß sich Bismarck, den Widerstand der Kammer gegen die Regierungspolitik zu ignorieren. Wollte die Abgeordnetenkammer nicht für das Budget stimmen, so sagte er: «Wir nehmen das Geld, wo wir es finden.» Er wies die Beamten an, ihre Pflichten ohne Rücksicht auf die Reden im Parlament zu erfüllen, und entließ oder verhängte Disziplinarstrafen über Staats- und Kommunalbeamte, die irgendwelche Bedenken dagegen hatten oder sich in irgendeiner Weise der liberalen Fortschrittspartei anschlossen. Mit diesem Vorgehen hielt er die Regierung funktionsfähig. Die parlamentarische Opposition wurde dadurch zwar nicht geschwächt, aber Bismarck richtete sein Augenmerk nun bereits über das Parlament hinaus auf die Außenpolitik. Er war der Überzeugung, daß eine aktive, erfolgreiche Außenpolitik viele der Liberalen auf seine Seite bringen würde.

Sein erster Vorstoß in die Außenpolitik rechtfertigte seine Hoffnungen nicht, obgleich er einen gewissen Erfolg zeitigte, der zu jener Zeit nicht erkannt wurde. Ende des Jahres 1862 ordnete die russische Regierung per Dekret die Wehrpflicht junger Polen in der russischen Armee an. Polnische Patrioten widersetzten sich diesem Erlaß, und nach einer Reihe von Vorfällen brach im Januar 1863 ein Aufstand aus, der weit und breit in Westeuropa, insbesondere in Frankreich, Sympathien für die Sache der Polen erweckte. Zum Entsetzen der deutschen Liberalen traf Bismarck ein geheimes Abkommen mit der russischen Regierung zur gemeinsamen Unterdrückung des Aufstands. Er tat dies aus der Befürchtung heraus, der Zar könne anderenfalls dem Druck der westlichen Mächte und des freien Teils Polens nachgeben, woraufhin Preußen mit ernstlichen Schwierigkeiten in seinen eigenen polnischen Gebieten rechnen müßte. Bismarcks Maßnahme rentierte sich auf unerwartete Weise. Sie bestärkte den Zaren nicht nur darin, einen festen Standpunkt einzunehmen, sondern veranlaßte ihn darüber hinaus zur Umorientierung seiner Außenpolitik, nämlich zum Abbruch seiner seit dem Krimkrieg gepflegten freundschaftlichen Beziehungen zu Frankreich und zur Begründung einer Freundschaft mit Preußen, die fast dreißig Jahre halten sollte.

Für die Lösung seiner innenpolitischen Probleme war Bismarcks Abkommen mit Rußland nicht direkt von Nutzen; denn es wurde von den Liberalen heftig angegriffen. Jedoch war ihre Opposition gegen seinen nächsten Schritt auf dem Gebiet der Außenpolitik weit weniger einmütig.

Von Düppel bis Königgrätz

Schleswig und Holstein. In den letzten Monaten des Jahres 1863 begann ein neues Kapitel der verworrenen Geschichte Schleswigs und Holsteins. Jene Provinzen waren aufgrund des historischen Ereignisses, das einen ihrer Herzöge zum König von Dänemark gemacht hatte, schon lange Besitzungen des dänischen Souveräns gewesen, ohne wirklich zum dänischen Königreich zu gehören. Eine weitere Komplikation ergab sich daraus, daß Holstein mit seiner nahezu vollständig deutschen Bevölkerung zum Deutschen Bund gehörte, Schleswig aber nicht, obgleich dessen deutsche Staatsbürger – zwei

Drittel seiner Bevölkerung – die Mitgliedschaft anstrebten. Dem letzteren Wunsch setzte die dänische Minderheit, die Schleswig Dänemark eingliedern wollte, heftigen Widerstand entgegen. Diese Gruppe wurde im November 1863 durch eine neue dänische Verfassung, die Schleswig zum integrierten Bestandteil des Königreichs erklärte, zufriedengestellt.

Die Verfassung stieß sowohl in Schleswig als auch in Holstein auf Widerstand und erregte eine Welle nationalistischer Empörung in Deutschland. Der Deutsche Bundestag erhob sofort Protest und ordnete, als dieser wirkungslos blieb, ein Bundesheer ab, um die Durchführung der neuen dänischen Verfassungsbestimmungen zu verhindern.

Bismarck verhielt sich in diesem Streitfall so zwielichtig, daß sich nicht sagen läßt, was er zu welchem Zeitpunkt dachte oder beabsichtigte. Offensichtlich jedoch hat er immer eine Lösung abgelehnt, die die für Preußen potentiell strategisch wichtigen Herzogtümer in selbständige Bundesstaaten umgewandelt hätte; und wahrscheinlich schwebte ihm von Anfang an letztlich die Annexion durch Preußen vor. Seinen wirklichen Standpunkt teilte er nicht mit; statt dessen drängte er die österreichische Regierung zur gemeinsamen Verteidigung des Vertrages von 1852, durch den das Europäische Konzert den Besitzanspruch des Königs von Dänemark auf die Herzogtümer unter der Voraussetzung bestätigt hatte, daß ihre autonome Position unverändert blieb. Ohne Rücksicht auf die Maßnahme des Deutschen Bundes schickten die beiden Mächte ein Ultimatum an die Dänen mit der Aufforderung, die neue Verfassung zu widerrufen. Als die Dänen sich weigerten (wie Bismarck kalkuliert hatte), erklärten Österreich und Preußen den Krieg.

Der dänische Krieg ist aus mehreren Gründen von Bedeutung. Mit dem erfolgreichen Angriff auf die gewaltigen Düppeler Schanzen in Dänemark rückte die neue preußische Armee ins Blickfeld Europas. Der Sieg von Düppel erweckte auch ein Maß an patriotischem Stolz, der zugleich die Opposition der Liberalen gegen die Heeresreform schwächte und die deutschen Nationalisten ermutigte, auf Preußen als Führungsmacht zu blicken.

Abgesehen davon ließ der dänische Krieg die Unzulänglichkeit des Europäischen Konzerts erkennen, das sich als machtlos erwies, eine friedliche Lösung zu finden. Die Auseinandersetzung währte so lange, bis Dänemark besiegt und der Herzogtümer beraubt war.

Österreichisch-preußische Spannungen. Die österreichisch-preußischen Beziehungen hatten sich seit 1859 ständig verschlechtert. Sie waren auf beiden Seiten geprägt von wirtschaftspolitischen Schachzügen und Versuchen, die Struktur des Deutschen Bundes zum jeweils eigenen Vorteil zu reformieren. Die Waffenbruderschaft gegen die Dänen hatte ihre gegenseitigen Beziehungen zeitweilig etwas verbessert. Jedoch fand das kriegsbedingte «rapprochement» ein schnelles Ende, da die Verbündeten sich über die Verteilung der Beute nicht einigen konnten. Die österreichische Regierung trat für die Errichtung eines selbständigen Staates Schleswig-Holstein ein. Bismarck nahm, mit dem Hintergedanken der Annexion, den Standpunkt ein, dies könne nur unter der Bedingung zugelassen werden, daß Preußen weitreichende Militär- und Handelsrechte erhielte. Das aber lehnten die Österreicher ab.

Die preußische Regierung erzwang die Entscheidung im Jahre 1865 nicht. Statt dessen beschlossen die beiden streitenden Parteien nach vielem Hin und Her in der Konvention von Bad Gastein (August 1865), die Herzogtümer untereinander aufzuteilen – Österreich übernahm die Verwaltung Holsteins, Preußen die Schleswigs. Die Zustimmung der Österreicher hierzu oder ihr Beharren darauf, daß es eine provisorische Regelung sei, ist kaum verständlich; denn dies bedeutete, daß Preußen sich in Holstein Rechte vorbehielt. Dieser Fehler spielte Bismarck in die Hände und ermöglichte ihm, Zwischenfälle zu inszenieren, von denen er sich eine Abkehr seines Souveräns von Wien und eventuell die Einleitung unkluger Maßnahmen durch Österreich erhoffte, die Preußen als Vorwand für einen Krieg dienen könnten.

In der Zwischenzeit unternahm der Ministerpräsident die politischen Schritte, die er für erfolgversprechend hielt für den Fall, daß seine Politik der Nadelstiche ihre gewünschte Wirkung erzielte. Zunächst traf er seine diplomatischen Kriegsvorbereitungen. Er war ziemlich sicher, daß weder Großbritannien noch Rußland intervenieren würde, doch die Haltung Frankreichs war fraglich. Wie schon Cavour vor ihm, so hielt auch Bismarck Gespräche mit Napoleon III. für zweckmäßig. Diese fanden im Oktober 1865 in Biarritz statt, und wenngleich kein schriftliches Abkommen getroffen wurde, scheint doch eine Verständigung darüber erzielt worden zu sein, daß Frankreich sich im Falle eines deutschen Krieges neutral verhielte und für den Fall, daß ein erfolgreiches Preußen sich zu größeren Annexionen in Deutschland berufen fühlen sollte, eine territoriale Entschädigung am Rhein erhalten könnte.

Das Treffen von Biarritz gewährte Bismarck einige Sicherheit gegen eine Einmischung Frankreichs. Er verstärkte sie, indem er im April 1866 durch ein Bündnis mit Italien die militärische Situation für seine Gegner erschwerte. Italien erklärte sich bereit, auf preußischer Seite zu kämpfen, falls in den nächsten drei Monaten ein Krieg ausbrechen sollte, und Preußen erklärte sich bereit, es mit Venetien zu entschädigen. Dieser Pakt verstieß gegen Preußens Verpflichtungen innerhalb des Deutschen Bundes, der gegen andere Mitglieder gerichtete Bündnisse ausschloß; Bismarck aber war zu sehr Realpolitiker, um sich dadurch abhalten zu lassen.

Gleichzeitig bemühte sich Bismarck um Rückhalt in der öffentlichen Meinung in Deutschland, indem er eine durchgreifende Reform des Deutschen Bundes vorschlug, die ein von allen Mitgliedstaaten aufgrund des allgemeinen Stimmrecht gewähltes deutsches Parlament vorsah. Dieser revolutionäre Antrag, den die österreichische Regierung nicht akzeptieren konnte, verwirrte, aber beeindruckte die Liberalen in ganz Deutschland.

Bismarcks Taktieren im Hinblick auf Holstein und im Frankfurter Bundestag hatte schließlich Erfolg. Schon im April 1866 waren die Österreicher selbst davon überzeugt, daß ein Krieg unumgänglich sei. «Was hilft uns unsere Friedfertigkeit», sagte der Stabschef Franz Josephs, «wenn der andere den Frieden à tout prix brechen will?» Sie fanden sich mit dem Verlust Venetiens ab und versprachen Napoleon III. (der inzwischen mit beiden Seiten verhandelte), es ihm zur Übergabe an Italien abzutreten, wenn er sich im Kriegsfalle wohlwollend neutral verhielte. Österreich war das erste Land, das mobil machte, und als Napoleon III. eine internationale Konferenz zur Beratung der gesamten deutschen Frage anregte, verhinderten die Einwände und Bedingungen Österreichs ein solches Treffen.

Danach folgten die Ereignisse schnell aufeinander. Am 1. Juni 1866 brachte Österreich die schleswig-holsteinische Frage vor den Deutschen Bundestag – ein Schritt von fragwürdiger Legalität, den Bismarck prompt als Verletzung der Konvention von Bad Gastein bezeichnete. Die Preußen marschierten unverzüglich in Holstein ein. Die österreichische Regierung forderte den Bund auf, militärische Maßnahmen gegen Preußen einzuleiten, und der Bundestag stimmte am 14. Juni dafür. Die Preußen hatten gewarnt, dies würde als Kriegserklärung aufgefaßt. Nun erklärten sie den Bund für aufgelöst und schickten ihre Truppen an die Front.

Der Deutsche Krieg. Der Krieg zwischen Österreich und Preußen dauerte knapp sieben Wochen und endete mit der vernichtenden Niederlage Österreichs. Das Debakel war das Ergebnis einer Reihe von Faktoren. Zum einen hatte die österreichische Armee mit den neuesten militärischen Entwicklungen nicht Schritt gehalten. Ihre Verwaltung, ihr Nachrichtendienst und ihre Stabsarbeit waren im Vergleich zum Generalstabsystem der preußischen Armee bedauernswert unzulänglich. Zu einer Zeit, da Schlachten durch überlegene Feuerwaffen gewonnen wurden, waren die österreichischen Truppen für die überholte Stoßtaktik ausgebildet und hatten praktisch keine Möglichkeit, der preußischen Infantrie, die mit dem neuen «Zündnadelgewehr» von Dreyse ausgerüstet war, einem Hinterladergewehr, das weiter und schneller schoß als ihre Gewehre, zu Leibe zu rücken.

Außerdem zwang Italiens Intervention Österreich zu einem Zweifrontenkampf und verhinderte eine Konzentration aller Streitkräfte gegen Preußen. Dies hätte nicht derartig ernste Folgen haben müssen, wie sie sich schließlich einstellten; denn schon am 24. Juni schlugen die Österreicher Italien mit einem überwältigenden Sieg bei Custoza praktisch kampfunfähig, und damit hätten eigentlich Truppen für die Verlegung an die böhmische Front freigesetzt werden müssen.

Österreichs mangelhaftes Schienennetz aber erschwerte die Fortbewegung der Truppen von der italienischen Front und schränkte ihre Beweglichkeit ganz allgemein ein. Aufgrund dieses Mangels fehlten dem österreichischen Oberbefehlshaber Benedek die notwendigen Verstärkungen, als er auf der böhmisch-mährischen Höhe Stellung bezog.

Die Preußen hingegen verfügten über ein hochentwickeltes Schienennetz, das dem Stabschef Helmuth von Moltke die Aufstellung seiner Truppen über einen 600-Meilen-Bogen von der Elbe bis zur Neiße, die Durchquerung der Mittelstaaten, den Sieg über die hannoversche Armee und die anschließende Konzentration seiner Streitkräfte gegen Benedek ermöglichte. Die entscheidende Schlacht dieses Krieges fand am 3. Juli 1866 zwischen den böhmischen Dörfern Sadowa und Königgrätz statt. Aus ihr ging die österreichische Armee zerschlagen und demoralisiert hervor.

Für jemanden, der die politischen Aspekte der militärischen Operationen untersucht, ist der Krieg zwischen Österreich und Preußen von besonderem Interesse; denn er veranschaulicht den Konflikt zwischen den zivilen und militärischen Behörden eines Landes, der mit der umfassender und technisch komplexer werdenden Kriegführung zur Alltäglichkeit wurde. Nach Königgrätz hatte Bismarck große Schwierigkeiten mit dem preußischen Oberkommando, das nun, da es den Sieg witterte, große österreichische Gebiete annektieren und im Triumphmarsch in die österreichische Hauptstadt einziehen wollte. Bismarck widersetzte sich diesem Plan, da er den Krieg unnötig verlängert und so die Gefahr der Intervention durch die anderen Mächte erhöht hätte. Den Monat Juli hindurch führte sein Botschafter in Paris

21. Die Schlacht von Königgrätz (3. 7. 1866)

vorsichtige Verhandlungen mit Napoleon III., in denen er sich bemühte, Napoleons Genehmigung zu einer Neuordnung Norddeutschlands zu einem Bund unter preußischer Führung zu erhalten und gleichzeitig umfangreiche Annexionen vorzunehmen. Bismarck fürchtete, das Vorhaben der Militärs und des Königs würden diese Verhandlungen durchkreuzen und Napoleon auf die Seite Österreichs bringen. Überdies sah er keinen Sinn darin, Österreich unnötige Strafen aufzuerlegen; denn diese würden nur ein Hindernis für eine künftige Freundschaft bilden.

Folglich widersetzte sich Bismarck nach dem Sieg in Böhmen energisch allen Plänen des Militärs, nach Südosten vorzustoßen, und er zog sich dadurch die Abneigung Moltkes und der jungen Generalstabsoffiziere zu, die zivile Einmischung in eine Sphäre, die sie als eine strikt militärische betrachteten, übelnahmen. Die Zustimmung Napoleons III. zu den preußischen Annexionswünschen in Norddeutschland und zur Neuordnung Deutschlands nördlich des Mains in einen Bund unter der Voraussetzung, daß die südlichen Staaten Baden, Württemberg und Bayern selbständig blieben und Sachsen nicht völlig zerstört würde, kam Bismarck zu Hilfe, und er konnte sich durchsetzen.

Im Juli wurden in Nikolsburg die Friedensbedingungen aufgesetzt und einen Monat später durch den Prager Frieden bestätigt und vervollständigt. Österreich mußte seine endgültige Trennung von Deutschland anerkennen, sich zur Zahlung einer geringen Entschädigung und zur Abtretung Venetiens an Italien verpflichten. Sonst verlor es nichts. Seine deutschen Verbündeten befanden sich in einer weniger günstigen Situation. Das Königreich Hannover, die Herzogtümer Nassau und Kurhessen und die freie Stadt Frankfurt wurden von Preußen annektiert, das nun ganz Norddeutschland umfaßte. Selbst die Unabhängigkeit der südlichen Staaten war gefährdet; denn Bismarck handelte sofort nach dem Friedensschluß Schutz- und Trutzbündnisse mit jedem von ihnen aus.

Die Kriegsfolgen

Der Dualismus im Österreichischen Kaiserreich. Die Niederlage und Nachfolgende Trennung Österreichs von Deutschland geboten der Habsburger Monarchie eine schnelle Durchführung der Pläne zur Umwandlung der inneren Struktur des Kaiserreiches; wie sich aber herausstellen sollte, löste sie die höchst dringlichen inneren Probleme nicht, sondern verschärfte sie eher. Zum Verständnis dieser Umformung ist ein kurzer Rückblick auf die Ereignisse von 1848–1849 notwendig.

Die Revolutionen jener Jahre hatten das Kaiserreich bis in seine Grundfesten erschüttert und die tiefe Unzufriedenheit der unterworfenen Nationalitäten Österreichs mit einer Regierungsform, die ihre historischen Rechte nicht anerkannte, zutage gefördert. Die Revolutionen schienen auch darauf hinzudeuten, daß eine föderative Gliederung – ähnlich wie sie in der Verfassung von Kremsier vorgesehen war (s. S. 115) – dem Zusammenhalt des Vielvölkerstaates die größten Chancen einräumen würde. Diesen Dingen schenkten Franz Joseph und die Regierung Schwarzenberg jedoch keinerlei Beachtung. Nach der Niederschlagung der Revolutionen machten sie den Absolutismus und die Zentralisation zu ihren Leitgrundsätzen. In den darauffolgenden zehn Jahren wurden die Landtage aufgelöst und die alte ungarische Verfassung außer Kraft gesetzt. Das Kaiserreich wurde mittels eines ausgeklügelten bürokratischen Apparats, unterstützt durch Geheimpolizei und Armee, regiert. Dieses System war im ganzen Kaiserreich unbeliebt, aber erst im Jahre 1859, als die Niederlage in Italien das Ansehen der Monarchie erschütterte, begann die Regierung, Reformen in Erwägung zu ziehen.

In den Jahren 1860/61 wurden die Landtage wieder eingesetzt, die Kompetenzen des Reichsrates erweitert, um ihm den Anschein einer beratenden Kammer zu geben, und es wurden eine ganze Reihe kaiserlicher Deklarationen abgegeben, die die Absicht der Regierung bekundeten, die Rechte aller ihr unterworfenen Völker anzuerkennen und auf ein konstitutionelles System hinzuarbeiten. Durch das Zögern des Kaisers, eine dem echten Föderalismus ähnliche Reichsstruktur zu dulden, wurde all diesen Maßnahmen eigentlich die Wirkung genommen. Im Jahre 1860 suchte Franz Joseph die Vollmachten des ungarischen Landtags einzuschränken, indem er bestimmte wichtige Angelegenheiten der ausschließlichen Beratung durch den Reichsrat vorbehielt; in ihm herrschten die aristokratischen und deutschen Elemente vor, von denen zu erwarten war, daß sie den kaiserlichen Wünschen nachkommen würden. Und als im Jahre 1861 ein Zweikammer-Parlament für das gesamte Kaiserreich errichtet wurde, stellte das Wahlverfahren die deutsche Mehrheit in den Delegationen sicher.

Diese Verfahrensweise löste nicht nur Proteste der Landtage aus und führte manchmal zu Boykotten des Reichsparlaments, sondern sie stimulierte auch kulturelle Bewegungen, die nachdrücklich zum Widerstand gegen die Vorherrschaft der Deutschen aufforderten. Den hartnäckigsten Widerstand leisteten die ungarischen Madjaren, die in Franz Déak (1803–1876), einem exzellenten Taktiker, einen Anführer fanden, der alle Schwächen der Reichsregierung ausnutzte. Déak war kein Extremist. Er stellte sich gegen die Ambitionen von Exilungarn wie Kossuth, die von der Unabhängigkeit Ungarns träumten, weil er nicht glaubte, daß Ungarn auf eigenen Füßen stehen könne. Aber er beharrte darauf, daß eine Verständigung mit der Wiener Regierung nur unter Wiederherstellung der im Jahre 1848 errungenen Freiheiten (s. S. 104) möglich sei.

Der Widerstand der unterworfenen Nationalitäten verhinderte ein leistungsfähiges Funktionieren des Reichssystems; und als die Minister Franz Josephs zu der Überzeugung gelangten, daß ein Krieg mit Preußen unumgänglich sei, wurden sie durch Wahnvorstellungen von Streiks und Fahnenflucht geplagt, wie sie während des Krieges von 1859 stattgefunden hatten. Sie nahmen daher Verhandlungen mit den mächtigsten Dissidenten, den Madjaren, auf. Die Niederlage Österreichs im Krieg mit Preußen erforderte zwangsläufig eine Übereinkunft zu den Bedingungen Ungarns; denn ihre Kooperation war erforderlich, wenn nicht gerade, um die vollständige Auflösung des Kaiserreiches zu verhindern, so doch zumindest, um die Wiedererlangung der Großmachtstellung Österreichs zu ermöglichen.

Die Verhandlungen schlossen im Jahre 1867 mit dem Ausgleich ab, der das Habsburger Kaiserreich in eine Doppelmonarchie umwandelte, die auf zwei unabhängigen, gleichen Staaten mit einem Herrscher (der Kaiser von Österreich und König von Ungarn sein sollte), mit einer kaiserlichen und königlichen Armee und mit gemeinsamen Ministerien für Außen-, Militär- und Finanzpolitik gründete. Beide Hälften dieses neuen Österreich-Ungarn sollten jeweils über ihr eigenes Parlament, Ministerkabinett, ihre eigene Beamtenschaft und Verwaltung verfügen. Zur Kontrolle des gemeinsamen Außen-, Kriegs- und Finanzministeriums wählten die beiden Nationalparlamente Ausschüsse, die in Wien und Budapest zusammentraten, schriftlich miteinander in Verbindung standen und, sehr selten, gemeinsame Sitzungen abhielten.

Der Ausgleich machte die Reichsregierung wieder funktionsfähig und brachte wirtschaftliche Vorteile mit sich, indem er eine effektive Zollunion ermöglichte und einen großen Absatzmarkt schuf, auf dem sich die Industrie- und Agrargebiete gegenseitig ergänzten. Zur Lösung des Nationalitätenproblems aber trug er nicht bei. Er kann wahrlich als Abkommen zwischen der deutschen Minderheit in der westlichen und der madjarischen Minderheit in der östlichen Häfte des Kaiserreiches auf Kosten der Tschechen, Slowaken, Kroaten, Serben, Polen und Rumänen bezeichnet werden. Auf die Dauer bewirkte der Ausgleich bei den unterworfenen Nationalitäten eine Umkehrung ihres Wunsches: Sie wollten nicht mehr Autonomie innerhalb des Kaiserreiches, sondern Unabhängigkeit vom Kaiserreich.

Die Kapitulation des preußischen Liberalismus. Mit dem überwältigenden Sieg über die Streitkräfte Benedeks bei Königgrätz bereitete die preußische Armee zugleich der liberalen Opposition in der Abgeordnetenkammer eine entscheidende Niederlage. Die Energie und der Enthusiasmus der liberalen Opposition gegen die Militärreformen des Königs in den Jahren 1862 und 1863 hatten während des Feldzuges gegen Dänemark nachgelassen und waren mit der Bekanntgabe Bismarcks im April 1866, daß er eine grundlegende Reform des Deutschen Bundes und die Gründung eines deutschen Parlaments aufgrund des allgemeinen Wahlrechts befürworte, noch schwächer geworden. Als der Krieg gegen Österreich näherrückte, schwand ihr Widerstand nahezu völlig; denn selbst die Unnachgiebigsten in der Fortschrittspartei begannen einzusehen, daß sie nicht nur die Unterstützung der Massen verloren, die von patriotischem Geist erfüllt waren, sondern auch die des Mittelstands, der sie vorher in ihrem Kampf gegen Bismarck unterstützt hatte, jetzt aber zu der Überzeugung gelangte, daß seine Politik die nationale Einheit versprach.

Die Popularität der Regierungspolitik bestätigte sich in den nach Kriegsbeginn abgehaltenen Wahlen für das Abgeordnetenhaus. Während sich die Zahl der Konservativen von 38 auf 142 Abgeordnete erhöhte, ging die Fortschrittspartei so geschwächt aus der Wahl hervor, daß sie selbst in Verbindung mit den Gemäßigten in der Kammer immer noch in der Minderheit blieb.

Bismarck war über die Niederlage der Liberalen befriedigt; es lag ihm aber nicht daran, sie weiter zu schwächen, denn er würde die Unterstützung der Liberalen noch brauchen. Daher gab er ihnen eine Chance, ihre Opposition aufzugeben, ohne das Gesicht völlig zu verlieren. Er ließ die Bereitschaft der Regierung durchblicken, zuzugeben, daß sie durch das Vorgehen ohne bewilligtes Budget seit 1862 gegen die Verfassung verstoßen habe, falls die Kammer als Gegenleistung alle vorhergehenden Ausgaben durch ein Indemnitätsgesetz legitimieren würde. Die Liberalen ergriffen diese Gelegenheit, um aus ihrer heiklen Lage herauszukommen, und stimmten im September 1866 für die Indemnitätsvorlage.

Ihre Billigung der Maßnahmen, die sie einst verurteilt hatten, und ihr bezeichnendes Stillschweigen zu den Heeresreformen während der Indemnitätsdebatte ließ sich nicht allein aus Gründen der politischen Zweckmäßigkeit erklären. Viele von ihnen stimmten enthusiastisch für Indemnitätsvorlage und legten nun eine peinliche Eilfertigkeit an den Tag, sich als überzeugte Anhänger Bismarcks und seiner Prinzipien und Methoden auszugeben. Im Oktober 1866 spaltete sich die Fortschrittspartei. Die eine Gruppe verkündete ihre volle Anerkennung der Außenpolitik Bismarcks und fügte beinahe als nachträgliche Entschuldigung hinzu, in der Innenpolitik werde sie «die Pflichten einer wachsamen und loyalen Opposition» erfüllen. Dies war die Geburtsstunde der Nationalliberalen Partei, die in der nächsten Generation Hauptsprachrohr des Mittelstands werden sollte. Die trennende Kluft zwischen ihren Prinzipien und dem Liberalismus von 1848 und 1862 wird in den Worten eines ihrer Mitglieder deutlich: «Die Zeit der Ideale ist vorüber ... Politiker heute haben weniger als je zu fragen, was wünschenswert, als was erreichbar ist.» All dies zeigte, wie nachhaltig Bismarck die Wertvorstellungen seiner Gegner zerschlug, so daß sie nun angesichts der verführerischen Anziehungskraft der Macht und deren Erfolge ihr früheres Freiheitsbegehren vergessen konnten.

In diesem Zusammenhang verdienen zwei weitere Dinge Erwähnung. Erstens schwächte der Sieg Preußens über Österreich, dem bald ein noch glorreicherer Sieg über Frankreich folgen sollte, das Selbstbewußtsein des Mittelstands. Es hatte eine Zeit gegeben, da er sich aufgrund seiner wirtschaftlichen Erfolge und seines faktischen Monopols sowohl auf Wohlstand als auch auf Bildung als die künftig herrschende Schicht in Deutschland gesehen und sich ermutigt gefühlt hatte, die Aristokratie mit Herablassung zu betrachten. Doch die Siege auf dem Schlachtfeld und sein eigenes politisches Versagen hatten dieses Bild verändert. Das Prestige des Offizierskorps und des Adels, aus dem es sich rekrutierte, erreichte seinen absoluten Höhepunkt; ihre gesellschaftliche und politische Position war ganz und gar unerschütterlich. Der gehobene Mittelstand suchte Anschluß an diese nun hochgeachtete, blendende soziale Oberschicht, indem er ihr Verhalten, ihren Zeitvertreib und selbst ihre Laster nachahmte.

Eine weitere Folge des scharfen Kontrastes zwischen militärischem und diplomatischem Erfolg auf der einen und parlamentarischer Ineffektivität auf der anderen Seite war die Bestärkung in der Auffassung, daß von Parlamenten nicht viel zu erwarten sei. Diese Betrachtungsweise sollte die Fortschritte Deutschlands auf dem Wege zur Demokratie hemmen.

Der Norddeutsche Bund. Durch den Krieg mit Österreich war der alte Deutsche Bund aufgelöst worden und Preußen gründete nun einen neuen. Nach Monaten der Planung, der Ausarbeitung von Entwürfen und des Debattierens trat die Verfassung dieses neuen Zusammenschlusses im Juli 1867 in Kraft. Der Norddeutsche Bund umfaßte die 22 deutschen Staaten nördlich des Mains. Sein Präsident war der König von Preußen, und er verfügte über eine Zweikammer-Legislative: ein durch allgemeines Stimmrecht der Männer gewähltes Parlament (Reichstag), das Budget- und Debattierrecht sowie das Recht zur Zustimmung bzw. Ablehnung aller Gesetze, nicht aber das Recht zur Gesetzesinitiative besaß; und einen Bundesrat, dessen Abgeordnete von den Fürsten der einzelnen Bundesstaaten ernannt wurden. Der Bundesrat konnte gegen die vom Reichstag verabschiedeten Gesetze sein Veto einlegen und mußte von diesem vorgeschlagene Gesetzesänderungen billigen. Durch das Recht des Königs, seine Minister zu bestimmen, deren Immunität gegen die Kontrolle durch den Reichstag, Preußens Kontrolle über das Heer und aufgrund der Tatsache, daß Preußen siebzehn der 43 Sitze im Bundestag innehatte, was es ihm leichtmachte, sich durch Verhandlung genügend zusätzliche Stimmen für eine Mehrheit zu verschaffen, war die Vorherrschaft Preußens gewährleistet.

Für den Bund bestand keinerlei Hindernis sich durch Aufnahme weiterer Staaten zu vergrößern, und diejenigen, die ihn beschlossen hatten, hofften, daß er sich auf Baden, Württemberg, Bayern und den südlich des Mains gelegenen Teil Hessen-Darmstadts ausdehnen würde. Im Süden wollten zwar viele den Beitritt, die herrschenden Schichten aber wünschten ihn nicht. Sie, der katholische Klerus und viele katholische Gläubige sowie Demokraten, Sozialisten und unentwegte Antimilitaristen setzten ihm erbitterten Widerstand entgegen. Die Meinung des Südens war nach 1866 eine der größten Sorgen Bismarcks, aber natürlich nicht seine einzige. Auch Frankreichs Interesse galt dem Schicksal Süddeutschlands, und Bismarck mußte Napoleon III. in seine politischen Planungen einbeziehen.

10. Die Reorganisation Europas 1866–1871

Der übrige Teil des Kontinents und seine benachbarten Inseln hielten sich aus den Ereignissen in Mitteleuropa heraus. Lediglich die französische Regierung zog eine Intervention in die Waffenrivalität der deutschen Mächte ernsthaft in Erwägung. Die Aufmerksamkeit der anderen Regierungen wurde durch drängende innenpolitische Probleme beansprucht.

Großbritannien von Palmerston bis Gladstone

Nichteinmischungspolitik und koloniale Probleme. Die unglücklichen Erfahrungen des Krimkriegs hatten den Engländern den Appetit auf Verwicklungen in ausländische Angelegenheiten gründlich verdorben. Während des polnischen Aufstands von 1863 gab die Regierung Palmerston-Russell Erklärungen ab, die Beistandsversprechungen an die Rebellen nahe kamen, erfüllte sie aber nicht. Mit dem Kommentar, «Die Engländer wissen, daß die meisten Polen, die sie gesehen haben, schmutzig sind, und daß sehr viele, die sie nicht gesehen haben, unterdrückt sind; aber für eine ferne Rasse ungewaschener Märtyrer in den Krieg zu ziehen, scheint ein hoffnungsloses Unterfangen», vertrat die «Pall Mall Gazette» wahrscheinlich die Meinung der meisten Engländer. In einer Debatte im Unterhaus im Juli 1864 forderten Sprecher auf beiden Seiten des Hauses die Rückkehr zum Prinzip der Nichteinmischung in die Kontinentalpolitik, womit offenbar eine Politik des strikten Fernhaltens von Europa gemeint war. Eine solche Politik wurde nach 1864 von allen Parteien verfolgt. Britannien hatte zu den großen Entscheidungen von 1866 und 1870 nichts zu sagen.

Es war nicht nur Reaktion auf das Krimdebakel. Im Gegensatz zu den Staaten in Mitteleuropa hatte Britannien bedeutende Territorien und vertrat Interessen in Übersee, die seine ständige Aufmerksamkeit erforderten. In den Jahren des Umwandlungsprozesses in Europa traten in Indien, im Fernen Osten, im südwestlichen Pazifik und in Nordamerika Probleme auf, die Teile des Interesses und der Energie beanspruchten, die zu anderen Zeiten möglicherweise dem Gebiet jenseits des Kanals gegolten hätten.

In dem Jahr nach Beendigung des Krimkriegs brach z. B. in Indien ein blutiger Aufstand gegen die britische Macht aus. Eine erfolgreiche Meuterei von Eingeborenentruppen, oder Sepoys, der British East India Company führte zu vielfachen Unruhen und Morden an Europäern. Etwa ein Drittel des gesamten indischen Gebietes gelangte unter die Kontrolle der Rebellen. Die Meuterei hatte jedoch keine klar formulierten Ziele, keine zentrale Leitung und nur wenige begabte Anführer; und nachdem der anfängliche Schock überwunden war, schlugen die Briten die Unruhen entschlossen und rasch nieder und demonstrierten mehrfach, daß zahlenmäßige Überlegenheit gegen gute Organisation und moderne Waffen nichts ausrichten konnte. Im Januar

1858 war die britische Autorität in Indien wieder hergestellt, wenn auch noch mehrere Monate lang Säuberungsaktionen durchgeführt wurden. Entscheidendes Resultat der Meuterei war eine Vertiefung der Kluft zwischen den Briten und ihren eingeborenen Untertanen.

In diesen Jahren waren britische Truppen auch im Fernen Osten in Kämpfe verwickelt, wo Lord Palmerston nach einer Reihe von Zusammenstößen mit chinesischen Behörden eine klare Anerkennung diplomatischer und kommerzieller Rechte in China verlangte und gemeinsam mit Frankreich zu Gewaltmaßnahmen schritt, um seine Forderungen durchzusetzen. Im südlichen Pazifik verlangten sowohl Australien als auch Neuseeland die Aufmerksamkeit der britischen Gesetzgeber. Schließlich richtete sich das Augenmerk der Briten in diesem Abschnitt lange Zeit auf Nordamerika, insbesondere nach dem Ausbruch des Bürgerkriegs in den Vereinigten Staaten.

Dieser Konflikt weckte auf den britischen Inseln viel tiefere Leidenschaften als irgendein Krieg in Europa, zum einen, weil er durch die drastisch verminderte Einfuhr von Rohbaumwolle für die Fabriken von Lancashire und Yorkshire direkte Auswirkungen auf die britische Wirtschaft hatte, zum anderen, weil er ernste Probleme politischer, ideologischer und moralischer Art aufwarf. Die Frage, ob es ratsam sei, die Konföderation als eine Nation anzuerkennen, spaltete Land und Regierung. Schließlich tat die Regierung, was sie für den Willen des Volkes hielt, dessen Sympathien, insbesondere in den durch die Baumwollknappheit am härtesten getroffenen Gebieten (und dies widersprach allen Theorien des ökonomischen Determinismus), vorwiegend den Nordstaaten galten. Dennoch kam es zu schweren Krisen zwischen Großbritannien und der Unionsregierung der Nordstaaten, und manchmal schien ein Krieg zwischen den beiden Ländern nicht ausgeschlossen. Die britische Regierung war sich sehr wohl im klaren darüber, daß ein derartiger Konflikt mit großer Sicherheit zu einem amerikanischen Angriff gegen Kanada führen würde.

All diese Ereignisse sind wichtig zum Verständnis für die relative Zurückhaltung Britanniens gegenüber den Komplikationen in Europa nach 1856. Es sind aber nicht die einzigen. In diesen Jahren ereignete sich in England selbst sehr viel.

Die Parteipolitik. Das bedeutendste Ereignis in der Politik, das auch die Gemüter am stärksten erregte, war die Verabschiedung der zweiten «Reform Bill» im Jahre 1867. Vorher aber hatten sich die Parteien in ihrem Charakter und ihrer Führung verändert, wodurch das Gesetz im wesentlichen erst möglich geworden war.

Nach Beendigung des Krimkrieges hielt die Verwirrung, die durch die Debatte über die Aufhebung der Getreideschutzzollgesetze in den 40er Jahren in der britischen Politik gestiftet worden war, über Jahre hinaus an. Die Parteien hatten sich zu losen Koalitionen ohne inneren Zusammenhalt und mit ständig wechselnder Mitgliedschaft entwickelt. Auf der einen Seite schlossen die aristokratischen Whigs und die Radikalen der Manchester-Schule eine eigenartige Freundschaft; auf der anderen Seite hatten die Tories ihren Streit mit den Anhängern Peels noch nicht beigelegt. Unter diesen Umständen ist es verständlich, daß sie keine stark voneinander abweichenden Programme hatten. Man könnte tatsächlich sagen, sie hatten gar keine Programme und hielten sie auch nicht für notwendig.

Diese Situation begann sich in den 60er Jahren zu ändern, nicht zuletzt durch den Aufstieg und die Anerkennung neuer Führer. Eine moderne Konservative Partei, die sowohl städtische Wähler als auch agrarische Interessen ansprach, konnte erst aufkommen, nachdem die Tories Benjamin Disraeli (1804–1881) als ihren Führer akzeptiert hatten, eine brillante und farbige Persönlichkeit spanisch-jüdischer Abstammung. Er hatte sich mit der Führung der Attacke gegen Peel im Jahre 1846 in der Politik einen Namen gemacht; seine Kollegen aber betrachteten ihn lange argwöhnisch als opportunistisch, unenglisch und unzuverlässig. Durch seine erfolgreiche Parteiführung im Unterhaus überwand er allmählich diese Ablehnung und erreichte Anerkennung als Parteiführer im Jahre 1868. Seine Vorstellungen von einem konservativen Programm konnte er seinem Land jedoch erst im darauffolgenden Jahrzehnt vermitteln.

Die Umwandlung der alten Koalition von Whigs und Liberalen in die moderne Liberale Partei war weitgehend das Verdienst zweier Männer, John Bright und William Ewart Gladstone (1809–1898). Der Baumwollfabrikant und Quäker Bright hatte gemeinsam mit Cobden den Kampf und die Aufhebung der Getreideschutzzölle geführt. Nach 1847 war er Parlamentsabgeordneter für Manchester und der maßgebliche Führer der sogenannten Manchester-Schule, die die Ausdehnung des Freihandelsprinzips, die Steuersenkung, eine billigere Außenpolitik und die Erweiterung des Wahlrechts zugunsten einer stärkeren Vertretung der bevölkerungsreichen Bezirke des Landes verfocht. Er war einer der größten Redner Englands und hatte sich ausgezeichnet durch seine Gegnerschaft zum Krimkrieg und sein lebhaftes Eintreten für die Sache der Union der Nordstaaten während des amerikanischen Bürgerkriegs; sein Engagement hatte viel dazu beigetragen, daß Britannien neutral blieb. Den vielleicht größten Dienst erwies er dem modernen britischen Liberalismus durch die Art und Weise, in der er die moralische Notwendigkeit einer politischen und gesellschaftlichen Reform und die Umwandlung der im wesentlichen negativen «Laisser-faire»-Philosophie in einen positiven Glauben an Verbesserung vertrat.

Trotz all seiner großen Begabungen war Bright nicht der Mann, der eine moderne politische Partei führen konnte. Er vertrat in zu vielen Dingen extreme Ansichten, und allein sein doktrinärer Pazifismus ließ ihn vielen Leuten als Theoretiker erscheinen. Erster Vorsitzender der neuen Liberalen Partei, der dieses Amt fast bis zum Ende des Jahrhunderts innehatte, wurde Gladstone, der ebenso sprachgewaltig war wie Bright, aber im allgemeinen als beständiger und zuverlässiger galt. Der Sohn eines Liverpooler Geschäftsmannes wurde Nachfolger Sir Robert Peels, in dessen letztem Kabinett er wirkte. In den Regierungen Aberdeen (1852–1855), Palmerston und Russell (1859–1866) war er Schatzkanzler und zeichnete sich aus durch die Förderung der Freihandelspolitik, die Abschaffung der Papiersteuer – eine Maßnahme, die durch Senkung der Buch- und Zeitungspreise den Kreis der Leser im Volke vergrößerte –, die Planung eines effektiven Postspar- und Versicherungswesens, von dem die Arbeiterschicht regen Gebrauch machte, und durch die systematische Senkung sowohl der direkten als auch der indirekten Steuern. Sein Ansehen und seine Popularität waren um diese Zeit so groß, daß seine Ernennung zum Parteiführer nach dem Ausscheiden Palmerstons und Russels kaum in Frage stand.

Die «Reform Act» von 1867. Der neue Geist, den Gladstone und Bright in die Liberale Koalition einbrachten, zeigte sich in der Kampagne für die «Reform Act» von 1867. Die Notwendigkeit eines neuen Gesetzes zur Regelung des Wahlrechts und Verteilung von Parlamentssitzen war schon seit Jahren schmerzlich zutage getreten. In den 60er Jahren besaß nur einer von sechs männlichen Erwachsenen das Wahlrecht, und trotz der tiefgreifenden Veränderungen in der Bevölkerungsverteilung seit 1832 hatte keine Umverteilung der Parlamentssitze stattgefunden, so daß die großstädtischen Bezirke stark unterrepräsentiert waren.

Um die Mitte der 60er Jahre war das Land nicht mehr bereit, diese Situation noch länger zu dulden. Gladstone scheint sich dessen bewußt gewesen zu sein, als er in einer berühmten Rede im Unterhaus im Mai 1864 die Überzeugung zum Ausdruck brachte, «jedermann, der nicht in Anbetracht einer persönlichen Unfähigkeit oder politischen Gefahr voraussichtlich ungeeignet ist, hat moralisch das Recht, in den Bereich der Verfassung zu gelangen». Bright hatte immer schon die breitere Verteilung der politischen Macht befürwortet und wurde nun der leidenschaftlichste Verfechter von Veränderungen.

Der Streit begann im Juni 1866, als Gladstone – als Unterhausführer im Kabinett Russell – eine Reformvorlage einbrachte, die von Konservativen und abgespaltenen Liberalen mit vereinten Kräften unter Führung Robert Lowes, der der Überzeugung war, die Ausdehnung des Wahlrechts führe zu einer Katastrophe, prompt niedergestimmt wurde. Dieser Rückschlag bewirkte zwar den Sturz der Regierung Russell, führte aber in Wirklichkeit zum Sieg der Reformbewegung. Er verärgerte die liberalen Reformer und erhöhte ihren Eifer, und er bewirkte Unruhen im Volke. Erfolgreicher Führer der konservativen Regierung, die an die Stelle der liberalen trat, war Disraeli, und jener gerissene Politiker entschied, daß es vorteilhafter sei, dem Volkswunsch nachzukommen und jedweden sich daraus ableitenden politischen Gewinn positiv zu verbuchen, anstatt sich ihm unnütz zu widersetzen. Es war Disraeli, der die Reformvorlage von 1867 einbrachte; und indem er ihre Verabschiedung durchsetzte, stellte er sein parlamentarisches Geschick meisterhaft unter Beweis. (In städtischen Wahlbezirken erteilte das Gesetz allen Haushaltsvorständen und allen Mietern, die eine Jahresmindesmiete von £ 10 zahlten, in ländlichen Wahlbezirken Eigentümern von Grundbesitz mit einem Jahresertrag von £ 5 und Pächtern, die eine Jahrespacht von £ 12 zahlten, das Wahlrecht. Es erhöhte die Wählerschaft in England und Wales um 938 000 Stimmberechtigte.)

Die eigentlichen Urheber des Gesetzes aber – das Britannien durch Verdopplung der Wählerschaft auf den Weg der Demokratie brachte – waren Gladstone und Bright. Die neue Wählerschaft schien sich dessen bewußt zu sein; denn in den Wahlen von 1868 brachte sie die Liberalen mit einer beachtlichen Mehrheit wieder an die Macht, und Gladstone wurde Premierminister.

Gladstones Reformen. Die erste Amtsperiode Gladstones, das sogenannte «Great Ministry» (Große Kabinett), dauerte von 1868 bis 1874. Es war eine Periode voll gesetzgeberischer Aktivität. Am wenigsten bemerkbar machte sich das auf dem Gebiet der Betriebsordnung und der Arbeitgeber-Arbeitnehmer-Beziehungen, wo staatliche Eingriffe den liberalen Prinzipien entgegenstanden. An anderer Stelle versuchte die Regierung ernstlich, Bedürfnisse zu befriedigen und Beschwerden zu beseitigen. Sie verabschiedete grundlegende Reformen auf den Gebieten der Zivilverwaltung, der Erziehung und der Irlandpolitik. Schließlich erfüllte sie mit der «Ballot Act» (Wahlgesetz) von 1872 die alte Forderung der Chartisten nach geheimen Wahlen. Und sie betrieb die ersten grundlegenden Veränderungen in der Armeeverwaltung seit Waterloo (s. S. 240). Zwei für den Reformgeist der Liberalen typische Maßnahmen waren die Reform des Beamtentums von 1870 und die «Education Act» (Erziehungsgesetz) desselben Jahres. Erstere machte die Besetzung der meisten Beamtenstellen von offenen Ausleseprüfungen abhängig. Letztere gab der Volkserziehung einen ungeheuren Auftrieb, wenngleich sie keine Grundschulpflicht bei Schulgeldfreiheit vorsah, wie sie in einigen Ländern des Kontinents bereits eingeführt war. Das Prinzip der Freiwilligkeit und die Furcht vor staatlichem Diktat gehörten so sehr zur liberalen Tradition, daß das Erziehungsgesetz ein kunstvolles Gewebe von Kompromissen darstellte. Es teilte das Land in Schulbezirke ein, die je nach Art und Bedürfnissen behandelt wurden. Wo ausreichende Grundschuleinrichtungen vorhanden waren, wurden die bestehenden Schulen lediglich unter Regierungsaufsicht gestellt und konnten vom Parlament Unterstützung beantragen. Gebiete, in denen es keine Schulen gab, erhielten regionale Schulgremien, die neue Schulen errichteten und beaufsichtigten und zu ihrem Unterhalt Gemeindesteuern erhoben. In Gebieten mit einer außerordentlich armen Bevölkerung konnten diese Gremien Schulen errichten, deren Besuch kostenlos war, oder die Gebühren für arme Schüler übernehmen; im allgemeinen aber wurde von den Eltern erwartet, daß sie für die Unterrichtung ihrer Kinder zahlten. Die gebührenfreie Grundschulerziehung wurde erst im Jahre 1891 eingeführt.

Ebenso wie die «Education Act» von 1870 das alte Vertrauen der Liberalen in die Privatwirtschaft und das traditionelle Mißtrauen gegenüber einer

Ausdehnung der staatlichen Macht demonstrierte, war sie auch geprägt von dem Argwohn gegenüber der Staatsreligion, der dem Liberalismus eigen war. Der Religionsunterricht sollte zwar sowohl in den privaten als auch in den staatlichen Schulen gestattet werden, mußte aber in den letzteren bekenntnisfrei sein, und in beiden Fällen konnten die Eltern aus Gewissensgründen die Befreiung ihrer Kinder vom Religionsunterricht beantragen. Ein weiterer Sieg über die Konfession wurde im Jahre 1870 mit der Abschaffung der Religionsprüfungen verbucht, aufgrund derer die Universitäten nur Mitgliedern der Kirche von England zugänglich gewesen waren.

Gladstone und Irland. Die Energien des ersten Kabinetts Gladstone konzentrierten sich jedoch vorrangig auf die Probleme Irlands. Die Beschwerden dieses unglücklichen Landes gegen England waren religiöser, politischer und wirtschaftlicher Art. Überwiegend katholisch, wandten sich die Iren dagegen, daß sie die Zehntsteuer an die anglikanische Kirche Irlands zahlen mußten, und sie grollten darüber, daß es keine katholische Universität im Lande gab, die zur Verleihung von Universitätsgraden berechtigt war. In politischer Hinsicht lehnten sie die «Act of Union» (Gesetz über die Vereinigung mit England) von 1800 ab und waren keineswegs dankbar für die verspätete «Act of Emancipation» von 1829, die Irland die parlamentarische Vertretung zugestand, indem Katholiken im Unterhaus zugelassen wurden. In wirtschaftlicher Hinsicht waren sie das Opfer der Umstände: es gab weder genügend Land, noch eine bemerkenswerte industrielle Entwicklung, die zum Unterhalt einer schnell wachsenden Bevölkerung genügt hätte. Diejenigen, die nicht in die Emigration flüchteten, ernährten sich von dem Ertrag kleinster Ackerflächen, die ihnen von den Pächtern englischer Grundbesitzer unterverpachtet wurden. Die meisten von ihnen lebten von einer Ackerfrucht, der Kartoffel, und wenn diese ausfiel, wie in den Jahren 1845 und 1846, war die Zahl der Hungertode erschütternd. Diese beklagenswerten wirtschaftlichen Bedingungen konnten gerechterweise nicht den Engländern angelastet werden; das geschah aber, und zwar aus dem einfachen Grunde, weil die Engländer das meiste Land besaßen. Diese Mißstände wurden verschlimmert durch andere, wie z. B. die Tatsache, daß die meisten Pächter keinen Pächterschutz besaßen und mit sofortiger Wirkung, ohne jede Entschädigung für Verbesserungen, die sie während ihrer Pachtzeit vorgenommen hatten, exmittiert werden konnten.

Bei seinem Amtsantritt im Jahre 1868 sagte Gladstone: «Meine Mission ist es, Irland zu befreien!», und sein erster Schritt in diese Richtung war die Forderung nach Abschaffung der anglikanischen Kirche in Irland als Amtskirche und damit auch der von allen Einwohnern geleisteten kirchlichen Abgaben. Das erweiterte Wahlrecht von 1867 trug entscheidend dazu bei, daß er hierin Unterstützung erhielt; denn ein Großteil der neuen Wählerschaft waren Nonkonformisten.

Der Premierminister wandte sich unverzüglich der schwierigeren Frage der Landverpachtung zu und setzte im Jahre 1870 die Zustimmung des Parlaments zu einem Gesetz durch, daß den irischen Pächtern Gerechtigkeit widerfahren lassen sollte. Die «Land Act» von 1870 schützte sie vor der willkürlichen Exmittierung und bewirkte eine Verbesserung der irischen Situation, obgleich schon bald Schlupflöcher und Ungereimtheiten in dem Gesetzeswerk zutage traten.

Weder diese Reformen noch Gladstones erklärte Absicht, Irland ausreichende höhere Bildungseinrichtungen zu gewähren, beschwichtigte das irische Volk; irische Agitationen beschäftigten die britischen Regierungen bis zum Ersten Weltkrieg.

Rußland unter Alexander II.

Nichteinmischungspolitik und imperiale Expansion. Ähnliche Merkmale wie die britische Geschichte charakterisierten auch den Verlauf der russischen Geschichte in diesen Jahren. Auch Rußlands Zurückhaltung gegenüber der europäischen Politik war von der Reaktion auf das Krimabenteuer, von kolonialen Interessen und von der Dringlichkeit innenpolitischer Probleme bestimmt. Sowohl die Kriegsverluste als auch die Verärgerung über die Schwarzmeerklauseln des Pariser Friedens (s. S. 133) förderten in Rußland die Tendenz zu einer Politik der wachsamen Neutralität.

In diesen Jahren entdeckten die russischen Regierungen das Gebiet des Pazifik und erkannten allmählich die potentielle Bedeutung der Expansion in dieser Richtung. Schon vor dem Krimkrieg hatten russische Händler begonnen, sich im Amurtal Wege in chinesisches Gebiet zu bahnen. Im Jahre 1854 gründete eine von Nikolaj Murawjow, dem Generalgouverneur Ostsibiriens, angeführte Expedition an diesem Fluß die Stadt Chabarowsk, und während der Auseinandersetzungen der Chinesen mit den Briten und Franzosen in den späten 50er Jahren dehnte Murawjow seine Besitzungen aus. Andere Expeditionen errichteten Küstenansiedlungen und gründeten im Jahre 1860 die Stadt Wladiwostok; die russische Regierung erzwang die Anerkennung ihrer Erwerbungen durch die chinesische Regierung und ebensolche Vorrechte, wie diese den anderen Mächten eingeräumt hatte.

An den südlichen Grenzen des Russischen Reiches setzte sich der Drang nach außen fort. Um 1864 hatten russische Truppen einen Anspruch auf die gesamte Westküste des Kaspischen Meeres im Norden Persiens gesichert. Im selben Jahr wurde ein großer Feldzug gegen die moslemischen Khanate Kokand, Chiwa und Buchara eingeleitet.

Die wirtschaftlichen Versprechungen, die manchmal zur Rechtfertigung dieser Expansion dienten, wurden niemals voll erfüllt. Dennoch war die Expansion in Zentralasien ebenso wie im Fernen Osten im allgemeinen populär, und dies verstärkte die Tendenz des Landes, sich von den europäischen Angelegenheiten fernzuhalten.

Die großen Reformen. Während diese territorialen Eroberungen gemacht wurden, erfuhr Rußland eine Fülle von noch tiefgreifenderen Reformen in seiner gesellschaftlichen und politischen Struktur als England. Nach dem Krimkrieg schien Rußland – wie der Anarchist Fürst Kropotkin später in seinen Memoiren schreiben sollte – «aus dem tiefen Schlummer und dem schrecklichen Alptraum der Regierung Nikolaus' I. zu erwachen». Der neue Herrscher, Alexander II. (1855–1881), konnte kaum als Liberaler bezeichnet werden, aber er war klug genug, einzusehen, daß es Zeiten gibt, in denen Veränderungen zwingend notwendig sind. Er wußte, daß das Zarenregime infolge der jüngsten militärischen Niederlage an Ansehen verloren hatte, und befürchtete, dies könne unzufriedene Gruppen zu dem Gedanken ermutigen, daß die Zeit für sie gekommen sei, ihre Angelegenheiten selbst in die Hand zu nehmen.

Die breite Masse der russischen Bauern war dem Wesen nach noch Sklaven. Sie gehörten den Grundbesitzern, die ihnen die intimsten Details ihres persönlichen Lebens vorschreiben, sie körperlich züchtigen und sogar verkaufen oder, um Geld aufzubringen, verpfänden konnten (die Art und Weise ist in dem Meisterwerk Gogols «Tote Seelen» ausführlich beschrieben). Für einen Lebensunterhalt, der nur knapp über dem bloßen Existenzminimum lag, bearbeiteten die Bauern den Grund und Boden des Grundbesitzers mit ihren eigenen Werkzeugen und führten andere Arbeiten für ihn aus; und es gab keine Instanz, an die sie sich hätten wenden können, um gegen die Anordnungen des Grundbesitzers vorzugehen. Ihr Unmut über diese Bedingungen äußerte sich in Form von sporadischem Aufruhr. Während des Krimkriegs beispielsweise, als Milizeinheiten in ganz Rußland ausgehoben wurden, nahmen die Bauernunruhen derartig schwere Formen an, daß an einigen Stellen ganze Truppenregimenter mit Artillerie zu ihrer Niederschlagung eingesetzt werden mußten. Abgesehen davon konnte die Leibeigenschaft als Institution aus moralischen Gründen kaum verteidigt werden, und es gab zunehmenden Anlaß für die Vermutung, daß auch wirtschaftliche Argumente nicht mehr ausreichten. Zu einer Zeit, da die Bedingungen im Ausland die Entwicklung des russischen Weizenexporthandels begünstigten, wurde der Übergang zu einem großflächigen Getreideanbau durch ein System aufgehalten, in dem die Mehrheit der Grundbesitzer nichts von Ackerbau verstand und die Mehrheit der Leibeigenen traditionelle, unwirtschaftliche Methoden anwandte.

Alexander beschloß daher, das System zu reformieren, und seine im Jahre 1861 nach fünfjährigen Planungen, Verhandlungen und Kompromissen erlassenen Emanzipationsdekrete setzten der persönlichen Abhängigkeit des Leibeigenen vom Grundbesitzer ein Ende und machten ihn, zumindest dem Gesetz nach, zu einer Person, die sich frei bewegen, vertraglich geregelte Arbeitsverhältnisse eingehen, ihre Stelle wechseln konnte und andere Freiheiten genoß. Diese Freiheiten wurden jedoch dadurch eingeschränkt, daß die meisten Leibeigenen noch in Dorfgemeinschaften lebten. Alles ihnen zugeteilte Land unterhielten sie durch die Gemeinde, die eine kollektive Haftung für die Zahlung der Entschädigung an den Adel und der Steuern an die Regierung übernahm. Die Gemeinde überwachte sorgfältig die Tätigkeit des einzelnen Haushaltsvorstands und beschränkte nicht nur dessen freie Verfügung über die Erzeugnisse seines Grund und Bodens ein, sondern auch seine Freizügigkeit. Im Vergleich mit anderen Mitgliedern der Gesellschaft blieb der Bauer noch einige Jahre lang bedeutsamen Einschränkungen unterworfen.

Eine grundlegende Voraussetzung für die Reform war, daß die frei gewordenen Bauern (mit Ausnahme derer, die Hausangestellte gewesen waren) Land zu ihrem Lebensunterhalt erhalten sollten, für das sie aber, damit der Adel nicht verarmte, über eine Reihe von Jahren zahlen mußten. Später schrieb Kropotkin:

«Für viele Grundbesitzer war die Befreiung der Leibeigenen ein ausgezeichnetes Geldgeschäft. So wurde Land, das mein Vater in Erwartung der Bauernbefreiung in Parzellen zu elf Rubeln verkaufte, jetzt bei der Verteilung an die Bauern mit vierzig Rubeln bewertet ...»

Es ist geschätzt worden, daß nahezu die Hälfte der Parzellen der Bauern zu klein waren, um daraus ein Existenzminimum zu erwirtschaften; und in vielen Fällen verursachte der Nutzungsentzug von Wäldern und Weiden zusätzliche Härten. Es muß auch erwähnt werden, daß die meisten Bauern den Zwang zur Bezahlung ihrer Parzellen für ungerecht hielten. Innerhalb sehr kurzer Zeit stellten sich wieder Bauernunruhen ein.

Nicht alle Grundbesitzer waren in einer so glücklichen Lage wie der Vater Kropotkins, nicht einmal die meisten. Tausende von Angehörigen des mittleren Landadels waren vor der Bauernbefreiung verschuldet. Nun verloren sie ihre kostenlosen Arbeitskräfte; mit dem Geld, das sie aus den Entschädigungszahlungen erhielten, wurden zunächst ihre Schulden abbezahlt, so daß sie für die Umstellung auf die neuen Bedingungen nicht genügend Kapital zur Verfügung hatten.

Die Bauernbefreiung zog andere Reformen nach sich. Diese erfüllten allerdings nicht die Wünsche der liberalen Adligen und Intellektuellen, die von einer ähnlichen Nationalversammlung träumten, wie sie in den westlichen Ländern existierte. Der Zar hatte nicht die Absicht, etwas Ähnliches einzuführen, gab aber im Januar 1864 ein Gesetz heraus, das Maßnahmen zur regionalen Selbstverwaltung einleitete: in allen Gouvernements und Kreisen des Reiches wurden Versammlungen gegründet, die die Bezeichnung «Zemstvos» erhielten. Die «Zemstvos» sollten sich mit lokalen Angelegenheiten befassen, wie der Instandhaltung von Straßen und Brücken, der Unterhaltung eines Gesundheits- und Hygienewesens und öffentlicher Einrichtungen, der Förderung von Handel und Landwirtschaft, Erziehung, Armenunterstützung und ähnlichem. Sie wurden von der Regierung finanziell immer sehr kurz gehalten und konnten daher nicht alle ihnen übertragenen Aufgaben zufriedenstellend erfüllen. Trotz ihrer Mängel aber waren sie beliebt, denn sie verbesserten die öffentlichen Dienstleistungen.

Die dritte bedeutsame Reform der frühen Amtsjahre Alexanders II. betraf das System der Rechtsprechung des Landes. Zugrundegelegt wurden der Reform jene Prinzipien, die in den westlichen Ländern schon lange beachtet wurden: Gleichheit vor dem Gesetz, Schwurgerichtsprozesse, Einheitlichkeit der Verfahren, Unkündbarkeit der Richter (außer bei Amtsvergehen) und ähnliches. Diese wurden einem Land, das seit langem an von der Exekutive abhängige Verfahren und Willkürjustiz gewöhnt war, tönend verkündet. Zugleich wurde eine rigorose, systematische Vereinfachung der Gerichtsbarkeit angekündigt, in der geringfügige Fälle durch Friedensrichter und schwerwiegendere Verfahren durch ein hierarchisch aufgebautes Gerichtssystem verhandelt werden sollten. Das in all diesen Ankündigungen enthaltene Versprechen wurde nie voll eingelöst, doch das neue System war dem alten überlegen.

Die Kraftprobe zwischen Frankreich und Deutschland

Napoleon III. und die deutsche Frage. Der preußische Sieg über Österreich und die darauffolgende Gründung des Norddeutschen Bundes hatte die Verfechter der Einigung Deutschlands in Begeisterung und zugleich die französischen Patrioten, die in einem geeinten Deutschland einen Gegensatz zu den Interessen ihres Landes sahen, in Schrecken versetzt. Es war unwahrscheinlich, daß Preußen früher oder später vor einem Versuch, den im Jahre 1866 so weit fortgeschrittenen Prozeß zu vollenden, zurückschrecken würde. Und die öffentliche Meinung Frankreichs würde sich unweigerlich einem weiteren Machtzuwachs Preußens entgegenstellen.

In den Jahren nach 1866 scheint Napoleon III. sich bemüht zu haben, die französischen Patrioten zu beschwichtigen, ohne ernstlich gegen seine erklärte Überzeugung vom Nationalitätenprinzip zu verstoßen. Er wollte dies erreichen, indem er die Preußen zu überreden versuchte, ihn für alle Vorstöße jenseits des Mains mit Gebieten zu entschädigen, auf die Frankreich historischen Anspruch hatte, wie das Saarland, das Großherzogtum Luxemburg und sogar Belgien. Diese Versuche führten lediglich zu Mißstimmung.

Napoleon aber war entschlossen, einem weiteren Wachstum Preußens Einhalt zu gebieten. Seine Diplomaten versuchten, die traditionellen Vorurteile des Südens gegen Preußen an den Höfen der deutschen Staaten südlich des Mains wieder zu erwecken. Gleichzeitig wurden Gespräche mit der österreichischen und italienischen Regierung eingeleitet in der Absicht, eine Dreierallianz zu gründen, die Preußens Ambitionen zügeln oder, falls das nicht gelingen sollte, Preußen im Krieg besiegen könnte.

Wie so viele Pläne der letzten Amtsjahre Napoleons stieß auch dieser ins Leere. In Baden, Württemberg und insbesondere in Bayern herrschte wohl noch eine Antipathie gegen Preußen; sie war aber nicht stark genug, um den französischen Interessen dienlich zu sein. Was die Verhandlungen in Wien und Florenz anbetrifft, so waren sie von Anfang an zum Scheitern verurteilt. Selbst wenn die Deutschösterreicher bereit waren, einen neuen Krieg gegen

Preußen in Erwägung zu ziehen, um ihre 1866 verlorene Stellung wiederzuerlangen, stellten sich ihm die Ungarn jedoch hartnäckig entgegen aus dem einfachen Grunde, weil die Madjaren im Falle eines Sieges den Verlust ihrer mit dem Ausgleich von 1867 (s. S. 175–176) erlangten Vollmachten befürchten mußten. Und die Italiener waren, wenn auch viele unter ihnen Napoleon die ihrem Land erwiesenen Dienste dankten, doch nicht gewillt, sich zu einem Krieg für eine Regierung zu verpflichten, deren Truppen ihnen immer noch Rom vorenthielten.

In Preußen hatte Bismarck unterdessen die französischen Verhandlungen beobachtet und sich gegen ihr – nicht wahrscheinliches – Gelingen durch ein Geheimabkommen mit Rußland abgesichert. Als Gegenleistung für die Zusage Preußens, Rußland im Falle einer österreichisch-ungarischen Bedrohung seiner Interessen in Südosteuropa zu unterstützen, versprach die russische Regierung im März 1868, so viele Truppen in Galizien zu konzentrieren, daß die Neutralität Österreichs in einem französisch-preußischen Krieg sichergestellt wäre.

Dies bedeutet nicht, daß Bismarck zu diesem Zeitpunkt einen Vorstoß nach Süden oder einen Krieg gegen Frankreich plante. Er war sich noch zu ungewiß über die Haltung in Süddeutschland, um das Tempo der Einigung Deutschlands zu beschleunigen. Im Mai 1870 erhielt der Kaiser jedoch durch ein Plebiszit in Frankreich (s. S. 144) eine so überwältigende Mehrheit, daß der Kanzler befürchtete, die Regierung des Kaisers könne eher noch unnachgiebiger werden. Aus dem Gefühl heraus, daß durch Geduld nichts zu gewinnen sei, beschloß Bismarck, zur Offensive überzugehen.

Die Hohenzollern-Kandidatur. Seit der Entthronung Königin Isabellas II. durch eine Revolution in Spanien im Jahre 1868 suchte die provisorische Regierung in Madrid einen Thronfolger. Der favorisierte Kandidat der Regierung war Prinz Leopold von Hohenzollern, ein entfernter Verwandter König Wilhelms I. von Preußen. Bismarck hatte aus Rücksicht auf französische Empfindlichkeiten ersten Angeboten an den Prinzen entgegengewirkt und bekämpfte den Plan weiterhin, solange er die Möglichkeit einer nachgiebigen Haltung Frankreichs in der Deutschlandpolitik sah. Als die Ergebnisse des Plebiszits in Frankreich vom Mai 1870 dieses aussichtslos erscheinen ließen, nahm der Kanzler die Frage der Thronfolge wieder auf. Und am 2. Juli 1870 wurde Prinz Leopolds Annahme der spanischen Krone verkündet.

Eine entschlossene, aber vorsichtige Diplomatie auf seiten Frankreichs hätte diesen Coup vielleicht in einen Bumerang für Bismarck verwandeln können. Außenminister Gramont erklärte der Kammer am 6. Juli, ein deutscher Prinz «auf dem Thron Karls V.» bedeute eine untragbare Störung des europäischen Gleichgewichts, und wenige Tage später sprach Benedetti, der französische Botschafter in Preußen, in Bad Ems mit dem preußischen König und protestierte so beredt dagegen, daß Wilhelm darauf bestand, Leopold müsse auf das Vorhaben, nach Spanien zu gehen, verzichten. Aber Gramont war mit diesem wesentlichen Erfolg nicht zufrieden: er bestand nun auf der Zusicherung König Wilhelms, daß die Kandidatur Leopolds in Zukunft nicht wiederholt werde.

In einem weiteren Gespräch mit Benedetti in Bad Ems weigerte sich der König höflich, aber bestimmt, ein solches Versprechen zu geben. Dann telegraphierte er eine Beschreibung der Unterhaltung an Bismarck, der das Telegramm für die Presse freigab, nachdem er den Text derartig gekürzt hatte, daß die Erklärung des Monarchen viel barscher und die Abfuhr an Benedetti viel schärfer erschienen, als sie in Wirklichkeit gewesen waren. Die Veröffentlichung dieser Emser Depesche und ihre Wiedergabe durch Sensationsblätter auf beiden Seiten der Grenze schufen eine Atmosphäre, die Vernunft und Kompromiß unmöglich machte. Unter dem Druck der erregten Pariser Volksmassen und der in Kriegsstimmung versetzten Kammer erklärte die französische Regierung Preußen am 19. Juli den Krieg.

Der französisch-preußische Krieg. Die unmittelbare Folge der französischen Kriegserklärung war die Entscheidung der süddeutschen Staaten, ihr Schicksal mit Preußen zu teilen und Truppen gegen Frankreich zu entsenden. Dank

22. Ausbruch des französisch-preußischen Krieges 1870: Reiterangriff bei Sedan 1. 9. 1870

dieses Entschlusses und des schnelleren Mobilisierungsvermögens waren die deutschen Truppen zahlenmäßig nahezu doppelt so stark wie die französischen. Weitere Vorteile brachten ihnen ein besseres Versorgungs- sowie ein überlegenes Stabssystem. Der schon lange vorbereitete Kriegsplan des Oberkommandos wurde jetzt schnell und effizient durchgeführt.

Napoleon improvisierte in der Woche vor Kampfausbruch einen Plan für Ablenkungsmanöver durch Amphibienfahrzeuge im Baltikum und eine Offensive geballter Truppen gegen Süddeutschland. Bevor die weit verstreuten französischen Reserven jedoch konzentriert werden konnten, stießen die Preußen durch das Lothringische Becken vor und gerieten nach einigen harten Schlachten, in denen sie größere Verluste erlitten als die Franzosen, zwischen Paris und die beiden von Marschall Bazaine und Marschall MacMahon geführten Hauptarmeen Frankreichs. Bazaine wurde zum Rückzug nach Osten gezwungen und in der Metzer Festung eingeschlossen. Als die Armee MacMahons, der sich der Kaiser nun angeschlossen hatte, versuchte Bazaine zur Hilfe zu kommen, wurde sie in Sedan an der belgischen Grenze umstellt und durch Artillerie unter Beschuß genommen.

Die Nachricht, daß sich Napoleon III. und über 100 0000 Soldaten in preußischer Hand befanden, ließ das kaiserliche Regime vollständig zusammenbrechen. In Paris wurde ein republikanisches Regierungssystem errichtet, an dessen Spitze General Trochu als Präsident trat, und mit Hilfe des Einsatzes von Léon Gambetta (1838–1882) wurden an der Loire neue Truppen aufgestellt. Diese unausgebildeten Rekruten kämpften die Herbst- und frühen Wintermonate hindurch tapfer weiter; aber der Kern ihres Widerstandes war gebrochen, als Bazaine im Oktober in Metz seine immer noch beträchtlichen Streitkräfte übergab. Paris, das seit September belagert worden war, kapitulierte schließlich im Januar – nachdem alle Nahrungsmittelreste einschließlich der Tiere im Zoo und der Ratten auf dem Dachboden verzehrt und die Bäume an den Champs-Élysées und im Bois du Boulogne als Brennholz gefällt waren.

Die Deutschen bestanden darauf, daß ein Friedensschluß erst möglich sei, wenn Frankreich durch eine Regierung vertreten sei, die für die ganze Nation sprechen könne. Im Februar 1871 wurden Wahlen für eine Nationalversammlung abgehalten, die dann Adolphe Thiers als Chef der Exekutive wählte und ihn beauftragte, mit dem Feind zu verhandeln. Thiers stellte fest, daß die Deutschen nicht zum Verhandeln aufgelegt waren. Er wurde gezwungen, die Zahlung einer Kriegsentschädigung von fünf Milliarden Franken innerhalb von drei Jahren zu versprechen und bis zur Ableistung dieser Summe deutsche Besatzungstruppen auf französischem Boden zu akzeptieren. Außerdem mußte sein Land das ganze Elsaß und den größten Teil Lothringens mit seinen ertragversprechenden Eisenerzvorkommen und seiner blühenden Textilindustrie an den Sieger abtreten. Thiers diplomatisches Geschick vermochte diese Bedingungen in einigen Einzelheiten zu mildern, aber der Vertrag von Frankfurt vom Mai 1871 bedeutete eine schwere Bürde für Frankreich – eine Bürde, deren Erinnerung Europa zwei Generationen lang peinigen sollte.

Die Reorganisation Mitteleuropas. Die Schlachten in Frankreich entschieden mehr als das Schicksal der Bonaparte-Dynastie; sie vollendeten die Einigung sowohl Deutschlands als auch die Italiens. Die Waffenbrüderschaft zwischen den nord- und süddeutschen Staaten erhielt im Januar 1871 politische Substanz, als Bismarck den König von Bayern veranlaßte, den König von Preußen zur Wiederbegründung des Deutschen Kaiserreiches und zur Annahme der Krone zu drängen. Nach scheinbarer Weigerung wurde König Wilhelm Kaiser eines Deutschland, das sich nun vom Baltikum bis zum Inn erstreckte.

Inzwischen hatte die italienische Regierung den Krieg genutzt, um Truppen nach Rom zu entsenden. Es war nicht die beeindruckendste Art, sich eine nationale Hauptstadt zu sichern. Der Papst weigerte sich, die Ansprüche der italienischen Reierung anzuerkennen, was bedeutete, daß Italien sich in den folgenden Jahren mit der Feindschaft überzeugter Katholiken im In- und Ausland sowie mit all seinen anderen Problemen auseinanderzusetzen hatte.

In den ersten Tagen seines Machtantritts hatte Napoleon III. davon geträumt, die Landkarte Europas nach nationalen Gesichtspunkten neu zu zeichnen. Das war nun geschehen. Doch trotz seines großen Beitrags zum Endergebnis hatte er nicht den Nutzen erzielt, den er von dieser Tat erwartet hatte; und er hatte seinen Thron verloren. Das neue Europa war in jedem Fall anders, als er es sich vorgestellt hatte. Seine Neuordnung nach nationalen Prinzipien hatte die gegenseitige Abhängigkeit und die Harmonie der Nationen nicht vervollkommnet, wie Mazzini und andere Nationalisten einer früheren Zeit geglaubt hatten. Die Methoden, die zur Veränderung der Landkarte angewandt worden waren, hatten ein Erbe der Verbitterung zwischen den Kontinentalstaaten hinterlassen. Gleichzeitig war die Unzulänglichkeit des Europäischen Konzerts aufgezeigt und die Gültigkeit von internationalen Verträgen und des internationalen Rechts in Zweifel gezogen.

Dritter Teil

1871–1914

Allgemeine Bemerkungen

Die auffälligste Entwicklung des im Jahre 1871 beginnenden Zeitabschnitts war vielleicht die, daß der Liberalismus zu Beginn dieser Epoche im Aufstreben begriffen war, sich an ihrem Ende aber im vollen Rückzug befand. In den 70er Jahren fanden die von Verteidigern des Mittelstands wie Richard Cobden, John Stuart Mill, Benjamin Constant und Wilhelm von Humboldt entwickelten wirtschaftlichen und politischen Ideen die breiteste Anerkennung. Die vorherrschende Wirtschaftsphilosophie war die des Freihandels, und seit 1860 waren die meisten Länder dem britischen und französischen Beispiel gefolgt und hatten ihre Zolltarife gesenkt. Die stärksten politischen Parteien in Großbritannien, Deutschland, Belgien, Italien, der Schweiz und Spanien und starke Parteien in den Niederlanden, Dänemark und Schweden nannten sich entweder liberal oder hielten an traditionell liberalen Grundsätzen fest. Dazu zählten eine konstitutionelle parlamentarische Regierung auf der Grundlage eines begrenzten Wahlrechts, Chancenfreiheit und der Schutz der Freiheiten des einzelnen gegen willkürliche Macht, religiöse Toleranz, das «Laisser-faire»-Prinzip in der Wirtschaft, nationale Selbstbestimmung und die Auffassung, Probleme könnten im allgemeinen auf vernünftige und planmäßige Weise gelöst werden. Selbst in Frankreich, das eine auf dem allgemeinen Wahlrecht basierende republikanische Regierung besaß, bildete eine gemäßigte, an den meisten dieser Überzeugungen festhaltende Mittelstandspartei die größte organisierte politische Gruppe, und auch das zaristische Rußland war für den Einfluß dieser Prinzipien keineswegs unempfänglich.

Gegen Ende des Zeitabschnitts hatte sich diese Situation weitgehend verändert. Nationen, die sich in den 50er und 60er Jahren zur Freihandelspolitik bekannt hatten, machten in den 80er und 90er Jahren eine Kehrtwendung, und der Schutzzoll war noch einmal zur Tagesordnung geworden. Die großen liberalen Parteien waren entweder auseinandergebrochen – wie es in Deutschland der Fall war – oder hatten gegenüber den konservativen und den neuen Arbeiterparteien an Stärke verloren. Und, was entscheidend war, der Liberalismus als Philosophie hatte seine Bindekraft und viel von seiner Bedeutung für die Probleme der Zeit eingebüßt.

Der letzte Punkt verlangt eine gewisse Erläuterung. In den zurückliegenden 50er und selbst in den 70er Jahren war es jedem intelligenten Menschen möglich gewesen, alle Überzeugungen des Liberalismus zu unterschreiben – Individualismus, Wettbewerb, «Laisser-faire», Argwohn gegenüber einer starken Regierung und ähnliches –, ohne darin eine Inkonsequenz zu sehen. In den 80er Jahren war dies nicht mehr so leicht. Die vorherrschenden Wirtschaftstendenzen schienen nicht Individualismus und Wettbewerb zu begünstigen, sondern den Zusammenschluß von Unternehmen, denn es war das Zeitalter der Trusts, Monopole und Kartelle. Industrielle, die früher darauf bestanden hätten, daß die Regierung sich aus dem Geschäftsleben heraushalten sollte, argumentierten jetzt, es sei die Pflicht der Regierung, sie durch Zölle, Subventionen, ein günstiges Aktienrecht, den Erwerb neuer Absatzmärkte in Kolonialgebieten und ähnliche Maßnahmen zu fördern. Häufig suchten sie politische Unterstützung für ihre neuen Ideen bei den Parteien der Rechten, da diese traditionsgemäß von einer starken, aktiven Regierung überzeugt waren und diesen Ideen offener gegenüberstanden als die liberalen Parteien; und dies erklärt sowohl die Umwandlung der konservativen Parteien zu Parteien des Großunternehmertums (oder wie in Deutschland zu Verbündeten der Schwerindustrie) als auch den Rückgang der liberalen Parteien.

Gleichzeitig regte sich bei Männern, deren Liberalismus von der aufrichtigen Überzeugung geleitet war, daß der einzelne des Schutzes vor willkürlicher Macht bedürfe, die gerade deshalb an das «Laisser-faire»-System glaubten und sich der Ausweitung von Regierungsfunktionen widersetzten, der Verdacht, die eigentliche Bedrohung des einzelnen liege in der Tendenz zu Unternehmenszusammenschlüssen. Sie gelangten deshalb zu der Auffassung, daß nur die Regierung den einzelnen durch Regelung der Tätigkeiten der großen Wirtschaftskonzerne schützen könne. Als ihre neu gewonnene Überzeugung sich bei ihren früheren politischen Verbündeten als unpopulär erwies, tendierten diese Männer zu den neuen Arbeiterparteien, die auf staatliche Reglementierung vertrauten. Das Ergebnis waren weitere Einbußen für die liberale Mitte. Diese letztere Tendenz zeigt sich deutlich in der Laufbahn John Stuart Mills. In seinem klassischen «Essay on Liberty» (1859) sah er in einer starken Regierung noch eine Bedrohung für die Freiheit des einzelnen, gegen Ende seiner Lebens aber geriet er immer stärker unter den Einfluß des Sozialismus.

Die wirtschaftlichen Tendenzen der Zeit minderten also zwangsläufig die Überzeugungskraft der liberalen Anschauungen und die Stärke der liberalen Parteien, indem sie die Menschen zwangen, ihre Ansichten über die Rolle der Regierung zu revidieren. Dies wiederum begünstigte zwei Dinge: einerseits die Polarisierung der Politik, eine Spaltung in Extreme, die sich als unabwendbare Folge des Rückgangs der gemäßigten Parteien der Mitte einstellte und ihre gefährlichsten Formen im 20. Jahrhundert annehmen sollte, und andererseits das zunehmende Akzeptieren einer starken Regierung, des Wohlfahrtsstaates und des Kollektivismus im allgemeinen.

Eine andere bemerkenswerte Entwicklung dieses Zeitabschnitts war die Verdrängung der liberalen Haltung in der Politik, die definiert werden kann als Glaube an die Kraft der menschlichen Vernunft, alle Probleme des Menschen zu lösen. Im Gegensatz zu dieser Überzeugung schienen alle vorherrschenden intellektuellen Tendenzen entweder die Gewalt zu verherrlichen oder die irrationalen Faktoren menschlicher Motivation zu betonen. Dies galt sowohl für den Sozialdarwinismus, der den internationalen Krieg, den kolonialen Wettbewerb und den innenpolitischen Zwist als natürliche Äußerungen des Existenzkampfes zu rechtfertigen versuchte, als auch für den Marxismus und den Anarchismus, die den Klassenkampf und (im Falle des letzteren) die Anwendung von Gewalt um ihrer selbst willen betonten. Ebenso galt es weitgehend für die neu entwickelten Verhaltenswissenschaften (Soziologie, Anthropologie und ähnliche), die dahin tendierten, den Menschen als statistische Größe oder als ein Wesen anzusehen, das nur als Mitglied einer Klasse, Gruppe oder einer anderen Kategorie handeln könne. (Benjamin Jowett, der berühmte ehemalige Rektor des Balliol College, Oxford, sagte einmal: «Ich habe immer einen gewissen Horror vor Volkswirtschaftlern empfunden, seitdem ich einen von ihnen sagen hörte, er fürchte, die Hungersnot in Irland würde nicht mehr als eine Million Menschen töten, und das sei kaum genug, um Abhilfe zu schaffen.») Am Ende des Zeitabschnitts galt dies sowohl für die Bergsonsche Philosophie mit ihrer Betonung des «élan vital» als auch für die Freudsche Psychologie mit ihrer Behauptung, der Mensch werde nicht durch die Vernunft, sondern durch Triebkräfte geleitet, die er schwerlich steuern könne. Die diesen Bewegungen zugrundeliegenden, weithin akzeptierten Voraussetzungen höhlten die alte, in den Schriften Mills und Samuel Smiles' ausgedrückte liberale Überzeugung aus, daß der Mensch ein verantwortliches Wesen sei, durch eigene Anstrengungen fähig, sich zu vervollkommnen und seine Probleme durch seinen Verstand zu lösen.

Zu einer Zeit, da das Anschwellen der europäischen Bevölkerung (die zwischen 1870 und 1900 um mehr als dreißig Prozent wuchs), der fortgesetzte Drang in die Großstädte (die Mehrheit des britischen Volkes wurde nach 1871 in Großstädten geboren, und die Anzahl der deutschen Großstädte mit mehr als 100000 Einwohnern stieg von acht im Jahre 1870 auf 41 im Jahre 1900) und die nicht seltenen, aus konjunkturellen Depressionen erwachsenden Arbeitslosenkrisen schwierige neue soziale Probleme erzeugten, war das schwindende Vertrauen auf die Vernunft kein hoffnungsvolles Zeichen. Denn wie konnten diese Probleme gelöst werden, wenn nicht durch Vernunft? Die Antwort war, in mehr als einem Land, durch Gewalt, die entweder dort angewandt wurde, wo soziale Not zu Agitation führte, oder aber an weiter entlegenen Orten außerhalb des Landes sowie in entfernten Kolonialgebieten, wo sie eventuell die Aufmerksamkeit der Massen von ihren eigenen Sorgen ablenken konnte.

Unter diesen Umständen war die Innenpolitik der europäischen Staaten schließlich durch einen stärker werdenden Klassenkonflikt und ihre Beziehungen untereinander durch einen bisher nicht gekannten Grad an Unsicherheit gekennzeichnet. In der internationalen Politik verliefen diese Jahre zum größten Teil ohne Krieg, man kann sie aber kaum als Friedensjahre bezeichnen. Das aus den Kriegen der 60er Jahre übriggebliebene gegenseitige Mißtrauen wuchs jetzt durch die vermehrten zwischenstaatlichen Reibungen, die aus der Rückkehr zum Protektionismus im Handel und den daraus erwachsenen Zollkriegen und dem Wettbewerb um Überseemärkte resultierten. Es konnte durch die Tendenz, innenpolitische Unzufriedenheit durch die Suche nach beeindruckenden Erfolgen im Ausland zu besänftigen, nur verstärkt werden.

Andere charakteristische Merkmale dieser Zeit belasteten die Beziehungen der Mächte untereinander zusätzlich. Der neue Brauch, in Friedenszeiten dauerhafte Allianzen zu gründen – eine Gepflogenheit, die in den 70er Jahren des 19. Jahrhunderts ihren Anfang nahm – bewirkte letztlich die Spaltung Europas in zwei große Bündnisse, deren unstabiles Gleichgewicht immer gefährdet war und schließlich zusammenbrach. Und gleichermaßen entscheidend für die zunehmende Spannung und Unsicherheit waren bedeutende Veränderungen in der Verwaltung des Militärs.

Mit Ausnahme Großbritanniens führten alle größeren europäischen Staaten nach 1871 die allgemeine Wehrpflicht ein, und die Militärausgaben und die Größe des stehenden Heeres und der Reserve stellten die Zahlen des vorhergehenden Zeitabschnitts bald in den Schatten. Daraus ergab sich ein derartiger Wettbewerb zwischen den Ländern, daß die Verlängerung der Wehrdienstzeit in einem Staat und die damit verbundene Erhöhung der Anzahl wehrfähiger Soldaten eine Angelegenheit von internationaler Bedeutung wurde, und die Vergrößerung eines jeden Regiments in Deutschland um ein Bataillon konnte Bestürzung und Diskussionen in Frankreich auslösen. Überdies ahmten nun alle Staaten das deutsche Generalstabssystem nach, das sich in den Jahren 1870–1871 bewährt hatte, und bald wimmelte es auf dem Kontinent von Pseudo-Moltkes und neuen Scharnhorsts. Die Hauptbeschäftigung derartiger Stäbe war die wissenschaftliche Ausarbeitung von Kriegsplänen für alle denkbaren Eventualitäten, eine Aufgabe, die die gemeinsamen Bemühungen Tausender von Spezialisten im Nachrichtendienst, der Topographie, dem Fernmeldewesen, der militärischen Ausrüstung, dem Transportsystem und der Logistik verlangte, ganz zu schweigen von der mühseligen Arbeit der Militärattachés im Ausland und der Agenten, die sie anstellten, um die Pläne der anderen Mächte ausfindig zu machen. Nachdem diese gewaltigen Mechanismen einmal in Bewegung gesetzt worden waren, beanspruchten sie zwangsläufig politikbestimmende Funktionen für sich. In allen Ländern wurden die Befehlshaber der Streitkräfte konsultiert, wenn schwierige Entscheidungen in der Außenpolitik zu treffen waren. In einigen Ländern neigten sie zu Entscheidungen, von denen das Außenministerium und die Regierung nur vage in Kenntnis gesetzt wurden, diesen aber ihre Handlungsfreiheit in Krisenmomenten nahmen. Daher ging die Tendenz dahin, Fragen über Krieg oder Frieden auf der Grundlage militärischer Zweckmäßigkeit zu lösen.

Dies alles wäre nicht entscheidend gewesen, wenn andere Mittel und andere Organisationen vorhanden gewesen wären, um die zerstörerischen Kräfte der Zeit unter Kontrolle zu halten; aber es gab sie nicht. In diesen Jahren verloren nicht nur die liberalen Parteien an Stärke; im Jahre 1914 vermochte keine politische, soziale oder religiöse Organisation Vernunftgründe gegen das

Abgleiten ins Chaos geltend zu machen. Was dies betrifft, so war die bedeutendste Religion dieses Zeitraums – die stärker war als der Liberalismus, stärker als die verschiedenen, weiter unten beschriebenen Richtungen des Sozialismus, auch stärker als das organisierte Christentum – der Nationalismus, ein aufdringlicher, unkritischer, anmaßender Nationalismus, der in den staatlichen Schulen, den Boulevardblättern, die für das neue leichtgläubige, durch jene Schulen geschaffene Leserpublikum den Chauvinismus erfanden, und selbst in den Vorlesungen von Universitätsprofessoren propagiert wurde. Volkstribunen wie Heinrich von Treitschke, Maurice Barrès und Charles Maurras predigten, das Ziel allen staatlichen Handelns müsse die ausschließliche Verfolgung der nationalen Politik, die absolute Erhaltung der nationalen Integrität und die stetige Erweiterung der nationalen Macht sein; und mit ihrer Eloquenz brachten sie unzählige, sonst vernünftige Menschen dazu, Ausländer als gefährliche, vertrauensunwürdige Feinde zu betrachten, gegen die strenge Maßnahmen notwendig und löblich seien. Die Existenz einer neuen, des Lesens kundigen, aber leichtgläubigen Öffentlichkeit, die sich von Aposteln des totalen Nationalismus manipulieren ließ, war eines der Probleme des Zeitalters. Staatsmänner, die den aufrichtigen Wunsch hatten, den Frieden zu erhalten, mußten unablässige Mühen aufwenden, um diese leicht zu beeindruckende öffentliche Meinung mit Informationen zu versehen und zu lenken. Politiker, die lediglich daran interessiert waren, ihren Posten zu behalten, waren versucht, den Ohren des unkritischen Publikums zu schmeicheln und damit dem häßlichen Nationalismus des Zeitalters Vorschub zu leisten.

Es läßt sich nicht leugnen, daß der Zeitabschnitt von 1871 bis 1914 eine Fülle von beeindruckenden Errungenschaften aufzuweisen hat. Man braucht nur an die außerordentliche Verbesserung der materiellen Lebensbedingungen zu denken, die Errichtung von Erziehungssystemen mit Grundschulpflicht bei Schulgeldfreiheit in den meisten Ländern, den stetigen Fortschritt der Wissenschaft, der durch derartig bemerkenswerte Triumphe wie die Veröffentlichung der Elektronentheorie und die Entdeckung der Radioaktivität gekennzeichnet war, oder die starke Erweiterung des medizinischen Wissens, das sich in der höheren Lebenserwartung und dem Rückgang der Kindersterblichkeit direkt widerspiegelte.

In der Kunst waren die Leistungen dieser Epoche ebenfalls hervorragend. Der Kunstgeschmack der weniger gebildeten Leser im immer größer werdenden Leserpublikum wurde zweifellos durch populäre Zeitungen befriedigt (wie den Pariser «Le Petit Journal» und den Londoner «The Daily Mail», die eine ständige Auflage von über einer Million täglich hatten, weil sie ihren Abonnenten eine abwechslungsreiche literarische Kost anboten) oder durch Familienzeitschriften, die Namen wie «Tit Bits» und «Die Gartenlaube» trugen. Seriösere Leser aber konnten aus einer reichhaltigen Literatur für jeden Geschmack auswählen. Diese umfaßte die Werke von Meistern des psychologischen Realismus wie Tolstoj, Zola, Thomas Hardy, dem Berliner Romanschriftsteller Theodor Fontane und dem Norweger Björnson, die historischen Erzählungen Robert Louis Stevensons, Conrad Ferdinand Meyers und Henryk Sienkiewicz'. Es gab Abenteuergeschichten aus exotischen Ländern von Rudyard Kipling, H. Rider Haggard und Pierre Loti, Erzählungen über Wissenschaft und Zukunftswelten von H. G. Wells und die Berichte über die Heldentaten Sherlock Holmes (der in den 80er Jahren zu einer europäischen Figur wurde) von Conan Doyle. Schließlich standen die stilistisch ausgefeilten Romane von George Meredith, Henry James und George Moore und die ersten Werke von Schriftstellern der Nachkriegszeit wie John Galsworthy, Thomas Mann und Marcel Proust zur Verfügung. Die beliebtesten Schauspiele waren immer noch die jenes Typs, den Dumas in Mode gebracht hatte; zu Beginn der 80er Jahre aber begann der Naturalismus die Bühne zu erobern. Den tiefgreifendsten Einfluß in dieser Hinsicht übte der Norweger Henrick Ibsen aus, dessen Angriffe auf die Konventionen des romantischen Dramas auf die Werke einer ganzen Generation einwirkten und sich in den Schauspielen der Deutschen Hauptmann und Sudermann, des Russen Tschechow, des Österreichers Schnitzler und vor allem in denen seines treuesten Anhängers George Bernard Shaw, widerspiegelten, dessen Attacken auf die bürgerliche Moral, den romantischen Idealismus und das Heroische und Sublime denen seines Lehrmeisters an Heftigkeit gleichkamen.

In der Malerei und der Dichtung war der Impressionismus die bedeutendste Bewegung, den Arnold Hauser als eine künstlerische Reflexion der neuen Dynamik und des neuen, durch die moderne Technik in das europäische Leben eingebrachten Gefühls für Schnelligkeit und Veränderung bezeichnete. Charakteristisch für den Impressionismus in der Malerei war der Versuch, die Realität nicht als etwas Bestehendes, sondern als etwas im Prozeß des Werdens oder des Vergehens Befindliches darzustellen, und jedes impressionistische Gemälde, ob von Degas oder von Toulouse-Lautrec, war das Abbild eines Augenblicks, und zwar derart, daß der Betrachter die unablässigen Prozesse des Wachsens und des Absterbens empfinden konnte. Im Zeitalter der schnell fortschreitenden Verstädterung war der Impressionismus eine Kunst für den Großstädter, der inmitten von Unbeständigkeit und vielfältigen Sinneseindrücken lebte. Ebenso versuchten die Dichter des Impressionismus, die Realität in flüchtigen Eindrücken, Augenblicksstimmungen und undeutlichen Wahrnehmungen auszudrücken; und dies machte die Dichtungen von Verlaine und Mallarmé oder Detlev von Liliencron und Rilke für den Durchschnittsleser schwerer verständlich als die von Lamartine oder Eichendorff.

Ebenso wie die Kunst beeinflußte der Impressionismus auch die Philosophie der letzten Jahre dieses Zeitabschnitts. Sowohl die Psychoanalyse Freuds als auch die Lebensphilosophie von Bergson stehen eng mit ihm in Verbindung; denn ohne die impressionistische Sicht der Realität als einer Zusammensetzung aus ständig wechselnden Stimmungen, Eindrücken und Ideen wären die Auffassungen des Wiener Arztes unverständlich, und Bergsons Betonung der geistigen, im Gegensatz zu den mechanischen Kräften des Lebens war durchdrungen von der im Impressionismus inbegriffenen Ablehnung des Materialismus als einer Philosophie. Im Hinblick auf diesen letzten Punkt mag angemerkt werden, daß Bergsons Philosophie in den Jahren direkt vor Ausbruch des Ersten Weltkriegs nicht nur auf introspektive Schriftsteller und Dichter wie Alain-Fournier, Francis Jammes, André Gide und Stefan George einen großen Einfluß ausübte, sondern auch auf andere wie Charles Péguy, Romain Rolland, Jules Romains und Gabriele d'Annunzio, die die passive l'art pour l'art-Haltung der früheren impressionistischen Schriftsteller ablegten und sich einem neuen Aktivismus zuwandten in dem Bestreben, die Gesellschaft zu verändern.

In der Musik waren Wagner, Gounod und Verdi, die ihr Werk vor 1870 begonnen hatten, immer noch die Größen der Epoche. Der letztgenannte sollte infolge seiner anregenden Zusammenarbeit mit Arrigo Boito, aus der im Jahre 1887 «Othello» und im Jahre 1893 «Falstaff» hervorgingen, noch bedeutender werden. Aber es tauchten auch neue Namen auf. Tschaikowskij, Mussorgskij, Rimskij-Korsakow, Smetana und Dvořák und, in den letzten Jahren vor dem Krieg, Enescu machten die Volksmusik Osteuropas auf dem ganzen Kontinent bekannt, während Grieg und Sibelius ihrem Publikum die nordischen Melodien nahebrachten. Italien schenkte der Welt die Musik von Leoncavallo, Mascagni, Respighi und die Musik jenes Meisters der Operndichtung, Puccini, dessen «Manon Lescaut» (1893) und «La Bohême» (1896) in der ganzen westlichen Welt rührselige Begeisterung auslösten. Für die französische Musik war dies ein goldenes Zeitalter, das durch die Premiere von Bizets «Carmen» im Jahre 1875 eingeleitet wurde (einem Ereignis, das Nietzsche zu dem entzückten Ausruf veranlaßte: «Il faut méditerraniser la musique!») und in den folgenden Jahren durch die großen Werke Saint-Saëns', Gabriel Faurés und Jules Massenets gekennzeichnet war, dessen «Manon» (1884) die französischste aller Opern ist; im Jahre 1902 erreichte die französische Musik einen neuen Höhepunkt mit der Erstaufführung von Maurice Ravels «Pavane pour une enfante défunte» und Claude Debussys Oper «Pelléas et Mélisande», einem Werk, das, mit den Worten Ernest Walkers, der «Gipfel des musikalischen Impressionismus (ist), jede kleine Wortnuance trifft, immer mehr andeutet als ausspricht, aber immer spannend, direkt und voll atemberaubender Schönheit» ist. In Österreich und Deutschland wurde die von Beethoven eingeleitete majestätische Stilmischung von klassischer und romantischer Sinfonie in den ersten Jahren des Zeitabschnitts von Brahms und in den letzten Jahren von Gustav Mahler weitergeführt, während in der Oper Wagners Hang zum Grandiosen und Sinnlichen von Richard Strauss fortgesetzt wurde, dessen erste Opern «Salome» (1905) und «Elektra» (1909) die Kritiker entweder empörten oder verwirrten. Die Briten waren weniger produktiv, doch würde niemand bestreiten, daß die Savoyer Opern von Gilbert und Sullivan, deren Erstaufführungen zwischen 1871 und 1889 stattfanden, einen wertvollen Beitrag zur Unterhaltung der Nation leisteten.

Diese Triumphe waren derartig groß, daß man sich fragt, was Europa hätte hervorbringen können, wenn in diesen Jahren nicht soviel Energie für im wesentlichen zerstörerische Tätigkeiten verschwendet worden wäre.

11. Die Großmächte und das Gleichgewicht der Kräfte 1871–1890

Nach 1871 brachten die Großmächte jenen Sinn für gegenseitige Abhängigkeit nicht mehr auf und vermochten das gegenseitige Vertrauen nicht wiederherzustellen, das dem Europäischen Konzert im ersten Teil des 19. Jahrhunderts bei einem derartig geringen bürokratischen Aufwand eine so effektive Zusammenarbeit ermöglicht hatte. Die Mächte zogen es vor, ihre lebenswichtigen Interessen durch eigene Ressourcen und Anstrengungen zu schützen oder – nach 1880 in steigendem Maße – durch langfristige Geheimbündnisse abzusichern. Nachdem diese letztere Tendenz einmal eingesetzt hatte, folgten ihr unweigerlich alle großen Staaten Europas bereitwillig, so daß sie schließlich in Waffenkoalitionen gegeneinander standen. Gewiß wurde dadurch eine Art von Mächtegleichgewicht geschaffen, doch ihm fehlte der Handlungsspielraum, der die Ausgewogenheit der Kräfte charakterisierte, die in der ersten Hälfte des Jahrhunderts den Frieden aufrechterhalten hatte.

Die Unsicherheit nach 1871. Der überwältigende Sieg Deutschlands über Frankreich und die Reorganisation Europas hinterließen in allen Staaten ein Gefühl der Unsicherheit und des Mißtrauens gegenüber ihren Nachbarn. Selbst die normalerweise phlegmatischen Briten waren entsetzt über den vollkommenen Sieg Deutschlands. In einer Rede im Unterhaus sagte Robert Peel (der Jüngere): «Es kann für Europa nicht gut sein, daß ein großer militärischer Despotismus in Deutschland herrscht, aufgebaut auf dem Ruin und der Zerstörung Frankreichs.» Andere führende britische Politiker sahen die Möglichkeit eines deutschen Angriffs auf die Niederlande voraus, und es gab einige, die tatsächlich eine deutsche Invasion Englands zu einem gelegenen Zeitpunkt befürchteten.

Deutschland unter Bismarck vermied sorgfältig jede Bedrohung der vitalen Interessen Englands, aber der deutliche Macht- und Bevölkerungszuwachs Deutschlands blieb für die Briten ein Grund zur Besorgnis; und damit zusammen hing ihre positive Reaktion auf Disraelis eindringliche Mahnung in einer Rede von 1872, sie dürften nun nicht mehr in kontinentalen, sondern müßten in weltweiten Kategorien denken und ein starkes Weltreich gründen, um nicht das Schicksal jener zu erleiden, deren Horizont auf Europa begrenzt sei. Als die Briten anfingen, ihrem Weltreich einen höheren Wert beizumessen, betrachteten sie alle Mächte mit Argwohn, die ihre Verbindungswege gefährden konnten, insbesondere die Russen, deren Tätigkeiten im Mittleren Osten, im Persischen Golf und in Zentralasien um die Mitte der 70er Jahre zu ernster Besorgnis führten.

Die Russen erwiderten diese Gefühle; denn die Briten bildeten das größte Hindernis für ihre Ambitionen in Konstantinopel und an der Nordwestgrenze Indiens. Noch mehr aber fürchteten sie die Österreicher, deren Interesse an den wirtschaftlichen Nutzungsmöglichkeiten auf dem Balkan unter ungarischem Einfluß wuchs, nachdem sie im Jahre 1866 von Deutschland getrennt worden waren. Jene große Agglomeration slawischer Völker betrachteten die Russen als eine Zone, die durch ihre Initiative von der türkischen Herrschaft befreit werden müsse, sobald sich die rechte Gelegenheit ergab.

Österreichs Ambitionen waren vielleicht nicht so umfassend, wie die Russen meinten, aber es gab keinen Zweifel, daß die österreichisch-ungarische Regierung ein Interesse am Balkan hatte und daß sie jede deutliche Zunahme des russischen Einflusses dort oder jede durch Rußland angeregte Freiheitsbewegung ablehnte, die die Sicherheit ihrer eigenen slawischen Provinzen beeinträchtigen konnte. Daher zeichnete sich schon in den frühen 70er Jahren ein künftiger österreichisch-russischer Konflikt in diesem Gebiet ab. Und die österreichisch-ungarische Regierung war nicht nur wegen der potentiellen Bedrohung der Einheit ihres Reiches durch Rußland besorgt. Auch das neu geeinte Italien stellte eine Gefahr dar; denn die leidenschaftlichsten italienischen Patrioten betrachteten die österreichischen Brennerprovinzen (das Trentino) und den Hafen von Triest als ihnen rechtlich zustehende Territorien, da die meisten der dortigen Einwohner italienisch sprachen.

Italien war die jüngste anerkannte Großmacht und diejenige, deren Status infolge ihrer unglücklichen militärischen Vergangenheit am meisten in Frage gestellt wurde. Häufig schien der Wunsch, dieses Kapitel ihrer Geschichte zu verschleiern, die italienische Politik zu bestimmen und ihr einen aktiven Charakter zu verleihen, der bei anderen Mächten Verärgerung und Mißtrauen hervorrief.

Frankreich als einziger republikanischer Staat in Europa wurde von allen Mächten aufmerksam beobachtet. Seine Regierung behandelte Großbritannien, Österreich-Ungarn und Rußland mit förmlicher Korrektheit, Italien mit verärgerter Herablassung und Deutschland mit kalter Feindseligkeit. Die Ergebnisse des Krieges von 1870 hätten Beziehungen zwischen Frankreich und seinem östlichen Nachbarn in jedem Falle erschwert; die erzwungene Abtretung des Elsasses und Lothringens aber machte sie doppelt schwierig.

Unter derartig unsicheren Bedingungen lag den europäischen Staatsmännern der Gedanke an die Möglichkeit eines Krieges in dem Jahrzehnt nach 1870 niemals fern.

Die Kriegspsychose von 1875. Im Jahre 1875 schien es für einen Augenblick, als könnten sich ihre schlimmsten Befürchtungen bewahrheiten. In den ersten Jahren nach Wiederherstellung des Friedens verschlechterten sich die französisch-deutschen Beziehungen ständig. Man war davon ausgegangen, daß die Franzosen die Kriegsentschädigung zu dem von den Deutschen festgesetzten Termin, dem 2. März 1874, nicht zahlen könnten und daß Frankreich noch etwa zehn Jahre lang durch deutsche Truppen besetzt bleiben würde. Zur Überraschung aller erfüllte die französische Regierung ihre Verpflichtungen sechs Monate vor dem vertraglich vereinbarten Termin. Überdies ging sie, offenbar um die Rückkehr Frankreichs zum Status einer Großmacht zu demonstrieren, daran, die französische Armee neu aufzustellen.

All dies bewirkte eine tiefgreifende Unruhe bei den Deutschen, die sich über die Einstellung der Franzosen keine Illusionen machten. Die deutschen Militärs begannen zu argumentieren, es sei besser, sich jetzt mit Frankreich zu befassen, bevor es zu stark würde. Die Präventivkriegsmentalität scheint selbst den Generalstabschef Helmuth von Moltke erfaßt zu haben. Und sie beschränkte sich nicht allein auf die Militärs. Ein hoher deutscher Diplomat gab in Gegenwart seines französischen Kollegen zu, daß sein Volk einen Präventivkrieg für gerechtfertigt halten würde, und ein Teil der deutschen Presse vertrat die Meinung, daß ein Krieg unumgänglich sei.

Bismarcks Standpunkt in dieser Situation läßt sich heute noch nicht mit vollständiger Sicherheit ermitteln. Er behauptete immer, einen Präventivkrieg lehne er aus religiösen und politischen Gründen ab. Er wußte, daß sich aus einem Krieg kaum konkrete Vorteile ergeben konnten, während die damit verbundenen Gefahren nahezu überwältigend waren. Dennoch beunruhigte es ihn, daß Frankreich sich so schnell wieder erholte, und die durch die neuen Maßnahmen der preußischen Regierung gegen die katholische Kirche ausgelösten Proteste französischer Kirchenvertreter verärgerten ihn (S. 279). Er scheint die deutsche Presse zu ihren drohenden Tönen ermutigt zu haben, und das läßt den Schluß zu, daß er bestrebt war, die französische Regierung einzuschüchtern, vielleicht in der Hoffnung, sie von ihrer neuen Militärgesetzgebung abzubringen.

Falls dies seine Absicht war, beging er den Fehler, die Befürworter eines Krieges zu sehr zu bestärken. Außer Frankreich waren noch andere Mächte beunruhigt, und die französische Regierung konnte diese Furcht ausnutzen. Als Reaktion auf ihre dringende Bitte intervenierte sowohl die britische als auch die russische Regierung im Jahre 1875 in Berlin, und der Zar stattete der deutschen Hauptstadt einen besonderen Besuch ab, vermutlich um bei seinem Amtsbruder Protest einzulegen.

Für Frankreich war dies ein kleiner Triumph, der bewies, daß es unter bestimmten Umständen auf die Sympathie anderer Mächte rechnen konnte. Für Bismarck bedeutete es einen entschiedenen Rückschlag. Sicherlich erhielten alle Mächte, die die Einnahme Elsaß-Lothringens durch Deutschland schon vorher als Verletzung des Nationalitätenprinzips und als ein Zeichen für größere territoriale Ambitionen angesehen hatten, einen weiteren Grund zum Mißtrauen. Selbst die Freunde Deutschlands zeigten keine Bereitschaft, es in dieser Angelegenheit zu unterstützen. Im Jahre 1873 hatten Deutschland,

Österreich-Ungarn und Rußland ein lockeres Abkommen zur gegenseitigen Konsultation und Unterstützung in Angelegenheiten von internationaler Bedeutung getroffen. Dieser Dreikaiser-Bund erwies sich jetzt in der Realität als bedeutungslos; denn die Russen hielten es für zweckmäßig, Frankreich zu unterstützen.

Die Balkanfrage 1875–1877. Während der deutsche Kanzler über diese Dinge reflektierte, setzte eine neue Kette von Komplikationen auf dem Balkan ein: im August 1875 brach in Bosnien und der Herzegowina, einem Gebiet nordwestlich von Serbien, ein Aufstand gegen die türkische Herrschaft aus. Die betroffenen Gebiete waren südslawische, vorwiegend christliche Provinzen und aus beiden Gründen unzufrieden mit ihrer politischen Lage. Ihr nationales Selbstgefühl war durch serbische Propaganda gestärkt worden; denn die Serben träumten davon, sich dieses umfangreiche Territorium anzueignen. Weiterhin war es durch Arbeitslosigkeit unter den Handwerkern beeinflußt worden, deren Ursache anscheinend in türkischen Handelspraktiken lag. Als die Agitation einmal in Bosnien und der Herzegowina eingesetzt hatte, griff sie rasch auf andere türkische Balkangebiete über, insbesondere auf Bulgarien, wo sie auf fruchtbaren Boden fiel, der durch die Kirche, durch Lehrer und Intellektuelle und durch russische Agenten vorbereitet worden war.

Falls es eines Beweises für die Unzulänglichkeit des Europäischen Konzerts in dem Zeitabschnitt nach 1870 bedürfte, ließe er sich leicht in der langen Kette von Balkankrisen finden. Die mangelnde Übereinstimmung der Mächte wurde Ende des Jahres 1876 nach der Kriegserklärung Serbiens und Montenegros an die Türkei in höchstem Maße deutlich. War die türkische Regierung auch im allgemeinen leistungsunfähig, so befand sich der Sultan doch in der glücklichen Lage, über tüchtige Militärkommandeure zu verfügen, und einer von ihnen, Osman Pascha, bereitete den serbischen Streitkräften im September und Oktober derartig vernichtende Niederlagen, daß sie um den Schutz der westeuropäischen Mächte ersuchten. Unter internationalem Druck willigte die türkische Regierung in eine Konferenz ein, die im Dezember in Konstantinopel abgehalten wurde und bei der eine allgemeine Regelung aufgesetzt wurde. Die britische Regierung aber – möglicherweise irregeführt durch die Bekanntmachung einer neuen, angeblich «liberalen» Verfassung durch den neuen Sultan Abd ül-Hamid II. – ermutigte den skrupellosen Herrscher auf Geheimwegen, sich der Konferenz zu widersetzen, was er im Januar 1877 auch tat.

Damit war die Geduld der Russen erschöpft. Im Juni 1877 überquerten russische Streitkräfte die Donau und rückten rasch in Richtung Konstantinopel vor mit der begründeten Aussicht, die Stadt innerhalb eines Monats zu erreichen. Doch Mitte Juli rückten türkische Streitkräfte von 12 000 Mann unter Osman Pascha an der russischen Flanke in die bulgarische Stadt Plewna ein und begannen rasch, sich zu verschanzen und Redouten für ihre unterwegs

23. Abd ül-Hamid II., türkischer Sultan (1842–1918)

befindlichen Verstärkungen zu errichten. Die Russen wagten nicht weiter vorzurücken, ohne diese Gefahr für ihre Verbindungswege zu beseitigen, und richteten ihre Streitkräfte gegen Plewna. Erst im Dezember 1877 konnten sie den türkischen Widerstand brechen.

Die sich lange hinziehende türkische Verteidigung in Plewna wandelte die antitürkische Stimmung im Westen in Sympathie, wenn nicht gar Enthusiasmus, während das Mißtrauen gegenüber den Absichten Rußlands wuchs und Vorbereitungen getroffen wurden, um seine Ambitionen zu zügeln. Die Russen nahmen ihren Vorstoß in Richtung der Dardanellen wieder auf, und als der türkische Widerstand zusammenbrach und die russische Regierung Bedingungen stellte, mußte sie konstatieren, daß Großbritannien und Österreich-Ungarn bereit waren, sich ihnen zu widersetzen.

Diese Reaktion ist verständlich; denn durch den Frieden von San Stefano vom März 1878, ausgehandelt vom russischen Botschafter in Konstantinopel – einem leidenschaftlichen Panslawisten namens Ignatjew – drohte der russische Einfluß von den Dardanellen bis zum Adriatischen Meer vorherrschend zu werden. Dieser Friedensvertrag verlangte die Abtretung Kars', Ardahans, Bayazids und Batums an der Ostküste des Schwarzen Meeres sowie des als Dobrudscha bekannten Gebietes an Rußland. Was noch entscheidender war: er sah die Gründung eines großen bulgarischen Staates vor, der sich von Makedonien bis Saloniki am Ägäischen Meer erstrecken und zwei Jahre lang von russischen Truppen besetzt bleiben sollte. Die weiteren Bestimmungen über Gebietserweiterungen für Bosnien und Montenegro und die Gründung eines autonomen Staates Bosnien-Herzegowina unter österreichisch-russischer Aufsicht waren kaum dazu angetan, österreichisch-ungarische Befürchtungen zu zerstreuen (die Russen vergaßen zweckmäßigerweise ihr vorheriges Versprechen an Österreich, es beim Erwerb Bosniens zu unterstützen), und Großbritannien betrachtete den gesamten Vertrag als völlig unzulässig. In der Tat hatte die britische Regierung, noch bevor der Vertrag unterzeichnet war, ihre Flotte zu den Dardanellen beordert.

Aus diesen Komplikationen hatte sich Fürst Bismarck die ganze Zeit geschickt herausgehalten. Der deutsche Kanzler wußte jedoch, daß er in eine peinliche Situation geraten würde, wenn tatsächlich ein Krieg ausbräche, vor allen Dingen, wenn Österreich-Ungarn und Rußland auf entgegengesetzten Seiten ständen. Beide würden Deutschlands Unterstützung erwarten, und eine Beistandsverweigerung könnte unselige politische Konsequenzen haben. Abgesehen davon würde jeder größere Krieg in Europa unkalkulierbare Folgen nach sich ziehen. Bismarck schlug daher einen internationalen Kongreß zur Regelung der Krise im Osten vor.

Der Berliner Kongreß. Die Russen nahmen den Vorschlag in erster Linie deshalb an, weil ihre Truppen durch die unerwarteten Härten des türkischen Krieges erschöpft und über eine Bewährungsprobe gegenüber dem möglicherweise von Österreich unterstützten Großbritannien nicht begeistert waren.

24. Der Berliner Kongreß (1878)

Der Berliner Kongreß im Juni 1878 brachte keine hervorragenden Ergebnisse. Aber es war – wie auch immer die Regelung ausfallen mochte – wahrscheinlich ohnehin nicht zu vermeiden, daß mehr Menschen enttäuscht als zufriedengestellt würden; denn die Ereignisse der drei vorausgegangenen Jahre hatten bei allen Balkanvölkern unvernünftige Hoffnungen erweckt. Gewiß realisierten sich einige ihrer Sehnsüchte. Rumänien wurde ein unabhängiger souveräner Staat, ebenso Serbien und Montenegro, und Bulgarien erklärte man zum autonomen Fürstentum. Hingegen wurden die Serben, die auf den Erwerb Bosniens und der Herzegowina gehofft hatten, mit der Tatsache konfrontiert, daß diese Provinzen unter österreichische Verwaltung gelangten. Von Rumänien wurde als Gegenleistung für die Dobrudscha die Abtretung der im Jahre 1856 erworbenen bessarabischen Provinzen an Rußland verlangt, obgleich dies bedeutete, daß viele Rumänen nun unter fremder Herrschaft leben mußten. Die Bulgaren sahen sich nach den großen Hoffnungen von 1877 vor die Tatsache gestellt, daß ihr Land viel kleiner werden sollte, als sie erwartet hatten, und daß die Serben mit Gebieten entschädigt wurden, die sie für ihr rechtmäßiges Eigentum hielten. Die Griechen, die einen vollständigen Zusammenbruch des Türkischen Reiches erwartet hatten, der ihnen Epirus und Kreta eingebracht hätte, erhielten keines der beiden Gebiete, und ihre Empörung steigerte sich noch, als sie mitansehen mußten, daß eine wiederhergestellte und in ihrem Bestand garantierte Türkei Zypern an Großbritannien abtrat. Nahezu jede territoriale Entscheidung von Berlin führte zu Enttäuschungen und trug den Keim für künftigen Revisionismus und Krieg auf dem Balkan in sich.

Von den Hoffnungen der russischen Panslawisten war sehr wenig übriggeblieben. Neben der Türkei, die die Hälfte ihrer europäischen Territorien und Bevölkerung verloren hatte, war Rußland wahrscheinlich das am stärksten getroffene Kongreßmitglied. Trotz ihres gewaltigen Aufgebots an Geld und Menschen in den unlängst beendeten Feindseligkeiten hatten die Russen nur wenige Erfolge aufzuweisen, und sie waren geneigt, den Mann dafür verantwortlich zu machen, der sich ihrer Meinung nach geweigert hatte, sich für den ihm in den Jahren 1866 und 1870 erwiesenen Dienst zu revanchieren – Fürst Bismarck.

Bismarcks Bündnissystem. Der deutsche Kanzler war sich über die russische Meinung völlig im klaren, und sie beeindruckte ihn hinreichend, daß er Schritte seinerseits für dringend notwendig hielt. Es war denkbar, daß die russische Empörung zu einem «rapprochement» zwischen St. Petersburg und Paris führen könnte. Daher ging Bismarck im Jahre 1879 den berühmten Zweibund mit dem Habsburger Reich ein. Aufgrund der starken Vorliebe seines Kaisers für Rußland hatte Bismarck gehofft, diesen Vertrag ganz allgemein formulieren zu können, indem er im Falle eines Angriffs durch eine dritte Macht jeweils den Partner zu gegenseitigem Beistand verpflichtete; der österreichisch-ungarische Außenminister, Graf Andrassy, aber vertrat die Ansicht, dies könne als gegen Frankreich gerichtet interpretiert werden, und bestand darauf, daß der neue Vertrag im Falle eines russischen Angriffs gegenseitigen Beistand und im Falle eines Angriffs durch eine andere Macht wohlwollende Neutralität vorsehen solle. Der fertige Vertrag (zu dessen Ratifizierung Bismarck seinen Souverän nur unter Rücktrittsdrohung bewegen konnte) war ein Markstein in der europäischen Geschichte. Waren vorhergehende Verträge normalerweise während oder am Vorabend von Kriegen oder für spezifische Zwecke und auf begrenzte Dauer geschlossen worden, so war dies ein Vertrag für Friedenszeiten und, wie sich herausstellte, ein dauerhafter, denn er blieb bis 1918 gültig. Überdies war es der erste Geheimvertrag, dessen Inhalt nie vollständig bekannt wurde und der andere Mächte anspornte, ähnliche Verträge zur Selbstverteidigung auszuhandeln, bis ganz Europa in Bund und Gegenbund aufgeteilt war.

Bismarck hatte mit diesem Vertrag Sicherheit angestrebt und sah alle seine Erwartungen erfüllt. Der Zweibund trieb die Russen keineswegs nach Paris, sondern brachte sie zurück nach Berlin. Zweifellos aus der Überlegung heraus, daß sich die österreichisch-deutsche Zusammenarbeit auf dem Balkan gegen Rußland richten könnte, ersuchten die Russen im Jahre 1880 um ein Abkommen, das einer Erneuerung des Dreikaiser-Bundes gleichkam. Im Juni 1881 wurde ein Bündnis unterzeichnet, das die drei Partner im Falle eines Krieges zwischen einem von ihnen und einer vierten europäischen Macht zur Neutralität verpflichtete und in Balkanangelegenheiten gegenseitige Konsultationen vorsah.

Das Bündnis von 1881 bewirkte die Isolierung Frankreichs. Die Möglichkeit, daß es sich entweder mit Italien oder Großbritannien verbündete, war natürlich immer gegeben; aber dies war unwahrscheinlich. Aus der Befürchtung heraus, daß Frankreich nach der Einnahme von Tunis im Jahre 1881 versuchen könnte, die Kontrolle über ganz Nordafrika zu bekommen, bemühten sich die Italiener um eine Garantie, nicht aus dem Gebiet ausgeschlossen zu werden, in dem ihre wirtschaftlichen Interessen wuchsen. Sie konsultierten Bismarck im Hinblick auf die Möglichkeit eines Bündnisses, erhielten aber die Antwort, sie müßten zunächst mit den Österreichern verhandeln. Im Mai 1882 schlossen sie sich Deutschland und Österreich im Dreibund an, der ihnen zwar im Falle eines französischen Angriffs auf Italien Beistand gewährleistete, sie aber im Falle eines französischen Angriffs auf Deutschland oder eines Angriffs von zwei oder mehr Mächten auf Deutschland oder Österreich zum Krieg verpflichtete.

Der Nutzen Italiens aus diesem Vertrag war illusorisch, und die Empörung der Franzosen über die Verbindung Italiens mit ihrem Feind nahm schließlich die Form eines Zollkrieges an, der Italien an den Rand des Ruins brachte (s. S. 254). Für Bismarck hatte der Dreibund den Vorteil, daß er einen weiteren potentiellen Bündnispartner für Frankreich ausschaltete. Dank seiner Entscheidung für Österreich im Jahre 1879, seiner anschließenden Verhandlungen und der Befürchtungen anderer Mächte hatte er die Position Deutschlands bis 1882 unermeßlich zu stärken vermocht. Das System aber, das er ausgeklügelt hatte, war kompliziert, und in seinen Verwicklungen lag der Keim künftiger Auseinandersetzungen.

Die Bulgarienkrise. Mitte der 80er Jahre war Bismarcks Sicherheitssystem durch neue Balkankomplikationen, diesmal im bulgarischen Staat, äußersten Belastungen ausgesetzt. Rußland, das für die Freiheit Bulgariens gekämpft hatte und dem unerfahrenen Staat bei der Organisation seiner politischen und militärischen Institutionen geholfen hatte, erwartete von Bulgarien, daß es seinem Rat folgen würde. Die Mehrheit der lesekundigen Bulgaren war jedoch von Nationalstolz erfüllt und hatte kein Verlangen, gegenüber irgend jemandem besonders fügsam zu sein. Dieser Meinungsunterschied erhielt durch die Politik Fürst Alexander von Battenbergs, eines Neffen des Zaren, der 1879 mit russischer Zustimmung auf den bulgarischen Thron gewählt worden war, ein besonderes Gewicht. Zunächst verärgerte Alexander die Russen durch Auseinandersetzungen mit russischen Beamten, die in seiner Verwaltung hohe Ämter bekleideten. Dann erzürnte er sie durch die Bevorzugung österreichischer Interessengruppen, die in Bulgarien eine Verbindungsstrecke für die von Österreich bis Adrianopel und Konstantinopel geplante Orientbahn bauen wollten. Den Russen, die bereits durch politische und kommerzielle Verträge

Österreichs mit Serbien (1881) und Rumänien (1883) beunruhigt waren, schien es wichtig, den Bau der bulgarischen Teilstrecke dieser Eisenbahnlinie zu verhindern. Alexanders Weigerung, sich ihren Plänen zu fügen, konnte nicht geduldet werden.

Gleichwohl machten seine offenen Zusammenstöße mit den Russen den Fürsten bei den Bulgaren, die die Anmaßung der russischen Beamten hassen gelernt hatten, beliebt; und dies machte ihm einen Kurswechsel unmöglich. Sein Selbstbewußtsein wurde im Jahre 1885 durch zwei Ereignisse gestärkt: durch seine erfolgreiche Annexion der türkischen Provinz Ostrumelien und einen glänzenden militärischen Feldzug gegen die Serben, die – schlecht beraten – durch militärische Mittel Entschädigung für die Annexion Rumeliens suchten und innerhalb von vier Wochen vernichtend geschlagen wurden.

Die Russen, die befürchteten, die Kontrolle über den bulgarischen Staat völlig zu verlieren, stifteten innerhalb der bulgarischen Armee eine Verschwörung an, der es im August 1886 gelang, Alexander abzusetzen und aus dem Land zu vertreiben. Diese gezielt herbeigeführte Krise und die Versuche der russischen Regierung in den folgenden Monaten, den bulgarischen Staat zu einem Satellitenstaat zu degradieren, alarmierten die anderen Großmächte. Die bulgarische Nationalversammlung stellte sich dieser russischen Taktik entschlossen entgegen und wählte schließlich (im Juli 1887) einen neuen Fürsten, der eine noch betontere proösterreichische Haltung einnahm als sein Vorgänger.

Der neubegründete Dreikaiser-Bund wurde durch diese Ereignisse an den Rand des Zusammenbruchs gebracht; denn die Russen schienen schon 1886 entschlossen, Bulgarien mit Gewalt zu unterwerfen, und die Österreicher hatten begonnen, militärische Vorbereitungen zu treffen, um russischen Vorstößen zu begegnen. Bismarck wußte, daß er bei einem militärischen Zusammenstoß Österreich-Ungarn unterstützen mußte. Er wagte jedoch nicht, dies den Russen gegenüber deutlich zu machen, weil er befürchtete, eine derartige Warnung könne, selbst wenn sie einen Balkankrieg verhinderte, die Russen in die Arme Frankreichs treiben.

Eine solche Allianz war für den deutschen Kanzler zu diesem Zeitpunkt besonders besorgniserregend. Im Herbst 1886 hatte es den Anschein, als sollte die Dritte Republik durch eine Diktatur des Kriegsministers General Boulanger (s. S. 266–267) ersetzt werden, der drohende Reden gehalten hatte über die Notwendigkeit, die verlorenen Provinzen zurückzugewinnen. Ein Bündnis zwischen einem boulangistischen Frankreich und einem panslawistischen Rußland konnte Deutschland in naher Zukunft mit einem Zweifrontenkrieg konfrontieren – so fürchtete jedenfalls Bismarck. Er hielt es daher für notwendig, die Ambitionen des Zaren in Bulgarien zu unterstützen. Da aber deren Befriedigung Österreich zum Krieg zwingen könnte, mußte er dafür sorgen, daß sie nicht realisiert wurden. Dies war eine Aufgabe, die Geschick und List erforderte – Eigenschaften, die der Kanzler in reichem Maße besaß. Um der von Frankreich drohenden Gefahr zu begegnen, verlangte er eine

Verstärkung des stehenden deutschen Heeres. Als der Reichstag die Zustimmung verweigerte, löste er jene Versammlung auf und führte eine eifernde Wahlkampagne, die ihm die notwendige Mehrheit für die Bewilligung der neuen Mittel verschaffte. Damit erschien Deutschlands Militärmacht und seine Bereitschaft, sie einzusetzen, übergroß, und dies wirkte spürbar ernüchternd auf Paris. Die gleiche Wirkung erzielte im Februar 1887 die Nachricht, daß Deutschland den Dreibund mit Österreich und Italien erneuert hatte.

Dämpften diese Ereignisse auch die französische Begeisterung für antideutsche Maßnahmen, so hielten sie doch den russischen Vorstoß gegen Bulgarien nicht auf. Ein Eingeständnis Italiens aber während der Bündnisgespräche, daß es ein Interesse am Balkan habe, gab Bismarck die Gelegenheit, den Italienern gegenüber die Bereitschaft Londons und Wiens anzudeuten, ihren Standpunkt bezüglich des Balkans zu unterstützen. Aus dieser Andeutung entwickelte sich im März 1887 das Mittelmeerabkommen zwischen Italien, Österreich-Ungarn und Großbritannien, das im Falle von Differenzen mit einer vierten Macht gegenseitige Unterstützung vorsah. Das Abkommen richtete sich ebensosehr gegen Frankreich wie gegen Rußland. Der konservative Premierminister Großbritanniens, Lord Salisbury, hoffte, daß aufgrund der Zusammenarbeit mit dem Dreibund England im Falle einer Bedrohung von französischer oder französisch-russischer Seite in Ägypten unterstützt würde. Er lehnte aber auch ein Anwachsen des russischen Einflusses auf dem Balkan ab.

Diesen komplizierten Manövern folgten weitere, noch kompliziertere. Um sicherzustellen, daß der Zar sich nicht an Frankreich wandte, handelte Bismarck ein neues Bündnis mit Rußland aus. Der Rückversicherungsvertrag vom Juni 1887 verpflichtete jeden Partner dann, wenn der andere in eine Kriegssituation verwickelt würde, zu wohlwollender Neutralität, sofern der Konflikt nicht durch einen russischen Angriff auf Österreich oder einen deutschen Angriff auf Frankreich herbeigeführt worden war. Vom streng rechtlichen Standpunkt aus betrachtet, war er mit dem Bündnis zwischen Deutschland und Österreich von 1879 nicht unvereinbar. Vom moralischen Standpunkt her gesehen, läßt er sich nicht so leicht rechtfertigen. In seinen Geheimklauseln versprach Deutschland, die russischen Interessen bezüglich Bulgariens und der Dardanellen zu unterstützen; aber noch vor Jahresende ermutigte Bismarck die Mittelmeermächte zu einem Ergänzungsabkommen. In diesem im Dezember unterzeichneten Abkommen erklärten sich die britische, die österreichische und die italienische Regierung zu Verteidigern des Friedens und des Status quo in den Balkanstaaten. Angesichts dieser Tatsache mußte die russische Regierung ihre Absichten, sich die Herrschaft über Bulgarien zu sichern, aufgeben. Dies tat sie nicht ohne bittere Reflexionen über einen Bündnispartner, der mit der linken Hand wieder nahm, was er mit der rechten gegeben hatte.

Nun senkte sich ein relativer Friede über den Balkan, und im Augenblick drohten keine neuen Auseinandersetzungen. Bismarck konnte Genugtuung darüber empfinden, daß seine Bündnisse immer noch intakt waren.

Der wirtschaftliche und militärische Einfluß auf die Diplomatie. An dieser Stelle können zwei interessante Aspekte des komplizierten bulgarischen Problems kurz angeschnitten werden. Der erste ist die Bedeutung wirtschaftlicher Faktoren nicht nur für die Auslösung, sondern auch für die Beilegung der Krise. Dies war nur die erste in einer Reihe von Komplikationen auf dem Balkan und im Mittleren Osten, in denen der Eisenbahnbau eine wichtige Rolle spielte. Und unter den Waffen, die Bismarck auf dem Höhepunkt der Bulgarienkrise einsetzte, war die finanzielle Manipulation nicht die unbedeutendste. Das in diesem Zusammenhang dramatischste Ereignis trat im November 1887 ein, als die deutsche Regierung der Reichsbank verbot, russische Wertpapiere als Sicherheit für Darlehen anzunehmen. Dieser Schritt wurde von Investoren als Zeichen für einen Vertrauensmangel gegenüber russischen Krediten angesehen, und die daraus erfolgenden Verkäufe russischer Wertpapiere führten zu einem jähen Kursverfall. Der Schaden für die russischen Finanzgeschäfte war erheblich. Diese Maßnahme der deutschen Regierung war teilweise eine Vergeltung für bestimmte diskriminierende Praktiken der Russen; es herrscht aber kaum Zweifel darüber, daß Bismarcks primäres Motiv die Schaffung eines zusätzlichen Hindernisses für ein erfolgreiches militärisches Vorgehen Rußlands auf dem Balkan war. Sein Schachzug führte die russische Regierung in den folgenden Jahren dazu, sich dem französischen Finanzmarkt zuzuwenden, und ebnete somit den Weg für die politische Annäherung zwischen Frankreich und Rußland, die er fürchtete.

Die bulgarische Krise zeigte auch den deutlich wachsenden Einfluß des Militärs auf die Diplomatie. Als die Krise ihren gefährlichsten Stand erreichte, erfuhr Bismarck, daß der deutsche Militärattaché in Wien, anscheinend mit Rückendeckung des Generalstabs in Berlin, Kaiser Franz Joseph und die österreichischen Befehlshaber in der Annahme bestärkte, Deutschland werde einen österreichischen Krieg gegen Rußland unterstützen. Der Kanzler gebot der Einmischung des Militärs in dieser Angelegenheit rasch Einhalt, in Zukunft aber sollte es viele Fälle dieser Art geben.

12. Die Entwicklung des Kapitalismus und die Verbreitung des Sozialismus 1871–1914

Wirtschaftliche Entwicklungen

Die fortschreitende Industrialisierung. Wenn es einer Gesellschaft gelingt, von ihrer traditionellen statischen Agrarwirtschaft abzugehen, und sie sich einer industriellen Zukunft verschreibt, so vollzieht sich das Wirtschaftswachstum weitgehend automatisch. Um aber zum Erfolg zu führen, benötigt dieser

25. Das Borsigwerk am Oranienburger Tor nach Aufstellung der Strackschen Laubenhallen

26. Die Eröffnung der Münchner-Augsburger Eisenbahn am 1. 9. 1839

Start, mit den Worten W. W. Rostows, «eine lückenlose Kette von Vorbedingungen, die an den Kern der Wirtschaftsorganisation und der geltenden Werteskala einer Gesellschaft rühren». Lokalpatriotismus und Regionalismus müssen einer nationalen und internationalen Denkweise weichen. Es muß eine neue Elite entstehen, die an einen Produktionswandel glaubt und Methoden zu dessen Herbeiführung formuliert. Einkommen müssen in Dinge investiert werden, die ein fortwährendes Wirtschaftswachstum ermöglichen – Straßen, Eisenbahnen, Schulen, Fabriken und andere Formen von Sozialkapital; und die Investitionsrate muß so hoch sein, daß die Produktionssteigerung über das Bevölkerungswachstum hinausgeht.

In der Geschichte Europas war die diesem Start vorausgehende Umorientierung und die Zeitspanne, um das für den Übergang zum modernen Industriestaat erforderliche Kapital anzusammeln, von Land zu Land unterschiedlich. Zu Beginn des 19. Jahrhunderts führte Großbritannien, und mit geringem Abstand folgte Belgien, wo Investitionskapital und technisches Können durch englische Darlehen und englischen Beistand ergänzt wurden. Diesen Bahnbrechern folgten zwischen 1830 und 1870 Frankreich, dessen Industrialisierung unter Louis Philippe stattfand, und Deutschland, wo der Nationalismus des aufstrebenden Mittelstands die Vorbedingungen für den Wandel schuf.

Die anderen europäischen Nationen vollzogen ihren Eintritt ins industrielle Zeitalter im Zeitabschnitt von 1871 bis 1914. Die Öffnung des britischen und französischen Marktes für schwedisches Bauholz nach den Zollsenkungen der 60er Jahre des 19. Jahrhunderts regte die Modernisierung der Holzindustrie und den Bau von Eisenbahnlinien an, und diese Entwicklungen bahnten in den frühen 70er Jahren den Weg für Schwedens Industrialisierung. Dänemark und die Niederlande befanden sich noch im Rückstand. In Süd- und Osteuropa vollzog sich der Fortschritt langsamer. Die italienische Industrie erhielt durch die staatliche Einigung deutlichen Auftrieb, ihr anfänglicher Fortschritt verlangsamte sich aber gegen Ende der 80er Jahre durch den ruinösen Zollkrieg mit Frankreich und durch das Festhalten an einem traditionellen Agrarsystem.

Das Österreichisch-Ungarische Kaiserreich bot ein uneinheitliches Bild. Österreich und Böhmen hatten sich schon vor 1870 zu Industriezentren entwickelt, die ungarische Gesellschaft aber blieb der bäuerlichen Tradition verhaftet. Noch im Jahre 1914 mangelte es dem Kaiserreich an Sozialkapital und einer starken, der Modernisierung verschriebenen Bevölkerungsschicht.

In Rußland war die Abschaffung der Leibeigenschaft der erste definitive Schritt fort vom traditionellen System; es dauerte aber eine weitere Generation, bis ein Mittelstand emporkam, der stark und energisch genug war, um auf die Politik einzuwirken. In den letzten Jahren vor dem Krieg entwickelte sich ein derartig ausgereiftes Industriesystem, daß es als Grundlage für die späteren Fünfjahrespläne der Sowjets dienen konnte.

Der dynamische Kapitalismus. In den Anfangsjahren tendierte das Wirtschaftswachstum zu Schwankungen, und in einigen Fällen wurden die ursprünglichen Erwartungen enttäuscht. Ausgeprägte Fluktuaktionen und periodische Krisen waren Begleiterscheinungen, die zum Teil auf den übermächtigen Enthusiasmus von Investoren oder den Mangel an Erfahrung seitens der Firmenleitungen zurückgeführt werden können. Umsichtiges Verhalten der Unternehmen oder staatliche Regelung hätten dem jähen Kursverfall der englischen Eisenbahnaktien in den 60er Jahren und dem Zusammenbruch des deutschen Baubooms im Jahre 1873 wahrscheinlich in gewissem Maße entgegenwirken können. Es wäre ihnen aber kaum möglich gewesen, sie vollständig aufzuhalten.

Die Geschichte des Zeitabschnitts nach 1871 birgt eine Fülle von Beispielen für unregelmäßige Entwicklung. Der industrielle Wandel Schwedens basierte auf der Holzausfuhr und dem Eisenbahnbau. Die Depression der 90er Jahre, die die Exportmärkte des Landes zunichte machte, setzte diesem Abschnitt der Produktionstätigkeit ein Ende. Schweden verließ sich nicht mehr allein auf die Bauholzausfuhr, sondern nahm eine vielfältige Produktion auf. Es konzentrierte sich stärker auf Zellstoff. Die Tätigkeit im Bergbau führte zur Produktion von Roheisen und Edelstahl und zur Entstehung einer modernen Maschinenindustrie. Gleichzeitig ermöglichte die Entwicklung der Hydroelektrizität den Aufbau einer Elektromaschinenindustrie, die später die Grundindustrien Schwedens revolutionierte.

Mit dem Auf und Ab der industriellen Konjunktur waren unweigerlich soziale Härten verbunden. Die beständig akzelerierende Expansion der industriellen Produktion aber führte auch zu einem höheren Lebensstandard der Massen und brachte materielle Annehmlichkeiten in ihre Reichweite.

Staat und Kapitalismus: Subventionen und Zölle. Während sich der Kapitalismus immer weiter ausbreitete, begann er sich zu verändern. Der krasse Individualismus und der ungetrübte Wettbewerbsgeist der frühen Unternehmer verschwand. Ihre Nachfolger vertrauten zunehmend auf staatliche Hilfen und auf Formen des Zusammenschlusses, die die Härten und Unannehmlichkeiten des Wettbewerbs mildern sollten.

Wie wir gesehen haben, hängt wirtschaftliches Wachstum in erster Linie von der Begründung eines leistungsfähigen Transportsystems und anderer Formen von Sozialkapital ab. Während dieser Phase spielte der Staat im allgemeinen eine höchst wichtige Rolle, da es schwierig war, Investoren für Projekte zu finden, die keinen sofortigen Gewinn versprachen. In der Tat gab es, auch nachdem die erforderlichen Sozialinvestitionen (Straßen, Kanäle, Eisenbahnen) vorgenommen worden waren, noch andere Formen staatlicher Hilfe für die Geschäftswelt, die auch bald erwartet wurden. Der Staat konnte durch eine fortschreitende Liberalisierung der Aktiengesetze Investitionen erleichtern. Er konnte auch neue Investitions- und Absatzchancen eröffnen, indem er die Kosten und Risiken des Erwerbs überseeischer Kolonien trug. Schließlich konnte er in Kriegszeiten die als kriegswichtig erachteten Industrien gegen die normalen Marktrisiken abschirmen.

Eine der gebräuchlichsten Formen staatlicher Hilfe für Privatunternehmen war der Schutzzoll. Nach einem Zeitabschnitt des faktischen Freihandels, der durch die Abschaffung der britischen Getreideschutzzollgesetze im Jahre 1846 (s. S. 95) eingeleitet und durch den Cobden-Chevalier-Vertrag von 1860 bestätigt worden war (s. S. 142), kehrten die meisten europäischen Länder gegen Ende der 70er Jahre zum Protektionismus zurück. Dafür gab es eine Reihe von Gründen.

Zum einen waren die Industriellen in den Ländern, die den Beginn der Industrialisierung nach 1871 erreichten, wahrscheinlich anfälliger gegenüber der Konkurrenz aus den weiter fortgeschrittenen Staaten. Die deutschen Produzenten beharrten zum Beispiel auf dem Standpunkt, daß sie ohne Schutz gegen den Druck billiger englischer Importe nicht überleben könnten. Die Unterbietung der kontinentalen Märkte durch englische Waren zu unglaublich niedrigen Preisen in den ersten Jahren der 1873 einsetzenden Depression gab Anlaß zu diesen Forderungen.

Zum zweiten befürworteten die Bauern den Schutzzoll wegen der Gefahren, die ihnen durch billiges ausländisches Getreide drohten. Die gewaltige Ausdehnung des Schienennetzes in den Vereinigten Staaten nach 1860, die gleichzeitige Senkung der Frachtkosten und die Verbesserung der landwirtschaftlichen Maschinen lösten in der amerikanischen Getreideproduktion gerade zu dem Zeitpunkt einen Boom aus, als die Einführung neuer Schiffsmotoren und die Senkung der Schiffstransportkosten eine billige und schnelle Lieferung dieses Getreides nach Europa ermöglichten. Zur gleichen Zeit gerieten die Bauern in Mitteleuropa in Bedrängnis, weil auf dem Schienenweg befördertes Getreide aus Rumänien und Rußland ihre Preise drückte. Es ist nicht verwunderlich, daß bald landwirtschaftliche Interessengruppen entstanden und sich mit anderen, staatliche Schutzmaßnahmen suchenden Gruppen zusammentaten. Die Interessengemeinschaft von Getreideanbau und Schwerindustrie entwickelte sich in der europäischen Politik zu einem allgemeinen Phänomen.

Diese Koalition fand zusätzlich Unterstützung bei Gruppen, deren Interessen nicht in erster Linie wirtschaftlicher Natur waren. Nach 1871 deuteten (oder mißdeuteten) viele Leser der Werke Charles Darwins diese dahingehend, daß innerhalb der menschlichen Spezies Krieg unvermeidlich und das Vertrauen auf den Freihandel gefährlich sei, da er die Abhängigkeit von Importen fördere, die in Kriegszeiten eingestellt werden könnten. Selbst um den Preis wirtschaftlicher Nachteile erschien ihnen die Autarkie als wünschenswertes Ziel.

Vielleicht bedeutete die Verabschiedung der Zollgesetze in Deutschland im Jahre 1879 den entscheidenden Durchbruch zum Protektionismus, wenngleich sich die neue Richtung schon durch die Erhöhung der Zolltarife in Rußland, Spanien und Italien in den drei vorhergehenden Jahren abgezeichnet hatte. Die Zollgesetze von 1879, durch die Getreide, Textilwaren, Bauholz, Fleisch und Eisen mit Sonderabgaben belegt wurden, fanden in Frankreich, Österreich, Schweden und der Schweiz Nachahmung und ermutigten Rußland, Italien und andere Länder, bereits bestehende Schutzzollsysteme weiter auszubauen. Bei der Verabschiedung der französischen Zollgesetze von 1892, durch die die landwirtschaftlichen Zölle um ca. 25 Prozent erhöht und zugleich bestimmte einheimische Industriezweige wie die Seidenproduktion geschützt wurden, führte Jules Méline, der die Gesetzesvorlage in der Deputiertenkammer durchbrachte, die positiven Zollerfahrungen Deutschlands und Österreichs im vorhergehenden Jahrzehnt als Argument dafür an, daß Frankreich ihrem Beispiel folgen sollte. Um die Mitte der 90er Jahre konnten nur noch Großbritannien, Belgien und Holland als Freihandelsländer angesehen werden. Dabei ist zu beachten, daß der Handel in diesen drei Ländern von größerer Bedeutung war als die Landwirtschaft und daß die Industrie dort so weit fortgeschritten war, daß ein Schutzzoll schwerlich zu rechtfertigen gewesen wäre.

Der Protektionismus versetzte der alten liberalen Vorstellung vom internationalen Frieden einen schweren Schlag; denn nachdem die kommerziellen Beziehungen einmal von staatlicher anstatt von privater Seite geregelt wurden, nahmen die potentiellen Reibungsflächen zwischen den Staaten immer stärker zu. Abgesehen davon bewirkte die Rückkehr zum Protektionismus engere Beziehungen zwischen Privatunternehmen und Regierung. In demselben Maße, wie der Zoll als unerläßliche Hilfe für Landwirtschaft und Industrie angesehen wurde, war das Prinzip des freien Unternehmertums abgeschwächt worden.

Der Trend zum Zusammenschluß: Trusts und Kartelle. Im Laufe der Jahre machte das private Unternehmertum einen weiteren Wandel durch. Die Industrie- und Bankunternehmen, die den erbarmungslosen Konkurrenzkampf der frühen Stadien des Kapitalismus überlebt hatten, schienen ihre Begeisterung für den Wettbewerb irgendwo unterwegs verloren zu haben. Als die Unternehmen größer wurden, tendierten sie zur Zusammenarbeit mit anderen großen Firmen auf ihrem Sektor, um doppelte Anstrengungen zu vermeiden, Produktionskosten zu senken, Märkte aufzuteilen oder Preise gegen Fluktuationen zu schützen, die ein ungezügelter Wettbewerb herbeiführen konnte.

Es waren verschiedene Formen des Zusammenschlusses üblich. In England und den Vereinigten Staaten wurden Fusionen bevorzugt, bei denen eine Firma Konkurrenten aufkaufte oder durch Aktienmanipulation vereinnahmte, weiterhin Trusts oder Konzerne, bei denen sich Fabriken, die in der Herstellung gleichartiger Produkte oder in aufeinanderfolgenden Produktionsstufen tätig waren, unter einer gemeinsamen Leitung zusammenschlossen und ihre Verwaltungs- und Verkaufskräfte zusammenfaßten. Diese ermöglichten einen Grad an kommerziellem und technischem Fortschritt, der bei einem Nebeneinander einer Reihe von konkurrierenden Firmen kaum zu erzielen gewesen wäre, und verschaffte dem auf diese Weise entstandenen Konzern häufig Monopolbedingungen.

Die deutsche Form des Zusammenschlusses, das Kartell, war ein formloses Übereinkommen zwischen allen Unternehmen eines bestimmten Produktionszweiges der Industrie über ihre Produktion, Ankäufe von Rohmaterialien, Abbaugebiete, Verkaufsmethoden und Preise. Vor dem Ersten Weltkrieg gab es Absatz-, Produktions- und Preisabsprachen zwischen deutschen Kartellen und ausländischen Trusts. Deutsche Stahlschienenhersteller unterhielten beispielsweise Kartellabsprachen mit denen in Großbritannien, Frankreich, Belgien und den Vereinigten Staaten, durch die sie den Weltmarkt effektiv beherrschten.

In diesem Zusammenhang war der Trend der Banken zum Zusammenschluß von besonderem Interesse. England erlebte in den letzten Jahren des Jahrhunderts einen stetigen Rückgang der Gesamtzahl der Banken. Im Jahre 1824 hatte es in England 600 Banken gegeben. Um 1914 waren es nur noch 55, und dieser Schrumpfungsprozeß sollte sich bis in die Nachkriegszeit hinein fortsetzen, so daß es im Jahre 1937 nur noch elf Banken gab und fünf Sechstel der Bankgeschäfte des Landes durch die «Big Five» («Großen Fünf») getätigt wurden: die Midland Bank, die Westminster Bank, Barclay's, Lloyd's und die National Provincial. In Deutschland gerieten die Finanzgeschäfte des Landes in den Jahren nach 1871 zunehmend unter die Kontrolle der vier D-Banken – der Stuttgarter Disconto Gesellschaft (gegründet im Jahre 1851), der Deutschen Bank (1870), der Darmstädter Bank (1870) und der Dresdner Bank (1872).

Für die Expansion der europäischen Wirtschaft spielten diese monopolistischen Praktiken eine positive Rolle. Unternehmenszusammenschlüsse waren aber unpopulär, weil sie in der Erinnerung mit historischen Fällen von Ausbeutung in Verbindung gebracht wurden, weil sich der Fusionsprozeß im einzelnen häufig tragisch auswirkte und weil der Mißbrauch der durch Zusammenschluß erlangten Macht oft zur Schädigung der Verbraucher führte. Daher wurden sie zur vorrangigen Zielscheibe für sozialistische Kritiker des kapitalistischen Systems.

Die Arbeiterbewegung: Gewerkschaften

Eine der Nebenwirkungen der Unternehmenszusammenschlüsse auf breiter Ebene war die unbeabsichtigte Förderung des Zusammenschlusses auf seiten der Arbeiter. In den ersten Jahrzehnten des Jahrhunderts hatten sich die europäischen Geschäftsleute und Regierungen dieser Entwicklung erfolgreich widersetzt, indem sie darauf hinwiesen, arbeitende Menschen sollten sich lieber auf Individualität und Selbsthilfe verlassen anstatt auf kollektive Maßnahmen. Nach 1871 aber waren ehrliche Geschäftsleute gezwungen, Andrew Carnegie (1835–1919) beizupflichten, der schrieb: «Das Recht der arbeitenden Menschen, sich zusammenzuschließen, ist nicht weniger heilig als das Recht des Fabrikanten, Vereinigungen und Absprachen mit seinen Kollegen einzugehen, und es muß ihnen früher oder später zugestanden werden.»

Diese auch von den Nationalparlamenten vollzogene Meinungsänderung gab den Gewerkschaften einen neuen rechtlichen Status. Derartige Vereinigungen existierten seit den ersten Jahrzehnten des Jahrhunderts in England, Belgien, Frankreich und anderen kontinentalen Ländern und waren immer lähmenden Beschränkungen unterworfen gewesen, die den Streik für illegal erklärten und jegliche Maßnahme, die Vertragsbruch zu ermutigen schien, verboten. Folglich waren die meisten Gewerkschaften dem Wesen nach Wohlfahrts- und Schutzvereinigungen mit geringen Mitgliederzahlen gewesen und hatten nur die besser ausgebildeten, besser bezahlten Arbeiter der Fachberufe vertreten. Ihre Funktion bestand in erster Linie darin, für Arbeitslosen-, Unfallversicherungen und Sterbekassen zu sorgen. Mit ihren finanziellen Mitteln gingen sie vorsichtig um und waren deshalb nicht sehr aggressiv; von der Streikwaffe machte sie selten Gebrauch.

In den späten 80er und in den 90er Jahren setzte jedoch ein bedeutendes Wachstum und ein entscheidender Wandel innerhalb der Gewerkschaften ein. Der Mitgliederzulauf kam aus den Reihen der ungelernten Arbeiter und wurde durch Arbeiterführer vorangetrieben, die militanter waren als ihre

27. Arbeiter fordern von ihren Fabrikanten ausreichenden Lohn und erträgliche Arbeitsbedingungen

Vorgänger. Einen dramatischen Beweis für den Wandel lieferten eine Reihe von Streiks: im belgischen Charleroi, wo im Jahre 1886 erbitterte Kämpfe zwischen Glas- und Bergarbeitern und der Polizei stattfanden; in London im Jahre 1889, wo Dockarbeiter durch eine beeindruckende Demonstration von Disziplin und Geduld eine Lohnerhöhung durchsetzten; in Hamburg im Jahre 1896, wo Hafenarbeiter den gleichen Erfolg zu erreichen versuchten wie die Engländer und wo Arbeitgeberverbände sich ihnen beharrlich widersetzten.

Häufig standen die neuen Gewerkschaften unter dem starken Einfluß des marxistischen Sozialismus und hatten Kontakte zu marxistischen Parteien. In Deutschland änderte sich beispielsweise das Schicksal der Unabhängigen Gewerkschaften gleichzeitig mit dem der Sozialdemokratischen Partei, so daß sie während der Jahre des Bismarckschen Sozialistengesetzes (s. S. 282) nahezu völlig verschwanden und nach dessen Aufhebung im Jahre 1890 wieder auflebten. In England waren die Gewerkschaften eng mit der neuen Labour-Partei verbunden, deren Philosophie zwar nicht marxistisch, aber doch sozialistisch war (s. S. 236–238). Frankreich stellte in gewisser Weise einen Sonderfall dar; die dortige Gewerkschaftsbewegung stand unter dem starken Einfluß der Lehren des Syndikalismus (s. S. 229–230).

Obwohl die Gewerkschaftsbewegung Philosophien nahestand, die zur Zerstörung der bestehenden Ordnung aufriefen, war ihre Haltung gegenüber der Revolutionsidee immer unbestimmt. Als die Gewerkschaften stärker wurden, bekannten sie sich häufig noch zu ihr, sammelten aber auch Kapital und Eigentum an, was zu einer gewissen Bindung an das kapitalistische System führte. Überdies hielten sie an ihren Grundzielen fest: das Los der Arbeiterschicht zu verbessern und deren Lebensstandard zu erhöhen. Wenn sich eine Gelegenheit dazu ergab, waren sie geneigt, sie zu ergreifen, ohne abzuwägen, ob die Revolution dadurch vorangetrieben oder verzögert würde. Somit entwickelten sich die Gewerkschaften im allgemeinen zu einer gemäßigten Kraft innerhalb der sozialistischen Bewegung.

Es wird häufig angeführt, die organisierte Arbeiterschaft habe zu dieser Zeit nur einen Bruchteil aller Arbeitskräfte Europas dargestellt, und das entspricht zweifellos den Tatsachen. Im Jahre 1900 umfaßte die gesamte Mitgliederzahl der Gewerkschaften in Großbritannien zwei Millionen, in Deutschland 850 000, in Frankreich 250 000; und in den anderen Ländern lagen die Zahlen noch viel niedriger. Dennoch machten sich die Erfolge der Gewerkschaften im Hinblick auf die Verbesserung der Löhne und Arbeitsbedingungen über die Organisationen hinaus bemerkbar, und ihr Wirken im allgemeinen trug dazu bei, daß der Masse der Arbeitskräfte, wie langsam auch immer, eine gewisse Vorstellung über ihre sozialen Rechte vermittelt wurde.

Eine Philosophie für die Arbeiter: Karl Marx

Sein Leben und Einfluß. Die zweite bemerkenswerte Form des Arbeiterzusammenschlusses in diesem Zeitabschnitt war die politische Arbeiterpartei. Die

28. Karl Marx (1818–1883) unterhält sich mit englischen Arbeitern in einer Gaststätte seines Londoner Wohnviertels

bedeutendsten Zusammenschlüsse dieser Art waren durch die Schriften von Karl Marx angeregt worden.

Karl Marx wurde im Jahre 1818 in Trier im Rheinland geboren. Seine Eltern stammten aus Rabbinerfamilien – eine Tatsache, die nicht ohne Einfluß auf Marx' Geschichtsverständnis blieb, das durch und durch apokalyptisch war. Er besuchte die örtlichen Schulen und studierte dann an den Universitäten Bonn und Berlin, wo sich unter dem Einfluß des Philosophen Hegel sein Interesse von den Rechtswissenschaften auf die Philosophie verlagerte. Im Jahre 1841 bestand er das Examen und hätte möglicherweise eine akademische Laufbahn eingeschlagen, wenn sich die Gelegenheit ergeben hätte. Da dies nicht der Fall war, schrieb er philosophische Artikel für die «Rheinische Zeitung» und wurde im Jahre 1843 deren Herausgeber.

Die unruhigen Zeitläufte machten es einem derartig lebhaften Geist unmöglich, sich allein auf die philosophische Theorie zu beschränken. Noch vor Jahresende wurde die «Rheinische Zeitung» von der Regierung verboten, weil sie sich zu offen über soziale Fragen äußerte; und Marx ging nach Paris, wo er Friedrich Engels (1820–1895), dem Sohn eines rheinischen Industriellen, begegnete. Zwischen den beiden Männern entwickelte sich eine enge Zusammenarbeit. Marx fand in Engels nicht nur einen Freund fürs Leben, der ihm in seinen nicht seltenen Notlagen aushalf, sondern auch einen Verbündeten, der eine intime Kenntnis des industriellen Systems und einen wachen Einblick in militärische Angelegenheiten besaß. Engels, der Marx' Fähigkeiten zur Analyse und Begriffsbildung immer bewundert hat, sagte bei einer Gelegenheit: «Marx war ein Genie, wir andern höchstens Talente.»

Zusammen mit anderen als gefährliche Radikale Verdächtigten wurde Marx im Jahre 1847 aus Frankreich ausgewiesen und ging nach Brüssel, wo er und Engels von einer Gruppe deutscher Sozialisten aufgefordert wurden, für sie ein Programm aufzustellen. Das Ergebnis war «Das Kommunistische Manifest», eine eloquente, nachdrückliche Verurteilung der bestehenden Gesellschaftsordnung, die am Vorabend der Revolution von 1848 geschrieben, in den folgenden dreißig Jahren aber relativ wenig gelesen wurde. Während dieser Zeit fand Marx, nachdem er in Belgien zur «persona non grata» erklärt worden war, Asyl in Großbritannien. Seit weiteres Leben verbrachte er mit der Arbeit an seiner Schrift «Zur Kritik der politischen Ökonomie» (1859) und seinem Monumentalwerk «Das Kapital» (1867); er verfaßte Analysen von Tagesereignissen für Zeitungen und spielte – vom Ende der 60er Jahre an bis zu seinem Tode im Jahre 1883 – eine führende Rolle in der europäischen Sozialistenbewegung.

Diese Führungsposition unter den Sozialisten verdankte er weitgehend der zunehmenden Achtung vor dem «Kommunistischen Manifest». Wie Harold Laski einst schrieb, wurde dieses Dokument ziemlich spät als das erste Werk erkannt, das einer Bewegung Richtung und Philosophie gab, die bis dahin nicht viel mehr gewesen war als ein in den Anfängen steckender Protest gegen Ungerechtigkeit. In gewisser Weise kann man wirklich sagen, das «Manifest» habe die moderne sozialistische Bewegung ins Leben gerufen; vorher war sie eine Vereinigung von autodidaktischen Querulanten gewesen. Eine kurze Betrachtung seiner Aussagen über die Geschichte, die Art und Schwächen des kapitalistischen Systems und die Rolle und Bestimmung der Sozialistischen Partei mag ein gewisses Verständnis für seinen Einfluß vermitteln.

Die Geschichte, der Kapitalismus und die Partei. Marx' Geschichtsauffassung war beeinflußt durch das Studium der Philosophie Hegels, der der Überzeugung war, daß Geschichte ein logischer Prozeß sei, in dem Veränderung durch den Gegensatz antagonistischer Elemente und die Auflösung dieses Antagonismus in neue Formen bewirkt werde. Diese Idee – manchmal Dialektik genannt – übernahm Marx; während Hegel aber glaubte, der Schlüssel zur historischen Veränderung sei die Ideologie, meinte Marx, die Materie sei es. Er betonte: «Die Produktionsweise des materiellen Lebens bedingt den sozialen, politischen und geistigen Lebensprozeß überhaupt.» Dies treffe auf jede Gesellschaft zu, und wenn eine Veränderung stattfinde, dann nicht aufgrund des Antagonismus konkurrierender Ideen, sondern aufgrund des Zusammenstoßens konkurrierender wirtschaftlicher Gruppen. Der Prozeß der historischen Veränderung setze sich fort, bis ein großes revolutionäres Ereignis die bestehende Ordnung zerstören und Klassenunterschiede beseitigen werde. Marx behauptete, jenes glückliche Ereignis zeichne sich bereits undeutlich am Horizont ab. Den Beweis, daß es zwangsläufig eintreten werde, wollte er durch eine Analyse bestimmter Merkmale der kapitalistischen Ordnung führen.

Sein Hauptargument war, daß die Arbeitskraft um ihren Lohn betrogen werde. Ebenso wie andere vor ihm, bekannte sich Marx zu der Überzeugung, daß der Wert einer jeden Ware an der zur Herstellung aufgewendeten Arbeit richtig bemessen sei, und er führte aus, daß die Arbeiter in einer gerechten Gesellschaft als Bezahlung für ihre Arbeit den Gegenwert in Waren, Bequemlichkeiten und Dienstleistungen erhalten würden. Im Kapitalismus treffe dies nicht zu, denn die Unternehmer seien bestrebt, niedrige Löhne und lange Arbeitszeiten zu erzielen. Die Folge sei, daß ihre Arbeiter Waren erzeugten, deren Wert weit über dem liege, was sie als Gegenleistung erhielten, und dieser Mehrwert fließe als Gewinn direkt in die Taschen der Arbeitgeber. Dies sei eine Ungerechtigkeit, die das Feuer der Revolution nur schüren könne.

Ein anderes Merkmal des Kapitalismus bringe die Revolution um so schneller in Gang. In dem Maße, in dem der Produktionsprozeß komplizierter werde, erfordere er Techniken und Betriebsausstattungen, die über das Verständnis und die Mittel kleinerer Unternehmer hinausgingen, setze diese daher dem Ruin aus und zwinge sie in die Klasse der Lohnempfänger. Durch einen unerbittlichen Konzentrationsprozeß würden Besitz und Kontrolle des Wirtschaftssystems in die Hände von immer wenigeren übergehen. Diese Konzentration und das gleichzeitige Anwachsen des Proletariats vereinfache den Klassenkampf, und das dadurch verursachte soziale Elend verstärke den Haß der unteren Klassen.

Dem Proletariat böten sich immer zahlreichere Gelegenheiten, seine Gefühle in revolutionären Aktionen zum Ausdruck zu bringen; denn die Kapitalisten hätten ihre Unfähigkeit bewiesen, ihr eigenes System unter Kontrolle zu halten. Marx schrieb:

«... die moderne bürgerliche Gesellschaft ... gleicht dem Hexenmeister, der die unterirdischen Gewalten nicht mehr zu beherrschen vermag, die er heraufbeschwor ... Es genügt, die Handelskrisen zu nennen, welche in ihrer periodischen Wiederkehr immer drohender die Existenz der ganzen bürgerlichen Gesellschaft in Frage stellen ... Wodurch überwindet die Bourgeoisie die Krisen? Einerseits durch die erzwungene Vernichtung einer Masse von Produktivkräften; andererseits durch die Eroberung neuer Märkte, und die gründlichere Ausbeutung der alten Märkte. Wodurch also? Dadurch, daß sie allseitigere und gewaltigere Krisen vorbereitet und die Mittel, den Krisen vorzubeugen, vermindert.»

Kurz, Häufigkeit und Ausmaß verheerender Wirtschaftskrisen würden zunehmen. Dies könne durch nichts verhindert werden, da der Kapitalismus unfähig sei, seine eigenen Mängel zu beheben. Sein Ziel sei nicht Dienstleistung oder Entwicklung, sondern Gewinn und Kapitalanhäufung, und dieses Ideal könne nur einen noch ungezügelteren Wettbewerb und noch zerstörerischere Kollisionen begünstigen. Obgleich sich die kapitalistische Produktion durch die Mechanisierung immer mehr zu einer technischen Leistung entwickle, bei der der Arbeiter eine wesentliche Rolle spiele, verfolge der kapitalistische Unternehmer einen Kurs der eigennützigen Ausbeutung. Seine Abgestumpftheit müsse schließlich zur Zerstörung des Systems herausfordern. Letzten Endes würde der Kapitalist keinerlei Einschränkung des freien Marktwettbewerbs anerkennen. Dieser Zustand der Anarchie bestärke die dem System innewohnenden Tendenzen zur Schwankung zwischen Hochkonjunktur und Depression und beschleunige den endgültigen Zusammenbruch.

Marx war der Überzeugung, daß die Zerstörung des kapitalistischen Systems nur durch das bewußte und gewaltsame Eingreifen der Arbeiter selbst bewirkt werden könne. Sie darauf vorzubereiten und zum rechten Zeitpunkt eine Führung bereitzustellen, sei die erste Pflicht der Sozialistischen Partei. Ihre zweite Aufgabe sei die Konsolidierung der Revolution während einer Übergangsphase von unbestimmter Dauer, die Diktatur des Proletariats genannt, in der die Überreste der bürgerlichen Institutionen und Klassenvorurteile ausgemerzt würden. Marx' Schilderung des Endstadiums – der klassenlosen Gesellschaft, in der der Staat verschwunden sei – war zugegebenermaßen vage. Jenes Stadium aber werde eintreten. Wann es eintrete, sei eine Frage der Geschwindigkeit, mit der das kapitalistische System zugrunde gehe, und der Effizienz der Partei, sich diesen Untergang zunutze zu machen.

Auf diesen letzten Punkt legte Marx sehr viel Wert. Sowohl er als auch Engels verachteten alle vorherigen sozialistischen Bewegungen. Dies lag zum

Teil zweifellos an Marx' Temperament. Der deutsch-amerikanische Schriftsteller und Staatsmann Carl Schurz schrieb, er habe niemals einen Menschen gesehen «von so verletzender unerträglicher Arroganz des Auftretens» wie Marx, und er fügte hinzu, Marx brandmarke ständig jene, die es wagten, seinen Ansichten entgegenzutreten, als bourgeois – d. h. «als ein unverkennbares Beispiel einer tiefen geistigen und sittlichen Versumpfung». Doch Marx war auch der Überzeugung, daß frühere sozialistische Theoretiker sich und andere irregeleitet hätten durch den Glauben, der Sozialismus könne durch uneigennützige Maßnahmen wohlwollender Angehöriger der besitzenden Klassen von oben her durchgesetzt werden.

Marx wählte die Bezeichnung «kommunistisch» für sein berühmtes Manifest teilweise, um sich und den Sozialismus seiner Prägung von den früheren Utopisten zu unterscheiden. Aus demselben Grunde bezeichneten seine Anhänger seinen Sozialismus als wissenschaftlichen Sozialismus. Hinter dem semantischen Unterschied stand ein anderer, wesentlicherer. Marx rief zu einer sozialistischen Bewegung auf, die sich auf das materialistische Verständnis von Geschichte und Gesellschaft gründete, auf die Unausweichlichkeit des Klassenkampfes und die eindeutige Erkenntnis, daß der Sieg des Proletariats durch Gewalt eingeleitet werden müsse.

Wissenschaftler oder Prophet? Im eigentlichen Sinne des Wortes war Marx' Sozialismus nicht «wissenschaftlicher» als jede andere Gesellschaftstheorie. Betrachten wir zum Beispiel seine Überzeugung, «Die Produktionsweise des materiellen Lebens bedingt den sozialen, politischen und geistigen Lebensprozeß überhaupt». Marx meinte damit natürlich nicht, daß die Volkswirtschaft allein alle Aspekte unseres täglichen Lebens oder Handelns bestimme, aber er glaubte, daß, wenn es andere Einflüsse gebe, diese entweder ihre Wurzeln in der Volkswirtschaft hätten oder von geringerer Bedeutung seien als wirtschaftliche Faktoren. Genau an dieser Stelle müssen wir den Realismus seiner Auffassungen in Frage stellen. Denkt man nur an die Wechselwirkung von menschlichen Ambitionen und Fehlbarkeit, Innenpolitik, klimatischen Bedingungen und geographischer Beschaffenheit, wirtschaftlicher Not, religiöser Überzeugung, Nationalgefühl, technologischen Faktoren, Einfluß von Verwaltung und Militär und bloßen Zufällen bei den Ereignissen, die zu den Revolutionen von 1848 oder zum Ausbruch des Krimkrieges geführt haben, so gelangt man zu der Erkenntnis, daß die Frage nach der Ursächlichkeit zu kompliziert ist, um die Behauptung zuzulassen, bei der Bestimmung des Laufs der Geschichte sei irgendein einzelner Faktor grundsätzlich von größerer Bedeutung als andere.

Es muß festgestellt werden, daß Marx' Geschichtsauffassung wenig oder gar keinen Platz ließ für menschliche Willenskraft oder Initiative. Dennoch waren die Produktionsarten, denen er soviel Wert beimaß, nicht automatisch entstanden, sondern durch menschliche Entscheidung und menschliches Handeln. Das Produktionssystem war eine Mischung aus vielen Ideen und Institutionen, die durch Menschen ständig verändert, korrigiert und neuen Bedingungen angepaßt wurden.

Auch die Annahme, daß der einzelne in Übereinstimmung mit seiner Klassenloyalität handele oder daß er überhaupt immer seine Zugehörigkeit zu einer gegebenen Klasse erkenne, bildet keine sichere Ausgangsposition. Die Überzeugung «Die Arbeiter haben kein Vaterland» und die Äußerung über «die gemeinsamen, von der Nationalität unabhängigen Interessen des gesamten Proletariats» bedeuteten überdies nichts anderes, als die Erfahrungen der revolutionären Bewegungen und die Wirkung des leidenschaftlichen Nationalismus auf alle Gesellschaftsschichten im Europa seiner Zeit zu ignorieren.

Ebenso wie Marx' Geschichtsauffassung weniger wissenschaftlich war, als seine Anhänger behaupteten, waren es auch seine Wirtschaftstheorien. Seine Theorie über den Mehrwert fand z. B. auf die Realitäten des Zeitalters des Hochkapitalismus nur begrenzt Anwendung. Sie ließ weder Spielraum für die versteckten Produktionskosten – Verwaltung, Werbung, Zinsbelastung, Amortisation von Neubaukosten und andere Dinge –, noch berücksichtigte sie die besonderen Fähigkeiten von Unternehmern oder ihre Bereitschaft zum Risiko, obgleich diese Faktoren offensichtlich dazu beitrugen, die Beschäftigung der Arbeiter zu sichern.

Marx' Aussagen bezüglich der Kapitalkonzentration und der regelmäßigen Wiederkehr wirtschaftlicher Depressionen kamen den Wirtschaftstendenzen seiner Zeit schon näher; es gab aber Anzeichen dafür, daß die kapitalistischen Unternehmer sowohl aufgeklärter waren, als er zugeben wollte, als auch bereitwilliger, wirtschaftliche Opfer zu bringen, um greifbare Mängel ihrer Verfahrensweisen zu beheben. Überdies zeigte sich, daß es auf die Dauer für sie nicht unmöglich war, die soziale Verpflichtung von Unternehmen anzuerkennen und Kontrollmaßnahmen hinzunehmen, damit wirtschaftliche Konflikte vermieden würden.

Dennoch sollen diese Feststellungen weder den historischen noch den volkswirtschaftlichen Rang seines Werkes abwerten. Historikern gab er ein notwendiges Korrektiv an die Hand gegen die Tendenz, rein politischen Faktoren ein zu großes Gewicht beizulegen und eine als «Pauken- und Trompetenhistorie» bezeichnete Geschichtsschreibung zu betreiben; spätere Historiker schenkten den sozialen und ökonomischen Aspekten der menschlichen Entwicklung mehr Aufmerksamkeit. In der Wirtschaftstheorie setzte er einen neuen, provokativen Schwerpunkt auf die Klassenstruktur und -haltung und gab eine präzise Begriffsdefinition von der kapitalistischen Wirtschaft, die weitere Studien und Analysen anregte.

Abgesehen davon ist die Frage, ob Marx' Sozialismus wissenschaftlich war oder nicht, wahrscheinlich weniger wichtig, als er selbst meinte. Marx wollte als streng objektiv und vorurteilsfrei gelten. Das war er natürlich nicht, sondern es wäre richtig, ihn als zornigen Propheten anzusehen. Karl Löwith schrieb, es sei kein Zufall, daß die letzte große Schlacht zwischen der Bourgeoisie und dem Proletariat, von der Marx so leidenschaftlich schreibt, an die Apokalypse des Alten Testaments und an die Offenbarung des Neuen Testaments erinnert. Löwith fährt fort:

«Der ganze Geschichtsprozeß, wie er im ‹Kommunistischen Manifest› dargestellt wird, spiegelt das allgemeine Schema der jüdisch-christlichen Interpretation der Geschichte als eines providentiellen Heilsgeschehens auf ein sinnvolles Endziel hin. Der historische Materialismus ist Heilsgeschichte in der Sprache der Nationalökonomie.»

Der Marxismus versprach die sichere Erlösung, und diese Aura der Unausweichlichkeit, nicht aber die Logik seiner Ausführungen, erklärte seine enorme Anziehungskraft. Die Entrechteten, die Nichtbeachteten und die Ehrgeizigen wollten hören, daß sie am Ende triumphieren würden, und sie nahmen bereitwillig einen Glauben an, der ihnen die Gewißheit gab, daß die Geschichte auf jenes letzte Ziel hinarbeite und nicht aufgehalten werden könne. Das gleiche galt für die Schuldbewußten und die Unsicheren. Häufig führte ein schlechtes Gewissen oder das Verlangen nach ideologischer Gewißheit Angehörige der besitzenden Gesellschaftsschichten dazu, sich dem Marxismus anzuschließen.

Marx versprach ein goldenes Zeitalter: «An die Stelle der alten bürgerlichen Gesellschaft mit ihren Klassen und Klassengegensätzen tritt eine Assoziation, worin die freie Entwicklung eines jeden die Bedingung für die freie Entwicklung aller ist.» Doch die Mittel, die er befürwortete, konnten kaum eine solche paradiesische Freiheit herbeiführen. Marx gehörte zu einer Gruppe von Theoretikern des 19. Jahrhunderts, die mit der Gewalt einen Kult trieben, die die Gesellschaft daran gewöhnten, sie als legitimes Werkzeug der Politik zu akzeptieren, und damit die Vorstellungen von Gesetz, Gerechtigkeit, Kompromiß und Anpassung verdrängten, die die Marksteine des Liberalismus des 19. Jahrhunderts und die beste Garantie für den Fortschritt zur Freiheit dargestellt hatten.

Die Entwicklung des Sozialismus

Marx und Bakunin: Die Herausforderung des Anarchismus. Innerhalb der Arbeiterklasse wuchs der Einfluß der Sozialisten sehr langsam. In der ersten internationalen Arbeiterorganisation, der «International Workingmen's Association», die 1864 in London gegründet wurde und bis 1876 bestand, spielte Marx eine führende Rolle. Ihre Geschichte war bestimmt durch einen erbitterten Konflikt zwischen seiner Philosophie und der konkurrierenden Lehre des Anarchismus.

Aufgrund seiner leidenschaftlichen Betonung, daß der Mensch im Wesen gut, durch die Institutionen aber korrumpiert sei, wird der Anarchismus als «reductio ad absurdum» der Romantik des 19. Jahrhunderts bezeichnet. Der Anarchist sah sein Ziel darin, die Menschheit durch Vernichtung der Korruptionsinstrumente – der anerkannten Kirchen, der großen wirtschaftlichen Machtkonzentration und vor allem des modernen zentralisierten Staates –

wieder in ihren ursprünglichen Zustand der Tugend zurückzuführen. Mittels dieser Methode hoffte er, die Gesellschaft auf freiwilliger Basis neu ordnen zu können.

Proudhon, der Vater des modernen Anarchismus, war in seinem Denken zu widersprüchlich, als daß er eine effektive politische Bewegung hätte ins Leben rufen können. Er brachte es fertig, Bewunderung für Charles Louis Napoleon und Befürwortung der Sklaverei in den Vereinigten Staaten mit seinen libertären Ansichten zu vereinbaren. Demgegenüber waren die Ideen Fürst Pjotr A. Kropotkins (1842–1921), eines russischen Edelmannes, der idealistische Darstellungen über die freiwillige Gesellschaft verfaßte, in denen freie Menschen für etwas anderes als finanziellen Lohn arbeiteten und der organisierten Regierung nicht bedurften, vielleicht zu intellektuell und blutleer. Der Mann, der den Anarchismus zu einer bedeutenden Bewegung innerhalb der Arbeiterklasse machte, war Michail Bakunin (1814–1876).

29. Michail Bakunin (1814–1876), russischer Anarchist und Revolutionär

Diese bemerkenswerte Persönlichkeit war wie Kropotkin von Geburt Mitglied der russischen Aristokratie. Er war für eine militärische Laufbahn bestimmt, verzichtete aber zugunsten eines Philosophiestudiums darauf, begann sich für die Leiden der unterworfenen Nationalitäten zu interessieren, wie der Polen und der Italiener, und wurde schließlich Berufsrevolutionär. Im Jahre 1848 beteiligte er sich an der Februarrevolution in Paris, danach am Slawenkongreß in Prag und wurde im Jahre 1849 während der Kämpfe in Dresden von preußischen Truppen festgenommen. Nach der Auslieferung an sein Land verbrachte er acht Jahre im Gefängnis und vier weitere im erzwungenen Exil in Sibirien. Dann floh er, schlug sich über Yokohama, San Francisco und New York nach Westeuropa durch und stürzte sich sofort erneut in die revolutionäre Tätigkeit. In den 60er Jahren organisierte er anarchistische Zellen in der Schweiz, in Spanien und Italien und gründete die «Allianz der sozialen Demokratie» mit Geheimstatuten und einem Programm, das zur «universalen Revolution» aufrief. Während des Aufstands von 1863 trat er leidenschaftlich für die Polen ein, 1869 engagierte er sich in Rußland in der «Gesellschaft der Axt» von Netschajew (s. S. 309), und während der revolutionären Unruhen in Frankreich im Jahre 1871 organisierte er eine Kommune in Lyon. Er starb, immer noch erfüllt von revolutionären Plänen, 1876 im Alter von 62 Jahren.

Während der 60er Jahre, als die Nationalstaaten ihre moderne Form annahmen und der Kapitalismus im Westen zu seiner vollen Entfaltung gelangte, formulierte Bakunin sein anarchistisches Glaubensbekenntnis. Als Echo Proudhons schrieb er:

«Der Staat wurde historisch ... aus der Ehe von Gewalt, Plünderung und Beschlagnahmung geboren ... Er war von Anbeginn ... die göttliche Sanktion von brutaler Gewalt und triumphaler Ungleichheit ... Selbst wenn er etwas Gutes befiehlt, verhindert und verdirbt er es, eben weil er es befiehlt ...»

Ebenso schlimm seien die Auswirkungen des Kapitalismus für jene, deren Leben er beherrsche. Das gleiche gelte für die organisierte Religion und auch für das Idol der Intellektuellen des 19. Jahrhunderts, die moderne Wissenschaft, mit ihrem anmaßenden Versuch, das Leben durch die Bestimmung seiner Gesetzmäßigkeiten zu regulieren. Bakunin erklärte allen Institutionen, allen Gesetzen, allen abstrakten Prinzipien, die die Entwicklung des Menschen regulierten – und dadurch behinderten – den Krieg.

Bakunin war kein systematischer Theoretiker. Über das, was die Dinge, die er verabscheute, ersetzen sollte, äußerte er sich nur vage, und in der Verherrlichung der Gewalt als Mittel der Revolution ging er viel weiter als Marx. «Entfesselt die Volksanarchie in Stadt und Land», schrieb er. «Verstärkt sie, bis sie wütet wie eine rollende Lawine, verzehrend und vernichtend.» «Wir brauchen den Sturm und das Leben. Eine neue Welt ohne Gesetze und folglich frei.» Er rief auf zu «einer 40 000 Mann starken Phalanx aus jungen Menschen der gebildeten Klassen», um die Massen in gewagten Terrorakten und spontanen Erhebungen gegen die Autorität anzuführen, bis das Ziel der universalen Revolution erreicht sei.

Der französische Schriftsteller Albert Camus wies einmal darauf hin, daß Bakunins Betonung der Notwendigkeit einer revolutionären Elite Ähnlichkeit habe mit Marx' beharrlicher Forderung nach einer disziplinierten Partei, und daß Lenin, der diese Idee später weiterentwickelte, dem Anarchisten ebensoviel verdanke wie dem Verfasser des »Kommunistischen Manifest». Dies stimmt wahrscheinlich. Marx und Bakunin aber hegten eine tiefe Abneigung gegeneinander und mißbilligten jeweils die Ideen des anderen. Bakunin haßte Marx' autoritäres System und sah deutlich, daß die politischen und wirtschaftlichen Institutionen nach einer erfolgreichen marxistischen Revolution unangetastet bleiben würden, selbst wenn sie in andere Hände übergingen. Er war der Überzeugung, daß die Diktatur des Proletariats die Freiheit ebenso zunichte machen würde wie die bürgerliche Ordnung und daß der Staat niemals vergehen würde. Marx wiederum verachtete die allgemeine Verschwommenheit der Erklärungen Bakunins und hegte einen aufrichtigen Widerwillen gegen die schlecht vorbereiteten Anschläge des individuellen Terrorismus, die die Anarchisten bewunderten. Als Bakunins Redegewandtheit innerhalb der «International Workingmen's Association» eine breite Anhängerschaft zu gewinnen drohte, erzwang Marx im Jahre 1873 den Ausschluß der Gruppe Bakunins; er wollte die Internationale nicht zu einem Resonanzboden für Ideen werden lassen, die er für gefährlich hielt. Daher vollzog er diese Trennung, obgleich das Ausscheiden der Anarchisten die Internationale derartig schwächte, daß sie drei Jahre später auseinanderbrach.

Marx' Lehren gewannen mehr Anhänger als die seines Rivalen. Dennoch blieb auch Bakunins Einfluß weiterhin wirksam. In Frankreich fand er bei vielen Anklang, die über den gemäßigten Sozialismus nach 1871 unzufrieden waren, und in Paris, Lyon und anderen Großstädten wurden viele anarchistisch inspirierte politische Morde, ein Bombenkomplott in der Deputiertenkammer und andere Terroranschläge verübt. Unter dem Einfluß des Bakunin-Anhängers Malatesta wurden die letzten zehn Jahre des Jahrhunderts hindurch in den südlichen Provinzen Italiens Unruhen unter den Bauern gestiftet, während sich der Anarchismus in Spanien unter den landlosen Bauern Andalusiens und den Industriearbeitern Kataloniens rasch verbreitete. Um 1900 entwickelte sich der Anarchismus zum stärksten Flügel der spanischen Arbeiterbewegung.

Der Syndikalismus. In dem Zeitabschnitt nach 1900 drohte dem orthodoxen Sozialismus durch einen Sproß des Anarchismus eine weitere Gefahr. Der Syndikalismus (dessen Name von dem französischen Wort für Gewerkschaft, «syndicat», abstammt) war ein Protest gegen die politische Aktion, auf die die Sozialisten im allgemeinen ihren Schwerpunkt legten, und gegen die zunehmende Tendenz zur Mäßigung unter den sozialistischen Parteien Europas. Die Syndikalisten argumentierten, die Emanzipation der Arbeiter werde nicht im Parlament erreicht, sondern auf dem Wirtschaftssektor, und nicht durch Stimmenmehrheit, sondern durch die direkte Aktion. Eine derartige Aktion sollte von Gewerkschaftsorganisationen in Form von Sabotage, bewußter Behinderung der Leistungsfähigkeit und vor allem mittels Streik durchgeführt werden. Die direkte Aktion würde das Klassenbewußtsein stärken und die militante Haltung der Arbeiterbewegung fördern, während sie das kapitalistische System schwächen und den Weg zum Generalstreik bahnen würde, der dieses eines Tages lahmlegen und die Revolution einleiten werde.

Den auffallendsten Erfolg verbuchte der Syndikalismus in Frankreich, das auch den brillantesten Exponenten dieser Bewegung hervorbrachte, Georges

Sorel (1847–1922). Die «Confédération Générale du Travail» (CGT) war von Anfang an syndikalistisch. Dieser Bund kleiner, aggressiver Gewerkschaften verwarf typische Gewerkschaftstätigkeiten wie die Kapitalanhäufung für Versicherungszwecke und bot all seine Energie für die direkte Aktion auf. Vor dem Ersten Weltkrieg regte der CGT Streiks unter den Beamten und Eisenbahnarbeitern an und schürte die Unzufriedenheit innerhalb der Armee.

In Spanien wurde im Jahre 1910 ein Bund syndikalistischer Industriegewerkschaften, die «Confederación Nacional del Trabajo» (CNT), und im Jahre 1913 ein ähnlicher Bund in der Landwirtschaft, die «Federación Nacional de Agricultores Españoles» (FNAE), gegründet. Nach dem Krieg, als die älteren anarchistischen Organisationen ihre Mitglieder zum Eintritt in die syndikalistischen Gewerkschaften aufriefen, konnten über eine Million Arbeiter als Anarcho-Syndikalisten bezeichnet werden. Ebenso wie in Spanien beeinflußte die anarcho-syndikalistische Idealisierung der Gewalt in Italien sowohl rechte Gruppen als auch Arbeiterorganisationen. Benito Mussolinis neue faschistische Partei stand eindeutig unter dem syndikalistischen Einfluß der betonten Gewaltanwendung. Und um 1930 bildeten reaktionäre Offiziere der spanischen Armee «sindicats», um gegen die Arbeiter vorzugehen, und José Antonio Primo de Rivera hatte eine Vereinigung ultra-konservativer Gruppen unter dem Namen «Juntas de Ofensiva Nacional-Sindicalista» (JONS) gegründet.

Der Revisionismus. Obschon die Anarcho-Syndikalisten der direkten Aktion im wirtschaftlichen Bereich den Vorzug gaben gegenüber politischen Manövern, war die wesentliche Tendenz des europäischen Sozialismus eine politische, und um 1890 konnten die sozialistischen Parteien in ganz Europa mit beträchtlichen Erfolgen aufwarten. Die meisten dieser Parteien waren auf marxistischer Grundlage entstanden und hatten ein marxistisches Programm. Es ergaben sich allerdings Unstimmigkeiten im Hinblick auf Programm und Taktik. Zu Lebzeiten vermochten Marx und Engels diese Streitigkeiten häufig beizulegen, aber schon vor Engels Tod im Jahre 1895 zeichnete sich drohend eine tiefgreifende Spaltung ab, die wahrscheinlich über ihr Schlichtungsvermögen hinausgegangen wäre.

Diese Spaltung, die tiefgreifende und dauerhafte Auswirkungen auf den Sozialismus haben sollte, spitzte sich während der Kontroverse um den revisionistischen Kurs zu. Seit einiger Zeit hatte sich unter den leitenden Sozialisten- und Gewerkschaftsführern ein Unbehagen über die Kluft zwischen Marx' Voraussagen und den Realitäten der wirtschaftlichen Entwicklung in Europa breitgemacht. Der prominenteste unter ihnen war der deutsche Sozialdemokrat Eduard Bernstein (1850–1932), der nach Jahren des Studiums zu der Gewißheit kam, daß der Zusammenbruch des kapitalistischen Systems nicht bevorstehe und daß die sozialistischen Parteien ihre Taktik ändern müßten, wenn nicht sogar ihre Ziele. Ihr logischer Kurs müsse sein, alle sich bietenden Gelegenheiten auszunutzen, um eine allmähliche Reform im Interesse der Arbeiter zu bewirken, selbst wenn dies bedeute, daß man von der bisher gegenüber den bürgerlichen politischen Parteien geübten Zurückhaltung und Verweigerung der Zusammenarbeit abgehe. Sie müßten, wie Bernard Shaw einst schrieb, den Sozialismus von den Barrikaden herunterholen und ihn durch demokratische statt revolutionäre Mittel zu einer praktischen Philosophie der gesellschaftlichen Regeneration machen.

Da die Erhöhung des realen Lohnniveaus und der allgemeine Wohlstand in Europa in den Jahren vor dem Ersten Weltkrieg die Richtigkeit der Kritik Bernsteins an Marx zu beweisen schienen, fand sie in den meisten Ländern, in denen die sozialistischen Parteien stark vertreten waren, breite Anerkennung. Viele der Sozialistenführer, die unerschütterlich betonten, sie seien orthodoxe Marxisten, begannen in der Tat, ihre alltägliche parlamentarische Arbeit im revisionistischen Geiste auszuführen.

Der revisionistische Standpunkt wurde von allen, die an der Revolutionsdoktrin des Begründers des wissenschaftlichen Sozialismus festhielten, erbittert angegriffen, und im Jahre 1902 fand diese Gruppe ihren erfolgreichsten Sprecher in W. I. Lenin, der die Anhänger Bernsteins in seinem Pamphlet «Was tun?» wegen ihrer offenkundig bürgerlichen Neigung heftig kritisierte. Lenin führte aus, der Sieg des Proletariats könne niemals durch einen stufenweise eingeführten «Brot und Butter»-Sozialismus errungen werden und die sozialistischen Parteien müßten, anstatt parlamentarische Gremien zu werden, disziplinierte Eliten von Berufsrevolutionären sein, die unablässig darauf hinarbeiteten, daß den Arbeitern nicht das gegeben werde, was sie zu wollen *glaubten*, sondern was sie wollen *müßten*, und die bestrebt seien, die Gewerkschaftsmentalität durch einen neubelebten Glauben an den Klassenkampf zu ersetzen.

Falls ihre Haltung in wichtigen Fragen ein Urteil zuläßt, so vertrat die Mehrheit in den meisten sozialistischen Parteien um 1914 den revisionistischen Standpunkt, weil der expandierende Kapitalismus die Voraussagen von Karl Marx vereitelt hatte. Lenins Protest gegen den Sieg des Reformismus kann jedoch als Programm und als Aufruf zur Vereinigung für all jene verstanden werden, die während und nach dem Ersten Weltkrieg unabhängige revolutionäre Parteien gründeten und damit die Spaltung der Arbeiterbewegung in einen demokratisch-sozialistischen Flügel und eine neue kommunistische Bewegung vollziehen sollten.

Die Zweite Internationale. Trotz dieser doktrinären Unterschiede war es den verschiedenen Sozialisten- und Arbeiterparteien vor 1914 möglich, sich in einer internationalen Organisation zu vereinigen, die jene ersetzen sollte, die während des Streits zwischen Marx und Bakunin auseinandergebrochen war. Die Zweite Internationale wurde im Jahre 1889 in Paris ins Leben gerufen. An dieser ersten Versammlung nahmen Delegationen aus Frankreich, Deutschland, Britannien, Belgien, Österreich, Rußland, Holland, Dänemark, Schweden, Norwegen, der Schweiz, Polen, Rumänien, Italien, Ungarn, Spanien,

Portugal, Böhmen und Bulgarien teil, und es kamen Beobachter aus den Vereinigten Staaten, Argentinien und Finnland. Zweck der neuen Organisation war es, Kontakte und einen Informationsaustausch zwischen den verschiedenen sozialistischen Parteien zu ermöglichen, für gegenseitige Unterstützung zu sorgen und zu wichtigen Problemen für den gesamten Sozialismus Stellungnahmen abzugeben. Im Jahre 1900 errichtete die Internationale in Brüssel ein Internationales Sozialistisches Büro mit Unterausschüssen, das die Maßnahmen der nationalen parlamentarischen Parteien koordinieren und außerhalb der Sitzungen für die gesamte Internationale handeln sollte.

Ein Aspekt der Tätigkeit der Internationale war die Bildung einer sozialistischen öffentlichen Meinung über Fakten, die den Frieden Europas beeinflußten. Die konstituierenden Parteien waren antimilitaristisch und versuchten in den immer wiederkehrenden diplomatischen Krisen im Zeitraum von 1900 bis 1914 die Weltmeinung gegen das Kriegstreiben zu mobilisieren. Die Internationale verfolgte jedoch keine gemeinsame Politik hinsichtlich der Mittel, mit deren Hilfe ein Konflikt im Ernstfall hätte verhindert werden können. Und als die große Krise von 1914 eintrat, siegten die Einflüsse des Patriotismus, die sich für Sozialisten als ebenso verführerisch erwiesen wie für die Bourgeoisie, über die Internationale, obgleich das Internationale Sozialistische Büro alle Anstrengungen unternahm, um die Strategien der nationalen Parteien zu koordinieren. Die Internationale überlebte den darauf folgenden Krieg nicht.

13. Vom Liberalismus zur Demokratie
Der politische Fortschritt in Westeuropa 1871–1914

Was im vorhergehenden Kapitel gesagt wurde, läßt bereits darauf schließen, daß die politische Geschichte der westeuropäischen Länder in den Jahren nach 1871 alles andere als friedlich verlief. Die herrschenden Schichten sahen sich unablässig der Forderung gegenübergestellt, den Massen die politische Freiheit zu gewähren und die sozialen Bindungen, unter denen sie lebten und arbeiteten, zu erleichtern. Zweifellos war Großbritannien das Land, das in dieser Hinsicht die auffallendsten Fortschritte machte, doch ließen mehrere kleinere Staaten die gleiche Fähigkeit erkennen, ihre Politik und ihre Institutionen den sich ändernden Bedingungen der Zeit anzupassen. Leider zeigten sich andere – und dazu gehörten Italien und Spanien – eher bereit, nur die äußeren Formen nachzuahmen, anstatt sich von der Realität der parlamentarischen und sozialen Institutionen Englands beeinflussen zu lassen.

Großbritannien

Die Ausdehnung des Wahlrechts. Großbritannien war auf dem Wege zur Demokratie bereits weit fortgeschritten. Die «Reform Act» von 1867 hatte nahezu der gesamten männlichen Bevölkerung in den Städten das Wahlrecht zugebilligt. Während des zweiten Kabinetts Gladstone (1880–1885) erhielten Hofpächter und Landarbeiter, denen das Wahlrecht im Jahre 1867 nicht zugestanden worden war, durch ein neues Gesetz von 1884 ein ähnliches Stimmrecht, und das Wahlrecht im gesamten Vereinigten Königreich wurde vereinheitlicht. Ein Jahr später wurde das neue Gesetz durch eine «Redistribution Act» ergänzt, die das Unterhaus auf 607 Mitglieder erweiterte, die mit einigen Ausnahmen durch ungefähr gleich große Wahlkreise mit je einem Abgeordneten gewählt wurden. In bezug auf die politische Demokratie konnten sich die Engländer kaum mehr wünschen, es sei denn, sie waren vom Frauenwahlrecht überzeugt – ein Anliegen, für das schon viel Agitation betrieben, das aber erst nach dem Ersten Weltkrieg erfüllt wurde. Dennoch zweifelten einige Engländer zu jener Zeit, besorgt über die Vernachlässigung der aus der großen Depression erwachsenden Probleme, daran, daß sich die politischen Parteien und das Parlament selbst über die Nöte und Bedürfnisse des englischen Volkes hinreichend im klaren seien.

Die Depression, die Parteien und das Parlament. Im Jahre 1873 traten in der britischen Wirtschaft Schwierigkeiten auf, die bis zur Mitte der 90er Jahre anhalten sollten. Die Auswirkungen der Revolution im Transportwesen trafen in England besonders die Landwirtschaft. Für die nicht durch Zölle geschützten britischen Getreideproduzenten bedeutete der Preissturz des Getreides den Ruin. Ihre Verluste schlugen sich nieder in der Umwandlung einstmals ertragreicher Getreideanbaugebiete in Weideland- oder Milchwirtschaft- und Gemüseanbaugebiete, in der zunehmenden Abwanderung von Landarbeitern in die Slums der Großstädte und in der Verschlechterung von Löhnen und Arbeitsbedingungen derjenigen, die auf dem Lande blieben. Von den Rückschlägen dieser Periode erholte sich die englische Landwirtschaft niemals vollständig.

Zur gleichen Zeit machte die Industrie eine jener Fluktuationsperioden durch, die, so sehr sie langfristig zum Fortschritt beitragen mögen, sowohl Unternehmer als auch Arbeiter in eine wirtschaftliche Notlage bringen können. Diesen ganzen Zeitabschnitt hindurch scheint die Wirtschaft nie von einem vollständigen Zusammenbruch bedroht gewesen zu sein. Die Krisen standen in engem Zusammenhang mit den durch übertriebene Spekulation auf dem Kontinent hervorgerufenen allgemeinen Kursstürzen von 1873 und 1882, mit Perioden der angespannten Finanzlage, den Auswirkungen der kontinentalen Zölle, erhöhter Konkurrenz aus dem Ausland und mit einer rückläufigen Tendenz im Geschäftsleben. Dem Land als Ganzes sowie bestimmten Unternehmen ging es während der Schwierigkeiten wirtschaftlich gut. In der Tat bestärkte die Depression Maßnahmen, die Englands Produktionskapazität auf lange Sicht steigerten, wie die Einführung arbeitssparender Geräte, die Elektrifizierung, die Rationalisierung von Arbeitsprozessen und die Erschließung neuer Produktionsgebiete. (Leider traf dies in älteren Industriezweigen, insbesondere bei Baumwolle und Kohle, nicht zu).

Bestehen bleibt jedoch die Tatsache, daß es für Millionen eine harte Zeit war. Um die 80er Jahre war die Arbeitslosigkeit zu einem Merkmal der Gesellschaftsordnung geworden. Der weitere Rückgang der Landwirtschaft und die Konjunkturkrisen in der Industrie brachten Tausende an den Rand des Hungertodes. In einer berühmten, im Jahre 1892 unter dem Titel «Life and Labor of the People in London» veröffentlichte Studie stellte Charles Booth fest, daß über dreißig Prozent der Bevölkerung der größten Stadt Englands in Armut lebten.

Auf die wohlhabenderen Schichten dürften derartige Entwicklungen kaum

30. Soziales Elend in England vor 1914: Verteilung von Holzschuhen an arme Kinder

eine Wirkung gehabt haben. Im Dezember 1883 veröffentlichte «Punch» eine Illustration, auf der eine junge Dame abgebildet war, die atemlos berichtet: «Lord Archibald will uns zu einem niedlichen kleinen Slum bringen, das er gefunden hat ...!» Die großen Parteien aber bemühten sich, die offenkundigsten sozialen Mißstände zu beheben. Ihre Leistungen hielten sich allerdings in Grenzen, teils, weil sie durch andere Probleme abgelenkt waren, vor allem aber vielleicht, weil die Mehrheit ihrer Mitglieder nicht die Auffassung teilte, daß die Verbesserung dieser Bedingungen ein legitimes Anliegen der Regierung sei.

Die eindrucksvollste Serie an Sozialgesetzen, die ein Kabinett in den Anfangsjahren dieses Zeitabschnitts zustande brachte, war die der konservativen Regierung Disraeli von 1874 bis 1880. Allein im Jahre 1875 wurden die bestehenden Gesetze zur Regelung der gewerkschaftlichen Tätigkeiten liberalisiert und eine «Sale of Food and Drugs Art» (Gesetz über den Verkauf von Lebensmitteln und Arzneien), eine «Artisans Dwelling Act» (Gesetz über die Instandhaltung von Wohnungen für Handwerker) und eine «Public Health Act» verabschiedet, von denen die beiden letzten bis etwa 1920 das Rückgrat der staatlichen Gesetzgebung im Wohnungs- und Gesundheitswesen bildeten. Diese Reformen bewiesen die Aufrichtigkeit der Beteuerungen Disraelis bezüglich einer Tory-Demokratie und seines Wunsches, die Konservative Partei zu einer Partei des sozialen Fortschritts zu machen; nach seinem Tod im Jahre 1881 aber ging seine Partei vom Kurs der Tory-Demokratie ganz und gar ab.

Disraelis Nachfolger als Parteiführer, Robert Cecil, Dritter Marquis von Salisbury (1830–1903), interessierte sich nahezu ausschließlich für die Außenpolitik. Und die im Angedenken an Disraeli gegründete «Primrose League» setzte alles daran, die Liberalen auszumanövrieren, um den gehobenen Mittelstand und die Industrie- und Handelskreise für sich zu gewinnen – ein Unternehmen, dem einiger Erfolg beschieden war, das aber die Sache der sozialen Reform keineswegs vorantrieb.

Die Mehrheit der Liberalen Partei hatte sich niemals von ihrem althergebrachten Glauben an das «Laisser-faire»-Prinzip gelöst. Gladstones Reformeifer schien mit der Verabschiedung der «Education Act» von 1870 (s. S. 183–184) zu erlöschen. Der beträchtliche radikale Flügel der Partei zeigte eine gewisse Einsicht in die Notwendigkeit sozialer Verbesserungen, und einer aus ihren Reihen, Joseph Chamberlain (1836–1914), war ein energischer, begabter Mann, der durch seine Verbesserungsmaßnahmen im Wohnungs-, Gesundheits- und Erziehungswesen als Bürgermeister von Birmingham zu internationalem Ruhm gelangte. Doch seine Bemühungen nach Eintritt ins Parlament im Jahre 1876, seine Partei zu ähnlichen Maßnahmen auf nationaler Ebene zu bewegen, lösten eher Beunruhigung aus, als zu überzeugen. Die Mehrheit der Liberalen war erleichtert, als er – aufgrund von Meinungsverschiedenheiten mit Gladstone über die irische Politik – im Jahre 1886 austrat und eine Gruppe namens «Liberal Unionists» gründete, die dann mit den Konservativen zusammenarbeitete. Dieser Verlust der Liberalen Partei wurde nicht etwa durch eine Schärfung des sozialen Gewissens der Konservativen ausgeglichen; denn Chamberlain konzentrierte sich bald ganz auf koloniale und kommerzielle Fragen. Zugleich ging der Liberalen Partei durch sein Ausscheiden ihr stärkster Verfechter von Reformaktivitäten verloren, sie büßte bei den Massen an Ansehen ein, und die aufkommende Meinung, daß der Liberalismus bankrott sei, wurde bestärkt.

Diese Feststellungen sollen nicht besagen, daß die beiden Parteien im Parlament untätig waren. In der Tat wurden zwischen 1871 und der Jahrhundertwende Gesetze verabschiedet, die Geschäftspraktiken regelten, welche gesundheits- und sicherheitsgefährdend für die Arbeiter waren, neue Sozialleistungen und -einrichtungen vorsahen, die Anlage öffentlicher Parks und Bereitstellung von Büchereien ermöglichten, die Erziehung verbesserten und die Betreuung von Geisteskranken und Schwerbehinderten vorsahen. Viele darunter wurden aber von besorgten Abgeordneten, die das Ausufern der staatlichen Eingriffe befürchteten, nur zögernd verabschiedet. Als die Arbeiter in den 80er Jahren für grundlegende Reformen zu agitieren begannen, erhielten sie vom Parlament oder den eingesessenen Parteien, einschließlich der Radikal-Liberalen, nur wenig Unterstützung.

Der Weg zur Arbeiterpartei. Die Ausdehnung des Wahlrechts und die anhaltende wirtschaftliche Not zogen unweigerlich die Entstehung einer neuen politischen Partei zur Vertretung der Massen nach sich. Im Jahre 1884 führte das wiederauflebende Interesse am Sozialismus zur Gründung der «Social Democratic Federation» (SDF). Da sie aber ihr Schwergewicht unter marxistischem Einfluß auf die unmittelbar bevorstehende Revolution legte, fand sie bei den Massen Britanniens keinen Anklang. Die Labour-Partei des 20. Jahrhunderts nahm ihren Ursprung nicht in dieser Vereinigung, sondern in der «Fabian Society», der «Intependent Labour Party» und den neuen Gewerkschaften.

Die «Fabians» waren eine Gruppe von Intellektuellen aus dem Mittelstand, die sich im Jahre 1883 zur Erörterung sozialer Fragen zusammentaten und sich zu einer der einflußreichsten Kräfte in der britischen Politik entwickelten. In den ersten Jahren gehörten der Vereinigung Menschen an wie Sidney Webb, ihr Gründer und ihre treibende Kraft; seine Frau Beatrice, der Bühnenautor George Bernard Shaw, Annie Besant (die in den 80er Jahren den Streik der Arbeiterinnen einer Londoner Streichholzfabrik [«match girls»] organisierte und damit einen der ersten Erfolge der neuen Gewerkschaftsbewegung in England verbuchte) und der Romanschriftsteller H. G. Wells. Indem sie Robert Owen sowie John Stuart Mill zu ihren geistigen Vorläufern erklärten, verschrieben sie sich dem Ideal einer Reorganisation der Gesellschaft und begannen mit der systematischen Erforschung aller Phasen des industriellen Systems ihrer Zeit. Im Jahre 1889 legten sie in einer Schriftensammlung unter dem Titel «Fabian Essays» ihre ersten Ergebnisse und die Umrisse ihrer Philosophie vor.

Die Fabier betonten die Notwendigkeit einer grundlegenden Reorganisation der britischen Gesellschaft und erklärten, darin seien zwei Dinge inbegriffen: die uneingeschränkte Demokratie im politischen Bereich und der Sozialismus im wirtschaftlichen Bereich. Sie machten deutlich, daß der Sozialismus, zu dem sie sich bekannten, eine Philosophie der wirtschaftlichen Gleichheit sei, die durch demokratische Mittel erreicht werden müsse. Sie waren keine Revolutionäre, sondern verfochten den stufenweisen Fortschritt und waren der Überzeugung, daß sich das Land schon lange in die Richtung des Kollektivismus bewege, daß der Prozeß nun aber beschleunigt und die Regierung dahin geführt werden müsse, das Profitmotiv abzuschaffen, den Grundbesitz und alle Schlüsselindustrien – öffentliche Versorgungsbetriebe, den Kohlenbergbau, Elektrizität, Eisenbahnen und andere Beförderungsmittel, das Fernmeldewesen, die ärztliche Versorgung, Banken und ähnliches – zu verstaatlichen, die kostenlose höhere Schulbildung für die Massen einzuführen und anderweitig das kollektive Wohlergehen zu fördern.

Die Philosophie der Fabier war ursprünglich nicht für die Arbeiterschicht gedacht. Die Fabier hofften, den Mittelstand, die Parteien und das Parlament mit der Überzeugung «durchdringen» zu können, daß der Wettbewerbskapitalismus seine Nützlichkeit überlebt habe und ein vorsichtiger, allmählicher Übergang zum Sozialismus sowohl notwendig als auch zweckmäßig sei. Trotz all ihrer Begeisterung und ihrem propagandistischen Eifer konnten sie die älteren Parteien doch nicht für sich gewinnen und richteten ihre Aufmerksamkeit auf die organisierte Arbeiterschaft. Verärgert über die Ablehnung, auf die ihre Empfehlung zu notwendigen Reformen in der Liberalen Partei stieß, sanktionierte die «Fabian Society» im Jahre 1893 die Veröffentlichung eines Artikels von Shaw und Sidney Webb in «The Fortnightly Review», in dem diese die Arbeiterschaft aufriefen, «sich vom Liberalismus loszusagen, eine eigene Gewerkschaftspartei zu gründen, 30 000 Pfund aufzubringen und fünfzig Parlamentskandidaten zu finanzieren».

In demselben Jahr berief James Keir Hardie (1856–1915), ein Bergmann, der eine der ersten erfolgreichen Gewerkschaften in Schottland organisiert hatte, eine Konferenz der Arbeiterführer in Bradford ein und gründete eine Organisation zur Förderung unabhängiger Parlamentskandidaten, die auf «das kollektive Eigentum, die kollektive Produktionskontrolle, den kollektiven Vertrieb und Austausch» hinwirken sollten. Die Einrichtung von Zweigorganisationen dieser «Independent Labour Party» (ILP) in anderen Teilen des Landes wurde mit Begeisterung begonnen, wenngleich der Erfolg in bezug auf ihr Hauptziel wegen des Mißtrauens der älteren Gewerkschaften gegenüber politischer Aktivität im allgemeinen und dem Sozialismus im besonderen nur zögernd einsetzte. Die rasche Ausdehnung der Gewerkschaftsbewegung auf die durch den Erfolg des Dockerstreiks von 1889 ermutigten ungelernten Arbeiter (s. S. 219) ließ sie dieses Hindernis jedoch bald überwinden. Die Resolution des Gewerkschaftskongresses von 1899, mit der eine Konferenz zur Prüfung der Frage einer parlamentarischen Arbeitervertretung gebilligt wurde, war dem militanten Geist der neuen Gewerkschaften zuzuschreiben. Im Februar 1900 trafen Gewerkschaftsdelegationen mit Vertretern der «Fabian Society», der ILP und der SDF zusammen und gründeten ein «Labour Representation Committee», (das bald «Labour party» genannt wurde) mit J. Ramsay MacDonald (1866–1937) als Sekretär, das hinfort bei Parlamentswahlen eine Kandidatenliste vorlegen sollte.

Im darauffolgenden Jahrzehnt erhielt die neue Partei zunehmend Unterstützung aus den Reihen der Arbeiterschaft, bedingt durch zwei Ereignisse, die für die Versuche der Regierung, die Gewerkschaften zu zerschlagen, typisch zu sein schienen. Im Jahre 1900 streikten die Eisenbahner der Taff Vale Railway Company in Südwales für höhere Löhne ohne vorherige Genehmigung ihrer Gewerkschaft. Die Gewerkschaft unterstützte sie trotzdem, wurde aber von der Gesellschaft prompt wegen der durch den Streik entstandenen Verluste verklagt, verlor den Prozeß und mußte eine Entschädigung von über 23 000 Pfund zahlen. Das Urteil im Falle Taff Vale schien alle durch die Gesetzgebung Disraelis von 1875 erreichten Fortschritte hinwegzufegen und die Streikwaffe völlig unwirksam zu machen. Und dies überzeugte die Gewerkschaftsmitglieder von der Wichtigkeit, Kandidaten des «Labour Representation Committee» zu unterstützen, die die Situation im Parlament beheben könnten. In den Wahlen von 1906 errangen 29 solcher Kandidaten einen Parlamentssitz.

Die Entscheidung im Falle Taff Vale wurde im Jahre 1906 durch eine neue «Trade Disputes Act» (Gesetz über die Beilegung von Arbeitsstreitigkeiten) rechtswirksam aufgehoben. Damit war aber die Gefahr für die Arbeiterorganisation noch nicht gebannt. Im Jahre 1909 fällte das Oberhaus in seiner Eigenschaft als Judikative das Osborne Urteil, das die Finanzierung der Wahl von Parlamentsabgeordneten oder jeder anderen politischen Aktivität durch Gewerkschaften für illegal erklärte. Zu einer Zeit, da Parlamentsabgeordnete noch keine Entschädigung erhielten, drohte dies eine echte Arbeitervertretung unmöglich zu machen. Die Labour-Partei aber überstand die beiden Wahlen von 1910 und ging aus der zweiten Wahl mit 42 Sitzen, d. h. mit 13 Sitzen mehr als im Jahre 1906, hervor. Ein Jahr später erreichte sie die Verabschiedung eines Gesetzes, das ein Jahresgehalt von 400 Pfund für Parlamentsabgeordnete festlegte, und im Jahre 1913 legalisierte das Parlament die politische Tätigkeit der Gewerkschaften.

Die Wiederbelebung und der Rückgang des Liberalismus. Konfrontiert mit dem Übertritt vieler ihrer früheren Anhänger zur Konservativen Partei einerseits und einer aufstrebenden Arbeiterbewegung, die einen Großteil des radikalen Flügels an sich zog andererseits, schien die Liberale Partei von einem raschen Untergang bedroht. Bevor ein solcher jedoch einsetzte, errang sie noch einen großen Sieg und erlebte einen Ausbruch von Reformeifer.

In den letzten 25 Jahren des 19. Jahrhunderts hatten mit Ausnahme von neun Jahren die Konservativen (oder «Unionists», wie die Partei schließlich genannt wurde) regiert. Nach dem liberalen Kabinett von 1892 bis 1895, aus dem Gladstone 1894 zurückgetreten war und damit gleichzeitig seinen Abschied von der Politik genommen hatte, schienen die Konservativen auf ewig regieren zu wollen. Um 1905 aber begann ihre Popularität im Lande rasch zu schwinden. Der Burenkrieg und die sich verschlechternde internationale Situation führten zu Forderungen nach einer gründlichen Revision der Außenpolitik des Landes. Die Verabschiedung der «Education Act» von 1902, die für anglikanische, römisch-katholische sowie bekenntnisfreie Schulen staatliche Unterstützung vorsah, erregte die nonkonformistischen Kirchen, führte zu Steuerstreiks und veranlaßte viele, sich von den «Unionists» zu lösen. Schließlich leitete Joseph Chamberlain im Jahre 1903 seine Kampagne für Vorzugszölle innerhalb des Empire ein mit dem Argument, dies sei der einzige Weg, eine Katastrophe für den bereits gesunkenen englischen Außenhandel abzuwenden. Dieser Streitpunkt spaltete die Partei in sich gegenseitig bekämpfende Gruppen und führte beinahe zu ihrer Auflösung. In den Wahlen vom Januar 1906 errangen die Liberalen 377 Sitze im Unterhaus, eine Mehrheit von 84 Sitzen gegenüber allen anderen Parteien zusammen. Die «Unionists» erzielten nur 157, die Irischen Nationalisten 83 und die neue Labour-Partei 29.

Den Vorsitz des neuen liberalen Kabinetts übernahm Henry Campbell-Bannermann, ein kluger, nüchterner Schotte mit langjähriger Parlamentserfahrung, der schon nach zweijähriger Amtszeit starb. Die überragenden Persönlichkeiten seines Kabinetts waren der Schatzkanzler (und 1908 Premierminister) H. H. Asquith (1852–1928), im Außenministerium Sir Edward Grey (1862–1933), der Kriegsminister R. B. Haldane (1856–1928) und im Handelsministerium David Lloyd George (1863–1945).

Diese Gruppe nahm ihre Amtsgeschäfte mit einer Begeisterung in Angriff, die man seit Jahren nicht mehr gekannt hatte. Die größte Leistung des Premierministers in seiner kurzen Amtszeit war eine ehrenvolle, staatsmännische Regelung der Situation in Südafrika, die durch das Zugeständnis der Selbständigkeit an den Transvaal und die Schaffung der Grundlage für die neue, im Jahre 1909 ratifizierte Verfassung der Südafrikanischen Union zustande kam. In der Zwischenzeit brachte Lloyd George, der dem Land nur als Waliser Radikaler und kompromißloser Gegner des Burenkriegs und der «Education Act» von 1902 bekannt war, verschiedene Gesetze im Parlament ein und setzte ihre Verabschiedung durch. Es waren die «Merchant Shipping Act» von 1906, die Lebensmittel- und Unterbringungsnormen zur Verbesserung der Bedingungen auf den Vorderdecks der britischen Schiffe vorschrieb, eine neue «Patent Act» (1907) zur Behebung der Mängel des geltenden Patentrechts und ein Gesetz über die Schaffung einer obersten Londoner Hafenbehörde, unter der die bereits bestehenden Hafenbehörden zusammengefaßt werden sollten, um eine rationelle Entwicklung der Hafeneinrichtungen zu ermöglichen.

Gleichzeitig wurden Militärreformen von größter Bedeutung durchgeführt.

Die Ernennung R. B. Haldanes, eines gebildeten, weltmännischen Privatgelehrten mit philosophischen Neigungen, zum Kriegsminister war auf Skepsis gestoßen, und Campbell-Bannermann hatte sich in der Öffentlichkeit gefragt, was Schopenhauer wohl in den Kasernen leisten würde. Haldane aber ging seine Aufgabe mit einem kritischen, forschenden Geist an, beflügelt durch Reflexionen über deutsche und französische Militärtheorien, und er war überdies in der glücklichen Lage, in Edward VII., der auf diesem Gebiet maßgeblichen Einfluß ausübte, einen starken Rückhalt zu finden.

Der Burenkrieg hatte ein erschütterndes Durcheinander in der gesamten Armeeorganisation und unzulängliche Verwaltungspraktiken im Kriegsministerium selbst offenbart. Haldane behob diese Mängel und zerstreute einen Großteil der durch beunruhigende Tendenzen auf dem Kontinent ausgelösten Besorgnis, indem er die Armee neu strukturierte. Er führte Divisionen des kontinentalen Typs ein, stellte ein Expeditionskorps von sechs Infanteriedivisionen und einer Kavalleriedivision mit unterstützender Artillerie, Transportmitteln, Sanitätseinheiten und angemessenen Reserven auf sowie eine alle bestehenden Milizeinheiten umfassende Territorialarmee. Außerdem entwarf er einen schnell durchführbaren, praktischen Mobilisierungsplan. An allen staatlichen und weiterführenden Schulen richtete er Offiziersausbildungskorps ein – eine Neuerung, die sich im Krieg bewährte. Schließlich gab er der britischen Armee ihren ersten permanenten Generalstab und sorgte dafür, daß tüchtige Männer wie Sir William Robertson, Henry Wilson und Douglas Haig in dieses Gremium berufen wurden. Trotz all dieser Reformen senkte Haldane tatsächlich das Heeresbudget und setzte damit die Beschwerden des radikalen Flügels der Partei, der sich übermäßigen Militärausgaben widersetzte, auf ein Minimum herab.

Weniger zufrieden waren die Radikal-Liberalen mit den gleichzeitig durchgeführten Marinereformen des «first sea lord», Admiral Sir John Fisher. Dieser energische, hervorragende Seemann trat für ein auf das neue Dreadnought-Schlachtschiff konzentriertes Bauprogramm ein. Seine Argumentation gewann durch das damals in Deutschland betriebene Flottenbauprogramm an Gewicht. Um 1909 war die öffentliche Meinung derartig erregt, daß die Flottenberechnungen revidiert werden mußten. Dies kostete Geld, das anderenfalls möglicherweise für soziale Verbesserungen ausgegeben worden wäre, und viele Liberale nahmen daran Anstoß.

Die Militärausgaben aber bildeten nicht das größte Hindernis für die vorrangigsten Wünsche der radikaleren Liberalen. Ein ernsteres Problem stellte die Oppositionshaltung des Oberhauses dar, das nun unter dem unbesonnenen Einfluß von konservativen Führern wie A. J. Balfour und Lord Lansdowne bestrebt war, den ihrer Ansicht nach gefährlichen Nivellierungstendenzen auf seiten der Regierung Einhalt zu gebieten.

Im Jahre 1906 stellte Lansdowne ganz richtig fest, daß das Oberhaus gesetzlich das Recht habe, «die Fortführung von Maßnahmen zu verhindern, wenn immer es glaubt, daß sie nicht hinreichend überlegt sind und nicht im

Einklang mit der abgewogenen Beurteilung des Landes stehen». Es erhob sich jedoch die Frage, wie kompetent dieses Organ erblicher «Peers» für die Beurteilung der Volksstimmung war. In den Jahren 1888–1892 hatte das «House of Lords» nicht eine einzige Maßnahme der Konservativen niedergestimmt. Während des liberalen Kabinetts von 1892 bis 1895 hingegen wurde nahezu jede soziale Reformmaßnahme zu Fall gebracht, und nachdem die Liberalen im Jahre 1906 wieder an die Macht gelangt waren, geschah das gleiche. Im Jahre 1906 legten die Lords ihr Veto ein gegen ein neues Erziehungsgesetz und gegen eine Vorlage zum Mehrstimmenwahlrecht, 1907 verstümmelten sie vier Landreform-Vorlagen, 1908 brachten sie eine Alkohollizenz-Vorlage zu Fall, und 1909 lehnten sie sogar das Haushaltsbudget der Regierung ab.

Angesichts der Tatsache, daß im 17. Jahrhundert ein Bürgerkrieg geführt worden war, um die Kontrolle des Unterhauses über die Staatskasse sicherzustellen, war dies eine provokative Geste. Ihre Befürworter nahmen den Standpunkt ein, dieser Haushaltsplan sei keine normale Finanz-Vorlage, sondern ein bewußter Versuch, England zu sozialisieren. Ihr Standpunkt ist sehr wohl verständlich. Der Verfasser des Haushaltsplans war David Lloyd George, eine merkwürdige Mischung von politischer Genialität und Verantwortungslosigkeit, der jetzt die ersten aufsehenerregenden Schritte seiner Karriere unternahm, die ihn zur ehrenvollsten Position in der britischen Politik führen sollte. In einem Bergwerksgebiet in Wales in die bescheidensten Verhältnisse hineingeboren, empfand er tiefe Abneigung gegen jene, die Wohlstand und Position ererbt hatten, und war opportunistisch genug, auszuprobieren, was durch einen Angriff auf sie erreicht werden konnte.

Lloyd Georges Budget – das Volksbudget, wie er es nannte – sah die Erhöhung der Einkommensteuern (insbesondere für Einkommen aus Vermögen), der Erbschaftssteuern sowie neue Steuern für Tabak, Alkohol, Fahrzeuge und Benzin und vier neue Arten von Grundsteuern vor. Es spricht manches dafür, daß Lloyd George nur einen vagen Einblick in die volkswirtschaftlichen Auswirkungen seiner Vorschläge hatte; und seine Grundsteuern brachten dem Staat letztlich kein großes Einkommen. Sein Interesse aber galt mehr ihrer Propagandawirkung als ihrer wirtschaftlichen Brauchbarkeit. Er legte sein Budget vor als «ein Kriegsbudget..., um einen unerbittlichen Krieg gegen Armut und Schmutz zu führen». Er hoffte, die Lords würden es niederstimmen, so daß er sie zum Symbol für den Betrug an den Armen machen könnte; und im November 1909 taten sie ihm den Gefallen.

Weder die Ablehnung des Budgets noch die anschließende Großkampagne gegen die Lords erzielte so recht die erwartete politische Wirkung. In den allgemeinen Wahlen vom Januar 1910 verlor die Liberale Partei die regierungsfähige Mehrheit, die sie seit 1906 innegehabt hatte, und bei den nächsten Wahlen nach dem Tode Edwards VII. (1901–1910) im Mai und der Thronbesteigung Georges V. (1910–1936) erzielte sie keine weiteren Zugewinne und brauchte von da an Stimmen der Labour-Partei, um eine sichere Mehrheit im

31. Der englische Verfassungskonflikt: Eine Protestversammlung auf der Straße

Unterhaus zu erlangen. Dies hinderte sie aber nicht daran, den Fehdehandschuh der Lords aufzunehmen, und sie führte nun eine Verfassungsänderung von höchster Bedeutung durch.

Im Februar 1910 hatte die Regierung im Unterhaus eine Gesetzesvorlage eingebracht, die eine Intervention des Oberhauses gegen Finanz-Vorlagen unterband, dem Unterhaus das Recht zusprach, Maßnahmen gegen das Veto der Lords zu verabschieden, und die Amtsdauer der Parlamente von sieben auf fünf Jahre verkürzte. Die Wahlen und die Vorbereitungen für die Krönung Georges V. verzögerten die Entscheidung über diese Vorlage bis Juni 1911. Dann aber war der Premierminister, Asquith, bereit zu handeln. Asquiths durchgehende Amtszeit als Premierminister war die längste seit derjenigen Lord Liverpools zu Beginn des 19. Jahrhunderts. Diese Meisterleistung war auf sein Geschick zurückzuführen, Differenzen zwischen seinen brillanten, aber streitbaren Kollegen zu schlichten, auf die Loyalität, die er der Parteibasis einflößte, und auf sein Talent als parlamentarischer Taktiker. Letzteres Talent offenbarte er im Kampf mit dem Oberhaus, indem er sein Ziel mit einer Kaltblütigkeit verfolgte, zu der sich Lloyd George als unfähig erwiesen hatte. Er erreichte es schließlich dadurch, daß er dem neuen Souverän das Versprechen abrang, dieser werde, falls sich die Lords weigern sollten, die Parlaments-Vorlage ohne Änderung zu verabschieden, genügend neue «Peers» ernennen, um die Verabschiedung sicherzustellen. Mit dieser Drohung wurde der Widerstand gebrochen, wenngleich erst nach Szenen eines beispiellosen Aufruhrs in Ober- und Unterhaus.

Die «Parliament Bill» von 1911 setzte der Macht der Lords, Gesetze zu verhindern, effektive Grenzen und ebnete den Weg für jenes grundlegende Sozialreformprogramm, von dem bei der Regierungsbildung der Liberalen soviel die Rede gewesen war. Ihre neue Freiheit scheint sie jedoch verwirrt zu haben, und sie wurden immer vorsichtiger und in ihrer Gesinnung kompromißbereiter. Ihre einzige große soziale Reformmaßnahme in den Vorkriegsjahren war die «National Insurance Act» von 1911 zur Versicherung der Arbeiter gegen Unfall, Krankheit und Arbeitslosigkeit. Dies war unbestreitbar ein wichtiges Gesetzgebungswerk, aber dennoch ein im wesentlichen konservatives, da es sich nicht auf allgemeine Steuern stützte, sondern auf Beiträge von Arbeitgebern und Arbeitnehmern bei relativ geringer staatlicher Unterstützung. Die anderen Gesetze, die in die Gesetzesbücher eingingen, waren rein regulatorischer Art, wie die «Coal Mines Regulations Act» von 1911 zur Verschärfung der Sicherheitsbestimmungen in den Bergwerken. Gerechterweise muß gesagt werden, daß die Energie der liberalen Regierung nun durch andere Dinge beansprucht wurde, insbesondere durch die verworrene irische Frage. Dennoch sind die Gründe für ihre Ablösung durch die resolutere und weniger kompromißbereite Labour-Partei und die Konservative Partei in den 20er Jahren des zwanzigsten Jahrhunderts in ihrer zögernden Haltung während der Vorkriegszeit zu suchen.

Die irische Frage von Gladstone bis zum Ersten Weltkrieg. Die irischen Unruhen, die Gladstones erstes Kabinett gekennzeichnet hatten, verschärften sich in den darauffolgenden Jahren. Der Beginn der landwirtschaftlichen Depression in Irland und der Preissturz bei landwirtschaftlichen Produkten machte die meisten der positiven Auswirkungen von Gladstones «Land Act» von 1870 zunichte und führte zu weitverbreitetem Elend; allein im Jahre 1880 wurden 2110 Familien aufgrund von Pachtrückständen exmittiert. Diese Bedingungen führten erneut zu Agitationen für eine umfassende Reform, die nicht nur feste Pachtverträge für die Bauern, sondern die tatsächliche Grundeigentümerschaft vorsehen sollte. Dies war zum Beispiel das Ziel der «National Land League». Von irischen Einwanderern in den Vereinigten Staaten und Australien mit Geldmitteln versehen, stiftete die «Land League» Bauernunruhen an und koordinierte sie. Sie ermutigte zu Einschüchterungstaktiken,

Arbeitsverweigerung, Eigentumsbeschädigung und zur allgemeinen sozialen Ächtung von unbeliebten Verpächtern, die schließlich «Boycott» genannt wurde – nach einem Captain Boycott, der im Jahre 1880 ihr erstes Opfer war.

Die Aktivitäten der «Land League» erhöhten die Wirkung des Kampfes um die «home rule» für Irland, den die irischen Abgeordneten im Unterhaus diese gesamte Epoche hindurch führten. Ihr Anführer, Charles Stewart Parnell (1846–1891), war ein ausgezeichneter Redner und ein kluger Taktiker. Nach seiner Wahl ins Unterhaus im Jahre 1875 organisierte er die irischen Abgeordneten in einem Obstruktionsblock, der die Verschleppungstaktik zu einer hohen Kunst entwickelte und den Widerstand des Parlaments gegen die irische Freiheit zu zermürben suchte.

Mehrere aufeinanderfolgende britische Regierungen versuchten, dieser Taktik durch eine Kombination von Reform und Zwangsmaßnahmen zu begegnen. In den Jahren 1881–1882 verabschiedete das zweite Kabinett Gladstone eine neue «Land Reform Act» für Irland und eine «Arrears Act», die zahlungssäumigen Pächtern zur Wiedererlangung ihres Landbesitzes verhalf. Doch die positiven Auswirkungen dieser Gesetze wurden durch die britischen Maßnahmen gegen Boykotteure und andere Agitatoren wettgemacht. Diese beschworen nur noch extremere Formen des Protests herauf: 1882 wurden in Irland 26 Morde und 58 Mordanschläge verübt; unter den Ermordeten befanden sich die beiden Ersten Sekretäre des Vizekönigs in Dublin.

Diese Umstände führten Gladstone schließlich zu der Überzeugung, daß eine Art «home rule» unumgänglich sei, und nach Bildung seines dritten Kabinetts im Jahre 1886 brachte er eine Gesetzesvorlage ein, die ein mit allen Vollmachten bis auf die Militär-, Außen-, Finanz- und Handelspolitik, das Münz- und Zollwesen ausgestattetes irisches Parlament und eine irische Exekutive in Dublin vorsah. Die Vorlage wurde niedergestimmt, und durch Parnells Verwicklung in ein Ehescheidungsverfahren, das zur Spaltung seiner Partei führte, erlitt die Sache der «home rule» einen weiteren Rückschlag. Dennoch blieb Gladstone hartnäckig. Im Jahre 1893 passierte seine zweite «home rule»-Vorlage tatsächlich das Unterhaus, wurde aber im Oberhaus niedergestimmt. Bei seiner Rückkehr an die Macht im Jahre 1906 schien es, als könne er auch diese letzte Hürde nehmen; Gewalt und Terrorismus hatten nachgelassen, und die früheren Gesetze für Zwangsmaßnahmen waren daher nicht mehr notwendig. Unglücklicherweise waren in demselben Zeitabschnitt die protestantischen Bezirke von Ulster wirtschaftlich stärker und selbstbewußter geworden, und sie nahmen nun eine starre ablehnende Haltung gegenüber jeder Art von «home rule» ein, durch die sie dem katholischen Süden untergeordnet würden.

Dieser von der Konservativen Partei bestärkte Widerstand hätte vielleicht in seinen Anfangsphasen entweder durch die erklärte Bereitschaft, die nördlichen Bezirke von einer «home rule»-Regelung auszunehmen, oder durch Entschlossenheit eingedämmt werden können. Die liberale Regierung aber konnte nicht davon ausgehen, daß sich Südirland dazu bewegen ließe, eine

Teilung zu akzeptieren, und mit Maßnahmen gegen Ulster zögerte sie so lange, bis die dortige Agitation nicht mehr ohne größere Machtdemonstration unter Kontrolle gehalten werden konnte. Als das Parlament im Jahre 1914 ein «home rule»-Gesetz verabschiedete, weigerte sich Ulster, sich ihm zu fügen; und die Offiziere der nach Ulster beorderten britischen Armee-Einheiten erklärten, sie würden die Anordnungen nicht befolgen. Angesichts eines um England herum ausbrechenden Krieges beschloß die Regierung, die «home rule» bis zur Wiederherstellung des allgemeinen Friedens zurückzustellen. Dadurch, daß diese Entscheidung die Sache der irischen Freiheit noch einmal vereitelte, förderte sie ein Wiederaufleben des Extremismus im Süden und ebnete den Weg für den Osteraufstand von 1916 in Dublin.

Die britische Demokratie im Jahre 1914. Seit 1867 hatte sich Großbritannien von der Philosophie und den Institutionen des Liberalismus in zunehmendem Maße zur politischen und wirtschaftlichen Demokratie hin bewegt. Die Ausdehnung des Wahlrechts hatte eine echte Volksbeteiligung an Parlamentswahlen ermöglicht, und die Macht des Oberhauses, den Volkswillen, wie er durch seine Repräsentanten zum Ausdruck kam, zu vereiteln, war teilweise gebrochen. Gleichzeitig hatte man die Kommunalverwaltung neu geordnet: das ältere aristokratische Verwaltungssystem mit seiner internen Stellenbesetzung oder seinen vom König ernannten Friedensrichtern hatte man ersetzt durch ein System von gewählten Grafschafts-, Bezirks-, Gemeinde- und Stadträten. Die Sozialleistungen waren ausgedehnt worden auf ärztliche Versorgung, Krankenversicherung, Erholungseinrichtungen, sanitäre Einrichtungen, das Beförderungswesen und die staatliche Erziehung; und die Regierung hatte die Pflicht, ihre Bürger durch die Regelung bestimmter Lebens- und Arbeitsbereiche zu schützen, erkannt – all dies waren Vorzeichen für den von den Fabiern proklamierten Wohlfahrtsstaat.

Bei allen Vorteilen gingen diese Veränderungen einher mit einer Erweiterung des Regierungsapparates, seiner Aufgabe und seiner Kosten und mit einer beschleunigten Entwicklung zur Bürokratisierung, die von den Liberalen der Jahrhundertmitte bedauert worden wäre. Als der Liberalismus der Demokratie wich, gerieten einige der Werte, für die er eingetreten war, in Verruf. Indem sich die britischen Arbeiter in den Jahren 1912 bis 1914 an der erbittertsten Streikwelle des Landes seit den 80er Jahren beteiligten und die Frauenwahlrechtsbewegung in den Jahren 1913 und 1914 in Exzessen des Vandalismus, des persönlichen Angriffs und des Exhibitionismus schwelgte, bezeugten sie den Vertrauensschwund gegenüber Gesetz, Vernunft und Kompromiß, die den Kern der liberalen Philosophie gebildet hatten. Wie Winston Churchill im Jahre 1914 sagte, schien «das bürgerliche und parlamentarische System, unter dem [die Engländer] so lange gelebt [hatten], der rüden Herausforderung der Gewalt preisgegeben [und] der Bedrohung und Brutalität ausgesetzt zu sein». Diese Manifestationen eines neuen Geistes der Gewalt in der Politik gingen bald in der noch roheren Gewalt des Weltkrieges unter.

Belgien, die Niederlande und die Schweiz

Die belgische Demokratie. Das Land, dessen Entwicklung derjenigen Großbritanniens am meisten ähnelte, war Belgien. Ebenso wie England hatte Belgien eine konstitutionelle Monarchie und befand sich in der glücklichen Lage, von tüchtigen, gewissenhaften Souveränen regiert zu werden, deren Amtszeit lange genug dauerte, daß sie ihre Aufgaben bewältigen und innerhalb der Grenzen ihrer Autorität zur Kontinuität und Stabilität der nationalen Politik beitragen konnten, insbesondere auf dem Gebiet der Außen- und Kolonialpolitik. Der erste König von Belgien, Leopold I. (1830–1865), sorgte für die Konsolidierung des neutralen Status, den die Großmächte seinem Land im Jahre 1831 verliehen hatten, indem er den Kontakt zu seinen königlichen Nachbarn pflegte. Sein Nachfolger war Leopold II. (1865–1909), der sich mit unbändiger Energie für wirtschaftliche Unternehmungen einsetzte und das wirtschaftlich starke belgische Kolonialreich gründete (s. S. 322–323). Albert I. (1909–1934), vielleicht der beliebteste der belgischen Souveräne, war der Soldatenkönig, der im Jahre 1914 vergeblich die deutsche Invasion in sein Land aufzuhalten suchte.

Ebenso wie Britannien durchlief Belgien während des beschriebenen Zeitabschnitts nach der Liberalisierung eine Demokratisierung. Die ursprüngliche Verfassung des Landes hatte die politische Macht, die sich auf ein sehr begrenztes, auf Steuerzahlungen basierendes Wahlrecht stützte, in die Hände einer sogenannten bürgerlichen Oligarchie gelegt. Die Entwicklung des industriellen Systems (Belgien war das einzige Land, das in der industriellen Expansion mit Großbritannien Schritt hielt) führte zur Organisation der Arbeiterschicht zwecks politischer Tätigkeit. Gewerkschaften und Sozialisten drängten derartig erfolgreich auf eine Wahlrechtsreform, daß die Verfassung 1893 geändert wurde und alle männlichen Bürger ab 25 Jahren das Wahlrecht erhielten. Und schließlich erlebte Belgien nach 1890, mit der Ausdehnung der Grundschulerziehung auf die Massen in den 80er Jahren, den Anfängen eines Arbeiterschutzes, der Begründung der Rentenversicherung (1900), der Unfallversicherung für Arbeiter (1903) und Verbesserungen im Wohnungswesen und im Hinblick auf öffentliche Einrichtungen für die Arbeiterschicht, die ersten wesentlichen Maßnahmen der Demokratie auf dem Gebiet der Wirtschaft.

Die Niederlande. Der Fortschritt Hollands zur Demokratisierung hin vollzog sich vielleicht deshalb langsamer, weil seine Wirtschaft im Gegensatz zu der Belgiens vorwiegend agrarisch und kommerziell ausgerichtet blieb oder weil sein Wohlstand im Gegensatz zu Großbritannien in diesen Jahren ziemlich beständig war. Bis 1849 besaß das Land keine Verfassung, und Wilhelm III. (1849–1890) hatte während des größten Teils seiner Regierungszeit beträchtliche politische Macht inne, so besaß er unter anderem das Vetorecht gegenüber Gesetzen, die vom Parlament verabschiedet waren. Das allgemeine Wahlrecht für Männer wurde erst im Jahre 1917 gesetzlich verankert.

Das Hauptproblem in der niederländischen Politik bis zum Ende des 19. Jahrhunderts war nicht die Wirtschaftspolitik oder Sozialreform, sondern das Erziehungswesen. Wie auch in anderen Ländern befürwortete die Liberale Partei ein kostenloses staatliches Grundschulsystem ohne jegliche religiöse Erziehung. Die protestantische Konservative Partei und die Katholische Partei kämpften für die staatliche Unterstützung ihrer Bekenntnisschulen und erlangten sie im Jahre 1889. Vor dem Ersten Weltkrieg gab es keine Arbeiter- oder Sozialistenpartei, die von Bedeutung gewesen wäre und die Vorherrschaft dieser älteren Parteien hätte anfechten können.

Die Schweiz. Gegenüber diesem im wesentlichen konservativen Staat bildete der Schweizerische Bund das andere Extrem. Er war ein blühendes Zentrum der politischen Freiheit, stolz auf seine föderative Form und seine Institutionen der direkten Demokratie sowie darauf, daß er politischen Verbannten aus anderen Ländern Zuflucht bot.

Während der ersten Hälfte des 19. Jahrhunderts war der Sinn der Schweizer für die Unabhängigkeit derartig kompromißlos, daß eine echte nationale Einheit aussichtslos erschien. Der Bund war eine bloße Ansammlung unabhängiger Kantone, die sich in Sprache, Religion, Verwaltungsform und Erziehungsinstitutionen voneinander unterschieden und sogar jeweils eine eigene Handelspolitik betrieben und selbständig Abkommen mit ausländischen Mächten trafen. Zwei Dinge änderten diese Situation jedoch. Das erste war die Entstehung einer starken, umfassenden demokratischen Bewegung in den zwei Jahrzehnten vor 1848, die Freiheiten für das Volk, die Ausdehnung des Wahlrechts und lokale Justizreformen durchsetzte. Das zweite war die Forderung nach einer stärkeren Zentralregierung, die aufkam, nachdem der eingefahrene Konservativismus und Regionalismus durch Reformen aufgeweicht worden war.

Diese Forderung beschwor einen Konflikt zwischen der demokratischen Mehrheit der Kantone und dem von den katholischen Kantonen gebildeten Sonderbund herauf, der sich der zunehmenden Macht des Bundes widersetzte. Der Streit wurde im Jahre 1847 durch einen kurzen Krieg beigelegt, dem die Auflösung des katholischen Sonderbundes und eine durchgreifende Reform der nationalen Verfassung folgten. Von nun an sollte die Schweiz über ein Zweikammersystem verfügen, das dem der Vereinigten Staaten ähnlich war (einen Nationalrat, in dem das Volk auf der Grundlage der Bevölkerungsstärke, einen Ständerat, in dem die Kantone gleich stark vertreten waren), und einem durch die Legislative gewählten Bundesgerichtshof und Bundesrat. Die Kantone behielten große Vollmachten im Erziehungs- und Gesundheitswesen, im religiösen Bereich und auf dem Strafrechtssektor; die Zentralregierung aber bestimmte die Außen-, Militär- und Handelspolitik, das Post- und Münzwesen sowie die Finanzpolitik.

Die Schweiz wurde somit ein starker föderativer Bund, und zwar einer, in dem die Demokratie fortschrittlichere Formen annahm als in allen anderen kontinentaleuropäischen Ländern. Zum einen bestand die direkte Demokratie – d. h. Entscheidungen wurden durch Abstimmung unter allen betroffenen Bürgern gefällt – in mehreren kleineren schweizerischen Kantonen fort. Zum zweiten mußten in Kantonen, deren Gebiet und Bevölkerung dies nicht zuließen, von der kantonalen Legislative verabschiedete Gesetze, die bestimmte in der Verfassung festgelegte Bereiche betrafen, dem Volk zur formalen Zustimmung vorgelegt werden, und andere konnten ihm auf Verlangen zugeleitet werden. Es war auch vorgesehen, daß eine bestimmte Wähleranzahl in der Legislative Gesetzesanträge einbringen konnte.

Als man die Bundesverfassung im Jahre 1874 revidierte, um die Vollmachten der Zentralregierung zu erweitern, sah man ein Volksreferendum auf nationaler sowie kantonaler Ebene vor, und im Jahre 1891 wurde diese Initiative ins Bundesgesetz aufgenommen. Als eine Art natürliche Folge dieser Gesetzesbestimmung, die das schweizerische Volk zu Herren über die Regierung machte, unterstrich die Regierung im Jahre 1874 die Verantwortung des einzelnen, die schweizerische Demokratie zu verteidigen, durch die Einführung der Wehrpflicht. Im Einklang mit dem neutralen Status des Landes sollte das Militär eine strikt defensive Einrichtung sein.

Das Wachstum der schweizerischen Industrie, insbesondere das der Textil-, Uhren-, Luxusgüter- und Süßwarenindustrie, war in dem Zeitabschnitt nach 1870 beachtlich. Und diese Entwicklung führte zur Gründung von Gewerkschaften und zur Entstehung einer aktiven sozialistischen Bewegung. Letztere wurde auch durch die Toleranz des politischen Klimas gefördert, die die Schweiz im letzten Viertel des 19. Jahrhunderts zur Zufluchtstätte für politische Verbannte aus anderen Ländern machte.

Nordeuropa

Dänemark. Im Laufe des 19. Jahrhunderts wurde das Königreich Dänemark vom Schicksal hart getroffen, indem die Großmächte ihm einen beträchtlichen Teil seines Territoriums nahmen. Im Jahre 1815 strafte man die Dänen in Wien für ihre Loyalität gegenüber Napoleon damit, daß man sie zur Abtretung Norwegens an Schweden zwang; und im Jahre 1864 raubten ihnen die deutschen Mächte, wie wir gesehen haben (s. S. 169–170), die Provinzen Schleswig und Holstein. In dem verkleinerten Reich verzögerte sich der Fortschritt zu Liberalisierung und Demokratisierung dadurch, daß die Bevölkerung zum größten Teil aus Bauern bestand, die sich kaum für die Politik interessierten, und durch den Widerstand König Christians IX. (1863–1906).

Um die Jahrhundertwende wurden jedoch Forderungen nach Reformen laut, nicht nur im städtischen Mittelstand, sondern auch bei den bereits seit den 70er Jahren aktiven Sozialdemokraten sowie bei der durch den berühmtesten dänischen Schriftsteller Georg Brandes (1842–1927) inspirierten und geführten Jugendbewegung und den wohlhabenderen Bauern. Dennoch konnte die Reformbewegung erst im Jahre 1915 eine neue Verfassung durchsetzen. Diese sah eine Ausdehnung des Wahlrechts auf alle Männer und die meisten Frauen vor, die Erweiterung der Kompetenzen des parlamentarischen Unterhauses und – durch Maßnahmen, die denen Englands von 1911 nicht unähnlich waren – die effektive Abschaffung des Vetorechts des Oberhauses, das bis dahin die Macht des Königs untermauert hatte. So trat Dänemark verspätet in eine neue demokratische Periode ein.

Norwegen und Schweden. Im Jahre 1814 hatte Schweden Finnland freiwillig an Rußland abgetreten auf der Grundlage, daß es Norwegen erhalte. Der schwedische Regent, Marschall Bernadotte, war jedoch gezwungen, Norwegen zu erobern; denn dort herrschte eine starke Opposition gegen die Vereinigung. Bei einem solchen Anfang mußte die Geschichte der Union zwischen Norwegen und Schweden zwangsläufig stürmisch werden.

Norwegen, das auf dem Wege zur Demokratie schon weit fortgeschritten war, begann seine neue Laufbahn mit dem Anspruch, daß es «frei, unteilbar und unabhängig» sei. Schwedens Regierung hingegen war aristokratisch und feudalistisch, und seine Herrscher hielten hartnäckig an der königlichen Prärogative fest. Besonders beharrlich bestanden sie auf ihrem Recht, die Außen- und Militärpolitik beider Länder zu diktieren. Dies führte zu Differenzen, vornehmlich im Jahre 1864, als der König den Dänen Beistand leisten wollte und der norwegische «Storting» sich ihm widersetzte. Abgesehen von diesen Differenzen, hatten die beiden Länder keine echten gemeinsamen wirtschaftlichen Interessen. Schweden bewegte sich nach 1870 rasch auf ein ausgereiftes Industriesystem zu, während Norwegen vorwiegend landwirtschaftlich und kommerziell ausgerichtet blieb. In der Tat führten Norwegens Handelsinteressen zum endgültigen Bruch der Union.

Mit der Ausweitung des norwegischen Transporthandels bestand das norwegische Parlament auf einer eigenen konsularischen Vertretung zu dessen Schutz. Die schwedische Regierung stellte sich dem entgegen, da es der Union abträglich sei. Nach einem zwölfjährigen erbitterten Konflikt löste das norwegische Parlament am 7. Juni 1905 einstimmig die Union mit Schweden. Wenn auch vorübergehend von einem Krieg die Rede war, fügte sich die schwedische Regierung schließlich doch in diese Entscheidung, und Norwegen wurde eine unabhängige konstitutionelle Monarchie, indem es den jüngeren Sohn des Königs von Dänemark aufforderte, unter dem Titel Haakon VII. den Thron zu besteigen.

Durch die Trennung wurden Norwegens demokratische Tendenzen gefördert. Im Jahre 1907 erteilte es als erster souveräner Staat den Frauen das Wahlrecht, und anschließend wurden die Schulpflicht und verschiedene Arten der Sozialversicherung eingeführt. Das Amt des Königs war weitgehend ein Ehrenamt, und das zunächst vorgesehene Vetorecht des Königs wurde im Jahre 1915 aufgehoben.

In Schweden selbst war der monarchische Absolutismus Bernadottes, der von 1818 bis 1844 als Karl XIV. regiert hatte, unter seinen Nachfolgern allmählich einem gemäßigten Liberalismus gewichen. Die Verfassungsgesetze von 1864 sahen eine Zweikammer-Legislative mit beträchtlichen Vollmachten vor, und im Jahre 1909, während der Regierungszeit Gustavs V. (1907–1950) führte man für Unterhauswahlen das allgemeine Wahlrecht der Männer ein und senkte die Eigentumsbestimmung für Oberhauswahlen. In den folgenden Jahren erhielten die Frauen das Wahlrecht, und für die Wahl beider Parlamentshäuser wurde das Proporzsystem eingeführt. Diese letzte Neuerung war für die Sozialistenbewegung, die eine natürliche Folge des industriellen Fortschritts Schwedens war, von Vorteil.

Südeuropa

Die meisten der in diesem Kapitel erörterten Länder verzeichneten um 1914 wesentliche Fortschritte auf ihrem Weg zur Demokratie, und selbst dort, wo eine Tendenz zur Gewalt in der Politik bestand, war sie nicht so ausgeprägt, daß sie die bestehenden politischen Regime bedrohte. Nichts dergleichen traf auf die Staaten Südeuropas zu, wo der Fortschritt zur Demokratie minimal und die Gewalt ungezügelt war.

Spanien. Gerald Brenan beschrieb die Geschichte Spaniens in den ersten siebzig Jahren des 19. Jahrhunderts zusammenfassend: «Der glorreichen nationalen Erhebung gegen Napoleon waren 26 Jahre der wilden Reaktion und des Bürgerkriegs gefolgt; daran angeschlossen hatte sich die anarchistische Herrschaft der Generäle ..., die weitere 28 Jahre bestanden hatte.»

Diese Generäle dienten Isabella II., die sie im Jahre 1868 entthronten, als deren repressive Methoden selbst ihnen zu weit gingen. Indem sie bei ihrem ersten Versuch, die Thronfolge zu regeln, Prinz Leopold von Hohenzollern den vakanten Thron anboten (S. 189), beschworen sie im Jahre 1870 unbeabsichtigt den Ausbruch von Feindseligkeiten zwischen Frankreich und Preußen herauf. Ihr zweiter Versuch verlief nicht glücklicher. Im November 1870 bot die provisorische Regierung dem zweiten Sohn des Königs von Italien, Amadeo, den spanischen Thron an. Als der unglückliche Prinz das Angebot annahm, sah er sich den Legitimisten gegenüber, die bestrebt waren, Isabellas Sohn Alfonso auf den Thron zu erheben, den Carlisten, die sich für den Erben des Bruders Ferdinands VII., Don Carlos, einsetzten, der katholischen Kirche, die einen König aus jener Dynastie ablehnte, die den Papst seiner weltlichen Macht beraubt hatte, und den Republikanern, die überhaupt keinen König wollten.

Nach zwei Jahren der Frustration verzichtete Amadeo auf seinen Thron. Es folgte ein kurzes republikanisches Intervall (Februar 1873–Dezember 1874), während dessen die Politik aber derartig erfolglos war, daß sich die europäischen Mächte gezwungen sahen, diesem Regime die Anerkennung zu verweigern. Während Monarchisten und Katholiken gleichermaßen die neue Regierung boykottierten, hoben die Carlisten eine Armee von 75000 Mann aus und leiteten Aktionen ein, die ihren Umsturz herbeiführen sollten. Im Süden begingen andere irreguläre Streitkräfte Brandstiftungen und Plünderungen im Namen der föderativen Freiheit. Wiederum fühlte sich das Militär zum Eingreifen gezwungen, und am Heiligabend des Jahres 1874 gab es eine Erklärung zugunsten Alfonsos ab und stürzte die Republik.

Diesmal führte der politische Umschwung zumindest zu einer oberflächlichen Stabilität. Führende Persönlichkeit in der restaurierten Monarchie und Urheber der neuen Verfassung war Don Antonio Cánovas del Castillo, ein konservativer Politiker, Patriot und Bewunderer des englischen konstitutionellen Systems, so wie er es verstand. In der Verfassung von 1876 imitierte Cánovas die englischen Formen insoweit, als er ein verantwortliches Kabinett und ein Zweikammer-Parlament einsetzte; der größte Teil der Bevölkerung aber war von der tatsächlichen Ausübung der politischen Befugnisse ausgeschlossen. Nur die besitzenden Schichten erhielten das Wahlrecht.

Nicht echte Prinzipien spalteten die Parteien in dieser neuen Regierung, sondern sie wetteiferten lediglich um die Macht und hatten nicht die Absicht, das Schicksal der Massen oder den allgemeinen Rechtszustand in einem Land der notorischen sozialen Ungerechtigkeit zu verbessern. Cánovas verlieh Spanien nur dadurch Stabilität, daß er den Politikern, dem Klerus und der Armee erlaubte, sich auf Kosten der Nation zu bereichern. Unter diesen Umständen tat sich eine unüberbrückbare Kluft zwischen der regierten und der regierenden Schicht auf.

Alfonso XII. starb im Jahre 1885, und bis zur Machtübernahme durch seinen Sohn im Jahre 1902 fungierte seine Frau als Regentin. Die Regentschaft und das erste Jahrzehnt der Regierung Alfonsos XIII. waren von einer Reihe von Krisen gezeichnet, die die Geldmittel des Regimes der äußersten Belastung aussetzten. Bei der ersten Krise ging es um das Kolonialreich, welches durch die Loslösung der lateinamerikanischen Kolonien in den 1820er Jahren bereits stark verkleinert worden war. Spanien hatte die reiche Insel Kuba behalten. Ständige Mißwirtschaft und Ausbeutung aber hatten diese Kolonie in ein Zentrum der fortwährenden Unzufriedenheit verwandelt und im Jahre 1868 einen Aufstand heraufbeschworen, der erst nach zehn Jahren unter Kontrolle gebracht werden konnte. Im Jahre 1895 kam es in Kuba aus Enttäuschung über nichteingehaltene Versprechungen, ihm die Unabhängigkeit zu gewähren, erneut zur Explosion, und dieses Mal führten die repressiven Methoden der spanischen Garnisonstruppen zur Intervention der Vereinigten Staaten und im Jahre 1898 zu einem Krieg.

Dieser kostete Spanien sowohl Kuba als auch die Philippinen und hinterließ es mit leeren Staatskassen und einem geschlagenen Militär.

Diese Ereignisse trafen zusammen mit wachsender Unzufriedenheit unter den Bauern und den Massen der Industriearbeiter, die sich in einem Anwachsen des marxistischen Sozialismus und Syndikalismus in den Industriestädten und einem um sich greifenden Anarchismus unter den Bauern des Südens und der Arbeiterschicht von Barcelona bemerkbar machte. Das war aber noch nicht alles. Die Unfähigkeit und Korruption des Regimes führte zu einem Wiederaufleben des Carlismus und zu separatistischen Bestrebungen unter den Basken und den Katalanen, von denen einige die Carlistische Reaktion unterstützten, während andere den Extremisten auf der Linken folgten. Infolge all dieser Dinge griff die Gewalt in der spanischen Politik immer mehr um sich: Mord und Terrorismus gehörten beinahe zum Alltag.

Um den sozialen Frieden im Land herzustellen, versuchte der Führer der Liberalen Partei, José Canalejas, eine funktionsfähige, auf dem Antiklerikalismus basierende Koalition mit den Republikanern und Sozialisten zu bilden. Diese traditionelle liberale Politik mag unter den gegebenen Umständen besonders angemessen erschienen sein; denn die spanische Kirche hatte ständig das Bündnis mit den Wohlhabenden und den reaktionären Kräften angestrebt und sich im Kampf gegen den aufstrebenden Sozialismus auf Repressionen verlassen anstatt auf Überzeugung und Verständnis. Es ist gesagt worden, Spanien habe um 1910 aufgehört, ein katholisches Land zu sein, als der Anarchismus unter den Bauern zunahm, die Skepsis des Mittelstands und die offene Feindschaft der Intellektuellen gegenüber der kirchlichen Zensur wuchs. Dennoch reichte eine antiklerikale Politik allein nicht aus, um all die vereinzelten Kräfte der Linken und der Mitte zu einem wirksamen politischen Block zusammenzuschweißen. Ihre einzigen greifbaren Ergebnisse waren die Ermordung Canalejas' selbst im Jahre 1912 und eine noch tiefgreifendere politische Verwirrung im Lande.

Portugal. Die politische Geschichte Portugals verlief nach einem anderen Muster als die seines Nachbarn, obgleich sie nahezu ebenso gewaltsam war. Die erste Hälfte des 19. Jahrhunderts kennzeichneten fortwährende Kriege zwischen rivalisierenden Thronanwärtern und häufige Aufstände. Während der Regierung Pedros V. (1853–1861) und Louis' I. (1861–1889) schien sich das Land auf eine liberale parlamentarische Regierung hin zu entwickeln. Dieser Fortschritt wurde jedoch unterbrochen durch die Thronbesteigung Carlos' I. (1889–1908), eines Mannes, dessen absolutistisches Verhalten und ungezügeltes Verlangen nach privatem Vergnügen zu finanzieller Mißwirtschaft, häufigem Mißbrauch der königlichen Prärogative, Verletzung des parlamentarischen Verfahrens und infolgedessen zur Intensivierung des mörderischen Zwists führte. Am 1. Februar 1908 wurden Carlos, dieser Inbegriff der Zügellosigkeit, und sein ältester Sohn in den Straßen Lissabons getötet. Der zweite Sohn des Königs konnte sich nur bis Oktober 1910 auf dem Thron halten, dann brach in Lissabon eine Revolution aus, und die Republik wurde ausgerufen.

Bei Kriegsausbruch im Jahre 1914 war Portugal nominell ein demokratischer Staat. Als Vorbild für die Verfassung sowie für die antiklerikale Regierungspolitik diente die Dritte Republik Frankreichs. Die Regierung aber stellte nicht die Stabilität her, die das Land brauchte. Ebenso wie Spanien litt Portugal weiterhin unter hohen Schulden und einem unstabilen Finanzsystem, einer durch einen hohen Prozentsatz an Analphabeten behinderten Wirtschaft, einem Mangel an öffentlichen Einrichtungen und der üblichen Anzahl an streitbaren politischen Parteien, die sich mehr damit beschäftigten, Aufstände zu planen, als konstruktive politische Maßnahmen zu erarbeiten.

Italien. Das trostloseste Bild in Südeuropa bot Italien, wo die hohen Erwartungen, die man in das «Risorgimento» gesetzt hatte, enttäuscht worden waren und die Realität die diversen oberflächlichen Fortschritte Lügen strafte.

Das politische System Italiens nach 1870 war ebenso wie das spanische nach englischem Vorbild errichtet worden und hatte in Wirklichkeit ebenso wenig Ähnlichkeit mit ihm. Die konstitutionelle Monarchie regierte durch ein Kabinett, das einem Zweikammer-Parlament verantwortlich war: einem Senat, der aus erblichen und von der Krone auf Lebenszeit ernannten Mitgliedern bestand, und einer Abgeordnetenkammer, die durch die besitzenden und gebildeten Schichten für eine Amtszeit von fünf Jahren gewählt wurde. Die eigentliche Macht lag bei der Kammer, in der zwei Parteienkoalitionen vertreten waren, die Rechte («Destra») und die Linke («Sinistra»). Der Mangel dieses Systems lag darin, daß zwischen diesen beiden Gruppierungen kein wesentlicher Unterschied bestand. Die große Mehrheit der Abgeordneten gehörte dem Mittelstand an, war rationalistisch und antiklerikal und befürwortete eine zentralisierte Regierung und eine «Laisser-faire»-Wirtschaftspolitik. Überdies stellte sich bei vielen unter ihnen eine derartige Gier nach politischen Ämtern ein, daß sie Probleme, die eine klare Abgrenzung von der Meinung der anderen, konstruktive Debatten oder einen Machtwechsel hätten erzwingen können, umgingen. Diese Tendenz wurde derartig auffällig, daß sie einen Namen erhielt – «trasformismo» oder Transformismus.

Der «trasformismo» war die Methode, mit der ein Kabinettschef sich an der Macht halten konnte, indem er, sich über Parteienetiketten hinwegsetzend, mit den Abgeordneten auf der Linken oder Rechten Abmachungen traf, und damit parlamentarische Mehrheiten zustande brachte. Unter den Händen von derartig begabten Praktikern wie Agostino Depretis (1813–1887), der in der italienischen Politik von 1876 bis 1887 dominierte, und Francesco Crispi (1819–1901), Vorsitzender der Kammer von 1887 bis 1896, löste der «trasformismo» allmählich die bestehenden politischen Gruppen auf und verwandelte das Parlament in eine amorphe Masse von Abgeordneten. Diese wurden durch ein Kabinett gelenkt, dessen Mitglieder ständig wechselten, so daß eine zusammenhängende, kontinuierliche Politik unmöglich war.

Dieses System konnte nur funktionsfähig gehalten werden, indem man Probleme, bei denen sich zwangsläufig Meinungsverschiedenheiten eingestellt hätten, umging. Es gab eine Fülle derartiger Probleme. Die geeinte Nation hatte in Neapel und Sizilien rückständige Gebiete ererbt, die dringend eines Wasserversorgungssystems und besserer Verkehrsverbindungen bedurften und unter einem System der ungerechten Grundbesitzverteilung litten. Sie versuchte, die Industrialisierung voranzutreiben, es fehlte ihr aber an Kohle und Eisenvorkommen, die diese erleichtert hätten. Italien hatte einen niedrigen Prozentsatz an des Lesens und Schreibens Kundigen. Seine Bevölkerungswachstumsrate hingegen war die höchste in Europa, weit höher als die Anzahl der vorhandenen Arbeitsplätze. Dies führte zur Emigration der Arbeiter, die den größten Unternehmungsgeist besaßen, zu sozialem Elend und Unruhen unter denen, die blieben.

Die Lebensfähigkeit Italiens als Nation hing an der Lösung dieser Probleme. Doch ihnen wurde unter dem «trasformismo» sehr wenig Beachtung geschenkt. Wenn eines davon dringlich wurde, leiteten die Mehrheitsmacher die Aufmerksamkeit der Öffentlichkeit auf Streitpunkte ab, die Aufregung und Ablenkung versprachen. Ein solcher Streitpunkt war der Antiklerikalismus. Die italienischen Patrioten waren verärgert darüber, daß Papst Pius IX. im Jahre 1871 die Garantien und finanziellen Unterstützungsangebote der Regierung als Gegenleistung für deren Anerkennung ausgeschlagen hatte, sich hartnäckig als Gefangener bezeichnete und andere Regierungen zu seiner Befreiung aufrief. Diese Verärgerung konnte ausgenutzt werden. Ebenso nützlich waren Attacken auf ausländische Mächte, wie die Forderung, daß die Österreicher die vorwiegend italienischen Teile des Habsburger Reiches abtreten sollten. Schließlich waren die Regierungen zwischen 1871 und 1914 wiederholte Male versucht, koloniale Abenteuer zur Ablenkung von innenpolitischen Problemen einzusetzen.

Aufgrund dieses Vorgehens blieben dringende soziale und wirtschaftliche Probleme ungelöst. Die Angriffe auf die Kirche erzürnten alle katholischen Länder und machten jede Bereitschaft ihrerseits zunichte, Italien, das manches Mal des wirtschaftlichen oder diplomatischen Beistands dringend bedurfte, irgendwelche Hilfen zukommen zu lassen. Und die Attacken auf ausländische Mächte forderten zur Revanche heraus. Als im Jahre 1887 bekannt wurde, daß Italien – seit 1882 Mitglied des Dreibunds – jenen Vertrag unter Bedingungen erneuert hatte, die darauf hindeuteten, daß seine antifranzösischen Bestimmungen verschärft worden waren, brachen die Franzosen seit langem schwebende Handelsgespräche ab und leiteten einen Zollkrieg ein, dessen Auswirkungen sich beinahe über zehn Jahre hinweg bemerkbar machten. Infolge dieses Ereignisses fielen die italienischen Exporte um vierzig Prozent. Die Kürzung französischer Kredite bewirkte eine Finanzknappheit. Die Arbeitslosigkeit stieg jäh an, und das allgemeine soziale Elend führte zu schnell wachsenden Emigrationsquoten.

Die Auswirkungen des Zollkriegs spiegelten sich auch in einer weitverbreiteten Unzufriedenheit wider. Diese kam im Jahre 1898 in einer Reihe von blutigen Aufständen in allen größeren italienischen Städten zum Ausbruch und gipfelte in den «Maitaten» von Mailand, bei denen umgestürzte Straßenbahnwagen als Barrikaden aufgestellt wurden und die Straßenschlachten zwei Polizisten und achtzig Zivilpersonen das Leben kosteten. Aufgrund dieser Vorfälle wurde das Kriegsrecht verhängt, und in den beiden folgenden Jahren nahmen die Eingriffe des Königs und des Militärs in die Politik Ausmaße an, die die Existenz der parlamentarischen Institutionen aufs ernsteste bedrohten. Im Juni 1899 kündigte General Pelloux, den der König ohne jeden Versuch, das Parlament zu konsultieren, zum Premierminister ernannt hatte, beispielsweise an, er werde durch königliche Erlasse regieren, die seinen Vorhaben automatisch Gesetzeskraft verleihen würden.

Diese alarmierende Wendung der Ereignisse brachte die Parlamentarier zumindest für den Augenblick zur Besinnung. Die sogenannte Radikale Linke (eine Reformpartei, die auf den Positivismus und die experimentelle Wissenschaft vertraute), die Republikaner (eine kleine Gruppe ergebener Mazzinisten) und die neue, im Jahre 1892 von Filippo Turati (1857–1932) gegründete Sozialistische Partei bildeten eine neue Koalition. Mit der zusätzlichen Unterstützung der gemäßigteren konstitutionellen Linken erzwang diese Union im Juni 1900 den Rücktritt Pelloux'. Dieses Ereignis fiel zusammen mit der Ermordung König Humberts durch einen Anarchisten, der Rache üben wollte für jene, die die Polizei in Mailand getötet hatte. Der ermordete König war ein Herrscher mit gefährlich absolutistischen Tendenzen gewesen. Von seinem Nachfolger, Viktor Emanuel III. (1900–1946), erwartete man, daß er stärker auf die Erfordernisse der Zeit eingehen würde.

Die neue Ära wurde als liberaler Frühling Italiens begrüßt, und es gab in der Tat hoffnungsvolle Anzeichen für eine politische Regeneration. Unter dem Veteranen Giuseppe Zanardelli (1826–1903) und dem aufsteigenden Star der italienischen Politik Giovanni Giolitti (1842–1928) wurde der Versuch eingeleitet, die verschiedenen Gruppen der alten «Sinistra» zu einer effektiven demokratisch-liberalen Partei umzuformen. Im Jahre 1900 rief Giolitti auf zu «einer Politik, die aufrichtig demokratisch ist», und er sprach von einer Revision des Steuersystems, einer Reform der Gesetzbücher und Reformmaßnahmen in der Landwirtschaft.

Zugleich zeichnete sich bei einem Teil der revolutionären Linken die Bereitschaft zu einer Politik ab, die konstruktiver war als die, zu der sie sich vorher bekannt hatten, und auf dem Gebiet der Sozialreform schienen sie sogar zur Zusammenarbeit zu neigen. Der Revisionismus erzielte Einbrüche in die marxistisch-sozialistische Gruppe, und Führer wie Turati schienen, soweit es Schlüsselprobleme betraf, zur parlamentarischen Zusammenarbeit bereit. Auch die Rechte schien für den neuen Geist nicht völlig unempfänglich. Im Jahre 1902 versuchten Sidney Sonnino (1847–1922) und Antonio Salandra (1853–1931) einen neuen patriotischen Konservatismus anzuregen, der sich auf den Glauben an eine starke Monarchie und eine starke Zentralregierung gründete, die bereit sein würde, soziale Ungerechtigkeiten zu beseitigen, und dennoch die extreme Linke bekämpfen würde.

Bei einer Konsolidierung dieser drei politischen Gruppen wäre das parlamentarische Leben Italiens mit aller Wahrscheinlichkeit wieder erwacht, ein gesunder Machtwechsel zwischen den Parteien hätte stattgefunden, und die schreiendsten nationalen Mißstände hätten behoben werden können. Statt dessen verfiel Italien bald wieder in die leere Akrobatik des «trasformismo». Die drei potentiell starken Koalitionsparteien lösten sich in hadernde Gruppen auf, und das Parlament wurde wieder zu einer gestaltlosen Masse, diesmal manipuliert von Giolitti, der von 1903 bis 1915 der unumstrittene Herrscher über die italienische Politik war.

Giolitti benutzte seine Macht zur Durchführung gewisser notwendiger Reformen. In den Jahren seiner Parlamentsdiktatur wurde das Wahlrecht auf alle Männer über dreißig ausgedehnt, Arbeiterschutzgesetze wurden verabschiedet, die Versicherungsgesellschaften und Eisenbahnen verstaatlicht, die Gewerkschaften legalisiert, landwirtschaftlichen Genossenschaften staatliche Unterstützung gewährt und Tarifverhandlungen angeregt. Und nach 1900 kam dem Land ein wirtschaftlicher Aufschwung zugute, wenngleich dieser weniger auf die Wirtschaftspolitik der Regierung zurückzuführen war als vielmehr auf die Beendigung des Zollkrieges mit Frankreich. Trotz all dieser Leistungen aber machten die unehrenhaften Methoden in Wahlkämpfen und in der Kammer schließlich die Wirkung der Cavourschen «connubio» der 50er Jahre wieder zunichte. Sie brachten die Parteien der liberalen Mitte in Verruf und lösten das parlamentarische System auf, indem sie die extremistischen Parteien zu neuem Leben erweckten, die nun – dank Giolittis Wahlrechtsgesetzgebung – die Unterstützung der Massen gewinnen konnten.

In den letzten Jahren vor 1914 zeugte vieles von einem Anwachsen des Extremismus. Auf dem Kongreß der Sozialistischen Partei im Juli 1912 lehnte sich der linke Flügel gegen den Revisionismus auf und erklärte, die Demokratie sei ein bürgerliches Experiment, und der Sozialismus müsse zu seiner orthodoxen Forderung, sie zu zerstören, zurückkehren.

Unter den Intellektuellen der extremen Rechten wuchs das Interesse an den Theorien von Vilfredo Pareto (1848–1923) und Gaetano Mosca (1858–1941), die die Unzulänglichkeiten und Heucheleien des Giolittianismus schonungslos aufdeckten und etwa im Sinne Sorels nach einer neuen Elite riefen, die mit der Macht vertraut sei und die Gesellschaft aus ihrem materialistischen Morast herausführen würde. Gleichzeitig entstand im Jahre 1910 eine neue nationalistische Partei, die sich offen zu Monarchie, Antiparlamentarismus und Imperialismus bekannte. Ihr höchst freimütiger Führer, Enrico Corradini (1865–1931), sprach in seinen Reden die Themen an, die die faschistische Bewegung nach dem Krieg weiterführte: den heroischen Wert des Kampfes, die Bedeutungslosigkeit des Lebens des einzelnen, wenn die Sache der Nation auf dem Spiele stehe, das Erbe des antiken Rom für das moderne Italien, die Notwendigkeit der Unterordnung von Freiheits- und Gleichheitsprinzipien unter jene von Disziplin und Gehorsam und die aus einem gefahrvollen Leben erwachsende moralische Befriedigung.

Am Vorabend des Krieges kamen daher die zuversichtlichen Stimmen in der italienischen Politik, die gerade bei der Jugend ein offenes Ohr fanden, von den Extremisten auf der Rechten und der Linken, die durchweg die baldige

Vernichtung eines Regimes ankündigten, das unfähig gewesen war, den Weg einer lebensfähigen Demokratie zu beschreiten, und dessen politische Prozesse nun von einer schleichenden Paralyse befallen schienen.

14. Frankreich: Die geteilte Republik 1871–1914

Seit 1789 hatte Frankreich praktisch jede mögliche Regierungsform erlebt – eine Tatsache, die dem politischen Fortschritt Frankreichs einen ungesunden Relativismus verlieh. Sobald Härten oder Krisenzeiten eintraten, standen immer Parteigänger alter Regime bereit, die zu einem radikalen Umschwung aufriefen. Sie fehlten auch nach 1871 nicht. Dennoch sollte die Dritte Französische Republik, in militärischer Niederlage und Bürgerkrieg geboren, siebzig Jahre lang bestehen.

Nach der Niederlage 1870–1878

Das Kriegsende und die Kommune. Als deutlich wurde, daß ein Sieg über Deutschland nicht mehr möglich war, wählte das französische Volk eine Nationalversammlung und bevollmächtigte sie damit zugleich, Friedensbedingungen auszuhandeln (s. S. 191). Diese Versammlung führte ihren Auftrag durch ihren gewählten Chef der Exekutive, Adolphe Thiers, aus, widmete sich dann dem Problem der Wiederherstellung der Ordnung im Lande und versuchte, den Verwaltungsapparat wieder in Gang zu setzen. Sie geriet unverzüglich in einen erbitterten Konflikt mit Paris.

Hierfür gab es mehrere Gründe. Das Volk von Paris, das gegen Deutschland gekämpft hatte, bis es durch Aushungerung zur Unterwerfung gezwungen worden war, reagierte auf die Niederlage empfindlicher, als es seiner Meinung nach die Provinzen taten, und empfand es als Demütigung, daß die Regierung auf die deutsche Forderung nach einem triumphalen Einzug in die Stadt eingegangen war. Zum anderen hatte Paris schon im September 1870 die Republik proklamiert, die Nationalversammlung aber nicht; und angesichts ihrer überwältigend monarchistischen Zusammensetzung schien sie dazu auch nicht geneigt. Die hierdurch erzeugte Spannung steigerte sich durch andere provokative Maßnahmen auf seiten der Versammlung. Im März 1871 schlug sie ihr Hauptquartier in Versailles auf – eine Entscheidung, die den Parisern als unverdiente Beleidigung sowie als bewußter Anschlag auf ihre finanziellen Interessen erschien. Noch schlimmer war die abrupte Aufkündigung der seit der Belagerung bestehenden Stundung von Mieten, Schulden und Schuldscheinen und die Entscheidung der Versammlung, alle Zahlungen an Mitglieder der Nationalgarde einzustellen. Dieser letzte Zugriff war ein schmerzlicher Schlag für die Mehrheit der Pariser Arbeiter, die infolge der Belagerung und der anhaltenden Konjunkturerschütterungen arbeitslos waren und von ihrem Gardelohn leben mußten.

Diese Dinge bestärkten in Paris die Überzeugung, die Stadt selbst müsse die Initiative ergreifen, um die Nation für die Sache der Freiheit und der Republik zu einigen. Vorangetrieben wurde diese Idee von Aktivisten verschiedener Überzeugungen, die sich durch ihre Arbeit in politischen, während des Belagerungswinters organisierten Clubs zu Führern der Arbeiterschicht entwickelt hatten. Am 18. März 1871 beging die Versammlung einen Fehler, der ihnen zugute kam: sie entsandte eine Truppe der Kavallerie, um die Waffen aus dem Arsenal der Nationalgarde auf dem Butte Montmartre zu entfernen. In Paris kam es sofort zu einem Gewaltausbruch. Die Truppen wurden zurückgeschlagen und ihre Kommandeure getötet. Die Nationalgarde marschierte in die Stadtmitte und nahm das Rathaus ein. Die Streitkräfte der Regierung verließen Paris, und die tragische Episode der Kommune begann.

Da Karl Marx die Kommune in einer seiner brillantesten Flugschriften («Der Bürgerkrieg in Frankreich») zu einer Legende machte, ist es wichtig zu erwähnen, daß sie mit der proletarischen Revolution, die er in «Das Kommunistische Manifest» vorausgesagt hatte, wenig gemeinsam hatte. Ihre Politik oder ihre Taktik hatte nichts Sozialistisches an sich. Ihre Führer – ein am 26. März gewählter Generalrat mit neunzig Mitgliedern, der die Tätigkeiten der Kommune leiten sollte – besaßen keine einigende Philosophie und auch keinen gemeinsamen Aktionsplan, ja, nicht einmal die Einsicht, daß ein solcher notwendig wäre. Geblendet durch die leichte Machtübernahme, unterließen sie Konsolidierungsmaßnahmen und verschwendeten statt dessen ihre Zeit darauf, ausgiebig der Geschichte ihre Reverenz zu erweisen. Nachdem sie den Namen jener Kommune von Paris angenommen hatten, die Ludwig XVI. gestürzt hatte, schienen sie es für notwendig zu halten, die Imitation noch weiter zu treiben – indem sie den Revolutionskalender übernahmen, ein Regime der Tugend «à la Robespierre» einsetzten (das Überfälle auf Cafés, die von «cocottes» der gehobenen Schichten aufgesucht wurden, und die Verhaftung ihrer Gönner, die sich im allgemeinen als britische Journalisten entpuppten, vornahm) und sich in neojakobinischen Wortschwällen ergingen. Ihre einzige wirtschaftliche Maßnahme von einiger Bedeutung war die Wiedereinsetzung des Moratoriums für Mieten und Schuldzahlungen und ihre einzige soziale Gesetzgebung die Abschaffung der Nachtarbeit in den Bäckereien. Sie schienen niemals – wie Engels später bedauernd feststellte – an die Übernahme der Bank von Frankreich gedacht oder realisiert zu haben, daß ihre gesamte Existenz an der Eroberung von Versailles hing, solange die Nationalversammlung noch ohne beeindruckende militärische Macht war.

Somit hatte Thiers Zeit, seine geschlagenen Streitkräfte zu sammeln und sie durch von Bismarck entlassene Kriegsgefangene und aus der Schweiz zurückgekehrte Internierte zu ergänzen. Anfang April hatte er 150 000 Mann unter Waffen und ging direkt zur Offensive über. Selbst dies konnte die Kommune nicht zu durchgreifenden Maßnahmen bewegen. In der Tat geriet sie die beiden folgenden Monate hindurch, während die Streitkräfte der Regierung die Stadt eingeschlossen hielten, in ein zunehmendes Durcheinander. Die Befehlsgewalt ihrer Verteidigungskräfte wurde einer Reihe farbiger, aber verantwortungsloser Führer übertragen. Thiers Belagerungsoperationen stießen auf keinen wirklichen Widerstand, und am 16. Mai drangen seine Truppen durch einen unverteidigten Abschnitt des Stadtwalls in Paris ein.

An diesem Punkt jedoch setzte der eigentliche Widerstand ein. Gemäß ihrer revolutionären Tradition zogen sich die Arbeiter in ihre eigenen Quartiere zurück und kämpften verbissen mit Gewehr und Fackel. Der organisierte Widerstand endete erst am 28. Mai, als die letzten trotzenden Kommunarden – nachdem sie ihre Geiseln, einschließlich des Erzbischofs von Paris, erschossen hatten – unter dem Feuer von Regierungsschützen auf dem Friedhof von Père Lachaise starben.

Die Regierung übte erbarmungslose Rache. Jeder, der eine Uniform der Nationalgarde, Armeestiefel oder einen Mantel mit abgetrennter Schulterdekoration trug, wurde festgenommen und ohne Gerichtsverfahren erschossen, ebenso Männer, die auch nur im entferntesten Ähnlichkeit mit Anführern der Kommune hatten. Diesen Schnellexekutionen folgten Massenprozesse und Deportationen. Nach vorsichtiger Schätzung starben in der Woche nach Beendigung des Kampfes 20 000 Männer. Fast 10 000 weitere wurden nach dem Gesetz bestraft. Erst 1879 setzte eine Amnestie dem Spuk der Kommune ein Ende und bewirkte die Freilassung der wegen Beteiligung Inhaftierten.

Die Exzesse der Kommune und ihre Liquidierung schockierten ganz Europa. Die Meinung des Mittelstands tendierte dahin, der von Thiers' Propagandisten verbreiteten Theorie Glauben zu schenken – daß die Ereignisse in Paris auf eine von der «International Workingmen's Association» (s. S. 229) gesteuerte Verschwörung zurückzuführen sei. Das Akzeptieren dieser Theorie erklärt die in vielen Ländern virulente Opposition gegen den Sozialismus und andere Formen der Arbeiterorganisation. In Frankreich verzögerte sich hierdurch sowohl die Entwicklung einer Gewerkschaftsbewegung als auch die einer erfolgreichen Sozialistischen Partei um mindestens ein Jahrzehnt.

Thiers als Präsident. Im Jahre 1871 rundete Thiers seine vielseitige und widersprüchliche Karriere ab, die er während der politischen Unruhe vor der Revolution von 1830 begonnen hatte. Er war nie sehr beliebt gewesen, und seine Feinde bezichtigten ihn eines übermäßigen Ehrgeizes und der Unredlichkeit. Niemand aber hatte jemals seine Intelligenz und seine Energie in Zweifel gezogen. Nun wurden diese Eigenschaften auf die äußerste Probe gestellt. Als Chef der Exekutive (ein Titel, der im August 1871 umgewandelt wurde in «Präsident der Französischen Republik»), war er berufen, die Politik eines vom Krieg und den Unruhen in Paris erschütterten Landes zu gestalten. In zwei Jahren erreichte er viel.

Den größten Dienst erwies er seinem Land vielleicht damit, daß er das

Problem, das höchstwahrscheinlich neue Spaltungen bewirkt hätte, umging: die Frage einer definitiven Regierungsform. Thiers erkannte völlig richtig, daß es dringlichere Probleme gab, und er besaß genügend Prestige, um die Versammlung dazu zu bringen, sich auf die Befreiung Frankreichs von den deutschen Besatzungstruppen zu konzentrieren, die bis zur Zahlung der Kriegsentschädigung von fünf Milliarden Franken im Lande bleiben sollten. Bis September 1873, sechs Monate vor dem Fälligkeitstermin der letzten Rate, zahlte Thiers die gesamte Summe ab, indem er zwei große Staatsanleihen ausgab, die beide vom französischen Volk überzeichnet wurden.

Der Abzug der deutschen Truppen brachte Frankreich wieder in eine gleichrangige Position mit den übrigen Mächten und wirkte sich ermutigend und einigend auf das Volk aus. Eine weitere, in dieselbe Richtung zielende Maßnahme stellte das Gesetz vom Juli 1872 zur Reorganisation des Militärs dar, das jene rasche Wiederherstellung der Streitkräfte bewirkte, die in Berlin in den Jahren 1874 und 1875 so starke Besorgnis auslöste (s. S. 202).

Während der Auseinandersetzung mit diesen Problemen ging aus bestimmten Lokalwahlen hervor, daß der Republikanismus mit der Kommune nicht erloschen war, sondern sich im Aufschwung befand. Für die monarchistische Mehrheit der Nationalversammlung bedeutete dies, daß ein weiterer Aufschub der Frage der Regierungsform unratsam sei, und da sich Thiers nun selbst offen zum Republikanismus bekannte, mußte er gehen. Im Mai 1873 entzog die Versammlung dem Präsidenten ihr Vertrauen, und er trat zurück. Zu seinem Nachfolger wählte die Versammlung Marschall MacMahon, der durch die verlorene Schlacht von Sedan zum Sturz Napoleons III. beigetragen hatte, von dem aber offenbar eine Wiedergutmachung in der Form erwartet wurde, daß er einen neuen Souverän auf Frankreichs Thron bringen würde.

Das Scheitern des Royalismus. Die französischen Monarchisten waren jedoch mit drei Thronanwärtern konfrontiert: mit dem legitimistischen Thronanwärter des Hauses Bourbon, Graf von Chambord, Enkel Karls X., mit dem orleanistischen Kandidaten, Graf von Paris, Enkel Louis Philippes, und mit dem bonapartistischen Kandidaten, Sohn des verstorbenen Kaisers. Für den dritten dieser Thronanwärter ließ die Versammlung keine Sympathien erkennen; die Thronansprüche der beiden anderen aber hatten schon seit der Wiederherstellung des Friedens langwierige und erbitterte Verhandlungen ausgelöst. Im Laufe des Jahres 1873 wurde schließlich eine Regelung gefunden. Der Graf von Chambord erhielt die einstimmige Unterstützung der Monarchisten, und da er keine Erben hatte, wurde dem Grafen von Paris die anschließende Thronfolge versprochen.

Der Thronfolger verscherzte sich jedoch durch eine Reihe unüberlegter Maßnahmen sofort alle Sympathien. Die schlimmste darunter war, daß er das Lilienbanner der Bourbonen der dem französischen Volk liebgewordenen Trikolore vorzog. Und die Chance, die er vertat, kehrte nicht wieder. Das Land war der provisorischen Regierung und der Streitigkeiten über die Thronfolge müde. Die allgemeine Unzufriedenheit in den Provinzen sowie die Zunahme sowohl der republikanischen als auch der bonapartistischen Stimmung zwangen die Nationalversammlung, sich ernstlich der Aufgabe zuzuwenden, für die sie gewählt worden war, nämlich Frankreich eine neue Verfassung zu geben; und im Jahre 1875 verabschiedete sie eine Reihe grundlegender Gesetze.

Diese sahen vor, daß Frankreich hinfort durch ein Zweikammersystem regiert werden sollte: einem Senat mit 300 Mitgliedern, von denen ein Viertel von der derzeitigen Nationalversammlung auf Lebenszeit ernannt und der Rest durch Departement-Wahlmännergremien für die Dauer von neun Jahren gewählt werden sollte (die Ernennung auf Lebenszeit schaffte man im Jahre 1884 ab, und alle Senatoren wurden für neun Jahre gewählt), und eine Deputiertenkammer, die durch allgemeines Wahlrecht der Männer für vier Jahre gewählt wurde. Die Kammer sollte das Kabinett und damit die Landespolitik durch ein ähnliches parlamentarisches Verfahren wie in England kontrollieren. Kammer und Senat konnten gemeinsame Sitzungen einberufen, um Verfassungsänderungen zu beschließen. Alle sieben Jahre sollten sie zusammentreten, um einen Präsidenten zu wählen. Dieser hohe Beamte erhielt das Recht, Gesetze einzubringen und sie bei Inkrafttreten bekanntzumachen, weiter das Begnadigungsrecht, die Befehlsgewalt über das Militär, das Recht zur Besetzung ziviler und militärischer Posten und zur Auflösung der Kammer und Anordnung von Neuwahlen unter Zustimmung des Senats. Wie sich herausstellte, waren diese Vollmachten weniger realistisch, als sie erschienen.

Als sich die Nationalversammlung schließlich im Dezember 1875 auflöste und Neuwahlen abgehalten wurden, errangen die erklärten Republikaner in der Kammer eine starke Mehrheit und verfehlten sie knapp im Senat. In den folgenden zwei Jahren wurde dieser Teilsieg endgültig besiegelt, allerdings erst nach einer größeren Verfassungskrise.

Ihre Ursache lag im wesentlichen in der sich festigenden Überzeugung Marschall MacMahons, daß der Republikanismus den Ruin Frankreichs bedeute. Seine Ängste machten ihn im Frühjahr 1877 für Anregungen empfänglich, durch Manipulation der Wahlmännergremien in den Departements zu verhindern, daß die Republikaner den Senat eroberten. Da sein entschieden republikanisches Kabinett dies nicht zugelassen hätte, zwang er es am 16. Mai 1877, ungeachtet der Tatsache, daß es das Vertrauen der Kammer besaß, zum Rücktritt. Dann ernannte er ein monarchistisches Kabinett unter dem Herzog von Broglie und forderte den Senat auf, seine Zustimmung zur Auflösung der Kammer zu geben, und der Senat kam dieser Aufforderung nach.

MacMahons Absicht war natürlich, sich ein Volksmandat zur Bestätigung seiner Autorität als Präsident der Kammer zu sichern, und er war überzeugt, daß er es erhalten würde. Ebenso zuversichtlich war Broglie, der die Verfolgung der republikanischen Presse, die Entlassung von republikanischen Bürgermeistern, Stadträten, Beamten des öffentlichen Dienstes und Wahlbeamten, die Auflösung republikanischer Clubs und eine mächtige Propagandakampagne zugunsten von monarchistischen und klerikalen Kandidaten einleitete, um die Wahlergebnisse zu beeinflussen. MacMahon und Broglie versprachen sich einen Sieg. Jedoch kalkulierten sie die Macht Léon Gambettas nicht ein.

Gambetta war im Jahre 1870 die Seele des Widerstands gegen die Deutschen gewesen und hatte durch die Rekrutenaushebung in der Provinz, die Wiederaufnahme des Krieges und die Ehrenrettung Frankreichs nach der Niederlage von Sedan ermöglicht. In der Arbeiterschicht und im unteren Mittelstand war er beliebt wegen seiner warmen, impulsiven Art, seiner glänzenden Rednergabe und seiner bekannten Entschlossenheit, unerbittlich für die Wiedererlangung der verlorenen Provinzen zu kämpfen. Als entschiedener Anhänger einer demokratischen, auf der Unterstützung der Volksmassen Frankreichs basierenden Republik, war er entschlossen, MacMahons autoritäre Pläne zu durchkreuzen; er stürzte sich in den Wahlkampf von 1877, war unablässig auf Reisen und rief in seinen Reden zur Bildung eines vereinigten republikanischen Blocks auf, der sowohl die Anhänger Thiers' als auch die von Hugo und Blanc umfassen sollte. Als die Wahlen schließlich im Oktober 1877 abgehalten wurden, war sein Sieg unverkennbar; denn es war wieder eine solide republikanische Mehrheit in die Kammer eingekehrt. MacMahon mußte ein Kabinett akzeptieren, das ebenso republikanisch war wie jenes, das er entlassen hatte.

Ein Jahr später errangen die Republikaner in den Senatswahlen die Mehrheit. Dies machte die Niederlage MacMahons komplett, und seine Position wurde unhaltbar. Im Januar 1879 trat er zurück. Sein Nachfolger war Jules Grévy, ein aufrichtiger Republikaner.

Die Republik: Grundlegende Probleme

Jahre des Erfolgs 1879–1885. Die Republikaner feierten nun ihren Triumph, indem sie die Hauptstadt im Jahre 1880 wieder nach Paris verlegten, den 14. Juli, den Tag des Sturms auf die Bastille, zum Nationalfeiertag erhoben und die «Marseillaise» zur Nationalhymne erklärten. Diesen Maßnahmen folgte eine entscheidende Gesetzgebung, die die bürgerlichen Freiheiten des einzelnen garantierte, das Versammlungsrecht schützte, Einschränkungen der Pressefreiheit aufhob, die Lokalverwaltung der strikten Kontrolle der Zentralregierung entzog und die Gründung von Gewerkschaften erlaubte.

Wie ihre liberalen Kollegen in Belgien, England und Deutschland tendierten die Republikaner stark zum Antiklerikalismus, und diese Neigung war durch die politische Kampagne der französischen Bischöfe und Priester zugunsten von MacMahon verstärkt worden. Die Kammer griff daher nach zwei Bereichen und entzog sie der kirchlichen Kontrolle, die ihr schon immer ungerechtfertigt erschienen war. Im Jahre 1885 brachte sie wieder Scheidungsbestimmungen in den Zivilkode ein, und zwischen 1881 und 1885 führte sie eine umfassende Reform im Erziehungswesen durch, die den Einfluß der Kirche, den sie unter Napoleon III. ausgeübt hatte, mindern sollte.

Der Mann, der diese Gesetzgebung anregte und in der Kammer durchsetzte, war Jules Ferry (1832–1893), ein tüchtiger, zäher Staatsmann, der der festen Überzeugung war, daß die Jugend, insbesondere die bürgerliche – das Rückgrat der Republik in den folgenden Jahren –, vor dem klerikalen Einfluß geschützt werden müsse. Ferry eröffnete seine Kampagne mit einem Schachzug, der durch seine wiederholte Anwendung in der neueren Zeit zum klassischen Mittel geworden ist, um antiklerikale Bewegungen ins Leben zu rufen und die Kirchengegner zu einigen: er forderte die Vertreibung der Jesuiten. Nachdem er diese im Jahre 1880 erreicht hatte, trieb er seine Sache weiter vorwärts, indem er Maßnahmen gegen katholische Schulen und Lehrorden ergriff und, was noch entscheidender war, die Gesetze entwarf, die den kostenlosen Grundschulbesuch der staatlichen Schulen vorsahen (1881) und die Grundschulerziehung in irgendeiner Schule zur Pflicht machten (1882). Diese Gesetze vergrößerten die Gesamtzahl der Schulbesucher und reduzierten das Analphabetentum auf unter zehn Prozent der Bevölkerung. Auch für Eltern, die die Gebühren für kirchliche Schulen aufbringen konnten, machten sie es attraktiv, ihre Kinder statt dessen auf staatliche Schulen zu schicken. Beide Entwicklungstendenzen minderten den beherrschenden Einfluß der Kirche auf die lesekundige Bevölkerung.

Die Erziehungsreformen waren vielleicht die dauerhaftesten Leistungen der ersten Phase der Geschichte der Republik; sie sollten andere konstruktive Tätigkeiten aber nicht völlig in den Schatten stellen. Im Transportwesen verdient z. B. das Werk Charles de Freycinets kurz Aufmerksamkeit. Freycinet (1828–1893) war ein ausgezeichneter Ingenieur und Verwaltungsfachmann, der Gambetta bei der Rekrutierung und Organisation der Widerstandsarmee im Jahre 1870 beigestanden hatte. Im Jahre 1878 legte er als Minister für Öffentliche Arbeiten einen gigantischen Plan vor, der den Ausbau der bestehenden Schienenwege, Kanäle, Straßen, Häfen und Neubauten in allen Bereichen beinhaltete. Freycinets umfassendes, systematisches Programm setzte den Prozeß in Gang, der das Schienennetz Frankreichs vor 1914 auf das Doppelte erweiterte. Es führte ebenfalls zur Standardisierung des französischen Kanalsystems, die Güterumladungen überflüssig machte, und zur Schiffbarmachung von Flüssen, die dadurch zu Verkehrsadern wurden. Aufgrund dieser Arbeiten verdoppelte sich die auf Binnenwasserwegen beförderte Tonnage in den Jahren von 1886 bis 1913.

Auch in Übersee feierte die Republik in diesen Jahren, in denen die Fundamente für das neue französische Kolonialreich gelegt wurden, Triumphe. Der führende Kopf des Imperialismus in Frankreich war wiederum Jules Ferry. Er war es, der die Kammer veranlaßte, Kredite zur Unterstützung einer Kampagne zu bewilligen, die den Besitz von Tunis noch vor Ablauf des Jahres 1881 sicherstellte. Im Jahr darauf erlitt die Regierung einen Rückschlag, als Unruhen in Ägypten, an dem Frankreich seit einem Jahrhundert starkes Interesse nahm, die Briten zu einer einseitigen Intervention und schließlich zur Begründung eines Protektorats über das Land führten. Dieser Verlust wurde durch die Zugewinne in den Jahren 1883–1885 ausgeglichen, in denen

Frankreich nicht nur in Indochina eindrang, Tonkin eroberte und Laos und Kambodscha zu seinem Protektorat machte, sondern auch den Hafen von Dakar ausbaute, Französisch-Äquatorialafrika gründete und die ersten Schritte zur Annexion Madagaskars unternahm.

Während diese unbestreitbaren Erfolge verbucht wurden, gewann die Republik an Größe und Zuversicht. Symbol für diesen neuen Geist war der Zustand von Paris, das Mitte der 80er Jahre die düstere Stimmung der Kommune überwand und in den Augen vieler zur intellektuellen und künstlerischen Hauptstadt und zum bedeutendsten Tummelplatz der Welt wurde.

Einige grundlegende Probleme. Dennoch war, bei aller kreativen Gesetzgebungsaktivität der frühen 80er Jahre und der Vitalität von Kunst und Wissenschaft, in Frankreich nicht alles in Ordnung. Der wirtschaftliche Fortschritt vollzog sich langsamer als in Britannien und Deutschland, und gerade die Tatsache, daß ein derartig hoher Prozentsatz französischer Ersparnisse (ein Drittel bis die Hälfte) im Ausland investiert wurde, war sowohl ein Zeichen als auch ein Grund für den Mangel an Vitalität und Fortschritt in der Wirtschaft. Relativ gesehen war Frankreichs industrielle Entwicklung nach 1870 nicht beeindruckend. Das durchschnittliche Industrieunternehmen war klein, und bis zum Jahrzehnt vor dem Krieg gab es nur eine geringe Konzentration von Industriebetrieben.

Den größten Teil dieser Epoche hindurch blieb die französische Wirtschaft agrarisch ausgerichtet: noch 1914 lebte über die Hälfte der Bevölkerung in ländlichen Gebieten. Da die Bauernhöfe im allgemeinen klein waren, wirkte sich die in diesen Jahren allen westeuropäischen Ländern gemeinsame landwirtschaftliche Flaute nicht so stark aus; die großen Getreideproduzenten aber waren ebensowenig immun gegen die ausländische Konkurrenz und die fallenden Preise wie ihre Arbeiter. Auch der Weinhandel erlitt in diesem Zeitabschnitt einen schmerzlichen Schlag dadurch, daß die Reblaus (Phylloxeridae) in den 70er Jahren die Weinstöcke befiel. Bis zur Jahrhundertwende, als amerikanische Pfropfreise die Rebstöcke widerstandsfähiger machten, kämpfte die französische Weinindustrie um ihre Existenz, und zwar nicht nur gegen die Ungezieferplage, sondern auch gegen die italienische und spanische Konkurrenz.

Unter jedem Regime rufen wirtschaftliche Schwierigkeiten Kritiker auf den Plan, die Republik aber war nicht nur auf wirtschaftlichem Gebiet der Kritik ausgesetzt. Nach der Mitte der 80er Jahre war das parlamentarische Leben Frankreichs von weitverbreiteter Anarchie gekennzeichnet, so daß energische Anführer sowie Versuche, eine Parteidisziplin durchzusetzen, mit tiefem Argwohn betrachtet wurden. In diesen Jahren vollzog sich innerhalb der Parteien ein stetiger Zersplitterungsprozeß. Der einzelne Abgeordnete neigte mehr und mehr dazu, sich über jegliche Konvention hinwegzusetzen, und das machte vernünftiges Handeln oder ein systematisches Angehen politischer oder sozialer Probleme nahezu ebenso schwierig wie in Italien.

Es herrschte kein Mangel an Kritikern oder, in der Tat, offenen Regimefeinden. An erster Stelle standen die eingefleischten Antirepublikaner: die Aristokraten, der Klerus, die höhere Beamtenschaft und die Armee. Diese waren im allgemeinen Monarchisten, die alle vorherrschenden Tendenzen der Republik ablehnten – insbesondere deren Angriffe auf die Kirche, ihre offenkundige Empfänglichkeit für jüdische und freimaurerische Einflüsse und ihre mangelnde Würdigung der Bedeutung militärischer Stärke. Der klerikale Flügel dieser Gruppe hatte viele Sprecher, unter anderen so kompromißlose wie Louis Veuillot, den Herausgeber des katholischen Organs «L'Univers», der die Republik als unchristlich sowie unfranzösisch ablehnte, und Edouard Drumont, der im Jahre 1886 sein Werk «La France Juive» veröffentlichte und den Antisemitismus zu einer beachtlichen Kraft machte.

Das gesellschaftliche Zentrum dieser extrem rechten Opposition befand sich in bestimmten Salons auf dem Faubourg St. Germain. Es ist zu bezweifeln, daß der Faubourg aus sich heraus einen großen Einfluß auf die Politik hätte gewinnen können, doch er diente als Magnet für gesellschaftlich ehrgeizige Angehörige des gehobenen Mittelstands sowie für jene, die den Aufstieg der Arbeiterschicht fürchteten. Auf die Dauer erwies sich die Verschmelzung aristokratischer und bürgerlicher Ideen und Ressourcen, die das Grundthema in Prousts «Auf der Suche nach der verlorenen Zeit» bildet, als eine Gefahr für die Republik.

Mit der rechten Opposition im Bunde, aber nicht völlig mit ihr verschmolzen, war die nationalistische Opposition, die sich aus all denen zusammensetzte, die der Überzeugung waren, das Hauptziel Frankreichs müsse die Rache für die Niederlage von 1870 und den Verlust des Elsasses und Lothringens sein.

Die meisten dieser Nationalisten wären auch ohne das Problem der «revanche» Feinde der Republik gewesen, aber nicht alle. Es gab viele Franzosen, die nicht aufgrund ihrer politischen Orientierung oder ihrer gesellschaftlichen Tendenz Gegner der Republik waren, aber dennoch meinten, der Mangel an patriotischem Geist in der Regierung spiegele einen alles erfassenden Materialismus und Relativismus wider, der den Ruin Frankreichs bedeute. Diese Menschen waren beunruhigt über Paul Bourgets Aufruf an die französische Jugend, mit dem er seinen Roman «Le Disciple» im Jahre 1889 einleitete. «Wir anderen», schrieb Bourget, «konnten niemals in Betracht ziehen, daß der Friede von 1871 alles für immer geregelt hätte... Wie gern möchte ich wissen, ob Du denkst wie wir! Wie gern möchte ich sicher sein, daß Du nicht bereit bist, auf das zu verzichten, was der geheime Traum, die tröstende Hoffnung eines jeden von uns war, selbst derjenigen, die nie darüber gesprochen haben!» Die Befürchtung, Frankreich könne unter dem Republikanismus seine Identität verlieren, machte aus vielen Franzosen potentielle Antirepublikaner.

Die Frage, ob die Arbeiterschicht als Feind oder als Anhänger der Republik gelten könne, war in den 80er Jahren noch problematisch. Auch die Rückkehr der ausgewiesenen Kommunarden im Jahre 1880 hatte die Wunden der Kommune nicht zu heilen vermocht. Die Unzufriedenheit mit den Arbeitsbedingungen, der langen Arbeitszeit und den niedrigen Löhnen löste zunehmend Unruhen in der Arbeiterschaft aus. Im Jahre 1884 brach im Kohlengebiet von Valenciennes ein Streik aus, bei dem es zu Gewaltausbrüchen kam und der Zola zu seinem besten Roman «Germinal» inspirierte, 1886 fanden in Decazeville und Vierzon weitere Streiks statt, und nach 1890 stieg die Anzahl der Arbeitsniederlegungen jäh an. Schließlich gewann der marxistische Sozialismus am Ende der 70er Jahre innerhalb der gebildeteren Arbeiterschicht an Einfluß. Marx' Schwiegersohn Paul Laforgue und andere förderten ihn durch die Übersetzung grundlegender Werke von Marx und Engels, und im Jahre 1879 gründete Jules Guesde eine neue «Arbeiterpartei», die sich für marxistisch, revolutionär und unabhängig (d. h. ablehnend gegenüber jeder Art von Zusammenarbeit mit den bestehenden bürgerlichen Parteien) erklärte.

Drei Krisen

Der Fall Boulanger. In den letzten fünfzehn Jahren des Jahrhunderts wurde die Republik durch drei Krisen auf eine harte Probe gestellt, in denen die oben aufgezählten Feinde das Regime zu stürzen versuchten. Die erste davon war das Ergebnis der wachsenden Verzweiflung über die wirtschaftlichen Schwierigkeiten, den Führungsmangel in der Regierung, den Parteienhader und einige Rückschläge in den Kolonien, die ernster erschienen, als sie in Wirklichkeit waren. Sie führte zum Ruf nach einem starken Mann, der die Unordnung im Inland beseitigen und Frankreich in einen siegreichen Krieg gegen Deutschland führen würde.

Der Mann, der für diese Rolle geeignet schien, war General Georges Boulanger (1837–1891), der im Jahre 1886 als Kriegsminister bei der Armee durch eine Verbesserung der Zustände in den Kasernen und bei den Pariser Volksmassen durch seine glänzende Erscheinung und die Schönheit seines Rappen Tunis Popularität erlangt hatte. Es ist sehr wohl möglich, daß ihm der Umsturz hätte gelingen können, wenn seine Intelligenz und Courage ebenso groß wie sein Ehrgeiz gewesen wären. Sicherlich hatte er im Jahre 1887 eine Chance, als entdeckt wurde, daß der Schwiegersohn des Präsidenten Grévy seine Position verwendete, um Wahlen für die Ehrenlegion zu seinem persönlichen Vorteil zu beeinflussen. Dies war eine Entdeckung, die den Präsidenten im Dezember zum Rücktritt zwang. In den darauffolgenden Monaten hätte jederzeit ein Coup gelingen können, doch Boulanger schien den Weg zu bevorzugen, den Hitler Jahre später wählte, nämlich die Eroberung der Macht durch legale Mittel. Das ganze Jahr 1888 hindurch kandidierte er mit gleichbleibendem Erfolg um freigewordene Parlamentssitze. Dies aber gab lediglich der republikanischen Mitte Zeit, ihre gewohnten Unstimmigkeiten zu beenden und Schritte gegen ihn zu unternehmen. Im Frühjahr 1889, als er aufgefordert wurde, vor dem Senat zu erscheinen, weil er der Verschwörung gegen den Staat angeklagt war, verlor der General die Nerven und floh nach Belgien, wo er zwei Jahre später Selbstmord beging.

Das Scheitern des «Boulangisme» stärkte die Republik, indem es ihre Feinde diskreditierte und ihre Freunde einte. Es zeigte auch, daß die politischen Parteien, die den Anspruch erhoben, für die Arbeiterschicht zu sprechen, nicht derartig revolutionär waren und einem Kompromiß mit dem bürgerlichen Regime nicht so ablehnend gegenüberstanden, wie Guesde behauptete. Unter Führung von Paul Brousse, Joffrin und Benoit Malon war ein «Bund der Arbeitersozialisten Frankreichs» gegründet worden, um mögliche Reformen voranzutreiben. Während der Boulanger-Agitation gingen diese Possibilisten oder Opportunisten, wie sie schließlich genannt wurden, ein Bündnis mit der republikanischen Mitte ein und erklärten: «Wir sind bereit, den schwachen Kern unserer republikanischen Institutionen gegen militärische Bedrohungen zu verteidigen und zu bewahren. Es lebe die soziale Republik!»

Panama. Schien die Republik aus dem Fall Boulanger gestärkt hervorzugehen, so wurden ihre Gewinne vier Jahre später weitgehend zunichte gemacht. Seit den späten 70er Jahren war Ferdinand de Lesseps (1805–1894), der Erbauer des Suezkanals, mit einem Projekt zum Bau eines Kanals durch den Isthmus von Panama befaßt. Durch die unkluge Wahl des Baugebiets, die unrealistische technische Planung und die schreckliche Verbreitung des Gelbfiebers hatte sich die Arbeit verzögert. Um zu verhindern, daß der Glaube an diesen Plan verlorenging, bedienten sich die Befürworter des Kanalbaues der Bestechung von Presse und Politikern. Die Wahrheit konnte aber nicht auf immer verschwiegen werden, und ihre Enthüllung mußte die korrupten Vertuschungsversuche an den Tag bringen. Genau das geschah im Jahre 1892 mit der Veröffentlichung einer Artikelserie in der Zeitung «La Libre Parole» von Edouard Drumont unter dem Titel «Die interne Geschichte von Panama».

Die schmutzige Wäsche, die daraufhin gewaschen wurde, konnte viele Franzosen nur zu der Überzeugung bringen, daß die parlamentarische Regierung bis in ihren Kern hinein verderbt sei und daß alle Politiker unaufrichtig seien. Dies und die Tatsache, daß viele der Manipulatoren dieser Gesellschaft Juden waren, wurde von Drumont ausgenutzt, und seine Artikel ermöglichten der extremen Rechten, die Republik mit Korruption, Ineffizienz und Steuerung durch das internationale Judentum gleichzusetzen. All dies sollte den Meinungskrieg während des Falles Dreyfus beeinflussen.

Die Dreyfus-Affäre. Im Oktober 1894 holte eine Putzfrau im Büro des deutschen Militärattachés in Paris einen zerrissenen und zerknitterten Zettel aus einem Papierkorb und schickte ihn an die Spionageabwehrabteilung (oder das «Deuxième Bureau») des französischen Generalstabs. Die dortige Prüfung ergab, daß es sich um eine Informationsliste über die französische Armee handeln mußte, die ihr unbekannter Autor den Deutschen zu verkaufen bereit schien. Man gelangte zu der Überzeugung, der Autor müsse ein französischer

32. Alfred Dreyfus wird nach seiner Verurteilung im Januar 1895 im Hof der Kriegsschule in Paris degradiert

Generalstabsoffizier sein, der vor kurzem die Gelegenheit gehabt hatte, eine Reihe von französischen Militäranlagen zu besichtigen, Hauptmann Alfred Dreyfus.

Es gab keinen ersichtlichen Grund, warum Dreyfus ein Spion sein sollte. Als glänzender Offizier mit einer guten Führungsakte und als erster jemals zum französischen Generalstab zugelassener Jude war er glücklich verheiratet, finanziell unabhängig und ein glühender Patriot. Nach einem Gerichtsverfahren, das sich durch eine Reihe unbestätigter Zeugenaussagen auszeichnete und sich auf Dokumente stützte, die die Verteidigung nicht einsehen durfte, wurde er dennoch für schuldig befunden, zur militärischen Degradierung und zu lebenslänglicher Haft verurteilt.

Fast zwei Jahre später erhielt das «Deuxième Bureau» einen neuen Leiter, Oberst Georges Picquart, der entdeckte, daß auch weiterhin Geheimmaterial an die deutsche Botschaft verkauft wurde. Dies führte zu einer Untersuchung, die ihn zu der Überzeugung brachte, daß der wahre Schuldige ein Kommandeur Esterhazy sei, ein Offizier, dessen Neigung zu kostspieligen Vergnügungen und zwielichtigem Umgang bekannt war. Picquart forderte seine Vorgesetzten unverzüglich auf, Esterhazy zu verhaften und Dreyfus zu rehabilitieren. Zu seiner Bestürzung erhielt er die Mitteilung, dies sei unmöglich; und als er darauf bestand, wurde er auf einen Posten in Algerien versetzt.

Bevor Picquart ging, sorgte er dafür, daß etwas von seinem Beweismaterial in die Hände von republikanischen Abgeordneten gelangte, die für ihre Integrität bekannt waren. Ihr Interesse und ihre Hilfe gab der von der Familie Dreyfus seit 1894 hartnäckig geführten Revisionskampagne neue Hoffnung. Es war nie leicht, sich für Dreyfus einzusetzen. Diejenigen, die es taten, mußten gegen Ausflüchte der Armee, bürokratischen Obstruktionismus und öffentliches Desinteresse ankämpfen. Doch dank der Bemühungen einer kleinen Gruppe von Abgeordneten, Zeitungsleuten und Intellektuellen – Männern wie Georges Clemenceau (1841–1929) und dem Romanschriftsteller Anatole France (1844–1924) – trat allmählich eine Wendung ein.

Der Revisionsfall wurde durch eine Reihe von dramatischen Ereignissen im Jahre 1898 neu belebt. Am 11. Januar stellte die Armee mit einer Geste, die offensichtlich dazu dienen sollte, alle Zweifel an der Qualität des ursprünglichen Urteils zu zerstreuen, Esterhazy vor ein parteiisch zusammengesetztes Militärgericht, sprach ihn rasch von allem Verdacht frei und gratulierte ihm öffentlich. Am nächsten Tag wurde Picquart wegen Verleumdung des Namens Esterhazy verhaftet. Diese Ereignisse veranlaßten Emile Zola (1840–1902) dazu, der Presse einen offenen Brief unter dem Titel «J'accuse» zuzuleiten, in dem der Schriftsteller Dreyfus für unschuldig erklärte und das Verhalten der Armee als korrupt und republikgefährdend bezeichnete. Die Regierung erhob unverzüglich Anklage gegen Zola, der es für zweckmäßig hielt, das Land zu verlassen. Sein Handeln hatte den Fall Dreyfus in eine Angelegenheit von nationalem und internationalem Interesse verwandelt.

Der Widerstand der Armeehierarchie gegen eine Wiederaufnahme des Verfahrens und die anschließende Fälschung von Dokumenten und neuem Beweismaterial zu deren Verhinderung, läßt sich zum Teil damit erklären, daß sie nicht bereit war, einen Irrtum zuzugeben. Man versuchte dies rational zu begründen mit der Argumentation, ein derartiges Eingeständnis würde sich zu einer Zeit der internationalen Spannungen auf das Ansehen der Armee schädlich auswirken. Für jeden, der an Gesetz und Moral glaubte, war diese Haltung unerklärlich.

Abgesehen davon empfanden es die Dreyfus-Anhänger als bezeichnend, daß gerade diejenigen, die besonders lautstark gegen die Wiederaufnahme des

Verfahrens eintraten, während der Boulanger- und der Panama-Affäre die notorischsten Gegner der Republik gewesen waren: die Royalisten, die Anwohner des Faubourg, der höhere Klerus und die Antisemiten. Wann immer der Fall erörtert wurde, wandten ihre Vertreter in der Deputiertenkammer obstruktionistische Taktiken an und unterbrachen Verfahren auf eine Art, die genügte, um die parlamentarische Regierung erneut in Mißkredit zu bringen. Außerhalb des Parlaments waren ihre Methoden noch gefährlicher: einer unter ihnen rief im September 1898 öffentlich zu einem Aufstand der Armee gegen die Republik auf.

Diese offene Drohung hatte eine tiefgreifende politische Wirkung; denn sie führte den von Jean Jaurès und Alexandre Millerand geführten sozialistischen Flügel zu der Überzeugung, daß eine politisch neutrale Haltung in dieser Krise unklug sei. Im Juni 1899 sprachen die parlamentarischen Sozialisten einem neuen Kabinett unter Führung von René Waldeck-Rousseau ihr Vertrauen aus, und Millerand nahm – als erster Sozialist in einer bürgerlichen Regierung – das Amt des Handelsministers an.

Infolge des Geständnisses und des Selbstmords eines der Hauptzeugen gegen Dreyfus und der anschließenden Flucht Esterhazys nach England annullierte der Kassationshof das ursprüngliche Urteil des Militärgerichts und ordnete ein neues Verfahren an. Die Richter machten wiederum eine Justiztravestie daraus, indem sie Beweismaterial, das eindeutig zugunsten von Dreyfus sprach, ausschlossen und ihn wieder für schuldig befanden, obschon diesmal «unter mildernden Umständen». Das Verfahren und die Verurteilung Dreyfus' zu zehn Jahren Gefängnis lösten erneut eine Welle der Erregung aus, die sich auch nicht legte, als der Präsident der Republik den Offizier, dem so lange übel mitgespielt worden war, begnadigte. Seine Anhänger verlangten nicht mehr und nicht weniger als eine volle Entlastung. Das aber erreichten sie erst im Jahre 1906, als die Regierung Dreyfus für völlig unschuldig erklärte, ihn wieder in die Armee aufnahm und zum Mitglied der Ehrenlegion machte.

Die Affäre hat Dutzende von großen Schriftstellern fasziniert und ging in die Literatur ein durch «Insel der Pinguine» von Anatole France, «Jean Santeuil» und «Auf der Suche nach der verlorenen Zeit» von Proust und «Jean Barois» von Roger Martin du Gard, um nur ein paar große Werke zu nennen. Dies ist nicht verwunderlich; denn überdeutlich brachte sie die Spaltung innerhalb der französischen Gesellschaft zum Ausdruck sowie die Ablehnung der republikanischen Institutionen, die noch lange andauerten, nachdem Dreyfus das Recht zugesprochen worden war, die Uniform seines Landes wieder zu tragen.

Die Vorkriegsjahre

Die Heeresreform. Es war nur natürlich, daß die erregten republikanischen Kräfte, gestärkt durch die Wahlen von 1902 und die anhaltende Kooperation der Sozialisten, zu einem Schlag gegen die Hauptverfolger von Dreyfus, die reaktionären Offiziere in der Armee, ausholen wollten. Diejenigen, deren Name während der Affäre an vorrangiger Stelle gestanden hatte, wurden nahezu sofort ausgeschlossen, und der Ruf, ein Sympathisant der Monarchisten oder des Klerus zu sein, wurde für einen Offizier zu einem ernstlichen Hindernis und kostete ihn oft seine Karriere.

Eine nachhaltigere Folge des Falles Dreyfus für das Militär war eine Änderung im Rekrutierungssystem. Das Gesetz von 1872 hatte alle Franzosen einer fünfjährigen Wehrpflicht unterworfen, aber großzügige Befreiungen zugelassen. Ein Gesetz von 1889 hatte die Wehrdienstzeit auf drei Jahre gesenkt und die Ungleichheiten des vorherigen Gesetzes radikal verringert, so daß kein wehrfähiger Mann hoffen konnte, dem Wehrdienst völlig zu entgehen. Nun bestand der republikanische Block auf einer weiteren Senkung und der vollkommenen Gleichheit der Wehrpflicht. Und im Jahre 1905 wurde durch ein neues Rekrutierungsgesetz eine zweijährige Wehrdienstzeit faktisch ohne jegliche Befreiungsmöglichkeit festgelegt.

Diese Verkürzung der praktischen Ausbildungszeit und die gleichzeitige Liberalisierung des Disziplinarrechts der Armee sollte den beherrschenden Einfluß der Berufssoldaten auf die französische Jugend verringern und eine Unterminierung ihrer Werte durch reaktionäre Offiziere verhindern. Der Ausbruch der gefährlichen Marokkokrise in demselben Jahr (s. S. 338–339) und andere Anzeichen zunehmender internationaler Spannung ließen jedoch einige Zweifel daran aufkommen, ob die Grundvoraussetzungen für dieses neue Gesetz noch gälten. War es klug, den Wehrdienst zu einer Zeit zu verkürzen, da sich die französische Bevölkerung im Verhältnis zur deutschen verringerte und zu erwarten war, daß sich auch das jährliche Truppenkontingent verringern würde? War es klug, zu einer Zeit, als man wußte, daß die deutsche Armee ihre Pläne auf einen von bestens ausgebildeten Streitkräften durchgeführten Blitzkrieg («attaque brusque») gründete, die nationale Sicherheit von einer streng defensiven Strategie und von eilig mobilisierten Reserven abhängig zu machen? Mehr und mehr Menschen gelangten zu der Überzeugung, daß dies nicht vernünftig sei, und als sich die internationalen Beziehungen nach der Zweiten Marokkokrise (s. S. 344–346) weiterhin verschlechterten, führte die Kammer im Jahre 1913 die dreijährige Wehrdienstzeit wieder ein mit der Begründung, es sei notwendig, für eine Ausbildung zu sorgen, die Offensivoperationen ermögliche. Dies war jedoch keineswegs eine einstimmige Entscheidung, und viele Franzosen betrachteten die Armee aufgrund ihrer Erinnerungen an den Fall Dreyfus mit tiefem Argwohn.

Trennung von Staat und Kirche. Zu Beginn der 90er Jahre hatte sich Papst Leo XIII. bemüht, die katholische Kirche aus ihren royalistischen Bindungen zu lösen, und die Gläubigen durch den bedeutendsten Vertreter der Kirche Frankreichs, Kardinal Lavigerie, zur Anerkennung der Republik aufgerufen. Dieses sogenannte «Ralliement» hatte an den Klippen des Falles Dreyfus Schiffbruch erlitten, und in den darauffolgenden Jahren mußte die Kirche für die prominente Rolle, die einige ihrer führenden Würdenträger in der Kampagne gegen die Wiederaufnahme des Verfahrens gespielt hatten, bezahlen.

Im Jahre 1901 legte das Assoziationsgesetz fest, daß in Frankreich keine religiöse Vereinigung ohne besondere Genehmigung der Regierung bestehen durfte. Der Assumptionsorden, dessen Superior Dreyfus' erbittertster Gegner gewesen war, wurde sofort ausgewiesen, und andere erlitten das gleiche Schicksal. Tausende von Nonnen und Priestern mußten Frankreich verlassen. Noch ernster war der Versuch, dem Staat ein Erziehungsmonopol zu verschaffen durch die rigorose Anwendung eines Gesetzes von 1904, das die Beendigung jeder Lehrtätigkeit durch religiöse Orden innerhalb von zehn Jahren verfügte.

Seit dem Konkordat von 1802 zwischen Napoleon und dem Vatikan hatten Kirche und Staat in Frankreich immer in enger Verbindung gestanden. Im Jahre 1905 wurde das Konkordat aufgekündigt. Das Recht des Staates zur Stellenbesetzung und seine Verpflichtung zur Gehaltszahlung wurden für aufgehoben erklärt. Das Kircheneigentum blieb in der Verfügungsgewalt des Klerus, sollte aber von nun an durch gewählte Gremien der Pfarrgemeinde («associations culturelles») verwaltet werden. Die Weigerung Papst Pius' X., den Geistlichen die Befolgung dieses Gesetzes oder die Anerkennung der Autorität der «associations» zu erlauben, konnte die Regierung in ihrer Entschlossenheit, sich durchzusetzen, nicht erschüttern. Ein neues Gesetz von 1907 widerrief die zwei Jahre vorher angebotenen Privilegien, verringerte das zur Nutzung des Klerus bewilligte Eigentum und legte fest, daß die kostenlose Nutzung kirchlicher Gebäude für Gottesdienste nur noch auf der Basis örtlicher Vereinbarungen zwischen Geistlichen und zivilen Behörden möglich war. In jeder anderen Beziehung waren Kirche und Staat jetzt voneinander getrennt.

Die Politik in den letzten Friedensjahren. Politisch gesehen war die Republik in dem Jahrzehnt nach 1905 stabiler als zu irgendeinem Zeitpunkt seit 1871. Die Dreyfus-Affäre hatte die republikanischen Parteien der Mitte gestärkt und sie zu einer fruchtbaren Verbindung mit den Sozialisten geführt. Offiziell wurde dieser Bund im Jahre 1905 gelöst, als sich die verschiedenen sozialistischen Parteien Frankreichs zu einer einzigen zusammenschlossen, der Französischen Sektion der Arbeiter-Internationale (SFIO), und sich – unter ausdrücklicher Ablehnung der Zusammenarbeit mit bürgerlichen Regierungen – zu einer «Klassen- und revolutionären Partei» erklärten. Ihrem Temperament nach blieben die französischen Sozialisten jedoch zum größten Teil Revisionisten, und in Krisenzeiten unterstützten sie die Republik. Und konnten Sozialisten nicht in bürgerliche Kabinette eintreten, so war es doch *ehemaligen* Sozialisten möglich. Die republikanischen Parteien gewannen später durch Übertritte manche talentierte Führungspersönlichkeit.

Die neue Vitalität der republikanischen Mitte zeigte sich darin, daß neben den Führungspersönlichkeiten, die aus den sozialistischen Reihen herübergezogen wurden, auch andere emporkamen. Clemenceau hatte sich während der Affäre einen Namen gemacht, und die rechte Mitte fand einen neuen dynamischen Anführer in Raymond Poincaré (1860–1934), der im Jahre 1912 Präsident der Republik wurde.

Die Stärkung der Mitte bedeutete nicht, daß die Republikgegner ausgeschaltet waren. Zur Linken der Sozialisten setzten die Syndikalisten ihre Agitation durch die kleineren militanteren Gewerkschaften fort, und ihr berühmtester Ideologe, Georges Sorel, predigte die direkte Aktion. Auf der extremen Rechten suchten die Kräfte der Reaktion einen neuen Sammlungspunkt und fanden ihn in der als «Action Française» bekannten Bewegung, die aus der Dreyfus-Affäre entstanden war und ihren Anführer in Charles Maurras (1868–1952) gefunden hatte. Maurras, ein einflußreicher, eloquenter Publizist, wetterte gegen die Republik als Brutstätte der Freimaurerei, des Judentums, der Protestanten und Ausländer und rief zur Wiedereinsetzung eines Königs auf, der Frankreich wieder berühmt machen und der jämmerlichen Komödie der Demokratie ein Ende bereiten würde.

Frankreich war nicht völlig frei von jener Schwäche, unter der Italien litt – einer Tendenz unter den jungen Leuten, des Systems überdrüssig zu werden und es ändern zu wollen. In der Popularität Maurras' und Sorels sowie in der Tatsache, daß die Bergsonsche Philosophie in Mode war, läßt sich ein weiterer Beweis für jenen Kult der Gewalt finden, den wir in diesem Zeitabschnitt auch in anderen Ländern festgestellt haben.

15. Das Deutsche Reich: Pseudokonstitutioneller Absolutismus 1871–1914

In einem Brief an den Münchner Ökonomen Lujo Brentano sprach Theodor Mommsen, der Historiker, der die großen Forschungen über Rom durchgeführt hat, bitter von dem pseudokonstitutionellen Absolutismus, unter dem sie lebten und den ihr rückgratloses Volk innerlich akzeptiert habe.

Eine bessere zusammenfassende Beschreibung des Deutschen Reiches könnte man kaum geben. In einem der Demokratie zustrebenden Europa blieb Deutschland ein Staat, in dem Entscheidungen über Lebensart und Freiheiten der Bürger weiterhin von Personen und Organen getroffen wurden, die nicht der Kontrolle des Parlaments oder des Volkes unterlagen. Und die große Mehrheit des Volkes lehnte sich gegen diesen Zustand nicht auf.

Bismarcks Deutschland 1871–1890

Die Verfassungsstruktur. Welche Maßstäbe man auch zugrunde legt, die im April 1871 verkündete Reichsverfassung war ein schwerfälliges unlogisches Dokument. Sie schuf eine Reichsregierung ohne ausreichende Verwaltungsorgane, die ihr eine Bedeutung gegeben hätten, einen Bundesstaat, der durch die Sonderstellung eines seiner Mitglieder daran gehindert wurde, wirklich föderalistisch zu sein, und ein parlamentarisches System, das durch die Einschränkungen seiner Zuständigkeiten unwirksam gemacht wurde.

Nach 1871 umfaßte das Reich Preußen, die Königreiche Bayern, Sachsen und Württemberg, achtzehn Kleinstaaten, drei Freie Städte und das sogenannte Reichsland Elsaß-Lothringen. Die Verfassung übertrug dem Reich die Souveränität; das Erziehungs- und Polizeiwesen, die Gerichtshöfe, der größte Teil des Finanzwesens und vieles andere aber oblagen den Verwaltungsorganen der einzelnen Staaten. Selbst in der Außenpolitik behielten die süddeutschen Königreiche zumindest eine förmliche Unabhängigkeit. Sie verfügten jeweils über ihre eigene Armee, deren Offiziere ihr König ernannte, wenngleich sie in Kriegszeiten dem preußischen Oberbefehl unterstellt wurde. Es gab keine Reichsarmee; Nationalarmee war und blieb das preußische Heer.

Trotz der ihnen vorbehaltenen Rechte unterstanden alle Bundesstaaten auf die eine oder andere Art und Weise dem Staat Preußen. Der König von Preußen, der den Titel Deutscher Kaiser trug, ernannte den Reichskanzler und andere hohe Reichsbeamte. Er lenkte die Außenpolitik Deutschlands und ergriff durch seinen Kanzler jede innenpolitische Gesetzesinitiative. Er befehligte das Militär in Kriegszeiten, entschied über Krieg und Frieden, berief die beiden gesetzgebenden Organe ein und vertagte sie.

Im höheren gesetzgebenden Organ, dem sogenannten Bundesrat, zeigte sich die Überlegenheit Preußens gegenüber den anderen Staaten am deutlichsten. Der Bundesrat vertrat die Bundesstaaten und setzte sich aus von ihren Regierungen ernannten Delegierten zusammen. Die Anzahl der Vertreter aus den verschiedenen Ländern richtete sich nach deren relativer Größe und Macht; somit hatte Preußen von insgesamt 58 Stimmen (im Jahre 1911 wurde Elsaß-Lothringen zugelassen, wodurch sich die Gesamtzahl auf 61 erhöhte) siebzehn, Bayern sechs, Sachsen und Württemberg je vier und die übrigen Staaten noch weniger. Weiterhin war festgelegt, daß ohne preußische Zustimmung keine Änderung im Militär- und Zollwesen oder der Verbrauchssteuer und bei vierzehn Gegenstimmen im Bundesrat keine Verfassungsänderung beschlossen werden konnte. In der Tat konnte Preußen allein eine Verfassungsänderung verhindern.

Die Mitglieder des Reichstags, des Volksvertretungsorgans, wurden durch allgemeines Stimmrecht der Männer gewählt. Das Wahlberechtigungsalter betrug 25 Jahre. Der Reichstag hatte sehr viel weniger Vollmachten als das Unterhaus in Britannien und die zweite Kammer in Frankreich. Meistens wurde er in Angelegenheiten tätig, die ihm von der Regierung vorgelegt

33. Die Kaiserproklamation zu Versailles 1871

wurden. Er übte nur eine geringe Kontrolle über den Kanzler und seine Minister aus; denn der Kanzler mußte sich nur dem Kaiser gegenüber verantworten, und die untergeordneten Minister waren dem Kanzler verantwortlich.

Diese Merkmale dürfen jedoch nicht zu dem Schluß führen, daß der Reichstag ein unwichtiges Organ gewesen sei. Er setzte sich aus Vertretern zusammen, die vom deutschen Volk gewählt waren, und wurde daher von ihm mit kritischem Interesse beobachtet. Er bildete einen ausgezeichneten Resonanzboden für Ideen und Propaganda, und Bismarck empfand ihn als einen nützlichen Ort, um Stärke und Absichten Deutschlands kundzutun, wenn er die Meinung des Auslands beeindrucken wollte. Der Reichstag war ein unerläßliches Glied im Gesetzgebungsprozeß und überprüfte, debattierte und veränderte oder stimmte manchmal gegen Gesetze. Und da er die Macht hatte, Obstruktion zu treiben und die Kontrolle über die Staatskasse ausübte (er stimmte über das Budget ab), war er theoretisch in der Lage, seine Befugnisse auszudehnen und machte in der Tat gelegentlich einen solchen Versuch. Die Tatsache, daß reaktionäre Kräfte ständig für die Beschneidung der Vollmachten des Reichstags agierten, zeigt, daß seine Autorität nicht unbedeutend war.

Gewiß war Bismarck nicht dieser Überzeugung. Er schätzte den Reichstag aufgrund seiner außenpolitischen Nützlichkeit, und auch in der Innenpolitik hielt er ihn als eine Art Symbol der nationalen Einheit für eine brauchbare Waffe gegen die partikularistischen Kräfte. Außerdem hatte er persönliche Gründe, den Reichstag zu schätzen. Da dieser die Macht hatte, das Gesetzgebungsprogramm der Regierung zu behindern und zu Fall zu bringen, mußte der Reichskanzler eine Persönlichkeit sein, die ihn zu beherrschen und zu manipulieren vermochte, um sichere Parlamentsmehrheiten zu erreichen. Solange Bismarck dies besser als irgend jemand anders bewerkstelligen konnte, fühlte er sich vor den heimlichen Attacken von Höflingen und Militärs aus der direkten Umgebung des Kaisers, die ihn absetzen wollten, sicher.

Natürlich lehnte Bismarck alles, was einem echten parlamentarischen System wie dem in Britannien und Frankreich nahekam, ab. Und in ihrem Widerstand gegen Reformen kam ihm und seinen Nachfolgern eine weitere Eigenart des Verfassungssystems, die hier Erwähnung finden sollte, entgegen. Solange Preußen eine derartig starke Position im Reich hatte durch die Prärogative seines Königs, Preußens Gewicht im Bundesrat, und sein faktisches, durch das Heer ausgeübte Machtmonopol, wurde die Reichspolitik zwangsläufig weitgehend durch die Wünsche der herrschenden Schicht Preußens bestimmt. Jene Schicht hatte dank des Dreiklassensystems, durch das der preußische Landtag gewählt wurde (s. S. 111), ihren feudal-konservativen Charakter behalten. Aufgrund dieser Tatsache konnte sich der Kanzler in dem sicheren Bewußtsein, daß er durch den preußischen Landtag und die preußische Delegation im Bundesrat unterstützt wurde, dem Drängen des Reichstags auf Reformen widersetzen. Der Schlüssel zu jeder Verfassungsreform in Deutschland lag in Preußen, und vor Kriegsausbruch war die Demokratisierung des preußischen Wahlrechts zum primären Ziel aller Reformer in Deutschland geworden.

Die Parteien. Von den 70er Jahren bis zum Kriegsausbruch konzentrierte sich die organisierte politische Tätigkeit in Deutschland auf sechs politische Parteien.

Auf der extremen Rechten stand die Deutsche Konservative Partei, die Partei des Preußentums, der Aristokratie und des Grundbesitzes, die ihren stärksten Rückhalt in den Gebieten östlich der Elbe fand. In ideologischer Hinsicht war sie dem Liberalismus und der demokratischen Reform abgeneigt und maß der Loyalität gegenüber dem Monarchen und dem Dienst am Staat einen hohen Wert bei. In wirtschaftlicher Hinsicht sympathisierte sie mit keiner bestimmten Richtung und hatte wenig Verständnis für die Industrie, und obgleich sie ursprünglich vom Freihandel überzeugt war, ging sie, als die ausländische Getreidekonkurrenz einsetzte, zu einem leidenschaftlichen Protektionismus über. Da ihr Horizont eher auf Preußen begrenzt war, lag die eigentliche Stärke der Partei im preußischen Landtag. Sie war eine protestantische Partei, die mit Nachdruck betonte, die christlichen Grundlagen des Staates müßten erhalten bleiben. Im besten Falle führte dies die Konservativen zu einem echten Interesse an Sozialreformen. Im schlimmsten Falle führte es zu Ausbrüchen des Antisemitismus.

Ein Sproß der Konservativen war die sogenannte «Reichspartei» (in Preußen Freikonservative Partei genannt), die Gutsbesitzer und Industrielle vereinte und die in der deutschen Geschichte so entscheidende Union von Roggen und Stahl verkörperte. Als Partei, die den nationalpolitischen Maßnahmen des Kanzlers ihre ungeteilte Unterstützung gewährte, schickte die Reichspartei viele ihrer Mitglieder in seine Kabinette und seinen auswärtigen Dienst. Die Gefolgschaft der Massen erlangte sie nie. Schließlich schloß sie sich wieder mit den Konservativen zusammen und trug so zur Erweiterung des Spektrums der sozialen und politischen Ansichten jener Partei bei.

Ungleich wichtiger war die katholische Zentrumspartei, die seit ihrer Gründung im Jahre 1870 die Unterstützung der Massen fand, obschon sie in Bayern und im Rheinland am stärksten vertreten war. Als erklärtermaßen konfessionelle Partei umfaßte das Zentrum immer einzelne und Gruppen mit unterschiedlichen politischen und sozialen Ansichten. Wenn nicht gerade die Autonomie der katholischen Kirche in Deutschland oder die Frage der Freiheit in der religiösen Erziehung oder der Verteidigung der Rechte des Staates auf dem Spiel stand, so zeigte sich diese Partei zu einer größeren Handlungsfreiheit imstande als andere. Es lag aber eine innere Konsequenz in ihrer Haltung. Im allgemeinen war sie in ihrer Verteidigung der Tradition, der königlichen Prärogative und der hierarchischen Gesellschaftsstruktur sowie in allen Angelegenheiten der gesellschaftlichen Moral konservativ. Andererseits stand sie der verfassungsmäßigen Regierung, in der sie ein Mittel zum Schutz von Minderheitsgruppen gegen die übermäßige Zentralisierung staatlicher Macht sah, durchweg positiv gegenüber und war im Hinblick auf Sozialreformen progressiv.

Diese Partei war tiefgreifend beeinflußt durch die Lehren Adolf Kolpings, der in den 40er Jahren katholische Gesellenvereine zur Weiterbildung der Arbeiter gegründet hatte. Einen weiteren Einfluß bildete Bischof Wilhelm Emmanuel von Ketteler, der von 1850 an bis zu seinem Tode im Jahre 1877 die Notwendigkeit gepredigt hatte, die Mißstände des Kapitalismus durch Arbeitergenossenschaften, christliche Gewerkschaften und anderweitige Hilfen für die Armen zu bekämpfen.

Es gab zwei liberale Parteien. Die Nationalliberalen, die stärkste parlamentarische Partei im ersten Jahrzehnt des Reiches, hatten sich von der alten Fortschrittspartei, die im Verfassungskonflikt der 60er Jahre gegen Bismarck gekämpft hatte (S. 166–167), getrennt, und den Kanzler unterstützt. Als Vertreter des gebildeten, wohlhabenden Mittelstands und der höheren Bürokraten wiesen sie viele Gemeinsamkeiten mit den Liberalen in anderen Ländern auf und unterstützten die Zentralisierung, das «Laisser-faire»-Wirtschaftssystem, die Säkularisierung des nationalen Lebens, die verfassungsmäßige Regierung und den materiellen Fortschritt.

Die Liberalen auf der Linken, die sich noch Fortschrittspartei nannten, teilten einige dieser Ansichten (insbesondere über das «Laisser-faire»-System und die Ablehnung des Sozialismus), nahmen aber eine betontere antimilitaristische und antistaatliche Haltung ein und verliehen ihren Forderungen nach einer Erweiterung der parlamentarischen Regierung viel mehr Nachdruck. Ihr Anführer in den frühen Jahren des Deutschen Reiches war Eugen Richter, der das große Talent besaß, Bismarck in Wut zu versetzen. Nach seinem Tode wurde Friedrich Naumann sein Nachfolger. Er bemühte sich um eine Wiederbelebung des Liberalismus, indem er den Zusammenschluß mit den Sozialisten betrieb. Dies gelang nicht, und die Fortschrittlichen blieben eine schrumpfende Partei.

Schließlich setzte in den 70er Jahren das bemerkenswerte Wachstum der Sozialdemokratischen Partei ein, die sich vor 1914 zur größten Partei in Deutschland und zur größten Arbeiterpartei in Europa entwickelte. Ihr Charakter und ihre Tätigkeiten werden weiter unten erörtert.

Neben diesen gutorganisierten und relativ stabilen Organisationen gab es verschiedene Splitterparteien im Reichstag. Unter ihnen befanden sich die Elsässer und die Polen aus Posen, bei denen man im allgemeinen damit rechnen konnte, daß sie gegen die Regierung stimmten. Sie waren aber zu wenige, als daß sie ihr viele Unannehmlichkeiten hätten bereiten können. Es gab auch eine antisemitische Partei. Sie charakterisierte den Juden als eine fremde, subversive Kraft und stellte phantastische Rassentheorien auf, die eine durch den Kult, der mit der Wissenschaft betrieben wurde, leichtgläubig gemachte Öffentlichkeit beeindruckten. Die Antisemiten hatten vor 1914 weder parlamentarische noch andere Erfolge, aber ihre Propaganda übte wahrscheinlich einen beträchtlichen Einfluß auf das Unterbewußtsein der Deutschen aus.

Die Nationalliberale Ära und der Kulturkampf. In den ersten Jahren des neuen Reiches war es Bismarcks Ziel, den Einigungsprozeß durch die Begründung von Institutionen zu vollenden, die das Reich zu einer homogenen, erfolgreichen Nation machen würden. Er wollte die Vielfalt an Institutionen und den Provinzialismus an den Stellen einschränken, wo sie die politische und wirtschaftliche Leistungsfähigkeit des Reiches beeinträchtigen konnten. Da hierzu Gesetze erforderlich waren, hielt der Kanzler eine Zusammenarbeit mit der Partei für zweckmäßig, die im Reichstag über eine Mehrheit verfügte und dem Prinzip der Zentralisierung das größte Wohlwollen entgegenbrachte, der Nationalliberalen Partei. In dem Jahrzehnt von 1870 bis 1880 zeichneten in erster Linie die nationalliberalen Stimmen verantwortlich für das große konstruktive Gesetzgebungsprogramm, durch das Deutschland seine neuen

Reichsverwaltungsorgane, ein einheitliches Münzwesen und ein Handelsgesetzbuch für Gewerbe und Industrie, ein nationales Zivil- und Strafrechtsverfahren, eine Reichsbank und ein Reichseisenbahnamt erhielt.

Aus der Zusammenarbeit zwischen den Nationalliberalen und dem Kanzler erwuchs jedoch eine unselige Kampagne gegen die katholische Kirche, die das politische Leben in Deutschland bis zur Mitte der 80er Jahre empfindlich störte. Der «Syllabus der Irrtümer» (1864) von Papst Pius IX., in dem dieser «die Irrtümer des Liberalismus» verurteilte, hatte die Gemüter der europäischen Liberalen aller Schattierungen erregt. Insbesondere die deutschen Liberalen, einschließlich vieler Katholiken, waren erzürnt über das Dogma der päpstlichen Unfehlbarkeit in Fragen des Glaubens und der Moral, das im Juli 1870 während des Krieges gegen Frankreich verkündet worden war. Bismarcks Motive waren vielschichtiger. Er war über den Zuwachs der Zentrumspartei verärgert, und wie gewöhnlich war sein Standpunkt durch außenpolitische Überlegungen beeinflußt. Ging Deutschland zur Offensive gegen den Vatikan über, so könnte es die Sympathie anderer liberaler, antiklerikaler Mächte erlangen und die Isolation des stärksten Anhängers des Papsttums, Frankreichs (zu dieser Zeit war die französische Regierung noch monarchistisch und stand dem Klerus positiv gegenüber), besiegeln. Dies erschien um so notwendiger, als Bismarck, ohne direkten Beweis, offenbar der Überzeugung war, das Papsttum versuche, eine katholische Koalition gegen Deutschland anzuregen.

Bismarck war vielleicht zu jener Zeit – erschöpft durch die Mühen der vergangenen zehn Jahre und in einem schlechten Gesundheitszustand – zu klaren Gedankengängen nicht fähig. Im Jahre 1872 startete er im Reichstag und in der preußischen Legislative einen Angriff gegen die Kirche. Wie in anderen Ländern bedeutete die Ausweisung der Jesuiten den Startschuß für die Kampagne. Es folgten eine Reihe von Gesetzen, die die Bischöfe ihrer disziplinarischen Vollmachten beraubten, die kirchliche Erziehung der staatlichen Aufsicht unterstellten, die Zivilehe zur Pflicht machten, das Recht der Kirche auf Selbstverwaltung aufhoben und religiöse Orden auflösten.

Der Papst reagierte mit dem Abbruch der diplomatischen Beziehungen zu Preußen, und die deutschen Bischöfe erklärten geschlossen, daß Katholiken diese Gesetze nicht befolgen könnten, ohne gegen ihren Glauben zu verstoßen. Anschließend führte die Kritik an den antikirchlichen Maßnahmen von belgischen und französischen Kanzeln herunter im Jahre 1875 zu deutschen Drohungen gegen Frankreich und zu einer Kriegspsychose (s. S. 202). Doch Bismarcks Angriff auf die Kirche – den die Liberalen hochtrabend «Kulturkampf» nannten – hatte zwei unvorhergesehene Folgen. Er erregte die Protestanten nahezu ebensosehr wie die Katholiken und veranlaßte die Konservative Partei, ihren Einfluß bei Hofe geltend zu machen gegen eine Politik, die sich zu einem Angriff auf jede organisierte Religion ausweiten konnte. Zugleich bestärkte der Kulturkampf offenbar die Anhänger des Zentrums in ihrer Loyalität, anstatt die Partei zu schwächen, so daß sie bei den Wahlen 1877 ihre Position im Reichstag verbesserte.

Dieses letztere Ergebnis reichte aus, um Bismarck davon zu überzeugen, daß sein Anti-Katholiken-Kreuzzug ein Fehlgriff gewesen war. Er hatte aber noch einen weiteren Grund, diese Politik fallen zu lassen. Er hatte beschlossen, seine Zusammenarbeit mit den Nationalliberalen zu beenden, und brauchte die Unterstützung der Konservativen und sogar des Zentrums.

Im Jahre 1877 hatten die Nationalliberalen Bismarck zu verstehen gegeben, daß ihre künftige Kooperation von Zugeständnissen seinerseits abhängig sei in Form von Ministerernennungen, Mitsprache der Partei bei der politischen Entscheidungsfällung und anderen Dingen. Dies überzeugte Bismarck von der Notwendigkeit, sich nach einer breiteren parlamentarischen Unterstützung umzusehen, und ließ in ihm den Entschluß reifen, den Kräften nachzugeben, die eine protektionistische Handelspolitik forderten. Er hoffte, sich mit neuen Zöllen bei den Gutsbesitzern in der Konservativen Partei und den Industriellen in der Freikonservativen Partei beliebt zu machen sowie gleichzeitig die Nationalliberalen, von denen einige ihre Begeisterung für die Wirtschaftslehre der Manchester-Schule verloren, zu spalten. Er leitete Geheimverhandlungen mit den beiden konservativen Parteien ein; und um diese zu ermöglichen, ließ er von seiner Kampagne gegen den Katholizismus ab.

Der Tod Pius' IX. und die Nachfolge Papst Leos XIII. im Jahre 1878 erleichterten Bismarck den Richtungswechsel. Der neue Papst war weitaus versöhnlicher als sein Vorgänger. Der Prozeß der Aufhebung der antiklerikalen Gesetzgebung dauerte zehn Jahre, und die Situation, wie sie vor dem Kulturkampf bestanden hatte, wurde nie gänzlich wieder hergestellt; denn die Zivilehe und die staatliche Aufsicht über die kirchlichen Schulen blieben in Kraft. Der Großteil der Gesetzgebung aus den Jahren 1873–1875 aber wurde suspendiert und später aufgehoben. Die religiösen Orden, mit Ausnahme der Jesuiten, erhielten die Erlaubnis zur Rückkehr nach Deutschland, und die Beziehungen zwischen Kirche und Staat konnten schon im Jahre 1881 wieder als normal bezeichnet werden.

Bismarck und der Sozialismus. Die Sozialdemokratische Partei Deutschlands hatte ihren Ursprung in der Tätigkeit Ferdinand Lassalles (1825–1864) in den frühen 60er Jahren. Selbst nachdem sie sich zu einer marxistischen Partei erklärt hatte, konnte sie sich seinem Einfluß nie entziehen. Lassalle, der Sohn eines jüdischen Kaufmanns in Breslau, war berühmt geworden (oder berüchtigt, je nach dem Standpunkt) durch seine aufsehenerregenden Bemühungen um die Scheidung einer Gräfin von Hatzfeldt, deren Versuch, sich von ihrem Mann zu trennen, an einem ungerechten, antiquierten Rechtssystem scheiterte. Durch seine dramatischen Auftritte vor Gericht als ihr Rechtsbeistand und durch seine Gefangennahme wegen revolutionärer Agitation noch während des Verfahrens erwarb sich Lassalle einen landesweiten Ruf. Dieser veranlaßte eine Gruppe von Arbeitern in Leipzig, die im Jahre 1863 einen politischen Verein gründen wollten, an ihn heranzutreten mit der Bitte, ihnen durch die systematische Darlegung seiner gesellschaftlichen Standpunkte behilflich zu sein.

Seine Antwort darauf bildete ein Arbeitsprogramm für die sozialistische Bewegung Deutschlands und machte ihn zu ihrem Führer, allerdings nicht für lange. In einer typisch romantischen Geste forderte Lassalle einen Rivalen zu einem Duell heraus und wurde im August 1864 tödlich verwundet. Sein Vermächtnis an die Arbeiterbewegung war sein «Offenes Antwortschreiben» an die Leipziger Gruppe. Im wesentlichen argumentierte er darin, daß wirtschaftlicher Druck und Gewerkschaftsaktivität allein sinnlos seien, daß sich Zugeständnisse der Arbeitgeber immer aufhöben durch die Wirksamkeit des Ehernen Lohngesetzes, das die Arbeiter auf dem bloßen Existenzminimum halte, und daß nur die organisierte politische Massenaktion mit dem Ziel, die staatliche Macht zu erobern, die Arbeiterklasse vor der kapitalistischen Ausbeutung bewahre. Ihr würde dies gelingen, weil sie die staatliche Unterstützung von Produktionsgenossenschaften und anderen Unternehmen im Interesse der Arbeiter sicherstelle. Die langfristigen wirtschaftlichen Ziele Lassalles wurden nie genau definiert und sind auch nicht von besonderer Bedeutung. Sein Beitrag zum deutschen Sozialismus war die nachdrückliche Betonung der politischen Aktion.

Der energischen Tätigkeit Lassalles in seinem letzten Lebensjahr gelang es, wie sein Kritiker Karl Marx zugab, eine Arbeiterbewegung wieder zu beleben, die seit 1848 eingeschlafen war. Dennoch wuchs der Allgemeine Deutsche Arbeiterverein, zu dessen Gründung er beigetragen hatte, sehr langsam. Und nach 1869 stellte sich ihr eine neue, von zwei Marx-Anhängern, August Bebel (1840–1913) und Wilhelm Liebknecht (1826–1900), gegründete Sozialdemokratische Arbeiterpartei entgegen. Erst nach dem Zusammenschluß der beiden Parteien im Jahre 1875 nahm der Sozialismus in Deutschland in beeindruckendem Maße zu.

Dies erregte die Besorgnis Bismarcks, der die Sozialisten nie einfach als eine neue politische Partei zu betrachten vermochte, sondern sie für Feinde seiner Lebensart und der Sicherheit seines Staates und daher für Verbrecher hielt, gegen die man mit den erbarmungslosesten Mitteln vorgehen durfte. Im Mai 1878, nachdem ein geisteskranker Kesselflicker einen Mordanschlag auf den Kaiser verübt hatte, brachte Bismarck im Reichstag eine Gesetzesvorlage ein, die eine Reihe antisozialistischer Maßnahmen zum Inhalt hatte. Sie wurde mit großer Mehrheit abgelehnt; denn die meisten Nationalliberalen blieben ihrem erklärten Glauben an die politische Freiheit treu.

Einen Monat später wurde der Kaiser durch ein zweites Attentat ernstlich verwundet. Bismarck löste den Reichstag unverzüglich auf und berief Neuwahlen ein. Während der Wahlkampagne machte die Regierungspresse die sozialistische Politik für die Mordanschläge verantwortlich und startete beißende Angriffe auf die Nationalliberalen und die Fortschrittspartei wegen ihrer Ablehnung einer Gesetzesvorlage, die die Verwundung des Kaisers verhindert hätte. Die Fortschrittlichen verloren dreizehn Sitze und die Nationalliberalen 29. Als im Oktober 1878 eine neue antisozialistische Gesetzesvorlage eingebracht wurde, änderten die Fortschrittlichen ihren Standpunkt nicht, die geläuterten Nationalliberalen aber unterstützten sie auf Kosten ihrer Prinzipien.

Das Sozialistengesetz verbot alle Vereinigungen und Veröffentlichungen, die die bestehende soziale Ordnung zu untergraben versuchten oder «sozialistische Tendenzen» aufwiesen. Es räumte der Polizei derartig große Vollmachten ein, Verhöre, Verhaftungen und Ausweisungen vorzunehmen, daß als Sozialisten Verdächtigte den üblichen Gesetzesschutz verloren, während ihre Partei zur Geheimorganisation werden mußte. Viele der Parteiführer waren gezwungen, das Land zu verlassen, andere wurden verhaftet. Die Parteipresse reduzierte sich auf wenige im Ausland gedruckte und über die Grenze geschmuggelte Zeitungen. Die Sozialistenführer genossen im Reichstag Immunität, konnten aber in der Öffentlichkeit keine Reden halten oder Kampagnen durchführen. Parteikongresse mußten in der Schweiz oder in Holland abgehalten werden.

Bismarck legte sich selten, weder bei seinen außen- noch bei innenpolitischen Maßnahmen, auf eine Linie fest, und seine Offensive gegen die Sozialisten bildete keine Ausnahme. Die repressiven Maßnahmen waren gekoppelt mit greifbaren Vorteilen, die dazu bestimmt waren, die Arbeiterschicht ihre Verbitterung über die Unterdrückung ihrer Organisation vergessen zu lassen. Im Jahre 1881 leitete der Kanzler eine Gesetzgebung zur Sozialversicherung ein, die darauf abzielte, den besitzlosen Schichten zu beweisen, daß der Staat nicht nur eine notwendige, sondern auch eine Einrichtung zum Wohle aller sei. Diese revolutionären Gesetze erregten in der westlichen Welt weithin Interesse. Sie standen Modell für Lloyd Georges «National Insurance Act» von 1911 und für ähnliche Gesetzgebungen in anderen Ländern.

Bismarcks Kreuzzug gegen den Sozialismus war nicht erfolgreicher als sein Kampf gegen den Katholizismus. Nach anfänglichen Verlusten paßte sich die Sozialdemokratische Partei ihren neuen Arbeitsbedingungen an und wuchs stetig. In der Zeit des Sozialistengesetzes (1878–1890) stieg der nationale Stimmenanteil der Partei von 437 158 auf 1 427 298 und ihre Vertretung im Reichstag von 9 auf 35 Sitze. In den folgenden zwölf Jahren erreichte sie insgesamt 4 250 401 Stimmen und 110 Sitze.

Der Sturz Bismarcks und sein Vermächtnis. Im weiteren Verlauf der 80er Jahre wurde es für Bismarck immer problematischer, Parlamentsmehrheiten zur Unterstützung seiner politischen Maßnahmen zustande zu bringen. Sein Bruch mit den Nationalliberalen hatte diese Partei gespalten, jedoch mehr Mitglieder in die Opposition als in seine Abhängigkeit getrieben. Das Zentrum war noch immer unversöhnt, auf dessen Unterstützung konnte er nicht zählen. Die Sozialisten wurden immer stärker, und sie stimmten gegen alle Regierungsmaßnahmen. Da es schwieriger wurde, den Reichstag zu lenken, war es vielleicht nur natürlich, daß Bismarck von radikalen Lösungen dieses Problems träumte. In seinen letzten Amtsjahren fühlte er sich mehr und mehr von der Möglichkeit angezogen, die Verfassung zu revidieren und das allgemeine Wahlrecht, das sich als derartig schwer zu handhaben erwies, abzuschaffen.

Dieser Gedankengang Bismarcks spielte bei seinem Sturz im Jahre 1890 gewiß eine Rolle. Im Jahre 1888 starb Kaiser Wilhelm I., und sein Nachfolger war sein Sohn Friedrich III. In diesen Herrscher hatte man die Erwartung gesetzt, daß er eine neue liberale Ära einleiten würde; doch zur Zeit seiner Thronbesteigung litt er bereits an Krebs. Er starb innerhalb von drei Monaten, und sein Sohn Wilhelm bestieg den Thron. Als unerfahrener, impulsiver junger Mann, der darauf brannte, es zu etwas in der Welt zu bringen, brachte Wilhelm II. für die politischen Maßnahmen der Vergangenheit wenig Geduld auf und spürte keinerlei Verlangen, sich von Bismarck an die Leine nehmen zu lassen. Er kritisierte Bismarcks Außenpolitik wegen der Kompliziertheit der deutschen Bündnisse. Außerdem wollte er, um sich beliebt zu machen, von der antisozialistischen Gesetzgebung abgehen und ein soziales Reformprogramm einleiten. Zu seinem Entsetzen stellte er fest, daß Bismarck nicht nur die Absicht hatte, die Kampagne gegen den Sozialismus fortzusetzen, sondern daß er auch an eine Art Verfassungscoup dachte, der zu einem Volkswiderstand und zum Einsatz der Streitkräfte führen konnte. Als ihm zu Ohren kam, daß der Kanzler mit den Parteien verhandelte, um mit ihrer Hilfe die Einwände des Kaisers übergehen zu können, war Wilhelms Geduld erschöpft. Am 15. März 1890 fand eine heftige Unterredung zwischen ihm und dem Kanzler statt, und drei Tage später erfuhr die Welt, daß Bismarck gestürzt war.

Deutschland war unter Bismarcks Führung zweifellos zum mächtigsten Staat Europas geworden. Der Kanzler hatte jedoch gleichzeitig im Namen der nationalen Sicherheit im Parlament Taktiken angewandt, die zur Zersplitterung der liberalen Kräfte im Reichstag beitrugen, und rechtliche Methoden, die viele Deutsche dem Regime dauerhaft entfremdeten. In den 80er Jahren hatte er im preußischen Staatsdienst eine Säuberung von fortschrittlichen Elementen vorgenommen, die die traditionelle Unabhängigkeit der preußischen Bürokratie ernstlich gefährdete und politische Konformität belohnte.

Von ihm ermutigt, hatte die Armee bewußt die Politik verfolgt, Posten ausschließlich durch Kandidaten aus dem gehobenen Mittelstand mit christlicher Religion, konservativer politischer Haltung und einer ebenso feudalistischen gesellschaftlichen Gesinnung, wie sie die Junker selbst hegten, zu besetzen. Dieses Auswahlverfahren ebenso wie Bismarcks Stellenbesetzung im zivilen Staatsdienst förderte die sogenannte «Feudalisierung des gehobenen Mittelstands», die jene Schicht ihrer Selbständigkeit und der ihr zustehenden Rolle beraubte, nämlich die Führung für den Großteil des Mittelstands zu übernehmen. Der untere Mittelstand wiederum wurde einer politischen Randexistenz überlassen, gefangen zwischen der organisierten Arbeiterschicht und der neuen Feudal-Plutokratie, die er beide ablehnte. Diese gesellschaftlichen Tendenzen waren auch in anderen Ländern außer Deutschland erkennbar, durch Bismarcks gesellschaftspolitische Maßnahmen aber wurden sie begünstigt.

Seine größte Leistung vollbrachte Bismarck auf dem Gebiet der Außenpolitik, wo sein hervorragendes diplomatisches Geschick nach 1870 zur Erhaltung des europäischen Friedens beitrug. Selbst hier jedoch war sein Vermächtnis an sein Land fragwürdig. Seine Nachfolger neigten dazu, den leidenschaftlichen Einsatz für die Interessen der Nation, das starke Verantwortungsbewußtsein und den bewundernswerten Durchblick, der Bismarck zu einem großen Diplomaten machte, zu übersehen. Ihre Vorstellung von Bismarckscher Staatskunst war der «Realismus», den sie gleichzusetzen schienen mit Brutalität und schlechten Manieren.

Das Wilhelminische Deutschland 1890–1914

Der materielle und intellektuelle Fortschritt. Im Jahre 1871 noch vorwiegend agrarisch ausgerichtet, entwickelte sich Deutschland bis 1914 zu einer der drei größten Industrienationen der Welt, von deren Bevölkerung sechzig Prozent in städtischen Zentren lebten. Diese bemerkenswerte industrielle Entwicklung war durch den Sieg über Frankreich sowohl angetrieben als auch unterbrochen worden. Durch den Erwerb Elsaß-Lothringens verdoppelte Deutschland seine mechanisierte Textilindustrie und gelangte in den Besitz der Eisenerzvorräte und der reichen Pottaschevorkommen Lothringens. Die schnelle Zahlung der französischen Kriegsentschädigung löste hingegen eine Inflationsspirale aus, die den Zusammenbruch in Deutschland zur Zeit der Weltwirtschaftskrise von 1873 erheblich beschleunigte.

Abgesehen von leichten Rückschlägen in den Jahren 1900–1901 und 1907, erholte sich die deutsche Industrie nach 1877 stetig und ohne Unterbrechung. Diese Entwicklung läßt sich schon an sehr wenigen Beispielen veranschaulichen. Dank der reichhaltigen Kohle- und Mineralvorkommen und eines guten Transportsystems besaß Deutschland bald die mächtigste Eisen- und Stahlindustrie in Europa. Die Entwicklung der Schwerindustrie wiederum ermöglichte Deutschland zwischen 1871 und 1914 die Erweiterung seines Binneneisenbahnnetzes um das Dreieinhalbfache, den Bau einer der größten Handelsflotten der Welt, die Ausweitung seiner Maschinenindustrie zu einer seiner größten Exportressourcen und den Aufbau der Rüstungsindustrie, die den Namen Krupp in aller Welt bekannt machte.

Auch die deutsche Elektro- und Chemieindustrie stand an führender Stelle in der Welt. Die Berliner Firma Siemens und Halske versorgte Deutschland mit seinem ersten Telegraphennetz, der ersten elektrischen Eisenbahn und einem ausgedehnten Oberleitungssystem. Gleichzeitig gründete Emil Rathenau, der die deutschen Rechte an den elektrischen Lampen von Thomas Edison im Jahre 1881 erwarb, die «Allgemeine Elektrizitäts-Gesellschaft» (AEG) und bewirkte eine rasche Massennachfrage nach Elektroerzeugnissen.

Der Fortschritt der chemischen Industrie war gekennzeichnet durch die gesteigerte Produktion an Pottasche, Schwefelsäure, Kaliumsalzen und Ammoniak und durch phänomenale Entwicklungen auf dem Gebiet der synthetischen Farben, des photographischen Bedarfs und der pharmazeutischen Artikel.

Trotz des proportionalen Anstiegs der Stadtbevölkerung gegenüber der Landbevölkerung blieb die Zahl der Einwohner auf dem Lande konstant, und dank neuer Anbaumethoden und der Forschungen Justus Liebigs in der Bodenchemie stieg die Produktion bestimmter Getreidesorten in den 25 Jahren nach der Reichsgründung um gut fünfzig Prozent. Die Getreideproduzenten konnten jedoch nur durch Schutzzölle mit dem Ausland konkurrieren, und selbst diese konnten die Preise nicht stabil halten. Von nun an reagierte die deutsche Landwirtschaft höchst empfindlich auf Bewegungen des Weltmarktes.

Die intellektuelle und künstlerische Vitalität Deutschlands entsprach in diesen Jahren durchaus der Energie im wirtschaftlichen Bereich. Kein Land der Welt vermochte sich mit seinem Können in den Naturwissenschaften zu messen. In diesen Jahren machte August Kekulé seine Pionierforschungen in der Chemie, Ludwig Helmholtz erfand das Ophthalmoskop und Gustav Robert Kirchhoff das Spektroskop, Wilhelm Conrad Röntgen entdeckte die radioaktiven Strahlen und Max Planck stellte die Quantentheorie auf, Einstein machte die ersten Relativitätsstudien und Robert Koch (Tuberkulose, Cholera, Schlafkrankheit), Paul Ehrlich (Syphilis) und Rudolph Virchow (Pathologie) trieben die medizinische Forschung voran. Die Leistungen dieser Männer zogen Studenten aus aller Welt an deutsche Universitäten, ebenso die Vorlesungen von Historikern wie Theodor Mommsen und Heinrich von Treitschke, von Philosophen wie Wilhelm Dilthey, Soziologen wie Ferdinand Tönnies, Georg Simmel und Max Weber und Ökonomen wie Adolph Wagner, Lujo Brentano und Werner Sombart. Das Werk dieser Wissenschaftler und die Methoden, die sie zur Vermittlung ihrer Lehre benutzten (besonders das Seminar), übten auf das Universitätsleben in anderen Ländern einen großen Einfluß aus.

In den schnell wachsenden deutschen Großstädten herrschte eine lebhafte intellektuelle Atmosphäre. Dies galt insbesondere für Berlin, dessen Bevölkerung von 774 498 im Jahre 1870 auf über zwei Millionen im Jahre 1910 anstieg. Die nationale Hauptstadt bildete natürlich das Zentrum der politischen Aktivität und des lebhaftesten und vielfältigsten journalistischen Lebens in Deutschland. Berlin war auch eines der Musikzentren Europas, und in den 80er und 90er Jahren wurden jährlich etwa dreihundert Konzerte gegeben. Man konnte Johannes Brahms als Solisten im Meininger Orchester oder Richard Strauss bei der Aufführung seiner ersten Werke mit den Berliner Philharmonikern hören. Mit der Gründung der «Freien Bühne» im Jahre 1889, die sich der Moderne verschrieben hatte und die Werke Ibsens, Strindbergs und Björnsons sowie der neuen deutschen Dramatiker – Gerhart

Hauptmanns und Frank Wedekinds, des Vorläufers des Expressionismus – aufführte, war eine neue Theaterära eingeleitet worden.

Die anderen großen städtischen Zentren – Hamburg mit fast einer Million Einwohnern im Jahre 1914, Köln, Leipzig und Frankfurt – besaßen blühende Theater, Opernhäuser, Museen und Universitäten. Was die dritte Großstadt des Reiches anbetrifft, München mit seinen 650 000 Einwohnern im Jahre 1914, so war sie, wie Thomas Mann in seiner Geschichte «Gladius Dei» schrieb, eine leuchtende Stadt mit farbenfrohen Plätzen und breiten Alleen, Barockkirchen und Springbrunnen, eine Stadt, die sich der Kunst verschrieben hatte, in der Linie, Dekoration und Form zu einem Kult geworden waren.

Dennoch waren diese Zeugnisse eines regen Kulturlebens vielleicht weniger beeindruckend, als sie zu sein schienen. Friedrich Nietzsche brandmarkte, was er als die eigentlichen Charakteristika des Zeitalters betrachtete – Mittelmäßigkeit, Vulgarität, Materialismus, Liebe zur Macht –, und ließ sich durch den wirtschaftlichen Wohlstand Deutschlands, von dem er meinte, er unterminiere den Willen des Volkes, oder von den Leistungen der Universitäten, wo das, was er als «den entgeistigenden Einfluß unseres jetzigen Wissenschafts-Betriebs» bezeichnete, vorherrschend war, nicht beeindrucken. «Die Macht», schrieb er in «Das Zwielicht der Idole» (1888), «verdummt.»

Erschien dies als ein unnötig hartes Urteil über das Deutschland Bismarcks, so war es weniger hart gegenüber dem Wilhelms II. Der vorherrschende Stil der Wilhelminischen Epoche war der der grellen Zurschaustellung und des vulgären Protzes, der in architektonischen Monstrositäten wie der Siegesallee in Berlin, in dem Parvenuhaften und in der Unterwürfigkeit des ehemals selbstbewußten Mittelstands und in der Innen- und Außenpolitik des Wilhelminischen Reiches zum Ausdruck kam.

Die Politik unter Wilhelm II. Typisch für den Zeitgeist war der Kaiser selbst, von dem ein Mitglied einer der ältesten Familien Preußens eisig bemerkte: «Er ist und bleibt ein Parvenu.» Wilhelm II. hatte eine schnelle Auffassungsgabe, besaß aber wenig Bildung. Er bevorzugte den Umgang mit Bankiers und Soldaten, und seine Lieblingsbeschäftigungen waren ausgedehnte Vergnügungsfahrten auf luxuriösen Jachten und lärmende Gesellschaften, auf denen grobe Scherze für hohe Kunst gehalten wurden. Er kultivierte eine Geradlinigkeit, die in der praktischen Politik zu einem schrillen Prahlen mit der Macht Deutschlands und zu einer außerordentlichen Arroganz in seinem Umgang mit kleineren Staaten ausartete. Er wachte ängstlich über seine Prärogative und war bemüht, sich auf jedem Gebiet der Politik seines Landes zu behaupten, indem er, wie ein Biograph schrieb, alle Fragen großsprecherisch anging.

In den ersten Jahren nach dem Sturz Bismarcks hoffte Wilhelm, wie wir gesehen haben, den aufstrebenden Sozialismus durch eine umfassende Sozialgesetzgebung einzudämmen. Eine Redensart von Friedrich dem Großen übernehmend, betrachtete er sich als «roi des gueux». Die Gründung von Schiedsgerichten zur Schlichtung von Arbeitskonflikten, die gesetzlichen Gesundheitsbestimmungen und Sicherheitsvorkehrungen in den Fabriken, die Einschränkung von Kinderarbeit, die Errichtung eines Statistischen Amtes für Arbeit und andere zwischen 1891 und 1894 verabschiedete Gesetze minderten jedoch den Rückhalt nicht, den die Sozialistische Partei von seiten des Volkes erfuhr, und der Kaiser war bald entmutigt. Nachdem er in der Öffentlichkeit die Sozialisten als eine «verräterische Bande» bezeichnet und Reden über die Wiedereinführung des Sozialistengesetzes in irgendeiner Form gehalten hatte, widmete er in den späten 90er Jahren seine Aufmerksamkeit ständig dem, was er nun als das eigentliche Anliegen des Reiches betrachtete: der Suche nach Macht, die durch ein forciertes Aufrüstungsprogramm, einschließlich dem Bau einer Hochseeflotte, den Erwerb eines Kolonialreiches und eine tatkräftige Außenpolitik in allen Teilen der Welt verwirklicht werden sollte.

Diese Politik wurde in den 90er Jahren eingeleitet, zu einer Zeit, als Deutschland über eine starke internationale Stellung und gute Beziehungen zu den anderen Mächten verfügte. Um 1907 hatte sich all dies zum Schlechteren verändert, und Deutschlands neuer Kurs erregte den schlimmsten Argwohn.

Der Absolutismus und das Versagen des Parlaments. Eine effektive Beschränkung des kaiserlichen Willens hätte diese Entwicklung vielleicht abschwächen können. Bismarck hatte seine Schwierigkeiten mit Wilhelm I. gehabt, letztlich aber immer die Politik in der Hand behalten und damit deren Beständigkeit und Folgerichtigkeit garantiert. Keiner der Kanzler Wilhelms II. in der Vorkriegszeit besaß diese Art von Bestimmtheit. Graf Leo von Caprivi (1890–1894) und Fürst Chlodwig zu Hohenlohe-Schillingsfürst (1894–1900) versuchten sich darin und scheiterten, während Bernhard von Bülow (1900–1909) in seiner Art ebenso wilhelminisch war wie der Kaiser selbst. Bülows Politik war wie die Aufführung eines dramatischen Schauspiels, in dem er eine Hauptrolle spielte; er ergötzte sich an den schwülstigen Reden und theatralischen Posen, die durch Weltpolitik und Seemacht ermöglicht wurden. Seine Art, mit dem Kaiser umzugehen, war, ihm zu schmeicheln, was Wilhelm in seinen schlimmsten Angewohnheiten bestärkte. Theobald von Bethmann Hollweg (1909–1917) schließlich, ein gewissenhafter Mann mit großartigen Verwaltungsfähigkeiten, hatte auf dem Gebiet der Außenpolitik zu wenig Erfahrung, als daß er dem König gegenüber einen selbstsicheren, festen Standpunkt hätte vertreten können.

Eine der ernstesten Schwierigkeiten, der sich diese Minister gegenüber sahen, war die Art der Kompetenzverteilung in der Politik, so daß lebenswichtige Entscheidungen manchmal von keineswegs zuständigen Stellen getroffen wurden. Das Militär insbesondere war gelegentlich imstande, Entscheidungen zu treffen, die die Politik des Kanzlers und des Auswärtigen Amtes umkehrten oder sie ohne deren Wissen auf einen Handlungskurs festlegten, den sie normalerweise abgelehnt hätten. Der Generalstab der Armee machte Pläne für die Invasion Belgiens im Falle eines Krieges mit Frankreich und ging im Jahre 1909 Verpflichtungen gegenüber Österreich ein, die den Defensivcharakter des Zweibunds von 1879 (s. S. 207) veränderten, indem sie faktisch für jeden möglichen Fall Beistand versprachen.

Es war nicht nur das Militär, das sich in den politischen Entscheidungsprozeß einmischte. Der Kaiser setzte viel Vertrauen in seine persönlichen Adjutanten, die Chefs des zivilen und des militärischen Kabinetts, seine Reisebegleiter und andere Geheimkamarillas, die ihn ihrerseits ermutigten, einen unerwarteten Kurs einzuschlagen oder die politischen Taktiken zu ändern. Dem Einfluß dieser Kräfte auf die deutsche Politik unter Wilhelm II. kann gar nicht genug Gewicht beigemessen werden. Man braucht nur daran zu denken, daß Caprivi im Jahre 1894 weitgehend infolge von sorgfältig gegen ihn geplanten Komplotten abgesetzt wurde und daß die Entlassung Bethmann Hollwegs im Jahre 1917 auf ähnliche Weise vorbereitet worden war.

Warum aber versuchten die parlamentarischen Reichsorgane nicht einzugreifen, insbesondere in dem Moment, als klar wurde, daß die Politik Wilhelms II. nachteilig für den Staat war? Zum Teil liegt es daran, daß sowohl der Reichstag als auch der Bundesrat sich unter Bismarck derartig daran gewöhnt hatten, dem Kanzler die Außenpolitik zu überlassen, daß sie zu einer konsequenten wachsamen Kritik an dem außenpolitischen Vorgehen seiner Nachfolger nicht in der Lage waren. Überdies waren in jenen Organen einflußreiche Kräfte stark vertreten, die ein wirtschaftliches Interesse an der Imperial- und Flottenpolitik der Regierung hatten.

Es ist für kein parlamentarisches Organ einfach, sich über die öffentliche Meinung hinwegzusetzen, und das Volk im Wilhelminischen Deutschland war stolz auf die deutsche Macht. Die Zentrumspartei, die Fortschrittspartei und die Sozialisten konnten sich zwar gelegentlich darauf einigen, Regierungsanträge auf Geldmittel für koloniale Unternehmungen abzulehnen, doch eine beträchtliche Mitgliederanzahl in all diesen Parteien befürwortete den Imperialismus und meinte, er sei für Deutschland von Vorteil.

Schließlich hätte die Geltendmachung einer Kontrolle über den Kaiser die Bereitschaft auf seiten des Parlaments erfordert, künftig die Verantwortung für alle Bereiche der Politik zu übernehmen. Es gibt keinerlei Hinweis darauf, daß die Mitglieder des Reichstags etwas derartiges wollten. Dies läßt sich zumindest aus einem Vorfall vor dem Krieg schließen.

Im Oktober 1908 veröffentlichte der Londoner «Daily Telegraph» ein Interview, in dem der Kaiser offenbar einige willkürliche offensive Bemerkungen über ausländische Mächte sowie die Behauptung vorgebracht hatte, die von den Briten im Burenkrieg eingesetzten Kriegspläne stammten von ihm. Die Briten nahmen dies im großen und ganzen gelassen auf, in Deutschland aber erregte es einen Sturm des Protests. Es wurden Forderungen laut nach einer Einschränkung der Prärogative des Kaisers in außenpolitischen Angelegenheiten. Hier ergab sich offensichtlich eine Chance für den Reichstag, einen kleinen Fortschritt in Richtung auf eine wahre parlamentarische Regierung zu machen. Doch es wurde nichts unternommen. Theodor Eschenburg schrieb: «... diese fassungslose Aufregung und der Hang zu rednerischen Übertreibungen, die der ganzen wilhelminischen Ära eigen ist, und das Fehlen eines konkreten politischen Zieles ließen die Reichstagsdebatte ... wirkungslos verpuffen.»

Im Jahre 1914 war Deutschland trotz seiner konstitutionellen Formen noch ein absolutistischer Staat. Er blieb es, wie die zu Beginn dieses Kapitels zitierte Bemerkung Mommsens andeutet, weil die Mehrheit des deutschen Volkes mit dem Status quo viel zu zufrieden war, als daß sie einen starken Drang verspürt hätte, ihn zu ändern. Erst als die gefährlichen Tendenzen der Wilhelminischen Politik zu Krieg und Niederlage Deutschlands beigetragen hatten, änderte sich diese selbstzufriedene Haltung.

16. Österreich-Ungarn, die Balkanstaaten und die Türkei 1871–1914

Die Doppelmonarchie

In seinem Roman «Der Mann ohne Eigenschaften» (1930) kommentierte Robert Musil das Chaos und die Ineffizienz der Politik in Österreich-Ungarn und die Geduld, mit der dessen Bürger diesen Zustand hinnahmen. Wenn eine der häufigen Katastrophen hereinbrach, so suchten sie nicht nach Schuldigen oder versuchten, die Verantwortung selbst zu übernehmen, sondern zuckten die Schultern und verwendeten «ein eigenartiges, nirgendwo sonst im Deutschen oder einer andern Sprache vorkommendes Wort ... es ist passiert». Die Doppelmonarchie, so schloß Musil, sei eine Heimat für Menschen, die die Genialität besäßen, die Dinge gelassen aufzunehmen, und wahrscheinlich sei das die Ursache des Untergangs gewesen.

Dies ist natürlich Satire, doch sie birgt einen wahren Kern. Das österreichisch-ungarische Kaiserreich hatte viele Probleme. Zumindest einige davon hätten vielleicht gelöst werden können, wenn nicht auch noch so viele Menschen dagewesen wären, insbesondere in der Führungselite, die schwierigen Fragen mit Leichtfertigkeit, mangelnder Energie oder fehlender Phantasie begegneten. Zum Teil lag der Untergang der Habsburger Monarchie an der Haltung von Mitgliedern der regierenden Schicht, wie zum Beispiel der des Außenministers Berchtold, von dem es heißt, er habe auf dem Höhepunkt der Krise von 1914 eine Note der britischen Regierung in sein Rennprogramm gelegt und dann vollkommen vergessen. In einem Gemeinwesen ist die Politik ein ernstes Geschäft, und man muß sich mit politischen Problemen, selbst wenn sie nicht gelöst werden können, energisch und sachverständig auseinandersetzen. Dies traf in Österreich-Ungarn allzu häufig nicht zu.

Großenteils rührten die Schwierigkeiten direkt vom Zentrum des politischen Lebens her. Kaiser Franz Joseph verfügte über die Macht, eine konstruktive Reform durchzuführen, es fehlte ihm aber die notwendige Willens- und Charakterstärke. Der Schriftsteller Karl Kraus nannte ihn eine «Unpersönlichkeit», die dennoch allen Institutionen ihren Stempel aufdrückte. «Ein Dämon der Mittelmäßigkeit», schrieb Kraus, «hatte unser Schicksal beschlossen.»

Dieser Führungsmangel bedeutete, daß das ernsteste Problem der Monarchie, die Nationalitätenfrage, niemals wirklich angegangen wurde. Schon in den 70er Jahren deutete vieles darauf hin, daß sich die nichtdeutsche und nichtmadjarische Mehrheit der Habsburger Völker, wenn die Doppelmonarchie unverändert blieb, zunehmend der Krone entfremden würde. Falls die regierende Schicht sich dieser Gefahr bewußt war, so gab sie sich keine ernstliche Mühe, sie abzuwenden, und der Kaiser tat sein mangelndes Interesse an jeder echten Veränderung in dem Jahrzehnt vor Ausbruch des Ersten Weltkrieges dadurch kund, daß er von der Wahlrechtsreform in Ungarn absah.

Politik und Wirtschaft in Österreich. Gemäß dem Ausgleich von 1867 (s. S. 176) wurde die Regierung der Habsburger Monarchie auf drei getrennten Ebenen ausgeübt: der zwischenstaatlichen, der österreichischen und der ungarischen. Angelegenheiten des gesamten Reiches – Außenpolitik, Verteidigung und Reichsfinanzen – regelte ein gemeinsames Kabinett. Die inneren Angelegenheiten Österreichs und Ungarns lagen in den Händen autonomer Regierungen, die sich in ihrer Struktur und praktischen Ausübung derartig unterschieden, daß sie getrennt erörtert werden müssen.

In Österreich oblagen die regionalen Angelegenheiten in den siebzehn Provinzen den Landtagen, die in einem in Wien tagenden Reichsparlament vertreten waren. Dieses Organ hatte zwei Kammern, das Herrenhaus, das sich aus dynastischen Aristokraten, führenden Kirchenvertretern und anderen vom Kaiser ernannten Honoratioren zusammensetzte, und dem Nationalrat, dessen Mitglieder ursprünglich durch die Provinziallandtage, nach 1873 aber durch ein indirektes, dem Eigentum und der Bildung Vorrang gebendes System gewählt wurden. Das Parlament als Gesamtheit hatte in wichtigen Punkten der Staatsgeschäfte das Recht zur Zustimmung oder Ablehnung. Der Haushaltsplan mußte vom Nationalrat eingebracht werden, der auch das Recht hatte, die Minister zu befragen und zur Rechenschaft zu ziehen.

Die Minister wurden vom Kaiser ernannt und waren trotz ihrer verfassungsmäßigen Verantwortlichkeit gegenüber dem Nationalrat in Wirklichkeit vom Kaiser abhängig, der über ihren Verbleib im Amt entschied. Der Kaiser hatte auch das Recht zur Auflösung oder Suspendierung des Parlaments und außerhalb der Sitzungsperioden zur Verfügung von Erlassen, die volle Gesetzeskraft besaßen, vorausgesetzt, daß sie keine grundlegenden Gesetze änderten und in der nächsten Parlamentssitzung gebilligt wurden.

In einer wesentlichen Hinsicht verlief die österreichische Politik parallel zur deutschen. Während des gesamten ersten Jahrzehnts nach Begründung der Doppelmonarchie war eine starke liberale Partei, die die Ansichten des durch die rapide Industrialisierung Österreichs und Böhmens emporgekommenen wohlhabenden Mittelstands vertrat, die dominierende Kraft. Ebenso wie ihr deutsches Pendant trat diese Partei für Konstitutionalismus, Zentralisierung und Verwaltungseffizienz im Interesse des kommerziellen Fortschritts ein und teilte das Vorurteil der Liberalen gegen den klerikalen Einfluß. Während der 70er Jahre, als man versuchte, die aus dem Ausgleich von 1867 resultierenden Probleme und die durch den wirtschaftlichen Zusammenbruch von 1873 ausgelösten Schwierigkeiten zu bewältigen, hielt die Krone es für zweckdienlich, sich um die parlamentarische Unterstützung der Liberalen zu bemühen. Die aus dieser Zusammenarbeit hervorgehende Gesetzgebung war beeindrukkend: eine Verbesserung der Gerichtsverfahren, die Liberalisierung der Pressegesetze, die Aufhebung von die Juden benachteiligenden Gesetzen, Militärreformen und eine Reihe von Gesetzen zur Förderung des wirtschaftlichen Wachstums und zur Regelung der Staatsfinanzen. Gleichzeitig entzog man die Schulen der kirchlichen Kontrolle, der Religionsunterricht wurde freiwillig und die Zivilehe staatlich anerkannt.

Die liberale Ära endete jedoch abrupt im Jahre 1879, als der Kaiser verärgert war über die Kritik der Liberalen an den Ergebnissen des Berliner Kongresses, insbesondere an Österreichs Übernahme der Verwaltung von Bosnien und der Herzegowina (s. S. 206). Franz Joseph beschloß, sich um eine andere Art von parlamentarischer Unterstützung zu bemühen, und zwar durch den Versuch, die Tschechen und andere abhängige Nationalitäten zu besänftigen. Für diese Aufgabe wählte er einen Jugendfreund, Graf Eduard Taaffe, einen Mann, der hinter einem Schleier von Leichtfertigkeit und Zynismus großes politisches Talent verbarg. Taaffe blieb von 1879 bis 1893 Ministerpräsident des Kaisers.

Die Beziehungen zwischen dem tschechischen und dem deutschen Volk sind als neuralgischer Punkt in der Zukunft Europas und in der Erhaltung des Weltfriedens bezeichnet worden. Diese Feststellung erhält eine tiefere Bedeutung, wenn man die Rolle der Tschechoslowakei in der Nachkriegswelt betrachtet. Es ist sicherlich zutreffend, daß das Scheitern einer Lösung des tschechischen Problems einer der wichtigsten Gründe für den Zusammenbruch des Kaiserreichs war. Nur bei einer Gelegenheit war Franz Joseph nahe daran, es in den Griff zu bekommen. Im Jahre 1871 versprach er Böhmen die gleiche Autonomie, die Österreich und Ungarn besaßen, und bereitete sich auf die Fahrt nach Prag zur Krönung zum König von Böhmen vor. Dieser Plan wurde verhindert durch die Unnachgiebigkeit der Deutschösterreicher, die um ihre bevorzugte Stellung bangten, und der Madjaren, die befürchteten, daß die Befreiung der Tschechen bei ihren eigenen nationalen Minderheiten eine Forderung nach ähnlichen Rechten auslösen würde. Der Kaiser kapitulierte vor den Einwänden der Deutschen und der Ungarn, und die Tschechen verziehen ihm das nie.

Eine Zeitlang milderte Taaffe ihre Feindseligkeit, und es gelang ihm, sie in den sogenannten Eisernen Ring zu bringen, jenen Zusammenschluß von Klerikern, deutschen Konservativen, Slawen und Polen, den er als Ersatz für die Zusammenarbeit mit der liberalen Partei begründete. Diese schlecht aufeinander abgestimmten Partner wurden durch Zugeständnisse an ihre besonderen Interessen zusammengehalten. In Galizien beispielsweise räumte man den Polen Privilegien gegenüber den Ruthenen ein, und in Carniola gestattete man den Slowenen, andere Nationalitäten zu unterdrücken. Was die Tschechen anbelangt, so erhielten sie ein neues Wahlrecht, das ihnen eine Mehrheit im böhmischen Landtag sowie eine stärkere Vertretung im Reichsparlament verlieh; und es erging eine neue Verordnung, die nunmehr von allen Beamten in Böhmen und Mähren die Abfassung von Urteilen in der Sprache des Bittstellers verlangte. Diese letzte Bestimmung entthronte die deutsche Sprache als alleinige Amtssprache. Sie wirkte sich für die deutschen Beamten, die nun Tschechisch lernen mußten, nachteilig aus und erhöhte die Anzahl der Tschechen im Staatsdienst.

Die langfristige Folge der Beschwichtigungspolitik Taaffes war lediglich ein Anwachsen der slawischen Opposition und damit eine Verschärfung des Nationalitätenproblems in einem Ausmaß, daß es nahezu der Kontrolle entglitt. Die gemäßigten Tschechen, die mit Taaffe zusammengearbeitet hatten, wurden durch die Jungtschechische Partei verdrängt, deren Anführer behaupteten, ihre Nationalität werde systematisch unterdrückt, und mit einem Staat, der die slawischen Völker verfolge, sei keine Zusammenarbeit möglich.

Auch die anderen Nationalitäten äußerten ihre Forderungen freimütiger, und die im Jahre 1848 unter den unterworfenen Völkern so weitverbreiteten panslawistischen Ideen nahmen intensivere Formen an. In der Tat begann ein neuer politischer Panslawismus die ältere Vorstellung von der Kulturgemeinschaft aller Slawen abzulösen oder zu ergänzen, der den Gedanken eines von österreichisch-ungarischer Herrschaft befreiten Bundes der slawischen Völker vertrat. Diejenigen, die sich diese Denkart zu eigen machten, blickten hilfesuchend auf Rußland und wurden durch die Schriften von russischen Theoretikern des Panslawismus, die von einer künftigen Emanzipation der Slawen durch jenes Land sprachen, ermutigt.

Taaffes politische Maßnahmen erregten auch die Deutschen in Böhmen und hatten Unruhen zur Folge, die die Regierung zwangen, Prag unter Kriegsrecht zu stellen, und schließlich den Rücktritt Taaffes durchsetzten. Die Opposition der Deutschen gegen seine Politik spiegelte sich auch in dem Aufstreben einer neuen, von Georg von Schönerer angeführten alldeutschen Bewegung wider, die die rassische Überlegenheit der Deutschen über die Slawen verkündete und zu einer Vereinigung der deutschen Provinzen Österreichs mit dem Hohenzollernreich aufrief.

Während der gesamten Amtszeit Taaffes hatte die alte liberale Partei, die immer noch die stärkste einzelne politische Gruppierung in Österreich war, die Opposition zu seiner Koalition gebildet. Die Stellung aber, die sie vor 1879 innegehabt hatten, erlangten die Liberalen nie wieder, und ebenso wie die liberalen Parteien in anderen Ländern wurden sie jetzt immer schwächer. In der Zeit der politischen Wirren nach dem Sturz Taaffes wurde ihre Macht ausgehöhlt durch wirtschaftliche Kräfte und durch den Versuch der Regierung, die Agitation der Nationalitäten dadurch einzudämmen, daß das Wahlrecht auf Schichten ausgedehnt wurde, die stärker an sozialen Problemen als an der Frage der Nationalität interessiert waren. Diese Faktoren führten zur Entstehung von zwei Parteien, die den Liberalismus verdrängten und bis zum Untergang der unabhängigen Republik Österreich im Jahre 1938 in der österreichischen Politik eine bedeutende Rolle spielten.

Die erste dieser beiden war die Christlich-soziale Partei, eine merkwürdig ambivalente Gruppe, die es fertigbrachte, einige der fortschrittlichsten Sozialtheoretiker und einige der bigottesten Fanatiker Österreichs als Mitglieder zu vereinigen. Als katholische Partei, die besonders bei den städtischen Kleinbürgern Anklang fand, legten die Christlich-Sozialen großen Wert auf Demokratie, Sozialreform und eine aufgeklärte Politik in bezug auf das Nationalitätenproblem. Unter ihrem bedeutendsten Führer, Karl Lueger, unterstützten sie die erfolgreiche Bewegung für die Legalisierung der Gewerkschaften und die Einrichtung einer Unfall- und Krankenversicherung für Arbeiter und führten in Wien selbst kommunale Sozialreformen durch, die denen Joseph Chamberlains in Birmingham (s. S. 235) nahekamen.

Aber ebenso wie die ähnliche von Adolf Stoecker in Deutschland angeführte Bewegung verdankte auch die Christlich-soziale Bewegung Österreichs ihre ursprüngliche Massenunterstützung den Kräften des Antisemitismus, und dieser blieb immer ein wesentlicher Faktor in ihrer Politik. Eine der ersten Auswirkungen der Industrialisierung in Österreich war der Bankrott einer Reihe von kleinen Firmen und eine allgemeine Depression im selbständigen Handwerksgewerbe. Es war sehr einfach für die Handwerkerschicht, die Juden für ihre Schwierigkeiten verantwortlich zu machen, insbesondere angesichts der großen Rolle, die die Juden bei der Finanzierung der österreichischen Industrie spielten, und ihres auffallend hohen Anteils an den höheren Berufen, am kulturellen Leben der Hauptstadt und an der Presse. Die Anhänger Karl Luegers haben immer betont, er sei im Kern kein Antisemit gewesen. Doch er identifizierte sich derartig stark mit der antijüdischen Gesinnung, daß die liberale «Neue Freie Presse» im Jahre 1895, als sich zum ersten Mal die Möglichkeit für ihn ergab, Bürgermeister zu werden, zutiefst bedauerte, daß in diesem Falle Wien die einzige Großstadt der Welt sein werde, deren Regierung in den Händen antisemitischer Fanatiker liege.

Beiläufig mag angemerkt werden, daß Luegers Erfolg zwei Männer inspirierte, die größere Berühmtheit erlangen sollten. Der erste war Theodor Herzl, der im Jahre 1895 ein Pamphlet schrieb, das das bald als Zionismus bezeichnete Programm einleitete. Der zweite war ein junger Mann aus Linz, der sich ebenfalls entschloß, die jüdische Frage für seinen Aufstieg zu benutzen, Adolf Hitler.

Nach Einführung des allgemeinen Wahlrechts der Männer im Jahre 1907 schwenkte die Christlich-soziale Bewegung nach rechts und schloß sich mit den Konservativen zusammen. Inzwischen ermöglichte die Wahlberechtigung der Arbeiterschicht das Wachstum der Sozialdemokratischen Partei, die Viktor Adler schon früher gegründet hatte. Diese Gruppe übernahm allmählich die einstmals beherrschende Position der Christlich-Sozialen in Wien, deren Stärke nun im ländlichen Österreich und, solange das Kaiserreich bestand, in Galizien lag. Marxistisch inspiriert, unterhielt die Sozialdemokratische Partei enge Beziehungen zu den sozialistischen Parteien der Nachbarländer. Ebenso wie diese war sie durch den Revisionismus beeinflußt und befürwortete einen gemäßigten gesellschaftlichen Wandel durch parlamentarische Mittel. Sie unterstützte die Bindung an das Kaiserreich, während sie gleichzeitig Konzessionen an die Nationalitäten forderte.

Die Agitation nationaler Gruppen im Parlament wurde durch die Einführung des allgemeinen Wahlrechts der Männer nicht eingedämmt, sondern aufgrund schwieriger wirtschaftlicher Probleme verstärkt. Die zum Schutz österreichischer und tschechischer Firmen gegen die ruinöse deutsche und britische Konkurrenz und zum Schutz ungarischer Bauern gegen die Schwemme russischer und amerikanischer Getreideüberschüsse eingeführten Zölle waren im allgemeinen wirksam. Bezahlt aber wurden sie in Form von höheren Preisen für Verbrauchsgüter durch die anderen Nationalitäten.

Das Königreich Ungarn. Auch im ungarischen Teil des Kaiserreiches hatte das politische Leben seinen Mittelpunkt im Parlament. Es setzte sich aus einer Magnaten- und einer Abgeordnetenkammer zusammen, von denen die letztere die Kontrolle über die Minister ausübte und die Gesetzesinitiative ausübte. Die Abgeordnetenkammer war keineswegs eine Volksversammlung; denn das Wahlrecht war außerordentlich eingeschränkt.

Von der fünfzehn Millionen umfassenden Bevölkerung Ungarns waren weniger als die Hälfte Madjaren; doch sie besaßen ein Monopol über die politische Macht, und durch das zentrale Parlament und die lokalen Institutionen beherrschten sie die nationalen Minderheiten nicht nur, sondern versuchten auch, sie zu assimilieren. Die einzige Ausnahme bildeten die Kroaten im südwestlichen Teil des Königreiches, an deren Dienste für das Kaiserreich aus dem Jahre 1848 man sich erinnerte und denen man einen eigenen Landtag, eigene Gerichtshöfe, Schulen, ein eigenes Polizeiwesen und einen separaten, vierzig Mitglieder umfassenden Block in der zentralen Abgeordnetenkammer zugestand. Doch selbst die Kroaten sahen ihre Rechte im Laufe der Jahre beschnitten, und die anderen abhängigen Nationalitäten – die Rumänen, Slowaken und Serben – wurden einer erbarmungslosen Madjarisierungspolitik unterworfen. Bismarck sagte einmal, alle Madjaren seien entweder Husaren oder Juristen. Es war gewiß eine Mischung von Gewalt und Paragraphenreiterei, mit der die Regierung versuchte, nationale Unterschiede zu verwischen und Zeitungen, Schulen und andere Institutionen, die die Sprache, die Kunst, die Sitten und Gebräuche der anderen Nationalitäten lebendig erhalten hätten, zu unterdrücken.

Im Laufe der Jahre begannen die Madjaren jedoch selbst, für die faktische Unabhängigkeit von Österreich zu agitieren. Die ersten Anzeichen hierfür traten auf, als Franz Kossuth, der Sohn des Helden von 1848, eine Unabhängigkeitspartei gründete und Madjarisch als Sprache der ungarischen Regimenter der kaiserlichen und königlichen Armee forderte. Die ersten Jahre des neuen Jahrhunderts waren durch eine Reihe von Krisen zwischen der Krone und der Unabhängigkeitsbewegung gezeichnet. Seine größte Intensität erreichte der Kampf im Jahre 1905, als eine von Kossuth geführte Koalition einen derartig überwältigenden Sieg im Parlament davontrug, daß sie in der Lage schien, ihre Pläne in die Tat umzusetzen. In dieser Situation berief der Kaiser eine Notstandsregierung, die das allgemeine Wahlrecht der Männer anstelle des als Bollwerk der madjarischen Macht dienenden eingeschränkten Wahlrechts einzuführen drohte.

Hätte man diesen Plan durchgeführt, so wäre den abhängigen Nationalitäten vielleicht noch, verspätet, ein gewisses Maß an Gerechtigkeit widerfahren. Im Jahre 1906 aber erklärten sich die Koalitionsführer, verschreckt über die Aussicht eines neuen Wahlrechts, auch ohne die Heeresreform zur Amtsübernahme bereit, und Franz Joseph ließ die Pläne für ein allgemeines Wahlrecht in Vergessenheit geraten. Die Stürme der ungarischen Politik legten sich, und in der Wahl von 1910 wurde die Bewegung Kossuths durch eine neue, von Stefan Tisza (1861–1918) gegründete, der Erhaltung des Ausgleichs von 1867 verschriebenen Partei besiegt.

Bei diesen Vorgängen jedoch hatte man die untertanen Nationalitäten wiederum außer acht gelassen. Indem er die Wahlrechtsreform fallenließ, vertat der Kaiser seine letzte Chance, die Macht der madjarischen Oligarchie zu brechen, und durch dieses Versäumnis wurde die Auflösung seines Reiches unausweichlich.

Glanz und Verfall. Dies war natürlich nicht auf den ersten Blick zu erkennen. Der flüchtige Beobachter der österreichischen Politik war geneigt, nicht die versteckten Schwächen zu sehen, sondern den oberflächlichen Glanz des Habsburger Reiches. Dies galt insbesondere, wenn er die Reichshauptstadt besuchte; denn Wien war nie reizvoller oder anregender und fröhlicher als in den letzten Jahren vor dem Ersten Weltkrieg. Seit den 60er Jahren war seine Schönheit noch vergrößert worden, indem man die Reste des mittelalterlichen Stadtwalls abgerissen und statt dessen die majestätische Ringstraße, eine der schönsten Alleen der Welt, eine neue Brücke über die Donau und eine Reihe architektonischer Kunstwerke errichtet hatte: das neue Opernhaus, das österreichische Parlamentsgebäude von Theophil Hansen, das Burgtheater von Karl Hasenauer und viele andere. In diesen prächtigen Gebäuden blühten Kunst und Literatur in Wien – vielleicht am herrlichsten die Musik, mit Komponisten wie Anton Bruckner, Gustav Mahler, Brahms, Hugo Wolf und Richard Strauss. Dank der Werke von Johann Strauß, Karl Millöcker («Der Bettelstudent» und «Gasparone») und Franz

Lehár («Die lustige Witwe») wurde die Operette weithin als Wiener Spezialität angesehen.

Um die Jahrhundertwende kam eine starke neue Kunstrichtung auf, die Wiener Sezession genannt, die einige Aspekte des Expressionismus und des Surrealismus vorwegnahm. Und zwei Wiener Dramatiker dieser Epoche erlangten internationalen Ruhm: Arthur Schnitzler (1862–1931), der sein Publikum mit einer geschickten Mischung von Ironie und Sentimentalität unterhielt, aber auch zu beißenden Angriffen auf die Mißstände seiner Zeit fähig war («Professor Bernhardi» [1912] handelt von den Schwierigkeiten eines Arztes, der einem Priester die Erlaubnis zur Letzten Ölung einer Patientin verweigert, weil er ihr das Wissen um ihren bevorstehenden Tod ersparen will. Dieses Schauspiel war eine der wirksamsten Abhandlungen Schnitzlers über das Problem des Antisemitismus in Österreich. In seinem Roman «Der Weg ins Freie» [1908] behandelt er dieses Thema umfassender), und Hugo von Hofmannsthal (1874–1929), der die lyrischen Texte für Richard Strauss' Oper «Der Rosenkavalier» dichtete und auch mystische Dramen schrieb («Der Tor und der Tod», 1893; «Elektra», 1904; «Jedermann», 1911), die ihrer lyrischen Schönheit wegen bewundert wurden.

Die Universität Wien hatte einen weltweiten Ruf, besonders im Bereich der Medizin, in der sie sich durch die Pionierarbeit Theodor Billroths in der aseptischen Chirurgie und durch die Theodor Meynerts in der Hirnchirurgie auszeichnete. Die anderen Fakultäten waren kaum weniger hervorragend. Der Wissenschaftler aber, der wahrscheinlich stärker als irgendeiner seiner Wiener Zeitgenossen auf die europäische Denkweise einwirkte, war der Psychiater Sigmund Freud (1856–1939).

Inmitten dieser illustren Stadt stand das Schloß Belvedere, in dem der alternde Kaiser über eine Hofgesellschaft präsidierte, die immer noch zu den glänzendsten Europas gehörte. Hier wurde ganz deutlich, daß die Realitäten das Erscheinungsbild Lügen straften; denn unter der strahlenden Oberfläche gab es greifbare Beweise für die schwindende Vitalität und Leistungsfähigkeit. Sentimentale Wiener mögen Franz Joseph vielleicht jene Eigenschaften von Weisheit zuschreiben, die das Alter angeblich begleiten. Wie seine Leistungen in der Nationalitätenfrage zeigen, besaß er sie nicht, und es gab nicht viele Hinweise darauf, daß die Dynastie sie nach seinem Tode haben würde. Der einzige Sohn des Kaisers, Rudolf, war in eine außereheliche Liebesaffäre verwickelt und hatte sich und seine Geliebte im Jahre 1889 in Meyerling getötet – ein tragisches Ereignis, das als Thema unzähliger Sensationsbücher und verschiedener sentimentaler Filme gedient hat. Rudolfs rechtmäßiger Thronfolger war der Neffe des Kaisers, Großherzog Franz Ferdinand, ein tüchtiger Soldat, dessen politische Fähigkeiten noch nicht erprobt waren.

Auch die beiden Bereiche des Staatsdienstes, auf die sich der Anschein von Einheit im Kaiserreich gründete, waren nicht so intakt, wie sie zu sein schienen. Die Bürokratie wurde manchmal als die beste Europas bezeichnet, aber – wie Musil schrieb – «sie empfand Genie und geniale Unternehmungssucht an Privatpersonen, die nicht durch hohe Geburt oder einen Staatsauftrag dazu privilegiert waren, als vorlautes Benehmen und Anmaßung». Was die Armee betrifft, so gab es Gründe, ihre Leistungsfähigkeit und selbst ihre Zuverlässigkeit anzuzweifeln. Der lange Streit um den Gebrauch der madjarischen Sprache in den ungarischen Regimentern hatte die innere Einheit und Moral geschwächt. Noch viel mehr Schaden richtete die Nachricht an, die im Mai 1913 durch die Zeitungen ging, daß Oberst Alfred Redl, Stabschef des Prager Corps der kaiserlichen und königlichen Armee, seit über zehn Jahren als Spion für die Russen tätig gewesen war. Der Fall Redl erschütterte das Vertrauen der Öffentlichkeit in die Regierungsstruktur des österreichisch-ungarischen Kaiserreiches vielleicht mehr als irgendein anderes Ereignis des Vorkriegsjahrzehnts, während er gleichzeitig dessen Ruf unter seinen Verbündeten beeinträchtigte.

Österreich und die Balkanstaaten. Alle internen Probleme Österreich-Ungarns wurden noch komplizierter durch die Beziehungen des Kaiserreichs zu den kleineren Staaten Südosteuropas, dem türkischen Kaiserreich, das noch über nominelle Oberhoheitsrechte in einigen dieser Staaten verfügte, und dem zaristischen Rußland. Die Abhängigkeit des Kaiserreiches von der Donau als Handelsweg bedeutete ein zwangsläufiges Interesse an der Politik Serbiens, Bulgariens und Rumäniens. Abgesehen von der Donau hatte Österreich nur durch den Besitz der Halbinsel Istrien im Nordosten der Adria und der Küste Dalmatiens Zugang zum Meer. Deshalb fühlte sich die Habsburger Monarchie gezwungen, jede jugoslawische Bewegung zu verhindern, die die wirtschaftlichen und (angesichts der Bedeutung der dalmatischen Küste bei einer Auseinandersetzung mit Italien) strategischen Interessen des Kaiserreichs bedrohen würden.

Bis 1903 gab es trotz herzlicher österreichisch-serbischer Beziehungen in Österreich eine geistige Strömung, die die Ansicht vertrat, die Interessen Österreichs könnten nur durch eine Vereinigung aller Serben und Kroaten in Serbien, Montenegro, Dalmatien, Istrien, Bosnien, der Herzegowina und der ungarischen Provinz Kroatien-Slawonien in einem jugoslawischen Staat *innerhalb* der Habsburger Monarchie gewahrt werden, einem Staat, der in jeder Hinsicht Österreich und dem Königreich Ungarn gleichgestellt sein sollte. Dieser Plan wurde – ebenso wie derjenige zur Anhebung der tschechischen Stellung im Kaiserreich – von den Madjaren erbittert bekämpft und wäre wahrscheinlich allein an diesem Felsen gescheitert, auch wenn ein Wechsel in der Dynastie im Jahre 1903 in Belgrad nicht zu einer Verschärfung des serbischen Chauvinismus Anlaß gegeben hätte. Mit der Verschlechterung der Beziehungen zwischen Wien und Belgrad in den darauffolgenden Jahren schwand jeder Gedanke daran, die Serben auf freundschaftliche Art und Weise zu gewinnen, und die Habsburger Monarchie suchte nach aggressiveren Mitteln zur Lösung der südslawischen Frage. Dies trug zu jenem gefährlichen Zusammenstoß zwischen Österreich und Rußland im Jahre 1908 bei (s.

S. 342–344), der die zum Weltkrieg und zum Zusammenbruch des österreichisch-ungarischen Kaiserreiches führenden Ereignisse in Gang setzte.

Bevor wir jedoch mit der Geschichte dieser Ereignisse fortfahren, wird es notwendig sein, einen kurzen Blick auf den Fortschritt und die Probleme der Balkanländer seit dem Berliner Kongreß und – im nächsten Kapitel – auf den Zustand und das politische Vorgehen des großen Rivalen Österreichs in diesem Gebiet, des zaristischen Rußland, zu werfen.

Die Staaten Südosteuropas

Rumänien. Das moderne Rumänien war weitgehend durch den Krimkrieg entstanden: denn der Kongreß von Paris am Ende jenes Konfliktes hatte das frühere russische Protektorat über die türkischen Provinzen Moldau und Wallachei aufgehoben und sie faktisch unabhängig gemacht. Innerhalb von drei Jahren wurden sie unter der Führung eines energischen einheimischen Fürsten, Oberst Alexander Cuza, vereinigt, der das neue autonome Fürstentum bis 1866 regierte. In diesem Jahr wurde Cuza gestürzt und Prinz Carol von Hohenzollern-Sigmaringen, einem Vetter Kaiser Wilhelms I. von Deutschland, der Thron angeboten.

Direkt zu Beginn seiner langen Regierungszeit (1866–1914) berief Carol eine Versammlung ein. Sie entwarf eine liberale Verfassung nach westlichem Muster, die die Macht des Königs durch Ministerverantwortlichkeit gegenüber der Legislative einschränkte und ein durch begrenztes Wahlrecht auf der Grundlage des preußischen Dreiklassensystems gewähltes Zweikammer-Parlament vorsah. Die Fiktion der türkischen Oberherrschaft wurde beibehalten, bis der Sultan und die anderen Mächte im Jahre 1878 in Rumäniens Unabhängigkeit einwilligten. 1881 verkündete die rumänische Regierung, daß der Staat künftig die Bezeichnung Königreich Rumänien und der Fürst den Namen König Carol I. tragen würde.

Als vorwiegend agrarisches Land litt Rumänien unter den sozialen Unruhen, die mit einer ungerechten Grundbesitzverteilung verbunden sind, und im Jahre 1907 fand ein großer Bauernaufstand statt, der die Regierung zwang, eine Reihe von Reformmaßnahmen durchzuführen. Abgesehen davon gab es viele Zeichen des Fortschritts. Die Getreide- und Ölausfuhren stiegen während der gesamten Regierungszeit Carols, erstere um das Dreifache, letztere noch weitaus stärker. Im Jahre 1866 besaß Rumänien noch keine einzige Eisenbahn; im Jahre 1914 verfügte es über ein Schienennetz von nahezu 2500 Meilen. In kommerzieller Hinsicht war es das bedeutendste Balkanland, und um 1914 wuchs auch seine Industrie sehr rasch.

Ein Großteil des Staatseinkommens aus diesem Wachstum wurde leider für die für ein Land vom Umfang Rumäniens übermäßig große Armee und Marine aufgewendet. Aber Rumänien war ein ehrgeiziger Staat und hatte einen Grund zur Beschwerde. Seine Armeen hatten im Jahre 1877 Seite an Seite mit den Russen gekämpft. Rußland aber hatte nicht für nötig gehalten, es für diesen Beistand durch die Abtretung Bessarabiens zu belohnen, das die Rumänen aus ethnischen Gründen als ihr rechtmäßiges Territorium betrachteten. Auch an der Zukunft der rumänischen Untertanen der Habsburger Monarchie in Transsylvanien und der Bukowina besaß Rumänien ein lebhaftes Interesse. Die Möglichkeit einer territorialen Auseinandersetzung mit einem oder mehreren seiner Nachbarn war immer gegeben.

Bulgarien. Da das bulgarische Volk gezwungen war, sich selbst von dem Osmanischen Reich zu befreien und sich nahezu sofort danach gegen Rußland zur Wehr setzen mußte, um nicht dessen reiner Satellitenstaat zu werden, war die politische Geschichte Bulgariens stürmisch verlaufen.

In den ersten Jahren nach der Absetzung Fürst Alexander von Battenbergs (s. S. 209) verfügte das Land glücklicherweise über einen mutigen und entschlossenen Staatsmann. Es war Stefan Stambulow, der Sohn eines Gaststättenbesitzers, der seine Ausbildung in Rußland erhalten hatte. Als Präsident der Nationalversammlung («Sobranje») führte er nach Alexanders Abdankung in der provisorischen Regierung den Vorsitz und war bei der Wahl Prinz Ferdinand von Sachsen-Coburgs zu dessen Nachfolger die treibende Kraft. In den ersten Regierungsjahren Ferdinands war Stambulow praktisch Diktator von Bulgarien. Er setzte seine Autorität ein, um die letzten Reste des russischen und türkischen Einflusses im Lande auszumerzen, den Bau von Schienenwegen und die Ausweitung des Handels zu fördern, eine Industrie ins Leben zu rufen, die bulgarische Armee zu modernisieren und die nationale Hauptstadt Sofia zu verschönern.

Der Konflikt mit Rußland in den späten 80er Jahren trieb Bulgarien in die Arme Österreich-Ungarns, zu dem es enge wirtschaftliche und nach der Thronbesteigung Ferdinands auch dynastische Bindungen hatte; denn der neue Fürst war Mitglied der Armee Franz Josephs gewesen und jenem Herrscher in Treue verbunden. Gleichzeitig herrschte ein gespanntes Verhältnis zwischen Sofia und Belgrad, und nach 1903 verfolgte die österreichisch-ungarische Regierung einen gezielten Plan, um Bulgarien gegen Serbien auszuspielen und unterstützte die bulgarischen Ansprüche, um das Wachstums Serbiens zu verhindern. Dies war eine gefährliche Politik, die Bulgarien schließlich in einen Kampf der Großmächte verwickelte, der noch gefährlicher war, als der, der es im Jahre 1887 bedroht hatte.

Serbien. Als autonomes Fürstentum seit dem zweiten Jahrzehnt des 19. Jahrhunderts hatte Serbien auf dem Berliner Kongreß im Jahre 1878 die vollständige Unabhängigkeit von der Türkei erlangt und proklamierte sich vier Jahre später zum Königreich. Aber dieser wachsenden Bedeutung entsprach kein eindeutiger Beweis von innerer Stärke und Vitalität. Die Regierung König Milan Obrenovićs war gekennzeichnet durch innenpolitische Unzufriedenheit, administrative Unfähigkeit und finanzielle Mißwirtschaft. Im Jahre 1885 beging Milan den Fehler, einen Krieg gegen die Bulgaren zu führen, der verheerende Folgen hatte. Dies ruinierte seinen Ruf vollständig; er blieb zwar noch vier Jahre lang im Amt, doch im Jahre 1889 zwang man ihn zur Abdankung.

Der neue Herrscher, Alexander I., war bei seiner Thronbesteigung erst dreizehn Jahre alt, und während der notwendig werdenden Regentschaft nahmen die Unruhen und die Aufsplitterung politischer Gruppen im Lande zu. Durch die Machtübernahme Alexanders im Jahre 1893 wurden sie noch zusätzlich gefördert; denn er erwies sich als ein impulsiver junger Mann, der zu autoritären Gesten neigte. Im Jahre 1900 setzte er sich über alle Einwände gegen eine unpolitische und unpopuläre Heirat hinweg, was Folgen hatte, die für den Balkan nicht ungewöhnlich sind. 1903 wurden Alexander, seine Frau und einige ihrer Verwandten in Belgrad auf grausame Art und Weise ermordet und ihre verstümmelten Leichen aus den Fenstern des königlichen Palastes hinausgeworfen.

Dieser Tat kam in der Geschichte Südosteuropas eine revolutionäre Bedeutung zu. Bis zu diesem Zeitpunkt waren die Beziehungen zwischen Serbien und dem österreichisch-ungarischen Kaiserreich trotz gewisser territorialer Differenzen freundschaftlich gewesen. Beim Zusammenbruch der tollkühnen Offensive König Milans gegen Bulgarien im Jahre 1885 hatte eine österreichische Intervention die vollständige Vernichtung der serbischen Armee verhindert. Die beiden Länder hatten belebende und gewinnbringende Handelsbeziehungen unterhalten, und die Herrscherhäuser waren miteinander befreundet. Nun kam durch den Mord in Belgrad jedoch die Dynastie der Karageorgewitschs in der Person Peters I. auf den Thron, und die serbische Politik nahm einen antiösterreichischen Charakter an. Dies ließ sich nicht so eindeutig auf König Peter zurückführen als vielmehr auf seinen Sohn, den künftigen König Alexander von Jugoslawien. Dieser tüchtige und intelligente junge Mann, Soldat und Patriot, war der Überzeugung, daß Serbien dazu bestimmt sei, Bosnien und die Herzegowina von der österreichischen Herrschaft zu befreien, sie Serbien anzugliedern und den serbischen und kroatischen Untertanen der Habsburger Monarchie zur Gleichberechtigung zu verhelfen. Es gibt deutliche Anzeichen dafür, daß Prinz Alexander die mittels Agenten in Bosnien und Österreich auf jene Ziele hinarbeitenden patriotischen Geheimbünde (die Schwarze Hand und andere) unterstützt hat. Die Folgen dieser neuen politischen Orientierung machten sich von 1908 bis 1914 in ganz Europa bemerkbar (s. S. 347–348).

Griechenland. Auch das südlichste Balkanland, das Königreich Griechenland, bot ein Bild der inneren Verwirrung, der Unzufriedenheit und zunehmenden Expansionsstrebens.

Die Großmächte waren bei der Grenzziehung in Griechenland nach dessen erfolgreichem Freiheitskampf im Jahre 1833 so verfahren, daß viele Griechen in Thessalien, Epirus und Makedonien unter türkischer Herrschaft blieben. Die Verhandlungen der Regierung König Ottos I., eines bayerischen Prinzen, den die Mächte im Jahre 1832 als Souverän eingesetzt hatten (s. S. 35), um Grenzveränderungen blieben erfolglos. Ein Versuch, die Zeit des Krimkrieges, während dessen die Mächte abgelenkt waren, für gewaltsame Grenzkorrekturen auszunutzen, endete mit einem Fiasko. Durch den erlittenen Prestigeverlust und die wirtschaftlichen Rückwirkungen verlor Otto den letzten Rest an Popularität, und im Jahre 1862, konfrontiert mit neuen Volksaufständen, fühlte er sich gezwungen, im Ausland Sicherheit zu suchen.

Nach einigen Schwierigkeiten fand man einen neuen Herrscher, Prinz Wilhelm Georg von Dänemark. Er kam mit Geschenken zu den Griechen; denn die britische Regierung hatte (vielleicht in der Hoffnung, seine Überlebenschancen in einem politisch unsicheren Land zu erhöhen) beschlossen, anläßlich seiner Ernennung die Ionischen Inseln, die seit 1815 unter britischer Schutzherrschaft gestanden hatten, an Griechenland abzutreten. Die neue Regierung begann mit einer Verfassungsrevision, die das allgemeine Wahlrecht für Männer einführte und die Minister des Königs einer alleinigen Kammer mit bezahlten, für eine vierjährige Amtszeit bestellten Abgeordneten gegenüber verantwortlich machte. Man kann nicht sagen, daß dieser Übergang von einer liberalen zu einer demokratischen Verfassung größere Stabilität bewirkte. Während der Regierungszeit Georgs I. (1863–1913) gab es mehr als fünfzig verschiedene Kabinette. Finanzielle Schwierigkeiten, bewirkt durch die Einführung neuer Sozialeinrichtungen, ein vielleicht zu ehrgeiziges Programm für öffentliche Arbeiten und hohe Militärausgaben vergrößerten die Probleme des Staates.

Wie auch andere Balkanländer verfügte Griechenland aufgrund seiner territorialen Ziele über ein hohes Militärbudget. Das Land war mit der Abtretung der Ionischen Inseln oder dem Erwerb eines Drittels von Epirus und des größten Teils von Thessalien im Jahre 1881 nicht zufrieden. Das Ziel aller griechischen Patrioten und insbesondere der Ethniké Hetaireia (Nationale Vereinigung), eines im Jahre 1894 gegründeten Geheimbunds, der die Regierung zur Durchbrechung der von den Großmächten auferlegten Beschränkungen anspornte und in den ersehnten Territorien Vereinigungsbewegungen förderte, waren die restlichen Teile jener Provinzen sowie Makedonien und die Insel Kreta.

In den Jahren 1885 und 1886, als Bulgarien Ostrumelien erwarb sowie Serbien im Krieg besiegte, und als auf dem Balkan große Veränderungen bevorzustehen schienen, mobilisierte die griechische Regierung ihre Streitkräfte und drohte mit einem Angriff auf die Türkei, wurde aber durch eine Großmachtblockade zurückgehalten. Zehn Jahre später, als sich die Christen auf Kreta in einem Aufstand gegen die türkische Verwaltung erhoben und ihre Vereinigung mit Griechenland erklärten, kamen griechische Seestreitkräfte den Rebellen zur Hilfe, und irreguläre griechische Truppen fielen in Thessalien ein, entschlossen, Griechenlands türkische Gebiete zu befreien. Im April 1897 erklärte der Sultan Griechenland den Krieg, schlug dessen Landstreitkräfte innerhalb von dreißig Tagen in die Flucht und drohte Athen einzunehmen.

Die Türkei und die Balkanländer. Im Laufe des 19. Jahrhunderts war das Osmanische Reich Schritt für Schritt gezwungen worden, den Forderungen seiner nationalen Minderheiten nachzukommen und Territorien aufzugeben, die es einst als eine zwar nicht anerkannte, aber sehr reale europäische Macht auftreten ließen. Gegen Ende des Jahrhunderts umfaßten die türkischen Besitzungen in Europa nur noch einen Gebietsgürtel, der sich vom Bosporus und den Dardanellen westlich über Thrakien, den verbliebenen Teil Rumeliens und Makedonien bis Albanien und Epirus und zu den Gewässern des Adriatischen Meeres erstreckte. Außerdem besaß die türkische Regierung einen Rechtsanspruch auf die Provinzen Bosnien und Herzegowina, die im Jahre 1878 unter österreichische Verwaltung gelangt waren.

Es war zu erwarten, daß diese Territorien nicht mehr lange unter türkischer Herrschaft bleiben würden. Die türkische Regierung war seit Generationen durch ihre unfähige Verwaltung und Korruption gekennzeichnet und hatte auf Ermahnungen der Großmächte und ihre nachdrücklichen Forderungen nach Reformen in keiner Weise reagiert. Und die Zahl derer, die nach den türkischen Besitzungen in Europa trachteten, war unerquicklich groß.

Zur Bestürzung der Staatsmänner des Balkans, der Habsburger Monarchie und Rußlands gab es im Jahre 1908 jedoch Anzeichen dafür, daß die Türkei im Begriff sein könnte, sich aktiv an der Südosteuropapolitik zu beteiligen. Im Juli dieses Jahres übernahm eine revolutionäre Partei, die sich «Jungtürken» nannte, die Regierung in Konstantinopel, nachdem es ihr zunächst gelungen war, die Unterstützung der Armee zu gewinnen. Der despotische Sultan Abd ül-Hamid II. wurde zur Billigung von Verfassungsänderungen gezwungen, die die Umformung der Türkei in einen liberalen Staat versprachen.

Der Enthusiasmus, mit dem diese Revolution begrüßt wurde, schien eine Straffung der Verwaltung, eine energischere Behauptung der türkischen Rechte (z. B. in Bosnien) und vielleicht sogar eine Kampagne zur Wiedererlangung verlorener Rechte und Territorien des Osmanischen Reiches anzukündigen. Genau diese Möglichkeit ließ die Balkanstaaten und die Großmächte, die in Südosteuropa vitale Interessen verfolgten, hellhörig werden.

17. Das zaristische Rußland 1871–1914

In «Der Kirschgarten» von Anton Tschechow äußert der «ewige Student» Trofimow am Ende des Zweiten Aktes Gedanken, die das Publikum bei der Erstaufführung in Moskau im Januar 1904 tief bewegt haben müssen:

«Wir sind um mindestens zweihundert Jahre zurückgeblieben; wir haben nichts, einfach gar nichts, keine bestimmte Einstellung zur Vergangenheit;

wir philosophieren nur, klagen über Langeweile oder trinken Schnaps. Es ist ja so klar: Um ein Leben in der Gegenwart zu beginnen, müssen wir vorerst unsere Vergangenheit sühnen und mit ihr Schluß machen; und sühnen können wir sie nur durch Leid, nur durch außerordentliche, unablässige Arbeit.»

Gedanken wie diese waren von russischen Intellektuellen seit den 60er Jahren immer wieder vorgetragen worden. Für jeden, dessen Horizont über die Grenzen seines eigenen Landes hinausging, war es offenkundig, daß Rußland im Hinblick auf den materiellen Fortschritt und die Entwicklung seiner politischen Institutionen gegenüber den größeren Nationen der westlichen Welt zurückgeblieben war. Diese Erkenntnis beherrschte das Denken der Mehrheit der politisch bewußten Russen und führte zur Unzufriedenheit mit den bestehenden Zuständen. Im großen und ganzen teilten sich die Befürworter von Reformen in drei Hauptgruppen.

Die erste wollte wirtschaftliche und soziale Verbesserungen durch Erlasse des Zaren oder administrative Maßnahmen ohne fundamentale Veränderung des politischen oder sozialen Systems. Die zweite Gruppe setzte sich aus Universitätsprofessoren, Beamten, Angehörigen der freien Berufe und Vertretern der wachsenden kapitalistischen Schicht zusammen, die glaubten, Rußland müsse die liberalen Länder Westeuropas nachahmen und durch eine progressive Ausweitung der politischen Rechte eine allmähliche Reform erreichen. Die dritte und am wenigsten homogene Gruppe bestand aus Revolutionären mit verschiedenen Programmen, von denen die meisten darin übereinstimmten, daß der Bruch mit der Vergangenheit gewaltsam vollzogen werden müsse.

Der politische Einfluß der organisierten Reaktion und die Teilnahmslosigkeit der Massen steuerten zur Niederlage oder Verzögerung der von den ersten beiden Gruppen verfochtenen Reformarten und schließlich zur Diskreditierung derjenigen bei, die sie befürworteten. Dies bedeutete, daß mehr und mehr Menschen im Laufe der Jahre zu der Überzeugung gelangten, daß eine wirklich radikale Reform der Lebensbedingungen in Rußland unumgänglich sei.

Die wirtschaftliche Lage

Das Agrarproblem. Nichts zeigt die Rückständigkeit Rußlands im Vergleich zum Westen deutlicher als das Hinterherhinken seiner Landwirtschaft während des gesamten hier erörterten Zeitabschnitts. Das grundlegende Problem war die ländliche Übervölkerung; es wurde aber durch andere Dinge verschärft. Das Land hätte weitaus mehr Menschen ernähren können, wenn man nach dem Dekret zur Befreiung der Bauern von der traditionellen Gemeindeorganisation in der Landwirtschaft abgegangen wäre (s. S. 186–187). Die Gemeinden hielten an der Dreifelderwirtschaft fest, was bedeutete, daß ein Drittel des Gemeindelandes immer brachlag. Auch fehlende Sachkenntnis der

34. Russische Bauern aus der Region Orel in der zweiten Hälfte des 19. Jahrhunderts

Bauern und das Versäumnis der Regierung, über intensive Ackerbaumethoden zu informieren und genügend Kredite bereitzustellen, um Maschinen und Düngemittel für den kleinen Landbesitzer erschwinglich zu machen, verhinderten die Steigerung der Produktionskapazität des Bodens. Der Ertrag blieb daher gleich, während sich die Bevölkerung vermehrte.

Einzelnen Bauern war es natürlich möglich, ihren Besitz durch Landkauf oder -pachtung zu vergrößern. Diese Alternative konnten sich jedoch nur sehr wenige leisten, und die Regierung erweiterte die Kreditmöglichkeiten nur sehr langsam. Die große Masse der Bauern lebte weiterhin unter ständig drückender werdender Armut in den Gemeinden.

Die Regierung war sich des Elends der ländlichen Massen immer bewußt und machte sporadische Versuche, es zu lindern – durch Senkung der Grund- und Kopfsteuern, gelegentliche Moratorien für die Ablösungszahlungen und ähnliches. Doch bis zum Kabinett P. A. Stolypins (1905–1911) waren die Reformen eher beschönigend als grundlegend, zum Teil weil die Regierung befürchtete, durch übermäßige Großzügigkeit gegenüber den Bauern den landbesitzenden Adel vor den Kopf zu stoßen.

Die Industrie und die Arbeiterschaft. Im Gegensatz zur Landwirtschaft ließ die russische Industrie in diesem Zeitabschnitt deutliche Anzeichen des Wachstums erkennen, obgleich sie nicht solche Größenverhältnisse erreichte, daß sie der landwirtschaftlichen Übervölkerung hätte abhelfen können. Die deutlichsten Zugewinne verzeichneten die Textil- und die eisenverarbeitende Industrie. Das Wachstum der letzteren wurde durch den raschen Eisenbahnbau der 70er Jahre angeregt. Einer der Hauptgründe für die Entwicklung der bedeutenden neuen Kohlen- und Eisenindustrie im Donez-Becken und für das Aufstreben neuer Industriezentren wie Ekaterinoslaw und Rostow am Don war die Nachfrage nach Stahlschienen und Eisenrädern. Ein weiteres Industriegebiet von zunehmender Bedeutung war das um Baku in den Ölfeldern des Kaukasus.

Weniger zögernd als bei der Behandlung landwirtschaftlicher Probleme verhielt sich die Regierung, wenn es um die Unterstützung der Industrie ging. Durch Subventionen verschiedener Art an Privatfirmen trieb sie den Eisenbahnbau voran. Die metallverarbeitende Industrie wurde durch staatliche Aufträge und hohe Zölle für die Waren ausländischer Konkurrenten unterstützt. Schließlich kamen der Industrie die Politik des Grafen S. J. Witte (1849–1915) zugute, der von 1892 bis 1903 Finanzminister war. Witte versuchte systematisch, Kapital nach Rußland zu ziehen. Er erhob Zölle, um das Staatseinkommen zu erhöhen und ausreichende Goldreserven anzulegen, so daß Rußland den Goldstandard annehmen und dadurch seine internationale Finanzposition stärken konnte. Ab 1897 etwa floß ausländisches Kapital ins Land. Um 1900 unterstützten französische und belgische Investoren die Entwicklung von Schwerindustrien in der Ukraine, und 269 ausländische Firmen waren in Rußland tätig, um ihm bei der Förderung seiner Mineral-

und Ölvorkommen behilflich zu sein und neue Industrien wie die Elektrotechnik und die chemische Industrie in Gang zu bringen. Am Ende der Amtszeit Wittes stand Rußland mit seiner Roheisenproduktion vor Frankreich an vierter Stelle und mit seiner Stahlproduktion an fünfter Stelle der Welt. Einer sowjetischen Berechnung zufolge (dies ist umso beeindruckender, als sowjetische Autoren den Reformen Wittes im allgemeinen kritisch gegenüberstehen) verdoppelte sich die gesamte Industrieproduktion während seiner Amtsperiode.

Dieser Fortschritt wurde mit neuen sozialen und politischen Problemen bezahlt. Wie in anderen Ländern tendierte die industrielle Organisation zu umfassenden kapitalistischen Unternehmen; und das Aufkommen solcher Großindustrien führte zwangsläufig zum Untergang handwerklicher Industrien. In den Gebieten, in denen das Handwerk neben dem bäuerlichen Einkommen Erwerbsquelle war, trug das zu den Komplikationen des Agrarproblems bei. Zugleich herrschten in den neuen kapitalistischen Unternehmen ähnliche Bedingungen wie in England in den 20er und in Frankreich in den 40er Jahren des 19. Jahrhunderts. Die Fabrikarbeiter mußten vierzehn bis sechzehn Stunden pro Tag bei so niedrigen Löhnen arbeiten, daß das Geld zum Unterhalt ihrer Angehörigen nicht ausreichte und auch Frauen und Kinder in den Fabriken und Bergwerken arbeiten mußten. Bis zum Ende des Jahrhunderts gab es praktisch keine Arbeiterschutzgesetzgebung und -kontrolle, keine Hygienevorschriften oder Sicherheitsbestimmungen.

Den Arbeitern stand kein Mittel zur Verfügung, um sich gegen diese Bedingungen und den stetigen Rückgang ihres Realeinkommens zu schützen. Sie befanden sich in einer wirtschaftlichen Notlage, die daraus resultierte, daß sich das Wachstum der Industrie nicht schnell genug vollzog, um mit der steigenden Anzahl der landlosen und stellenhungrigen Bauern Schritt zu halten; solange das Angebot an Arbeitern die Nachfrage überstieg, konnten die Fabrik- und Bergwerksbesitzer die Löhne ihrer Arbeiter auf das bloße Existenzminimum drücken. Bis in die 80er Jahre hinein hatte die Regierung nur ein theoretisches Interesse an den Klagen der Arbeiterschaft.

Während den englischen Gewerkschaften durch die Regierung Disraeli eine neue Freiheitscharta gewährt wurde, legte das russische Strafgesetz im Jahre 1875 eine Reihe schwerer Strafen für jeden fest, der Vereinigungen organisierte, die den Haß zwischen Arbeitgebern und Arbeitnehmern schüren konnten. Die Definition solcher Organisationen war so weit gefaßt, daß selbst rein wohltätige Vereine darunter fielen. Obgleich bestimmte Sparten des Staatsdienstes, insbesondere das Finanzministerium, der Überzeugung waren, daß eine aufgeklärtere Politik den Arbeitsfrieden und eine höhere Produktion bewirken würde, kooperierte die Regierung mit antigewerkschaftlichen Unternehmern nach dem Grundsatz, daß Gewerkschaften eine politische Gefahr für das Regime darstellten. Häufig wurden Truppen eingesetzt, um Unruhen niederzuschlagen, und Agenten in die Fabriken eingeschleust, um illegale Organisationsversuche auszuspionieren oder Agitatoren zu ermitteln.

Obwohl es keine legalen Organisationen gab, waren Streiks keine Seltenheit. Ein schwerer Streik in der Textilindustrie Moskaus im Jahre 1885 veranlaßte die Regierung zur Verabschiedung eines Gesetzes, das das Recht des Unternehmers, bei Disziplinvergehen Geldstrafen zu erheben, einschränkte; erneute Arbeitsniederlegungen in demselben Industriezweig in den Jahren 1896 und 1897 hatten Wittes Arbeitergesetzgebung zur Folge. Zwei Jahre später geriet Rußland in eine allgemeine wirtschaftliche Depression, die sich besonders in der Metall- und Ölindustrie bemerkbar machte. Die Folge war, daß es häufiger zu Streiks kam und daß deren Charakter sich änderte. Nach 1900 schlossen die Ziele der Arbeiter immer politische Forderungen ein. Ihre Streiks waren oft kurz und nicht dazu bestimmt, wirtschaftliche Konzessionen zu erkämpfen, sondern sollten als Demonstration gegen das Regime dienen.

Der Außenhandel. Rußlands Anteil am Welthandel ging über vier Prozent nicht hinaus und lag damit nicht wesentlich höher als in der ersten Hälfte des 19. Jahrhunderts. Die auffälligste Entwicklung in der Handelsstruktur war die stetige Steigerung der Getreideexporte. In den Jahren 1836 bis 1840 machte das Getreide nur fünfzehn Prozent des Gesamtwertes der russischen Exporte aus, nach 1871 aber etwa fünfzig Prozent. Diese starke Abhängigkeit vom Getreidehandel hatte Auswirkungen außerhalb des rein wirtschaftlichen Bereichs, insbesondere auf dem Gebiet der Außenpolitik. Um die Jahrhundertwende, während einer Periode der schweren wirtschaftlichen Depression in Rußland, verabschiedete die deutsche Regierung ein Zollgesetz, das das russische Getreide vom deutschen Markt faktisch ausschloß. Diese Maßnahme stärkte das im Jahre 1894 (s. S. 334) geschlossene französisch-russische Bündnis.

Die politischen Entwicklungen

Die letzten Jahre Alexanders II. Am 4. April 1866 verübte ein junger Mann namens D. V. Karakozow einen Mordanschlag auf Alexander II. Sein Schuß bildete für die Regierung ein Signal, von der seit dem Krimkrieg in der offiziellen Politik verfolgten Reformtendenz abzugehen, eine Tendenz, die das Dekret zur Befreiung der Bauern, die Einrichtung von «Zemstvos» und die Reorganisation des Justizsystems zur Folge gehabt hatte (s. S. 186–188). Eine gewisse Reformtätigkeit wurde fortgesetzt, so z. B. in den 70er Jahren, als der Kriegsminister D. A. Miljutin eine grundlegende Umgruppierung im gesamten Militärsystem vornahm und damit den Grundstein für die moderne russische Armee legte.

Die Heeresreformen bildeten jedoch eine Ausnahme, zu der sich die Regierung aufgrund der unverkennbaren Überlegenheit der westlichen Armeen gezwungen sah. In Angelegenheiten, die für die Staatssicherheit weniger lebenswichtig waren, setzte eine zunehmend reaktionäre Tendenz ein. Dies gilt beispielsweise für das Erziehungswesen, in dem die akademische Freiheit an den Universitäten unter Graf Dimitrij Tolstoj, dem Erziehungsminister von 1866 bis 1880, faktisch aufgehoben wurde. Gleichzeitig beschnitt Tolstoj die naturwissenschaftlichen Fächer in den Lehrplänen der höheren Schulen und setzte eine Gewichtsverlagerung zugunsten von Sprachen, Literatur, Geschichte, Geographie, Religion und anderen Fächern durch, die er politisch und moralisch für harmloser zu halten schien.

Diese Maßnahmen wurden als ein Versuch angesehen, die russische Jugend gegen die neuen Erkenntnisse abzuschirmen und erregten weithin Unwillen. Zu einer Zeit, in der das Land Wissenschaftler von Weltruf hervorbrachte – D. I. Mendelejew (1843–1901) in der Chemie, I. I. Metschnikow (1845–1916) in der Biologie, I. P. Pawlow (1849–1936) in der Physiologie – machten sie es diesen großen Wissenschaftlern schwer, Studenten zu finden und auszubilden. Auf merkwürdige Art und Weise war dies der Zukunft der russischen Wissenschaft wahrscheinlich eher förderlich als nachteilig. Hugh Seton-Watson schrieb, Tolstojs Vorgehen habe die russischen Intellektuellen in ihrer Überzeugung bestätigt, daß nur die naturwissenschaftliche Ausbildung fortschrittlich sei. Dies hatte weitreichende Rückwirkungen, nicht zuletzt auf das intellektuelle Leben der Sowjetunion.

Tolstojs Maßnahmen wurden vom Zar energisch unterstützt. In seinen späteren Amtsjahren geriet Alexander mehr und mehr unter den Einfluß der Ultrakonservativen, die ihn in der Überzeugung bestärkten, daß innerhalb der Jugend des Landes «destruktive Auffassungen» um sich griffen und daß eine revolutionäre Bewegung das Regime bedrohe. Diese Gruppe war schockiert über die als Nihilismus bezeichnete Weltanschauung – einen übertriebenen Realismus, der alle traditionellen Werte verwarf und das Recht auf Individualität und die Überlegenheit des menschlichen Verstandes betonte. Ihre Anhänger nahmen, ebenso wie die deutschen und französischen Studenten im Zeitabschnitt von 1815 bis 1830 (wie Kropotkin uns mitteilt), «eine gewisse äußere Rohheit als Protest gegen die sanfte Freundlichkeit ihrer Väter» an; doch der Nihilismus konnte kaum als eine Kraft angesehen werden, die die politische Stabilität zu gefährden vermocht hätte.

Von größerer Bedeutung war die Lehre des Populismus, deren Anhänger generell eine soziale Revolution für notwendig hielten und die die Ansicht vertraten, man brauche den Hochkapitalismus nicht abzuwarten, sondern könne sie auf der Grundlage des russischen Systems des gemeindlichen Landbesitzes erreichen, und daß die Bauernschaft die treibende Kraft hinter einem revolutionären Umsturz sein würde. Allerdings bestand unter den frühen Populisten nur wenig Übereinstimmung im Hinblick auf Taktik und Programm, und in den 60er und den frühen 70er Jahren tendierte die Bewegung zu Formlosigkeit, Idealismus und mangelndem Realismus. Die Populisten begingen den Fehler, den Bauern zu idealisieren und Wunder von ihm zu erwarten, und sie ließen außer acht, daß er zu ungebildet und zu verroht war, um ihre Botschaft zu verstehen.

Hätte die Regierung den Dingen ihren Lauf gelassen, so wäre die Bewegung vielleicht ein totgeborenes Kind gewesen. Aber polizeiliche Verfolgung und Massenprozesse gegen Agitatoren erhielten sie lebendig. Die Populistenführer begannen Methoden anzuwenden, die vorher von Sergej Netschajew und Peter Tkačev verfochten worden waren. Netschajew, ein früherer Anhänger Bakunins und Führer eines kurzlebigen Geheimbundes in den 1860er Jahren, hatte den Einsatz des Terrors als Mittel zur Förderung revolutionärer Ziele betont und schließlich durch die kaltblütige Ermordung eines Bundesmitglieds, das später des sogenannten Abweichlertums verdächtigt wurde, die Bedeutung der Revolutionsdisziplin auf dramatische Weise demonstriert. (Dieser Mord diente als Thema für Dostojewskijs Roman «Die Dämonen»). Der als Vorläufer Lenins geltende Tkačev lehrte, daß der Erfolg von Revolutionen weniger von dem Handeln der Massen abhänge, als vielmehr von der Vision und Entschlossenheit einer revolutionären Elite. In den späten 70er Jahren gingen die Populisten zu Geheimtätigkeit und Terrorismus über und befürworteten insbesondere den politischen Mord, um auf die Notwendigkeit der Revolution aufmerksam zu machen und die Unterstützung der Massen zu erzielen. Der Zar selbst wurde zur begehrtesten Zielscheibe, und die «Der Volkswille» genannte Vereinigung scheint mindestens sieben Mordanschläge auf ihn organisiert zu haben. Im März 1881 hatte sie schließlich Erfolg. Bei der Rückkehr Alexanders II. von einer Militärparade in St. Petersburg wurde eine Bombe in seinen Wagen geworfen, die diesen zerstörte, ohne den Zaren zu verletzen. Wenige Augenblicke später, als er neben dem Wrack stand, explodierte zu seinen Füßen eine zweite Bombe, und er starb innerhalb von wenigen Stunden.

Die Zeit der Reaktion 1881–1905. Die Täter wurden gejagt und erhängt, ihre Organisationen zerschlagen und die revolutionäre Bewegung für eine Generation unschädlich gemacht. Die darauffolgenden Jahre waren Jahre der Reaktion. In «Die Dämonen» von Dostojewskij sagt Hauptmann Lebiadkin:

«Würde ich den Versuch machen, meine Haut für ein Trommelfell zu hinterlassen, beispielsweise dem Akmolinschen Infanterieregiment, bei dem ich die Ehre hatte, meine militärische Laufbahn zu beginnen, damit auf dieser Trommel täglich vor dem Regiment die russische Nationalhymne getrommelt werde, dann hätte man das für Liberalismus gehalten ... Man würde meine Haut verbieten ...»

Dies ist eine repräsentative Schilderung der Atmosphäre unter Alexander III. (1881–1894), einem einfachen, gewissenhaften Herrscher mit festem Willen und ungeschmälert konservativen Ansichten. Seine politischen Prinzipien werden gewöhnlich in den Worten Orthodoxie, Autokratie und Nationalismus zusammengefaßt.

Von den Ministern Alexanders III. verdienen nur drei Erwähnung. Die bedeutendste Persönlichkeit in seiner Regierung war Konstantin Pobedonoszew (1827–1907), Oberprokuror des Heiligen Synods, d. h. Laienvorsitzender des Verwaltungsorgans der russisch-orthodoxen Kirche. Als Gegner aller westlichen Ideen vertrat er mit besonderer Vehemenz die Überzeugung, daß eine freie Presse die Wurzel allen Übels sei und daß Parlamente nur den Interessen ihrer Mitglieder dienten. Sein Ideal war eine Regierung der strikt zentralisierten Autokratie.

Die politischen Maßnahmen Pobedonoszews wurden meisterhaft sekundiert durch den ehemaligen Erziehungsminister Tolstoj, der im Jahre 1882 Innenminister wurde und unverzüglich ein Programm einleitete, das die bereits ungeheuer strenge Pressezensur noch verschärfte, die Reste akademischer Freiheit zunichte machte und Bibliotheken und Lesesäle unter strikte Aufsicht stellte. Die allgemeine Erziehungspolitik oblag nun Graf Delianow, dem Erziehungsminister von 1882 bis 1897. Insbesondere die Prinzipien der Grundschulerziehung waren darauf ausgerichtet, gesellschaftliche Mobilität zu verhindern.

Alexander III. starb im Oktober 1894 an einer Nierenentzündung. Sein Tod bewirkte keine Entspannung dieser Atmosphäre der Verfolgung und der Gesinnungskontrolle. Die politische Philosophie des neuen Souveräns, Nikolaus II. (1894–1917), unterschied sich nicht wesentlich von der seines Vaters. Allerdings fehlten ihm die Standhaftigkeit und Entschlossenheit Alexanders. Nikolaus war immer ein Werkzeug in der Hand stärkerer Persönlichkeiten: in den ersten zehn Jahren seiner Regierungszeit waren dies Pobedonoszew sowie militärische Ratgeber, die eine dynamische Außenpolitik befürworteten und hinter dem verhängnisvollen Abenteuer im Fernen Osten standen; in späteren Jahren waren es seine Frau und deren Günstlinge, insbesondere der Mönch Gregorij Rasputin. Eines hatten alle gemeinsam, die Einfluß auf Nikolaus ausübten, den Wunsch nämlich, daß er nichts tue, um den herrschenden Absolutismus zu mildern.

Reformer und Revolutionäre. Die Thronbesteigung durch den neuen Zaren führte nicht nur zu einer Belebung der politischen Aktivität unter den Verfechtern der Revolution, sondern auch unter den gemäßigten liberalen Gruppen, die seit dem Tode Alexanders II. relativ zurückhaltend gewesen waren. In den «Zemstvos» wurden Hoffnungen auf liberale Reformen wach, und führende Persönlichkeiten in diesen Organen der Kommunalverwaltung begannen, eine Erweiterung ihrer Kompetenzen und die Errichtung einer Art Zentralorganisation zu fordern, die in der nationalen Regierung eine gewisse Rolle spielen könnte. Der Zar machte mit diesen Vorschlägen kurzen Prozeß, und als «Zemstvo»-Führer eine feste Organisation auf nationaler Ebene zu errichten versuchten, wurden deren Sitzungen polizeilich verboten. Dennoch dienten die «Zemstvos» weiterhin als Forum für liberale Meinungsäußerungen.

Die ebenfalls innerhalb der ersten Regierungsjahre Nikolaus' wiederauflebende revolutionäre Opposition setzte sich aus zwei Hauptorganisationen zusammen, von denen die erste die Russische Sozialdemokratische Arbeiterpartei war. Die Ursprünge dieser Partei gingen auf die 80er Jahre zurück, als Georgij Plechanow (1857–1918), ein ehemaliger Populist, in die Schweiz emigriert war und eine sozialistische Organisation unter dem Namen «Arbeiterbefreiung» gegründet hatte. Plechanow übernahm die wesentlichen Grundsätze des Marxismus und betonte, Rußland müsse den Kapitalismus durchmachen, bevor es auf einen Übergang zum Sozialismus hoffen könne. Er lehnte das Vertrauen der Populisten in die bäuerlichen Massen ab und rief zur Gründung einer disziplinierten Arbeiterpartei auf. Plechanows schriftstellerische Begabung trug zur breiten Streuung des marxistischen Gedankenguts bei (Lenin sagte einmal, er habe es allein fertiggebracht, «eine ganze Generation russischer Marxisten heranzuziehen»), und um die Mitte der 90er Jahre gab es allein in St. Petersburg zwanzig marxistische Gruppen. Da sie im Untergrund operieren mußten, waren sie nicht sehr erfolgreich. Ihr erster Kongreß im Jahre 1898 in Minsk zur Erörterung der Organisation einer Partei auf nationaler Ebene war nur schwach besucht, und es wurden sehr bald mehrere Delegierte verhaftet. Danach verlagerte sich die Führung des russischen Sozialismus notwendigerweise auf den «Bund der russischen Sozialdemokraten im Ausland». Unter diesen Exilrussen vollzogen sich in den nächsten Jahren die entscheidenden Entwicklungen der Parteidoktrin. Sie planten den zweiten, 1903 in Brüssel (und London) abgehaltenen Parteikongreß.

Diese Konferenz ist heute in erster Linie in Erinnerung aufgrund einer – die Geschichte des Weltsozialismus verändernden – Meinungsverschiedenheit zwischen einer von einem älteren Mitarbeiter Plechanows, J. O. Martow, geführten Gruppe und einer anderen Gruppe, geleitet von dem brillantesten der jüngeren Führer, Lenin (1870–1924).

Der zweite Sohn eines Schulinspektors in Simbirsk an der Wolga, war Lenin, der mit richtigem Namen Wladimir Iljich Uljanow hieß, im Jahre 1887, als sein älterer Bruder wegen Komplizenschaft in einem Mordkomplott gegen den Zaren verhaftet und erhängt wurde, zu einem unerbittlichen Gegner des zaristischen Regimes geworden. Die Teilnahme an einem Studentenprotest an der Universität Kazan einige Jahre später setzte seiner formalen Ausbildung ein Ende. Er führte seine Studien dennoch fort und bestand seine juristischen Examina ohne Universitätsausbildung. Dann aber geriet er unter den Einfluß der Schriften Plechanows und widmete sich dem Studium des Marxismus und der Basis-Arbeit in einem Lesezirkel in St. Petersburg, dessen Ziel die Indoktrination der Arbeiterklasse war. Dies führte schließlich zu Schwierigkeiten mit der Polizei, zur Verhaftung und zu drei Jahren Exil in Sibirien. Nach seiner Freilassung gelang es ihm, sich den Weg ins Ausland zu bahnen. Er wurde einer der ersten Herausgeber der Parteizeitung «Iskra» (Der Funke), und seine Schriften führten bald zu seinem Ruf als eines Plechanow ebenbürtigen Theoretikers.

Während des Streits mit Martow auf dem Kongreß von 1903, in dem es großenteils um die Parteiorganisation ging, gab eine momentane Stimmenmehrheit Lenin die Gelegenheit, seine Fraktion Bolschewiken (oder Mehrheitler) zu nennen. Seine Gegner wurden automatisch die Menschewiken (oder Minderheitler). Die Namen setzten sich fest, und mit der Zeit verhärteten sich die augenblicklichen Meinungsverschiedenheiten zu prinzipiellen Unterschieden. Beide Gruppen hielten an den Grundlehren des Marxismus fest, beide blieben dem Umsturz des Zarentums verpflichtet, und beide glaubten in Übereinstimmung mit Plechanow, daß dem Untergang des Zarenregimes eine Periode der bürgerlich-demokratischen Regierung folgen müsse, bevor sich der Sozialismus durchsetzen könne. Während aber die Bolschewiken die Ansicht vertraten, diese Periode der bürgerlichen Herrschaft müsse eine reine Übergangsphase sein, in der die Partei das Proletariat und die Bauernschaft zur letzten Revolution antreiben würde, tendierten die Menschewiken zu der Überzeugung, daß dies eine lange Periode echter Zusammenarbeit zwischen bürgerlichen und sozialistischen Parteien sein müsse. Die Menschewiken kamen den revisionistischen Parteien Westeuropas näher, als sie zugaben.

Eine zweite wesentliche Meinungsverschiedenheit hing mit der Parteiorganisation zusammen. Wie Lenin in seinem brillanten Pamphlet «Was tun?» im Jahre 1902 geschrieben hatte, glaubte er, die sozialistische Bewegung müsse von einer Elite professioneller Revolutionäre geführt werden, da die Masse der Arbeiter ihren revolutionären «élan» verlieren und in den Sumpf des Reformismus abgleiten würde. Übersetzt in die Sprache der Organisation, beinhaltete dies eine kleine zentralisierte und disziplinierte Partei, der kein Mitglied ohne bestimmte Aufgaben angehörte. Martow protestierte in Brüssel, er wolle keine Partei, deren Mitglieder auf ihr Recht zu denken verzichteten; und die Menschewiken argumentierten immer für eine Partei, die nicht nur professionellen Revolutionären geöffnet sei, sondern allen Arbeitern und Intellektuellen, die an ihre Ziele glaubten. Auf die Dauer trug Lenins Standpunkt den Sieg davon.

Doch der Triumph des Bolschewismus lag noch in weiter Ferne. In der wiederbelebten revolutionären Bewegung der ersten Regierungsjahre Nikolaus' II. fand der Marxismus noch einen mächtigen Konkurrenten im Populismus, der die Gründung der Sozialrevolutionären Partei in den ersten fünf Jahren des neuen Jahrhunderts anregte. Die Sozialrevolutionäre hatten viele Überzeugungen mit den Sozialdemokraten gemeinsam. Ihre wesentlichen Unterschiede lagen in der Bedeutung, die sie den Bauern beimaßen, ihrer Bereitschaft zu glauben, der Sozialismus werde direkt auf den Umsturz der Monarchie folgen, und ihrem stärkeren Vertrauen auf die Wirksamkeit des politischen Terrorismus.

Die Revolution von 1905. Während des Konjunkturrückgangs von 1899 bis 1903 lösten Fabrikschließungen innerhalb der Arbeiterschicht große Not aus, und bevor sich das Land von den Auswirkungen dieser Depression vollständig erholen konnte, hatte die leichtsinnige Regierungspolitik im Fernen Osten zu einem Krieg mit Japan geführt (s. S. 332–333). Dieser machte die Mobilisierung von Reserven aus ländlichen Gebieten notwendig, wodurch die landwirtschaftliche Produktion und der Vertrieb gestört wurde. Die gleichbleibend schlechten Frontnachrichten hätten es der Regierung, selbst bei ernsthaftem Versuch, schwer gemacht, diese Härten zu rechtfertigen. Infolgedessen entwickelten alle Oppositionsgruppen eine unbändige Aktivität. Am spektakulärsten war sie unter den Sozialrevolutionären, die zwischen 1901 und 1904 ein Terrorprogramm durchführten, in dessen Verlauf sie zwei Provinzialgouverneure, einen Erziehungsminister und zwei Innenminister töteten. Die Sozialdemokraten beschränkten sich größtenteils auf die Propaganda unter den Fabrikarbeitern. Was die liberale Bewegung angeht, die ihren Mittelpunkt in den «Zemstvos» hatte, so erweiterte sich ihre Mitgliederzahl, und sie gründete eine Auslandsorganisation und eine Zeitung, die wagemutig zur Beendigung der Autokratie und zur Einführung einer konstitutionellen Monarchie aufrief. Im Herbst 1904 hielten die Liberalen in St. Petersburg und Moskau Bankette ab.

Zu Beginn des neuen Jahres explodierte die aufgestaute Spannung. Im Januar 1905 wurden in St. Petersburg mehrere Fabriken, die Tausende von Arbeitern bechäftigten, durch einen Streik lahmgelegt. Am Sonntag, dem 9. Januar, schlossen sich viele dieser Arbeiter einem Protestmarsch zum Winterpalais an. Wie gewöhnlich handelte die Regierung argwöhnisch und in Panikstimmung. Truppen blockierten den Marsch und eröffneten dann das Feuer auf die Reihen, töteten und verwundeten Hunderte von Menschen und sorgten dafür, daß der Tag als «blutiger Sonntag» in Erinnerung blieb.

In der Hauptstadt brach unverzüglich ein Generalstreik aus, der auf Moskau, Saratow, Ekaterinoslaw und auf die größten Städte Polens und der baltischen Provinzen übergriff. Bauernrevolten breiteten sich rasch aus, und im Juni organisierten sich die Bauern in einem Bund. Sowohl Arbeiter als auch gebildete Städter gründeten neue Organisationen. Erschüttert durch die Rückschläge im Krieg, gerieten auch die Streitkräfte in den Bann der Revolution.

Als seine Welt um ihn herum einzustürzen schien, handelte der Zar zögernd und unentschlossen. Indem er seine Absicht versicherte, daß er eine beratende Versammlung «der ehrenwertesten Menschen» einberufen werde, machte er gleichzeitig deutlich, daß die meisten Intellektuellen und Arbeiter vom Wahlrecht ausgeschlossen bleiben würden. Diese Haltung ermutigte zu neuen ländlichen und städtischen Unruhen sowie zu Eisenbahner- und Universitätsstreiks und einem weiteren Generalstreik in der Hauptstadt. Im Oktober wurde in St. Petersburg der erste Rat (Sowjet) von Arbeiterdeputierten gebildet, der für die städtische Selbstverwaltung zu agitieren begann. Angesichts der sich häufenden Nöte, erwog der Zar ernstlich eine Militärdiktatur, ließ sich aber schließlich durch seine Ratgeber dazu bewegen, statt dessen das sogenannte Oktobermanifest bekanntzugeben. Dieses Dokument sah eine Erweiterung der Grundfreiheiten vor, kündigte die Einberufung einer nationalen gesetzgebenden Versammlung, oder «Duma», an, die durch ein sehr viel weitergehendes Wahlrecht gewählt werden sollte, als es vorher definiert worden war, und reorganisierte den Ministerrat nach westlichen Prinzipien.

Dieses Dekret, das die Umwandlung des autokratischen Rußland in eine konstitutionelle Monarchie zu kennzeichnen schien, machte die Einheit der Revolutionsbewegung zunichte, und ihr Feuer erlosch. Die öffentliche Meinung wandte sich gegen die Radikalen, und dies ermutigte die Polizei, im Dezember den St. Petersburger Arbeiterrat aufzulösen. Dies führte zu Sympathiestreiks und Demonstrationen in Rostow und Moskau, die jedoch bald unterdrückt waren.

Das Verfassungsexperiment. Nach Wiederherstellung einer relativen Ordnung wurde bald deutlich, daß durch die Revolution sehr wenig gewonnen war und daß zumindest für den Augenblick keine Möglichkeit bestand, irgend etwas daran zu ändern. Von 1906 bis 1914 schienen sich alle Willensstärke und Einigkeit auf seiten der Reaktion zu konzentrieren. Die Linke war hoffnungslos gespalten. Die liberalen Kräfte teilten sich auf in die konstitutionellen Demokraten, oder Kadetten, die ein höheres Maß an parlamentarischer Macht wollten, und die Oktobristen, die sich mit dem Manifest des Zaren zufrieden gaben. Die Sozialdemokraten verstrickten sich in interne Fehden, und die Sozialrevolutionäre gingen völlig auf in neuen Komplotten gegen einzelne Personen. Adel, Grundbesitzer, Kirche, Bürokraten, Soldaten und panslawistische Patrioten aber organisierten sich in einem «Bund des russischen Volkes», um den Zaren in seinem Widerstand gegen weitere Konzessionen und in der Wiedereroberung des im Oktober abgetretenen Terrains zu bestärken.

Der Zar war für diese Art von Einflüsterungen sehr empfänglich, und innerhalb von drei Jahren hatte er die meisten seiner Versprechungen ihrer Bedeutung beraubt. Bevor die erste «Duma» zusammentrat, hatte er per Erlaß ein zweites parlamentarisches Organ konstituiert – einen Staatsrat, dessen Mitglieder weitgehend ernannt wurden, und der allen Gesetzen zustimmen mußte, bevor sie zur Billigung an den Zaren weitergeleitet werden konnten. Als die «Duma» sich unter großer Mehrheit der Kadetten versammelte, fand sie sich mit der Ankündigung des Zaren konfrontiert, daß bestimmte «organische Gesetze» von ihrer Beratung ausgeschlossen, die militärische Prärogative des Souveränen unantastbar und die Verfügungsgewalt des Parlaments über die Staatskasse durch die Vollmacht der Regierung, notfalls ohne Etat zu handeln, eingeschränkt seien. Der Zar stellte sich dem Versuch der Kadetten, eine wirkliche Ministerverantwortlichkeit durchzusetzen, unerbittlich entgegen, löste schließlich nach zwei Monaten die «Duma» auf und erklärte, er sei «grausam enttäuscht», daß ihre Mitglieder «sich in Sphären jenseits ihrer Zuständigkeit verirrt» hätten. Während der Sitzungsperiode der zweiten «Duma» von März bis Juni 1907 verhaftete die Regierung tatsächlich – unter offenkundiger Verletzung der parlamentarischen Rechte – sechzehn Mitglieder wegen revolutionärer Tätigkeit. Überdies wurde das Wahlrecht nach dieser ergebnislosen Sitzungsperiode durch Erlaß drastisch beschnitten.

Durch die Auswahl fähiger Minister und ihre Bevollmächtigung, die schlimmsten administrativen und wirtschaftlichen Mißstände zu beheben, hätte der Zar die katastrophalen Auswirkungen vielleicht vermeiden können. Doch gerade in diesen Jahren wuchs der Einfluß Rasputins, und jeder, der die Gunst des Mönchs gewinnen oder erkaufen konnte, konnte ungeachtet seiner Befähigung in ein hohes Amt eingesetzt werden.

Nikolaus' fähigster Minister in diesem Zeitabschnitt war P. A. Stolypin, Ministerpräsident von 1906 bis 1911. Seine Position verdankte er der Niederschlagung von Bauernaufständen in Saratow im Jahre 1905 in seiner Eigenschaft als dortiger Provinzialgouverneur und seinem Ruf als Nationalist und Konservativer; er war aber kein blinder Reaktionär, sondern zeigte sich imstande, mit liberalen Elementen in der «Duma» zusammenzuarbeiten, wenn immer sich die Gelegenheit dazu ergab. Stolypins erstes Jahr als Ministerpräsident war überwiegend mit der Jagd auf Terroristen und der Zerschlagung revolutionärer Zellen ausgefüllt. Sein erbarmungsloses Vorgehen läßt sich wahrscheinlich aus der Tatsache herleiten, daß Sozialrevolutionäre im August 1906 seine Sommerresidenz in die Luft gesprengt und dabei 32 Menschen getötet und 22 weitere, darunter seinen Sohn und seine Tochter, verletzt hatten. Danach verwandte er all seine Energie auf landwirtschaftliche Reformen und versuchte, die Einführung moderner Produktionsmethoden zu fördern. Im Jahre 1906 wurde eine Reihe von Gesetzen verabschiedet, die die Beschränkungen, die die Dorfgemeinden den einzelnen Bauern auferlegten, verringerten, ihnen die Loslösung von der Gemeinde erleichterten und die Neuverteilung von Gemeindeland aufgrund einer Konsolidierung verstreuter Parzellen förderten. Etwa ein Zehntel der Ländereien des europäischen Rußland wurden bis 1915 zusammengelegt und erzielten dadurch Produktionssteigerungen; und 2,5 Millionen Familien hatten sich von den Gemeinden gelöst, um selbständige Bauern zu werden. Die russische Landwirtschaft war im Jahre 1914 immer noch rückständig, aber Stolypins Reformen kennzeichneten den ersten bedeutsamen Schritt vorwärts seit dem Dekret zur Bauernbefreiung.

Es war charakteristisch für das Regime, daß Stolypin von Reaktionären angegriffen wurde. Im Jahre 1911 ging das Gerücht um, daß er bald entlassen werde. Statt dessen wurde er bei einem Theaterbesuch in Kiew im September desselben Jahres von einem Sozialrevolutionär, der gleichzeitig Polizeispion war, erschossen. Danach unternahm die Regierung nur noch wenige Versuche, die bestehenden Mißstände zu beseitigen. In einer Atmosphäre ungehemmter Reaktion begann Rußland noch einmal, sich in ausländischen Abenteuern jener Art zu ergehen, die 1905 beinahe zu einer Katastrophe geführt hatten und im Jahre 1917, als die militärische Niederlage eine größere Revolution als im Jahre 1905 auslöste, verheerend enden sollten.

Die abhängigen Nationalitäten

Die Russifizierung. Rußland unterstanden ebenso viele Nationalitäten wie dem österreichisch-ungarischen Kaiserreich, und es behandelte sie nicht besser. Neben denen, die sich als Russen bezeichnen konnten, gab es Ukrainer und Weißrussen, Polen, Deutsche, Litauer, Letten, Esten, Rumänen, Armenier, verschiedene türkische und mongolische Stämme, etwa fünf Millionen Juden und die Finnen. Die allgemeine Politik gegenüber diesen Völkern, insbesondere nach dem Tode Alexanders II., der ihrer Kultur und ihren Sitten etwas Achtung entgegengebracht hatte, zielte darauf ab, ihnen die russische Denkweise und Sprache aufzuzwingen. Eine bewußte Russifizierungspolitik richtete sich z. B. unter Alexander III. gegen die Deutschen in den baltischen Provinzen. Ähnlich gingen dieser und der nachfolgende Herrscher im Falle der Armenier, der Wolgatataren, der Georgier und anderer Nationalitäten vor, und im allgemeinen wurde die Russifizierung in den Gebieten, in denen nationalistische oder revolutionäre Parteien auftraten, intensiviert.

Eine auffallende Ausnahme bildeten die Juden; denn es wurde jede Anstrengung unternommen, um ihre wirkliche Assimilierung zu verhindern. Man hatte sie lange auf die Gebiete Polen und Litauen beschränkt. Alexander erließ zwar eine Reihe von Dekreten zur Lockerung dieser Einschränkung, doch sein Nachfolger hob sie wieder auf. Im zaristischen ebenso wie unter tyrannischen Regimen anderswo, wurde die Schikanierung der Juden zum Ventil für die Leidenschaften des Volkes und zu einem Mittel, um die Massen von anderen Mißständen abzulenken. Hieraus erklärt sich die in den 90er Jahren rasch zunehmende Emigration der Juden, insbesondere in die Vereinigten Staaten.

Polen. Nach der Niederwerfung des Aufstands von 1863 (s. S. 169 u. 179) war die russische Politik in Polen darauf ausgerichtet, Revolutionszentren zu zerschlagen und potentielle Dissidentengruppen zu schwächen. In Verfolgung dieses Zieles unterdrückte die Regierung Alexanders II. die Warschauer Universität, russifizierte Schulen, Gerichtshöfe, Eisenbahnen und Banken und legte das Dekret zur Bauernbefreiung großzügig aus in der Hoffnung, dadurch die nationalistische Schicht der polnischen Grundbesitzer zu schwächen. Im darauffolgenden Zeitabschnitt spielte der Adel in der polnischen Politik eine geringere Rolle; nun aber wurde der Nationalismus von Gruppen aus dem Mittelstand verkündet, der durch die rasche Entwicklung der polnischen Industrie in dieser Epoche emporkam. Die bedeutendste wurde die Nationaldemokratische Partei. In Roman Dmowski hatte sie einen Führer, dessen Lehren einen tiefgreifenden Einfluß auf jene ausübte, die in den Kriegsjahren den Weg zur Freiheit Polens bahnten. Die Wahlreform von 1907 bewirkte eine starke Verringerung der polnischen Vertretung in der «Duma». Diese Maßnahme verstärkte den Wunsch, mit Rußland zu brechen.

Finnland. Im Jahre 1809 hatte Rußland Finnland erworben; bis zum Ende der Regierungszeit Alexanders II. aber blieb der Staat ein Großherzogtum mit eigener Verfassung und eigenem Parlament, eigener Armee, eigener Währung und eigenem Postwesen. Mit dem Aufkommen der Reaktion in Rußland im Jahre 1883 und dem wachsenden spezifisch russischen Nationalismus waren diese Rechte gefährdet. Alexander III. unternahm die ersten Schritte zu einer Russifizierung der finnischen Institutionen. Der eigentliche Wendepunkt in den russisch-finnischen Beziehungen aber trat im Jahre 1899 ein, als ein Dekret des Zaren festlegte, daß Gesetze, die sowohl Finnland als auch das übrige Zarenreich betrafen, der Gerichtsbarkeit des russischen Staatsrates unterliegen und der finnische Landtag diesbezüglich nur noch beratende Funktionen haben sollte. Danach erfolgte die Einverleibung des finnischen Postsystems durch Rußland, die Auflösung der finnischen Armee und ein Dekret, welches die Finnen zum Wehrdienst in russischen Einheiten verpflichtete.

Das finnische Volk widersetzte sich diesen Angriffen auf seine Autonomie mit der höchst wirksamen Taktik des passiven Widerstands. Dieser und die Wirren der Revolution von 1905 erzwangen den Widerruf der offensiven Erlasse. Es war jedoch nur ein zeitweiliger Aufschub. Ebenso wie im Falle Polens nahm Stolypin die Russifizierungspolitik wieder auf. Um 1914 wurde deutlich, daß die russische Regierung den Finnen die Autonomie nehmen wollte, und diese Erkenntnis bestimmte Finnlands Verhalten in den letzten Phasen des Weltkrieges.

18. Die imperiale Expansion 1871–1914

Das Zeitalter des Imperialismus

Die Beweggründe. In den ersten sieben Jahrzehnten des 19. Jahrhunderts zeigten nur wenige der europäischen Staaten großes Interesse an dem Erwerb von Territorien außerhalb Europas, und wenn in Afrika oder Asien neue Kolonien gegründet wurden, so war dies nicht immer auf eine bewußte Politik zurückzuführen und erfuhr nur selten Unterstützung im Volk. Dies galt selbst für Großbritannien, das aus den Kriegen des 18. Jahrhunderts und aus dem Konflikt mit Napoleon mit der größten Ansammlung von Kolonien hervorgegangen war, die die Welt je gesehen hatte. Die Engländer, die sich überhaupt über diese Gebiete Gedanken machten, waren eher verärgert über die aus dem Besitz entstehenden Militär- und Verwaltungskosten und pessimistisch hinsichtlich der Möglichkeit, sie so lange zu behalten, bis diese Ausgaben sich rentiert hätten. Was die anderen europäischen Staaten betrifft, so erschöpften sich ihre Energien zum größten Teil in innenpolitischen Problemen und Reibungen mit ihren direkten Nachbarn, und das Problem der Expansion außerhalb Europas lag zu fern, um starkes Interesse zu wecken.

All dies begann sich in den späten 70er Jahren des 19. Jahrhunderts zu ändern; die 80er und 90er Jahre waren eine Periode, in der der Aufbau eines Weltreiches von allen größeren Mächten als Politik akzeptiert und von der öffentlichen Meinung mit einem auf alle Schichten und Wirtschaftszweige übergreifenden Eifer unterstützt wurde.

Zweifelsohne spielten wirtschaftliche Faktoren bei der wachsenden imperialistischen Aktivität eine bedeutende Rolle. Die zunehmende Vervollkommnung der europäischen Industrie, die Erweiterung der Produktionskapazität und die Akkumulation überschüssigen Kapitals brachten in allen großen Nationen einzelne Gruppen zu der Überzeugung, daß die Erschließung neuer Märkte, neuer Rohstoffquellen und neuer Gebiete für Kapitalinvestitionen notwendig sei. Sie tendierten dahin, kolonialpolitische Maßnahmen zu befürworten und, soweit sie politischen Einfluß hatten, diese voranzutreiben. Die Härten der 70er und 80er Jahre bestärkten sie in ihrer Meinung und veranlaßten andere Gruppen, ihre Ansichten über die Bedeutung von Kolonien zu revidieren. Im Jahre 1870 überreichte beispielsweise eine Arbeiterdelegation Königin Victoria eine Bittschrift, in der argumentiert wurde, die überseeischen Besitzungen Britanniens könnten zur Linderung der Not im Mutterland beitragen, wenn die Regierung die Auswanderung der Arbeitslosen bezahlen würde. Schließlich erregte die allgemeine Rückkehr zum wirtschaftlichen Protektionismus in allen Freihandelsländern die Befürchtung, das Gebiet, in dem sie gewinnbringend Handel treiben könnten, verkleinere sich stetig, falls sie sich nicht schützten, etwa durch eine «imperiale Föderation» wie die Briten, oder durch Aneignung der reichsten verbliebenen unabhängigen Gebiete der Welt, bevor die protektionistischen Mächte sie erwarben.

Die Tatsache, daß Gruppen mit solchen Interessen oder solchen Ideen und Befürchtungen existierten, beweist natürlich nicht, daß wirtschaftliche Faktoren den Imperialismus ausgelöst haben. Die Behauptung des britischen Liberalen J. A. Hobson in einer im Jahre 1902 erschienenen berühmten Studie, daß die internationale Finanzwelt die richtungweisende Kraft in der imperialistischen Außenpolitik gewesen sei, bedeutete eine übermäßige Vereinfachung und Verzerrung der Geschichte, wie Hobson selbst Jahre später kleinlaut zugab. Lenins Behauptung in seinem brillanten Essay «Der Imperialismus als höchstes Stadium des Kapitalismus» (1917), daß kapitalistische Staaten imperialistisch werden müßten, einfach weil sie kapitalistisch seien, stellte eine Überbewertung des wirtschaftlichen Faktors in der Politik dar und läßt sich nicht durch konkrete Beweise belegen.

Wenn man darauf besteht, daß es Interessengruppen waren, die den Imperialismus ausgelöst haben, so kann man gewiß sagen, daß Missionsgesellschaften häufig keine weniger bedeutende Rolle spielten als Finanzkreise. Einer der stärksten Bestimmungsfaktoren sowohl der britischen als auch der französischen Politik im tropischen Afrika war z. B. die Bewegung gegen die Sklaverei, die von protestantischen sowie katholischen Gemeinden unterstützt wurde. Dieses Anliegen erfuhr durch die heroische Arbeit Dr. David Livingstones, der fast zwanzig Jahre lang den Urwald durchwanderte und Beweismaterial für die Tätigkeiten arabischer Sklavenjäger sammelte, seine Dramatisierung.

Selbst wenn die Regierungen zur Rechtfertigung ihrer Maßnahmen in

Kolonialgebieten wirtschaftliche Argumente anführten, so geschah dies manches Mal nur deshalb, weil es auf diese Art und Weise einfacher erschien, Unterstützung zu erlangen, als durch eine offene Darlegung der politischen und strategischen Gründe für ihr Vorgehen. Im Falle der Ausdehnung der britischen Herrschaft auf Njassaland zögerte Lord Salisbury, der sie aus schwerwiegenden politischen Gründen anstrebte, die Maßnahmen absichtlich solange hinaus, bis es ihm gelang, das Interesse britischer Geschäftskreise durch von ihm veranlaßte Artikel in «The Times» über die kommerziellen Vorteile zu wecken. Von einem beherrschenden Einfluß auf die Diplomatie des Imperialismus weit entfernt, mußten Geschäftskreise oft zur Unterstützung der Regierungspolitik überredet oder gezwungen werden.

Tatsächlich wird einem, je gründlicher man sich mit dem Imperialismus dieses Zeitabschnitts befaßt, immer klarer, daß die Staatsmänner, die die Politik der Großmächte lenkten, den imperialistischen Kurs nur unter beiläufiger Beachtung wirtschaftlicher Faktoren einschlugen. Sie standen viel unmittelbarer unter dem Einfluß gegenseitigen Argwohns und der Furcht vor einer künftigen Katastrophe – Empfindungen, die durch die spannungsgeladene Atmosphäre in den Jahren nach dem französisch-preußischen Krieg verstärkt wurden. Im Sog jenes Konflikts war der Welt die Bedeutung von Macht bewußt geworden und hatte die Vorstellung Fuß gefaßt, daß große Staaten die Achtung ihrer Nachbarn nur dann erlangen konnten, wenn sie wie große Staaten handelten und einen sichtbaren Beweis ihrer Macht erbrachten.

Sir John Seeley wies in seinem 1883 veröffentlichten, enorm populären Buch «The Expansion of England» auf das Wachstum Rußlands und der Vereinigten Staaten hin und warnte davor, daß sie Staaten wie Frankreich und Deutschland innerhalb von fünfzig Jahren vollständig in den Schatten stellen würden, und daß Großbritannien das gleiche Schicksal ereilen werde, wenn das britische Volk sein Land weiterhin als «lediglich einen europäischen Staat» ansehe. Ein ähnliches Argument war in Frankreich bereits von Leroy-Beaulieu angeführt worden, der feststellte, daß die koloniale Expansion für sein Land «eine Angelegenheit auf Leben und Tod» sei und daß es, falls Frankreich sich in Afrika nicht zu einer starken Macht entwickle, nur eine Frage der Zeit sei, bis es auf die Position Griechenlands oder Rumäniens zurückgedrängt werde. Die gleichen Gedanken wurden in Deutschland geäußert, und während der Marokkokrise im Jahre 1905 wollten einige Persönlichkeiten in der Regierung tatsächlich als ersten Schritt einer effektiven imperialen Politik einen Krieg gegen Frankreich führen (s. S. 338–339).

Diese Zukunftsängste wurden von den meisten Mächten geteilt, und das führte zur Beschleunigung und Wahllosigkeit des Aneignungsprozesses. Außerdem konnten die Regierungen Europas ihre Mittelsmänner nicht immer kontrollieren. Sie waren, mit Lord Salisburys Worten, oft «Männer mit Energie und starkem Willen, zeichneten sich aber wahrscheinlich nicht durch eine großartige Selbstbeherrschung aus . . . und versuchten, die Vorherrschaft der Nation, für die sie leidenschaftlich kämpften, durch Mittel zu erlangen, die fortwährend in Gewalt ausarten mußten».

Mit diesen Worten ist der Menschenschlag, der sich als Wegbereiter des Imperialismus betätigte, treffend beschrieben: Männer wie der deutsche Forscher Carl Peters, der in den 80er Jahren als noch nicht Dreißigjähriger ein Gebiet von 60 000 Quadratmeilen in Ostafrika erforschte und durch Vertrag mit Eingeborenenhäuptlingen erwarb; oder jene eigenartige Mischung von Patriot, Visionär und Geschäftsmann, die Cecil Rhodes (1853–1902) darstellte. Als Sohn eines Geistlichen, der aus Gesundheitsgründen nach Afrika geschickt worden war, machte Rhodes in den Diamantfeldern von Kimberley ein Vermögen. Danach war er sein Leben lang bestrebt, in Afrika «die Macht Englands auszudehnen». Rhodes glaubte ebenso wie Peters nicht selten, er kenne die wahren Interessen seines Landes besser als seine Regierung und war nicht abgeneigt, diese unter Druck zu setzen. Er hat seinem Land hervorragende Dienste erwiesen, trägt aber einen großen Teil der Verantwortung für den Burenkrieg.

Die Popularität des Imperialismus. Die imperialistische Politik war innerhalb der Arbeiterschicht ebenso populär wie unter den wirtschaftlichen Gruppen, die einen direkteren Gewinn aus ihr zogen. Man mag daraus schließen, daß die Theorie über die atavistische Kraft des Imperialismus, die versteckte Kampfeslust und Herrschsucht anspreche, zutrifft. Einfacher läßt sich diese Massenpopularität vielleicht damit erklären, daß etwas Aufregendes und emotional Befriedigendes in das Leben der Menschen eindrang, die auf die düsteren, häßlichen Industriestädte beschränkt waren. Die Entdeckung, daß die Massen für die Anziehungskraft des Imperialismus emotional empfänglich waren und davon überzeugt werden konnten, daß der Imperialismus ihnen wirtschaftliche Vorteile brachte, bildete für bestimmte Regierungen ein weiteres Motiv, sich auf den Kurs der Expansionspolitik zu begeben. In Ländern, in denen die Möglichkeit einer sozialistischen Revolution gegeben war, neigte die herrschende Schicht dazu, eine dynamische Kolonialpolitik als möglicherweise wirksame Ablenkungstaktik zu betrachten.

War es abgesehen davon wirklich zutreffend, wie Kritiker des Imperialismus behaupteten, daß die Arbeiterschicht durch den Imperialismus nichts zu gewinnen hatte und daß das Geld, das für Kolonialexpeditionen aufgewendet wurde, besser in Sozialreformen im Mutterland angelegt gewesen wäre? Die Gewerkschaften glaubten dies offenbar nicht, sondern neigten eher zu der Ansicht, daß der Imperialismus der gesamten Wirtschaft und den Beschäftigten zugute komme. Im Einklang mit den Gewerkschaften unterstützte der revisionistische Flügel der Sozialistischen Partei generell den Imperialismus. So betonte Bernstein (s. S. 230–231) z. B. die humanitären Aspekte des Kolonialismus, räumte aber auch ein, das Proletariat als künftiger Erbe der Bourgeoisie habe ein Interesse an einer vernünftigen geographischen Expansion der Nation. Der bewährte Führer der Sozialdemokratischen Partei

Deutschlands, August Bebel, fügte seiner Kritik am deutschen Vorgehen während der Marokkokrise im Jahre 1905 hinzu, es verstehe sich von selbst, daß die Interessen des deutschen Außenhandels geschützt werden müßten; und während der Zweiten Marokkokrise im Jahre 1911 sagte er, die größte Garantie für den Frieden sei die Ausbreitung internationaler Investitionen.

Die Volksbegeisterung für den Imperialismus und ihre Verstärkung durch die Sensationspresse, die die blutrünstigen Einzelheiten aus den Kolonialkriegen veröffentlichte, beunruhigten die Moralisten und machten sie gegenüber der Kolonialpolitik zunehmend kritischer. Im Jahre 1906 erhob die Zentrumspartei erbitterte Vorwürfe gegen die deutsche Politik in Südwestafrika wegen ihres brutalen und inhumanen Vorgehens gegen die Hereros. Im Jahre 1902 machte G. P. Gooch in England geltend, der Imperialismus entziehe der herrschenden Moral den Boden, indem er die Überzeugung verbreite, daß die üblichen Moralmaßstäbe bei der kolonialen Expansion keine Gültigkeit hätten, die internationale Animosität verstärke, die Eingeborenenbevölkerung ausbeute und den Krieg verherrliche.

In der Tat forderte der Imperialismus einen Großteil dieser Kritik heraus und verstärkte im Laufe der Zeit auf bedrückende Art und Weise den Argwohn und die Reibungen zwischen den Großmächten. Während aber die Anklage der Brutalität und Ausbeutung nicht zurückgewiesen werden kann, muß andererseits an Tausende von Missionaren und Kolonialverwaltern erinnert werden, die bemüht waren, derartige Mißbräuche zu bekämpfen, und die versuchten, den Eingeborenenmassen eine gute Regierung, Erziehung, materielle Besserstellung und das Heil der Religion zu vermitteln. Der Missionsgeist, der diese Männer antrieb, ist oft Gegenstand zynischer Belustigung gewesen; ohne ihn und seine segensreiche Wirkung aber wären die Völker Afrikas und Asiens nicht in der Lage gewesen, den heutigen Status autonomer Nationen zu erlangen.

Das Ausgreifen des Imperialismus

Afrika. Einer der Schlüssel zum Verständnis der Probleme der neuen afrikanischen Nationen des 20. Jahrhunderts ist die Kürze der Zeitspanne zwischen dem Ende der Isolation von der modernen Welt und der Anerkennung ihrer Souveränität. Noch in den 1880er Jahren war der größte Teil Afrikas auf keiner Landkarte eingezeichnet und frei von fremden Eindringlingen. Dann kam der weiße Mann und hatte innerhalb von zwanzig Jahren nahezu das gesamte Afrika in abhängige Gebiete eingeteilt. Die traumatischen Einflüsse der fortgeschrittenen Zivilisation auf die primitive Stammesgesellschaft haben noch heute Rückwirkungen – genauso freilich wie andere Aspekte des Imperialismus in Afrika, z. B. die vollkommene Mißachtung der Stammesgrenzen bei den Grenzziehungen durch die Erbauer der Weltreiche.

Zu Beginn der 70er Jahre beschränkte sich die Kenntnis Afrikas weitgehend auf den nördlichen Rand, der mit Ausnahme des französischen Algerien nominell noch zum Osmanischen Reich gehörte, und das Hochland der heutigen Südafrikanischen Union, wo die Briten Stützpunkte hatten und wo im Transvaal holländische Bauerngemeinden (die Buren) angesiedelt waren. Außerdem gab es verschiedene Küstenansiedlungen, insbesondere in Westafrika, wo sich die Briten und Franzosen im Senegal und am Niger niedergelassen hatten und wo auch kleine spanische Besitzungen lagen; in Ostafrika und auf seinen angrenzenden Inseln, wo moslemische Araber unter der lockeren Souveränität des Sultans von Maskat Handelsniederlassungen besaßen; in Mozambique und Angola, wo portugiesische Händler seit Jahrhunderten tätig waren. Die Kenntnisse über das Innere waren jedoch dürftig und ungenau.

Eine Beschleunigung des Expansionstempos zeichnete sich schon in den 70er Jahren ab. Während seiner Amtszeit als Premierminister festigte Disraeli die britische Position in Afrika. In Ägypten gelang es ihm im Jahre 1875, dem Khedive die Aktien der Suezkanalgesellschaft abzukaufen, und er leitete auch die Verhandlungen ein, die zur englisch-französischen Aufsicht über das ägyptische Finanzwesen führten. Diese Schritte deuteten auf die Wichtigkeit des Verbindungswesens über Ägypten nach Indien hin und führten unweigerlich zu der Maßnahme, die Gladstone im Jahre 1882 ergriff, als eine Eingeborenenbewegung gegen den Khedive rebellierte und Alexandria einnahm. Die Briten bombardierten sofort den Hafen, landeten Truppen zur Eroberung Kairos und zwangen dem Khedive einen britischen Ratgeber auf, dessen «Rat» bezüglich notwendiger Reformen befolgt werden mußte.

Auch in Südafrika wurde Disraeli tätig. Hier führte er einen Krieg gegen die Zulus, um den Übergriffen jener stolzen und energischen Nation Einhalt zu gebieten. Er verkündete auch die formale Annexion der Republik Transvaal (1877). Doch vier Jahre später brachten die Buren britischen Streitkräften bei Majuba Hill eine derartig entscheidende Niederlage bei, daß Gladstone Frieden schloß und die Unabhängigkeit des Transvaal mit etwas verschwommenen Formulierungen anerkannte.

Ebenso wie die Maßnahmen Disraelis hatte ein anderes Ereignis der 70er Jahre weitreichende Folgen. Im Jahre 1876 berief König Leopold II. von Belgien eine Konferenz der Mächte zur Erörterung afrikanischer Probleme ein unter besonderer Bezugnahme auf «Mittel zur Öffnung des Inneren des Kontinents für Handel, Industrie und wissenschaftliche Unternehmungen der zivilisierten Welt». Alle größeren Mächte Europas nahmen daran teil, und die Konferenz gründete eine Internationale Afrikanische Gesellschaft zur Förderung der Erforschung und Zivilisierung Afrikas, deren Mitglieder reichliche Geldmittel zeichneten. Diese internationale Gesellschaft war nie sehr effektiv, aber ihre Gründung diente als Signal für eine enorme Freisetzung von imperialistischer Energie.

Das Tempo bestimmte der König von Belgien. Er finanzierte jetzt eine Reihe von Expeditionen, die Henry Stanley ins Kongobecken unternahm, wo er Verträge mit Eingeborenenhäuptlingen über die Ausbeutung ihrer Territorien abzuschließen begann. Stanley handelte angeblich im Namen der Gesellschaft, wurde aber im allgemeinen als Mittelsmann Leopolds angesehen, und seine Erfolge regten andere Mächte zum Wettbewerb an.

Schon 1884, keine zehn Jahre nach Leopolds Konferenz, war die Rivalität so stark geworden, daß man die Einberufung einer neuen internationalen Konferenz über afrikanische Probleme für zweckmäßig hielt. Auf diesem Treffen in Berlin von November 1884 bis Februar 1885 mußte zunächst ein Bündel umstrittener Ansprüche im Kongobecken geregelt werden, da Stanleys dortige Verträge von den Portugiesen und den Briten angefochten wurden. Schließlich wurde der Internationalen Afrikanischen Gesellschaft das Anrecht auf den größten Teil des Kongobeckens zugesprochen unter der Bedingung, daß es als freier, neutraler Staat organisiert werde, der den Freihandel gestatte und die Sklaverei verbiete. Da Leopold II. die Gesellschaft finanzierte, schenkte er dem internationalen Charakter, den man dem Kongo verliehen hatte, kaum Beachtung, sondern betrachtete ihn als sein persönliches Eigentum und erklärte im Jahre 1889 seine Absicht, ihn bei seinem Tode dem Königreich Belgien zu vererben.

Die Berliner Konferenz regte die europäische Tätigkeit in Afrika weiterhin an, indem sie den Handel auf dem Kongo und dem Niger erleichterte, das internationale Recht auf die praktische Formel reduzierte, daß jede Macht durch Besetzung und Bekanntgabe dieses Faktums gegenüber den anderen Mächten in Afrika Territorium erwerben könne; am stärksten aber wirkte sich vielleicht die erhöhte Werbung für die Chancen aus, die sich auf dem Kontinent boten.

Zwischen 1885 und 1894 dehnten die Briten ihre Herrschaft über Nigeria auf das Landesinnere aus und stießen gleichzeitig vom Kap der Guten Hoffnung über Betschuanaland, Rhodesien und Njassaland bis an die Grenzen des Kongo vor. Im Jahre 1890 sicherten sie sich durch Vertrag mit der deutschen Regierung Caprivi Sansibar und andere Territorien und traten die von der deutschen Marine langbegehrte Nordseeinsel Helgoland an Deutschland ab. Caprivi hatte wenig Interesse an Afrika; doch die erbitterten Angriffe der Presse auf den Vertrag von 1890 und die Tatsache, daß Kaiser Wilhelm II. bald die Notwendigkeit einer aktiveren Afrikapolitik beschied, deuteten auf eine starke imperialistische Stimmung in Deutschland hin.

Die Hoffnung britischer Kolonialenthusiasten, daß ihr Land eines Tages einen durchgehenden Gebietsstreifen vom Kap der Guten Hoffnung bis zur Nilmündung beherrschen würde, zerschlug sich augenblicklich durch den Vertrag von 1890, der eine gemeinsame Grenze zwischen Belgisch-Kongo und Deutsch-Ostafrika zog und damit einem weiteren Fortschreiten Britanniens nach Norden einen Riegel vorschob. Ein zweites Hindernis bildete der Sudan. Seit den 80er Jahren hatte sich jener große territoriale Block, der sich am Oberlauf des Nils entlang zog, in den Händen des als Mahdi bekannten religiösen Propheten befunden. Im Jahre 1884 schickte die Regierung Gladstone den «chinesischen» General Gordon, einen weltfremden und idealistischen Soldaten, der im Fernen Osten sein Geschick bewiesen hatte, das Vertrauen der Eingeborenenführer zu gewinnen, in den Sudan, um dortige englische Garnisonen zu verlegen. Gordon wurde in Khartum eingeschlossen und im Januar 1885 zusammen mit 11 000 britischen und ägyptischen Soldaten niedergemetzelt.

Andere Nationen waren ebenso energisch wie die Briten. Die Franzosen drängten am Ubangi entlang in die Region des Tschadsees vor und verschmolzen gleichzeitig ihre Ansiedlungen im Senegal, an der Elfenbeinküste und in Guinea zu einem großen französisch-westafrikanischen Reich, das sich im Inneren bis Timbuktu erstreckte. Verlief die englische Expansion im wesentlichen nordsüdlich, so wurde in den 90er Jahren deutlich, daß die französische in erster Linie ostwestlich verlief und daß die Franzosen ein ebenso starkes Interesse am Sudan und am oberen Nil hatten wie die Engländer.

In der Tat hatten die europäischen Mächte bis 1894 einen so großen Teil Afrikas erworben, daß die lockeren, einfachen Bestimmungen der Berliner Konferenz von 1884 bis 1885 untauglich wurden. Es war nicht mehr möglich, Gebiete einfach zu besetzen und dies bekanntzugeben. Die Territorien, die noch nicht als Besitz der einen oder der anderen Macht anerkannt waren, waren entweder Gegenstand umstrittener Ansprüche oder befanden sich unter Kontrolle von Eingeborenenbewegungen. Es hatten bereits viele territoriale Auseinandersetzungen zwischen den Mächten stattgefunden, und zumindest drei von ihnen hatten schon militärische Rückschläge durch Eingeborenen-Bewegungen erlitten: die Briten bei Majuba und Khartum, die Italiener infolge eines schlechtgeplanten Abstechers in die abessinische Politik in Dogali im Jahre 1887 und die Franzosen auf Madagaskar, der großen Insel an der Südostküste Afrikas.

Der Pazifik und Asien. Das Sammeln von Inseln im Pazifischen Ozean wurde zu einer ebenso beliebten Beschäftigung wie die Annexion afrikanischer Kolonien. Die Initiative wurde manchmal von Händlern oder Missionaren und manchmal von den Regierungen selbst ergriffen; denn die Inseln waren häufig wertvoll als Kohlestationen oder als strategische Stützpunkte. Von den Mächten, die während des ersten Teils des Jahrhunderts im Pazifik Inseln besaßen, waren Großbritannien, Holland und Frankreich immer noch unersättlich, Spanien aber zeigte so wenig Energie, daß es bis zum Ende des Jahrhunderts all seine Besitzungen verloren hatte. Die aktivsten Neulinge waren Deutschland und die Vereinigten Staaten.

Mit einem gesunden Strategiebewußtsein ausgestattet, waren die Briten in erster Linie an den natürlichen Zugängen nach Australien interessiert – Neuguinea und den Salomon-Inseln – und an den Möglichkeiten für Flottenstützpunkte, die sich auf den Fidschi-Inseln ergaben. Die Aneignung der letztgenannten Inselgruppe war einer der ersten imperialistischen Coups Disraelis. Neuguinea erwies sich andererseits für die Holländer als attraktiv, die damit ihre bereits ausgedehnten Besitzungen auf Borneo, Celebes und den

Molukken-Inseln ergänzen wollten; auch die Deutschen zeigten Interesse an dieser großen Insel, und 1885 wurde sie unter Holland, Großbritannien und Deutschland aufgeteilt.

Der französische Imperialismus im Pazifik hatte mit der Annexion Tahitis im Jahre 1880 begonnen, und in den folgenden Jahren besetzte Frankreich die Gesellschafts-Inseln, die Marquesas-Inseln und die Tuamotu-Inseln. Spektakulärer waren die französischen Eroberungen auf dem asiatischen Festland. Im Falle Deutschlands war es umgekehrt. Neben seinem Anteil an Neuguinea erwarb Deutschland den Bismarck-Archipel, die Marschall-Inseln und später, durch Kauf von Spanien, die Karolinen und die Marianen. (Die deutschen Käufe erfolgten weitgehend nach der katastrophalen Niederlage Spaniens im spanisch-amerikanischen Krieg. Im Anschluß an jene Niederlage annektierten die Vereinigten Staaten, die bereits vorher durch Erwerb der Hawaii-Inseln zu einer Pazifikmacht aufgestiegen waren, die Philippinen.) Schließlich teilten die Vereinigten Staaten und Deutschland nach einer gefährlichen Auseinandersetzung die Samoa-Inseln untereinander auf.

Auf dem asiatischen Festland vollzog sich der Fortschritt des europäischen Imperialismus ebenso ungestüm und konkurrierend wie auf den Inseln, die Einsätze aber waren höher und die Gefahren größer. Die britische Politik wurde beispielsweise weitgehend durch das Anliegen bestimmt, Indien vor möglichen Angriffen durch andere Mächte zu schützen, insbesondere vor Rußland, dessen schnelle Vorstöße in Turkistan und Belutschistan in den 60er Jahren (s. S. 185) Befürchtungen um die Sicherheit der indischen Nordwestgrenze ausgelöst hatten. Eine direkte Reaktion auf die Furcht vor Rußland war der Versuch Disraelis, vor der mutmaßlich bedrohten Grenze ein schützendes «Glacis» zu errichten, indem er dem zögernden Emir von Afghanistan im Jahre 1879 unter Anwendung von Gewalt ein Protektorat aufzwang. Dies führte zu einer Reihe von afghanischen Kriegen und beschwor die Gefahr eines englisch-russischen Krieges herauf.

Östlich von Indien stießen die ins heutige Indochina vordringenden Franzosen auf die in Burma stetig vordringenden Briten. Zwischen diesen wachsenden Blöcken europäischen Territoriums lag das unabhängige Königreich Siam. Die Franzosen schienen entschlossen, es in eine untergeordnete Position zu zwingen; denn im Jahre 1893 entsandten sie Flotteneinheiten nach Bangkok, um Konzessionen am Mekong durchzusetzen. Nach der heftigen Reaktion der Briten entschieden sich die Franzosen gegen ein weiteres Vordringen. Die Streitigkeiten zwischen den beiden Nationen in diesem Gebiet wurden drei Jahre später in einem englisch-französischen Abkommen beigelegt.

Während sich diese Ereignisse abspielten, bahnte sich eine neue Phase an: die Europäer suchten in das ausgedehnte, desorganisierte, aber enorm reiche Kaiserreich China vorzudringen. Die Initiative ergriffen die Mächte Rußland und Japan.

Die japanischen Inseln waren bis zur Mitte des 19. Jahrhunderts gegen die Einflüsse der westlichen Welt ebenso abgeschirmt wie das Innere Afrikas, besaßen allerdings eine weitaus höhere Kultur. Die Öffnung japanischer Häfen für amerikanische Schiffe und Händler in den 1850er Jahren kennzeichnete den Beginn der Beziehungen Japans zur westlichen Welt und des Wetteiferns mit ihr. Innerhalb von zwanzig Jahren war die Feudalstruktur des Staates zerstört. Japan wurde bald mit modernen Einrichtungen ausgestattet wie Eisenbahnen, einem staatlichen Erziehungssystem, einem modernen Gesundheitswesen, Volkszeitungen, dem europäischen Kalender, Gesetzesbüchern sowie Gerichtsverfahren; und im Jahre 1889 wurde eine Verfassung eingeführt, die eine Zweikammer-Legislative vorsah.

Leider ahmte Japan auch den europäischen Militarismus und Imperialismus nach. Kein Land war von den preußischen Erfolgen der Jahre 1866 und 1870 tiefer beeindruckt und schneller bei der Hand, das preußische Militärsystem zu übernehmen, als Japan. Die Aufstellung einer modernen Armee wurde ausgeglichen durch die Entwicklung einer modernen Flotte unter sachverständiger Hilfe der Briten und der Amerikaner.

Der Imperialismus entwickelte sich in Japan zu einer vorherrschenden Ideologie, vielleicht weniger, weil es der westlichen Mode entsprach, als vielmehr, weil Japan ein kleines Land mit einer sehr großen Bevölkerung war. Das nächstgelegene begehrenswerte Expansionsgebiet war Korea, ein Land, das unter Parteiensplitterung und innenpolitischer Unordnung litt, in dem sowohl China als auch Japan Anrechte auf eine politische Oberherrschaft geltend machten. Im Jahre 1893 beschwor der Ausbruch innerer Unruhen in Korea eine gemeinsame chinesisch-japanische Intervention herauf, die zu einem Konflikt zwischen den Verbündeten und schließlich zu einem Krieg ausartete. Die Japaner drangen in die Mandschurei und auf die Halbinsel Liaotung ein, stürmten Port Arthur, eroberten Weihaiwei, vernichteten die Flotte der Chinesen in der Schlacht am Yalu und drohten, in ihre Hauptstadt Peking einzudringen. Aufs äußerste demoralisiert, ergaben sich die Chinesen. Die Bedingungen zur Beilegung des Konflikts beinhalteten eine hohe Kriegsentschädigung, die Abtretung Formosas, der Pescadores-Inseln und der Halbinsel Liaotung mit ihrem Stützpunkt Port Arthur an Japan und die Anerkennung der Unabhängigkeit Koreas, was gleichbedeutend war mit dessen Öffnung für die Vorherrschaft Japans.

Diese Bedingungen riefen Rußland auf den Plan. In offiziellen Kreisen in St. Petersburg war immer eine politische Richtung vertreten gewesen, die die wahren Interessen Rußlands in einer Expansion im Fernen Osten sah. Von dieser Gruppe konnte man in den 90er Jahren nicht erwarten, daß sie Japans Position in Korea, in gefährlicher Nähe der russischen Basis von Wladiwostok (1860 erworben), oder auf der Halbinsel Liaotung, die den Weg in die mandschurische Provinz öffnete, gleichmütig mit ansehen würde. Die Russen hatten im Jahre 1891 mit dem Bau einer transsibirischen Eisenbahn nach Wladiwostok begonnen und hofften, von den Chinesen die Erlaubnis zu bekommen, mandschurisches Territorium zu durchqueren, wenn nicht gar, sie zur völligen Abtretung der Provinz an Rußland bewegen zu können. Dies wäre unmöglich, sobald sich die Japaner dort festgesetzt hätten.

Daraufhin entschloß sich die russische Regierung in der Erwartung, die japanischen Bedingungen herunterschrauben zu können, zum Eingreifen in die Verhandlungen zwischen China und Japan. Mit Unterstützung ihres neuen Verbündeten, Frankreichs (über das französisch-russische Bündnis s. S. 334), und Deutschlands beharrten sie auf dem Standpunkt, die Abtretung der Halbinsel Liaotung an Japan stelle eine ständige Bedrohung des chinesischen Friedens dar und mache zugleich die Unabhängigkeit Koreas illusorisch; sie müsse annulliert werden. Die Japaner gaben mit unterdrückter Empörung nach.

Alle Interventionsmächte, Rußland voran, beanspruchten nun ihre Belohnung von China. Mit einer Reihe von genau festgelegten Abtretungen und finanziellen Vereinbarungen wurde Rußland in den Jahren 1895/96 das Recht eingeräumt, nicht nur eine Eisenbahnlinie durch die nördliche Mandschurei nach Wladiwostok zu verlegen, sondern auch von Harbin nach Süden auf die Halbinsel Liaotung. Weiterhin erhielten die Russen als Gegenleistung für die Bürgschaft für die chinesischen Kriegsentschädigungen Aufsichtsvollmachten über das chinesische Finanzwesen und das Recht, eine Kommissionsbank zu errichten, die russisch-chinesische Bank, die ihnen bei der wirtschaftlichen Entwicklung der Mandschurei eine Vorrangstellung verlieh.

Frankreich wurde durch die Erlaubnis, eine Eisenbahnlinie von Annam in nördlicher Richtung bis nach China hinein zu unterhalten, und durch wertvolle Bergbaukonzessionen in den Provinzen Jünnan, Kwangsi und Kwantung belohnt. Die Entschädigung Deutschlands wurde hinausgezögert; die Ermordung von zwei Missionaren in der Provinz Schantung im Jahre 1897 aber lieferte Wilhelm II. einen Vorwand zur Entsendung von Flotteneinheiten in chinesische Gewässer – eine Demonstration der Stärke, die die chinesische Regierung veranlaßte, seiner anschließenden Forderung nach einem Pachtvertrag über 99 Jahre für den Hafen Kiautschou und einem faktischen Protektorat über die gesamte Halbinsel Schantung nachzukommen. Dies wiederum veranlaßte die Russen im März 1898 zu einem weiteren Vorstoß, nämlich die Chinesen zu bedrängen, ihnen Port Arthur über einen Zeitraum von 25 Jahren zu verpachten.

Der schnell wachsende Einfluß Rußlands erzeugte Spannungen, die gegen Ende des Jahrhunderts in China zum Ausbruch kamen.

Der Nahe Osten. Schließlich sollte der Imperialismus im Nahen Osten unter besonderem Hinweis auf den Versuch Deutschlands, sich im Türkischen Reich und den angrenzenden Gebieten eine beherrschende Wirtschaftsposition zu sichern, erwähnt werden.

Seit den 50er und 60er Jahren des 19. Jahrhunderts waren durchgehend deutsche Missionare und Lehrer in Anatolien und Mesopotamien tätig gewesen, und seit den 70er Jahren wurden auch deutsche Bank- und Handelsinteressen innerhalb des Türkischen Reiches vertreten. Sie alle waren vom Wohlstand der Türkei beeindruckt, und einige darunter taten ihr Bestes, ihn anzuzapfen – indem sie z. B. eine Eisenbahn planten, die letztlich von Berlin über Konstantinopel nach Bagdad führen sollte. Ursprünglich war man nicht davon ausgegangen, daß Deutschland in die Türkei vordringen sollte; dies aber änderte sich, als Wilhelm II. zu einem erklärten Imperialisten wurde. Im Jahre 1898 stattete der Kaiser dem Sultan in Konstantinopel einen Besuch ab, und im darauffolgenden Zeitabschnitt drängte die Regierung die deutschen Banken, ihre Eisenbahnplanungen fortzusetzen, aber ihre Vorstellungen bezüglich eines internationalen Konsortiums fallenzulassen.

35. Der Boxeraufstand: Die Erstürmung der großen Stadtmauer von Peking durch eine interalliierte Streitmacht

Derartige offen erklärte Absichten störten die Briten und die Russen, die um eine Vorrangstellung in Persien rivalisierten. Das gleiche bewirkte die Schnelligkeit, mit der die Deutschen die Gunst der türkischen Regierung erlangten und dann eine beherrschende Position im Finanzwesen und dem Wirtschaftsleben der Türkei sowie bei der Entwicklung ihres Militärs gewannen. Der deutsche Imperialismus im Nahen Osten hatte tiefgreifende Auswirkungen auf die diplomatischen Beziehungen Europas.

Der Höhepunkt des Imperialismus

Europäische Niederlagen: Spanien. Zwischen 1895 und 1905 erreichte die Begeisterung für die imperialistische Expansion ihren Höhepunkt und begann abzuklingen. Je höher die Wellen des Expansionismus schlugen, desto größer wurde der Konkurrenzkampf. Nun setzte innerhalb eines Zeitraums von zehn Jahren eine Reihe von schweren Krisen und Rückschlägen ein, die sich auf die öffentliche Meinung ernüchternd auswirkten. Die gewaltigen Verluste spanischer Garnisonen durch aufständische Eingeborenenbewegungen sowohl auf Kuba als auch auf den Philippinen und der schließliche Verlust dieser Territorien an die Vereinigten Staaten waren kaum dazu angetan, die Begeisterung im spanischen Volk für den Imperialismus zu fördern. Ähnliche Schocks erlebten Italien, Frankreich, Großbritannien, Rußland und Deutschland.

Die italienische Niederlage in Adua. Der Mann, der die italienische Politik in dem Jahrzehnt nach 1887 beherrschte und der sein Herz an die Rache für die italienische Niederlage von Dogali in Abessinien in jenem Jahr hängte, war Francesco Crispi. Seit Beginn seiner Amtszeit mischte er sich in die verworrene Politik des abessinischen Kaiserreichs ein, und im Jahre 1889 gewährte er einem erfolgreichen Thronanwärter, einem Stammeshäuptling namens Menelik von Schoa, dem der französische Dichter Rimbaud einst als Waffenschmuggler gedient hatte, seine Unterstützung. Die Italiener veranlaßten Menelik als Gegenleistung für ihre Hilfe zur Unterzeichnung des Vertrages von Uccialli, und Crispi behauptete anschließend, dieser mache Abessinien zum Protektorat Italiens. Er kommandierte italienische Truppen zur Besetzung von Territorien landeinwärts von Massaua ab und proklamierte im Jahre 1890 eine neue italienische Kolonie am Roten Meer namens Eritrea.

Weder Menelik noch die Küstenhäuptlinge waren bereit, diese italienischen Ansprüche zu tolerieren. In den Jahren von 1893 bis 1895 gab es immer wieder Scharmützel zwischen italienischen Einheiten und örtlichen Gruppen und Verhandlungen zwischen Menelik und den Derwischen des Sudan, die angesichts der italienischen Übergriffe auf ihr Gebiet empört waren. Crispi seinerseits scheint daraus geschlossen zu haben, daß die Zeit zur Eroberung ganz Abessiniens gekommen sei, schenkte aber weder den Warnungen seiner Soldaten, noch ihren Forderungen nach mehr Männern, Munition und Nachschub Beachtung. Sein unsinniges Verhalten beschwor schließlich eine Katastrophe herauf. Im März 1896 wurden 6000 Italiener in Adua von einer Übermacht abessinischer Streitkräfte und Derwischen umgeben und buchstäblich zerrissen.

Die englisch-französische Kraftprobe. Adua bewirkte eine Art Kettenreaktion. Nach der Niederlage der Italiener befand sich im Sudan eine tobende und triumphierende Armee von Derwischen und Abessiniern, deren Existenz den Briten in Ägypten weitaus bedrohlicher erschien als alles andere, was sie seit dem

Tode von General Gordon im Jahre 1885 erlebt hatten. Sir Herbert Kitchener wurde beauftragt, mit einer englisch-ägyptischen Streitmacht von 20 000 Mann nilaufwärts zu marschieren, um die Macht der Derwische zu brechen. In einer mörderischen Schlacht am Zusammenfluß von Nil und Atbara vernichtete Kitchener eine Armee von Derwischen und rückte auf ihre Hauptstadt Khartum, 200 Meilen südlich, vor. Seinen Streitkräften schloß sich das 21. Lancer-Regiment an, in dem sich ein junger Leutnant namens Winston Churchill befand, der den entscheidenden Sieg der erstklassigen britischen Einheiten über die 60 000 Mann starke Armee von Derwischen später beschrieb.

«Disziplin und Maschinenausrüstung triumphierten über die höchst verzweifelte Tapferkeit, und nach einem fürchterlichen Blutbad, in dem sicherlich über 20 000 Mann niedergemetzelt wurden, die in Haufen und Schwaden ‹wie Schneewehen› auf dem Erdboden verstreut waren, löste sich die Truppenansammlung der Derwische in Überreste und Spuren auf und strömte in die phantastischen Wunder der Wüste.»

Nun konnten die Briten, ohne Angriffe der Eingeborenen fürchten zu müssen, zum Oberlauf des Nils vorrücken. Dieses Ziel aber hatten sie mit den Franzosen gemeinsam, die noch verbittert waren über die britische Besetzung Ägyptens und hofften, sie würden ihre Rivalen zwingen können, die ägyptische Frage wieder aufzurollen. Lange bevor Kitchener seine Befehle erhalten hatte, das Problem der Derwische zu lösen, hatte die französische Regierung eine Expedition unter Hauptmann Marchand beauftragt, von Französisch-Kongo aus zum oberen Nil vorzurücken; und eine andere Expedition, unter Hauptmann Clochette, sollte von Ostafrika aus losmarschieren und sich ihm dort anschließen. Clochette starb unterwegs, und seine Expedition kehrte um. Marchand aber erreichte den Nil mit 150 Mann und hißte Ende September 1898 die französische Flagge in Faschoda. Einige Tage später trafen die siegreichen Kolonnen Kitcheners aus dem Norden ein, und ihr Befehlshaber forderte die Franzosen höflich, aber bestimmt auf, die, wie er behauptete, als britisch anerkannte Einflußsphäre unverzüglich zu räumen. Die Franzosen hatten keine wirkliche Alternative zur Kapitulation, und ihr neuer Außenminister, Théophile Delcassé, ein Realist, erkannte dies. Er sah ein, daß ein Konflikt mit Großbritannien keinem nützlichen Zweck dienen, sondern nur den Deutschen zugute kommen würde.

Der Burenkrieg. Die Überwindung der Faschodakrise bewirkte bei den Briten eine überschwengliche, exaltierte Stimmung, und diese brachte sie ein Jahr später in Südafrika in eine schwierige Situation, die sich für sie schließlich demütigender erwies als die Erfahrungen der Franzosen. Zur Erklärung des Vorfalls müssen wir uns in Erinnerung rufen, daß die Briten im Jahre 1877 versucht hatten, ihren Kontrollanspruch über die Buren im Transvaal durchzusetzen. Jener frühere Konflikt war durch ein unklares Abkommen beigelegt worden, das die Buren als Zugeständnis der Unabhängigkeit auslegten, die Briten aber als ein Übereinkommen betrachteten, daß der Transvaal zum

36. Der Burenkrieg: Buren-Kämpfer mit einer Krupp-Schnellfeuerkanone

Britischen Empire gehöre und in auswärtigen und sonstigen Angelegenheiten der britischen Aufsicht unterstehe.

In den späten 80er Jahren wurde im Transvaal Gold entdeckt, und es war bald offenkundig, daß die Vorkommen zu den größten der Welt zählten. Diese Entdeckung führte zu einer gewaltigen Invasion von Ausländern, oder «Uitlanders», wie die Buren sie nannten. Die von einem energischen und gebieterischen Staatsmann namens Paul Krüger geführte Burenregierung fühlte sich gezwungen, den «Nachzüglern» politische Beschränkungen aufzuerlegen, damit sie in der lokalen Politik nicht die Oberhand gewännen. Gleichzeitig versuchte die Regierung, der wirtschaftlichen und finanziellen Kontrolle der Kapkolonie, der alle Ausfall-Linien der Eisenbahn des Transvaal gehörten, zu entgehen, indem sie eigene Schienenwege nach Lorenzo Marques im portugiesischen Mozambique baute und Geschäftsleuten anderer europäischer Länder, vornehmlich Deutschlands, wertvolle Wirtschaftskonzessionen erteilte.

Dies reizte die Politiker des Kaps und insbesondere Cecil Rhodes. Ihm und anderen erschien das Verhalten der Burenregierung provokativ und ihre Behandlung der britischen Untertanen im Transvaal untragbar. Die Vergeltungsschläge nahmen im Jahre 1895 die Form einer schlecht geplanten Invasion des Transvaal durch einen von Dr. Leander Starr Jameson angeführten

Abenteurertrupp an. Diese Angelegenheit, von der sich die britische Regierung sofort distanzierte, erregte internationales Aufsehen und beschwor ein persönliches Telegramm Kaiser Wilhelms II. von Deutschland zur Ermutigung der Burenregierung herauf. Die Botschaft des Kaisers mit ihrer Implikation, daß der Transvaal ein unabhängiger Staat sei, der das Recht habe, andere Mächte um Beistand zu ersuchen, erfüllte die Briten mit tiefer Empörung, bestärkte aber die Buren in ihrer diskriminierenden Politik gegenüber den «Uitlanders». Dies führte zu britischen Behauptungen, Krüger beabsichtige, die Briten aus ganz Südafrika zu vertreiben und einen großen Burenstaat zu errichten. In Verhandlungen im Jahre 1899 verlangten die Briten, daß ihre Untertanen zufriedengestellt und ihnen das Wahlrecht zugestanden werde. Die Buren weigerten sich, und nach weiteren unergiebigen Gesprächen brach im Oktober 1899 zwischen den Briten auf der einen und dem Transvaal und dem Oranjefreistaat auf der anderen Seite ein Krieg aus.

Es war ein Konflikt, in dem sich die Briten keinen guten Ruf erwarben. Um 60 000 Buren zu besiegen, brauchten die Briten 350 000 Soldaten und mußten bis zum Jahre 1902 bei schweren Menschenverlusten und noch größeren finanziellen Aufwendungen kämpfen. Schließlich waren sie so klug, die Besiegten mit Nachsicht zu behandeln und den Buren ein hohes Maß an Autonomie zuzubilligen. Damit ermöglichten sie die Akte vom September 1909, die den Transvaal, den Oranjefreistaat, die Provinz Natal und die Kapprovinz zur Südafrikanischen Union zusammenschloß.

Der russisch-japanische Krieg. Noch vor Beendigung des Südafrikakrieges waren die seit langem wachsenden Spannungen im Fernen Osten in Gewalt ausgeartet. Die Erbitterung angesichts europäischer Übergriffe hatte in China bestimmte nationalistische Vereinigungen entstehen lassen, die als Boxer bekannt wurden (abgeleitet von dem Namen, den sie sich gaben, der als «rechtmäßige harmonische Fäuste» frei übersetzt wurde). Die Boxer hatten sich der Vertreibung der Ausländer aus China verschrieben und leiteten im Frühjahr und Sommer des Jahres 1900 ein Terrorprogramm ein, unter dem reihenweise Europäer getötet und die Gesandtschaftsgebäude in Peking zwei Monate lang belagert wurden, bis eine Hilfsexpedition japanischer, russischer, deutscher, französischer, britischer und amerikanischer Truppen eintraf und den Frieden wiederherstellte.

Während des Boxeraufstands waren Tausende von russischen Soldaten in die Mandschurei eingeschleust worden, die sich im folgenden Zeitabschnitt hartnäckig weigerten, sie zu verlassen. Auf Proteste der chinesischen Regierung reagierten sie ausweichend. Die Russen schienen zum Bleiben entschlossen – eine Aussicht, die insbesondere Großbritannien und Japan beunruhigte.

Aufgrund der Komplikationen in Afrika waren die Briten nicht in der Lage, im Fernen Osten entscheidende Schritte gegen Rußland zu unternehmen; sie wollten aber zumindest die Russen (und Rußlands Verbündeten, Frankreich) davon überzeugen, daß jeglicher Übergriff auf den britischen Einflußbereich auf Widerstand stoßen würde. Das versuchten sie mit einer diplomatischen Geste zu erreichen. Im Jahre 1902 schlossen sie ein Bündnis mit Japan, das im Falle der Verwicklung des einen Partners in einen Krieg mit zwei anderen Mächten gegenseitige Hilfe vorsah. Das Abkommen war von Bedeutung, weil es mit der langen Tradition Britanniens, in Friedenszeiten keine Bündnisse zu schließen, brach, und hatte in der Politik des Fernen Ostens recht schicksalhafte Folgen. Es gewährte den Japanern fundierte Sicherheit gegen eine Intervention anderer Mächte für den Fall, daß sie einen Krieg gegen Rußland begannen, und es ermutigte sie, darauf zu bestehen, daß Rußland durch Räumung der Mandschurei die Integrität Chinas anerkennen solle. Diese Forderung wurde im Jahre 1903 mehrere Male wiederholt und ebenso häufig von den Russen abgelehnt. In der Zwischenzeit trafen die Japaner Kriegsvorbereitungen.

Am Abend des 8. Februar 1904 versenkten japanische Torpedoboote im Hafen von Port Arthur einen Teil der russischen Flottengeschwader im Fernen Osten. Am folgenden Morgen drangen japanische Truppen in Korea und auf der Halbinsel Liaotung ein. Die russische Armee war keineswegs auf einen Krieg gegen gut ausgerüstete, begeisterte Streitkräfte vorbereitet. In einer Reihe von Schlachten in der Nähe von Mukden erlitt sie schwere Niederlagen. Anfang des Jahres 1905 waren die russischen Truppen aus der Mandschurei vertrieben, ihre Flotte war außer Gefecht gesetzt und Port Arthur in die Kapitulation gezwungen worden.

Ein verzweifelter Versuch der Russen, jene Basis zu befreien, indem sie eine weitere Flotte dorthin entsandten, endete mit einem verheerenden Fehlschlag: die mit überalterten Schiffen ausgestattete Streitmacht wurde im Mai 1905 in der Meerenge von Tsuschima vernichtet. Diese Schlacht kennzeichnete das ruhmlose Ende des imperialistischen Kurses des zaristischen Rußland im Fernen Osten.

Die Rückkehr nach Europa. Deutschland erfuhr in diesen Jahren, in denen der Imperialismus seinen Höhepunkt erreichte, keine vergleichbar vernichtenden Rückschläge wie Großbritannien und Rußland, es blieb aber keineswegs verschont, wie sein erfolgloser Versuch im Jahre 1905, in der Marokkopolitik mit Frankreich zu konkurrieren, zeigte (s. S. 338–339). Abgesehen davon erregten die für die Politik Wilhelms II. in Afrika und im Fernen Osten charakteristische Einschüchterungstaktik und die nicht seltenen Erpressungsversuche gegenüber anderen Staaten in bezug auf koloniale Konzessionen die Empörung der anderen Mächte und beeinflußten ihr späteres Verhalten in der Diplomatie zum Nachteil Deutschlands.

Um 1905 war das große Zeitalter des Imperialismus vorüber, und das großartige, von Bismarck geschaffene europäische Sicherheitssystem war zusammengebrochen. Das Gleichgewicht der Mächte befand sich in einem derartig prekären Zustand, daß jeder diplomatische Zwischenfall ein größeres Feuer entfachen konnte.

19. Die internationale Politik und der Kriegsausbruch 1890–1914

Die Revolution in der Diplomatie 1890–1907

Das französisch-russische Bündnis. Das gefährdete Gleichgewicht Europas, auf das am Schluß des vorangegangenen Kapitels angespielt wurde, war das Resultat einer diplomatischen Revolution, die Frankreich aus der von Bismarck herbeigeführten Isolation herausführte und die europäischen Länder in zwei große Koalitionen teilte. Diese Revolution hatte ihren Ursprung in der aufsehenerregenden Entscheidung der deutschen Regierung, die nach Bismarcks Entlassung im Jahre 1890 einen grundlegenden Bestandteil seines diplomatischen Systems verwarf: die enge Verbindung mit Rußland, die mit kurzen Unterbrechungen seit 1813 aufrechterhalten und erst kurz zuvor durch den Rückversicherungsvertrag vom Juni 1887 bestätigt worden war. Im Jahre 1890 wurde den Russen mitgeteilt, der Vertrag könne nicht erneuert werden.

Die Beweggründe, die den Kaiser, seinen neuen Kanzler und den neuen Außenminister, Caprivi und Marschall, beide unerfahren in der Außenpolitik, zu diesem Schritt trieben, waren gemischt. Die Komplexität von Bismarcks diplomatischem System bereitete ihnen echte Sorgen. Sie wollten die offensichtliche Unvereinbarkeit ihrer Vertragsverpflichtungen gegenüber Österreich-Ungarn mit denen gegenüber Rußland aus dem Wege räumen. Zugleich befand sich die englisch-deutsche Kooperation im Jahre 1890 auf dem Höhepunkt, und im deutschen Auswärtigen Amt gab es Männer, die der Meinung waren, sie sei ernstlich gefährdet, wenn die entschieden antirussisch orientierte britische Regierung von der Existenz des Rückversicherungsvertrages erführe. Zweifellos spielten auch persönliche Motive bei dieser Entscheidung eine Rolle. Der Kaiser und Baron Holstein, der einflußreichste Ratgeber des Auswärtigen Amtes, waren zweifellos darauf bedacht, durch einen Kurswechsel ihre Unabhängigkeit von den Bismarckschen Ideen zu demonstrieren. Schließlich war Holsteins Standpunkt durch eine starke Abneigung gegen Rußland beeinflußt.

Nachdem sie die Regierung Caprivi nicht zu einer Änderung ihrer Entscheidung zu bewegen vermocht hatte, wandte sich die russische Regierung an Frankreich. Die Deutschen waren der irrigen Auffassung, Absolutismus und Republikanismus seien nicht miteinander vereinbar. Im Sommer 1891 tauschten die französische und die russische Regierung Noten aus, in denen sie im Falle einer Friedensbedrohung gegenseitige Konsultation beschlossen. Ein Jahr später wurde diese Vereinbarung auf Betreiben Frankreichs durch ein Militärabkommen ergänzt, in dem die gemeinsame Mobilmachung, falls eine der Parteien in einen Krieg mit einem Mitglied des Dreibunds verwickelt würde, und gegenseitige Hilfe vereinbart wurden, falls einer der Partner von Deutschland angegriffen würde. Am 4. Januar 1894 wurde der Vertrag schließlich ratifiziert, und Frankreich und Rußland waren Verbündete.

Die Allianz war natürlich nicht unbedingt endgültig. Sowohl in Deutschland als auch in Rußland waren wichtige Gruppen der Überzeugung, daß die Verbindung zwischen ihren beiden Ländern wiederhergestellt werden müsse. Dennoch ist es bezeichnend, daß schon im Jahre 1892 eine entscheidende staatliche Stelle zu folgern schien, die französisch-russische Verbindung sei von Dauer. Deutsche Kriegspläne waren immer von der Annahme ausgegangen, daß ein größerer Krieg vermutlich in einen Zweifrontenkrieg ausarten würde, in dem Deutschland aber zunächst im Osten angreifen würde. Als Graf Schlieffen im Jahre 1892 Chef des deutschen Generalstabs wurde, stellte er die Angriffsordnung in den deutschen Kriegsplänen um, offenbar davon ausgehend, Frankreich sei nun derartig eng mit Rußland verbunden, daß *jeder* Krieg in Osteuropa auch Frankreich mit einbeziehen werde und mit dessen Vernichtung beginnen müsse.

Das Ende der britischen Isolation. Wie wir gesehen haben, war einer der Gründe Deutschlands für die Nichterneuerung des Rückversicherungsvertrages das Bestreben, eine Schwächung der vielversprechend erscheinenden englisch-deutschen Entente zu vermeiden. In beiden Ländern gab es einflußreiche Leute, die England und Deutschland als natürliche Verbündete betrachteten. Dies war die Überzeugung Lord Salisburys, des konservativen Premierministers, und für Joseph Chamberlain stellte es eine Glaubensfrage dar. In Deutschland hegten weite Teile der Gesellschaft einen ebenso starken Wunsch nach Zusammenarbeit mit den Briten, doch die deutsche Haltung gegenüber Britannien war immer ambivalent. Wilhelm II. z. B., ein Enkel Königin Victorias, bewunderte die Briten, wollte aber gleichzeitig zeigen, daß Deutschland ihnen keineswegs unterlegen war. Die widersprüchliche Haltung des Kaisers spiegelte sich in der deutschen Außenpolitik wider und hatte unglückliche Folgen.

Paul Hatzfeldt, deutscher Botschafter in London in den 90er Jahren, versuchte sein Außenministerium davon zu überzeugen, daß eine funktionsfähige Entente mit den Briten eine gewisse Rücksichtnahme auf britische Interessen und Wünsche bedinge. Diese Ermahnung schien sich die deutsche Regierung nie zu Herzen zu nehmen. In Kolonialangelegenheiten schien sie der Ansicht zu sein, durch eine wenig subtile Erpressungstaktik Territorium erlangen zu können. Die Briten, seit langem daran gewöhnt, daß ihnen die Franzosen im Wege standen, machten in den 90er Jahren die Entdeckung, daß, wann immer sie ihre Besitzungen in Afrika oder im Pazifik auszudehnen hofften, mit aller Wahrscheinlichkeit die Deutschen auftauchten und eine Entschädigung verlangten.

Die unerbetene Einmischung der Deutschen in die Südafrikapolitik zur Zeit des Jamesonüberfalls (s. S. 332) war noch undiplomatischer. Ihre Sympathiebekundung für die zur Schlacht gerüsteten Buren war so betont herzlich, daß für Whitehall die Annahme begründet schien, die Deutschen könnten eine Art Intervention in Erwägung ziehen. Auch über die gleichzeitige Inangriffnahme des Bagdadbahn-Plans war man in London verärgert, und allmählich setzte sich dort die Meinung durch, Deutschland beabsichtige, sich den britischen Interessen in allen Teilen des Erdballs entgegenzustellen.

Bei allen Ungereimtheiten war die Entscheidung zum Bau einer Kriegsflotte der alarmierendste Schritt der Deutschen. Im Jahre 1896 verkündete Wilhelm II. in einer Rede vor der Kolonialgesellschaft, Deutschlands Zukunft liege auf dem Meer. Großadmiral Tirpitz, die treibende Kraft hinter dem Programm, stellte fest, es sei notwendig, eine Flotte aufzustellen, die zwischen Helgoland und der englischen Küste kampffähig sei, und er machte deutlich, daß sein Ziel eine bewaffnete Flotte sei, die vielleicht zwei Drittel der britischen ausmache und sicherlich so groß sein müsse, daß britische Versuche, sie in Kriegszeiten zu zerstören, riskant seien.

Es gab natürlich keinen Grund, warum Deutschland nicht eine Flotte aufstellen sollte. Für die Macht mit dem größten Heer Europas war es jedoch unvernünftig, als Seemacht ernstlich mit Britannien in Konkurrenz treten zu wollen und dann noch zu erwarten, Britannien werde ein Bündnis mit ihr eingehen. Männer wie Holstein aber scheinen geglaubt zu haben, Britannien sei eine absteigende Macht (aufgrund seiner Darbietung im Burenkrieg), die, konfrontiert mit einem möglichen Krieg gegen Rußland, Verbündete dringender denn je brauche und der als einzige Möglichkeit ein Bündnis mit Deutschland bleibe. Wenn nun Deutschland weiterhin Druck ausübe, sei Britannien bereit, ein Abkommen teuer zu bezahlen. Hieraus erklärt sich das ständige geschickte Ausweichen der Deutschen zwischen 1899 und 1902 gegenüber britischen Versuchen, Fühlung über ein Bündnis aufzunehmen.

Nur in einer Hinsicht hatten die Deutschen recht: die Briten waren beunruhigt über den Gang der Weltereignisse und bereit, ihre frühere Isolation durch diplomatische Abkommen zu modifizieren. Doch die Briten hatten eine größere Auswahl an Bündnispartnern, als man in Berlin vermutete. Nachdem die Faschodakrise die ägyptische Frage als akutes Problem ausgeräumt hatte, gab es nirgendwo in der Welt mehr einen unüberwindlichen Interessenkonflikt zwischen Frankreich und Großbritannien, und trotz der fortbestehenden Abneigung zwischen den beiden Völkern gab es bestimmte Probleme, in denen sich eine völlige Übereinstimmung anbahnte. Wenn auch aus anderen Gründen, so begannen die Franzosen sich über die Fernostpolitik Rußlands ebenso zu beunruhigen wie die Briten. Die Briten befürchteten russische Übergriffe in China. Die Franzosen machten sich um zwei Dinge Sorgen: erstens, daß Frankreich durch die Inanspruchnahme Rußlands im Fernen Osten dessen Unterstützung in der Nähe einbüße, und zweitens, daß im Fernen Osten ein englisch-russischer Krieg ausbrechen und Rußland dort französische Hilfe beanspruchen könne. In dieser letzteren Befürchtung wurden sie durch den Bündnisabschluß zwischen Großbritannien und Japan im Jahre 1902 (s. S. 333) bestärkt.

Delcassé und die englisch-französische Einigung. In Frankreich war es der im Jahre 1898 zum Außenminister ernannte Théophile Delcassé, der sich der Gefahren des von Rußland eingeschlagenen Kurses für Frankreich am ehesten bewußt war. Delcassé hing der Überzeugung an, die Hauptsorge eines jeden französischen Staatsmannes müsse Frankreichs Beziehung zu Deutschland sein, und das erstrebenswerteste Ziel der französischen Politik sei die Wiedererlangung des Elsasses und Lothringens. Er war nicht geneigt, französische Energien auf unnütze Kriege in der Ferne zu verschwenden.

Beim Aufbau der diplomatischen Position Frankreichs hatte Delcassé bereits einen entscheidenden Erfolg zu verbuchen. Er zeigte sich dem italienischen Wunsch nach einem Handelsabkommen zur Beendigung des im Jahre 1887 begonnenen Zollkrieges (s. S. 254) aufgeschlossen und willigte im Jahre 1898 ein. Als Gegenleistung erhielt er die ausdrückliche Anerkennung der französischen Vormachtstellung in Marokko (Delcassé versicherte seinem Gegenüber, Frankreich werde sich in Tripoli nicht einmischen, und erfüllte damit einen sehnlichen Wunsch der Italiener) sowie einige wichtige Zusicherungen im Hinblick auf die Mitgliedschaft Italiens in jenem offenkundig antifranzösischen Zusammenschluß, dem Dreibund. In einer Reihe von Noten erklärten die Italiener zwischen 1900, dem Jahr der Erneuerung des Dreibunds, und 1902, Italien werde neutral bleiben, falls Frankreich «das Ziel einer direkten oder indirekten Aggression» werde oder selbst wenn Frankreich «sich infolge einer direkten Provokation gezwungen sehen sollte, in Verteidigung seiner Ehre und Sicherheit die Initiative zu einer Kriegserklärung zu ergreifen». Diese Geheimerklärungen bedeuteten, daß die Begeisterung Italiens für den Dreibund den Nullpunkt erreicht hatte und daß Frankreich im Falle eines Krieges mit Deutschland an dieser Flanke keinen Angriff zu befürchten brauchte.

Dies war ermutigend für Delcassé. Es blieb aber die Bedrohung im Fernen Osten, wo Rußland weiterhin seine gefährliche Politik verfolgte. Eine Annäherung zwischen London und Paris würde, so hoffte Delcassé, nicht nur die Gefahr einer Verwicklung Frankreichs in einen fernöstlichen Krieg aus dem Wege räumen, sondern sogar die Möglichkeit eines solchen Krieges ausschalten, indem sie ein Abkommen zwischen Frankreichs Verbündetem, Rußland, und Britanniens neuem Verbündeten, Japan, förderte. Auf jeden Fall sondierte Delcassé die Situation in London und stieß bei der Regierung und bei Hofe auf starke Resonanz. In der Tat bestärkten positiv aufgenommene gegenseitige Staatsbesuche zwischen dem neuen Souverän Englands, Edward VII., und dem Präsidenten der Republik die Diplomaten in der Annahme, daß kein Grund mehr bestehe, die öffentliche Meinung zu fürchten. Zwischen Juli 1903 und April 1904 erarbeiteten sie eine umfassende Beilegung der Differenzen.

Das Abkommen von 1904 setzte gewissen Streitigkeiten in Siam und Neufundland ein Ende und nahm Grenzkorrekturen in Westafrika vor; seine wichtigsten Bestimmungen aber betrafen Ägypten und Marokko. Die französische Regierung erkannte verspätet das britische Protektorat über Kairo an und erklärte, sie werde die Briten in Ägypten nicht behindern. Die britische Regierung ihrerseits erkannte Marokko als französische Einflußsphäre an. Weiterhin erklärten sich die Briten in Geheimartikeln einverstanden, im Falle eines Autoritätsverlustes des Sultans keinerlei Einwände gegen die von den Franzosen für angemessen erachteten Maßnahmen zu erheben unter der Voraussetzung, daß Nordmarokko mit seiner Atlantikküste nicht an Frankreich, sondern an Spanien gehe. Diese letzte Bestimmung war von strategischen Überlegungen diktiert.

Die größere Tragweite dieses Abkommens lag darin, daß es den Anfang einer englisch-französischen Zusammenarbeit in anderen Fragen und den ersten Schritt zum Bündnis zwischen den beiden Westmächten im Ersten Weltkrieg kennzeichnete.

Die Erste Marokkokrise. Die Deutschen, die unter der neuen Entente am meisten leiden sollten, reagierten auf die aus dieser entstehenden Zusammenarbeit potentiell drohende Gefahr nur langsam. Sie hingen immer noch der Vision eines englisch-russischen Krieges an, in den Frankreich verwickelt würde. Erst nach Ablauf eines Jahres protestierten sie gegen das englisch-französische Abkommen, soweit es Marokko betraf. Am 31. März 1905 landete Wilhelm II. in Tanger und rühmte, durch begeisterte Volksmengen von Eingeborenen fahrend, den Sultan als unabhängigen Herrscher. Gleichzeitig verlangte die deutsche Regierung die Aufhebung des Marokko-Abkommens.

Hier ist wiederum nur schwer zu verstehen, was die Deutschen sich von einer Intervention erhofften. Es ist gut möglich, daß sie es selbst nicht wußten. Gewiß herrschte keine wahre Einigkeit unter den führenden Persönlichkeiten in der deutschen Regierung. Der deutsche Generalstabschef Graf Schlieffen war der Ansicht, Deutschlands Machtposition verschlechtere sich allmählich, und er hätte eine Gelegenheit begrüßt, diesen Prozeß durch einen siegreichen Krieg gegen Frankreich zu beenden. Das Jahr 1905 war für diesen Zweck ideal: Schlieffen hatte gerade die endgültige Revision seines Kriegsplanes abgeschlossen, und Rußland, erschöpft durch seine Niederlage im Fernen Osten, war keineswegs in der Lage, seinem Verbündeten zur Hilfe zu kommen. Im Auswärtigen Amt teilte Holstein Schlieffens Befürchtungen im Hinblick auf die Zukunft, und auch er hätte eine Machtprobe mittels Waffen begrüßt. Es spricht einiges dafür, daß er in Marokko eine Provokation plante, die Frankreich entweder zum Einlenken unter demütigenden Bedingungen zwingen oder zu einem Krieg reizen sollte, in dem es dann gemäß Schlieffens Plänen vernichtend geschlagen würde.

Falls dies Holsteins geheime Absicht war, so wollte oder wagte er sie weder dem Kanzler, Fürst Bülow, zu eröffnen, der das Vorgehen in Marokko, was Deutschland auch immer damit erreichen würde, als reine Großtuerei und Erpressung betrachtete, noch dem Kaiser, der über die gesamte Angelegenheit nervös wurde und keineswegs geneigt war, um Marokko einen Krieg zu führen. Angesichts der tiefgreifenden Meinungsverschiedenheiten zwischen Holstein, Bülow und Wilhelm II. wird die Inkonsequenz der deutschen Politik verständlich.

Anfangs hatte die Heftigkeit der deutschen Intervention die französische Regierung schockiert und erschreckt. Delcassé versuchte zwar seine Freunde in der Regierung zu überzeugen, daß jegliche Bereitschaft der Franzosen, sich von den Deutschen Konzessionen abzwingen zu lassen, die Briten vor den Kopf stoßen würde, hatte jedoch keinen Erfolg damit. Im Juni 1905 trat er zurück. Die Deutschen hatten sich schon lange an dem Mann rächen wollen, der im Jahre 1902 Italien demoralisiert hatte, und der Sturz Delcassés bedeutete für sie einen überwältigenden Sieg. Nun schien die Möglichkeit gegeben, daß die Franzosen ihnen alle Forderungen erfüllen würden. Zur Zeit der ursprünglichen Intervention hatte die deutsche Regierung jedoch beharrlich beteuert, ihr Ziel sei die Vertagung der Marokkofrage bis zu einer internationalen Konferenz. Diese Forderung konnte sie jetzt nicht zurückziehen.

Vor Beginn der Konferenz in Algeciras im Jahre 1906 hatte sich der Standpunkt der französischen Regierung verhärtet. In England waren durch einen Regierungswechsel die Liberalen an die Macht gekommen und hatten Sir Edward Grey ins Außenministerium berufen. Grey war weitaus stärker als sein Vorgänger davon überzeugt, daß die Deutschen versuchten, die Vorherrschaft über Europa zu erlangen, und daß es wichtig sei, dies durch eine engere Bindung an Frankreich zu verhindern. Dank dieser Haltung gingen die Franzosen und die Briten daher mit dem Entschluß in die Konferenz von Algeciras, ihr ursprüngliches Marokko-Abkommen aufrechtzuerhalten. Die Deutschen machten alles, was ihnen an erreichbaren Zielen noch verblieben war, durch ihre großtuerische Verhandlungstaktik zunichte. Eine entscheidende Änderung der ursprünglichen Marokko-Regelung wurde nicht erreicht, und der anfängliche Sieg der deutschen Diplomatie endete als Niederlage. Sowohl Schlieffen als auch Holstein traten zu Beginn des Jahres 1906 von ihren Ämtern zurück.

Die Gründung der Tripelentente. Die englisch-französische Entente wurde bald durch ein Abkommen zwischen Großbritannien und Rußland erweitert. Das bahnbrechende Ereignis hierfür war die Niederlage Rußlands im Fernen Osten, die aus einer Reihe von Gründen erfolgte. Erstens wollte Rußland seine Position im Fernen Osten soweit wie möglich retten und war in den Verhandlungen mit Japan ängstlich um den Beistand der europäischen Mächte bemüht. Britannien war Japans Verbündeter, und ein Abkommen mit ihm konnte von Vorteil sein. Britannien unterhielt auch enge Beziehungen zu Frankreich, was – zu einer Zeit, da Rußland die finanzielle Hilfe Frankreichs nötiger brauchte denn je zuvor – als zusätzlicher Grund für eine neue Annäherung an die Briten erschien. Drittens erwog die russische Regierung – zur Ablenkung der öffentlichen Meinung von inneren Mißständen – bereits eine Wiederaufnahme ihrer Vorwärtspolitik auf dem Balkan und wollte keinesfalls auf ähnlichen Widerstand stoßen wie im Jahre 1887. Schließlich strebten die Russen stärker als je zuvor eine Kooperation mit Mächten an, die entschlossen waren, die deutschen Ambitionen zu vereiteln; denn sie empfanden Empörung darüber, daß die Deutschen während des Krieges mit Japan in einem dem russischen Interessengebiet am Persischen Golf gefährlich nahen Bereich aktiv geworden waren.

Die Briten erwiderten den Wunsch der Russen nach freundschaftlichen Beziehungen. Im Jahre 1906 schickten die Briten einen ihrer erfahrensten Diplomaten, Sir Arthur Nicolson, nach St. Petersburg. In direkter Zusammenarbeit mit dem russischen Außenminister Iswolski befaßte sich Nicolson mit den drei Gebieten der Welt, in denen die englisch-russischen Reibungen am gefährlichsten gewesen waren: Afghanistan und Tibet, die beide eine Bedrohung der britischen Sicherheit in Indien darstellten, und Persien.

Im August 1907 wurde das Abkommen schließlich ratifiziert. Beide Mächte kamen überein, sich aus Tibet herauszuhalten, und während Rußland sich bereit erklärte, Afghanistan als britische Einflußsphäre zu betrachten, willigten die Briten ein, nichts zur Veränderung der dort bestehenden politischen Situation zu unternehmen. Was Persien betrifft, so teilten sie es unter Betonung ihrer Absicht, die Unabhängigkeit jenes Landes zu wahren, und unter der Zusicherung, die Handelsrechte anderer Nationen zu respektieren, in drei Zonen ein. Den Briten wurde das faktische Protektorat über die südlichste Zone zuerkannt, die den Eingang zum Persischen Golf beherrschte und Zugang nach Afghanistan und Indien bot. Die nördliche Zone fiel an die Russen als deren Einflußbereich, und zwischen beiden wurde eine große Zone neutral belassen. Sie kamen stillschweigend überein, Deutschland aus ganz Persien auszuschließen.

Das englisch-russische Abkommen bietet ein weiteres Beispiel für die Willkür der imperialistischen Mächte, sobald es um entwicklungsmäßig rückständige Länder ging. Seine größere Bedeutung lag darin, daß es, obwohl es weder in England noch in Rußland beliebt war und dem gegenseitigen Argwohn und der Abneigung der beiden Regierungen gegeneinander keineswegs ein Ende setzte, beiden so wesentliche Vorteile brachte, daß sie überzeugt waren, die Fortsetzung der Kontakte sei notwendig. Schon vor Ratifizierung des Abkommens mit Britannien wurde Rußland in einem Geheimabkommen mit Japan ein Einflußbereich in der Mandschurei zugestanden, und in Paris nahm man seine finanziellen Ersuchen entgegenkommender auf. Den Briten gewährleistete es eine Verringerung der Reibungsflächen mit Rußland, und sie konnten auf die Kooperation der Russen bei der Behinderung des deutschen Bagdadbahn-Plans zählen. Abgesehen davon schuf das englisch-russische Abkommen die Grundlage für eine aufeinander abgestimmte diplomatische Zusammenarbeit zwischen Britannien, Frankreich und Rußland. Die im Jahre 1890 begonnene Umgestaltung der Diplomatie war nun vollendet, und als Gegengewicht zum Dreibund war die Tripelentente ins Leben gerufen worden.

Der Weg in den Krieg 1907–1914

Neue Tendenzen. Die Reduktion der europäischen Politik auf diesen einfachen Dualismus ging einher mit drei gefährlichen Tendenzen. Erstens schien es viel wichtiger geworden zu sein, Verbündete zu besitzen, und viel schädlicher, sie zu verlieren, als jemals zuvor. In dem Bestreben, ihre Bündnisse zu stärken, büßten die Mächte an Handlungsfreiheit ein. Aus demselben Grund war es den Bündnispartnern nicht länger möglich, ihre Mitglieder zurückzuhalten oder zu disziplinieren, da das Mittel der Beistandsverweigerung aus Furcht vor einem Treuebruch nicht mehr tauglich war.

Zweitens fand eine allgemeine Rüstungssteigerung statt, die natürlich nur die Ängste, durch die sie hervorgerufen wurde, schürte. Zwischen 1900 und 1910 hatten sich die Heeres- und Marinebudgets der europäischen Mächte bereits bedeutend erhöht, obwohl gerade in diesen Jahren ein beträchtliches Interesse der Bevölkerung an einer Rüstungsbeschränkung vorhanden war. In den Jahren 1899 und 1907 hatten in Den Haag zwei internationale Friedenskonferenzen zur Erörterung der Möglichkeit einer internationalen Rüstungskontrolle stattgefunden. Aber in dem Jahrzehnt, in dem diese Treffen veranstaltet wurden, erhöhte Deutschland sein Heeresbudget um ein Fünftel, Rußland um zwei Drittel, Italien um die Hälfte, Frankreich um ein Drittel, Österreich-Ungarn um ein Viertel und Großbritannien um ein Drittel; das deutsche Marinebudget stieg um das Dreifache, das britische um mehr als ein Drittel. Und dies war nichts im Vergleich zu den Erhöhungen im Zeitraum von 1910 bis 1914, in dem die deutschen und die österreichischen Heeresausgaben sich noch einmal verdoppelten und alle anderen Länder hohe Investitionen in Schiffe, Waffen und Bataillone vornahmen.

Eine dritte, mit dieser letzten eng verbundene Tendenz war die wachsende Einflußnahme des Militärs auf die politischen Entscheidungen. In allen Ländern wurden die Heeres- und Marineoffiziere von der politischen Führung häufiger konsultiert und aufmerksamer angehört, und auf bestimmten Gebieten der Politik verdrängten manchmal starke Persönlichkeiten des Militärs die zivilen Amtsträger: Großadmiral Tirpitz gelang es in diesen kritischen Jahren, alle Vorschläge des Auswärtigen Amtes zu einer Flotteneinigung mit Großbritannien erfolgreich zu bekämpfen.

Angesichts der Mobilität des modernen Krieges und der gewaltigen Anzahl von Menschen, die darin zum Einsatz kamen, war es für alle Generalstäbe unerläßlich, eingehende Pläne für eventuelle Kriege aufzustellen, und es war nur natürlich, daß sie dem Plan für den Krieg, den sie für höchst wahrscheinlich hielten, die größte Sorgfalt angedeihen ließen. Bei dessen Ausarbeitung unterlagen sie leicht der Vorstellung, daß jede Abweichung von den projizierten Operationen verheerende Auswirkungen haben würde. Wie vernichtend dies für die Handlungsfreiheit einer Regierung sein konnte, veranschaulicht der Schlieffen-Plan. Als die Welt im Jahre 1914 an der Schwelle des Krieges stand, traf ein Bericht in Berlin ein, daß Britannien möglicherweise neutral bleibe, wenn Deutschland Frankreich nicht angreife. Der Kaiser gab seinem Stabschef zu verstehen, daß es daher für Deutschland von Vorteil sein könne, zunächst Rußland anzugreifen. Es wurde ihm mitgeteilt, daß ein derartiger Schritt unmöglich sei und ein Abgehen von dem Plan, den auslösenden Angriff gegen Frankreich einzuleiten, zu diesem späten Zeitpunkt zu einer Katastrophe führe. Der deutsche Kriegsplan war derartig starr geworden, daß die Regierung faktisch nicht imstande war, einen anderen Weg zu beschreiten als den vorgeschriebenen. Die Regierung war sogar gebunden, zu Beginn belgisches Territorium zu verletzen – eine Maßnahme, durch die sich Deutschland mit Sicherheit die Sympathien der Neutralen verscherzen würde, von der die Militärs aber wiederum sagten, sie sei zwingend.

Schließlich war natürlich abzusehen, daß Soldaten, die ihr Leben darauf verwandten, die Verschiebung der Machtverhältnisse in Europa zu erforschen, in Momenten, da sie glaubten, ihre Pläne und ihre Stärke seien allen möglichen Feindkombinationen überlegen, auf Taten drängten. Eines der gefährlichsten Merkmale der Krisen von 1907 bis 1914 war die Tatsache, daß immer einflußreiche Militärs zur Stelle waren, die den Krieg für den zu bevorzugenden Kurs hielten, da Abwarten auf lange Sicht verhängnisvoll sein könne.

Die besorgniserregende Abhängigkeit der Mächte von ihren Bündnissen, die Tendenz, ihren verantwortungsloseren Partnern nachzugeben, das ständig beschleunigte Wettrüsten und der außerordentliche Einfluß des Militärs auf politische Entscheidungen waren um so gefährlicher, als der Mehrheit der Bürger ihre Tragweite im großen und ganzen nicht bewußt war, und selbst wenn sie sie überblickten, waren sie machtlos, etwas dagegen zu unternehmen. In den Jahren von 1907 bis 1914, als der diplomatische Mechanismus versagte, erwiesen sich alle organisierten Gruppen der zivilisierten Gesellschaft – Kirchen, Gewerkschaften, politische Parteien – als ebenso unzulänglich wie die Diplomaten selber. Die Art und Weise, wie sie von den Kräften der Gewalt übermannt wurden, ist in dem großartigen Roman «Sommer 1914» von Roger Martin du Gard bewundernswert dargestellt.

Die bosnische Krise. Die unerbittlich zum Weltkrieg führende Kette von Krisen nahm ihren Ursprung in einem Treffen zwischen dem österreichischen Außenminister Graf Aehrenthal und dem russischen Außenminister Alexander Iswolski auf einem Landgut bei Buchlau in der Steiermark. Iswolski, der kurz zuvor das englisch-russische Abkommen ausgehandelt hatte, brannte auf neue Triumphe und wünschte insbesondere die Öffnung der Meerenge des Bosporus und der Dardanellen für russische Kriegsschiffe, so daß die Schwarzmeerflotte Zugang zum Mittelmeer erhielte. Aehrenthal strebte die Annexion der seit 1878 von Österreich verwalteten türkischen Provinzen Bosnien und Herzegowina an und betrachtete diese Annexion als den ersten Schritt einer Politik zur Einkreisung und Vernichtung Serbiens. Die vorausgegangene Revolution in der Türkei (s. S. 302), die der militanten patriotischen Jungtürken-Partei zur Macht verholfen hatte, drohte ihre Pläne zu durchkreuzen. Die

Veränderung des politischen Klimas in Konstantinopel war der Hauptgrund für das Treffen in Buchlau.

In ihren Gesprächen kamen die beiden Außenminister überein, jeweils die Pläne des anderen zu unterstützen. Dabei gingen sie offenbar davon aus, daß keine andere Macht ernstliche Einwände erheben würde, wenn ihre Regierungen die Absicht verkündeten, den Status Bosniens und der Meerengen zu verändern, obgleich ein derartiger Schritt die Verletzung von Vertragsverpflichtungen mit sich bringen würde. Sie kamen stillschweigend überein, ihre Pläne gleichzeitig bekanntzugeben. Doch Iswolski fragte anscheinend nicht nach dem Zeitpunkt. In jenem Versäumnis lag der Keim vieler künftiger Schwierigkeiten.

Nachdem er Buchlau verlassen hatte, unternahm Iswolski eine gemächliche Reise nach Westen, um die anderen Hauptstädte auf die bevorstehende Bekanntmachung vorzubereiten. Als er am 3. Oktober in Paris eintraf, wurde er durch ein Telegramm von Aehrenthal unangenehm überrascht, das besagte, die Umstände erforderten, daß Österreich unverzüglich handele. Die feindselige internationale Reaktion auf die Bekanntmachung Österreichs deutete darauf hin, daß gegen jede erneute Verletzung des Vertragsrechts heftige Einwände erhoben würden. Eine Veränderung am Bosporus mit Zustimmung der anderen Mächte stand auch außer Frage, wie Iswolski erfuhr, als er das Thema in London aufgriff.

Unter dem Einfluß dieser unerfreulichen Schocks und der Entdeckung, daß das Vorgehen Österreichs in Rußland auf ebenso erbitterte Empörung stieß wie in Serbien, leugnete Iswolski, der seine Kollegen über sein Vorgehen in Buchlau nicht unterrichtet hatte, daß er der Annexion zugestimmt habe, und bestand darauf, daß Buchlau lediglich einen Meinungsaustausch dargestellt habe. Er bezeichnete das Vorgehen Österreichs als eine flagrante Verletzung der schriftlich niedergelegten Abmachungen und verlangte die Einberufung einer internationalen Konferenz, um die österreichischen Zugewinne für ungültig zu erklären.

Sein unvernünftiges Verhalten war der Grund für die Krise von 1908. Die Serben, die bereits außer sich waren über den Verlust von Provinzen, die sie seit langem als ihr Eigentum betrachteten, wurden durch panslawistische Agitationen in Rußland und durch Iswolskis ungezügelte Reaktion in dem Glauben bestärkt, Rußland würde sie unterstützen; und sie begannen Maßnahmen vorzubereiten. Die Österreicher sandten Truppen an die serbische Grenze. Um des inneren Zusammenhalts der Tripelentente willen beschied die britische Regierung, daß sie Iswolski zur Hilfe kommen müsse. Nachdem ein gewisses Zeremoniell durchgeführt worden war, damit Iswolskis Gesicht gewahrt bliebe, versuchten sie, eine Regelung zu treffen, durch die die Serben mit einer finanziellen Entschädigung abgespeist würden.

Dieser Kompromiß hätte möglicherweise funktionieren können, hätten die Deutschen sich nicht ebensosehr veranlaßt gesehen, ihrem Verbündeten beizustehen. Sie waren über Aehrenthal ebensowenig begeistert wie die Briten über Iswolski; denn der österreichische Außenminister hatte sie nicht konsultiert, und die Annexion Bosniens hatte die Türken, mit denen die Deutschen freundschaftliche Beziehungen anknüpfen wollten, in Empörung versetzt. Dennoch fühlten sich die Deutschen zum Handeln gezwungen, aus Gründen, die Bülow in Worten ausdrückte, die vieles darüber aussagen, wie die Bündnistreue in den Jahren vor 1914 die Oberhand über die Vernunft gewann:

«Bei der Bedeutung, die die leitenden österreichisch-ungarischen Kreise ihrem Schritt beilegen, würde unser Bündnis mit dem Nachbarstaat zweifellos erschüttert werden und einen unheilbaren Riß erhalten, wenn wir in dieser Frage uns als unzuverlässige Freunde erwiesen und uns nicht loyal an die Seite von Österreich-Ungarn stellen. Eine zweideutige (Haltung) in diesem Falle würde man uns nicht vergessen.»

Im März 1909 schlug Bülow eine Lösung der bosnischen Krise vor, die auf jede internationale Konferenz verzichtete und die Sache der Österreicher unterstützte. Als Iswolski zögerte, darauf einzugehen, verfiel Bülow in rücksichtslose Direktheit. Er sagte: «Euere pp. wollen... Herrn Izwolski in bestimmter Form sagen, daß wir eine präzise Antwort – ja oder nein – erwarten; jede ausweichende, verklausulierte oder unklare Antwort würden wir als eine Ablehnung betrachten. Wir würden uns dann zurückziehen und den Dingen ihren Lauf lassen.» Angesichts dieser kaum verhüllten Drohung gab Iswolski klein bei, und die Krise war beendet.

Dennoch hatte sie ernste Folgen. Sie erregte in ganz Europa Argwohn gegenüber der österreichischen Politik und hinterließ den Eindruck, Deutschland sei stärker daran interessiert, seine Macht zu demonstrieren, als der Sache des Friedens zu dienen. Indirekt stärkte sie die Tripelentente, indem sie die russische Regierung stärker in deren Abhängigkeit brachte. Die schlimmste Folge war die, daß sie den Weg zu einer Ära von Balkankriegen ebnete. Iswolski widmete sich nun mit hartnäckiger Ausdauer der Rache an Österreich. Er bestärkte die Serben darin, den Verlust Bosniens lediglich als einen zeitweiligen Rückschlag zu betrachten, und stellte Mittel für eine fortgesetzte großserbische Propaganda zur Verfügung. Er führte Delcassés Werk in Italien einen Schritt weiter, indem er im Oktober 1909 in Racconigi ein Geheimabkommen mit den Italienern schloß, das Konsultationen über Balkanangelegenheiten und russische Unterstützung der Politik Italiens in Tripoli vorsah. Angesichts dieser politischen Maßnahmen und ihrer Folgen war sein Prahlen im Jahre 1914 gewissermaßen berechtigt: «Dies ist *mein* Krieg, *mein* Krieg!»

Agadir. Es ist überzeugend argumentiert worden, eine der wesentlichsten Kriegsursachen sei das Versagen des Kaisers und des Kanzlers in den letzten Vorkriegsjahren gewesen, die deutsche Politik zu lenken und zu beherrschen. Nach der «Daily Telegraph»-Affäre im Jahre 1908 (s. S. 288) neigte der Kaiser zur Nachgiebigkeit gegenüber seinen militärischen Befehlshabern. Nach dem Sturz Bülows im Jahre 1909 schien auch das Amt des Kanzlers einiges von seiner Autorität einzubüßen. Insbesondere in der Außenpolitik war der neue

Kanzler, Theobald von Bethmann Hollweg, unerfahren und tat sich schwer, diejenigen, die über Erfahrung verfügten oder behaupteten, sie zu besitzen, unter Kontrolle zu halten.

Aus diesen Umständen erklärt sich wahrscheinlich die schlecht geplante Intervention Deutschlands in die Angelegenheiten Marokkos im Jahre 1911. Diese war weitgehend das Geistesprodukt des neuen Außenministers, Alfred von Kiderlen-Waechter, eines eigenwilligen «Kerls», der das Ultimatum Bülows von 1909 an Rußland aufgesetzt hatte. Im Sommer des Jahres 1911 demonstrierte er lediglich, wie weit er dieser Charakteristik gerecht zu werden vermochte. Infolge von Unruhen in Marokko hatten die Franzosen, vermutlich zum Schutz der dort lebenden Ausländer, Truppen nach Fez geschickt. Mit dieser Maßnahme überschritt Frankreich seine in Algeciras definierten Rechte, die Regierung aber hatte argumentiert, sie sei dringend notwendig, und selbst die Deutschen sähen keinen Grund zum Einspruch, da ihre wirtschaftlichen Interessen durch ein separates französisch-deutsches Abkommen von 1909 geschützt seien. Die Franzosen irrten. Im Juli 1911 entsandte Kiderlen ohne vorherige Warnung das deutsche Kanonenboot «Panther» in den marokkanischen Hafen Agadir.

Diese Drohgebärde – anders konnte es kaum verstanden werden – schokkierte Europa und stellte es vor ein Rätsel. Was wollten die Deutschen eigentlich? Wahrscheinlich wußten es die Deutschen selber nicht. Kiderlen scheint der Überzeugung gewesen zu sein, eine kriegerische Demonstration werde die Franzosen aus Angst zu einem Angebot treiben. Als das nicht eintrat, war er verwirrt und geriet in Verlegenheit. Da er aber irgend etwas tun mußte, verlangte er als Entschädigung für die tatsächlichen und die geplanten Zugewinne der Franzosen in Marokko die Abtretung des gesamten Französisch-Kongo an Deutschland.

Diese Forderung erschien derartig übertrieben, daß die Franzosen sie als bloßen Vorwand für eine militärische Aktion betrachteten, während die Briten folgerten, daß die Deutschen in Wirklichkeit auf etwas anderes abzielen müßten – vielleicht einen Flottenstützpunkt an der Atlantikküste Marokkos. Der Außenminister, Lord Grey, gab dem deutschen Botschafter behutsam zu verstehen, Britannien erwarte, konsultiert zu werden, was immer von nun an geschehen würde. Kiderlen war dickfellig genug zu versuchen, dies zu umgehen. Das bewirkte noch stärkere Unruhe bei den Briten und führte zu einer Rede des Schatzkanzlers, David Lloyd George, die nahezu ebenso drohend war wie der «Panthersprung». Mit aller ihm verfügbaren Leidenschaft beschuldigte Lloyd George Deutschland, es erwarte, daß Großbritannien seinen Einfluß in einer für seine Interessen lebenswichtigen Angelegenheit aufgebe; und er fügte hinzu, die Wahrung des Friedens um diesen Preis sei eine untragbare Demütigung.

Der Einwurf der nationalen Ehre erhob diesen veworrenen Disput auf die Ebene einer echten Gefahr für den Frieden. Bestärkt durch die Haltung der Briten, verhärtete sich die französische Position im Hinblick auf mögliche

Konzessionen zur Unnachgiebigkeit, und die Deutschen hatten sich viel zu weit eingelassen, als daß sie hätten klein beigeben können, ohne für ihre Bemühungen etwas aufzuweisen zu haben. Schließlich bedurfte es aller Geschicklichkeit Greys und eines besonderen Vorsprechens der Russen in Paris, um eine Einigung herbeizuführen. Die Franzosen erhielten freie Hand in Marokko und die Deutschen Tausende von Hektar afrikanischen Wüstenlandes.

Die Konsolidierung der Bündnisse. Die gefährdete Balance zwischen Krieg und Frieden im Jahre 1911 schockierte die Gemäßigten sowohl in Britannien als auch in Deutschland. In England wuchs das Unbehagen über Krisen, die durch französische und russische Indiskretionen heraufbeschworen wurden; in Deutschland mehrten sich die Klagen über die politischen Auswirkungen des Flottenprogramms, das Tirpitz wiederum erweitern wollte. Wäre es nicht klug, sich um eine englisch-deutsche Einigung zu bemühen?

Es zeigte sich bald, daß ein derartiges Arrangement kaum zu erzielen war. Im Februar 1912 fuhr Lord Haldane, der britische Kriegsminister, nach Berlin, um zu erkunden, ob irgendein Abkommen möglich sei. Tirpitz, der während Haldanes Besuch in Berlin die dominierende Persönlichkeit zu sein schien, machte deutlich, daß das Flottenprogramm nicht einem diplomatischen Abkommen geopfert werden könne und daß selbst Abänderungen von der Bereitschaft Britanniens abhingen, im Falle eines deutschen Krieges mit Frankreich neutral zu bleiben. Dem britischen Außenministerium erschien ein verbindliches Neutralitätsversprechen unklug. Einige Wochen lang wurden in unregelmäßigen Abständen Verhandlungen geführt, in denen aber kein Abschluß erzielt wurde. Unterdessen hatte Tirpitz in Berlin erreicht, was er wollte. Mit der Verabschiedung seiner Flottenvorlage durch den Reichstag war die letzte Chance für eine englisch-deutsche Entspannung verloren.

Statt dessen wandten sich beide Länder wieder ihren Verbündeten zu und vertieften ihre Beziehungen zu ihnen – Deutschland durch vertraulichere Stabsgespräche mit den Österreichern, Britannien durch Schritte zu einem Bündnis mit Frankreich. Im November 1912 genehmigte Grey nicht nur ausdrücklich die Fortsetzung der englisch-französischen Stabsgespräche, sondern versicherte den Franzosen auch, «falls eine der beiden Regierungen ernstlich Anlaß haben sollte, einen unprovozierten Angriff durch eine dritte Macht zu befürchten, so sollte sie unverzüglich mit der anderen erörtern, ob beide Regierungen gemeinsam handeln sollten». Dies war zwar nicht die unzweideutige Garantie, die die Franzosen sich gewünscht hätten, aber es war nicht weit davon entfernt.

Tripoli und die Balkankriege. Eine der schicksalhaftesten Folgen der Agadirkrise war, daß sie trotz aller gegenteiligen Beteuerungen der Franzosen in Italien die Befürchtung aufkommen ließ, diese könnten bald in Tripoli einmarschieren, falls man ihnen dort nicht zuvorkäme. Noch bevor sich der Wirbel um Marokko gelegt hatte, setzte die italienische Regierung daher die türkische Regierung von der Absicht in Kenntnis, ihre «Protektion» über Tripoli auszudehnen. Als die Türken diese Mitteilung zurückwiesen, erklärte Italien den Krieg und drang im September 1911 in Tripoli ein.

Das italienische Vorgehen veranlaßte die Balkanländer wiederum zu der Befürchtung, Österreich könne aus der Verwirrung der Türkei Nutzen ziehen und deren letzte europäischen Besitzungen an sich reißen. Eiligst setzten sie Iswolskis Pläne vollkommen in die Tat um. Im März 1912 schlossen Bulgarien und Serbien ein Bündnis, in dem sie sich gegenseitige Hilfe im Falle eines Angriffs versprachen, Zusammenarbeit bei der Abwehr von Versuchen seitens der Großmächte, Balkanterritorium zu erwerben und die Verfolgung einer gemeinsamen Politik gegenüber der Türkei. Innerhalb weniger Monate hatten sich Griechenland und Montenegro diesen Artikeln angeschlossen, und der Balkanbund war gegründet. Im Oktober 1912 leiteten die vier Balkanmächte einen konzertierten Angriff auf türkische Streitkräfte in Europa ein und hatten diese innerhalb von wenigen Monaten bis zu den Meerengen zurückgedrängt. Dann wandten sie sich der angenehmen Aufgabe der Verteilung der Siegesbeute zu.

Dies erwies sich als schwierig. Zum einen intervenierten die beiden Großmächte, die das stärkste Interesse am Balkan hatten: Österreich, um zu verhindern, daß Serbien einen Zugang zum Adriatischen Meer erwarb, und Rußland, um darauf zu bestehen, daß Serbien und Montenegro ein solcher Zugang bewilligt würde. Diese und andere explosive Territorialfragen mußten auf einer internationalen Konferenz in London erörtert werden. Das Adria-Problem wurde gelöst, indem ein unabhängiges Albanien geschaffen und Serbien durch Territorium im Inneren entschädigt wurde. Im Mai 1913 war der Frieden wiederhergestellt. Er dauerte genau einen Monat. Ein plötzlicher Angriff Bulgariens auf Serbien löste einen zweiten Krieg aus, in dem der Aggressor durch seine ehemaligen Verbündeten, denen die Rumänen und die Türken zur Hilfe kamen, seiner vor kurzem erworbenen Gebiete beraubt wurde.

In beiden Konflikten blieb der Frieden zwischen den Großmächten durch die Kooperation Großbritanniens und Deutschlands gewahrt. Diese fruchtbare Zusammenarbeit aber sollte nicht anhalten. Am Ende der Balkankriege übten die Österreicher Kritik an Deutschland wegen seines Versäumnisses, sie zu unterstützen, und beschuldigten es offen der Verantwortung für die gefährliche Stärkung Serbiens. Auf ähnliche Weise machten die Russen die Briten für die Gründung Albaniens verantwortlich, das Serbien den Weg zum Meer versperrte, und kritisierten Frankreich, weil es nichts unternommen habe, um diese unglückliche Regelung zu unterbinden. Die erbitterten Anklagen dieser Mächte führten zu Unbehagen auf seiten ihrer diplomatischen Partner und zu deren Abneigung, ihre Geduld durch neue Enttäuschungen auf die Probe stellen zu lassen.

Dieses Zögern, die verantwortungslosesten Mitglieder der Familie der

Nationen weiterhin zurückzuhalten, war in Anbetracht von zwei verwandten Fakten doppelt verhängnisvoll. Das erste war, daß sich sowohl in der österreichischen als auch in der russischen Regierung jetzt Männer in der Führung befanden, die meinten, es müsse bald Klarheit geschaffen werden, ob der österreichische oder der russische Einfluß auf dem Balkan dominiere. Das zweite war, daß die serbische Regierung mit ihren umfangreichen Zugewinnen während der Balkankriege nicht zufrieden war. Nach Beendigung der Feindseligkeiten im August 1913 sagte ihr Ministerpräsident unverblümt: «Die erste Runde ist gewonnen; nun müssen wir uns auf die zweite vorbereiten, gegen Österreich.»

Die endgültige Krise. Während des Frühjahrs 1914 trieben alle Nationen ihre Kriegsvorbereitungen voran und veranlaßten ihre Parlamente, Mittel zur Aufrüstung zu bewilligen. Diese Aktivität brachte ganz Europa einen weiteren Schritt näher an den Abgrund; denn sie führte zu jener Art von ausführlichen Berechnungen, in denen Militärs sich zu ergehen pflegen und die in unserer Zeit nicht unbekannt sind. Die Experten der Mittelmächte waren nun, angesichts der russischen und französischen Pläne, überzeugter denn je, daß das Pendel gegen sie ausschlug. Für sie im Dreibund, so bemerkte der österreichische Feldmarschall Conrad von Hötzendorf gegenüber dem deutschen Militârattaché, gebe es nur zwei Möglichkeiten, entweder sofort loszuschlagen oder ihre Rüstung entsprechend zu verstärken, und vom militärischen Standpunkt aus sei die erstere bei weitem die korrektere von beiden. Das einzige, was Conrad zurückzuhalten schien, war die Sorge darüber, daß Österreich vielleicht eine lange Zeit allein gegen Rußland durchstehen müßte, bevor Deutschland ihm zur Hilfe käme. Im Mai erfuhr er jedoch, daß der deutsche Stabschef, der jüngere Moltke, gleichgesinnt war und daß dessen Pläne, die sich auf die von Schlieffen gründeten, einen Vorstoß nach Westen vorsahen. Damit würde Frankreich innerhalb von sechs Wochen ausgeschaltet, und der Einsatz aller Kräfte Deutschlands könnte gegen Rußland folgen. Moltke war offenbar der Überzeugung, daß Britannien auf seiten Frankreichs eingreifen, seine Intervention aber unwirksam bleiben und den Plan nicht stören würde.

Conrad hatte nicht viel Zeit, über diese Information nachzudenken. Am 28. Juni 1914 erschoß ein junger serbischer Patriot namens Gavrilo Princip in der bosnischen Stadt Sarajewo den österreichischen Thronfolger Erzherzog Franz Ferdinand und seine Gattin. Es wurde später nachgewiesen, daß Princip und seine Mittäter die idealistischen Werkzeuge eines Oberst Dragutin Dimitrijević waren, Leiter des Nachrichtendienstes des serbischen Generalstabs und führender Kopf in der patriotischen Vereinigung der Schwarzen Hand, der den Mord kaltblütig geplant hatte. Obgleich dies alles in Wien nur teilweise bekannt war, hatte die dortige Regierung nun den schon lange ersehnten Vorwand für Schritte gegen Serbien.

Am 23. Juli schickte die österreichische Regierung ein Ultimatum an Belgrad, in dem sie die serbische Regierung der Mittäterschaft bei dem Mord beschuldigte und eine Reihe von Forderungen stellte, die Serbien bei vollständiger Erfüllung faktisch seiner Unabhängigkeit beraubt hätten. Der russische Außenminister Sasonow, der den Serben geraten hatte, alles in ihrer Macht Stehende zu tun, um die Österreicher zu besänftigen, war entsetzt und platzte gegenüber dem österreichischen Botschafter mit den Worten heraus: «Dies bedeutet einen europäischen Krieg. Sie setzen Europa in Flammen!»

Die Härte der österreichischen Bedingungen war kein Versehen. Sowohl die Österreicher als auch die Deutschen waren zu dem Schluß gekommen, eine Aktion gegen Serbien sei zwingend. Als die serbische Regierung das Ultimatum mit der Zusage wesentlicher Konzessionen beantwortete, bezeichneten die Österreicher diese daher als unbefriedigend und erklärten am 28. Juli den Krieg. Die endgültige Krise war eingetreten.

Es fällt schwer, die Schlußfolgerung zu vermeiden, daß die Diplomaten beim Einbruch der Krise defätistisch gestimmt waren. Sie unternahmen zwar alle Schritte, um den Frieden zu retten, waren aber nur mit halbem Herzen bei der Sache. Im August 1914 waren es die Soldaten, die Energie und Willenskraft besaßen, und zwar insbesondere in Berlin und in Wien. Die Nachricht, daß Deutschland bei einem Angriff auf Frankreich nicht mit britischer Neutralität rechnen könne, schockierte Bethmann Hollweg, und er machte nun den schwachen und verspäteten Versuch, die Österreicher zurückzuhalten. Für die deutschen Soldaten jedoch gab es kein Zurück. Am 30. Juli schickte Moltke, nachdem er erfahren hatte, daß in Rußland eine Teilmobilisierung eingesetzt hatte, ohne den Kaiser oder den Kanzler zu informieren, ein Telegramm nach Wien, in dem er Conrad drängte, sofort mobilzumachen und die derzeitigen Kompromißangebote Greys abzulehnen. Er fügte hinzu, der Krieg sei nun eine Bedingung für das Überleben Österreichs. «Für Österreich-Ungarn zur Erhaltung Durchhalten des europäischen Krieges letzte Mittel. Deutschland geht unbedingt mit.» Als Conrad Außenminister Berchtold von diesem Telegramm in Kenntnis setzte, sagte Berchtold, der Bethmanns Einwände angehört hatte, unmutig: «Das ist gelungen! Wer regiert in Berlin?»

Die Antwort lautete, daß die Soldaten regierten. Am selben Tag (31. Juli), an dem Österreich Moltkes Rat folgte und gegen Rußland mobilmachte, schickten die Deutschen ein Ultimatum an St. Petersburg mit der Forderung, alle Kriegsmaßnahmen zu stoppen. Ohne den Russen Zeit zu geben, über eine Antwort nachzudenken, erklärten sie am 1. August den Krieg. Die Starrheit des deutschen Kriegsplanes verlangte nun die schnellstmögliche Einleitung von Feindseligkeiten – und zwar im Westen Europas anstatt auf dem Balkan. Über den Vorschlag des Kaisers, daß man die Operationen zumindest vorübergehend auf die russische Front beschränken könne, hinweggehend, besorgte Moltke die Entsendung eines Ultimatums an Frankreich und einer Note an Belgien, die freien Durchgang für deutsche Truppen forderte. Als diese abgelehnt wurde, erfolgte am 3. August automatisch die deutsche Kriegserklärung, und die Invasion Belgiens begann. Dieses Vorgehen befreite Lord Grey von der Aufgabe, dem Unterhaus das Ausmaß seiner diplomatischen Verpflichtungen gegenüber Frankreich zu erklären, und ermöglichte es ihm, die Forderung nach einer englischen Intervention mit dem Schutz der traditionellen Interessen Englands zu begründen. Am 4. August befanden sich Britannien und Deutschland im Krieg.

Die Schuldfrage. Scheint auf den letzten Seiten die Verantwortung Österreich-Ungarns und Deutschlands für den Kriegsausbruch in Europa betont zu werden, so sollte doch nicht vergessen werden, daß dieser Vorwurf auch die anderen Mächte trifft. Der Vorfall, der die endgültige Krise auslöste, war ein von Beauftragten der serbischen Regierung geplantes Verbrechen; die aggressive Politik der Serben erfolgte zumindest teilweise aufgrund der Ermutigung durch die Russen; der Wagemut der Russen, die provokative Politik der Serben zu fördern, war teilweise auf das Versäumnis der britischen und der französischen Regierungen zurückzuführen, ihnen adäquate Beschränkungen aufzuerlegen; und die Gründe für dieses Versäumnis lagen in denselben Ängsten, die die Urteilsfähigkeit der deutschen und der österreichischen Regierung beeinträchtigten. Wie auch immer über die relative Schuld der Mächte entschieden werden mag, es ist eindeutig, daß keine der Mächte die volle Verantwortung für den Krieg trägt und daß keine von ihnen völlig schuldlos ist.

Im größeren Rahmen gesehen, kann der Kriegsausbruch als eine Widerspiegelung jener Tendenzen betrachtet werden, die wir in den Jahren nach 1871 in der innenpolitischen Geschichte der europäischen Staaten vorgefunden haben. Die Aufteilung Europas in zwei bewaffnete Lager nach 1907 entsprach im großen und ganzen dem Polarisierungsprozeß, der sich in der Innenpolitik vollzog und Land für Land in zwei extreme Fraktionen teilte. Und nun im Jahre 1914 wurde die Idealisierung der Macht, die so viele Bereiche des europäischen Denkens und Handelns charakterisierte, total. Europa beschloß sein Jahrhundert des Fortschritts mit einer Orgie der Gewalt, von der es sich nie wieder erholte.

Vierter Teil

1914–1945

Allgemeine Bemerkungen

Als der Krieg im August 1914 über die Welt hereinbrach, tröstete sich eine Vielzahl von Menschen in allen Ländern Europas mit zwei Gedanken: daß ihr Land in sehr kurzer Zeit und bei sehr geringem Aufwand siegreich und das Leben sehr bald wieder normal sein würde; daß der Krieg durch irgendeinen magischen Prozeß alle ausstehenden politischen, wirtschaftlichen, gesellschaftlichen und selbst moralischen Probleme lösen und Europa von seinen angehäuften Mißständen befreien würde. Wie einer der Charaktere in Ernst Glaesers Kriegsroman «Jahrgang 1902» sagte:

«... endlich habe das Leben wieder einen idealen Sinn. Die großen Tugenden der Menschheit, die in Deutschland ihren letzten Hort hätten – Treue, Vaterlandsliebe, Todesbereitschaft für eine Idee – triumphierten jetzt über den Händler- und Krämergeist. Der Krieg sei der rettende Blitz, der die Atmosphäre reinige, aus ihr entstiege ein neues deutsches Volk... Er sähe eine neue Welt, den Adelsmenschen herrschen und gebieten, der alle Degeneration ausrotte und die Menschheit wieder in die Firnhöhe ewiger Ideale zurückführe... Der Krieg säubere die Menschheit von schlechten Stoffen.»

Dies war, wie der englische Schriftsteller C. E. Montague sardonisch kommentierte, eine «freudige Vision, ein schöner Traum! – wie Thackerays Träumerei von einer sehr alten, reichen Tante. Aber der Träumer erwacht im Schnee des Mont Cenis bei abscheulichem Geruch im Korridor und defekten Warmwasserrohren.» Solch unsanftes Erwachen erwartete alle Beteiligten des Ersten Weltkrieges. Es war weder ein kurzer Konflikt, noch wurde der Feind leicht und ohne großen Aufwand geschlagen. Nach fünfjährigem verzweifeltem Kampf, in dem eine Generation junger Männer ums Leben kam, war es sehr schwierig, sinnvolle Unterscheidungen zwischen der Lage des Siegers und der des Besiegten zu machen.

Überdies schien der Krieg weitaus mehr Probleme aufzuwerfen als zu lösen. Nach 1919 waren die Spannungen zwischen den Nationen so ausgeprägt, daß die Frauen, die aus der ersten weltweiten Massenvernichtung als Witwen zurückgeblieben waren, bald die furchtbare Möglichkeit voraussahen, daß nun auch noch ihre Söhne fallen würden. Unterdessen nahm der Konflikt zwischen Parteien und sozialen Schichten so gewalttätige Formen an, wie man es vor 1914 nicht gekannt hatte. Selbst in einem Land wie England, mit einer starken Tradition von geordnetem Wandel und Achtung vor dem Gesetz, stellen wir mit Überraschung fest, daß Regierungsbeamte, Vertreter von Arbeitgebergruppen und Arbeiterführer in Reden, Zeitungsberichten und Leitartikeln während der 1920er Jahre offen die Erkenntnis aussprachen, die Arbeitgeber-Arbeitnehmerbeziehungen hätten sich zu einem ununterbrochenen Klassenkampf entwickelt. In England nahm die Virulenz dieses gesellschaftlichen Kampfes deutlich ab, nachdem der Generalstreik von 1926 (s. S. 483) das Land zur Vernunft gebracht hatte. In anderen Ländern nahm das Schicksal keine so günstige Wendung. In vielen Staaten machte der innere Konflikt ein geordnetes Regieren unmöglich und führte schließlich zur Auflösung der gesellschaftlichen Struktur.

Die Einzelheiten dieser Unruhen sind Gegenstand der folgenden Kapitel. Wir werden sehen, wie sie alle auf die eine oder andere Art und Weise von den Kriegsverlusten und den Entscheidungen der Friedenskonferenz herrührten, wie die Lähmung oder gänzliche Zerstörung der alten politischen Hierarchien auf sie einwirkte, wie sie beeinflußt waren von wirtschaftlichen Erschütterungen, die während des langen Konflikts eingesetzt hatten und durch die anschließenden Wirtschaftskrisen sowie Europas schwindende Rolle in der Weltwirtschaft verschlimmert wurden, und schließlich, wie sie durch das Aufkommen totalitärer Ideologien mit starker nationaler Prägung verschärft wurden.

Da auf den folgenden Seiten soviel über die gewaltsameren Aspekte dieses Vierteljahrhunderts gesagt wird, muß gleich zu Anfang festgestellt werden, daß sich in diesen Jahren neben dem äußeren und inneren Krieg auch andere Dinge abspielten. Der Erfindungsgeist der Europäer richtete sich nicht ausschließlich auf die Ersinnung noch diabolischerer Waffen oder neuer Wege, Regime zu stürzen, und es wäre falsch – selbst in einer Darstellung, die sich vorwiegend mit der politischen und gesellschaftlichen Geschichte befaßt –, die Leistungen der Wissenschaftler und Ingenieure Europas, seiner Gelehrten und Künstler, seiner Schriftsteller und Musiker zu übergehen. War dies auch – wie es oft bezeichnet wird – ein Zeitalter des Konflikts, so war es dennoch auch ein Zeitalter der schöpferischen Leistung. Wie sehr das zutrifft, wird deutlich, wenn wir daran denken, wie stark sich unser Weltbild und unsere Sicht des Universums gewandelt hat infolge der Relativitätstheorie und der Entwicklung der Atomforschung – beides im wesentlichen Produkte dieser Epoche; oder wenn wir daran denken, welch gewaltige Fortschritte in der Medizin, der Physiologie und der Biochemie zur Genetik, zur Keimzell- und Drüsenforschung und besonders durch die Entdeckung der Vitamine, des Insulins (1922) und Cortisons (1936) und solcher Bekämpfungsmittel von Viruskrankheiten wie Penizillin (1929), Sulfopyridin (im Jahre 1938 zur Behandlung von Lungenentzündung angewandt) und der jetzt wohlbekannten und leicht erhältlichen Antibiotika, Streptomycin und Aureomycin gemacht wurden; oder daran, wie die Behandlung von Geisteskrankheiten oder bestimmten Formen abnormen Verhaltens durch die Entwicklung und Vervollkommnung der klinischen Neurologie und der Psychiatrie verbessert worden ist; wie die Fortschritte in der Psychologie und der Soziologie unseren Schulen und Gefängnissen zugute gekommen sind; wie viele Seiten des Lebens, einschließlich des politischen Lebens, durch die Erfindung des Kraftfahrzeugs, Flugzeugs, Films, Radios und Fernsehens revolutioniert worden sind.

Genau genommen waren nicht alle diese Erfindungen und Erkenntnisse europäischen Ursprungs, aber die Rolle, die europäische Köpfe und europäische Energie bei diesen Errungenschaften der reinen und der angewandten Wissenschaft gespielt haben, war sehr groß. Die neue Physik, die sich von der

37. Albert Einstein, Physiker (1879–1955)

Auffassung des 19. Jahrhunderts über Energie und Masse wesentlich unterschied, erhielt ihren ersten Impuls durch die Quantentheorie, die der Deutsche Max Planck im Jahre 1900 aufstellte. Ihren umfassendsten Niederschlag fand sie in der Speziellen und der Allgemeinen Relativitätstheorie seines Landsmannes Albert Einstein aus den Jahren 1905 und 1915, der die scheinbaren Widersprüche zwischen den Newtonschen Axiomen und der Theorie der elektromagnetischen Erscheinungen von James Clerk Maxwell (1873) in seiner neuen Form von Feldphysik miteinander in Einklang brachte. Die Entwicklung der Atomforschung begann im wesentlichen im Jahre 1911, als der Neuseeländer Ernest Rutherford aus seinen Studien über die Radioaktivität die Erkenntnis gewann, daß das Atom keineswegs eine feste Masse, wie seit jeher geglaubt, sondern im großen und ganzen ein hohles Gebilde sei, das einen winzigen positiv geladenen Kern (oder Proton) enthalte und von einer Hülle negativ geladener Elektronen umgeben sei: eine Art Miniatur-Sonnensystem. Mit Hilfe dieser Erklärung und Plancks Quantentheorie stellte der Däne Niels Bohr im Jahre 1913 seine allgemeine Theorie vom Aufbau der

Atome auf, und auf dieser Grundlage erzielten so hervorragende europäische Physiker wie der Deutsche Werner Heisenberg und der Österreicher Erwin Schrödinger, der Italiener Enrico Fermi und die Engländer Cockcroft, Walton und Chadwick ihre späteren Ergebnisse.

In anderen wissenschaftlichen Bereichen, sowohl in den reinen Wissenschaften als auch in den Verhaltenswissenschaften, waren die europäischen Beiträge von entsprechender Bedeutung. In der klinischen und in der Sozialpsychiatrie machten sich z. B. der Österreicher Sigmund Freud und der Schweizer Carl Jung einen Namen. In der Soziologie ersannen die Deutschen Max Weber und Karl Mannheim und die Italiener Vilfredo Pareto und Gaetano Mosca Diagnosemethoden, die die Techniken der älteren Soziologie völlig verdrängten. Ihre Studien über das Verhalten in der Bürokratie und die

38. Sigmund Freud, österreichischer Neurologe und Begründer der modernen Psychoanalyse (1856–1939)

Rolle der Elite in der Geschichte ermöglichten eine realistischere Einschätzung der Art und Weise, wie die Gesellschaft funktioniert.

Alles in allem muß man sagen, daß Europa zu der Zeit, als seine finanzielle und industrielle Überlegenheit auf die Neue Welt überging, als amerikanische, indische und japanische Waren auf Märkte drangen, die einstmals Reservate europäischer Geschäftsleute gewesen waren, und als allem Anschein zum Trotz die politische Vorrangstellung Europas bereits der Vergangenheit angehörte, seine wissenschaftliche Führungsposition in der Welt beinahe während des gesamten Zeitabschnitts hindurch beibehielt. Erst nach 1933, als Hitlers Judenverfolgung und sein Kampf gegen die Gedankenfreiheit viele der besten Wissenschaftler Europas veranlaßten, ins Exil zu gehen, verschob sich das Gleichgewicht zugunsten der Vereinigten Staaten und Rußlands – eine Entwicklung, die durch den Zweiten Weltkrieg bestätigt wurde, da diese beiden Länder in finanzieller und anderer Hinsicht den Krieg am besten überstanden hatten und daher in der Lage waren, die wissenschaftliche Forschung und Entwicklung voranzutreiben.

In der Kunst waren die gleiche Vitalität und großartige Leistungen anzutreffen; dennoch sollten diese Eigenschaften vielleicht weniger betont werden

39. Max Schulze-Sölde, «Das Zeitalter der Technik», 1925

als vielmehr der Geist der Rebellion gegen die Formen und Werte der Vergangenheit, der für die Kunst dieser Zeit charakteristisch ist. In der Architektur wurde der Bruch mit der Tradition erkennbar in einer deutlichen Hervorhebung des Funktionalismus – d. h. in der Verwendung neuer Materialien und Konstruktionstechniken, die das Äußere der Gebäude ihrer Nutzung entsprechend gestalten sollten. Für Augen, die daran gewöhnt waren, Massivität und Außendekoration als Kennzeichen architektonischen Stils zu betrachten, brachte der neue Stil in großen Städten wie Berlin, Wien, Stockholm und Helsinki vielleicht erschreckende Gebäude hervor; sie verbanden aber Schönheit mit einer auf die städtische Industriegesellschaft einzigartig zugeschnittenen Reinheit und Geradlinigkeit der Formgebung. Ein ausgesprochen schönes Beispiel war das berühmte, im Jahre 1925 von Deutschlands führendem Vertreter der neuen Architektur, Walter Gropius, errichtete Bauhaus in Dessau. Ein anderer Pionier der modernen Bewegung war der französisch-schweizerische Architekt Le Corbusier (Charles Edouard Jeanneret-Gris, 1887–1965), ein Visionär, der in der Wiederbelebung der Städteplanung die einzige Hoffnung für das künftige Wohlergehen des Menschen der westlichen Welt erblickte und der die Ausdehnung der Städte bekämpfte, indem er predigte, Städte müßten in die Höhe gebaut werden anstatt in die Breite. Le Corbusiers Meisterwerke aus Stahlbeton stehen heute in Rio de Janeiro, Berlin, Marseille und Tschandigarh im Pandschab. Sie alle bringen seine Überzeugung zum Ausdruck, daß die Materialien der Städteplanung Himmel, Raum, Bäume, Stahl und Zement seien, und zwar in dieser Reihen- und Rangfolge.

Schwieriger war es, sich an Werken der Malerei und der Bildhauerei dieser Epoche zu erfreuen oder gar sie zu verstehen; denn hier nahm der Bruch mit der Vergangenheit die Form einer bewußten Ablehnung jeder Art von Naturalismus an. Arnold Hauser schrieb, die Vorstellung, daß die Kunst naturgetreu sein müsse, sei im Prinzip seit dem Mittelalter nicht ernstlich in Frage gestellt worden und sie sei ein Dogma der impressionistischen Schule geblieben. Die nachimpressionistische Kunst verzichtete jedoch auf jede Illusion von Wirklichkeit und begann, ihre Sicht des Lebens durch die bewußte Deformierung des natürlichen Gegenstandes auszudrücken. Die expressionistischen Gemälde von Chagall, Picassos Werke aus seiner kubistischen Zeit, die surrealistische Malerei von Chirico, Delvaux und Dali, die Skulpturen von Epstein und Henry Moore besaßen unbestreitbar Ausstrahlungskraft. Doch in den meisten Fällen stellten sie Welten oder Ausschnitte von Welten dar, die für den Betrachter nicht leicht erkennbar oder zugänglich waren. In der Tat schien der Künstler in manchen Fällen nicht daran interessiert zu sein, sich einem Publikum außerhalb seiner selbst mitzuteilen. Er weigerte sich, anerkannte Kommunikationsmethoden anzuwenden, und erfand seine eigene Sprache. Diese Tendenz beschränkte sich nicht auf die Malerei und die Bildhauerei, doch zeigte sie sich auf diesen Gebieten vielleicht am deutlichsten. Sie trat auch in vielen Musikwerken dieser Zeit und in einigen Werken der Literatur in

Erscheinung. Den Weg von Strawinski zu Schönberg fanden geübte Musiker und Mathematiker am leichtesten; der Dickens-Liebhaber konnte sich in den komplizierteren Passagen in «Finnegans Wake» nur anhand eines Leitfadens zurechtfinden.

Es war eine Epoche von großer literarischer Bedeutung. Wollte man eine Liste ihrer berühmtesten Vertreter aufstellen, so würde diese Epoche den Vergleich mit den vorangegangenen, in diesem Buch behandelten Zeitabschnitten durchaus bestehen. An Romanschriftstellern würde sie enthalten Thomas Mann, Hermann Hesse, Alfred Döblin, Marcel Proust, André Gide, André Malraux, Franz Kafka, D. H. Lawrence und James Joyce; an Dichtern A. E. Housman, William Butler Yeats, T. S. Eliot, W. H. Auden, Paul Valéry und Georg Trakl; an Dramatikern George Bernard Shaw, Paul Claudel, Luigi

40. James Joyce, irischer Schriftsteller (1882–1941)

Pirandello und Bertolt Brecht; an Filmregisseuren Sergej Eisenstein, René Clair und Fritz Lang.

Genau wie die Maler und Bildhauer lehnten sich diese Männer gegen die Vergangenheit auf. Sie zeigten dies manchmal durch die Wahl eines radikal unkonventionellen Stils oder Aufbaus – wie im Falle der expressionistischen Dramen und Filme der ersten Nachkriegsjahre (der deutsche Film «Das Kabinett des Dr. Caligari» ist ein gutes Beispiel) und in Werken wie «Ulysses» (1922) und «Finnegans Wake» (1939) von James Joyce – sowie manchmal durch die bewußte Ablehnung allgemein anerkannter Werte und Institutionen. Letztere Tendenz nahm verschiedene Formen an und fand sich in den fabianischen Frivolitäten von Shaw, dem militanten Reformismus von Schauspielen wie «Masse Mensch» (1920) und «Die Maschinenstürmer» (1922) von Ernst Toller und in Georg Kaisers «Gas» (1917–1920), im Zynismus von Brechts «Dreigroschenoper» (1928) sowie im betonten Pessimismus der Dichtung von Housman und in Romanen wie «Die Schlafwandler» (1929) von Hermann Broch und «Der Prozeß» (1920) und «Das Schloß» (1926) von Kafka. Ebenso wie die Maler waren auch die Schriftsteller in einigen Fällen bestrebt, sich von den Realitäten des Zeitalters völlig zurückzuziehen, und suchten neue Inspiration oder neue Werte in nichteuropäischen Gefilden und Kulturen. Gide suchte Inspiration in Afrika, und Hesse wandte sich dem Osten zu in der Überzeugung, die europäische Gesellschaft sei endgültig einem tiefen geistigen Verfall anheimgefallen, «sie sei im Innern faul und alt und dem Zusammenbruch nah» («Demian», 1919). «Bei uns im alten Europa ist alles das gestorben, was bei uns gut und unser eigen war; unsre schöne Vernunft ist Irrsinn geworden, unser Geld ist Papier, unsere Maschinen können bloß noch schießen und explodieren, unsre Kunst ist Selbstmord. Wir gehen unter, Freunde ...» («Klingsors letzter Sommer», 1920).

In einem Großteil der Literatur dieser Jahre lag die Betonung entweder auf der Unzulänglichkeit der Vernunft, das Leben zu steuern, oder auf der Notwendigkeit, die Grenzen der Vernunft zu überschreiten, um größere Freiheit zu erlangen. Die letztere, von der Freudschen Theorie beeinflußte Vorstellung, daß der Mensch frei sein könne, wenn er sich selbst von alten Gewissensbelastungen und Verdrängungen freimache, wurde in vielen Werken der expressionistischen Schule deutlich, und sie spiegelte sich wider in der unter der europäischen Nachkriegsjugend überaus großen Beliebtheit von Schriftstellern wie Dostojewskij und dem Theologen Sören Kierkegaard, die das Irrationale als regenerative Kraft hervorgehoben und den Glauben über die Logik gestellt hatten. Auf der anderen Seite prägte die Überzeugung, daß das Leben des Menschen durch äußere Zwänge bestimmt werde, über die er keine Kontrolle habe, die Werke von Proust, Joyce, Thomas Mann (besonders der «Tod in Venedig» und «Der Zauberberg») und Alfred Döblin (vornehmlich seinen großen Roman «Berlin Alexanderplatz», der 1930 erschien).

Die bleibende Beliebtheit Bergsons, das Interesse an Ludwig Wittgensteins systematischer Leugnung, daß eine rationale Metaphysik möglich sei, und die Entwicklung eines immer radikaler werdenden Empirismus zeigten, daß unter den Philosophen dieser Epoche die gleiche Reaktion gegen den Rationalismus vorherrschend war. Während und nach dem Zweiten Weltkrieg trug die Verbreitung des im wesentlichen von Kierkegaard und Nietzsche herrührenden und in Martin Heideggers «Sein und Zeit» (1927) weitergeführten Existentialismus zur Verstärkung dieser Tendenz bei. Einen gewissen Ausgleich schuf das starke Wiederaufleben des Aquinischen Rationalismus; unter dem Einfluß von Etienne Gilson und Jacques Maritain konvertierten in diesem Zeitabschnitt viele zur Philosophie der Scholastik. Auf dem Gebiet der Geschichtsphilosophie erregte das Werk Oswald Spenglers «Der Untergang des Abendlandes» (1918) die größte Aufmerksamkeit, ein umfangreiches, pedantisches Buch, in dem der Autor einerseits aufzuzeigen versuchte, daß Kulturen – analog der biologischen Entwicklung – von ihrer Entstehung bis zu ihrem Ende Stadien durchmachen wie lebende Organismen, andererseits aber bestrebt zu sein schien, der westlichen Zivilisation einen Weg zu weisen, wie sie ihrem unausweichlichen Schicksal entgehen könnte. «Der Untergang des Abendlandes» wurde von mehr Menschen zitiert als gelesen und hatte im großen und ganzen wahrscheinlich geringeren Einfluß als Spenglers viel kürzerer Essay «Preußentum und Sozialismus» (1919), der mit der Behauptung, die Ideale Friedrichs des Großen seien die eigentliche Alternative zum Marxismus, eine tiefgreifende Wirkung auf das Wiederaufleben des Neokonservativismus in Deutschland ausübte.

Die fortschreitende Verstädterung, der Erfolg weltlicher Religionen und in einigen Ländern – insbesondere der Sowjetunion – der Sieg von Regierungen, die die institutionalisierte Religion prinzipiell ablehnten, warfen für die etablierten Kirchen ernste Probleme auf, regten aber gleichzeitig Religionsphilosophen an, sich der Herausforderung der Zeit zu stellen. Die Tendenz führender Kirchenvertreter, sich dem vorherrschenden Materialismus anzupassen und mit den populären wissenschaftlichen Anschauungen Kompromisse zu schließen, die sich vor 1914 in der Verbreitung von Reformismus und in der Umgehung der Dogmen in der protestantischen Kirche und im Judentum widergespiegelt hatte, wurde nun von einer standhafteren und überzeugenderen Verteidigung der Elemente des religiösen Glaubens abgelöst. Die römisch-katholische Kirche – schon immer weniger empfänglich für beschwichtigende Kräfte als andere Religionen – besaß in diesen Jahren zwei entschlossene und sprachgewaltige Führungspersönlichkeiten, Papst Pius XI. (1922–1939) und seinen Nachfolger Eugenio Pacelli, der den Namen Papst Pius XII. annahm (1939–1958). Die protestantische Kirche fand in der Person Karl Barths ihren überzeugendsten Gegner einer verwässerten, rationalistischen Theologie. Unter seiner Führung und unter dem Einfluß von Schriftstellern wie Albert Schweitzer und Emil Brunner erfuhren die in der Lehre des

Apostels Paulus begründeten Elemente des Christentums eine deutliche Wiederbelebung.

Die flüchtige Skizzierung der geistigen und künstlerischen Strömungen dieses Vierteljahrhunderts vermag – wenn sie nichts anderes bewirkt – zumindest einen Eindruck von der Vitalität und der Vielfalt des europäischen Denkens zu vermitteln. Die Jahre nach 1919 waren schwierig und verwirrend, und es lag viel Wahres in den Worten, die Paul Valéry kurz nach dem Krieg an das französische Publikum richtete: «Man kann sagen, alle wesentlichen Dinge dieser Welt sind durch den Krieg oder genauer durch die Umstände des Krieges berührt worden: Es ist etwas Tieferes als die ersetzbaren Dinge des Daseins verschlissen worden. Sie kennen die Unordnung, in die die allgemeine Wirtschaft, die Politik der Staaten und selbst das Leben der einzelnen geraten sind: das Unbehagen, die Unschlüssigkeit, die allgemeine Besorgnis. Doch unter den Dingen, die verletzt worden sind, befindet sich der Geist. Der Geist hat wahrlich grausame Erschütterungen erfahren; er klagt im Herzen intelligenter Menschen und fällt ein betrübtes Urteil über sich. Er hegt tiefe Zweifel an sich selbst.»

Es stimmt zwar, daß die Zuversicht, die das europäische Denken im 19. Jahrhundert charakterisiert hatte, durch den Krieg geschwächt worden war und daß sich dieser Verlust bemerkbar machte, als die Gefahr eines neuen Konflikts in den späten dreißiger Jahren konkret wurde. Wenn wir aber den Zeitraum als Ganzes betrachten, so sind wir geneigt, uns weniger von dem Defätismus (der sehr spät einsetzte) beeindrucken zu lassen als vielmehr von den Zeugnissen einer kritischen Überprüfung der alten Werte und einer ernsthaften Suche nach neuen. Auch in dieser Periode, in der die Rolle Europas in der Welt schnell dahinschwand, war der europäische Geist lebendig und sein Beitrag zur Zivilisation der westlichen Welt sehr groß.

20. Der Krieg und die europäische Gesellschaft 1914–1918

Der Ausbruch der Kriegshandlungen im August 1914 wurde in vielen Großstädten der größeren Länder mit nahezu karnevalistischer Fröhlichkeit begrüßt. In London herrschte eine Stimmung von Aufregung und Begeisterung. In deutschen Städten wurde den Reservisten auf dem Weg zu den Sammlungsstellen Blumen zugeworfen. In Wien promenierten Menschenmengen über die Ringstraße und riefen ganz offenkundig beglückt: «Nieder mit Serbien!» Diese Ekstase resultierte natürlich aus der Unwissenheit. Niemand hatte im Jahre 1914 auch nur die geringste Vorstellung davon, wie der Krieg sein würde. Die Operationspläne der Generalstäbe zeigten, daß das Militär an einen schnell zu beendenden Krieg glaubte, der sich im wesentlichen nicht von

41. England: Szenen im Lande nach Ausbruch des Weltkrieges 1914

den kurzen Konflikten der 60er Jahre des 19. Jahrhunderts unterscheiden würde, und daß ihre Regierungen mit ihnen übereinstimmten, wurde deutlich in dem nahezu vollständigen Mangel an Planung für einen langen Krieg. Es kam niemandem in den Sinn, daß der Krieg länger als vier Jahre dauern und zwei Millionen junge Deutsche, über eine Million Franzosen, nahezu ebenso viele Engländer und Österreicher, eine halbe Million Italiener und eine nicht bekannte Anzahl von Russen das Leben kosten würde. Auch wußte niemand von denen, die 1914 schreiend durch die Straßen zogen, daß der Krieg, den sie so leichten Herzens begrüßten, das Europa, das sie kannten, zerstören und sie bei völliger Erschöpfung ihrer physischen und psychischen Mittel mit einer erschreckenden Zukunft konfrontieren würde.

Der Verlauf des Krieges 1914–1916

Die westliche Front von Lüttich bis zur Marne. Gleich zu Anfang enttäuschte der Krieg die Erwartungen. Die Deutschen beispielsweise, deren Kriegspläne seit der Zeit Schlieffens jährlich revidiert und ergänzt worden waren, hatten darauf vertraut, daß sie durch Ergreifen der Initiative einen schnellen und entscheidenden Sieg im Westen erringen könnten, der ihnen anschließend

42. Deutschland: Truppen nach der Mobilmachung 1914

ermöglichen würde, ihre gesamte Energie auf den längere Zeit in Anspruch nehmenden Kampf gegen Rußland zu konzentrieren. Wie sich herausstellte, errangen sie ihre durchschlagendsten Siege in den ersten Monaten des Krieges im Osten, während ihr Plan im Westen scheiterte.

Der Plan verlangte den Durchmarsch durch Belgien, bei dem sie keinen Widerstand erwarteten, da der Kriegsausbruch die belgische Armee inmitten einer fundamentalen Reorganisation überrascht hatte. Doch die Belgier widersetzten sich so erfolgreich, daß die deutschen Kolonnen durch den Festungsring um Lüttich vier Tage lang aufgehalten wurden. Nachdem dieser erste Widerstand gebrochen war, beschleunigten die Deutschen ihren Vormarsch und begannen ihre große Truppenbewegung, mit der sie die jetzt ungedeckte linke Flanke der 5. französischen Armee von General Lanrezac umstellen wollten, die verbissen an der Sambre kämpfte. Die Deutschen wußten jedoch nicht, daß die Briten bereits fünf Divisionen gelandet hatten. Diese eilten nun nach Mons, wo sie sich am 21. August dem französischen linken Flügel anschlossen und verhinderten, daß die Deutschen in die Flanke fallen und die französische Armee überrollen konnten.

Die Schlacht an der Sambre und der hartnäckige Widerstand der britischen und der französischen Armee auf ihrem Rückzug nach Paris schwächte die Stoßkraft der deutschen Truppen. Die schweren Verluste in der Schlacht und die Erschöpfung ließen bei den kommandierenden Generälen der 1. und der 2.

43. Weltkrieg 1914/1915: Überfall auf Belgien (Karikatur)

deutschen Armee, Kluck und Bülow, Zweifel daran aufkommen, daß eine Umzingelung von Paris gemäß dem Schlieffen-Plan durchführbar sei. Nach einem weiteren schweren Kampf gegen die Briten bei Le Cateau (26. August) entschied Kluck, seine Streitkräfte östlich von Paris zu verlegen anstatt westlich, in der Hoffnung, daß er Lanrezacs Armee, die jetzt in der Nähe von Guise erbittert gegen Bülows Streitkräfte kämpfte, zerschlagen könne. Es war ein verhängnisvolles Manöver. Der französische Oberbefehlshaber Joffre hatte seine Reserven in Paris zurückgehalten, und als Kluck seine Truppen umdirigierte, warf er alle ihm verfügbaren Streitkräfte gegen die deutsche Flanke und in deren Rücken. So begann die Marneschlacht, die die Deutschen zum ersten Mal in die Defensive drängte. Die Situation hätte vielleicht gerettet werden können, wenn Moltke nicht in diesem kritischen Augenblick den Fehler begangen hätte, seinen linken Flügel in eine Offensive gegen Nancy zu verwickeln. Das Ergebnis war, daß sich die Deutschen in zwei schweren, unkoordinierten Schlachten befanden, an der Marne und in Lothringen – eine Situation, der Moltke nicht gewachsen war. Sie verleitete ihn dazu, eine der kritischsten Kriegsentscheidungen einem Untergebenen zu überlassen, der Kluck befahl, sich hinter die Aisne zurückzuziehen. Der Rückzug hatte eine psychologische Wirkung, von der sich die deutschen Truppen nie wieder vollständig erholten.

Der Krieg in den Schützengräben. Diese Niederlage kennzeichnete das endgültige Scheitern des Schlieffen-Plans und verwandelte den Krieg im Westen in einen Kampf, auf den das in der Tradition des Bewegungskrieges ausgebildete deutsche Offizierkorps nicht vorbereitet war. Auch nachdem Moltke durch einen zuversichtlicheren und energischeren Befehlshaber, Erich von Falkenhayn, ersetzt worden war, erwies sich eine Wiederaufnahme der Offensive als unmöglich. Die Deutschen verschanzten sich auf der Strecke Noyon-Reims-Verdun, und ihre Gegner folgten diesem Beispiel. Die beiden großen Armeen standen sich in einer Doppellinie von Schützengräben gegenüber, jeweils gedeckt durch dichte Stacheldrahtverhaue, Maschinengewehr- und Granatwerferstellungen und durch eine Reservestellung und schwere Artillerie unterstützt. Es sollte vier Jahre dauern, bis der so bewirkte Stillstand aufgehoben wurde und die Mobilität für Operationen wieder hergestellt war. Unterdessen wurde die Jugend Englands, Frankreichs und Deutschlands in nutzlosen Angriffen auf feste Positionen verschwendet.

Bei dieser grotesken neuen Art der Kriegsführung lebten die Männer in Erdlöchern, die manchmal nur wenige Meter von denen ihrer Gegner entfernt lagen. Tagsüber tauschten sie planlose Geschützfeuer über die Brustwehr hinweg aus oder warfen Granaten in die feindlichen Schützengräben. Bei Nacht krochen kleine Gruppen ins Niemandsland zwischen den Linien und bahnten sich, den Stacheldraht durchschneidend, den Weg. Sie waren auf der Suche nach Gefangenen, die Informationen über die Pläne des Feindes verraten könnten. Mit einem Enthusiasmus und einem Optimismus, die niemals nachzulassen schienen, ordneten die Oberkommandos periodisch allgemeine Offensiven auf diesem oder jenem Frontabschnitt an. Diesen großen Vorstößen gingen längere Sperrfeuer der Artillerie voraus, die den Stacheldrahtverhau des Feindes einebnen, viele seiner Stützpunkte zerstören und seine Truppen in Panik versetzen sollten. Vor dem Sperrfeuer erfolgten häufig Operationen von Pioniertrupps, die unterirdisch Minen unter die feindlichen Schützengräben legten, und manchmal wurde gleichzeitig mit dem Sperrfeuer Chlorgas verbreitet – eine der schrecklichsten Neuerfindungen dieses Krieges. Wenn diese Vorbereitungsmaßnahmen ausgeführt waren, begann die Infanterie sich schubweise über ihre Brustwehr zu bewegen. Allzuoft stellte man dann fest, daß das Sperrfeuer nicht lange genug gedauert hatte, um die erwartete Wirkung zu haben, oder daß der Feind sich von den verminten Linien zurückgezogen hatte und jetzt aus ungefährdeten Stellungen zurückfeuerte, daß die Bombardierung das Schlachtfeld in einen unbegehbaren Sumpf verwandelt oder der Wind sich gedreht hatte und das Gas in die falsche Richtung wehte. Folglich waren die Gewinne immer äußerst gering und die Verluste gewaltig.

Das ganze Jahr 1915 hindurch gewannen die Briten und Franzosen trotz wiederholter Angriffe an keiner Stelle mehr als drei Meilen, doch die Franzosen verzeichneten 1.430000 Todesopfer. 1916 kämpfte Falkenhayn zehn Monate lang unermüdlich bei Verdun und konnte es nicht einnehmen, verlor aber 336000 Soldaten. In der Schlacht an der Somme im selben Jahr verloren die Alliierten 614000 Mann und die Deutschen 650000, jeweils ohne nennenswerte Gewinne.

Die Ostfront. Im Gegensatz zur Situation im Westen war der Krieg im Osten durch große Mobilität und beträchtliche Gebietsgewinne und -verluste gekennzeichnet. Im August 1914 wurde das Tempo dort von den Russen bestimmt, die sowohl die Deutschen als auch die Österreicher überraschten, indem sie ihre Mobilmachung schnell vorantrieben und zwei Armeen nach Ostpreußen und vier gegen die österreichischen Stellungen in Galizien entsandten.

Mit dem Vorstoß in Ostpreußen reagierten sie auf die dringende Bitte ihres Verbündeten Frankreich, und der Feldzug litt unter überstürzter Vorbereitung, schweren Mängeln in der logistischen Unterstützung und fehlender Koordination auf Befehlsebene. Ihre ursprüngliche Wirkung war, die Deutschen in Panik zu versetzen. Innerhalb weniger Tage hatten sie jedoch Pläne entwickelt, eine große, zum Angriff herausfordernde Lücke zwischen den beiden russischen Armeen auszunutzen. Während eine einzige Kavalleriedivision zurückblieb, um sich der 1. russischen Armee entgegenzustellen, wurde ein deutsches Corps per Bahn von Königsberg um die Flanke der 2. Armee herum nach Tannenberg verlegt, wo es diese Armee aufhielt, bis zwei weitere deutsche Corps sie von hinten umstellten. Die verwirrten Russen liefen in die Falle, und 90000 Soldaten ergaben sich, bevor der Kampf am 30. August beendet war. Diesem verblüffenden Erfolg der Deutschen folgte die Vernichtung der jetzt isolierten 1. russischen Armee in der Schlacht an den Masurischen Seen. Am 15. September war Ostpreußen von den Russen befreit, und es war ein Mythos geboren, der tiefgreifende Auswirkungen auf die deutsche Innenpolitik haben sollte: der vom militärischen Genie und der Unbesiegbarkeit der beiden Befehlshaber der deutschen Streitkräfte in Ostpreußen, General Paul von Hindenburg und Generalmajor Erich Ludendorff.

Den Schlachten von Tannenberg und an den Masurischen Seen eine zu starke Bedeutung beizumessen, würde heißen, den wichtigen Beitrag, den die

Russen für die Sache der Alliierten im ersten Kriegsabschnitt leisteten, nicht entsprechend zu würdigen. Während der Katastrophe in Ostpreußen hatten die vier Armeen in Galizien den Großteil der österreichischen Armee, die zu Beginn der Kriegshandlungen unter Leitung Conrad von Hötzendorfs die Offensive in Galizien geführt hatte, elendig zugerichtet. Die russische Gewohnheit, Operationsbefehle per Funk zu übermitteln, ohne sie zu verschlüsseln, warnte den österreichischen Stabschef rechtzeitig genug, um seine Streitkräfte aus einer starken Umstellung zu befreien, doch mußte er sich auf eine Linie 140 Meilen westlich von Lemberg zurückziehen und Galizien dem Feind überlassen.

Unterdessen gerieten die Österreicher in Serbien in Schwierigkeiten. Sie hatten erwartet, daß die Strafaktion gegen die Serben schnell und einfach vonstatten gehen würde. Doch der russische Vorstoß nach Galizien hatte Conrad gezwungen, die Hälfte der 2. österreichischen Armee, die sich westlich von Belgrad aufhielt, abzuziehen, wodurch eine größere Änderung der Pläne für den serbischen Feldzug notwendig wurde. Der österreichische Angriff am 12. August erfolgte daher durch zwei kleinere Armeen, die von den aufgebrachten Serben prompt auf die andere Seite der Donau zurückgeschlagen wurden. In den dann folgenden verbissenen wechselseitigen Angriffen marschierten beide Armeen buchstäblich bis zur Erschöpfung vor und zurück. Im Dezember zogen sich die Österreicher kraftlos über den Fluß zurück, nachdem sie dem Feind Verluste von 170000 Mann zugefügt, selbst aber aus einer gesamten Streitmacht von 450000 Soldaten 227000 verloren hatten.

Das österreichische Oberkommando war geneigt, seine Verluste den Deutschen anzulasten. Aufgrund recht vager Versprechungen Moltkes ihm gegenüber im Jahre 1909 hatte Conrad erwartet, daß die Deutschen seine Offensive in Galizien durch eine Bedrohung Warschaus von Ostpreußen aus unterstützen würden. Dem Argument, daß die Lage im Westen und die russische Offensive in Ostpreußen eine Offensive in Polen unmöglich gemacht habe, verschloß er sich völlig. Die Deutschen ihrerseits kritisierten die Durchführung der Offensive durch ihre Verbündeten, obgleich sie selbst die Österreicher dazu ermutigt hatten, die Offensive in Serbien und in Galizien gleichzeitig durchzuführen – eine Aufgabe, die über deren Kräfte hinausging. Tatsache war, daß die Mittelmächte einen großen Krieg angefangen hatten ohne gemeinsamen Kriegsplan und selbst ohne ausreichende Kenntnis von Stärke, Organisation, technischer Ausrüstung und Kapazität der Streitkräfte des anderen.

Hinzu kam, daß man nie eine befriedigende Lösung für das Problem des Oberbefehls fand, das akut wurde, als die Deutschen es für notwendig erachteten, die demoralisierten österreichischen Armeen durch deutsche Einheiten zu stärken. Dies verhinderte eine wirksame Zusammenarbeit nicht vollständig. Der gemeinsame österreichisch-deutsche Vorstoß in Galizien im Mai 1915 – die Offensive von Gorlice, die die Russen 300000 Soldaten und 3000 Geschütze kostete und beinahe ihren völligen Zusammenbruch herbeiführte – beruhte auf einem von Conrad aufgestellten strategischen Plan und fand unter der Leitung des deutschen Stabschefs Falkenhayn statt. Doch diese Art von Harmonie bot sich selten, und gegenseitige Unzufriedenheit und Ressentiments waren vorherrschend.

Die Intervention Japans, der Türkei und Italiens. Während diese Feldzüge ausgefochten wurden, unternahmen die kriegführenden Bündnisse alle Anstrengungen, um neue Verbündete zu gewinnen. Gleich zu Beginn verbuchte die Triple-Entente einen Erfolg: die japanische Regierung erklärte Deutschland den Krieg. Das brachte den Alliierten jedoch nur geringe reale Vorteile, da die Japaner in erster Linie daran interessiert waren, den Deutschen ihre Besitzungen in Gebieten wie der Halbinsel Schantung und den Inseln im mittleren Pazifik abzunehmen. Wichtiger für die Kriegführung in Europa war die Haltung der Türkei und Italiens. Angesichts der engen Beziehungen zwischen der Türkei und Deutschland in den letzten Vorkriegsjahren war die türkische Entscheidung eigentlich schon im voraus festgelegt. Nach einem diplomatischen Vorspiel entsandte die türkische Regierung im Oktober eine Flotte ins Schwarze Meer, um den russischen Küstenhandel zu behindern, und Anfang November reagierten die Ententemächte mit einer Kriegserklärung.

Die Klärung der Position Italiens dauerte etwas länger. Als der Krieg ausbrach, erklärte die von Antonio Salandra geführte Regierung, da Österreichs Vorgehen gegen Serbien keinen Defensivcharakter habe, könne sich Italien nicht an die Bestimmungen des Dreibunds gebunden betrachten; es bleibe neutral. Diese Entscheidung war ursprünglich populär. (Sie wurde von der parlamentarischen Mitte und der Mehrheit der Sozialisten getragen).

Es gab aber eine starke Gegenbewegung, die eine Intervention auf seiten der Entente befürwortete. Diese umfaßte liberale Idealisten, die glaubten, die Sache des Westens stelle die Hoffnung der Zivilisation dar, die nationalistische Partei und opportunistische Demagogen wie den Dichter Gabriele d'Annunzio und den abtrünnigen Sozialisten Benito Mussolini. Die Regierung Salandra gab diesem Druck schließlich nach, nicht zuletzt aufgrund eines (im Geheimvertrag von London vom April 1915 enthaltenen) Versprechens der Entente, Italien werde als Gegenleistung für eine Intervention das österreichische Tirol bis zum Brennerpaß, Triest, einen Teil von Albanien und anderes Territorium im Norden des Adriatischen Meeres, einen Teil der Türkei und einen Anteil an der allgemeinen Kriegsentschädigung, die dem besiegten Gegner auferlegt würde, erhalten. Im Mai trat Italien in den Krieg ein.

Die Diplomatie und der Krieg auf dem Balkan. Die Ententemächte hatten einen wichtigen Sieg errungen. Das Eintreten Italiens für ihre Sache verstärkte den Druck auf Österreich ganz erheblich. Weniger Erfolg verbuchten sie, als es um die Durchsetzung ihrer diplomatischen Ziele auf dem Balkan ging.

In diesem Gebiet zwang sie der Kriegseintritt der Türkei auf der Seite

Deutschlands zu dem Versuch, deren direkte Kontaktaufnahme mit den Mittelmächten zu verhindern. Der beste Weg, dies zu erreichen, war, die Unterstützung der dazwischenliegenden Balkanstaaten zu erlangen. Der Schlüssel zu diesem Ziel hieß Bulgarien. Zu Beginn des Jahres 1915 versuchten Diplomaten der Entente, die Serben dazu zu bewegen, die Bulgaren durch Rückerstattung eines Teils des in den Balkankriegen eroberten Landes zu beschwichtigen. Die Serben, die bereits erbost waren über das, was sie im Hinblick auf die Zugeständnisse der Alliierten an Italien in Erfahrung gebracht hatten, weigerten sich.

Wohl wissend, daß die Mittelmächte bereit waren, den Bulgaren Zugewinne in Thrakien und Makedonien zu versprechen, falls sie in den Krieg einträten, suchten die Regierungen der Entente als nächstes ein Bündnis mit Griechenland und Rumänien zu schließen, in der Hoffnung, dies würde die Bulgaren aus Angst zur Wahrung der Neutralität veranlassen. Doch auch die Rumänen wollten Territorium, das ihnen die Entente nicht versprechen konnte, weil es ebenfalls den Serben gehörte; und in Athen hatten sich deutsche Unterhändler bei König Konstantin eingeschmeichelt.

Schließlich wurde der komplexe politische Kampf auf dem Balkan großenteils durch die ehrgeizigste und erfolgloseste der britischen Militäroperationen im Jahre 1915 entschieden: den Gallipoli-Feldzug.

44. Ausbruch des Ersten Weltkrieges. Türkische Infanterie auf Gallipoli in ihren Stellungen (1915)

Im Januar 1915 baten die Russen die Briten, eine Machtdemonstration an den Dardanellen zu inszenieren, damit türkische Streitkräfte vom Kaukasus abgezogen würden, wo sie die russischen Stellungen bedrängten. In London wurde die Idee vom First Lord of the Admiralty, Winston Churchill, der ein Gegner des Einfrontenkrieges war, begeistert aufgenommen; doch die Kampagne, die er veranlaßte, stellte eine lange Kette verpaßter Gelegenheiten dar. Im März 1915 waren die Dardanellen durch gemischte anglo-französische Streitkräfte nahezu bezwungen; doch in einem unentdeckten Minengebiet versanken drei alte Schlachtschiffe, und drei Kreuzer wurden kampfunfähig. Der kommandierende Admiral blies den Angriff ab. Die nächste Entscheidung war, das ANZAC-Corps (Australier und Neuseeländer) mit zusätzlichen französischen und britischen Divisionen an zwei Stellen der Halbinsel Gallipoli zu landen und auf dem Landwege zu Positionen vorstoßen zu lassen, von denen aus die Straße der Dardanellen beherrscht werden konnte. Der Mangel an Einschätzung dessen, was eine erfolgreiche amphibische Operation nach sich ziehen würde, verworrene Verhältnisse auf Befehlsebene und ein schlechtes Nachrichtenwesen vereitelten diese Pläne bei der ersten Landung im April und erneut im August bei einem weiteren Versuch in der Suvla-Bucht. Beide Male gelang es den Briten nach erfolgreicher Landung nicht, von der Küste fortzukommen und das Hochland dahinter einzunehmen, solange es ihnen offenstand. Nach monatelanger Beschießung durch türkische Geschütze und nach dem Verlust von 252000 Mann zogen sie ihre Streitkräfte im Dezember 1915 und im Januar 1916 ab.

Schon vor der endgültigen Räumung hatten die Balkanländer erkannt, daß das Unternehmen zum Scheitern verurteilt war, und die Griechen sowie die Rumänen waren in ihrer Neutralität bestärkt worden. Die Bulgaren freilich brauchten nun nicht mehr zu zögern. Im Oktober 1915 traten sie auf seiten der Mittelmächte in den Krieg ein, drangen gemeinsam mit österreichischen Divisionen nach Serbien ein und überrollten es trotz zähen Widerstands. Ende 1915 beherrschten daher die Mittelmächte den Balkan und hatten an ihrer südlichen Flanke eine feste Verbindung mit den Türken. Dies aber hinderte die Diplomaten der Alliierten nicht daran, ihre Bemühungen in diesem Gebiet fortzusetzen.

Mesopotamien, die arabischen Länder und Afrika. In diesen Jahren kam es nicht nur an den Dardanellen zu Zusammenstößen zwischen den Briten und den Türken. 1915 marschierten britische Streitkräfte vom Norden des Persischen Golfs den Tigris aufwärts nach Bagdad, wurden aber bei Ctesiphon aufgehalten und zurückgedrängt bis Kut Al-Amarah, wo sie umzingelt und schließlich im April 1916 zur Kapitulation gezwungen wurden. Dieser Sieg und die Anstrengungen auf Gallipoli schienen die türkischen Ressourcen jedoch überfordert zu haben, und von diesem Zeitpunkt an häuften sich ihre Schwierigkeiten. Während die Russen in den ersten Monaten des Jahres 1916 große Gebiete des türkischen Armenien eroberten, nahmen die Briten ihre

Offensivoperationen in Mesopotamien wieder auf und gewannen schließlich im Februar 1917 Kut zurück.

In Afrika drangen südafrikanische Streitkräfte unter Anwendung von Taktiken, die sie im Burenkrieg gelernt hatten, in Deutsch-Südwestafrika ein und eroberten es im späten Frühjahr 1915 in einem energischen Feldzug. Im Jahr darauf fiel Kamerun an französische und britische Truppen. Die Schlacht um Deutsch-Ostafrika erwies sich als weitaus schwieriger. Eine Armee aus südafrikanischen, indischen, britischen, belgisch-kongolesischen und portugiesischen Abteilungen kämpfte bis zum Kriegsende unter starken Verlusten gegen die dortige deutsche Position.

Der Krieg zur See. Entscheidender als der Krieg zu Lande waren die Operationen auf hoher See, wo jede Seite ihren Gegner durch Zerstörung seiner Schiffe zu schwächen suchte. In diesem Kampf waren die Briten im ersten Kriegsjahr überlegen. Im Frühjahr 1915 sah man weit und breit keine deutschen Flotteneinheiten oder Handelsschiffe. Die Hochseeflotte, auf die Wilhelm II. so stolz war, stieß im Januar 1915 auf der Doggerbank mit den Briten zusammen und blieb danach bis zum Mai des folgenden Jahres an ihren heimatlichen Stützpunkten. Dann tauchte sie wieder auf, um am Skagerrak in einer unentschiedenen Schlacht zu kämpfen. Angesichts der relativen Verluste hätte diese Schlacht als deutscher Sieg bezeichnet werden können. Einen Monat später aber riet der Flottenkommandeur dem Kaiser, England könne nicht durch Schlachten auf hoher See geschlagen werden, sondern nur durch Druckausübung auf sein Wirtschaftsleben mittels Unterseebooten.

In Ermangelung einer eigenen Überwasserschiffahrt mußten die Deutschen ihre Importe auf neutralen Schiffen befördern lassen, und dies wiederum veranlaßte die Briten und Franzosen, das Recht für sich zu beanspruchen, jeglichen Warenverkehr, von dem denkbar war, daß er die deutschen Kriegsanstrengungen unterstützen könnte, zu inspizieren und umzuleiten. Diese Blockade löste starke Proteste auf seiten neutraler Länder aus. Trotz seiner persönlichen Sympathien für die Sache der Alliierten betrachtete Präsident Woodrow Wilson das britische Vorgehen als außerordentlich anmaßend und protestierte gelegentlich so energisch, daß man befürchtete, die Beziehungen zwischen der britischen und der amerikanischen Regierung könnten abgebrochen werden. Daß es nicht soweit kam, lag großenteils daran, daß sich die Deutschen eines Verhaltens schuldig machten, das den amerikanischen Empfindungen noch stärker zuwider war. Die öffentliche Meinung in Amerika empörte sich vor allem über das Vorgehen von U-Boot-Kommandeuren, Schiffe ohne Vorwarnung und ohne den geringsten Versuch, Überlebenden zu helfen, zu torpedieren.

Als die deutsche Regierung im Februar 1915 in einer Note an die Regierung der Vereinigten Staaten ankündigte, ihre U-Boote würden innerhalb einer bestimmten, Teile der britischen und der französischen Küste einschließenden Kriegszone Schiffe der Alliierten und alle Schiffe, die unter neutraler Flagge segelten, von denen jedoch angenommen werden könne, daß es sich um Schiffe der Alliierten handele, versenken, reagierte Präsident Wilson mit einer ernsten Warnung, er werde für den Verlust amerikanischer Schiffe und amerikanischer Menschenleben von den Deutschen «strenge Rechenschaft» fordern. Die dann folgende Versenkung mehrerer britischer Schiffe mit amerikanischen Passagieren oder Mannschaften an Bord und besonders der Torpedoangriff auf das Cunard-Linienschiff «Lusitania» am 7. Mai 1915, bei dem 1198 Menschen starben, einschließlich 128 Amerikanern, löste in den Vereinigten Staaten einen Sturm der Empörung aus, und die ersten ernstzunehmenden Anzeichen einer Intervention wurden erkennbar. Die heftigen Reaktionen der Amerikaner beeindruckten die Deutschen; und die Tatsache, daß sie nicht genügend Unterseeboote besaßen, um wirklich Erfolg zu haben, veranlaßte sie zu Konzessionen. Der deutsche Botschafter teilte dem amerikanischen Außenminister mit, es würden keine weiteren Angriffe auf Schiffe wie die «Lusitania» stattfinden. Diese Versicherung und der rasche Rückgang aller U-Boot-Angriffe im Herbst 1915 verringerten die Spannungen.

Im Laufe des Jahres 1916 jedoch bauten die Deutschen ihre U-Boot-Streitmacht rasch weiter aus. Im Januar 1917 zeigte sich der Marinestab zuversichtlich, daß man Britannien innerhalb von fünf Monaten durch Aushungerung in die Knie zwingen könne. Auf einer Kronratssitzung in Pless im Januar 1917 überstimmten die Marine und die Oberste Heeresleitung den zweifelnden Kaiser und seinen Kanzler Bethmann. Sie argumentierten, daß man sich über dieses «desorganisierte und undisziplinierte [Land jenseits der Meere], das von einem gelehrten Spinner präsidiert werde», keine Sorgen zu machen brauche. Selbst wenn die Vereinigten Staaten bestrebt sein sollten, in den Krieg einzugreifen, so sagte der Flottenstabschef entschieden, gebe er Seiner Majestät sein Wort als Offizier, daß kein Amerikaner das Festland betreten werde. Angesichts dieses militärischen Selbstvertrauens wurde die Entscheidung getroffen, die unbeschränkte U-Boot-Kriegführung wieder aufzunehmen. Am 1. Februar wurde sie in die Tat umgesetzt, und am 6. April erklärten die Vereinigten Staaten Deutschland den Krieg.

Die Heimatfront

Der totale Krieg. Am 10. Februar 1916 brach aufgrund eines Gerüchts, daß ein deutscher Zeppelin über dem Seebad Scarborough aufgetaucht sei, an der englischen Küste eine Panik aus, und die Empörung der Öffentlichkeit veranlaßte die Regierung, zehn Geschwader des «Royal Flying Corps» zur Verteidigung des Mutterlandes aufzustellen. Der Vorfall ist erwähnenswert, weil er deutlich macht, daß der Erste Weltkrieg der erste totale Krieg in der neueren Geschichte war, d. h. daß alle Bürger der beteiligten Mächte betroffen werden konnten, wie weit sie auch immer von der Kampfzone entfernt waren. Die Bürger der Nordostküste Frankreichs, Belgiens oder Polens, deren Wohnungen als Quartiere beschlagnahmt waren und deren Bekannte und Verwandte manchmal von den Besatzungsmächten als Geisel genommen wurden, um die Aufrechterhaltung der Ordnung am Ort sicherzustellen, kannten den Krieg ebenso genau wie die Truppen, die durch ihre Straßen marschierten. Kleinbauern auf dem schottischen Hochland, Geschäftsleute in Leipzig und russische Bauern im Wolgaland waren alle vom Krieg berührt, selbst wenn sie nicht von einem Zeppelin heimgesucht wurden oder sich weit genug entfernt von Geschützen wie der berüchtigten Dicken Berta befanden, die die Deutschen zur Bombardierung von Paris einsetzten. Die Geschicke des Krieges beeinflußten oder bestimmten ihre Handlungsfreiheit, ihre Arbeit, ihre Ernährung und selbst, was sie denken und sagen durften. Er unterwarf alle ihre Lebensbereiche einem zunehmenden Maß an Kontrolle und Reglementierung und hatte Auswirkungen, die über das Kriegsende hinausgingen.

Wir brauchen uns hier nur mit drei Aspekten dieses totalen Krieges zu befassen: der fortschreitenden Zentralisierung der politischen Autorität, der wirtschaftlichen Reglementierung, die von allen Regierungen praktiziert wurde, und der Tendenz zur Gesinnungskontrolle und Einschränkung der bürgerlichen Freiheiten.

Die politische Zentralisierung. In allen kriegsteilnehmenden Ländern löste der Kampfausbruch eine Welle des Patriotismus aus und bewirkte geschlossene Reihen. Selbst die politischen Parteien und Organisationen, die ein halbes Jahr vorher erbittertste Gegner der Regierung gewesen waren, traten im August 1914 für die Sache der Nation ein. Diese Erkenntnis der alles überragenden Bedeutung des nationalen Interesses entließ die Regierungen aus der Kritik, der sie normalerweise durch eine wachsame Opposition ausgesetzt waren, und versetzte sie in die Lage, Praktiken anzuwenden und eine Autorität für sich zu beanspruchen, die in Friedenszeiten niemals geduldet worden wären. Die Folge war eine zunehmende Zentralisierung der Macht, die in mehr als einem der großen Staaten Europas die Form einer staatlichen Diktatur annahm.

Es überrascht nicht, daß dies in Rußland, Österreich und Deutschland geschah, wo die Tradition der parlamentarischen Regierung noch nicht gefestigt war. Natürlich zeigte sich die Tendenz in diesen Ländern am deutlichsten und zeitigte dort ihre verheerendsten Folgen. Die «Duma» und die «Zemstvos» hatten energische und nützliche Kritik an den Schwächen der russischen Kriegsmaschinerie geübt. Doch im September 1915 suspendierte der Zar die «Duma». Danach lag die Politik eines großen Landes in den Händen der Zarin, ihres Günstlings Rasputin und aller möglichen Bürokraten, die bereit waren, ihre gefügigen Werkzeuge zu sein.

In Österreich und Deutschland war die Zentralisierung gekennzeichnet durch eine Verringerung der Rolle des Parlaments und eine Stärkung derjenigen des Militärs. Schon bevor Kaiser Franz Joseph im November 1916 starb, hatten sich die Militärs und die Bürokraten in Österreich eine Vorrangstellung im Entscheidungsprozeß gesichert. In Deutschland waren Militärbefehlshaber berechtigt, in bestimmte Bereiche der Gemeindeverwaltung einzugreifen und

– in einigen Fällen – die Zivilbehörden ganz abzusetzen. Auf nationaler Ebene war der militärische Einfluß von der Ernennung Hindenburgs zum Stabschef Ende August 1916 an bis zum Kriegsende vorherrschend. Die 3. Oberste Heeresleitung Hindenburg und Ludendorff und die politische Abteilung des Generalstabs trafen nicht nur militärische Entscheidungen, sondern legten auch die Grundzüge der Wirtschaftspolitik und der Diplomatie fest. Bestärkt durch schmeichelhafte Unterstützung im Volke, maßten sie sich eine Autorität an, die eigentlich Kaiser und Kanzler zustand, und wenn diese sich entgegenstellten, setzten sich die Oberbefehlshaber durch, indem sie mit ihrem Rücktritt drohten. Sie zeichneten verantwortlich für die Entscheidung, den U-Boot-Krieg wieder aufzunehmen, und für die Bedingungen des Vertrages von Brest-Litowsk, mit dem sie ihrem Land einen so schlechten Dienst erwiesen.

Dieser Grad an Zentralisation wurde in den westlichen Ländern nie erreicht. Es ist jedoch bemerkenswert, daß selbst England weder von einer Machtkonzentration in wenigen Händen noch von einem Anwachsen übertriebenen militärischen Einflusses verschont blieb. England trat in den Krieg unter einer lockeren Koalitionsregierung ein und beendete ihn unter einem kleinen, straff geführten Kriegskabinett unter der Leitung von Lloyd George, dessen Vollmachten weitaus größer waren als die einer jeden Friedensregierung.

In Frankreich begann die Regierung den Krieg unter Ausrufung des Belagerungszustands, und während des ersten Jahres der Kriegshandlungen wurden Entscheidungen vom Oberkommando getroffen und durch Präsidialerlasse ausgeführt. Angesichts der Bedrohung Frankreichs in den ersten Kriegsmonaten war dies verständlich; doch auch nachdem die Gefahr der Niederlage gebannt war, zögerte das Oberkommando, die errungene Position wieder aufzugeben. Erst im November 1917, mit der Ernennung von Clemenceau zum Ministerpräsidenten, wurde es auf die ihm angemessene Rolle zurückgedrängt. Es muß jedoch erwähnt werden, daß die Regierung Clemenceau, auch wenn sie die zivile Autorität wiederhergestellt hat, an normalen Maßstäben gemessen, ebenfalls diktatorisch war.

Weder in England noch in Frankreich verzichtete das Parlament in irgendeiner Hinsicht auf seine Rechte. Aus Sicherheitsgründen oder aus Gründen der Leistungsfähigkeit wurden bestimmte Handlungsbereiche, die normalerweise einer Parlamentsentscheidung oder einer parlamentarischen Überprüfung unterlagen, nun durch Verwaltungs- oder Regierungsbehörden gehandhabt. Doch gingen die Machtbefugnisse der Exekutive und die Erweiterung der Regierungsvollmachten auf Bereiche, die früher als Privatsphäre angesehen worden waren, nicht so weit wie in den Ländern Osteuropas.

Wirtschaftliche Reglementierung. Zur Veranschaulichung der naiven Haltung europäischer Regierungen gegenüber wirtschaftlichen Angelegenheiten zu Beginn des Krieges werden häufig zwei Anekdoten erzählt. Die erste ist die, daß die französische Regierung den Renault-Werken die Produktionsniederlegung gestattete, weil sie keinerlei militärische Verwendung für ihre Erzeugnisse voraussehen konnte. Die zweite ist die, daß der deutsche Publizist Arthur Dix auf ein Memorandum, in dem er die Notwendigkeit eines Generalstabs für die Wirtschaft darlegte, von Stabschef Moltke die Antwort erhielt, man solle ihn nicht mit wirtschaftlichen Dingen belästigen, er sei mit der Kriegführung beschäftigt.

Ein höchst unsanftes Erwachen bedeutete für alle kriegführenden Länder die Feststellung, daß nicht genügend Munition vorhanden war, um den Krieg fortzusetzen. Im September 1914 informierte Joffre die französische Regierung, daß er mindestens 70000 Granaten pro Tag benötige und daß seine Munitionsbatterien nicht einmal über eine Reserve für einen Monat verfügten. In Rußland produzierten die Fabriken im Jahre 1914 nur ein Drittel der Munition, die an der Front benötigt wurde, und die Infanterie war gezwungen, sich lediglich auf nächtliche Bajonettangriffe zu verlassen, da die Truppen weder Artilleriegeschosse noch Gewehrmunition besaßen. In Deutschland, wo die Armee zuversichtlich gewesen war, daß sie perfekte Kriegsvorbereitungen getroffen habe, waren die Experten entsetzt darüber, wie schnell die Munitionsvorräte im modernen Krieg dahinschmolzen.

In Frankreich rührte die Munitionsknappheit daher, daß das Land durch den schnellen Vorstoß des Feindes seiner reichsten Industriegebiete beraubt worden war. In anderen Ländern war sie die Folge einer ineffizienten Mobilmachungspolitik: Facharbeiter aus Industriezweigen, die sich bald als entscheidend herausstellen sollten, wurden an die Front geschickt. Die Krise war zu ernst, als daß sie mit normalen Methoden hätte bewältigt werden können. Daher ernannten die Regierungen Männer, die man als Rüstungszare bezeichnen könnte und die mit ausgedehnten Kontrollbefugnissen über alle Produktionszweige von Munition und verwandten Artikeln ausgestattet wurden. Das war für die europäischen Regierungen der Beginn, ihre Macht allmählich auf alle Bereiche der wirtschaftlichen Tätigkeit ihres Landes auszudehnen.

In Deutschland errichtete Walther Rathenau beispielsweise eine Kriegsrohstoffabteilung, die eine umfassende Bestandsaufnahme vornahm und ermittelte, daß die deutschen Vorräte an wesentlichen Rohstoffen nicht einmal für ein Jahr ausreichten; sie überzeugte Moltkes Nachfolger Falkenhayn von der Notwendigkeit, die vorhandenen Vorräte unter Verschluß zu nehmen und zu kontrollieren, die Produktion von Luxusgütern einzustellen, strategisch wichtige Rohstoffe in besetzten Gebieten zu beschlagnahmen und von nahe gelegenen neutralen Staaten zu kaufen, neue Produktionstechniken zu entwickeln und die Einführung von Ersatz- und Kunststoffen zu fördern. Die Abteilung begann mit verschwindend wenig Personal und entwickelte sich zu einer Mammutorganisation mit der Befugnis, Fabrikanten, die Verträge für die Kriegsproduktion besaßen, Rohstoffe zuzuteilen.

Gleichzeitig richtete die deutsche Regierung Ämter zur Kontrolle des Import- und Exporthandels ein. Das bedeutendste darunter war die zentrale Beschaffungsstelle, die ein Monopol über alle Einkäufe im Ausland besaß. Es wurde ein Kriegsernährungsamt mit Nebenstellen errichtet, das die Lebensmittelversorgung kontrollierte, die Rationierung regelte und die Verwendung von Ersatzstoffen förderte. Zur Lösung der Probleme, die sich aus dem zunehmenden Mangel an Arbeitskräften ergaben, richtete man im November 1916 ein Kriegsamt ein mit umfassenden schiedsrichterlichen Befugnissen zwischen Unternehmensleitung und Arbeitnehmern. Einen Monat später trat mit der Einführung des sogenannten Hindenburg-Programms das Gesetz über den «Vaterländischen Hilfsdienst» in Kraft, nach dem alle nicht eingezogenen Deutschen zwischen 17 und 61 zwangsweise beschäftigt werden konnten, Schlichtung von Arbeitsstreitigkeiten zur Pflicht gemacht und Arbeitsplatzwechsel der Zustimmung eines Gremiums unter Vorsitz eines Vertreters der örtlichen Heeresleitung unterworfen wurden.

In den anderen kriegführenden Nationen wurden ähnliche Schritte zur Mobilisierung der wirtschaftlichen Reserven unternommen. Effizient geschah dies in Britannien und Frankreich, weniger effizient in Österreich, Italien und Rußland. In den meisten Fällen wurden Arbeitsgesetze erlassen und die üblichen Aktivitäten der Arbeiterschaft eingeschränkt. Mit dem Fortgang des Krieges verstärkte sich in den Reihen der Arbeiter der Verdacht, daß sie mit ihren Zugeständnissen einen Fehler begangen hätten und daß von der arbeitenden Bevölkerung Opfer verlangt würden, die die Unternehmer oder andere Gesellschaftsschichten nicht brachten. Dieses Empfinden schlug sich in einer erhöhten Streiktätigkeit nieder.

Gesinnungskontrolle. Mit der Reglementierung des Wirtschaftslebens wurde die Freiheit der Bürger eingeschränkt, ihre Arbeitskraft und Dienstleistungen nach eigenem Belieben zu verkaufen und ihren Lohn wie gewohnt auszugeben. Doch der Krieg setzte sie noch ernsteren Freiheitsbeschränkungen aus. Er beschnitt ihre Versammlungs- und Redefreiheit und selbst ihre Gedankenfreiheit. In allen kriegführenden Ländern wurden Sondergesetze erlassen zur Internierung von Menschen, die als Spione des Feindes oder als dessen Sympathisanten verdächtigt wurden, um die Weitergabe von eventuell nützlichen Informationen an den Feind zu verhindern und um Aktivitäten zu verhüten, die unter der Bevölkerung Defätismus zu verbreiten drohten. Die demokratischen Nationen waren in dieser Beziehung nicht aufgeklärter als die absoluten Monarchien.

Überall unterlagen die Zeitungen einer strengen Zensur. Artikel, die den Feind unterstützen, beruhigen oder die Entschlossenheit der Bevölkerung, bis zum totalen Sieg zu kämpfen, beeinträchtigen konnten, wurden gestrichen. Es gab auch die private Zensur (als Lord Lansdowne im Jahre 1917 einen Leserbrief an «The Times» schickte, in dem er auf die Notwendigkeit drängte, den Frieden durch Verhandlung zu erreichen, verweigerten die Herausgeber die Veröffentlichung), doch im allgemeinen übte die Regierung die Zensur aus und fügte in die durch ihre Streichungen entstandenen Lücken Propaganda ein, die die Tatsachen häufig falsch wiedergab, eigene Erfolge größer darstellte, als sie waren, die des Feindes aber abwertete und Greueltaten schilderte, um den Haß auf den Feind zu schüren.

In einigen Fällen erweckte die offizielle Propaganda eine verhängnisvolle Siegeszuversicht. Die Entdeckung, daß es den Krieg schließlich doch nicht gewinnen würde, bedeutete einen solchen Schock für das deutsche Volk, daß es verzweifelte und die Welle der Revolution über sich hinwegrollen ließ.

Der Verlauf des Krieges 1917–1918

Rückschläge für den Westen. Für die Westmächte begann das Jahr 1917 mit zwei ermutigenden Ereignissen. Das erste war der Umsturz der Autokratie in Rußland und der Machtantritt einer demokratischen Regierung, die entschlossen war, den Krieg energisch und effizient fortzuführen. Das zweite war der Kriegseintritt der Vereinigten Staaten.

Es dauerte jedoch nicht lange, bis erkannt wurde, daß das letztere Ereignis nicht die baldige Landung starker amerikanischer Armeen in Europa bedeutete. Bis die Vereinigten Staaten ein Expeditionskorps rekrutiert und ausgebildet hatten, mußte die Hauptlast des Kampfes immer noch von Großbritannien, Frankreich und Italien getragen werden. Überdies wurde bald deutlich, daß die Ereignisse in Rußland keine Regeneration ankündigten, sondern den Zusammenbruch.

In der Tat standen den Alliierten größere Schwierigkeiten bevor, als sie selbst in ihren pessimistischsten Augenblicken befürchtet hatten. Das Jahr 1917 bedeutete eine lange Kette von Niederlagen. Eine französische Offensive in Lothringen führte zu einer vollkommenen Katastrophe, in der ungefähr 200000 Mann geopfert wurden. Daraufhin erfolgte eine Welle der Meuterei in der französischen Armee, die monatelang jede Offensive unmöglich machte. Im Juli startete der britische Kommandeur Haig seinen lange geplanten Feldzug in Flandern, entgegen dem einsichtigeren Urteil Lloyd Georges, der ihn als «wilde militärische Spekulation» und «wahnsinniges Unternehmen» bezeichnete. Haig setzte seinen Vorstoß bis zum 20. November fort, mußte aber in einem Gebiet, das aus 50 Quadratmeilen Stacheldraht und Morast bestand, den Verlust von 150000 Gefallenen und nahezu 300000 Verwundeten und Gefangenen hinnehmen. Ein glänzender Erfolg der Briten bei Cambrai im November 1917, als erstmalig Panzer zum vollen Einsatz kamen, zeigte, daß es eine Alternative zu dieser schrecklichen Zermürbungsstrategie gab. Doch waren die Militärs noch nicht bereit, sie in Betracht zu ziehen.

Im Oktober war Italien an der Reihe. In einem sorgfältig geplanten Vorstoß schickten die Mittelmächte sechs deutsche und neun österreichische Divisionen nach Caporetto am Isonzo und machten die gesamte italienische Position zunichte. Britische und französische Divisionen eilten an die italienische Front, um einen völligen Zusammenbruch zu verhindern. Tatsächlich wurden sie dann nicht gebraucht; denn die Italiener sammelten sich wieder. Doch einige Monate lang war die Situation kritisch.

Schließlich, um das düstere Bild komplett zu machen, brachte der November die Nachricht von der zweiten Revolution in Rußland, der Machtergreifung durch die Soldaten-, Bauern- und Arbeiterräte, dem Aufstieg der bolschewistischen Führer Lenin und Trotzki zur Exekutive, ihrem Aufruf an die kriegführenden Länder, sofort Frieden zu schließen, ohne Annexionen und Kriegsentschädigungen. Und im Dezember kam die Nachricht von ihrem Waffenstillstandsabkommen mit den Deutschen in Brest-Litowsk.

Die Schwächung der deutschen Kriegskoalition. Jedoch war auch in Deutschland und bei seinen Verbündeten nicht alles in Ordnung. Ende des Jahres 1917 war die Kraft der Türken weitgehend erlahmt. Im Laufe dieses Jahres stürmte das ägyptische Expeditionsheer Jerusalem, nachdem es die 7. türkische Armee unter Mustafa Kemal zermürbt hatte. In den türkischen Armeen und dem Volk als ganzem schwand die Begeisterung für die deutsche Sache. Bulgarien, jenseits der Straße der Dardanellen, war wirtschaftlich am Ende seiner Kräfte; dort hatte es schlechte Ernten gegeben. Sowohl die Armee als auch die Bevölkerung waren nahezu vollständig demoralisiert.

Noch ernster war die Situation in Österreich-Ungarn, wo selbst der Anschein von Zusammenarbeit zwischen den madjarischen Oligarchen und der Regierung in Wien gewichen war und wo ernstliche Treuebrüche auf seiten der abhängigen Nationalitäten offenkundig wurden. In den ersten Monaten des Jahres 1918 regten zwei Dinge die jähe Intensivierung der Subversion an. Das erste war eine Reihe von Ansprachen des Präsidenten Wilson, die in einer Kongreß-Rede vom 8. Januar 1918 gipfelte, in der er – mit den bald berühmten 14 Punkten – die Prinzipien darlegte, die, wie er meinte, eine Friedensregelung bestimmen müßten. Darunter befand sich das Versprechen, daß den Völkern Österreich-Ungarns eine autonome Entwicklung zugesichert würde. Das zweite – ganz im Gegensatz zu dem Angebot Wilsons – war der Charakter der Verträge der Mittelmächte mit Rußland in Brest-Litowsk und mit Rumänien in Bukarest (März bis Mai 1918). Diese Verträge, die den besiegten Staaten gewaltige territoriale und finanzielle Zugeständnisse abverlangten, stellten klar, daß ein Sieg der Mittelmächte eine fortwährende teutonische Vorherrschaft in Osteuropa ohne jegliche autonome Entwicklung der abhängigen Völker bedeuten würde. Nichts trug so sehr zur Stärkung des Wunsches nach einer Niederlage Deutschlands und Österreichs bei wie diese strafenden Abkommen.

Deutschland selbst fühlte sich Ende 1917 trotz aller offenkundigen Erfolge weiter vom Sieg entfernt als je zuvor. Die Voraussagen des Marinestabs, Großbritannien sei durch die U-Boote bald am Ende, hatten sich nicht erfüllt. Die Briten retteten sich durch eine Neuerfindung des Ersten Weltkrieges, deren Bedeutung nur vom Panzer übertroffen wurde: das Konvoi-System, bei dem sich eine große Anzahl von Versorgungsschiffen unter dem Schutz von U-Booten, Kriegsschiffen und Flugzeugen vorwärts bewegte. Der Konvoi machte alle deutschen Kalkulationen zunichte, und zwar zu einem Zeitpunkt, als sich die britische Blockade immer stärker auf die deutsche Wirtschaft auswirkte und als erste Regungen von Unzufriedenheit und einige wilde Streiks der Solidarität der Nation die ersten Risse zufügten. Die Verabschiedung einer Resolution durch das Parlament im Juli 1917, mit der die Regierung aufgefordert wurde, einen Verhandlungsfrieden in Erwägung zu ziehen, bedeutete für viele Deutsche eine Warnung, daß der Wille zum Widerstand stark nachließ. Die Oberste Heeresleitung erwiderte diese Anzeichen der Schwäche jedoch mit dem Aufruf zu einer Großoffensive, die den Krieg im Frühjahr 1918 siegreich beenden sollte.

Der Zusammenbruch. Nach Kriegsende wurde viel über Hindenburgs sträfliche Dummheit geschrieben und darüber, daß Ludendorff die gesamte Sicherheit der Nation als Pfand für ein gefährliches Glücksspiel eingesetzt habe, während sie ihre Position scheinbarer Stärke hätten ausnutzen können, um durch Verhandlung gemäßigte Bedingungen zu erreichen. Abgesehen davon, daß es keine Gewähr dafür gibt, daß die Alliierten auf ein Verhandlungsangebot eingegangen wären, wird bei diesem Argument die Tatsache übersehen, daß weder die Oberste Heeresleitung noch die sie stützenden Wirtschaftskreise imstande waren, gemäßigte Bedingungen zu akzeptieren. Ihre größte Befürchtung war, daß die Demokratie in Deutschland stärker würde, und sie waren überzeugt, daß nur ein totaler Sieg mit reichlichen Annexionen in Ost- und Westeuropa das deutsche Volk von seinem Wunsch nach Selbstregierung ablenken könne. Die Oberste Heeresleitung unterdrückte daher jede Diskussion über Verhandlungen, plante ihre Großoffensive und setzte all ihre Propagandamittel ein, um die Deutschen zu versichern, daß sie nicht scheitern könne.

Am 21. März 1918 wurde Ludendorffs Frühjahrsoffensive mit Kanonendonner eröffnet, und die gesamte deutsche Armee wurde an die britische Front zwischen Saint-Quentin und Arras geworfen. Doch aufgrund von Treibstoffknappheit bei den motorisierten Einheiten und anderen logistischen Mängeln ließ ihre Schwungkraft nach einem beeindruckenden Start nach, und es waren keine Reserven vorhanden, um den Druck gegen den Feind aufrechtzuerhalten. Als die deutsche Armee die erwartete Lücke zwischen den Alliierten nicht entdeckte (dieses Mal verringerten die Briten, Franzosen und Amerikaner die Wahrscheinlichkeit, daß sie entstehen würde, indem sie den lange verzögerten Schritt taten und ein Oberkommando unter dem französischen Marschall Foch bildeten, um ihre Operationen zu koordinieren), ließ Ludendorff sich von seinem Schlüsselziel abbringen und verlagerte seinen Angriff auf Punkte, wo der Durchbruch leichter erschien. Doch seine Vorstöße wurden jetzt schwächer und immer planloser. Im Juli, als er sich in Sichtweite der im September 1914 gehaltenen Stellung befand, begann die Großoffensive ins Stocken zu geraten.

Dann, am 8. August, zerfetzten Massen von alliierten Panzern die deutschen Stellungen. Dies war der «schwarze Tag des deutschen Heeres». Anfang

September stürmten die alliierten Armeen in alle Gebiete. Die Amerikaner, für deren Fernbleiben von Europa sich die deutsche Marine verbürgt hatte, gewannen ihre erste Schlacht bei Saint-Mihiel und marschierten an der Maas in die Argonnen ein.

Jetzt setzte am anderen Ende Europas der Auflösungsprozeß ein. Mitte September zerschlugen die Franzosen die bulgarischen Stellungen und stießen ungestüm nach Serbien vor. Die Bulgaren ersuchten unverzüglich um Waffenstillstandsbedingungen und unterzeichneten sie am 29. September. Die Türkei war den aufeinander zulaufenden alliierten Armeen ausgeliefert, und ihre Regierung folgte dem Beispiel der Bulgaren. Schon vor Beginn dieser Ereignisse hatten die Österreicher ihrem Verbündeten mitgeteilt, daß sie nicht länger durchhalten könnten, und waren in diplomatische Verhandlungen mit den Alliierten eingetreten.

Selbst der unbesiegbare Ludendorff konnte den schnellen Gang der Ereignisse nicht aufhalten. Am 3. Okober setzte er fassungslos seine Regierung davon in Kenntis, daß sie um Frieden ersuchen müsse. Prinz Max von Baden, der gerade zum Reichskanzler ernannt worden war, konnte diese Nachricht nicht glauben. Er war, wie die meisten Deutschen, noch im September überzeugt gewesen, daß der Sieg sicher sei.

Der amerikanische Präsident lehnte die Bitte um Friedensbedingungen rundweg ab, indem er dem Kanzler mitteilte, er würde sich nicht einmal mit seinen Alliierten beraten, solange er nicht die Gewißheit habe, daß die Deutschen bereit seien, ihre Waffen niederzulegen und die vierzehn Punkte als Basis für den Frieden zu akzeptieren, und ferner, solange er nicht sicher sei, daß die deutsche Regierung wirklich das deutsche Volk repräsentiere. Prinz Max von Baden tat sein Bestes, um Wilson durch Deutschlands Annahme der Bedingungen zufriedenzustellen. Wilson leitete das Gesuch an seine Verbündeten weiter, und die Waffenstillstandsverhandlungen begannen. Bis die Bedingungen ausgearbeitet waren, hatte die Revolution Berlin und andere Großstädte erfaßt, und der Kaiser war nach Holland geflohen. Als die deutschen Vertreter am 11. November 1918 die Waffenstillstandsbedingungen unterzeichneten, lag ihr stolzes Kaiserreich in Trümmern.

Schlußbemerkung

Einige gesellschaftliche Auswirkungen. In Anbetracht dessen, was über das Verhalten der Regierungen während des Krieges gesagt worden ist, sind hier zwei Bemerkungen angebracht. Erstens, es besteht kein Zweifel, daß der Untergang des Liberalismus und der Schwund der liberalen Haltung in Politik und Wirtschaft durch den Krieg stark vorangetrieben wurden. Das Volk hatte sich so sehr daran gewöhnt, daß die Regierung Funktionen übernahm, die vorher private Stellen ausgeführt hatten, daß es nicht sehr vernehmlich protestierte, als die Regierung sie nach dem Krieg beibehielt. Der Verzicht der Regierung auf Vollmachten oder die Rückgabe von Funktionen nach Wieder-

45. George Grosz,
«Stützen der Gesellschaft», 1926

herstellung des Friedens fand nicht immer allgemeine Zustimmung. Es nimmt kaum wunder, daß sich viele europäische Geschäftsleute in den 20er Jahren, als die wirtschaftliche Wetterlage sich verschlechterte, nach der Sicherheit der Kriegsjahre sehnten, in denen sie Partner der Regierung gewesen waren, abgeschirmt gegen Bankrott, wenn sie sich übernommen hatten, hoher Profite sicher und mit einer gefügigen Arbeiterschaft versorgt. Teilweise liegt der Grund dafür, daß so viele Industrielle Männer wie Mussolini und Hitler unterstützten, darin, daß jene politischen Diktatoren die Wiederherstellung der wirtschaftlichen Verhältnisse der Kriegszeit versprachen.

Zweitens muß bemerkt werden, daß der Krieg die Regierungen daran gewöhnte, in einer Krisenatmosphäre zu arbeiten, und ihnen die gefährliche Auffassung vermittelte, bei einem Zusammenbruch der Ordnung sei es immer wichtiger zu handeln, als untätig zu bleiben. Im Nachkriegseuropa richtete diese Haltung großen Schaden an.

Verlorene Generationen. Die Nachkriegspolitik hätte möglicherweise andere Züge getragen, und die Führung vor allem der demokratischen Länder wäre vielleicht stärker gewesen, wenn nicht alle Nationen während des Krieges von 1914–18 entsetzliche Verluste erlitten hätten. Europa mußte für die Generation junger Männer, die in Flandern und Polen, in Griechenland und in Palästina gestorben war, teuer bezahlen.

Doch der Krieg hatte eine weitere verlorene Generation hervorgebracht, bestehend aus all den Veteranen, die sich nach dem Krieg nicht mehr an die zivile Gesellschaft gewöhnen konnten. Manchmal war diese Haltung auf die Ernüchterung von Männern zurückzuführen, die in den Krieg gezogen waren in der Hoffnung, eine bessere Welt zu schaffen, und die zurückgekommen waren, um festzustellen, daß diejenigen, die zu Hause geblieben waren, ihre Träume nicht geteilt hatten.

Diejenigen, die so empfanden, begannen den Krieg zu idealisieren und zu glauben, daß der Soldat – der wirkliche Soldat, nicht die «hohen Tiere», der Bürogeneral oder der Stabsoffizier im Hintergrund, sondern der Frontkämpfer, der Mann in den Schützengräben – Europa den Weg zur Regeneration weisen müsse. Ernst Jünger, selbst Frontsoldat, schrieb im Jahre 1922 in einem vielgelesenen Buch unter dem Titel «Der Kampf als inneres Erlebnis»: «Dieser

46. Otto Dix, «Streichholzverkäufer», 1920

Krieg ist nicht das Ende, sondern der Auftakt der Gewalt. Er ist die Hammerschmiede, in der die Welt in neue Grenzen und neue Gemeinschaften zerschlagen wird. Neue Formen wollen mit Blut erfüllt werden, und die Macht will gepackt werden mit harter Faust. Der Krieg ist eine große Schule, und der neue Mensch wird von unserem Schlage sein.»

Dies ist die authentische Stimme der Revolution auf der Rechten – von Mussolinis «squadristi» und von Hitlers Braunhemden, die aus den Reihen jener hervorgingen, die der Erste Weltkrieg enttäuscht und entfremdet hatte und denen der Krieg noch anhaftete.

21. Die Friedensverträge und die Suche nach kollektiver Sicherheit

Der Erste Weltkrieg endete im November 1918 so abrupt, daß die Siegermächte keine konkrete Vorstellung darüber hatten, wie ein Frieden zu schließen sei. Es dauerte vier Monate, bis ernsthafte Verhandlungen in Gang kamen, und erst im Januar 1919 waren die Bedingungen für einen Frieden mit Deutschland ausgearbeitet, dem ehemaligen Feind vorgelegt und in Versailles angenommen worden. Es folgten weitere mühselige Verhandlungen und weitere Friedensverträge: der Vertrag von Saint-Germain-en-Laye mit Öster-

47. Unterzeichnung des Versailler Vertrages. 28. Juni 1919

reich, 10. September 1919, der Vertrag von Neuilly mit Bulgarien, 27. November 1919, der Vertrag von Trianon mit Ungarn, 4. Juni 1920, und der Vertrag von Sèvres mit der Türkei, 10. August 1920.

Schon lange vor diesem letzten Datum hatten die Staatsmänner und die Völker Europas begriffen, daß der Übergang vom Krieg zum Frieden nicht leicht sein würde. Schon in der ersten Phase der Friedensverhandlungen (Januar–Juni 1919) wurde die Möglichkeit neuer Kriege deutlich: durch Übergriffe Polens auf das Territorium seiner Nachbarstaaten, durch die Aktivitäten deutscher Freikorps in den baltischen Ländern, durch die Errichtung einer Räteregierung in Budapest und durch ernste Differenzen zwischen Italien und Jugoslawien über den Besitz des Hafens Fiume. Überdies wurden verschiedene Friedensverträge, kaum daß sie fertiggestellt waren, von Staaten, die sich ungerecht behandelt fühlten, insgesamt oder teilweise angefochten. Schließlich begann die Organisation, die zur Bewältigung von Problemen dieser Art errichtet worden war, der Völkerbund, ihre Existenz ohne das Land, unter dessen Ägide sie gegründet worden war.

Die Friedensverhandlungen

Die Pariser Friedenskonferenz. Die Versammlung der Nationen, die im Januar 1919 in Paris zusammentrat, um sich der Aufgabe einer allgemeinen Friedensregelung zu widmen, war das größte Treffen dieser Art seit dem Wiener Kongreß und seine Mitglieder spiegelten alle Veränderungen des dazwischenliegenden Jahrhunderts im territorialen Gleichgewicht Europas und der Welt wider. Von den fünf Großmächten, die das Vorgehen in Wien bestimmt hatten, waren hier nur zwei anwesend: Großbritannien und Frankreich. Von den anderen Wiener Mächten blieben zwei von den Verhandlungen ausgeschlossen, weil sie – als besiegte Mächte – die Adressaten der zu treffenden Entscheidungen waren. Rußland fehlte, weil es in Brest-Litowsk einen Separatfrieden mit Deutschland geschlossen hatte und natürlich auch wegen der ideologischen Überzeugungen seiner neuen Regierung.

Die Zahl der Konferenzmitglieder schwoll aufgrund der Teilnahme von Staaten, denen im Jahre 1815 die Selbständigkeit noch nicht zuerkannt war oder denen man das Potential zur Erlangung politischer Bedeutung zu der Zeit noch absprach. Die wichtigsten darunter waren: Italien, dessen Ministerpräsident, Vittorio Orlando, einen Platz im Direktorium der Konferenz einnahm; Belgien, dem für seine Leiden während des Krieges allgemeine Achtung gezollt wurde; Griechenland, das sich dank der prowestlichen Sympathien seines Ministerpräsidenten, Eleutherios Venizelos, während des Krieges bei der französischen und der britischen Regierung einschmeicheln konnte; Polen, das jetzt nach mehr als einem Jahrhundert der Unterdrückung die Unabhängigkeit wiedererlangte; und der neue tschechoslowakische Staat, der zur Zeit des Konferenzbeginns noch mehr ein Konzept war als eine Realität.

Der alarmierendste Unterschied zum Wiener Kongreß lag darin, daß nichteuropäische Staaten in Paris eine so bedeutende Rolle spielten – ein Anzeichen dafür, daß die Zeit gekommen war, in der Europa nicht einmal mehr seine eigenen Probleme ohne Hilfe von außen lösen konnte. Die britischen Dominions waren vertreten. Marquis Saionji von Japan war Mitglied des Rates der Zehn, der die Konferenz in der ersten Phase leitete – eine Ehre, die Japan in Anerkennung seines durch Seeoperationen im Pazifik und im Mittelmeer geleisteten Beitrags zum Sieg erwiesen wurde. Den Mittelpunkt aller Aufmerksamkeit schließlich bildete Woodrow Wilson.

Verfahrensfragen. Im Hinblick auf ihre geistige Kapazität und ihre allgemeinen Fähigkeiten standen die führenden Staatsmänner in Paris ihren Vorgängern von Wien keineswegs nach. Sie zeigten jedoch bald, daß sie in Organisations- und Verfahrensfragen weniger kompetent waren.

Als der Krieg zu Ende ging, waren die alliierten und assoziierten Mächte noch zu keiner Verständigung über ihre Kriegsziele oder die Verfahrensweise, wie sie durchzusetzen seien, gekommen. Sie alle hatten den Fehler begangen, der ihnen auch im Zweiten Weltkrieg wieder unterlaufen sollte, nämlich zu glauben, daß man mit den politischen Plänen warten könne und müsse, bis die Kämpfe vorüber seien. Präsident Wilson konnte sie dazu bewegen, die Vierzehn Punkte als Grundlage für ihre Beratungen zu akzeptieren. (Seine Kongreß-Rede vom 8. Januar 1918 enthielt ein Friedensprogramm, das sich auf die folgenden Vierzehn Punkte gründete: 1. Öffentlichkeit aller internationalen Vereinbarungen; 2. Vollkommene Freiheit der Schiffahrt auf den Meeren außerhalb der Küstengewässer, sowohl im Frieden als auch im Kriege, außer bei Sperrung durch internationale Vereinbarungen; 3. Beseitigung aller wirtschaftlichen Schranken; 4. Ausreichende Garantien dafür, daß die nationalen Rüstungen auf das niedrigste, mit der inneren Sicherheit zu vereinbarende Maß herabgesetzt werden; 5. Eine unparteiische Schlichtung aller kolonialen Ansprüche; 6. Räumung des ganzen russischen Gebiets; 7. Räumung und Wiederherstellung Belgiens; 8. Befreiung und Wiederherstellung allen französischen Gebiets; 9. Berichtigung der Grenzen Italiens; 10. Freiheit zu autonomer Entwicklung für die Völker Österreich-Ungarns; 11. Räumung und Wiederherstellung rumänischen, serbischen und montenegrischen Gebiets und Zugang zum Meer für Serbien; 12. Souveränität der türkischen Teile des Osmanischen Reiches, Freiheit zu autonomer Entwicklung für die anderen Nationalitäten und internationale Garantien für die Öffnung der Dardanellen als freiem Durchgang für die Schiffe aller Nationen; 13. Ein unabhängiges Polen, das die von unbestritten polnischer Bevölkerung bewohnten Gebiete einschließen sollte, mit freiem und sicherem Zugang zum Meer; 14. Eine allgemeine Gesellschaft von Nationen zum Zwecke wechselseitiger Garantieleistung für politische Unabhängigkeit und territorialer Unverletzlichkeit der großen wie der kleinen Staaten.) Doch dieses Programm war kaum eine ausreichende Vorbereitung auf die Aufgaben, die vor ihnen lagen.

Vielleicht mit Ausnahme Frankreichs maßen die Staatschefs der alliierten Nationen Verfahrensfragen keine Bedeutung bei. Sie ließen es zu, daß alle Konferenzteilnehmer zusammentraten, noch bevor die Hauptmächte ihre Standpunkte zum allgemeinen Charakter der zu erzielenden Regelung geklärt oder koordiniert hatten, bevor sie überhaupt einen systematischen Gedanken an den Verhandlungsmechanismus verschwendet oder auch nur eine provisorische Tagesordnung aufgestellt hatten. Es herrschte die vage Vorstellung, daß das gegenwärtige Treffen nur eine vorläufige Konferenz sein sollte, der eine endgültige folgen sollte, zu der die Feindstaaten eingeladen würden. Doch wurde dies nie ausdrücklich deutlich gemacht.

Im Laufe der Zeit fand die Konferenz – nach einigen Versuchen und Fehlschlägen – ein Verfahren und einen funktionsfähigen Verhandlungsmechanismus. Das ursprüngliche Direktorium, der Rat der Zehn, bestehend aus jeweils zwei Vertretern der Hauptmächte (der Vereinigten Staaten, Großbritanniens, Frankreichs, Italiens und Japans), wurde ersetzt durch ein flexibleres System mit zwei Hauptorganen: dem Rat der Vier (Wilson, Lloyd George, Georges Clemenceau und Orlando), dem die Gesamtleitung und letzte Entscheidungsgewalt oblag, und dem Rat der Fünf (zusammengesetzt aus den Außenministern der fünf Hauptmächte), der sich mit besonderen Problemen und den Berichten der Ausschüsse befassen sollte, die zur Festlegung der Grenzen neuer Staaten wie Polen und der Tschechoslowakei eingesetzt wurden. Schließlich gab es eine Vollversammlung, in der die kleineren Staaten vertreten waren. (Sie befaßte sich mit Fragen der Kriegsschuld, der Reparationen, des Völkerbunds, einer internationalen Arbeitergesetzgebung sowie mit der Regelung hinsichtlich Häfen, Wasserwegen und Eisenbahnen.)

Nachdem dieser Organisationsplan einmal aufgestellt (Mitte März) und Übereinstimmung darüber erzielt worden war, daß mit allen ehemaligen Feindmächten Einzelverträge geschlossen werden sollten, hatte sich ein Großteil der Verwirrung der ersten Wochen gelegt. Unglücklicherweise war inzwischen eine solche Verzögerung eingetreten, daß man jeden Gedanken daran aufgab, mit Deutschland nur eine vorläufige Regelung als Vorbereitung auf umfassendere Verhandlungen zu einem späteren Zeitpunkt zu treffen. Das hatte bedauerliche Auswirkungen. Entscheidungen der Territorialausschüsse, in dem Glauben gefällt, sie seien provisorisch, wurden in die Verträge aufgenommen und hatten viele Ungerechtigkeiten zur Folge.

An dieser Stelle mag ein weiterer Verfahrensfehler erwähnt werden. Die Alliierten machten keinerlei Versuch, ausreichende militärische Reserven beizubehalten, um im Notfall in der Lage zu sein, widerspenstigen Feinden oder Freunden ihren Willen aufzuzwingen. Dieses Versäumnis, für Eventualfälle vorzusorgen, die den Einsatz von Waffengewalt erforderlich machen konnten, in Verbindung mit der durch die oben genannten Verfahrensfehler herbeigeführten Verzögerung, trug zum fortschreitenden politischen und wirtschaftlichen Zerfall Mittel- und Osteuropas bei.

Die Regelung für Deutschland. In den Vorverhandlungen für den Waffenstillstand wurde den Deutschen zu verstehen gegeben, daß der künftige Friede auf der Grundlage der Vierzehn Punkte von Präsident Wilson geschlossen würde unter zwei Vorbehalten: 1. daß die Alliierten hinsichtlich der Freiheit der Meere nach ihrem Belieben verfahren würden; 2. «Deutschland verpflichtet sich dazu, daß alle Schäden wieder gutgemacht werden, die der Zivilbevölkerung jeder der alliierten und assoziierten Mächte und ihrem Gut während der Zeit, in der sich die beteiligte Macht mit Deutschland im Kriegszustand befand, durch diesen Angriff zu Lande, zur See und in der Luft zugefügt worden sind...». Leider wurden die Deutschen über andere Zugeständnisse der Amerikaner gegenüber den Alliierten, um deren Einwände gegen die Vierzehn Punkte auszuräumen, nicht in Kenntnis gesetzt, und dieses Versehen gab den Deutschen Anlaß, den Alliierten später Unehrlichkeit vorzuwerfen.

Man muß zugeben, daß die Deutschen einen Grund zur Beschwerde hatten. Da sie von den Verhandlungen in Paris ausgeschlossen blieben, wurde Präsident Wilsons erster Punkt, der Öffentlichkeit aller internationalen Vereinbarungen forderte, im Hinblick auf die Deutschen bedeutungslos. Punkt 2, der die Freiheit der Meere forderte, war durch vorherige Übereinkunft ausgeschaltet worden. Punkt 5, in dem von einer «unparteiischen Schlichtung aller kolonialen Ansprüche» die Rede war, überging man in Paris stillschweigend, und alle ehemaligen deutschen Kolonien wurden als Mandatsgebiete an Japan, Großbritannien und die Dominions sowie Frankreich verteilt. Punkt 13 wurde so ausgelegt, daß eine große Anzahl Deutscher unter polnische Herrschaft gerieten. Damit aber erschöpfte sich die Liste der Entscheidungen, die als flagrante Verletzung der Prinzipien von Wilsons Charta bezeichnet werden konnten, noch nicht.

Allerdings kann man in dieser Angelegenheit keine Schwarzweißmalerei betreiben. Die Kolonialfrage wurde zwar in einer Weise geregelt, die den Prinzipien Wilsons widersprach. Hier, wie in vielen anderen Streitpunkten in Paris, meinte Wilson, den territorialen Wünschen Japans und der britischen Dominions nachkommen zu müssen, um ihre Unterstützung des Völkerbunds sicherzustellen (s. S. 394). Andere Abweichungen von seinen Grundsätzen waren jedoch unumgänglich. Es war beispielsweise so gut wie unmöglich, dem neuen Staat Polen einen Zugang zum Meer zu verschaffen, ohne daß einige Deutsche in dem errichteten Korridor verblieben.

Was die territoriale Regelung betrifft, so kann der endgültige Vertrag – abgesehen von den Kolonialklauseln – den Deutschen kaum Überraschungen bereitet haben. Nachdem der Krieg einmal verloren war, wußten sie, daß sie auf ihre grandiosen Pläne für die baltischen Gebiete und die Ukraine, die Gebietsgewinne, die sie in Brest-Litowsk den Russen und in Bukarest den Rumänen abverlangt hatten (s. S. 377 und 409), und auf Polen als ihr Einflußgebiet verzichten mußten. Und es kann kein Geheimnis für sie gewesen sein, daß sie auch das nach dem französisch-preußischen Krieg eingenommene Elsaß-Lothringen verlieren würden. Diese territorialen Veränderungen wurden im Vertrag festgelegt. Außerdem mußte Deutschland die Städte Eupen und Malmedy an Belgien abtreten, den Alliierten den baltischen Memelhafen zu deren weiterer Verfügung übergeben (1923 wurde er von Litauen übernommen), die Provinz Posen und einen durch Westpreußen verlaufenden Gebietsstreifen an Polen abtreten sowie Volksabstimmungen zulassen, um eine Entscheidung über den Verbleib Schleswigs und ostpreußischer sowie schlesischer Gebiete mit hohen polnischen Bevölkerungsanteilen herbeizuführen. Diese Bedingungen ließen sich alle mit dem Prinzip der nationalen Selbstbestimmung vereinbaren; es gab aber zwei endgültige Territorialklauseln, die nicht so einfach gerechtfertigt werden konnten. Die erste war die Umwandlung des deutschen Ostseehafens Danzig in eine internationale Freie Stadt. Die zweite war, daß das kohlenreiche Saargebiet für fünfzehn Jahre der Verwaltung des Völkerbunds und der wirtschaftlichen Kontrolle Frankreichs unterstellt wurde und daß anschließend eine Volksabstimmung über seine Zukunft entscheiden sollte.

Diese letzte Bestimmung war unter anderen eine, die Deutschlands Probleme mit den Reparationsklauseln des Vertrages noch verschärfte; sie bedeutete den härtesten und unrealistischsten Teil des Abkommens mit Deutschland. Man hatte nicht vorausgesehen, daß Deutschlands Zahlungsmöglichkeiten durch seine erzwungenen Abtretungen von Territorium, Bevölkerung, Kolonien und Bodenschätzen und durch die Beschlagnahmung seiner Handelsflotte ernstlich beeinträchtigt würden. Selbst während der Friedenskonferenz waren sich diejenigen, die mit der Ausarbeitung der Reparationsklauseln betraut waren, über diesen letzten Punkt nicht im klaren; denn – und hier kommen wir auf die Verfahrensschwächen der Konferenz zurück – sie erledigten ihre Aufgabe, ohne Kenntnis zu haben über die gleichzeitigen Entscheidungen bezüglich der Abtretung von Territorium und Ressourcen.

Die Sieger beschlossen, die Gesamtsumme der Reparationen erst zu einem späteren Zeitpunkt festzusetzen. Daher mußte das deutsche Volk bis 1921 warten, um zu erfahren, daß man außer der im Vertrag vorgesehenen Anzahlung von fünf Milliarden Dollar, der Abtretung von Schiffen und Territorium sowie den Kohlelieferungen an Nachbarländer die Zahlung von 32 Milliarden Dollar an seine früheren Feinde von ihm forderte.

Doch schon lange vor 1921 war die gesamte Vorstellung von Reparationszahlungen in Deutschland verhaßt, weil den Reparationsklauseln im Vertrag ein Artikel (Artikel 231) vorausgeschickt worden war, der besagte: «Die Alliierten und assoziierten Regierungen erklären, und Deutschland erkennt an, daß Deutschland und seine Verbündeten als Urheber für alle Verluste und Schäden verantwortlich sind, die die alliierten und assoziierten Regierungen und ihre Staatsangehörigen infolge des ihnen durch den Angriff Deutschlands und seiner Verbündeten aufgezwungenen Krieges erlitten haben.» Die Klausel war als Zugeständnis an die Briten und Franzosen gedacht, die sich von den Amerikanern davon hatten abbringen lassen, noch höhere Reparationsforderungen zu stellen, aber auf einer ausdrücklichen Erklärung bestanden, daß es ihr *Recht* sei, mehr zu verlangen, auch wenn sie keinen Gebrauch davon machten. Unglücklicherweise legten die Deutschen diese Klausel als Versuch aus, ihnen allein die Verantwortung für den Krieg anzulasten. John Foster Dulles, der die Klausel entworfen hatte, schrieb später: «... es war in allererster Linie die heftige Reaktion des deutschen Volkes auf diesen Artikel des Vertrages, die den Grundstein für Hitler-Deutschland gelegt hat.»

Wie zu erwarten, verwendeten die Alliierten viel Zeit und Mühe auf den Entwurf derjenigen Artikel des Versailler Vertrages, die sich auf das Militär bezogen und erlegten den deutschen Streitkräften künftig harte Beschränkungen auf hinsichtlich ihrer Art, Größe und Bewaffnung. Bis zur Ausführung der militärischen Bestimmungen sollte das Rheinland von alliierten Truppen besetzt bleiben, und es sollte einschließlich eines fünfzig Kilometer breiten Streifens östlich des Rheins dauerhaft entmilitarisiert werden. Wenn man von den praktischen Schwierigkeiten bei der Durchsetzung dieser Bestimmungen einmal absieht, so wiesen sie zwei Schwächen auf. Die erste lag in der beharrlichen Forderung der Alliierten, daß sich die deutsche Armee hinfort ausschließlich aus Freiwilligen zusammensetzen müsse, die sich auf lange Zeit verpflichten sollten. Dies bedeutete, daß die deutsche Armee durch ihre Wehrdienstbedingungen vom zivilen Leben und von zivilen Wertvorstellungen abgeschnitten war und wahrscheinlich jene Elemente ansprach, die dem Deutschland der Vergangenheit am stärksten verpflichtet waren. Zweitens stellten die Alliierten – ein weiteres Beispiel für die Schwerfälligkeit des Vertragstextes – den militärischen Klauseln eine Erklärung voran, in der die Hoffnung zum Ausdruck gebracht wurde, daß der deutschen Abrüstung die allgemeine Abrüstung folgen werde. Diese unnötige Klausel sollte von Adolf Hitler und anderen als Abrüstungsversprechen der Alliierten interpretiert werden, dessen Nichterfüllung die Verletzung der Vertragsbedingungen durch die Deutschen rechtfertigte.

Der Versailler Vertrag, der alle Bedingungen der Deutschland betreffenden Regelung enthielt, wäre vielleicht noch härter ausgefallen, wenn Woodrow Wilson den französischen Wünschen nach Abtrennung des gesamten Rheinlands nicht so leidenschaftlich entgegengetreten wäre. Dennoch war der Vertrag in seiner Gesamtheit gesehen hart genug, um bei denjenigen, die an einzelnen Abschnitten mitgearbeitet hatten, böse Vorahnungen zu erwecken. Doch die Bedingungen bildeten das Resultat so vieler heikler Kompromisse der Alliierten untereinander, daß jede ernstliche Revision unzählige Fragen aufzuwerfen und den Prozeß des Friedensschlusses ins Unendliche hinauszuzögern drohte. Als der Vertrag den Deutschen im Mai 1919 vorgelegt wurde, machten die Alliierten daher kaum Zugeständnisse gegenüber den Einwänden und Änderungsvorschlägen, die aus Berlin zurückkamen. Statt dessen machten sie deutlich, daß, falls der Vertrag nicht als Ganzes akzeptiert würde, Kriegshandlungen wieder aufgenommen würden. Zweifellos wurde die Entschlossenheit der Alliierten durch die gelungene Versenkung der internierten deutschen Hochseeflotte in Scapa Flow am 21. Juni noch verstärkt. Erbost beorderten sie

Foch, Vorbereitungen für einen Angriff am 23. Juni um 19 Uhr zu treffen. Die Deutschen gaben nach und unterzeichneten den Vertrag fünf Tage später im Spiegelsaal von Versailles.

Die Regelung in Osteuropa. Die Konferenzteilnehmer in Paris waren jetzt mit dem konfrontiert, was der britische Außenminister Lord Balfour «die unermeßliche Operation der Liquidation des österreichischen Kaiserreiches» nannte. Sie hatte sich bereits durch die rasche Auflösung der Reichseinheit unter dem Druck des Krieges abgezeichnet – einen Prozeß, der beschleunigt worden war durch die Bedingungen der Verträge von Brest-Litowsk und Bukarest sowie durch die Vierzehn-Punkte-Rede und andere Kriegsreden Präsident Wilsons, die zur Ermutigung der abhängigen Nationalitäten beigetragen hatten. Diese Liquidation erwies sich als eine ungeheuer schwierige Operation, die erst nach der Unterzeichnung von drei weiteren Verträgen und einer großen Anzahl territorialer, kommerzieller und militärischer Abkommen mit den Staaten abgeschlossen war, die die Nutznießer der Auflösung der Habsburger Monarchie waren.

Das Abkommen mit Österreich hatte im wesentlichen Gestalt angenommen, bevor der Rat der Vier am 28. Juni 1919 zum letzten Mal zusammentrat. Der vollendete Vertrag stellte eine Anerkennung der Ereignisse dar, die sich seit Oktober 1918 innerhalb des Habsburger Reiches abgespielt hatten. In diesem Monat proklamierten Masaryk und Eduard Beneš, die sich während des Krieges unablässig um die Gunst der Alliierten für die Sache der tschechischen Unabhängigkeit bemüht hatten, die Absetzung des jungen Kaisers Karl und die Gründung einer unabhängigen tschechoslowakischen Republik. Die Polen Galiziens trennten sich vom Kaiserreich. Ein Landtag in Kroatien proklamierte die Abtrennung Kroatiens und Dalmatiens von Ungarn und ebnete damit den Weg für den einen Monat später vollzogenen Zusammenschluß dieser und anderer südslawischer Provinzen des Kaiserreiches, einschließlich Bosniens und der Herzegowina, mit dem Königreich Serbien. In Budapest hatte eine liberale Regierung unter Graf Michael Karolyi die Macht ergriffen und Ungarn zur unabhängigen Republik erklärt. Der Vertrag von Saint-Germain vom September 1919 verlangte von Österreich – das selbst durch eine Revolution und die Abdankung Kaiser Karls vom 11. November 1918 zur Republik geworden war – die Anerkennung all dieser Verluste und der Unabhängigkeit der Tschechoslowakei, Polens, Jugoslawiens und Ungarns.

Ob das restliche Österreich – ein unbedeutendes Gebiet mit einer Bevölkerung von 6,5 Millionen Einwohnern, davon die Hälfte in Wien – ein lebensfähiger Staat werden konnte, scheint die friedenschließenden Partner in Paris nicht interessiert zu haben. Als die Österreicher am 12. November 1918 ihr neues Regime errichteten, erklärten sie Österreich ausdrücklich zum Bestandteil der deutschen Republik. Die Alliierten weigerten sich, dies zuzulassen, und die österreichische Republik wurde gezwungen, wider Willen mit der düsteren Aussicht auf ernste wirtschaftliche Probleme, die Unabhängigkeit zu wählen. Noch erschreckender wurden diese Zukunftsaussichten durch den Verlust des Zugangs zum Meer, die Abtretung eines Teils des deutschsprachigen Tirol an Italien und die Vertragsbedingung, daß Österreich eine noch ungenannte Summe an Reparationen zu zahlen habe.

Ungarn wurde mit noch größerer Strenge behandelt und litt besonders darunter, daß seine neuen Grenzen von einer Reihe von Ausschüssen festgelegt wurden, die nicht den geringsten Versuch unternahmen, sich über ihre voraussichtlichen Forderungen gegenseitig in Kenntnis zu setzen. Folglich verlor das ehemalige Madjarenkönigreich drei Viertel seines Territoriums: seine südslawischen Gebiete an Jugoslawien, die Slowakei an den von Masaryk und Beneš neugegründeten Staat und Transsylvanien an Rumänien. Außerdem sah der Vertrag von Trianon strenge Beschränkungen für das ungarische Militär vor.

Bulgarien als einziger Feindstaat, dessen Dynastie den Krieg überlebt hatte, wurde nicht besser und nicht schlechter behandelt als die Länder, die am Ende des Krieges eine demokratische Staatsform angenommen hatten. Die im Vertrag von Neuilly im einzelnen ausgeführte Abtretung seines thrakischen Zugangs zur Ägäis an Griechenland und die Übergabe seiner Besitzungen in Makedonien an Jugoslawien stellten Bulgariens größten Verlust dar.

Was diese Länder verloren, erhielten die Staaten, die zum Sieg der Alliierten beigetragen hatten. Doch gingen diese Zugewinne nicht nur auf Kosten ihrer Feinde. Rumänien beispielsweise, das früheres bulgarisches und ungarisches Territorium erwarb, übernahm auch bessarabische Gebiete von seinem früheren Verbündeten Rußland. Polen, nicht zufrieden mit dem, was es in Paris erreichen konnte, stritt sich mit den Tschechen über das Herzogtum Teschen und ergriff militärische Maßnahmen, um russisches Gebiet zu erobern (s. S. 412) und um Litauen die Stadt Wilna abzuringen. Jugoslawien, das die Erfüllung der meisten Wünsche der großserbischen Bewegung darstellte, rangelte bis 1924 mit Italien um den Besitz von Fiume.

In ihrer Gesamtheit gesehen war die osteuropäische Regelung vernünftiger, als ihre Kritiker zuzugeben bereit waren. 1919 war es zu spät, die Auflösung des Habsburger Reiches aufzuhalten. Der gerechteste Leitgrundsatz für die unumgängliche territoriale Neuordnung war das Nationalitätsprinzip. Angesichts der gemischten Bevölkerungen war es offensichtlich unmöglich, die Landkarte so neu zu zeichnen, daß nationale Minderheiten völlig verschwanden. Solche Minderheiten gab es in all diesen neuen Ländern. Die Tschechoslowakei setzte sich aus Völkern zusammen, die keine natürlichen Bindungen untereinander hatten: Tschechen, Slowaken, Deutsche, Polen, Ungarn und Ruthenen – eine Mischung, die Probleme für die Zukunft bedeutete. Wenn man aber zugesteht, daß Minderheiten unumgänglich waren, so spricht es für die friedenschließenden Partner in Paris, daß sich die Grenzen, die sie gezogen haben, auf die Dauer bewährten.

Die Regelung für die östlichen Länder hatte zwei wesentliche Schwächen. Die größere politische Vielfältigkeit in diesem Gebiet mußte ein hohes Maß an wirtschaftlicher Instabilität herbeiführen. Sie wäre vielleicht vermeidbar gewesen, wenn die Nachfolgestaaten eine Wirtschaftspolitik betrieben hätten, die die Bedingungen der gegenseitigen Abhängigkeit und Kooperation, wie sie innerhalb des österreichisch-ungarischen Kaiserreiches bestanden hatten, wiederhergestellt hätte. Doch der durch ihre neugewonnene Selbständigkeit erzeugte Nationalismus und der Argwohn derjenigen, die Territorium gewonnen hatten, gegenüber denjenigen, denen sie es weggenommen hatten, verhinderte diese Art der gegenseitigen Unterstützung und führte zu verschwenderischem Wirtschaftswettbewerb und Militärausgaben. Es ist schwierig zu sehen, wie es in der Macht der friedenschließenden Partner in Paris gestanden haben könnte, dies völlig zu vermeiden.

Die gesamte Regelung im Osten litt auch darunter, daß die Teilnehmer der Pariser Konferenz an der Auseinandersetzung mit dem russischen Problem scheiterten. Versuche während der ersten Phase der Konferenz, die Möglichkeiten einer Verständigung mit dem bolschewistischen Regime zu erkunden,

48. Mathias Rakosi, Volksbeauftragter in der kommunistischen Regierung von Béla Kun, nach seiner Verhaftung 1925

wurden nie mit Nachdruck betrieben, großenteils deswegen nicht, weil sich das Gleichgewicht der politischen Kräfte in den Siegernationen stark nach rechts verschoben hatte. Nach dem Staatsstreich in Ungarn im März 1919, mit dem der Kommunist Béla Kun die Macht ergriff, schlugen die westlichen Mächte einen offenen antibolschewistischen Kurs ein. Sie schienen zu meinen, man könne Rußland eine Rolle in der europäischen Politik vorenthalten und gleichzeitig durch vertragliche Einschränkungen und Aussperrung vom Völkerbund Deutschland aus dem europäischen System ausschließen. Rußland und Deutschland aber waren zu groß und verfügten über zu viele Machtreserven, um in politische Bedeutungslosigkeit zu versinken. Die Ereignisse sollten beweisen, daß das Versäumnis der friedenschließenden Partner in Paris, wenigstens eine dieser beiden Mächte in das neue europäische System zu integrieren, all ihre Entscheidungen über Osteuropa zu einem Provisorium machte.

49. Mustafa Kemal Atatürk (1881–1938), Präsident der Türkei, nach Beendigung des Krieges 1925

Die Regelung im Nahen Osten. Während des Krieges hatten die Alliierten einer Reihe von Staaten und nationalen Gruppen türkisches Gebiet als Entschädigung für die Unterstützung ihrer Sache versprochen. Nun versuchte man, unter diesen Versprechen auszuwählen und Unvereinbarkeiten auszuräumen. Durch den Vertrag von Sèvres wurde Großbritannien das Mandat über Palästina, Mesopotamien sowie Transjordanien und Frankreich das Mandat über Syrien erteilt. Der arabische Staat Hedschas wurde unabhängig. Smyrna, Thrakien, Adrianopel und Gallipoli kamen an Griechenland, Frankreich und Italien gewannen große Einflußgebiete und die Straße der Dardanellen wurde international. Die Ausführung dieses Vertrages wurde hinausgezögert in der Hoffnung, daß die Vereinigten Staaten bereit seien, selbst ein Mandat über Armenien oder Konstantinopel zu übernehmen. Zu dem Zeitpunkt, als sich dies als illusionär erwies, hatte sich eine revolutionäre nationalistische Bewegung unter der Führung des Helden von Gallipoli, Mustafa Kemal Atatürk, erhoben, um die dem Untergang geweihte Sultansherrschaft zu bekämpfen, und ihren unerbittlichen Widerstand gegen die Bedingungen von Sèvres erklärt.

Die diplomatische Anerkennung und Unterstützung durch das bolschewistische Regime in Rußland ermutigten Kemal, und eine tiefe Unstimmigkeit unter den Alliierten kam ihm zu Hilfe. Die Franzosen und Italiener, verstimmt über die Zugewinne Britanniens und Griechenlands, brachten bald ihre Überzeugung zum Ausdruck, daß der Vertrag von Sèvres revidiert werden müsse. Sie begannen auf Geheimwegen, die Nationalisten mit Waffen und Munition zu beliefern. Unter britischer Ermutigung leiteten die Griechen einen verhängnisvollen Angriff ein, um den Vertrag, durch den sie soviel gewonnen hatten, durchzusetzen. Im September 1922 wurden die griechischen Truppen in die Flucht geschlagen und bei Smyrna ins Meer getrieben; Kemals Armeen aber bedrohten die kleine alliierte Streitmacht an der asiatischen Küste der Dardanellen. In diesem Augenblick zogen sich die Franzosen und die Italiener zurück und ließen die Briten dabei allein, einen Ausweg aus dieser anscheinend hoffnungslosen Situation zu finden, in der ein falscher Schritt einen größeren Krieg bedeuten konnte. Die Briten jedoch behaupteten ihre Stellung, und Kemal entschied sich für Verhandlungen.

Die Gespräche von Mudanya im Oktober 1922 schufen die Grundlage für eine neue Konferenz in Lausanne im Sommer 1923, wo der Vertrag von Sèvres vollständig erneuert wurde. Britannien behielt die meisten seiner territorialen Gewinne von Sèvres. Griechenland verlor faktisch alles, was ihm vorher zugestanden worden war, an die Türkei. Die Dardanellen wurden für die Schiffahrt freigegeben und zur entmilitarisierten Zone erklärt.

In den von der Türkei übernommenen Gebieten versuchte die britische Regierung geduldig, wenn auch letztlich ohne Erfolg, die Versprechungen, die sie im Krieg den Arabern und den Juden gegenüber gemacht hatte, miteinander zu vereinbaren. Ein Versprechen von 1915, die arabische Unabhängigkeit zu unterstützen, war in den Augen der Araber durch das Sykes-Picot-

Abkommen von 1916 abgeschwächt worden, das zwar einen selbständigen arabischen Staat oder einen Staatenbund vorsah, aber auch klarstellte, daß Britannien und Frankreich große Einflußgebiete behalten würden und daß Palästina und den Heiligen Stätten ein Sonderstatus verliehen würde. Das Unbehagen über diese Bestimmungen ging in Empörung über, als Lord Balfour im November 1917 erklärte: «Die Regierung Seiner Majestät betrachtet die Errichtung einer nationalen Heimat für das jüdische Volk in Palästina mit Wohlwollen.» Die Araber erblickten in der Erklärung Balfours eine Verletzung des Geistes, von dem die Zusagen ihnen gegenüber getragen waren, und einen Versuch, den Juden die politische Herrschaft über Palästina zu überlassen unter Mißachtung ihrer eigenen historischen Rechte und ihres Beitrags zur Sache der Alliierten.

Um den arabischen Nationalismus zu versöhnen, übertrugen die Briten ihre Mandate im Nahen Osten arabischen Herrschern, die ihr Amt unter britischer Aufsicht ausüben sollten. Nahezu unmittelbar darauf setzte in diesen Territorien die Agitation für die Selbständigkeit ein, ebenso in Syrien und im Libanon, die im Einklang mit dem Sykes-Picot-Abkommen unter französische Kontrolle gebracht wurden. Unterdessen versetzte die starke jüdische Immigration nach Palästina die Araber noch stärker in Rage und führte in der Nachkriegszeit zu häufigen blutigen Zusammenstößen zwischen den beiden streitenden Bevölkerungsgruppen.

Der Revisionsmechanismus. Jede abschließende Beurteilung der großen Friedensregelung nach dem Ersten Weltkrieg muß berücksichtigen, daß die friedenschließenden Partner einen Mechanismus schufen, der dazu bestimmt war, die Friedensordnung zu vervollständigen und alle Aufgaben der Neuregelung, der Revision und des Kompromisses, die sich für die Erhaltung der internationalen Ordnung und Harmonie als notwendig herausstellen mochten, wahrzunehmen. Präsident Wilson hatte in seiner Vierzehn-Punkte-Rede erklärt: «Es muß zum Zwecke wechselseitiger Garantieleistung für politische Unabhängigkeit und territoriale Unverletzlichkeit der großen wie der kleinen Staaten unter Abschluß spezifischer Vereinbarungen eine allgemeine Gesellschaft von Nationen gebildet werden.» Als er nach Paris kam, bestand er darauf, daß dies den Vorrang vor allen anderen dort zu erörternden Themen erhalten müsse. Diesem Konzept maß er eine so große Bedeutung bei, daß er keine Bedenken hatte, Entscheidungen des Rates der Vier, die er persönlich ablehnte, zuzustimmen, wenn er es für notwendig hielt, um die Gründung der neuen Weltorganisation sicherzustellen. Er war der festen Überzeugung, die Organisation werde alle Fehler und Ungerechtigkeiten der Pariser Regelung beheben.

Weitgehend auf die beharrliche Forderung des Präsidenten hin wurde eine besondere Satzung für einen Völkerbund in die großen Friedensverträge eingefügt, dem alle alliierten und assoziierten Mächte und andere Staaten, die dazu eingeladen wurden, beitreten sollten. Die Organisation wurde unverzüglich vorgenommen. Der britische Diplomat Sir Eric Drummond wurde zum ersten Generalsekretär des Völkerbunds ernannt und mit der Einberufung der ersten Sitzungen beauftragt.

Von Versailles bis Locarno

Die Schwächen des Völkerbunds. Die erste Versammlung des Völkerbunds fand im November 1920 in Genf statt. War das Verzeichnis der ursprünglichen Mitglieder auch beeindruckend, so ließ es dennoch bemerkenswerte Lücken erkennen. Im Satzungsanhang waren 31 alliierte und assoziierte Staaten aufgeführt, die die Verträge als ursprüngliche Mitglieder unterzeichnet hatten, und 13 neutrale Staaten, die zum Beitritt aufgefordert worden waren. Es stand aber keiner der ehemaligen Feindstaaten auf der Gründungsliste. Österreich und Bulgarien wurden zwar nach der ersten Sitzung der Versammlung zugelassen, doch gehörten Ungarn bis 1922, Deutschland bis 1926 und die Türkei bis 1932 dem Völkerbund nicht an. Ebenso bedeutsam wie der Ausschluß Deutschlands war die Abwesenheit der Sowjetunion, die den Völkerbund bis Anfang der 30er Jahre als eine Front des kapitalistischen Imperialismus attackierte und eine Gegenvereinigung von unterentwickelten oder antikolonialistischen Staaten zu gründen versuchte.

Eine noch erschütterndere Wirkung auf die Stimmung, in der der Völkerbund seine Arbeit aufnahm, hatte die Entscheidung der Regierung der Vereinigten Staaten, der Organisation, für die Woodrow Wilson so hart gekämpft hatte, nicht beizutreten. Das amerikanische Volk war in einem Geist von Idealismus und Reformeifer in den Krieg gezogen. Doch dieser Geist geriet ins Wanken und verschwand angesichts der Todesopfer und des Aufwands an Reserven, die der Kampf forderte, der unerwarteten Länge der Friedensverhandlungen, des Widerspruchs zwischen den endgültigen Friedensbedingungen und den ursprünglichen Vierzehn Punkten und vor allem angesichts der Entdeckung, daß es ständiger Anstrengungen und Opfer auf seiten der Vereinigten Staaten bedürfe, um die Welt für die Demokratie sicher zu machen. Die öffentliche Meinung in Amerika schlug um in eine feindselige Haltung gegenüber dem Beitritt zum Völkerbund, und der US-Senat blokkierte die Ratifizierung der Völkerbundssatzung bis zu den Präsidentschaftswahlen vom November 1920, in denen der Kandidat der Demokraten, der den Wahlkampf unter Wilsons Programm geführt hatte, mit überwältigender Mehrheit geschlagen wurde. Danach war das Interesse für den Völkerbund in den Vereinigten Staaten erloschen. Die Regierung entschied, keinen der Verträge zu ratifizieren, und schloß im Jahre 1922 separate Friedensverträge mit den ehemaligen Feindmächten.

Welchen Einfluß die amerikanische Entscheidung auf die Autorität und die Moral des Völkerbunds in seiner Anfangszeit ausübte, muß hier nicht erörtert werden; doch eine andere Konsequenz mag hier erwähnt werden. In verschiedener Hinsicht war die schlimmste Auswirkung des amerikanischen Nichtbeitritts die, daß Großbritannien und Frankreich sich nun im Völkerbund gegenüberstanden ohne eine gleichstarke Macht, die zwischen ihnen zu vermitteln und ihre Standpunkte in Einklang zu bringen vermochte. Dies war ein unglückliches Vakuum, weil die beiden Länder höchst unterschiedliche Auffassungen über den Völkerbund vertraten.

Englisch-französische Differenzen. Als der Krieg vorüber war, vollzog sich im britischen Volk ein ähnlicher Meinungsumschwung wie in den Vereinigten Staaten: es kehrte zu seiner traditionellen Abneigung gegen Verwicklungen auf dem Kontinent zurück. Dies spiegelte sich auch im Verhalten der Regierung wider, wie ein entscheidender Schritt, den diese Ende des Jahres 1919 unternahm, deutlich macht. Während der Sitzungen des Rates der Vier in Paris hatte Woodrow Wilson Clemenceau dazu bewegen können, die französische Forderung nach Abtretung des deutschen Rheinlands fallenzulassen. Als Gegenleistung für Frankreichs Verzicht auf diese Forderung hatten die britische und die amerikanische Regierung versprochen, Frankreich gegen künftige Angriffe Deutschlands Schutz zu garantieren. Mit der Nichtratifizierung des Versailler Vertrages zog der Senat der Vereinigten Staaten auch dieses Versprechen zurück, und die britische Regierung folgte seinem Beispiel. Diese Maßnahme warf mindestens ein Jahrzehnt lang Schatten auf die Beziehungen zwischen Großbritannien und Frankreich.

Freilich blickte die britische Regierung 1919 noch nicht in die Zukunft. Sie dachte vielmehr daran, unnötige Risiken und Verwicklungen in Europa zu umgehen zu einem Zeitpunkt, als drängende Probleme in ihren Kolonien und auf den lebenswichtigen Verbindungswegen ihres Empire anstanden (s. S. 486–487). Überdies fand ihre Zurückhaltung, Verantwortung auf dem Kontinent zu übernehmen, die Zustimmung der Dominions, die nicht in einen weiteren europäischen Krieg verwickelt werden wollten. Da die Dominions nun bei den außenpolitischen Entscheidungen des Empire eine Stimme forderten und erhielten, verfügte die Regierung des Mutterlandes in der Europa-Politik nicht mehr über die Handlungsfreiheit, die sie vor 1914 besessen hatte.

Diese Faktoren bestimmten die Haltung Großbritanniens gegenüber dem Völkerbund. Als die Organisation noch in ihren Anfängen steckte, betonte Lord Balfour nachdrücklich, daß der eigentliche Zweck des Völkerbunds die Förderung der internationalen Zusammenarbeit sei und daß er keine Aufgaben übernehmen dürfe, die über seine Kräfte hinausgingen. Anstatt als Organ für Exekutivmaßnahmen solle er besser als Treffpunkt dienen, an dem die Delegierten ihre gegenseitigen Standpunkte kennen und verstehen lernen könnten. Vor allem dürfe man ihn nicht in die Lage versetzen, die in der Satzung erwähnten militärischen und wirtschaftlichen Sanktionen gegen widerspenstige und aggressive Staaten zu verhängen.

Die Franzosen nahmen aus geographischen und historischen Gründen einen ganz anderen Standpunkt ein. Sie waren nicht durch Wasser vor einer möglichen Invasion geschützt und hatten zweimal in einem halben Jahrhundert deutsche Truppen auf ihrem Boden erlebt. Bei einer Bevölkerung, die jetzt nur zwei Drittel der Bevölkerung Deutschlands ausmachte, waren sie sich der Notwendigkeit bewußt, ihre Verteidigungsreserven durch diejenigen anderer Mächte ergänzen zu müssen. Sie hatten gedacht, eine solche Hilfe sei durch die Rheinland-Garantie der Vereinigten Staaten und Großbritanniens gewährleistet. Nachdem sich diese Garantie in Luft aufgelöst hatte, mußten sie Ersatz dafür finden. Den Völkerbund in seiner damaligen Form konnten sie nicht als wirksamen Ersatz ansehen. Gemäß ihrer Auslegung der Satzung konzentrierte sich ihr Interesse anders als das der Briten vor allem auf die kollektiven Maßnahmen gegen Aggressoren. Sie kritisierten in erster Linie, daß die in diesen Bestimmungen inbegriffenen Verpflichtungen nicht für alle Mitglieder bindend waren und daß die zur Kontrolle von Aggressionen bestimmten Maßnahmen im Falle einer Aggression nicht automatisch ergriffen würden. Ihrer Ansicht nach sollten sofort Schritte unternommen werden, um die Satzung des Völkerbunds zu verschärfen, so daß sie eine Abschreckung für Rechtsbrecher darstellen würde.

In den ersten Jahren, nachdem der Völkerbund seine Tätigkeit aufgenommen hatte, hegte die französische Regierung zwei Pläne, um ihn zu stärken. Der erste war der Entwurf eines gegenseitigen Beistandspaktes von 1923, in dem vorgeschlagen wurde, daß, wenn der Rat einen Mitgliedstaat zum Opfer einer Aggression erklärt habe, alle anderen Mitglieder verpflichtet seien, ihm zur Hilfe zu kommen. Der zweite, sorgfältiger ausgearbeitete Plan war das Genfer Protokoll von 1924, das vorsah, daß alle internationalen Streitigkeiten entweder dem Internationalen Gerichtshof oder dem Völkerbundsrat unterbreitet werden sollten, und erklärte, eine Weigerung würde automatisch einen Akt der Aggression darstellen, der jedes Völkerbundsmitglied zum Widerstand verpflichte.

Beide Vorschläge fanden breite Zustimmung unter den Mitgliedern des Völkerbunds. Beide scheiterten infolge des Widerstands der britischen Regierung und der Dominions. Der Grund für die Ablehnung der Briten war ihre Abneigung, automatisch Verpflichtungen in Osteuropa oder anderen Gebieten zu übernehmen, in denen sie keine entscheidenden Interessen vertraten – oder zu vertreten glaubten. Außerdem war das Protokoll, wie Sir Austen Chamberlain der Völkerbundsversammlung mitteilte, eine zu logische Übereinkunft. Die Briten hatten der Logik in der Politik immer schon Mißtrauen entgegengebracht und im allgemeinen damit recht behalten!

Die französische Suche nach Sicherheit. Noch bevor der Niederlage ihrer Bemühungen um eine Reform des Völkerbunds endgültig war, hatten die Franzosen andere Wege der Politik eingeschlagen, um die Sicherheit zu erlangen, die sie suchten. Zum einen hatten sie begonnen, ein Netz von Militärbündnissen außerhalb des Völkerbunds zu knüpfen. Im Jahre 1920 schlossen sie z. B. ein Verteidigungsbündnis mit Belgien und leiteten unverzüglich Stabsgespräche ein, um gemeinsame Pläne zu entwerfen, die in Zukunft jede deutsche Invasion durch Belgien hindurch unmöglich machen sollten. Das Abkommen bedeutete für die französischen Militärs, denen der nahe Sieg der Deutschen mit Hilfe des Schlieffen-Plans im Jahre 1914 in Erinnerung war, eine Genugtuung. Doch sie meinten, Deutschland außerdem klar machen zu müssen, daß es in jedem künftigen Krieg wiederum an zwei Fronten zu kämpfen haben würde.

Frankreich wandte sich daher an Polen, das die größten Möglichkeiten zu haben schien, sich zum militärisch stärksten Staat im Osten zu entwickeln, und bei dem die Wahrscheinlichkeit am geringsten war, daß es sich mit den Deutschen anfreunden würde. Eine Gelegenheit, sich die Dankbarkeit der Polen zu sichern, fand sich im Jahre 1920, als die Polen sich in einem Versuch, die Ukraine zu erobern, übernahmen und bis an die Grenzen Warschaus zurückgeschlagen wurden. Die Franzosen halfen ihnen bei der Organisation der – erfolgreichen – Verteidigung der Hauptstadt und ihres anschließenden Vorstoßes, mit dem sie etwas von dem verlorenen Territorium wiedererlangten. Diese Zusammenarbeit führte im Februar 1921 zum Abschluß eines offiziellen Vertrages, in dem die beiden Mächte übereinkamen, sich in der Außenpolitik gegenseitig zu konsultieren und im Falle eines nichtprovozierten Angriffs auf das Gebiet des anderen «gemeinsame Maßnahmen zur Verteidigung ihrer Territorien zu ergreifen». Das erste Bündnis führte zu anderen – mit Rumänien, Polens Verbündetem gegen die Sowjetunion, sowie mit der Tschechoslowakei und Jugoslawien.

Dieses Bündnissystem erschien immer stärker als es war, und die Zukunft sollte zeigen, daß das französische Volk nicht bereit war, finanzielle und militärische Verpflichtungen einzugehen, um es aufrechtzuerhalten, als es in den 30er Jahren zur Verteidigung gegen Deutschland tatsächlich gebraucht wurde. Im Rückblick erscheint es eindeutig, daß Osteuropa nur durch ein gemeinsames englisch-französisches Engagement zu einem Bollwerk der kollektiven Sicherheit hätte gemacht werden können. Diese Möglichkeit war immer unwahrscheinlich, doch wurde sie noch unwahrscheinlicher durch Frankreichs einseitige Bündnispolitik, die die Briten verärgerte und die englisch-französische Zusammenarbeit noch schwerer machte, als sie schon war.

Abgesehen davon kann man argumentieren, daß die französische Bündnispolitik in den Entwicklungsjahren des Völkerbunds zu dessen Schwächung sowie zur allgemeinen Unsicherheit auf dem Kontinent beigetragen hat. Seine Bündnisverpflichtungen brachten Frankreich manches Mal in eine Situation, in der das Land es als gerechtfertigt ansah, den Völkerbund zu umgehen. So blockierte die französische Regierung im Jahre 1923 die Vermittlung durch den Völkerbund, als Polen bei dem Versuch, Wilna in seinen Besitz zu bringen, Litauen angriff, und sorgte dafür, daß die Großmächte dem Verbündeten Frankreichs das umstrittene Gebiet zusprachen. Ein solches Vorgehen forderte zum Nacheifern heraus. Im selben Jahr verweigerte der neue Diktator Italiens, Mussolini, dem Völkerbund die Erlaubnis, in seinen Streit mit Griechenland über Korfu einzugreifen, und konnte seine Ziele durchsetzen (s. S. 437). Und dies war nicht das einzige Nachahmungsexperiment Mussolinis. In Osteuropa trat er mit Frankreich in Konkurrenz, um Verbündete zu gewinnen. Er richtete sein Augenmerk auf Österreich, Ungarn und Bulgarien und verstärkte damit die allgemeine Beunruhigung in diesem Gebiet.

Schließlich trug die neue, von Frankreich eingeleitete Suche nach Verbündeten dazu bei, daß Artikel VIII der Völkerbundssatzung, der die Aufstellung eines Plans für «die nationale Abrüstung... bis zu dem Minimum, das mit der nationalen Sicherheit... vereinbar ist» vorsah, nicht in Kraft treten konnte. Der einzige Fortschritt in den zehn Jahren nach dem Ersten Weltkrieg auf eine solche Abrüstung hin wurde in der Kriegsmarine erzielt, und er war nicht beeindruckend. Was die Rüstung zu Lande betraf, so gab es viele Diskussionen über Begrenzungen, aber keinerlei Ergebnisse. Um 1929 rüsteten alle Mächte in einem Ausmaß, das die Vorkriegszeit übertraf – mit Ausnahme der ehemaligen Feindstaaten. Es war aber bekannt, daß in Österreich und Ungarn illegal aufgerüstet wurde; und es existierten Geheimabkommen zwischen der Roten Armee und der Armee der deutschen Republik über die Ausbildung deutscher Soldaten an Waffen, die ihnen der Versailler Vertrag vorenthielt.

Großbritannien, Frankreich und die deutsche Frage. Unterdessen wurden die Meinungsverschiedenheiten zwischen Großbritannien und Frankreich aufgrund der französischen Deutschlandpolitik ernster. Die Franzosen beharrten auf ihrer Meinung, Deutschland müsse Reparationen zahlen und zwar in der Höhe, wie während der Friedenskonferenz geplant. Den Briten kamen sehr bald Zweifel, ob dies möglich oder überhaupt wünschenswert sei. Sie schöpften Verdacht, daß die beharrliche Forderung der Franzosen nach vollständiger Zahlung lediglich ein anderer Aspekt ihrer Sicherheitspolitik sei, die darauf abzielte, Deutschland in ständiger Armut zu halten.

Als ob es ihm peinlich gewesen wäre, daß er während der Pariser Konferenz dem Druck der Öffentlichkeit nachgegeben hatte, ging Lloyd George daran, die Franzosen zu überzeugen, daß es in ihrem eigenen Interesse liege, die den Deutschen auferlegten Lasten zu verringern. Seine Bemühungen blieben ohne Erfolg, weil das Volk, dem er zu helfen versuchte, sich so ungeschickt verhielt. Als der britische Premierminister die Franzosen dazu bewegt hatte, den Deutschen die Teilnahme an einer Reparationskonferenz in Spa im Juli 1920 zu erlauben, entsandte die deutsche Regierung eine Delegation, der General Hans von Seeckt – in voller Uniform, mit Eisernem Kreuz – und der Industrielle Hugo Stinnes angehörten. Letzterer hielt unzusammenhängende Reden, in denen er die Franzosen bezichtigte, sie seien siegestrunken, und ihnen die Aussetzung aller Kohlelieferungen androhte. Zwei Jahre später, als Lloyd George eine allgemeine Wirtschaftskonferenz in Genua einberief, wurde die deutsche Delegation nervös, weil man sie von privaten Zusammenkünften in seiner Villa ausschloß, und sie ließ sich von der sowjetischen Delegation zu einem gesonderten Freundschafts- und Kooperationsvertrag, dem Vertrag von Rapallo, überreden. Das Bekanntwerden dieses Paktes bewirkte die Auflösung der Konferenz von Genua, noch bevor überhaupt Beratungen über die wirtschaftlichen Probleme Deutschlands stattgefunden hatten.

Der Vertrag von Rapallo bestärkte die britische Regierung in ihrem Bestreben, eine Minderung der Lasten für Deutschland zu erreichen, damit es nicht völlig ins sowjetische Lager abglitt. In Frankreich festigte er den Entschluß, auf der vollständigen Erfüllung der Reparationsverpflichtungen zu bestehen. Daher bestand ein direkter ursächlicher Zusammenhang zwischen dem Vertrag und der französischen Besetzung des Ruhrgebiets im Januar 1923. Das Versäumnis der Deutschen, bestimmte Kohlelieferungen an Frankreich in Übereinstimmung mit dem vereinbarten Sachleistungsprogramm zu erfüllen, nahm der französische Ministerpräsident Raymond Poincaré zum Anlaß, eine Erklärung der Reparationskommission zu fordern, daß die Deutschen gegen ihre Vertragsverpflichtungen verstoßen hätten. Sobald diese Erklärung abgegeben war, verkündete er, Frankreich müsse Wiedergutmachung fordern, und entsandte Truppen ins Ruhrgebiet.

Als Mittel, um Sicherheit für Frankreich zu erlangen – zweifellos betrachtete Poincaré seinen Coup als solches –, war dies ein grober Mißgriff. Zum einen verringerte er ernstlich die Aussichten auf Demokratie in Deutschland und bestärkte die Kräfte der Reaktion. Es ist kein bloßer Zufall, daß Adolf Hitler während der politischen Verwirrung im Zusammenhang mit der Ruhrbesetzung seinen ersten Griff zur Macht tat. Zum anderen aber verwandelte sich die Invasion in einen direkten Bumerang: als die bereits gefährdete deutsche Wirtschaft unter diesem neuen Schlag zusammenbrach, wurde es für die Deutschen unmöglich, überhaupt Reparationszahlungen zu leisten.

Der Dawes-Plan, Locarno und die Zeit danach. Die aus diesen Ereignissen resultierende kritische Situation löste jedoch eine wirksame Reaktion auf seiten der Westmächte aus und trug zur Beilegung der englisch-französischen Differenzen über die Deutschlandpolitik bei. Im Jahre 1924 arbeitete eine internationale Kommission unter dem Vorsitz des amerikanischen Bankiers Charles Dawes einen langfristigen Reparationsplan für Deutschland aus und schuf die Grundlage für ausländische Darlehen, die Deutschland in die Lage versetzten, die Zahlungen wiederaufzunehmen, während gleichzeitig eine Währungsreform durchgeführt wurde.

Die Entspannung der wirtschaftlichen Situation ermutigte den fähigsten deutschen Staatsmann der Zwischenkriegsjahre, Gustav Stresemann, sich um eine politische Verständigung zu bemühen, die die deutschen Beziehungen zu den Westmächten auf eine völlig neue Basis stellte. Stresemann teilte London und Paris mit, die deutsche Regierung sei bereit, im Interesse einer allgemeinen Entspannung und in der Hoffnung, daß es die Räumung deutschen Bodens von alliierten Truppen erleichtern werde, die gegenwärtige deutsch-französische und die deutsch-belgische Grenze als dauerhaft anzuerkennen. Von den Briten begeistert vorangetrieben, führte dieses Angebot zu Verhand-

50. Locarno-Pakt 1926. Londoner Schlußsitzung im Foreign Office

lungen zwischen den Mächten in Locarno in der Schweiz, aus denen eine Reihe von Verträgen und Abkommen hervorgingen. Deutschland, Frankreich und Belgien kamen überein, ihre gemeinsamen Grenzen zu respektieren und dem Krieg gegeneinander abzuschwören, es sei denn, er diene der Selbstverteidigung oder erfolge in Übereinstimmung mit der Völkerbundssatzung. Großbritannien und Italien waren bereit, diesen sogenannten Rheinland-Pakt zu garantieren. Deutschland versprach, die Zulassung zum Völkerbund zu beantragen unter der Bedingung, daß es einen ständigen Sitz im Völkerbundsrat erhalte. Weiterhin verpflichtete es sich, alle eventuellen Streitigkeiten mit seinen Nachbarstaaten der Schlichtung oder der Vermittlung durch den Völkerbund zu unterwerfen und eine Veränderung seiner – nicht akzeptierten – Ostgrenzen nur durch friedliche Mittel anzustreben. In einem Begleitprotokoll wurde erklärt, daß die Mächte durch diese Vereinbarungen «gemeinsam die Mittel zum Schutze ihrer Völker vor der Geißel des Krieges ... und für die friedliche Regelung von Streitigkeiten jeglicher Art» (suchten).

Einem Europa, das der Spannungen und der Streitigkeiten der vergangenen sechs Jahre müde war, erschien Locarno als hoffnungsvolles Zeichen, daß jene Ziele erreicht werden könnten. Diese Hoffnungen waren nicht ganz unbegründet. Der Eintritt Deutschlands in den Völkerbund im Jahre 1926 brachte der Organisation neues Ansehen und neue Autorität, und dank der ernsthaften Bemühungen Stresemanns und des Nachfolgers von Poincaré, Aristide Briand, verbesserten sich die Beziehungen zwischen ihren Ländern so sehr, daß die Räumung deutschen Bodens durch die alliierten Truppen (im Jahre 1930 vollendet) sowie ein Herunterschrauben der Reparationslasten durch den Young-Plan im selben Jahr möglich wurden.

Dennoch können wir – dank unseres Vorteils der nachträglichen Einsicht – erkennen, daß der durch Locarno hervorgerufene Enthusiasmus zu groß war und in manchen Fällen gefährlich. Er ließ in Vergessenheit geraten, daß der Durchsetzungsmechanismus des Völkerbunds und die Bestimmungen für Maßnahmen gegen Agressoren immer noch zu schwach waren, um bei größeren Krisen Wirkungen zu erzielen. Die Bildung einer Mächtegruppierung außerhalb des Völkerbundes, die sogenannte «Locarno-Kabale», trug nicht dazu bei, dieses zu korrigieren oder das Prestige des Völkerbunds zu erhöhen. Die Sicherheit, die die neuen Verträge Europa brachten, war recht einseitig und unvollständig, solange der Rheinland-Pakt nicht durch eine Art Ost-Locarno ergänzt war. Dies erwies sich trotz französischer Bemühungen als unerreichbar.

Schließlich gewährleistete Locarno nicht, wie einige Enthusiasten dachten, die dauerhafte Freundschaft und Zusammenarbeit zwischen seinen Unterzeichnerstaaten. Nach der Ratifikation des Rheinland-Paktes und der anderen Verträge schloß Deutschland einen neuen Freundschaftsvertrag (den Vertrag von Berlin, 1926) mit der Sowjetunion – einer Macht, die ihr Äußerstes getan hatte, um die Deutschen von Locarno abzuhalten, und die ein erklärter Gegner des Völkerbund-Systems war. Italien stürzte sich trotz seiner Zusammenarbeit in Locarno in eine neue, gefährliche Rivalität mit Frankreich im Donaugebiet. Und Großbritannien hegte weiterhin einen vagen Argwohn gegenüber der Hauptrichtung der französischen Politik und stellte sich ihr im allgemeinen entgegen.

22. Die russische Revolution und der Westen 1917–1933

In einem Brief vom März 1868 sagte Feodor Dostojewskij voraus, innerhalb von hundert Jahren werde die ganze Welt durch das russische Denken regeneriert. Diese Prophezeiung hat sich nicht erfüllt, aber es ist nicht zu verkennen, daß das politische, wirtschaftliche und gesellschaftliche Denken und in einigen Fällen das Regierungssystem und die Institutionen von Ländern auf dem ganzen Erdball durch russische Ideen, russisches Beispiel und russische Eroberungen tiefgreifend beeinflußt worden sind. Daß dies eingetreten wäre, wenn das zaristische Rußland überlebt hätte, ist kaum anzunehmen. Erst mit dem Sieg des Kommunismus nahm die Wirkung russischen Denkens auf die übrige Welt beeindruckende Formen an.

Die russische Revolution

Das Ende des Zarentums. Es ist unmöglich zu sagen, wie lange das zaristische Regime hätte überleben können, wenn der Weltkrieg nicht eingetreten wäre. In Anbetracht der ihm anhaftenden Schwächen und seines Versagens nach 1905 (s. S. 313) ist kaum anzunehmen, daß seine Lebensdauer wesentlich hätte verlängert werden können. Der Krieg jedoch warf ein grelles Licht auf seine Mängel und setzte das russische Volk zugleich Leiden und Härten aus, die es seinem Los gegenüber immer unduldsamer werden ließen.

Rußland war in landwirtschaftlicher, industrieller und finanzieller Hinsicht auf einen langen Krieg nicht vorbereitet. Die russische Landwirtschaft blieb leistungsmäßig stark hinter der des Westens zurück, und als der Krieg sie schließlich der Arbeitskräfte beraubte, von denen sie mangels Maschinen abhängig war, fiel die Produktion jäh ab. Die russische Industrie war zu rückständig, um diese Situation durch die vermehrte Herstellung landwirtschaftlicher Geräte zu beheben oder um den militärischen Bedarf des Staates zu decken. Im Laufe von drei Kriegsjahren produzierte sie kaum mehr als ein Drittel der benötigten Gewehre für die Soldaten. Diese Mängel schlugen sich in Lebensmittelknappheit nieder, die die Moral der Zivilbevölkerung untergruben, und in militärischen Schwächen, die eine höhere Anzahl an russischen Todesopfern im Felde zur Folge hatten, als bei genügend ausgerüsteten Truppen nötig gewesen wäre. In den Feldzügen von 1915, in denen die russischen Armeen aus Galizien und Polen vertrieben wurden (s. S. 366), beliefen sich die russischen Verluste nach vorsichtigen Schätzungen auf mehr als zwei Millionen. Und ein größerer Vorstoß im Jahre 1916, der die Franzosen in Verdun entlasten sollte, forderte ungefähr eine Million Menschenleben und ließ die Armee in einem Zustand zurück, der der Demoralisation nahekam.

Gegen Ende des Jahres 1916 war aufgrund dieser Katastrophen selbst die

Geduld der früheren Anhänger des Regimes erschöpft. Im November, als die «Duma» wieder zusammentrat, hielt Pawel Miljukow, der Führer der konstitutionellen demokratischen Partei (Kadettenpartei) eine Rede, in der er die Unzulänglichkeit der Regierungspolitik heftig angriff. Diese Proteste nahmen konkretere Formen an, als eine Gruppe von Adeligen unter Führung des Prinzen Jusupov den Günstling der Zarin, Rasputin (s. S. 315), zu einer privaten Gesellschaft einlud, ihm Kuchen und Wein servierte, der mit einer hohen Dosis Zyankali vergiftet war, und ihn, nachdem der Wein keine merkbare Wirkung zeigte, erschoß und in das gefrierende Wasser der Newa warf. Weder diese Ereignisse noch die «Brotaufstände» in den größeren Städten seines Reiches beeindruckten Nikolaus II.

Anfang März brachen in der Landeshauptstadt Petrograd (St. Petersburg wurde während des Krieges in Petrograd umbenannt) eine Reihe von Streiks aus, und am 12. März wurde deutlich, daß die Situation nicht zu retten war. An diesem Tag nahmen die örtlichen Garnisonen, angeführt von der Wolhynischen Garde, ihre Offiziere gefangen und schlossen sich der revolutionären Sache an. Gleichzeitig traten Streikkomitees aus den Fabriken mit Vertretern der verschiedenen sozialistischen Gruppen zusammen und bildeten wie im Jahre 1905 einen Arbeiterrat. Am folgenden Morgen war der Rat von den rebellischen Garnisonen anerkannt und hatte die gesamte Stadt unter seiner Kontrolle.

Die Autorität des Arbeiterrates reichte über die städtische Politik nicht hinaus, doch seine Gründung rüttelte die «Duma» auf, weiterreichende Maßnahmen zu ergreifen. Genau genommen besaß dieses nationale Gesetzgebungsorgan keine legale Grundlage; denn der Zar hatte es am 11. März für vertagt erklärt. Die «Duma» aber trotzte dieser Anordnung und errichtete ein Komitee, «um die Ordnung wiederherzustellen und sich mit Institutionen und Einzelpersonen zu befassen». Den Vorsitz über diese Gruppe führte Prinz Lwow, und es gehörten ihr sowohl Mitglieder der nichtsozialistischen Parteien an als auch ein Sozialrevolutionär, Alexander Kerenski. Am 14. März konstituierte sich das Komitee zu einer Provisorischen Regierung und entsandte Vertreter zum Zaren, um ihn zur Abdankung zu drängen. Am 15. März kam Nikolaus II. der Aufforderung zugunsten seines Bruders Michael nach, der das Amt ablehnte. Damit blieb die Thronfolge ungeklärt, und Rußland war de facto eine Republik. Es deutet nichts darauf hin, daß der Verlust seiner Macht Nikolaus II. irgendwelche Sorgen bereitet oder ihn zu einer Gewissenserforschung veranlaßt hätte. Am Tage, nach dem er seinen Thron verloren hatte, war er imstande, in sein Tagebuch zu schreiben: «Ich habe lange und tief geschlafen, wachte über Dwinsk auf. Sonnenschein und Frost ... Ich habe viel von Julius Cäsar gelesen.» Er schien völlig zufrieden mit der Aussicht, sich nun ganz seiner Familie widmen zu können. Das allerdings erlaubte man ihm nicht. Nach monatelanger Haft wurden Nikolaus und seine Familie im Juli 1918 von den Kommunisten ermordet.

Von März bis November. Mit der Abdankung verteilte sich die politische Autorität auf die Provisorische Regierung und die Arbeiterräte in Petrograd und anderen Großstädten. Diese Organe schienen natürliche Feinde zu sein, da die Provisorische Regierung – wenn überhaupt jemanden – den Mittelstand und die Schicht der Aristokraten repräsentierte, während die Arbeiterräte im Namen der hart arbeitenden und unterdrückten Massen sowie der Soldaten, die die Revolution gemacht hatten, sprachen. Daß es in den ersten Monaten nicht zu einem offenen Zusammenstoß zwischen ihnen kam, war weitgehend der Tatsache zuzuschreiben, daß die Provisorische Regierung keine Klarheit darüber besaß, welche Mittel ihr zur Verfügung standen, während die Anführer der Arbeiterräte zögerten, die Macht für sich in Anspruch zu nehmen.

Das Zögern der Arbeiterratsvorsitzenden lag großenteils daran, daß die meisten von ihnen Sozialisten waren, die die Revolution mit ihren theoretischen Auffassungen in Einklang bringen wollten. In einem rückständigen Land wie Rußland, so glaubten sie, müsse unbedingt eine bürgerliche Revolution vorangehen und die Bedingungen für den Sieg des Proletariats schaffen. Diese doktrinäre Unbeweglichkeit führte zu dem Zustand, den Isaak Deutscher als Flitterwochen der Märzrepublik bezeichnete, in denen die Menschewiken, die Sozialrevolutionäre und selbst die Bolschewiken die Regierung Lwow duldeten. Aufgrund der Theorie, daß der Krieg zum revolutionären Kreuzzug geworden sei, mit dem ein demokratischer Frieden ohne Annexionen und ohne Kriegsentschädigungen erreicht werden könne, gingen sie darüber hinaus in ihrer Duldsamkeit so weit, den Krieg zu unterstützen.

Lenins Rückkehr aus dem Schweizer Exil nach Rußland im April 1917 setzte den Flitterwochen und der relativen Einigkeit der sozialistischen Gruppen ein Ende. In seinen sogenannten April-Thesen hob er hervor, daß der Krieg immer noch imperialistischen Charakter habe und daß weder der Krieg noch die Gruppen, die von ihm profitierten, irgendwelche Unterstützung von seiten der Volksvertreter verdienten. Zweifellos sei die russische Revolution eine bürgerlich-demokratische, so führte er aus; sie aber würde bald in ihre nächste Phase eintreten, die sozialistische Phase, die durch die Eroberung aller politischen Macht durch die Arbeiterräte eingeleitet werde. Diese müsse das Ziel der bolschewistischen Politik sein, und um es voranzutreiben, müßten die Bolschewiken alles in ihrer Macht Stehende tun, um den imperialistischen Krieg in einen Bürgerkrieg umzuwandeln, indem sie die Bauern ermutigten, die Grundbesitzer zu enteignen, und die Arbeiter, die Macht in den Fabriken zu übernehmen.

Lenins Standpunkt wurde als neue Parteilinie akzeptiert, und die Bolschewiken starteten eine Propagandakampagne, die die Provisorische Regierung in Mißkredit bringen und ihre Autorität schwächen sollte. Diese Kampagne erzielte von Anfang an unter den städtischen Massen enorme Erfolge, zum Teil deshalb, weil die Parteiorganisation so leistungsfähig war und die bolschewistischen Führer polemisch so geschickt vorgingen, mehr noch aber vielleicht, weil sie dem Volk ein attraktives Bild des zukünftigen Rußland vor Augen führten.

Mit Lenins eigenen Worten: «Alle Macht im Staate, von der Spitze bis zur Basis, vom entferntesten Dorf bis zur letzten Straße in Petrograd, muß den Sowjets der Arbeiter-, Soldaten- und Bauerndeputierten gehören. Es darf keine Polizei, keine Bürokraten geben, die nicht dem Volke gegenüber verantwortlich sind, die über dem Volke stehen, kein stehendes Heer, nur das allgemein bewaffnete Volk, vereint in den Sowjets – sie müssen den Staat lenken.»

Die Massen reagierten begeistert auf die bolschewistischen Losungen, und im Juli versuchten sie in Petrograd einen Aufstand, der von Fronttruppen niedergeschlagen wurde, die die Provisorische Regierung in die Hauptstadt beordert hatte. Dieses Organ nutzte den zum Scheitern verurteilten Aufstand aus, um seine Niederlage in Galizien den bolschewistischen Agitatoren anzulasten. Das bolschewistische Hauptquartier wurde durch Regierungspolizei und rechte Selbstschutzverbände ausgehoben. Trotzki und Kamenew wurden verhaftet, Lenin und Sinowjew mußten Unterschlupf suchen. Lenin floh nach Finnland.

Dies beeinträchtigte die stetige Zunahme der bolschewistischen Anhängerschaft in Petrograd und in Moskau keineswegs, und Kerenski fand sich vor die Tatsache gestellt, daß er ohne Hilfe der Bolschewiken nicht auskommen konnte. Diese strahlende, redegewandte Persönlichkeit war in einer Koalitionsregierung, die sich im Juli nach dem Rücktritt der Regierung Lwow konstituiert hatte, Ministerpräsident und Kriegsminister geworden. Der Oberbefehlshaber der Armee, General L. G. Kornilow, machte kein Geheimnis daraus, daß Kerenski sein Vertrauen nicht besaß. Als Riga im September an die Deutschen verloren war, entzog er der Regierung seine Unterstützung und schickte Truppen nach Petrograd, um es einzunehmen. Zur Selbstverteidigung ließ Kerenski seine bolschewistischen Gefangenen frei und bedrängte sie, ihm bei der Unterdrükkung der Meuterei Beistand zu leisten. Sie kamen dieser Aufforderung nach, indem sie die Streitkräfte dazu veranlaßten, Kornilow abtrünnig zu werden. Die Niederlage des Generals brachte der Provisorischen Regierung wenig Anerkennung, und sie nahm eine weitere Reorganisation vor. Die Bolschewiken hingegen gewannen an Prestige und erzielten im Petrograder und im Moskauer Arbeiterrat sowie in denen der Provinzen eine klare Mehrheit.

Die bolschewistische Revolution. Lenin hielt sich noch in Finnland verborgen. Er erkannte aber die Bedeutung der Machtverschiebung in den Arbeiterräten und schickte eine Botschaft an das Zentralkomitee seiner Partei, in der er ausführte, die Zeit für einen bewaffneten Aufstand sei gekommen. Am 23. Oktober reiste er unbemerkt in Rußland ein, um den Aufstand persönlich voranzutreiben, und bald hatte er die meisten der Parteiführer auf seiner Seite. So kam es, daß die Bolschewiken zu einer Zeit, als Kerenski versuchte, mit erneuten Streiks in den Großstädten, erhöhter Gewalttätigkeit unter den

Bauern und mit Massenfahnenflucht fertig zu werden, systematische Pläne für ihren Staatsstreich ausarbeiteten.

Der führende Kopf dieser Operationen war Leo Trotzki (1879–1940), der jetzt zum ersten Mal das strategische Talent und das taktische Geschick bewies, die der bolschewistischen Sache während des Bürgerkrieges so gute Dienste erweisen sollten. Als Sohn eines wohlhabenden jüdischen Bauern in der Ukraine unter dem Namen Leo Dawidowitsch Bronstein geboren, wurde der spätere Kriegskommissar Marxist und schlug als noch nicht Zwanzigjähriger die revolutionäre Linie ein. Im Jahre 1898 wurde er von der zaristischen Polizei gefangengenommen und nach zweijähriger Haft in Odessa nach Sibirien verbannt. Er konnte fliehen und mit einem gefälschten Paß, der auf den Namen des Obergefängniswärters von Odessa, Trotzki, ausgestellt war, außer Landes kommen. Durch seine Propagandaarbeit bereits bekannt, wurde er einer von Lenins Mitarbeitern im Herausgebergremium des «Iskra» in London (s. S. 311). Während der Revolution von 1905 kehrte er nach Rußland zurück, und zur Zeit der Verhaftung des Exekutivkomitees des Petrograder Arbeiterrates war er darin die herausragende Persönlichkeit. Wiederum nach Sibirien verbannt, entkam er nochmals in den Westen. Nach der Abdankung Nikolaus II. kehrte er nach Rußland zurück und trat erstmalig der bolschewistischen Partei bei. Sein Ansehen innerhalb der Partei zeigt sich daran, daß er bei der Errichtung des ersten Politbüros des bolschewistischen Zentralkomitees zum Mitglied ernannt wurde.

51. Sturm der roten Arbeiterbrigaden auf den Kreml in den ersten Novembertagen 1917 (Gemälde)

Trotzki war es, der darauf aufmerksam machte, daß ein Aufstand gegen die Provisorische Regierung größere Erfolgschancen haben würde, wenn er unter der Leitung eines Arbeiterrates und in Form einer Verteidigungsaktion gegen einen konterrevolutionären Anschlag stattfände anstatt offen im Namen der bolschewistischen Partei. Über das Militärrevolutionäre Komitee des Petrograder Arbeiterrates fochten die Bolschewiken bewußt Kerenskis Recht an, Truppenbewegungen in der Hauptstadt und um die Hauptstadt herum anzuordnen. Als Kerenski ihre Taktik öffentlich brandmarkte und Lenin wiederum zu verhaften suchte, beschuldigten sie ihn des Verrats an der Revolution und schlugen mit tödlicher Effizienz zurück. In der Nacht vom 6. auf den 7. November nahmen die Roten Garden des Arbeiterrates, unterstützt durch Einheiten der regulären Streitkräfte, jeden Schlüsselpunkt der Stadt ein und umstellten das Winterpalais, den Sitz der Provisorischen Regierung. Als die Stadt erwachte, fand sie sich unter bolschewistischer Kontrolle. Der Coup war zeitlich so eingerichtet, daß er mit der Eröffnung des Zweiten Allrussischen Sowjetkongresses zusammenfiel. (Der Erste Allrussische Sowjetkongreß war im Juni zusammengetreten.)

Als der Kongreß sich am 7. November versammelte, verfügten die Bolschewiken über eine Mehrheit. Sie wurde überwältigend, als die Menschewiken und der rechte Flügel der Sozialrevolutionären Partei aus Protest gegen den Aufstand die Versammlung verließen. Diejenigen, die blieben, billigten die Errichtung einer völlig bolschewistischen Regierung – des Rates der Volkskommissare mit Lenin an der Spitze, Trotzki als Kommissar des Äußeren und Stalin als Kommissar für Nationalitätenangelegenheiten – und wählten ein neues Zentrales Exekutivkomitee, bestehend aus 62 Bolschewiken und 29 Sozialrevolutionären des linken Flügels. Außerdem verabschiedeten sie zwei von Lenin vorgelegte Dekrete: das eine sah den sofortigen Friedensschluß ohne Annexionen und Kriegsentschädigungen vor, das andere die Abschaffung des privaten Grundbesitzes.

Unterdessen war Kerenski in die Provinz geflohen, wo er versuchte, die Armee gegen die Rebellen in Petrograd zu mobilisieren. Seine Bemühungen scheiterten kläglich, und er mußte im Ausland Zuflucht suchen. Nach einwöchigem Kampf fiel Moskau an die Bolschewiken, und innerhalb eines Monats befanden sich die meisten Großstädte Rußlands in ihren Händen. Das offenkundige Unvermögen der anderen Parteien, die Konsequenzen einer bolschewistischen Diktatur zu begreifen, erleichterte den Bolschewiken die Konsolidierung ihrer Macht. Bei den Wahlen für die Konstitutionelle Versammlung vom Ende November, die eine Verfassung für das neue Rußland erstellen sollte, griff Lenin offen in das Wahlverfahren ein, verhaftete einige der gewählten Mitglieder und erklärte die Kadettenpartei für illegal. Seine Partei erreichte in der Versammlung nur 25 Prozent der Sitze. Doch als dieses Organ schließlich im Januar zusammentrat, lösten bolschewistische Garden es nach der ersten Sitzung auf.

Erste Erlasse und der Friede von Brest-Litowsk. Die Auflösung der Verfassunggebenden Versammlung gehörte zur geplanten Taktik der Bolschewiken, alle Institutionen zu zerschlagen, die der Einigung der Opposition dienen konnten. Die Mitglieder der früheren Provisorischen Regierung wurden deportiert, die antibolschewistischen Stadträte von Petrograd und Moskau aufgelöst, der Reichssenat abgeschafft und die «Zemstvos», die vor dem Krieg Agitationszentren für eine gemäßigte Verfassungsreform gebildet hatten, durch Erlaß der Bolschewiken ausgeschaltet. Gleichzeitig sorgte eine Reihe von Dekreten, mit denen die Wahl aller Heeresoffiziere, eine Änderung des Rangsystems und die schnelle Demobilisierung angeordnet wurden, für die faktische Demontage der Armee. Im Februar 1918 verkündete man die vollständige Trennung von Kirche und Staat und schmälerte durch Enteignung ihrer Ländereien und Aufhebung der früheren Ehe- und Scheidungsgesetze ernstlich die Macht und Autorität der russisch-orthodoxen Kirche. Unterdessen führte man die Aufteilung der großen Landgüter durch – sie erwies sich als die Maßnahme, die dem neuen Regime die stärkste Anhängerschaft im

52. Waffenstillstandsabkommen von Brest-Litowsk (1917/1918). Empfang der russischen Delegation am Bahnhof durch eine Abordnung der Siegermächte

Volk einbrachte – und unternahm andere Schritte, die der Umformung der Volkswirtschaft dienten.

Während sich dies alles abspielte, schrumpfte der nationale Herrschaftsbereich erheblich zusammen. Polens Unabhängigkeit war von der Provisorischen Regierung vor ihrem Untergang anerkannt worden. Finnland forderte die Selbständigkeit, und sie wurde ihm unmittelbar nach der Machtübernahme der Bolschewiken zugestanden. Zwischen Dezember 1917 und dem folgenden Februar erklärten Litauen, Lettland und Estland ihre Unabhängigkeit.

Die Anwendung von Lenins Friedensdekret führte zu weiteren Gebietsverlusten. Trotz gewagter Improvisation und der geschickten Verzögerungstaktik Trotzkis bei den Verhandlungen in Brest-Litowsk bestanden die Deutschen auf beträchtlichen Annexionen. Das bolschewistische Regime – machtlos, den Deutschen militärisch entgegenzutreten – akzeptierte die Friedensbedingungen im März 1918. Danach mußte Rußland den Verlust Polens, der baltischen Staaten, Finnlands, großer Gebiete in Weißrußland und der Ukraine und eines Teils von Transkaukasien hinnehmen – insgesamt 1,3 Millionen Quadratmeilen und 62 Millionen Menschen, wobei der Verlust Bessarabiens an Rumänien nicht mitgezählt ist, der im Vertrag zwischen Deutschland und Rumänien verfügt wurde.

Der Bürgerkrieg. Die verbündeten Regierungen betrachteten den Frieden von Brest-Litowsk als einen Akt des Verrats. Er drohte eine unzählige Schar deutscher Truppen für den Einsatz gegen die müden Armeen an der Westfront freizusetzen und riesige Mengen an Vorräten und Munition, die die Alliierten nach Rußland geschickt hatten, in deutsche Hände fallen zu lassen. Um letzteres zu verhindern, landeten die Briten im März 1918 Flotteneinheiten in Murmansk. Andere Landungen und Besetzungen entsprangen zweifelhafteren Motiven. In russischen Gewässern errichteten die Alliierten eine umfassende Blockade.

Diese militärischen Bewegungen ermutigten antibolschewistische und konterrevolutionäre Kräfte und gewährten ihnen materielle Unterstützung. Die alliierten Befehlshaber zögerten nicht, aufkommende Weiße Regierungen in Gebieten, die unter ihrer Kontrolle standen, anzuerkennen und mit Vorräten zu versorgen. Es dauerte nicht lange, bis eine Reihe solcher Regierungen von Sibirien bis zur Ukraine existierten. An der südlichen Grenze entlang, zwischen dem Schwarzen und dem Kaspischen Meer, widersetzten sich die Führer der Donkosaken und der Kubankosaken dem Regime. Dieses Gebiet diente als Basis für eine Weiße Armee, die zunächst von General Kornilow und nach dessen Tod von General Anton Denikin befehligt wurde. Im südlichen Zentralrußland, von Samara an der Wolga bis Omsk und Tomsk in Mittelsibirien entstand durch die Rebellion der Tschechischen Legion eine zweite antibolschewistische Front. Diese Streitkräfte, die im letzten Kriegsjahr Seite an Seite mit den Russen gekämpft hatten, erhielten nach dem Frieden von Brest-Litowsk von der bolschewistischen Regierung die Erlaubnis, das Land mit der transsibirischen Eisenbahn zu verlassen. Sie beabsichtigten, rund um die Welt zu fahren und an der Westfront wieder aufzutauchen. Doch Auseinandersetzungen mit bolschewistischen Beamten unterwegs führten zum Bruch mit der Regierung und zur Einnahme einer Kette von Stützpunkten entlang der Eisenbahnlinie.

Der Erfolg der Tschechen gab nicht nur dem im Süden kämpfenden Denikin Auftrieb und ermutigte die Alliierten, das Ausmaß ihrer Intervention zu verstärken, sondern er führte auch zum Zusammenschluß antibolschewistischer Gruppen in Sibirien. Im September 1918 bildeten sie eine nationale Regierung, das sogenannte «Direktorium», das sein Hauptquartier in Omsk nahm. Nach der Beilegung anfänglicher Auseinandersetzungen mit ihren sozialrevolutionären Mitgliedern übertrug diese Gruppe dem ehemaligen Kommandeur der Schwarzmeerflotte, Admiral Alexander Koltschak, die oberste Gewalt.

Anfang 1919 übernahm der zaristische General E. K. Miller in Archangelsk die Macht von einer örtlichen sozialrevolutionären Gruppe und stellte sich mit seinen Streitkräften Koltschak zur Verfügung. Gleichzeitig sammelte sich eine nordwestliche Weiße Armee in Estland unter General Judenič und wurde durch deutsche Streitkräfte, die in den baltischen Ländern gekämpft hatten, ergänzt. Damit standen den Bolschewiken vier beträchtliche und anfangs recht starke Armeen gegenüber.

Hätten die Weißen im Jahre 1918 über so viele Streitkräfte verfügt wie ein Jahr später, so wäre ihnen die Vernichtung des Bolschewismus möglicherweise gelungen. Im März 1918 hatte Trotzki als Kriegskommissar erst begonnen, die Streitkräfte aufzubauen, die die Rote Armee bilden sollten. Im April 1918 wurde per Erlaß für alle Arbeiter und Bauern die Wehrpflicht eingeführt. Unter Verwerfung der ursprünglichen revolutionären Auffassung, daß eine Armee von politischen Komitees geführt werden könne, verließ sich Trotzki ganz offenkundig auf die einzigen ausgebildeten Offiziere, die er finden konnte, nämlich die früheren Kommandeure der Armee des Zaren. Während des Bürgerkriegs dienten nahezu 50000 ehemalige zaristische Offiziere in der Roten Armee, und einige von ihnen stiegen zu den höchsten Rängen auf. Dies betraf z. B. den jungen Michail N. Tuchatschewskij, der im Jahre 1917 aus einem deutschen Gefangenenlager floh, sich nach Rußland durchschlug, dort freiwillig der Roten Armee beitrat und im Jahre 1920 Oberbefehlshaber aller Roten Streitkräfte an der Westfront wurde.

Zur Überwachung der Offiziere und zur Erfüllung wesentlicher Propagandafunktionen ernannte Trotzki politische Kommissare, die aber nicht in Kommandoentscheidungen eingreifen sollten. Der Kriegskommissar selbst tauchte an jeder Front auf, tyrannisierte, schikanierte und inspirierte die Männer, die nur wenige Monate vorher gemeint hatten, sie hätten ihre Waffen zum letzten Male niedergelegt. Doch sie kämpften, und sie kämpften gut.

Im Jahre 1919 gab es Momente, in denen sich das Schicksal des Bolschewismus in der Schwebe befand. Die Weißen Kommandeure schlossen allmählich einen Ring um das bolschewistische Zentrum. Im Oktober befand sich Denikin in Kiew und Orel, und Judenič stand vor den Toren Petrograds. Doch am Ende scheiterten beide Vorstöße. Die Weißen litten unter Unzulänglichkeiten, die sie nicht zu beheben vermochten. Ihre militärische Führung war im großen und ganzen derjenigen der Roten Armee unterlegen, und sie erhielten nur unzureichende Hilfe von den Alliierten. Parteienstreit behinderte ihre Herrschaft in den Gebieten, die sie unter Kontrolle hatten. Schließlich verloren sie durch Begünstigung der um Wiedererlangung ihrer Landgüter bemühten ehemaligen Grundbesitzer die Unterstützung der Bauern, die entschlossen waren, das alte Agrarsystem nicht wieder aufleben zu lassen. Aus all diesen Gründen wurden die Weißen besiegt.

Gegen Ende des Jahres 1920 war der russische Boden bis auf das Küstengebiet, das erst im Oktober 1922 von den Japanern geräumt wurde, frei von alliierten und Weißen Truppen.

Der russisch-polnische Krieg. In den ersten Monaten des Jahres 1920, als die Bedrohung durch die Weißen im Norden und Osten nachließ, sah sich das bolschewistische Regime durch eine energische gemeinsame Offensive der Polen mit Nationalisten aus der Ukraine und der vom Süden her vorstoßenden Weißen Armee Wrangels vor eine neue Gefahr gestellt. Zunächst erzielten die Polen große Erfolge und eroberten Kiew und andere Zentren; doch bald gerieten sie in Schwierigkeiten. Ihr Angriff erregte in Rußland eine Welle aufrichtiger patriotischer Begeisterung, die dem Gegenstoß der Roten Armee enorme Kraft verlieh. Im Juli rückten sowjetische Streitkräfte unter Tuchatschewskij bis zu den Stadtmauern Warschaus vor. In diesem Augenblick jedoch entschied Oberst Aleksander Yegorov, Truppenkommandeur der linken Flanke Tuchatschewskijs, auf Lwow zu marschieren, anstatt den Hauptangriff gegen Warschau zu unterstützen. Polnische Streitkräfte attackierten die offene Flanke, so daß die Rote Armee zusammenbrach und sich zurückzog.

Als die Bolschewiken um Frieden ersuchten, wurden in Riga Verhandlungen aufgenommen und im März 1921 abgeschlossen. Den Polen kam der Fehler von Warschau zugute: sie erhielten Territorium im Osten, das weit über die ethnische Grenze hinausging, die sogenannte Curzon-Linie, die der Oberste Rat der Alliierten im Dezember 1920 festgelegt hatte.

Der totalitäre Staat

Die Machtorgane. Die Sowjetunion oder «Union der Sozialistischen Sowjetrepubliken» wurde offiziell im Januar 1924 errichtet, als man die Verfassung vom Juli 1918 durch eine neue ersetzte, mit der dieser Name angenommen wurde anstelle der vorherigen Bezeichnung «Russische Sozialistische Föderative Sowjetrepublik» (RSFSR). Gemäß der Verfassung von 1924 gehörten sieben Republiken zur UdSSR: die RSFSR, die Ukraine, Weißrußland, die Transkaukasische Föderation (Aserbeidschan, Armenien und Georgien), Turkmenistan, Usbekistan und Tadschikistan. Mit der Verfassung von 1936 wurde die Anzahl auf elf erhöht: Aserbeidschan, Armenien und Georgien erhielten den gleichen Status wie die anderen, und Kasachstan und Kirgistan kamen hinzu.

In diesem riesigen, mannigfaltigen Reich übten vier Hauptorgane die Macht aus: die Sowjets, die Partei, die Geheimpolizei und das Militär. In allen Verfassungen erhielten die Sowjets den höchsten Rang, so als ob Lenins Forderung, alle Macht müsse den Sowjets übertragen werden, verwirklicht worden wäre. Das aber war nicht der Fall. Dennoch behielten die Sowjets eine unbestreitbare Bedeutung; denn sie waren das Bindeglied zwischen den neuen Herrschern Rußlands und den Massen.

Das Rätesystem war wie eine große Pyramide aufgebaut: die Dörfer bildeten die Basis. Jedes Dorf hatte einen Sowjet, der Delegierte für die Territorialsowjets wählte. Diese wiederum entsandten Vertreter in die Provinzialsowjets, die dann die Sowjets der Republiken wählten. Sie schließlich wählten den Gesamtkongreß der Sowjets. Der Gesamtkongreß bestand aus etwa 2000 Mitgliedern und war zu schwerfällig, um wirklich Amtsgeschäfte ausüben zu können. Er trat nur alle zwei Jahre zusammen, um die Berichte der eigentlichen Herrscher des Landes über die Fortschritte anzuhören und ein Zentrales Exekutivkomitee (nach 1936 Oberster Sowjet) zu wählen. Letzteres setzte sich aus einem die Nation als Ganzes vertretenden Unionsrat und einem die konstituierenden Republiken vertretenden Nationalitätenrat zusammen. Neun jeweils von diesen beiden Organen und neun von beiden Organen gemeinsam gewählte Mitglieder bildeten das Präsidium des Obersten Sowjet, dessen Funktionen weitgehend zeremonieller Art waren. Die eigentlichen Staatsgeschäfte lagen in den Händen eines Ministeriums unter der Bezeichnung «Rat der Volkskommissare», das vom Zentralen Exekutivkomitee ernannt wurde und dessen Vorsitz Lenin von 1917 bis 1924 innehatte.

Dieses System war sowohl logisch als auch beeindruckend; doch es verschleierte den wirklichen Ursprung der Macht im Lande, der bei einem Organ lag, das in den Verfassungen von 1918 und 1924 nicht erwähnt wurde. Es war die Partei, die im Jahre 1918 die Bezeichnung «Kommunistische Partei Rußlands (Bolschewiki)» annahm. Obschon Marx und Engels dieser in ihren Schriften eine Übergangsrolle zugeteilt hatten, war sie offenkundig als Elite gedacht, und zwar eine Elite ohne Konkurrenz, da alle anderen Parteien abgeschafft wurden. Sie war ähnlich aufgebaut wie die Sowjets. Es gab örtliche Zellen, städtische, provinzielle und überregionale Konferenzen und darüber einen 3000 Mitglieder umfassenden Parteikongreß, der regelmäßig in Moskau zusammentrat. Jeder Kongreß wählte ein kleines, ständig tagendes Zentralkomitee, das sich aus einem Sekretariat, einem Organisationsbüro und einem Politischen Büro oder Politbüro zusammensetzte. Von Beginn der Revolution an war letzteres das eigentliche Regierungsorgan des Landes. Das Programm des Politbüros wurde vom Sekretariat des Zentralkomitees ausgearbeitet, dessen Generalsekretär nach 1922, Stalin, es zu einer Stelle von zunehmender Bedeutung machte. Ohne auf Einzelheiten der komplizierten, sich verschiebenden Beziehungen zwischen der Struktur der Sowjets und der Partei einzugehen, kann man sagen, daß machtpolitische Entscheidungen der höheren Organe der Partei automatisch durch die obersten Gremien der Sowjets ausgeführt wurden.

Eine zunehmende Macht im Staate übte unter Leitung der Parteivorsitzenden die Geheimpolizei aus, die aus der «Außerordentlichen Kommission zum Kampf gegen Konterrevolution und Sabotage» (Tscheka) hervorgegangen war. Dieses im Dezember 1917 eingerichtete Organ soll bis Ende 1922 mindestens 50000 Personen getötet haben. Die Tscheka wurde im Februar 1922 abgeschafft, aber durch ein noch gewaltigeres Organ ersetzt, die GPU (später OGPU) oder «Vereinigte Staatliche Politische Verwaltung». Scheinbar war diese Organisation der Leitung des Innenministeriums unterstellt; ihre Führer aber standen Stalin immer sehr nahe und befolgten seine Anordnungen. Ebenso wie die Tscheka spürte die OGPU Konterrevolutionäre auf – ein Begriff, der sich mit der Zeit als sehr dehnbar erwies.

Schließlich gab es noch die Armee. In den ersten Jahren nach dem Bürgerkrieg konnte sie sich ein hohes Maß an Unabhängigkeit von der Parteiorganisation bewahren. Diese Selbständigkeit aber schwand allmählich durch Beseitigung der meisten ehemaligen zaristischen Offiziere, durch sorgfältige Indoktrination der neuen Offiziere und Rekruten und schließlich durch eine große Säuberungsaktion Mitte der dreißiger Jahre. Auf Kosten der militärischen Leistungsfähigkeit sorgte die Partei für die politische Zuverlässigkeit der Armee und feite sie damit gegen jeden innenpolitischen Umsturz, den Flüchtlinge und Antikommunisten im Ausland sich für Rußland so sehr erhofften.

Von Lenin bis Stalin. Nachdem Lenin im Jahre 1922 zwei Schlaganfälle erlitten hatte, zeichnete sich ein Streit heroischen Ausmaßes zwischen den beiden stärksten Mitarbeitern Lenins, nämlich Stalin und Trotzki, um die Nachfolge ab. Allem Anschein nach beunruhigte Lenin die Aussicht auf einen solchen Konflikt, und er muß das Ergebnis befürchtet haben. Sein Argwohn galt dem im Jahre 1879 in Georgien geborenen Jossif Wissarionowitsch Dschugaschwili. Dieser hatte sich der sozialistischen Partei und nach ihrer Spaltung im Jahre 1903 dem bolschewistischen Flügel angeschlossen. Während der Revolution von 1905, in der er in den Ölfeldern von Baku agitierte, erwarb er sich einen Ruf von Entschlossenheit und Energie. Er zog die Untergrundarbeit in Rußland dem langen Exil im Ausland vor und focht einen Zweikampf mit der zaristischen Polizei aus, der bis zu seiner Verbannung nach Sibirien im Jahre 1913 durch häufige Inhaftierung und Flucht gekennzeichnet war. 1917 kehrte er zurück, um in der Revolution und im Bürgerkrieg eine führende Rolle zu übernehmen. Von Trotzki als «hervorstechendes Mittelmaß der Partei» verachtet, war Stalin ein Meister der bürokratischen Finesse und der politischen Manipulation, was ihm ermöglichte, sich eine Position zu verschaffen, in der er seinem Verlangen nach ungehinderter persönlicher Macht frönen konnte.

Als Lenin durch Krankheit geschwächt war, ging seine Autorität an ein Triumvirat innerhalb des Politbüros über, bestehend aus Sinowjew, Kamenew und Stalin – alle drei Gegner Trotzkis. Als Lenin dann im Jahre 1924 starb, schwand Trotzkis Macht. Er wurde wegen «Parteigeist» kritisiert – eine gefährliche Anklage in einer Partei, die bereits zur monolithischen Einheit tendierte. Im Januar 1925 veranlaßten seine Feinde das Zentralkomitee dazu, ihn aus dem Kriegskommissariat zu entlassen. Er war der Partei zu treu ergeben, um einen Coup gegen sie zu unternehmen, und die Hinnahme seiner Entlassung kennzeichnete das Ende seiner Macht. Innerhalb von zwei Jahren war er aus dem Zentralkomitee und der Partei ausgeschlossen. 1929 billigte das Politbüro seine Ausweisung aus der Sowjetunion, und der Schöpfer der Roten Armee war gezwungen, sich auf jene beschwerliche Odyssee zu begeben, von einer Zuflucht im Ausland zur anderen, die im Jahre 1940 mit seiner Ermordung in Mexiko endete.

Noch vor dem endgültigen Sturz Trotzkis hatte Stalin sich von den Fesseln des Triumvirats befreit, indem er seine Autorität als Generalsekretär nutzte, um seine Macht auf Kosten dieses Führungsgremiums auszubauen. Zu diesem Zweck verwandte er entzweiende Taktiken im Politbüro und beschuldigte seine früheren Partner, sie wichen von Lenins Standpunkten ab (ein nützliches Argument, da Stalin der einzige unter den «Alten Bolschewiki» war, der Lenin niemals in einem wichtigen Punkt widersprochen hatte). Sinowjew und Kamenew wurden beide wegen trotzkistischer Gesinnung im Jahre 1927 aus der Partei ausgeschlossen. Bis Ende des Jahres 1930 waren viele andere «Alte Bolschewiki» zum Austritt aus dem Politbüro gezwungen worden, so daß dieses schließlich nur noch aus Anhängern Stalins bestand, ebenso wie die Parteiorganisationen der großen Städte und die Organe der Zentralregierung.

Wirtschaftliche Reglementierung. Sowohl der Aufstieg Stalins als auch der fortschreitende Totalitarismus in Rußland wurden durch Ereignisse im wirtschaftlichen Bereich begünstigt. Alle Ideen Lenins und seiner Mitarbeiter über die Nationalisierung des russischen Wirtschaftssystems wurden durch das Chaos des Bürgerkrieges und durch die große Dürre in den Getreideanbaugebieten der Wolga und des Don von 1920 illusorisch. Um 1921 stagnierte die Industrie, und ein Fünftel der russischen Bevölkerung litt unter Hunger und Cholera. Gegen den Widerstand von Parteiideologen setzte Lenin auf dem Parteikongreß von 1921 eine Reihe von Beschlüssen durch, die die Grundlagen für die sogenannte Neue Ökonomische Politik (NEP) schufen. Tatsächlich ermöglichte die NEP, wie Lenin zugab, eine teilweise Rückkehr zum Kapitalismus, indem sie das Wiederaufleben der Privatindustrie zuließ und den Bauern erlaubte, gewinnbringend zu produzieren und Handel zu treiben. Unter Inkaufnahme des Aufstiegs einer neuen Bourgeoisie vermochte das Sowjetregime die Verwüstungen seiner Anfangsjahre zu beheben. Um 1927 befand sich die Industrieproduktion im allgemeinen wieder auf dem Niveau von 1913, und die Landwirtschaft blühte erneut auf.

Der alte Traum der Sozialisten von der völligen Ausrottung des Kapitalismus wurde weiterhin gehegt, und Stalin machte ihn sich mit seinem Fünfjahresplan vom Jahre 1928 zu eigen. Wahrscheinlich galt sein Interesse jedoch weniger den wirtschaftlichen Aspekten seines Plans als vielmehr dem politischen Vorteil. Die erfolgreiche Sozialisierung der Wirtschaft würde dem Staatsapparat zur unumschränkten Herrschaft verhelfen, indem sie die Loyalität gegenüber allen anderen Dingen, die die Massen ablenkten – die Bindung an Grund und Boden, Gewerkschaft und Familie –, schwächte und dem Staat einen Vorwand lieferte, jene zu liquidieren, die an älteren Werten festhielten.

Der erste Fünfjahresplan setzte in allen Grundindustrien Produktionsnormen fest, die eine Steigerung zwischen 200 und 400 Prozent forderten. In der Landwirtschaft wurde eine Steigerung um 150 Prozent verlangt, die durch Kollektivierung der Bauernhöfe erzielt werden sollte. Der Widerstand gegen die Kollektivierung wurde rücksichtslos unterdrückt. OGPU-Agenten und Truppeneinheiten umzingelten die Dörfer, schossen wahllos in Menschenmen-

53./54. Industrialisierung in der UdSSR nach Stalins Verkündigung des Fünf-Jahres-Plans. Elektrifizierung 1927/1928

55. «Zwangskollektivierung» der russischen Landwirtschaft 1929/1930. Bäuerinnen eines Dorfes in der Ukraine erklären sich zur «freiwilligen» Aufnahme in den Kolchos bereit

gen, brannten Häuser nieder und transportierten Züge voll von Männern, Frauen und Kindern nach Sibirien. Die verzweifelten Bauern kämpften dagegen an, indem sie ihre Getreide verbrannten und ihr Vieh töteten. Folglich erlangte die Gesamtproduktion erst im Jahre 1937 das Niveau von 1928 wieder. Die Anzahl der Menschen, die in dem Kampf und in der anschließenden Hungersnot von 1932–33 starben, überstieg fünf Millionen. Diesen Verlusten stand jedoch Stalins Erfolg gegenüber. Er hatte den Willen der Bauern gebrochen und sie gegenüber dem totalitären Staat gefügig gemacht.

Auch auf industriellem Sektor förderten die Ereignisse das Abgleiten in den Totalitarismus. Um den wirtschaftlichen Aufschwung zu bekräftigen, führte man Schauprozesse gegen Personen, die als Plünderer, Saboteure oder ausländische Agenten angeklagt wurden. Mit diesen Prozessen wurde der Welt erstmalig die Wirkung der sogenannten Gehirnwäsche vor Augen geführt; denn ein hoher Prozentsatz derjenigen, denen der Prozeß gemacht wurde, bekannte sich zu einer erstaunlichen Vielzahl unwahrscheinlicher Verbrechen und zog oft andere in die zugegebenen Verschwörungen gegen den Staat mit hinein.

Der erste Fünfjahresplan wurde nicht erfüllt, teilweise deshalb, weil man die Ziele in der Industrie zu hoch gesteckt hatte. Dennoch waren die Steigerungen nicht gering. Offenkundig befand sich Rußland auf dem Wege zu einer Industriemacht ersten Ranges. Ausländische Beobachter, über die Todesopfer unzulänglich informiert, waren beeindruckt von dem, was staatliche Planung in großem Maßstab in einem relativ rückständigen Land erreichen konnte. Durch die Fünfjahrespläne wurden die kapitalistischen Länder, die selbst auf ernste wirtschaftliche Schwierigkeiten stießen, dem Gedanken einer Planwirtschaft zugänglicher, als sie es vorher gewesen waren. Das wichtigste Ergebnis der russischen «Zweiten Revolution» war jedoch die straffere Herrschaft über die Völker der Sowjetunion.

Die Großen Säuberungen. Stalins persönliche Autokratie festigte sich Mitte der 30er Jahre, als die gegen die Massen eingesetzten Terrorinstrumente sich auch gegen die kommunistische Elite richteten. Die Gewalt und die Verluste der Jahre von 1928–33 hatten in der höheren Parteihierarchie sowie in einigen Kommandozentralen der Armee zu wachsender Opposition geführt. Es scheint mindestens eine Verschwörung gegen Stalin geplant worden zu sein. Anderes deutet darauf hin, daß Stalin, obgleich er von keinem Komplott gegen sich wußte, den klugen Verdacht hegte, daß totalitäre Regime nur durch Terror und Angst funktionsfähig gehalten werden könnten.

Wahrscheinlich werden wir die volle Wahrheit über die Parteisäuberung von 1936–38 niemals erfahren, oder gar etwas über das sie auslösende Ereignis: die Ermordung von Sergej Kirow im Dezember 1934, des Nachfolgers von Sinowjew als Parteivorsitzender von Leningrad und, nach Meinung einiger, Stalins designiertem Erben. Es herrscht weitgehend Einigkeit darüber, daß Stalin Kirows Tod angeordnet hat; doch die Schuld an der Ermordung wurde einer von Sinowjew und Trotzki geplanten Verschwörung angelastet. Die Verhaftung von Anhängern dieser ehemaligen Titanen setzte unmittelbar ein und wurde das ganze Jahr 1935 hindurch fortgeführt. Danach nahm man Sinowjew und Kamenew, führende Generäle, unter anderen Tuchatschewskij, und angesehene sozialistische Theoretiker wie Bucharin fest und leitete Prozesse gegen sie ein. Tausende starben ohne Gerichtsverfahren.

Im Laufe dieses erbarmungslosen Vorgehens wurde das durchschnittliche Parteimitglied nahezu gleichgültig und akzeptierte Verhaftung und Exekution als unausweichliches Schicksal. Es begannen morbide Witze zu kursieren wie der, den Wolfgang Leonhard in seinen Memoiren anführt: Eines Morgens um 4 Uhr – um die Tageszeit, zu der die Verhaftungen normalerweise vorgenommen wurden – klopft es ungestüm an der Tür eines Hauses, in dem fünf Familien wohnen. Alle stehen aschfahl und zitternd auf. Als das drohende Geräusch wieder ertönt, zwingt sich einer von ihnen, die Tür zu öffnen. Man hört ihn draußen mit einem Mann flüstern. Dann kehrt er zu den erschrockenen Hausgenossen zurück und sagt mit strahlendem Gesicht: «Keine Beunruhigung, Genossen, es ist nichts, das Haus brennt ...!»

Diese beklagenswerte Resignation wird verständlich, wenn man die unglaublichen Verluste in den Reihen der herrschenden Elite der Sowjetunion betrachtet. Nach neueren Darstellungen wurden mindestens 800000 Parteimitglieder getötet. In der Armee wurde ungefähr die Hälfte des Offizierkorps, etwa 35000 Soldaten insgesamt, erschossen oder verhaftet. Dies war soziale Prophylaxe großen Maßstabs, die zu einer Zeit, als die Gefahren von außen wuchsen, kühn ergriffen wurde, obwohl sie dem Staat seine Abwehrkräfte nahm. Stalins Totalitarismus hatte mit diesen «Säuberungsaktionen» seinen Höhepunkt erreicht.

Die sowjetische Außenpolitik 1917–1933

Die Weltrevolution als Ziel. Das bolschewistische Regime begann seine Existenz mit der Verwerfung des traditionellen Rahmens und der Normen der internationalen Beziehungen und mit dem Gelöbnis, alle kapitalistischen Systeme umzustürzen. Während des Krieges hatte Lenin gesagt, seine Partei werde, wenn sie an die Macht gelange, systematisch beginnen, unter allen jetzt unterdrückten Völkern Rebellionen anzustiften. Im Besitz der Macht, setzte er diese meisterhafte Strategie in die Tat um, indem er mit der Friedensproklamation, der ersten offiziellen Handlung seines Regimes, die Massen überall aufrief, sich gegen ihre Herrscher zu erheben. Auf der ganzen Welt taten die Bolschewiken im Jahre 1918, was sie konnten, um die Unruhe, die der Krieg in Osteuropa, im Mittleren Osten und an anderen Orten gestiftet

56. Gründung der Komintern: Dokumentarfoto der Gründungssitzung im März 1919

hatte, auszunutzen. Und im März 1919, mit der Gründung der Komintern, institutionalisierten sie die revolutionäre Agitation als Bestandteil der sowjetischen Außenbeziehungen. Die Komintern oder Dritte (Kommunistische) Internationale diente als Organ, um die Weltrevolution auszulösen. Sie war als zentrale Leitung für die kommunistischen Parteien in anderen Ländern gedacht. Ihre Exekutive, deren Vorsitz Sinowjew innehatte und die von anderen bolschewistischen Führern beherrscht wurde, hatte die Mission, die Führungsspitzen jener Parteien in die Taktiken der Subversion, Infiltration und Propaganda einzuweisen. Die Bolschewiken maßen der Idee der Weltrevolution eine so große Bedeutung bei, daß sie keine Veranlassung dafür sahen, eine andere Außenpolitik zu betreiben oder einen anderen diplomatischen Apparat aufzubauen als den, der mit dem Agentennetz der Komintern zur Verfügung stand.

Die Hoffnung der Bolschewiken, daß Europa der Revolution erliegen werde, wenn der Prozeß in Rußland erst einmal begonnen habe, erfüllte sich nicht. Obwohl in Deutschland und in Österreich im Jahre 1918 Revolutionen stattfanden, brachten sie lediglich gemäßigte sozialistische Parteien mit ausgesprochen bürgerlicher Ausrichtung an die Macht. 1918 und Anfang des Jahres 1919 wurden in Bayern und in Ungarn Räteregierungen errichtet; sie fanden aber nicht die Unterstützung der Massen und wurden bald wieder abgesetzt. Was Großbritannien und Frankreich betrifft, so gingen ihre Regierungen zur Offensive gegen den Bolschewismus über, indem sie in den russischen Bürgerkrieg eingriffen und mithalfen, dem Vorstoß der Roten Armee gegen Warschau Einhalt zu gebieten. Kurz, die kapitalistischen Staaten zeigten überra-

57. Räterepublik in Bayern 1918/1919. München – Hauptbahnhof im Besitz der roten Garde

58. Räterepublik in Bayern 1918/1919. Sitzung des Arbeiter- und Soldatenrates in der Kammer der Reichsräte in München unter Vorsitz von Ernst Niekisch (Bildmitte)

schende Stärke, während das bolschewistische Regime durch die Härten des Krieges und die nachfolgenden wirtschaftlichen Schwierigkeiten geschwächt war. Unter diesen Umständen erkannte die bolschewistische Führung, daß für den Umgang mit den kapitalistischen Staaten und zur Verhinderung neuer Angriffe ihrerseits gegen Rußland neue Mittel der Außenpolitik gefunden werden mußten.

Der Einsatz der Diplomatie. Der Mann, der diese neuen Bemühungen leitete, war Georgej Tschitscherin, ehemaliger Archivar im zaristischen Außenministerium, vor dem Krieg Menschewik, seit 1917 Mitglied der bolschewistischen Partei und seit dem folgenden Jahr, als Trotzki vom Kommissariat für Außenpolitik zum Kriegskommissariat überwechselte, dessen Nachfolger. Vom Temperament her ein Realist, war sich Tschitscherin über die Schwäche seines Landes im klaren und hielt einen Waffenstillstand mit der kapitalistischen Welt für den besten Schutz gegen Ausbeutung durch das Ausland.

In den Jahren 1920–22 gab es im Westen große Diskussionen über die

59. Räterepublik in Ungarn 1919. Das Bild zeigt den ersten ungarischen Sowjetkongreß im Budapester Parlamentsgebäude

Errichtung eines internationalen Konsortiums, das das kommunistische Regime zwingen sollte, die Schulden des zaristischen Rußland zurückzuzahlen, konfisziertes europäisches Eigentum wiederzuerstatten und sogar dazu, europäischen Handel unter dem Schutz exterritorialer Rechte in Rußland zuzulassen. Diese Möglichkeit wurde am Vorabend der im Jahre 1922 von Lloyd George einberufenen europäischen Wirtschaftskonferenz in Genua eifrig erörtert.

In Genua demonstrierte Tschitscherin, was durch Diplomatie für sein Land erreicht werden konnte. Mit einer Delegation in die italienische Stadt eingeladen, machte er das Beste aus der Gelegenheit, die Gunst der kleineren Mächte auf der Konferenz zu erwerben und sich ihren Neid auf die größeren zunutze zu machen. Von der Idee eines Konsortiums lenkte er ab, indem er betonte, sein Land sei bereit, mit ausländischen Geschäftsleuten Vereinbarungen auf individueller Basis zu treffen. Darüber hinaus stellte er die Handelsvorteile unter der Neuen Ökonomischen Politik Rußlands so dar, daß der Wettbewerbsinstinkt der anderen Mächte geweckt wurde. Er schnitt Probleme an, die nicht auf der Tagesordnung standen – die Notwendigkeit einer allgemeinen Abrüstung und einer planvollen Umverteilung der natürlichen Rohstoffvorkommen – und brachte damit die Diskussion durcheinander. Und schließlich beendete er mit seinem sensationellen Coup von Rapallo, wo er die Deutschen dazu bewegte, einen politische und wirtschaftliche Verbindungen anknüpfenden Vertrag mit Rußland zu schließen, die diplomatische Isolation seines Landes.

In den folgenden Jahren nutzte Tschitscherin seine Erfolge. 1923 steuerte er beispielsweise durch Getreidelieferungen an Deutschland zur Linderung der Not bei, die dort durch die Ruhrbesetzung (s. S. 400 und 449) entstanden war. Seine Tatkraft in der Diplomatie und seine freundschaftlichen Gesten gegenüber schwachen Nationen fanden in vielen Staaten Europas bei wichtigen Gruppen Anklang. 1924, als in Großbritannien und Frankreich linke Regierungen an die Macht gelangten, bemühten sie sich um normale Beziehungen zur Sowjetunion. Das Jahr 1924 bezeichnete man gar als Anerkennungsjahr, da im Verlauf dieses Jahres die Sowjetunion offiziell von Großbritannien, Frankreich, Italien, Norwegen, Schweden, Dänemark, Österreich, Ungarn, Griechenland, Mexiko und der Republik China anerkannt wurde.

Neue Rückschläge 1924–1927. Die alten Bolschewiken freilich behielten ihre Vorliebe für revolutionäre Methoden und ihre Verachtung für die traditionelle Diplomatie bei. 1923 stiftete die Komintern in Bulgarien und Deutschland erfolglose Revolutionen an, die dem Außenminister all seine Erfindungsgabe abverlangten, um den Beweis zu liefern, daß die Sowjetunion nichts damit zu tun gehabt habe. Und während des konfusen Machtkampfes nach Lenins Tod wurde die Komintern in der Außenpolitik ebenso aktiv, wie sie vor 1919 und 1920 gewesen war – was unglückliche Folgen hatte.

Im Oktober 1924 gelangte das britische Außenministerium in den Besitz eines Briefes, der angeblich von Sinowjew an die Kommunistische Partei Großbritanniens gerichtet war und auf verstärkte Agitation und die Bildung von Zellen in Armee- und Marineeinheiten drängte. Seine Veröffentlichung trug zur Niederlage der ersten Labour-Regierung bei und führte zu einer spürbaren Abkühlung der anglo-sowjetischen Beziehungen. Im Dezember 1924 regte Sinowjew eine Gruppe russischer Offiziere, die von einigen hundert estländischen Kommunisten unterstützt wurde, zum Angriff auf den estländischen Hafen Reval an. Er war ein kläglicher Fehlschlag und fügte dem sowjetischen Ruf noch größeren Schaden zu. Schließlich glaubte man im April 1925 allgemein, die Komintern habe das revolutionäre Feuer innerhalb der Kommunistischen Partei Bulgariens wieder angefacht; als unmittelbare Folge dessen sei in der Kathedrale Sveta Nedelya in Sofia eine Zeitbombe explodiert, wodurch 128 Personen ums Leben kamen.

Auf diese drei Ereignisse kann der rasche Abstieg der Sowjetunion von ihrer durch Tschitscherin erlangten, relativ starken Position zurückgeführt werden.

Hierfür gab es direkte Anzeichen. Während der Verhandlungen von Locarno (s. S. 401) im Jahre 1925 wurden der Sowjetunion keinerlei Angebote zu einer Verständigung gemacht; und diese Gespräche waren schließlich für Rußland von lebenswichtiger Bedeutung, da sie Deutschland dem Westen anzunähern und in den Völkerbund zu bringen drohten. Das alte Mißtrauen gegen die Sowjetunion war in Europa wiedererwacht und wurde nun durch das weitere Vorgehen der Sowjets, das den Bemühungen Tschitscherins zuwiderlief, verstärkt.

Seit 1923 hatten die Sowjets offizielle Beziehungen zur Kuomintang, der jetzt von Tschiang Kai-schek geführten nationalistischen Partei Chinas, die Südchina beherrschte und die Herrschaft im Norden anstrebte, unterhalten. Sie pflegten auch Beziehungen zur japanischen Regierung, die wie vor dem Krieg Interessen in der Mandschurei und in Korea vertrat. 1925 und 1926 aber wurden in allen größeren chinesischen Städten sowie in Korea und Japan Agenten der Komintern aktiv, und die Sowjetregierung versuchte zugleich, innerhalb der Kuomintang Politik zu machen, indem sie den linken Flügel gegen die Autorität Tschiang Kai-scheks unterstützte.

Diese Aktivitäten brachten die Mächte in Harnisch, und im Jahre 1927 brach von allen Seiten die Katastrophe auf Rußland herein. Im Frühjahr liquidierte Tschiang Kai-schek den linken Flügel der Kuomintang und leitete jene antikommunistische Politik ein, die er sein Leben lang verfolgen sollte. Gleichzeitig wurde in Japan die Regierung von Kräften übernommen, die eine aktive und damit antisowjetische Politik in der Mandschurei verfochten. Im Mai brachen die Briten die diplomatischen Beziehungen ab, weil sie in polizeilich beschlagnahmten Akten der sowjetischen Handelsmission in London Material über subversive Tätigkeiten gefunden hatten. Im Juni flammte in Polen eine antisowjetische Stimmung auf, und der sowjetische Botschafter in Warschau wurde ermordet. Im Oktober forderte die französische Regierung den Abruf des sowjetischen Botschafters. In Deutschland führten Beweise von sowjetischer Subversionstätigkeit zu einer Abkühlung der diplomatischen Beziehungen. Gegen Ende des Jahres war Rußland ebenso isoliert wie im Jahre 1917.

Die Sowjets und der Westen nach 1927. Diese Rückschläge steuerten zur Diskreditierung Sinowjews und seiner Methoden bei und halfen Stalin wahrscheinlich indirekt beim Aufstieg zur uneingeschränkten Autorität. Denn sie zeigten die Gefahren der von einigen seiner Hauptrivalen gepredigten Politik der Weltrevolution und die Vorteile der von ihm betriebenen Politik des Sozialismus in einem Lande auf. Unter Stalin gerieten die Abenteuer der Komintern aus der Mode, und die russischen Diplomaten waren angewiesen, für die Sowjetunion als friedfertige und kooperative Nation zu werben. Insbesondere nach dem Aufstieg des Nationalsozialismus wurde eine Politik der Anbiederung im Westen verfolgt, die im Jahre 1934 im Eintritt Rußlands in den Völkerbund gipfelte. Doch selbst als die Gefahr Hitlers konkreter wurde als die des Kommunismus, gedachten die westlichen Länder der Vergangenheit und taten sich schwer, mit der großen revolutionären Macht im Osten gemeinsame Sache zu machen.

23. Der Aufstieg des italienischen Faschismus

Der Sieg des Kommunismus in Rußland und der allgemein bekannte Wunsch der russischen Führungsspitze, seine Lehren über die ganze Welt zu verbreiten, übten eine Wirkung aus, auf die im vorhergehenden Kapitel nicht eingegangen wurde. Besonders in Ländern, die für kommunistische Unterwanderung potentiell empfänglich schienen, begünstigten sie den Aufstieg totalitärer Bewegungen auf seiten der Rechten, deren starke Anführer versprachen, ihr Land von marxistischer Ansteckung frei zu halten. Dennoch wäre es falsch, das Aufkommen des Kommunismus als einzigen oder auch nur als wichtigsten Grund für Italiens Kapitulation vor der faschistischen Diktatur anzusehen. Der Faschismus war die Folge vieler Ereignisse und Phänomene, unter denen die kriegsbedingten Erschütterungen, die frustrierten Ambitionen italienischer Nationalisten und das Scheitern des italienischen Parteiensystems einen ebenso wichtigen Platz einnahmen wie die Furcht vor kommunistischer Infiltration.

Der Sieg des Faschismus

Die Kriegsergebnisse. Die Resultate des Ersten Weltkrieges bestätigten in Italien alle Zweifel und Bedenken derjenigen, die im Jahre 1915 gegen eine Intervention angegangen waren. Man konnte auf keine hervorragenden Siege auf dem Kampffeld zurückblicken, und die plumpe Habgier der italienischen Unterhändler in Paris hatte Italiens Verbündete verärgert und seine eigenen Liberalen beschämt. Die wertvollsten Gebiete, die es durch den Krieg gewonnen hatte – jene im Nordosten der Adria und an der Nordgrenze –, hätte Italien wahrscheinlich auch bekommen, wenn es neutral geblieben wäre. Abgesehen davon hatte der Krieg das Land in ein wirtschaftliches Chaos gestürzt.

Alles in allem hatte der Krieg eine Summe gekostet, die etwa doppelt so hoch lag wie die gesamten Regierungsausgaben zwischen 1861 und 1913, und die Regierung war nur aufgrund der unbegrenzten Kredite von seiten der alliierten Regierungen imstande gewesen, diese Lasten zu tragen. Unmittelbar nach Beendigung der Kriegshandlungen wurde diese Wirtschaftshilfe ausgesetzt, und Italien stand vor einem überwältigenden Schuldenberg, einer stark unausgeglichenen Handelsbilanz (die Importe überstiegen die Exporte bei weitem) und einer gefährlichen Inflation.

Unterdessen traten ungelöste Probleme aus der Kriegszeit auf den Plan. Um den Willen zum Sieg zu stärken, hatte die Regierung versprochen, der Friede werde eine gerechtere Verteilung des Grundbesitzes zugunsten der Bauern und eine Reihe von Vorteilen für die Massen in der Industrie mit sich bringen. Das Versagen der Regierung, diese Versprechen einzuhalten, beschwor in der Industrie unverzüglich eine Anzahl von gewalttätigen Streiks herauf und führte in ländlichen Gebieten zu einer Reihe spontaner Aufstände. Tausende von Truppendeserteuren, die zum Brigantentum übergingen, und die Demobilmachung, die unmittelbare ernste Arbeitslosenprobleme aufwarf, verstärkten das Durcheinander und die Erschütterungen des Wirtschaftssystems noch.

Das Scheitern der Parteien. Diese Situation erforderte energisches Handeln auf seiten der Parteien. Ihre Reaktion jedoch war völlig wirkungslos. Die drei stärksten Parteien im 1919 gewählten Parlament waren die Sozialisten, die katholische Volkspartei und die Liberalen, die Giovanni Giolitti als Vorsitzenden anerkannten. Die Sozialisten waren zum einen uneinig, zum anderen verantwortungslos. Die Ereignisse in Rußland führten zur Abspaltung des linken Parteiflügels, der sich im Jahre 1920 als Kommunistische Partei Italiens konstituierte. Der katholischen Volkspartei mangelte es ebenfalls an innerem Zusammenhalt. Ihre Parteiführer bekannten sich zu einigen brauchbaren Ideen der Sozialreform, doch die Partei als Ganzes war sich nur in der Opposition gegen den Antiklerikalismus einig. Der Argwohn der Mehrheit ihrer Mitglieder gegen die Liberalen sowie gegen die Sozialisten und ihre Weigerung zur Zusammenarbeit mit ihnen bedingte die negative Rolle der «popolari». Was die Liberalen betrifft, so opponierten sie naturgemäß gegen das Vorgehen der Regierung im wirtschaftlichen Bereich.

Alle drei politischen Gruppen hatten im Jahre 1915, als Italien in den Krieg hineingezogen wurde (s. S. 367), eine vorwiegend antiinterventionistische Haltung eingenommen. Nun sehnten sie sich danach, daß ihre Voraussicht von denjenigen anerkannt würde, die sie unterdrückt hatten. In Parlamentsdebatten verbrachten sie mehr Zeit damit, die Vergangenheit in Erinnerung zu rufen, als sich mit der Gegenwart auseinanderzusetzen. Die derzeitigen Probleme erkannten sie lediglich an um zu beweisen, daß sie das unvermeidliche Resultat des Sieges ihrer Feinde im Jahre 1915 seien. Unter diesen Umständen konnten die ersten Nachkriegsregierungen nur wenig erreichen. Es waren lockere Koalitionen verschiedener liberaler und rechter Gruppen unter gelegentlicher Beteiligung der «popolari». Geführt wurden sie zunächst von einem früheren Professor der Politikwissenschaften namens Francesco Nitti und dann von Giolitti.

Das Verhalten der Regierung stieß drei wichtige Gruppen im Lande vor den Kopf. Die wohlhabenden Grundbesitzer und Industriellen, deren wirtschaftliche Interessen durch fortwährende Streiks und Enteignungen bedroht waren, begannen sich nach einer Führung umzusehen, die etwas gegen ihre Notlage unternehmen würde. Die nationalistischen Gruppen, die im Jahre 1915 auf eine Intervention in den Krieg gedrängt hatten, glaubten immer noch, die Mission Italiens sei es, sich zu einer großen Mittelmeer- und Balkanmacht zu entwickeln. Das Argument, die Sicherheit Italiens sei nun durch die Auflösung des österreichisch-ungarischen Kaiserreiches gewährleistet, überzeugte sie nicht. Sie betrachteten die Gründung eines umfangreichen jugoslawischen Staates mit einer Küste an der Adria als Verschwörung der Alliierten gegen Italien. Sie begeisterten sich für die Expedition des Dichters Gabriele d'Annunzio gegen Fiume und dessen anschließende Errichtung eines unabhängigen Staates; und sie waren erbost, als die Regierung Giolitti im November 1920 durch den Vertrag von Rapallo mit der jugoslawischen Regierung sowie durch die Anerkennung jugoslawischer Rechte an der Küste Dalmatiens und in dem Gebiet um Fiume herum das Todesurteil für dieses Abenteuer unterzeichnete. Für die Nationalisten hatten diese Handlungsweise und die italienische Räumung Albaniens im Jahre 1920 einen Beigeschmack von Feigheit.

Schließlich gab es noch die Kriegsveteranen, die heimkehrten in der Erwartung, Zeichen der Dankbarkeit für ihre Dienste und einen Beweis dafür vorzufinden, daß ihre Opfer beigetragen hätten, ein besseres Italien aufzubauen. Sie fanden nichts von beidem. Ihre früheren Arbeitsplätze waren verschwunden, und auf der Straße in Uniform aufzutauchen bedeutete, Beschimpfung und tätliche Angriffe herauszufordern. Dies war nicht das Italien, für dessen Verteidigung sie gekämpft hatten; und einige von ihnen wollten es verändern. Sie begaben sich eifrig auf die Suche nach Anführern, die ihnen zeigen sollten, wie dies zu bewerkstelligen sei.

All jene, die über die vorherrschenden Tendenzen in der Politik Italiens unzufrieden waren, fanden im Faschismus und in der Führung Benito Mussolinis ein Mittel, um ihre Proteste zum Ausdruck zu bringen.

Mussolini und die faschistische Bewegung. Als der seit langem kranken Gattin Mussolinis im Oktober 1922 die Nachricht überbracht wurde, ihr Mann sei gerade zum Ministerpräsidenten von Italien ernannt worden, soll ihre erste Reaktion gewesen sein: «Was für ein Luder!» In diesen Worten lag wahrscheinlich gleichviel Erstaunen wie Bewunderung, und wenn das zutrifft, so müssen viele andere, die Mussolini ebensolange gekannt hatten wie Donna Rachele, die wußten, wie wandelbar seine Prinzipien waren und wie häufig er seine politische Haltung grundlegend geändert hatte, dieses Erstaunen geteilt haben.

Benito Mussolini wurde im Jahre 1883 als Sohn eines Schmieds – eines überzeugten Sozialisten – und einer Lehrerin geboren. Eine Zeitlang unterrichtete er an der Schule, verzichtete jedoch auf diese Laufbahn, angeblich weil er Disziplinschwierigkeiten mit seinen Schülern hatte. Im Jahre 1902 ging er in die Schweiz, um der Einberufung in die italienische Armee zu entgehen. Nach zwei Jahren kehrte er in seine Heimat zurück, leistete seinen Militärdienst ab und wandte sich dann dem Journalismus zu – der Laufbahn, die seinen politischen Stil entscheidend prägte. Im Jahre 1909 wurde er wegen seiner leidenschaftlichen subversiven Artikel in der sozialistischen Presse aus dem österreichischen Gebiet um Trient (Trentino) ausgewiesen, und 1911 brachte ihn die italienische Regierung wegen seiner Attacken gegen ihre Nordafrikapolitik ins Gefängnis. Sein journalistisches Können brachte ihm in sozialistischen Kreisen einen beträchtlichen Ruf ein, und 1912 wurde er Herausgeber der Hauptparteizeitung, des «Avanti» von Mailand. Gleichwohl war er nie ein völlig orthodoxer Sozialist. Wahrscheinlich ging es ihm immer vorrangig um sein persönliches Fortkommen und nicht um die Ziele, für die er eintrat.

60. Benito Mussolini (1883–1945), italienischer Duce, während seines Staatsbesuchs in Deutschland 1938

Nachdem er der leidenschaftlichste Gegner des Abenteuers von Tripoli im Jahre 1911 (s. S. 346) gewesen war, änderte Mussolini seine Haltung nach Beginn des Ersten Weltkrieges vollkommen und wurde zum Interventionisten, der d'Annunzio an Beharrlichkeit kaum nachstand. Damit war seine Karriere als Sozialist zu Ende, und er stand vor einer ungewissen Zukunft. Nach dem Krieg erwog er, den Versuch zu unternehmen, der offiziellen sozialistischen Partei den Rang bei der Arbeiterklasse abzulaufen. Doch entdeckte er bald, daß die Chancen für seinen persönlichen Aufstieg zu Ruhm und Ehren auf anderen Gebieten größer waren. Er besaß die Verwegenheit zu verkünden, der Krieg sei eines der großartigsten Kapitel in der italienischen Geschichte; Italien sei um die Siege, die seine Söhne errungen hätten, betrogen worden, und die Regierenden, die den Verzichtfrieden duldeten, müßten abgesetzt werden. Er war nicht der einzige, der das sagte. Doch er brachte es überzeugend und häufig vor, und seine Schriften erlangten Popularität unter unzufriedenen Offizieren, glühenden d'Annunzianern und bei der jüngeren Generation, die sich vom verflachten Geist ihrer Zeit angewidert fühlte. Menschen wie sie schlossen sich Mussolini in der ersten «Fascio di combattimento» an, der Kampfgruppe, die im März 1919 in Mailand gegründet wurde.

Die faschistische Bewegung wuchs auf recht abenteuerliche Weise. Sie begann als lockerer Bund mit Ortsverbänden, von denen einige als Imitation der Mailänder «Fascio» gegründet wurden, während andere von ihren ursprünglichen Zielen zu denen der «Fascio» überwechselten. Der Zusammenbruch des Fiume-Abenteuers von d'Annunzio förderte die Bewegung, da die meisten Legionäre des Dichters Faschisten wurden. Die Eigenwilligkeit einiger dieser Rekruten und mancher örtlicher Anführer aber schwächte sie wiederum. Diese «ras» (wie die Anführer der örtlichen Parteigruppen nach den Stammeshäuptlingen von Abessinien genannt wurden) verübelten Mussolini nicht nur seinen Anspruch auf die Gesamtführung, sondern sie überstimmten seine Ansichten auch gelegentlich und drohten, ihm die Anerkennung zu verweigern. Ihr Einfluß machte den Faschismus endgültig zu einer antisozialistischen Bewegung. Im November 1921 dachte Mussolini noch an die Möglichkeit eines Paktes zwischen den Faschisten und der nichtkommunistischen Linken; doch die Vorsitzenden der Ortsparteien zwangen ihn, diesen Gedanken fallenzulassen und weiterhin die konservativen Geschäftsinteressen zu fördern.

Andererseits war Mussolini für die örtlichen Parteichefs unentbehrlich. Er verfügte über eine charismatische Autorität, die keiner von ihnen besaß, und konnte auf eine Art und Weise mit dem italienischen Volk reden, die schmeicheln, unterhalten und rühren konnte. Mussolini machte die faschistische Bewegung zu einer Partei, die landesweit Anklang fand.

Die Kapitulation des italienischen Liberalismus. Dennoch ist es fraglich, ob die Faschisten jemals an die Macht gelangt wären, wenn der italienische Liberalismus nicht versagt hätte. Die Weigerung der liberalen Regierung Giolitti von 1920–21, in die schweren Unruhen in Industrie und Landwirtschaft einzugreifen, gab den Faschisten die Gelegenheit, sich als Hüter der öffentlichen Ordnung gegen kommunistische Attacken aufzuspielen. Und die Bereitschaft der berühmten liberalen Organe, wie beispielsweise der großen Mailänder Zeitung «Corriere della Sera», Gewalt und terroristische Methoden einiger Ortsgruppen stillschweigend zu übergehen, umgab den Faschismus mit einer Aura von Respektabilität, verhalf ihm zu einer Position im Parlament und empfahl ihn dem Mittelstand als ihren natürlichen Beschützer.

Zur Zeit der offiziellen Gründung der faschistischen Partei im November 1921 betrug ihre Mitgliederzahl annähernd 300000, und mit ihrem zahlenmäßigen Wachstum war auch ihr Ehrgeiz gestiegen. Während der Wahlen vom Mai 1921 hatte sie die Erfahrung gemacht, daß weder die Regierungspräfekten noch die Polizei eingriffen, wenn ihre «squadristi» Gewalt anwandten, um Wähler einzuschüchtern. Sie hatte die Erfahrung gemacht, daß die Parlamentsparteien der Mitte und der Linken sich schwertaten, in irgendwelchen Punkten zusammenzuarbeiten. Sie hatte sowohl in der Heeresleitung als auch am Königshof Sympathien für den Faschismus entdeckt. Es bestand aller Grund zur Annahme, daß ein vollkommener Griff nach der Macht erfolgreich sein würde. Daß er einen solchen nun beabsichtigte, deutete Mussolini im Frühjahr 1922 dem Parlament gegenüber an, indem er erklärte, er werde einen groß angelegten Aufstand in Gang setzen, falls ein Ministerpräsident ernannt werde, der für eine «antifaschistische Reaktion» eintrete.

Selbst diese Drohung veranlaßte die liberale und die sozialistische Partei nicht, gemeinsam zu handeln. Statt dessen riefen die Sozialisten im August 1922 einen Generalstreik aus. Der Streik war so schlecht organisiert, daß er scheitern mußte – was er auch tat. Aber er brachte eine Nation, die der Streiks und der Agitation müde war, an den Rand der Verzweiflung und spielte den Faschisten einen Vorwand in die Hände, dem Sozialismus offen den Krieg zu erklären, alle Hauptquartiere der Sozialisten und Gewerkschaften in Livorno, Genua und anderen Schlüsselstädten zu verwüsten, Druckereien zu zerstören, das Gebäude der Zeitung «Avanti» in Mailand, für die Mussolini ehemals gearbeitet hatte, niederzubrennen und die sozialistische Regierung dieser

61. Marsch auf Rom am 24. 10. 1922. Faschistische Marschkolonnen passieren die Brücke von Salario

Stadt abzusetzen. Als die Öffentlichkeit nichts dagegen unternahm und die konservative und die liberale Presse die Aktion lobend erwähnten, fühlten sich die Faschisten ermutigt, noch weiter zu gehen. In den folgenden Wochen übernahmen sie den Stadtrat in Ferrara, Cremona, Parma, Ravenna und auch in Livorno.

Dieser letzte Schritt war eine notwendige Vorbereitungsmaßnahme für den Coup auf Landesebene, der jetzt organisiert wurde. Im September und Oktober führten die Faschisten vorsichtige Verhandlungen mit Royalisten und kirchlichen Kreisen, um mögliche Einmischung zu verhindern. Dann, am 27. Oktober 1922, ordnete Mussolini die Mobilmachung seiner Schwarzhemden und den Beginn eines allgemeinen Marsches auf Rom an. Er war nicht ganz zuversichtlich, was den Ausgang des geplanten Coup betraf, und hielt sich in der Nähe der schweizerischen Grenze auf für den Fall, daß er es für ratsam hielte, zu fliehen. Es war nicht nötig. Die einzige Möglichkeit zum Widerstand verstrich, als König Viktor Emanuel III. sich weigerte, die von seinem Ministerpräsidenten geforderte Ausrufung des Kriegsrechts zu unterzeichnen. Danach überzeugte eine faschistische Delegation den König, daß Mussolini der einzig mögliche Ministerpräsident sei, und der König willigte ein, ihn zu ernennen.

Die Konsolidierung der Revolution. In seiner ersten größeren Rede in der Kammer erklärte Mussolini den neugierigen Abgeordneten, er habe sich geweigert, «den Sieg zu übertreiben».

«Mit 300000 voll bewaffneten, hart entschlossenen jungen Männern mit einer nahezu mystischen Bereitschaft, auf meinen Befehl hin zu handeln, hätte ich all jene, die den Faschismus diffamiert und zu schädigen gesucht haben, strafen können. Ich hätte aus diesem verfilzten, grauen Versammlungssaal ein Biwak für «Squadristi» machen können, ich hätte das Parlament hinauswerfen und eine Regierung allein von «Fascisti» bilden können. Ich hätte das tun können, aber ich wollte es nicht, zumindest für den Augenblick nicht.»

Diese Rede beruhigte seine Zuhörer, so daß sie annahmen, der neue Ministerpräsident unterscheide sich durch nichts von den vorherigen und man könne ihn später immer wieder loswerden, falls er aufsässig werde. Mussolini machte sich diese Stimmung zunutze, um in langsamen Schritten die Herrschaft über den Staat an sich zu reißen. Im ersten Jahr seiner Macht wurden die Präfekturen, die Polizeiämter und die Schlüsselpositionen in der Bürokratie des Landes mit neuen faschistischen Beamten besetzt, und die Ernennung einer großen Anzahl faschistischer Senatoren sorgte für die Kontrolle der Partei über den Senat. Es folgten gewagtere Übergriffe. Der erste, der vielen die Augen für Mussolinis wahre Absichten öffnete, war die Umwandlung der «squadristi» in eine vom Staat bezahlte nationale Parteimiliz. Der zweite war die Einbringung des sogenannten Acerbo-Wahlgesetzes Ende des Jahres 1923, das festlegte, daß bei Landeswahlen die Partei oder die Koalition mit dem größten Stimmenanteil, der mindestens 25 Prozent der insgesamt abgegebenen Stimmen betragen mußte, automatisch zwei Drittel der Sitze in der Kammer erhielt. Diese Vorlage stieß bei den «popolari», den reformerischen Sozialisten und den linken Liberalen auf Ablehnung. Die Mitte und die Rechte aber, einschließlich solcher Würdenträger wie Giolitti, Orlando und Salandra, stimmten dafür.

In den Wahlen vom April 1924 wurden trotz faschistischer Gewaltanwendung in den Wahllokalen 2,5 Millionen Stimmen für nichtfaschistische Parteien abgegeben. Doch Mussolinis Partei erzielte 4,5 Millionen Stimmen und erhielt zwei Drittel der Sitze in der Kammer. Das Abgleiten in den Totalitarismus wurde unmittelbar augenfällig. Das deutlichste Zeichen hierfür war die Liquidation der gefährlichsten Gegner des neuen Regimes, die im Juni 1924 mit der brutalen Ermordung von Giacomo Matteotti, einem Führer der gemäßigten Sozialisten und unerschütterlichen Kritiker der Politik Mussolinis, einsetzte.

Die Nachricht, daß dieser mutige, weiterhin bewunderte Mann entführt und tot in einem Graben liegengelassen worden war, erzeugte landesweit eine so heftige Reaktion, daß die gesamte faschistische Organisation erschüttert wurde. Doch nachdem man vergeblich auf eine disziplinarische Maßnahme des Königs gegen die Partei des neuen Ministerpräsidenten gewartet hatte, begingen die Oppositionsabgeordneten den größten taktischen Fehler. Um ihren Abscheu gegen das neue Regime zu bekunden, verließen sie demonstrativ die Abgeordnetenkammer, «bis die Herrschaft des Rechtes wieder eingekehrt» sei. Mit diesem Auszug traten sie aus der einzigen Arena ab, in der sie vor den Augen der gesamten Nation den Faschismus hätten bekämpfen können. Sie hatten dem Feind das Feld überlassen.

Mussolini erkannte dies. In einer dramatischen Rede in der Kammer im Januar 1925 erklärte er: «Ich allein übernehme die politische, moralische und historische Verantwortung für alles, was geschehen ist.» Gleichzeitig ordnete er neue Angriffe auf die Opposition an, die am Ende ihrer Kräfte war. Im Laufe des Jahres 1925 verloren die nichtfaschistischen Kabinettsmitglieder ihre Posten, und alle anderen Parteien wurden aufgelöst. Die Pressezensur wurde verschärft, und Verlegern von Zeitungen wie z. B. des «Corriere della Sera» legte man nahe, Redakteure mit unabhängiger Gesinnung zu entlassen. Die Übernahme der Bürokratie und der Gemeindeverwaltung war abgeschlossen, und es wurde eine Geheimpolizei (OVRA) aufgestellt. Italien war ein totalitärer Staat geworden.

Die Institutionen des Faschismus

Der Regierungsapparat. Die Faschisten versuchten nicht sofort, den ererbten Regierungsapparat abzuschaffen. Doch Mussolini wurde die Gesetzesinitiative übertragen, und er konnte nach Belieben mittels Erlassen regieren. Ihm stand das Recht zu, alle Posten zu besetzen, und alle ernannten Beamten waren ihm gegenüber verantwortlich, einschließlich der Leiter von Ministerien und der Staatsminister.

Wie in der Sowjetunion ging die Macht im Lande von der Partei aus. Diese bestand schließlich aus etwa 10000 örtlichen «Fasci», zusammengefaßt in Provinzialverbänden. An der Spitze der Parteipyramide stand der Große Faschistische Rat, ein Organ von ungefähr zwanzig Personen, das die Partei lenken sowie in Verfassungsangelegenheiten und anderen wichtigen Punkten zu Rate gezogen werden sollte. Die eigentliche Autorität lag bei seinem Vorsitzenden (Mussolini) und dem Generalsekretär der Partei.

Die Mitgliedschaft in der Partei bildete die Voraussetzung für eine politische Karriere und brachte auch bei anderer Tätigkeit Vorteile mit sich. Sie wurde – zumindest bis zu den Jahren der Wirtschaftskrise – eifrig angestrebt, so daß die Partei Auswahlmöglichkeiten hatte und gewisse Anforderungen an die Kandidaten stellen konnte. Nach 1927 durfte z. B. niemand mehr auf seine Zulassung zur Partei hoffen, wenn er die abgestuften Jugendorganisationen der Partei nicht durchlaufen hatte: die «Balilla», die «Avanguardia», die «Giovani Fascisti». Die anderen Machtorgane im Staat kontrollierte die Partei durch Infiltration und durch gleichgerichtete Institutionen. D. h. es gab viele überzeugte Faschisten innerhalb der Hierarchie der regulären Streitkräfte und in der nationalen und lokalen Polizei; daneben aber unterhielt die Partei eigene Polizeikräfte und – um die Kontrolle über das reguläre Militär zu ermöglichen – eine große, gutausgerüstete Parteimiliz.

Die Faschisten befanden es für zweckmäßig, mit einer anderen mächtigen Institution einen Waffenstillstand zu schließen. Im Jahre 1929 setzten lange Verhandlungen zwischen Mussolini und Papst Pius XI. der althergebrachten Fehde zwischen dem Vatikan und dem Königreich Italien ein Ende (s. S. 254). Als Gegenleistung für die Anerkennung des Königreiches Italien durch den Papst und seinen Verzicht auf alle Ansprüche bezüglich des früheren Kirchenstaates erkannte die Regierung die Souveränität des Papstes im Vatikan und in St. Peter an. In Ergänzungsabkommen sah man eine finanzielle Regelung vor und erkannte dem Papst das Recht zu, nach Konsultation der Regierung alle Bischöfe für Italien zu ernennen. Der Staat zahlte den Geistlichen weiterhin ihre Gehälter und verlangte einen Treueeid von ihnen. Diese Lateranverträge waren wohl Mussolinis populärste Maßnahme und gewiß die wesentlichste. Sie überdauerten seinen Sturz und wurden in die Verfassung der neuen Republik Italien aufgenommen.

Der korporative Staat. Eine Seite der faschistischen Herrschaft, für die am meisten geworben wurde, stellte der Korporativismus dar, der angeblich den krassen Individualismus des liberalen Staates und den Klassenkonflikt überwinden sollte. Diesem Ziel dienten die Auflösung der Gewerkschaften sowie die Abschaffung von Streiks und Aussperrungen. Als Ersatz dafür faßte man einen Großteil der Bevölkerung in Syndikaten oder Korporationen von Unternehmern, Arbeitnehmern und Freiberuflichen zusammen, unter deren gemeinsamer Leitung Arbeitsgerichte zur Beilegung von Arbeitsstreitigkeiten entstanden. Dieses System ergänzte man durch Gesetzessammlungen über faire Praktiken, die bestimmte Arbeitsbedingungen garantierten und eine Sozialversicherung vorsahen. Mit der Zeit wurde verschiedenen Korporationen das Recht zugestanden, dem Großen Faschistischen Rat Parlamentskandidaten vorzuschlagen und Delegierte in einen Nationalrat zu entsenden, der das Parlament in Wirtschaftsangelegenheiten beraten sollte.

In Wirklichkeit war der Korporativismus eine Täuschung und funktionierte in der Praxis niemals. Den Faschisten diente er in dreifacher Hinsicht. Er verschleierte die krassen Grundzüge ihres Totalitarismus und ließ Ausländer glauben, Italien errichte ein neues, gerechteres Gesellschaftssystem, in dem der Wille des Volkes voll und ganz zum Ausdruck komme. Zum zweiten stellte er die wichtigsten Anhänger der faschistischen Bewegung zufrieden, die Industriellen und die Großgrundbesitzer, indem er die Möglichkeit einer wirksamen Arbeiterorganisation ausschaltete. Drittens sorgte er für eine große Anzahl von Posten für Parteimitglieder.

Wirtschafts- und Gesellschaftspolitik. Die Institutionen des Korporativismus halfen die gesellschaftlichen Unruhen beizulegen, die die letzten Jahre vor dem Marsch auf Rom gekennzeichnet hatten; doch steuerten sie sehr wenig zum besseren Funktionieren der italienischen Wirtschaft oder zur Verbesserung der Lebensbedingungen des italienischen Volkes bei. Da Mussolini keine zusammenhängenden Vorstellungen über die Wirtschaft besaß, war er fasziniert vom Spektakulären und Unerreichbaren. Er schwächte das Finanzgefüge des Staates durch umfassende Programme für öffentliche Arbeiten und übertrieben ehrgeizige Verkehrsplanungen (die immerhin, wie seine Bewunderer betonten, dafür sorgten, daß die Züge pünktlich fuhren und daß Italien ein Straßennetz erhielt, das zu den besten in Europa zählte) und durch den Aufbau einer Armee, einer Flotte und einer Luftwaffe, die sich letztlich als Luxus erwiesen.

Noch gefährlicher war seine beharrliche Vorstellung, Italien müsse den Weg der Autarkie einschlagen – bei den Einnahmequellen und der geographischen Lage Italiens eine unsinnige Forderung. Sie veranlaßte ihn dazu, eine «Weizenschlacht» einzuleiten, die dazu führte, daß große Mengen Weizen zu unwirtschaftlichen Preisen produziert wurden, und zwar auf Kosten des Olivenanbaugebietes, des Weidelands und des Obstanbaugebietes. Die Folge war eine Wirtschaftskrise. Der Autarkiegedanke veranlaßte ihn, Ehestandsdarlehen einzuführen, Medaillen und Preise für Kinderreichtum zu verleihen und zu verkünden, sein Ziel sei eine Bevölkerungszunahme auf 60 Millionen. Was es für den Lebensstandard in Italien bedeutet hätte, wenn Mussolini das erreicht hätte, ist leicht vorauszusagen. Bereits im Jahre 1930 stellte ein Bericht der Internationalen Arbeitsorganisation fest, daß die Reallöhne in Italien niedriger seien als in jedem anderen westeuropäischen Land, einschließlich Spanien. Dies schien Mussolini nicht zu stören; im Jahre 1936 sagte er in der Öffentlichkeit, Ziel des Faschismus sei *nicht*, den Wohlstand wiederherzustellen; Italien bewege sich wahrscheinlich auf einen dauerhaft niedrigen Lebensstandard hin, was immerhin moralisch und physisch für alle gesünder sei.

Auf dem Gebiet der Volksbildung verzeichnete der Faschismus einige Fortschritte, zumindest was die Zunahme des Grundschulbesuchs und die Senkung des Analphabetentums betrifft. Der Inhalt der Grundschulerziehung allerdings ließ viel zu wünschen übrig; denn die Zeit wurde damit vertan, den Schülern die «faschistische Kultur» einzudrillen, anstatt sie für die Grundfächer zu nutzen. Schließlich bezog der Geist nicht viel Nahrung aus einer Speise wie dem folgenden Auszug, den Denis Mack Smith aus einem faschistischen Lehrbuch für Achtjährige heraussuchte: «Ein Kind, das fragt ‹warum›, selbst wenn es den Gehorsam nicht verweigert, ist wie ein Bajonett aus Milch».

Insgesamt gesehen ist das Beeindruckende der Leistungen des faschistischen Regimes auf wirtschaftlichem und sozialem Gebiet das, was unterlassen wurde. Alle wirklich schwierigen Probleme blieben unangetastet – die gesellschaftliche und politische Rückständigkeit des Südens, das Problem des Banditentums, die Mafia, die vorherrschende Malaria, die ungleiche Einkommensverteilung und vieles andere. Luigi Barzini schrieb, Mussolini habe seine Zeit nicht darauf verwandt, konstruktive Arbeit zu leisten, sondern um sich aufzuspielen, was das Volk zugegebenermaßen allem Anschein nach bis zu den Kriegsjahren genoß.

Die faschistische Doktrin. Die offizielle Doktrin der faschistischen Bewegung war ebenso betrügerisch wie das Konzept des Korporativismus und ebenso verworren wie der Geist ihres Anführers. Mussolini hob rühmend hervor, der Faschismus bedürfe keiner Grundsätze, die Faschisten seien «die Zigeuner der Politik» und Handeln sei wichtiger als eine Philosophie. Erst als ausländische Experten über die philosophischen Grundlagen der Bewegung zu schreiben begannen, hielt er es für notwendig, ihnen mit eigenen doktrinären Erklärungen entgegenzukommen.

Da es immer für ihn mehr Dinge gab, die er ablehnte, als er befürwortete, strotzten diese Erklärungen von Negationen. Der Faschismus wurde immer als Antithese gegen Liberalismus, Demokratie und Sozialismus erklärt. Doch wer wissen wollte, inwiefern man das als Empfehlung ansehen solle, erhielt kaum eine direkte Antwort, weder von Mussolini noch von seinem speziellen Philosophen, Giovanni Gentile. Im allgemeinen wurde die Linie vertreten, daß jene älteren Philosophien das Ideal von Gemeinschaft und Nation zugunsten einer irrigen Auffassung von Freiheit opferten und daß sie die wesenseigene Würde des Menschen verkümmern ließen, indem sie Individualismus, Materialismus und Rationalismus förderten. Der Faschismus hingegen bringe Freiheit durch ein autoritäres Regierungssystem sowie Heldentum und Würde durch Disziplin und Opferbereitschaft. Dies konnte nicht bewiesen werden, man mußte es fühlen. Gentile schrieb:

«Wir alle haben teil an einer Art mystischem Gefühl, [in dem] wir keine klaren und deutlichen Vorstellungen fassen ... aber gerade in jenen mystischen Augenblicken, in denen unsere Seele von der Penumbra einer neu geborenen Welt umgeben ist, keimt ein kreativer Glaube in unserem Herzen ... Der faschistische Geist ist Wille, nicht Intellekt.»

Wo der Intellekt fehlte, war es notwendig, auf Beschwörung zurückzugreifen. Die doktrinären Erklärungen faschistischer Anführer stellen zum größten Teil rhapsodische, unzusammenhängende Verherrlichungen des Staates dar, in denen die Worte *Macht, Mut, Blut, Opferbereitschaft, Sieg* und vor allem *Wille* mit monotoner Regelmäßigkeit auftauchen. Italiens größter Philosoph dieser Zeit, Benedetto Croce (1866–1952), blickte mit Recht voll Verachtung auf dieses Sammelsurium von Ideen. In einer Erklärung, die Dutzende antifaschistischer Intellektueller am 1. Mai 1925 unterzeichneten, sagte er, sie sei «eine zusammenhanglose, bizarre Mischung von Aufrufen ... sterilem Greifen nach einer Kultur ohne Grundlage, mystischer Stumpfheit und Zynismus».

Croces Hervorhebung der letzten Eigenschaft ist keineswegs fehl am Platze. In der bemerkenswerten Darstellung faschistischer Realität in den Romanen von Alberto Moravia (insbesondere in «Die Gleichgültigen») findet sich herzlich wenig Macht, Mut oder Heldentum; und nach dem vernichtenden Bericht über Bereicherung und Korruption, den Mussolinis Polizeichef Senise der Welt in seinen Memoiren hinterlassen hat, klingt all das stolze Gerede von Opferbereitschaft und Disziplin lächerlich.

Der Kult um den «Duce». Wenn der korporative Staat und die Philosophie des Faschismus ernster genommen wurden, als sie es verdienten, so lag das weitgehend an dem Respekt und der Furcht, die Mussolini Italien und der übrigen Welt einflößte. Doch die imposante Persönlichkeit des «Duce» war großenteils eine Schöpfung der von ihm kontrollierten Presse. Dank der faschistischen Zensur wurde er seinem Volk und der Welt als der Übermensch dargestellt, auf den sie lange gewartet hatten – als Mann von unnachgiebiger Entschlossenheit, als erfahrener und genialer Soldat (er war wie Hitler Korporal gewesen, allerdings ohne Hitlers langen Dienst an der Front), als aufopfernder Staatsdiener, der Tag und Nacht für sein Volk arbeitete, als Mann von starker Leidenschaft, aber asketischer Disziplin, und als das politische Genie, dessen Voraussagen von unheimlicher Genauigkeit waren. Die Landschaft war übersät von Schildern, die seine Untertanen erinnerten: «Mussolini ha sempre ragione» («Mussolini hat immer recht!»), und von gigantischen Porträts, die ihn in Kommandierpose darstellten.

Es ist vielleicht verständlich, daß die Bauern und Arbeiter Italiens, die nicht lesen und schreiben konnten, an ihn glaubten. Es ist aber immer noch unbegreiflich, daß sich so viele italienische Intellektuelle und ausländische

Staatsmänner von Eigenschaften beeindrucken ließen, die der «Duce» gar nicht wirklich besaß. Daß Männer wie Austen und Neville Chamberlain die Legende über Mussolini akzeptierten und bereit waren, seine Prahlereien und seine Drohungen für bare Münze zu nehmen, hatte auf die Dauer die Wirkung, daß Mussolini selbst der Überzeugung war, er verfüge über die Eigenschaften und die Macht, von der sie glaubten, er besitze sie.

Die Außenpolitik in der Anfangsphase des Faschismus

Erste Schritte: Korfu. Während der Jahre vor dem Marsch auf Rom hatte Mussolini wiederholte Male den «Verzichtfrieden» angegriffen und beharrlich betont, daß ein Italien unter faschistischer Führung sich weigern würde, sich an diese Bedingungen gebunden zu betrachten. Immer wieder hatte er versichert, Italien müsse eine expandierende Macht sein. Soweit die Friedensverträge der italienischen Expansion im Wege ständen, müßten sie revidiert werden, und Italien lasse sich durch die Verfahren des neuen Völkerbunds nicht daran hindern. Für diese Organisation, so bekannte Mussolini, empfinde er die größte Verachtung. In seiner ersten Parlamentsrede warnte er Europa streng, Italien habe nicht die Absicht, den Status quo lediglich um des Friedens willen aufrechtzuerhalten. Aber er machte deutlich, daß man ihn durch Bestechung zum Stillhalten bewegen könne.

Als niemand auf diese Andeutung reagierte, ging Mussolini daran, den Beweis zu erbringen, daß es gefährlich sei, ihn nicht zu beachten. Im August 1923 wurde ein italienischer General mit seinem Stab an der griechisch-albanischen Grenze getötet, vermutlich durch albanische Banditen. Ohne abzuwarten, bis man die Täter ermittelt oder auch nur herausgefunden hatte, auf wessen Boden der Mord begangen worden war, entsandte Mussolini ein Ultimatum an die griechische Regierung, in dem er unzählige Entschuldigungen und Entschädigungen verlangte. Als sie nicht sofort erfolgten, bombardierten italienische Truppen die griechische Insel Korfu und besetzten sie. Als Griechenland den Völkerbund anrief, reagierte der «Duce» verächtlich. «Im Falle, daß der Völkerbund sich in dieser Angelegenheit für zuständig erklärt», sagte er hochmütig, «erhebt sich für Italien die Frage, ob es im Völkerbund bleiben oder austreten soll. Ich habe mich bereits für die zweite Möglichkeit entschieden.» Die westlichen Mächte beschlossen, keine Entscheidung zu erzwingen, und übertrugen den Streitfall dem Botschafterrat in Paris, der die Rückgabe Korfus an Griechenland und als Gegenleistung eine Entschädigungszahlung an Italien beschied. Damit errang Mussolini einen billigen Triumph und ließ die ersten Zweifel an der Wirksamkeit des Systems der kollektiven Sicherheit aufkommen.

Korfu scheint jedoch seine Erfindungsgabe erschöpft zu haben. Jedenfalls wurde seine ganze Energie in den nächsten beiden Jahren von drängenden innenpolitischen Problemen beansprucht. Er begnügte sich damit, die Leistung der Außenpolitik den Berufspolitikern zu überlassen, die die Ideologie dämpften und sich um das Vertrauen der traditionellen Freunde Italiens sowie um einen Beitrag zur allgemeinen Befriedung Europas bemühten. Unter ihrer Leitung regelte Italien nicht nur seine Beziehungen zu Jugoslawien, sondern nahm auch an den Verhandlungen von Locarno teil.

Auf dem Wege zu Revisionismus und Imperialismus. Mussolini war für Gelegenheiten, bei denen er sich als Hüter von Ordnung und öffentlichem Recht aufspielen konnte, nicht unempfänglich. Gleichwohl sagte ihm die Außenpolitik der Versöhnung nicht zu. Die Genugtuung, die aus einer Diplomatie der Zusammenarbeit erwachsen konnte, schien ihm für ein faschistisches Italien, das die Welt mit eigenen spektakulären Siegen blenden sollte, nicht ausreichend zu sein.

Seine Voreingenommenheit zeigte sich Ende der 20er Jahre deutlich an seiner Politik im Donaugebiet. Mit wirklich staatsmännischem Format hätte er in diesem Gebiet vielleicht wirtschaftlichen Vorteil und persönliches Prestige gewinnen und zugleich zur allgemeinen Sicherheit Osteuropas beisteuern können. Mussolini schien diesen Dingen weniger Interesse entgegenzubringen als der Fortsetzung eines sinnlosen Wettkampfes mit Frankreich in diesem Gebiet. Zunächst versuchte er, dessen Bündnissystem zu schwächen, und dann, als das nicht gelang, einen Gegenblock unter italienischer Führung zu errichten. In Verfolgung dieses zweiten Zieles schloß er Geheimabkommen mit Österreich, Ungarn und Bulgarien und verstieß damit gegen die militärischen Klauseln des Versailler Vertrages. Im Januar 1928 wurden italienische Agenten ertappt, als sie fünf Wagenladungen von Maschinengewehren nach Ungarn beförderten, und wenig später beteiligte sich die italienische Regierung an einem Plan, große Mengen von Handwaffen und Maschinengewehren an faschistische Elemente in Österreich zu schicken. Dieses Vorgehen erweckte in den anderen Balkanländern größte Befürchtungen.

Das aber kümmerte den «Duce» wenig. Die Verschlechterung der wirtschaftlichen Bedingungen Ende der 20er Jahre und der nachfolgende Bruch in den europäischen Machtverhältnissen eröffneten ihm neue Perspektiven und machten ihn unduldsam gegenüber althergebrachten Zwängen. 1932 entließ er seinen Außenminister und übernahm dessen Aufgabenbereich. Schon vorher hatte er eine starke Erweiterung der italienischen Flotte und den Plan des zukünftigen Imperialismus proklamiert, indem er verkündet hatte, die Italiener würden nicht Gefangene im Mittelmeer bleiben.

24. Das republikanische Experiment in Deutschland

Während in Rußland und in Italien totalitäre Regime ihre Macht konsolidierten, unterzog sich Deutschland einem Experiment, um festzustellen, ob in diesem Land eine demokratische Republik funktionieren könne. Nach vierzehn Jahren – voller Prüfungen und Krisen – scheiterte es. Hätten die Völker Deutschlands und der europäischen Nachbarstaaten auch nur einen noch so kurzen Blick auf das werfen können, was ihnen in den 40er Jahren bevorstand, so hätten sie sicherlich jedes nur mögliche Opfer gebracht, um die Weimarer Republik gegen ihre Feinde zu schützen. Doch es mangelte der Republik stets an Freunden und Befürwortern, wenn sie sie gerade am dringendsten brauchte.

Die Gründung der Republik

Die Revolution. Die deutsche Revolution von 1918 war das Resultat von Verwirrung. Die abrupte Ankündigung, daß der Krieg verloren sei und daß die Regierung um Waffenstillstand ersuche, bestürzte die öffentliche Meinung und schuf eine Situation, in der Kriegsmüdigkeit, Angst, Hunger, Ernüchterung und gesellschaftliche Ressentiments in Gewalt ausarteten. Ende Oktober ging in dem Flottenstützpunkt in Kiel das Gerücht um, die deutsche Hochseeflotte solle zur See beordert werden, um den Briten zum letzten Mal Widerstand zu leisten. Die Proteste der Mannschaften gegen diese selbstmörderische Geste führten zu Verhaftungen, die weitere Demonstrationen auslösten. Schließlich wurde am 4. November in der Stadt ein Arbeiter- und Soldatenrat nach sowjetischem Muster errichtet. Dem Kieler Beispiel folgten andere Küstenstädte, und die Bewegung griff dann rasch auf Hannover, Magdeburg, Braunschweig, Oldenburg, Schwerin, Rostock, Köln, Dresden und Leipzig über.

In allen Fällen erlangten die Räte die Kontrolle über die Stadtverwaltung. Sie beschränkten sich aber darauf, die Beendigung des Krieges und die Abdankung Kaiser Wilhelms II. zu fordern. In Süddeutschland jedoch nahmen die Ereignisse eine ernstere Wendung. Am 8. November bildete sich in München ein konstituierender Soldaten-, Arbeiter- und Bauernrat unter Führung des Unabhängigen Sozialisten Kurt Eisner und proklamierte unverzüglich die Errichtung einer Demokratischen und Sozialen Republik in Bayern. Dieses Vorgehen zwang die Reichsregierung, den republikanischen Kurs einzuschlagen.

Am Morgen des 9. November verkündete Prinz Max von Baden, der seit September Kanzler war, daß Wilhelm II. und der Kronprinz auf ihre Thronrechte in Deutschland und in Preußen verzichteten, und er selbst sein Amt

Friedrich Ebert, dem Vorsitzenden der Mehrheitssozialdemokraten, übergebe. Ebert verkündete unmittelbar darauf, die neue Regierung werde «eine Volksregierung» sein, und ihr Ziel sei es, «dem deutschen Volk den Frieden schnellstens zu bringen». Er sagte nichts von einer Republik, doch war Eisners Aktion in München jetzt in Berlin bekannt. Die Wellen schienen dem Republikanismus so stark entgegenzuschlagen, daß Eberts Mitarbeiter es für notwendig hielten, dieses Anliegen zu dem ihrigen zu machen. Daher erklärte Philipp Scheidemann am 9. November 1918 um 14.00 Uhr während einer Massendemonstration vor dem Reichstag: «Die Hohenzollern haben abgedankt. Es lebe die deutsche Republik!»

Diese Ankündigung wurde überall im Lande ruhig aufgenommen. Das monarchische System und die sie stützende politische und militärische Hierarchie waren durch den Krieg so vollkommen in Mißkredit geraten, daß niemand mehr bereit war, für sie zu kämpfen. Der Übergang vom Alten zum Neuen wurde jedoch erschwert durch die Uneinigkeit in den sozialistischen Parteien.

Die Mehrheitssozialisten waren Revisionisten (s. S. 230f.), die seit langem jeden Glauben an die Notwendigkeit einer gewaltsamen Revolution aufgegeben hatten. Nun, da die Macht für sie in Reichweite schien, waren sie nicht geneigt, sehr viel für eine Gesellschaftsreform zu unternehmen, solange nicht bestimmte dringende Aufgaben erledigt waren – z. B. die Wiederherstellung einer normalen Lebensmittelversorgung für die Bevölkerung. Ebert war sich im klaren darüber, daß eine übermäßige Begeisterung für die Revolution die gesellschaftliche Desintegration fördern und das Land für separatistische Bestrebungen sowie Übergriffe Polens und anderer Länder anfällig machen könne. Sein Wunsch war es, die Ordnung wiederherzustellen und dann so schnell wie möglich Wahlen für eine Nationalversammlung anzuberaumen, die eine neue Verfassung für das Land ausarbeiten, ihm eine Regierung mit einem klaren Mandat verschaffen und einen geordneten Fortschritt ermöglichen würde.

Der Standpunkt der Mehrheitssozialisten wurde von zwei Gruppen angefochten. Die erste, angeführt von Karl Liebknecht, dem Sohn des Gründers der Sozialdemokratischen Partei, und von der begabten polnischen Sozialistin Rosa Luxemburg, nannte sich Spartakusbund und schließlich (ab Januar 1919) Kommunistische Partei Deutschlands. Sie war internationalistisch ausgerichtet und bestrebt, den Erfolg der Bolschewiken in Rußland auch in Deutschland herbeizuführen. Ihr direktes Ziel war die Eroberung der Macht, bevor eine Nationalversammlung einberufen werden konnte. Die Spartakisten waren zahlenmäßig zu klein, um dies zu bewerkstelligen. Doch konnten sie immer auf beträchtlichen Rückhalt in der dritten sozialistischen Gruppierung zählen, der Unabhängigen sozialdemokratischen Partei. Diese hatte sich im Jahre 1916 aus Protest gegen die weitere finanzielle Unterstützung der Kriegsanstrengungen von der Mehrheit abgespalten. Die Unabhängigen waren in ihren Ansichten nie so radikal wie die Spartakisten, in den meisten

Streitpunkten mit den Mehrheitssozialisten aber unterstützten sie deren linken Flügel.

Der Aufstand des Spartakus-Bundes. Aus dieser Spaltung der sozialistischen Partei erwuchsen zwei Gefahren. Erstens drohte sie Eberts Bemühungen um die Wiederherstellung der öffentlichen Ordnung zunichte zu machen. Der Anführer der Mehrheitssozialisten hatte eine provisorische Regierung aus drei Mehrheitssozialisten und drei Unabhängigen Sozialisten gebildet. Der Erfolg dieses Organs wurde jedoch gefährdet durch Versuche der Unabhängigen und der Spartakisten, es den Arbeiter- und Soldatenräten unterzuordnen, sowie durch fortwährende Streiks, Demonstrationen und bewaffnete Putschs, zu denen die Spartakisten offen aufriefen. Zweitens führte die Spaltung Ebert in seiner berechtigten Sorge, die Spartakisten würden in naher Zukunft einen größeren Aufstand inszenieren, dazu, sich um die Hilfe von Gruppen zu bemühen, an die er sich unter anderen Bedingungen möglicherweise nicht gewandt hätte. Schon am 9. November hielt er es für notwendig, ein stillschweigendes Übereinkommen mit General Wilhelm Groener, dem Nachfolger Ludendorffs in der Obersten Heeresleitung, zu treffen, das eine Politik der gegenseitigen Unterstützung gegen den Bolschewismus vorsah. Später, als die Gefahr eines spartakistischen Aufstands konkreter wurde, bevollmächtigte er seinen Kollegen aus der MSPD, Gustav Noske, freiwillige Streitkräfte aufzustellen. Noske, der unter den Mitgliedern der sozialistischen Partei oder der Gewerkschaften kaum auf Begeisterung für einen solchen Dienst stieß, war gezwungen, auf Gruppen von ehemaligen Soldaten (Freikorps) zurückzugreifen, die sich auf den Aufruf ihrer früheren Offiziere hin gebildet hatten – einige, um örtlicher Unruhen Herr zu werden, andere, um gegen den Kommunismus zu kämpfen oder die Ostgrenzen zu schützen. Einige hatten in den baltischen Ländern gegen die Roten gekämpft (s. S. 411) und waren gerade heimgekehrt. Sie waren hartgesottene Frontkämpfer und für Noskes Zwecke geradezu ideal. Man konnte sich jedoch gut vorstellen, daß sie ebenso bereitwillig gegen die Demokratie kämpfen würden wie gegen den Bolschewismus.

Das Arrangement mit Groener und die Notwendigkeit, sich auf die Freikorps zu verlassen, raubten Ebert in Zukunft viel von seiner Handlungsfreiheit in militärischen Angelegenheiten. Doch die Befürchtungen, die ihn trieben, diese Nachteile in Kauf zu nehmen, waren wohlbegründet. Im Januar 1919 begannen die Spartakisten in Berlin tatsächlich einen bewaffneten Aufstand, und vier Tage lang waren Ebert und seine Kollegen isoliert in einer Stadt, die praktisch dem Kommunismus anheimgefallen war. Am 10. Januar jedoch leiteten die Freikorps ihren Vorstoß ein, trieben die Spartakisten aus den von ihnen besetzten Gebäuden und erzwangen ihre Kapitulation. Am 15. Januar hatte man Rosa Luxemburg und Liebknecht brutal ermordet, und Berlin war von den Roten befreit. Die Regierung hatte die Stadt fest unter Kontrolle. Die Freikorps waren nun stark genug, um Operationen gegen die

Provinzstädte einzuleiten; und in allen revolutionären Zentren setzte eine systematische Säuberung von subversiven Elementen ein. Schließlich stellte man im Juni die Ordnung in München wieder her, wo Kurt Eisner ermordet worden war und wo Agenten der Komintern aktiv gewesen waren. Die Phase der Gewalt in der deutschen Revolution war nun vorüber.

Die Nationalversammlung. Die Beseitigung der Gefahr für die Regierungsgewalt in Berlin hatte Ebert unterdessen ermöglicht, sein ersehntes Ziel zu erreichen: die Einberufung einer Nationalversammlung. Die Wahlen vom 19. Januar 1919 zeigten, daß die nichtsozialistischen Kräfte im Lande die Lähmung, von der sie im November und Dezember befallen schienen, überwunden hatten. Von den 421 gewählten Abgeordneten waren nur 185 Sozialisten (163 Mehrheits-, 22 Unabhängige Sozialisten). Das katholische Zentrum errang 91 Sitze; die neue Deutsche Demokratische Partei (die die Fortschrittspartei der Vorkriegszeit ablöste) gewann 75 Sitze; 44 Abgeordnete bezeichneten sich als Deutschnationale; eine neue Volkspartei (die die Überreste des nationalliberalen Anliegens vertrat) nahm 19 Sitze ein; und es gab weitere Parteien. Es war offenkundig, daß die Sozialisten in Zukunft nicht damit rechnen durften, sich durchsetzen zu können.

Als die Nationalversammlung im Februar in Weimar zusammentrat, hatte sie drei Aufgaben zu bewältigen. Sie mußte eine legale Regierung einsetzen, mit den Alliierten Frieden schließen und eine Verfassung für die neue Republik entwerfen. Die erste Aufgabe erledigte sie schnell. Als Friedrich Ebert der Versammlung die Regierungsgewalt übertrug, wählte sie ihn zum Reichspräsidenten und bevollmächtigte seine Partei, ein neues Kabinett zu bilden. Es mußte gezwungenermaßen ein Koalitionskabinett sein, wenn es die Unterstützung der Mehrheit finden wollte. Nachdem Scheidemann die Unabhängigen Sozialisten nicht zur Zusammenarbeit bewegen konnte, bildete er ein Kabinett, das sich zur Hälfte aus Ministern der MSPD und zur Hälfte aus Ministern des Zentrums und der Deutschen Demokratischen Partei zusammensetzte. Dies war die ursprüngliche Weimarer Koalition, und ihre Mitglieder sollten die treuesten Verfechter der Republik sein.

Die Aufgabe, Frieden zu schließen, war schwieriger. Die Mitte Mai nach Berlin übermittelten Friedensbedingungen versetzten alle Parteien in Empörung (s. S. 388). Die Alliierten machten deutlich, daß sie die Feindseligkeiten wiederaufnehmen würden, falls die Deutschen die Bedingungen nicht akzeptierten. Doch Mitte Juni berief Kriegsminister Reinhardt in Weimar eine Konferenz der führenden Generäle ein. Er unterrichtete General Groener, die Konferenz sei als Kriegsrat gedacht und falls das Kabinett beschließen sollte, dem Druck der Alliierten nachzugeben, werde er diese Entscheidung nicht anerkennen, sondern in Ostdeutschland einen Aufstand anführen. Aus diesem wahnwitzigen Plan wurde nichts. Die Begeisterung der Generäle ebbte ab, als Groener ihnen vor Augen führte, daß weder Truppen noch Munition für einen neuen Krieg vorhanden seien und daß von der Zivilbevölkerung der ostelbischen Gebiete keinerlei Rückhalt zu erwarten sei. Groener unterstützte Ebert auch darin, die Nationalversammlung zu überzeugen – nach leidenschaftlichen Debatten und nach dem Rücktritt des Kabinetts Scheidemann –, den bitteren Tropfen aus Paris hinzunehmen.

Die durch die Friedensbedingungen ausgelöste Krise stiftete Unheil. Sie gab einen Vorgeschmack von dem Irrationalismus der Rechten, der Deutschland später heimsuchte. Das Gedächtnis der extremen Konservativen und der Erzpatrioten war notorisch kurz. Sie hatten bereits vergessen, wie vernichtend Deutschland den Krieg verloren hatte, und in diesen Tagen kam die «Dolchstoßlegende» auf – der Mythos, daß die unbesiegbaren deutschen Armeen nicht durch den Feind geschlagen worden seien, sondern durch die Pazifisten, Sozialisten und Defätisten an der Heimatfront.

Der dritte Punkt der Tagesordnung der Nationalversammlung, die Verfassung zu entwerfen, beschäftigte die Delegierten bis zum 4. August 1919. Die Verfassung stellte einen ebenso beeindruckenden Versuch dar, wie ihn auch die Mitglieder der Frankfurter Versammlung im Jahre 1848 unternommen hatten: Freiheit mit nationaler Einheit und Stärke in Einklang zu bringen.

Im ersten Artikel wurde erklärt: «Das Deutsche Reich ist eine Republik. Die Staatsgewalt geht vom Volke aus», und die Macht und die Rechte des Volkes durchzogen die gesamte Urkunde. Der Reichspräsident, mit einer umfassenden Exekutivgewalt ausgestattet, sollte durch geheimes, direktes und allgemeines Stimmrecht gewählt werden. Die Verfassung sah ein Zweikammersystem vor, doch der eigentliche Mittelpunkt der Macht lag im Reichstag, dessen Mitglieder nach den Grundsätzen der Verhältniswahl durch das Volk gewählt wurden. Alle Gesetzgebung ging von dieser Volksvertretung aus, und der Kanzler und die anderen Kabinettsminister waren in ihrer Amtsführung vom Vertrauen der Mehrheit des Reichstags abhängig.

Einer der auffallendsten Wesenszüge der Weimarer Verfassung war der Versuch, einige Mängel des Bismarck-Reiches zu beheben. Die Reichsregierung war nicht mehr von den Finanzbeiträgen der einzelnen Länder abhängig, sondern erhielt das Recht, direkte Steuern zu erheben. Das Reich hatte die Zuständigkeit für die Außen- und Kolonialpolitik, die Staatsangehörigkeit, die Freizügigkeit, Reise- und Aufenthaltsangelegenheiten, die nationale Verteidigung, das Münz- und Zollwesen, das Post-, Telegraphen- und Fernsprechwesen, und ihm gehörte die Eisenbahn. In Angelegenheiten, in denen die Einzelstaaten gleichzeitig das Recht zur Gesetzgebung besaßen – Zivil- und Strafrecht, Gerichtsverfahren, Sozialfürsorge, Pressegesetze und ähnliches – hatten die Gesetze der Reichsregierung Vorrang. Die Reichsregierung nahm auch das Recht für sich in Anspruch, Richtlinien bezüglich Religion, Erziehung und Wohnungswesen festzulegen.

Die Urheber der Verfassung hätten die Zentralisation noch weitergeführt. Doch die Versammlung gab den starken Protesten insbesondere der süddeutschen Länder nach und überließ den einzelnen Staaten in der Kommunalverwaltung weitgehende Rechte. Dennoch wurde festgelegt, daß alle Länder die republikanischen Prinzipien anerkennen und das allgemeine Wahlrecht sowie die Verhältniswahl zulassen mußten. Die Beschneidung ihrer Macht trug stark zur Minderung der partikularistischen Kräfte im Lande bei.

Die Begeisterung der Verfassungsväter für ein Höchstmaß an demokratischem Verfahren führte in zweifacher Hinsicht später zu Schwierigkeiten. Zweifellos stellt die Verhältniswahl die beste Methode dar, die je ersonnen worden ist, um zu garantieren, daß alle Meinungsschattierungen vertreten sind. Bei den Reichstagswahlen angewandt, erschwerte sie jedoch den Gesetzgebungsprozeß dadurch, daß sie die Anzahl der Parteien erhöhte. Dies machte Koalitionsregierungen unumgänglich und ermöglichte antirepublikanischen Splittergruppen, die sonst aus Mangel an Aufmerksamkeit möglicherweise zugrunde gegangen wären, eine parlamentarische Vertretung. Einen weiteren Beweis für die ängstliche Rücksichtnahme auf die Souveränität des Volkes lieferten die Bestimmungen über die Gesetzesinitiative und den Volksentscheid. Auch diese hatten verhängnisvolle Folgen, vielleicht weil sie nicht hinreichend gegen Mißbrauch abgesichert waren. Die Bedingungen für einen Volksentscheid konnte man so leicht erfüllen, daß Feinde der Republik ihn als Mittel der Obstruktion benutzten.

Schließlich sollten die Ereignisse beweisen, daß die ausgedehnten Vollmachten des Reichspräsidenten mißbraucht werden konnten. Dem Präsidenten wurde das Recht zuerkannt, die Streitkräfte zu befehligen, den Kanzler zu ernennen und zu entlassen, in bestimmten Fällen zu einem Volksentscheid aufzurufen und in Krisenzeiten die Verfassung zu suspendieren. Dieses letzte Recht, niedergelegt in Artikel 48, wurde schließlich angewandt, um die Republik zu unterminieren. Seine Urheber waren bestrebt, der Regierung die Macht zu geben, um kommunistische Unruhen bewältigen zu können; und angesichts des Zustands, in dem sich Deutschland zur Zeit der Fertigstellung der Verfassung befand, kann man ihnen vielleicht nicht verdenken, daß sie nicht vorhersahen, daß die wirkliche Gefahr einmal von einem Präsidenten unter reaktionärem Einfluß ausgehen würde.

Antirepublikanische Kräfte. Die Weimarer Verfassung sah alles vor, was in einem Dokument berücksichtigt werden konnte, um die Bedingungen zu schaffen, unter denen eine demokratische Republik zu wachsen und zu erstarken vermochte. Was die Republik jedoch wirklich brauchte, waren Zeit und Freunde – eine krisenfreie Periode und eine große Gruppe überzeugter Republikaner im Parlament, im Staatsdienst und in der Öffentlichkeit. Sie hatte nichts von beidem. Die vier Jahre nach Bekanntmachung der Weimarer Verfassung waren Jahre der fortwährenden Krise, meistens durch Ereignisse und Zwänge von außen ausgelöst. Zugleich hatte die Republik die ganze Zeit über mehr Feinde und Gleichgültige als aufopferungsvolle Freunde.

An den beiden äußersten Enden des politischen Spektrums fanden sich eingefleischte Gegner, die alles, was in ihrer Macht lag, unternahmen, um das republikanische Experiment zunichte zu machen. Auf der Linken standen die

Kommunisten und der linke Flügel der Unabhängigen Sozialisten, die der Überzeugung waren, die Mehrheitssozialisten hätten die Revolution verraten. Auf der Rechten befanden sich die Nationalisten, zum größten Teil unverbesserliche Monarchisten, Großgrundbesitzer und Industrielle, die die Mehrheitssozialisten für ebenso gefährlich hielten wie die Bolschewisten; und noch weiter rechts stand das Durcheinander von antisemitischen, antibolschewistischen, antidemokratischen Splittergruppen, die schließlich die nationalsozialistische Partei bilden sollten. In den politischen Gruppen näher zur Mitte gab es weniger offene Republikgegner; doch gab es in der Volkspartei und auch auf dem rechten Flügel des Zentrums viele, die ihre Neutralität gegenüber dem Regime bewußt beibehielten.

Überdies waren alle Zweige des öffentlichen Dienstes zum größten Teil mit den Amtsinhabern der Vorkriegszeit besetzt, die das neue Regime zwar duldeten, aber oftmals latente oder offene Feindseligkeit bekundeten. Dies zeigte sich in der Art und Weise, wie Lehrer die Vergangenheit verherrlichten, sowie in dem krassen Unterschied der Haltung der Polizei gegenüber nationalistischen Rüpeln – «Jungen benehmen sich wie Jungen» – zu der strengen Bestrafung, die sie sozialistischen Organisationen bei Gesetzesübertretungen zumaßen. Ähnlich augenfällig wurde es in den milden Gerichtsurteilen gegen Männer, die der Entweihung von Symbolen der Republik oder sogar der Ermordung ihrer führenden Staatsmänner angeklagt waren.

Auch konnte man die Zuverlässigkeit der Armee in der Weimarer Republik in Zweifel ziehen. Die 100 000 Mann starke Reichswehr wurde mit royalistischen Offizieren und ehemaligen Freikorpsangehörigen besetzt sowie mit auf lange Zeit verpflichteten Freiwilligen, die kaum erwarten konnten, von diesen Vorgesetzten Republiktreue zu lernen. Der Patriotismus der höheren Ränge des Heeres war über jeden Zweifel erhaben; ihre Treue aber galt mehr dem Deutschen Reich als einer speziellen Regierung oder einer Regierungsform. Die Armee wurde in weitaus stärkerem Maße als im kaiserlichen Deutschland zu einem Staat im Staate. Unter dem Anspruch, sie könnten am besten beurteilen, was gut sei für Deutschland, zögerten ihre Befehlshaber nicht, politische Maßnahmen einzuleiten, von denen die Regierung entweder nichts wußte oder nur unzureichend in Kenntnis gesetzt wurde. So ging General Hans von Seeckt, Chef der Heeresleitung von 1920 bis 1926, Geheimabkommen mit der Roten Armee ein, die die Verwendung sowjetischer Panzer und Flugeinrichtungen für die Ausbildung deutscher Soldaten vorsahen, auch traf er andere finanzielle und administrative Vereinbarungen, die den militärischen Klauseln des Versailler Vertrages entgegenstanden. Seeckts Bestreben war es, eines Tages in der Lage zu sein, Polen zu vernichten und die Ostgrenze zu revidieren.

Seeckt empfand es als gerechtfertigt – wiederum aus Gründen des nationalen Interesses – der Locarnopolitik Stresemanns im Hintergrund Widerstand entgegenzusetzen. Er fand nichts Unziemliches daran, den Russen Informationen weiterzugeben, von denen er wußte, sie würden ihnen helfen, diese Politik zu Fall zu bringen. Er verlor seinen Posten im Jahre 1926, seine Nachfolger aber leisteten den Feinden der Republik während der Endkrise der Weimarer Republik Hilfe und ermutigten sie noch.

Die Krisenjahre 1919–1923

Der Kapp-Putsch. Nichts leistete den Feinden der Republik so sehr Vorschub wie die Bemühungen ihrer führenden Staatsmänner, die Bedingungen des Versailler Vertrages zu erfüllen. Der erste Versuch von seiten der Rechten, die Republik umzustürzen, der sogenannte Kapp-Putsch vom März 1920, ging auf die Forderung der Alliierten nach Verringerung der deutschen Armee auf 100000 Offiziere und einfache Soldaten zurück. Sie zwang die Regierung zur Auflösung der Freikorps. Das aber führte zu Ressentiments, Geheimkonferenzen der betroffenen Offiziere und zur Planung eines Komplotts gegen das Regime. Im März 1920, als die Regierung die Demobilisation der Marinebrigade und der Baltikumbrigade (die beide aus den baltischen Ländern zurückgekehrt und außerhalb Berlins stationiert waren) anordnete, befahl der Kommandant von Berlin, General Walther Lüttwitz, der Marinebrigade einen Angriff gegen die Hauptstadt. Am 13. März um 6.00 Uhr in der Frühe drangen die Truppen in Berlin ein und wurden von Lüttwitz, General Ludendorff und einem nicht sonderlich bemerkenswerten ostpreußischen Politiker namens Wolfgang Kapp in Empfang genommen. Sie proklamierten unverzüglich eine neue Regierung unter der Führung von Kapp.

Der Kapp-Putsch machte die zwiespältige Haltung der Armee gegenüber der Republik deutlich. Als das aufgeregte Kabinett am Abend des 12. März beriet, was gegen die Bedrohung Berlins unternommen werden sollte, plädierten Wehrminister Noske und der Chef der Heeresleitung Reinhardt für militärischen Widerstand. Seeckt verwies sie kühl: «Es kann doch keine Rede sein, daß man Reichswehr gegen Reichswehr kämpfen läßt.» Da Seeckts Haltung deutlich machte, daß man nicht auf die Unterstützung der örtlichen Garnison zählen konnte, floh die Regierung aus der Stadt; und die «Regierung Kapp» wurde nicht durch den Einsatz einer loyalen Armee zu Fall gebracht, sondern durch die lähmende Wirkung eines von der sozialdemokratischen Partei und den Gewerkschaften ausgerufenen Generalstreiks. Am 17. März gaben Lüttwitz und Kapp ihr Unternehmen auf und verließen Berlin.

Die republikanische Regierung hätte die Armee, die ihr den Gehorsam verweigert hatte, sicherlich bestraft, wenn der Kapp-Putsch nicht ein schlimmes Nachspiel gehabt hätte. Der Generalstreik gab den Kommunisten neuen Auftrieb. Sie organisierten Unruhen in Berlin, Münster und an der Ruhr, wo eine «Rote Armee» mehrere Industriestädte eroberte; und Ende März beherrschten sie das Gebiet um Düsseldorf. Ebert und seine Kabinettskollegen gaben alle möglicherweise vorhandenen Pläne, die Armee zu disziplinieren, auf und bevollmächtigten Seeckt, die Ordnung an der Ruhr wiederherzustellen. Das tat dieser mit Strenge und unter Einsatz derselben Freikorps, deren Gehorsamsverweigerung den Kapp-Putsch ausgelöst hatte.

Die Inflation. Diese Szenen der Gewalt waren unbedeutend im Vergleich zu denen, die einsetzen sollten, als die republikanische Regierung mit dem Reparationsproblem kämpfte (s. S. 387 und 400). Die Alliierten hatten die deutsche Gesamtschuld im Mai 1921 auf die Summe von 132 Milliarden Goldmark oder ungefähr 32 Milliarden Dollar festgesetzt. Die deutsche Regierung (immer noch eine Koalition der Weimarer Parteien) kündigte an, sie werde eine «Erfüllungspolitik» betreiben. Und diese wurde bis Anfang 1923 von den nachfolgenden Regierungen genau eingehalten. Sie besaßen jedoch nicht die politische Courage, die an die Alliierten zu zahlenden Summen durch Steuern aufzubringen. Sie wußten, daß dies in allen Schichten auf Ablehnung stoßen würde, und ihre Bedenken, daß sie dadurch neue soziale und politische Unruhen heraufbeschwören könnten, führten sie dazu, Anleihen zu machen und Geld zu drucken.

62. Inflation in Deutschland 1922/1923. Geldscheine

Dieses Vorgehen brachte eine verheerende Inflationsspirale in Gang. Die Ausländer verloren das Vertrauen in die deutsche Währung, und die Mark, deren Kurs gegenüber dem Dollar im Jahre 1914 bei 4,2 und 1919 bei 8,9 gestanden hatte, erfuhr auf dem internationalen Devisenmarkt eine Abwertung. Diese hatte sofortige Rückwirkungen im Inland, wo man versuchte, vorhandenes Geld in Waren umzusetzen. Die Preise begannen zu steigen und stiegen bald schneller als der Wechselkurs sank, da die Besitzer von Waren zögerten, diese gegen Geld von zweifelhaftem Wert zu tauschen. Um die Flaute abzufangen, wurde immer mehr Geld gedruckt. Die Ruhrbesetzung durch Franzosen und Belgier im Januar 1923 verwandelte dann das stetige Absinken des Geldwertes in eine rollende Lawine. Ende 1923 erreichten die 1783 Geldpressen der 133 amtlichen Druckereien einen Spitzenausstoß. Die Mark stand gegenüber dem Dollar bei 25 Milliarden. Der Held in Remarques Roman «Drei Kameraden» beschreibt, was das bedeutete: «Zweimal am Tage gab es Geld und jedesmal eine Stunde Urlaub, damit man in die Läden rasen und etwas kaufen konnte, bevor der nächste Dollarkurs 'rauskam – dann war das Geld nur noch die Hälfte wert.»

Inmitten dieses Chaos machten einige Deutsche Gewinne; denn die Inflation schuf viele Gelegenheiten für talentierte Spekulanten. Exportunternehmen, deren Kosten in abgewerteter, deren Einkünfte aber in stabiler Währung gezahlt wurden, erzielten hohe Profite. Einige der größten deutschen Industrieunternehmen kauften Konkurrenten auf, deren Rücklagen geringer wa-

63. Inflation in Deutschland 1922/1923. Kassenboten kommen mit Waschkörben, Droschken und Lastwagen, um die Papierflut fortzuschaffen

ren als ihre eigenen, und nutzten die sinkenden Arbeitslöhne, um ehrgeizige Bauprogramme einzuleiten.

Für die Arbeiterschicht hingegen bedeutete die Inflation niedrige Löhne, längere Arbeitszeiten und eine Senkung des Realeinkommens, was Hunger und Krankheit über ihre Familien brachte. Ihre Notlage verschärfte sich dadurch, daß die Inflation die Rücklagen der Gewerkschaften verschlang und diesen die Zahlung von Unterstützungsgeldern unmöglich machte. Millionen von Arbeitern traten aus den Gewerkschaften aus und schwächten damit eine Bewegung, die potentiell eines der stärksten Bollwerke der deutschen Demokratie dargestellt hätte.

Noch härter traf es die Angehörigen des Mittelstands mit festem Einkommen. Männer, die ihr Leben lang gespart hatten, um die Ausbildung ihrer Kinder bezahlen zu können oder ihre eigene Altersversorgung sicherzustellen, sahen das Ergebnis ihrer Sparsamkeit schwinden. Die psychologische Wirkung war erschütternd, und sie erklärt, warum sich so viele ehrbare Menschen Demagogen zuwandten, denen sie normalerweise aus dem Wege gegangen wären.

Der Höhepunkt der Gewalt. Nach Ansicht der extremen Rechten war die Annahme des Versailler Vertrages und die Einleitung der Erfüllungspolitik durch die Republik schuld an diesen wirtschaftlichen Bedingungen. Fanatische Rechtsextreme betrachteten es als Ehre, Organisationen anzugehören, deren Ziel es war, die Verantwortlichen für das, was die Rechten als Verrat am Reich ansahen, zu beseitigen. Im August 1921 wurde Matthias Erzberger, einer derjenigen, die den Waffenstillstand unterzeichnet hatten, auf einem Spaziergang im Schwarzwald ermordet; und im Juni 1922 erschoß eine Bande junger Männer Walther Rathenau, weil sie in diesem brillanten Mann – der den deutschen Kriegsplan für die Mobilisierung der Wirtschaft (s. S. 374) entworfen sowie den Vertrag von Rapallo geschlossen und damit Deutschland aus der vollständigen diplomatischen Isolation befreit hatte (s. S. 399) – die Verkörperung der Erfüllungspolitik erblickten.

Das Jahr 1923 brachte nicht nur Angriffe gegen einzelne, sondern auch gegen den Staat. Eine der Auswirkungen der Ruhrbesetzung war, daß sie die Separatisten in Düsseldorf und Aachen zu dem Versuch anregte, eine unabhängige «Rheinland-Republik» zu errichten. Sie gerieten bald in Mißkredit, weil sie von den Franzosen ermutigt worden waren. Ernstere Schwierigkeiten aber traten in Sachsen und Thüringen auf, wo der Kommunismus eine deutliche Wiederbelebung erfuhr und wo Anfang Oktober eine «Einheitsfront» von Kommunisten und Sozialisten die Regierung übernahm. Unter Anwendung von Taktiken, die uns seither vertraut sind, versuchten die Kommunisten, die Polizei unter ihre Kontrolle zu bekommen, und als sich ihre sozialistischen Partner dagegen sträubten, inszenierten sie einen Handstreich in Sachsen. Er scheiterte zwar, beeinträchtigte aber die öffentliche Ordnung. Mit dieser Rechtfertigung zur Intervention verhängte die Reichsregierung über Sachsen und Thüringen das Kriegsrecht, und Einheiten der Reichswehr setzten die Regierung der Einheitsfront ab.

Schwerer tat sich die Regierung, der gefährlichen Situation in Bayern Herr zu werden. Ministerpräsident war von März 1920 bis September 1921 Gustav von Kahr, ein Mann mit unerschütterlich reaktionären Ansichten. Im September 1923 wurde er als Generalstaatskommissar mit der vollziehenden Gewalt beauftragt und stellte sich an die Spitze einer antirepublikanischen Verschwörung von bayerischen Separatisten, Monarchisten, Antisemiten und Männern, die für Deutschland das erreichen wollten, was Mussolini in Italien begonnen hatte. Kahr gewann das Vertrauen des Generals Otto von Lossow, des Kommandeurs der in Bayern stationierten Reichswehreinheiten, und hatte Verbindung aufgenommen zu einem jungen Mann namens Adolf Hitler.

Im Jahre 1889 in Österreich geboren und noch Staatsbürger dieses Landes, war Hitler 1913 von Wien nach München gekommen. Während des Krieges hatte er in einer bayerischen Truppeneinheit gedient, den Rang eines Gefreiten erlangt, war zweimal verwundet worden, und man hatte ihm das Eiserne Kreuz Erster Klasse verliehen – eine Auszeichnung, die einfachen Soldaten nur selten zuteil wird. Als der Friede wiederhergestellt war, kehrte er nach München zurück und schloß sich einer kleinen rassistischen, militaristischen Gruppe mit dem Namen Deutsche Arbeiterpartei an. Sein bemerkenswertes Rednertalent und sein Wettern gegen die «Verbrechen» der Republik, das Übel des Marxismus und die Juden sowie die Hervorhebung der Notwendigkeit einer nationalen Regeneration verschafften ihm eine breite Anhängerschaft in München und im ländlichen Bayern. Die Mitgliederzahlen der Partei stiegen rasch an, und der Name der Partei wurde im Jahre 1920 in «Nationalsozialistische Deutsche Arbeiterpartei» (NSDAP) umgeändert. 1921 erhielt Hitler uneingeschränkte Vollmachten als ihr «Führer». Ungefähr zur gleichen Zeit stellte Hitler eine Privatarmee auf, Sturmabteilung oder SA genannt – eine Truppe von Rüpeln, die in braunen Hemden auftrat und deren Aufgabe es war, ihn bei Versammlungen zu beschützen; später, als sie größer wurde, hatte sie – wie er selbst sagte – alle Versammlungen oder Vorträge zu verhindern, die seine Landsleute ablenken könnten. Als Kahr sich Hitler näherte, suchte er den Schutz dieser Truppe.

Kahrs Aktivitäten waren verdächtig genug, um vermuten zu lassen, daß er einen größeren Anschlag gegen die Reichsregierung unternehmen könnte. Jene Regierung jedoch zeigte nichts von der Entschlossenheit, die sie bei der Bewältigung der Situation in Sachsen und Thüringen aufgebracht hatte. Teilweise lag es daran, daß es die gesamte Weimarer Zeit über schwieriger war, für ein Eingreifen gegen «nationale Elemente» Rückhalt im Volk zu finden, als für Maßnahmen gegen die Bedrohung von der extremen Linken. Außerdem war die zögernde Haltung der Regierung wiederum die Folge der Haltung General Seeckts. Da der Kommandeur der bayerischen Heereseinheit zu Kahrs Verbündeten gehörte, stellte sich Seeckt einer bewaffneten Intervention so sehr entgegen, daß er tatsächlich Präsident Ebert gegenüber äußerte, die Zeit für «eine Aussöhnung mit der Rechten» sei gekommen.

Für die Regierung in Berlin rettete Hitler die Situation. Am Abend des 8. November 1923, bei einem Treffen zwischen Kahr und seinen Anhängern im Bürgerbräukeller, brach der «Führer» an der Spitze einer Abordnung seiner Sturmabteilung in den Saal ein, stieg auf einen Tisch, feuerte einen Schuß in die Decke und erklärte, die Reichsregierung und die Regierung Bayerns seien abgesetzt; die Revolution habe begonnen. Er trieb Kahr, Lossow und ihre Anhänger in einen Nebenraum und drängte sie, seiner Regierung Unterstützung zu geloben. Als Gegenleistung sicherte er ihnen Posten in seinem Kabinett zu.

Dieser politische Raubzug war den führenden bayerischen Politikern zuviel. In der Nacht, in der Hitler seinen Feldzug gegen Berlin plante, erklärten sie der Öffentlichkeit, sie würden die verfassungsmäßige Ordnung gegen seinen Angriff verteidigen. Daraufhin beschloß Hitler, die Stadt durch eine Demonstration der Stärke für seine Sache zu gewinnen. Am Morgen des 9. November marschierte die Sturmabteilung mit dem «Führer» und General Ludendorff an der Spitze vom Bürgerbräukeller über die Isar in die Innenstadt. Am Eingang zum Odeonsplatz stieß sie auf Polizei- und Truppeneinheiten. Es erfolgten ein Befehl zum Stillstand, ein harter Feuerhagel und ein verworrenes Handgemenge. Ludendorff wurde gefangengenommen, Hitler und seine Truppe flohen (um zwei Tage später gefaßt und verhaftet zu werden), und vierzehn Mann der Sturmabteilung wurden getötet. Sie waren die ersten Nazi-Märtyrer. Von 1933 bis 1945 hing an der Wand der Feldherrnhalle, wo sie gefallen waren, eine Gedächtnisplakette, bewacht von zwei stämmigen Posten, die dafür sorgten, daß die Passanten ihren Arm zum ehrerbietigen Hitlergruß erhoben.

Der Putsch Adolf Hitlers im Bürgerbräukeller zerschlug Kahrs Verschwörung und beseitigte die letzte ernste Gefahr für die Autorität der Republik. Jetzt konnte die Regierung in Berlin ihre Pläne für die wirtschaftliche Gesundung vorantreiben.

Die Ära Stresemann

Auf dem Weg zur finanziellen Sicherheit. Die ersten Schritte für eine Wiederbelebung Deutschlands waren bereits eingeleitet worden, bevor sich die Lage in Bayern zuspitzte. Der Mann, der den Mut dazu aufbrachte, war Gustav Stresemann, seit August 1923 Kanzler einer Koalition von gemäßigten Parteien.

Stresemann war seit seinem Eintritt in die Nationalliberale Partei im Jahre 1907 in der Politik tätig gewesen und bald zum prominentesten Sprecher seiner Partei im Reichstag aufgestiegen. In den Jahren vor dem Krieg war er bekannt wegen seines extremen Nationalismus und seines Eintretens für den Imperialismus und die Flottenpolitik. Während des Krieges trat er als entschiedener Befürworter des Militärs auf. Im Jahre 1917 hatte er in einer Rede erklärt, «Nicht die Gespräche der Staatsmänner, nicht diplomatische Verhandlungen, keine diplomatischen Noten, keine Reichstagsresolution, sondern Ludendorff's Hammer, die Kraft unseres Heeres, die Kraft unserer Macht...» würden den Krieg siegreich beenden. Die Entdeckung, daß Deutschland nicht unbesiegbar war, versetzte ihm einen schmerzlichen Schlag, von dem er sich nur schwer erholte und der ihn zu einer Neuorientierung seines Denkens zwang.

Während viele Nationalliberale nach dem Krieg der Deutschen Demokratischen Partei beitraten, setzte sich Stresemann maßgeblich für die Gründung der Deutschen Volkspartei ein. Er hoffte, sie würde sich zur echten Partei der Mitte entwickeln, indem sie die liberale Mittelschicht anzöge, die sich vom Kommunismus und Sozialismus sowie vom reaktionären Nationalismus abgestoßen fühlte. Obgleich er wohl im Innersten Monarchist blieb, brachte er seine Partei dazu, die Republik als legitime Regierungsform zu akzeptieren.

Stresemanns Bestreben war es, Deutschland wieder einen gebührenden Platz unter den führenden Nationen der Welt zu verschaffen. Im Gegensatz zu den Reaktionären wußte er jedoch, daß dies nicht durch Drohungen erreicht werden konnte, die nicht durchzuführen waren. Er besaß genügend Sinn für die Realitäten, um einzusehen, daß der Wiederaufstieg Deutschlands Opfer verlangte. Als er sein Amt übernahm, hatte die Politik des passiven Widerstands an der Ruhr zu einer völligen Arbeitsniederlegung in diesem Gebiet geführt. Diese entzog der Regierung die dringend notwendigen Einkünfte und kostete sie gleichzeitig pro Woche 350 Millionen Goldmark an Unterstützung für die Widerständler. Mit einer der mutigsten Entscheidungen seiner ganzen Laufbahn beendete Stresemann diese Politik, obwohl er deswegen heftig angegriffen wurde. Diese Entscheidung bedeutete zweifellos eine Kapitulation gegenüber den Franzosen; doch sie stärkte die Position derjenigen im Ausland, die die Franzosen dazu bewegen wollten, ihre Deutschlandpolitik zu mäßigen. Und sie war der einzige Schritt, der einen völligen wirtschaftlichen Zusammenbruch Deutschlands verhindern konnte.

Danach verlangte Stresemann vom Reichstag uneingeschränkte Vollmachten im finanziellen, wirtschaftlichen und sozialen Bereich. Dieses gegen die Einwände der Nationalisten und der extremen Linken verabschiedete Gesetz bevollmächtigte die Regierung, eine Reihe drastischer Maßnahmen einzuleiten, die die Inflation bremsen sollten. Unter anderem wurde die alte Währung eingezogen und eine neue ausgegeben. Die neue Währung beruhte nicht auf dem Goldstandard und war nicht konvertierbar. Sie wurde theoretisch gegen die Sicherheit allen Grund- und Immobilienbesitzes des Reiches ausgegeben. In Wirklichkeit gründete sie sich natürlich auf das Vertrauen des deutschen Volkes in sie.

Gleichzeitig mit der Beendigung der Politik des passiven Widerstands hatte Stresemann an die Westmächte appelliert, das Reparationsproblem neu anzugehen, und war damit bei der Regierung Großbritanniens und der Vereinigten

Staaten auf Entgegenkommen gestoßen. Im Jahre 1924 erarbeitete eine internationale Kommission einen Plan, der die deutschen Reparationszahlungen über die nächsten fünf Jahre regeln sollte (s. S. 400). Deutschland verpflichtete sich, jährliche Zahlungen zu leisten, zu Anfang 250 Millionen Dollar, und dieser Betrag sollte im Laufe von vier Jahren auf eine normale Jahreszahlung von 625 Millionen Dollar gesteigert werden. Danach würde man gemäß dem deutschen Konjunkturindex über Veränderungen dieser Summe entscheiden. Das Ausland gewährte Kredite, um die deutsche Wirtschaft anzukurbeln und die Zahlungsaufnahme zu ermöglichen.

Die Einführung des Dawes-Planes wurde von den Nationalisten im Reichstag als Kapitulation vor ausländischer Oberherrschaft attackiert und als Hinnahme einer Zinsknechtschaft, wie Hitler es nannte. Doch der Plan schuf die erforderliche Grundlage für eine wirtschaftliche Gesundung und ermöglichte zwischen 1924 und 1929 bemerkenswerte Fortschritte in der deutschen Industrie und im deutschen Handel sowie einen stetigen Anstieg des Lebensstandards und der Reallöhne.

Stresemanns Außenpolitik. Stresemanns Kanzlerschaft dauerte nur hundert Tage. Er sollte niemals wieder Kanzler werden, bekleidete aber in allen Kabinetten von seinem Sturz als Kanzler bis zu seinem Tod im Jahre 1929 das Amt des Außenministers. Und hier schuf er sein größtes Werk.

Die erste Stufe seiner politischen Leistung – die Aushandlung der Locarno-Verträge und die Zulassung Deutschlands zum Völkerbund – ist bereits beschrieben worden (s. S. 401–402). Nach den Vertragsabschlüssen von Locarno waren Stresemanns Hauptziele der Abzug der alliierten Missionen und Truppenkontingente von deutschem Boden und eine weitere Senkung der Reparationslasten. Seinen ersten Sieg errang er im Jahre 1927 mit dem Abzug der Interalliierten Kontrollkommission, die die deutsche Rüstung überwachte. Allerdings gelang es Stresemann trotz seiner ausgezeichneten Beziehungen zu Aristide Briand nicht, den französischen Staatsmann davon zu überzeugen, daß eine schnelle Räumung des Rheinlands beiderseitige Vorteile bringen würde. Briand beunruhigten die inoffiziellen Truppenverbände wie Hitlers Braunhemden und andere irreguläre Streitkräfte in Deutschland, und er war völlig unzugänglich für Stresemanns Argument, daß die weitere Präsenz alliierter Truppen eine Zunahme dieser inoffiziellen Truppenverbände fördere. Rückblickend läßt sich nicht sagen, welcher der beiden Standpunkte richtig war. Die Briten hielten Stresemanns Ansicht für die richtige und übten allen nur möglichen Druck aus, um die Franzosen dazu zu bewegen, der Räumung zuzustimmen.

Diese Frage wurde schließlich auf der Haager Konferenz von 1929 geklärt. Während dieser Zusammenkunft erstellten die Mächte den sogenannten Young-Plan, eine neue Übereinkunft, die die Belastung für die deutsche Wirtschaft durch Kürzung des fünf Jahre vorher im Dawes-Plan festgelegten Zahlungsplans senken sollte. Daß es Stresemann gelang, die Mächte von den

Vorteilen dieser neuen Regelung für die gesamte europäische Wirtschaft zu überzeugen, war in sich ein großer diplomatischer Erfolg. Doch überzeugte er sie auch davon, daß jedes Abkommen über Reparationen – selbst eines, das die früheren Lasten verringerte – in Deutschland unpopulär sein würde und daß die Zustimmung Deutschlands zum Young-Plan leichter zu erreichen sei, wenn man gleichzeitig ankündige, daß die Räumung des Rheinlands durch die Alliierten bis 1930 abgeschlossen sein werde. Die Franzosen gaben schließlich unter britischem Druck nach. Somit wußte Stresemann, als er im Oktober 1929 starb, daß sein Land bald von ausländischer Besatzung frei sein würde.

Zeichen anhaltender Schwäche. Die Jahre, in denen sich Stresemann diplomatisch um die Wiederherstellung der vollen Souveränität Deutschlands und die Wiedererlangung seiner Position in der Welt bemühte, waren wirtschaftlich gute Jahre, und sie waren reich an beeindruckenden Werken deutscher Schriftsteller, Künstler und Wissenschaftler. Eine Periode, in der die besten Werke von Männern wie Thomas Mann, Kurt Tucholsky, Erich Kästner, Albert Einstein, Paul Hindemith, Oskar Kokoschka, Gottfried Benn und Friedrich Meinecke entstanden, verdient kaum das Etikett «Dekadenz», das die Nationalsozialisten ihr später anhefteten.

Doch gab es auch viele Beispiele für geistige Energie, aber nur wenige Anzeichen politischer Vitalität – zumindest befanden sich die vitalen Kräfte nicht auf seiten der Republik. Eines der erschreckenden Indizien politischer Schwäche in der Republik war, daß die republikanischen Parteien die Nachkriegsgeneration nicht wirksam ansprachen. So schien die deutsche Jugend, als die Krise der Weimarer Demokratie herannahte, geneigt, der Aufforderung des jungen konservativen Journalisten Hans Zehrer – «Draußenbleiben!» – zu folgen.

Stresemanns beeindruckende diplomatische Leistungen brachten der Republik wenig an Prestige oder innenpolitischer Stärke ein. Jedem diplomatischen Erfolg schloß sich zwangsläufig ein erbitterter innenpolitischer Kampf an, bevor die Parteien und die Öffentlichkeit ihn anerkannten. Dies zeigte sich beim Dawes-Plan und auch beim Young-Plan, der zum Gegenstand eines von Gewalt und Rowdytum begleiteten Volksentscheids wurde.

Die größte Schwäche der Republik lag in der Funktionsweise des Parteiensystems. Die Leistungsfähigkeit der Koalitionskabinette war immer dadurch behindert, daß die Reichstagsabgeordneten nach Parteilisten gewählt wurden, die die Parteiorganisationen aufstellten. Wenn der Stimmenanteil einer Partei reichsweit dreißig Sitze im Reichstag brachte, so wurden automatisch diejenigen Abgeordnete, deren Namen auf den ersten dreißig Plätzen ihrer Liste standen. Dieses System verhinderte, daß in ihren Wahlbezirken stark verwurzelte Abgeordnete in den Reichstag gelangten, und begünstigte die Tendenz, die Parteidisziplin zum Fetisch zu machen. Dies wirkte sich nachteilig auf die Funktionsfähigkeit der Regierung aus. Die Parteien legten ihren Vertretern im Kabinett straffe Zügel an und zögerten nicht, ihnen in Fragen von nur taktischer Bedeutung den Rücktritt oder die Rücktrittsdrohung zu gebieten. Häufig war es unmöglich, eine Koalition intakt und funktionsfähig zu halten. Das hatte zur Folge, daß es zwischen Februar 1919 und Januar 1933 21 verschiedene Reichskabinette gab.

Angesichts der Existenz und des Anwachsens extremistischer Parteien, die sich der Zerstörung des republikanischen Regimes verschrieben hatten, grenzten die parlamentarischen Gepflogenheiten der gemäßigten Parteien an Verantwortungslosigkeit. Seine ganze Laufbahn hindurch bemühte sich Stresemann, die Parteien dazu zu bewegen, den Erfordernissen einer Koalitionsregierung mehr Verständnis entgegenzubringen und eine «große Koalition» von gemäßigten Parteien zu bilden. Sie sollte Cavours «connubio» (s. S. 158) ähneln und auch dem gleichen Zweck dienen, nämlich der Eindämmung und Bekämpfung des Extremismus. Eine solche Koalition hatte während der hundert Tage Stresemanns existiert und war durch die Sozialdemokraten aufgelöst worden. 1928 trugen Stresemanns Bemühungen dazu bei, eine neue große Koalition zusammenzubringen, die Minister der Sozialdemokratischen, der Deutschen Demokratischen, der Zentrums- und seiner eigenen Volkspartei vereinigte. Doch diese Koalition kam nur wenige Monate vor Ausbruch der Weltwirtschaftskrise zustande, und durch deren Auswirkungen wurden die Meinungsverschiedenheiten zwischen den Parteien unüberbrückbar. Die Koalition brach zusammen. Diese Offenbarung der grundlegenden Schwächen des Parteiensystems war ein deutliches Zeichen für das bevorstehende Ende der deutschen Demokratie. Als die Wirtschaftskrise sich verschärfte und die extremistischen Parteien an Stärke und Militanz zunahmen, boten die republikanischen Kräfte dem Land ein nicht begeisterndes Bild von Verwirrung und Uneinigkeit.

25. Die Demokratie in der Krise: Mittel- und Osteuropa

Die Ausbreitung von Industrie und Kapitalismus hatte die Welt in wirtschaftlicher Hinsicht so eng zusammengefügt, daß der Zusammenbruch der New Yorker Börse auf dem ganzen Erdball tiefgreifende Rückwirkungen zeitigte. Dies traf insbesondere auf Europa zu, wo viele bedeutende nationale Industrien in enger Verbindung mit amerikanischen Firmen standen und wo außerdem viel amerikanisches Kapital investiert war. Die ersten Auswirkungen des Börsenkrachs in New York, der Finanzhauptstadt der Welt seit 1919, waren die Kündigung kurzfristiger Kredite und ein faktischer Darlehensstop. Diese Maßnahmen führten in den europäischen Ländern zu einer Wirtschaftskrise, und zwar vor allem in Mitteleuropa, das von amerikanischen Krediten stark abhängig war. Das gesamte Jahr 1930 hindurch unternahmen die

64. Weltwirtschaftskrise. Zusammenbruch der New Yorker Börse. «Schwarzer Freitag» 24. 10. 1929

Regierungen in diesem Gebiet alle Anstrengungen, um durch Einsparungs- und Geldverknappungsprogramme Unheil abzuwenden. Doch Handel und Produktion gingen mit bedrohlicher Stetigkeit zurück. In den ersten sechs Monaten des Jahres 1931 brachen zwei große Banken zusamme – in Österreich und in Deutschland. Der Schock, den diese Zusammenbrüche bewirkten, verschärfte nicht nur die Not in Mitteleuropa, sondern griff auch auf Großbritannien und Frankreich, der letzten Hochburg des Wohlstands, über.

Die Depression stellte die demokratischen Institutionen auf eine harte Probe. In einigen Ländern hielten sie der Prüfung stand und gingen in der Tat gestärkt aus ihr hervor, da die Wirtschaftskrise Mängel aufdeckte, die behoben werden konnten. Dies traf jedoch nicht auf Mittel- und Osteuropa zu, wo die Demokratie nicht tief genug verwurzelt war, um einen Sturm dieser Größenordnung zu überstehen, und wo ein Land nach dem anderen Zuflucht in der Diktatur suchte. Der vollständigste Zusammenbruch der Demokratie, der auch die tragischsten Folgen hatte, vollzog sich in Deutschland.

65. New-Deal (Öffentliches Arbeitsbeschaffungsprogramm). Roosevelts Politik der Arbeitsbeschaffung bringt einen Teil der Arbeitslosen wieder in die Fabriken

Der Sieg des Nationalsozialismus

Die Regierung Brüning. Seit 1928 war der Sozialdemokrat Hermann Müller Reichskanzler. Er leitete die große Koalition, bei deren Zustandekommen Stresemann mitgewirkt hatte (s. S. 455). Eine der ersten Auswirkungen der Depression war der Zerfall dieser Koalitionsregierung, so daß sie im März 1930 zurücktreten mußte.

Die Frage, an der die Koalition zerbrach, war, ob die Regierung bei ihrem bereits unausgeglichenen Etat die durch den raschen Anstieg der Arbeitslosigkeit bedingten hohen Ausgaben für Arbeitslosenversicherung aufbringen könne. Die Volkspartei verlangte eine Kürzung der Zahlungen und in einigen Fällen die völlige Streichung. Müllers Partei protestierte dagegen, weil es die Leiden der Bevölkerung nur noch vergrößern würde, und verweigerte ihre Zustimmung für jegliche Kürzung der Unterstützungszahlungen. Es war eine Streitfrage, in der ein Kompromiß hätte möglich sein müssen. Doch bestätigten sich die schlimmsten Eigenschaften des deutschen Parteiensystems, und Engstirnigkeit und Unnachgiebigkeit brachten das Kabinett zu Fall. Viele derjenigen, die zu diesem Ergebnis beisteuerten, sollten später ihre Kurzsichtigkeit bereuen; denn ihr Verhalten öffnete der Zerstörung der Republik Tür und Tor.

Den Rest besorgte die Armee. Von diesem Zeitpunkt an spielte sie in der deutschen Politik eine unselige Rolle. Reichswehrminister im Kabinett Müller war Wilhelm Groener, der der Republik seit 1918 treu gedient hatte. Die Befürchtung, daß die Unfähigkeit der Parteien, während der Wirtschaftskrise eine leistungsfähige Regierung bereitzustellen, die nationale Sicherheit gefährden könne, machte ihn empfänglich für einen Plan seines engsten Beraters, General Kurt von Schleicher. Schleicher zielte darauf ab, ein Kabinett zu bilden, das durch keinerlei engstirnige Auffassung von Parteiloyalität behindert würde, im Interesse der Nation regieren und sich im Falle von Auseinandersetzungen mit dem Parlament auf das Notverordnungsrecht des Reichspräsidenten gründen würde. Als Kanzler eines solchen Kabinetts favorisierten Groener und Schleicher Dr. Heinrich Brüning, ein Zentrumsmitglied, dessen vernünftige Ansichten in Finanzfragen ihm, wie sie meinten, die Unterstützung der Parteien auch rechts von seiner eigenen garantieren würden.

Der neue Kanzler erwies sich als ein Mann von großer Energie, hoher Intelligenz und Courage. Doch standen diesen Eigenschaften seine Arroganz und sein Starrsinn gegenüber. Um der wirtschaftlichen Not Deutschlands zu begegnen, leitete er ein strikt deflationäres Programm ein, dessen Schwergewicht auf Sparsamkeit und Einschränkung des Staatshaushalts lag. Er warnte den Reichstag, sein Kabinett stelle einen letzten Versuch dar, die drängendsten Probleme Deutschlands zu lösen, und falls die Parteien nicht kooperationsbereit seien, werde er sich um anderweitige Unterstützung bemühen. Mit dieser Redeweise konnte er kaum Anhänger gewinnen, und der Reichstag verweigerte seine Zustimmung zu Brünings Finanz-Vorlagen. Der Kanzler wandte sich unmittelbar an den Präsidenten und erhielt die Vollmacht, sie durch Notverordnung in Kraft zu setzen. Als der Reichstag einen Mißtrauensantrag gegen seine Politik stellte, löste Brüning das Parlament auf und ordnete für den 14. September 1930 Neuwahlen an.

Der Kanzler und seine militärischen Unterstützer waren zuversichtlich, daß dieses energische Vorgehen die Wähler beeindrucken und dem Reichstag eine funktionsfähige Mehrheit verschaffen würde. Warnungen, daß Wahlen während der Wirtschaftskrise lediglich den extremistischen Parteien zugute kommen könnten, schenkten sie keinerlei Beachtung. Bei der Stimmenauszählung ergab sich, daß Brünings Partei sechs Sitze hinzugewann, während die Sozialdemokraten, die Volkspartei und die Deutschnationalen an Stärke einbüßten. Die Reichstagsvertretung der Kommunisten jedoch wuchs von 54 auf 77 Sitze. Das überraschendste Ergebnis lautete: Die Nationalsozialisten konnten ihre Vertretung von 12 auf 107 Sitze erhöhen und standen an zweiter Stelle hinter den Sozialdemokraten.

Das Anwachsen des Nationalsozialismus. Nach dem Debakel von München im Jahre 1923 hatten die Nationalsozialisten ein paar magere Jahre. Während Adolf Hitler nach dem Putsch vor der Feldherrnhalle seine Haftstraße verbüßte und seine Zeit damit zubrachte, Rudolf Heß sein Buch «Mein Kampf» zu diktieren, war seine Partei auseinandergebrochen. Es mußte ein neuer Anfang gemacht werden.

Im Gefängnis äußerte Hitler einem Freund gegenüber: «Statt die Macht mit Waffengewalt zu erobern, werden wir zum Verdruß der katholischen und marxistischen Abgeordneten unsere Nasen in den Reichstag stecken. Zwar mag es länger dauern, sie zu überstimmen als sie zu erschießen, am Ende aber wird uns ihre eigene Verfassung den Erfolg zuschieben. Jeder legale Vorgang ist langsam . . ., doch werden wir früher oder später die Mehrheit haben – und damit Deutschland.»

Nach seiner Entlassung im Jahre 1925 begann Hitler mit eiserner Energie, seine Partei wieder aufzubauen. Durch den «Völkischen Beobachter», eine Zeitung, die die Partei im Jahre 1920 erworben hatte, trug er seine antirepublikanischen, antimarxistischen und antijüdischen Ansichten in die Öffentlichkeit und warb neue beitragszahlende Mitglieder. Die Anzahl der Parteimitglieder schwoll von 27 000 im Jahre 1925 auf 178 000 im Jahre 1929. Noch bedeutsamer war der Aufbau einer effektiven und überraschend durchdachten Parteistruktur. Hitler teilte das Land für Wahlen in Bezirke ein, die Gaue, die ungefähr den Reichstagswahlbezirken entsprachen. Auch für Österreich, Danzig, das Saargebiet und das tschechoslowakische Sudetenland wurden Gaue gebildet – ein deutlicher Hinweis darauf, daß Hitler es mit seinen in «Mein Kampf» zum Ausdruck gebrachten Ansichten (s. S. 500) todernst meinte.

Hitler sagte später, in die Zukunft blickend habe er erkannt, daß es nicht genüge, den alten Staat umzustürzen, sondern daß der neue Staat vorher aufgebaut sein und praktisch fertig zur Verfügung stehen müsse. Daher umfaßte die Parteistruktur eine Anzahl von Organen, die den Ministerien der Regierung parallelliefen. Sie hatte z. B. ihre eigene Abteilung für Außenpolitik und einen Militärverband, die Sturmabteilung oder SA, die Ernst Röhm, ein Glücksritter, den Hitler im Jahre 1931 zum Stabschef der SA ernannte, erweiterte und reorganisierte. Es gab eine zweite Elitetruppe, die Schutzstaffel oder SS, ursprünglich eine persönliche Leibgarde für Hitler. Unter Führung von Heinrich Himmler sollte sie schließlich die SA verdrängen und sich zu einem gefürchteten Instrument der Parteimacht entwickeln.

An der Spitze der ausgeklügelten Parteiorganisation stand Hitler selbst als oberster Führer der Partei und der SA sowie als Vorsitzender der nationalsozialistischen Arbeiterorganisation. Seine persönliche Autorität beruhte im wesentlichen auf der zwingenden Ausstrahlungskraft seiner Persönlichkeit und auf seinem geschickten Umgang mit Untergebenen. Seine Kontrolle über die Organisation versetzte ihn in die Lage, potentielle Rivalen zu besänftigen, indem er ihnen neue Posten verschaffte oder ihre Anhänger abkommandierte. Während Hitler im Gefängnis war, hatte der ehemalige Drogist Gregor

Strasser die Parteiführung übernommen und bei den Reichstagswahlen von 1924 mit anderen nationalistischen Gruppen zusammengearbeitet. Strasser ordnete sich dem «Führer» nur zögernd unter. Doch Hitler zwang ihn dazu, indem er ihm zunächst in Norddeutschland freie Hand ließ, dieser Handlungsfreiheit dann aber jede Bedeutung nahm, indem er Strassers rechte Hand, Paul Joseph Goebbels, einen verkrüppelten kleinen Mann mit Klumpfuß und einem besonderen Talent für Propaganda, für sich gewann und als Gauleiter in Berlin einsetzte.

Die meisten seiner engen Mitarbeiter begegneten Hitler mit einer Haltung, die an Ehrerbietung grenzte. Die Tatsache, daß er diese oft begabten, aber egozentrischen und zynischen Männer begeistern und einschüchtern konnte, nimmt seinen späteren Erfolgen, Generäle, Industrielle, die Presse und ausländische Staatsmänner zu beeindrucken, etwas von ihrer Rätselhaftigkeit.

Die Mitgliederzahl der Partei und der Rückhalt im Volk waren nach 1929 enorm. Die Gründe hierfür lagen in der Wirtschaftskrise, die das ganze Leid von 1923 wieder aufleben ließ. Einen Indikator für die ernste Lage stellte die Arbeitslosigkeit dar, die von 1 368 000 im Jahre 1929 auf 3 144 000 im Jahre 1930 anstieg und sich dann weiterhin auf 5 668 000 im Jahre 1931 und 6 014 000 im Jahre 1932 erhöhte. Was das für die Menschen bedeutete, ist von deutschen Schriftstellern dieser Zeit beschrieben worden. Die Not des «white-collar worker» schildert Hans Fallada in «Kleiner Mann, was nun?» (1932) vielleicht auf die beißendste Art und Weise, und den Verfall der moralischen Werte in Politik und Gesellschaft stellt Erich Kästner in «Fabian. Die Geschichte eines Moralisten» (1932) sehr plastisch dar.

Während der guten Jahre der Republik fand die NSDAP ihren stärksten Rückhalt in den glühenden Patrioten, den fanatischen Antisemiten und gesellschaftlichen Außenseitern. Als die Wirtschaftskrise die fortschreitende Demoralisierung einmal in Gang gesetzt hatte, sprach die Partei ein viel breiteres Publikum an, und Hitler achtete sorgfältig darauf, daß gesonderte Heilsbotschaften und -versprechen an arbeitslose Handwerker, Landarbeiter und kleine Bauern, Industrielle und andere spezielle wirtschaftliche Gruppen herangetragen wurden. Die Parteiredner hatten keinerlei Skrupel, die Vorurteile ihres Publikums oder die Bereitwilligkeit anzusprechen, der Vernunft den Rücken zu kehren, der Menschen in Extremsituationen häufig anheimfallen. Peter Drucker schrieb, daß er einmal gehört habe, wie ein Nazi-Redner einer heftig applaudierenden Bauernmenge zurief: «Wir wollen keine höheren Brotpreise! Wir wollen keine niedrigeren Brotpreise! Wir wollen nationalsozialistische Brotpreise!» Diese Art von Rhetorik fand besonders beim unteren Mittelstand Anklang, dessen Mitglieder als erste von der Wirtschaftskrise betroffen waren und die ihr am wenigsten entgegenzusetzen hatten. Bei ihnen bereitete es Hitler die geringsten Schwierigkeiten, dem Publikum einzureden, Juden, Plutokraten und Sozialisten seien der Grund für ihr Leid.

Brüning und seine Anhänger vermochten sich nicht vorzustellen, wie wirksam diese Propaganda sein könnte. Sie waren völlig unvorbereitet auf

Hitlers Sieg im September 1930, als fast 6,5 Millionen Deutsche die NSDAP wählten.

Schleichers Manöver und die Ernennung Hitlers. Ab September 1930 geriet Brüning in eine immer schwierigere Lage. Mißtrauensanträge überstand er nur mit einer knappen Mehrheit, die auf der Bereitschaft der Sozialdemokraten beruhte, ihn zu tolerieren, weil sie Angst vor den Folgen seines Sturzes hatten. Für die Durchführung des spartanischen Wirtschaftsprogramms, das Brüning den Namen «Hungerkanzler» eintrug, reichte die Tolerierung nicht aus. Er mußte auf Notverordnungen zurückgreifen.

Brüning hoffte, seine Position mit einem durchschlagenden Erfolg in der Diplomatie zu festigen und konzentrierte sich auf Dinge wie die Beendigung der Reparationszahlungen und eine Lockerung der deutschen Rüstungsbeschränkungen. Das ganze Jahr 1931 hindurch versuchte er die anderen Mächte davon zu überzeugen, daß es besser sei, einem demokratischen Deutschland Zugeständnisse zu machen, als einem kommunistischen oder nationalsozialistischen Deutschland gegenüberzustehen. Seine Regierung verfolgte auch die Idee einer Zollunion zwischen Österreich und Deutschland zur Verbesserung der wirtschaftlichen Bedingungen in Mitteleuropa. Doch beging sie den Fehler, im März 1931 ohne vorherige Konsultation der anderen Mächte die Zollunion als «fait accompli» bekanntzugeben. Das hatte nachhaltige Folgen. Unterstützt von Italien und der Kleinen Entente protestierte Frankreich, die Union sei mit dem Friedensvertrag nicht vereinbar, und der Plan wurde vom Internationalen Gerichtshof in Den Haag verworfen. Diese demütigende diplomatische Niederlage für die Regierung Brüning hatte auch wirtschaftliche Auswirkungen. Sie war einer der Gründe dafür, daß Frankreich die Zustimmung zum Vorschlag von Präsident Herbert Hoover vertagte, einen einjährigen Zahlungsaufschub für alle internationalen Zahlungsverpflichtungen zu gewähren. Diese Verzögerung nahm dem Hoover-Moratorium einen Großteil seiner möglichen Wirkung, so daß es nicht gelang, die sich verschärfende Wirtschaftskrise in Deutschland in den Griff zu bekommen.

Anfang 1932 tauchten für Brüning zwei weitere Probleme auf. Obwohl Hitler sich entschieden hatte, die Macht mit legalen Mitteln zu erobern, ergingen sich seine Braunhemden in Gewalttaten und Terrorismus. Die Regierungen mehrerer Reichsländer verlangten das Einschreiten der Reichsregierung gegen den Nationalsozialismus. Und die Sozialdemokratische Partei gab zu verstehen, daß sie Brüning ihre Unterstützung im Reichstag entziehen würde, falls er nicht einwillige. Zum zweiten lief die Amtszeit Präsident Hindenburgs im Frühjahr 1932 ab, und falls die Parteien nicht übereinkamen, sie zu verlängern, standen Neuwahlen an, die höchstwahrscheinlich die Wirtschaft und die öffentliche Ordnung empfindlich stören würden.

Hitler lehnte Brünings Plan, Hindenburgs Amtszeit zu verlängern, ab und kandidierte selbst. Der erste Wahlgang brachte keine absolute Mehrheit. Hindenburg erhielt 49,6 Prozent der Stimmen, Hitler 30,1 Prozent, der

66. Wahlplakat der NSDAP vor den Reichstagswahlen am 31. 8. 1932 (Entwurf: Hans Schweitzer)

kommunistische Kandidat Thälmann 13,2 Prozent und der Kandidat der Deutschnationalen, Duesterberg, 6,8 Prozent. Im zweiten Wahlgang, am 10. April 1932, gewann der alte Feldmarschall dank Duesterbergs Rücktritt von der Kandidatur 53 Prozent der Stimmen, Hitler 36,8 Prozent sowie Thälmann 10,3 Prozent und wurde für gewählt erklärt.

Am Vorabend der ersten Wahl war die SA mobilisiert worden und hatte Berlin umstellt. Der Zweck dieser Übung war nicht klar, jedoch alarmierte sie die Regierung. Auf Anraten von Reichswehrminister Groener erließ der Kanzler am 13. April ein Verbot der SA und der SS. Dieses Zeichen der Stärke erwies sich bald als die Ursache für Brünings Sturz. Groeners Freund und Untergebener Schleicher, der ursprünglich das Verbot der SA befürwortet hatte, vollzog nun eine Kehrtwendung. Nach Schleichers Ansicht zeigte sich Brüning, auf den er die Hoffnung gesetzt hatte, er würde Deutschland aus dem Morast der Parteienpolitik hinausführen, lediglich als eine Schachfigur der Sozialdemokraten. Nun, so meinte er, sei es an der Zeit, eine politische Kombination zu erproben, die sie zur Ohnmacht verurteilen würde, so daß eine eventuelle spätere Gewaltanwendung gegen die Nationalsozialisten auch mit Sicherheit den nationalen Interessen dienen und nicht der Linken zugute kommen würde. Schleicher hoffte überdies, er könne Hitler dazu bewegen, politische Verantwortung unter Bedingungen zu übernehmen, die die Kontrolle über ihn gewährleisten oder, falls das nicht gelänge, seine Partei spalten würden.

Unmittelbar nach dem Verbot der SA verwendete Schleicher daher seinen Einfluß auf den Sohn des Präsidenten, um den alten Mann (der 1925, nach Eberts Tod, erstmalig gewählte Hindenburg war mittlerweile 84 Jahre alt) davon zu überzeugen, daß dieser Erlaß die Armee in Unruhe versetzt und beleidigt habe. Es war etwas Wahres daran. Der Nationalsozialismus begann die jungen Offiziere zu sich herüberzuziehen, und selbst unter dienstälteren Offizieren, die Hitler und seine Ansichten nicht mochten, herrschte Bewunderung für den Geist und die Energie der Bewegung und Respekt vor ihrem militärischen Potential. Hindenburg gelangte zu der Überzeugung, er sei von seinem Kanzler unzureichend informiert worden, und machte Ende Mai deutlich, daß er ihn nicht mehr unterstützen werde.

Die Politik der folgenden acht Monate war von drei Erzintriganten beherrscht: Schleicher, der die oben skizzierte Politik anstrebte; Baron Franz von Papen, ehemaliger Gardeoffizier, während des Ersten Weltkrieges wegen Spionage von Washington diskreditierter Militärattaché und jetzt Mitglied der Zentrumspartei; sowie Hitler. Papen war der Mann, der dem Präsidenten von Schleicher als Ersatz für Brüning empfohlen wurde. Um Papen einen fairen Start zu ermöglichen, traf Schleicher ein Geheimabkommen mit Hitler, in dem der «Führer» offenbar versprach, Papen zu tolerieren, falls das Verbot der SA aufgehoben und Ende Juli neue Reichstagswahlen abgehalten würden. Ausgestattet mit dieser zweifelhaften Zusicherung, holte Papen – auf Schleichers Aufforderung hin – zu einem Schlag gegen das Hauptzentrum sozialistischer

Macht in Deutschland aus, gegen die sozialdemokratische Regierung Preußens. Nach einer Straßenschlacht zwischen Nationalsozialisten und Kommunisten in Altona bei Hamburg am 17. Juli sicherte er sich ein Dekret von Präsident Hindenburg, durch das er zum Reichskommissar von Preußen ernannt wurde und die Vollmacht erhielt, die preußische Regierung zu entlassen – wovon er am 20. Juli Gebrauch machte. Die preußischen Minister gaben ohne Widerstand auf; es ist schwer zu sagen, was sie sonst hätten tun können. General Gerd von Rundstedt war der Befehl erteilt worden, Papens Maßnahmen notfalls mit Gewalt durchzusetzen, und die Minister waren nicht überzeugt davon, daß ihre Polizeikräfte dem Militär Widerstand leisten konnten. Die Minister konnten auch nicht – wie im Falle des Kapp-Putsches im Jahre 1920 (s. S. 446) – auf einen Generalstreik der Gewerkschaften zählen. In Anbetracht der hohen Arbeitslosenquote waren Arbeiter, die eine Stelle hatten, nicht geneigt, sie aufs Spiel zu setzen.

Weder der Preußenschlag noch seine energische Außenpolitik – die Befreiung Deutschlands von den Reparationslasten auf der Konferenz von Lausanne und sein zeitweiliges Fernbleiben von der Genfer Abrüstungskonferenz aus Protest gegen den ungleichen Status Deutschlands – brachte von Papen bei Wählern aus dem Mittelstand oder bei konservativen Wählern bemerkenswerten Erfolg. Auch zeigten sie keine Wirkung auf die Nationalsozialisten. Bei den Reichstagswahlen von Ende Juli verloren die beiden einzigen Parteien, die Papen wirklich unterstützten, insgesamt 44 Sitze, während die Kommunisten zwölf Sitze hinzugewannen, die Nationalsozialisten aber ihre Vertretung verdoppelten und mit 230 Sitzen zur größten Partei im Reichstag aufstiegen. Um ein Mißtrauensvotum zu verhindern, mußte Papen den Reichstag unverzüglich auflösen; doch in den Neuwahlen vom November bezogen 90 Prozent der Wähler eindeutig Stellung gegen die Regierung.

Zu diesem Zeitpunkt scheint Papen den Entschluß gefaßt zu haben, daß bei einem Vertrauensentzug der Parteien der Reichstag aufgelöst werden und das Kabinett mit Rückendeckung des Präsidenten und der Armee durch Notverordnungen regieren müsse. Es spricht sehr für seine Überredungskunst, daß er den Präsidenten von dieser Notwendigkeit überzeugt hatte, als Schleicher eingriff. Der General wies darauf hin, daß das Vorgehen, wie Papen es plante, gemeinsame nationalsozialistische und kommunistische Aufstände heraufbeschwören könnte, die wahrscheinlich noch durch polnische Grenzüberfälle verschärft würden. Die Armee, erklärte er, sei nicht stark genug, um unter solchen Umständen die öffentliche Ordnung und die nationale Sicherheit aufrechtzuerhalten. Hindenburg hatte keine andere Wahl, als Papens Plan abzulehnen und dessen Rücktritt anzunehmen. Er bestand jedoch darauf, daß Schleicher nun die Regierungsverantwortung übernahm und ernannte ihn am 2. Dezember 1932 zum Kanzler.

Schleicher war diese Wendung der Ereignisse nicht unangenehm. Für ihn war der plötzliche Rückgang der Nationalsozialisten – ein Verlust von zwei Millionen Stimmen und 34 Reichstagssitzen – das interessanteste Phänomen der Novemberwahlen. Wenn die Nationalsozialisten ihren Höhepunkt überschritten hatten, so war die Zeit vielleicht reif, Hitler zu einem Kompromiß zu zwingen oder seine Bewegung zu spalten. Schleicher wußte, daß Gregor Strasser über die Wahlergebnisse beunruhigt war, und meinte, dieser könne nun vielleicht bereit sein, einer neuen Regierung beizutreten. Diese Möglichkeit hatte Schleicher im Sinn, als er den Kanzler durch eine bewußt pessimistische Berichterstattung über die Armee gegenüber Hindenburg stürzte.

Soweit schätzte er die Sachlage richtig ein. In der nationalsozialistischen Partei herrschte Geldknappheit, und mehrere ihrer führenden Persönlichkeiten wollten in die Regierung eintreten, bevor es zu spät war. Doch hatte Schleicher Hitlers politisches Geschick und den Einfluß, den er auf seine Anhänger ausübte, nicht berücksichtigt. Als Schleicher Strasser den Posten des Vizekanzlers in seinem Kabinett anbot, erhob Hitler gegen diese Berufung Einspruch, und Strasser mußte seine Parteiämter niederlegen. Die Spaltung der Partei aber, die Schleicher daraufhin erwartete, blieb aus. Durch eine nahezu dämonische Willensbekundung zwang Hitler die Schwankenden auf die Parteilinie.

Durch diese Art von Krisenüberwindung innerhalb der nationalsozialistischen Partei war Schleicher zum Scheitern verurteilt. Er versuchte verzweifelt, seine Position im Reichstag zu stärken, indem er tatsächlich fundamentale Agrar- und Sozialreformen versprach, um die Unterstützung der Sozialdemokraten zu erringen. Doch war ihnen seine Rolle bei der Auflösung der preußischen Regierung in Erinnerung, und sie blieben standhaft. Schleicher verlangte dieselben diktatorischen Vollmachten, um die Papen ersucht hatte. Doch der Präsident, der Papen mochte, erinnerte sich an Schleichers Argu-

67. Bücherverbrennung 1933

68. Adolf Hitler (1889–1945), deutscher Reichskanzler, zu Besuch bei Reichspräsident Paul von Beneckendorff und von Hindenburg (1847–1934)

mente gegen diesen und erklärte seinem Kanzler, wenn er im Reichstag keine Mehrheit finde, müsse er zurücktreten.

Nun kamen nur zwei Möglichkeiten für die Nachfolge in Frage: Papen oder Hitler. Aus Erbitterung über Schleichers Taktik hatte Papen Hitler geholfen, seine finanzielle Notlage zu überbrücken, indem er ihm die Unterstützung einiger prominenter Industrieller aus dem Rheinland verschaffte. Jetzt erörterte er mit dem «Führer» die Möglichkeit einer neuen Regierung Papen–Hitler. In Berlin ging das Gerücht um, im Falle des Versuches, Hitler zum Kanzler zu machen, werde die Armee eingreifen, um dies zu verhindern. In der Realität war dies gar nicht möglich. Schleicher – der Mann, der sich in der besten Position befand, zu einer Intervention der Armee aufzufordern – fürchtete die Kanzlerschaft Papens mehr als die Hitlers. Daher blieb die Armee neutral und sicherte Hitler mit ihrer Neutralität den Erfolg bei der Machtergreifung. Am 30. Januar 1933 brachte man Hindenburg dazu, trotz seiner früheren Antipathie gegen Hitler ihn als Kanzler eines Koalitionskabinetts mit Papen als Vizekanzler zu akzeptieren. Obgleich nur drei NSDAP-Mitglieder dem vorwiegend nationalistischen Kabinett angehörten, schwärmten Mengen frohlockender Nationalsozialisten am Abend des 30. Januar durch die Straßen von Berlin und benahmen sich, als ob sie die neuen Herrscher über Deutschland seien.

Die Konsolidierung der nationalsozialistischen Macht. Zumindest einige Wochen lang mußte der Kanzler Vorsicht walten lassen. Selbst mit Unterstützung der Deutschnationalen verfügte er im Reichstag nicht über die Mehrheit. Doch für März waren neue Reichstagswahlen anberaumt, und der «Führer» verließ sich darauf, daß seine Parteitruppen das bestmögliche Ergebnis herbeiführen würden. Göring, den er zum Innenminister von Preußen ernannt hatte, nutzte seine Position, um die reguläre Polizei um eine Hilfstruppe von 50 000 Mann zu ergänzen, die sich zu vier Fünfteln aus der SA und der SS rekrutierte und die die meiste Zeit darauf verwandte, Gegner der Partei zu jagen.

Diese Einschüchterungskampagne allein genügte nicht. Hitler brauchte einen Anlaß, um sich der Opposition der anderen Parteien entledigen zu können. Ein solcher bot sich mit dem Reichstagsbrand in der Nacht vom 27. Februar 1933. Ein geistesgestörter holländischer Kommunist namens Marinus van der Lubbe wurde im Reichstagsgebäude festgenommen und bekannte sich zu dem Verbrechen. (Möglicherweise war es von Nazi-Agenten geplant, obschon dies immer noch umstritten ist.) Jedenfalls lieferte der Reichstagsbrand Hitler den Vorwand, eine «Verordnung zum Schutze von Volk und Staat» vom Präsidenten zu verlangen. Dieses am 28. Februar vom Präsidenten Hindenburg unterzeichnete Dokument suspendierte Teile der Verfassung, die die bürgerlichen und individuellen Grundrechte garantierten, und bevollmächtigte die Regierung, alle beliebigen Methoden anzuwenden, einschließlich der Hausdurchsuchung und Verhaftung, um staatsgefährdende kommunistische Gewalttaten zu verhindern.

Diesen Erlaß in Händen, tobten Sturmtruppen in Lastwagen durch die Straßen Deutschlands und verhafteten Kommunisten, Sozialdemokraten und führende Liberale, zerstörten Zeitungspressen und terrorisierten das Reich landauf landab. Unterdessen ertönte unablässig aus dem Radio, daß kommunistische Verschwörungen gegen den Staat aufgedeckt worden seien. Angesichts dieser Begebenheiten überrascht es nicht, daß sich bei den Wahlen vom 5. März 1933 immer noch 56 Prozent der Wähler gegen Hitler entschieden. Die Sozialdemokraten hielten ihren Stimmenanteil, das Zentrum erhöhte ihn, und selbst die Kommunisten erreichten noch 4 848 058 Stimmen. Die Natio-

69. Der Reichstagsbrand 1933. Das brennende Reichstagsgebäude in der Nacht zum 18. Februar 1933

nalsozialisten mit 288 und die Deutschnationalen mit 52 Sitzen verfügten gemeinsam über eine knappe Mehrheit im Reichstag.

Hitler aber besaß immer noch die Vollmachten, die er mit der Verordnung vom 28. Februar erlangt hatte. Dies und der Terrorismus seiner Braunhemden lähmten die Opposition und ermöglichten es ihm, sein Ziel zu erreichen. In einer Reichstagssitzung am 23. März, an deren Teilnahme alle kommunistischen und einige sozialdemokratischen Abgeordneten durch Verhaftung gehindert wurden, legte er das sogenannte Ermächtigungsgesetz vor, das «Gesetz zur Behebung der Not von Volk und Reich». Es erteilte dem Kabinett über einen Zeitraum von vier Jahren alle Vollmachten über die Gesetzgebung und den Etat, einschließlich des Rechtes, Verfassungsänderungen einzuleiten. In der angespannten Debatte im Reichstag sprachen und stimmten nur die Sozialdemokraten gegen die Gesetzesvorlage. Das Zentrum beschloß, dafür zu stimmen, jedoch die Zusicherung von Hitler zu verlangen, daß die Verfassung eingehalten werde. Solche Garantien wurden nicht gegeben, das Zentrum aber stimmte trotzdem für die Vorlage; und das Handeln dieser Partei war entscheidend. Mit einem Abstimmungsergebnis von 441 zu 84 machte der Reichstag Hitler zum Diktator.

Die Gleichschaltung. Es folgte der Prozeß der sogenannten Gleichschaltung – die systematische Vernichtung, Unterordnung oder Koordination aller unabhängigen Einrichtungen oder Organisationen. Einer der ersten Schritte in dieser Richtung war die Aufhebung der historisch gewachsenen verfassungsmäßigen Rechte der einzelnen Länder, die Entlassung ihrer Regierungen und die Ernennung von Reichsstatthaltern, die dem Kanzler gegenüber verantwortlich waren. Der so begonnene Prozeß wurde am ersten Jahrestag der Machtübernahme Hitlers durch das Gesetz über den Neuaufbau des Reiches (30. Januar 1934) abgeschlossen. Deutschland war zum ersten Mal in seiner Geschichte völlig zentralisiert.

Schon lange vorher waren alle Parteien, die hätten protestieren können, verschwunden. Die Kommunistische Partei war bereits nach dem Reichstagsbrand aufgelöst worden. Die Sozialdemokratische Partei wurde im Juni 1932 für subversiv erklärt. Im Juli verkündeten die katholischen Parteien selbst ihre Auflösung. Die Demokraten und die Deutsche Volkspartei gaben dem Druck nach und taten das gleiche. Hitlers Partner im Kabinett, die Deutschnationalen, hatten die politische Zielsetzung schon eher durchschaut, allerdings erst nachdem ihre Büros von der Polizei und der SA besetzt worden waren und man sie aufgefordert hatte, das Feld zu räumen. Der gesamte Prozeß wurde am 14. Juli 1933 durch ein Gesetz legalisiert, das erklärte, die NSDAP sei die einzige politische Partei in Deutschland und Versuche, andere Parteien zu gründen oder aufrechtzuerhalten, würden mit Gefängnis bestraft.

Am 2. Mai 1933 plünderten Polizei- und SA-Einheiten die Geschäftsstellen aller unabhängigen Gewerkschaften, verhafteten ihre Funktionäre und beschlagnahmten ihre Gelder. Am 24. Juni wurden die katholischen Gewerkschaften in gleicher Weise zerschlagen. Als Ersatz für die Gewerkschaften wurde die Arbeitsfront gegründet. Dieses Organ, das schließlich alle erwerbstätigen Personen außerhalb des Staatsdienstes erfaßte, hatte keine echte politische oder wirtschaftliche Funktion und hatte nichts mit der Regelung von Löhnen oder Arbeitsbedingungen zu tun. Die Arbeitsfront war mit der «Erfassung» der Arbeiterschicht betraut und erfüllte bestimmte Verwaltungsaufgaben. Doch lag ihre wesentliche Aufgabe darin, die Arbeiter machtlos zu halten und durch unablässige Indoktrination die letzten Spuren des Marxismus in ihren Köpfen auszumerzen.

Niemand erkannte deutlicher als Hitler, daß die unkündbare Beamtenschaft die Arbeit eines Regimes effektiv sabotieren kann. Und er war entschlossen dafür zu sorgen, daß sich das, was sich unter dem Weimarer Regime abgespielt hatte, unter seinem Regime nicht wiederholen würde. Innerhalb von zwei Wochen nach Verabschiedung des Ermächtigungsgesetzes erließ Hitler das «Gesetz zur Wiederherstellung des Berufsbeamtentums» (7. April 1933), das die Entfernung aller Nichtarier und aller Personen, die nicht mehr bereit waren, jederzeit für den nationalsozialistischen Staat einzutreten, verlangte. Es wurde bald auf den Richterstand und die Universitäten ausgedehnt. Die Entscheidung des Obersten Gerichtshofes, des «Reichsgerichts», drei der vier Angeklagten im Reichstagsbrand-Prozeß freizusprechen, führte zur Gründung eines neuen «Volksgerichtshofes», der sich mit Fällen von Verrat befassen sollte. Und nach dem März 1933 wurden politische Verbrechen vor dem «Sondergericht» verhandelt, dessen Verteidigungsanwälte von Nazi-Funktionären anerkannt werden mußten.

Es ist unmöglich, den Charakter der nationalsozialistischen Justiz richtig einzuschätzen, wenn man sich nicht der Tatsache bewußt ist, daß Hitler das Recht hatte, Strafprozesse, die er nicht billigte, zu beenden, und daß Rudolf Heß, der Stellvertreter des «Führers», bevollmächtigt war, Maßnahmen gegen Angeklagte zu ergreifen, die seiner Meinung nach zu gering bestraft worden waren. Überdies zögerten die im April 1933 von Göring gegründete Gestapo, die Geheime Staatspolizei, und der SD, der Sicherheitsdienst der SS, nicht, Tausende von Deutschen willkürlich zu verhaften, in Konzentrationslager einzuliefern und körperlich zu mißhandeln. In einem Erlaß vom Februar 1936 wurde erklärt, diese Organe stünden über dem Gesetz, wenn sie den Willen der Führung ausführten.

Kurz nach seiner Ernennung zum Kanzler sprach Hitler von seinem Wunsch, die friedliche Eintracht zwischen Kirche und Staat aufrechterhalten zu wollen. Im Juni 1933 schloß er tatsächlich ein Konkordat mit dem Vatikan, das die Freiheit der römisch-katholischen Religion in Deutschland garantierte. Bald darauf wurden jedoch systematische Angriffe gegen kirchliche Organisationen, die katholische Presse und führende Mitglieder des Episkopats gerichtet. Sie setzten zeitweilig aus, doch war es der Kirche im Laufe der Jahre unmöglich, vor ihnen und anderen Merkmalen des nationalsozialistischen Systems die Augen zu verschließen. Im März 1937 protestierte Papst Pius XI.

in der Enzyklika «Mit brennender Sorge» heftig gegen die Konkordatsverstöße. Dies wirkte sich zwar nicht sonderlich auf die nationalsozialistische Politik aus, bewog aber doch viele Katholiken, sich Widerstandsbewegungen anzuschließen.

Unterdessen waren die protestantischen Kirchen einer Kampagne ausgesetzt, die von einer staatlich gestützten Gruppe unter dem Namen «Deutsche Christen» geführt wurde mit dem Ziel, die protestantische Kirche der nationalsozialistischen Rassendoktrin und dem Führerprinzip unterzuordnen. Hunderte von Pfarrern setzten sich dagegen zur Wehr und wurden in Konzentrationslager eingeliefert. Wie im Falle der katholischen Kirche konnte Hitler die offene Opposition mit Gewalt brechen und als Preis für die Offenhaltung der Kirchen von Geistlichen einen Treueeid erzwingen. Doch die Reihen des Widerstands im Untergrund füllten sich mit loyalen Protestanten, die die Mißbräuche des Regimes nicht zu dulden vermochten.

Mit der «Gleichschaltung» dieser Organisationen war der Prozeß nicht beendet. Er erstreckte sich auf alle Einrichtungen, die die Gesinnung der Deutschen zum Guten oder Schlechten beeinflussen konnten. Das Reichspressegesetz vom 4. Oktober 1933 legte fest, daß alle Herausgeber von Zeitungen deutsche Staatsbürger und Arier sein mußten und nicht mit Juden verheiratet sein durften; und es verfügte eine äußerst strenge Pressezensur. Der Staat besaß bereits das Monopol über den Rundfunk und hatte ihn zu einem reinen Parteiorgan gemacht, das von Joseph Goebbels geleitet wurde. Dessen Propagandaministerium kontrollierte auch alle Bereiche der Filmindustrie. Das auffälligste Resultat dieser Kontrolle über die Massenmedien war, daß ihr geistiges Niveau abgrundtief sank und daß ihre Fadheit selbst dem loyalsten Nationalsozialisten offenkundig wurde.

Die Flucht der Intelligenz und ihre Verbannung aus politischen und rassistischen Gründen beeinträchtigten auch das deutsche Bildungssystem. Alle Lehrer unterstanden den Rassengesetzen und mußten Hitler den Treueeid leisten. Der Inhalt ihres Unterrichts und die Bücher, die sie verwenden durften, waren vorgeschrieben. Tausende von hochrangigen Wissenschaftlern und Lehrern verloren ihre Posten oder traten zurück, und diejenigen, die blieben, sahen – willentlich oder unwillentlich – mit an, wie der Lehrstoff verzerrt dargestellt wurde, um ihn den Zielen des nationalsozialistischen Staates unterzuordnen. Um 1939 klagte die deutsche Industrie über einen Mangel an gut ausgebildeten Chemikern, Technikern und Ingenieuren, und sowohl in der Wirtschaft als auch im Staatsdienst machten sich die Auswirkungen eines Erziehungssystems bemerkbar, das sein Hauptziel in politischer und rassistischer Indoktrination sah.

Die Unterordnung der Partei und der Streitkräfte. Mittels der oben beschriebenen Methoden gelang es Hitler, wie Franz Neumann schrieb, «jede Institution, die in der Demokratie Reste menschlicher Spontaneität bewahrt, zu vernichten». Seine Tyrannei war aber noch nicht vollkommen, solange er nicht zwei Gefahren, die seine Macht möglicherweise bedrohen konnten, beseitigt hatte: diejenige, die von seiner eigenen Partei ausging, und diejenige, die die Streitkräfte darstellten.

Hitler hat es niemals für nötig gehalten, eine Parteisäuberung im Maßstab der Stalinistischen Säuberungen vorzunehmen. Doch im Juni 1934 demonstrierte er durch Beseitigung einiger seiner ältesten Weggefährten und offener Parteikritiker, daß er dazu imstande war. Der entscheidende Grund für die «Nacht der langen Messer», wie sie später genannt wurde, lag in der Unzufriedenheit vieler Anhänger Hitlers mit seiner Politik nach 1933, die sie als konservative Wende empfanden. Sie hatten das Wort «sozialistisch» im Namen ihrer Partei ernstgenommen und erwarteten, daß das Ermächtigungsgesetz zur Enteignung der Reichen führen würde. Statt dessen mußten sie mit ansehen, wie Hitler mit Industriellen, Großgrundbesitzern, Generälen und der alten Elite in bestem Einvernehmen stand. Kritik an Hitler wurde vor allem in der SA laut, deren Kommandeur Ernst Röhm diese Truppen als die echte revolutionäre Armee betrachtete, die die alte Reichswehr ersetzen würde.

Es herrscht immer noch Unklarheit darüber, ob die Führung der SA tatsächlich einen Coup gegen den «Führer» erwog. Hitler entschloß sich nach langem Zögern, zu handeln, als ob ein solcher beabsichtigt sei. Im Morgengrauen des 30. Juni 1934 schlug er mit jener umwerfenden Schnelligkeit zu, die immer für seine Handlungsweise charakteristisch war, sobald er sich entschieden hatte. Abordnungen von SS-Truppen und Gestapo-Agenten holten Röhm und andere SA-Führer aus ihren Betten und erschossen sie ohne jegliche Anhörung. Unterdessen nutzten andere Mordkommandos die Gelegenheit, um sich prominenter Gegner des Nationalsozialismus zu entledigen und alte Rechnungen zu begleichen. Schleicher und seine Gattin wurden in ihrer Wohnung erschossen. Gustav von Kahr, der im Jahre 1923 mit Hitler gebrochen hatte, wurde zu Tode gefoltert und bei Dachau im Moor versenkt. Zwei der engsten Mitarbeiter von Papens wurden zur Warnung des Vizekanzlers erschossen. Alles in allem kamen Hunderte von Menschen ums Leben, und die Erinnerung an diese Schreckensnacht genügte, um bis zu Hitlers Tod von ernstlichen Meinungsverschiedenheiten innerhalb der Partei abzuschrekken.

Einer der Gründe für Hitlers Entschluß, die SA zu säubern, war sein Wunsch, Hindenburgs Amt zu übernehmen. Er wollte eine Intervention des Heeres vermeiden, und da diesem die Beseitigung seines Hauptrivalen, der Parteiarmee SA, gelegen kam, hielt sich das Heer zurück. Unmittelbar nach dem Tod Hindenburgs am 2. August 1934 wurde verkündet, das Amt des Kanzlers und des Präsidenten seien in einer Hand vereinigt worden und Hitler werde als Staatsoberhaupt und Befehlshaber der Wehrmacht regieren. Alle Offiziere und gemeinen Soldaten des Militärs mußten dem «Führer» bedingungslose Treue schwören.

Von nun an sollte die Unabhängigkeit der Reichswehr stufenweise untergraben werden. Die dienstälteren Offiziere mochten sich weiterhin der Täuschung hingeben, sie hätten Hitler unter Kontrolle oder könnten sich seiner notfalls entledigen. Nach 1935 aber, mit dem Beginn der halsbrecherischen Wiederaufrüstung (s. S. 503), wuchs die nun offiziell Wehrmacht genannte Streitmacht derartig an, daß die innere Homogenität des Offizierkorps verlorenging und die älteren, konservativen Offiziere nicht mehr für die Gesamtheit sprechen konnten. Nach 1936 waren die neuen Offiziersanwärter und die neuen Rekruten großenteils bereits in nationalsozialistisch beherrschten Schulen indoktriniert worden; und selbst unter reiferen Offizieren begannen die alten Wertvorstellungen sich unter dem Druck von Ehrgeiz, Neid und Opportunismus zu verflüchtigen.

Der anfangs große Respekt Hitlers vor den älteren Offizieren der Wehrmacht begann zu schwinden, als er bei ihnen auf Proteste gegen das Tempo des Wiederaufrüstungsprogramms und die Abenteuerlichkeit seiner Außenpolitik stieß (s. S. 505). Als er die Zeit für reif hielt, seinen Großfeldzug zur Eroberung Osteuropas einzuleiten, war er zuversichtlich genug, die Wehrmacht «gleichzuschalten», ebenso wie er es mit den Gewerkschaften gemacht hatte. Anfang Februar 1938 nahm er eine völlige Reorganisation der Streitkräfte vor. Von nun an unterstanden alle Abteilungen einem neuen Oberkommando der Wehrmacht (OKW) unter Hitlers direktem Befehl; und General Wilhelm Keitel, ein vollkommen ergebener Bewunderer Hitlers, wurde sein Stellvertreter. Das Wehrmachtskommando mit seinem berühmten, einstmals mächtigen Generalstab war somit degradiert und mußte seine Ansichten denen von Hitlers persönlichem Militärstab unterordnen. Die letzten Schranken zur absoluten Macht Hitlers waren durchbrochen.

Die Kriegswirtschaft. Unter Hitler überwand Deutschland die Wirtschaftskrise mit einer Geschwindigkeit, die die Welt in Bewunderung versetzte. Die Arbeitslosigkeit sank von sechs Millionen im Jahre 1932 auf unter eine Million vier Jahre später. In demselben Zeitraum verdoppelte sich das Bruttosozialprodukt. Staatliche Ankurbelung, ausgedehnte Programme für öffentliche Arbeiten, Steuererleichterungen für die Industrie und Finanztricks – all dies spielte hierbei eine Rolle. Im wesentlichen jedoch rührte der Aufschwung von der Wiederaufrüstung her. Der im September 1936 eingeleitete Vierjahresplan zielte darauf ab, Deutschland autark zu machen und damit unempfindlich gegen eine Blockade, wie sie während des Krieges von 1914 bis 1918 gegen Deutschland verhängt worden war. Im Rahmen dieses Plans setzten die Akkumulation strategischer Rohstoffe, die Entwicklung synthetischer Stoffe und die Mobilmachung der Kriegsindustrien ein. Für Deutschlands Nachbarn, die die Ziele der Politik Hitlers nicht erkannten, war dieses Wiederaufblühen der Wirtschaft in höchstem Maße beeindruckend, und es trug dazu bei, daß der Totalitarismus attraktiv erschien. Dies betraf vor allen Dingen die Länder des Ostens, wo der Trend zur Diktatur sich schon bemerkbar gemacht hatte, bevor Hitler an die Macht gelangte.

Die Demokratie in Osteuropa auf dem Rückzug

Polen und die baltischen Staaten. Die Nachkriegsgeschichte Polens bietet ein gutes Beispiel dafür, wie schwierig es in Osteuropa war, eine Demokratie in Gang zu bringen. In Paris hatte man Polen großzügig behandelt, und die neue Republik startete unter günstigeren geographischen Bedingungen und mit größeren wirtschaftlichen Ressourcen als ihre Nachbarstaaten. Diese Startvorteile wurden jedoch wettgemacht durch politische Praktiken, die die Lösung interner Probleme faktisch unmöglich machten.

Viele Probleme Polens rührten daher, daß das Land in den ersten Nachkriegsjahren sein Territorium durch Übergriffe auf seine Nachbarstaaten zu erweitern suchte (s. S. 398 und 412). Dies bedingte hohe Militärausgaben, die zur stetigen Verschlechterung der wirtschaftlichen Lage der Nation beisteuerten. Der Krieg gegen Rußland führte im Jahre 1920 zu einem Haushaltsdefizit in Höhe von fünfzig Milliarden Zloty, und der Kurs gegenüber dem amerikanischen Dollar stieg im Laufe dieses Jahres von 120 auf 500 Zloty. Im Jahre 1922 lag der Zloty gegenüber dem Dollar annähernd bei 3000, und bis 1923 war die Inflation in Polen so weit vorangeschritten, daß das Land seine alte Währung aufgeben und mit ausländischen Krediten neu beginnen mußte.

Hingegen erlebte das Land keinerlei wirtschaftlichen Aufschwung, der mit dem in Deutschland nach 1923 vergleichbar gewesen wäre. Der Schlüssel zum Wirtschaftswachstum in Polen lag in der Agrarreform. Doch obschon das Parlament mehrere Teilreformen verabschiedete, war die Schicht der Großgrundbesitzer immer stark genug, um jeden grundlegenden Wandel zu verhindern. Was an geringfügigen wirtschaftlichen Fortschritten erzielt worden war, machte die Wirtschaftskrise wieder zunichte.

Daß Polen bei der Bewältigung seiner wirtschaftlichen Probleme scheiterte, lag an seinen parlamentarischen Gepflogenheiten. Die Verfassung vom März 1921 stärkte die Legislative auf Kosten der Exekutive. Die Vollmachten des Präsidenten, der vom «Sejm» und dem Senat gewählt wurde, hielten sich in engen Grenzen, und er besaß kein Vetorecht gegenüber diesen beiden gesetzgebenden Organen. Gleichzeitig machten letztere von ihren ausgedehnten Befugnissen keinen wirksamen Gebrauch, sondern entwickelten sich vielmehr zur Kampfstätte für viele Parteien und Splittergruppen. Um die Mitte der 20er Jahre, als eine Koalitionsregierung die andere ablöste, ohne spürbare Erfolge aufzuweisen zu haben (zwischen 1919 und 1926 existierten dreizehn solcher Regierungen), wurde Joseph Pilsudski, der die polnischen Streitkräfte im Jahre 1920 gegen Rußland angeführt hatte, von vielen seiner Landsleute bedrängt, dieser Situation ein Ende zu bereiten.

Im Mai 1926 gab Pilsudski ihrem Drängen nach. Er rückte mit gemischten Streitkräften von Freiwilligen und aufrührerischen Regierungstruppen auf Warschau vor und zwang das Parlament nach dreitägigen Kämpfen zur Kapitulation. Pilsudski wahrte zwar die äußere Form der republikanischen Regierung und weigerte sich sogar, die Präsidentschaft anzunehmen; doch stellte er von diesem Zeitpunkt an die eigentliche Kraft in der polnischen Politik dar, und er und seine «Obersten» hatten ein Monopol über das Amt des Ministerpräsidenten und andere wichtige Ämter. Dieser Wandel zur Diktatur machte aber das politische System nicht leistungsfähig genug, um die wirtschaftliche Lage des Landes zu verbessern oder die nationalen Minderheiten zufriedenzustellen. Pilsudskis Finanzreformen zeitigten nur kurzfristige Wirkungen und bereiteten das Land nicht darauf vor, dem Schock der Weltwirtschaftskrise standzuhalten.

Das unglücklichste Resultat des Staatsstreichs von Pilsudski vom Jahre 1926 war vielleicht die Tatsache, daß er eine militärische Elite an die Macht brachte, die ihre Verachtung für die Demokratie auch in die Außenpolitik hineintrug. Nach 1926 wuchs die Kritik der Obersten am Völkerbund immer stärker an. Sie zeigten zunehmend den Wunsch, sich ihre Unabhängigkeit von Frankreich zu bewahren. Als Hitler in Deutschland die Macht übernahm, verschaffte ihm daher die polnische Regierung im Januar 1934 mit einem Freundschaftsvertrag seinen ersten Sieg in der Außenpolitik. Die Obersten waren eindeutig der Überzeugung, daß sie angesichts der verworrenen Lage der internationalen Politik eine Chance hätten, Machtpolitik in großem Maßstab zu betreiben. Tatsächlich aber spielten sie Hitler in die Hände, indem sie die Auflösung des französischen Sicherheitssystems in Osteuropa einleiteten.

Die politische Entwicklung der baltischen Länder verlief ganz ähnlich wie die Polens. Litauen, Lettland und Estland begannen ihre Unabhängigkeit mit demokratischen Institutionen. Diese erwiesen sich aber als unwirksam, weil es denen, die damit umgingen, an Erfahrung mangelte, weil die Parteien untereinander haderten und – im Falle Litauens, das unablässig mit Polen um Wilna stritt und sich die dauerhafte Feindschaft Deutschlands zuzog, indem es im Jahre 1923 das frühere deutsche Memelgebiet einnahm – weil die übertrieben ehrgeizige Außenpolitik finanziell und politisch zu kostspielig war. In allen drei Ländern übernahmen schließlich starke Führungspersönlichkeiten die Macht.

Die Tschechoslowakei. Einen anderen Verlauf nahmen die Ereignisse in dem Staat, der dank der Bemühungen Thomas Masaryks und Eduard Beneš' ins Leben gerufen worden war. Oberflächlich gesehen funktionierte das tschechische Parlament ähnlich wie das polnische. Die tschechoslowakische Verfassung aber schuf ein stabileres Gleichgewicht zwischen Legislative und Exekutive. Der Vorteil dieses Landes lag überdies in der durchgehenden Amtsführung von Masaryk (Präsident 1918 und 1920–1935) und Beneš (1918–1935 Außenminister und 1935–1939 Präsident) sowie in einem leistungsfähigen Staatsdienst, den es vom österreichischen Kaiserreich übernommen hatte. Und im Gegensatz zu Polen behinderte der tschechische Staat seinen späteren Fortschritt nicht durch eine abenteuerliche Außenpolitik.

Im allgemeinen war die Wirtschaft der Tschechoslowakei ausgeglichener als die Wirtschaft aller anderen osteuropäischen Nationen. Die Regierung löste das Problem der Agrarreform durch Enteignung des ehemaligen Kronlands sowie großer Privatgüter (letztere gegen Entschädigung) und deren Verteilung an die Kleinbauern zu tragbaren Bedingungen. Die landwirtschaftliche Produktion stieg so weit an, daß das Land in Grundnahrungsmitteln faktisch autark war. Nichtlebenswichtige Waren und Rohstoffe für seine großen Industrien wie Munition, Glas, Porzellan, Brauerei und ähnliches mußte es allerdings importieren.

All diese Bedingungen trugen dazu bei, daß die Demokratie in der Tschechoslowakei gut funktionierte. Dennoch stellte das Land eine Nation von Minderheiten dar, die mit ihrer neuen Staatszugehörigkeit niemals völlig zufrieden waren. Dies betraf die 747000 Madjaren im östlichen Teil des Landes und die 3123000 Deutschen im westlichen Sudetenland. Und der Keim des Separatismus schwirrte in vielen Köpfen der 2190000 Slowaken.

Aufgrund des wirtschaftlichen Wohlstands und einer liberalen Nationalitätenpolitik, die nationalen Gruppen in Gebieten, in denen sie dominierten, eigene Schulen und den Gebrauch ihrer eigenen Sprache bei Amtsgeschäften und in der Rechtsprechung zugestand, hielt sich die Unzufriedenheit der Minoritäten die gesamten 20er Jahre hindurch in Grenzen. Das durch die Wirtschaftskrise herbeigeführte Elend brachte jedoch den Wunsch nach Veränderung mit sich. Naturgemäß waren die Sudetendeutschen die ersten, die ihre Hoffnungen auf Hitler setzten und eine eigene nationalsozialistische Partei gründeten. Auch die anderen Nationalitäten begannen sich bald zu fragen, ob sie nicht einen besseren Status erzielen könnten, wenn sie sich an Hitler wandten. Diese Spekulationen führten zur Beseitigung der einzigen Regierung in Osteuropa, die der Demokratie die gesamte Zwischenkriegszeit hindurch treu geblieben war.

Österreich. Die Zerstörung der Demokratie in Österreich setzte schon früher ein. Österreich begann seine Existenz als neuer Staat unter höchst ungünstigen Bedingungen – der meisten Provinzen, die seine Größe in der Vergangenheit gewährleistet hatten, beraubt. Nachdem die österreichische Republik die gesamten 20er Jahre hindurch mit Völkerbundskrediten lebensfähig erhalten worden war, wurde ihr durch das Veto des Internationalen Gerichtshofes gegen den Plan einer Zollunion vom Jahre 1931 (s. S. 461) die Chance zur Verbesserung ihrer wirtschaftlichen Lage verweigert. Aufgrund dieses Rückschlags machten sich die Auswirkungen der Weltwirtschaftskrise in Österreich schlimmer bemerkbar als irgendwo anders auf dem problembeladenen Kontinent.

Politisch teilte sich das Land in die Sozialdemokratische Partei mit ihrem Schwerpunkt in Wien und die von der Mehrheit der ländlichen Bevölkerung getragene Christlich-Soziale Partei. Daneben existierte eine kleine, aber energische nationalistische Partei, die für den Anschluß an Deutschland eintrat. Den überwiegenden Zeitraum der 20er Jahre regierten die Christlich-Sozialen, und ihr Vorsitzender nach 1932, Engelbert Dollfuß, bildete eine Regierung, die entschieden autoritäre Züge aufwies.

Dollfuß rückte zu einer Zeit in den Vordergrund, als der politische Extremismus im Kommen war. Der Kommunismus übte einen merklichen Einfluß auf die Sozialdemokratische Partei aus, während die alte nationalistische Partei Sympathien für die Nationalsozialisten bekundete und tatsächlich Anordnungen aus Berlin befolgte. Dollfuß, wegen seiner kleinen Gestalt volkstümlich «Millimetternich» genannt, war ein energischer Mann mit einer hohen Meinung von seiner eigenen politischen Klugheit. Er glaubte beide Bewegungen durch eine Politik der geheimen Zusammenarbeit mit Mussolini eindämmen zu können. Seine starke rechte Hand, Prinz Starhemberg, hatte eine «Heimwehr» aufgebaut. Schon in den 20er Jahren war er durch Waffenlieferungen aus Italien in seinen Bemühungen um die Aufstellung solcher Truppen unterstützt worden, und als Hitler an die Macht kam, wurde diese Hilfe noch verstärkt.

Doch die Streitkräfte, die Mussolini in Österreich aufzubauen half, wurden nicht in erster Linie eingesetzt, um die Gefahr einer Eroberung des Landes durch die Nationalsozialisten abzuwenden. Dollfuß und Starhemberg waren durch die Linke ebenso stark in Anspruch genommen wie Schleicher und Papen; und auf Mussolinis Betreiben schickten sie sich an, die österreichische Sozialdemokratie und die sie stützenden Gewerkschaften zu zerschlagen. Das ganze Jahr 1933 hindurch wurde die Heimwehr verstärkt. Dann löste Dollfuß das Parlament auf und verkündete im September, es sei seine Absicht, einen neuen, korporativen Staat zu errichten. Die erzürnten Sozialisten sprachen viel von einem Generalstreik, und Anfang des Jahres 1934 begannen Heimwehrtruppen, die Geschäftsstellen der Sozialisten und der Gewerkschaften zu besetzen. In den Provinzstädten brachen offene Kämpfe aus, und am 12. Februar rückte die Heimwehr in die Arbeiterbezirke von Wien ein, um Artillerie gegen Arbeiterwohnblocks zum Einsatz zu bringen, deren Errichtung einen Triumph der Sozialisten dargestellt hatte.

Als die Ordnung wiederhergestellt war, erließ Dollfuß seine korporative Verfassung und begann mit Starhemberg als Vizekanzler, Österreich als Diktator zu beherrschen. Seine Regierung war von kurzer Dauer. Am 25. Juli unternahmen die österreichischen Nationalsozialisten einen Putsch, in der sicheren Erwartung, daß Berlin sie unterstützen werde. Er scheiterte kläglich, und die Hilfe der Deutschen blieb aus. Immerhin hielten die Rebellen das Kanzleramt für wenige Stunden besetzt; und in dieser Zeit schossen sie Dollfuß nieder und ließen ihn verbluten.

Der nächste Kanzler war Kurt von Schuschnigg, ein ergebener Anhänger Dollfuß' und Befürworter seiner Politik. Nach vier Jahren sollte er feststellen, daß der von ihm befürwortete Waffeneinsatz gegen die Arbeiterorganisationen die einzige Kraft zerstört hatte, die in der Lage gewesen wäre, den Nationalsozialismus zu bekämpfen. Der autoritäre Staat von Dollfuß und Schuschnigg bildete somit lediglich eine Station auf dem Wege zur Einverleibung durch den noch brutaleren Totalitarismus Deutschlands.

Die mittlere Donau und die Balkanländer. Die vorherrschende Tendenz zur Diktatur wurde in allen Staaten des mittleren Donaugebietes und des Balkan offenkundig. Im Falle Ungarns hatte die Demokratie niemals Gelegenheit, Wurzeln zu schlagen. Nachdem die Rätediktatur Béla Kuns im November 1919 gestürzt worden war, hatte man ein Regierungssystem errichtet wie in einem Königreich ohne König. Von 1921 bis 1931 war der durch und durch reaktionäre Graf Bethlen Ministerpräsident Ungarns. Er tat alles, was in seiner Macht stand, um die Feudalherrschaft der madjarischen Notabeln wiederherzustellen, das Wahlrecht Schritt für Schritt einzuschränken und sich Reformen entgegenzustellen. Die Weltwirtschaftskrise, eine Reihe von Finanzproblemen und eine schlechte Ernte brachten Bethlen im Jahre 1931 zu Fall. Doch sein Nachfolger war Julius Gömbös, ein Antisemit und Faschist, der das autoritäre Regime noch straffer führte. Als Hitler in Deutschland an die Macht kam, war Gömbös einer der ersten Regierungschefs des Auslands, die sich um seine Gunst bemühten.

Die anderen Länder dieses Gebietes waren royalistischen Diktaturen unterworfen. In Jugoslawien führte der Konflikt zwischen den katholischen, föderalistisch gesinnten Kroaten und den orthodoxen, entschlossen einer zentralistischen Regierung anhängenden Serben zu einer Welle von Unruhen und Morden und im Jahre 1922 zur Errichtung einer Diktatur unter König Alexander. Nach dessen Ermordung in Marseille (s. S. 503) im Jahre 1934 liebäugelte die Regentschaftsregierung, solange sein Sohn minderjährig war, sowohl mit Mussolini als auch mit Hitler. Zur Zeit des Kriegsausbruchs im Jahre 1939 befand sich das Land auf dem besten Wege, vom deutschen Wirtschaftssystem absorbiert zu werden, und es schien reif für die Mitgliedschaft in Hitlers Neuer Ordnung.

Rumänien wahrte bis 1930 zumindest den Anschein einer parlamentarischen Regierung und ergriff Maßnahmen zur Agrarreform und zur Nationalisierung der Bodenschätze. Mit der Verschärfung der Wirtschaftskrise, dem Anwachsen des Antisemitismus und der Beherrschung der Politik durch faschistische Mörderbanden erfuhren die parlamentarischen Institutionen zunehmende Beschränkungen, bis im Jahre 1938 die Diktatur des Königs ausgerufen wurde.

In Bulgarien stand das Schicksal der Demokratie unter dem Einfluß politischer Morde und einer Politik der aktiven Subversion auf seiten der Kommunistischen Partei Bulgariens, die den Aufstieg faschistischer Gruppen begünstigte. In den Jahren 1934 und 1935 fanden rechtsextreme Putsche statt, und 1935 errichtete der König eine Diktatur. In Albanien wurden demokratische Anfänge im Jahre 1925 durch einen Handstreich der Armee im Keim erstickt. Nicht einmal Griechenland, die antike Heimat der Demokratie, entrann dem allgemeinen Trend. Obgleich das Parlament im Jahre 1923 eine Republik errichtete, setzten sich die Unruhen, die die griechische Politik das ganze 19. Jahrhundert hindurch begleitet hatten, weiterhin fort, und ein Kampf zwischen royalistischen Kräften und Liberalen, bei dem mal der eine, mal der andere die Oberhand gewann, führte im Jahre 1935 zu blutigen Gefechten und 1936 zur Errichtung eines diktatorischen Regimes.

26. Die Demokratie in der Krise: Westeuropa

Gegen die vorherrschende Tendenz, die Diktatur der Demokratie vorzuziehen, war Westeuropa natürlich nicht immun. Selbst ein Land wie Großbritannien, das auf eine jahrhundertelange Tradition parlamentarischer Regierung zurückblicken konnte, machte Augenblicke durch, in denen das gesamte Rechtssystem ernstlich Anfechtungen ausgesetzt war. Während Großbritannien diese Krise überwand, ohne daß seine demokratischen Institutionen ihr zum Opfer fielen, kamen einige seiner engsten Nachbarländer nicht so glimpflich davon.

Großbritannien und das Empire

Nichts schien die schlimmen Stürme, die nach 1918 über die englische Wirtschaft fegten, aufhalten zu können. Der Krieg hatte den Außenhandel des Landes zum Erliegen gebracht, und als man versuchte, ihn wiederzubeleben, stellte sich heraus, daß viele der britischen Vorkriegsmärkte von den Amerikanern übernommen worden oder nach der Entstehung neuer Industrien in den von England abhängigen Ländern einfach verschwunden waren. Ebenso hart war die Schiffsbauindustrie getroffen. Um 1921 waren zwei Drittel der normalerweise auf britischen Schiffswerften Beschäftigten arbeitslos. Das Rückgrat der britischen Wirtschaft, die Kohlenindustrie, war bedroht durch zunehmende Konkurrenz auf dem Kontinent (angekurbelt durch deutsche Reparationsleistungen in Form von Kohle, die es Frankreich ermöglichten, deutsche Kohle an frühere britische Abnehmer zu verkaufen) sowie durch die verstärkte Nutzung von Öl und Elektrizität.

Obschon es nicht unmittelbar wahrgenommen wurde, war es mit Britanniens althergebrachter Überlegenheit als Industrie- und Handelsmacht vorbei. Es fand ein kurzer Nachkriegsboom statt. Doch er war künstlich erzeugt und endete, sobald die anderen Länder ihre Produktion wieder aufnahmen und eine Konkurrenz darstellten. Ende 1920 waren 690 000 Arbeiter, die unter der «National Insurance Act» von 1911 registriert waren, arbeitslos. Bis Juni 1921 war die Zahl auf 2 171 000 gestiegen, bis zum Ende des Jahrzehnts schwankte sie dann zwischen 1 und 1,5 Millionen, und während der großen Wirtschaftskrise verdoppelte sie sich.

Die erste, von Lloyd George geführte Nachkriegsregierung versuchte dieses Problem dadurch zu bewältigen, daß sie Zölle und andere Maßnahmen einführte, um die wichtigen Industrien zu schützen und zu verhindern, daß Länder, deren Währung abgewertet war, in die britischen Märkte eindrangen. Sie erhöhte auch den staatlichen Beitrag zum Nationalen Versicherungsfonds und ermöglichte damit geringfügige Unterstützungszahlungen an die Arbeitslosen. Doch diese bedeuteten lediglich Linderung, nicht aber Heilung. «The dole» («das Almosen»), wie die Arbeitslosenunterstützung schließlich genannt wurde, gab den Arbeitslosen zwar Nahrung, jedoch keine Hoffnung, und als sie dauerhafter Bestandteil des englischen Lebens wurde, erlosch schließlich der letzte Hoffnungsfunke.

Was England brauchte, war eine durchgreifende Reorganisation seiner Industrieanlagen. Dies war den führenden Ökonomen ganz bewußt. Sie wiesen darauf hin, daß die fundamentale Schwäche der britischen Wirtschaft in der Tatsache begründet sei, daß die Produktionskapazität infolge von veralteten Techniken, der Abhängigkeit von Arbeitskräften anstelle des Einsatzes von Maschinen, der Verdoppelung von Dienstleistungen und des unwirtschaftlichen Wettbewerbs auf dem Binnenmarkt zurückgegangen sei.

Doch anstatt sich für grundlegende Veränderungen aufgeschlossen zu zeigen, zogen die Industriellen es vor, sich auf staatliche Unterstützung zu verlassen oder das Lohnniveau niedrig zu halten. Daß das Parlament diese Haltung duldete, sprach nicht gerade für die Qualität der politischen Führung in diesem Zeitabschnitt. In einem seiner sarkastischen Essays äußerte sich George Orwell hierzu mit dem Kommentar, der Verfall der herrschenden britischen Gesellschaftsschicht habe eingesetzt, und um ihre Position und ihre Selbstachtung zu wahren, habe sie sich in die Dummheit geflüchtet: «Nur durch die Unfähigkeit, zu begreifen, daß Verbesserung möglich war, konnte sie [die herrschende Schicht] die Gesellschaft in ihrer bestehenden Form erhalten». Wahrscheinlich aber ist es zutreffender, wenn man einfach sagt, daß sich jetzt in England der bei Ypres und an der Somme erlittene Verlust einer ganzen Generation begabter Menschen bemerkbar machte.

Die politische Entwicklung. Premierminister war im Jahre 1918 noch Lloyd George – ein Mann, der im Gegensatz zu seinen Nachfolgern politische Genialität besaß. Doch verfügte der «walisische Hexenmeister» über keinerlei Zauberkünste, um die Nachkriegsprobleme Großbritanniens abzuwehren. Er zeichnete verantwortlich für die Arbeitslosenunterstützung, abgesehen davon aber hatte er wenig zu bieten. Seine Aufmerksamkeit wurde voll und ganz von der Außenpolitik und von den politischen Auseinandersetzungen, die seine Handhabung der auswärtigen Angelegenheiten ihm eintrug, beansprucht.

Lloyd George war nominell immer noch Parteiführer der Liberalen, er repräsentierte aber nicht mehr die Mehrheit der Partei und war von konservativer Unterstützung abhängig. Um 1922 waren die Konservativen seiner Führung überdrüssig, und die Krise in Nahost (s. S. 393), die sie darauf zurückführten, daß Lloyd George die Franzosen vor den Kopf gestoßen und die Griechen in verantwortungsloser Weise ermutigt habe, erschöpfte ihre

Geduld restlos. Sie stimmten für die Auflösung der Koalition mit Lloyd George. Dieser trat unmittelbar darauf zurück und übte nie wieder ein Amt aus.

In den Wahlen vom Oktober 1922 errangen die Konservativen eine klare Mehrheit und bildeten eine Regierung unter dem kränklichen Andrew Bonar Law. Sechs Monate später wurde Stanley Baldwin sein Nachfolger. Baldwin war ein ernster, patriotischer Mann, der die Parteiführung bis 1937 innehatte, aber nur wenige Eigenschaften besaß, die man von einem Premierminister erwartet. Er besaß weder Kenntnisse in der Außenpolitik, noch interessierte er sich dafür. Und seine Vorstellungen von Wirtschaft und Gesellschaft waren noch rudimentärer als die von Lloyd George. Als bescheidener Mann war er immer der erste, der seine Fehler zugab, die in der Tat manches Mal sehr schwerwiegend waren.

Baldwin glaubte, der wirtschaftliche Aufschwung würde am ehesten dadurch gefördert, daß Großbritannien seine Zuverlässigkeit als Schuldner unter Beweis stellte. Nach einigen schwierigen Gesprächen in Washington Anfang des Jahres 1923, als er noch Schatzkanzler war, akzeptierte er für die britischen Schulden an die Vereinigten Staaten Zahlungsbedingungen, von denen selbst seine eigenen Kollegen meinten, durch geschicktere Verhandlung hätten sie günstiger ausfallen können. Als Mittel, das internationale Vertrauen in das Land wiederherzustellen und den Handel mit Großbritannien anzuregen, war dieses Abkommen wenig geeignet, und es setzte die Finanzlage Englands über die nächsten zehn Jahre erheblichen Belastungen aus.

Die Labour-Partei hatte kein besseres Rezept zur Milderung der wirtschaftlichen Not zur Hand. Als nach den Wahlen von November/Dezember 1923 die erste Labour-Regierung gebildet wurde, verfügte die Partei lediglich über 192 Sitze im Unterhaus gegenüber 258 der Konservativen und 158 der Liberalen. Sie war auf die Unterstützung der Liberalen angewiesen. Der Preis dafür war, daß sie jeden Versuch, ein wirklich sozialistisches Programm durchzuführen, aufgeben mußte. Selbst wenn die Labour-Partei die Mehrheit gehabt hätte, ist allerdings fraglich, ob die Partei das Wirtschaftsproblem mit einer radikal neuen Politik angegangen wäre; denn weder Ramsay MacDonald, der Premierminister, noch sein Schatzkanzler, Philip Snowden, war systemtreuer Sozialist, und sie begnügten sich gern damit, Baldwins Wirtschaftspolitik weiterzuverfolgen.

Es ist schwer zu verstehen, warum MacDonald bei seiner Bewunderung für die Aristokratie, seinem völligen Mangel an Sympathie für die organisierte Arbeiterschaft und seiner Vorliebe für die Außenpolitik gegenüber der Innenpolitik die Parteiführung so lange innehatte. Es lag daran, daß er die charismatischen Eigenschaften besaß, die eine Führungspersönlichkeit braucht – er sah immer aus wie ein großer Mann und handelte immer so –, und daran, daß er die rivalisierenden Gruppen in seiner Partei geschickt zu manipulieren verstand. Außerdem sprach, wie D. C. Somervell schrieb, die emotionale idealistische Redeweise, für die er bekannt war, Menschen an, die nicht mehr in die Kirche gingen, sich aber noch nach Predigten sehnten. Wenn man MacDonalds Reden heute liest, so fällt einem eine bemerkenswerte inhaltliche Leere auf. Doch von diesem ungewöhnlich stattlichen Mann mit Überzeugung vorgetragen, versetzten sie sein Publikum in einen wohltuenden Rausch, beeindruckten viele einfach deshalb, weil er so aufrichtig war.

Am stärksten setzte sich die erste Labour-Regierung auf dem Gebiet der Außenpolitik ein, in der es durch Verhandlungen zum Dawes-Plan kam (s. S. 400) und zu einem Vertrag, mit dem die Sowjetunion anerkannt wurde (s. S. 423). Obgleich der englisch-sowjetische Vertrag nicht viel mehr bedeutete als eine Formalisierung der im Jahre 1921 aufgenommenen Handelsbeziehungen, führte er dazu, daß die Liberalen der Regierung MacDonald ihre Unterstützung entzogen. Die Regierung rief daher die Bevölkerung zu Neuwahlen auf. Die Veröffentlichung des Sinowjew-Briefes (s. S. 423), während der Wahlkampf voll im Gange war, traf die Labour-Partei hart, und die Konservativen gelangten mit einer eindrucksvollen Mehrheit wieder an die Macht. Baldwin wurde erneut Premierminister und nahm seine Politik des Finanzkonservativismus wieder auf.

Tatsächlich kehrten er und sein Schatzkanzler, Winston Churchill, im Jahre 1925 zum Goldstandard zurück, und zwar bei Parität von Pfund und Dollar, wie sie vor dem Kriege bestanden hatte. Der Ökonom John Maynard Keynes erhob sofort den Einwand, das Pfund sei um mindestens zehn Prozent überbewertet und eine Aufwertung bedeute eine sofortige Preissteigerung für britische Waren im Ausland. Wenn die Exportindustrie ihren Anteil am Auslandsmarkt nicht verlieren wolle, müsse sie ihre Kosten durch Lohneinsparungen senken. Die Ereignisse zeigten bald, daß Keynes Argument vernünftig war.

Der Generalstreik. Vielleicht war es unvermeidlich, daß das Versäumnis der Nachkriegsregierungen, einen konstruktiven Versuch zur Bewältigung der fortdauernden Wirtschaftskrise zu machen, zum Protest der Arbeiterschicht führte, vor allem deshalb, weil viele Gewerkschaften noch unter dem Einfluß der syndikalistischen Auffassung der direkten Aktion (s. S. 229) standen. Der Hauptgrund für jenen Protest aber war wohl die Rückkehr zum Goldstandard. Kein anderer Industriezweig wurde durch diesen Schritt so nachhaltig getroffen wie die Kohlenindustrie, die unter den Auswirkungen der deutschen Kohlenexporte ernstlich litt. Der zusätzliche Schock durch die Aufwertung des Pfundes veranlaßte die Bergwerksbesitzer im Juni 1925 zu der Ankündigung, daß ab sofort die Löhne gesenkt und die Arbeitszeiten verlängert werden müßten. Diese Entscheidung führte Schritt für Schritt zum Generalstreik von 1926. Die Bergarbeitergewerkschaft weigerte sich, die Vorschläge der Bergwerksbesitzer zu akzeptieren oder überhaupt eine neue Lohnvereinbarung zu erörtern, bis diese sie zurückgezogen hatten. Im Juli 1925 drohte sie mit Rückendeckung des «General Council of the Trades Union Congress» (TUC)

(Allgemeiner Gewerkschaftsverband) mit einer umfassenden Streikaktion. Um diese zu verhindern, veranlaßte Baldwin die Bergwerksbesitzer, die Lohnänderungen zurückzustellen, bis eine Untersuchung dieses Industriezweiges durch eine königliche Kommission abgeschlossen sei, und billigte neue staatliche Subventionen zur Überbrückung dieses Zeitraums. Dieses Vorgehen wurde in der konservativen und liberalen Presse allgemein als eine Kapitulation vor Erpressung und Bolschewismus kritisiert.

Die Kommission, die ihren Bericht im März 1926 vorlegte, empfahl eine grundlegende Reorganisation, angefangen bei der Aussetzung von Subventionen, der Schließung unrentabler Kohlengruben und einer zeitweiligen Lohnsenkung, so lange bis die Auswirkungen der Reorganisation zum Tragen kämen. Außerhalb dieses Industriezweiges empfand man jene Vorschläge als sinnvoll, und selbst einige Arbeiterführer meinten, vorübergehende Opfer könnten sich lohnen, um die seit langem notwendige Reorganisation zu bewerkstelligen. Doch während sich die Besitzer widerstrebend gezwungen sahen, eine Reorganisation im Prinzip zu akzeptieren, weigerten sich die Bergleute, dieser Regelung zuzustimmen, wenn ihnen nicht im voraus die Beibehaltung des derzeitigen Lohnniveaus zugesichert würde.

Als sich die Krise Ende April 1926 zuspitzte, gelang es der Regierung nicht, in der Auseinandersetzung zu vermitteln. Die unnachgiebigen Erklärungen der Bergleute und die Erneuerung der Streikdrohung überzeugten eine große Gruppe in der Konservativen Partei und im Kabinett, daß es an der Zeit sei, den Gewerkschaftsdrohungen ein Ende zu bereiten. Baldwin wagte nicht, mit einer Maßnahme dagegen anzugehen, die wiederum als Kapitulation hätte ausgelegt werden können. Somit war der Generalstreik, der am 3. Mai begann, die Folge von Unnachgiebigkeit und staatsmännischem Unvermögen auf seiten aller beteiligten Parteien.

Ein Sechstel der Arbeiter von England, Schottland und Wales wurde in den Streik hineingezogen. Sie kamen aus dem Bergbau, dem Transportgewerbe, der Eisen- und Stahlindustrie, der metallverarbeitenden und chemischen Industrie, dem Baugewerbe und der Elektrizitäts- und Gasindustrie. In Anbetracht der vorherrschenden Arbeitslosigkeit gingen diejenigen, die ihre Arbeit aus Sympathie mit den Bergleuten niederlegten, ein hohes Risiko ein. Der Streik aber war schlecht geplant.

Seit dem vorangegangenen Herbst verfügte die Regierung über Pläne für die Aufrechterhaltung der notwendigen Dienstleistungen und Versorgung, und sie hatte die Notwendigkeit des Einsatzes von Notstandsgesetzen eingeplant. Als der Streik einsetzte, wurde die Versorgung aufrechterhalten. Man schloß den Hyde Park und verwandelte ihn in ein Milchdepot; es kamen freiwillige Zugführer und Busfahrer zum Einsatz; und das Kommunikationswesen sowie die Information der Öffentlichkeit wurden durch ein von Winston Churchill herausgegebenes Regierungsblatt mit dem Titel «British Gazette» sowie durch die Weiterarbeit der staatlich kontrollierten British Broadcasting Company sichergestellt. Im Gegensatz dazu verfügten die Gewerkschaften über keinerlei Organisationsplan, der die Verbindung zwischen dem Hauptquartier und den örtlichen Streikkomitees gewährleistete.

Die Gewerkschaftsführer waren entsetzt, als sie entdeckten, daß praktisch niemand außer der Arbeiterschicht und linksgerichteten Intellektuellen ihrer Sache Sympathien entgegenbrachte. Sie hatten nicht überblickt, daß ihre Aktion als ein Versuch ausgelegt würde, die parlamentarische Regierung durch die direkte Aktion zu ersetzen. Als ihnen dies klar wurde und sie nach der ersten Woche erkannten, daß die Regierung entschlossen war, sich ihren Forderungen bis zum bitteren Ende zu widersetzen, schwand ihre Entschlossenheit. Die Streikmittel waren nahezu erschöpft, und die Berichte über Zusammenstöße zwischen Arbeitern und der Polizei ließen bei ihnen die Befürchtung aufkommen, daß ihre Mitglieder die Regierung zu heftigeren Gegenmaßnahmen provozieren könnten. Folglich rief der «General Council des TUC» zur Errichtung eines «National Mines Board» (nationaler Bergbau-Ausschuß) auf, der den Streit beilegen und eine allgemeine Vereinbarung aushandeln sollte, daß keine Lohnkürzungen vorgenommen würden, bis Reorganisationsmaßnahmen beschlossen worden seien. Der TUC forderte die Bergleute auf, diesen Vorschlag als neue Grundlage für Verhandlungen zu akzeptieren. Die Bergarbeitergewerkschaft, unnachgiebig bis zum letzten in ihrem Widerstand gegen *jegliche* Lohnkürzung, weigerte sich, und der TUC brach den Streik ab. Die Bergarbeiter blieben weitere sechs Monate im Ausstand, mußten aber schließlich im Dezember kapitulieren.

In einer Rede im Unterhaus erklärte der Premierminister, er werde keinerlei Versuch dulden, den Streikzusammenbruch zu Lohnkürzungen oder zur Vernichtung der Gewerkschaften auszunutzen. Dank dieser Äußerung und dank einer allgemein empfundenen Erleichterung darüber, daß der Streik ohne größere Gewaltausbrüche vonstatten gegangen war, gab es nur wenige Vergeltungsmaßnahmen. Die Bergleute waren am härtesten getroffen. Sie mußten bei längeren Arbeitszeiten und niedrigeren Löhnen ihre Arbeit in einer Industrie wiederaufnehmen, die infolge der langen Produktionsunterbrechung Absatzmärkte verloren hatte, die sie niemals wiedergewinnen sollte.

Die eigentliche Bedeutung des Generalstreiks liegt vielleicht darin, daß er die Tendenz zum Klassenkonflikt in Großbritannien abschwächte. Der gescheiterte Streik diskreditierte marxistische und syndikalistische Theorien über die Unvermeidlichkeit des Klassenkonflikts und machte den Mittelstand unempfänglicher für Schreckensnachrichten in der rechtsgerichteten Presse. Die Gewerkschaften gingen zwar von der Streikwaffe nicht ab, hielten sie aber nur noch als letztes Mittel in der Reserve und zogen andere, vor allem parlamentarische Wege vor, um ihre Ziele zu erreichen.

Die Auswirkungen der Weltwirtschaftskrise. Dennoch trifft es zu, daß der gescheiterte Generalstreik der Industrie und der Regierung eine Entspannung ermöglichte, die zur Folge hatte, daß man die Pläne für eine grundlegende

Reorganisation der Industrie fallenließ. Die Wirtschaft stagnierte weiterhin, bis sie von der Weltwirtschaftskrise erfaßt wurde.

Sechs Monate vor dem Börsenkrach in New York lief die Amtsperiode des Parlaments ab, und es wurden Neuwahlen abgehalten. Die Labour-Partei errang 290 Sitze, keine klare Mehrheit; die Konservativen 260 und die Liberalen – das letzte Mal, daß diese zerrissene Partei in bedeutender Stärke auftrat – 60. MacDonald wurde wiederum Premierminister und beauftragte Snowden, den Schatzkanzler, zusammen mit J. H. Thomas das Problem der Arbeitslosigkeit in Angriff zu nehmen – eine Aufgabe, bei der ihm Sir Oswald Mosley behilflich war, der bald ausscheren und sich an die Spitze der faschistischen Partei Großbritanniens stellen sollte.

Ihre Bemühungen um die Senkung der Arbeitslosigkeit und die Bewältigung anderer Probleme blieben angesichts der Talfahrt Ende des Jahres 1929 erfolglos. Die nächsten beiden Jahre hindurch verschlechterte sich die Lage ständig. Um 1931 beliefen sich die Schulden der Arbeitslosenversicherung auf eine Million Pfund pro Woche. Weit und breit herrschte Armut, und die Finanzlage des Landes war durch starke Goldentnahmen von der Bank von England gefährdet. Die Reaktion Snowdens auf all dies war ein Programm, das strikte Einsparungen forderte, um den Haushalt ins Gleichgewicht zu bringen, und es fielen Andeutungen, daß bald auch die Arbeitslosenunterstützung gekürzt werden sollte. Die große Mehrheit der Labour-Partei und des TUC lehnte diese Vorschläge zornig ab, und am 24. August 1931 trat die Regierung zurück. Als König Georg V. MacDonald aufforderte, an die Spitze einer neuen nationalen, parteiungebundenen Regierung zu treten, nahm dieser jedoch an. Die Labour-Partei schloß ihn und die drei anderen zu Ministern ernannten Labour-Mitglieder unverzüglich aus.

In der Nationalen Regierung dominierten schließlich die Konservativen unter der Führung Baldwins und des aus den Reihen der Konservativen emporstrebenden Neville Chamberlain. Sie zeigte sich zumindest sporadisch in der Lage, entschlossen zu handeln. Ihre erste Amtshandlung war die Korrektur der Fehlentscheidung von 1925, indem sie vom Goldstandard abging und das Pfund sich auf sein Niveau einpendeln ließ. Es stellte sich heraus, daß das Pfund dreißig Prozent unter der Goldparität lag. Außerdem subventionierte sie die Schiffahrtsindustrie und versuchte das Problem der notleidenden Gebiete durch Umsiedlung der Arbeitslosen zu lösen. Im Jahre 1932 setzte sie dem achtzigjährigen Freihandel ein Ende, indem sie zum Protektionismus überging.

Dennoch existierte kein breit angelegter Plan für eine Wiederbelebung – nichts Vergleichbares zum «New Deal» in den Vereinigten Staaten. Die Arbeitslosigkeit blieb hoch, und der wirtschaftliche Aufschwung setzte erst ein, als das Land wieder aufzurüsten begann.

Irland, der Nahe Osten, Indien und das Commonwealth. Diesen gesamten Zeitabschnitt hindurch war die britische Regierung ständig in Sorge um die in bestimmten von England abhängigen Ländern anrollende Welle des Nationalismus. Irland stellte einen besonderen Unruheherd dar. Die Entscheidung, die «Home Rule» hinauszuzögern (s. S. 244), verschärfte die antibritische Stimmung und führte zum Aufkommen extremistischer Gruppen, bemerkenswert vor allem die Partei «Sinn Fein» («ourselves alone» – «wir allein»). In der Osterwoche des Jahres 1916 inszenierten diese Gruppen eine gewalttätige Revolution, die unter starkem Blutvergießen niedergeschlagen wurde. Bei den irischen Wahlen für das britische Parlament im Jahre 1918 wählten 75 Prozent der Wahlkreise Kandidaten der «Sinn Fein»-Partei, die sofort ankündigten, sie würden sich weigern, nach Westminster zu gehen. Sie organisierten ein eigenes Parlament (das «Dail Eireann») in Dublin, das die Republik Irland mit Eamon de Valera als Präsidenten ausrief.

Verständlicherweise widersetzte die britische Regierung sich diesem Vorgehen, und es folgten drei Jahre der Gewalt. Lloyd Georges Plan, diese Auseinandersetzungen durch die Erlaubnis zu beenden, selbständige Parlamente für Ulster und Südirland zu errichten, wurde von den Republikanern, die ein freies, vereinigtes Land anstrebten, rundweg abgelehnt. Lloyd George aber blieb hartnäckig und veranlaßte im Dezember 1921 die Anführer des Südens, einen Vertrag zu unterzeichnen, der einen Freistaat Irland als selbständiges Dominion vorsah und Ulster die Wahl ließ, einen eigenen Status anzunehmen. Parlament und «Dail» akzeptierten den Vertrag, doch der linke Flügel der «Sinn Fein»-Partei, angeführt von de Valera, bekämpfte ihn erbittert, bis William Cosgrave Ende 1922 Präsident des Freistaates wurde. Unter seiner ruhigen, aber klugen Führung nahmen die Unruhen ein Ende, die Grenze nach Ulster, das sich für die Trennung entschieden hatte, wurde festgelegt, und die Bedingungen des Vertrages von 1921 wurden eingehalten.

Im Jahre 1932 wurde de Valera nach zehnjährigem Exil zum Präsidenten gewählt. Zu Anfang bestand seine Politik darin, die Bedingungen des Vertrages von 1921 zu untergraben, ohne das Band mit Großbritannien völlig zu zerreißen. Im März 1937 aber brachte er im «Dail» eine Verfassung durch, die den Vertrag, den König und das Commonwealth überhaupt nicht erwähnte. Ein Jahr später erkannte die britische Regierung mit dem Abschluß bestimmter Finanz- und Zollabkommen und der Übergabe ihrer Hafeneinrichtungen die Unabhängigkeit Südirlands an.

In mehreren seiner übrigen abhängigen Länder mußte Großbritannien ähnliche Zugeständnisse gegenüber dem aufstrebenden Nationalismus machen. Im Februar 1922 erklärte die Regierung, Ägypten sei ein unabhängiger, souveräner Staat, behielt sich aber das Recht vor, einen Hochkommissar zu ernennen, der die Politik des neuen ägyptischen Königs überwachen sollte, eine Garnison am Suezkanal zu belassen, Ägypten gegen ausländische Aggressionen abzuschirmen sowie ausländische Interessen und Minderheiten zu schützen. Diese Beschränkungen stießen auf die Ablehnung der nationalistischen Partei Ägyptens, die 1924 zur Mehrheitspartei des Landes wurde und in einer terroristischen Kampagne gegen die Proklamation von 1922 zu Felde zog. Die Geduld der Briten und die Gefahr, die Ägypten durch die italienische Invasion von Abessinien im Jahre 1935 (s. S. 504) drohte, mäßigten diese Auswüchse so weit, daß im August 1936 ein anglo-ägyptischer Vertrag möglich war, der Ägypten die volle Unabhängigkeit gewährte und Großbritannien das Recht zugestand, Truppen am Kanal zu stationieren und den Flottenstützpunkt Alexandria zu benutzen.

In den 1919 von Britannien übernommenen Mandatsgebieten gab es unterschiedlich starke Unabhängigkeitsbewegungen (s. S. 393). Im Jahre 1930 schloß die Regierung mit dem Irak einen Vertrag, in dem sie seine Unabhängigkeit anerkannte und für seine Zulassung zum Völkerbund einzutreten versprach. Britannien gewährte auch dem Transjordan eine begrenzte Selbstverwaltung, wobei es sich Aufsichts- und militärische Rechte vorbehielt. Die Probleme dieser beiden Länder verblaßten zur Bedeutungslosigkeit neben denen in Palästina, wo die Briten damit beschäftigt waren, Araber und Juden davon abzuhalten, sich gegenseitig umzubringen.

Während des Krieges hatte der britische Staatssekretär für Indien angekündigt, es sei die Absicht der britischen Regierung, in Indien eine Politik «der zunehmenden Eingliederung der Inder in alle Zweige der Verwaltung und der allmählichen Entwicklung von Selbstverwaltungsorganen im Hinblick auf die fortschreitende Verwirklichung einer verantwortlichen Regierung in Indien als integriertem Bestandteil des britischen Empire» zu verfolgen. Die Agitationen des Gesamtindischen Kongresses – der Organisation, die seit 1885 auf die Unabhängigkeit Indiens hingearbeitet hatte – wurden in den 20er Jahren immer radikaler.

Der anerkannte Führer des Kongresses nach 1921 war Mahatma Gandhi, ein Jurist, der in England studiert hatte und zwanzig Jahre lang in Südafrika tätig gewesen war, um die Rechte eingewanderter Hindus zu schützen. Nach seiner Rückkehr nach Indien im Jahre 1914 hatte er sich in den Kampf für die Unabhängigkeit gestürzt und seine Anhänger dazu gedrängt, sich der Taktik des bürgerlichen Ungehorsams, des passiven Widerstands, der gewaltlosen Sabotage und des Boykotts britischer Waren zu bedienen. Doch sobald sich die Weltwirtschaftskrise in Indien bemerkbar machte, wurde auf beiden Seiten die Gewalt zur Regel. Ländliche Aufstände und die Ermordung hoher britischer Beamter führten zu Brutalität seitens der Polizei, zu dem Versuch, alle nationalistischen Organisationen zu unterdrücken, und zur Inhaftierung von Kongreßmitgliedern.

Die Aussicht auf eine endlose Fortsetzung dieser Zustände war zuviel für die Engländer, denen die Erinnerung an die Erfolglosigkeit der repressiven Maßnahmen in Irland im Gedächtnis haftete. Daher verabschiedete das Parlament im Jahre 1935 gegen den Widerstand überzeugter Imperialisten wie Winston Churchill ein neues Gesetz im Hinblick auf Indien, die «India Act», das eine Konföderation aller indischen Provinzen und eine ähnliche Verfassung vorsah wie in den anderen britischen Dominions. Die Exekutivgewalt wurde jedoch einem von der Krone ernannten Generalgouverneur übertragen. Damit war der Kongreß nicht zufrieden, und seine Anführer setzten ihre Agitationen für die völlige Unabhängigkeit in den Jahren vor dem Zweiten Weltkrieg fort.

In den anderen britischen Dominions gab es nur in Südafrika ernste Unruhen. Der Nationalismus der Buren schwelte weiter, und in den 20er Jahren agitierte die nationalistische Partei für die «souveräne Unabhängigkeit», während sie gleichzeitig bestritt, die Verbindung zu Britannien abbrechen zu wollen.

Anderswo stärkte der wachsende Nationalismus die Bindung zwischen Großbritannien und den Dominions, änderte aber ihre Beziehungen. Das Westminster-Statut, im Dezember 1931 vom Parlament verabschiedet, erkannte an, daß Kanada, Australien, Neuseeland, Südafrika und der Freistaat Irland unabhängige Staaten waren, die sich frei, in gemeinsamer Treue gegenüber der Krone zusammenschlossen und nur denjenigen vom britischen Parlament verabschiedeten Gesetzen unterworfen waren, denen sie ausdrücklich zustimmten, während die Regierung im Mutterland gegen die eigenen Gesetze dieser Länder keinen Einspruch erheben konnte. Mit diesem Gesetz wurde das British Commonwealth of Nations ins Leben gerufen.

Großbritannien und Europa. Die schwerwiegenden Wirtschaftsprobleme im Mutterland und die Komplikationen in Palästina, Indien und anderen abhängigen Gebieten ließen dem britischen Parlament nur wenig Energie oder den Wunsch nach echter Anteilnahme an anderen Problemen des Auslands. Dies sollte man bei der Beurteilung der zögernden Haltung der britischen Regierung berücksichtigen, als 1931 Japan die Mandschurei einnahm und als 1935 die Raubzüge Hitlers und Mussolinis einsetzten (s. S. 504f.).

Selbst wenn die Regierungen der frühen 30er Jahre eine größere Bereitschaft zur Stärkung der kollektiven Sicherheit gezeigt hätten, als es der Fall war, so hätten sie schwerlich die Öffentlichkeit dazu bewegen können, ihnen die Waffen bereitzustellen, die eine solche Politik ermöglicht hätten. In der Nachkriegszeit herrschte in England generell die Meinung, daß kein Geld für Waffen ausgegeben werden sollte, wenn man es zur Linderung der sozialen Not einsetzen konnte. Die Marine war davon am wenigsten betroffen, weil sie als Defensivstreitkraft angesehen wurde. Ihr gestattete man, das gleiche Niveau einzuhalten wie die USA – was sich als ein teures Unterfangen erwies. Die Armee aber wurde während der 20er Jahre auf ein Niveau reduziert, das den Anforderungen des britischen Empire kaum entsprach; und dieser Stand wurde beibehalten. Besonders hart war das Panzerkorps betroffen. Die Folge war, daß das Land mit J. F. C. Fuller und Basil Liddell Hart zwar die hervorragendsten Theoretiker im Hinblick auf die Panzerkriegführung besaß, daß aber nicht die eigenen Landsleute ihre Lehrbücher studierten, sondern die Deutschen, die dann im Jahre 1940 in der Lage waren, die Theorien in die Tat umzusetzen. In gleicher Weise wurden in den 20er Jahren nahezu alle Experimente in der Luftfahrt eingestellt.

Solange noch Hoffnung auf eine allgemeine Abrüstung bestand, ließ sich diese Politik vielleicht rechtfertigen. Nach dem faktischen Zusammenbruch der Genfer Konferenz im Jahre (s. S. 501) schwand diese Hoffnung. Gleichwohl blieb es noch einige Jahre lang schwierig, das britische Volk davon zu überzeugen, daß es an der Zeit sei, seine Waffenstärke zu erhöhen. Im Jahre 1935, als die Nationale Regierung die ersten zögernden Schritte zur Erhöhung der Verteidigungsausgaben unternahm, wurde sie so heftig angegriffen, daß Baldwin den größten Teil seines Programms zurückstellte. Eine wirkliche Wiederaufrüstung setzte erst im Jahre 1936 ein, und leistungsfähig wurde sie erst im Jahre 1939.

Die französische Republik

Die wirtschaftliche Wiederbelebung. Die Nachkriegsgeschichte Frankreichs bildet einen interessanten Gegensatz zu der seines Nachbarstaates jenseits des Kanals. Bei der Genesung von den physischen Schäden des Krieges zeigte das Land eine großartige Spannkraft, und es erreichte einen Grad des Wohlstands, den Britannien nicht einholte. Hinter dieser Prachtfassade tat sich jedoch jene tiefe Kluft zwischen den Gesellschaftsschichten auf und herrschten jene politischen Ressentiments, die seit 1870 (s. S. 272) niemals verschwunden waren. Und als die Stürme der 30er Jahre des 20. Jahrhunderts über das Land fegten, erwies sich diese Zerrissenheit als stark genug, um die Fundamente der französischen Demokratie zu zerstören.

Kein Land hatte während des Krieges stärker gelitten als Frankreich. Die Zahl seiner Kriegsopfer grenzte an vier Millionen, von denen 1,3 Millionen getötet worden und 120 000 für immer behindert waren. Seine materiellen Verluste lagen noch höher als die Belgiens, Polens und Rußlands. Doch innerhalb von wenigen Jahren hatte Frankreich den größten Teil der durch den Krieg angerichteten Verwüstungen beseitigt.

Gerade die Notwendigkeit des Wiederaufbaus von Grund auf brachte unerwartete Vorteile mit sich. Die französische Industrie, aufgebaut mit modernen Ausstattungen und Techniken, Textilfabriken, Stahlwerken und Kohlenbergwerken, arbeitete bald auf einem technischen Niveau, das von keinem der Konkurrenten Frankreichs übertroffen wurde. Überdies verfügte die Industrie über wichtige neue Rohstoffquellen. Mit dem Erwerb Lothringens gelangte Frankreich in den Besitz eines der größten Eisenerzgebiete der Welt, das ihm den Aufstieg zu einem beachtlichen Stahlexporthandel ermöglichte. Und das Wiederaufblühen des Elsasses stärkte die Textilindustrie derartig, daß Frankreich sich bald zum drittgrößten Baumwollwarenhersteller der Welt entwickelte. Da auf dem Weltmarkt auch wiederum jene über alle Konkurrenz erhabenen französischen Artikel gefragt waren – der Wein von Burgund und Beaune sowie die Erzeugnisse von Chanel und Mainbocher –, erholte sich der französische Handel mit erfreulicher Schnelligkeit.

Die vollen Auswirkungen dieser Wiederbelebung konnten erst zum Tragen kommen, nachdem eine Lösung für die schwierigen Finanzprobleme der ersten Nachkriegsjahre gefunden worden war. Frankreich war mit hohen Schulden in den Krieg eingetreten und ging mit noch höheren daraus hervor; denn während des Krieges hatte das Land nur wenige neue Steuern erhoben. 1918 beliefen sich die Staatsschulden auf etwa 150 Millionen Franken, und durch die Kosten des Wiederaufbaus stiegen sie rasch weiter an. Man hatte erwartet, daß die Deutschen alle Kriegskosten zahlen würden. Bevor jedoch die ersten Reparationszahlungen eingingen, mußte die Regierung für ihre laufenden Ausgaben Geld leihen. Da die Deutschen den unvernünftigen Erwartungen ihrer Besieger nicht nachkamen, war die Regierung überdies gezwungen, weiterhin Gelder aufzunehmen, so lange bis die Investoren zögerten, Kredite zu gewähren – was nicht lange ausblieb. Zu Beginn des Jahres 1924 fand die Regierung in der Tat nicht genügend Geldgeber für eine Anleihe zu 6,29 Prozent. Danach begann der Franc auf dem Geldmarkt rasch zu sinken.

Das Parlament brauchte lange, um mit diesem Problem fertigzuwerden. Es verschwendete vielleicht übermäßig viel Energie auf die Bildung und Auflösung von Kabinetten (in den zwölf Monaten ab Juni 1925 gab es sechs Kabinette und sieben verschiedene Finanzminister), schließlich aber überwand es diese finanziellen Schwierigkeiten. Im Juli 1926 wurde ein Allparteienkabinett rechts von den Sozialisten unter der Führung von Raymond Poincaré gebildet, dessen extremer Nationalismus und strikter Legalismus für die Ruhrbesetzung verantwortlich zeichneten. Seine langjährige Erfahrung in der französischen Politik und seine überschäumende Energie leisteten dem Land zu diesem Zeitpunkt gute Dienste: innerhalb von 35 Tagen hatte er ein Programm grundlegender Reformen durchgeführt, das die Nation vor einem möglichen Bankrott bewahrte. Er erhöhte alle nur denkbaren Steuern, führte eine Reihe von Sparmaßnahmen in der Verwaltung durch und handelte eine neue Anleihe mit der Bank von Frankreich aus, die ihn in die Lage versetzte, den Wert des Franc auf ein Fünftel seines Vorkriegswertes zu erhöhen. Auf diesem Niveau konnte sich der Franc dank der Rückkehr des Landes zum Goldstandard im Jahre 1928 halten. In der Realität bedeutete dies eine Vermögensabgabe für die Schicht derjenigen, die Einkünfte aus Kapitalvermögen hatten und vier Fünftel ihres Vermögens einbüßten. Es verringerte aber die Kapitalkosten der Regierung und ermöglichte der französischen Industrie eine Zeitlang, ihre Konkurrenten auf Auslandsmärkten zu unterbieten. Diese energische Handlungsweise der Regierung stärkte das Vertrauen in das parlamentarische System.

Die folgenden fünf Jahre waren eine Zeit des soliden Wohlstands. Industrie und Landwirtschaft blühten, und kleine Unternehmen und Dienstleistungsbetriebe profitierten vom wiederauflebenden Tourismus. Es gab kein Arbeitslosenproblem und keine anderen sozialen Probleme, die so ernst gewesen wären, als daß sich die politische Stimmung daran hätte entzünden können. Erklärten Republikgegnern standen kaum Streitpunkte zur Verfügung, die sie ausspielen konnten.

Das Kolonialreich. Ebenso wie die britischen Besitzungen verteilten sich auch die französischen rund um den Globus. Neben alten Niederlassungen wie Saint Pierre und Miquelon im Golf von St. Lorenz, Martinique und Guadeloupe auf den Westindischen Inseln, der Insel Réunion und verschiedenen Stützpunkten in Indien umfaßten sie Algerien, die Protektorate Tunis und Marokko, Äquatorial- und Westafrika, Somaliland, Madagaskar, Neu-Kaledonien und Inseln im Pazifik sowie den größten Teil von Indochina. Hinzu kamen nach Kriegsende die Mandate Togo und Kamerun in Afrika sowie Syrien im Nahen Osten.

Während des Krieges entsandten die Kolonien 680 000 Soldaten nach Europa. Dadurch wurden neue Hoffnungen geweckt, daß die Vereinigung mit den Kolonien für die Aufrechterhaltung der Machtposition Frankreichs nach dem Krieg von Nutzen sein könne, während gleichzeitig eine große Wirtschaftsgemeinschaft gebildet würde. Die französische Kolonialpolitik war im allgemeinen durchaus darauf ausgerichtet, das Vertrauen der Eingeborenen zu gewinnen, das für eine solche Entwicklung notwendig war.

Das Paradebeispiel für den französischen Imperialismus stellte Algerien dar. Seit 1830 in französischem Besitz, war es allmählich zu einem integralen Bestandteil des Mutterlandes gemacht worden, so daß es jetzt drei Departements Frankreichs darstellte, die zehn Abgeordnete in die Kammer entsenden durften. 1919 bot die französische Regierung gebürtigen Algeriern die Staatsbürgerschaft an, und zwei Jahre später übertrug sie ihnen einen Teil der Selbstverwaltung. Die gesamten 20er Jahre hindurch deutete alles darauf hin, daß diese Integrationspolitik funktionierte. Trotz einiger wirtschaftlicher Rückschläge befand sich das Land generell in einem blühenden und zufriedenen Zustand. Dies galt auch für das benachbarte Protektorat Tunesien. Marokko hingegen stellte die gesamten 20er Jahre hindurch eine schwere finanzielle Belastung dar. Zum großen Teil lag es an den Aufständen der Stämme im spanischen Teil Marokkos, dem Rif. Unter einem zähen, harten Führer, Abd el Krim, vertrieben die Rifkabylen die spanischen Garnisonen aus Spanisch-Marokko und dehnten ihre Operationen dann auf Französisch-Marokko aus. Die französische Phase des Rif-Krieges nahm einen Großteil der Jahre 1925/26 ein, ehe man Abd el Krim zur Kapitulation zwingen konnte. Die Kriegskosten belasteten alle französischen Kolonien.

Marokko war nicht der einzige Schauplatz von Eingeborenenkriegen in den französischen Protektoraten. In Syrien war der Nationalismus ebensostark wie im benachbarten Irak. Im Jahre 1925 brachten Aufstände in Damaskus und eine gleichzeitige Rebellion der Drusen die französische Garnison in eine bedrohliche Situation. Auch General Sarrails Bombardierung von Damaskus konnte diese Gefahr nicht bannen, sondern bewirkte lediglich die allgemeine Ausbreitung der Aufstände. Eine relative Ruhe wurde erst 1927 wiederhergestellt, und in den folgenden Jahren kam es noch häufig zu Zusammenstößen.

Indochina auf der anderen Seite der Weltkugel stellte ein enorm reiches Gebiet dar, in dem die französischen Kolonialverwalter eine Politik der offenen

Ausbeutung betrieben, und zwar in weitaus stärkerem Maße als in den Kolonien näher beim Mutterland. Das hatte schwere Folgen. Die gesamte Nachkriegszeit hindurch fühlte sich die jüngere Generation in ganz Indochina von der chinesischen Revolution und den Lehren des Kommunismus angezogen. In Annam, Tongking und Kambodscha kam es im Jahrzehnt vor dem Zweiten Weltkrieg zu Gewaltausbrüchen.

Als im Jahre 1936 in Frankreich die Volksfrontregierung gebildet wurde, warnte ihr Chef Léon Blum davor, daß es weitere Aufstände geben werde, wenn man keine positiven Schritte unternehme, um die Nationalisten zu versöhnen. Zu diesem Zeitpunkt allerdings waren die Franzosen durch Schwierigkeiten näher bei Paris stärker in Anspruch genommen.

Die Auswirkung der Weltwirtschaftskrise. Als letztes Land Europas wurde Frankreich von dem Sturm erfaßt, der im Jahre 1929 in New York losgebrochen war. Der Rückgang des Tourismus, die Kündigung von Aufträgen über Luxusgüter und die Tendenz zum wirtschaftlichen Nationalismus in Ländern, die bereits harte Zeiten durchmachten, unterhöhlten die Grundlagen des französischen Wohlstands. Da Frankreich am Goldstandard festhielt, selbst nachdem Großbritannien und die Vereinigten Staaten davon abgegangen waren, lagen die Preise seiner Waren bald zu hoch, um noch konkurrenzfähig zu sein. Um 1932 befand sich das Land in einer ebenso verzweifelten Lage wie seine Nachbarn, und das Volk wartete darauf, daß seine Regierung jene Art von Korrektivmaßnahmen einleiten würde, mit denen die Krise von 1926 bewältigt worden war.

Die französische Kammer erwies sich als unfähig, energisch zu handeln, großenteils aufgrund von unüberbrückbaren prinzipiellen Differenzen zwischen den Regierungsparteien. Aus den Wahlen vom Mai 1932 waren die Parteien der Linken siegreich hervorgegangen. Die stärksten darunter waren die von Édouard Herriot geführten Radikalsozialisten und die Vereinigten Sozialisten unter Léon Blum. Eine effektive Zusammenarbeit zwischen diesen Parteien erwies sich als unmöglich, weil das Rezept der Vereinigten Sozialisten gegen die Depression ein Programm beinhaltete, das die Nationalisierung von Schlüsselindustrien und der Bank von Frankreich, Steuererhöhungen für die gehobenen Schichten und weitreichende staatliche Ankurbelungsmaßnahmen in Form von öffentlichen Arbeiten vorsah. Die Radikalen hingegen vertraten die Interessen kleiner Geschäftsleute, der Inhaber von Staatsanleihen sowie der mittelgroßen Bauern und betrachteten diese Ideen als verwerflich. Sie zogen eine strenge Austeritätspolitik der Regierung vor. Diese Unvereinbarkeit der Programme führte zu einem Grad an Unsicherheit im Kabinett, der die Öffentlichkeit irritierte und zunehmende Kritik am politischen System auslöste.

Sie schlug sich nieder in dem raschen Anwachsen des Kommunismus, noch eklatanter aber in dem Wiederaufleben antirepublikanischer Organisationen auf der Rechten, die sich nun eindeutig einen faschistischen Anstrich gaben. Neben der alten «Action Française», aus der nun eine Zweigorganisation junger Rowdies namens «Camelots du Roi» hervorging, waren die bedeutendsten darunter die im Jahre 1927 als Vereinigung von Kriegsveteranen gegründete «Croix de Feu», die sich nun aber unter der Führung des Colonel de la Rocque zu einer militanten Gruppe junger Konservativer entwickelt hatte. Außerdem traten die «Jeunesses Patriotes» in Aktion, die eine ausgesprochene Ähnlichkeit mit Mussolinis «squadristi» aufwiesen; die von dem Parfum-Produzenten Coty gegründete «Solidarité Française»; die «Francistes», die sich kleideten wie Hitlers SA; die in ihrer Ideologie von den Nationalsozialisten nicht zu unterscheidenden Neo-Sozialisten von Marcel Déat und andere.

Das Emporkommen dieser Gruppen wurde durch den Kontrast zwischen der offenkundigen Leistungsunfähigkeit des Parlamentarismus und der scheinbaren Energie und Zielgerichtetheit der totalitären Regime Italiens und Deutschlands gefördert. Doch wuchsen sie auch infolge der Ermutigung und Förderung von seiten der Großindustrie, die im «Comité des Forges», vertreten war und den in der Bank von Frankreich vertretenen Bankgruppen, deren Führungskräfte durch die in den Wahlen von 1932 bewiesene Stärke der Sozialisten alarmiert waren.

Im Jahre 1934 erlebte die Republik einen weiteren jener Skandale, von denen ihre Geschichte durchsetzt schien. Ein Börsenspekulant namens Alexandre Stavisky wurde wegen der Ausgabe gefälschter Wertpapiere verhaftet und beging Selbstmord, um der Gefängnisstrafe zu entrinnen. Bald stellte sich heraus, daß er im Jahre 1926 bereits wegen eines solchen Betrugs verhaftet, aber nicht verurteilt worden war. Die konservative Presse, finanziert von denselben Interessengruppen, die auch die faschistischen Verbände unterstützten, begann die Behauptung zu verbreiten, die Regierung sei in ein Komplott verwickelt, mit dem das französische Volk betrogen werden solle; und die Polizei habe Stavisky zum Selbstmord getrieben, um zu verhindern, daß er die Namen seiner Komplizen preisgebe. Am 6. Februar 1934 versammelten sich die royalistischen und faschistischen Ligen, unterstützt von Tausenden von Studenten und einigen kommunistischen Gruppen, als Reaktion auf einen Aufruf der gesamten rechtsgerichteten Presse auf der Place de la Concorde und versuchten, die Abgeordnetenkammer zu stürmen. Während der nächtlichen Unruhen gab es 21 Tote und 1600 Verletzte. Von größerer Tragweite aber war, daß diese Ausschreitungen zum Rücktritt des Kabinetts führten, obgleich es das Vertrauen der Mehrheit der Abgeordneten besaß.

Der Untergang der Republik. Die beiden folgenden Jahre hindurch wurde Frankreich von einer Reihe von Notkabinetten regiert, die nicht den Willen des Volkes repräsentierten, wie er in den letzten Parlamentswahlen von 1932 zum Ausdruck gebracht worden war, und in denen häufig Gegner der republikanischen Regierungsform vertreten waren (wie Pierre Laval und Philippe Pétain, um nur zwei zu nennen). Die ersten bedeutenden Siege der Diktatoren wurden errungen, als Frankreich von diesen Übergangsregierungen geführt wurde.

Während dieser beiden Jahre nahmen Stärke und Aktivitäten der faschistischen Ligen zu; und ihre Nachahmung der Straßentaktiken ihrer deutschen Vorgänger führte zum Aufstieg einer militanten Gegenbewegung auf der Linken – der durch Zusammenarbeit zwischen Radikalen, Sozialisten und Kommunisten im Jahre 1935 begründeten Volksfront. In den Wahlen von 1936 errangen diese Parteien einen großen Sieg und bildeten eine Regierung unter dem Sozialisten Léon Blum, einer der mutigsten und fähigsten Persönlichkeiten der Republik in diesem Zeitabschnitt.

Als Blum das Regierungsamt übernahm, bedrohte ein starker Goldabfluß die finanzielle Stabilität des Staates, und die industrielle Produktion war durch eine Welle von Sitzstreiks ernstlichen Behinderungen ausgesetzt. Der ersten dieser beiden Gefahren suchte Blum durch eine Reorganisation der Bank von Frankreich zu begegnen, indem er sie unter Regierungskontrolle stellte, und durch die Aushandlung internationaler Abkommen zur Zusammenarbeit in Währungsfragen. Die zweite Gefahr versuchte er zu bannen, indem er die Vierzig-Stunden-Woche einführte, der Arbeiterschaft das Recht zuerkannte, Tarifverträge auszuhandeln, und bezahlten Jahresurlaub versprach. Diese Regierungsmaßnahmen verstärkten den Argwohn und den Haß der Rechten.

Wenngleich Blums Widerstand gegenüber dem Faschismus im eigenen Land und im Ausland seinen kommunistischen Partnern nicht energisch genug erschien, so daß sie seiner Regierung bald ihre Unterstützung entzogen, schien er denjenigen, die sich angesichts Hitlers Machtzuwachses an die Verluste des letzten Krieges erinnerten und die Folgen eines weiteren Krieges fürchteten, gefährlich unpolitisch. Blums Gegner machten sich diese Angst zunutze und behaupteten, seine Politik werde, wenn man ihr nicht Einhalt gebiete, einen Konflikt heraufbeschwören, der Frankreich ruinieren und nur Sowjetrußland dienen könne. Die reaktionären Zeitungen begannen im Jahre 1936 ihr Schwergewicht darauf zu verlegen, ihren Lesern die Schrecken der modernen Kriegführung sowie die Mängel der französischen Rüstung darzulegen und hervorzuheben, daß die Sowjetunion um ihres eigenen Vorteils willen versuche, Frankreich in Kriege hineinzuziehen. Während die Diktatoren systematisch die Grundlagen der kollektiven Sicherheit unterminierten, zog man mit diesem Argument gegen alle jene zu Felde, die zum Widerstand aufriefen.

Die kleineren Staaten

Belgien, die Niederlande und die Schweiz. Trotz wirtschaftlicher Schwierigkeiten und einiger quälender Auseinandersetzungen gab es im beschriebenen Zeitraum weder in Belgien noch in den Niederlanden eindeutige Symptome von politischer Schwäche. Belgien sah sich nach dem Krieg und der langen deutschen Besatzung vor Probleme des Wiederaufbaus und der industriellen

Reorganisation gestellt, die ähnlich lagen wie in Frankreich. Außerdem ergaben sich Schwierigkeiten aus dem Verfall Antwerpens, das unter dem Rückgang des deutschen Handels und unter der Verlagerung des elsaß-lothringischen Überseehandels auf französische Häfen litt. Dank Planung und harter Arbeit ging der Aufschwung jedoch stetig vonstatten, und die ärgsten Probleme der Anpassung an die neuen Bedingungen wurden durch die von der wachsenden Arbeiterbewegung aktiv geförderte Verabschiedung von Sozialversicherungsgesetzen abgemildert. In politischer Hinsicht mußte die belgische Regierung mit alten Spannungen zwischen Flamen und Wallonen fertigwerden. Ermutigt durch die Deutschen, hatten die Flamen neue Hoffnung geschöpft, daß ihr Gebiet von Belgien abgetrennt würde. Im Jahre 1921 teilte man das Land nach Sprachgrenzen in zwei Verwaltungsgebiete ein. Später folgten Gesetze über eine ähnliche Teilung der Armee und andere Zugeständnisse gegenüber den Flamen, insbesondere im Bereich der Erziehung.

Die Popularität König Alberts I., der während des Krieges regierte und den Thron bis zu seinem Tod im Jahre 1934 innehatte, gewährleistete die Treue gegenüber der bestehenden Regierungsform. Der politische Extremismus kam in diesem Land nur wenig voran, blieb jedoch nicht völlig ohne Einfluß. In den 30er Jahren organisierte Léon Degrelle eine faschistische Bewegung, die Rexisten, und wurde von Hitler und Mussolini aktiv unterstützt. In Zusammenarbeit mit dem extremistischen Flügel der flämischen Nationalisten bewirkte sie eine bedeutsame Kursänderung der belgischen Außenpolitik, die der Sache der Demokratie in Europa abträglich war. Im Jahre 1936, nach der Besetzung des Rheinlandes durch das deutsche Militär, verkündete König Leopold III. seinem Ministerrat, Belgien müsse eine ausschließlich nationale Politik betreiben; und im Jahr darauf entbanden die britische und die französische Regierung das Land von seinen Verpflichtungen aus den Locarno-Verträgen (s. S. 401). Dieser Rückzug in die Neutralität erfolgte zweifellos, um die nationalistischen Agitationen der Flamen und der Rexisten gegen Frankreich zur Ruhe zu bringen. Einen Schutz bot er Belgien im Jahre 1940 nicht.

In der Innenpolitik Hollands und der Schweiz blieb es ruhig. Die auffälligsten Tendenzen in der Schweiz waren ein Anwachsen der Macht der Nationalregierung und eine Ausweitung des staatlichen Sozialismus und der Regierungsverantwortung auf dem Gebiet der Landwirtschaft und der Industrie. In Holland hatte die Politik einen konservativen Anstrich. Die drängendsten Probleme für die holländische Regierung lagen eher in der Kolonialpolitik als im innenpolitischen Bereich. Die gesamten 20er Jahre hindurch herrschten Unruhen in den fernöstlichen Kolonien, und zu Beginn des folgenden Jahrzehnts kam in ganz Indonesien eine nationalistische Bewegung auf. Als der Konflikt zwischen den demokratischen und den totalitären Staaten in Europa heraufzog, versuchten beide Länder, ihre traditionelle Neutralität zu wahren.

Nordeuropa. In einer Periode, in der die Demokratie in vielen Teilen des Kontinents im Rückzug begriffen war, eroberte sie in Skandinavien Terrain.

Finnland begann seine Existenz mit einer stürmischen Periode, in der Truppenformationen der Roten und Weiße Garden um die Herrschaft über das Land kämpften. Im Mai 1918 waren die letzten Einheiten der Roten besiegt, und nach dem Waffenstillstand wurden die Deutschen abgezogen. 1919 nahm das Land eine demokratische Verfassung an und wählte seinen ersten Präsidenten.

Finnland verfügte über reichliche Holzvorkommen und eine blühende Papierindustrie, und dank der im Jahre 1922 einsetzenden Agrarreform besaß ein Drittel der Bevölkerung eigenen Grund und Boden. In der gesamten Zwischenkriegszeit ging es dem Land wirtschaftlich gut. Sein Vertrauen in die Demokratie zeigte sich überdies in den strengen Gesetzen gegen politischen Extremismus und in der Tapferkeit, mit der seine Bürger ihr System verteidigten, als sie es im Jahre 1940 Angriffen ausgesetzt sahen (s. S. 525).

In den Königreichen Dänemark, Norwegen und Schweden setzte sich der politische Demokratisierungsprozeß der Vorkriegsjahre in dieser Periode weiter fort. Eine neue Verfassung von 1915 brachte Dänemark das allgemeine Wahlrecht und liberale Reformen. Hier und in den beiden Nachbarstaaten wuchsen die Sozialisten- und Arbeiterparteien, die dem revisionistischen Ideal der friedlichen Entwicklung auf parlamentarischem Wege treu blieben, in beachtlichem Maße. Der Kommunismus kam in Skandinavien nur geringfügig voran. In allen drei Ländern machte die Demokratisierung der Wirtschaft stetige Fortschritte.

Die Iberische Halbinsel. In Südwesteuropa verlief die Geschichte weniger glücklich. Portugal, geschwächt durch seine tapfere, aber kostspielige Beteiligung am Weltkrieg, machte schwere wirtschaftliche Erschütterungen durch, und die Inkompetenz und Korruption seiner Politiker steuerten ganz und gar nicht zu deren Linderung bei. Mit einem Handstreich im Jahre 1926 stürzte das Militär die Regierung, und von da an herrschte eine Diktatur im Lande, zunächst unter General Antonio Carmona und nach 1932 unter Antonio de Oliveira Salazar. Den Parteien war die freie Entwicklung untersagt, und die Regierung griff mit starker Hand durch, wenn Anzeichen von Opposition auftraten.

Im benachbarten Spanien sammelten sich im ersten Jahrzehnt nach dem Krieg Kräfte für einen Kampf, der den Sieg der Demokratie versprach, jedoch zu einer der dramatischsten und schicksalhaftesten Niederlagen der Demokratie führte.

Während des Ersten Weltkrieges blieb Spanien neutral. Seine Regierung aber unterlag weiterhin der Turbulenz und der Instabilität von Kabinetten, die für die Vorkriegszeit charakteristisch gewesen waren (s. S. 252). Infolge von Kolonialproblemen verschlechterte sich die Lage weiterhin, und der verheerende Krieg in Spanisch-Marokko schwächte das Vertrauen der Öffentlichkeit in die Monarchie. Um seinen Thron zu retten, duldete König Alfonso XIII. eine Verschwörung, die den Generalkapitän von Katalonien, Don Miguel Primo de

Rivera, im September 1923 an die Macht brachte. Das Regime, das er errichtete, wies eine deutliche Ähnlichkeit auf mit demjenigen, das sich derzeitig in Italien konsolidierte. Oppositionsparteien wurden verboten, Presse und Universitäten neuen Kontrollen unterworfen. Andererseits legte die Regierung bei der Behandlung alter Probleme neue Energie an den Tag. Sie leitete ein umfassendes Programm für öffentliche Arbeiten ein, und im Jahre 1926 konnte die Armee in Zusammenarbeit mit französischen Streitkräften den Krieg in Marokko beenden.

Trotz seiner anfänglichen Erfolge ließ die Diktatur Primo de Riveras bald Anzeichen von Schwäche erkennen. Mit der aufkommenden Weltwirtschaftskrise schwand der Ruf des Diktators vollends, und der König forderte ihn im Januar 1930 auf, zurückzutreten.

Zu dieser Zeit hatte auch der Souverän sich selbst überlebt. Als im folgenden Jahr überall im Lande die republikanische Agitation zunahm und sogar in die Streitkräfte eindrang, beschloß Alfonso, ins Exil zu gehen. Am 13. April 1931 floh er, und unter allgemeinem Jubel, in dem zweihundert Kirchen niedergebrannt wurden, proklamierte Spanien die Republik.

Durch die Verfassung vom Dezember 1931 wurde Spanien zur Arbeiterrepublik erklärt und die Grundlagen für eine wirtschaftliche und politische Demokratie geschaffen. Die gesetzgebende Gewalt übertrug sie einer einzigen Kammer oder «Cortes», der das Kabinett verantwortlich war. Alcalá Zamora wurde zum Präsidenten gewählt und der altgediente republikanische Anführer, Manuel Azaña, zum Ministerpräsidenten ernannt. Die neue Regierung leitete unmittelbar ein Programm zur Zerschlagung der alten herrschenden Schichten des Landes ein: der Kirche, der Plutokratie und der Armee. Der Orden der Jesuiten wurde verbannt; man errichtete staatliche Schulen, um den Einfluß der Kirche auf die Erziehung zu mindern; man beschlagnahmte die großen Landgüter und machte erste Schritte zu einer gerechteren Verteilung des Ackerlands; sowohl die Eisenbahn als auch die Bank von Spanien wurden verstaatlicht; man führte den Achtstundentag und die Sozialversicherung ein; und schließlich verkleinerte man das Offizierkorps um nahezu die Hälfte.

Einige dieser Maßnahmen waren eindeutig nicht realisierbar. Den Jesuiten mußte man erlauben, weiterhin einige Schulen zu unterhalten, sonst hätte man nicht genügend Lehrer gehabt. Die Durchführung der Pläne zur Reorganisation von Industrie und Landwirtschaft mußte man verlangsamen, um den totalen Zusammenbruch der Wirtschaft zu verhindern. Daher behielten die alten herrschenden Schichten genügend Macht, um etwas gegen ihre eigene Unzufriedenheit zu tun, während sich unter den Nutznießern der Revolution allmählich die Meinung durchsetzte, der Wandel vollziehe sich nicht schnell genug. Die Folge war, daß das neue republikanische Regime bald mit Bauernaufständen, militärischen Verschwörungen, anarchistischen Gewalttaten, monarchistischen Agitationen, separatistischen Bewegungen, Arbeiterstreiks und den Anfängen einer neuen faschistischen Bewegung, der von einem Sohn Primo de Riveras angeführten «Falange», konfrontiert war.

Anfang des Jahres 1936 schlossen sich die gemäßigten Republikaner mit den Sozialisten, den katalanischen und baskischen Nationalisten, den Anarcho-Syndikalisten und den Kommunisten zusammen, um eine Volksfront nach französischem Muster zu errichten. In den Februarwahlen errang dieses Parteibündnis einen beeindruckenden Sieg. Es wurde eine Regierung unter Azaña gebildet, die das Programm von 1931 noch einmal energisch vorantrieb. Die Parteien der Rechten leiteten eine erbitterte Kampagne ein, in der sie behaupteten, die Regierung sei von Moskau gesteuert; und die «Falange» ging zu Terrorakten über, die bald Vergeltungsschläge herausforderten. Am 12. Juli 1936 ermordeten Falangisten einen jungen Leutnant der Republikanischen Angriffsgarde. Am nächsten Tag wurde Calvo Sotelo, während der Diktatur Primo de Riveras Finanzminister, aus Rache erschossen.

Diese letzte Bluttat diente als Signal für den lange vorbereiteten Militärputsch. Am 18. Juli 1936 flog General Francisco Franco von den Kanarischen Inseln nach Marokko und hißte die Rebellenflagge. Zehn Tage später begannen marokkanische Truppen in deutschen Flugzeugen zum Festland zu fliegen und leiteten den Bürgerkrieg ein, der die Freiheit Spaniens zunichte machen und dem internationalen Konflikt zwischen Demokratie und Diktatur neue Intensität verleihen sollte.

27. Der Weg in den Krieg 1933–1939

Abgelenkt durch die Härten der Wirtschaftskrise und die dadurch verursachten innenpolitischen Probleme, reagierten die demokratischen Länder nur langsam und ohne Eile auf die Einleitung einer neuen Ära der Aggression durch die totalitären Staaten. Ihre Regierungschefs fanden leichtfertige Entschuldigungen sowohl für die gesetzwidrigen Handlungen der totalitären Herrscher als auch für ihre eigene fehlende Bereitschaft, etwas gegen sie zu unternehmen. Ihre Bevölkerung, die die Gewähr haben wollte, daß die Außenpolitik ihre eigenen Schwierigkeiten nicht noch vergrößerte, bestärkte sie jahrelang in dieser Haltung.

Es ist vielleicht verständlich, daß die Demokratien nur langsam erkannten, was mit Japans Eroberung der Mandschurei in den Jahren 1931/32 auf dem Spiel stand. Schwieriger zu erklären aber ist ihr fatales Versäumnis, der Gefahr zu begegnen, die durch Hitlers Aufstieg zur Macht im Jahre 1933 drohte. Man würde erwarten, die Brutalitäten der Sturmabteilung Hitlers in den ersten Monaten seiner Amtsführung hätten dem Westen als Warnung gedient, daß die Außenpolitik eines Regimes, dessen innenpolitische Praktiken derartig gesetzesverachtend waren, ebensolche Charakterzüge tragen würde.

Doch sie sahen weder die Verbindung zwischen Hitlers Außen- und Innenpolitik, noch verstanden sie jahrelang die Ziele seiner Aktivität im außenpolitischen Bereich. Unterdessen erlagen sie einer Selbsttäuschung, indem sie meinten, Hitlers eigentlicher Wunsch sei lediglich eine Revision des Versailler Vertrages sowie die Wiederherstellung der Grenzen Deutschlands von 1914; sobald er in diesen Punkten zufriedengestellt sei, werde er ein Bürger, der die Gesetze achtete. Diese irrige Auffassung steuerte dazu bei, daß ein neuer Krieg unausweichlich wurde.

Hitlers außenpolitisches Programm

Gleich zu Beginn seiner Karriere als Volkstribun in den Nachkriegsjahren machte Hitler die Attacken auf die Friedensregelung zum dauerhaften Bestandteil seiner Reden und Propaganda. Da deren Hervorhebung später westliche Staatsmänner verwirrte, sollte angemerkt werden, daß Hitler den Versailler Vertrag nie als ungerecht betrachtete. Kurz nach dem Krieg schrieb er: «Wäre ich selbst Franzose und wäre mir somit Frankreichs Größe so lieb, wie mir die Deutschlands heilig ist, so könnte und wollte auch ich nicht anders handeln, als es am Ende ein Clemenceau tut [bei der Aufstellung von Friedensbedingungen].» Die Regelung war eine natürliche Strafe für die Niederlage, und Hitler wetterte dagegen, weil sie unangenehm war. Er geriet immer in Zorn, wenn Leute aus dem Publikum auf seine Attacken gegen Versailles mit dem Zwischenruf reagierten «Brest-Litowsk!». Sie sahen nicht ein, daß Brest-Litowsk (s. S. 410) ein *guter* Friede war, weil er zugunsten Deutschlands ging, während Versailles ein *schlechter* Friede war, weil er größere und bessere Brest-Litowsks verhinderte.

Doch noch schlimmer als diese Moralisten waren jene Deutschen, die zu glauben schienen, weil Hitler Versailles angriff, argumentiere er für die Wiederherstellung der Grenzen von 1914. In «Mein Kampf» schrieb Hitler: «Die Forderung nach Wiederherstellung der Grenzen von 1914 ist ein politischer Unsinn von Ausmaßen und Folgen, die ihn als Verbrechen erscheinen lassen. Ganz abgesehen davon, daß die Grenzen des Reiches im Jahre 1914 alles andere eher als logische waren. Denn sie waren in Wirklichkeit weder vollständig in bezug auf die Zusammenfassung der Menschen deutscher Nationalität noch vernünftig in Hinsicht auf ihre militärgeographische Zweckmäßigkeit.»

In dieser verschwommenen Erklärung war die Ablehnung einer bloßen Revision sowie die Ankündigung eines künftigen Expansionsprogramms inbegriffen, das weitaus ehrgeiziger zu werden versprach als die kühnsten Träume Wilhelms II.

«Allerdings eine solche Bodenpolitik kann nicht etwa in Kamerun ihre Erfüllung finden, sondern heute fast ausschließlich nur mehr in Europa ... Denn nicht in einer kolonialen Erwerbung haben wir die Lösung dieser Frage zu erblicken, sondern ausschließlich im Gewinn eines Siedlungsgebietes, das die Grundfläche des Mutterlandes selbst erhöht und dadurch nicht nur die neuen Siedler in innigster Gemeinschaft mit dem Stammland erhält, sondern der gesamten Raummenge jene Vorteile sichert, die in ihrer vereinten Größe liegen.»

Dies bedeutete, daß Deutschland sich nach Osten ausdehnen, damit die slawische Gefahr effektiv beseitigen und das fruchtbarste und strategisch sicherste Land in Europa unter seine Kontrolle bringen müsse. In einer wichtigen Passage in «Mein Kampf» schrieb Hitler: «Wenn wir aber heute in Europa von neuem Grund und Boden reden, können wir in erster Linie nur an *Rußland* und die ihm untertanen Randstaaten denken.»

Wenn nicht in seinen Reden, so machte Hitler zumindest in «Mein Kampf» deutlich, daß die deutsche Expansion, falls sich die anderen Mächte nicht unterwürfig seinem Willen beugten, nicht ohne einen neuen Krieg durchgeführt werden könne. Die Vorstellung eines Krieges durchzog wie ein roter Faden das ganze Buch, und sein Autor wiederholte immer wieder das Prinzip, jede Außenpolitik müsse davon ausgehen, daß der Krieg eintrete. In der Welt nach Versailles, so meinte Hitler, habe Frankreich den Krieg unumgänglich gemacht. Denn wer auch immer das Land regiere, «ob Bourbonen oder Jakobiner, Napoleoniden oder bürgerliche Demokraten, klerikale Republikaner oder rote Bolschewisten», Frankreich drücke Deutschland unablässig nieder.

Bei der Vorbereitung des Krieges durften die Fehler Wilhelms II. nicht wiederholt werden. Dieses Mal mußte die Heimatfront vorbereitet werden, und diese Vorbereitung würde grundlegende politische Veränderungen mit sich bringen. Um dem Parteienchaos, das vor dem Ersten Weltkrieg bestanden hatte, zu begegnen, mußte der Staat sich alle politischen Parteien unterordnen und gleichschalten – ebenso wie alle anderen unabhängigen Organisationen, ob politischer, wirtschaftlicher, religiöser oder rein gesellschaftlicher Art. Alle möglichen Dissidenten – vor allem Juden und Marxisten – mußten liquidiert werden, und bei der Durchführung dieser Aufgabe sollten alle humanitären und ästhetischen Erwägungen absolut an Bedeutung verlieren. Deutschland sollte in der Lage sein, seine Ziele im Ausland mit gemeinsamem Willen und gemeinsamer Entschlossenheit zu verfolgen. Kurz, die künftige «Gleichschaltung» (s. S. 469) bildete die Voraussetzung für eine erfolgreiche Expansionspolitik. Sie stellte die Verbindung zwischen Außen- und Innenpolitik her, die die Westmächte in den Anfängen der innenpolitischen Säuberungen durch die Nationalsozialisten im Jahre 1933 nicht erkannten.

Der zweite Schritt zur Vorbereitung des Krieges war die Gewinnung leistungsfähigerer Bündnispartner als «die fauligen staatlichen Leichname», mit denen Deutschland im Jahre 1914 verbündet war. Ein solcher Partner würde das faschistische Italien sein. Wichtiger aber war – falls dessen Kooperation erreicht werden konnte – Großbritannien, das der wertvollste aller Verbündeten sei, wie Hitler schrieb, solange seine Führer und der Geist der Massen jene Brutalität und Härte erwarten ließen, die die britische Politik in der Vergangenheit charakterisiert hatten. Um ein Bündnis mit Großbritannien zu erreichen, war Hitler zu großen Opfern bereit – zu jenen Opfern, die Deutschland vor 1914 hätte bringen sollen. Er war bereit, auf Kolonien und Seemacht zu verzichten und offenbar sogar, von einer industriellen Herausforderung auf den Weltmärkten abzusehen, um Britannien auf seine Seite zu bringen, damit Frankreich zu isolieren und dessen Vernichtung zu ermöglichen.

Diese Gesichtspunkte bestimmten die Richtlinien der Außenpolitik Hitlers, nachdem er im Jahre 1933 an die Macht gelangt war. Doch, wie Hermann Rauschning in einem Werk von 1938 die Menschen im Westen warnte, die das Buch «Mein Kampf» verspätet ernstzunehmen begannen, war Hitler größer als sein Buch, und dieses durfte daher nicht als exakter Plan angesehen werden. Man müsse bedenken, so schrieb Rauschning, daß Hitler «es wirklich bis zu einer Virtuosität in der elastischen Taktik gebracht hat».

Die Umsetzung in die Praxis

Die ersten Jahre 1933–1935. In den ersten Jahren seiner Macht, als eine Fehleinschätzung oder ein falscher Schritt ihn zu Fall bringen konnte, war die taktische Beweglichkeit das Kennzeichen der Außenpolitik Hitlers. In der ersten Phase standen drei Dinge zur Erledigung an. Er wollte die innenpolitischen Vorbereitungen für eine dynamische Außenpolitik zum Abschluß bringen. Er strebte eine Entbindung aus den Verpflichtungen an, die Stresemann und Brüning eingegangen waren, um die Handlungsfreiheit der Deutschen in der Außenpolitik wiederherzustellen. Und er beabsichtigte, den Widerstandswillen der anderen Mächte zu testen, um zu ermitteln, wie schnell er vorgehen könne, sobald er eine nennenswerte Waffenstärke erreicht hätte. Hitler mußte in diesen Jahren Rückschläge hinnehmen. Doch seine Erfahrungen mit den anderen Mächten ermutigten ihn zu der Annahme, daß er alles erreichen würde, was er wollte.

Nichts veranschaulicht die Taktik, mit der Hitler seine Ziele verfolgte, besser als sein Austritt aus der Abrüstungskonferenz und aus dem Völkerbund im Jahre 1933. In den in Genf im Jahre 1932 aufgenommenen Verhandlungen hatten die deutschen Unterhändler bereits einen bedeutsamen Sieg errungen, indem sie die anderen Mächte zu guter Letzt dazu gebracht hatten, Deutschland einen gleichen Rüstungsstatus zu gewähren. Hitler war weder hierüber sonderlich glücklich, noch war er an anderen einzelnen Konzessionen interessiert. Wenn nämlich die Abrüstungskonferenz einen neuen Rüstungskontrollplan erstellte, der für alle anderen Mächte akzeptabel war, so hätte Deutschland keinen Vorwand mehr, dessen Befolgung zu verweigern, und es wäre ständigen Kontrollen unterworfen. Hitler war entschlossen, dem aus dem Wege zu gehen.

Das tat er, indem er Forderungen stellte, von denen er ziemlich sicher war, daß die anderen Mächte sie nicht akzeptieren konnten. Er bestand darauf, daß alle Kontrollen des deutschen Militärs aufgehoben werden müßten, weil die

Mächte zögerten, ihre Streitkräfte auf das Niveau Deutschlands zu reduzieren. Es erübrigt sich zu sagen, daß Frankreich alle Versuche, Hitler nachzugeben, blockierte. Im Oktober 1933 verließ Hitler die Abrüstungskonferenz und trat ebenfalls aus dem Völkerbund aus.

Bevor er diesen gewagten Schritt unternahm, appellierte er in einer Reihe wirkungsvoller Reden an jene im Westen, die meinten, Frankreich halte hartnäckig am Buchstaben einer Regelung fest, die schon seit langem hätte revidiert werden müssen. Er hob außerdem mehrfach hervor, Deutschland werde zu allen gegenseitigen Abkommen zur völligen Eliminierung offensiver Waffen stehen und es sei bereit, mit jedem, der es wünsche, Freundschaftsverträge abzuschließen. Hierdurch gewannen die anderen Regierungen den Eindruck, daß er bei geschicktem Verhalten ihrerseits von selbst dem Völkerbund und den Abrüstungsgesprächen wieder beitreten würde. Es ist bemerkenswert, wie stark sich diese Vorstellung durchsetzte, vor allem in England, wo Neville Chamberlain im Frühjahr 1939 Journalisten gegenüber erklärte, er glaube, es bestünden gute Aussichten auf eine Wiederaufnahme der Abrüstungskonferenz, und zwar unter deutscher Beteiligung.

In Wirklichkeit hatte der Führer ein für allemal mit den Abrüstungsgesprächen und mit allen Vereinbarungen zur kollektiven Sicherheit gebrochen. Er betonte weiterhin sein Vertrauen in die internationale Zusammenarbeit, wich aber konkreten Vorschlägen aus oder lehnte sie indirekt ab, indem er darauf beharrte, er sei voll und ganz bereit, Abkommen zur Erhaltung des Friedens einzugehen, vorausgesetzt, daß es sich um bilaterale Abkommen handele. Die anderen Mächte waren so sehr bestrebt, ihm Glauben zu schenken, daß sie ihre weiterreichenden Pläne fallenließen; und in zwei bemerkenswerten Fällen wurden solche Abkommen getroffen. Darüber aber vergaßen sie, daß bilaterale Verträge gebrochen werden konnten, wann immer Hitler es wollte.

Seinen ersten Erfolg verbuchte Hitler mit dem Abschluß eines Nichtangriffspaktes mit Polen im Januar 1934. Der Austritt des «Führers» aus dem Völkerbund und der Abrüstungskonferenz hatte einige seiner Berater beunruhigt; denn – einhergehend mit der fortschreitenden Abkühlung der Beziehungen zur Sowjetunion – schien dies auf ein Abtreiben Deutschlands in eine gefährliche Isolation hinzudeuten. Der Polen-Pakt bannte zumindest die Gefahr einer eventuellen Auseinandersetzung auf der deutschen Ostflanke und trieb zugleich einen Keil in das französische Sicherheitssystem in Osteuropa.

Dieser Vorteil wurde jedoch nahezu sofort wieder durch den unseligen Eindruck aufgehoben, den das Blutbad vom Juni 1934 und, was noch schwerwiegender war, der Putsch in Wien vom Juli 1934 (s. S. 477) vermittelten. Trotz aller Dementis von seiten Hitlers war sehr wohl bekannt, daß er die österreichischen Nationalsozialisten mit Waffen beliefert hatte, ihnen die Verbreitung ihrer Propaganda von einem Sender in München aus und die Aufstellung einer österreichischen Legion auf deutschem Boden gestattet hatte, deren offenkundige Mission es war, Österreich zu überfallen. Für einen

Augenblick schien es, als wäre Italien bereit, militärische Maßnahmen gegen Deutschland zu ergreifen. Und auch nachdem diese nicht erfolgten, schien die Planung einer wirksamen Politik der Isolation und Eindämmung Hitlers durch die anderen Mächte im Bereich des Möglichen zu liegen. Diese Hoffnung hegte der energische französische Außenminister, Jean Louis Barthou. Er reiste das ganze Jahr 1934 hindurch unermüdlich von Hauptstadt zu Hauptstadt, um für den Gedanken eines regionalen Sicherheitspaktes zu werben, der alle Staaten Osteuropas umfassen und durch die westlichen Länder garantiert werden sollte. Als zusätzliches Merkmal wies sein Plan eine aktive Beteiligung der Sowjetunion auf.

Der Barthou-Plan stellte für Hitler eine ernste Gefahr dar. Doch aufgrund von Reibereien zwischen den Tschechen und den Polen und der Weigerung der letzteren, einem Defensivabkommen beizutreten, dem Rußland angehörte, sowie aufgrund der mangelnden Bereitschaft der Briten, Verpflichtungen in Osteuropa einzugehen, blieb er davon verschont. Im Herbst 1934 standen die Chancen für eine allgemeine Zustimmung zu diesem Plan schlecht, und im Oktober fiel sein Urheber zusammen mit König Alexander von Jugoslawien in Marseille einem Mordanschlag zum Opfer. Die Westmächte gingen von der Eindämmungspolitik Barthous ab und entschlossen sich, Hitler durch Überzeugungskraft und Konzessionen zu zivilisiertem Verhalten zu veranlassen.

Nach Rücksprache mit den Italienern erarbeiteten die britische und die französische Regierung einen Plan, der vorsah, den Deutschen vollständige Waffengleichheit zuzugestehen, falls sie sich Rüstungskontrollabkommen anschlössen, neuen gegenseitigen Beistandspakten für Ost- und Mitteleuropa beiträten und die Rückkehr in den Völkerbund in Erwägung zögen. Dieses umfassende Vorschlagspaket wurde im Februar 1935 erstellt, und der britische Außenminister, Sir John Simon, und Anthony Eden planten für die erste Märzwoche eine Reise nach Berlin, um es zu diskutieren.

Hitler hatte andere Vorstellungen. Er zog sich eine diplomatische Erkältung zu und bat um eine dreiwöchige Verschiebung des britischen Besuches. Dann gab er an zwei aufeinanderfolgenden Samstagen je eine Erklärung ab, die den Vorschlägen jede Bedeutung nahmen. Am 8. März 1935 machte er bekannt, Deutschland verfüge über eine neue Luftwaffe. Dann, am 15. März, verkündete er, er habe nicht die Absicht, weiterhin irgendeine der militärischen Klauseln des Versailler Vertrages einzuhalten und werde die deutsche Armee von ihrer vertraglich festgelegten Größe von 100 000 Offizieren und gemeinen Soldaten auf eine 36 Divisionen umfassende Streitmacht von 550 000 Mann erweitern. Hitler rechnete damit, daß die Unverfrorenheit dieser Handlungsweise die anderen Mächte verwirren und effektive Gegenmaßnahmen unmöglich machen würde. Zur Sicherheit gab er der britischen Regierung zu verstehen, daß er bereit sei, mit ihr ein separates Flottenabkommen zu schließen.

Unmittelbar nach der Ankündigung vom 15. März entsandten die Regierungen Britanniens, Frankreichs und Italiens Vertreter zu einer Konferenz in

Stresa, um Gegenmaßnahmen zu erörtern; und die westliche Presse sprach von einer Stresa-Front, die bereit sei, Strafaktionen einzuleiten. Im Juni jedoch schlossen die Briten ohne vorherige Konsultation der anderen Partner ein Abkommen mit Deutschland, das diesem das Recht einräumte, eine Flotte aufzustellen, die 35 Prozent der Größe der britischen Flotte betragen durfte, und beliebig viele U-Boote zu bauen. Die Motive der Briten für diesen Schritt liegen noch immer im dunkeln, wenngleich wahrscheinlich zutrifft, was Sir Samuel Hoare schriftlich festhielt, daß sie in diesem Abkommen ein gutes Geschäft erblickten: die Garantie für ihre Überlegenheit gegenüber der deutschen Flotte. Von welcher Dauer dieser Vorteil sein würde, hing natürlich von Hitlers Zuverlässigkeit ab, die auch schon im Jahre 1935 mit gutem Grund angezweifelt werden konnte. Abgesehen davon hatte der anglo-deutsche Flottenpakt Hitlers Mißachtung der Bewaffnungsklauseln des Versailler Vertrages legitimiert.

Abessinien und das Rheinland. Was nach diesem Tiefschlag von der Stresa-Front noch übrig geblieben war, schwand endgültig im Oktober 1935 dahin, als Italien in Abessinien eindrang. Mussolini scheint die Beherrschung Abessiniens als den ersten Schritt zur Begründung eines Kolonialreiches betrachtet zu haben, das Italien zum mächtigsten Staat am Mittelmeer und im Nahen Osten machen sollte. Auf dem Wege der Diplomatie und der Vertragsvereinbarungen war ihm kein größerer Erfolg beschieden als Crispi vorher (s. S. 329), und Mussolini folgerte, daß nur militärische Mittel ihm dazu verhelfen könnten. Er machte sich einen Zwischenfall vom Dezember 1934 zunutze. An der Grenze zwischen Abessinien und Italienisch-Somaliland war es zwischen abessinischen und italienischen Streitkräften zu Kämpfen gekommen, bei denen die Italiener dreißig Todesopfer verzeichneten. Mussolini beschuldigte Abessinien der Aggression und leitete Kriegsvorbereitungen ein.

Dieses Vorgehen drohte entschlossenere Gegenmaßnahmen auf seiten der Westmächte heraufzubeschwören, als Mussolini erwartet hatte. Die Briten waren außer sich über die völlige Gleichgültigkeit Mussolinis gegenüber dem internationalen Recht. Eine Welle echter Begeisterung für den Völkerbund ging durchs Land, und die Regierung ließ erkennen, daß sie bereit sei, Abessinien – Völkerbundsmitglied seit 1923 – materielle Hilfe zu gewähren, selbst auf das Risiko eines Krieges mit Italien hin. Im östlichen Mittelmeer waren britische Flotteneinheiten konzentriert. Für den Fall eines italienischen Angriffs auf diese Streitkräfte wurden Unterstützungszusagen von Jugoslawien, Griechenland, der Türkei, der Tschechoslowakei, Rumänien und – wenn auch zögernd – von Frankreich gegeben. Und am 11. Oktober 1935 stimmte die Völkerbundsversammlung unter britischem Vorsitz – es war das erste Mal, daß eine solche Aktion unternommen wurde – für wirtschaftliche Sanktionen gegen Italien. Am 18. November traten sie in Kraft.

Die Handelsware aber, um die es im Abessinienkonflikt ging, war Öl. Italien würde nicht ernstlich in Verlegenheit geraten, solange die Öllieferungen nicht eingestellt wurden. Um Italien vor einem derartig schweren Schlag zu schützen, unternahm der französische Außenminister, Pierre Laval, einen weiteren Versuch, eine Kompromißlösung zu finden, und überredete die britische Regierung, sich daran zu beteiligen. Im Dezember arbeiteten Laval und der britische Außenminister, Sir Samuel Hoare, einen Vorschlag aus, der geheim bleiben sollte. Irgend jemand ließ jedoch Einzelheiten an die französische Presse durchsickern. Die Enthüllung, daß die beiden Staatsmänner offenbar bereit waren, Mussolini weite Landstriche Abessiniens und die faktische Kontrolle über dessen Handel und Bodenschätze zu überlassen, löste eine Sensation aus. Hoare wurde zum Rücktritt gezwungen, und die Regierungen ließen den Plan fallen. Doch der Vorgang zeitigte unglückliche Folgen. Er kompromittierte die Sache des Westens in den Augen der Vereinigten Staaten, deren Kooperation bei wirtschaftlichen Sanktionen entscheidend war, wenn Italien Einhalt geboten werden sollte. Überdies führte er zu einer Periode der gegenseitigen Beschuldigungen zwischen London und Paris, was ein effektives Handeln verzögerte. All das wirkte sich zu Mussolinis Gunsten aus, und er setzte seinen Feldzug fort.

Die Europäer nahmen mit Abscheu zur Kenntnis, daß die Italiener, deren Truppen den abessinischen Streitkräften zahlenmäßig sowie hinsichtlich der Qualität ihrer Handwaffen und ihrer Artillerie gewaltig überlegen waren, sich mit diesen offenkundigen Vorteilen nicht zufriedengaben, sondern sich berufen fühlten, lanzenführende Stammesleute mit Militärflugzeugen und Giftgas – dessen Verwendung laut internationalen Konventionen untersagt war – anzugreifen. Selbst unter Einsatz dieser Mittel aber hatten die Italiener mit den Abessiniern kein leichtes Spiel. Trotz einer Reihe von italienischen Siegen in den ersten Monaten des Jahres 1936 befehligte der abessinische Kaiser, Haile Selassie, persönlich noch eine große, unbesiegte Armee.

Diese Tatsache ermutigte jene im Westen, die sich weiterhin für die Auferlegung strikter wirtschaftlicher Beschränkungen für Italien einsetzten. Anthony Eden führte umfassende Verhandlungen mit anderen Mitgliedern des Völkerbunds mit dem Ziel, die Zustimmung für Ölsanktionen gegen den Aggressor zu erreichen. Doch diese Hoffnung wurde im entscheidenden Moment durch die dritte jener Aktionen zerstört, die schließlich als Hitlers «Samstagsüberraschungen» bezeichnet wurden. Am 7. März 1936 marschierten Hitlers Truppen unter Mißachtung sowohl der Locarno-Verträge als auch der Klauseln des Versailler Vertrages, die festlegten, daß diese Gebiet entmilitarisiert sein müsse, ins Rheinland ein.

Dieser Einmarsch stellte bis dahin Hitlers gewagteste Aktion dar, und es war ihm schwergefallen, seine Generäle davon zu überzeugen, daß sie klug sei. Sie meinten, die Franzosen würden sich widersetzen und es würde ihnen keinerlei Schwierigkeiten bereiten, die wenigen Deutschen zu vertreiben. Die Vernunft lag auf seiten der Generäle. Es zeigte sich aber, daß Hitler, der sich auf seine sogenannte «schlafwandlerische Sicherheit» verließ, die Situation realistischer einschätzte als sie. Wie überrascht die Öffentlichkeit angesichts Hitlers abrupter Aktion auch immer gewesen sein mag – die französische und die britische Regierung hatten sie lange erwartet und sich damit abgefunden. Im Januar 1935 hatte Anthony Eden Ministerpräsident Flandin gefragt, wie wichtig die Entmilitarisierung des Rheinlands für Frankreich sei und wie weit die Regierung bereit sei, sie zu verteidigen. Flandin wich aus.

Auf beiden Seiten des Kanals erwog man die Möglichkeit, Hitler zuvorzukommen und ihm die Aufhebung der Beschränkungsklauseln des Versailler Vertrages anzubieten, welche Konzessionen man auch immer als Gegenleistung erhalten würde. Doch Hitlers Coup versetzte zumindest in Paris die Politiker in Schrecken und bewirkte eine allgemeine Kraftlosigkeit. Die Regierung war zu dieser Zeit ein Notstandskabinett und ernstlich gespalten darüber, was man gegen Hitlers Aktion unternehmen sollte. In einer Unterredung mit den führenden Militärs, die der Ministerpräsident, Albert Sarraut, zur Klärung der Situation einberufen hatte, stieß er bei diesen auf Ablehnung gegenüber einem Eingreifen, solange keine allgemeine Mobilmachung erfolgte, und auf keinerlei Begeisterung für ein Einschreiten überhaupt. Diese Haltung übte eine dämpfende Wirkung auf das Kabinett aus. Es ließ den Gedanken an militärische Maßnahmen fallen – obgleich die Briten, wie Winston Churchill später schrieb, ein eindeutiges Ersuchen um militärische Hilfe bei einer Rheinland-Operation kaum hätten abschlagen können und obgleich die polnische Regierung hatte durchblicken lassen, daß sie eine solche Aktion unterstützen würde.

Man kann die Bedeutung des «Rheinland-Coups» gar nicht überschätzen. Indem er die Locarno-Verträge faktisch zunichte machte, entwertete er die internationalen Konventionen und brachte das Genfer System, das durch die Krisen in der Mandschurei und in Abessinien bereits ernstlich Schaden genommen hatte, noch weiter in Mißkredit. Dies steigerte die allgemeine Unsicherheit und führte dazu, daß die kleineren Staaten ihre Verpflichtungen revidierten – Belgien z. B. beschloß im Sog der Rheinlandbesetzung, aus dem französischen Sicherheitssystem auszuscheren (s. S. 495). Alle militärischen Bündnisse Frankreichs litten unter Hitlers Vorgehen, und sogar die östliche Grenzverteidigung, die vielgepriesene Maginot-Linie, schien nun geschwächt, da deutsche Truppen erneut westlich des Rheins standen. Schließlich machte die Rheinlandbesetzung allen ernsthaften Versuchen, Ölsanktionen gegen Italien zu verhängen, ein Ende.

Der spanische Bürgerkrieg und die Achse. Es hatte während des Abessinienkrieges Augenblicke gegeben, in denen Mussolini zum Zweifeln und Zögern neigte. Als aber der spanische Bürgerkrieg im Juli 1936 ausbrach, erblickte er darin eine Gelegenheit, seine Ambitionen zu verwirklichen. Er beschloß, auf seiten der Rebellen einzugreifen und das Mittelmeer zur römischen See zu machen.

Dieser Entschluß war es, der ihn schließlich veranlaßte, engere Beziehungen zu Hitler zu suchen. Den Aufstieg seines Diktator-Kollegen hatte er mit gemischten Gefühlen beobachtet, und über Hitlers Rheinlandbesetzung soll er angeblich verärgert gewesen sein. Nun empfand er es als zweckmäßig, um Hitlers Gunst zu werben, und setzte somit jene schicksalhafte Kette von Ereignissen in Gang, die ihn völlig dem Willen Hitlers unterwarf.

70. Francisco Franco Bahamonde (1892–1975), spanischer General und Diktator

Es ist bezeichnend, daß Mussolini dem österreichischen Kanzler Schuschnigg zu Beginn des spanischen Bürgerkrieges den Rat erteilte, eine Verbesserung der österreichisch-deutschen Beziehungen anzustreben. Als Gegenleistung für die Einstellung deutscher Angriffe gegen seine Regierung und ein Scheinversprechen, Deutschland werde in die inneren Angelegenheiten Österreichs nicht eingreifen, unterzeichnete Schuschnigg ein Abkommen, in dem er versprach, die österreichische Regierung werde ihre Außenpolitik «stets auf jener grundsätzlichen Linie halten, die der Tatsache, daß Österreich sich als deutscher Staat bekennt, entspricht». In einer Welt, in der Hitler für sich das Recht in Anspruch nahm, Richter über das wahre Deutschtum zu sein, war dies ein gefährliches Zugeständnis. Ebenso gefährlich war Schuschniggs Zusage, «Vertreter der bisherigen sogenannten ‹nationalen Opposition in Österreich› (d. h. Nazi-Sympathisanten) zur Mitwirkung an der politischen Verantwortung heranzuziehen».

71. Spanischer Bürgerkrieg 1936–1939. Franco-Truppen und Einheiten der deutschen «Legion Condor» marschierten in Templiqua ein (29. 3. 1939)

Entgegen vorherigen Erklärungen über die Wichtigkeit der österreichischen Unabhängigkeit billigte Mussolini diese Bedingungen nicht nur, sondern machte in Gesprächen mit deutschen Repräsentanten darüber hinaus geltend, er habe das Ersuchen der Österreicher um eine Verständigung mit Deutschland angeregt. Kurz, er benutzte das österreichische Abkommen bei seinem Bemühen um die deutsche Freundschaft als Beweis seiner guten Absichten. Hitler nahm diese Annäherungsversuche gnädig auf. Im Oktober pflichtete er bei, daß Deutschland und Italien natürliche Verbündete gegen die Demokratien seien, und erklärte seine Bereitschaft, Italiens Politik in Spanien zu unterstützen. Mussolini war vollauf zufrieden und verkündete am Nachmittag des 1. November 1936 von einem Balkon am Piazza del Duomo in Mailand, die Gespräche in Berlin hätten zu einer umfassenden Verständigung geführt und eine neue «Achse Berlin–Rom» ins Leben gerufen, «um die sich all jene europäischen Staaten drehen können, die den Willen zu Zusammenarbeit und Frieden haben».

Indes strafte seine Intervention in die Angelegenheiten Spaniens jene Worte des Friedens Lügen. An dieser Stelle muß hervorgehoben werden, daß die

Sache der Rebellen ohne ausländische Hilfe möglicherweise schon vor Ablauf des Jahres 1936 zusammengebrochen wäre. Wenn auch ein Teil der spanischen Armee gleich am Anfang zu General Franco übertrat, so vermochte dieser weder die Kontrolle über die Flotte noch über die Luftwaffe zu erlangen; und das hätte sich ohne die Hilfe Italiens und – in geringerem Maße – Deutschlands als großes Manko erwiesen. Der gesamte Beitrag der Italiener für die Sache Francos war beeindruckend; und deutsche Kampfbomber sowie – allerdings nur wenige – Panzer spielten bei den spanischen Operationen eine bedeutende Rolle. Doch Hitler scheint mehr daran gelegen zu haben, den spanischen Bürgerkrieg zu verlängern, als ihn zu beenden. Denn der Fortgang der Auseinandersetzungen gewährleistete die Inanspruchnahme Mussolinis und vermochte Krisen auszulösen, die Hitler ausnutzen konnte.

Der republikanischen Seite in Spanien fiel es schwerer, materielle Hilfe zu erlangen, obgleich sie Spaniens legitime Regierung stellte. Später wurde die Tatsache, daß die Sowjetunion der Republik Hilfe gewährt hatte, von Republikgegnern aufgebauscht zum Beweis dafür, daß Spanien dem Kommunismus ausgesetzt gewesen sei. Doch, wie die Deutschen privat selbst zugaben, intervenierten die Russen nur zögernd und lediglich, um gegenüber den kommunistischen Parteien des Westens das Gesicht zu wahren. Ihr Beistand beschränkte sich auf Berater, Techniker, einige Flugzeuge sowie Vorräte und wurde nicht durchgehend gewährt. Ein volles Jahr vor Ende des Bürgerkrieges stellte Rußland seine Hilfe ein. Hugh Thomas schrieb, «die Zahl der Russen in Spanien lag sicherlich unter 2000 und überschritt wahrscheinlich niemals 500 gleichzeitig». Sowohl die sowjetische Regierung als auch das sowjetische Volk waren durch die in Rußland stattfindenden Säuberungen so stark in Anspruch genommen, daß sie dem Konflikt im weit entfernten Spanien weniger Aufmerksamkeit schenkten.

Die republikanische Regierung hatte sich Hilfe von der Volksfront-Regierung in Frankreich (s. S. 494) erhofft. Doch von den drei dortigen Regierungsparteien befürworteten nur die Kommunisten die aktive Unterstützung der spanischen Republik. Blum brachte zwar der Sache der Republikaner Sympathien entgegen, konnte aber weder die Opposition der Radikalen noch den Pazifismus, der nun in seiner eigenen Partei die Oberhand gewann, überwinden. Außerdem war Frankreich nach der Besetzung des Rheinlands durch Hitler stärker denn je auf britischen Rückhalt angewiesen; und die britische Regierung stand einer Intervention in Spanien ablehnend gegenüber.

Das ganze Jahr 1936 hindurch war das britische Volk mit drängenden innenpolitischen Problemen beschäftigt, so daß es ausländischen Problemen kaum Aufmerksamkeit zu widmen vermochte. Im Januar starb George V., und die folgenden Monate waren ausgefüllt mit den Vorbereitungen für die Krönung seines Nachfolgers, des beliebten Edward VIII. Bevor er jedoch gekrönt wurde, stellte sich heraus, daß er Mrs. Wallis Simpson, eine geschiedene Amerikanerin, heiraten wollte. Da er sich von dieser Absicht nicht abbringen ließ, entstand eine Verfassungskrise. Mit der Abdankung des Königs und der

Thronfolge seines Bruders als George VI. wurde sie schließlich beigelegt, allerdings nicht vor dem Winter – Monate nach Ausbruch des Bürgerkriegs in Spanien.

Durch diese Krise hatte Stanley Baldwin, der Ramsay MacDonald als Chef der Nationalen Regierung im Jahre 1935 abgelöst hatte, das Land mit Geschick und Geduld gesteuert. 1937 trat er zurück zugunsten von Neville Chamberlain, der bald eine bedeutsame Wende in der Außenpolitik herbeiführte. Während Baldwin Desinteresse an auswärtigen Angelegenheiten bekundet hatte, vertrat Chamberlain auf diesem Gebiet entschiedene Ansichten. Vor allem hing er der Überzeugung an, daß die Zeit reif sei für einen neuen Realismus, unter dem man sich um die Ermittlung und Ausräumung der tatsächlichen Beschwerden der Diktatoren sowie um eine allgemeine Beschwichtigung bemühen und damit der augenblicklichen Instabilität ein Ende setzen würde. Von Chamberlain, einem zuversichtlichen und energischen Mann, der Öffentlichkeit vorgetragen, sprach dieser Standpunkt viele Menschen an, die nicht bemerkten, daß kollektive Sicherheit und Unterstützung des Völkerbunds zu den Vorstellungen gehörten, die er für überholt hielt. Ebensowenig kam diesen Menschen in den Sinn, daß Beschwichtigung wahrscheinlich nur auf Kosten anderer Nationen funktionieren würde.

Im Hinblick auf Spanien hatten die Briten die Initiative im September 1936 ergriffen, indem sie ein Komitee zur Nichtintervention gründeten, dem 27 Nationen beitraten, darunter Deutschland, Italien und die Sowjetunion. Das angebliche Ziel des Komitees war, die Entsendung von Soldaten, Kriegsmaterial und Munition an die kriegführenden Parteien in Spanien zu verhindern und alle Freiwilligen, die bereits dort waren, zurückzuziehen. Das Komitee blieb ohne Erfolg. Und Anfragen im Unterhaus bezüglich der Notwendigkeit wirksamerer Maßnahmen wurden von Regierungssprechern dahingehend beantwortet, daß ein Eingreifen einen ernsteren Konflikt heraufbeschwören könne. Als Chamberlain im Mai 1937 das Amt des Premierministers übernahm, lag es auf der Hand, daß die Rebellen den Bürgerkrieg in Spanien gewinnen würden, falls man den Dingen weiterhin ihren Lauf ließ. Der neue Premierminister war offenkundig bereit, diesen Ausgang hinzunehmen.

Chamberlain war bestrebt, seine Beschwichtigungspolitik durch eine Verständigung mit Mussolini einzuleiten. Er machte bald deutlich, daß es für Britannien an der Zeit sei, die Eroberung Abessiniens durch die Italiener offiziell anzuerkennen sowie Mussolinis Zusicherungen zu akzeptieren, daß er die britischen Interessen im Mittelmeergebiet respektieren und seine Kampftruppen *nach* Beendigung des Bürgerkrieges aus Spanien abziehen werde. Chamberlains Außenminister Anthony Eden betonte, eine solche Politik bedeute Verrat am Prinzip der kollektiven Sicherheit und verhelfe Franco und Mussolini zu einem Sieg, der für Großbritannien schwere strategische Nachteile mit sich bringen könne. Doch Chamberlain war ein selbstbewußter Mann, der immer schon der Überzeugung gewesen war, sein Außenminister neige zu unbegründeten Befürchtungen. Am 18. Februar 1938 sagte er zu ihm: «Anthony, Sie haben Chance für Chance vertan. So können Sie einfach nicht weitermachen.» Eine Woche später trat Eden von seinem Amt zurück.

Danach gab es nur noch wenige Möglichkeiten, in die Spanien-Pläne der Diktatoren einzugreifen. Auch diejenigen unter den Engländern, die früher die Unterstützung der Republik verfochten hatten, wurden nun durch Gewaltausbrüche im Fernen Osten abgelenkt. Im Jahre 1937 war Japan mit einem groß angelegten Angriff gegen China in die zweite Phase seiner Eroberung Asiens eingetreten, die die britischen Interessen im Fernen Osten zu beeinträchtigen drohte. Der Beitritt Japans zum deutsch-italienischen Antikomintern-Pakt im November bot Chamberlain einen weiteren Grund für den Wunsch, das Problem Spanien aus dem Wege zu räumen, damit er sich auf eine Verständigung mit der Spitze jenes Zusammenschlusses, Adolf Hitler, konzentrieren könne. Schließlich erforderte die Politik in Mitteleuropa bald die gesamte Aufmerksamkeit sowohl der Briten als auch der Franzosen, so daß sich die letzten Phasen von Francos Sieg nahezu unbemerkt abspielten.

Im Frühjahr 1939, als Francos Truppen endlich den republikanischen Widerstand in Katalonien brachen und auf Madrid marschierten, war der Zustand Spaniens erbarmungswürdig. Die genauen Zahlen der Todesopfer, die auf Kampf, Luftangriffe, Krankheit und politische Repression zurückzuführen sind, wird man niemals vollständig ermitteln können; Schätzungen aber haben ergeben, daß die Gesamtziffer zwischen 500000 und 800000 liegt. Tausende waren ins Exil gegangen.

Das Kriegsende brachte Spanien wiederum eine Ein-Parteien-Diktatur, die sich unmittelbar (im April 1939) dem Antikomintern-Pakt anschloß und eine theatralische Kampagne für die Rückgabe Gibraltars an Spanien einleitete. Die neue Regierung Spaniens schwächte Frankreichs strategische Position in jedem Konflikt mit Deutschland, da sie einen potentiellen Feind der französischen Flanke darstellte. Sie führte das Prinzip der kollektiven Sicherheit an den Rand des Ruins und verstärkte den bereits vorhandenen Argwohn zwischen den westlichen Demokratien und der Sowjetunion.

Der Anschluß. Am 5. November 1937 teilte Adolf Hitler den Oberbefehlshabern der drei Wehrmachtsteile und seinem Außenminister mit, es sei nun an der Zeit, daß Deutschland sein Lebensraumproblem löse. Die ersten Phasen der Lösung seien die Aneignung Österreichs und der Tschechoslowakei. Das genaue Datum für den Beginn der Eroberung hänge von den politischen Ereignissen in den kommenden Monaten und Jahren ab (in diesem Zusammenhang war der Stand der Beziehungen zwischen Italien und den westlichen Demokratien von besonderer Wichtigkeit). Er machte aber deutlich, daß er entschlossen sei, Deutschlands Lebensraumproblem bis spätestens 1943–45 zu lösen.

Zwei Wochen danach hatte Hitler jedoch eine Unterredung mit dem neuen britischen Außenminister, Lord Halifax, und dessen Besuch führte ihn dazu, seinen Zeitplan zu ändern. Laut Baron von Neurath hatte Halifax geäußert:

72. Anschluß Österreichs, März 1938

«Man glaube englischerseits nicht, daß der status quo unter allen Umständen aufrecht erhalten werden müsse. Zu den Fragen, bei denen Änderungen wahrscheinlich früher oder später eintreten würden, gehörten Danzig, Österreich und Tschechoslowakei. England sei nur daran interessiert, daß solche Änderungen im Wege friedlicher Entwicklung zustande kämen.»

Wenn die Dinge so lagen, warum sollte Hitler dann noch länger warten? Frankreich schien durch interne Probleme gelähmt und würde zu unabhängigem Handeln, welcher Art auch immer, nicht imstande sein. Der Führer beschloß, Österreich zu liquidieren.

Vorher nahm er jene grundlegende Reorganisation der Streitkräfte vor, die ihm deren absolute Zuverlässigkeit gewährleisten sollte (s. S. 473). Nachdem das geschehen war, beschuldigte er die österreichische Regierung, gegen die Bestimmungen des deutsch-österreichischen Paktes vom Juli 1936 verstoßen zu haben, leitete eine heftige Pressekampagne gegen die Regierung Schuschnigg ein und bestellte den österreichischen Kanzler im Februar 1938 zu Beratungen nach Berchtesgaden. Mit der Drohung, in Österreich einzumarschieren, drangsalierte er Schuschnigg, die österreichische Nationalsozialistische Partei zu legalisieren, die Posten des Kriegsministers, des Finanzministers und des Innenministers mit nationalsozialistisch gesinnten Persönlichkeiten zu besetzen, engere Beziehungen zwischen der österreichischen und der deutschen Armee aufzunehmen und sich Vorbereitungen für die «Angleichung des österreichischen an das deutsche politische System» zu fügen.

Dies bedeutete das Ende der Republik Österreich. Hitler begann unmittelbar darauf, gegen fingierte Verletzungen des neuen Abkommens zu protestieren. Schuschnigg versuchte zu spät und mit wenig Erfolg, sein Volk hinter sich zu bringen. Die Erinnerung der Sozialisten und der Gewerkschaften an die Ereignisse vom Februar 1934 (s. S. 477) war zu lebhaft, als daß sie ihn enthusiastisch hätten unterstützen können. Am 9. März kündigte der Kanzler an, es werde eine Volksabstimmung darüber abgehalten, ob das Volk ein «freies und deutsches Österreich, ein unabhängiges und soziales Österreich, ein christliches und einiges Österreich» bleiben wolle. Diese Ankündigung erboste Hitler, und er machte deutlich, daß ein Versuch, das Plebiszit durchzuführen, den sofortigen Einmarsch der Deutschen nach sich ziehen würde. Schuschnigg wurde außerdem informiert, daß Hitler ihn nicht länger als Kanzler dulde. Der pronationalsozialistische Innenminister, Dr. Arthur von Seyss-Inquart, wurde vom Büro Hermann Görings angewiesen, Schuschniggs Funktionen zu übernehmen und um die Entsendung deutscher Truppen nach Österreich zu ersuchen, damit sie die Regierung bei der Herstellung des Friedens und der öffentlichen Sicherheit, die angeblich durch Unruhen von Roten bedroht seien, unterstütze. In der Nacht vom 11. März marschierten deutsche Truppen in Österreich ein. Am 13. März wurde Österreich zu einer Provinz des Deutschen Reiches gemacht, und der Prozeß der Gleichschaltung hatte begonnen.

Hitler hatte sich um Italiens Reaktion auf den Anschluß mehr Sorgen gemacht als um die der anderen Mächte. Daher war er erleichtert, als Mussolini trotz starker antideutscher Reaktionen in Italien seinem Vorgehen seinen Segen erteilte. Was die westlichen Demokratien betraf, so begann der «Führer» sie für handlungsunfähig zu erachten, sowohl in politischer als auch in militärischer Hinsicht. In dieser Überzeugung wäre er noch bestärkt worden, wenn er von Neville Chamberlains Antwort auf eine sowjetische Note vom 17. März 1938 gewußt hätte. Die Note regte ein Treffen von Vertretern der amerikanischen, der britischen, der französischen und der sowjetischen Regierung an, um kollektive Maßnahmen gegen neue Aggressionen zu erörtern. Chamberlain schlug die Anregung aus mit der Begründung, daß Großbritannien «gemeinsame Unternehmungen im voraus, um Aggressionen zu begegnen», nicht akzeptieren könne und daß ein solches Treffen bedeute, «die Tendenz zur Errichtung von Gruppen von Nationen unter Ausschluß anderer zu verstärken, die... den Aussichten für einen europäischen Frieden abträglich sein muß».

München und Prag. Das nächste Ziel war die Tschechoslowakei. Im März 1938 besuchte der Führer der Sudetendeutschen Partei, Konrad Henlein, Hitler in Berchtesgaden und erhielt die Anweisung, eine intensive Agitation zugunsten von Selbstverwaltungsrechten für die deutsche Minderheit im Sudetengebiet einzuleiten (s. S. 476). Henlein gehorchte und unterbreitete der tschechischen Regierung im April das Karlsbader Programm, das praktisch die vollständige Autonomie für das Sudentengebiet, das Recht für die deutsche Minderheit, die Prinzipien des Nationalsozialismus zu verfolgen, und eine Revision der tschechischen Außenpolitik forderte – vermutlich in Richtung auf einen Abbruch der vertraglichen Beziehungen zu Frankreich und zur Sowjetunion.

Das Wissen darum, daß sich eine deutsche Kampagne gegen die Tschechoslowakei anbahnte, beunruhigte die französische Regierung, die sich ihrer vertraglichen Verpflichtung zur Verteidigung jenes Landes bewußt war. Im April versuchte der neue Ministerpräsident, Edouard Daladier, Chamberlain davon zu überzeugen, daß ein ausdrückliches britisches Engagement das beste Mittel sei, Hitler abzuschrecken. Chamberlain glaubte nicht daran. Er erwiderte, es würde ein Bluff sein, der nicht funktionieren könne. Die Tschecho-

73. Besetzung der CSR, März 1939

slowakei sei ein großes Risiko. Ihr zweiter Verbündeter, die Sowjetunion, sei weder gewillt noch stark genug, um sie zu unterstützen; und die britischen Streitkräfte seien außerstande, sie zu verteidigen. Er glaube nicht, daß Hitler die Tschechoslowakei vernichten wolle; wenn er es aber tue, so sehe Chamberlain «nicht, wie dies verhindert werden könnte». Er beharrte darauf, der einzig praktikable Weg sei, die tschechische Regierung dazu zu bewegen, ihrer deutschen Minderheit Konzessionen zu machen und Hitlers Vorstellungen von einer gerechten Regelung zu sondieren.

Die Franzosen stimmten dem schließlich zu und gaben stillschweigend zu verstehen, daß sie ihren Beistandsvertrag nicht einhalten würden. Von nun an kooperierten sie mit den Briten in der hoffnungslosen Aufgabe, die Tschechen zu Zugeständnissen zu bewegen, damit eine Minderheit zufriedengestellt würde, die von Hitler instruiert war, unerfüllbare Forderungen zu stellen.

Ende Mai verstärkten sie ihre Bemühungen in dieser Richtung, als die tschechische Regierung behauptete, sie verfüge über Berichte von deutschen Truppenbewegungen an der böhmischen Grenze, und Reservetruppen einberief. In der darauf folgenden akuten Kriegspsychose warnten die Briten und Franzosen Hitler, ein deutscher Angriff auf die Tschechoslowakei werde schwere Folgen haben. Die deutsche Regierung beteuerte ihre Unschuld, und die Krise ging vorüber. Doch die Tatsache, daß die westliche Presse diesen Vorfall als einen Rückschlag für die Deutschen pries, erboste Hitler und veranlaßte ihn zu dem Befehl, seine Armee solle bis spätestens 1. Oktober vorbereitet sein, in die Tschechoslowakei einzumarschieren.

Die Maikrise versetzte gleichzeitig die Franzosen in Angst: rechtsextreme Zeitungen in Paris brachten nun Artikel heraus mit Überschriften wie «Wollt Ihr für die Tschechoslowakei sterben?» Sie bewirkte auch bei Chamberlain eine größere Entschlossenheit denn je, daß die tschechische Frage geklärt werden müsse, indem man – mit den Worten seines Botschafters in Berlin – «in Prag die Daumenschrauben anziehen» solle. Unter seinem Druck waren die Tschechen gezwungen, in der ersten Septemberwoche faktisch alle ursprünglichen Forderungen von Karlsbad zu erfüllen. Dies brachte Henlein und Hitler in Verlegenheit. Dennoch hatten sie nicht die Absicht umzukehren. Am 12. September rief Hitler in einer leidenschaftlichen Rede über die Leiden der deutschen Minderheit in der Tschechoslowakei aus: «Die Deutschen in der Tschechoslowakei sind weder wehrlos noch sind sie verlassen. Das möge man zur Kenntnis nehmen!» Am folgenden Tag erklärte Henlein öffentlich, das Sudetenland müsse an Deutschland abgetreten werden.

Chamberlain persönlich neigte bereits zu der Idee, das Sudetengebiet von der Tschechoslowakei abzutrennen. Nun flog er nach Berchtesgaden, um Hitler zu veranlassen, ihm Zeit zu geben, damit er die Separation arrangieren könne. Nachdem dieser sie ihm zugestanden hatte, wurde der tschechoslowakische Präsident Beneš gezwungen, den Verlust des Sudetenlands hinzunehmen, und zwar mit der unmißverständlichen Drohung, er werde keinerlei Unterstützung erhalten, wenn er sich weigere.

Selbst danach konnte Europa dem Krieg nur mit knapper Not entrinnen. Bei einem darauffolgenden Treffen mit Chamberlain in Godesberg erklärte Hitler, die bloße Abtretung des Sudetenlands genüge nicht. Er forderte zusätzlich einen triumphalen Einzug der deutschen Streitkräfte und den Abzug aller tschechischen Truppen unter Zurücklassung ihrer intakten militärischen Einrichtungen. Die Tschechen lehnten diese Bedingungen empört ab, und in einem letzten Aufflackern französischen Widerstands gegen Hitler wurden sie von Paris aus unterstützt. Doch als die Spannung in den europäischen Hauptstädten stieg, hielt Hitler sich – vielleicht weil er plötzlich in Deutschland einen völligen Mangel an Kriegsbegeisterung verspürte – zurück und versprach in einem persönlichen Brief an Chamberlain, einen letzten Versuch zu einer Übereinkunft abzuwarten. Der britische Premierminister griff auf eine Idee zurück, mit der er schon lange gespielt hatte, nämlich eine Viermächtekonferenz einzuberufen, die das tschechische Problem lösen sollte. Diese Idee wurde in Paris und in Rom gleichermaßen begeistert aufgenommen. Denn die italienische Regierung fürchtete zu diesem Zeitpunkt einen großen Krieg ebensosehr wie die Staatsmänner in London und Paris. Der «Duce» schlug Hitler das Treffen vor, und dieser willigte am 28. September ein. Am nächsten Tag trafen sich Mussolini, Chamberlain und Daladier in München mit Hitler. Sie gestanden ihm alles zu, was er in Godesberg gefordert hatte und beraubten damit die Tschechoslowakei eines Drittels ihrer Bevölkerung, ihrer wichtigsten Industriegebiete und ihrer einzigen Mittel zur Selbstverteidigung.

Chamberlain war überzeugt, daß das Ergebnis diese Konzessionen an Hitler rechtfertigen würde. Der Premierminister vertrat die Ansicht, die Beschwichtigungspolitik habe funktioniert und es breche eine neue Friedensära an. Sein Optimismus war nicht gerechtfertigt. Sowohl Hitler als auch Mussolini betrachteten die Regelung bezüglich des Sudetenlandes als eine Kapitulation des Westens und wurden zu neuen Eroberungen ermutigt. Nach München begannen die Italiener die Einnahme Albaniens zu planen, die sie im April verwirklichten; und zu Anfang des neuen Jahres hatte die faschistische Presse eine schrille Kampagne gestartet, in der verlangt wurde, Frankreich müsse gezwungen werden, Nizza, Savoyen, Tunis und Dschibuti an das neue italienische Reich abzutreten.

Unterdessen setzte Hitler die Liquidation der restlichen Tschechoslowakei fort. Er förderte alle zentrifugalen und auflösenden Kräfte, die der Schock von München in jenem Lande freigesetzt hatte, und ließ slowakischen und ruthenischen Separatistenbewegungen finanzielle Unterstützung zukommen, so daß der Reststaat noch vor Ablauf des Jahres 1938 faktisch in drei autonome Gebiete aufgeteilt war. Dann ging er zu jener Taktik über, die im Falle Österreichs so gut funktioniert hatte. Im Januar 1939 berief er den tschechischen Außenminister zu sich und erklärte ihm, die Unruhen in seinem Lande stellten eine Bedrohung für die deutsche Sicherheit dar und müßten unterdrückt werden. Gleichzeitig befahl er ihm, die tschechische Armee von Juden und Antideutschen zu säubern und die Außenpolitik seines Landes mit der Deutschlands in Einklang zu bringen. Zwei Monate später, als die tschechische Regierung vergeblich versuchte, etwas Ordnung in das Land zu bringen, das durch das Betreiben Deutschlands zerrissen war, beorderte Hitler den tschechischen Staatspräsidenten, Emil Hácha, gebieterisch nach Berlin. Nach seiner Ankunft mußte dieser sich einer erschöpfenden Nachtsitzung unterziehen, in der Göring und Joachim von Ribbentrop, Hitlers Außenminister, ihm androhten, seine Hauptstadt werde unverzüglich vernichtet, und ihn buchstäblich zwangen, ein Abkommen zu unterzeichnen, mit dem er «das Schicksal des tschechischen Volkes und Landes vertrauensvoll in die Hände des Führers des Deutschen Reiches legt». Am folgenden Morgen marschierten deutsche Truppen in Prag ein.

Die Garantieerklärung für Polen und das Duell um Rußland. Der Griff nach Prag machte die Illusionen derjenigen zunichte, die beharrlich geglaubt hatten, Hitler sei nur daran interessiert, deutsches Territorium für das Reich wiederzuerlangen, und er kennzeichnete den völligen Bankrott der Beschwichtigungspolitik. Selbst Neville Chamberlain war ernüchtert und erschrocken über die Entdeckung – wie Rebecca West schrieb –, daß er die ganze Zeit über mit Leuten verhandelt hatte, die ihr Wort nicht hielten, weil es ihnen nichts ausmachte, als Lügner entlarvt zu werden. Wütend, daß seine Hoffnungen zerstört waren, begann der Premierminister verspätet, Verteidungspositionen gegen mögliche neue Aggressionen der Achsenmächte aufzubauen. Britannien schloß einen gegenseitigen Beistandspakt mit der Türkei und sagte auch Griechenland und Rumänien Unterstützung und Schutz zu. Die wichtigste Entscheidung der Briten und Franzosen aber war, das Land zu verteidigen, das Hitler als nächstes Opfer ausersehen zu haben schien, Polen. Am 31. März 1939 gab Chamberlain ihre Garantieerklärung ab, Polen im Falle jeder Aktion, die die polnische Unabhängigkeit eindeutig bedrohe und der die Polen militärisch begegnen müßten, Beistand zu leisten.

Nun erhob sich die Frage, ob dies ausreichen würde, um Hitler zur Zurückhaltung zu veranlassen, und ob Britannien und Frankreich überhaupt etwas unternehmen könnten, um Polen zu verteidigen. Sowohl David Lloyd George als auch Winston Churchill betonten, daß die Demokratien nur in enger Zusammenarbeit mit der Sowjetunion Hitler erfolgreich abschrecken oder ihm wirksamen Widerstand bieten könnten. Es erwies sich jedoch als schwierig, Chamberlain davon zu überzeugen.

Sein tiefer Argwohn gegenüber den sowjetischen Motiven machte es Chamberlain unmöglich, einzugestehen, daß es im Hinblick auf den Widerstand gegen Hitler zwischen den Sowjets und dem Westen gemeinsame Interessen geben könne. Daher hatte er die Russen während der langen tschechoslowakischen Krise beharrlich übergangen. Obgleich die Sowjetunion mit Frankreich und der Tschechoslowakei verbündet war, wurde ihre Regierung zur Konferenz von München weder konsultiert noch eingeladen. Den Russen, die sich loyal für die kollektive Sicherheit eingesetzt hatten, wenn auch aus eigennützigen Interessen, mag ihr Argwohn verziehen werden. Selbst nachdem er begonnen hatte, diplomatische Verteidigungspositionen gegen Hitler aufzubauen, zögerte Chamberlain immer noch, an die Russen heranzutreten. Erst Mitte April unternahmen die Briten diesbezüglich Schritte, und dann auch nur, um der sowjetischen Regierung nahezulegen, durch eine einseitige Garantie der Westgrenzen Polens und Rumäniens bei der Verteidigung Osteuropas mitzuwirken. Einen solchen Plan lehnten die Russen ab.

Zu diesem Zeitpunkt hatte die jüngste Politik des Westens die Russen im Hinblick auf die Bedrohung Polens überzeugt, daß sie die Vorteile einer Annäherung an Deutschland zumindest in Erwägung ziehen müßten. In den kommenden Monaten verfolgte die Sowjetunion eine Doppelstrategie: auf der einen Seite deutete sie in Berlin vorsichtig die Möglichkeit eines Abkommens bezüglich Polens und anderer Angelegenheiten an; auf der anderen Seite mahnte sie die Westmächte, nur durch ein umfassendes östliches Verteidigungsbündnis, das die militärischen Verpflichtungen der Sowjetunion sowie der Westmächte genau festlege, könne es gelingen, Hitler abzuschrecken. Unter Ablehnung des britischen Vorschlags einer einseitigen sowjetischen Garantie schlug Stalin den Abschluß konkreter militärischer und politischer Abkommen zwischen der Sowjetunion und dem Westen vor.

Bei den Überlegungen zu diesem sowjetischen Vorschlag stießen die Westmächte unmittelbar auf einige peinliche Fragen. Die Sowjets betonten nachdrücklich, daß einem Bündnissystem kein Erfolg beschieden sei, solange es keine Verteidigungsmaßnahmen gegen jene Art von Subversion vorsehe, die die Tschechoslowakei vor dem März 1939 geschwächt hatte. Außerdem beharrten sie darauf, daß sie Polen und Rumänien keinen Schutz garantieren könnten, wenn ihre Truppen im Kriegsfalle nicht die Erlaubnis erhielten, innerhalb jener Länder zu operieren, und wenn nicht unverzüglich gemeinsame Stabsbesprechungen eingeleitet würden. Die Briten stellten bald fest, daß sich sowohl die Polen als auch die Rumänen dagegen verwahrten – selbst für Verteidigungszwecke –, Rote Truppen im Lande zu beherbergen. Infolgedessen kamen sich die Sowjets und der Westen zwischen April und August 1939 kaum näher.

Die Russen hielten an ihren Bedingungen fest und setzten ihre vorsichtigen Sondierungen in Berlin fort. Man kann nicht sagen, es habe für den Westen keine Vorwarnungen gegeben, die die Gefahren dieser Verzögerung ankündigten. Die Absetzung Maxim Litwinows vom Posten des Volkskommissars für auswärtige Angelegenheiten bedeutete eine solche Warnung. Der Name Litwinow war eng verbunden mit der Politik der kollektiven Sicherheit. Wjatscheslaw Molotow, sein Nachfolger, war ein strikter Nationalist. Und nicht alle Warnungen rührten von russischer Seite her. In einer zornigen Rede vom 28. April kündigte Hitler den Pakt zwischen den Nationalsozialisten und Polen vom Januar 1934 und das deutsch-britische Flottenabkommen von 1935 auf, während er hinsichtlich der Sowjetunion absolutes Stillschweigen bewahrte.

Und am 22. Mai schlossen Deutschland und Italien ein offizielles Militärbündnis (den Stahlpakt), während die deutsche Presse gegen Polen wetterte – ein Zeichen dafür, daß man von einem Krieg möglicherweise nicht mehr weit entfernt war.

Chamberlain blieb angesichts dieser Warnungen nicht völlig ungerührt. Im Juni beschloß er, einen Sonderemissär nach Moskau zu entsenden, um zu ermitteln, ob Meinungsverschiedenheiten ausgebügelt werden könnten. Doch anstatt einen Mann von unbestrittenem Rang auszuwählen (Eden bewarb sich für diesen Auftrag), schickte er den Leiter des «Central Department» des Außenministeriums, William Strang, einen Mann mit allen erforderlichen Fähigkeiten, nur ohne Rang und Namen, nach Moskau. Dieser Mangel, so gab Molotow später zu, beleidigte die Russen und vermittelte ihnen den Eindruck, die Briten meinten es nicht ernst. Daher taten die Russen im Juli einen weiteren Schritt auf die Deutschen zu, indem sie in die Aufnahme von Verhandlungen für einen neuen Wirtschaftspakt einwilligten. Die Tür zum Westen schlugen sie immer noch nicht zu. In der Tat baten sie die Briten und Franzosen im Juli, eine militärische Mission nach Moskau zu entsenden, um die Möglichkeiten einer Verteidigung Polens und der baltischen Staaten zu erörtern. Im Rückblick ist jedoch eindeutig, daß Stalin nun London gegen Berlin ausspielte und daß nur schnelles und entschlossenes Handeln dem Westen eine Chance geboten hätte, sich die Unterstützung der Sowjetunion zu erhalten.

Jene Entschlossenheit zeigten die Westmächte nicht. Im August ernannten sie Militärmissionen, die nach Moskau gehen sollten. Doch reisten diese auf dem langsamsten Weg, der nur möglich war, indem sie per Schiff nach Leningrad und dann per Bahn nach Moskau fuhren zu einem Zeitpunkt, als die Deutschen den Entschluß gefaßt hatten, eine Verständigung mit Rußland müsse erzielt werden und dieses Ziel mit größter Eile ansteuerten. Als die Missionen endlich am 11. August eintrafen und von Marschall Woroschilow unterrichtet wurden, er sei bevollmächtigt, ein Militärabkommen zu unterzeichnen, und es sei an der Zeit, die Karten auf den Tisch zu legen, stellte sich heraus, daß der Leiter der britischen Mission keinerlei Vollmachten besaß, Abkommen zu schließen. In der Tat traf sein Beglaubigungsschreiben erst am 21. August ein und war mittlerweile nutzlos. Am 14. August kündigte Ribbentrop per Telegramm an, er wolle nach Moskau fliegen, «um namens [des] Führers Herrn Stalin die Auffassung des Führers auseinanderzusetzen [und] ... hierbei das Fundament für eine endgültige Bereinigung der deutsch-russischen Beziehungen zu legen». Die Russen willigten am nächsten Tag ein und schlugen vor, die Gespräche sollten konkreter Art sein und sich auf einen realisierbaren Nichtangriffspakt konzentrieren. Am 21. August konnte der deutsche Rundfunk einer verblüfften Welt verkünden, die Reichsregierung und die Sowjetregierung hätten sich auf Bedingungen geeinigt und der Vertrag werde am 23. August geschlossen.

Keine Erwähnung in der öffentlichen Bekanntmachung fand ein gleichzeitig mit dem harmlosen Freundschaftsversprechen unterzeichnetes Geheimabkommen. Dieses legte die Grenze zwischen der sowjetischen und der deutschen Einflußsphäre in Osteuropa «für den Fall einer territorial-politischen Umgestaltung» fest. Finnland, Estland, Lettland und Bessarabien teilte es der Sowjetunion, Litauen Deutschland zu. In Polen wurde als Grenze zwischen der sowjetischen und der deutschen Einflußsphäre die Linie der Flüsse Narew, Weichsel und San bestimmt. Detailfragen, die sich aus künftigen Entwicklungen in der Politik ergeben würden, sollten auf dem Wege einer «freundschaftlichen Verständigung» geregelt werden. Dies bedeutete soviel wie ein Bündnis.

Es ist möglich, daß die Sowjets sich in jedem Falle an die Deutschen gewandt hätten, daß es ihr Verlangen war, sich den Frieden zu erhalten (ein Wunsch, der dadurch verstärkt wurde, daß zu dieser Zeit in Sibirien ernste Kämpfe zwischen japanischen und russischen Truppen im Gange waren), und daß sie überzeugt waren, selbst ein sowjetisch-westliches Militärbündnis würde den Frieden nicht gewährleisten, vor allem nachdem die Briten in Moskau eingestanden hatten, daß sie am Tage der Mobilmachung nur zwei Divisionen ins Geschehen werfen könnten. In dieser Richtung äußerte sich Stalin im August 1942 Churchill gegenüber. Man kann sich jedoch nur schwer von dem Gedanken trennen, daß die Deutschen die Sowjetunion für ihre Zwecke gewannen, weil der Westen zu lange verhandelt hatte.

Der Kriegsausbruch. Der nationalsozialistisch-sowjetische Pakt überzeugte Hitler, daß er nun ohne weiteres Zögern Polen angreifen könne. Er mag geglaubt haben, daß die Briten jetzt ihr Garantieversprechen gegenüber Polen zurückziehen und ihm damit ermöglichen würden, über dieses Land frei zu verfügen, und daß er sich dann, nachdem er das Problem Frankreich den Gegebenheiten entsprechend gelöst hätte, seinen endgültigen Plänen für Osteuropa zuwenden könne.

Am 1. September 1939 fielen die deutschen Truppen in Polen ein. Die Briten teilten der deutschen Regierung unverzüglich mit, daß sie ihre Verpflichtungen gegenüber Polen einhalten würden, falls die Aktion nicht abgebrochen werde. Als sie keine Antwort erhielt, teilte die britische Regierung den Deutschen am 3. September in aller Frühe mit, falls sie nicht bis um 11 Uhr zusicherten, daß die Kampfhandlungen umgehend eingestellt würden, befänden sich Deutschland und Britannien im Kriegszustand. Paul Schmidt, Hitlers Dolmetscher, beschrieb die Situation, nachdem er das britische Ultimatum übersetzt hatte: «Wie versteinert saß Hitler da und blickte vor sich hin ... Nach einer Weile, die mir wie eine Ewigkeit vorkam, wandte er sich Ribbentrop zu, der wie erstarrt am Fenster stehen geblieben war. ‹Was nun?› fragte Hitler seinen Außenminister mit einem wütenden Blick in den Augen.»

Von Anfang an war Hitler in seiner Außenpolitik davon ausgegangen, daß er wahrscheinlich nur durch Krieg zum Ziel gelangen könne. Deutschland war auf einen Konflikt besser vorbereitet als alle anderen europäischen Staaten.

74. Zweiter Weltkrieg. Kriegsausbruch in Deutschland, August 1939

Doch in diesem Augenblick dämmerte selbst einem so zuversichtlichen Menschen wie Hitler, was bevorstand. Am 3. September 1939, als das britische Ultimatum ablief, muß es viele gegeben haben, die das gleiche beängstigende Gefühl beschlich wie Göring, der zu einem Freund sagte: «Wenn wir diesen Krieg verlieren, dann möge uns der Himmel gnädig sein.»

28. Der Zweite Weltkrieg

Der Konflikt, der mit dem Einrücken von Hitlers Kolonnen in Polen einsetzte, stellte, was Ausmaß und Folgen angeht, den Krieg von 1914–18 noch in den Schatten. Die Bezeichnung «Weltkrieg» war für diesen Konflikt weitaus zutreffender als für die erste kriegerische Auseinandersetzung. Denn, stellte Europa auch den wichtigsten Kriegsschauplatz dar, so übertrafen die Bedeutung der anderen Gebiete und die Größenordnung der dort ausgefochtenen

Kämpfe die des ersten Weltkrieges bei weitem. Diesmal waren die Mobilmachung von Soldaten und die Einschränkungen der gewohnten Freiheiten der Zivilbevölkerung rigoroser und die Gefahren, denen die Menschen ausgesetzt waren, im Verhältnis größer. Im Krieg von 1914 war die Bombardierung von Städten und die systematische Vernichtung ganzer Wohngebiete unbekannt, und niemand machte sich auch nur im entferntesten eine Vorstellung von einer Massenvernichtung wie der in Hiroshima.

Der Erste Weltkrieg hatte das Waffenarsenal für den militärischen Kampf um das U-Boot, das Konvoisystem, das Flugzeug und den Panzer erweitert. Die Technik für den Einsatz dieser Waffen wurde während des Zweiten Weltkrieges enorm verfeinert. Der gleichzeitige Einsatz von Panzern, Flugzeugen und Bodentruppen stellte die Mobilität der Kriegführung zu Lande wieder her. Die Weiterentwicklung strategischer Bombardierungstechniken erhöhte die Wirkung der bereits erprobten Seeblockade als Zermürbungsmittel. Der Flugzeugträger, die Entwicklung des Amphibienfahrzeugs für Landungsoperationen und die Verwendung elektronischer Geräte zum Aufspüren von Unterseebooten revolutionierten die Kriegführung zur See.

In keinem vorhergehenden Krieg waren die Möglichkeiten der Wissenschaft für die Entwicklung neuer Kriegsinstrumente derartig erschöpfend ausgenutzt worden. Wenn man die Entdeckungen und Erfindungen der Kriegsjahre aufzählen will, so muß man zumindest Dinge nennen wie die magnetische Seemine und die Mittel, die ersonnen wurden, um sie wirkungslos zu machen (beispielsweise Entmagnetisierungsverfahren und die Schaffung von Schallmauern); die Nutzung von Radar für bestimmte Zwecke wie die U-Boot-Abwehr sowie die ebenso bemerkenswerte Entwicklung des Schnorchels, der die Aufladung der U-Boot-Batterien und die Luftzufuhr für das Innere der U-Boote ermöglichte, so daß sich diese wochenlang ohne Unterbrechung unter Wasser aufhalten konnten; das Nordensche Bombenzielgerät, das eine treffsichere Bombardierung aus großen Höhen ermöglichte, und den Annäherungszünder, eine Art elektronischer Auslöser, der die Flugzeugabwehr effektiver machte, sowie den Düsenjäger, die Flüssigkeitsrakete und die Atombombe.

Schließlich fielen keinem Konflikt in der Geschichte der Menschheit so viele Menschen und so viele Sachwerte zum Opfer wie diesem. Mindestens 17 Millionen Männer starben in diesem Krieg im Kampf, während 18 Millionen Zivilisten auf die eine oder andere Art und Weise getötet wurden. Unter den Großmächten erlitt Rußland die größten Verluste; 6115000 Soldaten fielen im Kampf, 14012000 wurden im Kampf verletzt, und etwa 10 Millionen Zivilisten kamen ums Leben. Die Deutschen, die die meisten dieser entsetzlichen Verluste herbeiführten, nahmen selbst mit über 6 Millionen Gefallenen, 7250000 Verletzten, 1,3 Millionen Vermißten und immensen Todesopfern unter der Zivilbevölkerung schweren Schaden. Nahezu 2 Millionen japanische Soldaten erlagen ihren Wunden oder Krankheiten, während über 150000 Zivilbürger den Atombomben von Hiroshima und Nagasaki zum Opfer fielen. Die Zahlen der Kriegsopfer bei den anderen Hauptbeteiligten lagen im allgemeinen weitaus niedriger, in allen Fällen aber rissen sie unausfüllbare Lücken. Die Militärausgaben beliefen sich allein auf mehr als eine Billion Dollar, und der Verlust an Sachwerten war nicht abzuschätzen.

Weniger greifbar, aber ebenso real stellte sich der politische Schaden dar, den der Krieg anrichtete. Die europäischen Staaten wurden derartig geschwächt, daß es fraglich schien, ob sie ihre Verantwortung als Großmächte wieder wahrnehmen könnten.

Anfangstriumphe der Diktatoren 1939–1942

Der Polenfeldzug und der Angriff auf Finnland. Zum ersten Mal zeigte sich die nun möglich gewordene Beweglichkeit in der Kriegführung im Polenfeldzug. Hitler brauchte nur einen Monat, um Polen zu erobern, und dies war weniger auf die militärische Überlegenheit der Deutschen zurückzuführen als vielmehr auf ihre koordinierte und blitzschnell ausgeführte Taktik. Die deutsche Luftwaffe vernichtete die polnische Luftwaffe systematisch am Boden.

75. Zweiter Weltkrieg. Polenfeldzug 1939

76. Zweiter Weltkrieg. Russisch-finnischer Krieg 1941. Zerstörter finnischer Ort

Dann richtete sie ihre Sturzkampfbomber auf polnische Truppenkonzentrationen sowie auf kleine und große Städte. Als Angst und Unruhe um sich griffen, rückten deutsche Panzerkolonnen ein und bahnten sich den Weg ins Landesinnere. Dabei verwendeten sie die Taktik des Blitzkrieges, die Erwin Rommel später beschrieb als die Kunst, die Stoßkraft auf einen Punkt zu konzentrieren, einen Durchbruch zu erzwingen, die Flanken von einer Seite her aufzurollen und zu sichern und dann wie der Blitz durchzustoßen, bevor der Feind Zeit habe zu reagieren. In die durch solche Panzervorstöße gerissenen Lücken traten die Kolonnen der motorisierten und nichtmotorisierten Infanterie. Bei dieser Art der Kriegführung gab es keine Fronten. Der Feind war überall, und stehenzubleiben bedeutete, umzingelt und zur Unterwerfung gezwungen zu werden. Bis zum 21. September war Westpolen von deutschen Kolonnen gänzlich überrollt, und den östlichen Teil des Landes besetzten russische Truppen. In Warschau kämpften die Polen unter ständiger Bombardierung bis zum 27. September weiter und mußten dann aufgeben.

Am folgenden Tag traf Ribbentrop mit Molotow zusammen und besiegelte die Teilung Polens. Die östliche Landeshälfte wurde der Sowjetunion angeschlossen. Die Industriegebiete des Westens wurden Deutschland eingegliedert, und das Gebiet um Krakau wurde als separates «Generalgouvernement» errichtet. Es wurde von Hans Frank regiert, der im Oktober 1946 aufgrund der während seiner Statthalterschaft begangenen Grausamkeiten in Nürnberg zum Tode verurteilt wurde.

Als die Deutschen ihre Truppen neu gruppierten, unternahmen die Russen weitere Schritte. Vielleicht mit dem Gedanken an die deutsche Expansion auf die baltischen Länder im Ersten Weltkrieg dehnten sie ihre militärische Kontrolle auf die Staaten Estland, Lettland und Litauen aus (die im revidierten Geheimabkommen vom 23. August als russische Einflußsphäre definiert worden waren), indem sie das Recht geltend machten, hier Militär- und Flottenstützpunkte zu errichten. Gleichzeitig trieben sie Verhandlungen mit Finnland über Grenzveränderungen in Karelien und über die Abtretung einer Inselgruppe im Finnischen Meerbusen voran, die für die Verteidigung Leningrads befestigt werden konnte. Die Mehrheit der finnischen Regierungsmitglieder ließ sich durch die Forderungen der Sowjets nicht beeindrucken und nahm eine harte, unnachgiebige Position ein. Die Sowjets reagierten mit der Inszenierung von Grenzzwischenfällen, die sie am 30. November als Vorwand für einen Einmarsch benutzten.

In der übrigen Welt rief der sowjetische Angriff auf Finnland allgemein Abscheu hervor. Dieser wandelte sich in Genugtuung, als die Finnen dem ersten russischen Übergriff Einhalt geboten. Zur Jahreswende wechselte Stalin den Befehlshaber der Nordarmee aus, warf einige seiner besten Truppen und seine modernste Waffenausrüstung an die Front und konzentrierte seinen Angriff auf die Mannerheim-Linie gegenüber von Leningrad. Danach war der Ausgang nicht mehr aufzuhalten. Am 12. März 1940, nach einem Monat der Bombardierung, kapitulierten die Finnen. Sie wurden gezwungen, die ursprünglichen sowjetischen Forderungen zu akzeptieren und außerdem die Stadt Viborg sowie die gesamte karelische Landenge abzutreten.

«Drôle de guerre» – Der «seltsame Krieg». Nach dem 3. September schickten die Briten alle verfügbaren ausgebildeten Kampftruppen nach Frankreich, leiteten im eigenen Lande neue Ausbildungsprogramme ein, begannen eine große Streitmacht im Nahen Osten zu konzentrieren und ersuchten Australien sowie Neuseeland um Truppenentsendungen nach Ägypten zur Verteidigung des Suezkanals. Doch trotz der relativ schwachen Verteidigungsstellungen der Deutschen im Westen und des Einsatzes der meisten Streitkräfte des nationalsozialistischen Deutschlands in Polen wurde an der Westfront keine echte Offensive eingeleitet.

Die Geschwindigkeit, mit der Hitler Polen erobert hatte, und die sich daran anschließende trügerische Ruhe schienen dem Konflikt die Schärfe zu nehmen. In französischen Regierungskreisen bestand mehr Begeisterung für einen Kriegseintritt zugunsten Finnlands gegen die Sowjetunion als für jedwede Aktion, die Hitler ernstlich verärgern konnte, und Frankreich nutzte die Pause nach dem Polenfeldzug nicht, um seine Rekruten im Kampf zu schulen. Augenscheinlich hatten die Briten und die Franzosen die vollen Konsequenzen des Kriegszustands noch nicht realisiert.

Im Winter 1939/40 beschränkten sich die Kriegsanstrengungen des Westens größtenteils auf gelegentliche Luftstreifzüge, die dem Abwurf von Propagandaflugschriften dienten. Ernstere Operationen fanden allerdings zur See statt. Die ersten Erfolge zur See errangen in diesem Krieg die deutschen U-Boote, und die Briten fühlten sich – ebenso wie im Ersten Weltkrieg – von der Möglichkeit einer wirtschaftlichen Abschnürung durch diese Waffengattung bedroht. Daß es den Briten schließlich gelang, diese Gefahr auszuschalten, lag teilweise daran, daß die Deutschen lediglich mit 57 U-Booten in den Krieg gezogen waren. Weitere Faktoren bildeten die Hilfe der Vereinigten Staaten, statistische Planungen über Größe und Gruppierung der Konvois und die Entwicklung von Suchgeräten durch britische Wissenschaftler. Gleichwohl schien der Erfolg erst Mitte 1943 sicher, und bis dahin befand sich Britannien in immer ernster werdender wirtschaftlicher Bedrängnis.

Die deutsche Westoffensive. Die Erkenntnis der harten Kriegsfakten kam den Briten und Franzosen erst im Frühjahr 1940 infolge einer Reihe deutscher Übergriffe im Westen. Der erste erfolgte in Skandinavien. Bei ihren Planungen für eine Seeblockade gegen Deutschland hatte Briten und Franzosen das Problem beschäftigt, daß deutsche Schiffe, die schwedischen Stahl von Narvik zu deutschen Häfen brachten, durch norwegisches Hoheitsgebiet fuhren. Schließlich entschlossen sich die Briten und Franzosen, die deutschen Transporte zu stoppen, und sie unterrichteten die norwegische Regierung am 5. April 1940, daß sie Minen verlegten. Hitler reagierte am Morgen des 9. April mit der Eroberung Dänemarks, der Entsendung von Fallschirmtruppen, die über den norwegischen Städten Oslo, Bergen, Trondheim, Narvik und Stavanger absprangen und mit dem Transport von Infanterietruppen zu anderen norwegischen Küstenstädten. Trotz norwegischen Widerstands gelang den Deutschen die Landung. Sie nahmen die Hauptstadt in Besitz und setzten eine Marionettenregierung ein unter einem Mann, dessen Name in der ganzen Welt zum Inbegriff für «Verräter» wurde, Vidkun Quisling.

Völlig überrumpelt von diesem Coup, versuchten die Briten sich durch Truppenlandungen bei Åndalsnes und Namsos an der norwegischen Küste zu sammeln. Doch die Truppen – ohne Artillerie oder Flugzeugabwehr in dieses ausweglose Manöver geworfen – wurden völlig aufgerieben und mußten nach einem Monat verzweifelten Kampfes zurückgezogen werden. Das einzige greifbare Ergebnis des britischen Feldzugs in Norwegen war, daß er Neville Chamberlain zu Fall brachte. Sein Posten wurde mit jenem Mann besetzt, der sich nach Jahren ohne politischen Einfluß zur unüberhörbaren Stimme des britischen Widerstands gegen die Diktatoren machen sollte, Winston Churchill. Churchill übernahm die ihm zugewiesene Rolle unter den düstersten Bedingungen: am Tage seiner Ernennung griffen die deutschen Armeen mit voller Kraft die Niederlande an und nahmen den Kampf auf, von dem Hitler sagte, er werde das Schicksal des deutschen Volkes für tausend Jahre bestimmen.

Der deutsche Blitzkrieg in Holland war noch spektakulärer als der in Polen. Die Wehrmacht leitete ihre Invasion am 9./10. Mai kurz nach Mitternacht ein, und bis zur Morgendämmerung besetzten Fallschirmtruppen jeden wichtigen Flugplatz und die meisten strategisch wichtigen Brücken. Innerhalb von vier Tagen war dem Widerstand das Rückgrat gebrochen, und ein entsetzlicher Luftangriff auf Rotterdam führte am 14. Mai zur Kapitulation der Armee.

Der Angriff auf Belgien war im selben Augenblick gestartet worden wie der auf Holland und ebenso erfolgreich, dauerte aber achtzehn anstatt vier Tage. Die Belgier wurden am Dyle durch das 2. britische Korps, im Norden durch die 7. französische Armee und an der Maas durch das französische Kavalleriekorps unterstützt. Die Manövrierfähigkeit dieser Truppen brach am 13./14. Mai zusammen, nachdem General Ewald von Kleist der Durchbruch der angeblich unpassierbaren Ardennen gelungen war und er daraufhin zwei Panzerkorps über die Maas nördlich von Sedan brachte. Guderian eilte mit drei deutschen Panzerdivisionen und starker Unterstützung von motorisierter Infanterie zur Küste. Er erreichte sie am 23. Mai, und die gesamte belgische Armee sowie die französischen und britischen Verstärkungseinheiten waren innerhalb eines Gürtels gefangen, der nun erbarmungslos enger gezogen wurde.

Am 27. Mai war die Grenze des belgischen Widerstands erreicht. König Leopold III. bat um Waffenstillstand. Seine Verbündeten und sein eigenes Volk übten erbitterte Kritik an diesem Vorgehen, weil die Aktion ohne ausreichende Vorwarnung erfolgt war. Diese Beschuldigung ist nicht ganz gerechtfertigt. Das Fernmeldewesen war alles andere als perfekt, wie sich an der Tatsache zeigt, daß Leopolds Verbündete ihre Evakuierung bereits begonnen hatten, bevor er an die Deutschen herantrat, und es ihnen nicht gelungen war, Leopold vorher zu konsultieren. Doch die belgische Kapitulation riß eine große Lücke in die nordöstliche Flanke und zwang sowohl die Briten als auch die französischen Truppen bei Dünkirchen direkt ans Meer.

In seinem Buch «Other Men's Flowers» schrieb General Sir Archibald Wavell: «In Dünkirchen entflammte der wahre Geist unseres Volkes wie ein Schwert, wenn es aus der Scheide gezogen wird.» Eine erstaunlich zusammengewürfelte Armada von Booten der Royal Navy und Privatschiffen befreite 338000 Soldaten aus der Falle. Allerdings zeichnete nicht nur der Mut der Seeleute an Bord dieser Boote verantwortlich für das «Wunder von Dünkirchen». Es war nur möglich, weil die Deutschen ihren Angriff mit Artillerie und Flugzeugen bestritten anstatt mit Panzern und weil die deutsche Luftwaffe den grundlegenden Fehler beging, sich auf den Strand zu konzentrieren anstatt auf die Landungsboote, die die britischen Soldaten aufnahmen. Dennoch sollte die Bedeutung dieser beachtlichen Operation nicht unterschätzt werden. Sie brachte den Kern eines Berufsheeres zurück und rettete eine große Zahl von Kommandeuren, die aus dem kurzen vernichtenden Feldzug in Flandern mehr gelernt hatten, als sie in Jahren in Führungsschulen hätten lernen können.

Dieses Unternehmen konnte leider nicht zur Rettung der Situation in Frankreich beitragen, die sich nun rapide verschlechterte. Die Franzosen besaßen noch genügend Reserven, um sich zahlenmäßig sowie im Hinblick auf Panzer und die überlegene Artillerie mit dem Feind messen zu können. Ihre einzige relative Schwäche lag in der Luftwaffe. Doch die französischen Stabsplaner hatten niemals vermocht, in den Kategorien eines Bewegungskrieges zu denken, und sie verfügten über keinen wirklichen Schlachtplan. Die Hoffnung, standhalten zu können, sank infolge eines unglaublichen Durcheinanders auf Verwaltungsebene. Zu dem Zeitpunkt, als die Franzosen verlangten, die Briten sollten ihre letzten Kampfgeschwader nach Frankreich verlegen, verfügten sie über 150 Kampfflugzeuge in gutem Zustand, die aber in Tours stationiert waren, während die französischen Piloten dreißig Kilometer entfernt warteten und klagten, sie hätten keine Flugzeuge. Zu dem Zeitpunkt, als die Franzosen britische Panzerabwehrgeschosse anforderten, standen 520 neue 20-mm- und 750 25-mm-Panzerabwehrgeschosse in französischen Depots bereit, wo die Deutschen sie nach Beendigung der Kämpfe fanden.

Am 10. Juni waren die Anzeichen für den Zusammenbruch so augenfällig, daß Mussolini, dem Hitler aufgrund der mangelnden Kriegsvorbereitung Italiens im September die Erlaubnis erteilt hatte, neutral zu bleiben, nun darauf bestand, Frankreich den Krieg zu erklären (er soll gesagt haben: «Ich brauche ein paar Tausend Tote, so daß ich als kriegführende Partei an der Friedenskonferenz teilnehmen kann»). Am 14. Juni betraten die Deutschen Paris, ohne auf Widerstand zu stoßen. Zwei Tage später fielen sie den Franzosen in die Flanke, durchbrachen die Maginot-Linie und preschten über die Loire vor.

Die französische Kapitulation und das Vichy-Regime. Die französische Regierung war inzwischen nach Bordeaux geflohen. Angesichts der Niederlage schlug Ministerpräsident Paul Reynaud vor, die Armee solle kapitulieren, wenn es unbedingt erforderlich sei, die Regierung aber nach Nordafrika gehen und den Krieg fortsetzen. General Maxime Weygand, der französische Oberbefehlshaber, erklärte, eine solche Handlungsweise sei für die Armee unehrenhaft, und er bestand darauf, daß die Regierung die Verantwortung für ein Waffenstillstandsersuchen übernehmen müsse.

Reynaud beharrte auf einer Konsultation der Briten. Diese willigten am 16. Mai ein, daß die Franzosen die Bedingungen der Deutschen sondierten, unter der Voraussetzung, daß die französische Flotte in britische Häfen verlegt würde. Später am selben Tage versuchte die britische Regierung, diese Zusage zurückzuziehen, indem sie vorschlug, Frankreich und Britannien sollten sich zu einer Nation vereinigen und eine gemeinsame Politik betreiben sowie nach siegreicher Beendigung des Krieges gemeinsam die Verantwortung für die Beseitigung der Kriegsschäden tragen. Dieser revolutionäre Vorschlag wurde als Versuch angesehen, Frankreich auf das Niveau eines Dominions zu redu-

77. Zweiter Weltkrieg. Frankreichfeldzug 1940. Deutsche Infanterie beim Vormarsch auf französischen Straßen

zieren. Reynaud trat verzweifelt zurück, und Marschall Pétain, der Held von Verdun, wurde Regierungschef. Er bat die Deutschen am 17. Juni um Waffenstillstandsbedingungen.

Das Abkommen, zu dessen Unterzeichnung die Franzosen gezwungen wurden, war hart. Deutsche Truppen sollten über die Hälfte von Frankreich besetzen, einschließlich der Hauptstadt Paris, des gesamten Nordens des Landes und der ganzen Atlantikküste bis zur spanischen Grenze. Die Franzosen mußten die Besatzungskosten tragen und in der unbesetzten Zone eine deutschfreundliche Regierung einsetzen. Die Bedingungen sahen die Auflösung der französischen Armee sowie die Zusammenziehung und Demobilmachung aller französischen Flotteneinheiten in Häfen unter deutscher oder italienischer Kontrolle vor. Die Regierung Pétain akzeptierte diese Bedingungen und erhielt dafür das Versprechen, daß die Deutschen die betroffenen Flotteneinheiten nicht benutzen würden. Als zusätzliche Absicherung befahl der französische Oberbefehlshaber der französischen Flotte, Admiral Darlan, in einer geheimen Übermittlung am 24. Juni seinen Flottenkommandeuren,

78. Einmarsch der ersten deutschen Truppen in Paris 1940

die Schiffe zu versenken, falls der Feind versuche, sie durch Gewalt in seinen Besitz zu bringen.

Unglücklicherweise wurde die britische Regierung über diesen Befehl und die Zusicherung der Deutschen nicht auf dem laufenden gehalten und erblickte in der Möglichkeit, daß die Deutschen die französische Flotte zum Einsatz bringen könnten, eine Gefahr, die es zu beseitigen galt. Folglich tauchte am Abend des 2. Juli bei Mers-el-Kebir in Algerien, wo das französische Atlantikgeschwader stationiert war, eine britische Flotteneinheit auf, verlegte rund um den Hafen Magnetminen und forderte dann den französischen Kommandeur, Admiral Gensoul, auf, seine Streitkräfte mit den ihrigen zu vereinen. Gensoul weigerte sich, versuchte aber, den Befehl Darlans zu erklären. Der britische Kommandeur stand unter zu starkem Druck von seiten Londons, als daß er die Erklärung hätte akzeptieren können; in einem Trommelfeuer, das nur dreizehn Minuten dauerte, vernichtete er die französische Flotte. Lediglich ein Kreuzer und drei Zerstörer konnten entrinnen.

In Vichy, wo die Regierung Pétain nun Quartier bezogen hatte, erzeugte Mers-el-Kebir eine enorm antibritische Stimmung. Der Zwischenfall brachte die Dritte Republik noch stärker in Verruf, weil sie ihre Außenpolitik auf das Bündnis mit einer Macht gegründet hatte, die unverteidigte französische Schiffe angriff. Unter der listigen Führung von Pierre Laval stimmte nun das Rumpfparlament, das noch übrig geblieben war, gegen die Republik und beseitigte sie damit. Es übertrug Marschall Pétain alle Vollmachten. Seit langem der Überzeugung, daß der Republikanismus den moralischen Verfall Frankreichs verursacht habe, errichtete Pétain mit Hilfe der «Action Française» und ähnlichen Gruppen ein streng autoritäres Regime. In der Tat setzte die Regierung von Vichy in den vier Jahren ihrer Existenz die repressivsten Gesetze in Kraft, die Frankreich je erlebt hatte. Sie unterwarf alle Bürger verwaltungsmäßigen Sanktionen, die sie nach Belieben auferlegen konnte, und entzog bestimmten französischen Bevölkerungsgruppen (z. B. Freimaurern und Juden) den Schutz des Gesetzes.

In der Außenpolitik war Pétain bemüht, weder die Verbindung nach Berlin noch die nach London abreißen zu lassen, um Frankreich für die Zukunft gegen jede Eventualität abzusichern. Demgegenüber glaubte Laval – immer der mächtigste Mann in Vichy – aus tiefstem Herzen an eine Zusammenarbeit mit Deutschland. Wäre es nach ihm gegangen, so wäre er womöglich gegen England in den Krieg gezogen. Für eine wachsende Anzahl von Franzosen wurde das wahre Frankreich von den Widerständlern im «Maquis» (Unterholz) repräsentiert und von denjenigen, die nach England flohen, um sich der Bewegung General de Gaulles, «Nationalkomitee Freie Franzosen», anzuschließen.

Die Schlacht um England. Nachdem Frankreich gefallen war, legte Hitler – ebenso wie nach der Eroberung Polens – eine Pause ein und streckte Fühler nach Großbritannien aus. Und auch jetzt fand er keinerlei Verhandlungsbereitschaft vor. Daher traf er Vorbereitungen für eine Invasion der britischen Inseln – ein Unternehmen, das den Decknamen «Seelöwe» erhielt. Die Operation Seelöwe wurde letztlich abgeblasen, weil die vorausgegangene Luftschlacht verloren war.

Nach Kriegsende fragten russische Offiziere den deutschen General Gerd von Rundstedt, welche Schlacht er für die kriegsentscheidende halte. Zweifellos zu ihrer Enttäuschung nannte er die Schlacht um England. Doch spricht vieles für seine Antwort. Hätten die Briten im Jahre 1940 kapitulieren müssen, so hätten die Deutschen ihren Vorstoß nach Rußland früher und mit stärkeren Streitkräften einleiten und möglicherweise im Jahre 1941 Moskau einnehmen können. Überdies hätte ein Zusammenbruch der Briten das Vertrauen in die Demokratie, das seit der Mitte der 30er Jahre immer weiter ausgehöhlt worden war, vollends zum Schwinden gebracht.

Die Schlacht um England gewannen die RAF (Royal Air Force) sowie die Bevölkerung von London und anderen Industriestädten Großbritanniens. Es stimmt, daß ihnen die Mängel im Nachrichtendienst der Deutschen, deren strategische Fehler und falsche Auswahl von Bombardierungszielen zu Hilfe kamen. Andererseits verdient die Schlacht um England eher eine positive Beurteilung aufgrund der Leistung der Briten als die eines Sieges aufgrund von Fehlern der Deutschen. Sie wurde von den Briten gewonnen, und das hatte fünf Gründe: 1. ein effektives Radarnetz, das die Briten seit 1934 aufgebaut hatten; 2. die schwere Bewaffnung der Spitfires und Hurricanes, die den größten Teil des Kampfes bestritten; 3. die Geschicklichkeit der britischen Kampfpiloten; 4. die Tatsache, daß die RAF – dank Churchills Weigerung, in der Schlacht um Frankreich im Mai die letzten britischen Kampfflugzeuge einzusetzen – genügend Flugzeuge besaß, bis sich die Wende einstellte; 5. den Kampfgeist des britischen Volkes. Dank dieser Tatsachen scheiterte die deutsche Offensive, und zwar unter Verlusten, von denen sich die Luftwaffe nicht wieder erholte. Doch war mit der Schlacht um England noch mehr erreicht. Sie bereitete den Zweifeln am Kampfwillen der Briten ein Ende und flößte den Widerstandsbewegungen in den Niederlanden, in Norwegen und in Frankreich neue Hoffnung ein. Sie erweckte in den Vereinigten Staaten neue Begeisterung für die Sache der Briten und machte es der Regierung Franklin D. Roosevelt leichter, Hilfsmaßnahmen für Britannien durchzusetzen. Die wichtigste darunter stellte die «Lend-Lease Act» (das Leih- und Pachtgesetz) vom März 1941 dar, mit der der Kongreß die Herstellung, den Verkauf, die zeitweilige Übergabe, die langfristige Vermietung oder Übertragung von Kriegsmaterialien an «die Regierung eines jeden Landes, dessen Verteidigung der Präsident für wichtig zur Verteidigung der Vereinigten Staaten erachtet», genehmigte.

Afrika und das Mittelmeer. Der Juniorpartner der Achse hatte sich mit seiner Intervention in den letzten Etappen des Frankreichfeldzuges, die Italien keine Lorbeeren einbrachte, nur geringe Genugtuung verschafft. Da England jedoch durch den Kampf um seine Existenz voll in Anspruch genommen war, erblickte Mussolini gute Chancen für Sieg und Beute in Afrika sowie in der Tat im gesamten Mittelmeerraum. Im August 1940, auf dem Höhepunkt der Schlacht um England, befahl er 200000 italienischen und einheimischen Soldaten, von Eritrea und Italienisch-Somaliland aus vorzustoßen und gegen die britischen Streitkräfte am Eingang zum Roten Meer zu kämpfen. Innerhalb von zwei Wochen waren die Briten aus Somaliland vertrieben. Am 14. September eröffnete Mussolini die zweite Phase seines ehrgeizigen Feldzugs. Eine Armee von 250000 Mann bewegte sich unter Marschall Graziani von Libyen ostwärts nach Ägypten und drängte die schlecht ausgerüsteten, zahlenmäßig gewaltig unterlegenen Truppen von General Sir Archibald Wavell zurück bis Marsa Matruh, dem Ende der Bahnlinie nach Alexandria.

Möglicherweise wäre alles gut gegangen, wenn die Briten so vernünftig gewesen wären, die Gefahr ihrer Position im Mittelmeer einzusehen und ihre Flotteneinheiten aus dem Gebiet völlig abzuziehen. Sie aber weigerten sich nicht nur, das zu tun, sondern sie gingen sogar dazu über, Grazianis Nachschubverbindungen in Grund und Boden zu schlagen. Und auch damit gaben sie sich nicht zufrieden. Am 11. November 1940 hatte ein britischer Kampfverband die Stirn, in die italienische Flottenbasis von Tarent einzudringen und unter Einsatz von Torpedoflugzeugen mehrere Schiffe zu versenken bzw. ernstlich zu beschädigen sowie den Hafen in Flammen zu setzen.

Während der «Duce» sich über diese Demütigung grämte, unternahm Wavell im Dezember von Marsa Matruh aus jene Operation, die zur Erkundung der Stärke des Gegners gedacht war. Sie entwickelte sich zu einer Hals-über-Kopf-Flucht der Italiener. Innerhalb von drei Monaten hatten die Briten 10 italienische Divisionen kampfunfähig geschlagen, 113 000 Soldaten gefangengenommen, 1300 Geschütze sowie Hunderte von Panzern in ihren Besitz gebracht und die Gefahr für Suez beseitigt. Im Januar 1941 nahmen britische Streitkräfte Eritrea ein und eroberten ganz Somaliland zurück. Im Mai war Abessinien befreit. Das afrikanische Reich des «Duce» war verloren, und im März erlitt die italienische Flotte eine weitere schwere Niederlage.

Hitler schien die Bedrängnis seines Partners nun so groß, daß er eingriff. Im April tauchte General Erwin Rommel in Nordafrika auf und stieß unverzüglich gegen die Briten in Libyen vor. Innerhalb von einer Woche hatte er Wavell zum Rückzug bis nach Ägypten gezwungen. Der Wüstenfuchs, wie er bald genannt wurde, bedrohte Suez aufs neue.

Griechenland und Jugoslawien. In eine noch ernstere Notlage geriet Mussolini in Griechenland. Den Gedanken, Griechenland von Albanien aus anzugreifen, hatte der «Duce» seit einiger Zeit gehegt, und er beschloß, diesmal loszuschlagen, ohne Hitler zu konsultieren. Im Oktober 1940 entsandte er also ein Ultimatum an die griechische Regierung, in dem er sie eines Verstoßes gegen die Neutralität und anderer Vergehen beschuldigte. Ohne den Griechen Gelegenheit zu einer Antwort zu geben, überschritten die Italiener am 28. Oktober mit Truppen von 200 000 Mann die griechisch-albanische Grenze.

Die Briten boten den Griechen unmittelbar ihre Hilfe an und brachten Truppen von Afrika herüber. Damit entzogen sie Wavell einen Großteil seiner Truppenstärke, und das nutzte Rommel bald aus. Doch die Griechen waren bereits Herr der Lage. Gebirgstruppen lockten die übermäßig zuversichtlichen italienischen Eindringlinge in enge Gebirgstäler und nahmen sie unter Artilleriebeschuß. In der zweiten Novemberwoche wurde die gesamte eingedrungene Armee bis zur albanischen Grenze zurückgedrängt. Einen Monat später, nachdem sie schwere Verluste erlitten hatte, war sie aus Griechenland vertrieben und sah sich der Gefahr ausgesetzt, auch Albanien zu verlieren.

War Mussolini angesichts dieser Rückschläge niedergeschlagen, so war sein Diktator-Kollege erzürnt – aus gutem Grund. Hitler hatte sein Hauptziel, die Expansion nach Osten, nie aus den Augen verloren. Selbst während seines Angriffs auf England hatte er die Möglichkeiten der Diplomatie genutzt, um die deutsche Vorherrschaft über die zerstrittenen Balkanstaaten zu erlangen und sich damit für seinen Bruch mit Rußland einen Vorsprung zu sichern. In den zwölf Monaten nach Abschluß des Paktes zwischen den Nationalsozialisten und den Sowjets hatte er – zum Entsetzen der Sowjetunion – übermächtigen Einfluß auf die Regierungen Ungarns, Bulgariens und Rumäniens gewonnen.

Dieser Erfolg war nun durch Mussolinis Unternehmen in Griechenland – das zu einem Zeitpunkt begann, als Hitler mit Problemen im Westen beschäftigt war und weniger im Osten – in all jenen Ländern gefährdet. Eine Zeitlang hatte ihm der Flottenbefehlshaber Admiral Raeder zugesetzt, den Fehlschlag der Operation «Seelöwe» durch einen Schlag im westlichen Mittelmeer, mit der Einnahme Gibraltars und der Schließung der Straße von Gibraltar, wiedergutzumachen. Raeder betonte beharrlich, Großbritannien, das aufgrund amerikanischer Hilfe von Monat zu Monat stärker werde, müsse neuen Angriffen ausgesetzt werden, und das entscheidende strategische Gebiet dafür sei Afrika und das Mittelmeer. Dieses Argument machte so viel Eindruck auf Hitler, daß er sich im Oktober 1940 in Hendaye mit General Francisco Franco traf und jenen zu einem gemeinsamen spanisch-deutschen Feldzug zu überreden suchte. Er hatte keinen Erfolg. Und die verheerende Entwicklung von Mussolinis Abenteuer in Griechenland bereitete dem Gedanken an eine Kampagne zur Eroberung der Straße von Gibraltar ein Ende.

Vor allem die Reaktion der Briten beunruhigte Hitler. Denn ihre Truppenpräsenz in Griechenland bedrohte die deutsche Position auf dem Balkan insgesamt. Der «Führer» ließ daher von allen eventuell geplanten Angriffen im Westen ab und bereitete sich darauf vor, die Gefahr in Griechenland zu beseitigen. Zu Beginn des neuen Jahres schickte er Durchmarschgesuche an die bulgarische und die jugoslawische Regierung. Am 1. März 1941 unterzeichneten die Bulgaren einen Bündnisvertrag und erlaubten deutschen Truppen, Sofia und Warna zu betreten. Die Regentschaft in Jugoslawien, die immer stärker prodeutsch geworden war, deutete ihre Bereitschaft an, noch im selben Monat das gleiche zu tun.

Das jugoslawische Volk allerdings betrachtete ein solches Vorgehen als eine beschämende Kapitulation. Am 27. März 1941 wurde der Regent durch eine Rebellion der Armee – unter allen Anzeichen eines starken Rückhalts in der Öffentlichkeit – abgesetzt und der junge König Peter II. auf den Thron erhoben. Er ernannte unmittelbar ein antideutsches Kabinett und hätte wahrscheinlich versucht, den ermüdeten Griechen Unterstützung zu gewähren, wenn ihm mehr Zeit geblieben wäre. Doch im April 1941 setzten Hitlers Flugzeuge Belgrad einer der schrecklichsten Bombardierungen dieses Krieges aus. Zwanzig Divisionen seiner Truppen rollten durch das Gebirge heran und nahmen alle größeren Städte des Landes ein. Der König und seine Regierung flohen. Das Königreich wurde aufgeteilt in das unabhängige Kroatien, das sich an Deutschland anlehnte, und Serbien unter direkter deutscher Militärkontrolle. Und der Nazi-Moloch rollte weiter in Richtung Griechenland.

Die Deutschen rückten mit einer Geschwindigkeit vor, die ein Aufhalten unmöglich machte. Bei dem Versuch, eine Linie zu finden, die verteidigt werden konnte, verloren die Briten 15 000 Mann und wurden wiederum gezwungen, sich auf dem Seeweg zurückzuziehen – dieses Mal auf die Insel

Kreta, von der sie im Mai durch Bombenangriffe und Fallschirmjäger vertrieben wurden.

Die Eroberung Kretas brachte Hitler einen wichtigen Stützpunkt ein, von dem aus er britische Schiffe hätte vernichten und britische Nachschubverbindungen ausschalten können. Sie verschaffte ihm außerdem ein Sprungbrett zur Durchdringung des ölreichen Nahen Ostens. Man kann kaum umhin, die Schlußfolgerung zu ziehen, daß es sein größter strategischer Fehler war, diese Gelegenheiten nach dem Griechenlandfeldzug nicht zu nutzen. Doch seine Augen und sein Sinn waren auf die Vision eines Sieges über Rußland gerichtet, und er schickte nun seine Truppen gen Osten.

Hitlers Angriff auf Rußland. In der Tat hatte der «Führer» sich schon vor seinem Truppenengagement in Griechenland zur Invasion Rußlands entschlossen. Die Weisungen für das sogenannte Unternehmen Barbarossa waren am 18. Dezember 1940 erteilt worden. Die Deutschen zählten auf Finnland sowie auf Rumänien als Verbündete, und beide waren bereits in deutsche «places d'armes» verwandelt worden. Im Februar 1941 standen gutausgerüstete Truppen von 680000 Mann Stärke in Rumänien, und während der Vorbereitungen für den Angriff auf Griechenland hatten die Deutschen auch Einheiten nach Bulgarien verlegt. Dies bedeutete, daß die deutschen Flugzeuge die südwestlichen Zugänge zur Ukraine und zum Kaukasus beherrschten. Bis Mai waren Hitlers Vorbereitungen gut vorangekommen, und man wartete nur noch auf das Ende der Operationen in Griechenland und auf Kreta, um die Entscheidung zum Angriff zu treffen. Am 22. Juni wurde den Russen die schriftliche Kriegserklärung ausgehändigt, und die deutschen Truppen schlugen an der gesamten Front von Finnland bis zum Kaukasus zu.

Noch einmal wurde die Welt Zeuge einer beeindruckenden Demonstration deutscher Stärke. Innerhalb von zehn Tagen nach Eröffnung der Feindseligkeiten hatte die Luftwaffe den Luftbereich unter ihrer Kontrolle, deutsche Panzerkolonnen durchbrachen und umzingelten die verwirrten russischen Verteidiger. Die Legionen der Nationalsozialisten hatten bereits 150000 Soldaten gefangengenommen sowie 1200 Panzer und 600 schwere Geschütze in ihren Besitz gebracht. Das Hauptziel der Deutschen war die Linie Leningrad–Moskau–untere Wolga, deren Eroberung Hitler die Kontrolle über die Getreidegebiete der Ukraine, die Mineralvorkommen des Donez-Gebietes, das kaukasische Öl und die Vorherrschaft über die Ostsee und das Schwarze Meer verschafft hätte. Eine Zeitlang schien es, als sei diese Linie leicht zu erreichen.

Doch der russische Winter siegte über Hitler, indem er drei Wochen zu früh einsetzte. Ende November legte der Frost die deutschen Transporte und Panzer lahm und verursachte furchtbares Leiden unter den eindringenden Truppen, die für diese Kälte nicht ausgerüstet waren; sie vermochten die nun einsetzenden Gegenangriffe von Marschall Schukow im Norden und Süden Moskaus nur unter größten Schwierigkeiten abzuwehren. Die deutschen Stabsoffiziere drängten auf einen generellen Rückzug, um die Neugruppierung für eine

79. Zweiter Weltkrieg. Ostfront 1942. Kämpfe um Stalingrad

Frühjahrsoffenisve zu ermöglichen. Doch Hitler lehnte ab. Stellenweise fanden Rückzüge statt, und dann erfolgte eine allgemeine Stabilisierung der Tausen-Meilen-Front.

Der Blitzkrieg war gescheitert, aber nicht endgültig. Die Russen hatten über eine Million Soldaten allein als Gefangene verloren und außerdem enormes Territorium eingebüßt.

Die japanische Offensive

Im September 1940 hatte die japanische Regierung einen Pakt mit Deutschland und Italien geschlossen, der die Unterzeichner verpflichtete, «sich mit politischen, wirtschaftlichen und militärischen Mitteln gegenseitig Beistand zu leisten, wenn eine der drei vertragschließenden Parteien durch eine gegenwärtig nicht in den europäischen Krieg oder in den chinesisch-japanischen Konflikt verwickelte Macht angegriffen wird». Er war in erster Linie darauf ausgerichtet, die Vereinigten Staaten zu veranlassen, bei der Hilfeleistung gegenüber dem Westen Vorsicht walten zu lassen. Er verpflichtete Japan nicht, Deutschland zu unterstützen, wenn dieses die Sowjetunion angriff. So schlossen die japanische und die sowjetische Regierung im April 1941 einen Vertrag, in dem beide für den Fall der Verwicklung des einen Partners in einen Krieg wohlwollende Neutralität versprachen. Japan unterstützte daher den im Juni 1941 eingeleiteten Vorstoß der Deutschen gegen Rußland nicht direkt. Gleichwohl gab es der deutschen Sache sechs Monate später zumindest zeitweilig erhebliche Hilfestellung. Durch einen Angriff auf die Vereinigten Staaten und Großbritannien im Pazifik reduzierten die Japaner die Möglichkeiten dieser Länder erheblich, der Sowjetunion Hilfe zu leisten, und verringerten zugleich die Reserven der Briten und Amerikaner für Schlachten an anderen Fronten.

Seit Beginn des europäischen Krieges war der Ehrgeiz der japanischen Expansionisten rapide gewachsen. Die Niederwerfung Hollands und Frankreichs durch die Deutschen und die Fesselung der britischen Streitkräfte an die Kriegsschauplätze in Europa und im Mittelmeerraum erschienen den Japanern als Aufforderung, sich deren Besitzungen im Pazifik anzueignen. Bereits im Juni 1940 drängte die Regierung von Tokio auf Sonderrechte und Stützpunkte in Südostasien. Im Juli 1941 verlegte sie Truppen nach Indochina und Siam und drohte, sie in Richtung Burma, auf die holländischen Besitzungen in Indonesien und den britischen Flottenstützpunkt in Singapur zu bewegen.

Die Regierung der Vereinigten Staaten hatte sich den japanischen Bestrebungen seit 1931 immer wieder entgegengestellt und seit der Eröffnung der japanischen Offensive im Jahre 1937 der chinesischen Regierung Tschiang Kai-schek alle nur mögliche Hilfe gewährt. Die Jahre 1940/41 hindurch vermied Washington allerdings eine direkte Intervention und verließ sich statt dessen auf diplomatische Wege in Verbindung mit einem allmählich verstärkten wirtschaftlichen Druck (Einfrieren von Guthaben, Embargos für be-

80. Zweiter Weltkrieg. Angriff auf Pearl Harbor am 7. 2. 1941

stimmte Produkte) und gleichzeitigen Stabsgesprächen mit den Briten und den Holländern.

Diese Politik verhinderte lange Zeit Feindseligkeiten. Doch im Herbst 1941 verhärteten sich die diplomatischen Positionen auf beiden Seite. Als Preis für eine Verständigung forderten die Japaner die Aufhebung aller Embargos und jeglicher Unterstützung für Tschiang Kai-schek. Die Amerikaner weigerten sich, auch nur eine der Beschränkungen aufzuheben, bis die Vorkriegssituation wiederhergestellt sei. Am 7. Dezember 1941 überwanden die Japaner den toten Punkt, indem sie ohne Vorwarnung einen Flottenangriff auf Pearl Harbor auf Oahu einleiteten, wo der Großteil der amerikanischen Flotte konzentriert war. Sie versenkten die Schlachtschiffe *Arizona, West Virginia* und *Oklahoma,* beschädigten fünf weitere Schlachtschiffe ernstlich, töteten 2343 Soldaten, verwundeten über 1200 und vernichteten somit faktisch die amerikanischen Streitkräfte im Pazifik.

Dieser Sieg leitete eine lange Kette triumphaler Erfolge ein. Ein verspäteter Versuch der Briten, die Verteidigungsstellungen in Singapur zu stärken, wurde am 10. Dezember vereitelt. Einen Monat später eroberten japanische

Streitkräfte systematisch die Malaiische Halbinsel, und am 15. Februar kapitulierte Singapur. Gleichzeitig drangen japanische Kolonnen auf die burmesische Halbinsel Kra ein, befreiten das Land von britischen und chinesischen Truppen, schlossen die große Burma-Straße (die Hauptversorgungslinie nach China) und setzen eine Marionettenregierung ein. Schließlich vernichtete die japanische Flotte Mitte Februar in der Schlacht in der Java-See eine gemischte alliierte Streitmacht und ermöglichte die Eroberung aller ostindischen Inseln der Niederlande bis zum März. Ebenfalls bis zum März hatten japanische Kampfverbände Guam, die Wake-Insel und die Philippinen eingenommen.

Die zuversichtlichen Aggressoren hatten bereits einen Blick auf Australien geworfen, und auf dem Wege dorthin waren nur wenige Hürden zu nehmen. Die Aussichten für die Demokratien standen absolut schlecht.

Die Wende 1942–1943

Die große Allianz. Bei diesem Verlauf der Ereignisse hatten die Aggressoren im Frühjahr 1942 den Höhepunkt ihrer Macht erreicht. Noch vor Jahresende stellten sich Anzeichen dafür ein, daß die demokratischen Mächte die Initiative wieder für sich gewannen.

Nachdem der Schock von Pearl Harbor überwunden war, lag für die demokratischen Mächte als erstes die Gründung einer effektiven Koalition an. Den Grundstein hierfür hatten Franklin Roosevelt und Winston Churchill bereits durch ihre enge Zusammenarbeit vor dem offiziellen Kriegseintritt der Vereinigten Staaten gelegt sowie durch ihre unmittelbare Entscheidung vom Juni 1941, trotz ideologischer Differenzen mit der Sowjetunion alles zu tun, was in ihrer Macht lag, um den Russen Beistand zu leisten, damit sie dem deutschen Angriff standhalten könnten. Diese zwanglose Zusammenarbeit nahm im Januar 1942 offiziellere und dramatischere Formen an: die drei Großmächte verkündeten gemeinsam mit 23 anderen Staaten die Deklaration der Vereinten Nationen, mit der sie sich zum gemeinsamen Einschreiten gegen die Aggressorstaaten verpflichteten und ihren Willen zur Befolgung der Prinzipien der Atlantik-Charta zum Ausdruck brachten, die Churchill und Roosevelt während ihres berühmten Treffens auf hoher See im August 1941 aufgestellt hatten. Jene Charta schwor jeglicher Gebietserweiterung und territorialer Veränderung ohne Zustimmung der betroffenen Bevölkerung sowie jeglicher Verletzung der Souveränität ab.

Die Koalition bestand nicht nur in leerem Gerede. Im entscheidenden Kriegsabschnitt sah sie Konsultationen und Informationsaustausch zwischen den Hauptgegnern Hitlers vor, und sie hatte immer die gewaltige Produktionskapazität der Vereinigten Staaten von Amerika im Rücken. Diese hatten sich während ihrer neutralen Phase zu einem Arsenal für die Demokratie zu entwickeln begonnen und waren nun für ihre Aufgabe gerüstet.

Die abfällige Bemerkung Hermann Görings Lügen strafend, die Vereinigten Staaten könnten nichts als Kühlschränke und Rasierklingen herstellen, steuerte die amerikanische Industrie zur Versorgung jener Streitkräfte bei, die Rommel in Afrika schließlich das Rückgrat brachen. Und sie ließ den Strom lebensnotwendiger Lieferungen nach Rußland nicht abreißen. Unter der Ägide der «Lend-Lease Act» (mit Hilfe dieses Gesetzes wurden allein an die Sowjetunion im Laufe des Krieges Lieferungen im Wert von 4 750 000 000 Dollar geschickt) gingen enorme Mengen an Material an die Verbündeten Amerikas; und alle kamen im Kampf gegen die Achsenmächte zum Einsatz.

Der Krieg im Pazifik. Wäre der Aggression der Japaner nicht Einhalt geboten worden, so hätte der Krieg im Pazifik im Laufe der Zeit möglicherweise den größten Teil der Kampfkraft der Vereinigten Staaten in Anspruch genommen, obgleich die Stabsplaner sich generell darauf geeinigt hatten, ihre Kriegsanstrengungen hauptsächlich auf Europa zu konzentrieren. Der Bedarf für den kriegerischen Einsatz im Pazifik bedeutete eine starke Belastung der amerikanischen Reserven und schränkte die Operationsmöglichkeiten in Europa in erheblichem Maße ein.

Doch im Jahre 1942 setzten drei große Schlachten dem hastigen Rückzug vor der japanischen Macht ein Ende. Die erste war ein zäher Kampf im Korallenmeer, in dem amerikanische Einheiten von Flugzeugträgern aus eine starke japanische Flottenkonzentration angriffen und den Feind zum Rückzug nach Norden zwangen. Die Amerikaner erlitten in dieser Schlacht erhebliche Verluste, doch gelang es ihnen mit dieser Operation, einen eventuellen Vorstoß der Japaner gegen die Südostküste Australiens zu verhindern. Von entscheidenderer Bedeutung war der Sieg über die Japaner bei deren Versuch, die Midway-Insel zu erobern, um ihren äußeren Verteidigungsgürtel (die Inselgruppen Kiska-Midway-Wake-Marschall-Gilbert-Fidschi) abzusichern und eine Absprungbasis für spätere Vorstöße nach Hawaii zu haben. Im Mai 1942 zogen die Japaner eine Streitmacht von 200 Schiffen und 700 Flugzeugen zusammen und stießen in fünf taktischen Formationen auf die Midway-Insel vor in der Hoffnung, die restliche US-Flotte in eine für sie aussichtslose Schlacht zu verwickeln. Am 4. Juni leiteten sie unter Einsatz von siebzig Flugzeugen einen Angriff auf die Insel ein. Doch nun geriet die japanische Flotte in das Feuer einer Luft-See-Operation von zwei amerikanischen Kampfverbänden, die sich nordöstlich der Midway-Insel befanden, und erlitt in einem viertägigen Inferno die größte Niederlage ihrer Geschichte. Sie verlor 5000 Mann, 322 Flugzeuge und vier Flugzeugträger.

Diese Zusammenstöße zur See nahmen dem japanischen Vorstoß die Kraft, brachten ihn jedoch nicht völlig zum Stillstand. Das japanische Oberkommando hatte immer noch Australien im Auge und plante einen großen zangenförmigen Angriff auf den Subkontinent, der von Port Moresby auf Neuguinea auf der einen Seite bis zur Kette der Salomon-Inseln auf der anderen Seite reichen sollte. Jedoch führte der Versuch, diese beiden weit auseinandergelegenen Gebiete gleichzeitig zu erobern, dazu, daß Japan keines der beiden gewann. Unter dem Kommando von General Douglas MacArthur, der vom belagerten Bataan auf den Philippinen zur Flucht gezwungen worden war, vereitelten australische und amerikanische Streitkräfte den Versuch der Japaner, das Gebirge zu überqueren und Port Moresby einzunehmen. Im August 1942 kam die US-Marine dem japanischen Vorstoß gegen die südlichen Salomon-Inseln zuvor, indem sie ein gewagtes Landungsmanöver auf Guadalcanal unternahm und sich in monatelangen verzweifelten Kämpfen zur See, in der Luft und im fieberverseuchten Dschungel den Besitz dieses entscheidenden Gebietes sicherte.

Diese Erfolge waren der Schlüssel zum späteren Sieg. Mitte des Jahres 1943 war der Traum der Japaner vom Pazifik-Reich rasch zerstört: die Alliierten hatten den südwestlichen Pazifik zurückerobert, und es dauerte nicht lange, bis sie quer über die Inseln vordringen konnten.

Westeuropa. Das ganze Jahr 1942 hindurch konzentrierten sich die Operationen der Alliierten in Westeuropa auf die Verstärkung ihrer Bombenoffensive gegen deutsche Stützpunkte und Befestigungen in Norwegen und Nordfrankreich und gegen deutsche Industriestädte sowie auf gelegentliche Angriffe zur Vernichtung von Verteidigungsstellungen oder zur Ermittlung ihrer Stärke.

Ein solcher Angriff wurde im August 1942 auf Dieppe eingeleitet, mit Truppeneinheiten von 5000 Mann, zumeist Kanadiern. Westliche Strategen hielten es im Hinblick auf die spätere Invasion zur Befreiung Europas für wesentlich, einen Angriff dieses Ausmaßes zu unternehmen, um Ausrüstung und Techniken für eine Landung zu testen und Klarheit darüber zu gewinnen, wie ein größerer Hafen einzunehmen sei. Letzteres sah man im Jahre 1942 als wichtigstes Problem einer Invasion an. Die Operation, ausgeführt als Frontalangriff von Infanterie und Panzern auf den Hafen, kombiniert mit Landungen auf den flankierenden Strandgebieten, scheiterte, und die Alliierten erlitten schwere Verluste. Der unschätzbare Wert des Unternehmes von Dieppe lag für die Allierten in der Erkenntnis, daß die Invasion eine weitaus schwierigere Aufgabe war, als sie sich vorgestellt hatten, und daß es besser sei, offene Strände anzugreifen als Häfen. Zugleich täuschte es den Deutschen vor, die vorrangigen Ziele der Alliierten seien Häfen.

Nordafrika. In denselben Monaten erlebte Rommel in Afrika seinen Aufstieg und seinen Untergang. Es herrscht die allgemeine Überzeugung, selbst unter den Gegnern Rommels, daß er mit Hilfe von drei zusätzlichen Panzerdivisionen, die er im Jahre 1941 wiederholt anforderte, zu Beginn des folgenden Jahres Kairo und den Suezkanal erreicht haben würde und dann weiter nach Basra hätte vorrücken können. Von dort aus wäre es ihm möglich gewesen, den Transport amerikanischer Lieferungen durch den Persischen Golf nach Rußland aufzuhalten. Den Alliierten blieb eine solche Katastrophe erspart, weil Hitler zu sehr mit der Hauptoffensive gegen Rußland beschäftigt war und die deutschen Oberbefehlshaber den Krieg in Afrika nicht ernstnahmen.

Im Dezember 1941 leitete der Nachfolger Wavells im Mittleren Osten,

General Auchinleck, eine gutgeplante Offensive gegen Rommels Stellungen ein, schlug ihn bis El Agheila zurück und befreite im Zuge des Geschehens den Hafen Tobruk. Rommel entkam der vor ihm aufgebauten Falle und hielt den Großteil seiner Panzer intakt. Gegen Ende des Frühjahrs rückte er erneut vor. Im Mai startete er die große Gegenoffensive, mit der er schließlich Tobruk einnahm und nach Ägypten eindrang. Während dieses Vorstoßes gingen seine Treibstoffvorräte jedoch bedenklich zur Neige, und er konnte nicht sicher auf Nachschub rechnen, weil die auf Malta stationierten Flugzeuge und Schiffe jetzt seine Nachschubverbindungen ernstlich behinderten. Seine Panzer waren durch starke Beanspruchung und Störtaktiken von RAF-Kampfbombern, die jetzt amerikanische Geschosse verwendeten, gefechtsunfähig geworden. Rommels Hilferufe fanden keine Beachtung oder wurden mit leeren Versprechungen beantwortet.

Diese Vernachlässigung war fatal. Denn unter der überlegten Leitung von Generalleutnant Bernard Law Montgomery hatte die 8. britische Armee alle nur verfügbaren Kräfte zusammengezogen, um den Deutschen den Todesstoß zu versetzen. Im hellen Mondschein eröffnete ihre Artillerie am 23. Oktober 1942 ein massives Sperrfeuer gegen Rommels Stellungen. Vier Stunden später erfolgte der Angriff von sorgfältig ausgesuchten Commonwealth-Truppen. Rommels Kolonnen wurden zurückgeworfen, und man ließ nicht nach, bis der letzte Soldat des ausgezehrten Afrika-Korps später in Tunis seine Waffe streckte. Während sie auf dieses unausweichliche Ende zusteuerten, verfolgt von der zornigen Forderung Hitlers, an ihrem Platz auszuharren und zu sterben, bahnte sich eine große Invasionsflotte der Alliierten den Weg zur marokkanischen Küste und begann am 8. November Landungsmanöver britischer und amerikanischer Truppen in Casablanca, Oran und Algier.

Im Januar 1943 verkündeten die Alliierten der Welt auf einer Konferenz in Casablanca, an der Präsident Roosevelt, Winston Churchill und Charles de Gaulle teilnahmen, die Absicht, bis zur «bedingungslosen Kapitulation» Deutschlands, Italiens und Japans weiterzukämpfen. Ohne es der Öffentlichkeit bekanntzugeben, einigten sie sich darauf, ihre Luftoffensive gegen Deutschland zu verstärken und die Vorbereitungen für eine Invasion des Kontinents am Ärmelkanal voranzutreiben, die Sowjetunion durch größtmögliche Lieferungen zu stärken, den Druck auf Japan aufrechtzuerhalten und unverzüglich einen Angriff auf Sizilien für den Sommer 1943 zu planen. War die Zeit für einen Angriff am Ärmelkanal noch nicht reif, so kamen sie überein, würde zumindest ein Vorstoß in Sizilien die Nachschubwege im Mittelmeer sichern, den Druck der Deutschen von der russischen Front ablenken und Italien aus dem Krieg herausmanövrieren.

Der Fall Italiens. Die Pläne von Casablanca wurden ohne Verzug ausgeführt. Im Juni begannen Flugzeug- und Marinebombardierungen die Front in Sizilien aufzuweichen. Im Juli startete eine Flotte von 3000 Schiffen den ersten großen Amphibienangriff gegen Gebiete der Achsenmächte. Montgomerys

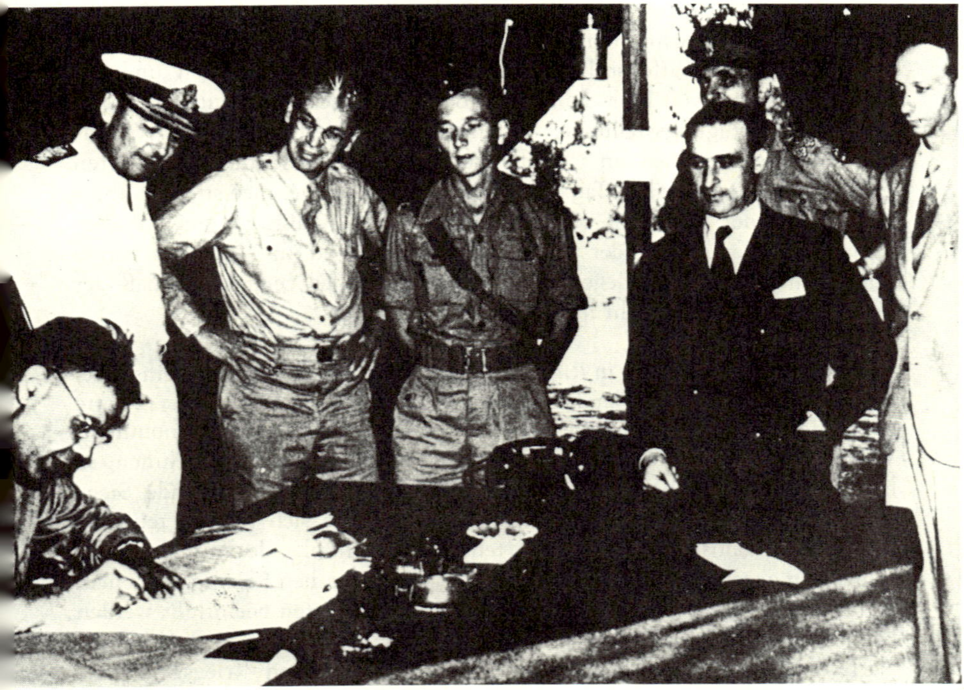

81. Die Kapitulation Italiens am 3. 9. 1943

8. Armee und kanadische Streitkräfte landeten an der Ostküste und nahmen den Hafen Syrakus in Besitz. George S. Patton landete im Süden und nahm Marsala und Palermo ein. Dann schloß er die Reihen mit den Briten und trieb die drei deutschen Divisionen zum Meer. Sizilien befand sich nach nur 39tägigen Kämpfen in den Händen der Alliierten.

Diese Ereignisse und die nun einsetzende schwere Bombardierung des italienischen Festlands bereiteten der Karriere jenes Mannes, dessen ersehntes Ziel es war, das Mittelmeer zur römischen See zu machen, abrupt ein Ende. Mussolini hatte seit langem an Popularität eingebüßt. Am 24. Juli 1943 versammelte sich der Große Faschistische Rat, den der «Duce» vormals gut unter Kontrolle hatte und der seit 1939 nicht ein einziges Mal zusammengetreten war, und forderte, daß Mussolini das Kommando über die Armee dem König übergebe. Am folgenden Tag erklärte Viktor Emanuel dem «Duce», er wünsche ihn nicht länger als Ministerpräsidenten. Als Mussolini den Palast verließ, wurde er verhaftet und interniert. Später im selben Jahr wurde er in einem gewagten Unternehmen von deutschen Agenten befreit und als Oberhaupt einer Marionettenregierung im Norden eingesetzt. Doch erlangte er die Gefolgschaft des Volkes nie wieder.

Ein schnelles Vorgehen der Alliierten in den Tagen nach dem Sturz Mussolinis hätte vielleicht ganz Italien in die Hände der Alliierten bringen können. Die verzögerten Waffenstillstandsverhandlungen zwischen ihnen und der neuen Regierung von Marschall Pietro Badoglio ließen den Deutschen Gelegenheit, Verteidigungsstellungen auszubauen. Daher erleichterte der Waffenstillstand, als er endlich am 3. September unterzeichnet wurde, die alliierten Landungen, die am selben Tag einsetzten, nicht. Die 8. Armee stieß bei ihrer Landung an der Küste von Kalabrien auf verhältnismäßig geringen Widerstand. Doch der Angriff der 5. US-Armee bei Salerno im September wurde mit einem viertägigen Gegenangriff beantwortet. Es zeigte sich, daß der Vorstoß nach Norden nicht leicht sein würde.

Stalingrad und die Wende in Rußland. Noch bevor dieser Umschlag einsetzte, hatte sich das Blatt in Rußland gegen Hitler gewendet. Im Frühjahr 1942 hatte er an der gesamten Front die Offensivoperationen wieder aufgenommen. Wenn es ihm auch nicht gelang, Leningrad oder Moskau einzunehmen, so hatten seine Armeen doch an der südlichen Front beeindruckende Siege errungen. Der russische Widerstand aber verstärkte sich täglich, teilweise infolge amerikanischer Lieferungen, teilweise aber infolge des Verhaltens der Deutschen gegenüber dem russischen Volk. Die russischen Kriegsgefangenen, die vielleicht mühelos gegen ihre früheren Herren hätten beeinflußt werden können, wurden mit Brutalität behandelt oder gleichgültig vernachlässigt. Nach deutschen Eingeständnissen starben 3,7 Millionen Kriegsgefangene unter ihrer Herrschaft. Die Grausamkeit der Deutschen, ihre eigene politische Abgestumpftheit und ihre verwaltungsmäßigen Mängel beraubten sie des Rückhalts in der unterworfenen Bevölkerung, der wirtschaftlichen Reserven, die ihre Kriegsanstrengungen gefördert hätten, und der Hilfe ausgebildeter Soldaten, die danach trachteten, die Seiten zu wechseln. Statt dessen standen die Russen vor dem Problem, mit einer aggressiven, starken Partisanenbewegung fertig werden zu müssen, die hinter ihren Linien kämpfte.

Als sich die Probleme in Rußland verschärften, wurde Hitler gegenüber seinen Generälen immer argwöhnischer. Seine mangelnde Sympathie für die Truppen und seine Neigung zur Selbsttäuschung nahmen gefährliche Formen an. Sein Verhalten während der Schlacht von Stalingrad demonstriert diese Eigenschaften aufs deutlichste. Im August 1942 erreichte die 6. deutsche Armee dieses Industriezentrum am Westufer der Wolga, belagerte es und wollte es durch Beschießung zur Unterwerfung zwingen. Trotz der schwierigen Versorgungslage der Stadt (alle Lebensmittel, Kleidung und Munition mußten unter deutscher Beschießung über den Fluß gebracht werden) harrten die sowjetischen Truppen und die Bewohner der Stadt in den Trümmern aus, und zwar auch noch am Ende des Jahres.

Zu diesem Zeitpunkt hatte Hitler sich darauf versteift, die Stadt einzunehmen. Am 19. November aber vernichteten die Russen die Front, die im Nordwesten von Stalingrad von rumänischen Truppen gehalten wurde. Am

20. November starteten sie einen Angriff südlich der Stadt und führten ihn erfolgreich durch. Zwei Tage später schlossen sie die Zange und kesselten die deutschen Streitkräfte ein. Hitler lehnte einen Ausbruch rundweg ab (der bedeutet hätte, daß man die Wolga und die Stadt, die den Namen Stalins trug, hätte aufgeben müssen) und betraute Göring mit der Aufgabe, die 6. Armee weiterhin zu versorgen. Göring brachte seine feste Überzeugung zum Ausdruck, daß die Luftwaffe ihre Mission erfüllen könne, als es in der Realität schon gar nicht mehr möglich war. Dennoch, als seine Soldaten kämpften, hungerten und starben und als der russische Verteidigungsgürtel so breit und stark wurde, daß ein Ein- oder Ausbruch unmöglich war, blieb Hitler in seiner Ablehnung eines Rückzugs unerbittlich. Doch der menschliche Widerstand hat seine Grenzen. Die 6. Armee hatte ihre Belagerung mit 300 000 Soldaten begonnen. In den ersten Februartagen des Jahres 1943 kapitulierten ihre zerfetzten Überreste, 120 000 Offiziere und Soldaten. Deutschland hatte seine größte Niederlage infolge der bewußten kaltherzigen Gleichgültigkeit seines Beherrschers erlebt.

Im selben Monat eroberten die Russen Rostow, Kursk und Charkow zurück, und bevor ihre Schlagkraft nachließ, gewannen sie 185 000 Quadratmeilen Territorium zurück. Die deutsche Offensive von 1943 stellte einen Versuch dar, diesen verlorenen Boden wiederzugewinnen. Sie scheiterte jämmerlich. Gegen Ende des Jahres 1943 befanden sich die Russen wieder in Kiew (wo die Deutschen vor ihrer Räumung die gesamte jüdische Bevölkerung getötet hatten) und in Schitomir, nahe der alten polnischen Grenze.

Der Weg zum Sieg 1943–1945

Probleme der Koalition. Als ihre Armeen einmal begonnen hatten, die Deutschen zurückzuschlagen, wurden die Sowjets schwierige Partner für die westlichen Demokraten – nicht, daß sie jemals die bequemsten Verbündeten gewesen wären. Im Bewußtsein dessen, daß ihre Armeen die Hauptlast der Kämpfe zu Lande trugen, hatten sie immer wieder Nachschub gefordert. Darüber hinaus hatten sie pausenlos kritisiert, daß die Alliierten in Europa es nicht fertiggebracht hatten, eine zweite Front zu errichten. Dieser Vorwurf brachte Churchill zur Verzweiflung, so daß er bei einer Gelegenheit fragte, wo die Russen denn im Jahre 1940 gewesen seien, als die Alliierten die gesamte Kriegslast, die die deutsche Aggression ihnen aufbürdete, zu tragen gehabt hätten.

Größtenteils übten sich die Alliierten in Geduld gegenüber diesen Attacken. Sie waren nie geneigt, den sowjetischen Kriegsbeitrag oder die unabdingbare Notwendigkeit der Mitwirkung der Sowjets beim Wiederaufbau des internationalen Systems nach dem Krieg zu unterschätzen. Im großen und ganzen schien ihre Taktik zu funktionieren. Im Oktober 1943 reisten der britische Außenminister Anthony Eden und der Außenminister der Vereinigten Staaten, Cordell Hull, zu Gesprächen mit Molotow nach Moskau. Nach dem

Treffen mit Stalin vermerkte Eden, Stalin bringe keine Gegenbeschuldigungen vor und scheine Verständnis dafür aufzubringen, daß die Alliierten alle Energien auf eine Invasion des Kontinents konzentrierten. Die Gespräche schlossen mit dem Versprechen ab, gemeinsam zu handeln bei der Bekämpfung, Entwaffnung und Kontrolle Deutschlands, bei der Befreiung Italiens vom Faschismus, bei der Befreiung Österreichs von seiner erzwungenen Verbindung mit Deutschland und bei der Bestrafung aller Deutschen, die sich abscheulicher Verbrechen schuldig gemacht hatten. Im Hinblick auf die fernere Zukunft erörterten die Außenminister die Möglichkeit der Gründung einer Weltorganisation. All diese Versprechen wurden im Dezember 1943 in Teheran, wo Roosevelt, Churchill und Stalin ihr erstes gemeinsames Treffen veranstalteten, bekräftigt. Hier wurde die Entschlossenheit zur Gründung einer Weltorganisation, die sich dem Frieden verpflichten würde, noch energischer zum Ausdruck gebracht.

Die Kooperation der Sowjetunion bei diesen Gesprächen war außerordentlich befriedigend. Weniger erfreulich war ihr wachsendes Interesse an der Aufteilung des europäischen Territoriums nach dem Krieg. Ebenso wie im Ersten Weltkrieg tendierten die Westmächte dahin, politische Fragen in den Hintergrund zu drängen, bis der Krieg gewonnen sei. Die Russen verhielten sich anders. Schon 1943 bekundete Stalin den Wunsch, die künftigen Ostgrenzen Polens mit einer künftigen polnischen Regierung zu erörtern. Und als seine Truppen weiter vordrangen, erwachte sein Interesse an jenen Balkanstaaten, die auf Hitlers Seite gekämpft hatten.

Italien von Salerno bis zum Fall Roms. Das Jahr 1944 bedeutete für Italien einen langen Kampf, in dem die Alliierten schwere Verluste erlitten. Alle Versuche, die Beweglichkeit der Operationen, die durch die Verzögerung vor Salerno verlorengegangen war, wiederherzustellen, wurden vereitelt dadurch, daß das Gelände so schwierig und die Zähigkeit der vom deutschen Oberbefehlshaber in Italien, Feldmarschall Kesselring, organisierten Verteidigung so groß waren. Kesselring zögerte den Zangenangriff der 8. britischen Armee und der 5. US-Armee von General Mark Clark hinaus, indem er eine starke Verteidigungsstellung aufbaute, die sogenannte Gustav-Linie, die den 1700 Fuß hohen Monte Cassino zum Mittelpunkt hatte und die Straße nach Rom durch das Liri-Tal versperrte. Um in die Gustav-Linie einfallen zu können, unternahmen die Alliierten am 22. Januar 1944 eine weitere Amphibienlandung an der Küste bei Anzio, dreißig Meilen südlich von Rom. Diese stieß auf den hartnäckigsten Widerstand der Deutschen, und die GI's wurden vier Monate lang an den Küsten und den angrenzenden Berghängen festgehalten.

Schließlich fiel Monte Cassino im April in einer Schlacht, die ein Meisterstück hätte sein können. Nach Planung Feldmarschall Sir Harold Alexanders, des Obersten Befehlshabers der alliierten Streitkräfte in Italien, sollten Scharen von Truppen Monte Cassino überrollen und gleichzeitig den Großteil der deutschen Streitkräfte in Italien dort engagieren, sie einkesseln und vernichten. Doch gerade in dem Augenblick, als die Falle Alexanders sich schloß, scherte General Clark mit seinen Streitkräften aus dem Unternehmen aus und schickte seine Truppen eilig nach Rom. Sein sehnlicher Wunsch, die Ewige Stadt als erster zu erreichen, verhinderte die Vernichtung der 10. deutschen Armee. Als wenig später sieben alliierte Divisionen aus Italien abgezogen wurden, um die Invasion der Normandie durch eine Landung in Südfrankreich zu unterstützen, schwanden die Aussichten auf eine schnelle Beendigung des Krieges in Italien vollends.

Die Invasion. Die Vorbereitungen für die Operation Overlord waren seit 1942 im Gange, und die dafür versammelten Streitkräfte bildeten die größte Konzentration von Amphibienfahrzeugen der Geschichte. Über 5000 Schiffe und Landungsfahrzeuge warteten darauf, 150 000 Soldaten, 1500 Panzer und Tausende von Geschützen, Fahrzeugen und Vorräten an die Küste der Normandie zu bringen. Sie wurden durch 12 000 Flugzeuge unterstützt, von denen einige systematisch Brücken und Zugangsstraßen zerstört hatten, um das Invasionsgebiet vom Landesinneren abzuschneiden. Um die konstante Versorgung dieser Truppenscharen zu ermöglichen, bis ein größerer Hafen eingenommen werden könnte, waren in England Wellenbrecher und Docks gebaut worden, die bereitstanden, um im Schlepptau über den Kanal gebracht und an der Küste installiert zu werden. D-Tag (Stichtag für die Invasion der Normandie) war der 6. Juni.

Die Frühjahrsmonate hindurch hatte sich Feldmarschall Rommel, der von Italien aus in den Westen geschickt worden war, auf die gewaltige Aufgabe konzentriert, Vorbereitungen für die Abwehr der Offensive zu treffen, von der er wußte, daß sie stattfinden sollte. Er sah sich vor eine hoffnungslose Aufgabe gestellt. Hitler bestand darauf, daß jeder Fußbreit Territorium gehalten würde – in Rußland, in Italien und in Frankreich –, und seine Unnachgiebigkeit machte nicht nur taktische Bewegungen unmöglich, sondern entzog seinen Kommandeuren im Westen zu viele Streitkräfte, um der Stoßkraft der Alliierten standzuhalten. Rommels Stabschef schrieb später, der vielgepriesene Atlantikwall sei «nur eine Kordonstellung ohne Tiefe und wesentliche Reserven» gewesen. Die Deutschen verfügten über keinerlei Seestreitkräfte, die zur Abwehr der Landungen hätten beisteuern können; und ihre Luftwaffe war zu diesem Zeitpunkt bereits durch gegnerische Geschosse aus dem Luftraum vertrieben worden. Als ob dies noch nicht genügt hätte, wurden die Befehlshaber im Westen auch noch von einem unglaublichen Befehlssystem beherrscht, das alle Entscheidungsbefugnis in Hitlers Hände legte.

All diese Mängel spielten den Alliierten die Trümpfe in die Hände, als britische und amerikanische Streitkräfte in Scharen auf ausgesuchten Küstenabschnitten der Normandie landeten. Anfangs stießen sie auf heftigen Widerstand, vor allem an der Omaha-Küste, wo die 29. Division der US-Armee durch ein mörderisches Feuer in Bedrängnis geriet. Doch war der deutsche Verteidigungsgürtel innerhalb von fünf Tagen durchbrochen. Die sechzehn alliierten Divisionen hatten einen achtzig Meilen langen und zwanzig Meilen breiten Landekopf errichtet. Zwanzig Tage nach dem D-Tag traf die deutsche Garnison im großen Hafen Cherbourg Vorbereitungen für die Kapitulation.

Die Verschwörung gegen Hitler. Am 20. Juli 1944 gegen 12.30 Uhr betrat Oberst Claus Schenk Graf von Stauffenberg Hitlers Konferenzsaal in Rastenburg, wo der Führer und sein Stab den Lagebericht anhörten, stellte seine Aktentasche unter den Tisch und verließ unauffällig den Raum. Fünf Minuten später gab es eine entsetzliche Explosion. Die Fenster flogen aus der Holzbaracke, und stellenweise fiel das Dach ein. Stauffenberg, der in sicherer Entfernung draußen gestanden hatte, stieg schnell in einen Stabswagen und fuhr zum Flugplatz, wo ein Flugzeug auf ihn wartete, um ihn nach Berlin zu bringen.

Seine Tat war das Ergebnis jahrelanger Planung von Deutschen im Untergrund, der bis in jede Gesellschaftsschicht reichte. Einige Mitglieder hatten bereits wegen Beteiligung an der Verschwörung ihr Leben lassen müssen. Andere hatten es durch mißlungene Mordanschläge gegen Hitler aufs Spiel gesetzt. Mitte des Jahres 1944 befanden sich alle Mitglieder in großer Gefahr, da die Gestapo den Ring um sie schloß. Ihre Pläne aber waren fertig. Hitler sollte getötet werden. Die Militärbehörden in Berlin und Paris sollten die Macht ergreifen, die anderen nationalsozialistischen Notabeln verhaften, eine provisorische Regierung unter General Ludwig Beck als Staatsoberhaupt errichten und Verhandlungen mit den westlichen Alliierten aufnehmen. Stauffenbergs Bombe sollte den ersten Schritt in dieser Kette von Ereignissen darstellen.

Doch die Bombe tötete Hitler nicht, und diese Nachricht, die schnell nach Berlin übermittelt wurde, lähmte die Entschlußfähigkeit der Verschwörer. Das Komplott brach zusammen. Die Anführer wurden verhaftet, und das unmittelbare Resultat war eine Reihe abscheulicher öffentlicher Prozesse, gefolgt von Degradierung und Niedermetzelung aller, die der Mittäterschaft verdächtigt wurden. Der 20. Juli übte keine Wirkung auf den Verlauf des Krieges aus. Er erinnerte aber daran, daß nicht alle Deutschen Nationalsozialisten waren und daß neben dem «anderen Deutschland» im Exil eine innere Emigration stattgefunden hatte, in die sich diejenigen geflüchtet hatten, deren Abscheu Hitlers Vorgehen erregt hatte – viele darunter setzten ihr Leben aufs Spiel, indem sie Pläne schmiedeten für die Befreiung ihres Landes.

Das Ende des nationalsozialistischen Deutschland. Nach der gescheiterten Verschwörung kündigte Hitler im Gespräch mit seinen Generälen an, er werde kämpfen, bis Deutschland einen Frieden erhalte, der das Leben der Nation über die nächsten fünfzig oder hundert Jahre hinweg sichere. Die Worte des Führers – ausgesprochen zu einem Zeitpunkt, als die alliierten Armeen, mit den Panzern Pattons an der Spitze, in Richtung Rhein vorrückten, als es nur noch Tage bis zur zweiten Landung, diesmal an der Südküste Frankreichs, dauerte, als RAF-Bomberflugzeuge 25 000 Tonnen Bomben pro Nacht über deutschen Städten abwarfen und als die russischen Armeen von Riga aus nach Ostpreußen eindrangen, Warschau umzingelten und sich Bukarest näherten – konnten nur noch als Beweis für einen sich immer stärker ausprägenden Größenwahn verstanden werden.

Hitlers Überzeugung, daß er seinen Krieg gewinnen werde, beruhte zum Teil auf seinem Glauben an sich selbst, auf seinem Vertrauen, er werde sich durch reine Willenskraft irgendwie aus diesen Schwierigkeiten herauswinden. Es ist jedoch ebenso eindeutig, daß er sich im Jahre 1945 auf zwei weitere Dinge verließ: auf neue, fürchterliche Geheimwaffen und – am stärksten – auf eine plötzliche Auflösung der gegen ihn gerichteten Koalition.

Hitlers Hoffnungen wurden zerstört. Seine Wissenschaftler erfanden zwar die Wunderwaffen, von denen die V-2, eine Flüssigkeitsrakete, die in der Lage war, einen eintonnenschweren Sprengkopf vom Startpunkt aus auf einen etwa 200 Meilen weit entfernten Punkt abzuschießen, die beeindruckendste darstellte. Wäre die V-2-Bombe vor dem D-Tag einsatzbereit gewesen, so hätte sich die Invasion der Normandie unendlich viel schwieriger gestaltet. Tatsächlich aber gelangte sie erst im September 1944 zum Einsatz; und durch den schnellen Vorstoß der Alliierten wurde sie bald unbrauchbar. Andere Waffen – der Düsenjäger beispielsweise – kamen zu spät, um Deutschland zu retten.

Ebensowenig löste sich die feindliche Koalition auf, zumindest nicht vor Kriegsende. Im Februar 1945 trafen sich die Briten und die Amerikaner noch einmal mit den Russen, dieses Mal in Jalta auf der Krim. Hier verständigten sich Roosevelt, Churchill und Stalin bezüglich der Kontrolle über Deutschland nach dem Krieg. Sie einigten sich ebenfalls über die künftige Weltorganisation, die Nachkriegsordnung Osteuropas und die gemeinsame Kriegführung gegen Japan. Während dieser Diskussionen wurde deutlich, daß es zwischen den Alliierten tiefgreifende Meinungsverschiedenheiten gab, die aber durch Konzessionen der Alliierten gegenüber dem sowjetischen Standpunkt überwunden werden konnten. Die Zugeständnisse gewährleisteten die sowjetische Beteiligung am Krieg gegen Japan. Nichts, was in Jalta unternommen wurde, brachte Hitler Trost oder Hoffnung.

Überdies war der Wille des deutschen Soldaten nun gebrochen. Die gescheiterte deutsche Ardennenoffensive Ende des Jahres 1944 hatte die letzten Hoffnungsschimmer und den letzten Rest an Kampfgeist zum Erlöschen gebracht. Diese Schlacht war der letzte verzweifelte Versuch, die amerikanischen Stellungen durch Überraschungsangriffe zu durchbrechen, was den deutschen Panzern die Maasüberquerung und den Vorstoß nach Antwerpen ermöglicht hätte. Wäre ihnen dieses gelungen, so hätten sie die alliierten Streitkräfte von ihren Nachschub- und Fernmeldewegen im Gebiet von Brüssel–Antwerpen abschneiden, 25 bis 30 alliierte Divisionen vernichten und eine alliierte Offensive gegen den Westwall auf unabsehbare Zeit hinauszögern können. Einige Tage lang im düsteren Dezember 1944 schienen sich diese Hoffnungen zu verwirklichen. Der Hauptstoß dieses letzten deutschen Angriffs erstreckte sich auf einen Teil der amerikanischen Stellungen, die mit kampfunerfahrenen Soldaten besetzt waren, und zwar zu einem Zeitpunkt, als das Nachschub- und Versorgungssystem durcheinandergeraten war und das Wetter eine Unterstützung aus der Luft unmöglich machte. In der Schlacht um Bastogne herum erlitten einige Bataillone der 17. US-Luftlandedivision Verluste von vierzig Prozent, und George Patton schrieb: «Wir können diesen Krieg immer noch verlieren.» Doch bis Mitte Januar war der Vorstoß eingedämmt, und es war nur noch eine Frage der Zeit, wann der Sieg der Alliierten endgültig entschieden würde.

Im März und April eroberten die russischen Armeen unter Marschall Schukow und Marschall Konew Danzig und Wien, überrannten die Tschechoslowakei und preschten in Richtung Berlin vor. Am 7. März nahmen sieben amerikanische Einheiten die Rheinbrücke in Remagen ein, bevor die Deutschen sie zerstören konnten, und brachten so das gesamte deutsche Verteidigungssystem am Rhein entlang zu Fall. In Italien eroberten alliierte Streitkräfte Bologna und überquerten den Po. Mussolini wurde mit seiner Geliebten am 28. April von italienischen Partisanen auf der Flucht ergriffen und getötet. Hitler erschoß sich und seine Braut am 30. April in einem Bunker in Berlin. Am 2. Mai fiel Berlin in russische Hände. Am 7. Mai kapitulierte das Dritte Reich bedingungslos gegenüber der Großen Allianz.

Beinahe bis zum Schluß verrichteten die Öfen in Hitlers Vernichtungslagern ihre gräßliche Arbeit, die durch die Wannsee-Konferenz 1942 in Gang gesetzt worden war, auf der hohe Funktionsträger des Reiches der Deportation der europäischen Juden nach Osten zugestimmt und die administrativen und technischen Fragen diskutiert hatten, die für eine rasche Eliminierung (ein Nazi-Euphemismus für Mord) und die Beseitigung ihrer Leichen getroffen werden mußten. Die vorwärtsrückenden alliierten Truppen fanden entsetzliche Beweise für die besessene Gründlichkeit und die technische Virtuosität, mit der die sogenannte Endlösung vorangetrieben worden war. Erst sehr viel später erkannten sie das ganze Ausmaß des Todes von 6 Millionen Juden, eine Zahl, die das menschliche Vorstellungsvermögen übersteigt.

Das Ende Japans. Der Sieg über Japan ließ nicht mehr lange auf sich warten. Seit den letzten Monaten des Jahres 1943 hatten die Alliierten ihre Verteidigungsstellungen um Japan fester geschlossen. Der harterkämpfte Sieg der US-Marine bei Tarawa im November 1943, wo eine scheinbar uneinnehmbare Inselfestung innerhalb von vier Tagen erobert worden war, stellte den Beginn einer langen Kette brillanter Amphibienunternehmen dar, die sich durch eine bewundernswerte Koordination von Land-, See- und Luftoperationen sowie durch Schnelligkeit und Wirtschaftlichkeit des Einsatzes auszeichneten. Hier erreichte der Krieg seine größte Mobilität. Denn die US-Flotte beförderte Armee- und Marineeinheiten über weite Strecken unter Umgehung japanischer Stützpunkte und verurteilte damit deren Truppen zur Untätigkeit, schlug aber dann an Stellen zu, wo man keinen Angriff erwartete. Dadurch kamen die US-Streitkräfte mit Riesenschritten bis an den Kern des japanischen Reiches heran. Im Oktober 1944 machten sie in der großen Seeschlacht in der Bucht von Leyte die Kampffähigkeit der japanischen Flotte vollends zunichte. Im Januar 1945 drang MacArthur auf Luzón ein. Im Februar nahm die Marine in einer legendären Schlacht Iwo Jima ein und stellte damit eine wesentliche Auftankstation für B-29-Maschinen bereit, die von Bombenangriffen auf Tokio zurückkehrten. Im April eroberten die US-Armee und Marinetruppen die große Insel Okinawa.

Nun wurden Pläne geschmiedet für die Invasion des japanischen Mutterlandes. In Anbetracht des fanatischen Widerstands der japanischen Kampftruppen auf Iwo Jima und der Selbstmordaufträge japanischer Piloten auf Okinawa erwartete man den erbittertsten Widerstand. Selbst bei Beteiligung der Sowjetunion, von der man sich die Einschließung der japanischen Armeen in der Mandschurei erhoffte, fürchtete man, daß sich entsetzliche Verluste unter den Invasionstruppen nicht vermeiden lassen würden.

Diese Überlegung war es, die zu der harten Entscheidung führte, jene Waffe gegen Japan einzusetzen, die von amerikanischen und europäischen Wissenschaftlern entwickelt worden war, die nach 1942 in den Vereinigten Staaten gearbeitet hatten. Aus der Überzeugung heraus, daß eine bloße Warnung die japanische Regierung nicht zur Kapitulation veranlassen würde, und aus Furcht vor den Auswirkungen eines eventuellen Fehlschlags einer angekündigten Machtdemonstration beschloß die US-Regierung, im Einverständnis mit ihren Alliierten, die Atombombe gegen japanische Großstädte zum Einsatz zu bringen. Am 6. August 1945, zwei Tage vor der russischen Kriegserklärung an Japan, wurde die erste Atombombe über Hiroshima abgeworfen. Sie zerstörte die Innenstadt und tötete 78 000 Menschen. Am 9. August wurde die zweite Atombombe abgeworfen, dieses Mal über Nagasaki auf Kiuschu. Sie zerstörte die Torpedowerften und das große Stahlwerk, für das die Stadt bekannt war, sowie das gesamte Stadtgebiet und tötete Zehntausende von Menschen. Am folgenden Tag kapitulierte die japanische Regierung. Der Weltkrieg war vorüber.

Fünfter Teil

Nach 1945

Allgemeine Bemerkungen

Im März 1944 schrieb der italienische Philosoph Benedetto Croce in sein Tagebuch:

«Wir dürfen nicht die Wiedergeburt jener Welt [der Welt vor 1914], ihre Erneuerung und Besserung erwarten, sondern wir müssen mit einer endlosen Folge von Konflikten, Umsturz und Vernichtung durch Revolutionen und Kriege rechnen ... Wir müssen ... uns an ein Leben ohne Stabilität gewöhnen ..., so sehr es uns, die wir Männer waren, die arbeiteten, sich wohldurchdachte Programme setzten und sie ruhig ausführten, widerstrebt. Auf dieser Weltbühne, auf der wir bei jedem Schritt straucheln, müssen wir unser möglichstes tun, um mit Würde zu leben ...»

Zweifellos teilte die Mehrheit der über die Ereignisse nachdenkenden Europäer am Ende des Zweiten Weltkrieges den Pessimismus, der aus diesen Zeilen spricht. Und gewiß trafen Croces Prognosen in den ersten Nachkriegsjahren ein. Letztere bedeuteten für jedes Mitglied der Gemeinschaft Europas eine Zeit des politischen Konfliktes und der sozialen sowie der wirtschaftlichen Erschütterung; und die Probleme der einzelnen Gebiete Europas wurden um ein Vielfaches erschwert durch die Tatsache, daß der Kontinent als Ganzes in zwei Hälften zerrissen war, getrennt durch eine institutionelle und ideologische Schranke.

Die Europa aufgezwungene, ungeheure Zweiteilung stellte das Resultat der schließlich erfolgten, von Hitler vergeblich herbeigesehnten Auflösung der alliierten Kriegskoalition dar. Nach drei Jahren waren die westlichen Staatsmänner gezwungen einzusehen, daß die Waffenbruderschaft, die zum Sieg über Deutschland und Japan geführt hatte, nicht länger halten würde und daß die Sowjetunion – weit entfernt von dem Wunsch nach wirtschaftlicher und politischer Wiederbelebung der kriegszerrütteten Länder Europas – hoffte, das Elend und die Entbehrungen zur Verbreitung des Kommunismus im Westen ausnutzen zu können. Als Reaktion auf die offenkundig gewordene Bedrohung der politischen Freiheit Europas erfolgten nacheinander die Truman-Doktrin, der Marshall-Plan und die Gründung der Nordatlantikpakt-Organisation. Die Sowjets antworteten mit dem Warschauer Pakt – ein Zeichen dafür, daß die Sowjetunion nicht beabsichtigte, die in den ersten Nachkriegsjahren erlangte Kontrolle über die osteuropäischen Staaten wieder aufzugeben – und vollendeten damit den sogenannten Eisernen Vorhang, der den Kontinent in zwei Hälften teilte.

Auf der östlichen Seite dieser Schranke erzwang die Präsenz der sowjetischen Militärmacht die Angleichung von Ideologie und Institutionen sowie die wirtschaftliche und politische Zusammenarbeit der kleineren Staaten. Lediglich Jugoslawien gelang es, sich aus dem eisernen Griff dieses Systems zu lösen und eine unabhängige Position aufzubauen. Und das lag weitgehend an geographischen Zufällen. Den Versuch Ungarns im Jahre 1956, seinem südlichen Nachbarn nachzueifern, schlugen sowjetische Panzer nieder. Auch die Hoffnung der Tschechoslowakei vom Jahre 1968, die Härten des Totalitarismus zu mildern, wurde durch die entschlossene Intervention der Sowjets zerstört.

Beispiele von Zentralisation und Vereinheitlichung der Politik, erzielt durch Drohung oder Gewalt, gab es in der Geschichte nicht selten, und sie sind niemals besonders beeindruckend. Eine bemerkenswertere politische Entwicklung der Nachkriegszeit vollzog sich mit der freiwilligen Einigungsbewegung auf der westlichen Seite des Eisernen Vorhangs. Sie nahm verschiedene Formen an und brachte die Auseinandersetzung mit vielen schwierigen Problemen mit sich. Doch in Anbetracht der historischen Abneigung auf seiten der europäischen Staaten, etwas von ihrer Souveränität zu opfern, waren ihre Ergebnisse beeindruckend.

Während diese Entwicklungen vonstatten gingen, nahm der europäische Einfluß auf die Weltpolitik radikal ab. Gewiß hatte dieser Prozeß während des Krieges von 1914–18 schon begonnen und war durch die wirtschaftlichen Mißstände in der Zwischenkriegszeit beschleunigt worden. Doch blieb Europa bis zum Ausbruch des zweiten globalen Konfliktes Zentrum der Weltpolitik, und die Entscheidungen der europäischen Mächte bestimmten den Lauf der Ereignisse in weiten Teilen der Welt. Die langen, schweren Jahre von der Eroberung Warschaus durch die Nationalsozialisten bis zu Hitlers Selbstmord inmitten der Trümmer von Berlin veränderten all das grundlegend. Sie fügten allen europäischen Mächten so große materielle und psychische Schäden zu, daß die Reserven für eine völlige Wiedererlangung ihrer politischen Position aufgezehrt waren und daß sogar ihr Wunsch danach erlosch. Nach dem Krieg neigten einige Europäer dazu, die Übertragung der Macht und der Verantwortung auf die Vereinigten Staaten und die Sowjetunion mit Resignation zu betrachten, die mit Furcht, aber auch mit Befriedigung gemischt war. So erörterte «Punch» ironisch die unbestreitbaren Vorteile eines eventuellen Absinkens eines Staates auf einen zweit- oder gar drittrangigen Status.

Der Verlust ihrer Kolonialreiche im Orient, im Nahen Osten und in Afrika infolge von nationalistischen Bewegungen ließ die veränderte Position der europäischen Staaten in der Welt noch plastischer hervortreten. Diese Bewegungen hatten auch schon vor dem Krieg existiert; doch hatten sie in den ersten Phasen des Konfliktes, als sich herausstellte, daß weiße Nationen in ihren militärischen Fähigkeiten den Völkern anderer Hautfarbe nicht unbedingt überlegen sind, starken Auftrieb erhalten. Daß ihnen diese Tatsache nach dem Zweiten Weltkrieg in Korea und in Indochina wiederum vor Augen geführt wurde, verstärkte die Opposition gegen den Kolonialismus und erzwang in den britischen, französischen, holländischen und belgischen Kolonien Konzessionen ihm gegenüber. Als der Befreiungsprozeß einmal in Gang gesetzt worden war, vollzog er sich so überstürzt, daß er alle Erwartungen der Kriegszeit übertraf. Ende 1965 stellten die nach 1945 unabhängig gewordenen afrikanischen und asiatischen Nationen über die Hälfte der Mitglieder in der Vollversammlung der Vereinten Nationen – einer Organisation übrigens, die die Europäer aufgrund ihrer im Vergleich zu den Vereinigten Staaten und der Sowjetunion verminderten Stärke und aus anderen Gründen ernster zu nehmen gelernt hatten als den Völkerbund.

In wirtschaftlicher Hinsicht begann die Nachkriegszeit für Europa als Ganzes unter den trostlosesten Aussichten. Der Handel war zum Erliegen gekommen, die Industrie durch Kriegszerstörungen sowie durch Roh- und Treibstoffknappheit gelähmt; die Landwirtschaft litt unter einem Mangel an Maschinen, Saatgut und Kunstdünger; Verkehrs- und Fernmeldesysteme waren unterbrochen und in manchen Fällen durch Bomben weitgehend zerstört; Märkte und Verteilersysteme befanden sich nach der Vernichtung des nationalsozialistischen Reiches, das den Kontinent fünf Jahre lang umklammert hatte, in hoffnungslosem Durcheinander; Währungen waren abgewertet und Kreditmöglichkeiten unsicher; Lebensmittel- und Heizmaterial waren knapp und drohten völlig auszugehen. Überdies wurden alle Probleme doppelt erschwert durch die Demobilisierung der Heere und durch die Existenz von Millionen von Vertriebenen und Flüchtlingen, die das Lebensnotwendigste entbehrten.

Von diesen Bedingungen erholte sich Osteuropa langsamer als Westeuropa, großenteils deswegen, weil die östlichen Länder sich in allen grundlegenden Dingen nach der Sowjetunion richten mußten und ihnen die Chancen, die den westlichen Ländern offenstanden, versagt blieben. Ein weiterer Grund ist darin zu suchen, daß ihre Schutzmacht, die Sowjetunion, die durch den Krieg entsetzlichen physischen und wirtschaftlichen Schaden erlitten hatte, in den ersten Nachkriegsjahren nicht in der Lage war, ihnen materielle Hilfe zu gewähren. Doch selbst Polen, wo 38 Prozent des Reichtums des Landes sowie 85 Prozent der Hauptstadt Warschau und die Hafeneinrichtungen von Gdynia und Gdánsk zu 50 Prozent zerstört worden waren und wo die Probleme durch die großen Gebiets- und Bevölkerungsverschiebungen erschwert wurden, erholte sich stetig. In noch stärkerem Maße gilt dies für andere Teile Osteuropas. Wahrscheinlich waren westliche Besucher von Budapest und Bukarest in den 60er Jahren vom Äußeren dieser Städte und ihrer Einwohner beeindruckt, wenngleich man einen relativen Mangel an Verbrauchsgütern feststellte.

Der Fortschritt in Westeuropa gestaltete sich leichter, weil er durch Kredite aus den Vereinigten Staaten gefördert wurde und weil nach der Einführung des Marshall-Plans im Jahre 1948 auch anderweitige Hilfe zunahm. Nachdem die wirtschaftliche Entwicklung des Westens einmal eingeleitet war, machte sie im Vergleich zur Zwischenkriegszeit spektakuläre Fortschritte. Innerhalb eines Jahrzehnts erreichte die Produktion in manchen Ländern das dreifache

Volumen des Spitzenjahres 1913. Und dieses Wachstum ging in allen sozialen Schichten Hand in Hand mit einer Erhöhung des persönlichen Einkommens, so daß in nahezu allen Ländern die Reallöhne der Industriearbeiter doppelt so hoch lagen wie in der Vorkriegszeit. Es wäre schwierig, genau abzuschätzen, wieviel die Entwicklung auf einen Wirtschaftsverband hin hierzu beigetragen hat, ebenso schwierig wie zu ermitteln wäre, inwieweit es durch den Verlust der europäischen Kolonialrechte in Übersee beeinflußt war. In letzter Hinsicht ist jedoch anzumerken, daß der Lebensstandard sowohl in Belgien als auch in den Niederlanden nach dem Verlust ihrer Kolonien anstieg. Dies mag darauf hindeuten, daß Verwaltungstalent sowie technische Fertigkeiten wichtigere Ressourcen darstellen, als Lenin in seinem Buch über den Imperialismus mutmaßte.

Die wirtschaftliche Erholung auf beiden Seiten des Eisernen Vorhangs und die Entspannung zwischen den beiden Hälften Europas zu Beginn der 60er Jahre spiegelten sich in einem wachsenden Selbstbewußtsein wider, das einige interessante politische Resultate zeitigte. In Westeuropa bewirkte es eine Verlangsamung der Entwicklung zur politischen Einigung und in einigen Ländern die Anfänge einer Wiederbelebung des Nationalismus. Auch in Osteuropa lockerte sich die monolithische Einheit früherer Zeiten, und manchmal offenbarte sich der Wunsch nicht nur nach größerer Unabhängigkeit, sondern auch nach engeren Kontakten zum Westen. Unter westlichen Intellektuellen sprach man jetzt viel von einem «neuen Europa»; und einige derjenigen, die diesen Begriff verwendeten, dachten weniger an die Art der politischen Einigung, die Männer wie Robert Schuman, Alcide de Gasperi und Konrad Adenauer angestrebt hatten, sondern vielmehr an die Möglichkeit, der Charles de Gaulle Ausdruck verliehen hatte, nämlich die eines freien Europas der Vaterländer, das sich bis hin zum Ural erstrecken würde.

Geistige und kulturelle Strömungen werden im nächsten Kapitel erwähnt. An dieser Stelle muß jedoch hervorgehoben werden, daß die Teilung Europas sie beeinflussen mußte. Der Eiserne Vorhang bildete eine überaus schwer zu überwindende Schranke für den freien Ideenaustausch, für gegenseitige Anregungen sowie für eine geistige und wissenschaftliche Zusammenarbeit. Seit den Religionskriegen des 16. Jahrhunderts waren zwei Teile Europas nicht mehr so hermetisch voneinander abgeriegelt gewesen; und es ist unmöglich abzuschätzen, in welchem Ausmaß dadurch das Wiedererblühen des geistigen Lebens in Europa nach dem Krieg behindert wurde.

Jedoch scheinen Schranken immer eine Herausforderung für Menschen darzustellen. So gab es im Laufe der Nachkriegsjahre viele Freigeister, die sich bemühten, die physischen und geistigen Mauern, die die Menschheit trennten, niederzureißen. Das wurde nirgendwo so offenkundig wie im Bereich der etablierten Kirchen. Die Leiden, die der Zweite Weltkrieg verursacht hatte, regten die Kirchen zu einem neuen Geist der Toleranz und der Offenheit an, der sich in einer kraftvollen ökumenischen Bewegung niederschlug und darin, daß sie jetzt der Pflicht, sich um den internationalen Frieden zu bemühen, neues Gewicht beimaßen. Die Evangelische Kirche Deutschlands rief ihre Gemeinden auf, sich der Verantwortung für die während des Krieges im Namen Deutschlands begangenen Verbrechen zu stellen und damit den ersten Schritt zur Buße und Versöhnung zu tun. Die römisch-katholische Kirche reagierte ähnlich positiv auf die beängstigenden Probleme des Zeitalters. Während seines kurzen, aber anregenden Pontifikats drängte Papst Johannes XXIII. – ein Mann des Volkes, der das Verlangen der Massen instinktiv wahrnahm – die im Zweiten Vatikanischen Konzil versammelten Führungspersönlichkeiten seiner Religion, Formulierungen und Programme zu finden, die der zeitgenössischen Welt entsprächen, und die Christen in gesellschaftlich schöpferischer Bruderschaft zusammenzuführen. Sein Nachfolger, Paul VI., verkörperte den neuen Geist, indem er der erste reisende Papst der Neuzeit wurde und erstmalig Reisen nach Jerusalem und Indien unternahm, um Gespräche mit leitenden Persönlichkeiten seiner eigenen und anderer Kirchen zu führen. Im Oktober 1965 flog er ins Hauptquartier der UNO nach New York, wo er den versammelten Delegierten erklärte, sie seien berufen, «nicht nur einige, sondern alle Völker zu Brüdern zu machen... Kein Krieg mehr! Nie wieder Krieg! Der Friede muß das Schicksal aller Völker und der ganzen Menschheit bestimmen!»

29. Wiederaufbau und Entwicklung der europäischen Staaten 1945–1975

Der Friedensrahmen

Die Friedensverträge. Als ob sie erkannt hätten, daß sich der Übergang vom Krieg zum Frieden noch schwieriger gestalten würde als nach dem Ersten Weltkrieg, unternahmen die Siegermächte gar nicht erst den Versuch, eine allgemeine Friedenskonferenz abzuhalten. Die territoriale Regelung wurde in zahlreichen Konferenzen und Verhandlungen etappenweise ausgearbeitet, von denen manche bald mit Erfolg aufwarten konnten, während andere erst nach jahrelangen Beratungen, wenn überhaupt, ihren Auftrag zu Ende führten. Zwanzig Jahre nach Beendigung der Feindseligkeiten gegen die Achsenmächte stellten die Grenzen eines Großteils von Europa vom rechtlichen Standpunkt her gesehen immer noch bloße ad-hoc-Regelungen ohne vertragliche Bestätigung dar.

Dies galt beispielsweise für Deutschland, obschon sich die Alliierten während des Krieges auf die allgemeinen Prinzipien der Nachkriegsregelung geeinigt hatten. Im Hinblick auf die territoriale Ordnung war im Februar 1945 in Jalta entschieden worden, daß Deutschland bestimmte Ostprovinzen abtreten müsse, die an die Sowjetunion und an Polen gehen sollten. Und auf der

82. Potsdamer Konferenz 17. 7.–2. 8. 1945. Churchill, Truman und Stalin während einer Verhandlungspause vor Schloß Cäcilienhof

Konferenz von Potsdam im Juli und August 1945 hatten Stalin, Präsident Truman und der neue britische Premierminister, Clement Attlee, die Gebietszuteilung an Polen so definiert, daß sie das Territorium östlich der Oder und der Neiße, den südlichen Teil Ostpreußens (dessen übriges Gebiet an die Sowjetunion ging) und die ehemalige Freie Stadt Danzig umfaßte. Doch selbst über diesen Teil der Regelung bezüglich Deutschlands gab es anschließend Meinungsverschiedenheiten. Die Westmächte bestanden darauf, daß diese Abtretungen als Provisorium gelten sollten, bis sie durch einen offiziellen Vertrag bestätigt worden seien. Die Polen jedoch betrachteten die Potsdamer Zugeständnisse als endgültig, und mit sowjetischer Rückendeckung handelten sie dementsprechend.

Keine großen Meinungskonflikte erregte die Entscheidung, die deutschen Führungspersönlichkeiten zu bestrafen, die sich der Aggression schuldig gemacht und Verbrechen gegen die Menschlichkeit begangen hatten, durch die sechs Millionen Menschen in den deutsch-besetzten Gebieten umgekommen waren. Im November 1945 leitete ein internationaler Militärgerichtshof die Prozesse gegen die Hauptkriegsverbrecher ein. Abgesehen davon jedoch herrschte bald in allen Bereichen der Deutschlandpolitik Uneinigkeit unter den Alliierten.

83. Die Konferenz der großen Drei in Jalta auf der Krim 1945

In Übereinstimmung mit Entscheidungen, die bereits im Jahre 1943 getroffen und in Jalta präzisiert worden waren, wurde das besiegte Land in vier Zonen aufgeteilt, die von Großbritannien, Frankreich, der Sowjetunion und den Vereinigten Staaten besetzt und verwaltet werden sollten. Das tief in der sowjetischen Zone befindliche Berlin wurde ebenfalls in vier Zonen eingeteilt. Der Ausgangsgedanke war, daß die Besatzungsmächte eine rigorose Politik der Entnazifizierung, der Entmilitarisierung und der Umerziehung betreiben würden, daß Deutschland in Form von Kapitalausstattung und Auslandsanlagen Reparationen zahlen würde, daß es aber, nachdem der Sühne- und Rehabilitationsprozeß einigermaßen abgeschlossen wäre, wieder vereinigt werden und seine Souveränitätsrechte wieder zuerkannt bekommen sollte.

Dieses System der Vier-Mächte-Kontrolle trat in Kraft. Doch nahezu unmittelbar ergaben sich Probleme, weil die Sowjets darauf bestanden, die Reparationszahlungen der laufenden Produktion zu entnehmen anstatt aus Kapitalanlagen. Den Westmächten schien die sowjetische Politik darauf abzuzielen, die wirtschaftliche Erholung Deutschlands zu verhindern und durch die Verbreitung einer allgemeinen wirtschaftlichen Depression den Kommunismus zu fördern. Dieser Eindruck verstärkte sich durch die Nichteinhaltung des sowjetischen Versprechens, Lebensmittelvorräte aus ihrer Zone gegen Reparationsleistungen aus den drei anderen Zonen auszutauschen. Auf Proteste des

Westens reagierten die Sowjets mit der Forderung nach neuen Rechten – beispielsweise anteilige Kontrolle über das Ruhrgebiet –, und die Außenministerkonferenzen von Paris und Moskau in den Jahren 1946 und 1947 erwiesen sich als machtlos, den zunehmenden Streit beizulegen.

Um 1948 versuchte man auch nicht mehr den Eindruck zu erwecken, daß man eine gemeinsame Politik betreibe. Um der wirtschaftlichen Not ein Ende zu bereiten, führten die Westmächte in ihren Zonen eine Währungsreform durch, was zur Folge hatte, daß zwei Wirtschaftssysteme im Lande geschaffen wurden. Die Sowjetregierung hatte bereits zu erkennen gegeben, daß sie in ihrer Zone einen unabhängigen Kurs einschlagen würde. Im Juni 1948 demonstrierte sie durch Sperrung der Landwege zu den Westsektoren Berlins, daß ihre Ambitionen über den wirtschaftlichen Bereich hinausgingen. Die Berlinblockade wurde durch eine anglo-amerikanische Luftbrücke wirkungslos gemacht, die den westlichen Teil der Stadt versorgte, bis die Sowjetunion die Beschränkungen im Mai 1949 aufhob. Schon vor deren Aufhebung hatten die Westmächte beschlossen, Schritte zu unternehmen, um ihre Zonen wirtschaftlich und politisch zusammenzuschließen und in dem vereinigten Gebiet die Bildung einer autonomen deutschen Regierung zu fördern. Die sowjetische Regierung hatte in Berlin einen Volkskongreß ins Leben gerufen, der eine Verfassung für Ostdeutschland entwerfen sollte. Ende des Jahres 1949 war Hitlers Reich in zwei deutsche Staaten geteilt.

Unterdessen waren die Regelungen bezüglich Italiens und der anderen Satellitenstaaten der Achse weiter vorangeschritten. Auf einer Friedenskonferenz in Paris von Juli bis September 1947 gelang es, Verträge mit Italien, Bulgarien, Ungarn, Rumänien und Finnland aufzustellen. Die größten Schwierigkeiten bereitete der Vertrag mit Italien aufgrund eines lange währenden Streites der Alliierten über die Zukunft von Triest und aufgrund der heiklen Fragen, die Mussolinis Kolonialreich aufwarf. Schließlich verlor Italien seine Besitzungen in Afrika und mußte den größten Teil von Venetien einschließlich des Hafens Fiume an Jugoslawien abtreten. Triest wurde als Freie Stadt unter die Aufsicht und Schutzgarantie des Sicherheitsrates der Vereinten Nationen gestellt. Diese Regelung währte bis zum Jahre 1954, als ein Kompromiß erreicht werden konnte zwischen Italien, das die Hafenstadt zurückerhielt, und Jugoslawien, das das umliegende Gebiet bekam.

Finnland, das sich den Zielen Deutschlands während des Krieges nützlich gemacht hatte, bezahlte nun dafür mit dem Verlust einer Provinz und des größten Teils der karelischen Halbinsel an die Sowjetunion. Ungarn wurde gezwungen, Territorium an die Tschechoslowakei und Rumänien abzutreten, das (wie im Jahre 1940) Gebiete an die Sowjetunion und Bulgarien geben mußte. Der letztgenannte Staat erlitt keine territorialen Verluste, mußte aber ebenso wie seine Nachbarn Reparationen an die Siegerstaaten leisten (Bulgarien mußte 70 Millionen Dollar zahlen, Finnland, Ungarn und Rumänien je 300 Millionen Dollar, Italien 360 Millionen Dollar) und die Verringerung und Kontrolle seiner Streitkräfte hinnehmen. All diesen Staaten einschließlich

Italien wurde zur Auflage gemacht, ihren Völkern die Menschenrechte und Grundrechte zu garantieren, Kriegsverbrecher gerichtlich zu verfolgen und faschistische Organisationen aufzulösen sowie faschistische Elemente aus dem öffentlichen Leben auszuschließen.

Ein weiterer bedeutsamer Bestandteil dieser Verträge war, daß der Sowjetunion das Recht eingeräumt wurde, in Rumänien und Ungarn Truppen zu belassen. Dies geschah mit der Begründung, es sei notwendig, um die Verbindung mit Österreich aufrechtzuerhalten, wo Sowjettruppen weiterhin Besatzungsaufgaben wahrnahmen. Ebenso wie die Polen den Erwerb des Oder-Neiße-Gebietes, betrachteten auch die Sowjets die provisorische Gebietszuweisung als endgültig und zogen ihre Truppen nach Beendigung der Besetzung Österreichs nicht ab.

Die Regelung bezüglich des letzten ehemaligen Feindstaates, Japans, überließen die europäischen Alliierten größtenteils den Vereinigten Staaten. Nach einer Konferenz in Kairo im November 1943 hatten Präsident Roosevelt, Premierminister Churchill und Generalissimo Tschiang Kai-scheck angekündigt, bei Wiederherstellung des Friedens würde man Japan seine Eroberungen abnehmen. Zweifellos wurden die Erwartungen der chinesischen Regierung durch die nachfolgende Entscheidung der Großen Drei in Jalta enttäuscht. Der Sowjetunion wurden nämlich die Rechte wieder zuerkannt, die das Zarenreich

84. Franklin D. Roosevelt (1882–1945), amerikanischer Präsident, nach seiner triumphalen Wiederwahl am 4. 11. 1936

85. Bürgerkrieg in China 1947–1949. Flüchtlinge nach Hongkong

vor 1905 innerhalb des chinesischen Kaiserreiches besessen hatte. Später wurde der Sowjetunion erlaubt, den nördlich des 38. Breitengrades gelegenen Teil Koreas zu besetzen. Mit der Zeit sollten diese Konzessionen in Frage gestellt werden; doch sie waren gemacht worden, um den Eintritt der Sowjetunion in den Krieg gegen Japan sicherzustellen, was zu einer Zeit, als die Wirkung der Atombombe noch nicht bekannt war, wichtig erschien.

Während sich die Sowjetunion nach der Kapitulation der Japaner mit dem asiatischen Festland befaßte, besetzten die Vereinigten Staaten Japan und betrieben unter der Aufsicht von General Douglas MacArthur, dem Obersten Befehlshaber der Alliierten, eine Politik der Entmilitarisierung und der Demokratisierung. Im allgemeinen entwickelte sich die Politik des Westens gegenüber Japan ganz ähnlich wie die im Hinblick auf Westdeutschland. Das heißt, nach dem Zusammenbruch der interalliierten Zusammenarbeit und dem Sieg des Kommunismus in China drängten die Vereinigten Staaten auf eine endgültige Regelung zwischen Japan und den Westmächten, die jenes Land in eine Bastion gegen den kommunistischen Einfluß verwandeln sollte.

Der Wiederaufbau des Westens

Das sozialistische Großbritannien. Während diese diplomatischen Übereinkünfte getroffen wurden, unternahmen die Länder Europas noch einmal den schmerzlichen Versuch, die Verwüstungen des Krieges zu beseitigen. Wiederum war die Notlage der Sieger nahezu ebenso verzweifelt wie die der Besiegten. Großbritannien beispielsweise hatte nicht nur weitaus größere physische Schäden erlitten als im Ersten Weltkrieg, sondern auch faktisch seine gesamten Auslandsanlagen ausgegeben, und seine wirtschaftlichen Hilfsquellen waren erschöpft.

Unter diesen Bedingungen machte sich das britische Volk an die «Bewältigung» – «to cope» war in den 40er Jahren ein Lieblingsausdruck der Briten. Ihr erster Schritt war, Churchill von seinem Posten des Premierministers abzusetzen, indem sie in den Wahlen von 1945 die Labour-Partei an die Macht brachten. Der Sieg der Labour-Partei, mit dem diese 390 von 640 Sitzen im Unterhaus errang, bedeutete das verspätete Urteil über die unwirksame Sozialpolitik der Konservativen Partei in den 30er Jahren und offenbarte eine

86. Sir Winston Churchill (1874–1965), englischer Premierminister, an seinem 80. Geburtstag

Entschlossenheit, die Demokratie in der Wirtschaft Englands funktionsfähig zu machen.

In ihrer sechsjährigen Amtszeit (im Februar 1950 wurde die Labour-Partei mit 315 gegenüber 297 Sitzen des konservativen Blocks und 9 der Liberalen wieder ins Amt gewählt. In den Wahlen von Oktober 1951 gelangten die Konservativen jedoch mit 321 gegenüber 291 Sitzen der Labour-Partei wieder an die Macht) setzte die Labour-Regierung ein umfassendes Programm der Sozialreform und der industriellen Reorganisation in Kraft. Die im Jahre 1946 verabschiedete «National Insurance Act» ging erheblich weiter als das Versicherungsgesetz vom Jahre 1911 (s. S. 243). Sie sah die Krankenversicherung, Alters- und Arbeitslosenversicherung vor und wurde durch die «Industrial Injuries Act» (gesetzliche Unfallversicherung) und die «National Assistance Act» (Gesetz über Familien- und Kinderbeihilfe) ergänzt. Ein noch revolutionäreres Gesetzgebungswerk stellte die «National Health Service Act» (Gesetz über den staatlichen Gesundheitsdienst) dar, die die kostenlose ärztliche Versorgung (einschließlich Krankenhausleistungen, Pflegekosten, Zahnersatz und anderer medizinischer Hilfsmittel) für alle britischen Bürger vorsah, die unter dieses Gesetz fielen.

Diese Leistungen bildeten einen gewissen Ausgleich zu den Einschränkungen im englischen Leben während der ersten Nachkriegsjahre, als Geldknappheit und Importüberschuß die Regierung zwangen, die im Krieg eingeführte Rationierung von Lebensmitteln, Treibstoff und Kleidung beizubehalten und den Währungsbetrag, den britische Reisende aus dem Land ausführen durften, zu begrenzen. Mit der Zeit wurde die Währungsknappheit durch Kredite aus den Vereinigten Staaten und das Europäische Wiederaufbauprogramm (OEEC) sowie im September 1949 durch eine erneute Pfundabwertung gemildert. Während Handel und Industrie einen relativen Aufschwung erlebten, blieb die Handelsbilanz negativ. Nachdem die Auslandsanlagen durch zwei Weltkriege erschöpft waren, mußte das Land seine Verbindlichkeiten durch Exporte bestreiten.

Diesem Problem versuchte die Labour-Regierung – einigermaßen erfolgreich – mit dem zweiten Teil ihres Programms zu begegnen. Er zielte darauf ab, mittels der in der Zwischenkriegszeit versäumten grundlegenden Reorganisation und Modernisierung der britischen Industrie die Produktion zu steigern. Er wurde mit der Verstaatlichung einer Reihe von Schlüsselindustrien unter Entschädigung der früheren Eigentümer eingeleitet: der Bank von England, des Telegraphenwesens und des Rundfunks sowie der zivilen Luftfahrt im Jahre 1946; der Kohlenbergwerke, Kanäle, Docks und Straßentransportbetriebe im Jahre 1947; der Energiebetriebe im Jahre 1948 sowie der Eisen- und Stahlindustrie im Jahre 1951.

Nach der Rückkehr der Konservativen und damit Churchills an die Macht im Jahre 1951 wurde ein Teil dieses Programms wieder rückgängig gemacht. Die Stahlindustrie wurde reprivatisiert, und die Straßentransportbetriebe gingen wieder in Privathände über; beides aber blieb unter staatlicher Aufsicht. So sehr die Konservativen auch auf Rednertribünen und im Parlament gegen die Labour-Partei wettern mochten, sie fanden es schwierig und unzweckmäßig, zum alten freien Wirtschaftssystem zurückzukehren. Ob es ihnen gefiel oder nicht, England hatte eine Revolution durchgemacht – was die Mittel anging, eine vorsichtige Revolution, die aber dennoch den umfassendsten sozialen Wohlfahrtsstaat der westlichen Welt schuf. Und dieses war nicht das Verdienst einer einzelnen Partei. Zumindest einen wichtigen Beitrag hatte die (von allen Parteien getragene) Nationalregierung vor ihrer Entlassung im Jahre 1945 geleistet. Es war die «Education Act» von 1944, die die Schulpflicht verlängerte und die Schulgeldfreiheit für weiterführende Schulen einführte. Dieses grundlegende Gesetz wurde nach 1945 durch ein Aktivprogramm für die Errichtung von Schulen und ein staatlich unterstütztes Programm für Erwachsenenbildung ergänzt sowie dadurch, daß man Stipendien in der höheren Bildung größere Aufmerksamkeit schenkte.

Mit ihrer Bereitschaft, eine veränderte Form des Sozialprogramms der Labour-Partei zu akzeptieren, gewannen die Konservativen die Mittelstandswähler zurück, die der Partei im Jahre 1945 den Rücken gekehrt hatten. In den Wahlen von 1955 und 1959 errangen die Konservativen eine eindrucksvolle Mehrheit im Unterhaus, wobei ihr Erfolg vom Jahre 1959 angesichts ihres ungeschickten Verhaltens während der Suezkrise (s. S. 624f.) um so beeindruckender war.

Frankreich: Die Vierte und die Fünfte Republik. Die erste französische Nachkriegsregierung wurde von der Bewegung Freier Franzosen gebildet, die seit 1940 sowohl innerhalb als auch außerhalb Frankreichs den Widerstand gegen die Achse angeregt hatte. Mit der Landung der Alliierten in Frankreich im Juni 1944 brach das Vichy-Regime rasch in sich zusammen.

Im September 1944 ernannte General Charles de Gaulle eine «Provisorische Regierung der französischen Republik», die Frankreich in Zusammenarbeit mit der im November 1943 in Algier gebildeten und zur Zeit der alliierten Invasion nach Frankreich herübergekommenen Konsultativen Versammlung regierte. Diese provisorischen Organe lenkten die französische Politik, während das Land die Unruhe und die Erschütterungen der Befreiungsperiode durchmachte. Und sie leiteten das Programm zur Verstaatlichung der Bergwerke, der Grundindustrien und des Kreditwesens ein, das bei der wirtschaftlichen Wiederbelebung des Landes eine bedeutende Rolle spielen sollte.

Ende 1945, als endlich geordnetere Verhältnisse herrschten, wurden Wahlen für eine Nationalversammlung abgehalten, die eine Verfassung für den Staat entwerfen sollte. Aus den Debatten dieses Organs ging bald deutlich hervor, daß die meisten Abgeordneten das Verfassungssystem der Dritten Republik wiederaufleben lassen wollten, dessen Machtzentrum die Legislative und dessen Exekutive schwach gewesen war. De Gaulle, den die Versammlung zum provisorischen Präsidenten gewählt hatte, stellte sich der Wiedereinführung dieses Systems energisch entgegen und trat zurück, um sie zu verhindern. Er

87. Charles de Gaulle (1890–1970), französischer General und Staatspräsident

vermochte aber lediglich geringfügige Änderungen an dem im Oktober 1946 durch Volksentscheid angenommenen Verfassungsentwurf durchzusetzen. Es ist jedoch erwähnenswert, daß 9,25 Millionen Menschen der Urkunde zustimmten, 8 Millionen sie aber ablehnten und 8,5 Millionen sich der Stimme enthielten – Zahlen, die wenig Anlaß gaben, auf die Langlebigkeit des neuen Regimes zu hoffen.

Die so ins Leben gerufene Vierte Republik währte dennoch zwölf Jahre und leistete viel für das Land, besonders auf wirtschaftlichem Gebiet. Ihr Erfolg wird sehr deutlich, wenn man überlegt, daß im Jahre 1947 eine Streikwelle die französische Wirtschaft erschütterte und sich das soziale Elend derartig stark ausprägte, daß pessimistische westliche Zeitungsauguren eine kommunistische Machtergreifung für das Ende des Jahres voraussagten. Die Gründe für den Aufschwung waren vielfältig. Hierbei spielte die Hilfe aus dem Marshall-Plan der Vereinigten Staaten (s. S. 611) eine Rolle, vor allem bei der Überwindung der Krise von 1947–48, ebenso wie die Erlasse zur Verstaatlichung aus dem Jahre 1946. Vieles erreichte man mit der systematischen Modernisierung der Energiequellen, der Industrieanlagen und der landwirtschaftlichen Geräte. Zugleich wurde der Fortschritt durch staatliche Planung vorangetrieben, die dem Kohlenbergbau, der Energiegewinnung, der Stahlindustrie, der Zementherstellung, dem landwirtschaftlichen Maschinenbau und der Transportmittelindustrie Produktionsziele setzte. Schließlich war das französische Volk bei der Aufgabe des Wiederaufbaus von Zuversicht und Energie beseelt. Dank des Zusammenwirkens all dieser Kräfte stieg das Bruttosozialprodukt zwischen 1949 und 1957 um 49 Prozent, die Bevölkerung im Alter von vier bis vierzehn Jahren wuchs um 37 Prozent, die landwirtschaftliche Produktion um 24 Prozent, die Produktion der chemischen Industrie um 132 Prozent, die Anzahl der Fahrzeuge um 100 Prozent, das Investitionsvolumen um 142 Prozent usw.

Leider war in der Funktionsweise der politischen Institutionen Frankreichs von diesem bewunderungswürdigen Geist und Elan nichts zu entdecken. Bei republikfeindlichen Parteien auf der Rechten und der Linken (de Gaulles «Rassemblement du Peuple» [RPF] und den Kommunisten) beruhte die Regierung auf unsicheren Bündnissen von Sozialisten, Radikalen, Mitgliedern der katholischen Volksrepublikaner (MRP) und verschiedenen konservativen Gruppen. Diese Koalitionen waren so zerbrechlich, daß es in den zwölf Jahren der Vierten Republik 25 verschiedene Regierungen gab. Daß ein Regieren überhaupt möglich war, lag an dem stabilisierenden Einfluß einer Bürokratie von Fachleuten. Eine zunehmende Tendenz im Europa nach dem Zweiten Weltkrieg trat in Frankreich am deutlichsten zutage: die Erweiterung der Verwaltung auf Kosten der parlamentarischen Institutionen.

Die Inanspruchnahme durch politische Machenschaften ging einher mit einer Haltung, die man durchaus als eine Nichtbereitschaft bezeichnen kann, Verantwortung zu übernehmen oder überhaupt einzusehen, daß es so etwas gab wie Verantwortung, die es zu übernehmen galt. Rügen wegen der erfolglosen Kolonialpolitik Frankreichs nach dem Krieg wurden so schwach erteilt, daß niemand überhaupt für schuldig befunden wurde. Wenn gelegentlich ein energischer Minister auftrat, der bereit war, eine Teilverantwortung für eine Katastrophe zu übernehmen – wie René Pleven im Falle der Niederlage von Dien Bien Phu im Jahre 1954 –, oder sich darum bemühte, eine untragbare Situation zu beheben, und den Verantwortlichen für das Entstehen einer solchen Situation suchte – wie Pierre Mendès-France im Hinblick auf den Indochinakrieg –, so betrachtete der durchschnittliche Parlamentarier dieses als einen Verstoß gegen die Regeln. Diese Vorgehensweise führte zur Behinderung der Demokratie und höhlte das Vertrauen der Öffentlichkeit in das Regierungssystem allmählich aus. Überdies bewirkte sie in der Außenpolitik eine Verhaltensweise, die Frankreichs Verbündete zur Verzweiflung trieb (wie z. B. im August 1954, als die Nationalversammlung, großenteils weil sie wieder einmal eine Regierung stürzen wollte, Jahre der interalliierten Planung zunichte machte, indem sie gegen die Europäische Verteidigungsgemeinschaft stimmte [s. S. 614f.]); und sie führte zu einer verhängnisvollen Mißwirtschaft in Afrika und im Fernen Osten.

Schließlich erregte die verfehlte Politik in Übersee den Widerstand der französischen Armee, die sich seit der Dreyfus-Affäre aus der Politik herausgehalten hatte. Seit 1945 hatte die Armee tapfer und unter großen Verlusten gekämpft – in Indochina, in Tunis und in Marokko –, um dann schließlich

88. Indochinakrieg. Schlacht um Dien Bien Phu 1953/1954

durch politische Entscheidungen, die Paris traf, gezwungen zu werden, sich von dem umkämpften Boden zurückzuziehen. Offiziere der Armee fürchteten eine weitere unrühmliche Kapitulation in Algerien, wo seit 1954 der Bürgerkrieg wütete (s. S. 632). Um dies zu verhindern, rissen sie im Mai 1958 die Macht in Algerien an sich und forderten die Ernennung General de Gaulles zum Regierungschef.

Die Regierung wich vor der sich rasch ausweitenden Rebellion zurück und nahm Verhandlungen mit de Gaulle auf, der sich bereit erwies, politische Verantwortung zu übernehmen. Die Nationalversammlung bevollmächtigte ihn, dem Volk eine neue Verfassung zur Abstimmung zu unterbreiten. Sein Entwurf sah eine vom Volk gewählte Versammlung und einen durch indirekte Wahlen gewählten Senat vor, ließ deren Vollmachten aber im unklaren. Ein alle Völker der Französischen Gemeinschaft repräsentierender, 80 000 Wahlmänner umfassender Wahlausschuß oder ungefähr ein Wahlmann pro 1000 Einwohner sollte für eine Amtszeit von sieben Jahren einen Präsidenten wählen, der mit umfassenden Machtbefugnissen ausgestattet würde. Die

Minister des Staates blieben theoretisch weiterhin der Nationalversammlung verantwortlich, praktisch aber wurden sie Dolmetscher und Vollzugsbeamte der Wünsche des Präsidenten. Dennoch gab es abgesehen von den Kommunisten und einer kleinen Gruppe um Mendès-France keine echte Opposition gegen diesen Rechtsruck, in erster Linie deshalb, weil jeder die Vierte Republik von Herzen leid war. Im September stimmte im französischen Mutterland eine Mehrheit von vier zu eins im Volksentscheid für die Verfassung, und anschließend billigten alle Mitglieder der Französischen Gemeinschaft sie, mit Ausnahme von Guinea, das seine Beziehungen zu Frankreich abbrach. (Die Französische Gemeinschaft war als eine Gruppe von 13 Staaten definiert, die sich in der Reihenfolge der Bevölkerungszahlen folgendermaßen zusammensetzte: die Republik Frankreich [das französische Mutterland, die Departements Algerien und Sahara, die Überseedepartements und die Überseegebiete], die Republik Madagaskar, die Republik Sudan, die Republik Obervolta, die Republik Elfenbeinküste, die Tschad-Republik, die Republik Niger, die Republik Senegal, die Republik Dahome, die Zentralafrikanische Republik, die Republik Kongo, die islamische Republik Mauretanien und die Republik Gabun.)

In den Wahlen vom November 1958 errangen die Anhänger de Gaulles einen überwältigenden Sieg, während sich die Vertretung der Kommunisten, die seit 1945 etwa ein Drittel der Sitze in der Nationalversammlung innegehabt hatten, von 144 auf 10 Sitze verringerte. Am 21. Dezember 1958 wurde de Gaulle mit mehr als 62 000 Stimmen des Wahlausschusses zum Präsidenten gewählt. Er begab sich unmittelbar an die Aufgabe, für die verworrene Lage in Algerien eine Lösung zu finden. Es erwies sich als ein langes, mühseliges Geschäft. Erst im Jahre 1962 wurde die Geduld des Präsidenten durch Waffenruhe und die Annahme einer Regelung, mit der Algerien die Unabhängigkeit erhielt, belohnt (s. S. 633). In den Jahren bevor eine Lösung gefunden wurde, übertrug sich die für den Algerienkonflikt charakteristische Gewalt auf Frankreich. Gewaltverbrechen sowie politischer Terrorismus nahmen zu; im Jahre 1962 wurden drei Attentate auf den Präsidenten verübt.

Im darauffolgenden Zeitraum brachten die gemäßigten und die linken Parteien ihre Besorgnis über den immer stärker werdenden Hang des Präsidenten, die Vollmachten seines Amtes auf Kosten des Parlaments auszudehnen, zum Ausdruck. Die große Mehrheit der Franzosen schien darüber weniger beunruhigt zu sein. Dem Land ging es wirtschaftlich gut. Zwischen 1946 und 1960 wuchs die Bevölkerung um 5,6 Millionen, Lebensstandard und Gesundheitsniveau lagen hoch, in Industrie und Handel herrschte Hochkonjunktur, und die Zahlungsbilanz war ausgeglichen. Unter diesen Umständen erregte sich der durchschnittliche Franzose über die Politik nur dann, wenn seine direkten Interessen in Mitleidenschaft gezogen waren, und er neigte dazu, die großen Probleme dem Präsidenten zu überlassen. Eine Zeitlang konnte de Gaulle daher nach seinem Belieben schalten und walten.

Die befreiten Staaten. Ebenso wie Frankreich hatten die Niederlande, Luxemburg, Norwegen und Dänemark unter deutscher Besatzung und aufgezwungenen Marionettenregimen gelitten. In allen Fällen brachte die Wiederherstellung von Freiheit und Selbstverwaltung politische und wirtschaftliche Probleme mit sich. Es zeigte sich, daß Belgien unter diesen Staaten wirtschaftlich am besten dastand, sich aber politisch in der schwierigsten Lage befand. Sein wirtschaftlicher Aufschwung setzte im September 1944, nahezu unmittelbar nach der Ankunft der alliierten Truppen ein, da Antwerpen das wichtigste Versorgungszentrum für den letzten Vorstoß gegen Deutschland wurde. Einen zeitweiligen Rückschlag erlitt die aufwärtsstrebende Wirtschaft durch die Schlacht in den Ardennen (s. S. 549); doch bald war Belgien das blühendste Land in Westeuropa. Die Modernisierung seiner Industrieanlagen und die Zollabkommen mit der Regierung der Niederlande und der des Großherzogtums Luxemburg förderten seinen Fortschritt. Die Zollabkommen bildeten die Grundlage für die sogenannte Benelux-Zollunion, die später, im Februar 1958, zur Benelux-Wirtschaftsunion erweitert wurde. Mit diesem Zusammenschluß hoben die drei Teilnehmerstaaten die Zollschranken untereinander auf und betrieben eine gemeinsame Handelspolitik gegenüber der Außenwelt sowie einen einzigen Arbeitsmarkt unter Freizügigkeit der Arbeitnehmer innerhalb der drei Nationen.

Die ernstesten Streitpunkte im Nachkriegs-Belgien betrafen die Frage des Status von König Leopold III., die Kolonialfrage und das schon immer schwierige Sprachenproblem. Seine Kapitulation den Deutschen gegenüber im Jahre 1940, seine angebliche Vorliebe für eine autoritäre Regierungsform und seine Heirat mit einer Bürgerlichen nach dem Tode Königin Astrids hatten Leopold das Vertrauen vieler seiner Untertanen gekostet. Die Tatsache, daß seine Gattin Flämin war, gewährleistete ihm die Stimmen der Protestanten, bewirkte aber die Abkehr derjenigen, die über die Vorteile verärgert waren, die die flämische Bewegung während der deutschen Besatzung errungen hatte. Im Jahre 1950 ging aus einer Volksabstimmung hervor, daß 57 Prozent der Wähler bereit waren, Leopold weiterhin als Herrscher zu akzeptieren; doch bewogen ihn nachfolgende Unruhen, angestiftet von der sozialistischen Opposition, zugunsten seines Sohnes Baudouin abzudanken. Baudouin wurde im Jahre 1951 König.

Danach verlief die belgische Politik verhältnismäßig ruhig, bis im Jahre 1960 die Entscheidung fiel, dem Kongo die Unabhängigkeit zu gewähren (s. S. 635). Die Unzufriedenheit über diese Lösung legte sich schnell, als man erkannte, daß der Verlust dieser Kolonie nicht die befürchteten wirtschaftlichen Nachteile mit sich brachte; und dann wurde die Kolonialfrage ohnehin von dem viel heikleren Sprachenproblem verdrängt.

Die Konzessionen, die den flämischen Nationalisten in der Zwischenkriegszeit gemacht worden waren (s. S. 495), hatten deren Anführer nie zufriedengestellt. Nun äußerten sich ihre Bestrebungen in Forderungen nach einer regelrechten Teilung des Landes in zwei locker miteinander verbundene, gemäß Sprachgebieten getrennte, autonome Staaten mit der gemeinsamen Hauptstadt Brüssel. Damit regten sie ähnliche Forderungen auf seiten extremistischer Wallonen an. Die sozialistische und die liberale Partei, die das Zünglein an der Waage der politischen Macht bildeten, widersetzten sich der Teilung, hielten es aber für zweckmäßig, vermittelnd einzugreifen. Im Jahre 1964 verabschiedeten sie ein Gesetz, das im Norden des Landes Flämisch und im Süden Französisch zur Amtssprache erklärte, in Brüssel aber beide zu offiziellen Sprachen erhob. Die Hoffnung jedoch, daß diese Regelung der anhaltenden Agitation ein Ende bereiten würde, erfüllte sich in den folgenden Jahren nicht. Das Sprachenproblem löste 1965 und 1966 Regierungskrisen aus, und trotz erneuter Reformen zur regionalen Dezentralisation trug es Ende 1972 zu ernsten parlamentarischen Auseinandersetzungen bei.

In Luxemburg und den Niederlanden wurde die Regierung reibungslos wieder eingesetzt. Für die Niederlande stellte der Verlust des Kolonialreiches in Indonesien (s. S. 629), der vorübergehend wirtschaftliche Erschütterungen mit sich brachte, das politische Problem dar, das die schärfste Auseinandersetzung heraufbeschwor. Letztlich aber schien diese Einbuße der Wirtschaft eher zum Vorteil als zum Nachteil zu gereichen. Zwischen 1958 und 1963 wuchs das Bruttosozialprodukt um 34 Prozent und der Export um 50 Prozent – Zahlen, die nur noch von Italien und der Bundesrepublik Deutschland übertroffen wurden.

Sowohl Dänemark als auch Norwegen erholten sich rasch von den wirtschaftlichen Auswirkungen der deutschen Besatzung. Ebenso wie im Falle der Benelux-Länder herrschte auch hier eine Tendenz zur regionalen wirtschaftlichen Zusammenarbeit vor, wenngleich sich deren Auswirkungen nur langsam bemerkbar machten. Im Jahre 1957 unterbreitete ein Komitee zur wirtschaftlichen Zusammenarbeit, das die Regierungen Norwegens, Dänemarks, Schwedens und Islands – letzteres erlangte 1944 die Unabhängigkeit von Dänemark – zehn Jahre vorher gegründet hatten, und dem Finnland 1956 beigetreten war, den Regierungen seiner Mitgliedstaaten den Entwurf zu einem Abkommen über eine Nordische Zollunion, der gleiche Zölle gegenüber Drittländern sowie einen gemeinsamen Absatz-, Arbeits- und Kreditmarkt für ihre Mitglieder vorsah.

Sowohl in Dänemark als auch in Norwegen war die Politik der ersten Nachkriegsjahre von der Verfolgung derjenigen, die mit den Deutschen kollaboriert hatten, beherrscht. Trotz kommunistischer Versuche, das Prinzip der Monarchie zu unterminieren, bestand keinerlei Neigung, die monarchischen Institutionen der Vergangenheit zu verändern. Sozialisten und Agrarier bildeten die stärksten politischen Parteien Dänemarks, und während der 50er und 60er Jahre regierten erstere im allgemeinen in einer Koalition mit der Radikalen Partei. Das politische Hauptproblem stellten in diesem landwirtschaftlich orientierten Staat die Agrarpreise dar. In Norwegen behielt die Arbeiterpartei, die in den 30er Jahren erstmalig an die Macht gekommen war, die Kontrolle über das Parlament und führte neue Experimente bezüglich der

Demokratisierung der Wirtschaft durch, vor allem im Bereich der Sozialversicherung. In den Wahlen vom September 1965 verlor die Arbeiterpartei allerdings nahezu sechs Prozent ihrer Wählerstimmen und mußte die Macht an eine Koalition von Mittelstandsparteien abtreten. Diese Entwicklung verlangsamte das Tempo der Sozialreform jedoch keineswegs.

Die westlichen Neutralen. Fünf Staaten Westeuropas waren während des Zweiten Weltkrieges neutral geblieben: Schweden, die Schweiz, Irland (obgleich Tausende von Iren in britischen Armeen kämpften), Portugal und Spanien.

Die ersten beiden dieser neutralen Staaten profitierten aufgrund deutscher Aufträge und alliierter Vorkaufsprogramme, durch die dem Feind strategisches Material entzogen werden sollte, erheblich vom Krieg. Die Beendigung des Krieges gab Anlaß zur Befürchtung ernster wirtschaftlicher Erschütterungen. In der Realität trafen sie aber nicht ein. Die gesamte Nachkriegszeit hindurch herrschte in der Schweiz Vollbeschäftigung, und darüber hinaus bot sie Ausländern Arbeitsplätze. Die meiste Zeit über verzeichnete sie außerdem Exportüberschüsse. Im Falle Schwedens wurde die Einbuße des bedeutenden Absatzmarktes Deutschland in den ersten Jahren nach 1945 durch ein einträgliches Wirtschaftsabkommen mit der Sowjetunion ausgeglichen; und Mitte der 50er Jahre befand sich das Land wieder in einer gesunden Handelsposition.

In der Schweiz stellte die Lockerung der Kriegskontrollen, die die bereits starke Tendenz zur Zentralisierung der Macht noch verstärkt hatten, die wichtigste politische Entwicklung dar. In Schweden konzentrierte sich die Politik ebenso wie in anderen skandinavischen Ländern auf Betreiben der sozialistischen Partei, die sich von 1945 bis 1976 ununterbrochen an der Macht befand, auf die Ausweitung der Sozialversicherungsgesetze. In den 60er Jahren wurde deutlich, daß selbst ein so reiches und dem Prinzip des Wohlfahrtsstaates so sehr verpflichtetes Land wie Schweden nicht immun war gegen die Probleme, die seine größeren Nachbarn bedrängten (s. S. 585 ff.) Als Olof Palme Ende 1969 ins Amt kam, kündigte er an, seine Regierung werde sich bemühen, den technologischen Fortschritt unter Kontrolle zu bekommen, um untragbare soziale Auswirkungen zu vermeiden, und sie werde auf ein höheres Maß an sozialer Gleichheit und demokratischer Regierungsbeteiligung hinarbeiten. Schweden blieb eine Monarchie.

Südirland löste 1949 seine letzten Bindungen an Großbritannien und nahm den Titel Republik Irland an. 1955 wurde das Land Mitglied der Vereinten Nationen, und im Jahre 1960 hatte ein Ire, Frederick H. Boland, das Amt des Präsidenten der Generalversammlung inne.

Die volkstümliche Kriegsliteratur und Filme vermitteln den Eindruck, die Einwohner Lissabons hätten während des Krieges allein von den Einkünften aus den Trinkgeldern der in jener Hauptstadt aktiven Agenten und Gegenagenten der Achsenmächte und der Alliierten gut leben können. Dies ist zweifellos übertrieben, doch trifft es zu, daß Portugal wirtschaftlich von seiner neutralen Haltung profitierte. Bei Kriegsende erlitt das Land jedoch eine merkliche wirtschaftliche Flaute, und die in den folgenden Jahren mühsam aufrechterhaltene Produktionsrate in Landwirtschaft und Industrie konnte mit der Quote des Bevölkerungswachstums – einer der höchsten in Europa – nicht Schritt halten. Zweifellos sind die ungewöhnliche politische Opposition bei den Präsidentschaftswahlen nach dem Tode Marschall Carmonas (s. S. 496) im Jahre 1951 sowie die sporadischen Demonstrationen von Studenten und Arbeitern in den folgenden fünfzehn Jahren auf die Verschlechterung der wirtschaftlichen Bedingungen zurückzuführen. Keines dieser Vorkommnisse war stark genug, um das Regime zu erschüttern, obschon die Diktatur Salazar sich aufgerufen fühlte, die politischen Rechte des einzelnen noch stärker einzuschränken. Portugal wurde im Jahre 1955 Mitglied der Vereinten Nationen, bieb aber in allen wesentlichen Dingen bis zu den 70er Jahren, als wachsende wirtschaftliche Probleme und Aufstände in den afrikanischen Kolonien Portugals weitverbreitete Volksunruhen verursachten, ein autoritärer Staat. Ein Militärputsch im Jahre 1974 leitete eine Periode des politischen Umsturzes ein, in der gemäßigte demokratische Kräfte allmählich die Oberhand gewannen.

Auch Spanien hatte während des Krieges offiziell die Neutraliät gewahrt, wenngleich General Franco spanischen «Freiwilligen» erlaubt hatte, auf seiten der Achse an der russischen Front zu kämpfen. Dieses Zugeständnis und die Erinnerung an den Bürgerkrieg genügten, um alle Hoffnungen auf eine Versöhnung mit den Siegerstaaten in den unmittelbaren Nachkriegsjahren zu zerstören. 1945 schlossen die in San Francisco versammelten Nationen Spanien von der UNO aus. Später, als der kalte Krieg die stärksten NATO-Länder zu der Überzeugung führte, es sei notwendig, in Spanien Stützpunkte zu haben, brachte dieses Votum sie einigermaßen in Verlegenheit, und im Jahre 1955 wurde das Land schließlich zur UNO zugelassen.

Das Geld, das die Touristen in Spanien ausgaben, und die amerikanische Militärhilfe nach 1953 steuerten zur Linderung der Probleme bei, die aus einer unglücklichen Kombination von stagnierender Wirtschaft und steigender Geburtenrate erwuchsen, konnten sie aber nicht lösen. Auch die diktatorische Disziplin vermochte sie nicht zu bewältigen. Im Laufe der Jahre nahm die Opposition gegen das Regime zu. Besonders in den baskischen Provinzen erlangte eine liberale Bewegung innerhalb des Klerus Gewicht und begann, auf Sozialreformen zu drängen. Gegen Ende der 50er Jahre wurden Arbeiter in den Bergbaugebieten zunehmend aufrührerisch, und in anderen Gewerbezweigen gründete man aus Opposition gegen die staatlichen «Syndikate» illegale Arbeiterkommissionen. Mitte der 60er Jahre schlossen sie sich in einem lockeren Bund zusammen. Auch unter den Studenten wuchs der Widerstand. In der Tat erhoben sich die Studenten der Universität Madrid im Jahre 1955 in einer ersten deutlichen Geste des Widerstands gegen das Regime. Sie nahmen den Tod Ortega y Gassets, des hochangesehenen Philosophen und bekannten Gegners der Franko-Diktatur, zum Anlaß, um eine

Protestdemonstration gegen die Beschränkungen der Gesinnungsfreiheit und der bürgerlichen Freiheiten zu veranstalten.

Im Laufe der Jahre erwies sich die etablierte Ordnung in Spanien – die Kirche, die Armee und die Wirtschaft – nicht ganz und gar unempfänglich für die Modernisierung. Ideologischer Eifer geriet aus der Mode. Die «Falange» s. S. 497f.) büßte zunehmend an Macht ein und entwickelte sich zu einem reinen Verwaltungsorgan der Bürokratie. Hingegen gewann der kirchliche Laienorden «Opus Dei» Einfluß im Erziehungssystem und im Geschäftsleben. Im letzteren Bereich zeigte er Interesse an fortschrittlichen Ideen und an der Überwindung der wirtschaftlichen Engstirnigkeit.

Ein Gesetz von 1947 machte Franco zum Staatschef auf Lebenszeit und bevollmächtigte ihn, wann immer er es für richtig hielt, der Cortes seinen Nachfolger vorzuschlagen. Am 22. Juli 1969 tat er dies, indem er den Enkel König Alfonsos XIII., Prinz Juan Carlos von Bourbon, zu dem Mann erklärte, der am besten geeignet sei, das Werk der nationalen Bewegung von 1936 fortzusetzen. Als dieser Prinz nach Francos Tod im November 1975 den Königstitel annahm, förderte er ein Liberalisierungsprogramm, das zur Aufhebung des Verbots politischer Versammlungen und Demonstrationen führte und die parlamentarische Regierung wiedereinsetzte. Diese Veränderungen waren begleitet von weitverbreitetem politischen Aufruhr, schienen sie jedoch nicht zu beenden.

Italien und Österreich. In den meisten Ländern Westeuropas verbreitete sich der Kommunismus infolge des Krieges, in keinem aber hatte er so große Chancen, an die Macht zu gelangen, wie im Nachkriegs-Italien. Hier war die Wirtschaft durch die fürchterlichen Schläge, die das Land in den letzten Etappen des Krieges erlitten hatte, völlig zugrunde gerichtet, und der Zusammenbruch des Faschismus hinterließ ein Vakuum, das die Kommunisten, wie es schien, ausfüllen konnten. Die Kommunistische Partei Italiens war gut organisiert, und in der ersten Regierung des befreiten Landes besetzten Kommunisten die beiden wichtigen Ministerien der Justiz und der Finanzen. Die Partei fand Rückhalt bei Tausenden von idealistischen Mittelstands-Intellektuellen, die von einem neuen «Risorgimento» träumten, das von der einzigen wirklich revolutionären Partei geführt würde.

Diese Stimmung hielt nicht an. Im Juni 1946, als durch Volksabstimmung entschieden wurde, daß das Land die republikanische Staatsform anstelle der monarchischen annehmen sollte, brachten die Wahlen für die Konstituierende Versammlung den Kommunisten nur 19 Prozent der Wählerstimmen, den vereinigten sozialistischen Gruppen 21 Prozent und der christlich-demokratischen Bewegung 35 Prozent. Letztere wurde von Italiens fähigstem Staatsmann der Nachkriegszeit, Alcide de Gasperi, geführt. Die daraufhin erfolgende Auflösung der sozialistischen Einheit gab den Kommunisten Gelegenheit, ihre große Kampagne zu starten, um an die Macht zu gelangen. Im Winter 1947–48 stifteten sie landesweite Streiks und Demonstrationen an und gründeten Massenvereinigungen in Fabriken und unter den Bauern. Dennoch gewannen die Christdemokraten in den Wahlen vom April 1948 mit Hilfe der katholischen Kirche und unter Ausnutzung der Zusage amerikanischer Wirtschaftshilfe 48 Prozent der Stimmen im Vergleich zu 32 Prozent der Kommunisten und der Sozialisten des linken Flügels. Dies machte deutlich, daß die Kommunisten in absehbarer Zukunft nicht an die Macht kommen würden. De Gasperi wurde Ministerpräsident und blieb es bis 1953. Luigi Einaudi, ein ausgezeichneter Ökonom, wurde zum Präsidenten gewählt und füllte dieses Amt aus, bis der Christdemokrat Giovanni Gronchi ihn im Jahre 1955 ablöste.

Der Kommunismus stützte sich weiterhin auf die Mehrheit der italienischen Arbeiterschicht. Außerdem kam ihm der Hang der jüngeren Parteiführer der Christlich-Demokratischen Partei nach de Gasperis Tod im Jahre 1954 zugute, unter Preisgabe ihrer Prinzipien zur Macht zu streben. Sie umgingen in zunehmendem Maße Sozialreformen, um die Unterstützung der extremen Rechten zu erlangen. Dieser Trend führte im Jahre 1960 zu einer großen Regierungskrise und zu ausgreifenden Unruhen. Die Krise wurde erst überwunden, als die Christdemokraten des linken Flügels und andere gemäßigte Parteien sich um den höchst talentierten Nachfolger de Gasperis, Amintore Fanfani, sammelten. Die «connubio» der Mitte und der gemäßigten Linken, die er zusammenfügte, sah sich auf wirtschaftlichem Gebiet vor erhebliche Probleme gestellt, erschwert durch Übervölkerung, ein niedriges Bildungsniveau und ein erschreckendes Ausmaß organisierten Verbrechens vor allem auf Sizilien, wo die Mafia noch immer einen übermächtigen Einfluß ausübte. Gleichwohl kam diese Regierung bei der Bewältigung jener Probleme gut voran – in den ersten Nachkriegsjahren dank der Hilfe aus dem Marshall-Plan, nach 1957 aufgrund der Mitgliedschaft im Gemeinsamen Markt (s. S. 611–612).

In Österreich waren die wirtschaftlichen Probleme ebensogroß, der Kommunismus aber verzeichnete nur wenig Erfolg – großenteils deshalb, weil die Sozialistische Partei Österreichs, anders als ihr italienisches Pendant, Mut und Disziplin bekundete, was ihr die Loyalität der österreichischen Arbeiterschicht eintrug. In der im April 1945 durch sowjetische Behörden eingesetzten provisorischen Regierung spielten die Kommunisten eine bedeutende Rolle. Doch die Hoffnung, daß dies den Weg für eine Vorherrschaft des Kommunismus ebnen könne, zerschlug sich. In den Parlamentswahlen vom November 1945 gewannen die Kommunisten nur 4 von 163 Sitzen. Die österreichische Politik wurde – genau wie vor dem Krieg (s. S. 476) – von da an von den Sozialisten und von Dollfuß' ehemaliger Christlich-Sozialer Partei, die jetzt von autoritären Vorstellungen gesäubert und in «Volkspartei» umbenannt wurde, gelenkt. Der Unterschied lag darin, daß diese beiden sich vormals feindlich gegenüberstehenden Parteien, deren führende Persönlichkeiten sich in Hitlers Konzentrationslagern gegenseitig verstehen gelernt hatten, nicht mehr um die Macht konkurrierten. Im Jahre 1945 bildeten sie eine große Koalition und regierten Österreich die nächsten zwanzig Jahre hindurch gemeinsam, indem sie Regierungs- und Verwaltungsämter sowie sonstige

Positionen im Staatsdienst teilten. (Dieses System, von den Österreichern «Proporz» genannt, wurde in den Jahren von 1965–1970, als eine Regierung der Volkspartei die Große Koalition ersetzte, nicht wesentlich geändert, und es deutete alles darauf hin, daß es nach dem Wahlsieg der Sozialisten im März 1970, der Bruno Kreisky zum ersten sozialistischen Kanzler des Landes machte, beibehalten würde.) Die Aufgabe, das Land zu verwalten, war nicht leicht. Denn in Österreich wurde die staatliche Kontrolle in der Nachkriegszeit weiter ausgedehnt als in jedem anderen Land des Westens. 1945 verstaatlichte die Zweiparteienregierung die Banken sowie die gesamte Schwerindustrie und in den folgenden Jahren die Eisenbahn, die zivile Luftfahrt, das Versorgungssystem, Rundfunk und Fernsehen und übernahm außerdem das Monopol für Salz, Tabak, Alkohol und Streichhölzer.

Obgleich Österreich einer Viermächtebesatzung unterstand, wurde die österreichische Regierung von den Mächten anerkannt und durfte außenpolitisch tätig werden. Dazu schritt sie mit Energie und Geschicklichkeit unter der Leitung des sozialistischen Veteranen Karl Renner, ihres ersten Bundespräsidenten, sowie Leopold Figls und Julius Raabs, der beiden Bundeskanzler von 1945 bis 1953 bzw. 1953 bis 1961. Daß es ihnen gelang, die Sympathien aller Besatzungsmächte zu erwerben, steuerte wahrscheinlich zum Durchbruch der diplomatischen Sackgasse bei, die den österreichischen Staatsvertrag blockiert hatte. Dieser im Mai 1955 geschlossene Vertrag machte Österreich zum souveränen Staat mit den Grenzen von 1937. Er verpflichtete das Land zur Neutralität und untersagte seine politische oder wirtschaftliche Vereinigung mit Deutschland.

Wenngleich die Art der Koalition und die zu ihrer Fortführung erforderliche Akrobatik gewagte soziale und wirtschaftliche Experimente verbot und einige Probleme (beispielsweise die Wohnungssituation) faktisch unangetastet ließ, bot die österreichische Wirtschaft, verglichen mit den Vorkriegsjahren, ein erfreuliches Bild. Nach 1955 begann Wien erneut, seine gewohnte Faszination auf Touristen auszuüben, die vor allem vom Glanz seiner Museen und Galerien angezogen wurden, von seinen hervorragenden Theatern und der Renaissance seiner musikalischen Bedeutung. Zugleich stieg die Industrieproduktion zwischen 1953 und 1960 um nahezu siebzig Prozent.

Das geteilte Deutschland. Der Lauf der politischen Ereignisse in Deutschland bis 1949 wurde im Zusammenhang mit den Friedensverträgen nach dem Krieg (s. S. 557f.) skizziert. In wirtschaftlicher Hinsicht waren es Jahre der stetigen Zerstörung und des zunehmenden Elends. Deutschland hatte an die Polen ein Gebiet verloren, das 25 Prozent seiner Lebensmittel sowie einen Großteil des Kohlenbedarfs seiner Industrie geliefert hatte. Aus jenem Territorium waren über 12 Millionen Deutsche vertrieben worden, die nun in Westdeutschland leben und sich dort eine Arbeitsstelle suchen mußten, wo die Lebensmittelvorräte begrenzt waren.

Die Vereinigung der Westzonen durch die Alliierten und die Währungsreform von 1948 schufen jedoch die Grundlage für eine Wiederbelebung. Gefördert wurde sie durch die Hilfe aus dem Marshall-Plan und später durch die sorgfältige Planung der deutschen Verwaltung, durch die strenge Steuer- und Subventionspolitik der deutschen Regierung nach ihrer Einsetzung, die Sparsamkeit und den Fleiß des durchschnittlichen Deutschen sowie durch die Tatsache, daß Westdeutschland keine Militärausgaben hatte und bis 1955 keine haben durfte.

Der Fortschritt, einmal in Gang gesetzt, war bemerkenswert. Schon im Jahre 1953 stand Westdeutschland nach den USA und Großbritannien an dritter Stelle des Welthandels. Um 1962 herrschten Vollbeschäftigung und stabile Preise im Lande, und die Wirtschaft hatte nahezu eine ausgeglichene Zahlungsbilanz erreicht. Überdies war Deutschland der Inflationsspirale entronnen, die in anderen Ländern aus fortgesetzten Arbeitskämpfen resultierte. Dies lag großenteils daran, daß es den deutschen Arbeitern traditionsgemäß an Begeisterung für Streiks mangelte, daß sie eine starke Tradition effektiver Tarifverhandlung und Sinn für gemeinsame Verantwortung besaßen, die aus der Beteiligung der Arbeiterschaft an der Betriebsführung resultierte, sowie an dem erfolgreichen Bemühen der Regierung, die Menschen zu überzeugen, keine zu hohen Anforderungen an die Wirtschaft zu stellen.

Das politische Wiederaufblühen Westdeutschlands, das nahezu ebenso spektakulär vor sich ging wie das wirtschaftliche, resultierte aus der wachsenden Erkenntnis der Alliierten, daß sie Deutschlands militärische Stärke bei jeder Kraftprobe mit der Sowjetunion brauchen würden. Darüber hinaus war es den Fähigkeiten Konrad Adenauers zu danken.

Der politische Aufschwung setzte ein, als die Alliierten die Wiederbelebung der lokalen Parteiorganisationen und -tätigkeit der regionalen Parteiverbände zuließen. Bereits im Jahre 1946 tagten in einigen Ländern verfassungsberatende Versammlungen, wurden Legislativen gewählt, und die ersten politischen Parteien traten in Erscheinung: die Sozialdemokraten, an das anknüpfend, womit die alte Partei jenes Namens im Jahre 1933 aufgehört hatte; die Christdemokraten (in Bayern die Christlich Soziale Union), eine vorwiegend katholische Partei wie die MRP in Frankreich, die Volkspartei in Österreich und die Partei de Gasperis in Italien; die Freie Demokratische Partei, eine liberal-konservative Partei, die für das freie Unternehmertum eintrat; und die Kommunisten, die zu keiner Zeit mehr als zehn Prozent der Wähler repräsentierten.

Die Entscheidung der westlichen Alliierten, ihre Zonen zu vereinigen, führte im September 1948 zur Einberufung eines Parlamentarischen Rates von Delegierten aus den Länderregierungen in Bonn. Dieses Gremium ging daran, das Grundgesetz für die Bundesrepublik Deutschland zu entwerfen, das durch die Länderregierungen ratifiziert wurde und im Mai 1949 in Kraft trat. Das Grundgesetz sah ein Zweikammersystem vor, zusammengesetzt aus einer höheren Kammer, dem Bundesrat, bestehend aus 38 Mitgliedern, die die Länderregierungen repräsentierten, und einer niederen Kammer, dem Bundestag, der mittels einer Kombination von direktem und proportionalem Wahlverfahren durch alle Personen ab 21 Jahren gewählt wurde. Die Bundesrepublik erhielt einen Präsidenten, den der Bundestag und Vertreter der Länderregierungen für eine Amtszeit von fünf Jahren wählten; er verfügt jedoch über keine der Prärogativen, die Hindenburg in den 30er Jahren mißbraucht hatte. Die eigentliche Macht wurde dem Kanzler und dem Kabinett übertragen. Vor der beständigen Unsicherheit ihrer Weimarer Vorgänger wurden sie durch eine Regelung geschützt, die ihre Entlassung durch den Bundestag unterbindet, sofern er nicht bereit ist, unmittelbar einen neuen Kanzler zu wählen.

Die ersten Bundestagswahlen, abgehalten im August 1949, führten zur Bildung einer Koalitionsregierung aus Christdemokraten, Freien Demokraten und der Deutschen Partei (einer konservativ-nationalistischen Gruppe) mit Konrad Adenauer als Kanzler. Die Sozialdemokraten bildeten die Opposition.

Der neue Kanzler war vor dem Ersten Weltkrieg in die Politik eingetreten, hatte von 1917 bis 1933 das Amt des Oberbürgermeisters von Köln innegehabt und 1926 ohne Erfolg für die Kanzlerschaft kandidiert. Als er 1944 von der Gestapo inhaftiert wurde, bat der Gefängniswärter in Brauweiler ihn, keinen Selbstmord zu verüben, damit würde er ihm endlose Schwierigkeiten bereiten.

89. Konrad Adenauer (1876–1967), deutscher Bundeskanzler, und Theodor Heuss (1884–1963), deutscher Bundspräsident

Adenauer sei 68 Jahre alt und sein Leben sei ohnehin vorüber. Dieser Beamte wäre erstaunt gewesen zu erfahren, daß sein Gefangener noch nahezu zwanzig Jahre politischer Aktivität vor sich hatte und noch zwei Jahre länger als Hitler Kanzler von Deutschland sein sollte.

Unter der Führung Adenauers, die eine Mischung von Realismus und Idealismus darstellte, verwandelte sich Westdeutschland von einem geschlagenen Feind zu einem geachteten Bündnispartner. Im November 1949 handelte er mit den Westmächten das Petersberger Abkommen aus, um der Politik der Demontage der deutschen Fabriken ein Ende zu bereiten, und akzeptierte das Ruhr-Statut, das für jenes bedeutende Industriegebiet eine internationale Behörde einsetzte. Bei allen Attacken aus dem Inland wegen dieses Zugeständnisses war Adenauer überzeugt, daß die Beendigung der ruinösen Demontage es mehr als wettmachen würde und daß es den Anfang einer allgemeinen und umfassenden Zusammenarbeit zwischen den europäischen Staaten bedeuten könne. (Der Plan zur Internationalisierung des Ruhrgebietes gelangte nie zur Ausführung.)

In den folgenden Jahren hielt Adenauer seinem Volk immer die Vision eines neuen Europa vor Augen, gegründet auf Institutionen wie die Europäische Gemeinschaft für Kohle und Stahl, die Europäische Verteidungsgemeinschaft, die Europäische Wirtschaftsgemeinschaft und Euratom (s. S. 612). Sein unbeirrtes Festhalten an diesen Idealen brachte ihm nicht nur im eigenen Lande fortwährende Unterstützung – wie seine Wahlsiege von 1953, 1957 und 1961 zeigten –, sondern es trug auch zur Überzeugung der Westmächte bei, daß sie die Nachkriegskontrollen über Deutschland beruhigt lockern könnten. Ihre Bereitschaft hierzu beruhte überdies, besonders nach 1950, auf ihrem Wunsch nach militärischem Beistand durch Deutschland; und Adenauer nutzte diesen Sachverhalt klug aus, indem er sich zum Verfechter der deutschen Wiederbewaffnung innerhalb des westlichen Bündnissystems machte. Gegen die Opposition von Sozialisten, Teilen der Kirche und der Universitätsjugend erreichte er schließlich die Zustimmung des Bundestags zum Eintritt der Bundesrepublik in die NATO (s. S. 615). Gleichzeitig damit erlangte Westdeutschland die Souveränität.

Adenauers Wiedervereinigungspolitik gründete sich auf die Theorie, daß enge Beziehungen der Bonner Republik zu den Westmächten und die gemeinsame Verfolgung einer «Politik der Stärke» die Sowjetunion veranlassen würden, ihre Kontrolle über Ostdeutschland aufzugeben. Im Laufe der Jahre deutete wenig darauf hin, daß diese Politik Erfolg haben würde.

In der Sowjetzone endete im Oktober 1949 ein konstituierender Kongreß mit der Proklamation der Deutschen Demokratischen Republik. Dieser Staat erhielt einen Präsidenten (Wilhelm Pieck, Vorsitzender der Kommunistischen Partei Deutschlands), einen Ministerpräsidenten (Otto Grotewohl, Vorsitzender der Sozialistischen Einheitspartei, SED, die mit der Zeit völlig kommunistisch wurde) und eine vom Volk gewählte Kammer. Die Macht aber konzentrierte sich vorwiegend in den Händen des von Walter Ulbricht geleiteten

Politbüros der SED. Die Deutsche Demokratische Republik war nach sowjetischem Vorbild organisiert, und durch die Politik der strikten Zentralisation wurden alle örtlichen Organe, die als Widerstandszentren gegenüber der staatlichen Macht hätten dienen können, ausgeschaltet. Im Jahre 1955 wurde die Republik vom Sowjetregime als souveräner Staat anerkannt, und danach nahm die Moskauer Führung den Standpunkt ein, die Wiedervereinigung Deutschlands könne nur durch Verhandlungen zwischen den beiden deutschen Regierungen zustandekommen. Dieses stieß bei den Westmächten auf Ablehnung, und man geriet in eine Sackgasse.

Einen besonders brisanten Streitpunkt in der deutschen Politik und allgemein in den Beziehungen zwischen Ost und West stellte die anormale Stellung Berlins dar. Im November 1958 verkündete die Sowjetunion, sie beabsichtige, die letzten Reste der Viermächtekontrolle über die Stadt zu beseitigen und ihre Rechte an die ostdeutsche Regierung abzutreten. Für diese geplante Maßnahme wurde kein Datum festgesetzt. Die Westmächte deuteten die Ankündigung richtig als einen Versuch, sie einzuschüchtern, damit sie das Regime in Ostdeutschland anerkennen würden. Sie weigerten sich, außer im Rahmen einer gesamtdeutschen Regelung Gespräche über Berlin aufzunehmen. Nach

90. Berlin-Abkommen 1972. Unterzeichnung des Schlußprotokolls durch die Außenminister der Vereinigten Staaten, der Sowjetunion, Großbritanniens und Frankreichs

91. Unterzeichnung des Grundlagenvertrags DDR–BRD am 21. 12. 1972

periodischer Wiederholung ihres Ultimatums entschloß sich die Sowjetregierung schließlich doch, ihre Position in Berlin nicht aufzugeben oder Ulbricht die Kontrolle über die Zufahrtswege der Stadt zu übertragen; und nach 1964 wurde die Note vom November 1958 nicht mehr erwähnt.

Hingegen gestatteten die Sowjets ihrem deutschen Satellitenstaat, seine Position zu stärken. Um den kontinuierlichen Flüchtlingsstrom von Ostdeutschland nach Westberlin zu stoppen und den Westberlinern den Zugang nach Ostberlin zu verwehren, begannen die ostdeutschen Behörden am 13. August 1961 eine Mauer zu errichten, die schließlich quer durch die ganze Stadt verlief und diese zweiteilte. Diese Grenze wurde mit bewaffneten Polizisten besetzt, die den Befehl erhielten, auf jeden zu schießen, der zum Westen zu fliehen versuchte. Solche Schüsse wurden bald zur Alltäglichkeit. Die Unmenschlichkeit dieser Maßnahme war für die westlichen Regierungen unglaublich; und dies mag der Grund dafür gewesen sein, daß sie in den ersten Tagen von Ulbrichts finsterem Unternehmen nicht entschlossen handelten. Sie ermöglichten ihm, es ungestört zu vollenden.

Die folgenden zehn Jahre hindurch machten Schießereien und gelegentliche Konfrontationen auf den Zugangsstraßen deutlich, daß die Stadt sich jederzeit zu einem Unruheherd entwickeln konnte. Im September 1971 jedoch erklärte und sicherte ein neues Viermächteabkommen, das nach langen, schwierigen Verhandlungen unterzeichnet wurde, die westlichen Zugangsrechte nach Berlin, und Ende des Jahres 1972 gewährte ein auf Initiative des westdeutschen Kanzlers Willy Brandt hin ausgehandelter Vertrag zwischen den beiden Deutschland den Westberlinern wieder das Recht, den östlichen Teil der Stadt zu besuchen.

Kulturelle und geistige Strömungen im Westen

Nach 1945 war die Spannkraft des europäischen Geistes in der Kunst ebenso offenkundig wie nach dem Ersten Weltkrieg, wenngleich es einigen der Produkte an Originalität fehlte. Vieles in der europäischen Malerei stellte beispielsweise kaum mehr dar als geschickte Variationen der Ideen der Surrealisten, Kubisten und Abstraktionisten der Zwischenkriegszeit. Wenn sich in der Malerei eine Revolution vollzog, dann in Amerika, wo Jackson Pollock mit der traditionellen Sicht, ein Gemälde sei die Realisierung einer Idee, brach und «action painting» erfand, bei dem aus spontanem kreativen Handeln Bilder entstehen. Eine Zeitlang fand Pollock ebenso wie andere amerikanische Erneuerer der Op-Art und der Pop-Art-Schule in Europa viele Anhänger.

In gleicher Weise schienen die Quellen poetischer Inspiration versiegt zu sein. In Großbritannien gab es nach dem Tod von Dylan Thomas im Jahre 1953 keine neuen Stimmen; die besten Dichter waren jene, die ihre glanzvollsten Werke in den 30er Jahren hervorgebracht hatten, beispielsweise Louis MacNeice und Hugh MacDiarmid, Frankreich erging es in dieser Hinsicht nicht besser. Die wenigen nennenswerten Dichter waren Produkte der Zwischenkriegszeit: St. John Perse, Henri Michaux, René Char und Paul Eluard. In Deutschland waren Ingeborg Bachmann, Hans Magnus Enzensberger und Walter Höllerer junge Dichter, denen es genausowenig wie ihren Zeitgenossen in anderen europäischen Ländern gelang, ein internationales Publikum zu gewinnen.

Im Gegensatz dazu wurden die Leistungen Europas, was den Roman, das Schauspiel und den Film anbetrifft, in allen Teilen der Welt anerkannt. Neben brillanten Einzelerfolgen wie dem des historischen Romans über das «Risorgimento»: «Il Gattopardo» (1958; deutsch: «Der Leopard», 1959) von Giuseppe di Lampedusa lieferten Frankreich und Deutschland die interessantesten Beispiele neuer Richtungen. In Frankreich blieb der Roman nach 1945 eng mit der Philosophie verbunden. Sartre («L'Age de raison», 1947–1951), Simone de Beauvoir («Les mandarins», 1954, deutsch: «Die Mandarine von Paris», 1955) und Albert Camus («La peste», 1947, deutsch: «Die Pest», und «La chute», 1956, deutsch: «Der Fall») waren alle vom Existentialismus inspiriert, der in den ersten Nachkriegsjahren im Westen in Mode kam, und steuerten zu seiner Verbreitung bei. Als bewußte Reaktion auf den Subjektivismus und Idealismus dieser Schriftsteller kam zu Beginn der 50er Jahre der «Nouveau roman» auf. Seine Autoren – Alain Robbe-Grillet, Michel Butor, Nathalie Sarraute und Claude Simon vor allem – versuchten moralische Urteile aus ihren Werken zu verbannen und die Welt mit wissenschaftlicher Akribie nachzuzeichnen.

Den Existentialisten und der Schule des «Nouveau roman» gemeinsam war ein mangelndes Interesse an der Politik und die Abneigung, die soziale Wirklichkeit zu erörtern. Im Gegensatz dazu war der deutsche Nachkriegsroman ausgesprochen politisch. Die ersten Romanschriftsteller der Nachkriegszeit (Hermann Kasack, Elisabeth Langgässer, Bruno E. Werner) versuchten ernstlich, sich mit der Verantwortung Deutschlands für die Massenvernichtung auseinanderzusetzen. Ihre Nachfolger – Uwe Johnson («Mußmaßungen über Jakob», 1959), Martin Walser («Halbzeit», 1960), Heinrich Böll («Billiard um Halb zehn», 1959, und «Ansichten eines Clowns», 1963), Siegfried Lenz (Deutschstunde», 1968) und Günter Grass verbanden Erzählkraft mit beißender sozialer und politischer Kritik. Die großen Romane von Grass («Die Blechtrommel», 1962, und «Hundejahre», 1963, «Der Butt», 1977) waren Werke von außerordentlichem erzählerischen Schwung und stilistischem Können.

Im Schauspiel entwickelten sich zwei ausgeprägte, jedoch miteinander verwandte Schulen. Obgleich Bertolt Brecht in Ostberlin arbeitete, übte er einen tiefgreifenden Einfluß auf die westlichen Schauspielautoren aus. Seine Art des sozialen Realismus und seine scharfsinnige Kritik spiegelte sich in den Schauspielen der Westdeutschen Rolf Hochhuth («Der Stellvertreter», 1963, ein Angriff auf Papst Pius XII. wegen seiner angeblichen Nichtbereitschaft, der Judenverfolgung Einhalt zu gebieten, und «Soldaten», 1969) und Peter Weiss («Marat-Sade», 1964) wider. Der englische Dramatiker John Osborne, dessen «Look Back in Anger» (1957, deutsch: «Blick zurück im Zorn», 1957) in seinem eigenen Land Aufsehen erregte, verdankte Brecht im Hinblick auf seine Technik wenig, teilte aber sicherlich seinen Mangel an Ehrfurcht vor Ehrbarkeit und bürgerlichen Tugenden.

Weniger deutlich war die soziale Botschaft der Schauspielautoren, deren Werke kollektiv als «absurdes Theater» bezeichnet wurden; Eugène Ionesco zufolge stimmten sie darin überein, daß die menschliche Existenz «sinnleer» sei und daß der Mensch, abgeschnitten von seinen religiösen, metaphysischen und transzendentalen Wurzeln, verloren sei; alle seine Handlungen würden sinnlos, absurd, nutzlos. Diese Botschaft wurde eindringlich in Schauspielen verkündet, die bald die Theaterrepertoires von New York, Tokio und Rio de Janeiro ebenso füllten wie die Europas – «Waiting for Godot» (1952, deutsch: «Warten auf Godot») von Samuel Beckett; «Les chaises» (1951, deutsch: «Die Stühle», 1959) und «Le Rhinocéros» (1959, deutsch: «Die Nashörner«, 1960) von Ionesco, «Ping-Pong» (1955) von Arthur Adamov, «The Caretaker» (1959, deutsch: «Der Hausmeister», 1961) von Harold Pinter und «Rosenkrantz and Guildenstern Are Dead» (1966, deutsch: «Rosenkrantz und Güldenstern sind tot», 1968) von Tom Stoppard.

Noch beachtlicher waren die Erfolge europäischer Filmregisseure, die sich durch die Konkurrenz des Fernsehens nicht so sehr demoralisieren ließen wie die amerikanischen Filmproduzenten und weitaus weniger bereit waren als diese, bezüglich der künstlerischen Werte Kompromisse zu schließen. Im ersten Nachkriegsjahrzehnt untersuchte eine Gruppe brillanter italienischer Regisseure – Vittorio de Sica, Roberto Rossellini, Cesare Zavattini und andere – die gesellschaftlichen Auswirkungen des Faschismus und die Probleme der moralischen sowie der physischen Genesung. Und in den 60er Jahren zeigten sozialkritische Aussagen wie die von Federico Fellinis Film «La Dolce Vita» und Michelangelo Antonionis «Blow-up», daß die Vitalität Italiens ungebrochen war. Auch schwedische Filme erregten Aufmerksamkeit und geboten Achtung, vor allem die von Ingmar Bergman, dessen Filme «Das siebente Siegel» (1956) und «Wilde Erdbeeren» (1957) bald als Klassiker galten. Frankreich erlebte in den späten 50er Jahren das Aufkommen der sogenannten neuen Welle, die mit Roger Vadims «Et Dieu créa la femme» («Und immer lockt das Weib») einsetzte, dem so bemerkenswerte Werke folgten wie »Les quatre cents coups» («Sie küßten und sie schlugen ihn») von François Truffaut, «Hiroshima, mon amour« von Alain Resnais und «Pierrot le fou» («Elf Uhr nachts»), «Alphaville» und «La Chinoise« («Die Chinesin») von Jean-Luc Godard. Unterdessen entdeckten die Briten die Kunst der Filmkomödie aufs neue.

In der Musik erzielten die «Beatles» die breiteste Wirkung. In den Jahren 1963–1967 eroberten sie Europa und Amerika im Sturm und schufen die Grundlagen für eine neue Kunstform, die Rock-Musik, die sich zur «lingua franca» der Studentengeneration entwickelte. Was die Oper betrifft, so erregte Carl Orff in deutschen Kritikerkreisen Begeisterung mit seiner Trilogie «Antigone» (1949), «Ödipus» (1959) und «Prometheus» (1968). Ein anderer deutscher Komponist, Hans Werner Henze, erreichte mit seinen Werken «Prinz von Homburg» (1960), das auf dem Schauspiel von Heinrich von Kleist beruht, «Elegie für junge Liebende» (1961) und dem in der Tradition der komischen Oper stehenden Werk «Der junge Lord» (1965) ein breiteres Publikum. In England ließ Benjamin Britten seinem ersten Erfolg «Peter Grimes» (1942) zwei weitere «Billy Budd» (1951) und «The Turn of the Screw» (1954) folgen. Das meist bewunderte Werk Brittens war jedoch wahrscheinlich sein «War Requiem» (1961), das auf den Gedichten des in den Schützengräben des Ersten Weltkrieges umgekommenen Wilfried Owen basiert.

Hinsichtlich der musikalischen Darbietung wetteiferten die Metropolen um Künstler und Orchester, und die deutschen Großstädte lagen an der Spitze. Eine auffallende Ausnahme bildete Paris, wo es in der Musik an einer hervorragenden Leitung und an staatlicher Unterstützung fehlte. Die qualitativ schlechtere Darbietung in der französischen Hauptstadt unterstrich ihren Niedergang als Zentrum der Künste, obgleich de Gaulles Kultusminister André Malraux alle Anstrengungen unternahm, um ihre überragende Stellung wieder zu erlangen.

Mit Sicherheit läßt sich über die geistigen Strömungen wohl sagen, daß sich im Gegensatz zur Zwischenkriegszeit eine allgemeine Abkehr von der Ideologie vollzog. Sie erklärt die Popularität der verschiedenen Varianten des Existentialismus im ersten Nachkriegsjahrzehnt. Trotz Sartres beharrlicher Forderung nach Engagement schienen die Intellektuellen, die am meisten vom Existentialismus sprachen, ihn eher als Vorwand für den Rückzug ins Privatleben zu benutzen, denn als moralischen Imperativ für soziales Handeln zu verstehen. In den 60er Jahren war der Strukturalismus in Mode gekommen, dessen führende Vertreter – Claude Lévi-Strauss, Michel Foucault, Paul Lacan und Roland Barthes – die Methoden der Psychoanalyse, der Anthropologie und der Linguistik zur Untermauerung einer deterministischen Lebensanschauung verwendeten, in dem das Denken und Handeln des Menschen durch ein Netz sozialer und psychologischer Strukturen bestimmt sei, das wenig Raum für den freien Willen lasse.

Gegen Ende der 60er Jahre traten Anzeichen dafür auf, daß die europäischen Intellektuellen pragmatischere Rezepte bevorzugten. Ein solches Anzeichen stellte das wachsende Interesse am Denken Teilhard de Chardins dar, eines außerordentlich unkonventionellen Jesuiten und Philosophen, der im Jahre 1955 starb. In Begriffen, die den Nichtchristen gleichermaßen ansprachen wie den gläubigen Christen, brachten seine Werke die Immanenz Gottes in allen Bereichen der modernen Welt und einen optimistischen Glauben an den Fortschritt der Menschheit durch wissenschaftliche Entdeckungen zum Ausdruck. Ein weiteres Anzeichen bildete die Tatsache, daß die neue Technokratie Akademiker ansprach, was sich in einem wachsenden Interesse an den praktischen Arbeitsmöglichkeiten zur Modernisierung offenbarte. Und ein drittes Anzeichen stellte die Tatsache dar, daß diejenigen, die gegen das politische System rebellierten, sich nicht durch die geistige Disziplin des Strukturalismus binden lassen wollten und auf den Aktivismus vertrauten anstatt auf die systematischen Verfahren, die die Doktrin verlangte.

Die Probleme des Wohlstands

Großbritannien: Von Macmillan bis Callaghan. Wie bereits weiter oben angedeutet, nahmen die mit dem Prozeß der Beseitigung der Kriegsschäden einhergehenden wirtschaftlichen Einschränkungen in den meisten Ländern Westeuropas Mitte der 50er Jahre ein Ende, und es setzte eine wirtschaftliche Hochkonjunktur ein, die das Leben des normalen Bürgers und seine politische Einstellung tiefgreifend beeinflußte. Besonders ausgeprägt war dies in Großbritannien. Bei Vollbeschäftigung und einer gesunden wirtschaftlichen Wachstumsrate fand ein Verbraucherboom statt – gefördert durch neue Techniken der Massenwerbung und durch den Fortfall der letzten Vorurteile gegen den Ratenkauf. Zwischen 1955 und 1959 stieg die Anzahl der Familien, die ein Fernsehgerät besaßen, von vierzig auf siebzig Prozent, und die Anzahl der Autos auf englischen Straßen nahm von 3,5 auf 5 Millionen zu. Entsprechend schnellte der Umsatz von Kühlschränken, Waschmaschinen, Motorrasenmähern, Booten und Camping-Ausrüstungen sowie anderen Luxusgütern in die Höhe und unterstrich die Schlußfolgerung, dem Durchschnittsengländer sei es «noch nie so gut gegangen».

Politisch schlug sich dies zugunsten der Konservativen Partei nieder und ermöglichte ihr in der Tat, die Demütigung von Suez im Jahre 1956 zu überleben (s. S. 624). Infolge jener Krise wurde Harold Macmillan Premierminister. Als Mitglied des Kabinetts Eden war er einer der stärksten Verfechter militärischen Vorgehens gegen Nassers Ägypten gewesen; doch der offenkundige Erfolg seiner Wirtschaftspolitik ließ das Volk dies bald vergessen. Die Zweifel seiner orthodoxeren Schatzkanzlei übergehend, erleichterte Macmillan die Kreditgewährung für Unternehmen sowie den Ratenkauf durch Lockerung der Kontrollen für Bankdarlehen und erhöhte durch Senkung der Einkommensteuer die Kaufkraft. Er setzte das Fernsehen geschickt ein, um seine Philosophie der Expansion zu verbreiten. Seine Gegner nannten ihn bald spöttisch «MacWonder» und «SuperMac», die Wähler aber waren beeindruckt und gaben den Konservativen so viele Stimmen, daß diese in den allgemeinen Wahlen von 1959 einen Vorsprung von 107 Sitzen gegenüber der Labour-Partei erzielten – 40 mehr als im Jahre 1955, ein Triumph, der am Börsenmarkt eine starke Aufwärtstendenz auslöste.

Macmillan blieb bis 1963 und damit länger als jeder Premierminister seit Asquith (s. S. 239) im Amt. Gleichwohl waren seine anfänglichen Erfolge bereits lange vor seinem Rücktritt verblaßt und hatten nichts dazu beigetragen, die drängenden Grundprobleme zu lösen. Ging es auch vielen Menschen in England besser als je zuvor, so blieben doch große Ungleichheiten bezüglich des Wohlstands bestehen. Überdies hatte sich die für England ungünstige Zahlungsbilanz kaum verbessert. Schon 1961 war die Regierung mit einer Sterling-Krise konfrontiert und mußte den Diskontsatz erhöhen sowie die Löhne und Gehälter einfrieren. Das Volk reagierte negativ, was darauf hindeutete, daß auf seiten der Wählerschaft keine Bereitschaft bestand, Opfer zu bringen, um die errungenen Vorteile abzusichern. Es fällt schwer, die Schlußfolgerung zu vermeiden, daß dies in den folgenden Jahren die Wurzel vieler Übel in der britischen Wirtschaft war. Aufgrund der starken Verpflichtungen Englands in Übersee und der Belastung, die es sich durch die Entscheidung Atomwaffen zu bauen, aufgebürdet hatte, wäre es in jedem Falle schwierig gewesen, effektive Maßnahmen zur Lösung seiner Probleme zu ergreifen. Es wurde doppelt schwierig durch die mangelnde Bereitschaft britischer Unternehmensleitungen, die Kosten einer Umstellung auf leistungsfähigere Produktionsmethoden zu tragen, sowie durch den hartnäckigen Widerstand der Gewerkschaften gegen jede Vorstellung von Modernisierung überhaupt – eine Haltung, die in einem der besten Filme von Peter Sellers, «I'm All Right, Jack», meisterhaft satirisch dargestellt wird.

Auch andere Probleme steuerten zur Beendigung der dreizehnjährigen Vorherrschaft der Konservativen Partei bei. Den rechten Flügel dieser Partei befremdete Macmillans undurchsichtiges Vorgehen in der Afrikapolitik. Er warf dem Premierminister vor, er habe die Zentralafrikanische Föderation zum Schaden der weißen Bevölkerung Rhodesiens (s. S. 634) aufgelöst. Anhänger beider Parteien waren verärgert über den ihrer Meinung nach bestehenden Trend, die Amerikaner die britische Verteidigungspolitik diktieren zu lassen (s. S. 618), und sie fühlten sich nach monatelangen geduldigen Verhandlungen durch General De Gaulles abrupte Weigerung, die Briten zum Gemeinsamen Markt zuzulassen (s. S. 612), gedemütigt. Schließlich erschütterten im Jahre 1963 die Enthüllungen über «la dolce vita» in Ministerialkreisen, wobei der Name des Kriegsministers John Profumo eine vorrangige Stellung einnahm, das Ansehen der Partei. Letztlich aber wurde die Regierung Macmillan durch das wachsende Bewußtsein unterminiert, daß seine frühere Prahlerei mit dem wirtschaftlichen Fortschritt ein Bluff war. Das Land schien einen Wandel zu wollen. Und als Macmillan im Herbst 1963 wegen Krankheit zurücktrat, war sein Nachfolger, Sir Alec Douglas-Home, nicht in der Lage, innerhalb der konservativen Partei genügend Stärke zu entwickeln, um diesem Wunsch zu trotzen. Die Labour-Partei gelangte im Oktober 1964 mit einer geringen Mehrheit, die zwei Jahre später in Neuwahlen zunahm, wieder an die Macht.

Der neue Premierminister, Harold Wilson, machte gleich zu Anfang deutlich, daß es für das Land an der Zeit sei, sich von unnötigem Ballast zu befreien und sich das notwendige Werkzeug für einen effektiven Wettbewerb in der modernen Welt anzueignen. Dies brachte Schritt für Schritt den Rückzug der Briten aus ihren Besitzungen östlich von Suez mit sich, eine bescheidenere Betrachtungsweise ihres militärischen Potentials und an der Produktionsfront eine Gewichtsverlagerung auf die Technologie. Leider traf der nationale Plan der Regierung keine Vorkehrungen für neue Krisen.

Die im November 1965 einsetzende Rhodesien-Krise (s. S. 634) und die im Sommer 1969 in Nordirland ausbrechenden Auseinandersetzungen zwischen Katholiken und Protestanten stellten kostspielige Ablenkungen dar. Das unwiderrufliche Ende der Hochkonjunktur im Jahre 1966 konfrontierte die Regierung mit neuen Zahlungsbilanzproblemen, denen sie im November 1967 durch eine Pfundabwertung und andere Maßnahmen zur Förderung von Produktion und Handel entgegenzuwirken suchte. Wachsende Unruhe in der Industrie, gekennzeichnet durch außerordentlich zahlreiche wilde Streiks, nahm ihnen die Durchschlagskraft. Ende 1969 herrschte kein Zweifel darüber, daß das Vertrauen der Öffentlichkeit in die Regierung im Schwinden begriffen war. Im Frühjahr 1970 gab es an der Oberfläche Anzeichen für einen Aufschwung der Labour-Partei. Doch aus den Wahlen, die Wilson für Juni anberaumte, gingen die Konservativen mit einer Mehrheit von 30 Sitzen hervor.

Der neue Premierminister, Edward Heath, verbuchte während seines ersten Amtsjahres einen vielversprechenden Erfolg, nämlich das Parlament zu veranlassen, einen neuen Antrag auf Zulassung zum Gemeinsamen Markt zu billigen (s. S. 612). Im Januar 1973 trat Britannien der Europäischen Wirtschaftsgemeinschaft bei. Unterdessen wurden Heaths Energien zunehmend von dem Bemühen in Anspruch genommen, den blutigen Kampf zwischen Katholiken und Protestanten in Ulster, der sich seit 1969 stetig verschärft hatte, in den Griff zu bekommen, sowie von dem Versuch, die Inflationsrate niedrigzuhalten, die derartige Formen annahm, daß er sich im November 1972 gezwungen sah, Löhne und Gehälter einzufrieren. Diese Maßnahmen vermochten eine Verschlechterung der wirtschaftlichen Bedingungen im Jahre 1973 und den Beginn der schlimmsten Krise seit dem Zweiten Weltkrieg nicht zu verhindern. Als die Bergleute Anfang 1974 unter Mißachtung der Bestimmungen der Regierung streikten, suchte Heath durch Neuwahlen die Unterstützung des Volkes; und als sie ihm versagt blieb, trat er zurück. Die nachfolgende Labour-Regierung – zunächst unter Wilson, dann unter der Leitung von James Callaghan – fand sich in einen Kampf um die Bewältigung der wirtschaftlichen Lage gestellt, der alle ihre Energien in Anspruch nahm – einen Kampf, in dem sie nicht immer auf den Rückhalt ihres Gewerkschaftsflügels zählen konnte.

Frankreich: Der Sturz de Gaulles. Frankreich verfolgte in den Jahren, während de Gaulle an der Macht war, einen auffallend ähnlichen Kurs. Im Dezember 1958 leitete der General kühn eine Reihe von Finanzreformen zur Gesundung der Handelsbilanz, zur Aufbesserung der Gold- und sonstiger Reserven sowie zur Verlangsamung der Inflation ein. Die folgenden vier Jahre hindurch nahm die Industrieproduktion rasch zu, die Gesamtexporte verdoppelten sich, und die Exporte an Mitglieder der Europäischen Wirtschaftsgemeinschaft verdreifachten sich, Verbrauchsgüter wurden in Hülle und Fülle umgesetzt, und Frankreich bezeugte nach außen hin Wohlstand. Doch galt hier das gleiche wie in Großbritannien, nämlich daß nicht jeder von dem neuen Wohlstand profitierte.

Ebenso wie die Wirtschaftsberater Harold Wilsons glaubten die jungen Technokraten in de Gaulles Bewegung, Frankreichs Zukunft liege in der technologischen Erneuerung und Modernisierung. Doch die Geldmittel dafür waren nicht so leicht zu beschaffen. Wie J.-J. Servan-Schreiber in «Die amerikanische Herausforderung» (1967) hervorhob, waren die französischen Unternehmer zu konservativ, um grundlegende Forschungsarbeiten zu unterstützen oder auf Neuheiten zu setzen. Und General de Gaulles Beharren, daß Frankreich eine nukleare Streitkraft aufrechterhalten müsse, kostete Geldmittel, die anderenfalls für die Entwicklung hätten aufgewendet werden können.

Im Laufe seiner Regierungszeit nahmen viele Franzosen Anstoß an de Gaulles Paternalismus und seiner starken Beschäftigung mit der Außenpolitik. Ein Zeichen dafür stellten die Wahlen von 1965 dar, in denen eine Koalition der Linken die Mehrheit des Generals im Parlament ernstlich verringerte. Da weder das Parlament noch die Parteien oder Gewerkschaften imstande schienen, in der Politik die Initiative zu ergreifen, setzte nicht sofort ein Wandel ein. Doch verhalf dieses negative Wahlergebnis vielen Leuten zu der Überzeu-

92. Französische Staatskrise 1968. Studentenunruhen

gung, daß der Staat auf dem Wege sei, seinen Einfluß auf alle Bereiche des öffentlichen Lebens auszudehnen, und zwar in einer Weise, die das private Unternehmertum und die Kommunal- und Regionalverwaltung beeinträchtige. Trotz wirtschaftlichen Wohlstands war die Gesellschaft überdies noch immer in streng voneinander getrennte soziale Schichten gegliedert.

Die politische, wirtschaftliche und geistige Misere, herbeigeführt durch diese Umstände, erreichte im Mai 1968 ihren Höhepunkt. Sie löste eine Explosion aus, die von der Sorbonne ausging und rasch auf die Industrieviertel von Paris übergriff. Wochenlang wurde der französische Mittelstand durch das Spektakel aufgestört, bei dem selbsternannte anarchistische Kader öffentliche Gebäude besetzten und Polizeikolonnen und rote Flaggen tragende Arbeiter sich offene Kämpfe lieferten. Die Rückwirkungen waren tiefgreifend.

Vordergründig stärkten die Maiunruhen die Machtposition de Gaulles, indem sie ihm in den Wahlen, die er im Sog dieser Vorkommnisse ausrief, einen Sieg einbrachten. Als Reaktion auf seinen Aufruf, ihn zu unterstützen, strömten am 30. Mai Tausende von Ladenbesitzern, Pensionären, hohen Beamten und Geschäftsleuten in die Champs Elysées und zur Place de la Concorde, um für Gesetz und Ordnung sowie für den General zu demonstrieren; und drei Wochen später gingen sie zur Wahl und erteilten ihm eine klare Mehrheit in der Kammer.

Die Maiunruhen überzeugten de Gaulle, daß sein ausschließliches Interesse an der Außenpolitik falsch gewesen sei. Doch seine Versuche, die innenpolitischen Probleme zu bewältigen, stieß gerade die Leute vor den Kopf, die ihn im Juni gewählt hatten. In ihren Augen belohnten die Reformen, die de Gaulle

93./94. Französische Staatskrise 1968. Straßenschlacht und Unruhen in Paris

nun billigte – wie die Vorschläge von Edgar Faure zugunsten eines demokratischen Bildungssystems – die Aufrührer, während die Erhöhung der Einkommensteuer in den höheren Einkommensgruppen durch Ministerpräsident Couve de Murville die Loyalen bestrafte. Sie reagierten mit einer Goldausfuhr. Im November 1968 wurde eine erneute Abwertung des Franc nur knapp abgewehrt. Seine frühere magische Kraft schien den General zu verlassen. Als er dem Volk im April 1969 in Form eines Referendums eine Reihe von Vorschlägen zu einer Verfassungsänderung unterbreitete, stimmten nahezu 53 Prozent derjenigen, die sich daran beteiligten, gegen ihn. Am nächsten Tag trat er zurück. Er hinterließ eine Menge ungelöster Probleme und in der Politik eine Leere, die nicht leicht zu füllen war, wie sein Nachfolger Georges Pompidou feststellte. Wirtschaftlich ging es Frankreich gut, nachdem eine kluge Abwertung des Franc im August 1969 den Export und die Investitionstätigkeit stimuliert hatte. Aber Pompidou war nicht in der Lage, die anhaltende Erosion der gaullistischen Stärke zu verhindern. Am Vorabend der Parlamentswahlen vom Frühjahr 1973 gab es Anzeichen dafür, daß er bald mit einer linken Mehrheit konfrontiert sein würde.

Pompidous Tod im Jahre 1974 brachte jedoch in der Person Valéry Giscard d'Estaings, des Führers der Unabhängigen Republikaner und Finanzministers unter de Gaulle sowie unter dessen Nachfolger, eine neue Führungspersönlichkeit in den Vordergrund. Im Jahre 1975 zum Präsidenten gewählt, zeigte Giscard eine solche Entschlossenheit im Vorantreiben einer Wirtschafts- und Sozialreform sowie eine derartig feste Führung in der Außenpolitik, daß er breiten Rückhalt gewann; und die Erwartung, Frankreich werde bald von einer linken Mehrheit mit stark kommunistischer Komponente dominiert, erwies sich bald, wie die Parlamentswahlen vom März 1978 deutlich machten, als grundlos.

Italien und Westdeutschland. Nirgendwo wurde das Wohlstandsdilemma so offenkundig wie in Italien und in Westdeutschland. In Italien hatten die hochentwickelte wirtschaftliche Infrastruktur (aufgebaut durch die Faschisten), erhebliche Staatsanteile an der Industrie, ein großes Reservoir überschüssiger Arbeitskräfte und die zunächst vom Marshall-Plan, später von der Mitgliedschaft in der Europäischen Wirtschaftsgemeinschaft ausgehende Anregung den Wohlstand ermöglicht. Das Bruttosozialprodukt wuchs von 1952 bis 1962 durchschnittlich um 6,3 Prozent pro Jahr. Das war eine der besten Wachstumsraten in Europa. Als der Gemeinsame Markt einmal in Gang gebracht worden war, stieg die Industrieproduktion in sieben Jahren um 107 Prozent. Gleichzeitig stellte die Entdeckung zusätzlicher Erdgasvorkommen italienischen Firmen unbegrenzte Mengen billigen Brennstoffs zur Verfügung, förderte ein angeregtes Investitionsprogramm die Industrialisierung in Süditalien und begann ein langfristiges Programm zur Steigerung der Viehzucht die durch Mussolinis Politik verschlimmerte Unausgewogenheit in der Landwirtschaft (s. S. 434) zu korrigieren.

Doch genau wie in Frankreich war das Verwaltungssystem in Italien zu stark zentralisiert, zu schlecht finanziert und personell unterbesetzt, um die mit dem Wohlstand einhergehenden Probleme zu bewältigen – die ungeheuer hohen Immobilienkosten, unzureichende Schulen, die um sich greifende Kriminalität und die unausweichliche Schrumpfung des Realeinkommens infolge von Inflation. Die Regierungskoalition von Christdemokraten, Sozialisten und Republikanern blieb von 1962 bis 1969 im Amt, allerdings unter Inkaufnahme beständiger Krisen und derartig vieler Führungswechsel, daß es Gronchis Nachfolgern im Amt des Präsidenten, Antonio Segni (1962–1963), Giuseppe Saragat (1963–1972), Giovanni Leone (1972–1977) und Sandro Pertini Schwierigkeiten bereitete, neue Ministerpräsidenten zu finden. Im Juli 1969 brach die Koalition zusammen, als die im Jahre 1965 nach zwanzig Jahren der Zersplitterung mühsam vereinigte Sozialistische Partei erneut auseinanderfiel, nachdem bekannt geworden war, daß bestimmte ihrer Parteiführer geheime Verhandlungen mit den Kommunisten aufgenommen hatten.

Folglich glitt Italien in eine Art politisches Dauerdilemma ab, in dem Regierungen an die Macht gelangten und stürzten, und in dem notwendige Reformen vernachlässigt wurden. Von 1970 bis Ende 1978 nahmen Streiks und Arbeitsniederlegungen an Häufigkeit und Ausmaß stetig zu, und die zivile Ordnung schien häufig am Rande des Zusammenbruchs.

Daß Westdeutschland von einem ähnlichen Dilemma verschont blieb, lag wahrscheinlich an der tatkräftigen Außenpolitik Willy Brandts, nachdem dieser im Oktober 1969 Kanzler geworden war. Vorher hatte es Anzeichen von ernstlicher Ernüchterung bezüglich des politischen Prozesses gegeben. Ausgelöst worden war sie in erster Linie durch das hartnäckige Festhalten Konrad Adenauers am Amt des Bundeskanzlers bis 1963, lange nachdem seine Parteifreunde sich wünschten, er möge zugunsten einer jüngeren, tatkräftigeren Führungspersönlichkeit abtreten. Seine Nachfolger aber waren beide nicht in der Lage, Wähler anzuregen oder überhaupt deren Interesse zu wecken. Ludwig Erhard (1963–1965) fehlte das Charisma Adenauers. Überdies ergriff er weder in der Außenpolitik noch in der Innenpolitik die Initiative. Kurt-Georg Kiesinger (1965–1969) stand die Tatsache im Wege, daß er Mitglied der NSDAP gewesen war. Als die Sozialdemokratische Partei es für zweckmäßig befand, eine Koalition mit Kiesinger einzugehen, steuerte dies zur Unzufriedenheit vieler, vor allen Dingen jüngerer Wähler bei, die bereits entsetzt waren über das, was ihnen als Vorherrschaft des Materialismus im politischen und gesellschaftlichen System erschien, und die sich durch diesen neuen Beweis für den Mangel an Prinzipien im politischen Prozeß abgestoßen fühlten.

Die Entscheidung der Sozialdemokratischen Partei zur Zusammenarbeit mit Kiesinger erwies sich jedoch als taktisch vernünftig; denn sie gab ihren führenden Persönlichkeiten Gelegenheit zu beweisen, daß sie die Tatkraft und die neuen Ideen besaßen, die das Land zu wünschen schien. Der Einsatz der einzelnen sozialdemokratischen Minister verhalf der Partei in den Wahlen vom Oktober 1969 zu so vielen Sitzen im Parlament, daß sie eine neue Koalition mit der liberalen Freien Demokratischen Partei zu bilden und die Regierungszügel in die Hand zu nehmen vermochte. Willy Brandt wurde erster sozialistischer Kanzler der Bonner Republik und Walter Scheel von den Freien Demokraten Außenminister. Das neue Team leitete unverzüglich eine energische Außenpolitik ein, die darauf abzielte, die Sackgasse in den Ost-West-Beziehungen zu durchbrechen. Sie führte im August 1970 zu Verträgen mit der Sowjetunion und im November mit Polen, die festlegten, daß zur Regelung der gegenseitigen Beziehungen der Unterzeichner keine Gewalt angewandt werden würde. Ende 1971 kam es zu einem Abkommen mit der DDR, in dessen Zusammenhang die Reise- und Besuchsmöglichkeiten für die Bürger der beiden Deutschland verbessert wurden.

Daß die Wählerschaft diese neue Ostpolitik guthieß, zeigte sich in den Wahlen vom November 1972, aus denen die Regierungskoalition mit einer klaren Mehrheit von 48 Sitzen im Bundestag und die Sozialdemokratische Partei zum ersten Mal als stärkste politische Kraft hervorging. Die «New York Times» begrüßte die Wahlergebnisse als Zeichen dafür, daß die Bundesrepublik nun mündig sei und daß ihr demokratisches System effektiv funktioniere

95. Außenminister Henry Kissinger im Gespräch mit Bundeskanzler Helmut Schmidt im September 1976

und das Land aus der politischen Sackgasse und Krise herauszuführen vermöge. Dieses Urteil war vielleicht voreilig gefällt worden, denn die Jahre, die dann folgten, waren gekennzeichnet durch stockendes Wirtschaftswachstum, zunehmende Inflation und Arbeitslosigkeit, einige erste Streiks in der Industrie und beunruhigende Vorfälle von Anarchismus und Terrorismus – etwas Neues in der deutschen Geschichte. Verglichen mit den meisten seiner Nachbarstaaten jedoch bot die Bundesrepublik unter Führung Willy Brandts und nach 1974 unter der Leitung seines Nachfolgers Helmut Schmidt weiterhin ein Bild der wirtschaftlichen Stärke und Stabilität.

Die Studentenrevolten. Während der 60er Jahre entwickelten sich die Universitäten wieder zu dem, was sie zu Metternichs Zeiten gewesen waren – Zentren des Protests gegen bestimmte Tendenzen in Politik und Gesellschaft. Erregt über den Mangel an Idealismus und Prinzipien, der für die Wohlstandsgesellschaft charakteristisch erschien, brachten die Studenten ihre Empörung offen und heftig zum Ausdruck.

Zunächst richteten sich die Proteste gegen die Mißstände in der Universitätsgemeinschaft. In Deutschland beispielsweise waren die Universitäten nach einer kurzen Zeit des Fortschritts und der Erneuerung nach 1945 wieder zum autoritären Modell der Vergangenheit übergegangen: eine mit allen Vollmachten ausgestattete unnachgiebige Professorenschaft widersetzte sich dem Wandel; die Stimme der überlasteten jüngeren wissenschaftlichen Mitarbeiter und Assistenten zählte in der Universitätsverwaltung nur wenig und die der Studenten gar nicht. Die Studienpläne waren überholt und die Vorlesungssäle überfüllt. Es gab nur unzureichende Stipendien, um der Arbeiterschicht das Studium zu ermöglichen. An den französischen, italienischen und spanischen Universitäten waren die Bedingungen in den meisten Fällen noch weitaus schlimmer.

Die Studentenbewegungen, die diese Mißstände beheben wollten, setzten 1965 in Deutschland ein und stießen bald auf den hartnäckigen Widerstand der Lehrkörper der Universitäten und der Kultusministerien. Daraufhin wandten sich die Studenten von den eigentlichen Universitätsangelegenheiten ab und richteten ihre Aufmerksamkeit auf die tieferen Mißstände in der Gesellschaft. Um 1967 stellte die Studentenbewegung der Freien Universität Berlin nicht nur Forderungen nach einer Universitätsreform, sondern startete außerdem Angriffe auf die Regierung wegen deren stillschweigender Billigung der amerikanischen Kriegsanstrengungen in Vietnam, attackierte das Recht des Berliner Senats, den Schah von Persien offiziell zu empfangen, die Pressekonzentration in den Händen des Zeitungsverlegers Axel Springer und die Vorbereitungen der Regierung für ein neues Gesetz zur inneren Sicherheit. Ein Jahr später waren an allen größeren Universitäten Deutschlands sowie an denen Frankreichs und Italiens ähnliche Bewegungen im Gange; und auch bei den Unruhen in Warschau und den Auseinandersetzungen nach der sowjetischen Machtübernahme in Prag spielten Studentenagitationen eine Rolle.

Sofort mit ihrer Ausweitung wurde die Bewegung internationaler und heterogener. Sie zog Leute an, die sich Maoisten, Anarchisten und Naturanhänger nannten, sowie Angehörige des akademischen «Lumpenproletariats» – Schmarotzer, die nicht auf ein Examen hinarbeiteten, sondern den Zeitpunkt hinauszögerten, an dem sie sich an eine andere, kältere Gesellschaft anpassen und für diese Privilegien zahlen müßten. Gelegentlich schien das Motiv der reinen Zersetzung die Bewegung zu leiten. Dann wieder stellte sie nichtssagende Forderungen, mit denen sie sich totlief. Doch die Studentenbewegung warf fundamentale Fragen auf nach der Art der europäischen Gesellschaft, der Lebensfähigkeit ihrer Institutionen, nach den Werten ihrer herrschenden Schicht und der Richtung ihrer Politik. Nach einem Jahr des Zusammenlebens mit rebellischen Studenten in New York, London, Berlin, Paris und Prag im Jahre 1968 schrieb der englische Dichter und Kritiker Stephen Spender, die Masse der betroffenen Studenten protestiere gegen die Gesellschaft, die den Anbruch der Welt herauszufordern schien, die George Orwell in seinem Werk «1984» ausgemalt hatte. Sie verlangten nach einer Stellungnahme «gegen eine Gesellschaft, deren Verhaltensnormen durch die Erfordernisse der industriellen Planung, die Herrschaft von Dingen bestimmt ist».

Der sowjetische Machtbereich

Die Sowjetunion von Stalin bis Breschnew. Falls es Russen gegeben haben sollte, die bei Kriegsende glaubten, der Sieg würde zu einer Ära der fortwährenden Zusammenarbeit mit den westlichen Demokraten und zu einer Lockerung der strengen innenpolitischen Kontrollen führen, so wurden sie bald enttäuscht. Das Sowjetregime schien zu spüren, daß derartige Tendenzen seine Autorität nur schwächen konnten – eine Überlegung, die wahrscheinlich dadurch verstärkt wurde, daß Tausende von Sowjetbürgern während des Krieges in den Westen übergewechselt waren und daß Tausende andere, die das Kriegsschicksal unter fremde Kontrolle gebracht hatte, sich verzweifelt gegen die Repatriierung zur Wehr gesetzt hatten.

Stalin und seine Helfer griffen daher auf die Politik zurück, die sie vor dem Zweiten Weltkrieg verfolgt hatten. Sie predigten, die Sowjetunion sei von kapitalistischen Feinden umringt, die entschlossen seien, den Kommunismus zu zerstören, und sie würden durch unpatriotische Russen an der Heimatfront unterstützt. Unterdessen schrieb die sowjetische Presse im Rahmen des Indoktrinationsprozesses, dem die sowjetische Gesellschaft ausgesetzt war, den Sieg über Hitler allein den sowjetischen Waffen zu, und die sowjetische Überlegenheit in allen Bereichen menschlicher Aktivität wurde zur Glaubensangelegenheit.

Die Lächerlichkeit einiger dieser Behauptungen führte die Außenwelt zur Geringschätzung der tatsächlichen Leistungen Sowjetrußlands in der Nachkriegszeit. Von den erschütternden Verlusten von Menschen und Ressourcen erholte sich das Land mit beeindruckender Schnelligkeit. Neue Fünfjahrespläne, eingeführt in den Jahren 1946 und 1951, verliehen dem Wiederaufbau und dem Wachstum Richtung und Schwung. Durch Mißachtung des Verbraucherbedarfs konnte der Staat ein Waffen- und Atomprogramm aufnehmen, das sich mit dem der Vereinigten Staaten an Umfang und Erfolg messen konnte. Zugleich stieg die Produktion von Stahl, Kohle, Öl und Elektrizität auf ein Niveau an, das in manchen Fällen doppelt so hoch lag wie im Jahre 1940. Was die Landwirtschaft betrifft, so wurde das System der Kollektivierung wiederum verschärft und in den Jahren 1948 und 1949 auf neu annektierte Provinzen im Westen ausgedehnt. Ein neuer Trend zur Bildung größerer Kollektiveinheiten verstärkte die Parteikontrolle über die Landwirtschaft, doch ihre wirtschaftlichen Erfolge waren sehr sporadisch.

Im März 1953 starb Joseph Stalin, vermutlich an einem Herzinfarkt. Andrej Schdanow, sein mutmaßlicher Nachfolger, war ein Jahr vorher gestorben, und seine Position als Vorsitzender des Ministerrates hatte Georgi M. Malenkow übernommen, dessen Hauptmitarbeiter Lawrentij Berija, Wjatscheslaw Molotow und als Parteisekretär Nikita S. Chruschtschow waren. In der Innenpolitik tendierte das neue Regime zur Lockerung des Programms der landwirtschaftlichen Kollektivierung und zur Gewichtsverlagerung auf die Produktion von Verbrauchsgütern. Das Malenkow-Interregnum war jedoch nur von kurzer Dauer. Meinungsverschiedenheiten innerhalb der Hierarchie und Reibungen zwischen der Roten Armee und der Geheimpolizei führten zur Verhaftung und im Juli 1953 zur Exekution von Berija sowie zu einer Säuberung der Parteiorganisation Moskaus, Leningrads und der Provinzen, ausgeführt unter der Leitung des Parteisekretärs. Im Dezember 1954 veröffentlichte Chruschtschow einen Angriff auf die Industriepolitik Malenkows, und zwei Monate später trat der Ministerpräsident zurück.

Sein Nachfolger war Nikolai A. Bulganin, die eigentliche Macht in der sowjetischen Politik aber lag nun bei Chruschtschow. Er verwarf Malenkows Kurs bezüglich der Industrie und leitete eine Reorganisation der Industriebürokratie ein. Außerdem setzte er die Bildung von Großbetrieben in der Landwirtschaft fort. Nun legte man das Schwergewicht darauf, die Vereinigten Staaten wirtschaftlich «einzuholen und zu überholen».

In den Jahren 1957 und 1958 entfernte Chruschtschow Malenkow und Molotow, die als seine Rivalen galten, aus dem Parteipräsidium und entließ Marschall Schukow aus demselben Organ sowie aus dem Zentralkomitee. Mit letzterem Zugriff schaltete er die Möglichkeit aus, daß die Armee in der Politik eine dominierende Rolle einnähme. Chruschtschow fühlte sich nun in der Lage, ohne Bulganin auszukommen, und im März 1958 vereinigte er das Amt

96. Außenministerkonferenz in Genf 1955

97. Pariser Konferenz 1960. Nikita Chruschtschow bei seinem weltberühmt gewordenen Wutanfall vor der internationalen Presse in Paris

des Ministerpräsidenten und des Parteisekretärs in seiner Person. Es schien, als habe er die gleiche Vorrangstellung in der Partei erlangt, wie Stalin sie innegehabt hatte.

Als aufbrausender und selbstbewußter Mensch setzte sich Chruschtschow in allen Bereichen der Sowjetpolitik durch. In der Außenpolitik versuchte er, die Vereinigten Staaten zu größeren Konzessionen in der deutschen Frage zu drängen. Sein Berlin-Ultimatum, sein Torpedieren der Gipfelkonferenz von 1960 und sein unerhörtes Benehmen in der UN-Vollversammlung dieses Jahres, als er seinen Schuh auf den Tisch schlug, stellten allesamt wohlüberlegte Gesten zur Durchsetzung seines Willens dar. Als sie keinen Erfolg zeitigten und als doktrinäre und andere Differenzen zwischen der Führung der Kommunistischen Partei Chinas und seiner eigenen Partei ernste Spaltungen in der kommmunistischen Welt verursachten, änderte Chruschtschow geschickt seine Taktik gegenüber den Vereinigten Staaten und leitete eine Politik der Versöhnung ein. Dies galt vor allem für das Jahr 1962, als die Regierung der Vereinigten Staaten gegenüber seinem abenteuerlichen außenpolitischen Experiment – der Errichtung einer Raketenbasis auf Kuba – eine drohende Haltung einnahm. Die Beziehungen zwischen den beiden Großmächten wurden freundschaftlicher, und dieser Wandel fand Ausdruck in dem Abkommen zur Zusammenarbeit in der friedlichen Nutzung des Weltraumes (Dezember 1962), in der Einrichtung des «heißen Drahtes» zwischen dem Weißen Haus und dem Kreml als Schutz gegen eine Atomkrise (Juni 1963) und in dem Verbot aller Atomversuche mit Ausnahme von unterirdischen Experimenten (August 1963). Mit der Verbesserung der Beziehungen zu den Vereinigten Staaten kühlten sich Chruschtschows Beziehungen zu den chinesischen Kommunisten ab.

Innenpolitisch handelte Chruschtschow ebenso unorthodox und unabhängig wie in der Außenpolitik. In ideologischen Fragen neigte er zur freien Auslegung, die die Parteitheoretiker verärgerte, während sein Hang, in der Wirtschaftspolitik abrupt die Richtung zu ändern und neue Programme einzuleiten, bevor die vorherigen abgeschlossen waren, die Organisationsfachleute zur Verzweiflung brachte und den Fortschritt hemmte. Seine Abenteuer in der Landwirtschaft waren verhängnisvoll, und die Schwerpunktverlagerung auf die Produktion von Verbrauchsgütern stieß bei Schwerindustrie und Armee auf Widerstand, während sie im Lande begrüßt wurde.

Im Jahre 1964 begannen die Kritiker des Ministerpräsidenten ihre Reihen zu schließen, und es wurde deutlich, daß er in Wirklichkeit nicht die Macht besaß, die Stalin einst innehatte, sondern daß es nur so erschien. Mitte Oktober war der innere Kampf um die Sowjetführung ausgetragen. Chruschtschow übergab seine Ämter an Leonid N. Breschnew und Alexei Kossygin und zog sich verstimmt zurück.

Seine Nachfolger waren orthodoxe Parteibürokraten, die impulsives Handeln vermieden und jede Hoffnung auf eine Lockerung der Beschränkungen von politischer und geistiger Freiheit zerstörten. In der Innenpolitik wurden alle Experimente aufgegeben. Stalins Name, den Chruschtschow der berechtigten Schmähung preiszugeben gewagt hatte, wurde stillschweigend rehabilitiert. In der Außenpolitik vermied die neue Führung Auseinandersetzungen mit den Vereinigten Staaten und unternahm sogar Schritte auf eine Rüstungskontrolle hin – im Jahre 1968 mit der Ratifizierung des Atomsperrvertrags und im Jahre 1969 mit dem Beginn umfassender Gespräche über eine Rüstungsbegrenzung im Bereich der strategischen Waffen. Die erste Runde der SALT-Gespräche führte im Jahre 1972 zu neuen Abkommen, die den Raketenabwehrsystemen umfassende Beschränkungen auferlegten. Dies hinderte die Sowjets weder daran, der nordvietnamesischen Regierung wesentliche Militärhilfe zu gewähren, noch nach der Katastrophe von 1967 die ägyptische Armee wiederaufzubauen (s. S. 624f.). Abgesehen davon machten ihnen die Beziehungen zu China die größten Sorgen; und mit der zunehmenden Gefahr eines Konfliktes im Fernen Osten bemühten sie sich ebensosehr um die Loyalität der Satellitenstaaten wie um die ihres eigenen Volkes.

Osteuropa, Finnland, Griechenland und die tschechische Krise von 1948. Die Errichtung von «Volksdemokratien» in Albanien, Polen, Rumänien, Bulgarien, Ungarn, der Tschechoslowakei, Ostdeutschland und Jugoslawien brachte von 1945 bis 1948 nahezu 100 Millionen Osteuropäer unter kommunistische Herrschaft. Das bedeutete einen überragenden Sieg für die Sowjetunion und veränderte das Mächtegleichgewicht in der Welt grundlegend.

Zunächst muß über die beiden Länder an den äußeren Enden dieses großen Gebietsgürtels, Finnland und Griechenland, etwas gesagt werden; denn hier gingen die ehrgeizigen Pläne der Sowjetunion nicht in Erfüllung. In Finnland spielten die Kommunisten in den ersten Koalitionsregierungen nach 1945 eine bedeutende Rolle. Sie stellten den Innenminister – eine entscheidende Position, von der aus es ihnen in anderen Ländern häufig gelang, die Polizei zu infiltrieren. Doch im Jahre 1948 wurde der kommunistische Minister aus dem Amt gedrängt, und nach 1948 gelangte kein Kommunist mehr in eine der Regierungen Finnlands. Die Sowjetunion war bereit, diesen Rückschlag zu akzeptieren. Finnland war durch die Bedingungen des sowjetisch-finnischen Beistandspaktes von 1948 und durch die Beschränkungen, die der Friedensvertrag seinen Streitkräften auferlegte (s. S. 560), gebunden. Es lag nicht auf den Hauptverbindungswegen zum Westen, und jeder Versuch, Kontrolle über Finnland auszuüben, konnte Schweden in die Arme der NATO treiben. All diese Gesichtspunkte legten Zurückhaltung nahe.

Greifbarer war der Sieg in Griechenland, wo die Kommunisten schon im Jahre 1941 einen wirksamen Untergrund gebildet hatten, die Griechische Befreiungsfront (EAM) und eine Kampftruppe, die Griechische Volksbefreiungsarmee (ELAS). Als die Briten nach der Räumung der Deutschen im Oktober 1944 in Griechenland landeten, hatten EAM und ELAS überall im Land eine starke Position. Im Dezember brachen zwischen den Briten und den Kommunisten Kämpfe aus. Doch die Kommunisten befanden es für zweckmäßig, die ELAS zu entwaffnen und zu versprechen, sich legaler parlamentarischer Mittel zu bedienen, um ihren Einfluß auszudehnen. Dieses Versprechen brachen sie ein Jahr später und kämpften mit Hilfe der Sowjetunion und der Satellitenstaaten drei Jahre lang weiter. Der Beistand aber, den die Amerikaner den nichtkommunistischen Kräften in Griechenland gewährten, und der Bruch Jugoslawiens mit Moskau, der zur Schließung der Versorgungswege über die jugoslawisch-griechische Grenze führte, brachen schließlich den kommunistischen Widerstand.

In den folgenden Jahren war die griechische Politik periodischen Erschütterungen ausgesetzt, vor allem als König Paul I. im März 1964 starb und sein Sohn Konstantin die Nachfolge antrat. Dieser 23 Jahre alte Monarch geriet nahezu unmittelbar mit seinem Ministerpräsidenten Georgios Papandreou in einen Konflikt über eine Reihe von Verfassungsfragen, unter denen die Kontrolle über die Armee den wesentlichsten Streitpunkt bildete. Im Juli 1965 entließ der König seinen Ministerpräsidenten – eine Maßnahme, die eine Periode einleitete, in der Regierungen gebildet und gestürzt, Sensationsprozesse gegen Offiziere geführt wurden, die in ein Komplott zur Infiltration des Militärs verwickelt waren, und in der Streiks und Aufruhr die öffentliche Ordnung gefährdeten. Im April 1967 schließlich, am Vorabend von Neuwahlen, ergriff eine Gruppe von Offizieren der Armee, die im Namen des Königs handelte, die Macht. Der König war wegen des Staatsstreichs nicht konsultiert worden; und als die Offiziere ihre Machtübernahme mit der Verhaftung und Deportation von führenden Parlamentariern feierten und systematisch die Verfolgung von vage als subversiv bezeichneten Personen einleiteten, verhärtete sich sein Mißfallen zum Widerstand. Im Dezember 1967 inszenierte er selbst einen Handstreich. Es war ein Fiasko und veranlaßte den König ins Exil zu gehen. Die Militärjunta mit Oberst Georgios Papadopoulos als Ministerpräsident wurde wieder eingesetzt und leitete ein Programm brutaler Unterdrückung ein, das manchen Beobachter dazu führte, neue Aufstände und einen eventuellen kommunistischen Coup zu prophezeien. Im November 1973 wankte das Militärregime, als Papadopoulos durch andere Offiziere gestürzt wurde; und im Jahre 1974 endete es, als sein Nachfolger, General Phaedon Gizikis infolge einer verhängnisvollen Zypernpolitik einer Zivilregierung unter Vorsitz von Konstantinos Karamanlis die Macht übergeben mußte. Im Juni 1975 errichtete man mit einer neuen Verfassung eine Republik.

Bei der Eroberung des übrigen Osteuropa verfolgten die Kommunisten nach dem Krieg ein gemeinsames Schema. Als Grundlage diente im allgemeinen das stillschweigende oder ausdrückliche Einverständnis des Westens, daß die Sowjets ein Anrecht auf eine beherrschende Position in dem betroffenen Land hätten oder daß sie ihnen zugestanden werden könne. So räumte Winston Churchill im Jahre 1944 als Gegenleistung für Stalins Anerkennung des vorrangigen Interesses Britanniens an Griechenland und der Interessengleichheit in Jugoslawien den Sowjets auf dem Papier ein überwiegendes Interesse an Rumänien, Ungarn und Bulgarien ein. So wurden in Jalta Konzessionen gemacht, die soviel bedeuteten wie die Anerkennung des vorrangigen Interesses der Sowjetunion an Polen. In einigen Ländern – vor allem in Albanien und in der Tschechoslowakei – war kein westliches Einverständnis erforderlich, weil dort die Regierungen selbst die Initiative ergriffen und der Sowjetunion von sich aus eine einflußreiche Position in ihrer Politik anboten.

Die nächste Phase der Machtübernahme ging so vonstatten, daß die Kommunisten am lokalen politischen Geschehen teilnahmen und in die Regierungen mithilfe von Koalitionen mit anderen Parteien eintraten, auf diesem Wege allmählich die Kontrolle über den Regierungsapparat an sich zogen und die anderen Parteiorganisationen infiltrierten und spalteten. Danach setzte die Periode der «Gleichschaltung» ein, in der die anderen Parteien zum Zusammenschluß mit den Kommunisten gezwungen wurden (wie im Falle der SED in der sowjetischen Besatzungszone Deutschlands). Politische Opposition in Parlament, Presse und öffentlichen Versammlungen wurde verboten, politische Gegner und ehemalige Koalitionspartner liquidiert, und man zwang dem Land ein Rätesystem auf.

Die ersten Staaten, die kommunistisch wurden, waren Albanien und Jugoslawien, beide von kommunistischen Widerstandsbewegungen erobert, die während des Krieges entstanden waren. In Bulgarien und Rumänien wurden die leitenden Persönlichkeiten der nichtkommunistischen Parteien erst Mitte 1945 isoliert und aus ihren Machtpositionen verdrängt und die herrschenden Souveräne abgesetzt. In Polen demonstrierten die Kommunisten ihre Macht erst 1947 mit aller Deutlichkeit. Im Juni schlossen sie ihre Machtübernahme in Ungarn ab. Und im Februar 1948 errichteten sie in der Tschechoslowakei mit einer Reihe von Ereignissen, die die westliche Welt erschütterten und ihr ein neues Verständnis von der geballten Kraft des kommunistischen Vormarsches vermittelten, ein kommunistisches Regime.

Die Tschechoslowakei bildete einen Sonderfall, da das Land vorwiegend industriell ausgerichtet war, eine ähnliche Sozialstruktur besaß wie die Staaten Westeuropas und über starke demokratische Mittelstandsparteien verfügte. Hier war der Erfolg der Kommunisten auf ihre überlegene Taktik und auf die Fehler ihrer Gegner zurückzuführen.

Die Tschechen begannen die Nachkriegszeit mit viel gutem Willen gegenüber der Sowjetunion. Die Dankbarkeit des Volkes für die Befreiung des Landes schlug sich in den Wahlen von 1946 in der Stärke der Kommunisten und ihrer Regierungsbeteiligung nieder. Als aber die Kommunisten darangingen, Differenzen zwischen den einzelnen Landesteilen der Tschechoslowakei auszunutzen, die Polizei und die Kommunalverwaltung zu infiltrieren und offen zu gesetzwidrigen Maßnahmen zu schreiten, setzten sich die demokratischen Parteien zur Wehr. Im Februar 1948 begingen sie jedoch den schweren taktischen Fehler zu versuchen, den kommunistischen Innenminister zum Rücktritt zu zwingen, indem sie ihre Vertreter aus dem Kabinett abzogen, ohne sich zuvor des Rückhalts des Präsidenten zu vergewissern. Die Kommunisten veranlaßten Präsident Eduard Beneš, die Rücktritte zu akzeptieren, stifteten Agitationen an und ergriffen dann, unterstützt von bewaffneten Fabrikarbeitern und an der Grenze stationierten sowjetischen Streitkräften, kühn die Macht. Angesichts dieser Tatsachen gaben die demokratischen Führer einfach auf. Das Münchner Abkommen hatte bei ihnen ein fundamentales Mißtrauen gegen den Westen hinterlassen, von dem sie sich nun keine Hilfe mehr erhofften; und die Widerstandskräfte des Landes hatten sich im Krieg erschöpft. Zwanzig Jahre später sollte die Geschichte anders verlaufen.

Ostberlin, Polen und Ungarn 1953–1956. Es besteht kein Zweifel, daß die Sowjetunion aus der Verbreitung des Kommunismus starken Nutzen zog. Bereits im Jahre 1947 nahmen die Satellitenstaaten über die Hälfte der sowjetischen Exporte ab und lieferten ihr mehr als ein Drittel der Importe. Strategisch verschaffte der Vormarsch des Kommunismus der Sowjetunion die Pufferzone, die sie seit den 20er Jahren mit ihrer Außenpolitik angestrebt hatte. Es war aber unmöglich, der übrigen Welt zu verheimlichen, daß dies eine neue Form des Imperialismus darstellte, den sowjetische Dialektiker immer als eine dem Kapitalismus eigene Krankheit bezeichnet hatten. Die den eroberten Völkern aufgezwungene sowjetische Wirtschafts- und Gesellschaftsform und die systematische Ausbeutung ihrer Ressourcen erinnerten deutlich an die schlimmsten Mißbräuche der kolonialen Expansion Europas. Überdies stellten sich nun störende Aufstände der verschiedenen Nationalitäten ein, wenn auch weniger erfolgreich als einige derjenigen, die die Vorkriegsgeschichte des europäischen Imperialismus gekennzeichnet hatten. Gleichwohl waren die Aufstände in der DDR vom Jahre 1953 so ernst, daß sowjetische Panzer einrollen mußten, um sie zu unterdrücken. Sie taten es mit einer Gründlichkeit, die selbst jene Menschen in Empörung versetzte, die sich für den Kommunismus entschieden hatten.

Drei Jahre später führten im polnischen Posen bewaffnete Zusammenstöße zwischen Fabrikarbeitern und der Polizei zu etwa hundert Todesfällen und förderten weitverbreitete Unzufriedenheit in jenem Lande zutage. Das Zentralkomitee der Kommunistischen Partei Polens beschloß, der Volksstimmung entgegenzukommen, und setzte den im Jahre 1949 wegen seines Nationalismus und seiner unabhängigen Linie aus dem Komitee entlassenen kommunistischen Veteranen Wladyslaw Gomulka wieder als Generalsekretär der Partei ein. Es deutete einiges darauf hin, daß die Sowjetregierung dieses verhindern wollte. Doch nachdem Chruschtschow sich während eines Sonderbesuches in Warschau vergewissert hatte, daß Gomulka nicht versuchen würde, Polen vom Warschauer Pakt zu lösen, scheint er entschieden zu haben, daß es klüger sei, den polnischen Wünschen gegenüber nachzugeben, als das Risiko eines ausgreifenden bewaffneten Aufstands einzugehen. In den folgenden Jahren änderte man einige charakteristische Züge der stalinistischen Ära. Die Zwangskollektivierung in der Landwirtschaft fand ein Ende, politische Gefangene wurden freigelassen, die Vollmachten der Geheimpolizei eingeschränkt. Doch durften Gomulkas Zugeständnisse gegenüber dem Wunsch nach Liberalisierung niemals die Kontrolle der Partei über das Land oder ihre Bindung an die Sowjetunion gefährden; und die Beschränkungen der bürgerlichen und geistigen Freiheit blieben bedrückend. In der Tat wurden sie in den späten 60er Jahren, als die Regierung ihre «antizionistische» Politik einleitete, noch grausamer.

Einer der Gründe, warum Chruschtschow sich im Oktober 1956 in Polen zurückhielt, war der, daß er in Ungarn mit einer umfassenden Revolution konfrontiert war. Unruhen unter Studenten der Universität griffen auf die Arbeiter, den Mittelstand und selbst auf die Armee und die Polizei über und führten zu Demonstrationen, die den Abzug der Sowjettruppen, eine Umbesetzung der Regierung, Garantien für bürgerliche Grundrechte und umfassende Sozialreformen forderten. Als die ungarische Geheimpolizei in die Menge schoß, brachen Kämpfe aus und griffen auf das ganze Land über. Die russischen Truppen mußten Budapest räumen. Es wurde eine Volksregierung gebildet unter Imre Nagy, der die Vereinten Nationen um Hilfe anrief.

In der UNO sagte der Vertreter der Vereinigten Staaten: «Wir werden Euch nicht im Stich lassen.» Doch die Ereignisse in Ungarn trafen mit der Suezkrise zusammen (s. S. 623), und die Versprechungen blieben letztlich unerfüllt. Am 4. November fielen sowjetische Panzerkolonnen in Ungarn ein und überrollten die größeren städtischen Zentren. In Budapest stießen sie auf verzweifelten Widerstand, schlugen ihn jedoch mit brutaler Härte nieder. Unter einem gefügigen Statthalter, Janos Kádár, wurde eine neue Regierung gebildet, während man Nagy trotz Geleitschutzes durch die jugoslawische Botschaft gefangennahm und anschließend hinrichtete.

Die ungarische Revolution hinterließ Narben. Selbst innerhalb der Sowjetunion erschütterte sie den Glauben vieler Parteimitglieder, und sie störte die Universitätsjugend auf. In Ungarn selbst leitete das Kádár-Regime eine vorsichtige Liberalisierungspolitik ein. 1963 wurden viele der wegen politischer Vergehen aus dem Jahre 1956 Inhaftierten durch eine politische Amnestie befreit. Auch die Beziehungen zwischen Kirche und Staat verbesserten sich, und einige ermutigende Anzeichen sprachen dafür, daß Beförderungen innerhalb des Staatsdienstes nicht mehr ausschließlich auf der Mitgliedschaft in der Kommunistischen Partei beruhten.

Jugoslawien: Das einzige Land in Osteuropa, dem es neben Finnland und Griechenland gelang, seine Freiheit vor dem sowjetischen Imperialismus zu bewahren, war Jugoslawien. Als Staat, der mit einer starken einheimischen kommunistischen Bewegung, die ihre innenpolitischen Gegner bereits liquidiert hatte, in die Nachkriegszeit hineinging, reagierte Jugoslawien nicht auf die sowjetischen Wünsche nach politischer Konformität. Seine immer offener werdenden Gesten der Unabhängigkeit führten im Jahre 1948 zum offenen Bruch mit der Sowjetunion, und Jugoslawien wurde aus dem sowjetischen Staatenbündnis ausgeschlossen. Es hätte noch schlimmer kommen können; denn die Sowjets forderten die Nachbarländer Jugoslawiens zur Wirtschaftsblockade und zu militärischen Übergriffen gegen Jugoslawien auf. Diese Maßnahmen aber zeigten, daß nur größere militärische Anstrengungen darauf hoffen lassen konnten, daß Marschall Tito, der jugoslawische Staatschef, seine Lossagung rückgängig machen würde. Jugoslawien besaß ja eine lange Küstengrenze, und die Westmächte waren offensichtlich bereit, den Ketzer mit Waffen und Lebensmitteln zu versorgen. Vor allem die amerikanische Großzügigkeit bestärkte Tito in seinem Widerstand.

Der Abfall Jugoslawiens war nur ein gradueller. Das Land blieb kommunistisch, und die Beschränkungen der Gesinnungs- und Redefreiheit waren kaum weniger einschneidend als in der Sowjetunion. Was die Institutionen anbetrifft, so bevorzugte Tito ein gewisses Maß an Dezentralisation, so daß Männer, die mit lokalen Problemen betraut wurden, Autorität besaßen. Die Kollektivierung in der Landwirtschaft wurde aufgehoben, und man machte verschiedene Experimente mit der Gewinnbeteiligung, um Industrie und soziale Einrichtungen anzuregen. Diese Versuche waren immerhin so erfolgreich, daß sie zur Stabilität des Regimes beisteuerten.

Rumänien, die Tschechoslowakei und Polen 1960–1979. In den folgenden Jahren ermutigten zwei ganz verschiedene Kräfte die Länder Osteuropas, sich etwas von Moskau zu lösen. Nachdem sich die Beziehungen zwischen der Sowjetunion und dem kommunistischen China aufs äußerste verschlechtert hatten, gewährten die Chinesen den Regierungen der Satellitenstaaten zumindest verbale Unterstützung, wenn Konflikte mit Moskau auftraten. Andererseits verstärkte der industrielle Fortschritt und der materielle Wohlstand des Westens den Wunsch der östlichen Regierungen, aus den wirtschaftlichen Einschränkungen des Sowjetblocks auszubrechen. Rumänien strebte als erstes Land Handelsabkommen mit den Vereinigten Staaten und den Regierungen Westeuropas an.

Differenzen zwischen Rumänien und der Sowjetunion stellten sich in den frühen 60er Jahren ein, als die Russen den Comecon zu einer zentralen Planungsbehörde umzuformen versuchten, die den Satellitenstaaten Wirtschaftsstruktur und -programme vorschreiben sollte – eine recht schwache Reaktion auf den Marshall-Plan. Mit dem Einwand, dies mache ihr Programm zur Industrieentwicklung und ihre Chancen, Handelsbeziehungen zum Westen aufzubauen, zunichte, protestierten die Rumänen so energisch, daß Chruschtschow den Plan fallenließ. Ermutigt durch diesen Sieg, nutzten die Rumänen die chinesisch-sowjetischen Differenzen aus, um sich eine neutrale Position zu verschaffen. Im Februar 1964 erbot sich das rumänische Außenministerium in der Tat, zwischen der Sowjetunion und China zu vermitteln – etwas Unerhörtes in der Diplomatie des Sowjetblocks. Um 1965 übte die rumänische Regierung offen Kritik an Strukturmängeln im Warschauer Pakt und weigerte sich, Militärmanöver des Warschauer Paktes innerhalb ihrer Grenzen zuzulassen. 1968 weigerte sie sich, die sowjetische Politik in der Tschechoslowakei zu unterstützen und im März 1969 torpedierte sie in Warschau faktisch die sowjetischen Pläne für eine einheitliche Front gegen China. Offenkundig war die sowjetische Führung vor 1968 bereit, die Unabhängigkeitsgesten der Rumänen so lange zu dulden, wie sie keine drastischeren Schritte unternahmen und beispielsweise aus dem Warschauer Pakt auszutreten versuchten; und nach diesem Datum hatten sie andere Gründe zur Vorsicht.

Das Jahr 1968 war – wie 1938 und 1948 – ein Jahr, in dem die Tschechoslowakei in den Mittelpunkt der Weltnachrichten rückte. Seit 1948 hatten die Tschechen im Schatten stalinistischer Unterdrückung gelebt, in der letzten Zeit verwaltet durch den Staatspräsidenten und Ersten Sekretär der Kommunistischen Partei der Tschechoslowakei, Antonin Novotny. Seine einfallslose Wirtschaftspolitik brachte die Geschäftswelt zur Verzweiflung, und seine Verachtung für die Kultur bedrückte die Intellektuellen. Letztere Gruppe führte den ersten Schlag gegen den Parteichef, indem sie im Juni 1967 auf dem Vierten Kongreß des Tschechischen Schriftstellerverbands einen versteckten Angriff auf die Unterdrückung des freien künstlerischen Ausdrucks startete. Vier Monate später unternahm der slowakische Führer der Kommunisten, Alexander Dubček, einen direkteren und umfassenderen Angriff auf die Parteiführung. Im Januar wurde Dubček Erster Sekretär. Unter seiner Führung säuberte man das Parteipräsidium von doktrinären Stalinisten. Eine Reformgruppe gelangte an die Macht und entwarf ein Programm, das ein neues Wahlrecht, die Rehabilitierung der Opfer des Stalinismus sowie wirtschaftliche Reformen forderte.

Von Mai bis August hielten die Mächte des Warschauer Paktes wiederholt Konferenzen ab, die darauf zielten, die Prager Reformer zur Vernunft zu bringen. Weder sie noch sowjetische Truppenmanöver in der Tschechoslowakei im Frühsommer schüchterten Dubček und seine Mitarbeiter ein, und selbst auf die Warnungen befreundeter Besucher wie Marschall Titos, der Anfang August nach Prag kam, reagierten sie nicht. Direkt auf den Fersen Titos folgte Ulbricht – ein Mann, der auf das, was in Prag vor sich ging, höchst empfindlich reagierte, da es nahelag, daß die DDR in Mitleidenschaft gezogen würde. Nach einem Gespräch mit Dubček reiste er nach Moskau. Was er seinen dortigen Gastgebern berichtete, scheint die Sowjets in ihrer Vermutung bestärkt zu haben, daß Dubček für sein Land die Unabhängigkeit anstrebe. Am Abend des 20. August überquerten sowjetische Panzer, unterstützt von DDR-Einheiten und Kontingenten aus Polen, Bulgarien und Ungarn, die tschechischen Grenzen und drangen nach Prag und Preßburg vor. Die Welt wurde Zeuge der ersten Invasion eines kommunistischen Staates durch andere derselben Überzeugung.

Die Tschechen kämpften mit allen ihnen zur Verfügung stehenden Mitteln tapfer dagegen an. Doch die Sowjets waren entschlossen, diese Gefahr für die Einheit des Ostblocks auszuschalten. Dubček und andere Reformer verschwanden nach Moskau, und möglicherweise wäre ihnen die Rückkehr niemals erlaubt worden, hätte nicht der betagte Staatspräsident Ludvik Svoboda gedroht, Selbstmord zu begehen, falls sie nicht freigelassen würden. In diesem Punkt gaben die Sowjets nach. Sie bestanden aber auf einer Umbesetzung des Präsidiums der tschechischen Partei, und als diese begann, waren alle Hoffnungen der Reformer zerstört.

Dubček versuchte vorzugeben, es sei nicht so. Doch aufgrund des geschickten Lavierens Gustav Husaks, den die Sowjets Ende August ins Präsidium brachten, war er bald aller Verbündeten beraubt und ohne jede Zuflucht, bis auf die eine gefährliche, die öffentliche Meinung gegen die Besatzungsmacht zu mobilisieren. Erzürnt über die Massendemonstrationen nach der Selbstverbrennung des Studenten Jan Palach im Januar 1969 und über neue Unruhen im März, drohte die sowjetische Regierung am 1. April, dem Land ein Militärregime aufzuzwingen. Diesen Plan gab sie erst auf, als Husak versprach, «die Führung der Sozialistischen Republik der Tschechoslowakei [sei] stark genug, um selbst die Ordnung wiederherzustellen». Zwei Wochen später wurde Dubček seines Amtes als Erster Sekretär, das man ihm um den Anschein zu wahren gelassen hatte, enthoben, die Pressezensur verschärft, «antisozialistische Elemente» für die Störung der öffentlichen Ordnung seit August verantwortlich gemacht, und es begann eine Parteisäuberung. Die prosowjetische Gruppe hatte die Machtinstrumente fest in ihrer Gewalt.

Dieser skizzierte Überblick vermittelt keinen echten Eindruck von dem Schock, den jene Ereignisse in der westlichen Welt auslösten, besonders bei denjenigen, die normalerweise mit der Sowjetunion sympathisierten. Auch das war der Preis, den die Sowjets für die ihrer Meinung nach notwendige Maßnahme zahlen mußten. Es ist verständlich, daß sie sich scheuten, eine solche Operation kurz darauf zu wiederholen, vor allem, nachdem die chinesisch-sowjetischen Beziehungen so unsicher geworden waren. Als im Dezember 1970 massive Preiserhöhungen für Lebensmittel, Brennstoff und Kleidung in den polnischen Städten Gdánsk und Gdynia zu einem Arbeiteraufstand führten, überließ die sowjetische Regierung daher die Angelegenheiten geflissentlich dem polnischen Politbüro, das Gomulka, seinen Vorsitzenden seit 1956, absetzte, den populären Edward Gierek an seine Stelle berief und wirtschaftliche Zugeständnisse machte, die die Ordnung wiederherstellten. Im darauffolgenden Zeitraum zeigte die sowjetische Regierung ähnliche Toleranz gegenüber anderen Gesten der scheinbaren Unabhängigkeit in den Satellitenstaaten - wie z. B. dem Empfang des chinesischen Staatschefs durch den rumänischen Staatschef Ceauşescu im Jahre 1978 –, lockerte aber ihre Kontrolle über den Ostblock nicht.

Wissenschaft und Kultur. Innerhalb des sowjetischen Blocks waren die Fortschritte im geistes- und naturwissenschaftlichen Bereich nach 1945 beeindrukkend. Die Regierungen der Sowjetunion und der Satellitenstaaten widmeten der Bildungspolitik viel Aufmerksamkeit und förderten sie. Dabei unterstützten sie vor allem die Ausbildung von Spezialisten, die in der Wirtschaft, in der Wissenschaft und in der Technik gebraucht wurden. Die sowjetischen Leistungen in der technischen Ausbildung kamen denen des Westens in dieser Periode gleich, und die Bemühungen um den Fremdsprachenunterricht stellten die der Vereinigten Staaten in den Schatten. Der erfolgreiche Start des ersten Erdsatelliten im Jahre 1957 versetzte die Welt in Erstaunen und ließ manchen pessimistischen westlichen Beobachter befürchten, die nichtkommunistische Welt habe ihre wissenschaftliche Überlegenheit unwiederbringlich eingebüßt. Etwa um 1965 erwies sich diese Befürchtung als grundlos, doch war die hervorragende Qualität der wissenschaftlichen Arbeit in der Sowjetunion allgemein anerkannt.

Die politische Ausnutzung der sowjetischen Sputnik-Erfolge vom Jahre 1957 veranschaulichte eine wesentliche Tatsache. Im allgemeinen förderten die Regierungen der Sowjetunion und der Satellitenstaaten in erster Linie solche Aktivitäten, die die Stärkung der Macht des Staates oder Werbung dafür versprachen. Daher wurden neben den offenkundig wichtigen wissenschaftlichen Aktivitäten die darstellenden Künste großzügig behandelt, und Schauspielgruppen aus kommunistischen Ländern, denen gestattet wurde, im Westen aufzutreten, blendeten ihr Publikum.

In den kreativen Künsten waren die Resultate nicht so erfreulich. Für die sowjetische Musik, den Film und die Malerei bedeutete die Zeit des Stalinismus eine Dürreperiode. Die Rolle des sowjetischen Künstlers war die, den Staat zu verherrlichen. Eine Unterlassung dessen wurde nicht geduldet. Die Kriegsjahre brachten eine gewisse Lockerung der ideologischen Zwangsjacke mit sich, doch bei Wiederherstellung des Friedens führte man die Zensur wieder ein. Der Staat behielt sich wiederum das Recht vor, zu entscheiden, was gute oder schlechte Kunst sei, und schrieb den Schriftstellern in vielen Fällen sowohl das Thema als auch dessen Behandlung vor. Das Ergebnis war eher eine öde, wenn nicht banale Literatur. In einem Kommentar über den «sozialistischen Realismus» schrieb im Jahre 1959 ein junger Russe, der es vorzog, anonym zu bleiben, da das Thema aller sowjetischen Romane die Revolution sei, müßten alle glücklich ausgehen, wenn auch manches Mal die technischen Prozesse überlebten anstelle der Charaktere.

Selbst indirekte oder oberflächliche Regimekritik wurde geahndet. Das zeigte sich nur allzu deutlich in der Behandlung des Romans «Dr. Schiwago», aufgrund dessen Boris Pasternak den Nobelpreis gewann, der aber in der Sowjetunion verboten wurde. Man zwang Pasternak öffentlich, den Nobelpreis abzulehnen. Sein begabtester Nachfolger, Aleksandr Solschenizyn, erfuhr eine noch niederträchtigere Behandlung. Nach 1963 verschwanden seine veröffentlichten Werke wie «Ein Tag im Leben des Iwan Denissowitsch» (1962), ein Bericht über das Leben in einem stalinistischen Arbeitslager, aus den Buchhandlungen und öffentlichen Bibliotheken, und die Romane «Krebsstation» und «Der erste Kreis der Hölle», die in Westeuropa und den Vereinigten Staaten triumphal begrüßt wurden, durften in seinem eigenen Land nicht erscheinen. In der Tat wurde dieser hervorragendste der modernen russischen Romanschriftsteller im November 1969 aus dem nationalen Schriftstellerverband ausgeschlossen. Anderen Schriftstellern erging es noch schlechter. Im Jahre 1966 wurden Julij Daniel und Andrej Sinjawski zu fünf Jahren Zwangsarbeit verurteilt, weil ihre im Ausland erschienenen Werke als antisowjetische Propaganda bewertet wurden.

Gemessen am westlichen Niveau befanden sich die anderen Künste in einem beklagenswerten Zustand. Die Malerei litt besonders, nachdem Chruschtschow seine Abneigung gegen jeden Anflug von abstrakter Kunst deutlich gemacht hatte. Was die Musik anbetrifft, so waren nach den Äußerungen des amerikanischen Korrespondenten Henry Kanim sowohl die Bolschoi-Oper als auch das Bolschoi-Ballett bis zu den 60er Jahren zu Museen überalterter Stilrichtungen geworden. Auf die Frage, ob er irgendeine Möglichkeit sehe, eine Vorstellung von Alban Bergs «Wozzeck» zu inszenieren, antwortete ein Dirigent traurig: «Wir sind noch nicht einmal bei Wagner und Strauss angelangt!»

30. Europa und die Welt: Probleme und Zukunftsaussichten

Die Vereinten Nationen

Ihre Gründung und ihre Institutionen. Erschöpft durch den langen Krieg und in dem Bewußtsein, daß die Zukunft nicht frei von internationalen Krisen sein würde, reagierten die Völker Europas und ihre Regierungen begeistert und hoffnungsvoll auf die Gründung jener Organisation, die den sechs Jahre zuvor zugrunde gegangenen Völkerbund ersetzte. Die Diskussion über die Notwendigkeit einer neuen Weltorganisation hatte bereits früh im Krieg eingesetzt, und schon 1944 begann die Planung im einzelnen. Die Konferenz von San Francisco, die im April 1945 zusammentrat, brachte im Juni die Aufgabe, die UN-Charta zu entwerfen und anzunehmen, zum Abschluß.

Die neue Organisation war nicht als Weltregierung gedacht. Sie erkannte die Souveränitätsrechte ihrer Mitgliedstaaten an, und es wurde ihr eigens untersagt, «in Angelegenheiten einzugreifen, die im wesentlichen innerhalb der innenpolitischen Zuständigkeit» der Mitgliedstaaten lägen. Ihr erklärtes Ziel war vielmehr, Frieden und Sicherheit aufrechtzuerhalten, gute Beziehungen zwischen den Nationen zu entwickeln, durch internationale Maßnahmen Lösungen für wirtschaftliche, soziale und andere Probleme voranzutreiben und als Forum zu dienen, auf dem die widerstreitenden Meinungen der Mitgliedstaaten in Einklang gebracht werden könnten. Genau wie der Völkerbund verfügte sie über eine Generalversammlung, in der alle Mitglieder gleiche Vertretungsrechte besaßen, und einen Rat (jetzt Sicherheitsrat genannt), der Mitglieder mit eingeschränktem Status und solche mit Vorzugsstatus umfaßte. Die Generalversammlung erhielt die Befugnis, alle Fragen zu erörtern, die in den Bereich der Charta fielen, die Berechtigung, zahlreiche ständige Ausschüsse sowie Sonderausschüsse einzusetzen, und außerdem das Recht, Mitgliedstaaten und dem Sicherheitsrat gegenüber Empfehlungen auszusprechen. Der Rat, bestehend aus fünf ständigen Mitgliedern (USA, Sowjetunion, China, Großbritannien und Frankreich) und sechs anderen, für eine zweijährige Amtszeit von der Versammlung gewählten Mitgliedern, sollte richtungweisend für die Arbeit der Organisation als Ganzes wirken und sie leiten. Er sollte seine Autorität darauf verwenden, Gefahren für den allgemeinen Frieden schnell und effektiv zu bannen. Entscheidungen über Verfahrensfragen traf er mit einfacher Mehrheit, in allen anderen Fragen aber mußten die fünf ständigen Mitglieder der Mehrheit angehören. Kurz, jedes ständige Mitglied besaß in den meisten wichtigen Streitfragen das Vetorecht.

Diese Bestimmung wurde in die Charta aufgenommen, um die Mächte, die die größte Verantwortung trugen, zu schützen. Der heraufziehende Kalte Krieg förderte die Hinfälligkeit ihrer Ausgangsbasis zutage, nämlich daß die Mächte ihr Vetorecht nicht mißbrauchen würden. Es hemmte die Arbeit des

Sicherheitsrates, und zuweilen legte es ihn lahm. Folglich erlangte die Generalversammlung eine Bedeutung, die ihr von den Begründern der Vereinten Nationen wahrscheinlich nicht zugedacht worden war. Im November 1950 nahm die Versammlung einen Beschluß an, der die Einberufung einer Sondersitzung der Generalversammlung vorsah, um Empfehlungen für kollektive Maßnahmen, selbst den Einsatz militärischer Gewalt betreffend, auszusprechen, wenn fehlende Einmütigkeit es dem Rat unmöglich mache, eine Gefahr für den Frieden abzuwenden.

Ein weiteres Organ, das seine Funktionen allmählich erweiterte, war das Sekretariat, das zur Wahrnehmung administrativer und technischer Aufgaben unter der Leitung eines Generalsekretärs eingerichtet worden war. In den 50er und zu Anfang der 60er Jahre, als die UNO angerufen wurde, Truppen zum Nahen Osten und zum Kongo zu entsenden, nahmen die Aufgaben des Generalsekretärs an Anzahl und Vielfalt zu, und er war häufig stärker als Diplomat denn als Administrator gefordert.

Ein wichtiges Organ der UNO stellte der Wirtschafts- und Sozialrat dar, dessen Aufgabe es war, durch die Anregung von Studien auf dem Gebiet sozialer, gesundheitlicher und erzieherischer Erfordernisse internationale Reibungen unter Kontrolle zu bekommen und zu ihrer Beseitigung beizutragen. Dieses Organ hielt die Verbindung zu älteren Organisationen wie dem Weltwährungsfonds und der Weltbank aufrecht und überwachte die Errichtung und Funktionsfähigkeit von neuen Sonderorganisationen wie der Weltgesundheitsorganisation und der UN-Erziehungs-, Wissenschafts- und Kulturorganisation (UNESCO). Andere Organe der UNO waren der Treuhandschaftsrat, der die Verwaltung von Territorien überwachte, deren Völker noch nicht die volle Unabhängigkeit erlangt hatten, und der Internationale Gerichtshof, der den früheren Haager Ständigen Internationalen Gerichtshof ersetzte.

An den Beratungen in San Francisco nahmen fünfzig Staaten teil. Die Feindmächte waren ausgeschlossen, ebenso neutrale Länder wie Spanien, Portugal, Südirland, Schweden und die Schweiz sowie ein verbündeter Staat, Polen, weil dessen Regierung nicht von allen Großmächten anerkannt wurde.

Die Leistungen der UNO 1945–1973. Als sich die Staatsmänner im Juni 1975 in San Francisco versammelten, um den 30. Jahrestag der UNO zu begehen, taten diejenigen, die daran teilnahmen, es mit weniger Begeisterung und Hoffnung, als die Gründer dreißig Jahre zuvor bekundet hatten. Allzu deutlich zeigte sich, daß die Organisation den idealistischen Erwartungen ihrer ursprünglichen Befürworter nicht gerecht geworden war: sie hatte es nicht vermocht, die nationalen Ambitionen ihrer Mitglieder zu zügeln; sie war machtlos gewesen, sowjetische Aggressionen in Osteuropa oder indonesische Aggressionen in Malaya zu verhindern; ihre Friedensaktivitäten hatten weder im Kongo noch in Vietnam Erfolg gezeigt; sie befand sich in akuter Geldnot, weil manche ihrer Mitgliedstaaten es ablehnten, sich an den Kosten von Friedensaktionen, die sie mißbilligten, zu beteiligten; und im arabisch-israelischen Konflikt in den Jahren von 1967–1970 blieb ihre Intervention völlig wirkungslos.

Doch dies war nur die Kehrseite der Medaille. Selbst im Bereich der zwischenstaatlichen Auseinandersetzungen wogen die Erfolge der UNO ihre Rückschläge durchaus auf. Immerhin hatte sie dafür gestimmt, dem Angriff auf Südkorea im Jahre 1950 Widerstand zu bieten, und ein Expeditionsheer dorthin geschickt, das schließlich sein erklärtes Ziel erreichte. Überdies hatte sie wichtige Arbeit geleistet und geholfen, Konflikte zu entschärfen und Lösungen zu finden, weil sie in der Lage war, die öffentliche Meinung zu mobilisieren. In dieser Hinsicht spielte sie bei der Bewältigung der Suezkrise 1956 eine bemerkenswerte Rolle (s. S. 625), ebenso bei der Intervention auf Zypern im Jahre 1964 sowie bei den Feindseligkeiten zwischen Indien und Pakistan im Jahre 1965.

Abgesehen davon darf man nicht vergessen, daß - mit den Worten von Dean Rusk - «nahezu siebzehn von zwanzig UN-Angestellten und nahezu 93 Prozent eines jeden UN-Dollars für wirtschaftliche, soziale und technische Unternehmungen eingesetzt werden». Sechzehn Sonderorganisationen hatten revolutionäre Arbeit geleistet, um das Weltgesundheitsniveau zu verbessern, das Analphabetentum zu bekämpfen, Ausbildungsmöglichkeiten in unterentwickelten Ländern zu schaffen, Wasserversorgungssysteme für Trockengebiete zu

98. Dag Hammarskjöld (1905–1961), Generalsekretär der UNO, und Moïse Tschombé (1919–1969), Präsident von Katanga

entwickeln, Programme zu Bewässerung, zur Eindämmung von Überschwemmungen sowie für die Entwicklung der Schiffahrt und der Energiegewinnung aus Wasserkraft zu erstellen.

Unter der idealistischen Führung von Dag Hammarskjöld, der auf der Suche nach einer Lösung für das Kongoproblem in Afrika starb, engagierte sich die UNO vielleicht zu sehr im politischen Bereich. Hammarskjölds Nachfolger, U Thant aus Burma (1961–1972) und Kurt Waldheim aus Österreich (1972–1981), waren bescheidener in ihren Erwartungen und neigten zu der Ansicht, daß es die wichtigste Aufgabe sei, die Armut zu bekämpfen, weil das der schnellste Weg sei, in der Welt Ordnung zu schaffen.

Im November 1971 – einem Markstein in der Geschichte der Organisation – wurde die Volksrepublik China Mitglied der UNO. Der Leiter der Delegation feierte den Anlaß mit einer Rede, in der er den revolutionären Kräften in Asien, Afrika und Lateinamerika Chinas Unterstützung versprach.

Die Verteidigung Westeuropas

Herausforderung und Reaktion. In den ersten Jahren nach dem Krieg waren die Staaten Westeuropas nicht bereit gewesen, sich im Hinblick auf die Verteidigung ihrer Sicherheit ausschließlich auf die UNO zu verlassen. Sie wurden durch ein Mitglied der Charta bedroht, die Sowjetunion, die die Macht hatte, jede Intervention des Sicherheitsrates in der Planung zu blockieren. Die Länder des Westens waren daher gezwungen, andere Mittel zu ihrem Schutz zu suchen.

Sie traten der Gefahr, die vom sowjetischen Imperialismus her drohte, nur zurückhaltend und langsam entgegen. Noch immer hielten sie an der Hoffnung auf eine Zusammenarbeit mit Rußland fest und zögerten die notwendigen Opfer für einen effektiven Widerstand so lange wie möglich hinaus. Scharfsichtige Beobachter erkannten die Gefahr frühzeitig und erstatteten darüber pflichtgetreu Bericht. Doch erst im Jahre 1947, als die sowjetische Bedrohung Griechenlands und der Türkei akut wurde, trafen die westlichen Staaten Vorbereitungen für echte Verteidigungsanstrengungen. Die Verkündung der Truman-Doktrin im März 1947, mit der die Regierung der Vereinigten Staaten Griechenland und der Türkei wirtschaftliche Hilfe und «allen freien Völkern, die sich der versuchten Unterwerfung durch bewaffnete Minderheiten oder durch Druck von außen widersetzen», Unterstützung versprach, sowie die Vorlage des Marshall-Planes im Juni bereiteten dem Zögern ein Ende.

Diese beiden Maßnahmen setzten eine tatkräftige Bewegung zur europäischen Integration in Gang, die verschiedene Formen annahm. Auf politischer Ebene führte sie im Jahre 1949 zur Errichtung des Europarates, eines beratenden Organs, das sich für die Zusammenarbeit der Mitgliedstaaten zur Förderung des wirtschaftlichen und sozialen Fortschritts als nützlich erwies. Auf wirtschaftlicher Ebene führte sie im April 1948 zur Errichtung einer Organisation für europäische wirtschaftliche Zusammenarbeit (OEEC). Dieses Organ, das die besonderen Erfordernisse der einzelnen Staaten, die Hilfe aus dem Marshall-Plan brauchten, ausfindig machen und einen langfristigen Plan für den Wiederaufbau Europas erstellen sollte, trug viel dazu bei, daß Europa so schnell wieder auf eigenen Füßen stand. Die OEEC legte darüber hinaus den Grundstein für andere Formen der wirtschaftlichen Zusammenarbeit. Im nächsten Jahrzehnt folgten die Europäische Gemeinschaft für Kohle und Stahl (EGKS oder Montanunion), die Europäische Atomgemeinschaft (Euratom) und die Europäische Wirtschaftsgemeinschaft (EWG oder Gemeinsamer Markt), die im Januar 1958 gegründet wurde, um die wirtschaftlichen Schranken zwischen den Mitgliedstaaten zu beseitigen, die Freizügigkeit der Arbeitnehmer, Kapitalbewegungen und den Austausch von Dienstleistungen sowie eine gemeinsame Handelspolitik gegenüber der Außenwelt zu ermöglichen. Diese Organisationen sahen sich vor schwierige Probleme gestellt. Doch die Gründung solcher Gemeinschaften zeigte, daß man eine gegenseitige Abhängigkeit erkannt hatte, was seit der Freihandelsära der 60er Jahre des 19. Jahrhunderts nicht mehr der Fall gewesen war. In der Tat versuchte die Mehrheit der ursprünglichen Mitglieder des Gemeinsamen Marktes (Frankreich, Westdeutschland, Italien und die Beneluxländer) wiederholt, ihre Vereinigung durch die Aufnahme neuer Mitglieder zu erweitern: 1962 wurde ein Abkommen mit Griechenland und 1963 eines mit der Türkei getroffen, die deren spätere Mitgliedschaft vorsahen. Sonderabsprachen mit anderen Organisationen, wie der im Jahre 1960 gegründeten Europäischen Freihandelszone (Großbritannien, Österreich, Dänemark, Schweden, Norwegen, die Schweiz und Portugal), dienten dem gleichen Zweck. Im Januar 1963 und nochmals im November 1967 erlitt die Integrationsbewegung einen Rückschlag dadurch, daß General de Gaulle seine beträchtliche Autorität darauf verwandte, Englands Beitritt zum Gemeinsamen Markt zu verhindern. Doch nachdem der General gestürzt war, rollte man diese Frage wieder auf, und im Januar 1973 wurden Großbritannien, Irland und Dänemark Mitglieder.

Die Entstehung der NATO und der Korea-Krieg. Wie entscheidend diese Entwicklungen auch immer waren, so hielt man doch die Errichtung einer militärischen Schranke gegen ein eventuelles Vordringen des sowjetischen Imperialismus nach Westen für wichtiger. Die Erkenntnis dieser Notwendigkeit stand hinter dem Abschluß des Brüsseler Vertrages vom März 1948, mit dem sich Großbritannien, Frankreich, Belgien, die Niederlande und Luxemburg im Falle eines Angriffs auf ihr europäisches Territorium zur gemeinsamen Verteidigung verpflichteten. Doch selbst nach diesem Schritt stellte man fest, daß es den Staaten Westeuropas ohne amerikanischen Beistand in absehbarer Zukunft nicht gelingen würde, beeindruckende Streitkräfte aufzustellen.

Die Amerikaner zögerten nicht lange mit ihrer Hilfe. Im März 1948 billigte Präsident Truman die Ziele des Brüsseler Vertrages, und im Juni nahm der

Senat der Vereinigten Staaten – unter dem Eindruck der kommunistischen Machtübernahme in der Tschechoslowakei und während der Berlinblockade durch die Sowjets (s. S. 560) – die Vandenberg-Resolution an. Neben der Versicherung, die UNO weiterhin zu unterstützen, enthielt sie die Erklärung, daß die Vereinigten Staaten «ihre feste Entschlossenheit, das Recht auf individuelle und kollektive Verteidigung unter Artikel 51 [der Charta] wahrzunehmen, falls ein bewaffneter Angriff ihre nationale Sicherheit beeinträchtigen sollte», deutlich zum Ausdruck bringen müßten. Diese Identifikation von nationaler Sicherheit mit kollektivem Handeln ermöglichte der Regierung der Vereinigten Staaten, sich hinter die Brüsseler Mächte zu stellen. Das tat sie konkret mit dem Abschluß des Nordatlantik-Paktes, den die fünf Brüsseler Mächte, Dänemark und Norwegen (traditionell neutrale Mächte, deren Zurückhaltung, sich einem Mächteblock anzuschließen, durch den tschechischen Coup überwunden wurde), Island, Italien, Portugal, Kanada und die Vereinigten Staaten im April 1949 unterzeichneten. In diesem Vertrag kamen die Unterzeichneten überein, daß ein bewaffneter Angriff auf einen von ihnen als Angriff auf alle betrachtet würde und daß alle dagegen einschreiten würden – wenn immer es möglich sei, in Übereinstimmung mit gleichzeitigen Maßnahmen der UNO. Auf diese gegenseitige Beistandsgarantie gründete sich die Nordatlantik Treaty Organisation (NATO).

Wenngleich politische und wirtschaftliche Funktionen für diese Organisation ins Auge gefaßt wurden, stellte sie in erster Linie ein militärisches Organ dar, das darauf abzielte, die Sowjetunion von neuen Aggressionen abzuschrekken und – falls solche stattfänden – ihnen entgegenzutreten. Die Durchführbarkeit dieser Absicht war zumindest im Augenblick fraglich. Zur Zeit der NATO-Gründung existierten in Westeuropa nur etwa ein Dutzend Divisionen an Bodentruppen (einschließlich der verbliebenen US-Armee), verstärkt durch ein paar hundert Flugzeuge. Dagegen verlautete, daß die Russen mindestens 25 Divisionen in den Satellitenstaaten stationiert und noch weitaus mehr im eigenen Land sowie Tausende einsatzfähiger Flugzeuge zur Verfügung hätten. Daher wurden die westlichen Regierungen aufgefordert, Gesetze zu beschließen und Mittel zu bewilligen, mit denen genügend Streitkräfte bereitgestellt und ausgerüstet werden könnten, damit man den Sowjets einen schnellen und leichten Sieg verwehren könne, während den eigenen Ländern Zeit bliebe zur vollständigen Mobilmachung.

Die Bemühungen um dieses Ziel erhielten im Juni 1950 Auftrieb, als die nordkoreanischen Kommunisten den 83. Breitengrad überquerten und in Südkorea einfielen. Die Regierung der Vereinigten Staaten beschloß ohne zu zögern, diesem Vertragsbruch entgegenzutreten, und entsandte sowohl Truppen als auch Flugzeuge vom Hauptquartier General Douglas MacArthurs in Japan nach Korea. Sie ersuchte auch um die UNO-Sanktion für ihre Maßnahmen und erhielt sie (zum Teil aufgrund eines taktischen Fehlers der Sowjets, nämlich ihres Fernbleibens vom Sicherheitsrat zur Zeit einer entscheidenden

Abstimmung). Auf diese Weise wurde der Krieg eine internationale Angelegenheit.

Die große Mehrheit derjenigen in der UNO, die den Widerstand befürwortet hatten, betrachtete ihn als einen begrenzten Krieg; und obwohl viele seiner Landsleute darüber ungehalten waren, stellte sich auch Präsident Harry Truman auf diesen Standpunkt. Mit der Weigerung, den Krieg zu einem totalen Konflikt mit China auszuweiten – was einige seiner Kritiker zu wollen schienen, nachdem sich «freiwillige Streitkräfte» Chinas im November 1950 den Nordkoreanern angeschlossen hatten – hielt die Regierung Truman an der Überzeugung fest, daß Europa das strategisch entscheidende Gebiet im Kampf gegen den Kommunismus darstelle. Sie teilte die Befürchtung ihrer europäischen Bündnispartner, daß ein ähnlicher Angriff wie jener der Nordkoreaner jederzeit von den östlichen Satellitenstaaten aus eingeleitet werden könne, wo die Russen die Aufstellung von Streitkräften – wie man wußte – förderten.

Diese Befürchtungen wirkten sich direkt und entscheidend auf die Entwicklung der Stärke und der Operationspläne der NATO aus. Die Furcht vor einem unmittelbar bevorstehenden Angriff motivierte die europäischen Staaten, den Ausbau ihrer militärischen Stärke schnell voranzutreiben und veranlaßte die Regierung der Vereinigten Staaten, Europa an den Folgen ihrer eigenen Mobilmachung für den Koreakrieg teilhaben zu lassen. Außerdem ließ diese Furcht es den NATO-Planern notwendig erscheinen, an eine Strategie der «Vorwärtsverteidigung» zu denken, um einen sowjetischen Angriff so weit wie möglich im Osten abzufangen und auf diese Weise die trübe Aussicht auf einen leichten sowjetischen Sieg über Westeuropa und womöglich eine spätere Wiederbefreiung des verwüsteten Gebiets durch westliche Armeen auszuschalten. Diese Überlegungen führten in den letzten Monaten des Jahres 1950 zu einer Reorganisation der NATO-Streitkräfte (in deren Rahmen man die amerikanischen und französischen Truppen in der Bundesrepublik Deutschland unter NATO-Kommando stellte), zur Bildung eines Oberbefehls unter General Dwight D. Eisenhower, zur Entsendung zusätzlicher amerikanischer Streitkräfte nach Europa, zur Zulassung Griechenlands und der Türkei zur NATO (die 1952 in Kraft trat) und zu der Entscheidung, die Wiederbewaffnung Westdeutschlands zu genehmigen.

Der letzte Vorschlag erregte bei vielen tiefe Zweifel; doch wurde ein deutscher Beitrag zur europäischen Verteidigung aus wirtschaftlichen und anderweitigen Gründen für unabdingbar gehalten, um den auf einer Konferenz des NATO-Rates in Lissabon vom Februar 1952 beschlossenen Stand der Streitkräfte zu erreichen. Die französische Regierung, die der Wiederbewaffnung der Deutschen die größten Vorbehalte entgegenbrachte, war gezwungen, die Logik dieses Vorgehens einzusehen. Gleichwohl schlug sie vor, die europäische Armee solle als integrierte Streitmacht organisiert werden und die nationalen Einheiten sollten nicht über die Stärke eines Bataillons hinausgehen. Dieser Vorschlag einer Europäischen Verteidigungsgemeinschaft (EVG) verwickelte die NATO-Staaten in mühselige Verhandlungen, bis die französische Nationalversammlung sie im August 1954 in höchst gereizter Stimmung kurzerhand ablehnte.

Damit beschwor sie innerhalb der Allianz eine Krise größeren Ausmaßes herauf. Sie wurde schließlich durch geduldige Diplomatie überwunden, in der die Briten die Initiative ergriffen (und bei der der Außenminister der Vereinigten Staaten, John Foster Dulles, hinter den Kulissen bedeutende Arbeit leistete). Für das Versprechen der Briten, ihre Streitkräfte nicht ohne Einverständnis der Brüsseler Mächte aus Europa abzuziehen, willigte die französische Regierung ein, den Brüsseler Vertrag in eine Westeuropäische Union (WEU) mit der Bundesrepublik Deutschland und Italien als neuen Mitgliedern zu verwandeln und der Bundesrepublik den Beitritt zur NATO zu erlauben. Mit den Abkommen von London und Paris vom Dezember 1954, die im darauffolgenden Frühjahr ratifiziert wurden, wurde die Bundesrepublik in die NATO aufgenommen und erhielt die Erlaubnis, Streitkräfte von 500 000 Mann als NATO-Kontingent aufzustellen.

Die Sowjetunion reagierte im Mai 1955 auf diese Bewegungen, indem sie ihre Satellitenstaaten in einem militärischen Bund organisierte, der unter der Bezeichnung Warschauer Pakt bekannt ist. Mitglieder waren die Sowjetunion, Albanien bis 1961, Bulgarien, die Tschechoslowakei, die Deutsche Demokratische Republik, Ungarn, Polen und Rumänien. (Rumänien hat allerdings gelegentlich die Teilnahme an Manövern des Warschauer Paktes verweigert [s. S. 604]). Gleichzeitig startete die Sowjetunion eine geschickte Propagandakampagne zu dem Zweck, die bundesdeutsche Wiederbewaffnung zu hemmen, indem sie deutlich machte, daß die NATO-Mitgliedschaft der Bonner Regierung ein dauerhaftes Hindernis für die Wiedervereinigung darstelle. Als die deutsche Frage im Jahre 1955 bei einem von Präsident Eisenhower, dem britischen Premierminister Eden und den führenden sowjetischen Staatsmännern Bulganin und Chruschtschow besuchten Gipfeltreffen in Genf tatsächlich erörtert wurde, stellte sich heraus, daß der östliche und der westliche Standpunkt völlig unvereinbar waren – nicht wegen der Frage der Wiederbewaffnung, sondern weil die westlichen Regierungen die Wiedervereinigung Deutschlands durch freie Wahlen wollten, während die Sowjetunion argumentierte, sie sei am besten durch direkte Verhandlungen zwischen den beiden deutschen Regierungen zu bewerkstelligen.

Die NATO seit 1955. In den folgenden Jahren war die NATO Prüfungen ausgesetzt, die sie schwächten. Stalins Tod im Jahre 1953 brachte eine Verbesserung der Beziehungen zwischen Ost und West mit sich, die ihren Höhepunkt mit dem Gipfeltreffen von 1955 erreichte. Als unausweichliche Folge stellte sich eine Entspannung auf seiten der Staaten Westeuropas ein, die nun keine Eile zeigten, ihre Streitkräfte auf die in Lissabon beschlossene Stärke zu bringen. Ihre Leistungen waren derartig enttäuschend, daß der NATO-Rat seine Führungsstäbe im Dezember 1954 bevollmächtigte, bei ihren Operationsplanungen davon auszugehen, daß sie im Falle eines Angriffs von

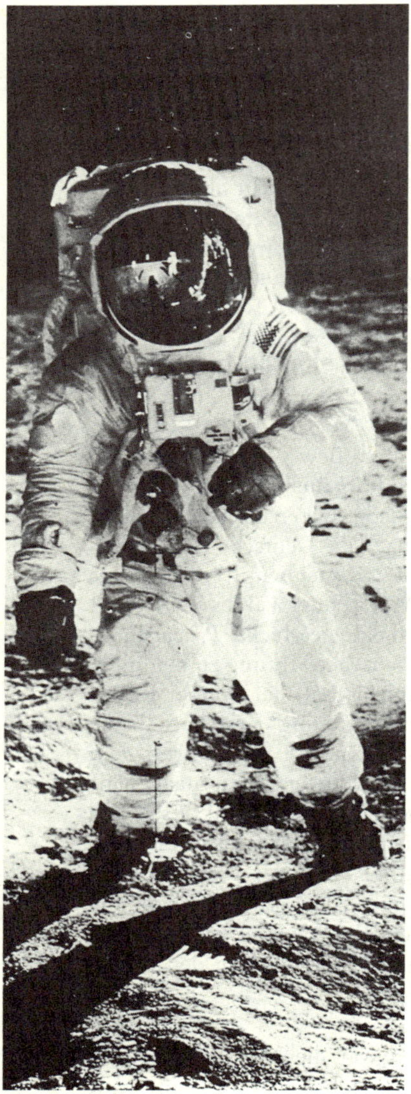

99. Weltraumforschung USA. Der erste Mensch auf der Mond am 21. Juli 1969 (der Astronaut Neil Armstrong)

100. Weltraumforschung USA. Erste Erdumkreisung mit dem Astronauten John Glenn am 20. 2. 1962

den Vereinigten Staaten bereitgestellte Atomwaffen einsetzen könnten, um die zahlenmäßige Unterlegenheit der Abschreckungsstreitmacht auszugleichen. Danach wuchs in der Öffentlichkeit die Kritik an den Operationsplänen der NATO.

Weiterhin reduzierte Frankreichs Algerienkonflikt (s. S. 632) die NATO-Streitkräfte, der den Rückzug aller französischen Divisionen bis auf zwei aus der Gefechtslinie der NATO erforderlich machte; und zwei Krisen im Nahen Osten gefährdeten den inneren Zusammenhalt der Organisation. Im September 1955 führten Auseinandersetzungen auf der Insel Zypern zu scharfen Differenzen zwischen der englischen und der griechischen sowie zwischen der griechischen und der türkischen Regierung. All das bewirkte eine Disharmonie in der Allianz. Noch ernster war die Suezkrise vom November 1956, in deren Verlauf sich die US-Regierung mit der Sowjetregierung zusammenschloß, um das Vorgehen der britischen und der französischen Bündnispartner vor dem UNO-Sicherheitsrat zu verurteilen. Doch der Aderlaß in Ungarn diente den NATO-Partnern als heilsame Erinnerung, daß die sowjetische Bedrohung noch immer real und bedrückend war. Auf dem Pariser Treffen des NATO-Rates im Dezember 1956 unternahmen sie Schritte, um die Differenzen beizulegen und die Allianz zu stärken.

In der darauffolgenden Periode erlebte Westeuropa den Anbruch des Weltraumzeitalters, das durch den sowjetischen Erfolg beim Start der ersten Erdsatelliten (der Sputniks) im Oktober 1957 eingeläutet wurde. Zugleich litt Westeuropa unter einer fortlaufenden Kampagne sowjetischer Drohungen, die die Einheit und den Willen der Allianz schwächen sollte. Im Frühjahr 1960 veranlaßte beispielsweise die Erbeutung eines amerikanischen Spionageflugzeugs (der U-2) innerhalb russischen Territoriums die Sowjetregierung, mehrere NATO-Mitglieder zu warnen, daß die Verwendung ihrer Stützpunkte für derartige Zwecke künftig die ernstesten Vergeltungsschläge herausfordern würde. Zwei Jahre später griffen die Sowjets kühn auf die Mitte des NATO-Bereichs über und begannen, einen eigenen Stützpunkt, eine Raketenabschußbasis auf Kuba, zu errichten. Hier war die atomare Erpressung nicht so erfolgreich wie in der Suezkrise. Die Regierung der Vereinigten Staaten reagierte schnell und entschlossen, und die Sowjets hielten es für zweckmäßig, den Rückzug anzutreten.

Nach der Kubakrise im Oktober 1962 kam es zu einer Entspannung in den Beziehungen der beiden Supermächte. Und wiederum war das Ergebnis ein gefährlicher Grad der Lockerung im NATO-Gerüst, dieses Mal einhergehend mit ernsten strategischen Differenzen zwischen den Bündnispartnern. Im Dezember 1962 einigten sich Präsident Kennedy und Premierminister Harold Macmillan auf einer Konferenz in Nassau auf ein Abkommen, nach dem Großbritannien sein Programm für den Bau von Skybolt-Raketen aufgab und dafür amerikanische Polaris-Raketen erhielt, die in britischen Atom-U-Booten eingesetzt werden sollten. Die U-Boote sollten dann zusammen mit britischen Bombenflugzeugen einer gemeinsamen multilateralen NATO-Streitmacht

101. John F. Kennedy (1917–1963), amerikanischer Präsident, spricht vor dem Kapitol in Washington den Amtseid am 20. 1. 1961

zugeführt werden – ein amerikanisches Projekt, das darauf abzielte, die Weiterverbreitung von Atomwaffen unter den Bündnispartnern zu verhindern und die amerikanische Kontrolle über die nukleare Kapazität der Allianz aufrechtzuerhalten.

Das Nassauer Abkommen wurde in England als Aufgabe der Unabhängigkeit in militärischen Angelegenheiten angegriffen und trug dadurch zum Sturz der Konservativen Partei bei (s. S. 587). Ernstere Rückwirkungen zeigten sich in Frankreich. Am 14. Januar 1963 verkündete Präsident Charles de Gaulle, Frankreich werde weder Polaris-Raketen akzeptieren noch sich an der multilateralen Flotte beteiligen. Darüber hinaus erklärte «le grand Charles», der mit aller Deutlichkeit seiner Enttäuschung über die NATO Ausdruck verlieh, daß traditionelle Bündnisse in jeder Hinsicht veraltet seien und durch nationale Atomwaffen als Abschreckungsmittel ersetzt werden müßten.

Schließlich legte er, wie wir gesehen haben, Einspruch ein gegen Großbritanniens Beitritt zu EWG.

Diese Entscheidungen waren nicht so unverantwortlich, wie sie manchen britischen und amerikanischen Beobachtern erschienen. De Gaulle spürte, daß sich eine historische Gewichtsverlagerung vollzog und daß die amerikanische Vorherrschaft in der westlichen Welt, die sich in den 40er und 50er Jahren so stark ausgeprägt hatte, jetzt einem gleichrangigen Verhältnis zwischen den Vereinigten Staaten, der Sowjetunion und einem freien, vereinten und starken Europa weichen mußte. Hinsichtlich des Ausschlusses Großbritanniens vom Gemeinsamen Markt leitete ihn offenbar die Überzeugung, daß die Briten, solange sie den Amerikanern in strategischen Angelegenheiten und dem Commonwealth in wirtschaftlichen Dingen nachgaben, noch nicht europäisch genug seien, um sich für die Mitgliedschaft zu qualifizieren.

Im Jahre 1966 betrieb der General den militärischen, nicht jedoch den politischen Rückzug aus der Allianz und riß damit tiefe Lücken, die in den folgenden Jahren nicht ausgefüllt wurden. Selbst die sowjetische Aggression gegenüber der Tschechoslowakei im August 1968 vermochte die NATO-Partner nicht so aufzurütteln, daß sie ihre Rüstungsanstrengungen verstärkt hätten, und die Behauptungen der Sowjets in der darauffolgenden Periode, daß die Zeit reif sei für eine europäische Sicherheitskonferenz, die vermutlich alle Schwierigkeiten zwischen Ost und West ausbügeln würde, schläferten einige westeuropäische Politiker ein und ließen sie glauben, erneute Anstrengungen seien unnötig, die NATO habe sich zu einem kostspieligen Anachronismus entwickelt. Zweifelsohne war die Ankündigung der kanadischen Regierung im April 1969, ihr NATO-Kontingent zu verringern, von dieser Haltung beeinflußt; und bei vielen Amerikanern rief sie den Wunsch hervor, ihre Regierung solle den gleichen Schritt tun. Um die Mitte der 70er Jahre machten sich westliche militärische Beobachter Sorgen über das Ungleichgewicht zwischen der NATO und dem Warschauer Pakt; denn während die NATO im Hinblick auf nukleare Sprengköpfe und Beförderungsfahrzeuge immer noch eindeutig überlegen war, verfügte der Warschauer Pakt über 21 000 schwere Panzer, die NATO hingegen über nur 8000; und im Hinblick auf Infanterie sowie motorisierten Panzerdivisionen überflügelte er die NATO bei weitem. Überdies besaß er den Vorteil des geographischen Zusammenhangs gegenüber dem ungeheuren territorialen Gefüge des westlichen Bündnisses.

Europa und der Nahe Osten

Die europäischen Interessen. Die im Jahre 1945 einsetzende Epoche brachte große Veränderungen im Nahen Osten mit sich. Ob das Gebiet für die Westmächte strategisch noch die gleiche Bedeutung besaß wie einstmals, konnte man in diesen Tagen der Langstreckenbomber und der Interkontinentalraketen zumindest in Frage stellen. Was seinen wirtschaftlichen Wert betraf, so gab es gar keinen Zweifel. Die Industrie und die Verkehrssysteme

Westeuropas waren auf die reichen Ölvorkommen dieses Gebietes angewiesen. Daher klammerten sich die Westmächte ängstlich an ihre Position im Nahen Osten. Doch der in diesem Gebiet herrschende explosive Nationalismus und ihre eigenen taktischen Fehler sowie die Tatsache, daß die Sowjetunion sie sich zunutze machen konnte, ließen die Westmächte hier an Boden verlieren.

Griechenland und die Türkei. Tiefgreifende Differenzen zwischen Griechenland und der Türkei schwächten die westeuropäische Position in diesem Gebiet.

Der anglo-griechische Konflikt entstand auf Zypern. Disraeli, der diese Insel als «Schlüssel zu Westasien» (s. S. 207) betrachtete, hatte sie im Jahre 1878 als britischen Stützpunkt erworben. Zur Zeit des Protektorats und nach 1925 als Kronkolonie regierten die Briten die Insel wohlwollend und effizient und wahrscheinlich zur Zufriedenheit der meisten ihrer griechischen und türkischen Einwohner. Gleichwohl wirkten die griechisch-orthodoxe Kirche und eine bedeutende Anzahl gebildeter Griechen auf der Insel lange und überzeugt auf die «Enosis» (Vereinigung Zyperns mit Griechenland) hin. In den 50er Jahren setzte eine systematischere Bewegung unter Führung von Michael Muskos, Erzbischof Makarios III., ein; und ab 1954 führte eine Guerillabewegung unter der Leitung von Georgios Grivas eine Terrorkampagne, die der «Enosis» internationale Sympathien und Unterstützung einbringen sollte. Sie erwies sich in ihren Methoden als derartig blutrünstig und ziellos in der Wahl ihrer Opfer, daß sie die entgegengesetzte Wirkung erzielte. Außerdem stieß sie die türkische Minderheit der Insel vor den Kopf, die zum antigriechischen Terrorismus überging. Das führte im September 1955 in Istanbul zu Aufständen gegen die Griechen und in Saloniki zu einem Vergeltungsanschlag auf das türkische Konsulat.

Die Geduld der Briten und der Druck der Weltmeinung führten schließlich im Jahre 1959 zu einer provisorischen Lösung. Zypern sollte unabhängig werden, die griechischen und türkischen Einwohner sollten ihre jeweiligen Angelegenheiten selbst verwalten, die strategischen Interessen der Briten gewahrt werden, die «Enosis» jedoch für immer ausgeschlossen bleiben. Diese Regelung funktionierte einigermaßen gut, bis Makarios sie im Jahre 1964 aufkündigte. Es brachen erneut Kämpfe zwischen Griechen und Türken aus, und die UNO sah sich gezwungen einzugreifen. Dennoch vergifteten dortige Konflikte weiterhin das Klima unter den östlichen NATO-Partnern.

In den Jahren 1959 und 1960 warfen ernste interne Auseinandersetzungen in der Türkei Zweifel an der Stärke dieses Landes als Bündnispartner auf. Der Zusammenbruch des Einparteiensystems, das sich seit der Revolution Kemals (s. S. 393) im Lande behauptet hatte, hatte bereits vor dem Zweiten Weltkrieg eingesetzt. Im Jahre 1946 wurde eine neue, die Demokratische Partei gegründet, die vier Jahre später mit großer Mehrheit an die Macht gelangte. Unter Adnan Menderes als Ministerpräsidenten spielte diese Partei eine aktive Rolle beim Wiederaufbau einer durch den Krieg schwer erschütterten Wirtschaft. Gleichwohl schenkte die Regierung den Gesetzen einer gesunden Finanzwirtschaft immer weniger Aufmerksamkeit und schritt zunehmend zu autoritären Methoden, um ihre Kritiker zum Schweigen zu bringen.

Im Frühherbst des Jahres 1960 war ein Großteil der türkischen Bevölkerung die Regierung Menderes leid. Der Ministerpräsident und die meisten Mitglieder seines Kabinetts wurden in einem Militärputsch verhaftet und mußten sich einem Prozeß wegen Staatsvergehen unterziehen. Drei von ihnen, einschließlich Menderes, wurden hingerichtet. Die Offiziere, die dies eingefädelt hatten, beteuerten lauthals, mit dem Putsch beabsichtigten sie, die Achtung vor dem Gesetz wiederherzustellen, und am türkischen Engagement innerhalb der NATO ändere sich nichts. Die Zivilregierung Ismet Inönü, die die Macht im Jahre 1961 vom Militär übernahm und bis Februar 1965 regierte, hielt die NATO-Verpflichtungen im allgemeinen ein. Die Stabilität im Lande war jedoch gering, und Unruhen in der Bevölkerung sowie insbesondere nach 1971 häufiger Regierungswechsel kennzeichneten die darauffolgenden zehn Jahre. Einer neuen Belastung war die Beziehung der Türkei zur NATO Mitte des Jahres 1974 ausgesetzt, als ein plumper Versuch der griechischen Militärregierung, Zypern unter ihre Kontrolle zu bekommen, zum Einmarsch und zur Eroberung bedeutender Teile der Insel durch die Türkei führte. Nur unentwegte diplomatische Anstrengungen von seiten Großbritanniens, der Vereinigten Staaten und der Vereinten Nationen verhinderten einen Krieg zwischen Griechenland und der Türkei.

Das Problem Israel. Seit dem Ersten Weltkrieg hatten viele politische Auseinandersetzungen in der arabischen Welt das Problem der Juden in Palästina zum Mittelpunkt. Nach 1945 nahmen sie eine neue Intensität an. In jenem Jahr verkündeten die Briten ihre Absicht, ihr Mandat über Palästina abzutreten; und sie übertrugen das Problem der UNO. Im November 1947 nahm die UNO einen Plan zur Teilung Palästinas und zur Errichtung eines jüdischen Staates, eines arabischen Staates und einer internationalen Stadt Jerusalem an. Es erwies sich als schwierig, die Teilung durchzuführen. Als die Juden im Frühjahr 1948 in Palästina eine unabhängige Republik mit der Hauptstadt Tel Aviv errichteten, wurden sie von Streitkräften der Arabischen Liga (Ägypten, Syrien, Libanon und Irak) angegriffen, und bis Anfang 1949 fanden unregelmäßige Kämpfe statt. Als Vermittler der Vereinten Nationen schließlich unter großen Schwierigkeiten einen Waffenstillstand erreichten, erhielt die neue Republik Israel den größeren Teil Palästinas.

Israel wurde von der UNO anerkannt und im Mai 1949 als Mitglied aufgenommen. Die folgenden sieben Jahre konzentrierte es sich unter der Führung von Ministerpräsident David Ben Gurion auf innenpolitische Aufgaben. Seine Bevölkerung verdreifachte sich in diesem Zeitraum, da aus allen Teilen Europas Flüchtlinge eintrafen. Diese Einwanderer mußten Fertigkeiten erwerben, die das Überleben in einem schwierigen Land ermöglichen würden.

In dieser Zeit waren die Israelis auf ausländische Kredite, auf deutsche Wiedergutmachungszahlungen und auf Kollekten in jüdischen Gemeinden im Ausland angewiesen. Die neue Republik machte bemerkenswerte Fortschritte.

Die Arabische Liga hatte ihren Rückschlag nicht als definitiv akzeptiert. Sie nutzte die Beschwerden palästinensischer Araber aus, die in Nachbarländer geflüchtet waren und dort in Schmutz und Elend lebten, und begann terroristische Banden zu gründen. Insbesondere die neue ägyptische Regierung war bei diesen Unternehmungen aktiv. Die Israelis, die einen erneuten Angriff aus dieser Richtung witterten, beschleunigten die Ausbildung ihrer Streitkräfte unter Anwendung von Verfahren, die ihnen später die uneingeschränkte Bewunderung westlicher Militärbeobachter eintrugen. Die Resultate dieser Vorbereitungen wurden im Sinaifeldzug vom Jahre 1956 (s. S. 623) offenkundig.

Ägypten und die Suezkrise von 1956. Während des ersten Nachkriegsjahrzehnts war die Politik Ägyptens durch einen glühenden Nationalismus gekennzeichnet, der sich insbesondere gegen die Überreste des britischen Einflusses in Ägypten richtete, vor allem gegen die britischen Rechte im Sudan und am Suezkanal. Als den Ägyptern im Jahre 1951 ein anglo-amerikanischer Plan über ein mit der NATO verbündetes Nahost-Kommando mit Stützpunkt in Ägypten unterbreitet wurde, befanden sie es nicht einmal einer sorgfältigen Prüfung wert.

Die Bedeutung Ägyptens in jedem strategischen Verteidigungsplan für den Nahen Osten veranlaßte die westlichen Regierungen, ihre Bemühungen um ein Abkommen mit Kairo beharrlich fortzusetzen. Die Verschlechterung der innenpolitischen Situation Ägyptens schien ihr Anliegen zu begünstigen; denn nachdem eine Militärrebellion die Regierung König Faruks gestürzt hatte und sie durch eine von General Nagib und später, im Jahre 1954, von Oberst Gamal Abd el Nasser geführte Regierung ersetzt hatte, schien eine politisch-militärische Verständigung möglich. Während dieser Etappe seiner Karriere schien Nasser prowestlich eingestellt. 1954 schloß er einen neuen Vertrag mit Britannien, in dem die Briten sich bereit erklärten, ihre Truppen innerhalb von zwei Jahren aus der Kanalzone abzuziehen unter der Bedingung, daß ihnen für den Fall einer äußeren Bedrohung der Kontrolle Ägyptens über den Kanal das Recht zur Wiederbesetzung zugestanden würde und daß die ägyptische Regierung die Konvention von 1888, die den freien Durchgang durch diesen wichtigen internationalen Wasserweg garantierte, weiterhin respektierte. Dem Sudan ließen die Briten die Wahl zwischen der Vereinigung mit Ägypten und der Unabhängigkeit. 1955 entschied er sich für die zweite Möglichkeit.

Die Anzeichen einer Freundschaft zwischen Ägypten und dem Westen waren vorübergehend. Der Westen lehnte Nassers beharrliche Forderungen nach militärischer Hilfe ab, weil die Befürchtung bestand, alle an ihn gelieferten Waffen könnten zum Einsatz gegen Israel gelangen. Und im September 1955 wandte sich Nasser dem sowjetischen Block zu, indem er ein Abkommen über Waffenlieferungen – angeblich mit der Tschechoslowakei, in Wirklichkeit aber mit der Sowjetunion – traf. Das Versäumnis des Westens, spürbare Vergeltung zu üben, ermutigte Nasser, noch weiter zu gehen. Er begann, antiwestliche Propaganda in anderen arabischen Ländern zu schüren, den Rebellen in Algerien (s. S. 632) Unterstützung zu gewähren und Verhandlungen zur Aufnahme von Beziehungen mit Rotchina zu führen, während er gleichzeitig bei den Verhandlungen mit der Regierung der Vereinigten Staaten über die Finanzierung des Staudammes von Assuan überaus arrogant auftrat.

Im Juli 1956 zogen die Amerikaner ihre Hilfe für den Bau des Staudammes zurück. Nasser betrachtete dies als einen Versuch, ihn und sein Land zu demütigen, und er rächte sich mit der Verstaatlichung der Suezkanalgesellschaft. Damit verstieß er gegen internationale Konventionen und seine jüngsten Zusicherungen gegenüber den Briten.

Zu diesem Zeitpunkt schwand auch jeder Anschein von Einigkeit innerhalb des westlichen Bündnisses. Die britische und die französische Regierung meinten, falls Nasser sich weigere, den Kanal zurückzugeben und eine Form von internationaler Verwaltung anzuerkennen, so müsse der Westen bereit sein, mit militärischen Mitteln einzuschreiten, um ihn zum Nachgeben zu zwingen. Die Regierung der Vereinigten Staaten reagierte nicht auf das Drängen der Briten, daß entschlossenes Handeln notwendig sei, um die westlichen Interessen in den arabischen Ländern zu schützen. Das Land befand sich mitten im Wahlkampf für die Präsidentschaftswahlen, in der die Regierung Eisenhower die Beendigung des Koreakrieges als Argument für ihre Wiedereinsetzung ins Amt anführte. Sie zog es vor, die Dinge treiben zu lassen, anstatt einen Kurs einzuschlagen, der eine energische Intervention erforderlich machen konnte. Da die Stimmen der Sowjetunion und Jugoslawiens im Sicherheitsrat jede sinnvolle Maßnahme der UNO unwahrscheinlich werden ließen, veranlaßte Enttäuschung die beiden europäischen Mächte zu einer übereilten Aktion.

Die an Anzahl und Heftigkeit ständig zunehmenden Zwischenfälle an der arabisch-israelischen Grenze und die immer offenkundiger werdenden Vorbereitungen Ägyptens für einen groß angelegten Krieg hatten die israelische Regierung Anfang Oktober 1956 von der Notwendigkeit überzeugt, daß sie Schritte einleiten müsse, um einer Katastrophe vorzubeugen. Sie teilte ihre Beunruhigung der französischen Regierung Guy Mollet mit, die dann den Briten gegenüber andeutete, ein israelischer Angriff auf die Halbinsel Sinai könne den Briten und Franzosen einen Vorwand für die Intervention und die Eroberung des Suez-Kanals liefern. Eden willigte ein und versprach den Israelis – noch bevor er sein Kabinett zur Zustimmung veranlaßt hatte –, die westlichen Alliierten würden ihre Operationen unterstützen und die Briten würden die ägyptische Luftwaffe zerstören. Mit dieser Rückversicherung ausgestattet, drang die israelische Armee am 29. Oktober auf die von einem an Anzahl, Ausrüstung und Munition überlegenen Feind befestigte Halbinsel Sinai vor, zerschlug in einem lediglich hundertstündigen Feldzug die dortigen

Kampfeinheiten, nahm ihre Verteidigungsstellungen ein und zwang sie zur Flucht über den Kanal nach Ägypten.

Der Plan der Briten und Franzosen, mit ihren Streitkräften den Kanal zu erobern, wurde nicht so brillant ausgeführt, sondern endete mit einem erheblichen Rückschlag. Logistische Schwierigkeiten, Mangel an Entschlossenheit und die Einmischung der Politiker in taktische Angelegenheiten nahmen dem Vorstoß, der anderenfalls hätte gelingen können, die Kraft. Die Regierung der Vereinigten Staaten sagte sich von ihren Bündnispartnern los und schloß sich einer Forderung der Vereinten Nationen nach Waffenruhe an. Dieser Druck in Verbindung mit der liberalen und linken Opposition im eigenen Land zwang die Briten und Franzosen, die Operationen zu beenden. Die Spaltung im NATO-Bündnis und das Vorgehen der UNO bewirkten die Beilegung der Suezkrise und retteten Nasser vor den Folgen seiner Politik. Sie führten dazu, daß ihm alles Territorium, das seine Feinde eingenommen hatten, zurückgegeben wurde und daß er als Herr über den Kanal aus der Krise hervorging.

Die anderen arabischen Länder. Nassers Einfluß befand sich nun auf dem Höhepunkt. In Syrien wuchs dieser Einfluß rasch und machte den Zusammenschluß jenes Landes mit Ägypten zur Vereinigten Arabischen Republik im Februar 1958 möglich. Im Irak wirkte er sich noch dramatischer aus. Dieses ehemalige britische Protektorat war im Jahre 1955 den Bagdad-Pakt beigetreten – einem gegenseitigen Verteidigungsbündnis, dem Großbritannien, die Türkei, Pakistan und der Iran angehörten und mit dem die Vereinigten Staaten eng assoziert waren. Von diesem Zeitpunkt an hatte Kairo dieses Bündnis erbittert angegriffen, und Nasser hatte alles unternommen, was in seiner Macht stand, um innerhalb des Irak Subversion zu verbreiten. All dies spitzte sich am 14. Juli 1958 zu, als eine Gruppe von Offizieren der Armee, angeführt von General Karim Abd el Kassem, plötzlich in Bagdad die Macht ergriff. Der Irak brach seine Verbindung zum Bagdad-Pakt ab.

Nassers Aufstieg war so kometenhaft, daß einige seiner Nachbarstaaten beunruhigt waren. Der junge König Hussein von Jordanien, der gegenüber den Briten Zurückhaltung geübt hatte, rief sie nun um Hilfe bei der Wiederherstellung der Ordnung in einem von nationalistischen Verschwörungen zerrissenen Land. In ähnlicher Weise ersuchte das prowestliche Regime im Libanon um den Schutz der Vereinigten Staaten gegen eine mögliche Invasion durch arabische Nationalisten.

Wenn es auch gelegentlich den Anschein hatte, so erlangte Nasser in den arabischen Ländern doch zu keiner Zeit eine dominierende Position. Angesichts der chronischen politischen Instabilität des Nahen Ostens war dies kaum möglich.

Die arabisch-israelischen Kriege von 1967 und 1973. Der einzige konstante Faktor in der arabischen Politik schien der Haß auf Israel zu sein, und ein zweiter dramatischer Ausbruch dieses Hasses im Jahre 1967 ließ Schwäche und Stärke der Position Nassers erkennen. Nach 1956 hatte es eine gewisse Entspannung im Verhältnis zwischen Israel und Ägypten gegeben, ermöglicht durch die Präsenz von UNO-Truppen an ihrer gemeinsamen Grenze. Israels Beziehungen zu Jordanien und Syrien verschlechterten sich jedoch stetig. Im Jahre 1962 führten Grenzvorkommnisse, bei denen die syrische Artillerie eine Rolle spielte, zu geballten Vergeltungsanschlägen durch israelische Luftwaffen- und Panzereinheiten. Nach diesem Schema verliefen in den folgenden Jahren mehrere Zwischenfälle. Das UN-Sekretariat war nicht in der Lage, eine effektive Präventivaktion zustande zu bringen.

Diese gefährliche Situation wurde noch komplizierter, als die Arabische Liga im Januar 1964 die Palästinensische Befreiungsorganisation gründete, die darauf ausgerichtet war, das verlorene Land der palästinensischen Flüchtlinge zurückzuerobern. Diese Vereinigung begann im Gaza-Streifen und in Syrien eine Befreiungsarmee auszubilden, und die Grenzzwischenfälle nahmen erneut an Anzahl und Gewalt zu. 1967 wurde der Krieg auf beiden Seiten als unausweichlich angesehen.

Es spricht einiges dafür, daß Nasser keine Wiederaufnahme der Kriegshandlungen wollte, da er sich der Schwäche seiner Streitkräfte bewußt war. Doch seine Zurückhaltung rief bittere Vorwürfe auf seiten der Jordanier und der Syrer hervor, zu denen seine Beziehungen seit 1961, als das Bündnis von 1958 aufgelöst worden war, ungewiß waren. Zweifellos in dem Bewußtsein, daß seine Position gefährdet sein würde, wenn er sich anders verhielte, schwenkte Nasser öffentlich auf ihren harten Kurs gegenüber Israel ein. Überdies unternahm Nasser, als die Israelis Expeditionstruppen nach Damaskus zu entsenden und die syrische Regierung zu stürzen drohten, im Mai 1967 zwei Schritte von schicksalhafter Tragweite. Zum einen forderte er den Rückzug der UN-Truppen, eine Forderung, die U Thant unmittelbar erfüllte. Zum zweiten entsandte er Streitkräfte zur Besetzung der Straße von Tiran und verhängte erneut eine Blockade über den Golf von Akaba, die er im Jahre 1956 hatte aufheben müssen. Dies stellte eindeutig eine Bedrohung des israelischen Hafens Elat dar; und nachdem die israelische Regierung deutlich gemacht hatte, daß Maßnahmen dieser Art als hinreichender Kriegsgrund angesehen würden, muß Nassers Vorgehen als tollkühn bezeichnet werden.

Am Montag, den 5. Juni 1967 um 7.45 Uhr griffen israelische Kampfbomber zehn ägyptische Luftstützpunkte gleichzeitig an und zerstörten die ägyptische Luftstreitmacht, die seit 1956 mühsam aufgebaut worden war. Später an diesem Morgen wurde die syrische Luftwaffe, nachdem sie Haifa attackiert hatte, in Vergeltungsangriffen vernichtet, und noch am selben Tage erlitten die jordanischen und irakischen Streitkräfte lähmende Versuche. Unterdessen drangen drei israelische Panzerkolonnen auf die Halbinsel Sinai vor und zerstörten die hier zusammengezogenen ägyptischen Streitkräfte. Die jordanischen Truppen, die durch Angriffe auf Grenzsiedlungen den Druck auf die Ägypter zu mildern suchten, wurden durch einen kombinierten Angriff überwältigt, mit dem die Altstadt von Jerusalem – ein seit Jahrzehnten ersehntes Ziel der Israelis – überrollt wurde. Schließlich, am Freitag, drangen zwei israelische Infanteriekolonnen in den syrischen Verteidigungsgürtel zwischen Tel Fakar und El Kuneitra ein, räumten die Golanhöhen, und Damaskus war ihnen ausgeliefert.

Es spricht für Nassers Einfluß auf sein Volk und auf die Völker der anderen arabischen Länder, daß er trotz des vollkommenen Sieges der Israelis und trotz seiner schmählichen Versuche, amerikanische und britische Geheimabsprachen mit Israel dafür verantwortlich zu machen, nicht abgesetzt wurde. Vielmehr gab es Volksdemonstrationen für ihn, als er am 9. Juni Anstalten machte zurückzutreten. Mit der Zeit wurde seine Position durch einen merkwürdigen Umschwung der Weltmeinung stärker, zum Teil aufgrund des einseitigen Sieges der Israelis, zum Teil aufgrund des verständlichen Zögerns der Israelis, ihre territorialen Gewinne zurückzugeben, wie sie es im Jahre 1956 getan hatten. Dies ermutigte die Araber, direkte Verhandlungen mit Israel über Fragen, die sich aus dem Krieg ergaben, abzulehnen, was die Israelis wiederum in ihrer Ablehnung, Konzessionen zu machen, bestärkte.

Die Folge des Sechs-Tage-Krieges war daher die Vorbereitung eines neuen Konfliktes. Im Sommer 1970 nutzten palästinensische Guerillas libanesisches und jordanisches Territorium für Übergriffe auf Israel; Nasser sprach erneut von einem unvermeidlichen Krieg; und es herrschte allgemein die Meinung, wenn die Vereinigten Staaten und die Sowjetunion sich nicht darauf einigen könnten, neue Aktionen zu unterbinden und die militärische Hilfe, die jeder von ihnen den streitenden Parteien zukommen ließ, zu regeln, so ließe sich ein neuer groß angelegter Kampf nicht auf unendlich verschieben. Noch unsicherer wurde die Lage durch den Ausbruch von Kämpfen zwischen palästinensischen Guerillas und Regierungstruppen in Jordanien im Spätsommer des Jahres 1970 sowie durch den plötzlichen Tod Nassers im September, während man Versuche unternahm, der Unsicherheit ein Ende zu bereiten.

Nassers Nachfolger, Anwar el Sadat, sprach zwar weiterhin von einem neuen Krieg mit Israel, schien jedoch allmählich im Hinblick auf seine Fähigkeit, ihn zu führen, ernüchtert zu werden, da die wirtschaftlichen Probleme Ägyptens anwuchsen. Im Juli 1972 wies er unvermittelt sowjetische Techniker und Berater aus dem Land und zeigte Interesse an Verhandlungen mit Israel. Erneute Zusammenstöße zwischen israelischen und syrischen Truppen am Ende des Jahres verhinderten, daß man auf diesem Wege vorankam. In der Tat schienen die verworrenen Animositäten in diesem Gebiet einen neuen Krieg unausweichlich zu machen. Er begann am 6. Oktober 1973, dem jüdischen Versöhnungstag, als ägyptische und syrische Streitkräfte israelische Stellungen auf der Halbinsel Sinai und den Golanhöhen angriffen und damit einen Konflikt auslösten, der den israelischen Truppen hohe Verluste zufügte und der nur unter Schwierigkeiten eingedämmt werden konnte. Ende Oktober beendete ein von den Vereinten Nationen auferlegter Waffenstillstand die Feindseligkeiten; er verhinderte jedoch nicht, daß die arabischen

Staaten ein Ölembargo gegen den Westen verhängten, um ihn davon abzuhalten, Israel zu unterstützen. In langwierigen Vermittlungsversuchen erreichte der Außenminister der Vereinigten Staaten, Henry Kissinger, eine Truppenentflechtung und den Rückzug Israels aus Gebieten, die es während des Krieges besetzt hatte. Die im Jahre 1967 eroberten Territorien und die Rechte der palästinensischen Flüchtlinge blieben jedoch im folgenden Zeitabschnitt unlösbare Probleme. Daß die Aussicht auf einen Frieden dennoch nicht hoffnungslos war, machte eine plötzliche Initiative Sadats im Jahre 1978 deutlich, als er zum Entsetzen seiner Verbündeten erstmals der israelischen Hauptstadt einen Besuch abstattete und diplomatische Gespräche aufnahm, die noch in demselben Jahr in den Vereinigten Staaten fortgeführt wurden und mit dem Entwurf eines Vertrages zwischen Sadat und dem israelischen Ministerpräsidenten Begin abschlossen. Der Vertrag war nicht frei von Interpretationsschwierigkeiten, doch schien er eine vielversprechende Wende im tragischen Ablauf der arabisch-israelischen Beziehungen zu markieren.

Die Auflösung der europäischen Kolonialreiche

Indien, Pakistan und Burma. Von den Rückzügen, die die europäischen Mächte nach dem Krieg aus den großen, im 18. und 19. Jahrhundert geschaffenen Kolonialreichen antraten, war derjenige der Briten aus Indien vielleicht der beeindruckendste. Im Gegensatz zu späteren Beispielen der Übergabe von Kolonialgebieten zeichnete diese sich durch Vernunft und politische Klugheit aus.

Die Entscheidung, das britische Raj zu beenden, war eine direkte Folge des Krieges, der dem britischen Volk die Mittel und die Bereitschaft genommen hatte, sich dem zu widersetzen, was bereits vor 1939 als unvermeidlich galt. Es stellte sich nun das Problem, wie man den Rückzug gestalten konnte, ohne den Subkontinent in einen Bürgerkrieg zu stürzen. Nicht nur die Spannungen zwischen der indischen Kongreßpartei und der Moslemliga erschwerten die interne Diskussion, sondern auch der zunehmende Kommunismus. Überdies bedurfte es einer raschen Lösung; denn die britische Regierung hatte während des Krieges keine Beamten für den indischen Staatsdienst rekrutiert, und um 1947 wurde deutlich, daß die verringerte Bürokratie das Land nicht mehr über viele Monate hinweg verwalten konnte.

Lord Louis Mountbatten, der Lord Wavell im Februar 1947 als Vizekönig von Indien ablöste, war mit der Aufgabe betraut worden, die Sackgasse zu durchbrechen, in die die Parteien in Indien geraten waren. Sein bemerkenswertes diplomatisches Geschick versetzte Mountbatten in die Lage, die Anführer der Kongreßpartei und der Moslemliga innerhalb von 73 Tagen nach seiner Ankunft dazu zu bewegen, einem Plan über die Errichtung zweier Staaten, Indiens und Pakistans, sowie über die Teilung des Punjab und Bengalens zuzustimmen.

Diese Leistung, die durch die Vernunft des Hinduführers Jawaharlal Nehru und des Präsidenten der Moslemliga, Mohammed Ali Dschinnah, ermöglicht wurde, stellte lediglich den Anfang der Arbeit Mountbattens dar. Die Verwaltungsprobleme bei der Ausführung der Pläne waren von überwältigender Kompliziertheit. Nach dem Tag der Unabhängigkeit (15. August 1947) ergaben sich ernste Meinungsverschiedenheiten zwischen der Regierung Indiens und der Pakistans über die endgültigen Verfügungen bezüglich der wichtigen Staaten Junagadh, Kaschmir und Haiderabad. Dennoch waren die meisten Probleme Mitte des Jahres 1948, als Mountbattens Mission endete, unter Kontrolle. Das Land war ruhig, und die beiden neuen Staaten funktionierten gut. Einen Grund dafür bildete vielleicht die Ermordung von Mahatma Gandhi im Januar 1948 – eine sinnlose Tat, die die Nation erschütterte, jedoch den Zwist zwischen Hindus und Moslems merklich verringerte.

In den folgenden Jahren bemühte sich Nehru im globalen Kampf zwischen dem Kommunismus und der demokratischen Welt um eine neutrale Position für Indien. Das irritierte die Staatsmänner in Moskau und Washington zwar häufig, brachte aber greifbare wirtschaftliche Vorteile von beiden Seiten mit sich. Im Mai 1964 starb Nehru an einem Herzinfarkt und hinterließ seinem Nachfolger Shastri eine Menge ungelöster Probleme. Ganz unmittelbar kritisch wurde die Kaschmir-Frage. In dieser Provinz führten eine Reihe von Zusammenstößen zwischen indischen und pakistanischen Truppen im September 1965 zu einem abscheulichen Krieg, der unentschieden ausging. Im gleichen Monat akzeptierten beide Seiten den Aufruf der UN-Sicherheitsrates zum Waffenstillstand, und vier Monate später unterzeichneten sie ein Gewaltverzichtsabkommen.

Dieses war jedoch nicht von Dauer, und im Dezember 1971 brach infolge der Unterstützung einer Autonomie-Bewegung in Ostpakistan durch Indien ein neuer Krieg aus, in dem indische Streitkräfte das Gebiet überrannten und einen unabhängigen Staat Bangladesh errichteten.

Unterdessen nahm die Innenpolitik in Indien eine stürmische Wendung als Folge der Politik Indira Gandhis, die nach dem Tode Shastris im Jahre 1966 Ministerpräsidentin wurde und die vielen Indern entschlossen schien, ein autoritäres Regime zu errichten, das die bürgerlichen Freiheiten einschränken würde.

Indonesien, Malaya und Südostasien. Die Ereignisse zeigten bald, daß die Eroberung anderer Kolonialgebiete durch Japan während des Krieges dem Ansehen der europäischen Mächte geschadet und nationalistische Bewegungen hervorgerufen hatte, die sich nun der Rückkehr der Europäer widersetzten. Dies betraf insbesondere das holländische Kolonialreich Indonesien, das in den ersten Wochen nach Pearl Harbor von den Japanern überrollt worden war.

Nach dem Krieg übernahmen die Briten die Aufgabe, Indonesien wiederzubesetzen, bis die Niederlande eine neue Regierung gebildet und ihren Kolonialdienst neu organisiert hatten. Das führte letzten Endes zu einer Meinungsverschiedenheit zwischen den Bündnispartnern. Denn die Briten tendierten zur Zusammenarbeit mit der Republik, die der Nationalistenführer von Java, Achmed Sukarno, im August 1945 gegründet hatte; die Holländer hingegen stellten sich allen republikanischen Bewegungen in ihren früheren Kolonialgebieten entgegen. Trotz britischer Versuche, die beiden Parteien einander näherzubringen, fanden das ganze Jahr 1947 hindurch erbitterte Kämpfe statt, da die Holländer versuchten, die republikanischen Zentren abzuriegeln und zur Unterwerfung zu zwingen. Im Jahre 1949 gelang es der UNO mit einer Intervention, die zunächst von den Holländern empört abgelehnt wurde, in Den Haag eine Konferenz einzuberufen. Dort beschloß man, die Vereinigten Staaten von Indonesien als souveränen Staat zu begründen, der die holländische Krone anerkannte. Bei starken Reibungen zwischen den Partnern dauerte die Lösung an, bis Indonesien den Vertrag im Februar 1956 einseitig aufkündigte.

Der Kommunismus hatte in Indonesien seit den 20er Jahren eine Rolle gespielt; und Sukarnos Versuche während seiner ersten Regierung nach 1956, mit den Kommunisten zusammenzuarbeiten, lösten im Westen die Befürchtung aus, dieses strategisch wichtige Gebiet könne in den sowjetischen Block abtreiben – eine Entwicklung, die eine direkte Gefahr für die britische Position in Malaya bedeutet hätte. Im allgemeinen tendierte Sukarno zu einem neutralen Kurs. Durch die Verstaatlichung holländischer Plantagen und die Ausweisung von Siedlern versuchte er, die Linke sowie die Nationalisten günstig zu stimmen, gleichzeitig aber zu vermeiden, daß die konservativen Elemente sich durch eine entschieden kommunistische Orientierung vor den Kopf gestoßen fühlten. Auf der UN-Versammlung vom Herbst 1960 schloß sich Sukarno dem neutralen Block an – bestehend aus Nehru, Tito, Nasser und dem ghanesischen Kwame Nkrumah –, in dem er auf neue Kontakte zwischen der Regierung der Vereinigten Staaten und der Führung der Sowjetunion drängte. In den folgenden fünf Jahren entwickelte er jedoch eine heftige antiwestliche Haltung. Er wies amerikanische Hilfe zurück, trat aus den Vereinten Nationen aus, schlug im allgemeinen in seiner Politik den Kurs Rotchinas ein und rief zur Zerstörung des Bundesstaates Malaysia auf.

Auf der Halbinsel Malaya nahmen die Ereignisse der Nachkriegszeit einen verworrenen Lauf. Die Briten hatten geduldig versucht, einen Malaiischen Bund mit gleichen Bürgerrechten für Malaien, Chinesen und Inder zu errichten und die Macht der malaiischen Sultane zu beschneiden. Als dieses Vorhaben an der Opposition der malaiischen Bevölkerung scheiterte, gingen die Engländer zu einem föderativen Modell über, das die malaiische Vorherrschaft sicherte. Im Jahre 1948 setzten kommunistische Aufstände ein, und die Briten versuchten, sie durch militärische Maßnahmen und durch Förderung des malaiischen Nationalismus zu bekämpfen. Zwischen 1955 und 1963 schien diese Politik Erfolg zu haben. Im letzteren Jahr schloß sich Malaya mit den ehemaligen britischen Kolonien Sarawak und Nordborneo zusammen, und sie bildeten den Bundesstaat Malaysia. Im August 1965 gefährdete der Austritt Singapurs aus dem Bund den anfänglichen Erfolg. Diese Maßnahme schien die vollständige Auflösung des Bundes und schließlich die Eroberung durch Sukarno anzukündigen. Letztere Gefahr bannte der plötzliche Ausbruch schwerer interner Konflikte in Indonesien, wo sich Kommunisten und Armee Kämpfe lieferten. Als später durchsickerte, daß Sukarno selbst in das kommunistische Komplott verwickelt war, zwang ihn der Kriegsminister, General Suharto, zur Kapitulation. Im März 1967 wurde Suharto amtierender Präsident und im darauffolgenden Jahr Präsident. Die Beziehungen zwischen Indonesien und Malaysia verbesserten sich, und Indonesien trat wieder der UNO bei.

Der verheerendste Rückzug einer europäischen Kolonialmacht aus diesem Gebiet fand in Südostasien statt. Hier wie im Nahen Osten spielten die Gewalt des Nationalismus, die taktische Verwirrung der westlichen Verbündeten und das kommunistische Geschick, sich dieses zunutze zu machen, eine Rolle.

Die japanischen Besatzungsbehörden hatten das Emporkommen einer einheimischen revolutionären Bewegung in Südostasien gefördert. Im August 1945 setzte diese Organisation, die Vietminh-Partei, den profranzösischen Herrscher von Annam, Bao Dai, ab und errichtete eine unabhängige Republik Vietnam, die das nördliche Annam und Tongking umfaßte. Unterdessen machten die Franzosen ihre Ansprüche auf Laos, Kambodscha und Cochinchina wieder geltend, faßten diese einzelnen Staaten zu einer Föderation Indochina zusammen und versuchten, den vietnamesischen Präsidenten, Ho Chi Minh, zum Beitritt zu diesem Bund zu bewegen. Wären sie bereit gewesen, Tongking, Annam und Cochinchina ein hohes Maß an Selbstverwaltung zu gewähren, so hätte es ihnen eventuell gelingen können. Denn Ho Chi Minh war – als Kommunist – profranzösisch und antichinesisch eingestellt. Die Verhandlungen scheiterten, und es brach ein Krieg aus zwischen den Franzosen, die bestrebt waren, Bao Dai auf den Thron eines vereinigten Vietnam zu erheben, und den Vietminh-Truppen.

Seinen Höhepunkt erreichte dieser Krieg, nachdem der Koreakonflikt den Kampf zwischen dem Kommunismus und der demokratischen Welt dramatisiert und den US-Kongreß veranlaßt hatte, Frankreich und dem Regime Bao Dais wirtschaftliche und militärische Hilfe zu gewähren. Französische Befehlshaber bahnten sich allmählich gegen starken Guerillawiderstand den Weg nach Nordvietnam. Im Jahre 1954 aber dehnten sie ihre rückwärtigen Verbindungslinien zu stark aus und gerieten in Dien Bien Phu in eine Falle.

Bei diesem Stand der Dinge rief die französische Regierung am 23. April 1954 die Vereinigten Staaten um Hilfe an, und Stegreifäußerungen von Regierungssprechern ließen darauf schließen, die USA seien bereit zu intervenieren. Dies entsprach jedoch nicht ganz den Tatsachen. Die Regierung der Vereinigten Staaten hatte sich bereits gegen jedes Engagement von Bodentruppen in Indochina entschieden, offenbar aus der Überzeugung heraus, die Luftstreitkräfte könnten die Situation allein bewältigen; doch wünschte sie bei allen geplanten Luftoperationen die Beteiligung der britischen RAF. Die britische Regierung beschied nach vielen Diskussionen, dies sei ein unverantwortliches Unterfangen, das sehr wohl die chinesischen Kommunisten auf den Plan rufen könne, und lehnte ihre Mitarbeit ab. Es wurden keine Maßnahmen ergriffen, und Dien Bien Phu fiel. Dies löste Vorwürfe unter den Bündnispartnern aus und vermittelte der Öffentlichkeit ein Bild der Uneinigkeit im Westen. Eine von April bis Juni 1954 in Genf tagende Konferenz teilte Vietnam schließlich entlang dem 17. Breitengrad zwischen den Franzosen und den Vietminh auf und sah spätere Wahlen für eine gemeinsame Regierung vor.

Die Regierung der Vereinigten Staaten war nicht bereit, die Dinge dabei zu belassen. Auf einer Sonderkonferenz in Manila im September 1954 errang Außenminister Dulles die Zustimmung Großbritanniens, Frankreichs, Australiens, Neuseelands, Pakistans, Thailands und der Philippinen zu einem Südostasiatischen Verteidigungspakt. Die Mitglieder der Organisation, die diesen Vertrag zur Ausführung bringen sollte (SEATO), verpflichteten sich, kollektive Maßnahmen zu ergreifen, um kommunistische Aggressionen in Südostasien abzuwehren. Doch in Gebieten wie Laos und Kambodscha, wo sich die Politik zu einem verworrenen Kampf zwischen rechten, kommunistischen und neutralistischen Kräften entwickelte, mißtrauten die Briten und die Franzosen den Bestrebungen der amerikanischen Politik. Daher zeigten sie sich im März 1961 nicht bereit, der Aufforderung der Vereinigten Staaten an die Verbündeten zu folgen, kollektive Maßnahmen in Laos zu ergreifen.

In Vietnam wurde von beiden Seiten gegen die Regelung von 1954 verstoßen: die Regierung Südvietnams hielt es für gefährlich unrealistisch, zum festgesetzten Termin Wahlen für die Vereinigung abzuhalten, und die nordvietnamesische Regierung unterstützte subversive Kräfte (die sogenannten Vietkong) im südlichen Territorium. Hier konnte sich die SEATO wiederum nicht auf einen effektiven Kurs einigen. Folglich gewannen die Vereinigten Staaten immer größeren Einfluß in Südvietnam, so daß ihre Bemühungen, das schwache, leistungsunfähige Regime gegen den unablässigen Druck von seiten der Vietkong zu schützen, sie Ende des Jahres 1965 schließlich zu offenen Luftoperationen gegen die Nachschubwege der Rebellen und zum Einsatz von Bodentruppen zur Bekämpfung der Kommunisten veranlaßten. Während der Regierungszeit von Präsident Lyndon B. Johnson betrug die Anzahl der amerikanischen Bodentruppen in Vietnam mehr als 500 000 Soldaten. Doch der Krieg ging weiter, und als einziges konkretes Resultat dieser Eskalation stellten sich in den Vereinigten Staaten weitverbreitete Unzufriedenheit und in Europa wachsende Zweifel an Realismus und Moral der amerikanischen Politik ein. Nachdem Richard M. Nixon Präsident geworden war, zogen die Vereinigten Staaten den Großteil ihrer Bodentruppen zurück und nahmen mit der nordvietnamesischen Regierung Verhandlungen über eine Regelung auf. Gleichzeitig bemühten sie sich um sowjetischen und chinesischen Beistand, um Hanoi in dieser Richtung zu beeinflussen. Die Feindseligkeiten fanden jedoch erst im April 1975 mit der Übergabe von Saigon an die Kommunisten ein Ende, und zu diesem Zeitpunkt herrschte kein Zweifel darüber, daß der lange Krieg dem Ruf der Vereinigten Staaten von Amerika in Europa geschadet und die innenpolitischen Schwierigkeiten ihrer NATO-Partner verstärkt hatte. Denn diese waren der Kritik vieler ihrer Bürger ausgesetzt, weil sie es versäumt hatten, gegen die amerikanische Politik in Südostasien Stellung zu beziehen.

Nordafrika. Der Rückschlag für die Franzosen in Indochina wirkte sich tiefgreifend auf das französische Kolonialreich in Nordafrika aus. Sowohl in Tunesien als auch in Marokko waren seit 1945 nationalistische Bewegungen aktiv, denen man jedoch mit einer harten Repressionspolitik begegnete. Die Regierung Mendès-France, die die Niederlage im Fernen Osten mutig akzeptiert hatte, ergriff nun in Nordafrika die Initiative.

Der Anführer der nationalistischen Bewegung («Néo-Destour») in Tunesien war Habib Bourguiba, der seit 1951 im Exil lebte. Im Juli 1954 brachte man ihn zu Konsultationsgesprächen nach Frankreich, und noch im selben Monat verkündete Mendès-France, dem Protektorat werde die innere Autonomie gewährt. Auch nachdem die Nationalversammlung Mendès-France gestürzt hatte, führte man die diesbezüglichen Verhandlungen fort. Im Mai 1955 unterzeichnete man einen französisch-tunesischen Vertrag, und Bourguiba erhielt die Erlaubnis, in sein Land zurückzukehren. Ein erneutes Abkommen im März 1956, das das Recht Tunesiens verbriefte, eigene Streitkräfte zu unterhalten und eine eigene Außenpolitik zu betreiben, machte das Land faktisch unabhängig. Ähnliche Zugeständnisse mußten die Franzosen Marokko gegenüber machen, nachdem sie einsahen, daß ihre Bemühungen, die nationalistische Agitation zu unterdrücken, gescheitert waren. Im Frühjahr 1956 nahmen sie Verhandlungen auf, die noch im selben Jahr mit der Unabhängigkeit Marokkos abschlossen.

Diese verspäteten Konzessionen der Franzosen hätten zu einer fruchtbaren, für beide Seiten vorteilhaften Kooperation zwischen Frankreich und seinen früheren Protektoraten führen können, wäre der Krieg in Algerien, mit dem die Marokkaner und Tunesier sympathisierten, nicht weitergegangen. Dieser Konflikt setzte im Frühjahr 1954 mit einem bewaffneten Aufstand der «Front de libération nationale» (FLN) ein. Die FLN war eine nationalistische, terroristische Organisation mit vielen Anführern, die ihre Ausbildung in Ägypten und im Irak erhalten hatten. Sie fand rasch Rückhalt unter den algerischen Moslems. Die europäischen Siedler (colons), die in Algerien schon länger beheimatet waren als in den benachbarten Protektoraten und für die wirtschaftlich mehr auf dem Spiel stand, widersetzten sich heftig allen Konzessionen gegenüber dieser Bewegung. Der Aufstand vom Mai 1958 in Algier wurde im wesentlichen durch ihre Befürchtung ausgelöst, daß die Regierung sich zu einer ebensolchen Regelung wie in Tunesien und Marokko treiben lassen könne.

Die Kämpfe in Algerien wurden auf beiden Seiten mit größter Grausamkeit geführt, und im Laufe des Krieges erregte dies in Frankreich Besorgnis.

Kirchenvertreter brachten ihren Abscheu über die unmenschlichen Kampfmethoden zum Ausdruck, und demonstrierende Studenten und Gewerkschaften forderten einen Verhandlungsfrieden. Zur Empörung der «colons» und vieler der ursprünglichen Anhänger des Generals gingen die Gedanken Präsident de Gaulles in dieselbe Richtung. Die Tatsache, daß die Rebellen sich zunehmend auf die Hilfe der kommunistischen Welt stützten, veranlaßte ihn, die Suche nach einer gemäßigten Lösung zu forcieren. Nach langen, häufig unterbrochenen Verhandlungen erlangte Algerien im Juli 1962 die Unabhängigkeit.

Afrika südlich der Sahara. Im Afrika südlich der Sahara vollzogen die europäischen Mächte einen allgemeinen und in manchen Fällen überstürzten Rückzug aus ihren Besitzungen. Er war dadurch gekennzeichnet, daß Probleme auftraten, die es niemals zuvor gegeben hatte. Keine der alten Kolonialmächte blieb von nationalistischen Bewegungen unberührt. Selbst Portugal, das aufgrund der Rückständigkeit seiner Kolonien eine Zeitlang eine Ausnahme zu bilden schien, wurde durch Guerillaaktivitäten gezwungen, Angola und Mozambique im Jahre 1975 die Unabhängigkeit zu gewähren.

Die Politik der Briten wechselte von Gebiet zu Gebiet. In Westafrika, wo es keine großen nichtafrikanischen Gemeinden gab und wo die soziale Entwicklung der Afrikaner weit vorangeschritten war, traten die Briten allmählich die Amtsgewalt ab. Sowohl an der Goldküste als auch in Nigeria ließen sie in den frühen 50er Jahren allgemeine Parlamentswahlen zu. Im März 1957 gewährten sie der Goldküste, die den Namen Ghana annahm, die Unabhängigkeit; und im Herbst 1960 wurde auch Nigeria eine selbständige Nation. Beide Staaten traten der UNO bei, in der das ghanaische Staatsoberhaupt, Kwame Nkrumah, für eine gewisse Zeit zum prominenten Mitglied des neutralen Blocks aufstieg. Im Jahre 1966 erlitt er ein Schicksal, das im neuen Afrika nicht ungewöhnlich war: er wurde durch einen Militärputsch gestürzt. Auch der Einfluß Nigerias auf UN-Kreise war von kurzer Dauer; denn von 1967 bis 1970 wurde das Land durch einen langen, schwächenden Bürgerkrieg, ausgelöst durch Differenzen zwischen den Stämmen, zerrissen.

In afrikanischen Kolonien mit starker weißer Bevölkerung machten die Briten nur langsam Konzessionen. Dies führte einheimische Intellektuelle häufig zur Abkehr von England, trieb sie in extremistische Bewegungen oder veranlaßte sie, kommunistische Hilfe zu suchen. In Kenia wandte sich der brillante Jomo Kenyatta – ein in London ausgebildeter Soziologe, der sich durch die Behandlung, die er von seiten der Europäer in seinem eigenen Lande erfuhr, vor den Kopf gestoßen fühlte – um Hilfe und Rat an Moskau. 1946 kehrte er nach Kenia zurück, um sich an die Spitze der «Kenya African Union» (KAU) zu stellen. Diese Vereinigung arbeitete auf eine Agrarreform hin und erschien nach außen nicht revolutionär. Doch betrachteten die Mitglieder militanter Eingeborenenbewegungen Kenyatta als ihren natürlichen Anführer. Andere einheimische Intellektuelle, darunter manche Anhänger Kenyattas, stellten die Führung der berüchtigten Mau-Mau-Bewegung. Dank ihrer organisatorischen Fähigkeiten hielt die im Jahre 1952 begonnene Rebellion gegen die Weißen vier Jahre lang den Unterdrückungsversuchen ausgebildeter europäischer Truppen stand. Der lange Kampf, der sich durch unvergleichliche Grausamkeit auszeichnete, bewirkte eine immer feindseliger werdende Haltung der europäischen Siedler gegenüber der Unabhängigkeitsbewegung. Letztere setzte ihren Kampf dennoch fort, bis Kenia im Dezember 1963 zur Republik erklärt wurde. In den folgenden fünf Jahren stellte Kenia einen der stabilsten und progressivsten der afrikanischen Staaten dar. Doch im Juli 1969 wurde einer seiner begabtesten und tatkräftigsten Politiker, der Minister für wirtschaftliche Entwicklung, Tom Mboya, von einem Fanatiker erschossen, und die Spannungen zwischen den Stämmen brachen hervor. Während der gesamten 70er Jahre waren sporadische Unruhen der Bevölkerung und Grenzstreitigkeiten mit den Nachbarländern für Kenias Politik charakteristisch.

Auch in der Zentralafrikanischen Föderation (im Jahre 1953 von Nordrhodesien, Südrhodesien und Nyassaland gebildet) war die von der Regierung verfolgte Politik geprägt von dem Zögern, die Forderungen der Einheimischen zu erfüllen. Doch dort, wo der Druck am stärksten war, gab die britische Regierung allmählich nach. Im Juli 1964 wurden Nyassaland zur Republik Malawi und drei Monate später Nordrhodesien zur Republik Sambia umgewandelt. Nur Südrhodesien blieb eine autonome Kronkolonie, und das nicht lange.

Als Reaktion auf Versuche der britischen Regierung, die rhodesischen Behörden zur Liberalisierung ihrer Verfassung zu bewegen, um der schwarzen Bevölkerung ein größeres Stimmrecht zu geben, verkündete Ministerpräsident Ian Smith im Jahre 1965 eine einseitige Unabhängigkeitserklärung. Die Briten weigerten sich, sie zu akzeptieren, und bemühten sich die folgenden fünf Jahre hindurch auf diplomatischem und wirtschaftlichem Weg ohne sichtbaren Erfolg, Smith von seinem Kurs abzubringen. Im März 1970 erklärte die Regierung in Salisbury Rhodesien zur Republik. Dennoch blieben die Briten beharrlich. Im Laufe des Jahres 1971 arbeitete der konservative Außenminister Sir Alec Douglas-Home ein Abkommen mit den Rhodesiern aus, das die Sanktionen aufhob, die Bindung Rhodesiens an das Commonwealth wiederherstellte und eine allmähliche Verbesserung des politischen Status der eingeborenen Afrikaner vorsah.

In der Südafrikanischen Union wuchsen die Spannungen zwischen den Rassen in den Nachkriegsjahren ebenfalls stetig an – weitgehend aufgrund der Tatsache, daß eine neue nationalistische Partei entstanden war, die die Verbindung zu Großbritannien abbrechen wollte und ein radikaleres Vorgehen im Hinblick auf das Eingeborenenproblem forderte. Diese Partei errang in den Wahlen von 1948 eine Mehrheit, behielt und steigerte sie im folgenden Jahrzehnt, so daß sie im Herbst 1960 stark genug war, um die Zustimmung des Parlaments für eine Umwandlung des Landes in eine Republik zu erreichen. Im nächsten Jahr wurde der neue Staat auf Betreiben Nigerias und anderer Mitglieder aus dem britischen Commonwealth ausgeschlossen, weil die nationalistische Partei eine Politik der «Apartheid» verfolgte, die eine strikte Trennung zwischen den Kulturen der Eingeborenen und der Europäer forderte. Präsentiert als ein Mittel, um die Bantus vor der Europäisierung zu bewahren, stand die «Apartheid» in krassem Gegensatz zu den vorherrschenden wirtschaftlichen Tendenzen; denn das Wachstum der Industrie in Südafrika förderte die Integration von Bantus und Europäern. In der Praxis schien «Apartheid» kaum etwas anderes zu bedeuten als eine Lehre der Rassenüberlegenheit, die die unteren Schichten der Afrikaner ansprach, weil diese befürchteten, die Integration werde ihren bereits niedrigen Lebensstandard noch stärker herabdrücken. Da die Apartheid ein politisches System ohne positive Werte darstellte, konnte sie nur durch Gewalt funktionsfähig gehalten werden; und um die 60er Jahre waren Zusammenstöße zwischen der Polizei und eingeborenen Demonstranten zahlreich geworden und hatten zu blutigen Auseinandersetzungen geführt.

In West- und Äquatorialafrika erwiesen sich die Franzosen weitsichtiger als in anderen Teilen ihres Kolonialreiches. Die neue französische Verfassung von 1958 erkannte die politische Entwicklung der Kolonien an, die durch die französischen Verwalter aktiv unterstützt und gefördert worden war; und sie ließ den Territorien die Wahl zwischen der vollständigen Unabhängigkeit und der Einzel- oder Bundesmitgliedschaft in der Französischen Gemeinschaft. Die meisten ihrer Kolonien wählten die zweite Möglichkeit (s. S. 569), lediglich Guinea bildete eine bezeichnende Ausnahme.

Die raschen Fortschritte der französischen Kolonien auf dem Weg zur Unabhängigkeit stellten wahrscheinlich den wichtigsten Grund dar für die im Jahre 1960 auftretende explosivste Situation in Afrika seit den Auseinandersetzungen mit der Mau-Mau-Bewegung. Bis zum Ende der 50er Jahre war das große Belgisch-Kongo offensichtlich ein ruhiges und wirtschaftlich blühendes Land, ohne die geringsten Spannungen zwischen den Rassen und ohne eine nationalistische Bewegung von irgendwelcher Bedeutung. Im Jahre 1956 hatte die sozialistische Partei Belgiens ein langfristiges Programm für die Unabhängigkeit «in progressiven Stufen» aufgestellt; doch selbst die stärksten Befürworter der Unabhängigkeit des Kongo dachten an eine dreißigjährige Entwicklung. Im Jahre 1958 wurde das Problem jedoch durch zwei Dinge akut: General de Gaulles Besuch in Brazzaville – nur drei Meilen von der kongolesischen Hauptstandt entfernt –, um den Völkern von Französisch-Äquatorialafrika eine Volksabstimmung über die Unabhängigkeit anzubieten, sowie die Brüsseler Weltausstellung, auf der einige Pavillons mit jungen Kongolesen besetzt waren, die die Außenwelt zum ersten Mal sahen. Im Oktober waren die ersten politischen Parteien des Kongo ins Leben gerufen worden und im Januar 1959 brach in Leopoldville ein viertägiger Aufruhr und Zerstörungswahn aus.

Dies schockierte die belgische Regierung, und der König verkündete am 13. Januar 1959, dem Kongo werde die Unabhängigkeit «ohne fatale Verzögerung ..., aber auch ohne unüberlegte Hast» gewährt. In Anbetracht der

Unruhe im Lande und der wachsenden Rivalität der einheimischen Führer wäre eine eindeutige Erklärung des vorgesehenen Verfahrens und der Zeitplanung ratsam gewesen. Doch konnte sich die Regierung über diese entscheidenden Dinge nicht einigen. Die Unklarheit führte zu einem stärkeren Drängen der Kongolesen und letzteres zu einer unüberlegten Ankündigung der Belgier, die Unabhängigkeit werde am 30. Juni 1960 gewährt.

Als jener Tag anbrach, wurde schlagartig deutlich, daß der Kongo weder ausgebildete Führungspersönlichkeiten noch die Einigkeit besaß, um wirklich unabhängig zu sein. Das Land war fast sofort gelähmt durch antibelgische Demonstrationen, Raub und Plünderung, Stammeskämpfe, politische Unstimmigkeiten und – unvermeidlich – durch kommunistische Subversion. Ende 1960 hatte der übereilte Rückzug der Belgier aus ihrem Kolonialreich eine weitere große Gefahr für den Weltfrieden heraufbeschworen. Erst Ende der 60er Jahre, nach einer erfolglosen Intervention der Vereinten Nationen, die vier Jahre lang dauerte und die den regionalen Krieg verlängerte, stellte ein Militärregime unter General Joseph D. Mobuto in dem verwüsteten Land einigermaßen die Ordnung wieder her. Im Jahr 1970 wurde Mobuto für eine Amtszeit von sieben Jahren zum Präsidenten über das Land gewählt, das später in Zaire umbenannt wurde.

Das Ende der Weltreiche

Gegen Ende der 60er Jahre war von den großen europäischen Weltreichen der Vergangenheit nur noch wenig übriggeblieben. Man kann nicht sagen, daß dies den ehemaligen Kolonialherren Anlaß zu großer Trauer gegeben hätte. Nur wenige Belgier bedauerten den Verlust des Kongo, der ihnen nie wirklich gehört hatte, und in England hinterließ das abbröckelnde Empire keinerlei Neigung, es zu idealisieren; denn es wurde nun weniger mit den Augen Kiplings gesehen als mit denen A. Hobsons (s. S. 318).

Aus weniger egoistischer Perspektive betrachtet, waren die Resultate des Befreiungsprozesses nicht ermutigend. Als Anhänger der Geschichtsphilosophie Hegels mochte man freilich glauben, Zeuge einer von ihr postulierten Fortentwicklung des Weltgeistes auf erweiterte Freiheitshorizonte hin zu sein. Eine objektive Sicht der weltweiten Situation gab jedoch eher dem Pessimismus derjenigen recht, die darauf hinwiesen, daß das Ende der europäischen Weltreiche eher einen Verlust als einen Gewinn an Freiheit mit sich gebracht habe, daß nämlich die Völker, die das Joch ihrer ehemaligen Herrscher abgeschüttelt hatten, unfähig schienen, sich der Vorherrschaft anderer zu widersetzen, und daß die überwiegende Regierungsform in den neuen Staaten Afrikas beispielsweise nicht die Demokratie, sondern die Militärdiktatur war. Überdies hatten der intensive Nationalismus der neuen Nationen, ihre territorialen Rivalitäten und ihre scheinbar unlösbaren wirtschaftlichen Probleme – die durch ihre politische Instabilität noch verworrener wurden – Auswirkungen weit über ihre Grenzen hinaus und machten die Errichtung eines leistungsfähigen internationalen Systems schwieriger, als es sonst möglicherweise gewesen wäre.

Die 70er Jahre hindurch wurden der Tschad, der Sudan, Äthiopien und Zimbabwe von Bürger- oder Grenzkriegen heimgesucht, die häufig durch die Intervention europäischer Söldnerheere oder ideologisch motivierter Militärmissionen aus Ländern wie Kuba und der Deutschen Demokratischen Republik noch verwickelter wurden. Dies wirkte entmutigend auf diejenigen europäischen Staatsmänner und Vereinigungen, die sich verantwortlich fühlten, den neuen Staaten der unterentwickelten Welt zur wirtschaftlichen und politischen Stabilität zu verhelfen, deren Motive jedoch häufig auf Mißtrauen stießen und deren Bemühungen durch die herrschenden Umstände zunichte gemacht wurden.

Schlußkapitel

Europa in den 70er Jahren

Zu Beginn des Jahrzehnts herrschten allgemein Zuversicht und Hoffnung. Die drückende und krisengeladene Atmosphäre des Kalten Krieges, die sich bereits mit dem Abschluß des Atomsperrvertrages im Jahre 1969 zu verflüchtigen begann, machte nun dem entschlossenen Bemühen auf beiden Seiten des Atlantik Platz, einen *Modus vivendi* mit der Sowjetunion zu finden. Den Erfolgen der Entspannungspolitik der Regierung Brandt–Scheel in der Bundesrepublik Deutschland (s. S. 592) entsprachen die Erfolge der Regierung Nixon in Washington, und die Unterzeichnung des ersten Vertrags zur Begrenzung strategischer Waffen (SALT I) auf der Gipfelkonferenz von Moskau im Mai 1972 nach der dramatischen Demarche des Nixon-Mitarbeiters Henry Kissinger ein Jahr zuvor in China schien eine allgemeine Entspannung der internationalen Lage anzukündigen.

In Europa trugen der in den Ostverträgen festgelegte Gewaltverzicht, die Aussicht auf die Zulassung Großbritanniens zum Gemeinsamen Markt (die im Januar 1973 verwirklicht wurde) und die Fortschritte der Konferenz über Sicherheit und Zusammenarbeit in Europa (die mit dem Abkommen von Helsinki von 1975 abschloß) zu einer neuen Euphorie bei und weckten die Hoffnung, daß lange vernachlässigte Probleme, die sich aus dem unbekümmerten Wachstum der letzten Jahrzehnte ergeben hatten – Dinge wie Umweltschutz und die von den jugendlichen Rebellen in Paris im Jahre 1968 aufgezeigten Gefahren für die Lebensqualität –, in den Programmen der europäischen Regierungen an die Spitze der Prioritätenliste gesetzt würden. Diese Stimmung hielt jedoch nicht lange an. Noch vor Mitte des Jahrzehnts schienen sich die Regierungen aller größeren europäischen Länder ziellos treiben zu lassen. «Fragmente», wie der amerikanische Politikwissenschaftler

Stanley Hoffmann schrieb, «im Hier und Jetzt dahintreibend», ohne jegliche erkennbaren Zukunftspläne. So war der zu Anfang des Jahrzehnts so strahlende internationale Himmel gegen Ende der 70er Jahre wieder bewölkt, und weithin wurde die Rückkehr zu einem noch kälteren Kalten Krieg prophezeit.

Für die Malaise der europäischen Staaten gibt es verschiedene Erklärungen. Die anhaltende zermürbende wirtschaftliche Rezession, die durch den Schock des arabischen Ölembargos während des Nahostkrieges im Jahre 1973 verstärkt wurde und sich in nachlassender Investitionstätigkeit, zunehmender Inflation und hoher Arbeitslosigkeit niederschlug, war offensichtlich ein Faktor, der die Regierungen davon abhielt, an grundlegende Reformen und Zukunftplanungen zu denken. Aber die eigentlichen Ursachen lagen tiefer und waren sowohl psychologischer als auch politischer Natur. Einerseits schien keine der althergebrachten Ideologien mehr die Macht zu haben, ihren Anhängern plausible Zukunftsvorstellungen zu vermitteln; andererseits reduzierte dieser Mangel an überzeugenden Weltanschauungen und großen Zielen die Gesellschaft zu einer Masse egoistischer Gruppen, die nur an ihre eigenen Ziele dachten ohne jede Rücksichtnahme auf das Gemeinwohl. Organisationen, die früher vielleicht versucht hätten, solchen reinen Gruppeninteressen aufgeklärtere Werte entgegenzusetzen – die Kirche, die Universität, das Militär – erwiesen sich dessen jetzt als unfähig; und auch die politischen Parteien ließen keinerlei Geschick erkennen, die gesellschaftlichen und wirtschaftlichen Probleme zu meistern, allgemeine Ziele neu zu definieren oder wiederzuentdecken. Es war bezeichnend, daß, gleichgültig wohin man am Ende dieses Jahrzehnts in Europa blickte, die Parteien, die an der Macht waren, ihre Energien nicht zu nutzen schienen, um kühne neue Wege ausfindig zu machen, sondern daß sie auf ziemlich hoffnungslose Art und Weise zu verhindern suchten, daß alte Probleme schlimmer wurden, während die Zeitungen die zunehmenden Anzeichen dafür beklagten, daß ihr Land auf dem Wege sei, unregierbar zu werden.

Dies galt auch für die Bundesrepublik Deutschland, die seit 1949 demonstriert hatte, daß sie als ebenso freie und demokratische Gesellschaft bezeichnet werden konnte wie jede andere in Europa, und deren politische Stabilität und wirtschaftliche Stärke den Neid ihrer Nachbarn erweckten. Als die Sozialdemokraten im Jahre 1969 zusammen mit der Freien Demokratischen Partei die Regierung übernahmen, lag der Ehrgeiz des neuen Koalitionsführers Willy Brandt darin, als «Kanzler innenpolitischer Reformen» zu gelten. Doch alle Initiativen, die er gerne hätte ergreifen mögen – um die jungen Wähler, die ihm ihre Stimme gegeben hatten, zufriedenzustellen oder um Änderungen in den Arbeitgeber-Arbeitnehmerbeziehungen und in der Rentenfinanzierung voranzutreiben – wurden zwangsläufig zurückgestellt, weil er mit den Aufgaben der Außenpolitik vollauf beschäftigt war. Der erfolgreiche Abschluß der Ostverträge spiegelte sich in den Wahlergebnissen von November 1972 wider, aus denen die SPD als stärkste Partei des Landes hervorging und die der

Koalition eine lange Amtszeit versprachen; doch war der Triumph für Brandt kurzfristig, da im Mai 1974 aufgedeckt wurde, daß ein prominenter Beamter im Kanzleramt ein Spion der Deutschen Demokratischen Republik war. Der Kanzler trat sofort zurück.

Dies brachte die Regierung nicht zu Fall, und es war ein Zeichen für die grundlegende Stabilität der Republik, daß der Übergang von Brandt zu Helmut Schmidt ohne Schwierigkeiten vonstatten ging. Die großartigen Fähigkeiten des neuen Kanzlers waren unübersehbar, doch unglücklicherweise ebenso die Schwierigkeiten, mit denen er konfrontiert war; denn die Ölkrise von 1973 verstärkte die Rezession, die sich schon 1971 abgezeichnet hatte, und etwa 1975 gerieten die Bau- und die Kraftfahrzeugindustrie in Schwierigkeiten. Außerdem hatte die Arbeitslosenziffer die Millionengrenze überschritten.

Währenddessen wurden die Gewerkschaften, die sich seit den Tagen des Wirtschaftswunders als Tarifpartner für den sozialen Frieden verantwortlich gefühlt hatten, weitaus unwilliger als zuvor, Forderungen nach Lohnerhöhungen und Vergünstigungen aufzuschieben und Investitionen den Vorrang zu geben; und 1977 gab es ernste Konflikte zwischen Arbeitgebern und Arbeitnehmern. Dieser Verlust an sozialer Übereinstimmung verschlimmerte sich durch die Ernüchterung der akademischen Jugend, die in einer Zeit des wirtschaftlichen Rückgangs von Arbeitslosigkeit bedroht war und dem Radikalenerlaß von 1972 feindselig gegenüberstand. Dieser war erlassen worden, um den öffentlichen Dienst vor Unterwanderung durch offene Gegner des Grundgesetzes zu schützen, wurde jedoch während der Terroristenunruhen Mitte der 70er Jahre teilweise so ungeschickt gehandhabt, daß es manch einem schien, als solle damit jede legitime Kritik erstickt werden.

Angesichts solcher Schwierigkeiten und eines nicht unbeträchtlichen Kulturpessimismus unter den Intellektuellen verfolgte die Regierung eine vernünftige Politik des Mittelweges und behielt in der Wahl von 1980 ihre Stimmenmehrheit (SPD 42,9 %; FDP 10,9 %). Dieses Ergebnis war irreführend. Die wirtschaftlichen Probleme waren nicht verschwunden und riefen nun ernste Schwierigkeiten zwischen den Koalitionspartnern hervor, die im Jahre 1982 den endgültigen Bruch zwischen ihnen bewirkten. Gleichzeitig hatte die Unzufriedenheit über das Versäumnis der großen Parteien, die Probleme der Atommüllentsorgung und des Umweltschutzes anzusprechen, Anlaß zu einer neuen politischen Bewegung gegeben, die sich «die Grünen» nannte und in den Landtagswahlen bereits eine bedeutende Anzahl an Wählern angezogen hatte.

In Frankreich sah die Situation nicht viel anders aus. De Gaulles Nachfolger, Georges Pompidou, der bis 1974 Präsident war, und Valéry Giscard d'Estaing, der dieses Amt bis 1981 innehatte, widersetzten sich grundlegenden Reformen in Wirtschaft und Verwaltung und betrachteten es als Aufgabe des Staates, den Weg zu größerem industriellen Wachstum zu ebnen und «das Unerwartete zu meistern». Dies vermochte die Inflation oder die fortschreitende Rezession nicht aufzuhalten, und es verbreitete sich das Empfinden, daß die Art, wie die Regierung vorging, die Reichen bevorzugte (die mit Erfolg gegen Kapitalertragssteuern und andere Steuerreformen zu Felde zogen), daß der Regierung der Kontakt zur Masse der Bevölkerung fehle und daß ihre Wachstumsgläubigkeit die Lebensqualität bedrohe. Giscards ziemlich hochtrabender politischer Stil trug nicht dazu bei, den stetigen Vertrauensschwund gegenüber seiner Führung wettzumachen, denn seine wenigen Konzessionen an die Umweltschützer und Bildungsreformer erschienen halbherzig.

Die Regierung überdauerte die Wahl von 1978 nur, weil das Mißtrauen gegenüber dem Kommunismus noch immer so stark war, daß eine bedeutende Anzahl von Wählern nicht an die Lebensfähigkeit einer auf sozialistisch-kommunistischer Zusammenarbeit basierenden Regierung glaubte. Doch löste diese Wahl – ebenso wie die in der Bundesrepublik von 1980 – keine Probleme, und die offensichtliche Willenslähmung der Regierung angesichts zunehmender Finanz- und Wirtschaftsprobleme deutete darauf hin, daß der Tag der Linken kommen würde – was dann mit dem Triumph der Sozialisten unter François Mitterand im Jahre 1981 der Fall war. Daß ein solcher Umschwung die herrschende Malaise der französischen Politik beheben würde, war noch nicht klar. Die Sozialisten waren ebenso bürokratisch ausgerichtet wie die Parteien der Rechten, und ihre Elite war in denselben Schulen erzogen worden wie die der Rechten. Sie würden, so wurde gesagt, dem Land wenig zu bieten haben außer mehr *dirigisme*, der durch Konzessionen an die orthodoxe Ideologie an Wirksamkeit verlieren würde und – wie jemand später geistreich schrieb – in dem, was man als *grouchomarxisme* bezeichnen könnte, enden.

Trotz seiner Probleme beeindruckte Frankreich seine Besucher als ein Land, das immer noch voller Energie und Geist steckte. Wenn man den Ärmelkanal nach Großbritannien überquerte, so sah man dort weniger derartige Qualitäten. England war eine der ärmsten Nationen Europas und das am stärksten von verwaltungsmäßiger Unfähigkeit und gewerkschaftlicher Verantwortungslosigkeit heimgesuchte Land geworden; und der Versuch, die wirtschaftliche Misere durch staatliche Maßnahmen zu beheben, war riskant, wie der konservative Premierminister Heath im Jahre 1974 feststellte. Nachdem er 1970 die Regierung von der Labour-Partei übernommen hatte, hatte Heath seine Aufmerksamkeit der durch Streiks und Arbeitsniederlegungen (um 1971 über 20 Millionen Arbeitstage jährlich) enorm belasteten Industrie gewidmet und versucht, diese Hemmnisse mit Hilfe eines neuen *Industrial Relations Act* unter Kontrolle zu bekommen. Trotz breiten Rückhalts in der Bevölkerung wurde dieses Gesetz von den Gewerkschaften attackiert, die nicht nur dessen Außerkraftsetzung forderten, sondern mit einem Streik der Bergleute im Jahre 1974 die Regierung Heath stürzten.

Bei der Regierungsübernahme erwies sich die Labour-Partei, bis 1976 unter Führung von Harold Wilson, dann bis zum Ende des Jahrzehnts unter James Callaghan, außerstande, mehr als 40 % der Wählerstimmen zu gewinnen, und regierte unter Schwierigkeiten zusammen mit den Liberalen, die Mitte der

70er Jahre aufgrund der Unzufriedenheit mit den großen Parteien ihre Wiedergeburt feierten. Unter diesen Umständen konnte die Labour-Partei wenig tun, um die wirtschaftliche Notlage des Landes zu beheben (die Arbeitslosenziffer überschritt im Jahre 1975 eine Million, und die Währung erfuhr zwischen 1972 und 1976 eine relative Abwertung um 40 %), weil sie zwischen der Forderung ihres linken Flügels nach mehr Verstaatlichung und der Weigerung ihres gemäßigten Flügels und ihres Koalitionspartners, diese durchzuführen, hin- und hergerissen war. Erst im Jahre 1977 brachten die Förderung des kurz zuvor entdeckten Nordseeöls und der Zufluß ausländischer Investitionen eine gewisse Verbesserung der wirtschaftlichen Lage.

Der hieraus entspringende vorsichtige Optimismus trug wahrscheinlich zur Niederlage der nationalistischen Bewegungen in Schottland und Wales bei, die zu Beginn des Jahrzehnts zur Unabhängigkeit entschlossen schienen; den Kampf in Nordirland, wo die Bemühungen der Regierung, den offenen Bürgerkrieg zu verhindern, deren Ressourcen weiterhin stark belasteten, vermochte er jedoch nicht zu beenden. Was an Aufschwung vorhanden war, blieb in jedem Falle dürftig und war den ausufernden Forderungen der Gewerkschaften sowie den Fluktuationen der Wirtschaft ausgeliefert. Auch die Tatsache, daß die Staatsausgaben weiterhin das Staatseinkommen überstiegen, war kein hoffnungsvolles Zeichen. Damit konnte die Labour-Regierung kein Vertrauen gewinnen, und in den Wahlen vom April 1979 errangen die Konservativen im *House of Commons* mit 339 Sitzen eine klare Mehrheit und bildeten eine Regierung unter der Heath-Nachfolgerin Margaret Thatcher. Ob die vielgerühmte Präferenz dieser sogenannten Eisernen Lady für soziale Disziplin und äußerste wirtschaftliche Restriktion von den Gewerkschaften toleriert würde, war eine offene Frage.

Die Probleme, mit denen die britischen Parteien konfrontiert waren, verblaßten gegenüber denen in Italien, wo das Jahrzehnt mit Massenstreiks begann, die ohne nennenswerte Unterbrechung die folgenden zehn Jahre lang anhielten. Die grundlegenden Ursachen hierfür waren, wie Walter Laqueur schrieb, «das komplizierte Futterkrippensystem, das das Vertrauen in den Staat untergrub, eine aufgeblähte Bürokratie und ein leistungsunfähiger Staatssektor innerhalb der Volkswirtschaft, die unangenehmen sozialen Folgen des stürmischen Wirtschaftswachstums der 60er Jahre» und besonders die Tatsache, daß «die Christdemokraten nach drei Jahrzehnten ununterbrochener Macht nicht mehr in der Lage waren, zu regieren, und daß es keine demokratische Alternative gab.» Das Fehlen einer starken politischen Kraft links von der Mitte machte die von einigen Christdemokraten favorisierte «Öffnung nach links» unmöglich, und der Gedanke, die Kommunisten an die Regierung zu bringen, wurde von einer großen Mehrheit der Wähler abgelehnt.

Infolgedessen kamen eine Reihe von Minderheitsregierungen zustande, die von den kleinen Parteien der Mitte und der linken Mitte toleriert wurden – oder nicht, je nachdem – und die bemüht waren, den vollständigen Zusammenbruch der öffentlichen Ordnung zu verhindern. Nahezu täglich wurde das

Leben in Italien gestört durch wilde Streiks, Studentenunruhen (die Studentenzahlen waren infolge der Aufhebung von Zulassungsbeschränkungen angeschwollen, während das Leistungsniveau ständig gesunken war) und terroristische Aktionen von rechts und links, denen die Polizei machtlos gegenüberzustehen schien und die das Leben von Journalisten, Richtern und Politikern, unter anderem das des ehemaligen Ministerpräsidenten Aldo Moro, forderten. Der Wunsch des normalen Bürgers nach Frieden und Fortschritt wurde in diesem unbarmherzigen Machtkampf verantwortungsloser Gruppen ignoriert, und es war kaum vorstellbar, daß dieser Zustand der Anarchie noch lange andauern könne, ohne eine große politische Revolution auszulösen.

Schien die Demokratie in Italien gefährdet, so machte sie in drei früheren Diktaturen unauffällige Fortschritte. In Spanien verloren nach dem Tod General Francos im November 1975 sein von ihm bestimmter Nachfolger König Juan Carlos und der neue Ministerpräsident Adolfo Suarez keine Zeit und verabschiedeten unverzüglich ein politisches Reformgesetz im Parlament; dadurch wurden Spanien die ersten freien Wahlen seit vierzig Jahren ermöglicht. Als diese im April 1977 abgehalten wurden, gingen zwei Drittel der Stimmen an das Demokratische Zentrum und die Sozialistische Arbeiterpartei, während die Kommunisten und die extreme Rechte weniger als je 10 % der Stimmen erhielten. Das war ermutigend, und trotz hoher Inflation und Arbeitslosigkeit sowie massiver Zahlungsbilanzschwierigkeiten schien die Stimmung in Spanien zuversichtlich und ungetrübt von der Ernüchterung, die andernorts über die Parteienpolitik anzutreffen war.

In Portugal endeten die langen Jahre der Diktatur im April 1974, als eine Militärjunta unter Führung von General Antonio de Spinola die Regierung übernahm. Zwischen dieser Junta, der gutorganisierten Kommunistischen Partei und den von Mario Soares geführten Sozialisten wogte ein politischer Kampf hin und her, bis die Wähler Ende 1975 entschieden sowohl die Junta als auch die stalinistische Linie des Kommunistenführers Cunhal ablehnten und sich hinter Soarez stellten, der Ministerpräsident wurde. Mit Hilfe ausländischer Darlehen und eines Bündnisses mit der rechten Mitte setzte er ein Sparprogramm in Kraft, um die unendlich großen wirtschaftlichen Probleme, mit denen er konfrontiert war, zu überwinden.

Ebenfalls eine Kehrtwendung zurück zur Demokratie kennzeichnete das Jahr 1974 in Griechenland, als die Gruppe von Obristen, die im Jahre 1967 die Macht ergriffen hatte, aufgrund weitverbreiteter öffentlicher Demonstrationen aufgelöst wurde, nachdem ihr unbesonnener Versuch, Erzbischof Makarios auf der Insel Zypern abzusetzen, zu einer türkischen Invasion der Insel und einer Demütigung der Griechen geführt hatte. Als Nachspiel dieses Fiaskos (das ernste Folgen für die NATO, der sowohl Griechenland als auch die Türkei angehörten, zeitigte, indem es deren südliche Flanke in einen Zustand größerer Unsicherheit versetzte) brachten Parlamentswahlen im November 1974 eine konservative demokratische Regierung unter Konstantinos Karamanlis an die Macht. Einen Monat später schließlich wurde die Monarchie mit überwältigender Stimmenmehrheit abgeschafft, und Griechenland reihte sich in die demokratischen Republiken Europas ein, belastet mit denselben wirtschaftlichen Problemen, von denen auch andere Länder heimgesucht wurden.

Ausnahmen dieser Situation in Westeuropa bildeten Österreich, die Schweiz, die skandinavischen Länder und die Niederlande. Unter ihnen waren Österreich, Norwegen und Schweden in der Lage, in einer Zeit des wirtschaftlichen Rückgangs Vollbeschäftigung aufrechtzuerhalten, weitgehend deshalb, weil ihre Regierungen die Gewerkschaften geschickt in den Prozeß der Wirtschaftsplanung und der Erstellung von Lohntarifen eingebunden hatte. Dank der Förderung seiner Nordseeölreserven schien Norwegen in den 70er Jahren auf dem Wege, den höchsten Lebensstandard der westlichen Welt zu erreichen. In Osteuropa – mit seinem staatlich beherrschten Einparteiensystem – hatten die bestehenden wirtschaftlichen Probleme nicht jene politischen Auswirkungen, die sich im Westen automatisch einstellten, und sie schwächten die Stabilität der Regierungen normalerweise nicht, wenngleich sie die politische Karriere einzelner zu beeinträchtigen vermochten. Dennoch freilich riefen Mißwirtschaft und hohe Preise in Polen gegen Ende des Jahrzehnts eine Protestbewegung ins Leben, die die Autorität der Regierung in den 80er Jahren aufs äußerste bedrohen sollte.

Die zentrale Rolle, die die wirtschaftlichen Probleme in der Politik Westeuropas einnahm, barg die Tendenz in sich, die Regierungen zu zwingen, national zu denken statt europäisch, und dies wirkte der Integrationsfähigkeit der Europäischen Wirtschaftsgemeinschaft entgegen. Hier schienen infolge der viel gefeierten Zulassung Großbritanniens im Januar 1973 die spaltenden Tendenzen gegenüber der Bereitschaft zur Kooperation insgesamt zugenommen zu haben. Ähnlich stieß der Aufruf Henry Kissingers zu einer Wiederbelebung des westlichen Bündnisses am Anfang des Jahrzehnts auf taube Ohren; sein Vorschlag, das Jahr 1973 zu einem Europajahr zu machen, in dem neue Bande geknüpft und alte Ideale neu bestätigt werden sollten, erregte weder in London noch in Bonn Interesse und wurde von Pompidous Außenminister Michel Jobert öffentlich ins Lächerliche gezogen. Die Ironie liegt darin, daß man nur am Ende der 70er Jahre, ausgerechnet als sich die internationale Lage ernstlich verschlechtert hatte, wieder von einer europäischen Identität sprach.

Begonnen hatte das Jahrzehnt, wie wir gesehen haben, mit großen Erwartungen in bezug auf die anfänglichen Erfolge der Regierung Brandt–Scheel in der Ostpolitik und die Entspannungspolitik der Regierung Nixon–Kissinger. Diese Versuche, eine funktionierende Beziehung zum Sowjetblock aufzubauen, die die Verbindungen zwischen Ost und West vereinfachen und die Gefahr der atomaren Konfrontation verringern würde, gipfelten im Jahre 1975 in der Schlußakte von Helsinki, in dem die 35 Unterzeichnerstaaten festlegten, daß die bestehenden europäischen Grenzen nicht durch Waffengewalt veränderbar seien, daß die Nationen sich nicht in die inneren Angelegenheiten ihrer Nachbarstaaten einmischen und die Menschenrechte ihrer Staatsangehörigen respektieren würden; des weiteren vereinbarten sie Prinzipien, die Eheschließungen, Familienbesuche und den Personenverkehr und Gedankenaustausch über ideologische Grenzen hinweg erleichtern sollten.

Grundsätzlich war die Entspannungspolitik bei den Europäern, denen sie gegenüber den Spannungen des Kalten Krieges greifbare Vorteile und Erleichterungen brachte, immer populärer als bei den Amerikanern. Henry Kissinger schrieb später, daß die Amerikaner in der Außenpolitik manichäisch denken; sie betrachten andere Nationen entweder als Freunde oder als Feinde und sehen nichts dazwischen. Wahrscheinlich ist es zutreffend, daß die meisten Landsleute Kissingers niemals vollständig verstanden haben, daß er mit seiner Politik nicht beabsichtigte, die Sowjetunion zu einer befreundeten Macht zu machen, sondern lediglich anstrebte, den Konflikt mit ihr zu mildern und ein erträgliches und gegenseitig vorteilhaftes Arrangement zu treffen, das der gesamten internationalen Völkergemeinschaft zugute kommen würde. Sie ignorierten die Leistungen dieser Politik, so beispielsweise auch die Art, wie der arabisch-israelische Krieg im Jahre 1973 beigelegt wurde (indem sie eine russische Intervention solange verhinderte, bis Kissingers Pendel-Diplomatie Erfolg hatte), und sie schienen der Überzeugung, daß die Sowjets alle Vorteile aus der Entspannung gezogen hätten, ohne ihr Verhalten in irgendeiner Weise zu ändern. In der Tat kam es zu der weitverbreiteten Überzeugung, daß die Sowjets die Entspannung als Schirm benutzten, hinter dem sie durch massive Aufrüstung versuchten, nukleare Übermacht zu erlangen.

Bis 1976 war die Entspannungspolitik in den Vereinigten Staaten so unbeliebt geworden, daß Präsident Ford das Wort aus seinen Wahlreden strich und Präsident Carter sich zu Beginn seiner Amtszeit bemüßigt fühlte, neue Verhandlungsbedingungen für das schwebende SALT-II-Abkommen aufzustellen, die dessen Abschluß auf unbestimmte Zeit verzögerten. Die amerikanischen Beziehungen zur Sowjetunion verschlechterten sich in den Jahren 1977 bis 1979 gravierend. Im Dezember des letzteren Jahres erreichten sie schließlich ihren absoluten Tiefpunkt, als die Sowjets – wohl unter Ausnutzung der Tatsache, daß die Situation im Iran die amerikanische Politik in Atem hielt, weil Mitglieder der siegreichen Revolutionsarmee die Botschaft der Vereinigten Staaten mit 62 Geiseln besetzt hielten – Truppen nach Afghanistan entsandten, um ihre dortige Satellitenregierung zu stützen. Die Invasion in Afghanistan versetzte der Entspannungspolitik den Todesstoß. Sie zerstörte jede Hoffnung auf die Ratifizierung von SALT II, und im Wahlkampf für die Präsidentschaftswahlen im Jahre 1980 verleitete sie den republikanischen Kandidaten Ronald Reagan dazu, in zündender Rhetorik seine Absicht anzukündigen, eine Politik der Wiederaufrüstung zu betreiben, um die sowjetische Überlegenheit zu überwinden und die Bedrohung für die freie Welt einzudämmen.

Die Afghanistankrise und die amerikanische Ablehnung der Entspannungspolitik lösten in Europa Betroffenheit aus. Bezüglich der ersteren schrieb der westdeutsche Journalist Peter Bender, es sei die erste Krise seit der Gründung der NATO und des Warschauer Paktes, die auf beiden Seiten des Eisernen Vorhangs eher eine Schwächung der Bündnissolidarität als deren Stärke bewirke. Die Europäer schienen in keinerlei neue Konfrontation zwischen den Supermächten verwickelt werden zu wollen. Realistisch gesehen, war eine solche Möglichkeit unwahrscheinlich, doch konnte dies nicht verhindern, daß eine neue Welle der Diskussion über Neutralität, atomwaffenfreie Zonen und die Auflösung der bestehenden Machtblöcke aufkam. Gleichzeitig förderte die amerikanische Wiederaufrüstungskampagne – und das Drängen der Amerikaner auf die Stationierung neuer Pershing-II-Raketen und bodengestützter Raketen in Westeuropa nach der Wahl Ronald Reagans – die Verbreitung von Anti-Atom-Demonstrationen und eine Bewegung, die das Einfrieren von Atomwaffen verlangte. Besonders stark war sie in Westdeutschland, Belgien, Norwegen, Dänemark und den Niederlanden, und im holländischen Parlament bildeten die Atomgegner im Jahre 1981 sogar die stärkste Fraktion.

Es bestand wenig Wahrscheinlichkeit, daß diese Bewegungen stark genug würden, um die Bindungen an die Supermächte zu lösen. Zumindest aber waren sie ein Beweis dafür, daß es Probleme gab, die die Europäer derart aufzurütteln vermochten, daß sie ihre nationalen Differenzen verdrängten und daß sie sich trotz ihrer regionalen Sorgen immer noch als Mitglieder einer größeren Gemeinschaft verstanden, nämlich eines Europas, das zu viel zur westlichen Zivilisation beigetragen hatte, um zur bloßen Schachfigur im Machtspiel der Atomgiganten reduziert zu werden.

Anhang

Abbildungsverzeichnis

Bibliographie

(Neubearbeitet von Rüdiger vom Bruch)

Allgemeine Werke zum 19. und 20. Jahrhundert

Altrichter, Helmut (Hrsg.): Die Sowjetunion. Band 1: Staat und Partei; München 1986; Band 2: Wirtschaft und Gesellschaft; München 1987

Andics, Hellmut: Österreichische Geschichte 1804–1975 von der Gründung des Kaiserreiches bis zur Gegenwart in 4 Bänden; Wien 1976

Aubin, Herrmann / Zorn, Wolfgang: u. a.: Handbuch der europäischen Wirtschafts- und Sozialgeschichte – Band 2: Borchardt / Brusatti / Conze / Fischer u. a.: Das 19. und 20. Jahrhundert; Paderborn 1976

Beckett, James Camlin: Geschichte Irlands; Stuttgart 1977

Bertier de Sauvigny, Guillaume de: Die Geschichte der Franzosen; Mit einem Geleitwort von Kurt Sontheimer; Übersetzt von Kurt Sontheimer; Hamburg 1980

Birke, Ernst: Frankreich und Ostmitteleuropa im 19. Jahrhundert; Köln 1960

Böttcher, Winfried / Jansen, Jürgen / Welsch, Friedrich: Das britische Parlament und Europa 1940–1972; Eine Fachbibliographie; Baden-Baden 1975

Bogyay, Thomas v.: Grundzüge der Geschichte Ungarns; Darmstadt 1973 (2.)

Borchardt, Knut: Probleme der ersten Phase der industriellen Revolution in England; Ein bibliographischer Bericht über wirtschaftsgeschichtliche Publikationen und Stand der Forschung im englischen Sprachraum; in: VSWG 55; 1968; S. 1–62

Bosl, Karl (Hrsg.): Handbuch der Geschichte der böhmischen Länder, Bände I–IV; Stuttgart 1966 ff.

Bossle, Lothar / Hornung, Klaus / Mergl, Georg: Blick vom Olymp – Griechenland heute: Geschichte, Wirtschaft, Staat und Gesellschaft; Stuttgart 1973

Bull, Edvard: Sozialgeschichte der norwegischen Demokratie; Stuttgart 1969

Conze, Werner: Sozialgeschichte der Familie in der Neuzeit Europas; Stuttgart 1976

Craig, Gordon: Deutsche Geschichte 1866–1945; München 1980

Duda, Herbert: Vom Kalifat zur Republik – Die Türkei im 19. und 20. Jahrhundert; Wien 1948

Dürrenmatt, Peter: Schweizer Geschichte, 2 Bände; Zürich 1976

Gall, Lothar: Europa auf dem Weg in die Moderne 1850–1890; München–Wien 1989 (2.)

Gerhardt, Martin: Norwegische Geschichte; Bonn 1963 (2.)

Gogolak, Ludwig v.: Beiträge zur Geschichte des slowakischen Volkes, Bände 2 und 3; München 1969 und 1972

Grenville, J. A. S.: A World History of the Twentieth Century, Bd. 1, Western Dominance; Oxford 1980

Halecki, Oskar: Geschichte Polens; Frankfurt 1970 (2.)

Hallmann, Hans: Neugriechenlands Geschichte 1820–1948; Bonn 1949

Hellmann, Manfred / Zernack, Klaus (Hrsg.): Handbuch der Geschichte Rußlands Band 1–3; Stuttgart 1976

Hermens, Ferdinand Aloys / Köppinger, Peter-Hugo: Von der Diktatur zur Demokratie: Das Beispiel Spaniens und Portugals; Berlin 1976

Hildebrandt, Horst (Hrsg.): Die deutschen Verfassungen des 19. und 20. Jahrhunderts; Paderborn 1970

Hillgruber, Andreas: Europa in der Weltpolitik der Nachkriegszeit 1945–1963; München 1987 (3.)

Hitchins, Keith: Hungarica 1961–1974; Literaturber. ü. Neuerscheinungen zur Geschichte Ungarns von den Arpaden bis 1970; München 1981 (= HZ Sonderheft 9)
Hösch, Edgar:Geschichte der Balkanländer; Stuttgart 1968
Hofmann, Werner: Ideengeschichte der sozialen Bewegungen im 19. und 20. Jahrhundert; Berlin 1979 (6.)
Huber, Ernst Rudolf: Deutsche Verfassungsgeschichte seit 1789, Bände 1–6; Stuttgart 1969ff.
Huber, Ernst Rudolf / Huber, Wolfgang: Staat und Kirche im 19. und 20. Jahrhundert; Berlin 1973 und 1976
Hughes, Stuart H.: Contemporary Europe. A History; Englewood Cliffs, N. J. 1981 (5.)
Imhof, Arthur Erwin: Grundzüge der nordischen Geschichte; Darmstadt 1970
Iser, Wolfgang/ Schalk, Fritz (Hrsg.): Dargestellte Geschichte der europäischen Literatur des 19. Jahrhunderts; Frankfurt 1970
Jacob, Ernst G.: Grundzüge der Geschichte Portugals und seiner Überseeprovinzen; Darmstadt 1969
Joll, James: Die Ursprünge des Ersten Weltkriegs; München 1988
Joll, James: Europe since 1870. An International History; Suffolk 1985 (5.)
Jutikkala, Eino: Geschichte Finnlands; Stuttgart 1976
Kennedy, Paul: Strategy and Diplomacy 1870–1945; Aylesbury 1983
Kienast, Walther (Hrsg.): Literaturberichte über Neuerscheinungen zur außerdeutschen Geschichte; München 1962 (= HZ Sonderheft 1)
Kienast, Walther (Hrsg.): Literaturberichte über Neuerscheinungen zur außerdeutschen Geschichte; München 1965 (= HZ Sonderheft 2)
Kienast, Walther (Hrsg.): Literaturberichte über Neuerscheinungen zur außerdeutschen Geschichte; München 1973 (= HZ Sonderheft 5)
Kjersgaard, Erik: Eine Geschichte Dänemarks; Kopenhagen 1974
Kluxen, Kurt: Geschichte Englands; Stuttgart 1985 (3.)
Kofler, Leo: Zur Geschichte der bürgerlichen Gesellschaft; Neuwied 1976 (6.)
Kulke, Hermann / Leue, Horst-Joachim / Lütt, Jürgen / Rothermund, Dietmar: Indische Geschichte vom Altertum bis zur Gegenwart; Literaturbericht über neuere Veröffentlichungen; Hrsg. von Gall, Lothar; München 1982 (= HZ Sonderheft 10)
Lanczkowski, Günter: Religionsgeschichte Europas; Freiburg 1971
Langewiesche, Dieter: Europa zwischen Restauration und Revolution 1815–1849; München–Wien 1989 (2.)
Lill, Rudolf: Geschichte Italiens vom 16. Jahrhundert bis zu den Anfängen des Faschismus; Darmstadt 1988 (4.)
Lorenz, Richard: Sozialgeschichte der Sowjetunion, Bd. 1: 1917–1945; Frankfurt/a. M. 1976
Lukács, Georg: Zerstörung der Vernunft, Bände 1–3; Neuwied 1973f.
Maas, Walther: Polen und seine Nachbarn 1815–1966;, Braunschweig 1967
Mann, Golo: Deutsche Geschichte im 19. und 20. Jahrhundert; Frankfurt 1976 (11.)
Meyer, Enno: Grundzüge der Geschichte Polens; Darmstadt 1969
Meyer, Klaus: Bibliographie zur osteuropäischen Geschichte; Verzeichnis der zwischen 1939 und 1964 veröffentlichten Literatur in westeuropäischen Sprachen zur osteuropäischen Geschichte bis 1945 unter Mitarbeit von Keep, John H. L. / Manfrass, Klaus / Peetre, Arthur; Hrsg. von Philipp, Werner; Berlin/Wiesbaden 1972 (= Bibliographische Mitteilungen des Osteuropa-Instituts an der Freien Universität Berlin 10)
Nipperdey, Thomas: Deutsche Geschichte 1800–1866; München 1987 (4.)
Nohlen, Dieter: Spanischer Parlamentarismus im 19. Jahrhundert; Heidelberg 1970
Pönicke, Herbert: Die wirtschaftliche und soziale Entwicklung Europas im 19. Jahrhundert; Paderborn 1976
Poidevin, R./Bariéty, J.: Frankreich und Deutschland. Die Geschichte ihrer Beziehungen 1815–1975; München 1982
Propyläen Geschichte Europas, Band 4: Weis, Eberhard: Der Durchbruch des Bürgertums

1776–1847; Schieder, Theodor: Staatensystem als Vormacht der Welt 1848–1918; Bracher, Karl Dietrich: Die Krise Europas 1917–1945; Frankfurt/Berlin/Wien 1982
Puntila, Lauri Aadolf: Politische Geschichte Finnlands, 1809–1977; aus dem Finnischen übertragen von C.-A. von Willebrand; Helsinki 1971
Rauch, Georg v.: Geschichte der Sowjetunion; Stuttgart 1977 (6.)
Rauch, Georg v.: Geschichte der baltischen Staaten; München 1977
Renn, Ludwig: Vom alten und neuen Rumänien; Ostberlin 1952
Rhode, Gotthold: Geschichte Polens; Ein Überblick; Darmstadt 1980 (3.)
Rioux, Jean-Pierre: La France de la Quatrième République, Bände 1–2, Paris 1980 und 1983
Ruffmann, Karl H.: Sowjetrußland. Struktur und Entfaltung einer Weltmacht; München 1979 (8.)
Sautter, Udo: Americana 1964–1976; Literaturbericht über Neuerscheinungen zur Geschichte der Vereinigten Staaten von Amerika; München 1978 (= HZ Sonderheft 6)
Scheck, Werner: Geschichte Rußlands; München 1977
Schieder, Theodor: Nationale und übernationale Gestaltungskräfte in der Geschichte des europäischen Ostens; Krefeld 1954
Schieder, Theodor (Hrsg.): Handbuch der europäischen Geschichte, Band 5: Bußmann, Walter: Europa von der Französischen Revolution bis zu den nationalstaatlichen Bewegungen des 19. Jahrhunderts; Stuttgart 1982, Band 6: Schieder, Theodor: Europa im Zeitalter der Nationalstaaten und europäische Weltpolitik bis zum ersten Weltkrieg; Stuttgart 1968
Schnabel, Franz: Deutsche Geschichte im 19. Jahrhundert, 8 Bände; Freiburg 1965 f.
Schönbrunn, Günter: Das Bürgerliche Zeitalter 1815–1914; Weltkriege und Revolutionen 1914–1945; in: Leutemann, Wolfgang (Hrsg.): Geschichte in Quellen; München 1978
Schrifttum über Polen 1943–1970; 8 Bände; bearbeitet von Rister, Herbert, ab 1961 von Stiller, J.; Marburg/Lahn 1953–1979; in Auswahl, wird fortgesetzt
Seidlmayer, Michael: Geschichte Italiens; Stuttgart 1962
Sieburg, Heinz Otto: Geschichte Frankreichs; Stuttgart 1975
Stadtmüller, Georg: Geschichte Südosteuropas; München 1976 (2.)
Trauzettel, Rolf / Martin, Bernd: Literaturbericht zur Geschichte Chinas und zur japanischen Zeitgeschichte; München 1980 (= HZ Sonderheft 8)
Weisenfeld, Ernst: Frankreichs Geschichte seit dem Krieg. Von de Gaulle bis Mitterand; München 1982 (2.)
Weyer, Adam: Die Kirche und die soziale Frage im 19. Jahrhundert; Göttingen 1974
Wittram, Reinhard: Baltische Geschichte; Die Ostseelande, Livland, Estland, Kurland 1180–1918; Grundzüge und Durchblicke; Mit 7 Karten nebst Erläuterung von Heinrich Laakmann; München 1954

I. Vom Wiener Kongreß bis zum Ausbruch des Ersten Weltkrieges 1815–1914

Abendroth, Wolfgang: Sozialgeschichte der europäischen Arbeiterbewegung; Frankfurt 1975
Albertini, Rudolf v.: Europäische Kolonialherrschaft 1880–1940; Göttingen 1975
Alter, Peter: Die irische Nationalbewegung zwischen Parlament und Revolution; München 1971
Angermann, Erich / Bosl, Karl / Bußmann, Walter / Deuerlein, Ernst u. a.: Reichsgründung 1870/71 – Tatsachen, Kontroversen, Interpretationen – 16 historische Studien; Stuttgart 1970
Anweiler, Oskar: Die Rätebewegung in Rußland 1905–1914; Leiden 1958
Arbeitsgruppe für Geschichte der Arbeiterbewegung (Hrsg.): Schweizerische Arbeiterbewegung – Dokumente zur Lage, Organisation und Kämpfen der Arbeiter von der Frühindustrialisierung bis zur Gegenwart; Zürich 1975

Aretin, Karl Otmar Freiherr v. (Hrsg.): Bismarcks Außenpolitik und der Berliner Kongreß; Wiesbaden 1978
Arnold, Robert F. (Hrsg.): Der österreichische Vormärz; Darmstadt 1973

Bakunin, Michail: Gesammelte Werke, 3 Bände; Berlin 1975
Balser, Frolinde: Social-Demokratie 1848/49–1863; die erste deutsche Arbeiterorganisation nach der Revolution, 2 Bände; Stuttgart 1965 (2.)
Baumgart, Franzjörg: Die verdrängte Revolution – Darstellung und Bewertung der Revolution von 1848 in der deutschen Geschichte vor dem I. Weltkrieg; Düsseldorf 1976
Baumgart, Peter (Hrsg.): Bildungspolitik in Preußen zur Zeit des Kaiserreichs; Stuttgart 1980
Baumgart, Winfried: Der Friede von Paris 1856 – Studien zum Verhältnis von Kriegsführung, Politik und Friedensbewahrung; München 1972
Baumgart, Winfried: Der Imperialismus – Idee und Wirklichkeit der englischen u. französischen Kolonialexpansion 1880–1914; Wiesbaden 1975
Baumgart, Winfried: Imperialismus 1890–1914; Berlin 1975
Becker, Josef: Liberaler Staat und Kirche in der Ära von Reichsgründung und Kulturkampf; Mainz 1973
Berglar, Peter: Metternich, Kutscher Europas, Arzt der Revolution; Göttingen 1973
Bernstein, Eduard: Die Voraussetzungen des Sozialismus und die Aufgaben der Sozialdemokratie; Ostberlin 1977
Beyrau, Dietrich: Russische Orientpolitik und die Entstehung des Deutschen Kaiserreiches 1866–1870/71; Wiesbaden 1974
Binder, Hans O.: Reich u. Einzelstaaten während der Kanzlerschaft Bismarcks 1871–1890; Tübingen 1971
Birker, Karl: Die deutschen Arbeiterbildungsvereine 1840–1870; Berlin 1972
Bischoff, Joachim (Hrsg.): Marxismus und Staat – Einführung in die marxistische Staatstheorie; Berlin 1977
Bismarck, Otto v.: Aus seinen Schriften, Briefen, Reden und Gesprächen – herausgegeben von Hanno Helbling; Zürich 1976
Bleckmann, Albert: Das französische Kolonialreich und die Gründung neuer Staaten; Köln 1969
Bley, Helmut: Bebel und die Strategie der Kriegsverhütung 1904–1913; eine Studie über Bebels Geheimkontakte mit der britischen Regierung; Göttingen 1975
Bley, Helmut: Kolonialherrschaft und Sozialstrukturen in Deutsch-Südwestafrika 1894–1914; Hamburg 1968
Bloch, Charles: Die III. französische Republik-Entwicklung und Kampf einer parlamentarischen Demokratie 1870–1940; Stuttgart 1972
Böhme, Helmut (Hrsg.): Probleme der Reichsgründungszeit 1848–1979; Köln 1968
Böhner, Bert: Frankreich zwischen Republik und Monarchie in der Bismarckzeit; Kallmünz 1966
Boldt, Hans: Deutsche Staatslehre im Vormärz; Düsseldorf 1975
Bonjour, Edgar: Die Gründung des Schweizer Bundesstaates; Basel 1948
Boogmann, Johann Christian: Die Suche nach der nationalen Identität – Die Niederlande 1813–1848; Wiesbaden 1968
Botzenhart, Manfred: Deutscher Parlamentarismus in der Revolutionszeit; Düsseldorf 1977
Brand, Urs: Jean Jaurès, Internationalist und Patriot; Göttingen u. a. 1973
Braunthal, Julius: Geschichte der Internationale, 3 Bände; Hannover 1961
Bruch, Rüdiger vom: Weltpolitik als Kulturmission; Paderborn 1982
Bruch, Rüdiger vom: Wissenschaft, Politik und öffentliche Meinung im Wilhelminischen Deutschland (1890–1914); Husum 1980
Bünger, Siegfried: Friedrich Engels und die britische sozialistische Bewegung, 1881–1895; Berlin 1962

Büsch, Otto / Fischer, Wolfram / Herzfeld, Hans: Industrialisierung und Europäische Wirtschaft im 19. Jahrhundert, ein Tagungsbericht; Berlin 1976
Bußmann, Walther: Die auswärtige Politik des Deutschen Reiches unter Bismarck 1871–1890; Stuttgart 1970

Campenhausen, Axel v.: Staat und Kirche in Frankreich; Göttingen 1962
Carnevin, Robert: Geschichte der deutschen Kolonisation; Goslar 1974
Christmann, Helmut: Kolonialgeschichte; München 1975
Cipolla, Carl (Hrsg.): Europäische Wirtschaftsgeschichte, Band III: Die industrielle Revolution; Band IV: Die Entwicklung der industriellen Gesellschaften; Stuttgart / New York 1976
Colletti, Lucia: Bernstein und der Marxismus der II. Internationale; Frankfurt 1971
Conze, Werner (Hrsg.): Staat und Gesellschaft im deutschen Vormärz 1815–1848; Stuttgart 1970 (2.)
Conze, Werner: Möglichkeiten und Grenzen der liberalen Arbeiterbewegung in Deutschland; Das Beispiel Schulze-Delitzsch; Heidelberg 1965
Corral, Luis Diéz del: Doktrinärer Liberalismus – Guizot und sein Kreis; Neuwied 1964
Craig, Gordon A.: Königgrätz; Bergisch-Gladbach 1977
Cremer-Swoboda, Thordis: Der griechische Unabhängigkeitskrieg; Augsburg 1974

Daus, Ronald: Zola und der Französische Naturalismus; Stuttgart 1976
Deppe, Frank / Fülberth, Georg u. a.: Geschichte der deutschen Gewerkschaftsbewegung; Köln 1977
Deuerlein, Ernst (Hrsg.): Gründung des Deutschen Reiches in Augenzeugenberichten – Düsseldorf 1970
Dietrich, Richard (Hrsg.): Europa und der Norddeutsche Bund; Berlin 1968
Dowe, Dieter: Bibliographie zur Geschichte der deutschen Arbeiterbewegung, sozialistischer und kommunistischer Bewegung bis 1863; Bonn 1977
Droz, Jacques: Einfluß der deutschen Sozialdemokratie auf den französischen Sozialismus 1871–1914; Wiesbaden 1973
Dru, Alexander: Erneuerung und Reaktion, die Restauration in Frankreich 1800–1830; München 1967
Dyroff, Hans-Dieter: Der Wiener Kongreß 1814/1815 – Die Neuordnung Europas; München 1966

Eckart, Günther: Industrie und Politik in Bayern 1900–1919; Berlin 1976
Eisfeld, Gerhard: Die Entstehung der liberalen Parteien in Deutschland 1858–1870; Bonn 1969
Endres, Robert: Revolution in Österreich 1848; Wien 1947
Engelhard, Werner Wilhelm: Robert Owen und die sozialen Reformbestrebungen seit Beginn der Industrialisierung; Bonn 1972
Enzensberger, Hans Magnus (Hrsg.): Alexander Herzen – die gescheiterte Revolution, Denkwürdigkeiten aus dem 19. Jahrhundert; Frankfurt 1977
Enzensberger, Hans Magnus: Gespräche mit Marx und Engels; Frankfurt 1973
Epting, Karl: Frankreichs goldene Jahre: La Belle Epoque; Stuttgart 1962
Esslinger, Elisabeth: Kaiserin Eugenie und die Politik des II. Kaiserreiches; Stuttgart 1932
Estermann, Alfred (Hrsg.): Politische Avantgarde 1830–1840 – Eine Dokumentation zum «Jungen Deutschland»; Frankfurt 1972
Euler, Heinrich: Napoleon III. – Versuch einer Deutung; München 1972
Eyck, Erich: Gladstone; Zürich 1938 (2.)
Eyck, Frank: Deutschlands große Hoffnung; Die Frankfurter Nationalversammlung 1848–49; München 1973

Faber, Karl G.: Die nationalpolitische Publizistik Deutschlands von 1866–1871. 2 Bände; Düsseldorf 1963
Fellner, Fritz: Europäische Diplomatie vor dem I. Weltkrieg; München 1965
Fenske, Hans (Hrsg.): Vormärz und Revolution 1840–1849; Darmstadt 1976
Fieldhouse, David K.: Die Kolonialreiche seit dem 18. Jahrhundert; Band 29 der Fischer-Weltgeschichte; Frankfurt 1972 (2.)
Fischer, Alexander: Russische Sozialdemokratie und bewaffneter Aufstand im Jahre 1905; Wiesbaden 1967
Fischer, Fritz: Krieg der Illusionen; Die deutsche Politik von 1911–1914; Düsseldorf 1969
Fischer, Mechthild: Mittelklasse als politischer Begriff in Frankreich seit der Revolution; Göttingen 1974
Fischer, Wolfram: Der Staat und die Anfänge der Industrialisierung in Baden 1800–1850; Berlin 1962
Franqué, Wolfgang v.: Luxemburg, die belgische Revolution und die Mächte; Bonn 1933
Frederiksen, Elke (Hrsg.): Die Frauenfrage in Deutschland 1865–1915; Texte und Dokumente; Stuttgart 1981
Freund, Dorrit: Alexis de Tocqueville und die politische Kultur der Demokratie; Bern/Stuttgart 1974
Freyberg, Jutta v. / Fülberth, Georg / Harrer, Jürgen u. a.: Geschichte der deutschen Sozialdemokratie 1863–1975; Köln 1977

Gafert, Karin: Die soziale Frage in Literatur und Kunst des 19. Jahrhunderts; 2 Bände; Kronberg 1973
Gall, Lothar: Bismarck. Der weiße Revolutionär; Frankfurt/a. M./Berlin/Wien 1980
Gall, Lothar: Das Bismarck-Problem in der Geschichtsschreibung nach 1945; Köln 1971
Gerlach, Ernst L. v.: Von der Revolution zum Norddeutschen Bund – Politik und Ideengut der preußischen Hochkonservativen 1848–66 (aus dem Nachlaß von Ernst Ludwig v. Gerlach); Göttingen 1970
Geuss, Herbert: Bismarck und Napoleon III.; Köln 1959
Gill, Arnon: Die polnische Revolution 1846; München/Wien 1974
Gillessen, Günther: Lord Palmerston und die Einigung Deutschlands – die englische Politik von der Paulskirche bis zu den Dresdener Konferenzen 1848–1851; Husum 1961
Gladen, Albin: Geschichte der Sozialpolitik in Deutschland; Wiesbaden 1974
Goetz, Walter: Das Werden des italienischen Nationalgefühls; München 1939
Graufeld, Helge: Der Dreibund nach dem Sturz Bismarcks; Lund 1962
Grebing, Helga: Geschichte der deutschen Arbeiterbewegung; München 1974
Gujolz, Peter: Die Schweiz und der Krimkrieg 1853–1856; Basel/Stuttgart 1965

Hacker, Rupert (Hrsg.): Ludwig II. von Bayern in Augenzeugenberichten; München 1972
Hahn, Karl: Föderalismus – die demokratische Alternative; eine Untersuchung zu P. J. Proudhons sozialrepublikanisch-föderativem Freiheitsbegriff; München 1975
Halperin, Vladimir: Joseph Chamberlain, der Mann und sein Werk; Zürich 1942
Hammacher, Klaus (Hrsg.): Universalismus und Wissenschaft im Werk und Wirken der Brüder Humboldt; Frankfurt 1976
Hartau, Friedrich: Clemens Fürst v. Metternich in Selbstzeugnissen und Bilddokumenten; Reinbek 1977
Hartau, Friedrich: Wilhelm II.; Reinbek 1978
Haselsteiner, Horst: Die Serben und der Ausgleich – Zur politischen u. staatsrechtlichen Stellung der Serben Südungarns in den Jahren 1860–1867; Wien/Köln 1976
Hasler, August B.: Pius IX. (1846–1878), päpstliche Unfehlbarkeit und I. Vatikanisches Konzil; Dogmatisierung und Durchsetzung einer Ideologie; Stuttgart 1977
Haupt, Georges: Programm und Wirklichkeit; die internationale Sozialdemokratie vor 1914; Neuwied 1970

Haupt, Heinz G. (Hrsg.): Sozialökonomische und politische Voraussetzungen der Julirevolution 1830; Göttingen 1971

Heggen, Alfred: Erfindungsschutz und Industrialisierung in Preußen 1793–1877; Göttingen 1975

Hellwing, Isac A.: Der konfessionelle Antisemitismus im 19. Jahrhundert in Österreich; Salzburg 1972

Henning, Hansjoachim: Sozialgeschichtliche Entwicklungen in Deutschland von 1815–1860; Paderborn 1977

Hensel, Cécile: Der unbekannte deutsche Staat – Der Norddeutsche Bund 1867–1871; Ausstellung des Geheimen Staatsarchivs Preußischer Kulturbesitz vom 6. X. 1970–29. I. 1971; Berlin-Dahlem 1970

Herre, Franz: Freiherr vom Stein – Sein Leben und seine Zeit; Köln 1973

Herre, Franz: Kaiser Franz Joseph von Österreich; Sein Leben; Seine Zeit; Köln 1978

Herre, Franz: Kaiser Wilhelm I.; Der letzte Preuße; Köln 1980

Herre, Günther: Verelendung und Proletariat bei Karl Marx; Düsseldorf 1973

Hillgruber, Andreas: Bismarcks Außenpolitik; Freiburg 1972

Hobsbawm, Eric J.: Die Blütezeit des Kapitals; Eine Kulturgeschichte der Jahre 1848–1875; München 1977

Höpfl, Heinz: Geschichte Englands und des Commonwealth; Frankfurt 1978 (2.)

Hofmann, Hans Hubert: König Ludwig I. von Bayern: seine Krisen; München 1974

Holl, Karl / List, Günther: Liberalismus und imperialistischer Staat. Der Imperialismus als Problem liberaler Parteien 1890–1914; Göttingen 1975

Holzheuer, Walter: Karl Kautskys Werk als Weltanschauung – ein Beitrag zur Ideologie der Sozialdemokratie vor dem I. Weltkrieg; München 1972

Horváth, Zoltan: Die Jahrhundertwende in Ungarn – Geschichte der zweiten Reformgenerationen 1896–1914; Neuwied 1966

Hutt, Allen / Gollan, John: Die Gewerkschaftsbewegung in Großbritannien; Hamburg/Berlin 1977 (1800–1974)

Huch, Ricarda: Bakunin und die Anarchie; Frankfurt 1972

Jakobs, Peter: Das Werden des französisch-russischen Zweibundes 1890–1914; Wiesbaden 1968

Jelavich, Barbara: Rußland 1852–1875 – aus den Berichten der Bayerischen Gesandtschaft in St. Petersburg; Wiesbaden 1963

Jessen, Hans (Hrsg.): Die deutsche Revolution 1848/49 in Augenzeugenberichten; München 1973

Kedenburg, Jürgen: Teleologisches Geschichtsbild und theokratische Staatsauffassung im Werke Thomas Carlyles; Heidelberg 1960

Kettenbach, Hans W.: Lenins Theorie des Imperialismus; Köln 1965

Kissinger, Henry A.: Großmachtdiplomatie – Von der Staatskunst Castlereaghs und Metternichs; Düsseldorf 1962

Kiszling, Rudolf: Fürst Felix zu Schwarzenberg, der politische Lehrmeister Kaiser Franz Josephs; Graz/Köln 1952

Kleßmann, Eckart (Hrsg.): Die Befreiungskriege in Augenzeugenberichten; München 1973

Kleßmann, Eckart (Hrsg.): Deutschland unter Napoleon in Augenzeugenberichten; München 1976

Koch, Hansjoachim: Der Sozialdarwinismus – seine Genese und sein Einfluß auf das imperialistische Denken; München 1973

Kocka, Jürgen: Unternehmer in der deutschen Industrialisierung; Göttingen 1975

Köhler, Wilhelm: Revanche-Idee u. Panslawismus; Belgische Gesandtschaftsberichte zur Entwicklungsgeschichte des Zweibundes; Berlin 1924

Körner, Hans M.: Staat und Kirche in Bayern 1886–1918; Mainz 1977

Kohn, Hans: Die Slawen und der Westen – Die Geschichte des Panslawismus; Wien 1956
Kommune, Pariser 1871, Berichte und Dokumente von Zeitgenossen; Frankfurt 1970
Koopmann, Helmut: Das «Junge Deutschland» – Analyse seines Selbstverständnisses; Stuttgart 1970
Kraft, Johannes: Prinzipien Talleyrands in der Außen- und Innenpolitik; Bonn 1958
Kramer, Hans: Österreich und das Risorgimento; Wien 1963
Kraus, Oskar: Der Machtgedanke und die Friedensidee in der Philosophie der Engländer Bacon und Bentham; Leipzig 1926
Kröll, Ulrich: Die Internationale Buren-Agitation 1899–1902; Münster 1973
Krömer, Wolfgang: Die französische Romantik; Darmstadt 1975
Kuhn, Annette: Die französische Revolution 1848; München 1975
Kundel, Erich (Hrsg.): Karl Marx / Friedrich Engels: Tagebuch der Pariser Kommune; Frankfurt 1971

Lademacher, Horst: Die belgische Neutralität als Problem der europäischen Politik 1830–1914; Bonn 1971
Lamberti, Anton: Die Bündnispolitik Napoleons III. gegen Preußen in den Jahren vor 1870; Würzburg 1939
Lamer, Reinhard J.: Der englische Parlamentarismus in der deutschen politischen Theorie im Zeitalter Bismarcks 1857–1890; Husum 1963
Langewiesche, Dieter: Liberalismus und Demokratie in Württemberg zwischen Revolution und Reichsgründung; Düsseldorf 1974
Lehmann, Helmut / Lehmann, Silke: Das Nationalitätenproblem in Österreich 1848–1918; Göttingen 1974
Leontovitsch, Victor: Geschichte des Liberalismus in Rußland; Frankfurt 1957
Liebeschütz, Hans / Paucker, Arnold (Hrsg.): Das Judentum in der deutschen Umwelt 1800–1850; Tübingen 1977
Lill, Rudolf: Die Wende im Kulturkampf – Leo XII., Bismarck und die Zentrumspartei 1878–1880; Tübingen 1973
Lindt, Andreas: Friedrich Naumann und Max Weber – Theologie und Soziologie im Wilhelminischen Deutschland; München 1973
Lösche, Peter: Anarchismus; Darmstadt 1977
Lucius, P. Ernst: Bonaparte und die protestantischen Kirchen Frankreichs; Tübingen 1903
Lutz, Heinrich: Zwischen Habsburg und Preußen. Deutschland 1815–1866; Berlin 1985

Martini, Fritz: Deutsche Literatur im Bürgerlichen Realismus; Stuttgart 1974
Martiny, Albrecht: Parlament, Staatshaushalt und Finanzen in Rußland vor dem I. Weltkrieg; Der Einfluß der Duma auf die russische Finanz- und Haushaltspolitik 1907–1914; Bochum 1977
Marwick, Arthur: British Society Since 1945 (= The Pelican Social History of Britain); Middlesex 1986 (4.)
Marx, Julius: Die wirtschaftlichen Ursachen der Revolution 1848 in Österreich; Wien 1965
Marx, Karl: Der 18. Brumaire des Louis Napoléon Bonaparte; Berlin 1946
Marx, Karl / Engels, Friedrich / Lenin, W. I.: Über die Diktatur des Proletariats; Köln 1976
Marx, Karl / Engels, Friedrich / Lenin, W. I.: Zur politischen Ökonomie des Kapitalismus; Berlin 1977
Massie, Robert K.: Nikolaus u. Alexander: Die letzten Romanows und das Ende des zaristischen Rußland; Frankfurt 1968
Matis, H.: Österreichische Wirtschaft 1848–1913; Berlin 1972
Maurois, André: Napoleon in Selbstzeugnissen und Bilddokumenten; Reinbek 1966
Mayer, Wolfgang: Penetration und Transformation in Französisch-Westafrika; eine historische Studie zum Problem der Unterentwicklung; Frankfurt/Bern 1977

McClelland, Charles E.: State, Society and University in Germany 1700–1914; Cambridge 1980
Meyer, Werner: Demokratie und Cäsarismus – Konservatives Denken in der Schweiz zur Zeit Napoleons III.; Bern/Frankfurt 1965
Mellach, Kurt: 1848 – Protokolle einer Revolution; München 1968
Melville, Ralph / Schröder, Hans-Jürgen (Hrsg.): Der Berliner Kongreß von 1878; Die Politik der Großmächte und die Probleme der Modernisierung in Südosteuropa in der 2. Hälfte des 19. Jahrhunderts; Wiesbaden 1982
Mennecke, Friedrich: Geschichte des deutsch-englischen Bündnisproblems 1890–1901; München 1972 (Nachdruck)
Mommsen, Wolfgang (Hrsg.): Imperialismus – seine geistigen, politischen und wirtschaftlichen Grundlagen; Hamburg 1974
Mommsen, Wolfgang: Imperialismustheorien – Überblick über die neueren Imperalismus-Interpretationen; Göttingen 1977
Monger, George: Ursachen und Entstehung der englisch-französisch-russischen Entente 1900–1907; Darmstadt 1972
Montanari, Mario: Die geistigen Grundlagen des Risorgimento; Köln/Opladen 1963
Moritz, Albrecht: Das Problem des Präventivkrieges in der deutschen Politik während der ersten Marokkokrise; Bern/Frankfurt 1974
Morsey, Rudolf: Die oberste Reichsverwaltung unter Bismarck 1867/1890; Münster 1967
Mosse, Ernst / Paucker, Arnold (Hrsg.): Juden im Wilhelminischen Deutschland 1890–1914; Tübingen 1976
Muralt, Anton v.: Die Julirevolution und die Regeneration in der Schweiz; Zürich 1948

Nifontov, A. S.: Rußland im Jahre 1848; Berlin 1954

Obermann, Karl: Deutschland von 1815–1849 – Von der Gründung des Deutschen Bundes bis zur bürgerlich demokratischen Revolution; Ostberlin 1961
Obermann, Karl (Hrsg.): Flugblätter der Revolution – Eine Flugblattsammlung zur Geschichte der Revolution 1848 in Deutschland; München 1972
Obermann, Karl: Die ungarische Revolution von 1848/49 und die demokratische Bewegung in Deutschland; Budapest 1971
Omrčanin, Ivo: Diplomatische und politische Geschichte Kroatiens; Neckargmünd 1968
Oncken, Hermann – Saemisch, F. E. M. (Hrsg.): Vorgeschichte und Begründung des deutschen Zollvereins 1815–1834, Akten der Staaten des Deutschen Bundes und der europäischen Mächte, Bände 1–3; Berlin 1934

Palmade, Guy: Das bürgerliche Zeitalter in: Fischer Weltgeschichte Band 27; Frankfurt 1975
Paschen, Joachim (Hrsg.): Die soziale Bewegung – aus Leben und Politik der Arbeiter in Deutschland 1830–1917; Frankfurt 1976
Pechau, Hermann: Louis Blanc als Wegbereiter des modernen Sozialismus; Jena 1929
Pipes, Richard: Rußland vor der Revolution – Staat und Gesellschaft im Zarenreich; München 1977
Pöls, Werner (Hrsg.): Deutsche Sozialgeschichte Band I: Dokumente und Skizzen 1815–1870; München 1976
Pöls, Werner: Sozialistenfrage und Revolutionsfurcht in ihrem Zusammenhang mit den angeblichen Staatsstreichplänen Bismarcks; Husum 1960
Portner, Ernst: Die Einigung Italiens im Urteil liberaler deutscher Zeitgenossen; Bonn 1959
Prokesch-Osten, Anton v.: Geschichte des Abfalls der Griechen vom Türkischen Reich im Jahr 1812 und der Gründung des Hellenistischen Königreiches; Wien 1970 (Neudruck)
Prucha, Milan / Thomas, Rüdiger: Marx und die Folgen – Studien zur Rezeptionsgeschichte des marxistischen Denkens; Mainz 1975
Puntila, Lauri Adolf: Bismarcks Frankreichpolitik; Göttingen 1971

Raabe, Ingrid: Beiträge zur Geschichte der diplomatischen Beziehungen zwischen Frankreich und Österreich-Ungarn 1908–1912; Wien 1971
Raddatz, Fritz: Karl Marx, der Mensch und seine Lehre; München 1977
Rauch, Georg v.: Rußland im Zeitalter des Nationalismus und Imperialismus 1856–1917; München 1961
Rauh, Manfred: Föderalismus und Parlamentarismus im Wilhelminischen Reich; der Bundesrat 1890–1909; Düsseldorf 1977
Rauscher, Anton (Hrsg.): Deutscher Katholizismus und Revolution im frühen 19. Jahrhundert; Paderborn 1975
Recktenwald, Claus: Adam Smith, sein Leben und Werk; München 1976
Reiß, Gunter: Literaturgeschichte des Kaiserreiches; Kronberg 1977
Richter, Werner: Frankreich, von Gambetta zu Clémenceau; Zürich 1946
Richter, Werner: Friedrich III. Leben und Tragik des zweiten Hohenzollern-Kaisers; neu hrsg. von Bruch, Rüdiger vom; München 1981
Ritter, Gerhard A.: Arbeiterbewegung, Parteien und Parlamentarismus; Göttingen 1976
Ritter, Gerhard A. (Hrsg.): Arbeiterkultur; Königstein/Ts. 1979
Ritter, Gerhard A.: Das deutsche Kaiserreich 1871–1914, ein historisches Lesebuch; Göttingen 1975
Ritter, Gerhard A.: Sozialversicherung in Deutschland und England; München 1983
Ritter, Gerhard A.: Staat, Arbeiterschaft und Arbeiterbewegung in Deutschland; Vom Vormärz bis zum Ende der Weimarer Republik; Berlin/Bonn 1980
Ritter, Gerhard A. / Kocka, Jürgen (Hrsg.): Deutsche Sozialgeschichte Band II: Dokumente u. Skizzen 1870–1914; München 1977
Röhl, John C. G.: Deutschland ohne Bismarck; Die Regierungskrise im Zweiten Kaiserreich 1890–1900; Tübingen 1969
Rosenberg, Hans: Politische Denkströmungen im deutschen Vormärz; Göttingen 1972
Rosenberg, Hans: Große Depression und Bismarckzeit; Berlin 1976
Rothschild, Walther: Glück und Elend des Generals Boulanger; Berlin 1931

Saul, Klaus: Staat, Industrie u. Arbeiterbewegung im Kaiserreich; Wiesbaden 1974
Schanderl, Hans: Die Albanienpolitik Österreich-Ungarns und Italiens 1877–1908; München 1971
Scheibert, Peter (Hrsg.): Die russischen politischen Parteien von 1905–1917; ein Dokumentationsband; Darmstadt 1972
Scheuer, Helmut (Hrsg.): Naturalismus – Soziale Dichtung und bürgerliches Engagement; Stuttgart 1974
Schieder, Theodor u. a.: Entscheidungsjahr 1866; Bonn 1966
Schlesinger, Rudolf: Die Kolonialfrage in der kommunistischen Internationale; Köln 1970
Schlüter, Hermann: Die Chartisten-Bewegung – Ein Beitrag zur sozialpolitischen Geschichte Englands; New York 1916
Schmidt, Jochen: Bayern und das Zollparlament, Politik und Wirtschaft in den letzten Jahren vor der Reichsgründung 1866–1870; München 1973
Schmidt, Martin / Schwaiger, Georg: Kirchen und Liberalismus im 19. Jahrhundert; Göttingen 1976
Schmidt, Wolf-Heinrich: Nihilismus und Nihilisten; Untersuchung zur Typisierung im russischen Roman der zweiten Hälfte des 19. Jahrhundert; München 1974
Schmitz, Oscar: Die Kunst der Politik – Benjamin Disraeli; Berlin 1911
Schneider, Hans: Geschichte des Schweizerischen Bundesstaates 1848–1918; Stuttgart 1931
Schneider, Reinhold: Der Traum des Eroberers – Zar Alexander; Wiesbaden 1951
Schöllgen, Gregor: Das Zeitalter des Imperialismus; München 1986
Schoeps, Hans Joachim: Der Weg ins deutsche Kaiserreich; Berlin 1970
Schondorff, Joachim (Hrsg.): Karl August Varnhagen von Ense und Friedrich Fürst Schwarzenberg: Tagebücher 1835–1860; München 1960

Schraepler, Ernst: August Bebel – Sozialdemokrat im Kaiserreich; Göttingen 1966
Schröder, Karsten: Parlamente und Außenpolitik in England 1911–1914, dargestellt an der englischen Deutschlandpolitik von der Agadirkrise bis 1914; Göttingen 1974
Schubel, Friedrich: Englische Literaturgeschichte der Romantik und des Victorianismus; Berlin 1972 (2.)
Schulz, Ursula (Hrsg.): Die deutsche Arbeiterbewegung in Augenzeugenberichten 1848–1919; München 1977
Schulze-Wilde, Harry: Jean Jaurès; Fackelträger einer Idee; Stuttgart 1974
Seide, Gernot: Regierungspolitik und öffentliche Meinung im Kaisertum Österreich anläßlich der polnischen Novemberrevolution 1830/31; Wiesbaden 1971
Siebert, Ferdinand: Aristide Briand 1862–1932 – ein Staatsmann zwischen Frankreich und Europa; Stuttgart 1973
Sieburg, Heinz Otto: Napoleon und Europa; Köln 1971
Simon, Werner: Die britische Militärpolitik in Indien und ihre Auswirkungen auf den britisch-indischen Finanzhaushalt 1878–1910; Wiesbaden 1974
Sommervell, David C.: Disraeli und Gladstone – Versuch einer Doppelbiografie; Berlin 1926
Spiel, Hilde (Hrsg.): Der Wiener Kongreß in Augenzeugenberichten; München 1978
Spindler, Max (Hrsg.): Handbuch der bayerischen Geschichte, Band IV: Das Neue Bayern 1800–1970; München 1974
Srbik, Heinrich Ritter von: Quellen zur deutschen Politik Österreichs 1859–1866; Stalling 1934
Stadelmann, Rudolf: Soziale und politische Geschichte der Revolution 1948; München 1973
Steger, Klara: Der proletarische Charakter der italienischen Romantik und die Literatur des Risorgimento; Bonn 1952
Stegmann, Franz: Der soziale Katholizismus und die Mitbestimmung in Deutschland vom Beginn der Industrialisierung bis 1933; Paderborn 1974
Steinert, Heinz / Treiben, Hubert: Die Revolution und ihre Theorien: Frankreich 1848, Marx, v. Stein, Tocqueville im aktuellen Vergleich; Opladen 1975
Stekl, Hannes: Österreichs Aristokratie im Vormärz; München 1973
Stern, Fritz: Gold und Eisen, Bismarck und sein Bankier Bleichröder; Berlin 1978
Stribrny, Wolfgang: Bismarck und die Politik nach seiner Entlassung 1890–1898; Paderborn 1977
Strich, Fritz: Deutsche Klassik und Romantik; München 1965 (5.)
Strobel, Georg W.: Quellen zur Geschichte des Kommunismus in Polen 1878–1918; Köln 1968
Strutynski, Peter: Die Auseinandersetzungen zwischen Marxisten und Revisionisten in der deutschen Arbeiterbewegung um die Jahrhundertwende; Köln 1976
Stürmer, Michael (Hrsg.): Das kaiserliche Deutschland – Politik und Gesellschaft 1870–1918; Frankfurt 1976
Stürmer, Michael: Regierung und Reichstag im Bismarck-Staat 1871–1890; Düsseldorf 1975
Stürmer, Michael: Die Deutschen und ihre Nation; Das ruhelose Reich; Deutschland 1866–1918; Berlin 1983
Swoboda, Helmut (Hrsg.): Die Pariser Commune; München 1971

Tannenbaum, Edward R.: 1900. Die Generation vor dem Großen Krieg; Frankfurt 1978
Tenfelde, Klaus / Ritter, Gerhard A. (Hrsg.): Bibliographie zur Geschichte der deutschen Arbeiterschaft und Arbeiterbewegung 1863–1914; Berichtszeitraum 1945 bis 1975; Mit einer forschungsgeschichtlichen Einleitung; Bonn 1981 (= Archiv für Sozialgeschichte, Beiheft 8)
Tenfelde, Klaus: Sozialgeschichte der Bergarbeiterschaft an der Ruhr im 19. Jahrhundert; Bonn-Bad Godesberg 1977 (= Schriftenreihe des Forschungsinstituts der Friedrich-Ebert-Stiftung, Band 125)

Thalheimer, Siegfried: Recht und Gerechtigkeit – Ein Beitrag zur Geschichte des Falles Dreyfuss; München 1969
Thersen, Émile: Guiseppe Garibaldi; Berlin 1969
Thielen, Peter Gerrit: Karl August v. Hardenberg 1750–1822, eine Biografie; Köln/Berlin 1967
Thies, Erich: Ludwig Feuerbach; Darmstadt 1976
Tingsten, Herbert: Königin Victoria und ihre Zeit; München 1975
Toth, Adalbert: Parteien und Reichstagswahlen in Ungarn 1848–1892; München 1973
Toury, Jacob: Soziale und politische Geschichte der Juden in Deutschland 1847–1871; Düsseldorf 1977
Treue, Wilhelm: Der Krimkrieg und die Entstehung der modernen Flotte; Göttingen 1954
Troll, Thaddäus: Romantik in Europa; Würzburg 1975

Uexküll, Gösta v.: Ferdinand Lassalle in Selbstzeugnissen und Bilddokumenten; Reinbek 1974
Unckel, Bernhard: Österreich und der Krimkrieg – Studien zur Politik der Donaumonarchie 1852–1856; Husum 1969
Vallotton, Henry: Metternich – Napoleons großer Gegenspieler; München 1976
Veiter, Theodor: Die Italiener in der österreichisch-ungarischen Monarchie; München 1965
Vietsch, Eberhard v.: Bethmann Hollweg; Staatsmann zwischen Macht und Ethos; Boppard 1969
Vondung, Klaus (Hrsg.): Das wilhelminische Bildungsbürgertum – zur Sozialgeschichte seiner Ideen; Göttingen 1976
Vossler, Otto: Die Revolution von 1848 in Deutschland; Frankfurt 1974

Wagner, Fritz: Cavour und der Aufstieg Italiens im Krimkrieg; Stuttgart 1940
Walter, F. / Steinacker, H.: Die Nationalitätenfrage im alten Ungarn und die Südostpolitik Wiens; München 1959
Weber, Christoph: Kirchliche Politik zwischen Rom, Berlin und Trier 1876–1888 – die Beilegung des preußischen Kulturkampfes; Mainz 1970
Wehler, Hans U.: Bibliographie zur modernen deutschen Sozialgeschichte 18.–20. Jahrhundert; Göttingen 1976
Wehler, Hans U.: Bibliographie zum Imperialismus; Göttingen 1977
Wehler, Hans U.: Bismarck und der Imperialismus; München 1976
Wehler, Hans U.: Krisenherde des Kaiserreiches 1871–1918; Göttingen 1970
Wehler, Hans U.: Das deutsche Kaiserreich 1871–1918; Göttingen 1983 (5.)
Wendler, Eugen: Friedrich List – Leben und Wirken in Dokumenten; Reutlingen 1976
Wichterich, Richard: Guiseppe Mazzini – der Prophet des neuen Italiens; Berlin 1937
Wilharm, Irmgard: Die Anfänge des griechischen Nationalstaates 1833–1843; München/Wien 1973
Winckler, Martin: Bismarcks Bündnispolitik und das europäische Gleichgewicht; Stuttgart 1964
Winkler, Heinrich August: Preußischer Liberalismus und deutscher Nationalstaat; Studien zur deutschen Fortschrittspartei 1861–66; Tübingen 1964
Winter, Eduard: Romantismus, Restauration und Frühliberalismus im österreichischen Vormärz; Wien 1970
Winzen, Peter: Bülows Weltmachtkonzept – Untersuchungen zur Frühphase seiner Außenpolitik 1897–1901; Boppard 1977
Wollstein, Günter: Das «Großdeutschland» der Paulskirche; Düsseldorf 1977

Zechlin, Egmont: Die deutsche Einheitsbewegung; Frankfurt 1967
Zeguč, Ivan: Die nationalpolitischen Bestrebungen der Karpato-Ruthenen 1848–1914; München 1965

Zelinsky, Bodo: Russische Romantik; Köln 1975
Zetkin, Clara: Zur Geschichte der proletarischen Frauenbewegung in Deutschland; Ostberlin 1958
Ziebura, Gilbert: Léon Blum, Theorie und Praxis einer sozialistischen Republik; Berlin 1963
Zürrer, Werner: Die Nahostpolitik Frankreichs und Rußlands 1891–98; München 1970

II. Vom Ersten Weltkrieg bis zur Gegenwart 1914–1980

Abendroth, Wolfgang: Arbeiterklasse, Staat und Verfassung – Materialien zur Verfassungsgeschichte und Verfassungstheorie der Bundesrepublik; Frankfurt/Main, Köln 1975
Abosch, Heinz: Antisemitismus in Rußland – eine Analyse und Dokumentation zum sowjetischen Antisemitismus; Darmstadt 1972
Adams, Willi Paul (Hrsg.): Die Vereinigten Staaten von Amerika (= Band 30 der Fischer-Weltgeschichte); Frankfurt/Main 1977
Adenauer, Konrad: Erinnerungen, Band 1 ff.; Stuttgart 1965 ff.
Adenauer, Konrad / Gotto, Klaus u. a.: Konrad Adenauer – seine Deutschland- und Außenpolitik 1945–1963; München 1975
Adler, Alois: Die historischen Fakten des Nationalsozialismus in Österreich; Retzhof 1968
Aigner, Dietrich: Das Ringen um England; das deutsch-britische Verhältnis; die öffentliche Meinung 1933–1939; München/Esslingen 1969
Aigner, Dietrich: Winston Churchill, Ruhm und Legende; Göttingen 1975
Albertin, Lothar: Liberalismus und Demokratie am Anfang der Weimarer Republik; eine vergleichende Analyse der Deutschen Demokratischen Partei und der Deutschen Volkspartei; Düsseldorf 1972
Albertini, Rudolf v.: Dekolonisation – Die Diskussion über Verwaltung und Zukunft der englischen Kolonien 1919–1960; Zürich 1966
Albertini, Rudolf v.: Europäische Kolonialherrschaft 1880–1940; Zürich 1976
Alf, Sophie G.: Leitfaden Italien – vom antifaschistischen Kampf zum historischen Kompromiß; Berlin 1977
Alleman, Fritz René (Hrsg.): Die arabische Revolution – Nasser über seine Politik; Frankfurt/Main 1958
Amt für Amtliche Veröffentlichungen der Europäischen Gemeinschaft: 25 Jahre gemeinsamer Markt für Kohle 1953–1978; Luxemburg 1978
Anderle, Alfred: Die deutsche Rapallo-Politik – deutsch-sowjetische Beziehungen 1922–1929; Berlin 1962
Anderson, Andy: Die ungarische Revolution 1956; Hamburg 1977
Angermann, Erich: Die Vereinigten Staaten von Amerika 1917–1960; München 1970
Angress, Werner T.: Die Kampfzeit der KPD 1921–1923; Düsseldorf 1973
Ansprenger, Franz: Auflösung der Kolonialreiche; München 1973
Anweiler, Oskar: Die sowjetische Bildungspolitik seit 1917 – Dokumente und Texte; München 1961
Aquila, Giulio: Faschismus an der Macht (1922); Berlin 1968
Aron, Raymond: Die imperiale Republik – Die Vereinigten Staaten von Amerika und die übrige Welt seit 1945; Stuttgart/Zürich 1975
Aspelmeier, Dieter: Deutschland und Finnland während der beiden Weltkriege; Hamburg 1967

Bach, Jürgen A.: Franz v. Papen in der Weimarer Republik – Aktivitäten in Politik und Presse 1918–1932; Düsseldorf 1977
Badstübner, Rolf u. a.: DDR – Werden und Wachsen; zur Geschichte der DDR; Ostberlin 1975
Bärwald, Helmut: Die DKP – Ursprung, Weg, Ziel; Bonn 1969

Bahne, Siegfried: Die KPD und das Ende von Weimar – das Scheitern einer Politik 1932–1935; Frankfurt/Main, New York 1976
Baring, Arnulf: Außenpolitik in Adenauers Kanzlerdemokratie; Bonns Beitrag zur Europäischen Verteidigungsgemeinschaft; München/Wien/Oldenburg 1969
Baring, Arnulf u. a.: Zwei zaghafte Riesen: Deutschland und Japan seit 1945; Stuttgart/Zürich 1977
Baring, Arnulf: Machtwechsel; Die Ära Brandt–Scheel; Stuttgart 1982 (2.)
Baring, Arnulf / Tautil, Christian: Charles de Gaulle, Größe und Grenzen; Köln/Berlin 1963
Baumgart, Winfried: Deutsche Ostpolitik 1918 – Von Brest-Litowsk bis zum Ende des I. Weltkrieges; Wien/München 1966
Baumont, Maurice: Aristide Briand, Diplomat und Idealist; Göttingen 1966
Behn, Hans Ulrich: Die Bundesrepublik Deutschland – Handbuch zur staatspolitischen Landeskunde; München/Wien 1974
Beloff, Max: Die neue Dimension der Außenpolitik in England (1949–1959); Köln 1961
Benedikt, Heinrich (Hrsg.): Geschichte der Republik Österreich 1918–1945; München 1977
Berger, Suzanne: Politics and Antipolitics in Western Europe in the Seventies; Winter 1979
Berner, Wolfgang: Die Einheitsfront-Politik der KP Frankreichs 1965–1967; Köln 1967
Berner, Wolfgang: Italiens APO; außerparlamentarische und antiparlamentarische Gruppen der italienischen Linken und Ultralinken; Köln 1973
Bertram-Libal, Gisela: Aspekte der britischen Deutschland-Politik 1919–1922; Göppingen 1972
Besson, Waldemar: Die Außenpolitik der Bundesrepublik: Erfahrungen und Maßstäbe; München 1970
Besson, Waldemar: Von Roosevelt bis Kennedy – Grundzüge amerikanischer Außenpolitik 1933–1963; Frankfurt/Main 1964
Bethell, Nicholas: Die polnische Spielart: Gomulka und die Folgen; Wien/Hamburg 1971
Bianco, Lucien (Hrsg.): Das moderne Asien (= Fischer-Weltgeschichte Band 33); Frankfurt/Main 1969
Bieber, Horst: Portugal (= neueste Geschichte); Hamburg 1975
Birke, E. / Neumann, R. (Hrsg.): Die Sowjetisierung Ost-Mitteleuropas – Untersuchungen zu ihrem Ablauf in den einzelnen Ländern; Berlin 1959
Boeck, Klaus / Gehrmann, Dieter: Die D-Mark als internationale Reservewährung; Bedeutung, Ursachen, Probleme; Hamburg 1974
Boeck, Walter: Deutschland – zwei Staaten, zwei Systeme; Freiburg/Würzburg 1977
Bonjour, Edgar: Geschichte der schweizerischen Neutralität, Band 1–9; Basel 1965–1976
Bonnet, Georges: Vor der Katastrophe – Erinnerungen des französischen Außenministers 1938–1939; Köln 1951
Bontschek, Frank: Polen und Tschechoslowakei – die drei westslawischen Völker und ihre Beziehungen zueinander; Köln 1976
Bontschek, Frank: Die Volksrepublik Polen und die DDR – ihre Beziehungen, ihre Probleme; Köln 1974
Bosl, Karl (Hrsg.): Die demokratisch-parlamentarische Struktur der Ersten Tschechoslowakischen Republik; München/Wien 1974
Boyd, Francis: Britische Politik seit 1945; Stuttgart 1965
Bracher, Karl Dietrich: Die Auflösung der Weimarer Republik; eine Studie zum Problem des Machtzerfalls in der Demokratie; Stuttgart/Düsseldorf 1955
Bracher, Karl Dietrich: Die deutsche Diktatur; Entstehung, Struktur, Folgen des Nationalsozialismus; Köln/Berlin 1976 (5.)
Bracher, Karl Dietrich: Zeit der Ideologien; Eine Geschichte politischen Denkens im 20. Jahrhundert; Stuttgart 1982
Bracher, Karl Dietrich / Sauer, Wolfgang / Schulz, Gerhard: Die nationalsozialistische Machtergreifung – Studien zur Errichtung des totalitären Herrschaftssystems in Deutschland 1933/34; Köln/Opladen 1960

Bracher, Karl Dietrich / Funke, Manfred / Jacobsen, Hans-Adolf (Hrsg.): Die Weimarer Republik 1918–1933; Düsseldorf 1987
Bracher, Karl Dietrich / Jäger, Wolfgang / Link, Werner: Republik im Wandel 1969–1974. Die Ära Brandt; Stuttgart–Mannheim 1986
Brahm, Heinz: Die sowjetische Einstellung zum deutschen Faschismus in den Jahren 1923–1928; Köln 1964
Brandt, Willy: Begegnungen und Einsichten; die Jahre 1960–1975; Hamburg 1976
Brandt, Willy: Draußen – Schriften während der Emigration; München 1966
Bransten, Thomas (Hrsg.): David Ben Gurion – Erinnerung und Vermächtnis; Frankfurt/Main 1971
Braubach, Max: Hitlers Weg zur Verständigung mit Rußland im Jahre 1939; Bonn 1960
Brecher, Michael: Nehru – eine politische Biografie; München 1963
Breitenstein, Rolf: Amerika auf neuem Kurs? Nixon, die USA und Europa; Düsseldorf 1969
Breyer, Richard: Das Deutsche Reich und Polen 1932–1937; Außenpolitik und Volksgruppenfragen; Würzburg 1955
Broncek, Peter (Hrsg.): Anton Léhar – Erinnerungen; Gegenrevolution und Restaurationsversuche in Ungarn 1918–1921; München 1973
Broszat, Martin (Hrsg.): Höß, Rudolf: Kommandant in Auschwitz; autobiographische Aufzeichnungen; München 1978
Broszat, Martin: Der Staat Hitlers; Grundlegung und Entwicklung seiner inneren Verfassung; München 1976
Broszat, Martin/Möller, Horst (Hrsg.): Das dritte Reich; München 1986 (2.)
Brüning, Heinrich: Briefe und Gespräche 1934–1945; Stuttgart 1974
Brüning, Heinrich: Memoiren 1918–1934; München 1972
Buber-Neumann, Margarethe: Kriegsschauplätze der Weltrevolution – ein Bericht aus der Praxis der Komintern 1919–1943; Stuttgart 1967
Büttner, Friedrich (Hrsg.): Reform und Revolution in der islamischen Welt – von der osmanischen Imperialdoktrin zum arabischen Sozialismus; München 1970
Bundesministerium für innerdeutsche Beziehungen: Die Entwicklung der Beziehungen zwischen der Bundesrepublik Deutschland und der Deutschen Demokratischen Republik – ein Überblick; Bonn/Bad Godesberg 1974
Bundesministerium für gesamtdeutsche Fragen (Hrsg.): Dokumente zur Deutschlandpolitik; Bonn/Berlin 1961 ff.
Bundesministerium der Verteidigung (Hrsg.): Wir wollen freie Menschen sein – Der 17. Juni 1953 in Dokumenten; Bonn 1963
Bussmann, Bernhard: Wege nach Gesamteuropa; Dokumentation der Beziehungen zwischen West- und Osteuropa 1943–1965; Köln 1966

Carillo, Santiago: Santiago Carillo – vom Stalinisten zum Eurokommunisten? Geschichte der Kommunistischen Partei Spaniens, ihre Politik im Bürgerkrieg und heute; Berlin 1977
Carsten, Francis L.: Der Aufstieg des Faschismus in Europa; Frankfurt/Main 1968
Carsten, Francis L.: Faschismus in Österreich – Von Schönerer zu Hitler; München 1978
Castro, Fidel: Ernesto Che Guevara und Régis Debray; Materialien zur Revolution in Reden, Aufsätzen, Briefen; Darmstadt 1968
Černenko, K. U. (Red.): Die sowjetische Außenpolitik 1956–1962; Akten und Dokumente des Obersten Sowjets der Sowjetunion; Moskau 1962
Černenko, K. U.: Die sowjetische Demokratie – Grundsätze und Praxis; Moskau 1977
Chabod, Federico: Die Entstehung des neuen Italien 1918–1948; Reinbek 1965
Chamberlin, William Henry: Die russische Revolution 1917–1921, 2 Bände; Frankfurt/Main 1958
Chaput des Saintonge, Rolland A.: Entwicklung des Commonwealth seit 1945; Wiesbaden 1960

Chesterton, Arthur Kenneth: Geschichte und Programm des britischen Faschismus; Leipzig 1937
Churchill, Winston: Schritt für Schritt; 1936–1939; Amsterdam 1940
Ciano, Galeazzo: Tagebücher 1937/38; Hamburg 1949
Clay, Lucius D.: Enscheidung in Deutschland; Frankfurt/Main 1950
Collins, Larry und Lapierre, Dominique: Um Mitternacht die Freiheit (Indiens Weg in die Unabhängigkeit 1947); München 1976
Conquest, Robert: Am Anfang starb Genosse Kirow – Säuberungen unter Stalin; Düsseldorf 1970
Conze, Werner: Polnische Nation u. deutsche Politik im I. Weltkrieg; Köln/Graz 1958
Craig, Gordon A.: Über die Deutschen; München 1982
Craig, Gordon A. / George, Alexander L.: Force and Stratecraft: Diplomatic Problems of Our Time; New York 1983
Czisnik, Ulrich: Gustav Noske – ein sozialdemokratischer Staatsmann; Göttingen 1969

Dahm, Helmut: Demokratischer Sozialismus – das tschechoslowakische Modell; Opladen 1971
Dahms, Hellmuth: Francisco Franco; Soldat und Staatschef; Göttingen 1972
Dahrendorf, Ralf: Gesellschaft und Demokratie in Deutschland; München 1965
Dallin, David J.: Sowjetische Außenpolitik nach Stalins Tod; Köln/Berlin 1961
Daniel, Ute: Dollardiplomatie in Europa; Marschallplan, Kalter Krieg und US-Außenpolitik 1945–1952; Düsseldorf 1982
Dankelmann, Otfried: Franco zwischen Hitler und den Westmächten; Berlin 1970
Davison, Ian: Weltmacht GmbH; Britannien und die Einheit Europas; Wien 1973
Dawesplan und Youngplan; eine Gegenüberstellung der Kernpunkte beider Reparationssysteme; Berlin 1929
DDR – UdSSR; 30 Jahre Beziehungen 1949 bis 1979; Dokumente und Materialien; Berlin (Ost) 1982
Deml, Ferdinand (Hrsg.): München, 29. September 1938, vorher und nachher – eine Auswahl von Dokumenten; Bonn 1969
Deschner, Günther: Reinhard Heydrich – Statthalter der totalen Macht; Esslingen 1977
Deschner, Karlheinz: Mit Gott und den Faschisten; der Vatikan im Bunde mit Mussolini, Franco, Hitler und Pavelić; Stuttgart 1965
Deuerlein, Ernst (Hrsg.): Der Aufstieg der NSDAP in Augenzeugenberichten; München 1974
Deuerlein, Ernst: Deutschland 1963–1970; Hannover 1972
Deutsch-Italienische Historikertagung, Salerno, Juni 1971: Von der Diktatur zur Demokratie – Deutschland und Italien in der Epoche nach 1943; Braunschweig 1973
Deutscher, Isaac: Trotzki, 3 Bände; Stuttgart 1962f.
Diemer, Gebhard: Europa zwischen den Weltkriegen; Friedenssicherung und Revisionspolitik; Würzburg 1977
Doering-Manteuffel, Anselm: Die Bundesrepublik Deutschland in der Ära Adenauer; Darmstadt 1983
Doherty, Julian Campbell: Das Ende des Appeasement – die britische Außenpolitik, die Achsenmächte und Osteuropa nach dem Münchner Abkommen; Berlin 1973
Domarus, Max: Hitler – Reden und Proklamationen 1932–1945, 2 Bände; München 1965
Domarus, Max: Mussolini und Hitler; zwei Wege, gleiches Ende; Würzburg 1977
Dorpalen, Andreas: Hindenburg und die Geschichte der Weimarer Republik; Berlin, Frankfurt/Main 1966
Dortscheff, Christo: Die sozialistische Umgestaltung Bulgariens; Ostberlin 1960
Douglas-Hamilton, James: Geheimflug nach England: Der «Friedensbote» Rudolf Heß und seine Hintermänner; Düsseldorf 1973

Drummond, Roscoe und Coblentz, Gaston: Duell am Abgrund – John Foster Dulles und die amerikanische Außenpolitik 1953–1959; Köln/Berlin 1961
Düwell, Kurt: Entstehung und Entwicklung der Bundesrepublik Deutschland 1945–1961; Köln/Wien 1981
Duhnke, Horst: Die KPD von 1933–1945; Köln 1972
Dutschke, Rudi: Versuch, Lenin auf die Füße zu stellen – über den halbasiatischen und den osteuropäischen Weg zum Sozialismus; Berlin 1974

Eberitsch, Otto / Dietrich, Karl-Ernst: Mobutu – Congo; Stuttgart 1969
Eden, Sir Anthony: Memoiren; Köln/Berlin 1960
Edinger, Lewis J.: Kurt Schumacher – Persönlichkeit und politisches Verhalten; Opladen 1967
Ehrenberg, Herbert: Die Erhard-Saga; Analyse einer Wirtschaftspolitik, die keine war; Stuttgart 1965
Eisenhower, Dwight D.: Die Jahre im Weißen Haus 1953–1956; Düsseldorf/Wien 1964
Eisenhower, Dwight D.: Wagnis für den Frieden 1956–1961; Düsseldorf/Wien 1966
Elliott, Lawrence: Johannes XXIII. – das Leben eines großen Papstes; München 1975
Ellwein, Thomas: Das Regierungssystem der Bundesrepublik Deutschland; Köln/Opladen 1973 (3.)
Elsenhaus, Hartmut: Frankreichs Algerienkrieg 1954–1962; Entkolonisierungsversuch einer kapitalistischen Metropole; zum Zusammenbruch der Kolonialreiche; München 1974
Engelhard, Peter: Die deutsch-französischen Beziehungen während der Weimarer Republik; Burglengenfeld 1977
Erdmann, Karl Dietrich: Adenauer in der Rheinlandpolitik nach dem I. Weltkrieg; Stuttgart 1966
Erdmann, Roman u. a.: Erinnerungen und Dokumente aus der Zeit der Vereinigung der KPD und der SPD zur SED 1945/46; Rostock 1972
Erfurth, Waldemar: Die Geschichte des deutschen Generalstabes von 1918–1945; Göttingen/Berlin/Frankfurt 1957
Erger, Johannes: Der Kapp-Lüttwitz-Putsch – ein Beitrag zur deutschen Innenpolitik 1919/20; Düsseldorf 1967
Erhard, Ludwig: Wirken und Reden; 19 Reden aus den Jahren 1952–1965; Ludwigsburg 1966
Eschenburg, Theodor: Matthias Erzberger, der große Mann des Parlamentarismus und der Finanzreform; München 1973
Eschenburg, Theodor: Jahre der Besatzung 1945–1949; Stuttgart 1983
Esterbauer, Fried / Hinterleitner, Reinhold (Hrsg.): Die Europäische Gemeinschaft und Österreich; Wien 1977
Ete, Muhlis: Probleme der Assoziierung der Türkei mit dem Europäischen Wirtschaftssystem; München 1963

Fabry, Philipp W.: Der Hitler-Stalin-Pakt 1939–1941; Düsseldorf 1962
Fabry, Philipp W.: Die Sowjetunion und das Dritte Reich – eine dokumentarische Geschichte der deutsch-sowjetischen Beziehungen von 1933 bis 1941; Düsseldorf 1971
Faust, Fritz: Das Potsdamer Abkommen und seine völkerrechtliche Bedeutung; Frankfurt/Main 1969
Fest, Joachim: Hitler, eine Biografie; Frankfurt/Main 1973
Fetjö, François: Judentum und Kommunismus – Antisemitismus in Osteuropa; Wien 1967
Fink, Troels: Deutschland als Problem Dänemarks; die geschichtlichen Voraussetzungen der dänischen Außenpolitik; Flensburg 1968
Fischer, Alexander: Sowjetische Außenpolitik 1917–1945; Stuttgart 1973
Fischer, Alexander: Teheran – Jalta – Potsdam; die sowjetischen Protokolle von den Kriegskonferenzen der großen Drei; Wiesbaden 1968

Fischer, Fritz: Griff nach der Weltmacht – die Kriegszielpolitik des kaiserlichen Deutschland 1914/18; Düsseldorf 1964
Fischer, Johannes u. a. (Mitarb.): Verteidigung im Bündnis; Planung, Aufbau und Bewährung der Bundeswehr 1950–1972; München 1975
Fischer, Ruth: Die Umformung der Sowjetgesellschaft – Chronik der Reformen 1953–1958; Düsseldorf/Köln 1958
Flechtheim, Ossip (Hrsg.): Karl Liebknecht – Gedanke und Tat; Schriften, Reden, Briefe zur Theorie und Praxis der Politik; Frankfurt/Main 1976
Fohrer, Georg: Geschichte Israels – v. den Anfängen bis z. Gegenwart; Heidelberg 1977
Forndran, Erhard / Golczewski, Frank / Riesenberger, Dieter (Hrsg.): Innen- und Außenpolitik unter nationalsozialistischer Bedrohung; Determinanten internationaler Beziehungen in historischen Fallstudien; Opladen 1977
Funke, Manfred (Hrsg.): Hitler, Deutschland und die Mächte; Materialien zur Außenpolitik des Dritten Reiches; Düsseldorf 1976
Funke, Manfred: Sanktionen und Kanonen – Hitler, Mussolini und der internationale Abbessinien-Konflikt 1934–1936; Düsseldorf 1971
Furtak, Robert: Jugoslawien – Politik, Gesellschaft, Wirtschaft (seit 1944); Hamburg 1975

Gasteyger, Curt: Die beiden deutschen Staaten in der Weltpolitik; München 1976
de Gaulle, Charles: Memoiren der Hoffnung – die Wiedergeburt 1958–1962; Wien/München 1971
de Gaulle, Charles: Memoiren 1942–1946; die Einheit, das Heil; Düsseldorf 1961
Gay, Peter: Die Republik der Außenseiter; Geist und Kultur in der Weimarer Republik; Frankfurt 1970
Geyer, Dietrich: Lenin in der russischen Sozialdemokratie; Köln/Graz 1962
Geyer, Dietrich: Die russische Revolution – historische Probleme und Perspektiven; Stuttgart/Berlin/Köln/Mainz 1968
Geyer, Dietrich: Die Sowjetunion und der Iran – eine Untersuchung zur Außenpolitik der UdSSR im Nahen Osten 1917–1954; Düsseldorf 1955
Giesecke, Hermann; Klönne, Arno; Otten, Dieter: Gesellschaft und Politik in der BRD – eine Sozialkunde; Frankfurt/Main 1976
Gilbert, Martin / Gott, Richard: Der gescheiterte Frieden: Europa 1933–1939; Stuttgart 1964
Glasneck, Johannes: Kemal Atatürk und die moderne Türkei; Berlin 1971
Godesberg und die Gegenwart – ein Beitrag zur innerparteilichen Diskussion über Inhalte und Methoden sozialdemokratischer Politik; Bonn/Bad Godesberg 1975
Goebbels, Joseph: Tagebücher 1924–1945; Hamburg 1977
Goerke, Carsten / Hellmann, Manfred / Lorenz, Richard / Scheibert, Peter (Hrsg.): Rußland (= Band 31 der Fischer-Weltgeschichte), Frankfurt/Main 1972
Goetze, Dieter: Castro, Nkrumah, Sukarno – eine vergleichende soziologische Untersuchung zur Strukturanalyse charismatischer politischer Führung; Berlin 1977
Goodspeed, Donald J.: Ludendorff – Soldat, Diktator, Revolutionär; Gütersloh 1968
Gordon, Harold J.: Hitlerputsch 1923 – Machtkampf in Bayern 1923–1924; München 1978
Gosztony, Peter (Hrsg.): Der Kampf um Berlin 1945 in Augenzeugenberichten; München 1970
Gottwald, Klement: Ausgewählte Reden und Schriften 1925–1952; Berlin 1974
Gottwald, Robert: Die deutsch-amerikanischen Beziehungen in der Ära Stresemann; Berlin 1964
Graml, Hermann: Europa zwischen den Kriegen (dtv-Weltgeschichte des 20. Jahrhunderts 5); München 1969
Graml, Hermann: Europa – Texte, Bilder, Dokumente; München 1972
Graml, Hermann: Der 9. November 1938: «Reichskristallnacht»; Bonn 1953
Greaves, Charles D.: Die irische Krise (1920–1971); Frankfurt/Main 1977

Grebing, Helga: Friedrich Ebert; kritische Gedanken zur historischen Einordnung eines deutschen Sozialisten; Bonn 1971
Grebing, Helga: Geschichte der deutschen Arbeiterbewegung – ein Überblick; München 1966
Greil, Lothar: Österreich 1918–1968, eine Dokumentation; Wien 1970
Grele, Heinz (Hrsg.): Der Anschluß Österreichs 1938; Leoni 1978
Grenz, Wolfgang (Red.): Kuba – Politik, Wirtschaft, Außenbeziehungen 1959–1975; Hamburg 1975
Greyerz, Hans v.: Die Schweiz zwischen zwei Weltkriegen; Bern 1962
Grieser, Harald: Die Sowjetpresse über Deutschland in Europa 1922–1932; Revision von Versailles und Rapallo-Politik in sowjetischer Sicht; Stuttgart 1976
Grigorenko, Petr Grigor'erič: Der sowjetische Zusammenbruch 1941; Frankfurt/Main 1969
Grimm, Friedrich: Frankreich-Berichte 1934–1944; Bodman/Bodensee 1972
Grimm, Tilemann: Mao Tse-tung in Selbstzeugnissen und Bilddokumenten; Reinbek 1968
Groeling, Erik v.: Der Sturz der Lin-Piao-Gruppe; Machtkonflikte in der KP Chinas 1969–1972; Köln 1973
Groener, Wilhelm: Lebenserinnerungen – Jugend, Generalstab, Weltkrieg; Göttingen 1957
Grosser, Alfred: Das Bündnis – Die westeuropäischen Länder und die USA seit dem Krieg; München/Wien 1978
Grosser, Alfred: Geschichte Deutschlands seit 1945; eine Bilanz; München 1976
Groß, Babette: Frankreichs Weg zum Kommunismus; Kreuzlingen 1971
Gruber, Alfons: Südtirol unter dem Faschismus; Bozen 1975
Grün, Robert: Ho Chi Minh – eine Biografie des großen Revolutionärs; München 1969
Grunberger, Richard: Das Zwölfjährige Reich; der deutsche Alltag unter Hitler; Wien/München 1972
Gruner, Erich (Hrsg.): Die Schweiz seit 1945 – Beiträge zur Zeitgeschichte, Bern 1971
Guikovaty, Emil: Mao 1893–1976 – ein Mann verändert die Welt; Stuttgart/München 1978
Guiton, Raymond Jean: Paris – Moskau; die Sowjetunion in der auswärtigen Politik Frankreichs seit dem II. Weltkrieg; Stuttgart 1962
Gulick, Charles A.: Österreich von Habsburg zu Hitler; Wien 1976
Gundelach, Thomas: Die irische Unabhängigkeitsbewegung 1916–1922, 2 Bände; Frankfurt/Main 1977
Guratzsch, Dankwart: Macht durch Organisation – die Grundlegung des Hugenbergschen Presseimperiums; Düsseldorf 1974
Gutscher, Jörg Michael: Die Entwicklung der FDP von ihren Anfängen bis 1961; Meisenheim 1967

Haberl, Othmar Nikola: Die Emanzipation der Kommunistischen Partei Jugoslawiens von der Kontrolle der Komintern und der KPdSU 1941–1945; München 1974
Hacke, Christian: Die Ost- und Deutschlandpolitik der CDU/CSU; Wege und Irrwege der Opposition seit 1969; Köln 1975
Häckel, Erwin: Afrikanischer Nationalismus – Macht und Ideologie im Schwarzen Afrika; München 1974
Haefs, Hanswilhelm: Die Ereignisse in der Tschechoslowakei vom 27. Juni 1967 bis zum 18. Oktober 1968; Basel/Wien/Zürich 1969
Hänisch, Werner u. a.: DDR – VR Polen – Bündnis und Zusammenarbeit; 25. Jahrestag der DDR, 30. Jahrestag der VR Polen; Ostberlin 1974
Haffner, Sebastian: Anmerkungen zu Hitler; München 1978
Haffner, Sebastian: Die verratene Revolution – Deutschland 1918/19; Bern/München 1969
Haffner, Sebastian: Winston Churchill in Selbstzeugnissen und Bilddokumenten; Reinbek 1967
Hahlweg, Werner: Der Diktatfrieden von Brest Litowsk 1918 und die bolschewistische Weltrevolution; Frankfurt/Main 1960

Hahlweg, Werner: Lenins Rückkehr nach Rußland 1917 – die deutschen Akten; Leiden 1957
Hammer, Richard: Bürger zweiter Klasse – Antisemitismus in der Volksrepublik Polen; Hamburg 1974
Han, Suyin: Der Flug des Drachen – Mao Tse-tung und die chinesische Revolution (in den sechziger Jahren); Esslingen 1977
Hannover-Drück, Elisabeth / Hannover, Heinrich: Der Mord an Rosa Luxemburg und Karl Liebknecht; Dokumente eines politischen Verbrechens; Frankfurt/Main 1967
Hardach, Gert: Der I. Weltkrieg 1914–1918; München 1974
Harpe, Werner v.: Die Sowjetunion, Finnland und Skandinavien 1945–1955; zwei Berichte zu den internationalen Beziehungen der Nachkriegszeit; Tübingen/Köln/Graz 1956
Hart, Liddell: Foch, der Feldherr der Entente; Berlin 1938
Hartl, Hans / Marx, Werner: Fünfzig Jahre sowjetische Deutschlandpolitik; Boppard 1967
Hartmann, Jürgen: Der amerikanische Präsident im Bezugsfeld der Kongreßfraktionen – Strukturen, Strategien und Führungsprobleme in den Beziehungen der Präsidenten Kennedy, Johnson und Nixon zu den Mehrheitsfraktionen im Kongreß 1961–1973; Berlin 1977
Hassenpflug, Hajo / Kohler, Beate: Die Süd-Erweiterung der Europäischen Gemeinschaft – Ende oder Wende? Hamburg 1977
Haubrich, Walter / Moser, Carsten R.: Francos Erben – Spanien auf dem Weg in die Gegenwart; Köln 1976
Haupt, Michael: Die Berliner Mauer. Vorgeschichte – Bau – Folgen; München 1981
Hauptmann, Helmut (Hrsg.): DDR-Reportagen; eine Anthologie; Leipzig 1974
Hauser, Oswald: England und das Dritte Reich – eine dokumentarische Geschichte der englisch-deutschen Beziehungen von 1933–1939 auf Grund unveröffentlichter Akten aus dem britischen Staatsarchiv, Band 1; Stuttgart 1972, Band 2; Stuttgart 1982
Heer, Hannes: Ernst Thälmann in Selbstzeugnissen und Bilddokumenten; Reinbek 1969
Heiber, Helmut: Josef Goebels; München 1974
Heiber, Helmut (Hrsg.): Reichsführer! ... Briefe an und von Himmler; München 1970
Heiber, Helmut: Die Republik von Weimar; München 1976
Heindl, Hans: Die totale Revolution oder die Neue Jugend im Dritten Reich; Augsburg 1973
Heinemann, Gustav: Verfehlte Deutschlandpolitik; Irreführung und Selbsttäuschung – Artikel und Reden; Frankfurt/Main 1966
Heinzig, Dieter: Die Anfänge der Kommunistischen Partei Chinas im Licht der Memoiren Chang Kuo-t'aos; Hamburg 1970
Hejzlar, Zdenek: Reformkommunismus – Zur Geschichte der Kommunistischen Partei in der Tschechoslowakei; Köln, Frankfurt/Main 1976
Heller, Michail / Nekrich, Alexander: Geschichte der Sowjetunion, Band 1: 1914–1939, Band 2: 1940–1980; Königstein 1981, 1982
Hellmann, Manfred (Hrsg.): Die russische Revolution von 1917; Von der Abdankung des Zaren bis zum Staatsstreich der Bolschewiki; München 1964
Henke, Josef: England in Hitlers politischem Kalkül 1935–1939; Boppard 1973
Hermand, Jost / Trommler, Frank: Die Kultur der Weimarer Republik; München 1978
Hermens, Ferdinand A. / Köppinger, Peter-Hugo: Von der Diktatur zur Demokratie – das Beispiel Spaniens und Portugals; Berlin 1976
Herriot, Eduard: Erinnerungen eines Politikers und Staatsmannes; Dresden 1928
Hesse, Erich: Der sowjetrussische Partisanenkrieg 1941–1944 im Spiegel deutscher Kampfanweisungen und Befehle; Göttingen 1969
Heß, Jürgen C.: Theodor Heuss vor 1933 – eine Betrachtung zur Geschichte des demokratischen Denkens in Deutschland; Stuttgart 1973
Heydecker, Julius / Leeb, Johannes: Bilanz der 1000 Jahre; die Geschichte des III. Reiches im Spiegel des Nürnberger Prozesses; München 1975
Hildebrand, Klaus: Das Dritte Reich; München/Wien 1987 (3.)

Hildebrand, Klaus / Werner, Karl Ferdinand (Hrsg.): Deutschland und Frankreich 1936–1939; München/Zürich 1981
Hildegard, Klaus: Von Erhard zur Großen Koalition 1963–1969; Stuttgart–Mannheim 1984
Hildebrandt, Walter: Die Volksdemokratie Albanien 1944–1951; eine soziologische Untersuchung; Göttingen 1951
Hilger, Gustav: Stalin – Aufstieg der UdSSR zur Weltmacht; Göttingen 1959
Hillgruber, Andreas: Deutsche Geschichte 1945–1972; die «deutsche Frage» in der Weltpolitik; Frankfurt/Main 1974
Hillgruber, Andreas: Der 2. Weltkrieg; Kriegsziele und Strategien der großen Mächte; Stuttgart 1982 (2.)
Hirsch, Helmut: Experiment in Demokratie – zur Geschichte der Weimarer Republik; Wuppertal 1972
Hirsch, Helmut: Rosa Luxemburg in Selbstzeugnissen und Bilddokumenten; Reinbek 1969
Hirschfeld, Gerhard / Kettenacker, Lothar (Hrsg.): Der Führerstaat; Studien zur Struktur und Politik des Dritten Reiches; Stuttgart 1981
Hochheimer, Albert: Abschied von den Kolonien; Aufstieg und Untergang der europäischen Kolonialreiche; Zürich/Freiburg i. Br. 1972
Hockerts, Hans Günter: Sozialpolitische Entscheidungen im Nachkriegsdeutschland; Stuttgart 1980
Höhn, Willi / Schieder, Karl-Heinz: Spanien 1936–1970, Kampf für Freiheit und Demokratie; Frankfurt/Main 1976
Hoffmann, Stanley: Fragments Floating in the Here and Now; Winter 1979
Hofmann, Hans Hubert: Der Hitlerputsch – Krisenjahre deutscher Geschichte 1920–1924; München 1961
Holtz, Karl (Hrsg.): Brasilien; Eine historisch-politische Landeskunde; Paderborn 1981
Horowitz, David: Big Business und Kalter Krieg (in den USA); Frankfurt/Main 1971
Horowitz, David: Kalter Krieg – Hintergründe der US-Außenpolitik von Jalta bis Vietnam; Berlin 1969
Hospital, Jean d': Drei Päpste: Pius XII., Johannes XXIII. und Paul VI; Wien/Hamburg 1971
Hrbek, Rudolf v.: Die Entstehung der Bundesrepublik Deutschland; Stuttgart 1976
Hubatsch, Walther: Unruhe des Nordens – Studien zur deutsch-skandinavischen Geschichte im 20. Jahrhundert; Göttingen 1956
Hubatsch, Walther: Hindenburg und der Staat; aus den Papieren des Generalfeldmarschalls und Reichspräsidenten von 1875–1934; Göttingen 1966
Huber, Karl: Österreich in der europäischen Politik 1919–1936; Berlin 1962
Hutchinson, George: Edward Heath; Göttingen 1973

Institut für Marxismus-Leninismus beim Zentralkomitee der SED (Hrsg.): Geschichte der deutschen Arbeiterbewegung, 8 Bände; Ostberlin 1966
Institut für Zeitgeschichte (Mitarbeiter): Westdeutschlands Weg zur Bundesrepublik 1945–1949; München 1976

Jacobsen, Hans Adolf: Fünf Jahre Warschauer Vertrag – Versuch einer Bilanz der Beziehungen zwischen der Bundesrepublik Deutschland und der Volksrepublik Polen 1970–1975; Berlin 1976
Jäckel, Eberhard (Hrsg.): Die deutsche Frage 1952–1956; Notenwechsel und Konferenzdokumente der vier Mächte; Frankfurt/Main, Berlin 1957
Jäger, Wolfgang / Link, Werner: Republik im Wandel 1974–1982 (Die Ära Schmidt); Stuttgart–Mannheim 1987
Jähn, Gisela / Lewin, Erwin / Schumacher, Horst (Hrsg.): Studien zur Geschichte der Kommunistischen Internationale; Ostberlin 1974

Jäschke, Gotthart: Der Freiheitskampf des türkischen Volkes – ein Beitrag zur politischen Geschichte der Nachkriegszeit; Berlin 1932
Janssen, Karl-Heinz: Das Zeitalter Maos – Chinas Aufstieg zur Supermacht; Düsseldorf/Köln 1976
Joesten, Joachim: Präsident Johnson; Stuttgart 1964
Johann, Ernst: Innenansicht eines Krieges – deutsche Dokumente 1914–1918; München 1972
John, Antonius: Ahlen und das Ahlener Programm; Dokumente, Ereignisse, Erinnerungen; Ahlen 1977
Johnson, Lyndon B.: Meine Jahre im Weißen Haus; München 1972
Jósza, Gyula: Das ZK der KPdSU unter Lenin; Köln 1975
Jungk, Robert: Strahlen aus der Asche – Geschichte einer Wiedergeburt (Hiroshima); Bern/Stuttgart 1959
Junnila, Tuure: Freiheit im Vorfeld; Finnlands Kampf um Sicherheit und Neutralität; Wien/Stuttgart 1965

Kaack, Heino: Zur Geschichte und Programmatik der Freien Demokratischen Partei; Grundriß und Materialien; Meisenheim 1976
Kádár, János: Reden und Schriften 1964–1971; Ostberlin 1972
Kaiser, Karl / Morgan, Roger (Hrsg.): Strukturwandlungen der Außenpolitik in Großbritannien und der Bundesrepublik Deutschland; München/Wien 1970
Kann, Robert: Erzherzog Franz Ferdinand; Studien; München 1976
Karau, Gisela: Sozialistischer Alltag in der DDR; Ostberlin 1970
Kekkonen, Urho: Finnlands Weg zur Neutralität; Reden und Ansprachen; Düsseldorf/Wien 1975
Kellermann, Volkmar: Brücken und Polen – die deutsch-polnischen Beziehungen und die Westmächte 1939–1973; Stuttgart 1973
Kemal, Mustafa: Ansprachen, Erklärungen, Befehle, Erlasse, Telegramme; Istanbul o. J.
Kempner, Robert Max: Das Dritte Reich im Kreuzverhör – aus den unveröffentlichten Vernehmungsprotokollen des Anklägers Robert M. W. Kempner; München 1969
Kempner, Robert M. W.: Warren-Report über die Ermordnung des Präsidenten John F. Kennedy; Köln 1964
Kennan, George F.: Sowjetische Außenpolitik unter Lenin und Stalin; Stuttgart 1961
Kerber, Karl: Jugoslawien 1914–1962; Hannover 1963
Kerekes, Lajos: Abenddämmerung einer Demokratie – Mussolini, Gömbös und die Heimwehr (1918–1934); Wien/Frankfurt 1966
Kerekes, Lajos (Red.): Allianz Hitler-Horthy-Mussolini; Dokumente zur ungarischen Außenpolitik 1933–1944 – einleitende Studie; Budapest 1966
Kerenskij, Alexander: Erinnerungen – Vom Sturz des Zarentums bis zu Lenins Staatsstreich; Dresden 1928
Kielmannsegg, Peter Graf: Deutschland und der I. Weltkrieg; Frankfurt/Main 1968
Kiesinger, Kurt Georg: Stationen 1949–1969; Tübingen 1969
Kindleberger, Charles V.: Die Weltwirtschaftskrise 1929–1939; München 1972
Kirkpatrick, Irone: Mussolini; Berlin 1965
Kirsch, Hans-Christian (Hrsg.): Der Spanische Bürgerkrieg in Augenzeugenberichten; München 1976
Kissinger, Henry: Amerikanische Außenpolitik 1960–1968; Düsseldorf/Wien 1969
Kissinger, Henry: White House Years; Boston 1979
Kissinger, Henry: Years of Upheaval; Boston 1982
Klebes, Heinrich u. a.: Das Europa der Siebzehn; Bilanz und Perspektiven von 25 Jahren Europarat; Bonn 1974
Klein, Fritz: Die diplomatischen Beziehungen Deutschlands zur Sowjetunion 1917–1932; Berlin 1953

Klein, Fritz (Hrsg.): Die USA und Europa 1917–1945 – Studien zur Geschichte der Beziehungen der USA und Europas von der Großen Sozialistischen Oktoberrevolution bis zum Ende des II. Weltkrieges; Berlin 1975
Klein, Peter (Red.): Geschichte der Außenpolitik der DDR; Ostberlin 1968
Kleinwaechter, Friedrich: Von Schönbrunn bis St. Germain – die Entstehung der Republik Österreich; Graz/Köln 1964
Klotzbach, Kurt: Der Weg zur Staatspartei; Programmatik, praktische Politik und Organisation der deutschen Sozialdemokratie 1945–1965; Berlin/Bonn 1982
Kluge, Ulrich: Soldatenräte und Revolution – Studien zur Militärpolitik in Deutschland 1918/19; Berlin 1972
Klusacek, Christine / Steiner, Herbert / Stimmer, Kurt: Dokumentation zur österreichischen Zeitgeschichte 1938–1945; Wien/München 1971
Kluth, Hans: Die KPD in der Bundesrepublik – ihre politische Tätigkeit und Organisation 1945–1956; Köln/Opladen 1959
Knapp, Manfred u. a.: Die USA und Deutschland 1918–1975; deutsch-amerikanische Beziehungen zwischen Rivalität und Partnerschaft; München 1978
Kocensky, Josef: Dokumente zur österreichischen Zeitgeschichte 1945–1955; Wien/München 1975
Kocka, Jürgen: Klassengesellschaft im Krieg; Deutsche Sozialgeschichte 1914–1918; Göttingen 1978 (2.)
Köhler, Klaus / Scharrer, Hans-Eckart (Hrsg.): Die europäische Gemeinschaft in der Krise; Ursachen und Lösungsansätze; Hamburg 1974
Köller, Heinz: Frankreich zwischen Faschismus u. Demokratie 1932–1934; Berlin 1978
Kogon, Eugen: Der SS-Staat – das System der deutschen Konzentrationslager; München 1977
Kohl, Helmut: Zwischen Ideologie und Pragmatismus – Aspekte und Ansichten zu Grundfragen der Politik; Stuttgart 1973
Kohn, Richard (Hrsg.): Die russische Revolution in Augenzeugenberichten; München 1964
Kohout, Pavel: Aus dem Tagebuch eines Konterrevolutionärs (= über den «Prager Frühling» und seine Folgen); Luzern 1969
Kolb, Eberhard: Vom Kaiserreich zur Weimarer Republik; Köln 1972
Kommunistische Partei Deutschlands, Zur Geschichte der – eine Auswahl von Materialien und Dokumenten aus den Jahren 1914–1946; Kiel 1972
Kommunistische Parteien im Westen: England, Frankreich, Italien, Skandinavien; Frankfurt/Main 1968
Kotowski, Georg: Friedrich Ebert; eine politische Biografie; Wiesbaden 1963
Krämer, Hans R.: Europäische Institutionen – Ein Überblick; Kiel 1977
Kramer, Heinz: Nuklearpolitik in Westeuropa und die Forschungspolitik der EURATOM; Köln/München 1976
Krautkrämer, Elmar: Die BRD; ihre Entstehung und Entwicklung; Frankfurt/Main, München 1970
Kreis, Karl Markus: Großbritannien und Vietnam – die britische Vermittlung auf der Genfer Indochina-Konferenz 1954; Hamburg 1973
Krieger, Konrad S.: Das sowjetisch-japanische Verhältnis 1931–1941; Auswirkungen auf die Entwicklungspolitik in Ost- und Südostasien; Mainz 1970
Krieger, Wolfgang: Labour Party und Weimarer Republik; ein Beitrag zur Außenpolitik der britischen Arbeiterbewegung zwischen Programmatik und Parteitaktik 1918–1924; Bonn 1978
Krüger, Horst (Hrsg.): Nationalismus und Sozialismus im Befreiungskampf der Völker Asiens und Afrikas; Berlin 1970
Krummacher, Friedrich A. / Lange, Helmut: Geschichte der deutsch-sowjetischen Beziehungen von Brest Litowsk zum «Unternehmen Barbarossa»; München 1970
Kübler, Bernd (Hrsg.): Cuba libre (= Geschichte 1959–1976); Lampertheim 1977

Kühnl, Reinhard / Rilling, Rainer / Sager, Christine: Die NPD – Struktur, Ideologie und Funktion einer neofaschistischen Partei; Frankfurt/Main 1969
Künstlinger, Rudolf: Parteidiktatur oder Demokratischer Sozialismus – der tschechoslowakische Weg nach 1945; Starnberg 1972
Kuhn, Axel: Hitlers außenpolitisches Programm; Entstehung und Entwicklung 1919–1939; Stuttgart 1970
Kuhn, Heinrich: Zeittafel zur Geschichte der Kommunistischen Partei der Tschechoslowakei v. d. Anfängen der Arbeiterbewegung bis zur Gegenwart; München 1973
Kulke, Hermann / Rothermund, Dietmar: Geschichte Indiens; Stuttgart 1982
Kuntze, Peter: China, die konkrete Utopie; München 1973
Kuper, Ernst: Frieden durch Konfrontation und Kooperation; die Einstellung von Gerhard Schröder und Willy Brandt zur Entspannungspolitik 1960–1972; Stuttgart 1974

Laboor, Ernst: Lenin und die Gründung der UdSSR – mit Dokumentenanhang; Berlin 1972
Lania, Leo: Nikolaus II.; Berlin 1969
Laqueur, Walter: A Continent Astray 1970–1978; New York 1979
Lash, Joseph P.: Dag Hammarskjöld – ein Leben für den Frieden; Bern/Stuttgart 1962
Lasky, Melvin J.: Die ungarische Revolution – die Geschichte des Oktober-Aufstandes nach Dokumenten, Meldungen, Augenzeugenberichten und dem Echo der Weltöffentlichkeit; Berlin 1958
Lehmann, Hans Georg: Chronik der Bundesrepublik Deutschland 1945/49 bis 1981; München 1981
Leichter, Otto: Glanz und Ende der ersten Republik – wie es in Österreich zum Bürgerkrieg kam; Wien/Köln 1964
Lendvai, Paul: Die Grenzen des Wandels – Spielarten des Kommunismus im Donauraum; Wien 1977
Leonhard, Wolfgang: Nikita Sergejewitsch Chruschtschow; Aufstieg und Fall eines Sowjetführers; Luzern, Frankfurt/Main 1965
Leonhard, Wolfgang: Am Vorabend einer neuen Revolution? Die Zukunft des Sowjetkommunismus; München 1977
Lepsius, Mario Rainer: Extremer Nationalismus – Strukturbedingungen vor der nationalsozialistischen Machtergreifung; Stuttgart 1966
Lieber, Hans-Joachim / Ruffmann, Karl-Heinz (Hrsg.): Der Sowjetkommunismus – Dokumente; Köln/Berlin 1963
Ließ, Otto Rudolf: Sowjetische Nationalitätenstrategie als weltpolitisches Konzept; Wien/Stuttgart 1972
Linde, Gert: Die Beziehungen der Sowjetunion zu Indien und Pakistan seit dem Ausbruch des Kaschmirkrieges 1965; Köln 1971
Lindemann, Beate: EG-Staaten und Vereinte Nationen. Die politische Zusammenarbeit der Neun in den UN-Hauptorganen; München/Wien 1978
Link, Werner: Die amerikanische Stabilisierungspolitik in Deutschland 1921–1932; Düsseldorf 1970
Loch, Theo M.: Walter Hallstein, ein Porträt; Freudenstadt 1969
Lochner, Louis: Herbert Hoover und Deutschland; Boppard 1961
Loebl, Eugen / Grünwald, Leopold: Die intellektuelle Revolution – Hintergründe und Auswirkungen des «Prager Frühlings»; Wien 1969
Lönne, Carl Egon: Benedetto Croce als Kritiker seiner Zeit; Tübingen 1967
Löwenthal, Richard / Meissner, Boris: Sowjetische Innenpolitik – Triebkräfte und Tendenzen; Berlin 1968
Lorenz, Richard: Anfänge der bolschewistischen Industriepolitik; Köln 1965
Loth, Wilfried: Sozialismus und Internationalismus; die französischen Sozialisten und die Nachkriegsordnung Europas 1940–1950; Stuttgart 1977

Ludz, Peter Christian: Die DDR zwischen Ost und West; politische Analysen 1961–1976; München 1977
Lukacs, John: Konflikte der Weltpolitik nach 1945 – Der Kalte Krieg; München 1970
Luna, Giovanni de: Mussolini in Selbstzeugnissen und Bilddokumenten; Reinbek 1978
Lundgreen, Peter: Die englische Appeasementpolitik bis zum Münchner Abkommen – Voraussetzungen, Konzeption, Durchführung; Berlin 1969
Luther, Hans: Vor dem Abgrund, 1930–1933; Reichsbankpräsident in Krisenzeiten; Berlin 1964
Lutz, Christian: Von der Wirtschaftsgemeinschaft zur Europäischen Union; Bonn 1976
Luxemburg, Rosa: Politische Schriften; Leipzig 1969
Lúza, Radomir: Österreich und die großdeutsche Idee in der Nationalsozialistischen Zeit; Wien/Köln 1977

Macmillan, Harold: Erinnerungen; Frankfurt/Main 1972
Mandel, Ernest: Die EWG und die Konkurrenz Europas-Amerika; Frankfurt/M. 1968
Mao Tse Tung: Mao papers; München 1975
Marchais, Georges: Die demokratische Herausforderung; Frankfurt/Main 1974
Marcks, Erich: Hindenburg, Feldmarschall und Reichspräsident; Göttingen 1963
Martin, Helmut (Hrsg.): Mao intern – unveröffentlichte Schriften, Reden und Gespräche Mao Tse-tungs 1949–1976; München 1976
Mason, Timothy W.: Sozialpolitik im Dritten Reich; Arbeiterklasse und Volksgemeinschaft; Opladen 1977
Matthias, Erich: Sozialdemokratie und Nation – ein Beitrag zur Ideengeschichte der sozialdemokratischen Emigration und der Prager Zeit des Parteivorstandes 1933–1938; Stuttgart 1952
Maurer, Ilse: Reichsfinanzen und Große Koalition – eine Geschichte des Reichskabinetts Hermann Müller 1928–1930; Berlin 1973
Maurois, André: Die Geschichte der USA von Wilson bis Kennedy; Reinbek 1965
Prinz Max von Baden: Erinnerungen und Dokumente; Berlin/Stuttgart/Leipzig 1927
May, Elmar: Ernesto Che Guevara in Selbstzeugnissen und Bilddokumenten; Reinbek 1970
Mayrzedt, Hans / Ramé, Helmut: Die westeuropäische Integration aus osteuropäischer Sicht; Bibliographie, Dokumentation, Kommentar; Wien 1968
Mayrzedt, Hans / Hummer, Waldemar: Zwanzig Jahre österreichische Neutralitäts- und Europapolitik 1955–1975; Dokumentation; Wien 1976
Medwedew, Roy / Steffen, Jochen u. a.: Entstalinisierung – der XX. Parteitag der KPdSU und seine Folgen; Frankfurt/Main 1977
Mehnert, Klaus: Peking und Moskau; Frankfurt/Main 1962
Meissner, Boris (Hrsg.): Moskau – Bonn; die Beziehungen zwischen der Sowjetunion und der Bundesrepublik Deutschland 1955–1973; Dokumentation; Köln 1975
Meissner, Boris: Rußland unter Chruschtschow 1956–1959; Berlin 1960
Mentzel, Jörg Peter / Pfeiler, Wolfgang: Deutschlandbilder; die Bundesrepublik Deutschland aus der Sicht der DDR und der Sowjetunion; Düsseldorf 1972
Merkes, Manfred: Die deutsche Politik im spanischen Bürgerkrieg 1936–1939; Bonn 1969
Merz, Friedhelm / Cunha Rego, Victor: Freiheit für die Sieger – Testfall Portugal; Zürich 1976
Meyer, Alice: Anpassung oder Widerstand – die Schweiz zur Zeit des deutschen Nationalsozialismus; Frauenfeld 1966
Meyer, Renate: David Lloyd George und der Friedensvertrag von Versailles; Berlin 1953
Miao Ch'u-kuang: Kurze Geschichte der Kommunistischen Partei Chinas; Berlin 1960
Michalka, Wolfgang (Hrsg.): Nationalsozialistische Außenpolitik; Darmstadt 1978
Miller, Susanne: Die SPD vor und nach Godesberg; Bonn/Bad Godesberg 1974
Milward, Alan S.: Der II. Weltkrieg 1939–1945; Krieg, Wirtschaft, Gesellschaft; München 1974

Mintzel, Alf: Die CSU; Anatomie einer konservativen Partei 1945–1972; Opladen 1975
Möller, Horst: Weimar. Die unvollendete Demokratie; München 1987 (2.)
Möller, Horst: Parlamentarismus in Preußen 1919–1932; Düsseldorf 1985
Mols, Manfred: Mexiko im 20. Jahrhundert; Paderborn 1981
Moltke, Freya v.; Balfour, Michael; Frisby, Julian: Helmut James v. Moltke, 1907–1945; Stuttgart 1975
Mommsen, Hans; Petzina, Dieter; Weisbrod, Bernd (Hrsg.): Industrielles System und politische Entwicklung in der Weimarer Republik; Düsseldorf 1974
Moneta, Jakob: Aufstieg und Niedergang des Stalinismus; Frankfurt/Main 1976
Moreira da Silva Cunha, Joaquin: Politische Aspekte des neuen Afrika – Beiträge zu den Gegenwartsproblemen des Schwarzen Afrika; Hamburg 1965
Morgan, Roger: Washington und Bonn – deutsch-amerikanische Beziehungen seit dem II. Weltkrieg; München 1975
Morsey, Rudolf; Löw, Konrad; Eisenmann, Peter: Konrad Adenauer, Leben und Werk; München 1976
Morsey, Rudolf (Hrsg.): Das «Ermächtigungsgesetz» vom 24. März 1933; Göttingen 1968
Morsey, Rudolf: Die Bundesrepublik Deutschland. Entstehung und Entwicklung bis 1969; München 1987
Mosley, Leonard: Ein Gott dankt ab – Hirohito, Kaiser von Japan; Oldenburg 1967
Müchler, Günter: CDU/CSU, das schwierige Bündnis; München 1976
Müller, Klaus-Jürgen: Das Heer und Hitler; Armee und nationalsozialistisches Regime 1933–1940; Stuttgart 1969
Müller-Marein, Josef: Deutschland im Jahre 1; Panorama 1946–1948; Hamburg 1960
Münch, Ingo v.: Dokumente des geteilten Deutschland – Quellentexte zur Rechtslage des Deutschen Reiches, der Bundesrepublik Deutschland und der Deutschen Demokratischen Republik; Stuttgart 1968

Näth, Marie-Luise: Chinas Weg in die Weltpolitik – die nationalen und außenpolitischen Konzeptionen Sun Yat-Sens, Chiang Kai-scheks und Mao Tse-tungs; Berlin/New York 1976
Narr, Wolf Dieter: CDU, SPD, Programm und Praxis seit 1945; Stuttgart 1966
Nehru, Jawaharlal: Indiens Weg zur Freiheit (= Geschichte 1918–1936); Zürich 1948
Nellessen, Bernd: Die verbotene Revolution – Aufstieg und Niedergang der Falange; Hamburg 1963
Neumann, Franz: Daten zu Wirtschaft, Gesellschaft, Politik und Kultur der Bundesrepublik Deutschland 1950–1975 mit Vergleichszahlen der EG-Länder und der Deutschen Demokratischen Republik; Baden-Baden 1976
Neumann, Sigmund: Die Parteien der Weimarer Republik (1932); Stuttgart 1973
Neumann-Hoditz, Reinhold: Ho Tschi Minh in Selbstzeugnissen und Bilddokumenten; Reinbek 1971
Niclauß, Karlheinz: «Restauration» oder Renaissance der Demokratie? Die Entstehung der Bundesrepublik Deutschland 1945–1949; Berlin 1982
Nikolaus II., Kaiser von Rußland: Tagebuch des Kaisers; Berlin 1923
Nikolinakos, Marios u. a. (Hrsg.): Die verhinderte Demokratie – Modell Griechenland (1936–1967); Frankfurt/Main 1969
Nkrumah, Kwame: Sprung über zwei Jahrtausende – Unser Weg in die Freiheit; Düsseldorf/Wien 1963
Noack, Paul: Deutsche Außenpolitik seit 1945; Stuttgart 1972
Noack, Paul: Das Scheitern der Europäischen Verteidigungsgemeinschaft – Entscheidungsprozesse vor und nach dem 30. August 1954; Düsseldorf 1977
Nolte, Ernst: Deutschland und der Kalte Krieg; München 1974
Nolte, Ernst: Der Faschismus in seiner Epoche: Die Action française, der italienische Faschismus, der Nationalsozialismus; München 1963

Norden, Günther v. (Hrsg.): Dokumente und Berichte aus dem III. Reich; Frankfurt/Main 1970
Nürnberg, Das Urteil von – Dokumente; München 1977

Oberreuter, Heinrich: Notstand und Demokratie – vom monarchischen Obrigkeits- zum demokratischen Rechtsstaat – Dokumente zum Notstandsrecht in der deutschen Geschichte; München 1978
Oeri, Albert: Sorge um Europa; von Versailles bis Potsdam 1919–1945; außenpolitische Kommentare; Basel/Stuttgart 1977
Offenberg, Mario: Kommunismus in Palästina – Nation und Klasse in der antikolonialen Revolution; Meisenheim 1975
Opitz, Peter (Hrsg.): Profile und Programme der Dritten Welt; Gandhi, Mao Tse Tung, Nasser, Nehru, Senghor, Sukarno; München 1970
Ortega y Gasset, José: Politische Schriften (1908–1933); Stuttgart 1971
Osten, Walter: Die Außenpolitik der Deutschen Demokratischen Republik im Spannungsfeld zwischen Moskau und Bonn; Opladen 1969
Otto, Karl A.: Vom Ostermarsch zur APO – Geschichte der außerparlamentarischen Opposition in der BRD 1960–1970; New York 1977

Papen, Franz v.: Vom Scheitern einer Demokratie 1930–1933; Mainz 1968
Paucker, Arnold: Der jüdische Abwehrkampf gegen Antisemitismus und Nationalsozialismus in den letzten Jahren der Weimarer Republik; Hamburg 1968
Petzina, Dietmar: Die deutsche Wirtschaft in der Zwischenkriegszeit; Wiesbaden 1977
Peukert, Detlev / Reulecke, Jürgen (Hrsg.): Die Reihen fest geschlossen; Beiträge zur Geschichte des Alltags unterm Nationalsozialismus; Wuppertal 1981
Pfetsch, Frank R.: Die Außenpolitik der Bundesrepublik 1949–1980; München 1981
Picht, Robert (Hrsg.): Deutschland, Frankreich und Europa; Bilanz einer schwierigen Partnerschaft (= 1945–1977); München/Zürich 1978
Picker, Henry: Hitlers Tischgespräche; Oldenburg 1969
Pietsch, Walter: Revolution und Staat – Institutionen als Träger der Macht in Sowjetrußland 1917–1922; Köln 1969
Pikart, Eberhard: Theodor Heuss und Konrad Adenauer – die Rolle des Bundespräsidenten in der Kanzlerdemokratie; Stuttgart/Zürich 1976
Pilsudski, Jószef: Erinnerungen und Dokumente – mit einem Geleitwort von Hermann Göring; Essen 1935
Pirker, Theo: Die SPD nach Hitler – Geschichte der Sozialdemokratischen Partei Deutschlands 1945–1965; München 1965
Pirker, Theo: Utopie und Mythos der Weltrevolution – zur Geschichte der Komintern 1920–1940; München 1964
Plaschka, Richard G.; Mack, Karlheinz (Hrsg.): Die Auflösung des Habsburgerreiches – Zusammenbruch und Neuorientierung im Donauraum; München 1970
Plat, Wolfgang: Polnische Gegenwart – Interviews und Reportagen; Frankfurt/Main 1973
Poincaré, Raymond: Im Dienste Frankreichs – neun Jahre Erinnerung; Dresden 1928
Pomiankowski, Josef: Der Zusammenbruch des Ottomanischen Reiches – Erinnerungen an die Türkei aus der Zeit des Weltkrieges; Zürich 1928
Pommer, Hans Jörg: Antisemitismus in der UdSSR und den Satellitenstaaten; Bern 1963
Ponomarev, Nicolaevic u. a.: Geschichte der Kommunistischen Partei der Sowjetunion; Frankfurt/Main 1977
Poser, Günter: Die NATO – Werdegang, Aufgaben und Strukturen des Nordatlantischen Bündnisses; München/Wien 1974
Posser, Diether: Deutsch-sowjetische Beziehungen 1917–1941; Frankfurt/Main 1963
Potyka, Christian: Haile Selassie – Der Negus Negesti in Frieden und Krieg; zur Politik des äthiopischen Reformherrschers; Bad Honnef 1974

Poulantzas, Nikos: Faschismus und Diktatur – Die Kommunistische Internationale und der Faschismus; München 1973
Prager, Eugen: Geschichte der USPD – Entstehung und Entwicklung der Unabhängigen Sozialdemokratischen Partei Deutschlands; Berlin 1921
Preller, Ludwig: Sozialpolitik in der Weimarer Republik; Stuttgart 1949
Preradovich, Nikolaus v.: Die Wilhelmstraße und der Anschluß Österreichs 1918–1933; Bern/Frankfurt 1971
Priester, Karin: Der italienische Faschismus; ökonomische und ideologische Grundlagen; Köln 1972
Prinz, Friedrich: Beneŝ, Jaksch und die Sudentendeutschen; Stuttgart 1975
Pross, Helge: Kapitalismus und Demokratie – Studien über westdeutsche Sozialstrukturen; Frankfurt/Main 1973
Prunkl, Gottfried / Rühle, Axel: Josip Tito in Selbstzeugnissen und Bilddokumenten; Reinbek 1973
Pünder, Hermann: Politik in der Reichskanzlei; Aufzeichnungen aus den Jahren 1929–1932; Stuttgart 1961
Pünder, Tilman: Das bizonale Interregnum; die Geschichte des vereinigten Wirtschaftsgebietes 1946–1949; Spich bei Köln 1966
Pütz, Helmut (Bearb.): Konrad Adenauer und die CDU der britischen Besatzungszone 1946–1949; Dokumente zur Gründungsgeschichte der CDU Deutschlands; Bonn 1975
Pütz, Helmut: Die CDU, Entwicklung, Aufbau und Politik der Christlich Demokratischen Union Deutschlands; Bonn 1971

Quaroni, Pietro: Russen und Chinesen – die Krise der kommunistischen Welt; Frankfurt/Main 1968

Raina, Peter K.: Die Krise des Intellektuellen – die Rebellion für die Freiheit in Polen; Olten 1968
Raina, Peter K.: Gomulka – politische Biografie; Köln 1970
Rakowski, Mieczyslaw: Die Außenpolitik der Volksrepublik Polen – Skizzen aus der Geschichte dreier Jahrzehnte, 1945–1974; Warszawa 1975
Rass, Hans Heinrich: Britische Außenpolitik 1929–1931; Ebenen und Faktoren der Entscheidung; Bern 1975
Rau, Heimo: Gandhi in Selbstzeugnissen und Bilddokumenten; Reinbek 1970
Rauch, Georg v.; Meissner, Boris: Die deutsch-sowjetischen Beziehungen 1917–1967; Würzburg 1967
Reich, Wilhelm: Massenpsychologie des Faschismus – zur sexualökonomischen und politischen Reaktion und zur proletarischen Sexualpolitik; o. O. 1969
Recke, Walther: Die historisch-politischen Grundlagen der Genfer Konvention vom 15. Mai 1922; Marburg 1969
Reindl, Peter: Macht aus den Mündungen der Gewehre – Nationalismus und Kommunismus in Südostasien; Wien 1969
Reisberg, Arnold (Hrsg.): W. I. Lenin – Dokumente seines Lebens; Leipzig 1977
Renesse, Ernst-Albrecht v.; Krawietz, Werner; Bierkämper, Christine: Unvollendete Demokratien – Organisationsformen und Herrschaftsstrukturen in nicht-kommunistischen Entwicklungsländern in Asien, Afrika und im Nahen Osten; Köln/Opladen 1965
Reventlow, Rolf: Zwischen Alliierten und Bolschewisten – Arbeiterräte in Österreich 1918–1923; Wien 1971
Reynaud, Paul: Ehrgeiz u. Illusion; d. Außenpolitik de Gaulles; München/Zürich 1964
Richter, Winfried / Scholmer, Joseph: Die DKP – Programm und Politik; Bonn/Bad Godesberg 1970
Reynolds, Nicholas: Beck – Gehorsam und Widerstand; das Leben des deutschen Generalstabschefs 1935–1938; Wiesbaden/München 1977

Richter, Heinz: Griechenland zwischen Revolution und Konterrevolution 1936–1946; Frankfurt/Main 1973
Richter, Horst (Hrsg.): Die Bundesrepublik Deutschland und die UNESCO; 25 Jahre Mitarbeit – eine Dokumentation; Köln 1976
Riklin, Alois / Zeller, Willy (Hrsg.): Die Schweiz und die Europäische Gemeinschaft; Zürich 1975
Rings, Werner: Schweiz im Krieg 1939–1945; Zürich 1974
Ritter, Gerhard A. / Miller, Susanne: Die deutsche Revolution 1918–1919; Dokumente; Hamburg 1975
Röllig, Monika (Übers.): Atatürk; Ankara 1963
Roeper, Hans: Die Geschichte der D-Mark; Frankfurt/Main, Hamburg 1968
Roeske, Hans-Rudolf: Faschismus – soziale Herkunft und soziale Funktion; Untersuchung am Beispiel des Nationalsozialismus; Berlin 1974
Rößler, Hellmuth (Hrsg.): Locarno und die Weltpolitik 1924–1932; Göttingen 1969
Roggemann, Herwig: Das Modell der Arbeiterselbstverwaltung in Jugoslawien; Frankfurt/Main 1970
Ronde, Hans: Von Versailles bis Lausanne – der Verlauf der Reparationsverhandlungen nach dem I. Weltkrieg; Stuttgart/Köln 1950
Roon, Ger van: Widerstand im Dritten Reich; München 1979
Roos, Hans: Geschichte der polnischen Nation von der Staatsgründung im I. Weltkrieg bis zur Gegenwart, 1916–1960; Stuttgart 1961
Roosevelt, Franklin D.: Amerika und Deutschland 1936–1945; Auszüge aus Reden und Dokumenten; o. O. 1945
Rosenberg, Arthur: Geschichte des Bolschewismus; Frankfurt/Main 1966
Rosenberg, Arthur: Geschichte der Weimarer Republik; Frankfurt/Main 1961
Rosinsky, Herbert: Die deutsche Armee vom Triumph zur Niederlage; München 1977
Ross, Dieter: Hitler und Dollfuß – die deutsch-österreichische Politik 1933–1934; Hamburg 1966
Rothermund, Dietmar: Indien und die Sowjetunion (1947–1967); Tübingen 1968
Rubel, Maximilian: Stalin in Selbstzeugnissen und Bilddokumenten; Reinbek 1969
Rürup, Reinhard: Probleme der Revolution in Deutschland 1918/19; Wiesbaden 1968
Ruf, Werner Klaus: Der Burgibismus und die Außenpolitik des unabhängigen Tunesiens; Bielefeld 1969
Ruge, Wolfgang: Matthias Erzberger; eine politische Biografie; Berlin 1976
Rumpf, Erhard: Nationalismus und Sozialismus in Irland – historisch-soziologischer Versuch über die irische Revolution seit 1918; Meisenheim 1959
Runge, Wolfgang: Das Prager Manifest von 1934 – ein Beitrag zur Geschichte der SPD; Hamburg 1971
Rupp, Hans Karl: Außerparlamentarische Opposition in der Ära Adenauer; der Kampf gegen die Atombewaffnung in den fünfziger Jahren; Köln 1970
Russell, Bertrand; Sartre, Jean-Paul: Vietnam-Tribunal; Reinbek 1969
Ryan, Cornelius: Der längste Tag – Normandie, 6. Juni 1944; Frankfurt/Main 1973

Saage, Richard: Faschismustheorien – eine Einführung; München 1977
Salewski, Michael: Entwaffnung und Militärkontrolle in Deutschland 1919–1927; München 1966
Schacht, Hjalmar: 76 Jahre meines Lebens; Bad Wörishofen 1953
Schäfer, Gert / Nedelmann, Carl: Der CDU-Staat; Studien zur Verfassungswirklichkeit der Bundesrepublik Deutschland; München 1967
Schaetzel, John Robert: Ein Bündnis geht aus den Fugen; Amerika und die Europäische Gemeinschaft; Düsseldorf/Wien 1977
Scharf, Claus; Schröder, Hans Jürgen (Hrsg.): Politische und ökonomische Stabilisierung

Westdeutschlands 1945–1949; 5 Beiträge zur Deutschlandpolitik der westlichen Alliierten; Wiesbaden 1977
Schieder, Theodor: Die Probleme des Rapallo-Vertrages – eine Studie über die deutsch-russischen Beziehungen 1922–1926; Köln/Opladen 1956
Schieder, Wolfgang (Hrsg.): Faschismus als soziale Bewegung; Deutschland und Italien im Vergleich; Hamburg 1976
Schmid, Carlo: Deutschlands Weg seit 1945; München 1970
Schmidt, Giselher: Spartakus, Rosa Luxemburg und Karl Liebknecht; Frankfurt/Main 1974
Schmidt, Gustav: England in der Krise; Grundzüge und Grundlagen der britischen Appeasement-Politik (1930–1937); Opladen 1981
Schneider, Eberhard: Die Deutsche Demokratische Republik; Geschichte, Politik, Wirtschaft, Gesellschaft; Stuttgart 1975
Schoenbaum, David: Die braune Revolution; Eine Sozialgeschichte des Dritten Reiches; Köln/Berlin 1968
Schöndube, Claus (Red.): Europa-Verträge und Gesetze; Stand: 1. Oktober 1975; Bonn 1975
Scholder, Klaus: Die Kirchen und das Dritte Reich, Band 1: Vorgeschichte und Zeit der Illusionen 1918–1934; Frankfurt 1977
Scholl, Inge: Die Weiße Rose (= Widerstand gegen Hitler); Frankfurt/Main 1965
Schramm, Friedrich Karl / Riggert, Wolfram Georg / Friedel, Alois (Hrsg.): Sicherheitskonferenz in Europa – Dokumentation 1954–1972; die Bemühungen um Entspannung und Annäherung im politischen, militärischen, wirtschaftlichen, wissenschaftlich-technischen und kulturellen Bereich; Frankfurt/Main 1972
Schramm, Wilhelm v.: ... sprich vom Frieden, wenn Du den Krieg willst. Die psychologischen Offensiven Hitlers gegen die Franzosen 1933–1939; Mainz 1973
Schröder, Gerhard u. a.: Ludwig Erhard – Beiträge zu seiner politischen Biografie; Festschrift zum 75. Geburtstag; Frankfurt/Main 1972
Schröder, Hans-Jürgen: Deutschland und die Vereinigten Staaten 1933–1939 – Wirtschaft und Politik in der Entwicklung des deutsch-amerikanischen Gegensatzes; Wiesbaden 1970
Schröder, Wolfgang: de Gaulle und die direkte Demokratie; Köln 1969
Schüddekopf, Otto-Ernst: Linke Leute von rechts – die nationalrevolutionären Minderheiten und der Kommunismus in der Weimarer Republik; Stuttgart 1960
Schüddekopf, Ernst Otto: Bis alles in Scherben fällt... Die Geschichte des Faschismus; München 1974
Schütze, Günter: Der schmutzige Krieg – Frankreichs Kolonialpolitik in Indochina; München 1959
Schulz, Eberhard: Moskau und die europäische Integration; München/Wien 1977
Schulz, Gerhard: Deutschland seit dem I. Weltkrieg 1918–1945; Göttingen 1976
Schulze, Hagen: Freikorps und Republik 1918–1920; Boppard 1969
Schulze, Hagen: Weimar; Deutschland 1917–1933; Berlin 1982
Schumacher, Günther: Operation «Pluto» – die Geschichte einer Invasion (amerikanische Invasion auf Kuba 1961); Berlin 1966
Schuster, Friedemann: Die KPdSU heute; Politik und Organisation; Frankfurt/Main 1975
Schustereit, Hartmut: Linksliberalismus und Sozialdemokratie in der Weimarer Republik; eine vergleichende Betrachtung von DDP und SPD 1919–1930; Düsseldorf 1975
Schwabe, Klaus: Deutsche Revolution und Wilson-Friede – die amerikanisch-deutsche Friedensstrategie zwischen Ideologie und Machtpolitik 1918/19; Düsseldorf 1971
Schwan, Alexander / Schwan, Gesine: Sozialdemokratie und Marxismus – Zum Spannungsverhältnis v. Godesberger Programm u. marxistischer Theorie; Hamburg 1974
Schwan, Kurt: Der arabische Nationalismus in Vergangenheit und Gegenwart; Hannover 1959
Schwarz, Hans-Peter (Hrsg.): Handbuch der deutschen Außenpolitik; München 1975
Schwarz, Hans-Peter (Hrsg.): Konrad Adenauer 1917–1967; eine Auswahl; Stuttgart 1975
Schwarz, Hans-Peter: Vom Reich zur Bundesrepublik Deutschland im Widerstreit der

außenpolitischen Konzeption in den Jahren der Besatzungsherrschaft 1945–1949; Neuwied/Berlin 1966
Schwarz, Hans-Peter: Die Ära Adenauer 1949–1957; Stuttgart–Mannheim 1981
Schwarz, Hans-Peter: Die Ära Adenauer 1957–1963; Stuttgart–Mannheim 1983
Schwarz, Hans-Peter: Adenauer. Der Aufstieg: 1876–1952; Stuttgart 1986
Schweigler, Gebhard: Von Kissinger zu Carter. Entspannung im Widerstreit von Innen- und Außenpolitik 1969–1981; München/Wien 1982
Schwelien, Joachim: Richard Nixon – ein Präsident der Mittelklasse; Hamburg 1969
Schwelien, Joachim: John F. Kennedy; Hamburg 1976
Schwöbel, Hans-Peter: Die Weiterentwicklung des Marxismus-Leninismus durch Mao Tsetung und die chinesische Kulturrevolution; München 1973
Seibel, Wolfgang: Johannes XXIII. – der Papst des Übergangs in eine neue Zeit; Würzbg. 1964
Seifert, Wolfgang: Nationalismus im Nachkriegs-Japan; Hamburg 1977
Servan-Schreiber, Jean-Jacques: Frankreich steht auf (1968); Hamburg 1968
Seton-Watson, Hugh: Osteuropa zwischen den Kriegen 1918–1941; Paderborn 1948
Siebert, Ferdinand: Aristide Briand 1862–1932; ein Staatsmann zwischen Frankreich und Europa; Erlenbach/Stuttgart 1973
Siegert, Heinz: Ceauşescu; Management für ein modernes Rumänien; München 1973
Siegfried, André: Frankreichs vierte Republik, 1944–1959; Stuttgart 1959
Siegler, Heinrich v.: Aufriß der Außenpolitik Polens 1918–1945 und der Ausbruch des II. Weltkrieges; Bonn 1960
Silberstern, Leopold: Die Entstehung des tschechoslowakischen Staates nach Beneschs Memoiren; Berlin-Grunewald 1928
Silva, Umberto: Kunst und Ideologie des Faschismus; Frankfurt/Main 1975
Simon, Gerhard: Aktuelle Probleme der sowjetischen Nationalitätenpolitik; Köln 1975
Smith, Bradley F. / Peterson, Agnes F. (Hrsg.): Heinrich Himmler: Geheimreden 1933–1945 und andere Ansprachen; Frankfurt/Main 1974
Snow, Edgar: Roter Stern über China (= chin. Geschichte 1936/37); Frankfurt/Main 1970
Sommer, Theo: Deutschland und Japan zwischen den Mächten 1935–1940; vom Antikominternpakt zum Dreimächtepakt – eine Studie zur diplomatischen Vorgeschichte des II. Weltkrieges; Tübingen 1962
Sontheimer, Kurt; Bleek, Wilhelm: Die Deutsche Demokratische Republik; Politik, Gesellschaft, Wirtschaft; Hamburg 1975
Sontheimer, Kurt: Deutschland zwischen Demokratie und Antidemokratie 1919–1933 – Studien zum politischen Bewußtsein der Deutschen; München 1971
Sontheimer, Kurt: Antidemokratisches Denken in der Weimarer Republik – die politischen Ideen des deutschen Nationalismus zwischen 1918 und 1933; München 1962
Sozialistische Volksrepublik Albanien: Allgemeine Notizen über Geographie, Geschichte, staatliche Organisation, Wirtschaft, Kultur u. a.; München 1977
Stadler, Karl Rudolf: Hypothek auf die Vernunft – die Entstehung der österreichischen Republik 1918–1921; Wien/Frankfurt 1968
Steglich, Wolfgang: Die Friedenspolitik der Mittelmächte 1917/18; Wiesbaden 1964
Steinbach, Peter: Geschichte der Bundesrepublik Deutschland; Berlin 1982
Stephan, Werner: Aufstieg und Verfall des Linksliberalismus 1918–1932; Geschichte der Deutschen Demokratischen Partei; Göttingen 1973
Stern, Carola: Willy Brandt in Selbstzeugnissen und Bilddokumenten; Reinbek 1975
Stern, Leo (Hrsg.): Die Auswirkungen der Großen Sozialistischen Oktoberrevolution auf Deutschland, 4 Bände; Berlin 1959
Stevenson, John: British Society 1914–45 (= The Pelican Social History of Britain); Middlesex 1986 (2.)
Stresemann, Gustav: Vermächtnis, 3 Bände; Berlin 1932f.
Strobel, Georg W.: Arbeiterräte – sozialer Wandel und Parteipolitik im östlichen Mitteleuropa; Köln 1975

Stützle, Walther: Kennedy und Adenauer in der Berlin-Krise 1961–1962; Bonn/Bad Godesberg 1973
Sundhausen, Holm: Geschichte Jugoslawiens 1918–1980; Stuttgart/Berlin 1982

Tatu, Michel: Macht und Ohnmacht im Kreml; von Chruschtschow zur kollektiven Führung; Frankfurt/Main, Berlin 1968
Taylor, Telford: Nürnberg und Vietnam – eine amerikanische Tragödie; München 1971
The Sunday Times Insight Team: Der Wüstenkrieg – die dramatische Geschichte der Schlacht um Golan und den Suez-Kanal (= 6 Tage-Krieg); Frankfurt/Main 1968
Teckenberg, Wolfgang: Neuere Untersuchungen über Struktur und Anpassungsmechanismen der Parteielite in der UdSSR; Köln 1972
Thälmann, Ernst: Reden und Aufsätze 1930–1933; Köln 1975
Thamer, Hans Ulrich und Wippermann, Wolfgang: Faschismus und neofaschistische Bewegungen; Probleme empirischer Faschismusforschung; Darmstadt 1977
Thamer, Hans-ULrich: Verführung und Gewalt. Deutschland 1933–1945; Berlin 1986
Der Thesenstreit um «Stamokap» – Die Dokumente der Grundsatzdiskussion der Jungsozialisten; Reinbek 1973
Thimme, Anneliese: Gustav Stresemann; Hannover/Frankfurt 1957
Thomas, Siegfried: Entscheidung in Berlin – Zur Entstehungsgeschichte der SED in der deutschen Hauptstadt 1945/46; Berlin 1967
Tibi, Bassam: Nationalismus in der Dritten Welt am arabischen Beispiel; Frankfurt/Main 1971
Timmermann, Heinz: Die nicht-regierenden kommunistischen Parteien Europas; Mitgliederbestand und parlamentarische Repräsentanz; Köln 1972
Tito, Josip Broz: Der jugoslawische Weg; Sozialismus und Blockfreiheit – Aufsätze und Reden; München 1976
Tomala, Miczyslaw: Polen nach 1945; Stuttgart 1973
Tournoux, Jean Renoir: Pétain und de Gaulle; Düsseldorf 1966
Treue, Wilhelm (Hrsg.): Deutschland in der Weltwirtschaftskrise in Augenzeugenberichten; München 1976
Trotzki, Leo: Geschichte der russischen Revolution, 2 Bände; Berlin 1931
Tuchhändler, Klaus: De Gaulle und das Charisma; Elemente charismatischer Führung im Gaullismus der V. Republik; München 1977
Turner, Henry Ashby: Faschismus und Kapitalismus in Deutschland – Studien zum Verhältnis zwischen Nationalsozialismus und Wirtschaft; Göttingen 1972
Turner, Henry A.: Die Großunternehmer und der Aufstieg Hitlers; Berlin 1985
Tyrell, Albrecht: Vom Trommler zum Führer – Der Wandel von Hitlers Selbstverständnis zwischen 1919 und 1924 und die Entwicklung der NSDAP; München 1975

Uexküll, Gösta v.: Konrad Adenauer in Selbstzeugnissen und Bilddokumenten; Reinbek 1976
Ulam, Adam Bruno: Die Bolschewiki – Vorgeschichte und Verlauf der kommunistischen Revolution in Rußland; Köln/Berlin 1967
Ulbricht, Walter: Die Entwicklung des deutschen volksdemokratischen Staates 1945–1958; Ostberlin 1958
Urbanitsch, Peter: Großbritannien und die Verträge von Locarno; Wien 1968

Vesely, Ludvik: Dubček-Biografie; München 1970
Viefhaus, Erwin: Die Minderheitenfrage und die Entstehung der Minderheiten-Schutzverträge auf der Pariser Friedenskonferenz 1919; Würzburg 1960
Vierheller, Ernstjoachim: Die kommunistische Bewegung in China 1921–1949; Hannover 1972
Vierheller, Viktoria: Polen und die Deutschland-Frage 1939–1949; Köln 1970

Vodovipec, Alexander: Die Quadratur des Kreisky – Österreich zwischen parlamentarischer Demokratie und Gewerkschaftsstaat; Wien/München 1973
Vogelsang, Thilo: Das geteilte Deutschland; München 1976
Vogelsang, Thilo: Die Reichswehr und die Politik 1918–1934; Hannover 1959
Vogelsang, Thilo: Die nationalsozialistische Zeit; Deutschland 1933–1939; Frankfurt/Main, Berlin 1968
Volksaufstand in Ungarn, Der – Bericht des Sonderausschusses der Vereinten Nationen – Untersuchungen, Dokumente, Schlußfolgerungen; München 1957
Voßke, Heinz: Wilhelm Pieck 1876–1960, Bilder und Dokumente aus seinem Leben; Berlin 1977

Wagner, Ulrich: Finnlands Kommunismus – Volksfrontexperiment und Parteispaltung 1966–1970; Stuttgart 1971
Wagner, Wolfgang: Europa zwischen Aufbruch und Restauration; die europäische Staatenwelt seit 1945; München 1973
Waldheim, Kurt: Der österreichische Weg – aus der Isolation zur Neutralität; Wien/München 1971
Walsdorff, Martin: Westorientierung und Ostpolitik – Stresemanns Rußlandpolitik in der Locarno-Ära; Bremen 1971
Wasari, Emilio: Ein Königsdrama im Schatten Hitlers – die Versuche des Reichsverwesers Miklós Horthy zur Gründung einer Dynastie; Wien/München 1968
Wassmund, Hans: Grundzüge der Weltpolitik; Daten und Tendenzen von 1945 bis zur Gegenwart; München 1982
Watt, Donald C.: England blickt auf Deutschland; Deutschland in Politik und öffentlicher Meinung Englands seit 1945; Tübingen 1965
Weber, Gerda / Weber, Hermann: Lenin-Chronik – Daten zu Leben und Werk; München 1974
Weber, Hermann (Hrsg.): Der deutsche Kommunismus – Dokumente; Köln/Berlin 1963
Weber, Hermann: Von der SBZ zur DDR 1945–1968; Hannover 1968
Weber, Hermann: Die Wandlungen des deutschen Kommunismus – Die Stabilisierung der KPD in der Weimarer Republik; Frankfurt/Main 1969
Wehner, Herbert: Wandel und Bewährung; ausgewählte Reden und Schriften 1930–1975; Frankfurt/Main, Berlin 1976
Weidenfeld, Werner: Konrad Adenauer und Europa; die geistigen Grundlagen der westeuropäischen Integrationspolitik des ersten Bonner Bundeskanzlers; Bonn 1976
Weil, Ursula: Churchill und der britische Imperialismus; Berlin 1967
Weingartner, Thomas: Die Außenpolitik der Sowjetunion seit 1945; Düsseldorf 1973
Weingartner, Thomas: Stalin und der Aufstieg Hitlers; die Deutschlandpolitik der Sowjetunion und der Kommunistischen Internationale 1929–1934; Berlin 1970
Weisenborn, Günther: Der lautlose Aufstand – Bericht über die Widerstandsbewegung des deutschen Volkes 1933–1945; Hamburg 1953
Wendt, Bernd-Jürgen: Appeasement 1938; wirtschaftliche Rezession und Mitteleuropa; Frankfurt/Main 1966
Wendt, Bernd-Jürgen: München 1938 – England zwischen Hitler und Preußen; Frankfurt/Main 1965
Wengst, Udo: Graf Brockdorff-Rantzau und die außenpolitischen Anfänge der Weimarer Republik; Berlin, Frankfurt/Main 1973
Wettig, Gerhard: Zu den Beziehungen zwischen der Sowjetunion und der DDR in den Jahren 1969–1975 – eine zusammenfassende Analyse; Köln 1975
Wettig, Gerhard: Die Sowjetunion, die DDR und die Deutschland-Frage 1965–1976; Einvernehmen und Konflikte im sozialistischen Lager; Stuttgart 1976
Whiting, Charles: Englands Kreuzweg vom Empire nach Europa (= Weltpolitik 1900–1971); Frankfurt/Main 1972

Wickert, Erwin: China, von innen gesehen; Stuttgart 1982
Wilde, Harry: Leo Trotzki in Selbstzeugnissen und Bilddokumenten; Reinbek 1969
Wilde, Harry: Walter Rathenau in Selbstzeugnissen und Bilddokumenten; Reinbek 1972
Wimmer, Lothar: Österreich und Jugoslawien 1937–1938; Wien 1965
Winkler, Heinrich August: Arbeiter und Arbeiterbewegung in der Weimarer Republik, 3 Bde.; Berlin–Bonn 1984–87
Wirsing, Giselher: Indien – Asiens gefährliche Jahre (indische Politik 1964–1968); Düsseldorf/Köln 1968
Witt, Peter Christian: Friedrich Ebert, Parteiführer, Reichskanzler, Volksbeauftragter, Reichspräsident; Bonn 1971
Wolf, Walter: Faschismus in der Schweiz; die Geschichte der Frontenbewegung in der deutschen Schweiz 1930–1945; Zürich 1969
Wollstein, Günter: Vom Weimarer Revisionsmus zu Hitler; das Deutsche Reich und die Großmächte in der Anfangsphase der nationalsozialistischen Herrschaft in Deutschland; Bonn/Bad Godesberg 1973
Wolter, Udo: Elisabeth II.; Frau und Königin; München 1964
Woodcock, George: Mahatma Gandhi; München 1975
Woodward, Bob / Bernstein, Carl: Amerikanischer Alptraum – das unrühmliche Ende der Ära Nixon; Köln 1976
Woyke, Wichard: NATO in den siebziger Jahren; Hannover 1976
Wüst, Erich: Der Vertrag von Versailles im Licht und Schatten der Kritik – die Kontroverse um seine wirtschaftlichen Auswirkungen; Zürich 1962
Wuescht, Johann: Jugoslawien und das Dritte Reich; eine dokumentierte Geschichte der deutsch-jugoslawischen Beziehungen von 1933 bis 1945; Stuttgart 1969

Zarca, Albert (Hrsg.): Mussolini ohne Maske – Erinnerungen; Stuttgart 1974
Ziebura, Gilbert: Léon Blum, Theorie und Praxis einer sozialistischen Politik; Berlin 1963
Zieger, Gottfried: Die Atlantik-Charta 1941; Hannover 1963
Zimmerling, Zeno: Wilhelm Pieck – Geschichte und Geschichten eines großen Lebens; Berlin 1976
Zöllner, Erich (Hrsg.): Diplomatie und Außenpolitik Österreichs; Wien 1977

Personenregister

Weitere Werke von Gordon A. Craig

Deutsche Geschichte 1866–1945

Vom Norddeutschen Bund bis zum Ende des Dritten Reiches
Aus dem Englischen von Karl Heinz Siber
72. Tausend. 1993. 806 Seiten. Leinen

„Die wichtigste Gesamtdarstellung des deutschen Nationalstaates, die seit langem erschien."
Frankfurter Allgemeine Zeitung

Über die Deutschen

Aus dem Englischen von Hermann Stiehl
85. Tausend. 1991. 392 Seiten. Leinen

„Hier spricht einer, der uns genau kennt und dennoch nicht aufhören kann, uns zu mögen!"
Frankfurter Allgemeine Zeitung

Geld und Geist

Zürich im Zeitalter des Liberalismus 1830–1869
Aus dem Englischen von Karl Heinz Siber
1988. 303 Seiten. Leinen

„... Die Optik des amerikanischen Autors ist in vielen Bereichen anders, als man es in der Schweiz vielleicht gewohnt ist. Gerade das macht den Wert und den Reiz dieses Werkes aus, das nicht nur eine lehrreiche, sondern in der Frische und Unbekümmertheit seines Stils auch vergnügliche Lektüre bedeutet."
Neue Zürcher Zeitung

Das Ende Preußens

Acht Porträts
Aus dem Englischen von Karl Heinz Siber
21. Tausend. 1988. 140 Seiten, 8 Porträtabb. Gebunden

„... Man fühlt sich wie bei einem guten Theaterstück auf angenehme Weise zugleich belehrt und unterhalten, wozu auch stilistische Eleganz und Leichtigkeit beitragen."
Süddeutsche Zeitung